기독교문서선교회(Christian Literature Center: 약칭 CLC)는 1941년 영국 콜체스터에서 켄 아담스에 의해 시작되었으며 국제 본부는 미국 필라델피아에 있습니다. 국제 CLC는 59개 나라에서 180개의 본부를 두고, 약 650여 명의 선교사들이 이동 도서차량 40대를 이용하여 문서 보급에 힘쓰고 있으며 이메일 주문을 통해 130여 국으로 책을 공급하고 있습니다. 한국 CLC는 청교도적 복음주의 신학과 신앙 서적을 출판하는 문서선교기관으로서, 한 영혼이라도 구원되길 소망하면서 주님이 오시는 그날까지 최선을 다할 것입니다.

추천사 1

이후정 박사
감리교신학대학교 총장, 역사신학 교수

    성화의 여정을 걸어가는 그리스도인에게 지성과 영성은 대단히 중요하다. 특히, 성도를 목양하는 목회자에게는 더더욱 중요하다. 김요환 목사는 감리교신학대학교에서 성실하게 신학을 공부해 왔으며, 목회 현장에서도 열심히 영혼을 돌보며 목회하고 있다. 그 과정에서 이 책이 나왔다.

    교회사적으로 볼 때 '신학적 지성'과 '목회적 영성'의 중심에는 언제나 기독교 변증이 있었다. 교부들은 영지주의라는 이단에 대항하여 변증을 펼쳤고, 종교개혁자들은 중세의 교권에 대항하는 복음을 변증했다. 그리고 웨슬리는 계몽주의 흐름에서 등장한 이신론과 변증을 펼쳤으며, 현대 복음주의자들은 포스트모더니즘의 세속 철학에 대해 변증을 펼쳤고, 펼치는 중이다.

    이런 변증의 역사 속에서 신학적 성실함으로 지성을 채우며, 성화의 길을 향해 나아가는 목회자가 오늘 이 시대에도 계속 나와야 할 터인데, 마침 이 책이 그 안내서 역할을 해 준다. 특히, 이 책은 공부하는 신학도에게는 물론 좀 더 깊게 신학을 이해하고자 하는 평신도에게 기독교 변증학에 대한 이해와 교회사적 흐름을 파악할 수 있도록 많은 도움을 준다.

    무엇보다도 『변증이 신학이다』는 복음적이며 목회적일 뿐만 아니라, 학문적으로도 명쾌하고 기독교 신학 전반에 대한 균형 잡힌 통찰을 담고 있다. 그런 의미에서 이 책이 앞으로 한국 교회에 크게 도움을 주리라 생각하며 기쁜 마음으로 추천한다.

추천사 2

정성욱 박사
덴버신학교 조직신학 교수

차세대 기독교 지성계의 리더인 김요환 목사가 심혈을 기울여 집필한 본서를 적극적으로 추천한다. 본서는 지난 2000년 교회 역사 동안 복음의 진리성을 변호하고 변증해 온 믿음의 선진과 그들이 사용했던 방법론들을 매우 상세하게 그리고 포괄적으로 제시한 역저(力著)이다.

또한, 이 책은 김요환 목사가 가지고 있는 신학적 사유의 명료성과 심오함 그리고 복음에 대해 불붙는 열정이 멋지게 결합한 책이다. 독자들은 본서를 통해서 왜 이 시대에 우리가 복음을 붙들고 치열하게 살아야 하는지 그리고 우리가 가지고 있는 소망에 관하여 묻는 자들에게 어떻게 복음의 진리를 설득력이 있게 설명할지에 대한 명쾌한 답을 얻게 될 것이다.

코로나 팬데믹 이후 세상은 무서운 속도로 변화하고 있다. 이 변화하는 세상 속에서 절대 불변의 진리는 오직 복음뿐이다. 급변하는 세상 속에서도 고고한 일관성을 견지하는 이 복음의 능력과 힘을 전하고 변호하고 실천하기 위해 몸부림치고 분투하는 오늘날 모든 신실한 그리스도 형제자매가 『변증이 신학이다』를 꼭 일독하기를 거듭 권면하는 바이다.

추천사 3

임 성 모 박사
前 감리신학대학교 조직신학 교수, 웨슬리안조직신학 연구소장

김요환 목사는 대학원 시절 추천자의 수업을 여러 개 들었다. 우수한 학생 중 한 명이었다. 담임목회를 하면서 꾸준히 연구하여 기본에 충실한 저서들을 출간하고 있어서 기쁘다. 공부하는 목회자의 좋은 예다. 이 책의 장점은 크게 두 가지다.

첫째, 지성인들(목회자, 신학생 포함)에게 신학 입문서 역할을 한다. 신학이란 광대한 세계를 여행하기 위해서는 반드시 탁월한 안내서가 필요하다. 저자는 기독교 복음을 수호하기 위해 시대적 도전에 대응하던 대학자들의 신학 사상을 명료하게 정리하고 장단점을 지적함으로써 이 역할을 훌륭하게 수행한다.

둘째, 초대 교부에서 시작하여 현대 여성신학에 이르기까지 시간을 관통하여 큰 흐름을 보여 주며. 근본주의와 복음주의 그리고 자유주의 학자를 편견 없이 다양하게 소개한다. 지금의 한국은 강한 교파주의 영향으로 신학의 다양함을 평신도는 말할 것도 없고, 목회자 신학생도 제대로 배우지 못한다.

기독교인으로서 정체성을 분명히 하면서도 세속 지성인과 대화할 수 있어야 하듯, 내 교파의 전통을 존중하면서도 다른 교파나 다른 흐름을 이해할 필요가 있다. 그렇게 하는 것이 자기 장점을 더 부각하기도 하고 약점을 보완하는 길이 되기도 한다.

위와 같은 의미에서 이 책을 기독교의 사상적 흐름과 방향을 알기 원하는 모든 이에게 적극적으로 추천한다.

추천사 4

정승태 박사
한국침례신학대학교 종교철학 교수

지성과 영성은 신앙의 두 조건이다. 지성이 사라진 영성은 감정적 신앙에 빠질 위험이 있는 반면, 영성이 사라진 지성은 이성적 신앙에 빠질 위험이 있다. 그런데 현재 한국 교회의 신앙은 지성이 사라진 영성주의에 매몰된 느낌이 든다. 영성주의의 흐름을 바꿀 수 있는 것이 있다면, 그건 기독교 변증학이다. 기독교가 진리라는 사실을 변론하고 증명하는 분야인 기독교 변증학은 합리적인 신앙을 추구하는 데 크게 기여한다.

이런 시대적 맥락에서 저자 김요환 목사는 『변증이 신학이다』를 통해서 현대의 그리스도인들에게 기독교 신앙의 합리적 근거를 제시하고 설명한다. 그의 『변증이 신학이다』는 이런 시대적 흐름에서 보면 매우 시의적절하다.

더욱이 이 책은 실천적인 측면에서 크게 공헌할 수 있다. 이 실천적인 측면이 영성을 포기하지 않고 지성을 포용하는 기독교 변증을 제시한다. 우리가 알듯이, 진리란 항상 실천을 통해서 입증되어야 한다. 이런 점에서 『변증이 신학이다』는 질문을 통한 토론을 제안함으로써 진리의 기독교를 논리적으로 변론할 수 있도록 돕고, 그리스도인들의 실제적인 신앙에 확신을 제공한다.

따라서 본 추천인은 역사의 흐름 속에서 신학자들이 무엇을 믿고 실천했는지를 보여주는 이 책이 '소망의 이유에 관하여 대답할 것을 항상 준비해야 하는' 우리에게 큰 방향과 지침을 제공할 것이라고 확신하기에 모든 그리스도인에게 『변증이 신학이다』를 적극적으로 추천하는 바이다.

추천사 5

이 승 구 박사
합동신학대학원대학교 조직신학 교수

항상 바라기는 21세기의 웨슬리와 휫필드가 출현하여 이 세상의 감리교회가 웨슬리같이 성경과 이신칭의의 복음에 충실하게 되는 것이다. 그것이 이 책을 쓴 김요환 목사의 큰 소망일 것이다. 18세기의 웨슬리, 휫필드, 에드워즈는 자기가 믿는 바의 일부가 달랐어도 성경과 이신칭의의 복음에 헌신했던 귀한 분이다.

여기 한국의 웨슬리가 있다. 김요환 목사는 웨슬리의 심령을 가지고 성경과 이신칭의의 복음에 충실하고 많은 사람에게 이 큰 복음을 전하고 싶어 한다. 또한, 김요환 목사는 웨슬리를 잘 읽고 이해하며 웨슬리의 진정한 정신이 현대인들에게 잘 전해지기를 원하고 있다. 그래서 이 책에서는 웨슬리의 말을 다음과 같이 소개한다.

"거룩한 삶을 살지 못하면 구원에서 박탈된다"라고 해석할 수도 있다. 그러나 이렇게 해석하는 순간, "인간의 공로와 노력으로 구원을 이룬다"라는 펠라기우스 입장과 별반 다를 것이 없게 된다. 따라서 웨슬리의 기독교 변증을 구사할 때도 구원이 취소될 수 없음을 명시하는 것이 적절하다. 구원받은 자는 반드시 하나님이 지속적인 은혜를 부어 주신다.

하나님이 우리에게 주신 은혜는 취소되는 것이 없음을 강하게 말하고 있다는 것을 보았을 때, 김요환 목사가 얼마나 성경에 충실한지를 잘 보여 준다. 그러면서 김요환 목사는 칼빈과 수많은 칼빈주의 신학자 또한 잘 이해하면서 그들의 견해를 적극적으로 수용하고 있다. 이런 태도가 매우 귀중하다.

이제 숙제는 웨슬리와 휘필드가 구원의 어떤 교리적 이해에서는 다른 견해를 가졌을지라도, 복음 사역에서는 함께 열심이었던 것을 생각하면서 조금 다르지만 참으로 성경과 복음을 신실하게 믿고 선포한 분들이었던 것처럼 이 책에서 다루고 있는 상당히 다른 성질의 여러 신학자에게도 같이 적용할 수 있느냐 하는 것이다. 그 이유는 다음과 같이 본문에 잘 언급되어 있다.

"신앙을 변증한다는 명목으로 시작하였으나, 오히려 성경적 진리를 더욱 파괴하는 함정들이 곳곳에 있기 때문이다."

구자유주의와 불트만을 대표적인 예로 들고 있으나 그 외에도 이에 해당하는 학자들이 다수 있기에 그런 것은 따로 더 확장해서 논의할 부분이겠다. 다행히 이 책에서 김요환 목사가 얼마나 열심히 공부하는지가 잘 나타나고, 우리를 구원하는 그 큰 복음에 얼마나 충실히 하고자 하는지도 잘 나타난다. 그렇기에 부디 이 책의 독자들 모두가 김요환 목사가 사랑하는 성경과 이신칭의의 복음에 참으로 충실하기를 바라면서 이 책에 대한 자그마한 추천의 글을 마친다.

추천사 6

최 덕 성 박사
前 고신대학교 교의학 교수, 브니엘신학교 총장

    복음주의 신학을 가지고 타협 없이 전진하면서 다양한 학문적 논의를 섭렵하는 사람을 찾기란 쉽지 않다. 특히, 기독교 변증에서는 더더욱 그렇다. 그러나 김요환 목사는 복음주의 신앙을 견지하고 있으면서도 진보적인 학자들의 진영과 논리를 꿰뚫어 본다. 꿰뚫어 볼 뿐만 아니라 그들의 위험성을 폭로하고 경계한다. 이러한 경지에 이르기 위해 그가 얼마나 많은 신학교를 방문하고 자료를 수집했는지 그 노력의 흔적이 엿보인다. 그리고 이 책은 그의 신학적 노력이 응축되어 있다.

    모름지기 학문의 세계에서 좋은 책을 평가하는 기준은 어떤 저자의 책을 어떻게 인용했는지가 핵심이다. 그런데 이 책은 원저자의 1차 문헌을 충실히 인용하고 있으며, 검증된 2차 문헌을 폭넓게 인용함으로써 학문적 빈틈을 최대한 막았다. 거기다 학습자들을 배려하기 위해 되도록 번역된 도서를 인용하였는데, 이는 학문적 가식이나 자기 과시 없이 진실한 사명감으로 책을 썼다는 것을 보여 주는 흔적이다.

    특별히 이 책을 통해서 얻을 수 있는 유익은 다음과 같다.

    첫째, 교회사적 순서로 변증가들이 소개된다는 점에서 흐름을 정리하기에 좋다.

    둘째, 교부 시대부터 21세기까지 이어져 오는 신학적 충돌의 현장을 포착하기에 좋다.

    셋째, 자유주의, 종교다원주의, 혼합주의 등과 같은 비성경적 신학 흐름에 대하여 논리적이며 단호한 태도를 갖추기에 좋다.

    물론, 이 책의 모든 내용과 분석이 전적으로 개혁주의 신학 노선에 부합하지는 않는다. 아마도 독자층을 특정 교단 신학에만 국한하지 않아서 그런 것으로 생각된다. 따라서 이 책의 독자는 자기가 속한 교단 신학의 입장에 서서 더 깊은 논의와 평가를 이어가는 작업을 별도로 거쳐야 할 것이다.

    그렇지만 김요환 목사가 감리교 목사로서 학문적 다양성을 겸비했으며, 진리 수호의 열정이 확실하다는 점은 틀림이 없다. 따라서 이 책이 잘못된 신학 사조를 접해서 방황하고 있을 성도와 신학생에게 널리 읽히기를 바란다.

추천사 7

이은상 박사
달라스 세미한교회 담임목사, 덴버신학교 겸임교수, 사우스웨스턴침례신학교

신학생 시절 성경을 배우고 하나님을 아는 기쁨이 너무나 컸었다. 그 당시 공부하면서 아쉬웠던 것 중의 하나가 신학의 길을 걷는 신학도에게 좋은 이정표가 많지 않았다는 것이다. 누군가 길을 찾기 쉽게 이정표를 만들어 주면 좋겠다는 마음만 있었다. 그 마음을 알아준 사람이 김요환 목사이고, 그 이정표가 바로 본 저서이다. 여러 갈래의 신학의 길목들을 일목요연하게 정리하고 바른길을 제시하는 작업은 기독교 변증에서 필수적인 과업이다.

이 책은 어떤 특정한 변증 분야만을 단편적으로 깊게 보기보다는 폭넓은 교과서적인 안내로 신학의 표지판 역할을 잘 감당하고 있다. 그렇다고 해서 전공 서적의 가치가 떨어지지도 않는다. 이런 점에서 김요환 목사는 다음 세대의 주자로서 잘 준비된 분이다. 신학교에서 공부하는 모습을 보면서 그리고 사역의 현장에서 분투하는 모습을 보면서 '정도(正道)'의 목회를 걷기 위해 참 많이 애쓰시는 분이라는 것을 보았다.

특별히 이 책은 신학을 공부하는 분들께 어디로 가야 할지 알려 주는 이정표가 되어 주는 것은 물론 깊은 성경적 질문이 있는 여러 성도에게 큰 도움이 될 것이다. 이 책을 집어 든 독자들은 이 책을 통해 주어진 이정표를 따라 하나님을 더 알아 가고 하나님 나라와 교회를 세우는 공부를 시작하기를 바란다. 이와 같은 이유로 이 책을 강력히 추천하는 바이다.

추천사 8

김 용 주 박사
분당두레교회 담임목사, 안양대학교 신학대학원 교회사 겸임교수

    김요환 목사는 전도사 시절부터 특별한 이력을 가지고 있었다. 보수적인 신앙을 견지하고 있으면서도 학문적으로는 좌우 노선을 가리지 않고 지금 교회에 영향을 주고 있는 신학자들과 사상들을 붙들고 씨름했다. 그리고 그 성과로 이 책이 나왔다.
    이 책에서는 초대 교회부터 지금까지의 이름 있는 변증가들을 섭렵하여 다루고 있으며, 그들의 각기 다른 변증의 내용들을 함축적으로 소개한다. 국내에 있는 변증서들 중 거의 독보적이라 해도 손색이 없다.
    김요환 목사가 아직 유명하지 않은 사람이므로 이 책도 별 기대할 것이 없다고 생각하면 큰 오산이다. 기독교 변증은 어느 시대든 필요하다. 변증은 이미 믿고 있는 신자들에게는 확신을 주고, 믿지 않는 자들에게는 진지한 대화의 길을 열어 준다.
    따라서 이 책은 많은 목회자에게 과거를 보고, 현재를 읽고, 미래를 준비하는 데에 도움이 되기에 목회자는 물론 여러 신학생과 성도에게도 강력하게 추천하고 싶다.

추천사 9

박 승 규 박사
탄자니아 동아프리카성경대학 교장

생각을 한다는 것은 사실 모든 것의 출발점이라고 할 수 있다(*Cogito, ergo sum*). 그리고 생각은 다양한 형태로 표출된다. 그리고 밖으로 드러난 생각은 다른 사람의 생각과 서로 관계를 주고받으며 집단의 심성(心性, mentalites)을 이루어 가게 된다. 그러므로 생각을 글로 엮는다는 것은 개인의 사유(思惟)에서 멈추지 않고, 공공의 사유에 영향을 주는 것이다.

그러나 신앙인은 사유하되, 단순히 사유의 유희에 멈출 것이 아니라 신앙(信仰) 안에서 사유해야 한다(*Credo, ergo sum*). 신앙은 사유의 방향을 설정하며, 사유의 가치를 결정한다. 성경적인 것이 아닌 것이 신학적인 것이 될 수 없는 것처럼(*Quod non est biblicum, non est theologicum*), 신앙이 없는 사유는 사유하는 사람을 진리 안으로 인도하지 못한다.

김요환 목사의 이 책은 사유와 신앙에 관한 책이다. 이 책은 단순한 사유의 유희에서가 아니라, 그의 신앙의 삶에서 비롯된 것이다. 그는 자유주의 신학까지 폭넓게 다루는 학교에서 공부했다. 그와 함께 수학(修學)했던 많은 사람이 자유주의 신학에 휩쓸려 떠내려갔지만, 그는 오히려 그 흐름을 거꾸로 거슬러 올라갔다.

그는 자유주의 신학에 함몰되지 않고 오히려 성경의 진리에 대한 가치를 찾았다. 자유주의 신학을 공부했다고 해서 다 신학적 자유주의자가 되는 것은 아니다. 오히려 메이첸(John Gresham Machen)처럼 그도 역시 성경의 진리를 변호하는 자가 되기를 선택했다. 그 결과로 태어난 것이 이 책이다.

세상에 성경 외에 완벽한 책은 없다. 이 책 역시 강점과 약점을 동시에 가지고 있다. 굳이 이 책의 약점이라고 하자면, 자유주의 신학의 학문적 방법론이 어느 정도 녹아 있다는 점이다. 그러나 이것은 이 책 저자의 문제이기보다는 책이 가지고 있는 특성의 문제라고 생각한다. 그렇다 할지라도, 이 책을 소화할 수 있는 독자라면 충분히 극복할 수 있는 문제이다.

또 이 책의 특별한 강점이라면 초기 교회로부터 오늘날까지 신학적 논쟁의 전체적인 흐름을 한눈에 파악할 수 있고, 많은 신학자의 사상적 핵심을 쉽게 파악할 수 있다는 점이다. 쉽게 말해서 교과서의 형태를 가진 책이다. 부디 이 책을 통해 독자들이 구원의 토대를 굳게 다지는 또 하나의 계기가 되기를 소망한다.

추천사 10

오성민 작가
유튜브 Damascus TV 운영, 『교회 구석에서 묻는 질문들』 저자

김요환 목사는 좋은 기독교 변증가다. 오랜 기간 변증학을 공부해 왔을 뿐 아니라, 변증 서바이벌인 홀리컴뱃에서 우승을 거둠으로써 자신의 실전 능력을 입증한 바 있다. 그가 이번에 출간하는 『변증이 신학이다』는 그동안의 사역과 노력이 담긴 결과물이다.

이 책의 목적은 변증의 대가들을 공평하게 소개하는 데 있다. 가장 눈에 띄는 것은 목차인데, 변증과 연관이 없어 보이는 인물들도 변증가로 소개하고 있기 때문이다. 심지어 이 중에는 변증가들이 주로 변호하는 복음주의와는 거리가 멀어 보이는 인물들도 많다. 보기에 따라 조금 생소해도 정확한 목차다.

교부들과 종교개혁자들, 청교도들, 자유주의자들과 포스트모던 신학자들까지도 모두 각자의 신앙관을 변호한다는 점에서 변증가의 면모를 지닌다. 이들은 시대의 도전에 맞서 각자의 방식으로 신앙을 설득하고자 했던 사람들이다.

복음을 변호하는 것이 신학자들만의 몫일까?

그렇지 않다. 모든 그리스도인은 복음이 세상에서 가장 귀한 소식임을 마음으로 믿고 입술로 고백한 사람이다. 우리는 각자가 처한 상황에 맞춰 복음을 제시하고 변증해야 한다.

그렇다면 어떻게 변증할 것인가?

이 책에 소개된 여러 대가의 변증을 열린 마음으로 살펴본다면 그 실마리를 찾을 수 있을 것이다.

―[일러두기]―
본서는 개신교 서적이므로, 직접 인용이라 할지라도 '하느님'이라는 표기는 '하나님'으로 수정하였습니다.

변증이 신학이다

… 내가 어떻게 하여야 구원을 받으리이까 …

사도행전 16장 30절

Great Gospel

Written by Yohwan Kim

All rights reserved.

Korean Edition Copyright ⓒ 2023 by Christian Literature Center, Seoul, Korea.

변증이 신학이다

2023년 10월 10일 초판 발행

지 은 이 | 김요환

편　　　집 | 추미현
디 자 인 | 이승희
펴 낸 곳 | (사)기독교문서선교회
등　　　록 | 제16-25호(1980. 1. 18.)
주　　　소 | 서울특별시 동대문구 천호대로71길 39
전　　　화 | 02-586-8761~3(본사) 031-942-8761(영업부)
팩　　　스 | 02-523-0131(본사) 031-942-8763(영업부)
이 메 일 | clckor@gmail.com
홈페이지 | www.clcbook.com
송금계좌 | 기업은행 073-000308-04-020 (사)기독교문서선교회
일련번호 | 2023-91

ISBN 978-89-341-2605-8 (93230)

이 책의 출판권은 (사)기독교문서선교회가 소유합니다.
신저작권법에 의하여 한국 내에서 보호를 받는 저작물이므로 무단 전재와 무단 복제를 금합니다.

변증이 신학이다

김요환 지음

CLC

| 목차 |

추천사   1
  [추천사 1]   이후정 박사 | 감리교신학대학교 총장, 역사신학 교수   1
  [추천사 2]   정성욱 박사 | 덴버신학교 조직신학 교수   2
  [추천사 3]   임성모 박사 | 前 감리교신학대학교 조직신학 교수, 웨슬리안조직신학 연구소장   3
  [추천사 4]   정승태 박사 | 한국침례신학대학교 종교철학 교수   4
  [추천사 5]   이승구 박사 | 합동신학대학원대학교 조직신학 교수   5
  [추천사 6]   최덕성 박사 | 前 고신대학교 교의학 교수, 브니엘신학교 총장   7
  [추천사 7]   이은상 박사 | 달라스 세미한교회 담임목사, 덴버신학교 겸임교수, 사우스웨스턴침례신학교   8
  [추천사 8]   김용주 박사 | 분당두레교회 담임목사, 안양대학교 신학대학원 교회사 겸임교수   9
  [추천사 9]   박승규 박사 | 탄자니아 동아프리카성경대학 교장   10
  [추천사 10] 오성민 작가 | 유튜브 Damascus TV 운영, 『교회 구석에서 묻는 질문들』 저자   11

  머리말   26

제1장 기독교 변증학이란 무엇인가? : 기독교 변증학의 방법과 목표   30
  1. 기독교 변증학의 태동 원인   32
  2. 심정과 이성의 변증   34
  3. 기독교 변증의 전제 사안   36
  4. 영적 호신술로서 기독교 변증학   39
  ♣ 내용 정리를 위한 문제   40

제2장 교부들의 변증방법론 : 히포의 아우구스티누스   41
  1. 아우구스티누스 이전의 교부들   43
  2. 방황과 투쟁을 거친 변증   47
  3. 교회와 신앙을 위한 변증서   52
  ♣ 내용 정리를 위한 문제   56

제3장 중세 스콜라 철학의 변증방법론 : 토마스 아퀴나스   58
1. 이해를 추구하는 신앙   60
2. 중세 스콜라 변증의 정석 - 신 존재 증명   62
3. 아퀴나스 이후의 변증가들   68
♣ 내용 정리를 위한 문제   74

제4장 종교개혁자의 변증방법론 Ⅰ : 마틴 루터   76
1. 개혁의 여명   77
2. 오직 믿음으로 말미암는 변증   80
3. 종교개혁을 위한 변증서   85
♣ 내용 정리를 위한 문제   93

제5장 종교개혁자의 변증방법론 Ⅱ : 존 칼빈   95
1. 칼빈이 받은 오해와 『기독교 강요』의 탄생   96
2. 오직 하나님께 영광 돌리는 변증   99
3. 절대 주권자의 예정하심   101
4. 계속 개혁되는 교회   107
♣ 내용 정리를 위한 문제   111

제6장 청교도와 개혁파 정통신학의 변증방법론 : 프란키스쿠스 투레티누스   113
1. 참된 신학의 서론   114
2. 정통 변증의 기초 골격   117
3. 교회의 파수꾼   119
♣ 내용 정리를 위한 문제   128

제7장 영국 청교도 변증방법론 : 스티븐 차녹 & 존 오웬   130
1. 죄를 파쇄하는 변증   131
2. 회개의 열매   135
3. 믿음의 본질   141
♣ 내용 정리를 위한 문제   144

제8장 독일 경건주의 변증방법론 : 요한 아른트　　147
1. 경건을 위한 변증　　149
2. 계속 이어지는 경건 의지　　152
3. 경건과 성경　　156
4. 십자가 보혈의 신학　　161
♣ 내용 정리를 위한 문제　　163

제9장 대각성 부흥 운동과 변증방법론 I : 존 웨슬리　　165
1. 사변형에 대한 오해와 성경 중심적 변증　　166
2. 포용 가능한 의견(opinion)과 타협할 수 없는 교리(doctrine)　　171
3. 그리스도인의 완전 성화　　176
4. 웨슬리의 예정론　　178
♣ 내용 정리를 위한 문제　　185

제10장 대각성 부흥 운동과 변증방법론 II : 조나단 에드워즈　　188
1. 지옥과 천국　　189
2. 신앙 감정론과 구속사　　192
3. 참된 부흥을 추구하고 점검할 수 있는 신학　　196
4. 에드워즈의 자유의지　　198
♣ 내용 정리를 위한 문제　　202

제11장 신정통주의 변증방법론 I : 칼 바르트　　204
1. 자유주의 신학을 거부하고 '하나님 말씀'의 신학으로　　206
2. 유일한 계시 = 예수 그리스도　　212
3. 바르트에게 논쟁이 되는 요소들　　215
♣ 내용 정리를 위한 문제　　224

제12장 신정통주의 변증방법론 II : 에밀 브루너 & 폴 틸리히　　226
1. 십자가의 역사성과 계시성　　227
2. 궁극적 관심의 대상으로 나아가는 상관관계 변증법　　234

   3. 상관관계 변증법의 강점과 약점   241
   ♣ 내용 정리를 위한 문제   245

제13장 로마가톨릭 변증방법론 : 한스 큉 & 칼 라너   247

   1. 로마가톨릭 신학의 현주소   248
   2. 교회 공동체를 위한 변증   250
   3. '익명의 그리스도인'을 '실명의 그리스도인'으로 바꾸는 변증   256
   4. 전통의 수호자가 된 교황   261
   ♣ 내용 정리를 위한 문제   265

제14장 동방정교회 변증방법론 : 블라디미르 로스끼   268

   1. 낯설고도 신비한 이콘   271
   2. 병원으로서의 교회, 의사로서의 그리스도   274
   3. 하나님과의 신비한 연합   275
   4. 정의 내릴 수 없는 하나님   278
   ♣ 내용 정리를 위한 문제   283

제15장 개혁주의 변증방법론 Ⅰ : 헤르만 바빙크 & 루이스 벌코프   285

   1. 개혁주의 신학의 긍지   286
   2. 계시적 사유(思惟)의 신앙 철옹성   289
   3. 영감(靈感) 된 성경   296
   ♣ 내용 정리를 위한 문제   301

제16장 개혁주의 변증방법론 Ⅱ : 코넬리우스 반틸 & 존 프레임   304

   1. 근본주의라는 비난 극복   307
   2. 절대 계시론적 전제주의   311
   3. 성경의 성경론(scripture's doctrine of scripture)   316
   ♣ 내용 정리를 위한 문제   320

제17장 기독교 변증학의 고전 : C. S. 루이스 & 프란시스 쉐퍼 　　　　323

　1. 고전적 변증 태도　　　　　　　　　　　　　　　　324
　2. 순전한 기독교　　　　　　　　　　　　　　　　　326
　3. 이성으로부터의 도피　　　　　　　　　　　　　　334
　♣ 내용 정리를 위한 문제　　　　　　　　　　　　　　342

제18장 복음주의 변증방법론 I : 칼 헨리 & 버나드 램 　　　　345

　1. 복음주의의 역사와 정체성　　　　　　　　　　　　346
　2. 성숙한 복음주의　　　　　　　　　　　　　　　　349
　3. 확장된 복음주의　　　　　　　　　　　　　　　　355
　♣ 내용 정리를 위한 문제　　　　　　　　　　　　　　361

제19장 복음주의 변증방법론 II : 제임스 패커 & 노먼 가이슬러 　　　　363

　1. 기독교의 기본　　　　　　　　　　　　　　　　　365
　2. 하나님을 아는 지식　　　　　　　　　　　　　　　368
　3. 복음주의 기독교 철학　　　　　　　　　　　　　　372
　♣ 내용 정리를 위한 문제　　　　　　　　　　　　　　379

제20장 복음주의 변증방법론 III : 윌리엄 레인 크레이그 　　　　381

　1. 복음의 조력이 되는 형이상학과 인식론　　　　　　383
　2. 도덕의 당위성을 책임지는 변증　　　　　　　　　389
　3. 이성의 끝에서 발견한 믿음　　　　　　　　　　　392
　♣ 내용 정리를 위한 문제　　　　　　　　　　　　　　398

제21장 복음주의 변증방법론 IV : 알리스터 맥그래스 　　　　400

　1. 기독교 지성의 각성　　　　　　　　　　　　　　　402
　2. 십자가 중심　　　　　　　　　　　　　　　　　　405
　3. 회심(回心)으로 이어지는 회의(懷疑)　　　　　　　408
　4. 복음의 유산 회복　　　　　　　　　　　　　　　　411
　♣ 내용 정리를 위한 문제　　　　　　　　　　　　　　414

제22장 복음주의 변증방법론 V : 도날드 블러쉬　　　416
　1. 중생과 행함　　　419
　2. 경건을 회복시키는 복음주의　　　422
　3. 말씀과 성령의 목회　　　426
　♣ 내용 정리를 위한 문제　　　429

제23장 후기 자유주의 변증방법론 : 조지 린드벡　　　432
　1. 자유주의 신학의 종말과 후기 자유주의 신학의 태동　　　433
　2. 성서의 서사성 회복　　　438
　3. 교리의 본성　　　441
　4. 후기 자유주의 신학에 대한 평가　　　445
　♣ 내용 정리를 위한 문제　　　449

제24장 급진정통주의 변증방법론 : 존 밀뱅크　　　451
　1. 신학과 사회이론　　　453
　2. 모든 학문보다 우월한 신학　　　461
　3. 방어적 변증이 아닌 공세적 선포　　　465
　4. 급진정통주의 신학에 대한 평가　　　467
　♣ 내용 정리를 위한 문제　　　469

제25장 과학적 무신론에 대한 기독교 변증 I : 윌리엄 뎀스키　　　472
　1. 창조와 진화　　　473
　2. 지적 설계론　　　477
　3. 창세기 본문 변증　　　485
　♣ 내용 정리를 위한 문제　　　493

제26장 과학적 무신론에 대한 기독교 변증 II : 존 C. 레녹스　　　496
　1. 과학만능주의의 폐단(弊端)　　　497
　2. 과정철학과 과정신학　　　500
　3. 과정신학의 '신(神) 이해'와 문제점　　　505

4. 신앙과 손잡은 과학 509
♣ 내용 정리를 위한 문제 516

제27장 사회적 무신론에 대한 기독교 변증 : 데이비드 반드루넨   518
1. 정치와 기독교 520
2. 언약과 왕국 524
3. 하나님의 두 나라 국민 527
4. 진보와 보수를 넘어서는 기독교적 가치 532
♣ 내용 정리를 위한 문제 536

제28장 철학적 무신론에 대한 기독교 변증 : 장-뤽 마리옹 & 리처드 스윈번   539
1. 유신론적 철학 541
2. 무신론자들의 망상 544
3. 선물과 신비 549
4. 신의 존재 554
♣ 내용 정리를 위한 문제 562

제29장 인간학적 무신론에 대한 기독교 변증 : 로완 윌리엄스   564
1. 종교적 자아 초월과 신(God) 중심적 공동체 565
2. 하나님에게서 나오는 인간 실존 568
3. 신뢰하는 삶 572
4. 제자의 삶 576
♣ 내용 정리를 위한 문제 580

제30장 해석학적 무신론에 대한 기독교 변증 : 케빈 밴후저   582
1. 해석학의 발전 흐름 583
2. 해석자가 독점할 수 없는 텍스트의 의미 588
3. 화행(話行)으로 나아가는 성경 592
4. 교리의 드라마 595
♣ 내용 정리를 위한 문제 602

제31장 세속 이성에 대한 변증 : 앨빈 플랜팅가 & 니콜라스 월터스토프　　605
　1. 지식과 믿음　　608
　2. 신과 타자의 정신들　　610
　3. 종교의 한계 내에서의 이성　　614
　4. 정의와 샬롬　　617
　♣ 내용 정리를 위한 문제　　621

제32장 성서비평학에 대한 변증 : 게르하르트 마이어 & 에타 린네만　　623
　1. 비평학에 대한 회의적인 목소리　　625
　2. 문서가설의 허구와 역사비평학의 종말　　631
　3. Q의 허구와 성서비평학의 모순　　639
　♣ 내용 정리를 위한 문제　　649

제33장 역사적 예수 세미나에 대한 변증 : 마이클 F. 버드　　653
　1. 초기 기독교 공동체의 증언　　656
　2. '하나님이 인간이 되셨다'라는 사실과 '인간이 하나님이 되었다'라는 상상　　663
　3. 교회와 무관하고 교리와 반대되는 역사적 예수 연구　　668
　♣ 내용 정리를 위한 문제　　673

제34장 부활에 대한 기독교 변증 : 게리 하버마스 & 마이클 L. 리코나　　676
　1. 역사적 신빙성이 보장된 부활　　678
　2. 부활 현현의 목격자와 증인　　681
　3. 빈 무덤　　687
　4. 예고된 부활　　692
　♣ 내용 정리를 위한 문제　　695

제35장 고난에 대한 기독교 변증 : 위르겐 몰트만　　697
　1. 고난을 이해하는 십자가　　699
　2. 신정론과 생태계에 답변하는 사회적 삼위일체　　703
　3. 사회적 삼위일체의 확장성과 약점　　709

4. 희망의 종말론 713
♣ 내용 정리를 위한 문제 718

제36장 목회 현장 속에서 기독교 변증 : 존 스토트 & 팀 켈러　721
1. 복음의 기초 교리 721
2. 성경 연구와 설교 그리고 제자도 실천 726
3. 센터처치(Center Church) 731
4. 탕부 하나님 735
♣ 내용 정리를 위한 문제 740

제37장 시대적 이슈에 대한 기독교 변증 Ⅰ : 포스트모더니즘에 대하여　744
1. 종교다원주의 비판 746
2. 진리의 유일성 752
3. 기독교 세계관 755
4. 복음 전파 758
♣ 내용 정리를 위한 문제 761

제38장 시대적 이슈에 대한 기독교 변증 Ⅱ : 동성애에 대하여　764
1. 동성애를 '가증한 죄'로 여기는 구약 766
2. 동성애를 '역리'로 여기는 신약 770
3. 참된 기독교 윤리 774
4. 여성신학의 대안 가능성 780
♣ 내용 정리를 위한 문제 783

제39장 시대적 이슈에 대한 기독교 변증 Ⅲ : 이슬람에 대하여　785
1. 이슬람이 기독교를 바라보는 시선 787
2. 은혜의 종교와 복종의 종교 791
3. 폭력에 맞서는 사랑의 선교 797
♣ 내용 정리를 위한 문제 800

제40장 시대적 이슈에 대한 기독교 변증 IV : 현대 이단들에 대하여　　802
1. 건강한 오순절과 극단적 신비주의 분별　　804
2. 요한계시록과 종말론　　809
3. 번영신학과 행위 구원의 위협　　813
4. 이단에 대응하는 사도신경　　815
♣ 내용 정리를 위한 문제　　819

맺는말　　822

머리말

> 십자가의 도가 멸망하는 자들에게는 미련한 것이요 구원을 받는 우리에게는 하나님의 능력이라 (고린도전서 1장 18절).

십자가의 도(道)는 성도들에게 하나님의 능력으로 나타나야 한다. 그러나 오늘날 세상 앞에서 맥없이 주저앉는 성도들이 늘어나고 있다. 이유는 크게 두 가지다.

첫째, 복음 안에서 거룩한 삶의 '**실천 실종**'이다.

십자가의 도를 실현할 힘과 의지를 상실한 이들은 복음의 능력을 경험하지 못하고 살아간다. 이런 이들에게 기독교 변증은 그저 낯설게만 느껴진다. 그러나 기독교 변증은 삶과 괴리가 있는 낯선 논리학이 아니다. 오히려 변증은 거룩한 삶을 추구하는 이들에게 친숙한 일상이다. 은혜받은 성도들은 필연적으로 복음을 설명하고 전하기를 즐거워한다. 따라서 기독교 변증은 가슴 벅찬 복음의 진리를 뜨겁게 경험할 때 비로소 시작된다.

그러므로 '십자가의 도가 구원을 받는 우리에게는 하나님의 능력이 된다'라는 사실을 경험하도록 도와주는 거룩한 도구로서 기독교 변증은 지금 요청되고 있다. 이 변증의 진수를 맛본 이들은 복음의 논리를 지적 유희로만 만족하지 않고, 그 안에서 거룩한 삶을 실천하고 꽃 피우기 위해 몸부림치며 살게 될 것이다.

둘째, 복음을 설명해 내는 '**논리 실종**'이다.

후스토 곤잘레스(Justo. L. Gonzalez)는 "신학이 교회 공동체의 기능 가운데 하나"라는 사실을 거듭 강조한다.[1] 신학적 사고와 논리는 신학자들에게만 국한되지 않고, 신앙 공동체의 구성원 전체에게 요구된다. 그런데 오늘날 많은 이가 공부하지 않는다. 이는 비단 성도들만의 문제가 아니다. 목회자들도 공부하지 않

---

1 유스토 L. 곤잘레스 & 자이다 M. 페레즈, 『기독교 신학입문』, 조지아크리스찬대학교출판사 역 (서울: 조지아크리스찬대학교출판사, 2011), 43.

는 이들이 있다. 고든 콘웰 신학교의 데이비드 웰스(David F. Wells) 교수는 자신의 저서 『신학 실종』에서 현대화된 세상에서 "문화와 진리의 관리자"가 그리스도인이 아니라, 세속의 대중이 되었다는 점을 통탄한다.²

목회자는 대중에게 진리를 전하고 그들의 문화를 복음적으로 이끌어 줄 사명이 있다. 목회자는 자신의 사명을 망각하고, 대중여론에 모든 것을 맡겨선 안 된다. 오늘 우리는 마틴 로이드 존스(David Martyn Lloyd-Jones)가 불타는 논리로 복음을 담대히 선포했던 것처럼, 유일한 구원자 되시는 예수 그리스도를 불붙은 논리로 구사할 수 있어야 한다.

필자는 신학교 학부 시절부터 다양한 신학교를 방문하고 청강해 왔다. 그 가운데서 수집한 신학 자료를 토대로 『변증이 신학이다』를 쓰게 되었다. 책의 내용은 시대별로 중요한 인물들이 핵심이 되고 변증적인 부분만을 선별하여 소개했다.

총 40장의 목차 구성은 교부, 중세, 종교개혁자, 청교도, 신정통, 그 밖에 현대 신학에서 중요하게 논쟁이 되었던 부분을 순차적으로 소개하기 때문에, 교회사적인 흐름을 파악하면서 책을 읽어가는 데도 도움이 될 것이다.

이 책은 어떤 특정한 교파의 신학적 입장만을 주장하는 것을 목적으로 하지 않는다. 오히려 다양한 신학적 입장을 소개함으로 변증의 풍성함을 더해 줄 것을 목적으로 한다. 또한, 학문적으로 새로운 이론을 주장하는 것이 아닌, 교과서적인 정보 전달에 주된 중점을 두었다. 그렇기에 필자가 이 책을 쓸 때 가장 염두에 둔 독자층은 다음 세 부류의 사람이다.

첫째, 신학생이다.

필자가 대한민국에 있는 거의 모든 신학교를 직접 방문하고 주요 강사의 강의를 청강한 이유는 순전히 진리를 추구하는 마음과 배움에 대한 열망 때문이었다. 오늘날 신학생 중에도 필자와 비슷한 처지에 있는 이가 있을 것이다. 비록 유학 갈 형편이 되지 않더라도 열심히 공부해서 학문적인 성과를 거두고 목회적인 비전을 세워 나가길 꿈꾸는 신학생들이 좌절하도록 놔둬선 안 된다.

아마 대부분 신학생은 교회에서 '교회학교 교사', '간사' 혹은 '파트 전도사' 등 각종 사역을 담당하고 있을 것이다. 교인들 입장에서 이런 신학생은 담임 목사님보다 부담이 없고 편하다. 그래서인지 성도들은 신학적 질문을 교회 안에 있는 신학생들에게 물어보곤 한다. 그러나 이제 막 신학에 입문한 학부생들이

---

2 데이비드 웰스, 『신학 실종』, 김재영 역 (서울: 부흥과개혁사, 2014), 300.

교인들의 질문에 신학자들을 인용해 가며 논리적으로 설명하기란 쉽지 않다. 이 책은 그런 어려움을 겪고 있는 신학생들에게 도움을 줄 것이다.

책의 구성을 살펴보면 각 장 제목에 대표격 신학자의 이름을 써놓았다. 그러나 표시된 학자들로만 내용이 한정되지 않는다. 해당 장 제목 옆에 인물 이름을 표기한 것은, 단지 그 사상가의 변증방법론에 더 큰 비중을 두고 글을 전개하겠다는 의미이다. 그러므로 독자들은 장마다 다양한 기독교 사상가와 폭넓은 변증 기술을 만나볼 수 있다.

반면에 역사적 고증과 배경에 대해서는 꼼꼼한 서술이 없다. 그 이유는, 어디까지나 '변증방법론' 그 자체에 집중하기 위해서이다. 이러한 미흡함을 보강하고자, 이 책은 각 장이 끝날 때마다 참고 문헌을 표기해 두었다. 참고 문헌 대부분은 번역서이다. 어학 실력이 부족해도 참고 문헌을 직접 찾아서 독서할 수 있다. 만약 신학생들이 이 책을 통해서 참고 문헌까지 찾아 읽는 노력을 추가로 한다면, 이 책에서 놓치고 있는 부분까지도 보완해서 공부할 수 있을 것이다.

둘째, 목회자이다.

한국 교회 목회자는 목회 현장에서 성도들의 영혼을 위해 치열하게 섬기고 있다. 그 결과 목회의 연륜과 스킬이 늘어 간다. 하지만 신학교 때 가졌던 학문에 대한 열정은 상대적으로 감퇴한다. 왜냐하면, 대부분 목회자가 심방과 여러 가지 교회 행정으로 분주하기 때문이다.

그러나 바쁘다는 핑계로 신학을 게을리하는 것은 올바른 목회자의 자세가 아니다. 분명히 성도의 영혼을 사랑하는 목회자는 이런 분주함 속에서도 기독교 변증의 필요성을 끊임없이 느끼고 있을 것이다. 필자는 이 책을 통해서 필자와 같은 고민에 있는 여러 목사님께 미약하게나마 감히 도움을 드리고자 한다.

무엇보다 목회자는 지성인들의 공격적인 질문이 갑작스럽게 들어왔을 때 당황해서는 안 된다. 목회자는 프로이다. 목회자는 영적인 리더이며, 세속 철학과 질문에 대해 답변할 수 있는 진리의 수호자이다. 목회자의 영적 권위는 말씀 선포와 복음 수호에서 나온다. 이 일에서 기독교 변증은 필수적이다. 그러므로 목회자는 성실하게 그리고 꾸준히 기독교 교리와 변증방법을 연구해야 한다.

그런데 이러한 필요성을 느껴서 이 책을 펼쳤을 때, 어쩌면 어떤 목회자는 실망할지도 모른다. 왜냐하면, 자신과 맞지 않은 변증법들도 등장할 수 있기 때문이다. 어떤 목회자에게는 이 책이 너무 진보적일 수 있다. 또 어떤 목회자에게는 이 책이 지나치게 보수적이라고 느껴질지 모른다.

그러나 이 책은 교과서적인 지식 전달에 중점을 두었다는 점을 기억해 주기를 바란다. 이미 기성 교단에 속해서 목회하고 있는 목회자의 경우에는 자신이 속한 교단 신학에 알맞은 변증방법론만 뽑아서 독서할 수도 있다. 어쨌든 목회 현장에서 기독교 변증이 다채롭게 사용될 수 있기를 기대한다. 특히, 장 마지막에 첨부된 "내용 정리를 위한 문제"는 목회 현장에서 실질적으로 활용하기 좋을 것이다.

셋째, 리더급 성도이다.

이제 막 교회에 출석하게 된 성도가 기독교에 대해서 궁금증을 느껴서 이 책을 집었다면, 다른 기독교 변증 도서들을 먼저 독서하길 권한다. 왜냐하면, 시중에 친절하고 쉽게 잘 쓰인 기독교 변증서들에 비해 이 책은 상대적으로 불친절하기 때문이다. '불친절하다'고 말하는 이유는 친절한 설명 없이 학자들의 변증을 인용한 부분과 그들이 살았던 생애와 배경에 대해서 상세하게 설명하지 못한 부분이 많기 때문이다.

물론, 사상가들의 생애와 시대적 배경에 대한 설명이 전혀 없는 것은 아니지만, 이 책은 역사적 설명보다는 '신학 개념'과 '변증 이론'에 더 중점을 두고 있다. 아마 독자들은 이 책에서 조직신학의 느낌을 많이 받게 될 것 같다. 그러나 오늘날 평신도 리더나 신앙의 연수가 깊은 성도들은 학구적인 열정이 충만하다. 그런 분들은 각종 미디어를 통해서 신학 강좌들을 많이 접해봤고, 이미 많은 신학 서적을 읽어봤을 것이다. 따라서 훈련된 독자들과 신앙 논리에 익숙한 리더급 성도라면, 이 책을 소화하는 데 큰 무리가 없을 것이다.

모든 성도는 변증학자다. 기독교 변증은 학위를 소지하고 있는 학자들만 할 수 있는 것이 아니다. 이 사명은 모든 그리스도인이 감당해야 한다. 신학은 전문적이지만 동시에 대중적이다. 세계 만물은 하나님의 피조물이다. 피조물이 마땅히 창조주를 더 알기 위해 애쓰고, 더 찬미하기 위해 공부하는 것은 지극히 온당하다. 여기에서 평신도라고 차별을 둘 수 없다.

기독교 신앙을 이제 막 접하는 초신자들에게는 이 책이 버겁고 어려운 책일 수 있으나, 신앙생활을 오랜 기간 했거나 교회 중직으로 있는 이라면 이 책을 주변 교역자의 도움을 받아서라도 잘 소화해 내기를 기대한다.

2023년 5월 28일 웨슬리회심기념주일
경기도 용인시 기흥구 연원로8, 구성교회에서
김요환

제1장

기독교 변증학이란 무엇인가? : 기독교 변증학의 방법과 목표

> 또 내가 네게 이르노니 너는 베드로라 내가 이 반석 위에 내 교회를 세우리니 음부의 권세가 이기지 못하리라(마태복음 16장 18절).

'변증'이라는 단어를 들은 지성인들은 일반적으로 독일의 관념론 철학에 기반을 둔 게오르크 빌헬름 프리드리히 헤겔(Georg Wilhelm Friedrich Hegel)의 정.반.합 구조의 변증법을 떠올린다.[3] 그러나 기독교 변증은 합을 도출하는 것이 아니라, 전제된 진리를 설명해 낸다는 점에서 그 성격이 다르다. 이런 기독교 변증의 성격은 철학자들에게 환영받지 못한다. 줄리언 바지니(Julian Baggini)는 변증법에서 이성의 역할을 다음과 같이 평가한다.

> 변증론은 본질적으로 건설적이기보다는 방어적이다. 신념의 합리적 기반을 쌓는 것을 목표로 이성을 사용하는 것이 아니다. 신념의 기초는 다른 곳에 존재한다. 오히려 종교의 기초가 과학적, 역사적 혹은 다른 어떤 경험적 증거에 의해 논리적으로 결함이 없다거나 치명적으로 권위가 훼손되지 않는다는 것을

---

3 철학적 지성인들이 헤겔을 '변증'과 관련해서 이해하는 이유는 그가 1821년, 1824년, 1827년, 1831년 『종교철학』 모두에서 구체적인 종교들에 나타나는 신의 개념과 관련한 신 존재 증명을 시도했기 때문이다. 헤겔 『종교철학』의 권위자 피터 C. 하지슨(Peter C. Hodgson)에 따르면, 어쩌면 헤겔은 자신의 철학에 제시된 무신론의 혐의에 맞서기 위해 혹은 근대의 세속적 부르주아 세계에서 일어난 무신론 논쟁을 일축하기 위해 신 존재 증명에 그렇게 큰 비중을 둔 것일지도 모른다고 추측한다. ; 그 밖에 헤겔식의 역사를 풀어내는 철학적 변증법이 궁금하다면, "G.W.F 헤겔, 『역사철학강의』, 권기철 역 (서울: 동서문화사, 2016)"을 참고할 것.

보여 주기 위해 이성을 사용한다.[4]

과연 기독교 변증은 건설적이지 않고 방어적인가?
신앙을 방어하기 위해서만 이성을 사용하는가?
물론, 변증이기 때문에 바지니가 지적한 측면이 없지 않아 있지만, 반드시 그런 것만은 아니다. 더글라스 그로타이스(Douglas Groothuis)에 따르면, "기독교는 하나님, 창조와 인류의 교리들을 통하여 우리의 이성적 능력에 대한 정당화를 제공한다."[5] 그러므로 신앙을 방어하기 위해 이성을 사용하는 것처럼 보이지만, 사실 신앙이 이성을 정당화한다.

그러므로 변증은 방어적일 뿐만 아니라 여전히 건설적이다. 신적인 이미지는 합리성을 포함하고 있으며, 인간이 타락했다 하더라도 이성이 그 기능을 하는 것은 하나님이 그것을 보장하시기 때문이다.[6]

그렇다면 기독교 변증학을 정확히 이해하고 사용하기 위해서는 어떻게 해야 할까?
과연 우리가 적용해야 할 기독교 변증학이란 무엇일까?
이에 대해 답변하기 위해서는 기독교 신학에서 변증이라는 학문이 어떻게 탄생했으며 어느 위치에 있는지 아는 것이 선행되어야 한다.

기독교 교육의 역사에서 '변증학'은 '어학' 다음으로 중요한 위치를 차지해 왔다. 후스토 곤잘레스(Justo L. González)에 의하면, 초대 교회에서부터 전반적인 신학 교육은 대개 문학, 해석학, 수사학 분야의 공부로 이루어졌다.[7]

왜냐하면, 목회자는 자신의 직무를 담당하면서 성경 본문의 글을 이해했고, 또 예배를 인도해야 했기 때문이다. 그러한 이유에서 어학은 중요한 위치를 차지한다. 그런데 얼마 지나지 않아 목회자들에게 단순히 글을 읽고 해석하는 것, 그 이상의 학문이 요구되기 시작되었다. 그것은 초기 기독교인들의 신앙을 위협하는 두 가지 요소가 등장하면서부터이다.

---

4 줄리언 바지니, 『위기의 이성』, 박현주 역 (경기파주: 아르테, 2017), 58-59.
5 더글라스 그로타이스, 『기독교 변증학』, 구혜선 역 (서울: 기독교문서선교회, 2015), 631.
6 Ibid.
7 후스토 곤잘레스, 『신학 교육의 역사』, 김태형 역 (서울: 부흥과개혁사, 2019), 27.

1. 기독교 변증학의 태동 원인

첫째, 박해이다.

로마의 박해자들은 '예수 그리스도를 구세주로 믿는 신앙'은 그리스-로마의 황제 중심 신앙에 반대된다는 점을 근거로 기독교인들을 죽였다. 사도 요한의 제자, 속사도 교부 폴리캅은 "쇠사슬은 하나님과 우리 주 예수 그리스도에 의해 참으로 선택된 그러한 사람들을 위한 면류관입니다"라고 당시 박해받는 성도들을 격려했다.[8]

그 밖에 변증가들은 "그리스도인들이 로마에 어떤 위협도 아니라는 점"을 부각해 기독교와 평화를 유지할 것을 촉구했다.[9]

로마의 박해에 대해서 순교자 유스티누스(Justinus)는 『변증론』(*Apology*)을 저술하여 변증운동을 펼쳤다. 교회학자 윌리스틴 워커(Williston Walker)에 의하면, 유스티누스의 변증의 중심 사상은 "기독교가 모든 철학 중 가장 참된 철학이라는 것"이다.[10] 당시 로마의 이교도들은 기독교에 대해서 오해했고, 정확히 알지도 못했다. 그렇기에 로마 황제와 당시 이교도들은 기독교를 박해했다.

이에 대해서 기독교 신학은 그들의 철학의 용어를 차용하여 기독교가 왜 더 으뜸일 수밖에 없는지를 설득할 필요성이 있었다. 이 역할을 유스티누스가 감당한 것이다. 박해의 상황에서 유스티누스의 변증은 하나의 돌파구 역할을 했다. 그 대표적인 개념이 로고스 개념이다. 그리스-로마 철학에서 절대적 지혜를 상징하는 로고스 개념을 말씀이신 예수 그리스도로 대체시킨 것은 훌륭한 변증이었다. 이것은 요한복음 1장 1절의 말씀과도 일치된다.

둘째, 이단이다.

교회 공동체가 세워진 이후에 처음 사도들의 가르침과 다른 가르침이 등장하기 시작했다. 사실 이단은 사도들이 활동했던 당시에도 존재했다. 요한삼서 1장 9절에 등장하는 디오드레베는 스스로 교회의 으뜸이 되어 복음적 가르침을 부수려는 인물이었다.

---

8 J. B. 라이트푸트 & J. R. 하머, 『속사도 교부들』, 이은선 역 (서울: 기독교문서선교회, 2011), 170.
9 조셉 얼리 주니어, 『기독교의 역사』, 우상현·권경철 역 (서울: 기독교문서선교회, 2020), 57.
10 윌리스틴 워커, 『세계기독교회사』, 강근환·민경배·박대인·이영헌 역 (서울: 대한기독교서회, 2016), 52.

사도의 권위에서 벗어나 스스로 교회의 지도자가 되려는 이에게서 그리스도의 성육신이 부정되고, '가현설'과 '영지주의'와 같은 이단 사상이 발발하게 된다. 거기에 장기간 지속된 박해로 그리스도인들이 지역에 따라 여러 공동체로 분할되면서, 후에 서로 다른 전통이 형성되었다. 그런데 그중 어떤 공동체는 약간의 전통적 차이를 넘어서서 아예 이단적 가르침을 믿고 따랐다. 로마가 기독교를 용인한 이후에도 이단자들은 초대 교회의 전통적인 가르침에 훼방을 놓으며 다녔다.

당시 '영지주의'라는 이단은 그리스도의 십자가 죽음이 실제가 아니라고 주장했다. 이들은 영적인 것만 우월하고 중요하기에, 예수님이 육신의 몸을 입었다는 사실을 부정한다. 영지주의자들은 '하나님이 육신을 입고 죽으셨다'라는 명제를 결코 이해하지 못했다. 결국, 이들은 '가현설'을 주장하기에 이른다. 가현설이란 하나님이 육신의 몸을 입고 성육신하신 것이 아니라 유령과 같이 가시적인 형태, 혹은 영적인 모습으로 오셨다는 주장이다.

영지주의의 요소는 그리스도교가 제도화되기 이전에도 이미 존재했었다.[11] 그렇기 때문에 복음서 안에도 이들에 대한 반론이 등장한다. 대표적으로 요한복음 20장 27절에서 예수님이 사도 도마에 부활하신 자기 육체를 만져 보라고 말씀하시는 장면과 요한복음 21장에서 예수님이 조반을 준비해 놓으신 장면이 그러하다.

육신을 입지 않고 어떻게 육체를 만져볼 수 있으며, 조반을 준비하고 먹을 수 있겠는가!

이것은 실제 부활하신 주님이 그렇게 하셨기에 기록된 것이다. 그리고 이 사실이 기록됨으로 인해 자연스럽게 가현설에 대한 신학적 반론까지 가능해졌다. 그런데도 영지주의자들은 초대 교회의 이단으로 계속 이어져 왔다. 결국, 이에 대해서 교부 이레니우스(Irenaeus)가 다시 한번 변증을 강화하여 세운다.

---

11 헨리 채드윅, 『초대 교회사』, 박종숙 역 (경기파주: CH북스, 2020), 39.

2. 심정과 이성의 변증

그렇다면 다시 원점으로 돌아와서 이야기해 보자.
"기독교 변증학이란 무엇인가?"
기독교 교육의 역사와 변증학의 등장 배경을 보았을 때, 기독교 변증학이란 '기독교 신앙 교리'를 설명하는 활동을 의미한다. 또 기독교 변증학이란, 하나님에 대해 소망하고 인식하며 말씀에 순종하는 전(全) 행위를 일컫는다.

이러한 행위는 교회를 반석 위에 세우는 행위이다. 십자가 반석 위에 세워진 교회는 음부의 권세 앞에 절대 패배하지 않는다. 그리고 예수 그리스도라는 십자가 반석 위에 교회를 세워나가는 모든 행위는 기독교 변증에 이바지하는 행위들이다.

단, 이 모든 일은 합법적이고 신뢰할 만하게 해야 한다. 초대 교회의 변증은 자신의 논리를 뽐내기 위한 수단이 아니었다. 초대 교회의 변증은 복음의 열정에 사로잡혀 교회를 반석 위에 세우려는 신앙의 투혼이다. 그러므로 "기독교 교회의 신학은 본질적으로 인간 지성의 논리를 만족시키기 위한 것이 아니라, 하나님의 단일성 그리고 세상에 대한 하나님 계획의 내적 논리와 아름다움"을 성경에 근거하여 정당하고 일관성 있게 가르치는 것이다.[12]

오늘날 지성인 그리스도인 중 빈틈없는 변증가는 많이 있다. 그러나 이들의 변증이 교회를 반석 위에 세우기 위한 것인지에 대해서는 진지하게 고민해 봐야 한다. 이에 대해서 그로타이스는 다음과 같이 조언한다.

> 빈틈없는 변증가는 친절하지만, 도전적인 반응을 보일 뿐만 아니라 집중된 경청을 통하여 자동차 기어를 변속하듯 엄청난 양의 모순되는 믿음 사이를 이리저리 옮겨 다녀야 한다. (중략) 불신자의 영혼의 상태에는 거의 관심이 없는 '쏟아붓기'(dumping) 혹은 '폭탄 투하'(blasting) 식의 변증은 억압된 긴장을 해소하고 변증가의 지식을 과시할 수는 있어도 누군가를 영원한 구원으로 인도하는 데에는 전혀 도움이 되지 않는다.[13]

---

12 제럴드 브레이, 『갓 이즈 러브』, 김귀탁·노동래 역 (서울: 새물결플러스, 2019), 131.
13 더글라스 그로타이스, 『기독교 변증학』, 67.

지금까지 우리는 기독교 변증학이 무엇이고, 기독교 변증을 시도할 때의 유의할 부분이 무엇인지 파악해 보았다. 그러나 아직 남은 숙제가 있다. "기독교 변증학의 방법은 무엇이며, 어떤 목표를 가지고 세워나가야 하는가?"라는 물음이 바로 그것이다.

철학자로서 기독교 변증을 시도한 브레즈 파스칼(Blaise Pascal)은 자신의 저서 『팡세』에서 '심정'과 '이성'을 구분하면서 변증에 접근해 간다. "신을 느끼는 것은 심정이지 이성이 아니다. 이것이 곧 신앙이다. 이성이 아니라 심정에서 느끼는 것이 하나님이다."[14] 파스칼의 변증법은 그저 논리와 이성에 근거치 않았다. 인간이 가지고 있는 심정이라는 부분을 인정하고 그것을 통해 하나님의 존재를 변증한다.

이러한 변증 방법은 무신론자들에게 효과적이다. 오늘날 국내 저술가 중에서는 이어령 박사의 변증이 이러하다. 그의 변증은 심정을 통한 변증이다. 이어령 박사의 『지성에서 영성으로』는 딸을 잃은 아버지의 심정으로 하나님을 경험하게 된 이야기가 담겨 있다.[15] 천주교에서는 차동엽 신부의 『잊혀진 질문』이라는 책을 심정을 통한 변증방법 중 하나로 소개할 수 있겠다.[16]

반면에 덴버신학교의 정성욱 교수의 변증은 이성을 납득시키는 방식이다. 정성욱 교수가 저술한 『티 타임에 나누는 기독교 변증』은 비(非)크리스천들에게도 설득력 있게 기독교 신학을 잘 소개해 주고 있다.[17] 정리해 보면, 기독교 변증학의 방법은 '이성'과 '심정'을 고루 만족시키는 것에 의의를 둘 수 있다.

---

14 브레즈 파스칼, 『팡세』, 이환 역 (서울: 민음사, 2014), 117-118.
15 이어령, 『지성에서 영성으로』, (서울: 열림원, 2012), 4부 '아버지와 딸의 만남'이라는 부분에서 이어령 박사의 심정적인 글을 확인할 수 있다.
16 차동엽, 『내 가슴을 다시 뛰게 할 잊혀진 질문』, (서울: 명진출판, 2012), 63. : 차동엽 신부는 심미적 삶, 윤리적 삶, 종교적 삶 3단계로 나눠서 인간을 설명한다. 이는 이성을 근거로 인간을 구분하는 것이 아니라 심정을 근거로 인간을 구분하는 것이다.
17 정성욱, 『티타임에 나누는 기독교변증』, (서울: 홍성사, 2007), 목차 구성부터 논증 방식까지 전통적인 기독교 신학의 교리를 잘 변호하고 있다.

3. 기독교 변증의 전제 사안

어떤 변증 방법을 추구하든지 다음 세 가지는 반드시 전제해야 한다.

첫째, 성경의 근거이다.

존 바턴(John Barton)에 따르면, 성경은 거룩한 책으로 여겨져 왔던 책들이 계속 읽히면서, 식물이 자라듯 오랜 시간 걸쳐 자라난 것이지, 어느 한순간 규정된 산물이 아니라고 주장한다.[18] 성경 형성에 대한 이런 식의 학술적 접근과 연구는 필수적이고, 성경의 신뢰성을 높이는 데 좋은 영향을 준다.

하지만 궁극적으로 기독교 변증의 최종 목적은 '성경을 변호하는 것'이 아니라, '성경에 근거해서 변호하는 것'이다. 그런 의미에서 성경에 대한 변증은 최종 변증을 위한 일종의 중간 과정이다. 그리고 이 중간 과정이 온전히 이루어졌을 때, 성경의 권위는 더 이상 논의의 대상이 아닌, 전제의 대상이 된다.

그리고 이때부터 기독교 변증의 모든 권위의 출처는 오직 성경에 기인하게 된다. 에드워드 팔리(Edward Farley)는 신학 지식의 기반으로 "교회 안에서 발휘되는 지도자의 상황"을 꼽는다.[19] 개신교회에서는 교회 안에서 발휘되는 지도자의 상황은 대개 설교이다. 그리고 그 설교는 철저하게 성경에 기반을 둔다. 즉, 권위의 원천적인 출처가 성경이 되지 않는 한 모든 기독교 변증학은 마치 허공에서 공회전하는 수레바퀴일 뿐이다.

성경이 변증 대상이 아니라 변증의 근거인 또 다른 이유는 성경 자체가 이미 자증(自證)하고 있다는 점에서 그러하다. 가령 창세기는 고대 근동의 신관과 세계관을 대적하는 히브리적 변증이다. 고대 근동의 세계관은 왕과 노예를 구분한다. 바벨론의 창조 신화인 에뉴마 엘리쉬에 근거해서 인간을 볼 때, 인간의 가치는 하찮기 이를 데 없다.[20]

그 신화에서는 모든 인간이 계급에 따라 차등하게 취급받는다. 그러나 성경은 고대 근동의 가치관과는 정반대로 이야기한다. 성경에서는 모든 인간이 하나님의 형상으로 창조되었으며 모든 인간이 하나님 앞에서 평등하다. 당시 고대 세계라는 배경에 비추어 생각했을 때, 성경의 이와 같은 생명 존중 사상과 계율은

---

18 존 바턴, 『성서의 형성』, 강성윤 역 (서울: 비아, 2021), 170.
19 에드워드 팔리, 『신학 교육의 개혁』, 윤석인 역 (서울: 부흥과개혁사, 2020), 210.
20 브라이언 왈쉬, 『세상을 뒤집는 기독교』, 강봉재 역 (서울: 새물결플러스, 2020), 23.

놀라울 정도로 계몽되어 있다.[21]

이로 보건대, 성경은 결코 고대 근동의 영향을 받아 탄생한 부산물이 아니다. 오히려 성경은 고대 근동에 맞서는 신적이며 계시적인 변증서이다. 또 다른 성경에 나타난 계시적 관점으로는 '하나님의 하강'이 있다. 고대 근동 사회에서 인간은 신에게 도달하기 위해 끊임없이 도전하며 올라가는 존재이지만, 성경에서는 신이 인간을 위해 내려온다. 야곱의 사닥다리는 신이 인간에게 친히 강림하신 사건이며 신약에서는 그리스도의 성육신과 십자가가 그러하다. 십자가는 인간이 하나님께 도달하기 위한 장치라기보다는, 하나님이 인간을 향해 강하하시는 통로이다.

이를 두고 리처드 보컴(Richard Bauckham)은 이렇게 증언한다. "하늘에서 내려온 예수는 십자가 위에서 자신이 갔고, 자기를 믿는 자들도 갈 수 있는 하늘로 가는 길을 만든다."[22]

둘째, 기독교 세계관이다.

세계관은 세계를 보는 관점을 뜻한다. 그런데 이 세계관은 보편적이거나 객관적일 수 없고 개별적이며 주관적이다. 그러므로 세계관은 어떤 세계에 머물러 사는지에 따라 달라진다. 이것은 세계를 어떻게 응시하는가에 대한 시각의 문제이다. 그러므로 세계관이란 특정 세계에 속한 인간이 "응시하는 세계에 따라서 일종의 인생관, 사고방식, 철학, 관점, 가치관을 포함해서 한 인간의 행동으로 귀결되는 것"을 뜻한다.[23] 그중 기독교 세계관은 기독교 세계에 머물러 사는 사람들에게 적용된다.

기독교 세계관을 전제한 변증은 이 세계를 하나님의 통치로 인정한다. 세계가 하나님의 통치 속에 있다는 것을 인정하는 사람들은 "하나님의 무한성은 하나님만이 충만한 지혜(과거·현재·미래)를 소유하고 있다"고 여긴다.[24] 그리고 창조-타락-구원의 과정을 그리스도 중심의 구속사로 풀어낸다. 아더 홈즈(Arthur F. Holmes)는 오늘날을 위한 세계관의 필요성을 언급하면서 "유일한 하나의 존재"에 대한 변증을 촉구한다.[25] 이것은 다양한 관념, 가치, 생각, 사상이 인정되

---

21 존 바턴, 『온 세상을 위한 구약 윤리』, 전성민 역 (서울: 한국기독학생회출판부, 2017), 141.
22 리처드 보컴, 『하나님은 누구신가?』, 이형일 역 (서울: 새물결플러스, 2023), 54.
23 정승태, 『디펜시오 크리스티아누스 지성을 추구하는 신앙』, (대전: 한국침례신학대학교출판부, 2021), 69.
24 데이비드 도커리 & 크리스토퍼 모건, 『기독교 교양교육』, 조호영 역 (서울: 부흥과개혁사, 2020), 170.
25 아더 홈즈, 『기독교 세계관』, 이승구 역 (서울: 솔로몬, 2017), 23.

는 시대에서 역설적으로 유일성을 말하기에 세속 사회에 큰 도전이 된다. 그 도전은 다름 아닌, 기준이 상실된 세속 사회에 기준점을 제공해 주는 것에 있다. 그 유일한 기준점은 예수 그리스도시다.

셋째, 진리의 중대함이다.

기독교 변증학에서 진리의 중대함을 간과한다면 사실상 변증을 포기하는 것과 다름이 없다. 진리의 중대함은 진리의 무모순성을 확인하고, 진리의 타협 불가능성을 견지하는 것에서 출발한다. 이것은 기독교의 우월성을 강조하는 것이 아니라, 유일성과 특수성을 강조하는 것이다. 이것은 명제들을 전제하는 것에서부터 시작된다. 예를 들어 "살인은 잘못된 것이다"라는 명제가 필연적 진리이듯, "하나님은 존재한다"라는 명제도 필연적인 진리라는 뜻이다.

그런데 이 진리에 대항하는 인류의 사상들이 있다. 크게 세 가지이다.

(1) 무신론이다. 무신론은 하나님이 없다는 주장이다.

(2) 다신론이다. 다신론은 신이라는 존재가 삼위일체 되시는 하나님만 있지 않고 다양하게 많다는 것이다.

(3) 이신론이다. 이신론은 창조주가 이 땅의 일에 개입하지 않는다는 주장이다.

지금까지 살펴본 인류의 사상들은 모두 그릇된 주장이다. 그 외에도 불가지론(하나님이 있는지 없는지 알 수 없다는 주장), 범신론(만물의 모든 것이 신이 될 수 있다는 주장) 등의 주장도 잘못된 것이다. 이것들이 왜 잘못된 주장인지 따지는 것이 바로 기독교 변증학의 역할이다. 그리고 진리의 중대함 앞에서 이러한 주장들이 얼마나 무가치한 것인지 명명백백히 밝혀내는 것이 곧 기독교 변증학의 사명이다.

지금까지의 변증신학은 주로 교의학에서 다뤄진다. 그러나 안타깝게도 교의학은 경건이라는 실천을 생기 없는 명제로 환원한 거룩하지 못한 학문으로 취급되는 경우가 많다. 하지만 실은 전혀 그렇지 않다. 존 웹스터(John Webster)에 따르면, "교의학은 교회가 자신의 사유를 그리스도의 복음을 향해 정향 함으로써 하나님을 찬양하는 즐거운 활동이다."[26] 그러므로 변증은 비신자들을 설득하는 마이크이면서 동시에, 신자들의 신앙 즐거움을 증폭시키는 스피커이다.

---

26 존 웹스터, 『거룩함』, 박세혁 역 (경기고양: 터치북스, 2022), 25.

4. 영적 호신술로서 기독교 변증학

지금까지 기독교 변증학의 방법과 그 역할을 설명했다.

그렇다면 기독교 변증학의 목표는 무엇인가?

바로 답을 하자면, 기독교 변증학의 목표는 사랑과 성스러움의 논리를 구사해서 교회를 지켜 내고 나아가 영혼들을 구원하는 것이다. 물론, 기독교 변증학이 처음 출발부터 불신자들의 개종을 목표로 한다고 말할 수는 없다. 왜냐하면, 기독교 변증학의 일차적 목표는 음부의 권세로부터 자기 자신과 교회를 지켜 내는 것이기 때문이다. 변증학의 어원적 의미도 '변호하다'라는 '디펜스'(defence)의 의미이다. 비유하자면, '변증학'은 '호신술'과 같다. 호신술의 목표가 적을 격파하는 것에 있지 않고, 적으로부터 자신을 지키는 것에 있는 것처럼, 기독교 변증학도 그러하다. 변증학의 처음 시작은 분명히 방어가 목적이다.

하지만 호신술에 달인이 되면 지금까지 배운 호신 기술을 공격 무술로 응용할 수 있게 된다. 마찬가지로 기독교 변증학은 신앙을 지키는 방어적 도구에서 멈춰 있지 않고, 복음 전파를 위한 도구로 충분히 발전될 수 있다. 실제로 '우리를 위한 그리스도'를 설명하기 시작하면, '우리 안에 있는 그리스도'가 드러나기 마련이다.[27]

기독교 변증학을 접하면 접할수록 성도는 사랑으로 더욱 충만해지며, 그리스도의 향기를 풍기게 된다. 왜냐하면, 우리가 반석 위에 세운 교회를 지켜낸다고 자처했지만, 사실은 반석 위에 세워진 주님의 몸 된 교회가 우리를 보호해 주고 있기 때문이다. 다시 말해서 십자가에서 모든 물과 피를 쏟으신 예수 그리스도께서 성도들의 변호자(보혜사)가 되어 주신다.

결국, 기독교 변증학은 '지식으로 하나님을 입증하는 것'이 아니라, 오히려 '하나님이 우리 각 사람을 변호해 주고 계신다는 진실을 알리는 것'이 궁극적 목적이다. 따라서 기독교 변증학의 최종 목표는 그리스도의 사랑으로 충만해져서 하늘의 논리를 이 땅에서 펼쳐 보이는 것이다.

---

27 마이클 호튼, 『복음이 이끄는 기독교』, 이용중 역 (서울: 부흥과개혁사, 2010), 237.

♣ 내용 정리를 위한 문제

1. 기독교 변증학이 태동하게 된 결정적인 원인은 무엇인가?
2. 기독교 변증학의 전제가 되는 사안은 무엇인가?
3. 기독교 변증학의 최종 목표는 무엇인가?

※ 참고 문헌(머리말과 제1장에 인용된 도서들)

G.W.F 헤겔. 『역사철학강의』. 권기철 역. 서울: 동서문화사, 2016.
J. B. 라이트푸트 & J. R. 하머. 『속사도 교부들』. 이은선 역. 서울: 기독교문서선교회, 2011.
더글라스 그로타이스. 『기독교 변증학』. 구혜선 역. 서울: 기독교문서선교회, 2015.
데이비드 도커리 & 크리스토퍼 모건. 『기독교 교양교육』. 조호영 역. 서울: 부흥과개혁사, 2020.
데이비드 웰스. 『신학 실종』. 김재영 역. 서울: 부흥과개혁사, 2014.
리처드 보컴. 『하나님은 누구신가?』. 이형일 역. 서울: 새물결플러스, 2023.
마이클 호튼. 『복음이 이끄는 기독교』. 이용중 역. 서울: 부흥과개혁사, 2010.
브라이언 왈쉬. 『세상을 뒤집는 기독교』. 강봉재 역. 서울: 새물결플러스, 2020.
브레즈 파스칼. 『팡세』. 이환 역. 서울: 민음사, 2014.
아더 홈즈. 『기독교 세계관』. 이승구 역. 서울: 솔로몬, 2017.
에드워드 팔리. 『신학 교육의 개혁』. 윤석인 역. 서울: 부흥과개혁사, 2020.
윌리스틴 워커. 『세계기독교회사』. 강근환 외 역. 서울: 대한기독교서회, 2016.
유스토 L. 곤잘레스 & 자이다 M. 페레즈. 『기독교 신학입문』. 조지아크리스찬대학교출판사 역. 서울: 조지아크리스찬대학교출판사, 2011.
제럴드 브레이. 『갓 이즈 러브』. 김귀탁·노동래 역. 서울: 새물결플러스, 2019.
조셉 얼리 주니어. 『기독교의 역사』. 우상현·권경철 역. 서울: 기독교문서선교회, 2020.
존 웹스터. 『거룩함』. 박세혁 역. 경기 고양: 터치북스, 2022.
존 바턴. 『성서의 형성』. 강성윤 역. 서울: 비아, 2021.
_____. 『온 세상을 위한 구약 윤리』. 전성민 역. 서울: 한국기독학생회출판부, 2017.
줄리언 바지니. 『위기의 이성』. 박현주 역. 경기 파주: 아르테, 2017.
헨리 채드윅. 『초대 교회사』. 박종숙 역. 경기 파주: CH북스, 2020.
후스토 곤잘레스. 『신학 교육의 역사』. 김태형 역. 서울: 부흥과개혁사, 2019.
이어령. 『지성에서 영성으로』. 서울: 열림원, 2012.
정성욱. 『티 타임에 나누는 기독교변증』. 서울: 홍성사, 2007.
정승태. 『디펜시오 크리스티아누스 지성을 추구하는 신앙』. 대전: 한국침례신학대학교출판부, 2021.
차동엽. 『내 가슴을 다시 뛰게 할 잊혀진 질문』. 서울: 명진출판, 2012.

제2장

교부들의 변증방법론 : 히포의 아우구스티누스

> 낮에와 같이 단정히 행하고 방탕하거나 술 취하지 말며 음란하거나 호색하지 말며 다투거나 시기하지 말고 오직 주 예수 그리스도로 옷 입고 정욕을 위하여 육신의 일을 도모하지 말라(로마서 13장 13-14절).

기독교 변증학을 다룸에 있어서 교부들의 변증을 이해하는 것은 대단히 중요하다.
'왜 교부일까?'
'왜 교부들의 변증이 존중받아야 할까?'
그 이유는 크게 세 가지를 들 수 있다.
첫째, 교부들은 신앙 초기 기독교 공동체의 원전과 가깝다.
둘째, 교부들은 성도들을 생각하는 목회자이다.
오늘날에는 신학과 목회가 지나치게 분리되어 신학자는 교회의 상황에 대한 이해 없이 신학 연구에만 매진하고, 목회자는 심방, 교역자 회의 등등 때문에 바빠서 신학 공부를 등한시하는 경우가 허다하다. 그러나 교부들은 그렇지 않았다. 그들은 목회 현장에서 변증을 시도한 신학자면서 동시에 목회자다. 그들은 신실한 기독교인들이 "진정한 믿음 안에서 안전하게 보호"받도록 신학적 답안을 제시해 주어야 할 책임과 의무를 지고 있었다.[1] 그래서 제럴드 히스탠드(Gerald Hiestand)와 토드 윌슨(Todd Wilson)은 교부들을 "교회적 신학자"라고 명명한다.[2]

---

1 G. R. 에반스, 『초대 교회의 신학자들』, 박영실 역 (서울: 그리심, 2008), 20.
2 제럴드 히스탠드 & 토드 윌슨, 『목사 신학자』, 김장복 역 (서울: 부흥과개혁사, 2016), 164.

셋째, 교부들은 갈라지지 않았던 교회의 증인이다.

공동체 규범서인 『디다케』와 같은 문헌들은 공동체 안에서의 질서와 통일성을 증명해 보인다.[3] 그렇기에 오늘날에도 정통 신학자들은 교부들의 신학을 존중하고 사랑한다. 대표적으로 한스 우르스 폰 발타자르(Hans Urs von Balthasar)는 아래와 같이 증언한다.

> 위대함, 웅장함, 담대함, 유연함, 확실함 그리고 불타오르는 사랑은 교부신학의 상징이다. 아마도 교회는 이레니우스부터 아타나시우스, 바실리우스, 키릴루스, 크리소스톰, 암브로시우스와 아우구스티누스에 이르는 일군의 거인을 결코 다시 만나지 못할 것이다.[4]

그렇다면 우리는 어떤 교부를 알고 있는가?

신학 공부를 어느 정도 접한 이들은 이레니우스, 터툴리안, 키릴루스, 오리겐 등등의 많은 인물을 떠올릴 것이다. 그러나 신학 공부가 낯선 이들에게 그나마 익숙한 기독교 교부는 아우구스티누스 정도일 것이다. 간혹 아우구스티누스와 어거스틴이 동일인이라는 사실을 모르고 혼동하는 사람들이 있다. 그러나 혼동할 필요가 전혀 없다. 아우구스티누스의 영어식 이름이 히포의 성 어거스틴(Saint Augustine of Hippo)이고, 그의 라틴어 이름은 성 아우렐리우스 아우구스티누스 히포넨시스(Sanctus Aurelius Augustinus Hipponensis)이다.

이 책에서는 아우구스티누스로 명칭을 통일해서 사용하겠다. 아우구스티누스는 교회사에서 굉장히 중요한 인물이다. 따라서 교부의 변증방법론에서 그를 기준으로 삼는 것은 다른 교부의 신학을 이해하는 것에도 도움이 될 것이다. 로완 윌리엄스(Rowan Williams)는 "원숙기에 이른 아우구스티누스의 그리스도론에서 일치를 구성하는 원리는 그리스도를 사피엔티아(sapientia, 지혜)로 이해하는 것"이라고 주장한다.[5]

---

3   H. R. 드롭너, 『교부학』, 하성수 역 (경북: 분도출판사, 2001), 127. ; 시리아/팔레스티나 혹은 이집트에서 2세기 초에 씌인 것으로 보이는 공동체 규범서인 '디다케'는 다섯 부분으로 이루어져 있는데, 윤리에 관한 태도, 전례, 떠돌이 예언자들과 유랑 그리스도인들과의 관계, 공동체 생활, 종말론에 관한 규범 등을 가르친다.

4   Hans Urs von Balthasar, *The Fathers, the Scholastics, and Ourselves*, (International Catholic Review: Communio24, 1997), 371.

5   로완 윌리엄스, 『다시 읽는 아우구스티누스』, 이민희·김지호 역 (경기고양: 도서출판100,

즉, 그리스도론 자체가 지혜이며 변증이자 요체라는 뜻이다. 여기서 우리는 아우구스티누스의 변증방법론을 좀 더 쉽게 이해하기 위해, 아우구스티누스 이전 교부의 기독교 변증법을 우선으로 파악하고자 한다.

1. 아우구스티누스 이전의 교부들

첫째, 카르타고의 터툴리안(Tertullian)

후스토 곤잘레스(Justo L. González)는 터툴리안을 라틴 신학의 아버지로서 평가한다.[6] 그 이유는 삼위일체 및 기독론에서 사용되는 용어 및 명언들이 대부분 터툴리안에게 나왔기 때문이다. 대표적으로 그는 "기독교인들의 피가 씨앗이다."

"아테네인들이 진실로 예루살렘과 무슨 관계가 있는가?"

"희랍 학술원(Academy)과 교회 사이에 무슨 일치가 있는가?"

이와 같은 말들을 주조하였다.

터툴리안의 변증법은 철저하게 법(法)적이다. 그는 하나님을 재판관으로 인식한다. 그러나 하나님은 자비로운 재판관이다. 터툴리안은 예수님을 믿는 신앙 때문에 순교 당한 이들은 비록 세상 법정에서 유죄 판결을 받았더라도, 하나님으로부터 무죄판결을 받는 이들이라고 굳게 믿었다.[7]

또한, 예수 그리스도의 사업은 '속전'과 '새 법의 실행'으로 이해한다. 그렇기에 터툴리안에게 죄는 율법을 어기는 행위에 있다. 당시 마르키온이라는 이단이 존재했는데, 이 이단은 구약의 하나님을 열등한 것으로 취급했다. 그러나 법정적으로 변증하는 터툴리안 앞에서 이는 용납 불가능한 주장이었다. 터툴리안의 법정적 변증은 실로 단호하고 날카롭다.

> 정말이지, 마르키온이 신약을 구약에서 분리했다면, 그가 분리한 [신약]보다 나중 사람이다. 이는, 그가 오직 하나였던 것만을 분리할 수 있었기 때문이다. 그러니까, 예전에 하나였던 것이 분리되었고, 분리된 것은 나중 것이라는 사실

2021), 266-267.

6 J.L. 곤잘레스, 『기독교 사상사』, 이후정 역 (서울: 컨콜디아사, 2009), 31.

7 테르툴리아누스, 『호교론』, 한창용 역 (서울: 분도출판사, 2022), 222.

이, 분리해 나간 자가 나중임을 증명한다.[8]

터툴리안의 단호함과 치밀함은 그가 사용한 신학적 용어에도 담겨 있다. 터툴리안은 '삼위일체'라는 용어를 최초로 사용한 인물이다. '삼위일체'라는 단어에는 하나님의 사랑이 응축되어 있다. 이는 터툴리안이 법적인 변증법을 추구하면서도, 하나님의 위격과 속성을 표현해 내는 것에 있어서 성경적으로 신중했다는 것을 뜻한다.

'삼위일체'라는 용어만큼 은혜가 되고 감격스러운 변증이 또 어디 있는가! 한번 상상해 보라. 최후 심판대에서 삼위일체 하나님이 나를 바라보신다. 성부께서 재판장으로 서 계신다. 성령께서 마치 검사가 죄인의 죄를 고발하듯, 모든 죄를 낱낱이 드러내고 회개토록 하신다. 그때 성자 예수님이 우리의 변호사 되어 주신다. 신자가 피고로 서 있는 법정에서 성부 재판장, 성령 검사, 성자 변호사가 삼위일체 되신다.

구별되나 분리되지 않으시는 삼위일체 하나님에 대해서 설명할 때, 양태론이나 삼신론의 오류를 범할 수 있기에 어떤 비유적 설명도 단정할 수는 없다. 그러나 교리적 질서 안에서 은혜가 되는 요소를 애써 외면할 필요도 없을 것이다.

둘째, 알렉산드리아의 오리겐(Origen)

그는 형이상학적으로 진리를 변증했다. 그가 이해한 하나님은 초월자이시며, 일자(一者)이시다. 이것은 하나님의 유일성을 뜻한다. 그 유일하신 존재는 모든 지성적 본성이나 정신이 시작되는 근원이요, 원천이기에 조금의 부족함도 없다.[9] 그렇기에 오리겐이 이해한 예수 그리스도의 사업은 '조명하심'이다. 우리에게 구원의 진리를 가르쳐주신 사역이 바로 그리스도의 사역이라는 것이다.

따라서 오리겐이 봤을 때 죄는 하나님을 명상하지 않는 것이다. 왜냐하면, 하나님을 명상하지 않는 것은 진리이신 예수님의 가르침을 따르지 않는 행위이기 때문이다. 이는 당시 다신론을 주장하는 이단들과의 논쟁에서 매우 적절한 변증 방법이었다. 하나님만이 초월자 되시고 유일하신 분이라는 것이 명확하면, 기도의 대상은 하나님뿐이다.[10]

---

8 터툴리안, 『취득시효론』, 김광채 역 (서울: 부크크, 2022), 119.
9 오리게네스, 『원리론』, 이성효·이형우·최원오·하성수 역 (경기파주: 아카넷, 2016), 288.
10 오리게네스, 『기도론』, 이두희 역 (서울: 새물결플러스, 2018), 125. : 이집트의 파라오의 기도는 그 대상이 하나님이 아니었다. 그러나 모세의 기도 대상은 하나님이시다.

즉, 진리 되신 예수님을 끊임없이 묵상할 것을 강조하면, 자연스레 경건 생활에 유익이 된다. 터툴리안과 비교해 보면 이러하다. 터툴리안은 법과 질서의 하나님 나라를 최종 완성으로 꿈꿨다면, 오리겐은 하나님을 묵상하고 일자 되신 하나님께 복귀하는 것을 하나님 나라의 최종 완성으로 보았다. 이 두 교부의 사상 모두 성도들에게 큰 위로와 힘을 준다.

셋째, 소아시아, 시리아의 이레니우스(Irenaeus)

이레니우스의 변증은 영지주의자들을 향한 변증이다. 그러나 이레니우스 본인은 스스로 '철학자'가 되려고 하지 않았다. 그는 오히려 "이전 시대 교부의 제자요, 진정한 사도적 전승을 지키는 성령이 충만한 수호자"이기를 원했다.[11] 그렇기에 이레니우스의 변증방법론은 매우 목회적이고, 역사적이다. 목회적 관점에서 하나님은 우리의 목자가 되시고, 아버지가 되어 주신다.

그리고 역사적 관점에서 예수 그리스도 육신의 죽음과 부활은 죄와 사망으로부터 승리하는 사건이자, 죄의 노예 된 인간이 해방되는 사건이다. 이는 구약에서부터 족장들과 사사들과 선지자들을 보내신 하나님이 마침내 자기 아들을 보내신 사건이다. 다시 말해서 "이레니우스에게 성경은 하나님이 주인공인 한 편의 이야기"이다.[12]

하나님이 주인공으로 승리하는 이 구속의 이야기는 아주 전통적인 개념으로써 이미 우리 안에 자리 잡고 있다. 예수님이 이 땅에 오신 이유는 "우리를 대신해서 순종의 삶을 살기 위해서만이 아니라, 그의 영혼을 우리 죄를 위한 제물로 드리기 위한 것이다."[13] 사실상 이와 같은 개념들은 이레니우스가 바라본 관점에서부터 발전한 것이다.

구스타프 아울렌(Gustaf Aulén)은 승리자 그리스도 개념이 속죄론의 고전적 견해라고 밝힌다. '속죄'라는 것은 하나님의 투쟁과 승리이다. 이것은 "승리자 그리스도가 세상의 악한 세력 곧 인류를 속박하고 고난을 받게 하는 폭군과 싸우며 그것을 정복하여서 하나님이 그의 안에 세상과 자기를 화해하는 것"이다.[14] 여기서 중요한 것은 그리스도께서 보혈로 속전을 치른 후 제시한 증서는 마귀에게 끊어준 증서가 아니라, 법조문의 증서라는 점이다.

---

11 한스 폰 캄펜하우젠, 『희랍 교부 연구』, 김광식 역 (서울: 대한기독교출판사, 1995), 29.
12 로버트 루이스 윌켄, 『초기 기독교 사상의 정신』, 배덕만 역 (서울: 복있는사람, 2014), 90.
13 가브리엘 N. E. 플루러, 『속죄』, 박예일 역 (서울: 개혁주의신학사, 2016), 186.
14 G. 아울렌, 『속죄론연구-승리자 그리스도-』, 전경연 역 (서울: 대한기독교서회, 1994), 9-10.

그 법조문은 하나님의 법조문이다. 안셀무스에 따르면, 그 법조문을 통해서 "하나님의 정의로운 심판이 공포"되었고, "자유 의지로 죄를 지은 인간이 자기들 노력으로는 죄든 죄에 대한 형벌이든 피할 수 없도록 증거로 확증"되었다.[15] 쉽게 말해서 예수의 십자가 사건은 죄의 값을 완전히 지불하고, 승리를 선언한 사건이며, 이러한 일을 확증한 증서로 결재한 사건이다. 이 증서의 소유자는 하나님이시다. 따라서 아울렌은 "속죄란 것은 하나님이 인간으로 향해 오시는 운동"이라고 정의한다.[16]

넷째, 크리소스톰(동방 교부)

그는 터툴리안과는 다르게 교회는 법원이 아니라 병원이라고 이해했다.[17] 이것은 동방정교회의 변증방법론을 다룰 때 더 상세히 다루겠다. 교부들은 한분 한분이 다 중요한 인물이다. 교회 역사 속의 교부들이 워낙 많기에 아쉬움을 뒤로하고, 몇 분만 뽑아서 소개했다.

그렇지만 지금 살펴본 인물만으로도 우리는 교부의 변증방법론이 어떤 형태인지 충분히 윤곽을 잡을 수 있다. 그리고 변증의 배경들은 이단들과의 논쟁 속에서 발전되었음도 확인할 수 있었다. 단, 그들의 변증 대상이 이단들로 한정된 것은 아니다.

오늘날 현대인 중 어떤 이들은 교부의 변증이 교리에만 한정되어 있을 거라고 착각한다. 그들은 교부들이 가난한 자들과 약자들을 위한 변증을 하지 않았다고 섣부르게 비판한다. 그러나 그것은 '교회의 아버지'라고 불리는 이들이 왜 그렇게 불리는지 전혀 모르고 하는 비판이다.

초대 교회 공동체와 교부들은 언제나 고아와 과부를 보호했고, 그것이 정당한 행위임을 강조했다. 심지어 종교학자 로드니 스타크(Rodney Stark)는 당시 "고아와 과부로 가득 찬 도시에서 기독교는 신개념의 확장된 가족"을 제공했고, 그 결과 기독교가 흥하게 되었다고 주장한다.[18] 교부들은 자신들의 상황에서 가난한 약자들을 변호해 왔고, 약자들을 약탈하는 이들에 대해서는 맞서 싸웠다. 대 바실리우스(Basilius Magnus)는 강해 설교 중에 당시 고리대금업자들을 향해서 비판하고, 부자들이 기근과 가뭄의 때에 곳간을 열어 가난한 자들을 구제해야

---

15 게리 A. 앤더슨, 『죄의 역사』, 김명희 역 (서울: 비아토르, 2020), 325-326.
16 G. 아울렌, 『속죄론연구-승리자 그리스도-』, 147.
17 아달베르 함만, 『교부와 만나다』, 이연학·최원호 역 (서울: 비아, 2019), 254.
18 로드니 스타크, 『기독교의 발흥』, 손현선 역 (서울: 좋은씨앗, 2017), 241-242.

할 것을 촉구했다.[19]

또 알렉산드리아의 클레멘스(Clemens Alexandrinus)는 부자들을 향해서 "이 세상의 사라지는 것들을 주고 그 대신에 하늘에 영원한 거주지"를 받으라고 설교했다.[20] 이는 가난한 약자들을 배려하는 설교이다. "교회 밖에는 구원이 없다"라는 명언으로도 잘 알려진 교부 키프리아누스(Cyprianus) 역시 "가난한 이에게 선행을 베풀지 않으려는 자들은 하나님에 대한 사랑이 없다"고 질책하면서, 구제와 자선에 대해 매우 중요하게 강조했다.[21] 한술 더 떠 암브로시우스(Ambrose)는 『나봇 이야기』라는 자기 작품에서 부자들의 탐욕을 질책하고 약자들을 병탄(併吞)하는 이들에 대해 분노한다.[22]

암브로시우스는 『성직자의 의무』에서도 "약하고 가난한 사람에게 관심을 기울이는 것이 더 합당하다"고 주장한다.[23] 교부의 변증은 그저 논쟁으로 끝나지 않았다. 그들의 글은 약자들을 보호하는 설교가 되었고, 이단들로부터 교회를 지켜 내는 논문이 되었다. 결정적으로 교부의 변증은 성도들에게 구원의 확신과 기쁨을 주는 변증들이다. 즉, 교회와 목회에 기여하는 신학적 작업이다. 이것은 아우구스티누스의 작품들을 통해서 더욱 확실하게 확인된다.

2. 방황과 투쟁을 거쳐 변증

지금부터는 본격적으로 교부 아우구스티누스의 변증방법론을 다루겠다. 특별히 아우구스티누스의 변증은 그의 생애 가운데서 실천적으로 발현된다. 아우구스티누스는 지혜가 충만했고, 출세하기에 유리한 재능을 타고났다. 그의 아버지는 아우구스티누스의 이런 재능을 알아보고 카르타고로 유학을 보내고자 하였지만, 그의 어머니는 아들이 출세하는 것보다 그리스도인으로 온전히 살아가기

---

[19] 대 바실리우스, 『내 곳간을 헐어내리라·부자에 관한 강해·기근과 가뭄 때 행한 강해·고리대금업자 반박』, 노성기 역 (경북칠곡: 분도출판사, 2018), 31.
[20] 알렉산드리아의 클레멘스, 『어떤 부자가 구원받는가?』, 하성수 역 (경북칠곡: 분도출판사, 2018), 64.
[21] 키프리아누스, 『선행과 자선·인내의 유익·시기와 질투』, 최원오 역 (경북칠곡: 분도출판사, 2018), 36.
[22] 암브로시우스, 『나봇 이야기』, 최원오 역 (경북칠곡: 분도출판사, 2012), 63.
[23] 암브로시우스, 『성직자의 의무』, 최원오 역 (경북파주: 아카넷, 2020), 441.

를 간절히 소망했다. 그러나 아우구스티누스는 큰 방황을 일삼는다. 그는 기독교 신앙 또한 멀리했었다. 초기 아우구스티누스는 자기 능력과 실력만을 과신했다. 실제로 그는 법률, 라틴어, 웅변 등에 능통했고, 탁월한 수사학자로 명성을 떨쳤다.

심지어 그는 377년에 아프리카 총독이 주관한 웅변대회를 석권하고 대학에서 교수 자리까지 얻게 된다.[24] 하지만 그는 육체적 탐닉에 빠지고, 마니교라는 이단 종파에도 빠지게 된다. 하나님을 만나기 전 아우구스티누스의 삶을 볼 때 어느 것 하나 선한 것이 없다. 그러나 하나님은 이런 아우구스티누스에게도 은혜를 베풀어 주시고 성령에 붙잡힌 사람으로 변화시켜 주셨다. 결국, 아우구스티누스는 회심 이후부터 하나님의 변증가이자, 교회의 웅변가로 쓰임 받게 된다.

아우구스티누스는 자신이 직접 겪은 논쟁들 안에서 변증을 충분히 담고 있는데, 대표적으로 크게 세 가지를 꼽을 수 있다.

첫째, '마니교와의 논쟁'이다.

아우구스티누스는 마니교라는 극단적인 이원론을 추구하는 이단에 한동안 빠져 있었다. 아우구스티누스가 그런 이단에 빠진 이유는 그가 참된 종교에 대한 갈망이 있었기 때문이다. 무엇보다 당시 마니교에서는 이 땅에서 일어나는 악의 문제에 대해서 매우 깔끔하게 답변해 주었다. 당시 아우구스티누스는 악의 문제에 대한 고민이 있었다.

"창조주 하나님은 모든 것을 창조하셨고, 선하신 분이다.

그런데 왜 악이 있을까?

만약 하나님이 악을 창조한 것이 아니라면, 악은 어디서부터 왔는가?"

이런 궁금증이 바로 그것이다. 이에 대해서 마니교라는 이단에서는 '악의 신'과 '선의 신'의 대립으로 세상을 설명해 준다. 마니교의 이와 같은 설명은 굉장히 쉽고 단순하다. 이 땅에서 일어나는 악은 '악한 신'에 의해서 파생된 것으로 치부하면 그만이다. 피터 브라운(Peter Brown)의 설명에 의하면, 당시 아우구스티누스는 젊은 '마니교도'로서 죄책감을 교묘하게 회피하고 있었다.[25]

아우구스티누스뿐 아니라 마니교에 빠진 모든 이가 자신에게 나타나는 죄악된 모습들에 대해서, 자신 안에 있는 또 다른 자아를 탓하거나, 악을 창조한 악

---

24 알리스터 맥그래스, 『하나님을 사랑한 사상가 10인』, 신재구 역 (서울: 한국기독학생회출판부, 2021), 39.
25 피터 브라운, 『어거스틴 생애와 사상』, 차종순 역 (서울: 한국장로교출판사, 2008), 67.

한 신을 탓했다.

그러나 마음속 깊은 곳에서 참된 종교를 추구했던 아우구스티누스는 결국 마니교에서 나오게 된다. 아우구스티누스가 말하는 참된 종교는 "선하고 행복한 삶의 길이 되신 하나님을 예배"하고, "지극히 순수한 경외심으로 하나님을 자연 만물의 원천으로 인정"하는 종교이다.[26]

결국, 아우구스티누스는 기독교인이 되었다. 기독교인이 된 후 그는 마니교에 반대하는 변증을 한다. 세상을 이분법적 구조 속에서 바라보는 마니교를 향해서 아우구스티누스는 이치에 맞지 않는 가르침이라고 비판한다.[27] 특히 아우구스티누스와 암브로시우스는 악의 문제를 설명할 때, 이분법적 구조를 대입시키거나, 창조주를 탓하거나 하는 방식으로 설명하지 않았다. 이들은 악은 '선의 결핍'이라고 보았고, 악은 하나님이 창조한 피조물로 실재하는 것이 아니라고 설명했다. 다음은 아우구스티누스가 마니교에 반박하는 내용이다.

> 그들(마니교도)은 "누가 악마를 만들었는가?"라고 재삼 묻는다.
> 그런데 자기 자신들이 그렇게 한 것이다. 본성에 의해서가 아니라 죄를 지음으로써 악마가 되었다. 이미 그들(마니교도)은 말하기를,
> "그들(아담과 하와)이 죄지을 것을 알고 있었다면, 하나님께서는 그들을 창조하지 말아야 하지 않았는가?"
> 하나님의 정의와 섭리에 따라 악마의 사악함으로부터 많은 사람이 교정된다면, 어째서 창조하지 말아야 했는가?
> 사도 바오로께서 다음과 같이 말씀하시는 것을 혹시 들어보지 못했단 말인가?
> "나는 그들을 사탄에게 넘겼습니다. 그리하여 그들이 다시는 하나님을 모독하지 못하도록 교육받게 하였습니다."
> 그리고 자신에 대하여도 말씀하셨다.
> "그 계시들이 엄청난 것이기에 더욱 그렇습니다. 그래서 내가 자만하지 않도록 하나님께서 내 몸에 가시를 주셨습니다. 그것은 사탄의 하수인으로, 나를 줄곧 찔러 대었습니다."
> 결국, 그들이 말한다.

---

26 아우구스티누스, 『참된 종교』, 성염 역 (경북칠곡: 분도출판사, 2011), 29.
27 어거스틴, 『고백록』, 서하용 역 (서울: 대한기독교서회, 2011), 106.

"사탄이 유용하기 때문에 선하단 말인가?"

그러나 반대로 악마이기 때문에 악한 것이다. 오히려 사탄의 사악함에 대해서도 정의롭고 선한 많은 일을 행하시는 하나님께서는 전능하시고 선한 분이시다. 따라서 사탄으로부터 선한 일을 이루시는 하나님의 섭리에 의해서가 아니라, 악한 일들을 행하려는 그 자신의 의지가 아니라면 사탄에게 책임 지우지 못한다.[28]

다시 말해서 악은 존재하는 것이 아니라 결핍된 것이다. 오늘날의 신정론자들은 악의 실재성을 폭로하고 아우구스티누스의 전통적 신정론에 대해서 반기를 들기도 한다. 그러나 당시 마니교가 풀어내는 악의 이해에 맞서서, 기독교 변증으로 아우구스티누스가 제시한 악에 대한 설명은 매우 기념비적이다.

둘째, '도나투스 논쟁'이다.

도나투스파는 당시 디오클레티아누스 황제[29]의 박해 기간에 배교행위를 했던 성직자들이 다시 교회 공동체로 돌아오는 것을 반대했다. 그뿐만 아니라 그들이 베풀었던 세례와 성찬은 무효라고 주장했다. 이에 반대해서 아우구스티누스는 '도나투스가 거룩하고 순결한 교회를 자처하고 있으나, 성례전은 사람이 아닌 하나님이 주시는 것'이라고 받아친다. 이것은 단순히 성례전의 기능만 지키는 것이 아니라, 배교 후 다시 교회 공동체로 돌아오는 자들에게 용서를 베푸는 것이다.

기독교 정신에서 용서와 사랑은 매우 중요하다. 그러나 용서와 사랑을 실천하기란 매우 어렵다. 만약 당신이 3세기 박해 상황에 있다고 가정해 보자. 박해자들이 교회를 공격하며 본격적으로 박해하기 시작한다. 그런데 당신의 담임목사님이 배교하고 도망갔다. 당신은 배교하지 않고 신앙을 지키다가 장애를 얻게 되었다. 순교해서 죽은 것은 아니다. 그저 심하게 고문당해 장애인이 된 상태이다. 이런 상황에서 박해의 기간이 끝났다. 그리고 배교하고 도망쳤던 담임목사님이 다시 교회의 담임자로 복직해서 당신에게 설교한다. 그리고 그분이 세례를 베풀고 성찬을 집례한다.

28　아우구스티누스, 『마니교도 반박 창세기 해설-창세기 문자적 해설 미완성 작품』, 정승익 역 (서울: 분도출판사, 2022), 296-297.

29　가이우스 아우렐리우스 발레리우스 디오클레티아누스(Gaius Aurelius Valerius Diocletianus, 244년 12월 22일-311년 12월 3일)는 A.D. 284년부터 305년까지 로마의 황제였다. 그는 기독교를 박해했던 인물이다.

만약 이런 상황에서 배교 후 돌아온 목사님을 전과 다름없이 당신의 담임목사님으로 인정하고 받아 줄 수 있겠는가?
그가 베푼 성찬과 성례가 과연 여전히 유효한가?
예수님의 가르침은 원수까지도 사랑하라는 가르침인데, 그것이 즉각적으로 실행될 수 있겠는가?

오늘날에도 비윤리적인 목회자들이 있다.
그들의 추악함을 알게 되었을 때, 당신은 당신에게 베풀어졌던 세례를 거부하고, 다시 세례를 받겠는가?
지금까지 물음들을 들으면서, 도나투스의 심정을 이해하고 더 나아가 공감하고 있는 독자들이 있을지 모르겠다.
그러나 아우구스티누스의 변증은 교회 공동체를 수호하는 변증이었다.
만약 분노라는 감정에 불타올라 회개하고 돌아오는 자들을 배척한다면, 참된 교회의 참된 신자일 수 있는가?
용서가 없는 성도의 모습이 과연 진정한 그리스도인의 모습이라 말할 수 있을까?
무엇보다, 성찬과 세례는 사람이 행하는 것이 아니다. 목회자가 극악무도한 악인이라 할지라도 성찬과 세례는 그리스도께서 베풀어 주신 것이기에 무효화되지 않는다. 다만 교리적인 이단 종파에서 시행된 성례는 신학적인 일치성이 없는 상태에서 행해지는 것이니 더 논의가 필요하겠다. 어쨌든 아우구스티누스의 논리 전개는 기독교의 공동체성을 유지하는 데 크게 기여한 변증법임이 틀림없다.

셋째, '펠라기우스 논쟁'이다.
펠라기우스는 '행위 구원'을 주장하였다. 그러나 아우구스티누스는 전적인 하나님의 은총을 주장하였다. 이 은혜는 구원에 있어서 절대적으로 필요한 것이며 유일한 것이다. 아우구스티누스는 "하나님의 전능한 의지가 은혜로 말미암아 우리의 의지에 작용할 때 그것은 저항할 수 없는 것"이라는 점을 주장했다.[30] 또 그는 "믿음 없이는 삶도 존재할 수 없다"고 강조했다.[31] 사멸하지 않는 영혼

---

30 J.N.D. 켈리, 『고대 기독교 교리사』, 박희석 역 (경기고양: 크리스챤다이제스트, 2013), 393.
31 벤 마이어스, 『사도신경』, 김용균 역 (경기파주: 솔라피데출판사, 2021), 42.

이 영원한 멸망에 놓이지 않고 진리를 직관하기 위해서는 진리의 주체 안에 있어야 한다.[32] 진리의 주체 안에 거하기 위해서는 진리의 주체이신 예수 그리스도께서 허락하실 때만 가능하다.

즉, 자신의 의지로 행하는 공로는 구원에 이르는 조건이 될 수 없다. 인간 의지로는 죄만 지을 뿐이다. 공로는 오직 예수 그리스도의 십자가 보혈뿐이며, 그것은 하나님의 은혜로 주어진다.

에티엔느 질송(Etienne Gilson)은 아우구스티누스의 사상을 다음과 같이 설명한다. 인간 의지로 행한 원죄는 "인간의 자유 선택의 결과"이고, 그 결과 "신의 정의로운 심판"을 받는 것이 지극히 합당하다. 그리고 인간 자신이 움직일 수 있는 의지적인 원인은 이제 더 이상 없다.[33] 그렇기에 은총이 필요하다. 은총은 "인간 구원을 가능하게 하는 신의 자유로운 선물들의 총체"이다.[34]

그리고 은총은 부패한 본성 안에 들어가 무질서를 바로 세우고 타락한 본성을 회복으로 이끈다. 궁극적으로 은총이란 예수 그리스도께서 십자가에서 돌아가신 사건이다. 그러므로 은총은 전적으로 신의 공로이다. 기독교 변증학에서 가장 찬란하고 중대한 사안은 은총으로 인한 구원 사건이다. 아우구스티누스는 이 중대한 문제에 대해 명확하고 분명한 변증 기준을 보여 주었다.

그리고 그의 변증은 시간이 지날수록 더욱 숙성된다. 종교개혁자들, 청교도들 그리고 개혁주의 사상가들과 현대 복음주의자들을 통해서 오늘날까지도 은총은 여전히 최상의 맛을 자랑하고 있다.

3. 교회와 신앙을 위한 변증서

지금까지 논쟁 과정들을 통해서 아우구스티누스의 변증방법론을 소개했다. 지금부터는 그의 대표적인 저작들로 추가 설명을 이어가겠다.

---

32 아우구스티누스, 『영혼 불멸』, 성염 역 (경북칠곡: 분도출판사, 2018), 55-57.
33 에티엔느 질송, 『아우구스티누스 사상의 이해』, 김태규 역 (서울: 성균관대학교출판부, 2010), 295-296.
34 Ibid., 299.

첫째, 『고백록』

아우구스티누스가 회심하게 된 결정적인 이유는 로마서 13장 13-14절 말씀 때문이다. 이 말씀은 '패륜아 아우구스티누스'를 '성 아우구스티누스'로 바꾸어 놓은 말씀이다. 패륜아라는 표현이 다소 지나친 표현이라고 느낄지 모르겠다. 그러나 아우구스티누스는 성적 쾌락을 즐기고, 이단에도 빠지고 여러모로 문제가 많은 사람이었음은 사실이다.

그런 그가 무화과나무 밑에서 자기가 지은 죄를 통회한다. 그때 "들고 읽어라! 들고 읽어라!"라는 소리를 듣고 성경을 펼쳤다.[35] 그가 펼친 성경 말씀은 로마서 13장 13-14절 말씀이다. 이 말씀 앞에선 아우구스티누스는 놀라운 회심의 역사를 체험한다. 여기서 중요한 것은 기독교 변증을 펼치기 전에 진정한 그리스도인이 되는 일이 선행되어야 한다는 점이다. 이는 "믿어야 비로소 알 수 있다"라는 것을 깨닫게 된 아우구스티누스의 고백 속에서 그려지고 있다.

실제로 그리스도의 구속 십자가는 인간의 논리와 이성을 벗어났다. 육안으로만 보면 십자가는 형틀이고 패배이다. 그런데 이 십자가를 대속의 십자가라고 믿기로 작정한 그리스도인들은 "주님의 십자가는 악마를 잡는 덫이었고, 악마를 꾄 미끼는 주님의 죽음"이라는 사실을 받아들인다.[36]

둘째, 『삼위일체론』

아타나시우스(Athanasius)는 일찍이 성부와 마찬가지로 성자께서도 전능성과 성결함의 속성이 성령으로 말미암아 공유되고 있음을 주장했다. 이는 예수 그리스도의 성육신으로 말미암아 명백히 입증된 진리이다. 성자께서 "만물 안에 계신다는 것은 그분이 만물의 본질을 공유한다는 뜻이 아니라, 다만 그분이 만물에 존재를 부여하시고 만물을 지탱하신다는 뜻"이다.[37]

그러나 이단자들은 끊임없이 삼위일체론에 대항한다. 이 때문에 아우구스티누스는 삼위일체를 변증하기 위해, 신성과 인성의 위격(성부와 성자)이 사랑의 끈(성령)으로 연결되었다는 논리를 펼친다. 그는 종종 신적 페르조나(가면)의 개념을 설명하지만, 양태론적 주장에 빠지지 않는다. 또한, 심리적 삼위일체(지성, 기억, 의지)의 속성을 빗대서 설명하지만, 형이상학적이거나 사변적이지 않다. 이

35　선한용, 『성 어거스틴의 고백록 해설』, (서울: 대한기독교서회, 2019), 315-317.
36　알리스터 맥그래스, 『신학이란 무엇인가 Reader』, 김기철 역 (서울: 복있는사람, 2021), 615.
37　아타나시우스, 『말씀의 성육신에 관하여』, 오현미 역 (서울: 죠이북스, 2021), 56.

것이 가능한 이유는 그가 '사랑'이라는 개념을 세밀하게 분석하면서 논리를 전개하기 때문이다.

이 개념은 사랑하는 사람, 사랑받는 사람 그리고 그 둘 사이의 사랑을 함축하고 있다. 즉, "아우구스티누스는 이러한 심리학적 유비를 토대로 삼아 신격을 아버지와 아들과 성령이라는 삼중적인 면"으로 풀어냈다.[38]

간혹 아우구스티누스를 평가 절하하는 무모한 사람들이 있다. 그러나 아우구스티누스를 포함해서 교부들은 현대인들이 함부로 평가할 대상이 아니다. 그들은 존경해야 할 대상들이다. 말 그대로 교부들이다. 아우구스티누스는 "삼위일체는 진정으로 유일한 한 분 하나님이시며, 성부와 성자와 성령은 동일한 본질(substantia 또는 essentia)"이라고 전제한다.[39]

또한, 아우구스티누스는 "동등하게 참인 것은 또한 반드시 동등하게 위대하다"라는 주장을 하였다.[40] 이는 삼위 하나님이 한 분 하나님이시기에 당연히 차등을 둘 수 없다는 선언이다. 무엇보다 아우구스티누스에게 "즐김의 진정한 대상은 성부와 성자와 성령"이다.[41] 이 변증 앞에서 구약의 하나님은 열등하고 신약의 하나님은 우월하다는 이단적인 구도는 더 이상 들이댈 수 없다.

셋째, 『하나님의 도성』(신국론)

이는 로마 제국의 몰락을 기독교 신앙의 관점에서 변증하고 설명하는 작품이다. 그러나 로마 제국이 몰락하지 않았어도 이 작품은 등장했을 것이다. 왜냐하면, 『신국론』이라고 불리는 이 작품은 아우구스티누스가 오래전부터 준비해 오던 작품이기 때문이다.[42] 당대 기독교 반대자들은 아래와 같은 질문으로 공격해 왔다.

- **공격 1.** 기독교가 유일신을 섬긴다고 하면서, 그리스-로마의 신들을 경배하지 않았기에 로마가 망하게 되었다. 기독교라는 무신론자들 때문에 로마는 결국 멸망에 이른 것이다.

---

38 알리스터 맥그래스, 『신학이란 무엇인가 Reader』, 370.
39 아우구스티누스, 『삼위일체론』, 김종흡 역 (경기파주: 크리스챤다이제스트, 2014), 32.
40 Ibid., 233.
41 아우구스티누스, 『기독교 교양』, 김종흡 역 (경기파주: CH북스, 2019), 34.
42 카를로 크레모나, 『성아우구스티누스傳』, 성염 역 (서울: 바오로딸, 2009), 311-314.

• 공격 2. 로마가 기독교 국가가 되었으면, 하나님이 로마를 지켜주셨어야지, 왜 멸망 위기를 직면하게 하시는가?

이에 대해서 기독교는 책임 있는 답변을 해야 한다. 아우구스티누스는 『하나님의 도성』에서 이런 거센 질문들에 대한 답변을 담고 있다. 공격 1에 대해서 아우구스티누스는 "로마의 신들은 공화국이 부도덕성에 의하여 파멸하지 않도록 결코 아무런 조치도 취하지 않았다"라는 사실로 역공했다.[43] 즉, 로마가 그리스-로마의 신들을 경배할 때도 나라의 상황이 도덕적이고 깨끗한 상황이 아니었으므로 기독교를 탓할 수 없다. 오히려 기독교를 더 빨리 받아들이지 않은 것이 멸망의 원인이 된다.

그나마 다행이라고 생각해야 할 것은 로마가 약간이라도 기독교의 삼위일체 하나님을 알고, 십자가의 은총을 조금이나마 알게 된 것 때문에 멸망의 시기가 늦춰진 것이다.

공격 2에 대해서는 다음과 같은 물음으로 받아칠 수 있다.
로마가 언제 기독교 국가였는가?
진정으로 하나님을 섬겼던 적이 있기라도 했다는 말인가?
로마가 몰락하게 된 책임은 그리스도인들에게 있지 아니하고, 죄 중에 있는 로마 시민들에게 있다. 결론적으로 신자는 하나님의 도성에 소망을 두어야 한다. 이 땅에서는 하나님 도성의 진정한 행복을 온전히 알 수 없다.

지금까지 살펴본 교부의 변증방법론, 특히 아우구스티누스를 중심으로 살펴본 기독교 변증은 믿음이 합리성과 이성을 충족시켜 주는 형태이다. 그런데 이것은 어떻게 보면 다소 무모하다. 유한한 시간과 유한한 공간에서 무한한 하나님을 경험하고 영원한 하나님을 설명하려고 하는 것 자체가 난센스이기 때문이다.

그러나 은혜의 결과로는 모든 변증이 유효타를 날린다. 왜냐하면, "시간 속에서 영원을 경험한다는 것은 인간의 의지나 지적인 상승의 결과로 오는 산물이 아니라, 하나님이 자유롭게 값없이 주시는 은혜의 결과"이기 때문이다.[44] 낮과 같이 단정히 행하고 방탕하거나 술에 취하지 않고, 음란하거나 호색하지도

---

43 아우구스티누스, 『하나님의 도성』, 조호연·김종흡 역 (경기 파주: 크리스챤다이제스트, 2010), 158.
44 선한용, 『시간과 영원』, (서울: 대한기독교서회, 2010), 124.

않고, 다투거나 시기하지도 않고, 오직 주 예수 그리스도로 옷 입는 일은 순전히 은혜의 결과이다.

은혜는 정욕을 위하여 육신의 일을 도모하지 않도록 만든다. 은혜는 "하나님을 사랑한다는 것, 그 자체가 하나님의 선물"이라는 것을 고백하도록 만든다.[45] 이 은혜 앞에 꼬꾸라질 수 있도록 도와주는 것이 바로 교부들의 기독교 변증이다.

♣ 내용 정리를 위한 문제

1. 교부 터툴리안, 오리겐, 이레니우스의 변증방법론은 각각 어떤 특징을 가졌는지 비교하여 정리하시오.
2. 아우구스티누스의 입장에서 마니교, 도나투스, 펠라기우스 사상에 대해 각각 반론을 제시하시오.
3. 로마 제국이 위험에 처했을 때, 그리스-로마 사람들은 기독교 신앙을 멸망 원인으로 꼽았다. 국가적 어려움의 원인을 기독교에서 찾으려는 사람들에게 아우구스티누스의 신국론 관점에서 어떻게 말해 줄 수 있겠는가?

※ 참고 문헌(제2장에 인용된 도서들)

어거스틴.『고백록』. 선한용 역. 서울: 대한기독교서회, 2011.
아우구스티누스.『삼위일체론』. 김종흡 역. 경기 파주: 크리스챤다이제스트, 2014.
_____ .『하나님의 도성』. 조호연·김종흡 역. 경기 파주: 크리스챤다이제스트, 2010.
_____ .『영혼 불멸』. 성염 역. 경북 칠곡: 분도출판사, 2018.
_____ .『참된 종교』. 성염 역. 경북 칠곡: 분도출판사, 2011.
_____ .『기독교 교양』. 김종흡 역. 경기 파주: CH북스, 2019.
_____ .『마니교도 반박 창세기 해설-창세기 문자적 해설 미완성 작품』. 정승익 역. 서울: 분도출판사, 2022.
암브로시우스.『나봇 이야기』. 최원오 역. 경북 칠곡: 분도출판사, 2012.
_____ .『성직자의 의무』. 최원오 역. 경기 파주: 아카넷, 2020.
아타나시우스.『말씀의 성육신에 관하여』. 오현미 역. 서울: 죠이북스, 2021.

---

45 '하나님을 사랑한다는 것, 그 차제가 하나님의 선물이다(*Amare enim Deum, donum Dei est*)'라는 문장은 아우구스티누스가 직접 설교한 것이다(Ep., CCXVII,1).

오리게네스. 『원리론』. 이성효·이형우·최원오·하성수 역. 경기 파주: 아카넷, 2016.
_____ . 『기도론』. 이두희 역. 서울: 새물결플러스, 2018.
테르툴리아누스. 『호교론』. 한창용 역. 서울: 분도출판사, 2022.
터툴리안. 『취득시효론』. 김광채 역. 서울: 부크크, 2022.
바실리우스. 『내 곳간을 헐어내리라·부자에 관한 강해·기근과 가뭄 때 행한 강해·고리대금업자 반박』. 노성기 역. 경북 칠곡: 분도출판사, 2018.
알렉산드리아의 클레멘스. 『어떤 부자가 구원받는가?』. 하성수 역. 경북 칠곡: 분도출판사, 2018.
키프리아누스. 『선행과 자선·인내의 유익·시기와 질투』. 최원오 역. 경북 칠곡: 분도출판사, 2018.
G. R. 에반스. 『초대 교회의 신학자들』. 박영실 역. 서울: 그리심, 2008.
G. 아울렌. 『속죄론연구-승리자 그리스도-』. 전경연 역. 서울: 대한기독교서회, 1994.
H. R. 드롭너. 『교부학』. 하성수 역. 경북: 분도출판사, 2001.
J.L. 곤잘레스. 『기독교 사상사』. 이후정 역. 서울: 컨콜디아사, 2009.
J.N.D. 켈리. 『고대 기독교 교리사』. 박희석 역. 경기 고양: 크리스챤다이제스트, 2013.
가브리엘 N. E. 플루러. 『속죄』. 박예일 역. 서울: 개혁주의신학사, 2016.
게리 A. 앤더슨. 『죄의 역사』. 김명희 역. 서울: 바아토르, 2020.
로드니 스타크. 『기독교의 발흥』. 손현선 역. 서울: 좋은씨앗, 2017.
로버트 루이스 윌켄. 『초기 기독교 사상의 정신』. 배덕만 역. 서울: 복있는사람, 2014.
로완 윌리엄스. 『다시 읽는 아우구스티누스』. 이민희·김지호 역. 경기고양: 도서출판 100, 2021.
벤 마이어스. 『사도신경』. 김용균 역. 경기 파주: 솔라피데출판사, 2021.
아달베르 함만. 『교부와 만나다』. 이연학·최원호 역. 서울: 비아, 2019.
알리스터 맥그래스. 『신학이란 무엇인가 Reader』. 김기철 역. 서울: 복있는사람, 2021.
_____ . 『하나님을 사랑한 사상가 10인』. 신재구 역. 서울: 한국기독학생회출판부, 2021.
에티엔느 질송. 『아우구스티누스 사상의 이해』. 김태규 역. 서울: 성균관대학교출판부, 2010.
제럴드 히스탠드 & 토드 윌슨. 『목사 신학자』. 김장복 역. 서울: 부흥과개혁사, 2016.
카를로 크레모나. 『성아우구스티누스傳』. 성염 역. 서울: 바오로딸, 2009.
피터 브라운. 『어거스틴 생애와 사상』. 차종순 역. 서울: 한국장로교출판사, 2008.
한스 폰 캄펜하우젠. 『희랍 교부 연구』. 김광식 역. 서울: 대한기독교출판사, 1995.
선한용. 『성 어거스틴의 고백록 해설』. 서울: 대한기독교서회, 2019.
_____ . 『시간과 영원』. 서울: 대한기독교서회, 2010.
Balthasar, Hans Urs von. *The Fathers, the Scholastics, and Ourselves*. International Catholic Review: Communio24, 1997.

제3장

중세 스콜라 철학의 변증방법론 : 토마스 아퀴나스

> 이 지식이 내게 너무 기이하니 높아서 내가 능히 미치지 못하나이다(시편 139편 6절).

중세 스콜라 철학의 변증방법론은 이성으로 신앙을 이해하고 설명하는 것이다. 지성인들은 이성을 통한 논리로 신앙을 이해하길 원한다. 그리고 이런 이들은 자신의 이성이 납득될 때 비로소 신앙인이 된다. 만약 이성이 납득이 되었음에도 신앙인이 되기를 거부한다면, 진정으로 이성을 활용하지 않았거나, '믿지 않겠다'라는 불신 그 자체를 신앙으로 가진 경우이다. 이러한 경우를 제외하고는 중세의 기독교 변증학은 오늘날까지도 여전히 기여하는 바가 크다.

단적인 예로 로마가톨릭의 신학 교과서는 지금도 토마스 아퀴나스(Thomas Aquinas)의 『신학대전』으로 진행된다. 물론, 로마가톨릭 진영에서도 수많은 현대 신학자가 있다. 하지만 교과서는 여전히 『신학대전』이다. 이는 현대 신학자들의 수준이 낮아서가 아니다. 다만, 아퀴나스의 신학에서 여전히 배울 것이 많기 때문이다. 현대 로마가톨릭 신학자 버나드 로너간(Bernard Lonergan)은 "신앙에 의해 조명된 이성은 부지런히, 신앙적으로, 진지하게 탐구하노라면 하나님의 도움으로 신비들에 대해 어느 정도는 제법 깊이 이해하게 된다"라고 교의학에 접근한다.[1]

이는 중세 스콜라 철학과 아퀴나스의 신학 사고에서 사물을 유추하고, 초월자의 신비에 관해 탐구하는 자세이다. 그만큼 중세의 철학적 변증법은 오늘날까지도 대단히 중요하다. 명나라 말기 중국에 온 이탈리아 출신의 선교사 마테오 리치(Matteo Ricci)의 『천주실의(天主實義)』 같은 경우도 결국 아퀴나스식 변증에 의

---

1 버나드 로너간, 『신학 방법』, 김인숙·이순희·정현아 역 (서울: 가톨릭출판사, 2012), 440.

존해서 복음을 전파한 경우이다. 겉으로 보기에는 중국 유학에 근거해서 논증하지만, 그 실상은 변증서이다.[2]

어떤 이들은 '중세'를 이야기하면 '암흑시대'라며 터부시하거나 "성 패트릭의 연옥"과 같은 전설을 떠올린다.[3] 그리고 어떤 이들은 레오 9세 같은 교황을 떠올리며, 교황권의 확대와 교권의 타락 등을 생각한다.[4] 또 다른 이들은 속세와 구분해서 규율에 따라 살아가는 수도원을 떠올리기도 한다.[5] 중세의 역사가 길고 웅장하기에 떠오르는 이미지와 상황들도 당연히 많을 수밖에 없다. 그러나 여기서 중세의 그 유구한 역사 전반을 다 다루는 것은 어렵다. 그러므로 지금은 변증과 직결된 핵심적인 부분에만 집중하고자 한다. 중세 기독교 변증학의 핵심은 신앙과 이성의 관계이다.

데이비드 N. 벨(David N. Bell)은 중세의 기독교 스콜라의 중요한 인물로 캔터베리의 안셀름(Anselm of Canterbury)을 꼽는다.[6] 안셀름에 대한 전이해가 있는 이들은 중세 스콜라 철학의 핵심이 신앙과 이성의 관계라는 것을 대번에 안다. 이성은 하나님이 주신 것이기에 소중하다. 그리고 그 이성을 통해서 하나님을 추구하는 것은 선(善)이다.

그러나 시편 139편 6절의 말씀처럼 신령한 지식은 기이하고 높아서 인간이 다 알기란 불가능하다.

그렇다면 이성을 활용하는 것은 헛된 것인가?

그렇지 않다. 이성으로 하나님을 다 알 수는 없지만, 이성은 신앙이 증진되도록 도움을 준다. 또한, 우리의 이성은 "자연 본성으로부터 우리에게 드러난 것들을 통해서 이곳저곳을 활보"하기에 충분하다.[7]

---

2 마테오 리치, 『천주실의』, 송영배·임금자·장정란·정인재·조광·최소자 역 (서울: 서울대학교출판부문화원, 2016), 45.
3 세이바인 베어링 구드, 『중세의 전설』, 이길상 역 (경기고양: 크리스챤다이제스트, 2002), 101.; 성 패트릭의 연옥이란 중세의 재미난 이야기로 알려진 「포르투나투스와 그의 아들들」에 등장하는 지명이다. 그 이야기에서 등장하는 성 패트릭의 연옥은 더그 호수에 있는 신비로운 동굴을 가리킨다.
4 리처드 윌리엄 서던, 『중세의 형성』, 이길상 역 (경기고양: 크리스챤다이제스트, 2002), 181-182.
5 Ibid., 195.
6 데이비드 N. 벨, 『중세교회 신학』, 이은재 역 (서울: 기독교문서선교회, 2012), 95.
7 니콜라우스 쿠자누스, 『박학한 무지』, 조규홍 역 (서울: 지식을만드는지식, 2011), 47.

1. 이해를 추구하는 신앙

중세 스콜라 철학의 변증학은 어떤 유익을 주는지 크게 세 가지로 나눠서 살펴보면 다음과 같다.

첫째, 이성을 신앙에 봉사시킨다.

그야말로 이해를 추구하는 신앙이다. 중세 수도원의 개혁자요, 신학자로 꼽히는 성 버나드(St. Bernard of Clairvaux)에 따르면, "하나님 자체는 파악 불가능한 시작이며 끝"이다.[8] 그런데도 인간은 이성을 통하여 신학적 탐구를 해 나가야 할 의무가 있다. 이 말의 의미는 안셀름의 '신 존재 증명법'을 통해 확인할 수 있다. 그는 하나님은 "도저히 없다고 생각할 수 없을 만큼 실제로 존재"한다고 주장한다.[9]

쉽게 말해서 '너무 커서 더 이상 그보다 큰 것은 존재하지 않는다'라고 무언가를 사고했다면, 더 이상 더 큰 것을 생각할 수 없는 '그것'이 '참으로 존재하는 하나님'이라는 것이다. 그는 『프로슬로기온』 서문에서 이처럼 논증한다. 하나님은 참으로 존재하시며, 그는 최고선, 곧 그는 다른 것을 필요로 하지 않지만, 만물은 자신들이 존재하기 위해 그리고 선하게 존재하기 위해서는 그를 필요로 하는 최고선이며, 우리가 신적 본질에 관해서 믿는 것이라면 그것이 무엇이든지 하나님은 바로 그것이다.[10]

이해의 작업이 여전히 믿음에 근거한다는 점에서 아우구스티누스의 변증법이 발전되었다. 하지만 안셀름은 믿음이 모든 이해를 가져다준다고 속단하지 않는다. 우선 "믿어야 이해할 수 있다"라는 말의 의미가 안셀름에게 믿음이 이해의 출발이라는 것을 의미한다. 그리고 더 나아가 믿는 바를 이해하려는 노력의 하나로 '오직 이성'(Sola ration)을 활용해야 한다.

둘째, 철학의 지혜가 신앙 이해도를 높였다.

보에티우스(Anicius Manlius Severinus Boethius)는 그런 부분에 있어서 스콜라 철학의 선구자이다. 그는 비교적 앞선 사람으로 신플라톤주의자이다. 그러나 그는 아우구스티누스처럼 이교적인 플라톤주의를 변혁한 것은 아니다. 보에티우스는 인식론과 존재론에서 보편자(universals)에 대한 고민을 더 많이 가지고 있었다.

---

8   성 버나드, 『하나님의 사랑』, 심이석 역 (경기고양: 크리스챤다이제스트, 2003), 46.
9   안셀름, 『프로슬로기온』, 공성철 역 (서울: 한들출판사, 2005), 69.
10 Ibid., 43.

그의 『철학의 위안』이라는 작품은 철학으로 의인화된 여인과 대화하며 신의 존재를 변증하고 있다. 그의 작품에서 등장한 의인화된 철학이라는 여인은 이와 같이 말한다. "나는 이토록 질서정연한 일들이 무질서한 우연에 의한 것이라고는 도저히 믿을 수 없습니다. 왜냐하면, 나는 창조주이신 신(神)이 자기 피조물들을 보살펴 주고 계심을 알고 있기 때문입니다."[11] 플라톤 철학에 익숙한 당대 지식인들에게 철학의 목소리로 창조주를 이야기는 하는 것은 효과적인 변증법으로 평가된다.

셋째, 논리와 인과에 따른 변증방법론을 갖추도록 했다.

대표적으로 토마스 아퀴나스의 『신학대전』이 그러하다. 논리와 인과에 따른 변증은 이성에 기반한다. 로베르트 쉬페만(Robert Spaemann)에 의하면 안셀름과 마찬가지로 아퀴나스에게서도 이성은 곧 신을 찾는 능력이다.[12] 아퀴나스는 이성을 적극적으로 활용하여 적절한 철학적 명제들을 근거로 둔다. 그리고 그것을 기술할 때, 전제와 반론 그리고 재반론까지 모두 고려해서 논리를 정돈한다. 롤프 쉔베르거(Rolf Schönberger)에 따르면, 아퀴나스의 논리와 인과에 따른 변증방법론은 심지어 안셀름보다도 한 걸음 더 나아간 것이라고 평가한다.[13]

아퀴나스에게는 "명증성의 테제"(These)가 탑재되어 있다. 명증성의 테제란, 실재하는 것을 사고와 구별하여 제시함으로써 존재를 지각하는 것과 구별하고 전자를 후자의 가능 조건으로 보는 것을 의미한다.[14] 그래서 아퀴나스는 "자존하는 존재 자체(*ipsum esse subsistens*)에게 존재의 완전성 가운데 아무것도 결여될 수 없다"라고 선언한다.[15] 이것은 아무 인과 관계없이 나온 말이 아니다.

아퀴나스는 하나님의 속성에 대한 근거를 크게 다섯 가지로 전제했다.

첫째, '단순성'이다.

하나님에 대해서 생각할 수 있는 논의들(하나님이 물체인지 아닌지, 하나님에게 형상과 질료의 합성이 있는지 없는지, 하나님이 본질과 존재의 합성인지 아닌지, 주체와 부수적 속성의 합성이 가능한지 불가능한지 등등)이 전적으로 단순한가에 대한 탐구이다.

---

11   A. 보에티우스, 『철학의 위안』, 박병덕 역 (서울: 육문사, 2011), 49.
12   로베르트 쉬페만 & 롤프 쉔베르거, 『신앙과 이성적 통찰』, 김형수 역 (서울: 가톨릭대학교출판부, 2017), 31.
13   Ibid., 95
14   Ibid.
15   토마스 아퀴나스, 『신학대전: 자연과 은총에 관한 주요 문제들』, 손은실·박형국 역 (서울: 두란노아카데미, 2011), 109.

쉽게 생각해서, 하나님은 믿음의 기준이 되고 탐구의 기준이라는 점에서 단순하다.

둘째, '완전성'이다.

하나님은 전지전능하시기에 완전하다. 불완전한 존재는 하나님이 아니다. 하나님의 완전함은 흠이 없고 무결한 하나님 고유의 거룩한 속성을 반영한다.

셋째, '무한성'이다.

시간과 공간의 창조자이시기에 그분은 무한자이다. 만일 하나님이 유한한 존재라면 하나님은 시간과 공간의 창조자가 될 수 없다. 유한성은 피조 된 존재에게만 부여된다. 반면에 무한성은 창조주만 소유하고 있는 특성이다.

넷째, '불변성'이다.

하나님은 변하지 않는 영원한 주체가 되시는 분이기에 불변하다. 변함이 없다는 것은 변덕이 없다는 것이다. 일관된 신적 불변함이 하나님을 하나님으로 인식할 수 있게끔 만드는 속성이다.

다섯째, '단일성'이다.

하나님이라는 절대적 존재에 비견하거나, 동일한 다른 무언가가 복수로 있을 수 없으므로, 유일한 단 하나의 근원은 오직 하나뿐이다. 그 하나는 신이고 신은 단일하다. 아퀴나스가 제시한 정밀한 전제에 충실하게 따르면, 인과에 의한 변증학이 논리적으로 완성된다.[16]

2. 중세 스콜라 변증의 정석-신 존재 증명

이로써 우리는 지금까지 중세의 스콜라 철학의 변증방법론이 주는 유익을 다뤘다. 지금부터는 토마스 아퀴나스에 중점을 두고 중세의 변증방법론을 살펴보겠다. 아퀴나스는 중세의 스콜라 철학 변증방법론을 다룰 때 가장 중요하게 꼽힌다. 그리고 아퀴나스 못지않게 중요한 중세의 인물로는 요하네스 둔스 스코투스(Johannes Duns Scotus)와 윌리엄 오캄(William Ockham)이 있다. 아퀴나스의 변증방법론을 소개한 후 스코투스와 오캄의 변증방법론을 이어서 소개하겠다.

---

16 Ibid., 85.

토마스 아퀴나스가 중세 천년을 대표할 수 있는 철학자이자, 신학자라는 사실은 누구도 부정하지 못할 것이다.

그런데 왜 이런 대표성이 아퀴나스에게 있을까?

그 이유는 그가 전통적인 기독교 사상으로 자리 잡은 플라톤 철학과 아우구스티누스의 가르침을 수용하면서 동시에 아리스토텔레스(Aristoteles)의 철학적 방법론을 도입했기 때문이다. 종종 단순하게 도식화하기를 좋아하는 사람들은 아퀴나스가 플라톤 철학과 아우구스티누스의 가르침을 배척하고 아리스토텔레스 철학을 도입한 것으로 정리한다.

그러나 그것은 심각한 오해이다. 테오 코부쉬(Theo Kobusch)는 그리스도교 철학이 "플라톤과 스토아주의에서 사용된 철학 용어"를 수용했기에 그것이 중세의 스콜라 철학까지 파급된 것이라고 이해한다.[17] 다시 말해서 스토아 철학과 신플라톤주의가 막을 내리고 아퀴나스의 스콜라 철학이 모든 주도권을 독점했다고 생각해선 안 된다. R.T. 왈리스(Richard T. Wallis)는 플라톤의 '정신' 개념과 아리스토텔레스의 '자의식을 갖는 정신' 개념이 신플라톤주의 안에 결합하였음을 밝힌다.[18] 즉, 아리스토텔레스 철학이 플라톤 철학과 무관할 수 없듯이, 아우구스티누스의 신플라톤주의는 중세의 아퀴나스와 무관할 수 없다. 오히려 매우 긴밀하다.

그런데도 아퀴나스가 아리스토텔레스 철학을 사용한 것은 파격적이며 독창적인 시도이다. 그것은 중세의 철학과 신학의 큰 획을 그은 일이다. 특별히 요셉 피퍼(Josef Pieper)는 아퀴나스가 아리스토텔레스의 철학적 방법을 동원해서 덕의 성품을 지닌 인간상을 제시했다는 것에 많은 기여도를 둔다.[19]

또한, 로너간은 아퀴나스가 아리스토텔레스의 선운동의 관점에서 '작용-적용'을 설명해 낸다는 점을 부각했다.[20] 아리스토텔레스의 선운동은 "의지적 작

17　테오 코부쉬,『그리스도교 철학: 주체성의 발견』, 김형수 역 (서울: 가톨릭출판사, 2020), 29.
18　R. T. 왈리스,『신플라톤주의』, 박규철·서영식·조규홍 역 (서울: 누멘, 2017), 55.
19　요셉 피퍼,『그리스도교의 인간상』, 김형수 역 (서울: 분도출판사, 2018), 23-30.; 인간은 하나님의 형상으로 창조되었다. 그러나 피조물은 창조주와 그 어떤 유사성도 취할 수 없다. 이 두 가지의 명제는 모순으로 보일 것이다. 그러나 아퀴나스는 논리와 인과에 따른 치밀한 변증으로 그것을 극복한다.
20　아리스토텔레스적 선운동은 기동자와 피동자의 존재와는 구분되는 운동의 어떤 조건이다. 이와 마찬가지로 아퀴나스의 적용은 능동적 힘의 부여 혹은 유지(collatio aur conservatio virtutis activae)와는 구분된다.

용 자이든 자연적 작용 자이든 시간 안의 모든 작용 자에 해당한다." 아퀴나스 역시 "적용은 하나님이 자연적 원인의 작용 안에서 작용하는 만큼 의지의 작용 안에서도 작용한다는 사실"을 말한다.[21] 이와 같은 아퀴나스의 변증방법론은 '신 존재 증명' 과정 안에 잘 녹아있다. 그의 변증방법론을 구체적으로 살펴보면 다음과 같다.

첫째, "다섯 가지 신 존재 증명"이다.

독자들이 조금이나마 더 쉽게 이해할 수 있도록, 크레이그 바르톨로뮤(Craig G. Bartholomew)와 마이클 고힌(Michael W. Goheen)이 아퀴나스의 신 존재 증명에 대해서 간결하게 정리한 것을 참고해서 제시하겠다.

(1) 세상에 운동이 있다면, 동인(Mover)이 있어야 한다.
(2) 세상에 다양한 결과가 있다면, 힘 있는 원인자(Efficient Cause)가 있어야 한다.
(3) 세상에 개연적인 존재가 있다면, 필연적 존재(Necessary Existence)가 있어야 한다.
(4) 세상에 완전함의 여러 단계가 있다면, 완전자(Perfection)가 있어야 한다.
(5) 세상에 질서가 있다면, 그것을 명한 지적 존재(Inteligent Being)가 있어야 한다.[22]

여기서 증명되는 것은 결국 "모든 것 중에서 최고의 것"이다. 이것은 제일(題一) 동자로 존재하며, 아퀴나스는 이를 "신"이라 부른다.[23] 전체 자연에서 모든 운동은 하나의 움직여지지 않는 부동의 존재에게서 나온다. 이러한 논증은 창조에 대한 감각적 경험에 기초한 것이다. 감각에서 분리되어 존재하는 혼은 실제로 다른 종류의 영혼이고 산출 원인이 다르지만, 감각 안에 있는 감각적인 것과 생장적인 것은 산출 원인이 같다.[24]

예컨대 태양처럼 어떤 것이 움직여지고 있다는 점은 감각을 통해 밝혀진다. 그러므로 그것은 다른 것이 그것을 움직이게 함으로써 움직인다. 아퀴나스는 다음과 같이 말한다.

---

21 버나드 로너간, 『은총과 자유』, 김율 역 (서울: 가톨릭출판사, 2013), 130.
22 크레이그 바르톨로뮤 & 마이클 고힌, 『그리스도인을 위한 서양 철학 이야기』, 신국원 역 (서울: 한국기독학생회출판부, 2019), 152.
23 토마스 아퀴나스, 『신학요강』, 박승찬 역 (경기파주: 나남, 2008), 41.
24 토마스 아퀴나스, 『지성단일성』, 이경재 역 (경북칠곡: 분도출판사, 2007), 126-127.

결국, 움직이게 하는 것은 자체가 움직이든지 아니면 움직이지 않는다. 움직이고 있지 않다면, 우리는 찾고 있던 것, 즉 어떤 부동의 원동자를 설정해야 한다는 점에 도달한 셈이다. 우리는 그것을 신이라고 부른다.[25]

이것은 신이 움직이기 위한 인과적 규칙으로 채용된다는 점에서 탁월한 변증방법론이 될 수 있다. 그리고 신은 부동의 동자이며 만물의 근원으로 귀결되기에 결국 신은 그 자신이 본질이다. 그러나 이성을 이해시켜 주는 이 증명법은 그저 하나님이 존재한다는 사실만을 보여 줄 뿐이다. 결국, 하나님이 누구신지 선명하게 알기 위해서는 계시로서 하나님 자신이 스스로 누구이신지를 밝혀주셔야만 한다. 즉, '신 존재 증명'은 변증방법론에서 그저 신이 존재한다는 것을 입증할 뿐이지, 그 신이 인격적인 삼위일체 하나님이라는 것까지는 입증해 내지 못한다.

다시 말해서 삼위 하나님에 대한 지식은 너무 기이하고 높아서 인간 이성만 가지고는 능히 미치지 못한다. 시편 139편의 목소리가 더욱 선명해지는 순간이다. 그래서 아퀴나스는 "이성의 본성적 기능을 넘어서서 인간에게 은총의 빛(lumem gratie)"이 신의 힘으로 부과될 때, 비로소 "이 빛을 통해 인간은 내면적으로 덕"을 이룰 수 있다고 주장한다.[26] 또 아퀴나스는 『대이교도대전』에서 "신에 대한 진리 가운데 인간의 이성적 능력을 완전히 초월하는 것도 있다는 사실은 너무나 명백한 듯하다"라고 말한다.[27]

둘째, "철학과 신학의 영역 모두를 섭렵하며 논증하는 것"이다.

철학과 신학이라는 두 영역이 나왔다고 해서, 이것이 현대 신학자 폴 틸리히(Paul Johannes Tillich)가 '상관관계 방법'[28]으로 제시한 것과 동일한 방법론이라고 오해해서는 안 된다. 지금 우리는 현대가 아닌, 중세 철학의 변증방법론을 살펴보고 있다. 아퀴나스는 순수 존재와 공통 존재를 설명할 때, "우리가 신을 오직 존재뿐(순수 존재)이라고 말한다면, '신은 그것에 의해 어떤 사물이든 모두 형상

---

25 토마스 아퀴나스, 『대이교도대전 I』, 신창석 역 (경북칠곡: 분도출판사, 2015), 167.
26 토마스 아퀴나스, 『신학 요강』, 250.
27 토마스 아퀴나스, 『대이교도대전 I』, 109.
28 상관관계방법이란, 폴 틸리히가 구축한 조직신학 방법론을 의미한다. 이는 '철학으로 묻고 신학으로 답변'하는 형태를 취한다. 틸리히의 상관관계방법론은 '철학'과 '신학' 이 두 분야 모두에서 인정받는 탁월한 변증신학이다. 그것이 건전한지 아닌지는 평가하는 학자마다 각기 다르다.

적으로 존재하게 되는 보편 존재이다'라고 말했던 이들의 오류에 떨어지지 말아야 할 것"을 강조한다.[29] 왜냐하면, '신은 존재뿐'이라고 말하게 될 때, 신은 단지 '존재의 총체'가 되어 만물의 형상적 근원, 곧 범신론적으로 이해하게 될 위험이 있기 때문이다.

그러나 신의 존재는 자기의 순수성 자체를 통해 모든 존재와 구별되는 존재이다.[30] 이러한 논증은 아퀴나스가 아리스토텔레스의 철학을 빌려서 변증하고 있는 대표적인 사례다.

아퀴나스가 철학적 논증으로 변증을 취하지만, 그는 신앙을 '인간 정신' 그 이상의 것으로 본다. 단적인 예로, 그는 믿지 않는 자들과 토론할 때, "신앙을 필연적 근거들로써 증명하려는 노력은 하지 말아야 한다"고 주장한다.[31] 이 말은 철학적 논증으로 토론하되 신앙 그 자체를 필연적 근거로 제시하지 말라는 의미이다. 그 이유는 "우리의 신앙이 인간의 정신을 넘어서기에 필연적인 근거로써 증명될 수 없는 것과도 마찬가지이기 때문"이다.[32]

즉, '신앙'은 '인간 정신'보다 숭고하기에 세속의 근거들로 신앙을 증명하려는 것은 성립되기 어렵다. 무엇보다 아퀴나스에게서 '신앙'은 내재한 지성과 감각이 깨어난 후 작동되는 것이다. 비록 우리의 "지성이 다양한 개념을 통하여 신의 인식에 이른다고 할지라도, 지성은 그 모든 개념에 상응하는 바로 그것이 온전히 하나라는 것을 인식하기 때문이다."[33]

결국, 철학적 지성은 신을 인식하는 수단이 되며, 신앙은 신에 대한 명제를 지성 안에 형성시킨다. 따라서 신앙의 조항에 있어서 그리스도인 토론자는 고백하는 것이 거짓말이 아니라는 것을 이성적으로 보여 주어야 한다.[34] 아퀴나스는 철학과 신학의 고유한 영역을 구분하면서 각각의 중요함을 강조한다.

철학에서 원리의 근거는 인간 이성의 빛에 의존해서 추론으로써 성과를 끌어낸다. 반면 신학의 영역에서 원리의 근거는 은총의 빛에 의존한다. 신학자가 이성을 활용하지만, 그 원리들은 신적 권위에 의해서 받아들여진다. 아퀴나스는

---

29 토마스 아퀴나스, 『존재자와 본질』, 박승찬 역 (서울: 길, 2021), 331.
30 Ibid.
31 토마스 아퀴나스, 『신앙의 근거들』, 김율 역 (서울: 철학과현실사, 2005), 23.
32 Ibid.
33 토마스 아퀴나스, 『대이교도대전 I』, 337.
34 토마스 아퀴나스, 『신앙의 근거들』, 23.

이 두 간극을 연관성 없이 배열해 놓지 않고 넘나들며 활용한다. 그래서 그는 신의 존재와 세계의 법칙을 철학적 이성으로 탐구한다.

예를 들면, 아퀴나스의 지성적 자각 방식은 "자신의 본질을 통해서 자기 안에 있는 것들을 경험적 인식"을 통해서 확인하는 것이다.[35] 이는 철학적 이성을 바탕으로 둔 인식론이다. 그러나 아퀴나스는 결정적으로 그리스도교적 신앙이 안고 있는 본래의 신비, 즉 삼위일체, 강생, 부활, 최종 심판 같은 초자연적 진리를 은총의 빛 안에서 탐구한다.

아퀴나스는 '그리스도교의 복음'과 '아리스토텔레스의 철학' 모두를 이해하고 사용하지만, 결국 그가 말하고자 하는 바는 "은총은 자연을 도말하지 않고 완성시킨다"는 것이다. 즉, 자연의 완성은 인간 이성에 근거하지 않고 은총에 의해서 가능하다. 이는 당연하다. 초자연적 신비는 오로지 신학이 독점해서 탐구할 수밖에 없다. 그렇기에 아퀴나스의 변증방법론은 틸리히처럼 철학과 신학을 평등한 위치에 놓고 있는 것이 아니다. 또 아퀴나스는 철학이 질문하고 신학이 답변하는 구도도 아니다. 오히려 아퀴나스는 철학과 신학의 역할을 구분하면서 동시에 철학을 신학 안에 종속시켰다.

따라서 철학은 '한계의 신학'이며, 신학은 '영원의 철학'이다. 그러나 아퀴나스에게서 철학은 신학의 순수성을 훼손시키는 흙탕물이 아니다. 오히려 신학이 철학을 변화시키는 포도주로 작동된다.

셋째, "설교를 통해 믿음의 선을 밝히는 것"이다.

많은 기독교 지성인이 '설교'라는 단어를 들으면, 설교의 황태자 찰스 스펄전(Charles Haddon Spurgeon)이나, 마틴 로이드 존스(David Martyn Lloyd Jones), 혹은 빌리 그레이엄(Billy Graham) 등을 떠올린다. 그러나 설교의 역사는 곧 기독교의 역사이다. 왜냐하면, 회당에서의 가르침, 예수님의 가르침, 사도들의 가르침 등도 전부 설교이기 때문이다. 그렇기에 중세 스콜라 신학의 변증방법론에서 설교가 거론되는 것이 놀랄 일은 아니다. 중세 스콜라 신학에서도 천재적인 설교가 있다. 그것이 바로 아퀴나스의 『사도신경 강해 설교』이다.

사도신경은 단순한 신앙의 명제들을 고백하는 차원이 아니라, 기독교 신앙을 설득력 있게 제시해 주는 증언이다. 이해를 추구하는 신앙인들은 사도신경을 가

---

35 쥬세뻬 잠보니, 『토마스 아퀴나스의 인식론』, 이재룡 역 (서울: 가톨릭출판사, 1996), 186-187.

법게 볼 수 없다. 사도신경뿐 아니라 주기도문, 십계명 역시 단순한 신앙 공동체의 합의문이 아니라 구원을 위해 필요한 교리적 인식이며 진리의 축약이다.[36] 쉽게 말해서 이것은 믿음의 선한 것들이다. 아퀴나스의 『사도신경 강해 설교』 서문에서 등장하는 믿음의 선한 기능은 변증적 성격을 가진다. 더 정확하게 말하면 믿음이 만들어 내는 선한 것들은 그 자체로 기독교 변증을 이뤄낸다.

더군다나 아퀴나스는 이것들을 성경의 권위에 의지해서 설교한다. 설교가 하나의 기독교 변증문이 된 것이다. 심지어 설교의 언어는 스콜라 철학의 전문 용어가 아니라 일상 용어이기 때문에 대중적이다. 아퀴나스가 말하는 믿음이 만들어 내는 네 가지 선과 그 근거 성구는 다음과 같다.

- 믿음을 통해 영혼이 하나님과 연합된다(호세아 2:20; 히브리서 11:6; 로마서 14:23).
- 믿음을 통해 우리 안에서 영생이 시작된다(요한복음 17:3; 히브리서 11:1; 요한복음 20:29).
- 믿음이 현재의 삶을 인도한다(하박국 2:4; 이사야 11:9).
- 믿음으로 우리가 유혹을 이길 수 있다(히브리서 11:33; 베드로전서 5:8; 요한일서 5:4; 에베소서 6:16).[37]

3. 아퀴나스 이후의 변증가들

지금까지 살펴본 아퀴나스의 변증방법론은 아리스토텔레스 철학과 복음의 조화로 탄생한 변증방법론이라고 할 수 있다. 그러나 아리스토텔레스 철학이 중세를 지배해 갈 무렵 새로운 흐름이 중세의 분위기를 바꾸었다. 중세의 분위기를 환기하는 데 크게 공헌한 대표적인 두 인물은 스코투스와 오캄이다. 이들은 신앙과 이성을 각각 고려하는 이성주의 철학에 의존하지 않고 기독교 신앙의 고전

---

36 아퀴나스는 인간의 구원을 위해 필요한 인식이 세 가지라고 말한다. 첫째, 무엇을 믿어야 하는가. 둘째, 무엇을 바라야 하는가. 셋째, 무엇을 행해야 하는가에 대한 인식이다. 첫 번째 인식은 사도신경을 통해서, 두 번째 인식은 주기도문을 통해서, 세 번째 인식은 십계명을 통해서 각각 얻을 수 있다. : 이는 "토마스 아퀴나스, 『사도신경 강해설교』, 손은실 역 (서울: 새물결플러스, 2015), 32."에서 손은실 박사가 해설한 것을 재인용한 것이다.
37 토마스 아퀴나스, 『사도신경 강해설교』, 손은실 역 (서울: 새물결플러스, 2015), 43-49.

적 변증을 사수하려고 노력했다.

아퀴나스는 의지가 지성의 통찰력을 실행하는 데 필요한 집행기관(한낱 보조 능력)이라고 주장한 것에 반해, **스코투스는 "지성은 의지에 기여하는 원인"이라고 주장한다.**[38] 그 밖에도 스코투스는 보편자의 문제를 바라보는 것에 있어서 당시로서는 새로운 관점을 제시했다. 그는 아리스토텔레스의 철학을 수용할 경우, 오직 이성적으로만 행동하는 신이 탄생할 것이라고 염려했다. 스코투스가 봤을 때 이것은 신의 자유 자체를 지워버리는 것이다. 그러므로 이것은 하나님을 설명해 내는 적합한 변증이 될 수 없었다.

에티엔느 질송은 스코투스가 하나님의 자유를 강조하는 것은 "그리스 필연주의"(Greek necessitarianism)로 신학이 취급되는 것에 대한 반항이라고 평가한다.[39] 황금 논저로 칭송되어 오는 『제일원리론』에서 스코투스는 원인의 공리체계를 구성하고 그 체계의 궁극적 정리로서 신 존재 증명을 제시했다. 이것을 공리적 형이상학의 발상이라고 부른다. 그래서 그는 "원인에 의한 모든 인지를 넘어서 오직 대상 그 자체에 의하여만 우리에게 인과가 지워지는 어떤 인지가 찾아진다"고 말한다.[40]

인과(因果)는 인간의 이성적인 탐구와 상관없이 언제나 필연적이다. 또한, 하나님에 대해 인지하지 못한다고 할지라도 하나님은 언제나 모든 것의 원인이다. 만일 인과성을 인지하기 시작한다면 하나님을 이성적 탐구와 무관하게 인지하게 된다. 그리고 스코투스는 "무한으로부터 온갖 양태의 단순성이 따라 나온다"는 논지도 같은 맥락에서 펼친다.[41] 이는 이성적인 신의 형상에 집착해서, 정작 자발적 자유에 근거하는 신의 형상이 상실될 것을 우려한 논증이다. 하나님의 완벽성을 유한한 인간이 상정하는 것이 온전한 변증이 될 수 없다는 것은 자명하다.

따라서 아리스토텔레스 철학에 의존하는 기독교 변증학에서 벗어나서 어떤 것에도 구속받지 않으시는 신의 의지가 최고 원칙이 된다. 이러한 스코투스의 변증은 아리스토텔레스 철학을 선용한 아퀴나스에 대한 변증, 혹은 더 나아가

---

38 한나 아렌트, 『정신의 삶: 사유와 의지』, 홍원표 역 (경기파주: 푸른숲, 2019), 490.
39 Étienne Henry Gilson, *History of Christian Philosophy in the Middle Ages* (New York: Random House, 1955), 409.
40 요한네스 둔스 스코투스, 『제일원리론』, 박우석 역 (경기남양: 누멘, 2018), 134.
41 Ibid., 161.

반항이다. 또 다른 관점에서 이것은 하나님이라는 최초의 작용인을 자신의 주관으로 해석하려는 모든 악인에 대항하는 변증이기도 하다.

시편 139편 6절의 말씀을 스코투스식으로 적용한다면, 제일 원인이라는 존재가 너무 기이하고 높아서 자연철학으로는 능히 미치지 못한다.

오캄 역시 마찬가지이다. **그는 이성 중심의 중세 철학에서 이성의 능력을 제한하고 계시의 진리를 지킨다.** 따라서 오캄은 신의 의지와 개별 사물 속의 형상에서 실제 존재를 갖는 것은 없다고 주장한다. 이것이 오캄의 '유명론 옹호'이다.

그리고 오캄은 스코투스와 마찬가지로 하나님의 전능성과 자유에 대한 옹호를 펼쳐 나갔다(물론 오캄은 보편적 존재에 관한 견해에 대해서는 스코투스에 대한 반론도 함께 가지고 간다. 오캄이 "영혼 외부에 구별되는 사물들을 제외하고는 피조물들 사이에 어떠한 종류의 구별도 없다"고 정의하는 부분이 바로 그러하다).[42] 오캄은 존재자가 필요 이상으로 증가하여서는 안 된다고 생각했기에 자신의 면도날 원칙으로 아리스토텔레스 철학을 축소했다. 그래서 오캄은 '존재자'라는 명사에 대해서 다음과 같이 논리를 정리한다.

> '존재자'라는 명사에 대해서 초월 범주 명사가 그것의 '무엇임'을 묻는 물음에서 술어가 될 수 있는 방식과 같이, '존재자'라는 이름은 '무엇임'을 묻는 물음에서 모든 사물을 서술할 수 있는, 모든 사물에 공통되는 하나의 개념에 상응하는 것으로 사용된다.[43]

위 오캄의 논리가 어렵게 느껴질지 모르나, 중요한 것은 오캄의 유명론은 언어와 사고가 어떻게 작동하는지 따져 묻는 것에서 일관된다. 오캄은 시종일관 경험과 실험을 거듭해서 세계를 이해한다. 그리고 그것에서부터 의미를 부여한다. 기독교 변증학의 측면에서 오캄의 주장을 활용한다면, 경험에 근거한 신앙 입증이다(복잡한 오캄의 논리학을 너무 단순화시켰다는 비판을 받을지 모르겠다. 그러나 독자들의 이해를 돕기 위해 부득이하게 논리를 단순화시켰다). 교회 역사가 윌리스턴 워커(Williston Walker)는 오캄에 대해 다음과 같이 정리한다.

42　윌리엄 오캄, 『논리학 대전』, 박우석·이재경 역 (경기파주: 나남, 2018), 90.
43　Ibid., 170.

기독교 신앙을 이성적인 토대 위에 두려는 11세기로부터 시작된 위대한 스콜라주의의 노력을 오캄이 파멸시켰다는 주장이 자주 제기되어 왔다. 오캄이 자연 신학을 사실상 제거한 것은 사실이다(스코투스 이후로 자연 신학은 최소한으로 축소되어 있었다). 그러나 그는 신학적 과업에서 이성을 추방하지는 않았다. 그보다는 이성을 계시의 한계 내에 위치시켰다.⁴⁴

더 이상 인간 이성으로 신 존재를 증명할 수 없다. 오직 경험된 것과 관찰된 것들을 근거로 신앙을 제시할 뿐이다. 실제로 이러한 변증법이 유용하게 작동하는 경우가 있다. 왜냐하면, 오캄의 견해대로라면, 인간 이성은 신의 존재를 증명할 만한 능력이 없기 때문이다. 또한, 하나님은 이성이라는 울타리에 갇혀서 일하시는 것이 아니기에 어차피 이성으로는 진리 탐구가 불가능하다.

결론적으로 전능자의 자유를 이성적으로 추적할 수 없게 되었다. 이것은 곧 아퀴나스식의 신 존재 증명법이 더는 변증방법론이 될 수 없다는 것을 시사한다. 이제 기독교 신앙의 유일한 변증은 신앙 계시를 믿고 단지 하나님이 하시는 일을 살피는 것에 있다.

중세 신비 신학자 마이스터 에크하르트(Meister Eckhart)도 이런 흐름 속에 서 있다. 에크하르트는 아리스토텔레스 철학이 초월적인 존재에 대한 순수한 일자의 우선성을 통찰하는 데에는 실패했다고 본다.⁴⁵ 아퀴나스에 대한 이해도 마찬가지이다. 에크하르트는 존재의 유비에 대한 양태가 있다는 측면에서 아퀴나스의 견해와 일치하지만, 초월적 속성들은 피조물 스스로 소유한 것이 아니라고 주장한다는 점에서 아퀴나스와 다르다.

아퀴나스는 비례 유비나 내적 귀속 유비에 있어서 유비의 이차적 유비 자는, 불완전하기는 하지만 관련되는 특질을 그 자체 안에 실제로 지닌다고 보았다. 그러나 **에크하르트에게 초월적 특성은 하나님이 피조물에게 빌려주신 것이지 실제 지닌 것은 아니다.** "동일성은 오직 일자만의 시작이다."⁴⁶ 달리 말하면, "모든 초월적 완전성이 하나님 안에서 하나로 존재한다"라고 이해할 수도 있다.⁴⁷

---

44 윌리스턴 워커, 『기독교회사』, 송인설 역 (경기고양: 크리스챤다이제스트, 2012), 405.
45 부크하르트 모이지쉬, 『마이스터 에크하르트』, 이상섭 역 (서울: 서강대학교출판부, 2010), 261.
46 마이스터 에크하르트, 『신적 위로의 책』, 이부현 역 (서울: 누멘, 2013), 47.
47 올리버 데이비스, 『신비신학자 마이스터 엑카르트』, 이창훈 역 (경북칠곡: 분도출판사,

그러므로 에크하르트는 초탈의 과정을 통해 하나님께 다가가 합일할 것을 지향한다. 초탈은 인간이 신 속에서, 신으로부터 다시 태어나기 위해 자기 자신을 벗어나 일자 가운데 새롭게 형성되는 것을 뜻한다. 또 합일은 피조물과 신이 하나님의 존재, 하나의 생명이 되어 그 선함이 전적으로 하나가 되는 것이다. 그래서 에크하르트는 "일자로부터 태어난 동일성은 영혼을, 자신의 감추어진 일치 가운데서(in seiner verborgenen Einigung) 하나인 신께로 이끈다"라고 말했다.[48]

지금까지의 내용을 정리하면, 중세의 기독교 변증방법론은 신앙을 이성에 결합하는 아퀴나스식의 방식과 이 관계를 갈라놓고 유명론을 경험주의에 결합하는 스코투스와 오캄식의 방식으로 구분된다. 예외적으로 신비 신학자 에크하르트처럼 초탈을 통한 합일을 추구하는 방식도 하나의 변증이 될 수 있겠다.

당신은 어떤 변증방법론을 택하겠는가?

아퀴나스식 변증을 취하면 인간 이성을 활용해서 포괄적 체계에 근거한 변증을 공고히 할 수 있다. 그러나 이것은 신앙 계시의 진리조차도 자연철학의 범주로 오인할 위험이 있다. 반면에 스코투스와 오캄식 변증을 취하면, 하나님의 전능성과 자유를 인간 이성으로 재단하지 않고 계시적 측면에 의존하여 신앙 경험을 변증으로 내세울 수 있게 된다.

급진정통주의(Radical Orthodoxy)의 대표주자 존 밀뱅크(John Milbank)는 이들의 작업을 특별히 더 뛰어난 업적으로 평가한다. 그리고 이것이 기독교 신앙의 변증을 튼튼하고 굳건하게 만든 원인이라고 본다. 즉, 계시의 특수성과 위대함을 무한히 강조시켜서 얄팍한 이성이 초월적인 영역에 침범하지 못하도록 만들었다고 평가한 것이다.

그러나 스콜라 개혁주의(Protestant Scholasticism)자 존 프레임(John M. Frame)은 정반대로 평가한다. 그는 계시로부터 이성을 분리한 스코투스와 오캄의 작업은 결국 인간 이성을 하나님으로부터 독립하게끔 했다고 평가한다. 그 결과 오갈 데 없는 이성이 날뛰게 되었다. 그것은 실로 경악할 만한 일이다. 스코투스와 오캄의 변증방법론을 택하려던 사람들은 지금 이 대목에서 멈칫할 것이다.

'이게 도대체 무슨 소리인가!'

2010), 134.
48 마이스터 에크하르트, 『신적 위로의 책』, 47.

이해하기 어렵더라도 생각해 봐야 한다. 아퀴나스식 중세 스콜라 철학은 이성을 활용해서 신학을 진행한 것이었다. 그래서 인간 이성은 신학에 봉사할 수밖에 없었고, 신학을 위해서만 이성이 활용되었다. 그러나 스코투스와 오캄에 이르러서는 이제 이성이 신학을 제한할 수 없게 되었다. 스코투스와 오캄은 분명히 계시는 이성으로부터 보호하기 위해 나선 것이다. 그 의도는 너무나 선하고 기독교 변증학에 합리적 기여를 했다. 그러나 바르톨로뮤와 고힌은 스코투스와 오캄의 작업이 그들 자신의 의도와는 다르게 "정반대의 목적"을 이뤘다고 평가한다.[49]

왜 그럴까?

그 이유는 아래와 같은 질문에 답하다 보면 발견할 수 있다. 스코투스와 오캄의 논리로 이성이 계시를 지배하지 못하게 되었다. 이성이 드디어 분리되고 계시의 순수성이 지켜진다.

그런데 여기서 최종 기쁨을 실컷 만끽할 수 있는 것일까?
'이성'은 어떻게 되었는가?
'인간 이성'은 사라졌는가?

분명히 그것은 사라지지 않았다. '이성'이라는 것은 여전히 있다.
그렇다면 '인간 이성'은 어디로 가야 하는가?
도대체 신학에 봉사하던 '이성'은 이제 어떻게 되는가?
애석하게도 그것은 철장 속에 있는 흉악한 괴물들을 탈출시키시는 열쇠가 되어 돌아왔다. 좀 더 노골적으로 말하자면 하나님과 독립된 인간 이성은 자연주의, 이성주의, 세속주의 등의 흉악한 괴물들을 해방하는 열쇠가 되었다.

물론, 철장 문이 열렸다고 흉악한 괴물들이 그 즉시 튀어나온 것은 아니었다. 종교개혁자들과 청교도들의 신학이 흉악한 괴물들을 마비시키는 마취제 역할을 해 주었다. 하지만 임마누엘 칸트(Immanuel Kant)와 프리드리히 다니엘 에른스트 슐라이어마허(Friedrich Daniel Ernst Schleiermacher)의 등장으로 18세기에 철장은 완전히 부서졌다. 물론, 슐라이어마허의 경우에는 종교가 죽어가던 시대에 종교를 이야기할 수 있게 만들었다는 점에서 기독교 변증가로도 평가된다.

---

49 크레이그 바르톨로뮤 & 마이클 고힌, 169.

그러나 그것은 어디까지나 자유주의 신학자들의 평가이다. 그는 기독교 신앙의 변증을 명목으로 자유주의 신학이라는 새로운 종교를 창시했을 뿐이다. 그레샴 메이첸(J. Gresham Machen)에 의하면 자유주의 신학은 기독교가 아니다(이 문제에 대한 신학적 논의는 복음주의 변증방법론을 다룰 때 더 활발히 다루겠다).

지금까지 중세 스콜라 철학의 변증방법론이 주는 유익과 위험성 모두를 살펴보았다. 무엇이든지 누구 손에 들려있느냐가 중요하다.

당신의 손에 들려있는 중세의 변증방법론은 어떠한가?
천상의 소리를 내는 악기인가?
아니면 끽끽 소음을 내는 고장 난 공사장 기계인가?

우리는 용기와 신중함이 모두 필요하다. 변증학을 사용할 때 너무 겁먹을 필요가 없다. 요리사(변증학자)가 식칼(변증방법론)을 두려워해서는 안 된다. 그렇다고 식칼을 함부로 사용해서도 안 된다. 만일 식칼이 강도 손에 들린다면 그것은 흉기가 된다. 그러나 식칼이 요리사 손에 들리면 훌륭한 도구가 된다. 변증학도 그렇다. 변증학자는 용기를 가지고 변증을 펼쳐야 하지만, 그와 동시에 논리의 신중함도 함께 갖춰야 한다.

♣ 내용 정리를 위한 문제

1. 중세 스콜라 철학의 변증학이 가져다준 유익은 무엇인가?
2. 토마스 아퀴나스의 '다섯 가지 신 존재 증명'에 근거해서 기독교 신앙의 하나님을 설명해 보시오.
3. 둔스 스코투스와 윌리엄 오캄의 변증방법론은 토마스 아퀴나스와 어떤 차이가 있는가?

※ **참고 문헌**(제3장에 인용된 도서들)

토마스 아퀴나스.『신학대전: 자연과 은총에 관한 주요 문제들』. 손은실·박형국 역. 서울: 두란노아카데미, 2011.
_____.『대이교도대전 I 』. 신창석 역. 경북 칠곡: 분도출판사, 2015.

_____. 『신학 요강』. 박승찬 역. 경기 파주: 나남, 2008.
_____. 『지성 단일성』. 이경재 역. 경북 칠곡: 분도출판사, 2007.
_____. 『존재자와 본질』. 박승찬 역. 서울: 길, 2021.
_____. 『신앙의 근거들』. 김율 역. 서울: 철학과현실사, 2005.
_____. 『사도신경 강해설교』. 손은실 역. 서울: 새물결플러스, 2015.
A. 보에티우스. 『철학의 위안』. 박병덕 역. 서울: 육문사, 2011.
R. T. 왈리스. 『신플라톤주의』. 박규철·서영식·조규홍 역. 서울: 누멘, 2017.
니콜라우스 쿠자누스. 『박학한 무지』. 조규홍 역. 서울: 지식을만드는지식, 2011.
데이비드 N. 벨. 『중세교회 신학』. 이은재 역. 서울: 기독교문서선교회, 2012.
로베르트 쉬페만 & 롤프 쉔베르거. 『신앙과 이성적 통찰』. 김형수 역. 서울: 가톨릭대학
 교출판부, 2017.
리처드 윌리엄 서던. 『중세의 형성』. 이길상 역. 경기 고양: 크리스챤다이제스트, 2002.
마이스터 에크하르트. 『신적 위로의 책』. 이부현 역. 서울: 누멘, 2013.
마테오 리치. 『천주실의』. 송영배·임금자·장정란·정인재·조광·최소자 역. 서울:
 서울대학교출판문화원, 2016.
버나드 로너간. 『신학 방법』. 김인숙·이순희·정현아 역. 서울: 가톨릭출판사, 2012.
_____. 『은총과 자유』. 김율 역. 서울: 가톨릭출판사, 2013.
부크하르트 모이지쉬. 『마이스터 에크하르트』. 이상섭 역. 서울: 서강대학교출판부, 2010.
성 버나드. 『하나님의 사랑』. 심이석 역. 경기 고양: 크리스챤다이제스트, 2003.
세이바인 베어링 구드. 『중세의 전설』. 이길상 역. 경기 고양: 크리스챤다이제스트, 2002.
안셀름. 『프로슬로기온』. 공성철 역. 서울: 한들출판사, 2005.
올리버 데이비스. 『신비신학자 마이스터 엑카르트』. 이창훈 역. 경북 칠곡: 분도출판사,
 2010.
요셉 피퍼. 『그리스도교의 인간상』. 김형수 역. 서울: 분도출판사, 2018.
요한네스 둔스 스코투스. 『제일원리론』. 박우석 역. 경기 남양: 누멘, 2018.
윌리엄 오캄. 『논리학 대전』. 박우석·이재경 역. 경기 파주: 나남, 2018.
윌리스턴 워커. 『기독교회사』. 송인설 역. 경기 고양: 크리스챤다이제스트, 2012.
주세뻬 잠보니. 『토마스 아퀴나스의 인식론』. 이재룡 역. 서울: 가톨릭대학교출판부, 1996.
크레이그 바르톨로뮤 & 마이클 고힌. 『그리스도인을 위한 서양 철학 이야기』. 신국원 역.
 서울: 한국기독학생회출판부, 2019.
테오 코부쉬. 『그리스도교 철학: 주체성의 발견』. 김형수 역. 서울: 가톨릭출판사, 2020.
한나 아렌트. 『정신의 삶: 사유와 의지』. 홍원표 역. 경기 파주: 푸른숲, 2019.
Gilson, Étienne Henry. *History of Christian Philosophy in the Middle Ages*. New York:
 Random House, 1955.

제4장

종교개혁자의 변증방법론 Ⅰ : 마틴 루터

> 내가 복음을 부끄러워하지 아니하노니 이 복음은 모든 믿는 자에게 구원을 주시는 하나님의 능력이 됨이라 먼저는 유대인에게요 그리고 헬라인에게로다 복음에는 하나님의 의가 나타나서 믿음으로 믿음에 이르게 하나니 기록된 바 오직 의인은 믿음으로 말미암아 살리라 함과 같으니라(로마서 1장 16-17절).

16세기의 기독교 변증학은 '은혜'를 발견함으로 시작된다. 마틴 루터(Martin Luther)는 당대 종교개혁의 불씨이면서 동시에 최고의 변증가이다. 사실 루터 100년 전에 체코의 얀 후스(Jan Hus)가 "진리는 교황의 입에 있지 않고 성경 말씀에 있다"고 선언한 후 순교 된 바 있다. 후스는 이단으로 선고받고 1415년 7월 6일 콘스탄츠 화형장에서 화형을 당했다.[1]

하지만 루터는 후스처럼 처참하게 화형당해 죽지 않았다. 루터에게는 막강한 후견인이 있었고 많은 동역자가 있었다. 후스 이후에 마침내 개혁의 때가 다시 찾아온 것이다. 루터는 "하나님의 말씀을 신학의 출발점인 동시에 최종적 권위로 정립"시켰다.[2] 그는 "교회가 성경을 만든 것도 아니고, 성경이 교회를 만든 것도 아니며, 성경과 교회 모두를 존재하게 한 것은 복음", 즉 예수 그리스도라고 하였다.[3] 루터는 성경에서 복음 되신 예수 그리스도의 무한하신 은혜를 분명히 발견했다.

그리고 오직 의인은 믿음으로 말미암아 산다는 신앙의 진리를 근거로 칭의 신학을 발전시켰다. 당시 칭의에 대한 루터의 신학적 발견은 면죄부를 찍어내는

---

1 토마시 부타, 『체코 종교개혁자 얀 후스를 만나다』, 이종실 역 (서울: 동연, 2016), 33.
2 후스토 L. 곤잘레스, 『종교개혁사』, 서영일 역 (서울: 은성, 1995), 50.
3 Ibid., 51.

교권에 대항하는 변증이었다. 그중 95개조 논제는 단순히 로마가톨릭에 대한 항의서가 아니라 프로테스탄트 교회를 위한 일종의 변증 문의 성격을 띠고 있었다. 실제로 모든 믿는 자에게 구원을 주시는 복음의 능력을 강조하는 것만으로도 반(反)복음적 행태에 저항하는 변증이 된다.

1. 개혁의 여명

루터를 말하기에 앞서서 이 당시 상당한 수준의 조직 신학자이며 변증가로 꼽을 수 있는 인물이 있다. 바로 **필립 멜란히톤**(Philip Melanchton)이다. 멜란히톤은 복음에 대해 다음과 같이 말한다.

"복음은 하나님이 교회를 유지하시며, 현세적 도움을 주려 하심을 선포한다."[4]

기독교 변증학은 교회를 존속시키고 헝클어진 이 세상에 하나님의 존재를 긍정하는 작업을 하기에 복음이 최고의 기독교 변증인 것은 자명하다.

루터 당시의 최고의 인문학인 **에라스무스**(Desiderius Erasmus Roterodamus)는 『우신예찬』에서 "예수 그리스도의 지극히 성스러운 사제들과 대리자들이 할 본분은 악마에게 충동 받아 베드로의 유산을 들먹이고 탕진하는 자들을 무엇보다 매섭게 나무라는 일"이라며, 당대의 교권을 쥐고 있는 자들에게 풍자로서 일침을 가한다.[5] 그리고 **토머스 모어**(Thomas More)는 금과 은보다 공기와 물과 흙이 더 가치 있는 것으로 평가받는 유토피아를 꿈꾸었다.[6]

그러나 에라스무스나 토머스 모어보다 루터의 변증이 기독교 변증방법론에 훨씬 적합하다. 그 이유는 멜란히톤이 제시한 복음의 성격에 루터의 신학이 가장 부합하기 때문이다. 다시 말해서 당대의 막강한 인물들이 많이 있었음에도 유독 루터를 중심으로 종교개혁자의 변증방법론을 다루는 이유는 그의 칭의 신학이 복음에 근거한 신학이기 때문이다.

---

4 필립 멜란히톤, 『신학 총론』, 이승구 역 (경기고양: 크리스챤다이제스트, 2010), 287.
5 로테르담의 데시데리우스 에라스무스, 『우신예찬』, 김남우 역 (경기파주: 열린책들, 2014), 162.
6 토머스 모어, 『유토피아』, 전경자 역 (경기파주: 열린책들, 2012), 112.

벵크 헤그룬트(Bengt Hägglund)에 따르면, 초기 단계의 루터는 여러 면에서 별다른 관심을 끌지 못했지만, 1517년 10월 31일 그가 95개 항목의 반박문을 제시하고, 당시에 만연하고 있었던 면벌부에 대항했을 때, 그는 곧바로 로마가톨릭의 신학과 완전한 결별을 이룬다.[7] 그 당시 중세의 신학은 하나님의 의가 인간 안에서 역사하며 인간은 그것을 성취하기 위해 협력하는 형태이다. 그러나 그것은 복음이 아니었다. 루터에게서 복음은 예수 그리스도의 의에 완전히 복속되는 것이다. 인간은 죄를 지어서 죄인이 아니라 존재 자체가 죄인이기에 죄를 짓기 때문이다.

그런 흉악한 죄인들을 구원하는 사건이 바로 십자가 사건이다. 십자가 사건을 믿는 사람들은 그리스도께서 의롭다고 칭해 주신다. 다시 말해서 **그리스도의 의가 죄인에게 전가된 것**이다. 루터는 로마서에 기록된 '하나님의 의'란 인간을 심판하고 강요하는 그런 의가 아니라, 은혜 가운데 하나님에 의해 주어지는 '의'라는 것을 발견했다. 이 진리를 발견하기까지의 루터의 시련과 과정에 대해서 베른하르트 로제(Bernhard Lohse)는 다음과 같이 진술한다.

> 루터는 자신이 아마도 하나님을 두려워할 수 있었으나 하나님 자신을 위해 하나님을 사랑할 수는 없다는 사실을 알아챘다. 자꾸만 이기심이 마음의 가장 비밀스러운 동기 속에까지 기어들어 오는 것이었다. 인간의 행위마다 또한 모든 영적인 감흥도 자기 의지가 동반되었으며 동시에 하나님 앞에서 무가치하게 되었다. 그러나 이 사실은 루터가 가톨릭 교리에 의하면 구원을 얻는 데 있어 필수적인 전제들을 성취할 수 없었다는 사실을 의미하였다.
>
> 그러므로 그는 점점 더 깊은 시련에 빠져 들게 되었는데, 이 시련은 다음과 같은 물음에서 그 정점에 달하였다.
>
> "어떻게 하면 내가 은혜로우신 하나님을 접할 수 있을까?"
>
> 루터의 시련은 그의 신학 연구를 통하여 자극되어 그가 예정론에 관계하였을 때 더욱 현저히 첨예화되었다. 그는 철저한 자기 검증 시 은총 가운데인 하나님 곁에 서 있지 않다고 생각하였기 때문에 자신이 저주받아야만 한다는 것 이외에 다른 어떤 결론에 이를 수 없었다. 그의 수도원 형제들은 루터와 유사한 시련들을 가지지 않았으며, 그의 고해신부들은 그를 이해하였던 것이 아니라 그를 지

---

[7] 벵크 헤그룬트, 『신학사』, 박희석 역 (서울: 성광문화사, 1997), 296.

나치게 좀스럽다고 생각하였다. 그러나 루터에게 있어서 저주받는다는 두려움은 하나님이 존재하지 않았으면 하는 염원으로 이끌었다. 인간에게서 할 수 없는 것을 요구하며, 은총을 할 수 없는 것을 행하라는 조건과 연관시키는 이 하나님에 대한 증오가 루터 안에서 자라났다.[8]

하나님의 구원 조건을 자력으로 만족시킬 수 있는 존재는 이 세상에 존재하지 않는다. 따라서 하나님이 의의 표준대로 죄인을 벌하신다면 평안을 누릴 수 있는 사람은 아무도 없다. 그러나 복음에는 하나님의 의가 나타났다. 이전에 루터는 '하나님의 의'는 두렵기만 한 거룩한 공의였으므로, 복음이 어째서 기쁨이 되는지를 전혀 알지 못했다. 하지만 이것이 죄인들에게 주어진 하나님의 선물이라는 사실을 깨달았을 때 은혜의 변증이 고백으로 새겨진다. 루터는 다음과 같이 자신의 신학적 성찰을 고백한다.

> 밤낮으로 이 문제를 놓고 깊이 생각에 빠져 있던 나는 마침내 하나님의 긍휼하심에 힘입어 그 말씀의 문맥을 주목하게 되었다. 즉, "복음에는 하나님의 의가 나타나서 믿음으로 믿음에 이르게 하나니 기록된바 오직 의인은 믿음으로 말미암아 살리라 함과 같으니라"라는 말씀이 눈에 들어온 것이다. 거기서 나는, 하나님의 의라 의인의 삶의 방식을 말하는 것으로, 의인은 하나님의 선물, 곧 믿음으로 말미암아 산다고 하는 사실을 깨달았다.
> 뜻을 다시 정리해 보면, 하나님의 의는 복음에 의해 나타나는 것인데, 이는 수동적 의로서 자비의 하나님은 우리를 믿음으로 말미암아 의롭다고 하신다. 그러므로 성경에는, "오직 의인은 믿음으로 말미암아 살리라"라고 쓰여 있다. 나는 여기서 완전히 다시 태어남을 느꼈으며, 이미 열린 문들을 통해 낙원에 들어와 있음을 알게 되었다.[9]

누구든지 자기 자신을 이미 구원받은 백성으로 인식한다면, 선행은 구원의 조건이 아니라 구원의 결과가 된다.[10] 그리스도인은 의로워졌다. 그러나 동시에 죄

---

[8] 베른하르트 로제, 『기독교 교리사』, 구영철 역 (서울: 컨콜디아사, 2001), 208-209.
[9] 알리스터 맥그래스, 『하나님을 사랑한 사상가 10인』, 신재구 역 (서울: 한국기독학생회출판부, 2021), 122-123. (루터의 신학적 성찰에 대한 글 재인용)
[10] 루돌프 W. 하인즈, 『개혁과 투쟁』, 원종천 역 (서울: 그리심, 2010), 91.

인이다. 다시 말해서 용서받은 죄인이다. 이 복음의 기쁨에 대해서 루터는 그저 침묵할 수 없었다. 그는 그런 성격의 소유자가 아니었다.[11]

그런데 이와 같은 칭의의 능력과 기쁨은 루터만 경험할 수 있는 것이 아니고, 오늘날의 성도들 역시도 개혁의 여명을 밝히며 지금도 경험할 수 있고, 경험해야만 하는 신앙적 진리이다. 그래서 마이클 리브스(Michael Reeves)는 중세가 잊었고, 루터가 다시 찾은 이 '칭의'를 이렇게 설명한다.

> 우리는 하나님이 우리를 먼저 사랑하신다는 사실을 알지 못한다면 하나님을 사랑하지 못한다. 이는 분명한 사실이다. 우리는 안전하게 하나님은 즐거워서 할 수 있다는 사실을 알지 못한다면 그분을 사랑하지 못한다. 건강한 그리스도인의 삶에는 반드시 오직 믿음으로 말미암은 칭의라는 기초석이 있다. 그 기초 없이 우리는 그리스도인의 삶을 받아들이거나, 진정한 기쁨과 하나님 앞에서 온전함을 소유하지 못한다.[12]

2. 오직 믿음으로 말미암는 변증

지금부터 루터가 침묵하지 않고 외쳤던 종교개혁의 신학이 어떤 변증적 방법론을 가지고 선포되었는지 크게 세 가지로 압축해서 제시하겠다.

첫째, 문답형 변증방법론이다.

루터 당시에 면죄부가 팔리고 있었다. 사실 그 당시 사람들은 죄 사함을 받는 것보다 그저 죄에 대한 벌을 받지 않는 것이 주된 관심사였다. 즉, 부과된 벌을 면하기 위해 재정적인 보상으로 취한 것이 면죄부였다.[13] 그래서 어떤 이들은 이것을 면벌부로 불러야 한다고 주장한다. 하지만 루터는 면죄부를 반대할 때, 그것의 기능(형벌을 없애주는)에 대한 것보다 이것이 면죄의 보증표로 왜곡되어 선전되는 것에 대해서 공격했다.[14]

---

11 스콧 핸드릭스, 『마르틴 루터』, 손성현 역 (서울: 한국기독학생회출판부, 2017), 142.
12 마이클 리브스, 『칭의를 누리다』, 황재찬 역 (서울: 두란노서원, 2023), 81.
13 마르틴 트로이, 『비텐베르크의 마르틴 루터』, 한정애 역 (서울: 컨콜디아사, 2017), 25.
14 최주훈, 『루터의 재발견』, (서울: 복있는사람, 2017), 98.

그러므로 이것을 '면벌부'로 부르던 '면죄부'로 부르던 큰 상관은 없다. 지금 중요한 것은 면죄부가 '공로 구원'에 초점이 맞춰져 신학적으로 크게 잘못되었다는 점이다. 물론, 신학적으로 잘못되었다는 결론만 가지고 그것이 생겨난 의도 자체가 악했다고 성급하게 평가할 수는 없다. 왜냐하면, 초기에 판매된 면죄부의 목적은 당시 기력이 쇠약해진 노인이나, 신체적인 장애가 있는 사람들에 대한 배려였기 때문이다.

신체적인 움직임이 제한된 노인이나 장애인들이 공로를 쌓기 위해 선한 행위를 실행하라고 한다면, 그 일이 얼마나 어렵겠는가!

이런 약자들을 위한 배려로 면죄부라는 것이 팔린 것이다.

그러나 루터 당시에 면죄부는 요한 테첼(Johann Tetzel)에 의해서 흉악스럽게 선전되었다. 테첼은 면죄부를 구매하면 마리아를 강간했더라도 그 죄가 지워진다고 말했다. 이에 분노해 루터는 95개 논제 21번에 이처럼 말한다.

"교황의 사면증이 모든 죄의 형벌을 풀고, 죄인을 구원할 수 있다고 선전하는 면죄부 설교자들의 말은 모두 엉터리다."[15]

이 반론은 마치 누군가가 면죄부의 효력에 대해 질문했을 때, 답변하기 위해 써놓은 듯하다. 어떤 질문을 가정하고 그에 답변해 주는 형태의 변증이 바로 루터의 변증방법론이다.

이는 루터가 선택할 수 있었던 가장 온건한 방식이었다. 루터는 "교황과 교회의 의지와는 별개로, 양심 없는 면죄부 설교자들의 죄 때문에 면죄의 의미에 대해 위험한 오해가 발생했다고 확신하여 그에 대항한 것"이다.[16]

문답식의 온건한 변증은 비단 95개 논제에 대해서만 한정되지 않는다. 교리문답에서도 마찬가지이다. 『대교리문답』과 『소교리문답』은 주입식 교육을 위한 항목 나열이 아니라 변증법이다. 『대교리문답』에서 신조를 설명할 때 루터는 이같이 말한다.

첫 번째 조항은 하나님 아버지를 창조주로 설명한다.
두 번째 조항은 그분의 아들을 구원자로 설명한다.
세 번째 조항은 성령에 대한 것인데, 이 항목은 거룩함을 다룬다.[17]

---

15 마르틴 루터, 『95개 논제』, 최주훈 역 (서울: 감은사, 2019), 46.
16 칼 하임, 『개신교의 본질』, 정선희·김회권 역 (서울: 복있는사람, 2018), 78.
17 마르틴 루터, 『대교리문답』, 최주훈 역 (서울: 복있는사람, 2017), 202-203.

즉, 루터는 신조에 관한 질문이 왔을 때, 누구든지 적절한 답변을 요약하여 설명할 수 있도록 안내한 것이다. 이 자체로 이것은 신조에 대해 왜곡된 인식을 퍼뜨리는 자들에 대한 변증이 된다. 『소교리문답』도 마찬가지다.

루터는 신조를 쓴 다음, 다음과 같은 질문을 써놓는다.

"이것은 무슨 뜻입니까?"

그리고 곧바로 그 답변을 명시한다. 이 답변이 교리적으로 명쾌한 이유는 신조를 크게 세 가지 조항으로 구분을 지어서 "창조, 구원, 성화"로 설명하기 때문이다.[18] 확실한 진리에 대해 조금의 타협도 없이 분명하게 명제를 답변하는 것이 루터의 특징이다.

이러한 변증방법론을 통해서 루터는 결국 율법이 아닌 복음의 능력을 사람들에게 전하고자 하였다. 율법은 형벌에 대한 두려움 아래서 인간이 마땅히 해야할 일을 말해 준다면, 복음은 죄의 용서를 약속해 주고 공급해 준다.[19] 루터는 이것을 교리문답을 통해 오늘날 그리스도인들에게까지도 설득력 있게 전달해 주고 있다.

둘째, 십자가 신학을 강조한 변증방법론이다.

루터의 십자가 신학은 그 자체로 변증적 성격을 지닌다. 그것은 로마가톨릭의 영광 신학에 대항하는 신학이자, 복음의 정수를 펼쳐낸 신학이다. 루터는 "그리스도의 십자가가 없는 모든 영광은 저주받은 것으로 철저히 혐오한다."[20] 또한, 루터는 "성경 다음으로 그리스도에 대한 믿음을 확증해 주는 것으로 십자가와 같은 것이 없다"고 확언한다.[21]

파울 알트하우스(Paul Althaus)에 의하면, 루터에게 있어서 "십자가의 단순한 역사적 사실이 그 자체로서 그리스도와 하나님의 사랑을 계시하는 것이 아니라, 오직 '십자가의 말씀' 안에서, 즉 그것이 십자가 교리 안에서 해석될 때 그렇게 한다"라고 주장한다.[22]

이 주장에 오해가 없도록 추가로 설명하자면, 루터에게서 십자가는 역사적 사실 그 자체로도 물론 중요하지만, 그것이 말씀으로 선포되는 자리에서도 하나님

---

18 마르틴 루터, 『소교리문답·해설』, 최주훈 역 (서울: 복있는사람, 2018), 46-49.
19 벵크 헤그룬트, 『신학사』, 310.
20 마르틴 루터, 『갈라디아서』, 김귀탁 역 (서울: 복있는사람, 2019), 520.
21 마르틴 루터, 『탁상담화』, 이길상 역 (경기고양: 크리스챤다이제스트, 2014), 144.
22 파울 알트하우스, 『루터의 신학』, 이형기 역 (경기고양: 크리스챤다이제스트, 2008), 213.

의 사랑이 계시된다는 뜻이다. 이것은 구원을 자신의 공로로 인식하고 있는 위태로운 사람들에게 태양빛과 같은 변증이다.

간혹 '영광의 신학'과 '십자가 신학'에 대해서 오해하는 이들이 있다. 오해하는 이들은 로마가톨릭의 성전 건축은 '영광의 신학'이고, 농민들과 약자들이 고난에 참여하는 것은 '십자가 신학'이라고 주장한다. 그러나 이러한 구분법은 루터를 전혀 이해하지 못한 엉뚱한 주장이다. 먼저 영광의 신학이란, 공로는 선하고, 고난은 악하다고 믿는 것이다.

즉, 영광의 신학에서 신자들은 하나님께 나아가기 위해 공로를 쌓아야만 하며, 스스로 그 길이 하나님께 나아가는 것이라고 믿고 행해야 한다. 반면에 십자가 신학이란, 우리 스스로가 하나님 앞에 공로로 나아가는 것이 절대로 불가능함으로, 오직 그리스도의 십자가만을 의지해야 하는 것을 뜻한다. 다시 말해 십자가 신학은 그리스도의 수난과 죽음을 통해서만 진정으로 하나님의 영광을 볼 수 있게 된다는 신학이다.

십자가 신학을 강조한 변증방법론은 십자가 외에 구원의 가능성을 제시하는 모든 것을 몰살시킨다. 그리고 오직 그리스도 십자가의 길만을 전적으로 신뢰할 것을 촉구한다. 십자가는 교회의 신학이며, 십자가는 모든 것을 시험하는 시금석이다. 루터에게선 오직 십자가만이 진정한 신학이다.[23]

이것은 사변이 아니라 삶이다. 영광의 신학자들은 오직 '행위'와 '행위의 영광'만을 사랑하지만, 십자가의 고난을 선한 것으로 간주하는 이들은 자신의 선행을 자랑하는 것이 불가능하다.[24] 선행을 자랑하지 않고 십자가 앞에 납작 엎드려지는 것이야말로 도덕주의의 종결을 이뤄내고 하나님과의 영광스러운 교제를 시도하는 삶이다.

이러한 삶이 신학이 되어 경건과 실천으로 나타났기에 종교개혁자의 변증방법론은 그 어떤 변증보다도 위력이 있다. 기독교에서 십자가는 진리이다. 또한, 십자가는 복음이다. 루터는 이 십자가의 "복음 안에 계시된 하나님의 의가 죄인들에게 주어진 하나님의 선물이란 사실"을 강조한다.[25] 즉, 루터에게서 십자가 신학은 기독교 변증방법론의 '존재 이유'가 되었다고 해도 과언이 아니다.

---

23 알리스터 맥그래스, 『루터의 십자가 신학』, 김선영 역 (서울: 컨콜디아사, 2015), 293.
24 파울 알트하우스, 45.
25 알리스터 맥그래스, 『하나님을 사랑한 사상가 10인』, 123.

셋째, 모든 것이 오직 은혜임을 인정하는 것이다.

기독교 변증은 모든 것이 삼위 하나님의 은혜임을 인정하는 것에서부터 시작된다. 루터는 로마서를 주석하면서 은혜에 대해서 다음과 같이 설명한다.

> 사람 속에서 역사하는 하나님의 은혜는 그 어떤 것도 하나님보다 위에 놓지 않는다. 모든 것 속에서 은혜는 오직 하나님만을 구하고, 하나님만을 원하며, 하나님만을 쫓는다. 은혜는 자기와 하나님 사이에 끼어드는 다른 모든 것을 마치 그것들이 존재하지 않는 것처럼 무시해 버린다. 은혜는 오직 하나님만을 향한다.[26]

루터는 인간의 선한 공로가 구원의 가능성을 줄 수 있다는 식의 주장을 완전히 배격한다. 인간의 공로를 주장하는 순간 기독교 변증은 실패로 돌아간다. 아니, 더 정확히 말해서 공로를 드러내는 순간 그것은 곧 기독교를 공격하는 무기가 된다. 불신자들은 기독교를 대적하기 위한 도구로 인간의 가능성을 제시한다. 그것에 반대하여 신앙을 변증하기 위해서는 오직 은혜를 강조해야 한다. 자연적인 능력으로 획득하는 은총이란 없다.

이 은혜는 그리스도의 의가 전가될 때만 가능한 은총이다. 다시 말해서 "죄 사함은 특성의 변화가 아니라, 죄의 권세에서 벗어나서 그리스도 은총의 통치 아래 머무는 통치권의 변화"라고 볼 수 있다.[27]

죄인을 벌하시는 의로우신 하나님을 사랑할 수 없는 이들이 오늘날에도 있을 것이다. 그들에게는 오직 자비로우신 그리스도의 은혜를 설명하는 것만이 변증이 된다.

오직 은혜(*Sola Gratia*)가 임하니, 믿음이 생긴다.
오직 믿음(*Sola Fide*)이 생기면, 성경을 펼쳐 읽게 된다.
오직 성경(*Sola Scriptura*)을 펼쳐 읽으면 예수 그리스도만이 보인다.
오직 예수 그리스도(*Solus Christus*)를 바라본 자들은
오직 하나님께만 영광(*Soli Deo Gloria*) 돌린다.

---

26 마르틴 루터, 『로마서 주석』, 박문재 역 (경기고양: 크리스챤다이제스트, 2014), 152.
27 칼-하인츠 츠어 뮐렌, 『종교개혁과 반종교개혁』, 장병식·홍지훈 역 (서울: 대한기독교서회, 2014), 57.

그렇기에 로제는 루터의 신학적 주제를 "죄를 범하여 저주받은 인간"과 "죄인 된 인간을 의롭게 하시며 구원하시는 하나님"으로 설명한다.[28] 이것은 '죄인 된 인간'과 '구원하시는 하나님의 은혜'에만 집중하자는 말이다. 만일 이런 식으로 신학을 명료화한다면 기독교 변증학의 기본 골격을 쉽게 잡을 수 있을 것이다.

현대 지성인들은 특별하고 독창적인 논리를 찾는다. 그러나 가장 특별하고 독창적인 논리는 하나님의 무한하신 사랑에서 나오는 "은혜" 뿐이다. 그 은혜를 설명해 내는 종교개혁자들의 기독교 변증방법론은 지극히 타당하다. 여기서 은혜를 베푸시는 주체는 예수 그리스도시다. 그리고 은혜를 받는 대상은 인간이다. 루터가 봤을 때 인간은 두 부류의 인간만 있을 뿐이다. 스스로 의롭다고 외치는 죄인 된 인간과 스스로 죄인이라고 고백하는 의인이라 칭함 받은 인간이다.

대부분 인간은 하나님의 영광을 전하고 그리스도의 은혜를 변증하기보다는 자기 자신을 변증하기에 급급하다. 쉽게 말해서 스스로 의롭다고 외치는 죄인은 자신의 죄를 합리화할 궁리만 한다. 반면에 스스로 죄인이라고 고백한 의인은 자신의 죄를 회개할 궁리만 한다. 결국, 회개하는 죄인에게 모든 것은 하나님의 은혜다. 회개하기 위해 모은 두 손도 주님의 은혜다. 회개하기 위해 꿇은 두 무릎도 주님의 은혜다. 회개하려 하는 마음도 주님의 은혜다. 회개하며 흘리는 눈물도 주님의 은혜다. 회개한 이후 달라진 삶을 살아가는 것도 주님의 은혜다. 오직 은혜만이 있을 뿐이다.

3. 종교개혁을 위한 변증서

앞서 루터의 신학을 근거로 그의 변증방법론을 소개했다. 지금부터는 그의 종교개혁 3대 논문을 소개함으로 추가 설명을 이어 가겠다.

첫째, 〈독일 크리스천 귀족에게 보내는 글〉

루터가 볼 때 성도들을 짓누르는 가장 큰 장애물은 로마가톨릭이었다. 당시 교황은 세속 권세자들 이상의 권위를 누렸고, 성경 해석의 권한과 교회 소집권을 독점하고 있었다. 루터는 이러한 것들이 부당하다고 생각했다. 그래서 그는

---

28 베른하르트 로제, 『루터 연구 입문』, 이형기 역 (경기고양: 크리스챤다이제스트, 2013), 200.

자신의 펜으로 교황의 권력에 도전했다. 루터는 "성서 해석이나 그 해석의 확인이 홀로 교황에게만 속한다고 하는 것은 전혀 조작적인 이야기이며 그들은 여기에 대하여 한 글자도 증언하지 못한다"라고 주장했다.[29]

이것은 개혁이며 동시에 변증이다. 루터에 따르면 어떤 성도라도 성경을 해석할 수 있고, 교회 개혁을 위한 회의를 요구할 수 있다. 즉, 모든 그리스도인은 성경의 가르침을 읽고 해석하고 적용할 권리와 권위가 있다. 하지만 당시 중세교회는 평신도를 평가 절하하고 평신도와 성직자를 인위적으로 구분했다. 이에 맞서서 루터는 '보편적 제사장직' 교리를 내세웠다. 이 교리에 기초하면 모든 성도가 성경을 읽고 해석할 권리를 누릴 수 있으며, 성경과 일치하지 않는 것으로 보이는 교회의 가르침이나 실천의 측면에 대해 우려를 제기할 권리가 생긴다.

"모든 성도의 제사장직" 교리는 "왕 같은 제사장"(베드로전서 2:9)이라고 말씀하는 신약성경의 가르침에 근거한다. 루터는 성직자가 마치 일종의 영적 엘리트인 것처럼 평신도보다 우월하다고 주장할 근거가 전혀 없다고 주장했다. 그리스도를 믿는 모든 성도는 그의 제사장 지위를 공유하므로 나머지 성도에게 그리스도의 지식, 임재, 용서를 중재하는 특별한 부류의 사람들은 있을 수 없기 때문이다.

루터가 봤을 때, 성직자는 교회 공동체 내에서 다른 평신도들로부터 특별한 은사를 가진 것으로 인정되고, 그들 사이에서 목회 또는 가르치는 사역을 수행하도록 승인받은 평신도일 뿐이다. 따라서 성도들은 '보편적 제사장직'이라는 이 교리에 기초하여, 성경을 읽고 해석하고 적용할 수 있어야 한다. 이것은 선택이 아니라 필수이며 권리이다.

루터가 〈독일 크리스천 귀족에게 보내는 글〉에서 '만인 제사장직에 대한 것'과 '모든 성도의 성경 해석의 자율'을 주장할 수 있었던 가장 주된 이유는 루터가 봤을 때, 성경은 일반 그리스도인들도 읽고 이해할 수 있을 만큼 쉽고 명확했기 때문이다. 성경은 번역만 된다면 대중들도 충분히 이해할 수 있는 책이다. 따라서 모든 성도가 자신이 이해할 수 있는 언어로 성경을 읽고, 그 의미를 스스로 해석할 권리를 가지는 것은 매우 당연하다. 교회는 성경 본문의 해석에 대해 교인들에게 책임을 다해야 하며, 모든 면에서 이의 제기를 받아들일 준비가 돼 있어야 한다.

---

[29] 말틴 루터, 『종교개혁 3대 논문』, 지원용 역 (서울: 컨콜디아사, 2008), 40.

그러나 오늘날까지도 로마가톨릭은 교회가 성경의 울타리가 될 것을 주장하면서 사제가 성경 해석을 독점하려고 한다. 이렇기에 종교개혁자들의 외침은 오늘날에서도 여전히 유효하며 중요하다. 종교개혁자들의 정신에 따르면, 성경이 나오기 전에 교회가 존재한 게 아니라 말씀이 먼저 있었기에 교회가 세워질 수 있었다. 그러므로 교회가 성경의 울타리가 되는 것이 아니라, 성경 말씀이 교회의 울타리가 된다.

성경 해석에서뿐 아니라 만인 제사장에 대한 루터의 전반적인 관점은 오늘날의 '시민 사회적 유비'로까지 발전되었다. 루터는 성직자가 평신도에 의해 그들의 대표자, 교사, 지도자로 선출된 '직분자'라고 선언한다. 그들의 지위에 있어서 성직자와 평신도 사이에는 근본적인 차이가 없다. 차이점은 전적으로 전자가 목회의 '직무'에 선출되었다는 점이다.

모든 성도는 세례를 받았기 때문에 이미 이 지위를 가지고 있다. 그러나 이 선출은 되돌릴 수 있으며 선택된 사람에게 문제가 발생하면 선택을 취소하고 공직에서 제외할 수도 있다. 즉, 성직자를 포함해서 어떤 그리스도인이라도 교회 공동체 안에서 구성원들과는 다른 더 우월한 '영적 권위'를 가지고 있다고 생각해선 안 된다. 그렇다고 해서 루터가 '성직 제도' 폐지를 주장한 것은 결코 아니다.

루터는 사람들이 성직자를 보는 방식을 바꾼 것이지, 성직자의 존재 자체를 부정한 것은 아니다. 결국, 목회자는 영적 엘리트가 아니라, 믿음의 공동체에서 가르침의 은사와 영 분별의 은사를 인정받은 성도일 뿐이다. 루터는 이렇게 말한다.

> 교황, 주교들, 사제들이나 승려들을 "영적 계급"이라고 부르고 군주들, 영주들, 직공들이나 농부들을 "세속적 계급"이라고 부르는 것은 전혀 조작적인 것이다. 실로 이것은 순전한 거짓과 위선이다. 아무도 여기에 놀라서는 안 된다. 이것은 말하자면 모든 크리스천은 참으로 "영적 계급"에 속하며 그들 가운데는 직무상의 차별 이외에 아무것도 없다.[30]

---

30 Ibid., 29.

루터의 주장에 힘을 더해 줄 수 있는 역사적 근거도 있다. 그 근거가 되는 사건은 바로 니케아 회의이다. 니케아 회의는 기독교 역사에서 매우 중대한 회의이다.

이러한 중대한 회의를 소집한 이는 평신도인 콘스탄티누스 황제이지 않은가!

루터는 이를 근거로 교권을 독점하고 있는 교황에게 그 권리를 빼앗아 모든 성도에게 돌려주고자 하였다. 이는 놀라운 개혁자의 변증이다. 더군다나 루터는 아우구스티누스의 '하나님의 도성'과 '인간의 도성' 개념에 근거한 정치 신학적 사고를 하고 있었다. 이것은 하나님 나라와 세속의 나라를 구분하는 개념으로 발전된다.

그런데 당시 로마가톨릭의 교황은 이 두 나라 모두를 점령하고 독재자로서 군림하고 있었다. 어느 누가 보더라도 막강한 권력을 휘두르는 교황의 모습은 종의 모습보다는 군주의 모습에 가깝다. 루터가 생각할 때, 이상적인 것은 군주가 교회를 보호해 주고, 사제는 군주에게 순종하는 것이다. 또한, 교회는 백성의 언어로 성경을 번역하고 신앙의 문법을 설명해 줘야만 비로소 복음의 역사가 펼쳐진다고 보았다.

오늘날 세속 정치와 교회 사역의 구분을 주장하는 근거들은 사실상 루터에게서 기인한 변증이다. 그러나 교회의 정치 참여와 사회적 관심이 무조건 악한 것은 아니다. 특별한 상황에서, 가령 교회를 대적하는 군주가 등장했거나 복음에 반대되는 정책을 무자비하게 실행하는 경우의 한에서, 교회는 그 시대에 마땅한 사명을 감당할 수 있어야 한다. 그리고 그것은 기독교 변증학이 정당성을 부여해 준다.

둘째, 〈교회의 바벨론 감금〉

이것은 부당하게 영적 권세를 주장하는 로마가톨릭에 대항하는 변증서이다. 당시 로마가톨릭은 사제의 영적인 권세를 통해서 성례 집행이 이루어지고 거기로부터 은총이 흘러간다고 주장했다. 그러나 루터는 "성례가 하나님으로부터 직접 개인에게 주어지는 것"이며 "성례는 사제들에게 속한 것이 아니고 모든 사람에게 속한 것"이라고 이해했다.[31] 여태껏 로마가톨릭은 성례라는 것을 악용해서 참된 교회의 성도들을 바벨론에 감금하고 있었다.

---

31 Ibid., 182.

그러나 루터는 이 감금 상태에서 사람들을 해방하길 원했다. 루터는 다음과 같이 말한다.

> 세례와 사죄가 전체적으로 주어지지 않으면 안 되는 것과 똑같이 떡의 성례도, 그들이 원한다면 모든 평신도에게 전체적으로 주어지지 않으면 안 된다.[32]

루터는 로마가톨릭의 화체설에도 반대했다. 화체설은 성찬에 사용된 빵과 포도주가 실제 그리스도의 몸과 피로 바뀐다는 주장이다. 그러나 이러한 주장은 아리스토텔레스의 형이상학적 철학의 가르침이지 성경의 가르침이 아니다. "'빵'은 빵의 '형상(form), 또는 우유성(accident)'을 의미하고 '포도주'는 포도주의 '형상, 또는 우유성'을 의미하는 것이라고 이해하는 일은 그 말들에 낯설고 불합리한 의미를 덧붙이는 것이다."[33]

그래서 루터는 고린도전서 10장 16절에 근거해서, 바울은 떡 자체가 그리스도의 몸에 참여하고 있다고 말하는데, 로마가톨릭은 아리스토텔레스 철학을 이용하여 이것을 화체설로 둔갑시키고 있다고 지적한다. 계속해서 루터는 이렇게 말한다.

> 성령은 아리스토텔레스보다 더 위대하시다. 철학이 그 변질을 알아내겠는가? 아니, 저들은 여기서 모든 철학이 넘어진다는 것을 스스로 용인하지 않는가? 그리스어와 라틴어에 있어서 "이것"이라고 하는 대명사가 "몸"을 가리킨다는 것은 그리스어와 라틴어에서 두 낱말이 같은 성(性)에 속한다는 사실에 기인한다. 그러나 중성이 없는 히브리어에 있어서는 "이것"이 "떡"을 가리키기 때문에 "이것(떡)은 내 몸이다"(*Hic est corpus meum*)라고 말하는 것이 적절할 것이다. 실제로 그 언어(그때 예수님이 쓰신 것이 그리스어는 아닐 것이며 히브리어였을 것이라고 루터는 추측했음)의 특징과 통상적인 뜻은 다 주어("이것")가 분명히 떡을 가리키고 몸을 가리키는 것이 아님을 입증해 준다. 말하자면 "이것은 내 몸이다"(*Hoc est coupus meum*, das ist meyn leyp), 곧 "여기에 있는 바로 이 떡이 내 몸이다"라고 그리스도께서 말씀하실 때 그러하다는 것이다. 이리하여 그리스도에 관하여 참된

---

32 Ibid., 174.
33 알리스터 맥그래스, 『신학이란 무엇인가 Reader』, 김기철 역 (서울: 복있는사람, 2021), 943.

것은 역시 성례에 관해서도 참되다.³⁴

그렇다고 해서 루터가 성찬을 단순히 기념하는 차원으로 끌어내린 것은 아니다. 루터는 성찬 할 때 사용하는 빵과 포도주가 실제 그리스도의 몸과 피로 바뀐다고 생각하지는 않았지만, 그 안에 그리스도의 몸과 피가 공재(共在)되어 조화를 이룬다고 생각했다. 이로 보건대, 성찬에 대해서는 종교개혁자들 사이에서도 의견일치가 완벽하게 된 것은 아니다.

특히, 울리히 츠빙글리(Ulrich Zwingli)는 루터보다도 더 나아가 성찬은 그리스도의 희생을 기념하고 상징하는 것에만 의미가 있다고 주장했다. 반면에 종교개혁자 존 칼빈(Jean Calvin)은 성찬을 기념할 때, 그것이 의미 있는 이유는 주의 성령이 영적으로 임재하기 때문이라고 주장했다.

정리하자면 16세기에는 가톨릭의 '화체설', 루터의 '공재설', 츠빙글리의 '기념설', 칼빈의 '영적 임재설'이 각각 첨예한 차이를 보이며 토론하던 시기이다. 견해가 다르다는 것은 싸움이 잦았다는 뜻도 되겠지만, 동시에 건설적인 변증이 성장한다는 뜻도 된다.

셋째, 〈크리스천의 자유〉

이 작품에서 루터는 그리스도인이 어떤 존재인지를 두 가지로 명시한다. 먼저 "크리스천은 더할 수 없이 자유로운 만물의 주(主)이며 아무에게도 예속하지 않는다."³⁵ 다음으로 "크리스천은 더할 수 없이 충의로운 만물의 종(從)이며 모든 사람에게 예속한다."³⁶ 루터는 이 두 명제가 모순되는 것 같이 보이지만 잘 조화된다고 주장한다. 하나님의 형상이지만 종의 형상을 입으신 그리스도께서 '자유자'이시며 동시에 '종'이셨던 것이 바로 그러한 해석을 가능하게 해 준다. 이는 하나님의 능력에 힘입어 구원받은 그리스도인들에게 전부 해당한다.

복음은 율법 가운데서 의를 실현하는 것에 있지 않고, 의를 이루시는 하나님의 약속 말씀이 성도의 삶 안에 있는 죄를 정복하는 것에 있다. 이것이 바로 루터가 복음을 부끄럽게 여기지 않고 자랑스럽게 여기는 이유이다. 즉, 복음을 자랑스럽게 여길 수 있는 이유와 근거는 모든 믿는 자에게 구원을 주시는 하나님의 능력이 오직 믿음으로 말미암아 살도록 만들기 때문이다. 로마서 16장 17절

---

34 말틴 루터, 『종교개혁 3대 논문』, 191-192.
35 Ibid., 295.
36 Ibid.

에서 "믿음으로 믿음에 이르게 한다는 것"은 믿음으로 시작해서 믿음으로 끝난다는 의미이다. 다시 말해서 '믿음'이 곧 '신실 된 삶'이라는 뜻이다. 비록 우리의 영혼이 죄와 죽음과 멸망으로 충만하다고 할지라도 그리스도는 은총과 생명과 구원으로 충만하신 분이다.[37] 예수 그리스도는 복음이다. 그리고 그 복음은 능력이다.

복음이 능력이라는 것은 종교개혁자들이 궁극적으로 변증해야 할 최종 목표가 아닌가?

우리는 또 이렇게 질문해 볼 수 있다.

중세의 로마가톨릭에 복음이 없었기에 기쁨 대신 공포가 사로잡았다면, 온전한 복음을 전하는 교회는 어떠한가?

부패하지 않은 개혁된 교회는 어떤 모습이겠는가?

이에 대한 답변은 루터가 이발사 페터 베스켄도르프(Peter Beskendorf)에게 기도법에 대해서 보내는 편지에서 발견된다.

> 거룩한 그리스도의 교회가 존재하는 곳에서 우리는 창조주 하나님, 구원자 하나님, 성령 하나님을 발견할 수 있습니다.[38]

결국, 개혁된 교회의 모습은 삼위일체 하나님을 끊임없이 발견하고 그 하나님께 순종하는 것이다.

루터는 종교개혁자이며 설교자이고 탁월한 기독교 변증가이다. 그는 복음이 없어진 시대에 복음을 부활시켰다. 그 결과 교회를 살려냈다. 물론, 루터도 연약한 인간이다.

루터가 보름스 제국 국회에 소환되었을 당시 그는 시종일관 담대했을까?

그렇지 않다. 루터 역시 당시 두려워했다. 오늘날 개신교 성도 중에서 루터를 너무나도 존경한 나머지 종종 그가 전혀 두려움을 느끼지 못하는 철통같은 슈퍼맨이라고 착각하곤 한다. 그러나 루터도 자신의 목숨이 위협받는 것에 대해서 두려움을 느낀 인간이다. 그렇다고 루터라는 인물을 너무 가볍게 생각해서도 안 될 것이다. 멜란히톤은 루터를 사도 바울 이후에 가장 위대한 신학자로 추모했다.[39]

---

37 Ibid., 307.
38 마르틴 루터, 『단순한 기도』, 김기석 역 (서울: 한국기독학생회출판부, 2020), 48.
39 김주한, 『마르틴 루터의 삶과 신학이야기』, (서울: 대한기독교서회, 2015), 227.

이것은 결코 과장된 주장이 아니다. 누구든지 루터가 보름스 국회에서 최후 변론한 내용을 보면 아마 멜란히톤의 평가에 대해서 동의할 수밖에 없을 것이다.

여기서 잠시 1521년 4월 18일로 돌아가서 루터가 서 있는 보름스 제후 국회의 한 장면을 상상해 보자. 심문관은 루터가 저술한 책들을 가리키며, 그 책에 담긴 내용들에 대해 철회할 것인지 묻는다.

"당신은 당신의 책들이 담고 있는 내용에 대해서 철회하겠습니까?
'예' 또는 '아니오'로 대답하세요!"
이에 루터는 아래와 같이 답변한다.

> 존경하는 폐하, 제후 여러분께서 분명하고 간단하게 신뢰할 만한 대답을 원하시기 때문에 나는 거기에 대해 이렇게 답하겠습니다. 내 양심은 하나님의 말씀에 사로잡혀 있습니다. 나는 아무것도 철회할 수 없고 또 철회하지 않을 것입니다. 왜냐하면, 양심에 어긋난 행동을 한다는 것은 옳지 않을 뿐만 아니라 안전하지도 않기 때문입니다. 나는 여기에 확고부동하게 서 있습니다. 나는 달리 어찌할 도리가 없습니다. 하나님이여, 나를 도우소서. 아멘.[40]

오직 의인은 믿음으로 말미암아 산다는 것을 몸소 보여 준 장면 아닌가!
이보다 더 강렬한 변증을 어디서 볼 수 있을까?
만약 볼 수 있다면 그것은 성경에서뿐이다. 죽음을 앞에 두고 담대히 변증하는 모습은 꼭 다니엘의 세 친구를 연상하게 한다. 풀무불에 들어가기 전 다니엘의 세 친구는 느부갓네살 왕에게 다음과 같이 말한다.

> 왕이여 우리가 섬기는 하나님이 계시다면 우리를 맹렬히 타는 풀무불 가운데에서 능히 건져내시겠고 왕의 손에서도 건져내시리이다 그렇게 하지 아니하실지라도 왕이여 우리가 왕의 신들을 섬기지도 아니하고 왕이 세우신 금 신상에게 절하지도 아니할 줄을 아옵소서 (다니엘 3:16-18).

---

40 롤란드 베인톤, 『마틴 루터의 생애』, 이종태 역 (서울: 생명의말씀사, 1982), 198. : WA7:838; LW32:112 재인용.

이들은 맹렬히 타오르는 풀무불에서 조금의 화상도 없이 살아 나왔다. 루터 또한 풀무불 같은 보름스에서 조금의 상처도 없이 살아 나왔다. 풀무불 가운데서 다니엘의 세 친구와 함께하셨던 주님이 보름스에서 루터와 함께하셨다. 물론, 역사적으로 볼 때 루터는 작센의 프리드리히 3세 선제후(Friedrich III, Friedrich der Weise von Sachsen)의 보호를 받은 것이다.

그러나 역사의 주관자가 누구신가?

주님이시지 않은가!

결국, 주님이 루터를 도우셨다.

♣ 내용 정리를 위한 문제

1. 중세 로마가톨릭의 '영광의 신학'과 루터의 '십자가 신학'은 교리적으로 어떤 극명한 차이가 있는지 비교해 보시오.
2. 루터가 〈독일 크리스챤 귀족에게 보내는 글〉에서 강력하게 주장한 '만인 제사장'의 핵심 내용은 무엇인가?
3. 로마가톨릭, 루터, 츠빙글리, 칼빈이 이해한 성찬 개념을 각각 비교하여 정리하시오.

※ 참고 문헌(제4장에 인용된 도서들)

마르틴 루터. 『95개 논제』. 최주훈 역. 서울: 감은사, 2019.
_____. 『종교개혁 3대 논문』. 지원용 역. 서울: 컨콜디아사, 2008.
_____. 『탁상담화』. 이길상 역. 경기고양: 크리스챤다이제스트, 2014.
_____. 『대교리문답』. 최주훈 역. 서울: 복있는사람, 2017.
_____. 『소교리문답·해설』. 최주훈 역. 서울: 복있는사람, 2018.
_____. 『갈라디아서』. 김귀탁 역. 서울: 복있는사람, 2019.
_____. 『로마서 주석』. 박문재 역. 경기 고양: 크리스챤다이제스트, 2014.
_____. 『단순한 기도』. 김기석 역. 서울: 한국기독학생회출판부, 2020.
로테르담의 데시데리우스 에라스무스. 『우신 예찬』. 김남우 역. 경기 파주: 열린책들, 2014.
롤란드 베인톤. 『마틴 루터의 생애』. 이종태 역. 서울: 생명의말씀사, 1982.
루돌프W. 하인즈. 『개혁과 투쟁』. 원종천 역. 서울: 그리심, 2010.
마르틴 트로이. 『비텐베르크의 마르틴 루터』. 한정애 역. 서울: 컨콜디아사, 2017.
마이클 리브스. 『칭의를 누리다』. 황재찬 역. 서울: 두란노서원, 2023.

베른하르트 로제. 『기독교 교리사』. 구영철 역. 서울: 컨콜디아사, 2001.
_____. 『루터 연구 입문』. 이형기 역. 경기 고양: 크리스챤다이제스트, 2013.
벵크 헤그룬트. 『신학사』. 박희석 역. 서울: 성광문화사, 1997.
스콧 핸드릭스. 『마르틴 루터』. 손성현 역. 서울: 한국기독학생회출판부, 2017.
알리스터 맥그래스. 『루터의 십자가 신학』. 김선영 역. 서울: 컨콜디아사, 2015.
_____. 『신학이란 무엇인가 Reader』. 김기철 역. 서울: 복있는사람, 2021.
_____. 『하나님을 사랑한 사상가 10인』. 신재구 역. 서울: 한국기독학생회출판부, 2021.
칼-하인츠 츠어 뮐렌. 『종교개혁과 반종교개혁』. 장병식·홍지훈 역. 서울: 대한기독교서회, 2014.
칼 하임. 『개신교의 본질』. 정선희·김회권 역. 서울: 복있는사람, 2018.
토마시 부타. 『체코 종교개혁자 얀 후스를 만나다』. 이종실 역. 서울: 동연, 2016.
토머스 모어. 『유토피아』. 전경자 역. 경기 파주: 열린책들, 2012.
파울 알트하우스. 『루터의 신학』. 이형기 역. 경기 고양: 크리스챤다이제스트, 2008.
필립 멜란히톤. 『신학 총론』. 이승구 역. 경기 고양: 크리스챤다이제스트, 2010.
후스토 L. 곤잘레스. 『종교개혁사』. 서영일 역. 서울: 은성, 1995.
김주한. 『마르틴 루터의 삶과 신학 이야기』. 서울: 대한기독교서회, 2015.
최주훈. 『루터의 재발견』. 서울: 복있는사람, 2017.

제5장

종교개혁자의 변증방법론 II : 존 칼빈

> 곧 창세 전에 그리스도 안에서 우리를 택하사 우리로 사랑 안에서 그 앞에 거룩하고 흠이 없게 하시려고 그 기쁘신 뜻대로 우리를 예정하사 예수 그리스도로 말미암아 자기의 아들들이 되게 하셨으니 이는 그가 사랑하시는 자 안에서 우리에게 거저 주시는 바 그의 은혜의 영광을 찬송하게 하려는 것이라(에베소서 1장 4-6절).

존 칼빈(Jean Calvin)은 개신교의 위대한 인물이다. 칼빈이 좋든 싫든 그의 영향권 밖에 있는 개신교회는 없다. 칼빈의 영향력과 인지도는 지금까지도 상당하다. 이는 그 누구도 부정할 수 없는 사실이다. 프린스턴 신학자 찰스 하지(Charles Hodge), 벤저민 워필드(Benjamin Warfield)는 칼빈주의자들이다. 조나단 에드워즈(Jonathan Edwards), 찰스 스펄전(Charles Haddon Spurgeon) 그리고 우리 시대의 존 파이퍼((John Stephen Piper)는 칼빈의 신학을 체득해서 자기의 설교에 적용한 인물들이다.

철학에서도 예외는 아니다. 앨빈 플랜팅가(Alvin Plantinga)와 니콜라스 월터스토프(Nicholas Wolterstorff)와 같은 거장들도 칼빈을 빼놓고 설명할 수 없다. 정치 분야도 그러하다. 네덜란드의 수상 아브라함 카이퍼(Abraham Kuyper)를 생각해 보라. 또한, 예술 철학에서도 프란시스 쉐퍼(Francis A. Schaeffer)와 한스 로크마커(Hans Rookmaaker) 같은 인물들이 지대한 영향력을 행사했다.

지금 열거한 인물 모두가 칼빈의 사상을 공유하고 있다.[1] 특히, 오늘날 한국교회는 장로교회가 많기에, 칼빈의 기독교 변증방법론은 이미 널리 알려져 있다. 아마도 많은 목회자가 알게 모르게 목회 현장에서 칼빈의 변증방법론을 사

---

1   스티븐 니콜스, 『세상을 바꾼 종교개혁 이야기』, 이용중 역 (서울: 부흥과개혁사, 2017), 119.

용하고 있을 것이다. 그 역할을 감당할 수 있게 해 주는 대표적인 도서가 바로 『기독교 강요』이다.

1. 칼빈이 받은 오해와 『기독교 강요』의 탄생

칼빈의 『기독교 강요』는 기독교 신앙의 요체를 담고 있는 변증서이다. 또한, 이것은 기독교 신학의 영원한 고전이다. 데이비드 라이트(David F. Wright)는 『기독교 강요』를 다음과 같이 평가한다.

> 『기독교 강요』는 성경적, 논쟁적 신학에 대한 방대한 교범이 되었다. 즉, 성경을 읽기 위한 안내서일 뿐 아니라 성경의 가르침에 대한 변론서로서 이제 특히 목회를 준비하는 후보생들을 위한 지침서가 되었다.[2]

칼빈의 『기독교 강요』가 개신교회의 보고(寶庫)가 된 것은 그 내용과 사상이 훌륭한 것은 물론 그가 활동했던 시기의 어려움까지도 고려되었기 때문이다. 그렇기에 『기독교 강요』는 오늘날 성도들도 반드시 독서해야만 하는 책이다. 칼빈이 활동하던 시기는 "츠빙글리가 이미 죽었고, 에라스무스는 죽어가고 있었으며, 루터는 비록 침묵하지는 않았더라도 매우 활동이 뜸해졌을 때"이다.[3] 또한 이 당시에는 로마가톨릭이 재흥하고 있었고, 급진종교개혁자 뮌스터의 유혈 폭동으로 인해 세상이 시끄러운 상황이었다.

이 시점에서 칼빈은 "새로운 운동의 지도자이자 새로운 신앙의 재조직자로서 등장"하게 되었다.[4] 칼빈의 등장은 개혁자로서의 등장이지만, 그는 우선적으로 목회자요, 설교자였다. 그는 어떤 상황에서도, 하나님이 성경을 통해 정해 주신 것들에 대해서 어느 것 하나도 결코 타협하지 않았다. 목회자로서 칼빈은, "올바른 삶의 영적 기초"는 마음 깊은 곳에서부터 거룩함과 의로 나아가는 것에 있다

---

2 데이비드 라이트, "칼빈의 교회사적 역할" 『칼빈 이해의 길잡이』 도널드 맥킴 엮음, 한동수 역 (서울: 부흥과개혁사, 2012), 427.
3 티모디 조지, 『개혁자들의 신학』, 이은선·피영민 역 (서울: 요단출판사, 2010), 201.
4 Ibid.

고 생각했다.[5] 이 모습에 반한 알프스의 엘리야로 불리던 기욤 파렐(Guillaume Farel)은 칼빈이 제네바를 떠나지 않고 그곳에서 목회할 것을 강권하였다.[6] 진실한 목회자와 신학자는 필연적으로 변증가일 수밖에 없다. 칼빈은 『기독교 강요』 초판에서 이렇게 말한다.

> 하나님은 우리에게 그리스도 우리 주 안에서 이 모든 축복을 주시는데 그 속에는 죄에 대한 값없는 용서, 하나님과의 평화와 화목, 성령의 은혜와 선물들이 있다. 만일 우리가 확실한 믿음으로 그것들을 붙잡고 받아들이면 그것들은 우리의 것이 되는 것이다.[7]

칼빈은 진실한 목회자로서 그리스도 안에 있는 하나님의 사랑을 책임 있게 전달했다. 칼빈의 이러한 자세는 루터의 영향을 받은 것이다. 그 외에도 칼빈은 루터의 기독교 변증 방법의 사상과 신학을 수용했다. 그래서 칼빈도 "행함과 관계없이 오직 믿음으로만 의롭게 된다는 교리가 로마교회와의 논쟁을 촉발한 전환점이라고 굳게 믿었으며, 예수 그리스도 안에 나타난 하나님의 거저 주시는 은혜와 자비의 복음을 성령의 능력으로 선포할 때 이러한 믿음이 발생하고 유지될 수 있다"고 확신했다.[8]

물론, 칼빈이 루터를 맹목적으로 따른 것은 아니었다. 큰 흐름에서 그는 루터의 종교개혁 연장선에 있었으나, 성례에 대한 부분은 달랐다. 앞서 루터의 기독교 변증방법론을 설명할 때도 언급했지만 성찬에 있어서는 츠빙글리, 루터, 칼빈이 모두 각기 다른 견해를 가지고 있었다.

지금부터는 칼빈의 변증방법론을 소개할 것인데, 그에 앞서서 칼빈이라는 인물 자체를 먼저 변호할 필요가 있어 보인다. 칼빈은 위대하므로 그를 추대하는 사람들이 많지만, 동시에 그를 미워하고 폄훼하는 사람들도 많다. 대표적인 오해가 칼빈이 제네바의 학살자라는 근거 없는 주장이다. 굳이 근거를 찾자면, 제롬 볼섹(Jerome Bolsec)의 주장이 있을 뿐이다.

---

[5] 장 칼뱅, 『그리스도인을 살다』, 정성묵 역 (서울: 두란노서원, 2021), 24.
[6] 윌리엄 M. 블랙번, 『기욤 파렐의 생애』, 김용남 역 (서울: 익투스, 2019), 307-308.
[7] 존 칼빈, 『기독교 강요-1536년 초판』, 양낙홍 역 (서울: CH북스, 2018), 74.
[8] 랜달 자크만, "존 칼빈" 『종교개혁과 신학자들』 카터 린드버그 편집, 조영천 역 (서울: 기독교문서선교회, 2012), 338.

그러나 볼섹이 어떤 인물인가?

그는 칼빈이 만든 "구원과 유기에 대한 이중예정론"이 "하나님을 폭군이요, 죄의 조성자로 만들었다"고 주장함으로써, 칼빈의 예정론을 걸고넘어진 인물이다.[9] 칼빈의 예정론을 거부한 볼섹은 결국 로마가톨릭으로 돌아가서 칼빈이 죽은 뒤 13년 후에 『칼빈의 생애』라는 책을 출판하여 온갖 악랄한 거짓말을 퍼뜨렸다.[10]

그 외에 칼빈이 제네바 학살자라고 오해가 발생한 또 다른 이유는 아마 칼빈이 세르베투스(Michael Servetus) 재판에서 자문과 조언의 역할을 했다는 점에서 비롯된 듯하다. 그러나 칼빈은 '삼위일체 교리가 부정하다 말하면서 자신을 죽이려는 세르베투스'에게조차도 자비를 베풀었다. 당시 시의회는 스위스와 독일의 다른 프로테스탄트 도시들과 이 문제를 협의했는데 모두가 세르베투스에게 사형이 선고되어야 한다는 데에 동의했다.

세르베투스에게 사형이 선고되자, 칼빈은 화형 대신 참수형과 같은 보다 너그러운 방식으로 처형하자고 건의했다. 아마도 칼빈은 세르베투스 같은 극악무도한 인물은 어차피 지옥에서 영원히 불타리라 생각한 듯하다. 그렇기에 굳이 화형을 고집하기보다는, 자비를 베풀어서 처형 수위를 낮추자고 요청한 것이다. 그러나 그 요구는 받아들여지지 않았다. 결국, 세르베투스는 화형으로 죽게 된다. 이로 보건대 칼빈은 당시 제네바에서 그다지 큰 정치력이 없었음을 알 수 있다. 즉, 칼빈은 제네바의 독재자나 학살자가 결코 아니다. 그렇기에 세르베투스가 잔혹하게 처형당한 것에 대해서 칼빈에게 그 책임을 묻는 것은 매우 부당하다.

사실 칼빈은 세르베투스와의 갈등뿐 아니라, 당시에 다른 이단자들과의 논쟁도 부지기수로 있었다. 그의 삶은 언제나 목숨이 위협받는 삶이었다. 그 가운데서 논리를 가다듬은 칼빈의 변증방법론은 성도와 교회를 지키기에 안성맞춤이었다. 칼빈은 "하나님은 자신을 계시하실 때 인간이 이성과 심성으로 수용할 수 있는 수준에 맞추신다는 것"을 주장했는데, 이는 인간이 하나님을 이해할 수 있는 근거가 되었다.[11] 쉽게 말해서 원래 인간은 전능하신 하나님을 이해하거나 알

---

9 디아메이드 맥클로흐, 『종교개혁의 역사』, 이은재·조상원 역 (서울: 기독교문서선교회, 2011), 338.
10 정요한, 『칼뱅은 정말 제네바의 학살자인가?』, (서울: 세움북스, 2018), 44.
11 알리스터 맥그래스, 『하나님을 사랑한 사상가 10인』, 신재구 역 (서울: 한국기독학생회출

수 없는데, 하나님이 인간들의 눈높이와 이해 수준에 맞게 자신을 계시하신다는 뜻이다.

칼빈은 성실하게 목회에 임하면서 기독교 신앙을 탁월하게 변증하는 학자이기도 하였는데, 특히 『기독교 강요』 최종판은 교리적인 날카로움과 정밀함을 모두 갖추고 있다. 여기서 '강요'란 기본 가르침을 뜻하는데, 원래 칼빈의 『기독교 강요』는 "외투 주머니에 숨길 수 있게 자그마한 책으로 출간되었으며, 복음을 은밀히 전파할 목적"으로 만들어졌다.[12] 어쨌든 칼빈의 변증방법론은 『기독교 강요』를 근거로 두고 소개하는 것이 가장 적절할 것이다.

2. 오직 하나님께 영광 돌리는 변증

칼빈은 '하나님께 영광 돌리는 것' 그 자체를 하나의 변증방법론으로 취한다. 타락한 인간이 하나님께 영광 돌리는 것은 사실상 불가능하다. 타락한 인간은 존재 자체가 하나님의 영광을 가린다. 그러나 예수 그리스도의 공로를 믿고 의지하여 구원받은 백성이 된다면, 그 자체로 하나님이 영광 받으신다. 하나님께 영광 돌리는 성도들은 아무리 큰 시련을 겪어도 "하나님의 자비에 대한 신뢰(fiducia)에서 이탈하거나 떨어져 나가지 않으리라고 확신한다."[13]

결국, 말씀을 붙들며 믿음으로 살아가는 사람과 말씀을 듣고 자신이 죄인임을 자각하는 사람들은 점점 더 많아질 것이다. 그리고 그리스도의 은혜를 찬양하는 사람들이 계속 늘어나는 것, 그 자체가 이미 최고의 변증이다.

이를 위해 설교는 곧 변증이고 변증은 곧 설교이다. 칼빈에게 있어서 설교의 목적은 "하나님을 영화롭게 하고, 신자들이 그리스도 예수를 아는 지식과 은혜 가운데 자라게 하며, 죄인들을 그리스도께 연합"시키는 데 있다.[14] 즉, 기독교 변증은 무신론적 사상에 대항해서 하나님의 존재를 증명해 내는 것만이 전부가 아니다. 하나님께 받은 은혜에 감격해 하는 모습을 드러내 보이는 것이 오히려 더 큰 변증이 될 때가 많다. 그렇기에 칼빈은 "우리 자신을 아는 지식을 하나

판부, 2021), 165.
12 마이클 리브스, 『꺼지지 않는 불길』, 박규태 역 (서울: 복있는사람, 2017), 150.
13 알리스터 맥그래스, 『신학이란 무엇인가 Reader』, 김기철 역 (서울: 복있는사람, 2021), 93.
14 조엘 R. 비키, 『설교에 관하여』, 송동민 역 (서울: 복있는사람, 2019), 166-167.

을 아는 지식으로 향하게 함"으로써 변증의 포문을 연다.[15]

> 자신에 대한 지식은 하나님에 대한 지식 없이는 불가능하다. 달리 말해, 먼저 주님의 얼굴에 시선을 고정한 후 돌이켜 자신을 보지 않는다면 그 누구도 자신에 대한 분명한 지식을 얻지 못한다고 말할 수 있다.[16]

인간들은 자신에 대해서 알면 알수록 스스로 죄로 인해 타락한 피조물임을 자각하게 된다. 이것을 알게 해 주는 것은 기록된 하나님의 말씀이다. 기록된 하나님의 말씀은 인간의 지혜를 뛰어넘는 위엄을 지니고 있다. 다시 말해서 성경의 진리는 그 자체로 너무도 강력하기에 언어의 기교는 불필요하다.[17] 기록된 말씀에 대한 칼빈의 이해는 율법을 바라보는 관점에서도 동일하다.

칼빈에게 율법이란 "예수님의 복음이 전해진 후에는 원래 위치로 돌아가서 이제는 그리스도인의 삶의 지침을 제시"하는 규범적 도구이다.[18] 하나님을 영화롭게 하는 도구로 율법은 그리스도를 통해 마음에 새겨진다.

그러나 이러한 결론에 도달하려면 반드시 성령의 도우심을 받아야 한다. 성령은 성경과 일치하게 활동하시며, 신자들을 확고한 믿음으로 이끌어 준다. 그러므로 성령의 조명하심을 받은 신령한 성도들은 말씀에 따라 하나님을 사모하게 된다.

하나님을 사모하는 자들은 필연적으로 창조주 하나님을 높여 드리는데 그것이 바로 '예배'이다. 예배는 인간이 짐승보다 더 월등하다는 것을 보여 주는 참된 지표이다. 그래서 칼빈은 인간이 인간 됨을 드러내는 것은 "오로지 하나님을 예배하는 것밖에 없으며, 오직 그것을 통해서만 사람이 불멸을 사모한다"고 주장한다.[19]

칼빈은 하나님께 영광 돌리는 예배가 인간의 존엄함을 변증한다고 여긴 것인데, 그렇다면 이 행위의 중대함과 필수성을 역설하는 것이 왜 변증방법론이 될까?

---

15 존 칼빈, 『기독교 강요(상)』, 원광연 역 (경기파주: 크리스챤다이제스트, 2015), 41.
16 장 칼뱅, 『기독교 강요-1541년 프랑스어 초판』, 김대웅 역 (서울: 복있는사람, 2021), 47.
17 존 칼빈, 『기독교 강요(상)』, 94-95.
18 헤르만 셀더르하위스, 『칼빈』, 조승희 역 (서울: Korea.com, 2012), 107.
19 존 칼빈, 『기독교 강요(상)』, 52.

그 이유는 간단하다. 예배는 인간 의지로 하나님의 은혜에 협력하는 행위가 결코 아니기 때문이다. 오히려 은혜받았기 때문에 예배드릴 수 있는 것이다. 칼빈은 아우구스티누스와 루터의 입장과 동일하게 주장했는데, 그것은 은혜가 모든 선행에 우선하여 작동되고 의지는 은혜의 추종자가 된다는 것이다. 즉, 칼빈은 은혜로 말미암아 '하나님을 아는 지식'과 '그리스도를 아는 지식'이 갖춰질 수 있고, 타락한 인간 본성과 의지로는 그것이 불가능하다는 논리를 성립시킨다. 그러므로 은혜의 복음만이 하나님께 영광이 된다.

그렇기에 인간의 주관성으로 하나님에 대해 '안다'라고 말하는 것은 극도로 조심해야 한다. 헤르만 셀더르하위스(Herman Selderhuis)는 칼빈의 시편 신학을 설명하면서, "하나님이 행하시는 일들을 자기 이해력에 따라 판단하는 자들의 총명함보다 우리의 무지의 고백이 훨씬 더 현명하다"는 점을 분명히 한다. 칼빈은 이러한 변증방법론을 "현명한 무지"(*docta ignorantia*)라는 말로 설명한다.[20] 이것은 불가지론적인 주장이 결코 아니다.

기록된 말씀에 근거해서 하나님을 알 수 있으나 하나님이 하시는 모든 일을 인간이 다 알 수 있다고 주장하는 오만은 부릴 수 없다는 것이다. 왜냐하면, 그분은 전지전능하시며 절대 주권자가 되시기 때문이다.

3. 절대 주권자의 예정하심

칼빈은 '하나님의 주권적인 예정'을 변증방법론으로 사용한다. 이 "예정 교리의 목표는 믿음의 확신이다."[21] 하나님의 주권적인 예정은 선택된 자들에게 기쁨이 된다. 이중예정론을 포함한 기독교 신앙의 교리들은 절망과 공포를 주기 위함이 아니라, 기쁨과 확신을 주는 것을 그 목적으로 한다. 벵크 헤그룬트(Bengt Hägglund)에 따르면, "칼빈의 예정 개념은 인간이 의롭다고 생각하는 모든 것을 초월하는 신적 공의(公儀)를 전제로 한다."[22]

하지만 여전히 사람들은 다음과 같이 질문한다.

사랑의 하나님이 어떻게 자기 피조물을 유기시킬 수 있는가?

20　헤르만 셀더르하위스, 『중심에 계신 하나님』, 장호광 역 (서울: 대한기독교서회, 2009), 158.
21　헤르만 셀더르하위스, 『칼빈 핸드북』, 김귀탁 역 (서울: 부흥과개혁사, 2018), 619.
22　벵크 헤그룬트, 『신학사』, 박희석 역 (서울: 성광문화사, 1997), 367.

창세 이전에 구원받을 자녀를 미리 선택하셨다면, 필연적으로 멸망할 자도 선택하셨다는 뜻이 아닌가!

이와 같은 의문들은 오늘날까지도 여전히 뜨거운 감자이다. 그러나 우리는 유기에 관한 질문을 던지기에 앞서서 하나님의 주권적인 예정에 대해 올바르게 이해하는 것이 더 시급하다. 이를 위해 칼빈의 주장을 직접 인용하여 밝히겠다.

> 성경이 명백히 보여 주듯이, 우리는 주님이 그의 영원하고 불변할 작정으로 구원을 위해 용납하실 사람과 멸망에 남겨 두실 사람을 단번에 결정하셨다고 주장한다. 우리는 하나님이 구원으로 부르시는 사람은 그의 가치와 상관없이 오직 하나님이 값없는 자비로 받으신다고 말한다. 반면에, 하나님이 파멸에 넘기시고자 하는 사람은 생명으로 들어가지 못하며, 이것은 하나님의 은밀하고 불가해하며 공의롭고 공평한 판단을 통해 실현된다고 말한다.
>
> 더 나아가, 우리는 택하심을 입은 사람의 부르심은 그의 택하심을 증명하고 증거하는 역할을 하며, 비슷하게 그의 칭의는 그 택하심의 완성을 뜻하는 영광 속으로 그가 마침내 들어가기까지 이 택하심의 표지와 증표라고 가르친다. 주님께서는 그가 택하신 사람을 부르시고 의롭게 하심으로 표시하시듯이, 유기된 사람에게는 그의 말씀에 대한 지식과 성령으로 성별 되는 것을 보류하심으로써 표적을 삼아, 그의 종국이 어떠하며 어떤 심판이 그에게 예비 되어 있는지를 보이신다.[23]

물론, 이것이 가장 완벽한 답변이라고 말할 수는 없다. 만일 다양한 기독교 전통 안에서 '이중예정 교리'만이 기독교 신앙의 구원론을 변증할 수 있는 유일한 방법론이라고 주장한다면, 그로 인해 얻는 유익보다 부작용이 더 클 것이다. 그러므로 이 교리를 존중하되 단정하는 것은 신중해야 한다. 심지어 존 맥닐(John Thomas McNeill)과 같은 학자도 "이중예정은 경솔히 선포될 교리가 아니다"라고 주장한다.[24]

그렇다면 이중예정론을 타협 불가능한 교리처럼 단언하는 이들은 무엇 때문에 그렇게 할까?

---

23 장 칼뱅, 『기독교 강요-1541년 프랑스어 초판』, 639-640.
24 존 맥닐, 『칼빈주의 역사와 성격』, 양낙홍 역 (경기고양: 크리스찬다이제스트, 2006), 240.

사실 이 예정론 문제에 대한 암시는 아우구스티누스로 거슬러 올라간다. J.N.D. 켈리(John Norman Davidson Kelly)는 아우구스티누스의 예정론을 다음과 같이 정리한다.

> 은혜가 주도권을 쥐고 있고, 그것과 별개로 모든 사람이 하나의 파멸의 덩어리 (*massa damnata*)를 형성하고 있으므로, 하나님은 누가 은혜를 받고 누가 받게 되지 않을지를 결정한다. 아우구스티누스는 성경을 토대로 하나님이 이것을 영원 전부터 결정하셨다고 믿는다. 택하면 받은 자의 수는 엄격하게 제한되어 있는데, 그 수는 타락한 천사들을 대체하는 데에 필요한 수 이상도 이하도 아니다. 그래서 아우구스티누스는 "하나님은 모든 사람이 구원받기를 원하신다"(딤전 2:4)는 본문을 왜곡해서 하나님이 모든 종족과 유형의 사람을 대표하는 모든 택함 받은 자의 구원을 원하신다는 것을 의미하도록 만들지 않을 수 없었다.
> 은혜가 주어질 자들을 하나님이 선택하시는 것은 결코 그들의 미래의 공로들에 대한 하나님의 예지(미리 아심)에 의거한 것이 아니다. 왜냐하면, 그들이 행하고자 하는 모든 선행이 그 자체로 은혜의 열매일 것이기 때문이다. 하나님의 예지와 관련하여 하나님이 미리 아시는 것은 하나님 자신이 무엇을 행할 것인지에 관한 것이다.[25]

칼빈의 예정 교리는 그의 독자적인 신학이 아니라 아우구스티누스로부터 암시된 변증 논리이다. 아우구스티누스와 칼빈의 이중예정 교리는 모두 타당하고 성경적이지만, 하나님의 전지전능성 안에서 그의 선하심과 공의를 인간의 논리로 모두 만족시킬 수 있다고 장담할 수는 없다. 전능자의 불가해성과 신비의 영역은 결코 단언하는 것이 불가능하다. 그렇기에 인간의 논리적 구성 전개에서 하나님의 주권적인 예정을 감히 설명하려 든다면, 우리 이성으로 답변할 수 있는 최대의 한계는 '이중예정론' 까지이다. 칼빈 입장에서 예정 교리에 대해서 변증한다면 이렇다.

> 이 세상 전체 행로가 하나님의 섭리 아래에 있는 것과 마찬가지로 각 사람의 구원이나 저주 또한 하나님의 전능하신 뜻과 예정에 달려 있다. 따라서 예정을 '하

---

[25] J.N.D. 켈리, 『고대 기독교 교리사』, 박희석 역 (경기고양: 크리스챤다이제스트, 2013), 394.

나님의 영원하신 뜻', 혹은 '영원한 작정'이라고 부르는 것은 지극히 옳다. 이는 인간이 동일한 조건에서 창조되지 않았다고 볼 수 있는데, 이것을 두고 '불공평한 예정'이라고 불만을 표시하는 일은 아무 유익이 되지 않는다.

오히려 이는 에베소서의 말씀에 근거해서 은혜의 상황을 연출시킬 수 있다. 그것은 바로 당신이 멸망 당한 자로 예정된 존재가 아니라, 구원의 백성으로 예정되었다는 감격이다.

그러나 이러한 논리 구성은 필연적으로 유기된 자들에 대한 설명을 요구한다. 유기된 자들에 대해서 상세하게 설명하다 보면 불가피하게 하나님의 공의와 저주에만 초점이 놓일 위험이 있다. 즉, 자칫 잘못하면 하나님의 자비하심에 관해 설명은 하지 못하고, 유기에 대해 해명만 하다가 논쟁이 끝날 수 있다. 물론, 신실한 기독교인들은 하나님의 주권적인 은혜를 강조하기 위해 예정론이 강조된다고 인지할 것이다. 그런데도 이것이 변증의 성격을 띠면서 논쟁의 화두가 되는 것은 어찌할 도리가 없다.

간혹 어떤 칼빈주의 학자들은 칼빈에 있어서 이중예정론 교리가 『기독교 강요』 전체에서 극히 적은 분량을 차지할 뿐이고, 그것이 칼빈의 중심적 사상도 아니라고 변론한다. 대표적으로 프랑수아 방델(François Wendell)은 다음과 같이 말한다.

"칼빈이 이중예정을 가르쳤고, 그것의 교의적이며 실질적인 중요성을 강조하였음을 이해한다고 해서 예정이 그의 가르침의 중심 교리임이 분명하다고 말하는 것은 잘못이다."[26]

방델은 칼빈을 바라볼 때 이중예정론에 너무 집중하는 것을 경계하면서 동시에 예정 교리의 아름다움을 역설한다. 방델은 "칼빈에게 있어서 예정은 예수 그리스도를 근거로 한다"는 점을 밝히면서, "예수 그리스도 안에서 구원의 약속이 보장되는 것처럼, 선택도 바로 그분 안에 인봉하여져 있다"고 말한다.[27]

그러나 칼빈의 『기독교 강요』를 직접 읽어본 이라면, 칼빈에 있어서 예정 교리가 얼마나 중차대하고 중요한 중심 교리인지 인정하게 될 것이다. 물론, 몇몇 학자가 지적한 대로 『기독교 강요』에서 예정에 대한 분량이 방대한 것은 아니다. 그러나 칼빈이 그것을 소홀히 다루고 있다고 생각하면 큰 오산이다. 칼빈

---

26 프랑수아 방델, 『칼빈-그의 신학사상의 근원과 발전』, 김재성 역 (경기고양: 크리스챤다이제스트, 2011), 319.
27 Ibid., 331.

은 『기독교 강요』 제3권 21장 "영원한 선택: 하나님은 이로써 어떤 이들은 구원에 이르도록, 또 어떤 이들은 멸망에 이르도록 예정하셨음"에서 다음과 같이 말한다.

> 이 교리에 대해서 문을 닫아버려서 아무도 감히 이 교리를 맛볼 엄두도 내지 못하게 하는 자들은 하나님은 물론 사람들에게도 잘못을 저지르고 있어야 한다. 이 교리 이외에는 우리를 합당한 만큼 겸손하게 만들어 줄 수 있는 것이 아무것도 없고, 또한 우리가 얼마나 하나님께 은혜를 입고 있는가를 진지하게 느끼도록 해 줄 수 있는 것이 아무것도 없기 때문이다.[28]

이중예정이란, 창세 전에 하나님이 '구원받을 자'와 '멸망당할 자'를 이미 예정해 놓으셨다는 교리이다. 이 교리는 기독교 변증학에 있어서는 천하무적의 논증을 자아낸다. 왜냐하면, 예정하심을 설명할 때 시간(과거-현재-미래)을 창조하신 주님께서 '창세 전'의 사건을 말씀하시기 때문이다. 여기서 '창세 전'을 말할 때는 단순한 시간적 과거가 아니다. 하나님은 '창세 전'에 구원의 방편을 마련하고 계셨으며, 이 말은 '십자가의 영원한 현재성'을 조건부로 제시한다.

이러한 변증은 루이스 벌코프(Louis Berkhof)나 헤르만 바빙크(Herman Bavinck)에 의해서 더욱 치밀하게 강화된다. 칼빈주의자에게 예정 교리가 분명하면 은혜의 교리가 더욱 빛나는 것은 필연적이다. 왜냐하면, '예정'을 말하면, '믿음'은 선택받음의 결과이지 선택을 위한 조건이 될 수 없기 때문이다. 원칙적으로는 전 인류가 필멸하는 것이야말로 하나님의 공의와 부합하는 것인데, 성경에 따르면 선택한 백성들에게는 은혜를 베풀어 주신다.

이를 통해 하나님은 자신 안에 있는 사랑의 속성을 나타내신다. 그러나 하나님의 사랑 속성을 지나치게 내세우면서 만인 구원론(하나님은 자기 피조물인 인간들을 너무나 사랑하시기 때문에 결국 모든 사람을 구원하실 것이라는 논리)을 주장하게 되면, 그것은 하나님 공의의 속성을 위반하는 것이 된다.

에베소서 1장 4절에서 6절 말씀을 근거할 때, 창세 이전에 그리스도 안에서 하나님이 구원받을 자를 택하신 이유는 무한하신 하나님의 사랑 안에서 그 앞에 거룩하고 흠이 없게 하시기 위함이다. 그리고 이것은 하나님의 기쁘신 뜻이 된

28　존 칼빈, 『기독교 강요(중)』, 원광연 역 (경기파주: 크리스챤다이제스트, 2015), 511.

다. 또한, 우리를 예정하사 예수 그리스도로 말미암아 자기의 아들들이 되게 하신 것은 하나님이 예수 그리스도 안에서 우리에게 거저 주시는 그 은혜의 영광을 찬송하게 하려는 것이다. 그렇기에 창조주의 섭리하심은 분명하다. 다 알 수 없으나 운명이나 우연은 없으며 오직 절대 주권자의 예정된 은총만이 있을 뿐이다.

예정 교리에 근거한 기독교 변증방법론은 하나님의 무한한 전능성을 강하게 항의하기에 적합하다. 하나님은 자신의 전능하심을 말씀하시며, 동시에 우리가 그의 전능하심을 인정하기를 원하시기 때문에 이러한 변증은 진정한 기독교 변증학으로 매우 합당한 방법이다. 그러나 여기서 선교적 사명이나 목회적 상황에 따른 변증의 유연함을 따진다면 칼빈의 전통적인 논지는 상당히 가혹한 것으로 느껴질 수 있다.

> 만일 '구원받을 자'와 '유기될 자'들이 창세 이전에 예정되어 있다면, 선교적 사명을 감당할 이유가 없어지지 않겠는가!
> 만약 나의 구원 여부가 이미 예정되어 있다면 굳이 선하게 살기 위해 애쓸 필요가 없는 것이 아닌가!
> 원죄 이전에 그리스도의 십자가 구속의 은혜가 예정되었다고 보는 것이 과연 합당한 것이겠는가?

등등의 의문들을 제시하면서 파고들 수도 있을 것이다. 칼빈은 이러한 질문들을 던지는 이들에게 "몹쓸 언행으로 예정의 교리를 더럽히며 그것을 구실로 모든 권고와 책망을 회피하는 돼지 같은 자들"이라고 대응한다.[29]

어떠한가?
이것이 가혹한 변증인가?
아니면 은혜의 변증인가?

창세 이전에 하나님이 자신의 기쁘신 뜻으로 우리를 예정하셔서 예수 그리스도로 말미암아 자녀 삼아 주셨다면 이것은 기쁨과 환희의 교리임이 틀림없다.

---

29 Ibid., 564.

그러나 누군가를 정죄하기 위해 이 은혜의 교리를 사용한다면 그것이 과연 변증의 기능을 감당하는 것일까?

그에 대한 고민은 독자의 몫으로 남기겠다.

4. 계속 개혁되는 교회

칼빈은 '개혁된 교회의 존재'를 변증의 근거로 삼는다. 다시 말해서 주님의 몸 된 교회가 곧 가시적인 변증방법론이다. 제아무리 힘센 대적들이 교회를 무너뜨리려 해도 교회는 그리스도의 살아계심을 더욱 분명하게 증명해 보일 뿐이다. 왜냐하면, 하나님이 자기 아들을 영원하신 왕으로 삼으셨고, 그분이 교회의 머리가 되셨기 때문이다. 이 절대 불변의 작정을 이길 수 있는 대적자는 존재하지 않는다. 칼빈의 영적 아버지였던, 마르틴 부처(Martin Bucer) 역시 "그리스도께서 이미 그의 교회 안에 있는 자들을 지키시고, 인도하시고, 그들을 위해 준비하신다"라고 프로테스탄트 교회론을 강력하게 주장한 바가 있다.[30]

여기서 중요한 것은, 원칙적으로 교회는 "그리스도와 그리스도의 유익들을 소유한 자들의 공동체"라는 사실이다.[31] 이러한 개혁주의 교회론은 이단을 대적하는 분명한 지표가 되었다. 건강한 교회론은 당시 로마 교황주의자들과 세르베투스와 같은 이단자들을 대응하는데 아주 효과적인 방법론이었기 때문이다. 그래서 칼빈은 교회론을 굳건히 했을 뿐 아니라 "이단자들을 향해서 끊임없이 개(犬)와 비교"했는데, 이는 진리를 훼방하고 교회를 조롱하는 이들에 대해서 단호함을 취한 것이다.[32] 칼빈의 단호함은 교회를 사랑하는 마음의 크기와 비례해서 나타났다.

칼빈에게 있어서 '개혁된 교회' 자체가 곧 기독교 변증의 산물인 구체적인 이유는 그의 교회론이 그리스도 중심적이기 때문이다. 칼빈에게 있어서 그리스도 중심적인 논지는 비단 교회론뿐만 아니라 성경론, 구속론, 예배론, 종말론 등에서도 마찬가지로 발견된다. 이 모든 논의는 유기적으로 엮여 있으면서 최상의 변증 효과를 끌어낸다.

30　마르틴 부처, 『참된 목회학』, 최윤배 역 (경기용인: 킹덤북스, 2019), 55.
31　헤르만 바빙크, 『개혁교의학 4』, 박태현 역 (서울: 부흥과개혁사, 2019), 323.
32　베르나르 코트레, 『루터·칼뱅·웨슬리』, 박건택 역 (서울: 솔로몬, 2004), 330.

가령 칼빈의 성경론은 "예수 그리스도의 십자가는 모든 성경 계시의 중심"이라는 것에 기초한다.[33] 철저하게 그리스도 중심적이다. 또 칼빈의 구속론에서 그리스도의 십자가와 부활은 구속사의 정점에 해당한다. 이 역시 그리스도 중심적이다.

칼빈은 초대 교회처럼 그리스도 중심의 "설교와 찬양, 예배 시의 환희와 적극성"을 예배 정신으로 강조했다.[34] 그의 종말론 역시 그리스도 중심적이다. 칼빈은 "그리스도 안에 있는 영원한 완성"을 궁극적 심판 이후 종말의 모습으로 이해한다.[35] 칼빈의 교회론 그리고 성례와 세례를 포함한 모든 교회의 예식은 그리스도 중심적이다.

모든 거룩한 성도가 꿈꾸는 것처럼, 교회의 모든 것이 속죄의 은혜에 초점이 놓여 있다면 어떻게 되겠는가?
우리가 희망하는 것처럼 정말로 교회가 속죄의 교리에 근거해서 견고하게 세워져 있다면 어떻게 되겠는가?
교회 안에서 그리스도의 참역사가 일어나지 않겠는가?
교회의 존재 자체로 변증의 증거가 되지 않겠는가?

실제로 칼빈에게 교회는 그런 존재이다. 전적으로 "교회는 택함 받은 교회가 아니라 택함을 위한 무대다."[36] 당시에 로마가톨릭교회는 스스로가 택함 받은 교회라고 자부했고, 그 결과 타락과 부패가 일어났다. 그리고 그것은 마치 교회의 종말을 알리는 신호 같았다. 그러나 그리스도 중심의 개혁된 교회는 말씀으로 회복되어 교회의 부활을 알렸다.

그리스도께서 교회의 머리가 되신다면 성도들은 교회의 지체가 된다. 그래서 칼빈은 "우리가 교회를 믿는 근거가 바로 우리가 교회의 지체들임을 충실히 믿는다는 사실"에 있다고 주장한다.[37] 교회의 지체가 된 신자들은 율법에도 순종

---

33 토머스 아스콜, "칼빈의 구속론" 『교리·예배·삶의 균형을 추구한 사람, 칼빈』 버크 파슨스 편집, 임범진 역 (서울: 부흥과개혁사, 2012), 239.
34 T.H.L 파커, 『존 칼빈』, 김지찬 역 (서울: 생명의말씀사, 2009), 202.
35 H. 퀴스토르프, 『칼빈의 종말론』, 이희숙 역 (서울: 성광문화사, 1986), 227-228.
36 헤르만 셀더하위스, 『칼빈 핸드북』, 614.
37 존 칼빈, 『기독교 강요(하)』, 원광연 역 (경기고양: 크리스챤다이제스트, 2014), 13.

하는데, 이는 그리스도 안에 참여하는 것과 율법에 순종하는 것이 별개의 행위가 아니기 때문이다.[38] 즉, 도덕법에 순종하면서 그리스도 안에 참여하는 자들이야말로 그리스도와 연합한 교회 구성원들이다. 따라서 칼빈은 세상의 구조 전체가 무너져도 교회는 절대로 흔들리지 않는다고 주장한다. 그 이유는 다음과 같다.

첫째, 교회는 하나님의 택하심으로 말미암아 굳건히 서 있기 때문이다.

둘째, 교회는 그리스도의 견고하심과 모종의 방식으로 연결되어 있기 때문이다.[39]

그리스도와 연결된 교회에는 죄 사함의 은혜가 있다. 다시 말해서 죄 사함은 교회 지체들에 베풀어지며, 그것은 하나님 나라에 들어가는 첫걸음이다.[40] 만일 누군가가 칼빈에게 '기독교의 구원을 왜 교회에서 찾아야 하느냐?'라고 묻는다면, 칼빈의 대답은 교부 키프리아누스와 같을 것이다.

교회밖에는 구원이 없으며, 교회를 어머니로 모시는 자들만이 하나님을 아버지로 모실 수 있는 것이다. 다만 여기서 보편교회의 속성을 지니는 것은 교황 주의자들의 거짓 교회가 아니라 그리스도께 중심을 두는 교회만을 의미한다.[41] 칼빈이 로마가톨릭을 거짓 교회로 보는 이유는 그들의 신앙 보루에 거짓된 것들이 끼어들어 있기 때문이다.

칼빈은 "필수적인 교리의 요강이 무너지고, 성례의 바른 시행이 파괴되면 그 즉시 교회의 죽음이 반드시 이어지는 법"이라고 경고하였다.[42] 이것은 마치 개혁된 교회를 수호하는 변증 선언과도 같다. 그러나 칼빈의 이러한 경고가 그저 타락한 로마가톨릭의 사제들에게만 한정되었다고 안심해선 안 된다. 이것은 현대 성직자들을 향한 강력한 경고이기도 하다.

오늘날에도 기독교 교리를 우습게 알고 치열한 노력 없이 그저 몇 가지 방송 장비와 컴퓨터 기술만 가지고 목회에 뛰어들려는 오만한 이들이 있다. 이러한 행동은 개혁된 교회로 나아가기를 포기한 것이다. 그리고 이러한 행동은 참된 진리에 근거한 변증을 귀찮아하는 것이다. 결국, 이것은 하나님이 기쁘신 뜻대로 예정하신 사랑에 배신하는 행동이다.

---

38 토드 빌링스, 『칼뱅, 참여, 그리고 선물』, 송용원 역 (경기고양: 이레서원, 2021), 215.
39 장 칼뱅, 『기독교 강요(하)』, 13.
40 Ibid., 36.
41 Ibid., 52.
42 Ibid., 45.

마찬가지로 교회에서의 삶은 사무적이고, 보이는 자리에서는 무대 의복으로 과시한다면, 그것이 과연 올바른 감독이며 목사일까?

그리스도의 명령을 등한시하고, 자기 양 떼를 말씀으로 먹이지 않는 자에게 과연 감독이나 목사라는 칭호를 붙여줄 수 있겠는가?

칼빈은 당시 교역자들을 향해서 다음과 같이 묻는다.

> 교회를 다스리는 자들은 다른 사람보다도 선한 생활의 모범을 보여야 함에도 불구하고 오늘날 이런 지위를 가진 사람들은 그런 점에서 자기들의 소명에 얼마나 합당한 삶을 살고 있습니까?[43]

칼빈의 이 질문은 지금도 동일하게 요청되는 질문이다.

하나님의 진리가 암흑에 질식되도록 방관했던 자들이 과연 현대 지성인을 설득할 수 있겠는가?

예배를 가볍게 여기고 신앙을 취미 활동 내지는 직장으로 생각하는 이들이 과연 변증다운 변증을 할 수 있겠는가?

불가능하다.

변증다운 변증을 하며 개혁된 교회를 계속 세워 나가는 자들은 '변증가'이기 이전에 '예배자'이다. 소명이 분명한 진정한 변증가는 십자가 앞에 무릎을 꿇고 두 손을 모은다. 이윽고 참된 예배자가 기독교 지성을 가지고 성실하고 꾸준하게 변증을 구성해 나간다면 교회는 계속 개혁된 교회가 될 것이다.

그리고 개혁된 교회(*Reformanda*)는 그 자체로 가시적인 변증을 감당한다.

당신이 영원한 은혜의 영광에 취해서 찬송할 때, 그것을 방해하며 맞서는 이들이 있는가?

주님의 계획과 뜻에 반기를 드는 뻔뻔스러운 개들이 당신을 물어뜯고 있는가?

염려할 필요가 전혀 없다. 영원한 지옥 불꽃이 그들의 영혼을 집어삼킬 것이다. 우리는 그저 진실한 마음으로 하나님께 영광을 돌리고, 거룩하신 분이 베풀어 주신 예정의 은혜를 만끽하면서 교회를 사랑하면 된다. 그러면 성령님께서 최상의 변증방법론을 신령한 성도들의 삶에 근거해서 구현해 주실 것이다.

---

43 장 칼뱅, 『교회 개혁』, 김산덕 역 (서울: 새물결플러스, 2017), 45.

♣ 내용 정리를 위한 문제

1. 참된 목회자이며 신학자였던 존 칼빈이 제네바 학살자라는 부당한 오해를 받게 된 이유는 무엇인가?
2. 칼빈의 '이중예정론'의 개념을 요약한 후, 하나님의 절대 주권과 예정하심의 은혜가 강조되었을 때 기독교 변증에서 얻을 수 있는 유익이 무엇인지 서술하시오.
3. 칼빈의 리포르만다(Reformanda, 개혁된 교회는 항상 개혁되어야 한다) 정신이 실천되기 위해서는 어떤 노력을 감당해야 하는가?

※ 참고 문헌(제5장에 인용된 도서들)

존 칼빈. 『기독교 강요-1536년 초판』. 양낙흥 역. 서울: CH북스, 2018.
존 칼뱅. 『기독교 강요-1541년 프랑스어 초판』. 김대웅 역. 서울: 복있는사람, 2021.
_____. 『기독교 강요(상)』. 원광연 역. 경기 파주: 크리스챤다이제스트, 2015.
_____. 『기독교 강요(중)』. 원광연 역. 경기 파주: 크리스챤다이제스트, 2015.
_____. 『기독교 강요(하)』. 원광연 역. 경기 고양: 크리스챤다이제스트, 2014.
장 칼뱅. 『교회 개혁』. 김산덕 역. 서울: 새물결플러스, 2017.
_____. 『그리스도인을 살다』. 정성묵 역. 서울: 두란노서원, 2021.
H. 퀴스토르프. 『칼빈의 종말론』. 이희숙 역. 서울: 성광문화사, 1986.
J.N.D. 켈리. 『고대 기독교 교리사』. 박희석 역. 경기 고양: 크리스챤다이제스트, 2013.
T.H.L 파커. 『존 칼빈』. 김지찬 역. 서울: 생명의말씀사, 2009.
도널드 맥킴. 『칼빈 이해의 길잡이』. 한동수 역. 서울: 부흥과개혁사, 2012.
디아메이드 맥클로흐. 『종교개혁의 역사』. 이은재·조상원 역. 서울: 기독교문서선교회, 2011.
마르틴 부처. 『참된 목회학』. 최윤배 역. 경기 용인: 킹덤북스, 2019.
마이클 리브스. 『꺼지지 않는 불길』. 박규태 역. 서울: 복있는사람, 2017.
버크 파슨스. 『교리·예배·삶의 균형을 추구한 사람, 칼빈』. 백금산 외 19인 역. 서울: 부흥과개혁사, 2012.
베르나르 코트레. 『루터·칼뱅·웨슬리』. 박건택 역. 서울: 솔로몬, 2004.
벵크 헤그룬트. 『신학사』. 박희석 역. 서울: 성광문화사, 1997.
스티븐 니콜스. 『세상을 바꾼 종교개혁 이야기』. 이용중 역. 서울: 부흥과개혁사, 2017.
알리스터 맥그래스. 『신학이란 무엇인가 Reader』. 김기철 역. 서울: 복있는사람, 2021.
_____. 『하나님을 사랑한 사상가 10인』. 신재구 역. 서울: 한국기독학생회출판부, 2021.

윌리엄 M. 블랙번. 『기욤 파렐의 생애』. 김용남 역. 서울: 익투스, 2019.
조엘 R. 비키. 『설교에 관하여』. 송동민 역. 서울: 복있는사람, 2019.
존 맥닐. 『칼빈주의 역사와 성격』. 양낙홍 역. 경기 고양: 크리스챤다이제스트, 2006.
카터 린드버그. 『종교개혁과 신학자들』. 조영천 역. 서울: 기독교문서선교회, 2012.
토드 빌링스. 『칼뱅, 참여, 그리고 선물』. 송용원 역. 경기 고양: 이레서원, 2021.
티모디 조지. 『개혁자들의 신학』. 이은선·피영민 역. 서울: 요단출판사, 2010.
프랑수아 방델. 『칼빈-그의 신학 사상의 근원과 발전』. 김재성 역. 경기고양: 크리스챤다이제스트, 2011.
헤르만 바빙크. 『개혁교의학 4』. 박태현 역. 서울: 부흥과개혁사, 2019.
헤르만 셀더르하위스. 『중심에 계신 하나님』. 장호광 역. 서울: 대한기독교서회, 2009.
_____. 『칼빈』. 조승희 역. 서울: Korea.com, 2012.
_____. 『칼빈 핸드북』. 김귀탁 역. 서울: 부흥과개혁사, 2018.
정요한. 『칼뱅은 정말 제네바의 학살자인가?』. 서울: 세움북스, 2018.

제6장

청교도와 개혁파 정통신학의 변증방법론: 프란키스쿠스 투레티누스

> 말씀이 육신이 되어 우리 가운데 거하시매 우리가 그의 영광을 보니 아버지의 독생자의 영광이요 은혜와 진리가 충만하더라(요한복음 1장 14절).

이번 장은 유럽 개혁파 정통 신학자들의 변증방법론을 다룬다. 그들 중에는 청교도들과 동시대에 활동했던 인물들이 대부분이다. 또한, "대다수의 청교도는 개혁파 정통주의로 불린 포괄적인 신학 운동의 일원"이었다.[1] 청교도라는 말은 1560년대에 생겨난 일종의 멸시어로 잉글랜드 교회 개혁의 촉진을 원했던 사람들에게 붙여진 이름이다.[2] 이들의 사상과 신앙은 유럽 대륙의 루터교회가 아니라 칼빈주의 교회들에 동조적이었다.

그러나 청교도가 오로지 개혁파였다고 주장할 수는 없다. 가령 리처드 백스터(Richard Baxter)나 존 굿윈(John Goodwin), 존 밀턴(John Milton), 존 번연(John Bunyan) 그리고 존 이튼(John Eaton) 등은 청교도로 분류되기는 하나 개혁파 정통 신학자로 분류하지는 않는다. 그 이유는 어디까지나 정통 개혁파 입장에서 존 굿윈은 아르미니우스에 동조하는 것처럼 보이고, 존 밀턴은 아리우스주의로 오해받을 만한 부분이 있으며, 존 번연은 침례교이고, 존 이튼은 율법폐기주의자와 같은 모습이 있었기 때문이다.[3]

그래서 이번 장에서는 청교도 전반을 다루기보다는, 유럽 개혁파 정통주의 신학자들을 다루면서 그들과 공통점이 있는 청교도 인물 몇 명을 함께 다루고자

---

1 조엘 비키 & 마크 존스, 『청교도 신학의 모든 것』, 김귀탁 역 (서울: 부흥과개혁사, 2017), 16.
2 Ibid., 14.
3 Ibid., 15.

한다. 여기서 개혁파 정통주의에 속하는 청교도란 "반(半)펠라기우스주의적인 로마가톨릭교회, 반(反)삼위일체적인 소키누스주의, 자유의지를 주장하는 아르미니우스주의의 오류" 등을 타도하자는 공통의 입장을 가진 자들이다.[4] 또 이들은 반(反)율법주의에도 경계한다. 대표적으로 에드워드 피셔(Edward Fisher)는 "참된 믿음은 분량을 따라 거룩한 삶의 열매"를 맺는다고 주장한다.[5]

1. 참된 신학의 서론

개혁파 정통주의 신학자들을 이해함에서 중요한 인물 중 한 사람은 개혁파 정통주의 발전에 크게 기여한 프란키스쿠스 유니우스(Franciscus Junius)이다. 리처드 멀러(Richard A. Muller)는 유니우스를 포함한 개혁파 정통주의자들은 "신학의 대상 또는 신학의 주제를 신학 서론에서 고찰해야 할 논쟁점으로 받아들이고 있다"는 점에 주목한다.[6]

이와 같은 관점으로 신학의 서론을 서술해 가는 것은 명백하게 변증적인 형태의 논리 전개이다. 그러면서도 개혁파 정통주의 신학자들은 목회적 관점을 간과하지 않았다. 유니우스는 기독교 변증신학은 그리스도 안에서 연합되는 것에 있다고 생각했다. 신학은 오직 예수 그리스도에 의해서 창조된 것이고, "우리의 주님이며 구원자인 예수 그리스도의 신학은 창조된 것들에게 다가올 수 있는 모든 것 가운데 가장 충만하고 완전한 신학"이다.[7]

가장 충만하고 완전한 것은 말씀이 육신이 되어 우리 가운데 거하는 것이다. 그리고 그분의 영광을 보는 것이다. 그분의 영광은 오직 독생자 예수 그리스도의 보혈 빛이 심령에 흘러 들어올 때 인지할 수 있다. **보혈의 은혜를 받아 누리고 그것을 믿고 고백한다는 것은 은혜와 진리가 충만한 상태를 의미한다. 이것은 변증의 대상이 아니라 변증의 전제이다.** 이러한 신학적 형태를 전제할 때만 개혁파 정통 신학자들의 변증방법론과 구조를 이해할 수 있다. 그래서 유니우스

---

4 Ibid., 16.
5 에드워드 피셔, 『개혁 신앙의 정수』, 황준호 역 (서울: 부흥과개혁사, 2018), 103.
6 리처드 멀러, 『신학 서론』, 조호영 역 (서울: 부흥과개혁사, 2018), 470.
7 프란키스쿠스 유니우스, 『참된 신학이란 무엇인가』, 한병수 역 (서울: 부흥과개혁사, 2016), 183.

는 "신성에 대한 지식은 범접할 수 없는 샘물이며 엄청난 심연이기 때문에 지혜가 하나님이 취하신 인성에 아주 많은 강물처럼 공급되고 창조된 존재에게 적응되는 것은 필연적"이라고 주장한다.[8]

개혁파 정통 신학자의 신학적 작업은 '예배의, 예배에 의한, 예배를 위한' 교회의 변증이다. 이런 의미에서 '신학'은 곧 '변증학'이다. 청교도들 역시 이 일을 게을리하지 않았다. 테오도르 베자(Théodore de Bèze)의 영향을 받았고, 청교도 신학자들의 왕자로 불리는 윌리엄 퍼킨스(William Perkins)는 "**신학은 영원히 복되게 살게 하는 지식**"이라고 명명한다.[9]

유럽의 정통 개혁파 신학자들과 개혁파 청교도들은 신학과 변증 전반에서 칼빈을 계승하고 있다. 특히, 예정과 선택 그리고 하나님의 유기하심에 대해서 신학적 변증방법론을 발전시킨 아만두스 폴라누스(Amandus Polanus von Polansdorf)는 다음과 같이 주장한다. 하나님의 선택은 불변하는 것으로서, "침해받을 수 없으며 견고하며 확실하고 확정된 것이며, 확고하고 절대로 흔들리지 않고 절대로 무효화 되지 않는다."[10]

위와 같은 신학적인 변증들을 체계화시키고 조직신학적이고 변증적으로 정리한 청교도 인물 중 잘 알려진 인물은 윌리엄 에임스(William Ames)이다. 윌리엄 에임스는 윌리엄 퍼킨스의 영향 아래 수학했다. 에임스의 작품은 훗날 조나단 에드워즈(Jonathan Edwards)의 사상에 지대한 영향을 주게 된다. 윌리엄 에임스는 사변적인 변증 철학을 논의하지는 않는다.

그는 기독교 변증이 논쟁점을 그저 지식적인 문제로만 풀어내는 것에 대해서 부정적이었다. 윌리엄 에임스를 포함한 개혁파 정통 신학자들과 일부 청교도들은 치열하게 변증하고 논증하지만, 궁극적인 관심사는 오직 하나님께 영광 돌리는 삶에 있었다. 그래서 윌리엄 에임스는 다음과 같이 말한다.

> 인간에게 있어서 가장 고귀한 종류의 삶은 살아계시며 생명을 부여하는 하나님에게 가장 가깝게 접근하는 것이므로 신학적 삶의 본질은 하나님에 대해 사는 것이다.[11]

---

8   Ibid., 187.
9   윌리엄 퍼킨스, 『황금 사슬: 신학의 개요』, 김지훈 역 (경기용인: 킹덤북스, 2016), 39.
10 아만두스 폴라누스, 『하나님의 영원한 예정』, 김지훈 역 (경기용인: 킹덤북스, 2016), 127.
11 윌리엄 에임스, 『신학의 정수』, 서원모 역 (경기고양: 크리스챤다이제스트, 2012), 110.

기독교 변증학은 예배의 연장이다. 독생자의 영광이 은혜와 진리로 충만한 것을 찬양하는 것이 '예배'라면, 이것을 교리적인 체계로 정리하는 것은 '신학'이다. 따라서 "**신학은 모든 학문 중 궁극적이며 가장 고귀한 학문**"이다.[12]

유럽의 개혁파 정통 신학자들은 치밀한 논리를 가지고 있었고, 청교도들은 기독교 변증방법론을 목회적이고 실천적으로 삶 속에 담아내고 있었다. 이들은 성화를 강조했고, 율법 폐기론을 논박하며 실천적인 거룩함과 하나님의 도덕법에 대한 순종의 필요성을 역설했다. 또한, 로마가톨릭과 논박하면서 "하나님의 주권적인 선택의 은혜, 그리스도의 대리 속죄, 믿음을 통해 그리스도의 의가 전가됨으로써 이루어지는 칭의, 회심과 중생을 일으키는 성령의 유효적 사역, 성도의 견인과 보존과 같은 복음적인 개혁파 교리"를 필연적 결과로써 가르쳤다.[13]

그렇기에 청교도와 개혁파의 신학을 대립적으로 이해하는 것은 지혜로운 접근이 아니다. 오히려 거룩한 논리와 경건의 삶을 어떻게 융화시킬 수 있을지를 고민하는 것이 더욱 건강한 신학일 것이다. 존 프레스톤(John Preston)의 『황금홀』을 보면 그 말의 의미를 더 잘 이해할 수 있다. 프레스톤은 "겸비하여 죄를 버린 자들에게 주어지는 용서"를 말하면서 "죄 사함을 이루시는 하나님의 속성"을 열거한다.[14] 죄 용서받은 성도들 뒤에는 황금 왕홀을 잡고 계신 삼위일체 하나님이 존재하신다.

성도는 죄를 용서해 주시는 하나님의 자비로우심, 공의로우심, 전능하심, 지혜로우심을 모두 나타내 보이는 살아있는 증거이다. 즉, 성도의 존재 자체가 곧 변증이다. 또한, 독생자의 영광이 은혜와 진리로 충만하신 예수 그리스도에게 있고, 그분의 보혈이 죄 사함의 유일한 도구이며 방법이라는 것은 오직 성도들의 삶에서 드러난다.

12　Ibid., 111.
13　조엘 R. 비키 & 브라이언 G. 헤지스, 『은혜 안에서 번성하라』, 조계광 역 (서울: 개혁된실천사, 2022), 129-130.
14　존 프레스톤, 『황금홀』, 홍상은 역 (서울: 지평서원, 2005), 329-333.

2. 정통 변증의 기초 골격

기독교 변증이 실천으로 나아가기 위해서는 논리적 구도와 규칙이 필요하다. 따라서 '이론'과 '실천', '실천'과 '이론'의 우선순위를 따지는 것은 무의미하다. 두 가지 모두 중요하게 인식해야 한다. 그렇기에 개혁파 정통 신학자들과 청교도들을 동시에 다루는 것은 유익하다. 유럽 개혁파 정통 신학자들의 변증방법론은 크게 네 가지 원칙과 순서를 고집한다.

첫째, "성경 구조의 석의"이다.

성경 본문 구절을 철저하게 석의하고 주석하는 일에서부터 이들의 변증은 시작된다. 이 일은 청교도들 역시 마찬가지의 특징을 보인다. 대표적으로 존 오웬(John Owen)의 『죄 용서』라는 작품은 시편 130편 강해를 통해 죄 사함의 근거를 제시하고 있다.[15] 이것은 17세기 당시의 독특한 상황에 의해서 형성된 방법론이라고만 말할 수는 없다. 스위스, 네덜란드, 프랑스의 유럽 정통개혁파 신학자들과 영국의 청교도들 모두 진실하게 하나님을 사랑한 사람들이다. 이들에게서 나타나는 공통점은 시대적 상황의 공유보다 그들의 진실한 마음에 있다. 이들 모두는 주님의 말씀을 사모했고, 언제나 성경을 우선시했다.

이것은 교부들과 종교개혁자들에게도 예외가 아니다. 현대에도 진실한 목회자들은 그와 같은 모습을 보인다. 그렇기에 성경 구조의 석의를 변증방법론의 제일 원칙으로 꺼내는 것은 17세기의 특징으로 국한할 것이 아니라, 모든 신실한 사람들의 특징이라고 보는 것이 적절하다. 다시 말해서 성경을 펼쳐 읽고 구조를 석의하는 순간 이미 기독교 변증학은 시작된 것이다.

둘째, "교리 형성"이다.

교부들과 종교개혁자들의 유산들을 놓치지 않고 성경적 관점에 근거해서 교리를 형성 발전시키는 것이 정통개혁파 신학자들의 명품 변증이다.

가령 하나님이 자신의 절대적 능력으로 서로 모순된 일을 행할 수 있는가?

이런 질문 앞에서 "신론"에 대한 정확한 교리가 요구된다. 하나님은 전능하신 분이다. 따라서 "하나님이 서로 모순되는 것들을 할 수 있다면, 서로 모순되는 것이 둘 다 참"일 것이다.[16] 이런 경우 인간 이성으로 추론하는 것은 불가능

---

15 존 오웬, 『죄 용서: 시편 130편 강해』, 박홍규 역 (서울: 부흥과개혁사, 2015), 10.
16 페트루스 판 마스트리흐트, 『이론과 실천 신학 2』, 박문재 역 (서울: 부흥과개혁사, 2021), 727.

하다. 결국, 이것은 믿음을 요구하는 일이 될 것이다. 하지만 개혁파에서 "하나님은 서로 모순되는 것은 어떤 것도 할 수 없다"고 결론 내린다.[17]

이는 하나님의 전능성의 문제에 대한 교리가 아니고 하나님의 신실성과 직결되는 교리이다. 하나님은 전능하시지만 신실하시다. 이것이 참되고 바른 교리이다. 따라서 모순되는 상황을 가정해서 추론하는 모든 시도는 이미 형성된 교리로 충분히 답변할 수 있는 부분이다.

셋째, "균형 잡힌 시각"이다.

여기서 균형은 현대의 복음주의와 자유주의 간의 중립을 뜻하는 것이 아니라, 열광주의와 주지주의 사이의 균형을 뜻한다. 즉, 정통주의 신학은 편파적이지 않고 건설적인 변증에 기초한다. 페트루스 판 마스트리흐트(Petrus van Mastricht)는 변증을 취할 때 크게 두 가지를 주의해야 한다고 경고한다.

(1) 스콜라 신학자들의 철학적 방법으로 지식을 추종하는 주지주의(主知主義)이다.

(2) 특별한 현상과 체험에 근거해서 변증을 주장하는 열광주의자들이다.[18]

기독교 신학의 변증이 주지주의로 흘러선 안 되는 이유는 '지식의 확장'이 곧 '믿음의 성장'은 아니기 때문이다. 우리는 이성의 능력과 논리적 방법을 능가하는 신학적 변증이 있음을 인정해야 한다. 그럴 때, 진정으로 세속 학문의 법칙을 웃도는 기독교 변증학이 탄생한다. 또 열광주의는 기록된 성경보다 자신의 체험과 주관으로 변증을 하려고 하므로 질서정연하지 않다. 이러한 변증은 신앙의 법칙들을 훼손시킬 수 있는 우려가 있다.

넷째, "생활의 적용"이다.

정통주의자들은 교회를 생각하는 사람들이기에, 실천적인 적용으로 신자들의 덕을 세워주는 것을 중시한다. 변증이 사변적이고 논쟁적인 것에만 머물면 대부분 신자는 흥미를 잃는다. 그러나 청교도들과 정통개혁파들의 변증은 그렇지 않다. 그들은 목양과 양육 과정에서 체계적인 정립을 했기에, 비록 조직신학적인 구조를 띠지만 어렵지 않은 문체가 특징이다. 결론적으로 정통개혁파 신학자들의 기독교 변증방법론은 하나님을 위해 살아가는 것을 고민하는 과정에서 탄생한 변증법들이다.

---

17 Ibid., 726.
18 페트루스 판 마스트리흐트, 『이론과 실천 신학』, 박문재 역 (서울: 부흥과개혁사, 2019), 241-242.

따라서 하나님을 위해 살아가는 것은 "제대로 살아가는 것"과 "복되게 살아가는 것"이다.[19] 제대로 살아가는 것은 독생자의 영광을 드러내는 것이고, 복되게 살아가는 것은 구원받은 백성답게 은혜와 진리로 기쁨 충만한 삶을 사는 것이다.

3. 교회의 파수꾼

지금부터는 유럽 정통개혁파 변증신학을 대표할 수 있는 인물 한 명과 체계적인 논리와 변증을 갖춘 청교도 인물 두 명을 뽑아서 소개하겠다. 사실 정통개혁파 신학자들과 청교도 신학자들 모두가 막강한 인물들이다. 그러나 모든 인물을 전부 다루려고 욕심부리면 변증신학이라는 주제에서 벗어날 수 있다. 그렇기에 이 책에서는 청교도주의의 전체 역사나 모든 인물에 대한 상세한 설명 등은 다루지 못한다.

만약 존 번연(John Bunyan)의 『천로역정』 외에는 청교도 작품으로 무엇이 있는지 모르는 독자라면, 켈리 카픽(Kelly M. Kapic)과 랜들 글리슨(Radall C. Gleason)이 편저한 『청교도 고전으로의 초대』라는 책을 추가로 독서할 것을 추천한다.[20] 그 외에도 청교도 작품은 번역된 것들이 많다. 마음만 먹으면 누구나 손쉽게 찾아서 읽어볼 수 있다.

그러나 손쉽게 찾아서 읽을 수 있다고 해서 청교도들을 만만하게 여겨선 안 된다. 이는 이번 장과 다음 장에서 소개되는 청교도 신학자들을 보면 납득하게 될 것이다. 지금 소개하려고 하는 정통개혁파 신학자와 청교도들은 변증 공식이 비슷하고 시대적으로 비슷한 시기를 살았던 대표적인 인물들이다.

첫째로 살펴볼 청교도 인물은 정통개혁파 변증 신학자로 꼽히는 프란키스쿠스 투레티누스(Francis Turretin)이다.

그는 칼빈의 기독교 강요 이후 최고의 기독교 변증신학을 꽃피운 인물이다. E. 드 뷔데(E. De Budé)에 의하면, 투레티누스는 "달변에다가 교리적 탁월성"이 더

---

19 Ibid., 291.
20 켈리 카픽 & 랜들 글리슨, 『청교도 고전으로의 초대』, 김귀탁 역 (서울: 부흥과개혁사, 2009) 참고.

해진 인물이다.[21] 그의 『변증신학 강요』는 거룩한 이성의 부활을 알리는 신호탄과 같다. 투레티누스는 『변증신학 강요』에서 "신학의 존재는 증명된다"라는 대명제를 제시한다.[22] 그리고 그 근거로 '하나님의 선하심', '하나님을 아는 지식을 갈망하는 인간 존재', '창조의 목적', '사물의 본성', '구원의 필요성' 등을 열거한다. 투레티누스에게 변증과 신학은 결코 소멸할 수 없는 참된 가치이다. 그래서 그는 이성은 믿음의 원리가 아니라고 주장한다.[23] 사실 "믿음의 문제에 있어서 이성은 신학자가 논증하기 위해 사용하는 도구일 뿐 아니라 때때로 수단인 동시에 논거"의 기능을 감당한다.[24] 그러나 이성은 믿음을 대신하지 않으며, 대신할 수 없다. 그 이유는 다음과 같다

(1) 거듭나지 않은 자들은 율법에 대해 어둡기 때문이다.
(2) 믿음의 신비는 이성의 영역을 초월하고 있기 때문이다.
(3) 믿음의 궁극적인 해명은 이해했기 때문이 아니라 말씀에 근거해서 작동하기 때문이다.[25]

그리고 그것을 이끄는 분은 오직 성령이시다. 만약 이성이 믿음의 원리라고 가정한다면 기독교 변증은 뒤틀린다. 믿음의 원리는 오직 성령이며, 믿음의 근거는 오직 성경이고, 믿음의 통로는 오직 교회이며, 믿음의 대상은 오직 예수 그리스도시다.

투레티누스에게 "교회는 교회에 계시를 위탁하고 은혜 언약이 담긴 순전한 성경을 가장 성실하게 보존한 하나님의 신탁을 지키는 파수꾼"이다.[26] 그리고 교회는 하나님을 자증하는 성경을 성실하게 해명하는 해석자이며 파수꾼이다. 투레티누스는 여기서 성경의 역본을 가지고 문자적 의미, 풍유적 의미, 영적 의미, 훈육적 의미 이렇게 사중적인 의미를 표방하는 중세 가톨릭의 해석에 반대한다. 왜냐하면, 성경에 기록된 은혜 언약에서 구원의 조건과 모든 수단은 사중적인 의미가 아니라 오직 그리스도로 말미암아 부여된 약속에만 근거하기 때문이다. 다시 말해서 성령과 믿음의 선물이 그리스도의 은혜의 공로를 담고 있는

---

21 드 뷔데, 『프랑수아 투레티니 평전』, 권경철·강금희 역 (경기군포: 다함, 2021), 169.
22 프란키스쿠스 투레티누스, 『변증신학 강요 1』, 박문재·한병수 역 (서울: 부흥과개혁사, 2017), 46.
23 Ibid., 76.
24 Ibid., 79.
25 Ibid., 76-77.
26 Ibid., 167

유일한 금고이다.

투레티누스의 변증은 단어가 담고 있는 용례의 특성을 최대한 성경에 부합하도록 접근시키는 것에 있다. 이것이 그의 변증방법론의 핵심이라고 해도 과언이 아니다. 하지만 독생자의 영광과 은혜와 진리는 공표하는 것이지 초라한 인간 언어로 변증할 수 있는 대상이 아니다. 오히려 독생자의 진리가 신자의 삶과 십자가의 길을 변호해 준다. 이것은 믿음으로 이해할 수 있다.

그런데 믿음이라는 개념 자체가 공격받고 오해받는 상황이 발생했다. 개혁파 정통주의 신학자들 시대에서 스콜라적 신학을 변증에 차용한 투레티누스는 그러한 오해를 방관하지 않았다. 일전에 루터는 의인인 동시에 죄인이라는 명제를 법정인 칭의 개념으로 풀어냈고, 오직 믿음으로 말미암아 구원에 이르는 진리를 명제화하였다. 그러나 칭의 되었다고 자부하는 사람들이 거룩하게 살지 못하는 문제가 발생했다. 그리고 이러한 문제점들은 논의의 불씨를 계속 지속시켰다.

그래서 투레티누스는 칭의의 확실하고도 의심할 수 없는 보증과 토대를 다음과 같이 성경에 근거해서 제시하고 있다.

(1) 칭의의 단일성이다.

"은혜와 믿음으로 말미암아 그리스도의 공로에 따라서 의롭게 되는 것"이다.[27] 할례자이든 무할례자이든 유대인이든 헬라인이든 칭의가 이루어지는 단일성은 결코 차등하거나 다르지 않다. 이것은 하나님의 영광이 선언되는 방식이기에 누구도 왈가불가할 수 없다.

(2) 칭의의 완전성이다.

칭의 자체는 많거나 적음을 측정할 수 있는 개념이 아니다. 칭의라는 단어가 이미 완전성을 함의하고 있다. 그렇기에 믿음이 활발해지거나 약해지는 가시적인 현상으로 인해 고유하게 주어진 칭의가 불완전하거나 더 충만하다고 이해해선 안 된다.[28] 사람들의 불완전함과 환경의 끊임없는 변화 속에서도 칭의는 영원토록 완전하다. 하나님이 행하셨고 예수 그리스도의 사역에서 성취된 약속들은 어제나 오늘이나 영원토록 동일하다.

27　프란시스 투레틴, 『칭의』, 박문재 역 (서울: 솔로몬, 2018), 211-212.
28　Ibid., 217.

(3) 칭의의 확실성이다.

이것은 "하나님이 맹세로써 확증한 은혜와 공의와 약속의 불변성"이 모든 것을 입증하고 변증한다.[29] 하나님은 한 번 수여한 죄 사함은 절대 취소하지 않으신다. 그분의 불변성과 영속성에 의해서 보증받는다. 심지어 불순종하는 사람들도 하나님의 자비에 굴복되어 결국에는 그 선물을 받아 누린다. 그것은 전적으로 하나님의 은혜 선택에 기인한다.

이처럼 투레티누스는 선택과 유기에 대한 분명한 입장을 제시하면서, 아르미니우스주의자들의 주장을 정면으로 부정했다. 그리고 그는 칼빈의 예정과 선택, 그리고 견인의 교리를 다시금 공고히 했다. 특히, 투레티누스는 여느 종교개혁자들과 개혁파 신학자들처럼 "선택은 믿음이나 행위에 대한 예견에 따라서 이루어지는 것이 아니라 오로지 하나님의 은혜로 말미암아 이루어지는 것"을 거듭 강조했다.[30] 그는 실로 정통개혁파 변증학자이다.

그러나 그의 변증방법론은 철학적이고 이성적이다. 투레티누스가 계시 중심적이고 이성을 열등하게 여긴 인물이라고 생각한다면 큰 오산이다. 그는 아퀴나스처럼 계시에 이성을 종속시켜서 성실하게 변증 구조를 기획했다. 중심 사상은 칼빈을 따르지만, 변증방법론은 스콜라적인 양식을 갖춘 정통개혁파 변증가가 바로 투레티누스이다. 그에 의해서 종교개혁의 중심 주제는 스콜라적인 철학적 변증 공식과 결합하게 되었다. 그리고 독생자의 영광에 힘입어 거룩하고 찬란한 변증으로 강화되었다.

둘째로 살펴볼 청교도 인물은 토머스 왓슨(Thomas Watson)이다.

그는 스티븐 차녹(Stephen Charnock)과 동역한 강단의 변증가이다. 토머스 왓슨을 '강단의 변증가'라고 표현한 이유는 그가 성경과 교리에 충실한 설교자였기 때문이다. 토머스 왓슨은 『신학의 체계』에서 하나님의 영원성, 불변성, 거룩성, 진실성, 단일성을 논의하고 삼위일체와 하나님의 섭리를 설명한다. 왓슨에게서 특별히 주목할 점은 '은혜의 언약'과 '은혜 안에서의 성장' 그리고 죽을 때 신자가 누리는 '은혜의 특권'이다. 이 점은 청교도들의 신학적 변증과 사상을 소개하기에 매우 중요한 요점이 되는 개념들이다.

---

29   Ibid., 218.
30   프란키스쿠스 투레티누스, 『변증신학 강요 1』, 545.

(1) "은혜 언약"이다.

하나님은 택정한 자들을 구원하시려고 예수 그리스도의 보혈로 "은혜 언약"을 맺으신다.[31] 왓슨에 의하면 은혜의 언약은 아담과 맺은 첫 언약과는 다르다. "가장 사소한 실패도 아담과의 언약을 백지화할 것이지만 은혜 언약은 허다한 실패로도 무효화 되지 않는다."[32] 다시 말해서 작은 범죄도 언약에 위배되는 것은 기정사실이지만 그것이 언약을 무효화시킬 수 없다는 뜻이다. 진노 중에도 인자하심을 잊지 않으시는 하나님의 속성만이 이 은혜의 언약을 지속시킬 수 있다.

그렇다면 은혜 언약의 조건은 무엇인가? 주된 조건은 믿음이다.[33] 그런데 언약 백성들은 하나님을 섬겨야 한다. 청교도들은 믿으면 다 되는 식의 억지 논리와 변증이 아니다. 왓슨은 "언약의 자비를 맛본 사람들이 어떻게 행해야 하는지 보여주기 위한 지침"을 분명히 주장한다.[34] 하나님을 사랑하고 이웃을 사랑하는 거룩함이 은혜 언약을 맛본 자들에게 나올 수 있는 근거는 어디 있는가?

은혜의 언약은 근본적으로 신자를 왕족으로 바꾸었다. 하늘 왕국의 제왕이신 예수 그리스도께서 양자로 삼아 주셨다. 그렇기에 근본적인 신분이 왕족이다. 왕족은 왕족의 품격을 가지고 살 수밖에 없다. 하늘 왕국의 왕족은 하나님을 찬양하면서 자신의 품격을 드러낸다. 이것이 논리적으로 가능한 이유는 하나님이 이미 가장 큰 찬양을 받으실 수 있는 곳에서 '한없는 자비' 베풀기를 즐겨 하셨기 때문이다.[35]

(2) "은혜 안에서의 성장"이다.

왓슨에게서 "참된 은혜는 확대되고, 자라가는 성격을 지닌 점진적 은혜"이다.[36] 그는 참된 회개를 설명함에서도 다음과 같이 말한다.

"나는 믿음이 먼저냐, 회개가 먼저냐는 우선순위를 놓고 논쟁하고 싶지는 않다. 의심할 나위 없이 회개는 그리스도인의 인생 속에 나타난다."[37]

---

31 토머스 왓슨, 『신학의 체계』, 이훈영 역 (경기 고양: 크리스챤다이제스트, 2012), 281.
32 Ibid., 283.
33 Ibid., 284.
34 Ibid., 291.
35 Ibid., 292.
36 Ibid., 487.
37 토마스 와슨, 『회심』, 강현민 역 (서울: 컴파스북스, 2018), 15-16.

이것은 은혜 안에서의 성장을 의미한다. 왓슨에게서 회개는 복음 아래서 요구되는 은혜이기에 필연적으로 삶을 거룩한 모습으로 이끌어 준다. 참된 은혜의 증표는 신성함과 탁월성으로 말미암아 자랄 수밖에 없다는 것이 왓슨의 지론이다. 그렇기에 왓슨의 변증방법론은 삶이 곧 변증이 되어 나타나는 방식이다. 여기서 성장 됨의 대상은 인간이지만, 성장 원동력의 주체는 은혜이다. 은혜가 성도를 거룩한 곳으로 유인하기 때문에 구원받은 참된 신자는 은혜 안에서 성장이 나타나는 것이다. 더 나아가 은혜받은 성도들은 "하나님의 영광은 모든 인간의 영혼 구원보다 더 가치가 있다"라는 사실을 인정하게 된다.[38] 만일 하나님의 영광 면류관을 높이는 목적으로 성장하지 못하고 영적 침체에 빠진다면 은혜 안에 거하지 않았기 때문이라고 볼 수 있다.

(3) "죽을 때 신자가 누리는 은혜의 특권"이다.

앞서 은혜의 언약은 하늘 왕족의 특권을 부여해 주었고 설명하였다. 그리고 살아있을 때는 은혜 안에서 성장하는 특권을 누린다고도 언급했다. 그런데 거기서 그치지 않고 죽을 때도 신자는 은혜의 특권을 누린다. 그 이유는 그리스도인들에게 '소망'은 세상 안에 있지 않기 때문이다. 왓슨은 성도에게 있어서 최고의 위로는 죽음 이후가 시작이라는 점에 있다고 본다.

청교도들의 변증학에서는 '죽음 이후 세계'에 대한 거룩한 소망이 녹슬지 않고 나타난다. 왓슨은 "소망은 그리스도인이 휘장 안에 숨는 그의 닻이다"라고 표현하였다. 이것은 죽음 이후 '죄'와 '육체'가 신자로부터 완전히 분리되고 모든 것이 사면되어 자유를 누리게 될 것을 상징한다.[39] 그리스도인의 삶에서 죽음은 우리 삶에 경의를 표함이요, 창조주의 옥좌 앞에서 드리는 흠모의 예식이다.[40] 따라서 죽음은 은혜의 특권이며, 이를 통해 누리는 특권은 크게 두 가지로 이해할 수 있다.

첫 번째는 해방이다. 슬픔, 고난, 아픔, 수고, 시험 등에서 벗어남을 의미한다.

두 번째는 연합이다. 그리스도 안에서 부활 때까지 안식하는 것을 의미한다.[41]

---

38 토머스 왓슨, 『신학의 체계』, 490.
39 Ibid., 526-527.
40 한스 우르스 폰 발타사르, 『세계의 심장』, 김혁태 역 (서울: 가톨릭출판사, 2022), 35.
41 토머스 왓슨, 『신학의 체계』, 532.

이처럼 왓슨을 포함한 청교도들의 변증방법론은 교리를 체계적으로 응용하여 설교하는 방식이다. 그리고 은혜를 설명하는 것에 많은 초점이 놓여 있다.

셋째로 살펴볼 청교도 인물은 존 플라벨(John Flavel)이다.

그는 『은혜의 방식』이라는 책에서 하나님의 은혜가 임하는 방식을 서술했는데 그야말로 청교도적 변증방법론의 정수를 드러내고 있다. 은혜의 방편은 예수 그리스도의 완전하고도 철저한 의(義)뿐이다. 이것만이 인간을 형벌에서 자유롭게 한다. 칭의를 포함한 은혜의 방식에 대한 청교도 사상은 훗날 제임스 뷰캐넌(James Buchanan)의 글에서도 다시 확인된다.

뷰캐넌은 "그리스도의 중보적 사역이 하나님의 율법과 관계가 있으며, 우리의 칭의 또한 그리스도의 사역과 관계하고 있다는 것은 전 성경에 계시된 명백한 진리"라고 말한다.[42] 개혁파 정통주의 신학자들의 범주에 속하는 청교도들은 공통적으로 칭의가 죄에서 자유를 얻게 하는 은총의 사건임을 강조한다. 누구든지 영광스러운 은택을 누리고도 독생자의 영광을 모른다는 것은 말이 되지 않는다. 또한, 그리스도의 구속 사역으로 말미암아 칭의가 확정된 영혼이 은혜와 진리로 충만해지는 경험을 하지 못하는 것도 납득될 수 없는 것이다.

그러나 플라벨은 고압적인 변증이 아니라 그리스도의 초청을 친절하게 소개하는 방식을 택한다. 그는 은혜의 방편으로 그리스도의 구속이 두려워할 만한 위력을 뽐내며 죄인들 앞에 이미 펼쳐졌음을 강조한다. 그러면서 플라벨은 "죄의 비참함을 맛보지 못하고 그리스도의 달콤함을 맛볼 수 있는 사람은 아무도 없다"라는 점을 역설한다.[43] 은혜 방식의 핵심에서 예수 그리스도가 빠질 수 없는 것은 지극히 당연하다.

그리고 그 진리는 변증하는 방식이 어떻든 간에 논리를 초월하게 된다. 플라벨도 이점을 인지하고 있기에 학개 2장 7절을 강해하면서 모든 나라의 보배, 곧 열방의 보배는 바로 예수 그리스도라는 점을 연속해서 강조한다.[44] 특히, 플라벨의 "그리스도의 구속안에서 우리를 받아주시는 하나님의 은혜"라는 설교에서는 이것이 극대화되어 독생자의 영광을 극렬하고도 휘황찬란하게 드러낸다.

---

42 제임스 뷰캐넌, 『칭의 교리의 진수』, 신호섭 역 (서울: 지평서원, 2014), 317.
43 존 플라벨, 『은혜의 방식』, 서문강 역 (서울: 청교도신앙사, 2017), 233.
44 Ibid., 295.

하나님이 당신 자신의 마음의 비밀을 우리로 하여금 값없이 알게 하신다는 것은 정말 특별한 호의가 아닐 수 없습니다. 마음의 은밀한 계획은 가장 친한 친구들에게나 보여 줄 수 있는 것입니다. 자기 원수나 낯선 이에게 그것을 열어 보여 주려고 하는 사람은 없을 것입니다.[45]

플라벨의 감화력 있는 설교와 변증은 하나님의 호의와 은택에 대해서 상기시켜 준다. 결국, "피로써 우리를 하나님께 화목하고 알현하게 하시는 그리스도"는 피조물들의 궁극적 행복의 대상이 된다.[46]

플라벨의 변증방법론이 담긴 또 다른 책은 『섭리의 신비』라는 작품인데, 이 책은 예수 그리스도의 구원 은혜를 "유일무이한 섭리"에 의해서 일어난 일로 설명한다.[47] 이것이 곧 섭리의 신비이다. 하나님의 섭리는 구원으로 이끄는 신비의 계단이다. 섭리의 신비에 대해서 플라벨은 다음과 같은 질문으로 변증을 이끈다.

만일 성도들과 관련된 일들이 하나님의 특별한 섭리에 의해서 이루어지는 것이 아니라면, 자연의 원인이 모두 힘을 합해서 그토록 기이한 방식을 사용해서 그들을 위험에서 건져내고 그들에게 유익과 복을 가져다주었다고 해야 하는데, 과연 이것이 합당한 설명이겠습니까?[48]

위 질문은 하나님의 섭리에 대한 동의를 촉구하는 물음이다. 플라벨은 하만의 모함에 에스더와 모르드개가 승리할 수 있었던 이유, 기생 라합으로부터 정탐꾼들이 보호받게 된 이유, 애굽의 바로가 히브리 남자아이를 죽일 때 모세가 살아남게 된 이유, 옥에 갇힌 바울이 옥중에서도 찬송할 수 있었던 이유, 그리고 교회가 교황주의자들의 폭정 속에서 개혁을 꽃피운 이유 등에 대해서 '섭리의 신비'로 정의 내린다.

성경 말씀과 부합하게 작동되는 섭리의 신비들을 근거로 현실 상황을 살펴볼 때 얼마나 강력한 변증이 작동되겠는가?

---

45 Ibid., 347.
46 Ibid., 370-371.
47 존 플라벨, 『섭리의 신비』, 박문재 역 (경기파주: 크리스천다이제스트, 2017), 41.
48 Ibid., 47.

청교도들은 당시 생명의 위협을 받는 순간들이 많았다.

그러나 그런 순간들 속에서 하나님의 신비한 섭리를 믿고 신뢰한다면, 얼마나 큰 용기가 샘솟겠는가?

이것은 청교도 자신들의 용기를 상승시키는 변증이기도 하다. 기독교 변증은 비진리에 대항해서 진리를 전달하는 속성도 있지만, 동시에 진리를 수호할 수 있도록 힘과 용기를 증강해 주는 역할도 함께 가지고 있다. 그런 차원에서 플라벨의 변증은 상당히 효과적이다. 플라벨은 『섭리의 신비』 마지막 부분에서 다음과 같이 말한다.

> 여러분이 전에 겪었던 곤경들과 위험들을 경시하지 말고, 지금 여러분이 겪고 있는 것들과 비교해 보십시오. 배가 육지에서 멀어져 갈수록, 육지가 우리의 눈에 까마득하게 보이고 그 존재감이 점점 없어져 가는 것처럼, 시간이 흐르면 흐를수록 우리가 이전에 경험했던 은혜나 위험은 우리에게서 희미해지는 반면에, 우리에게 지금 당장 닥친 일들이 언제나 우리에게 가장 크게 다가오기 마련입니다. 여러분이 이전에 겪었던 위험과 두려움도 지금 여러분이 겪고 있는 것 못지않게 컸다는 것을 명심하십시오. 여러분이 이전에 경험했던 섭리의 의미와 가치를 잘 기억해 두기 위하여 많은 힘을 기울이십시오. 여러분이 그렇게 한다면, 그것은 여러분에게 달콤한 열매로 돌아오게 될 것입니다.[49]

어떤 독자들은 변증이라고 해서 특별한 수사법이나 화술이 담긴 변증방법론을 기대했는데, 모든 문법 구조가 마치 설교문과 같은 청교도들의 변증방법론을 보고 허탈한 웃음을 지으며 실망했을지도 모르겠다.

이것은 변증인가?

설교인가?

그러나 독자들은 그런 물음을 던지기에 앞서서 압도적인 논증을 뿜어대는 정통개혁파 신학자들과 삶 속에서 치열한 실천을 보인 청교도들이 공존했던 17세기 자체에 의미를 두어야 한다. 17세기의 정통개혁파 신학자들과 청교도들은 21세기를 살아가는 오늘날 신앙인들의 신앙 교과서와 같다. 그것은 현대 신학이 제공해 주는 지적인 유희와는 사뭇 다른 천국 보화의 기쁨을 안겨준다. 무엇보

---

[49] Ibid., 367.

다 청교도들의 논지를 조금 더 살펴보면 허탈한 웃음은 환희의 웃음으로 바뀌게 될 것이다.

무엇 때문에 환희가 가득할까?

말씀이 육신이 되어 우리 가운데 거하기 때문에 환희가 가득하다. 그리고 그 환희의 출처는 독생자의 영광이다. 독생자의 영광은 은혜와 진리가 충만해지는 신비 사건을 불러일으킨다. 이 불변하고도 거룩한 섭리가 청교도들의 변증과 설교 속에 고스란히 녹아있다.

♣ 내용 정리를 위한 문제

1. 개혁파 정통 신학자들의 입장에서 신학은 무엇이라고 정의 내릴 수 있겠는가?
   또한, 그들의 변증신학의 기초 골격은 어떻게 이루어지는가?
2. 프란키스쿠스 투레티누스는 칭의의 확실하고도 의심할 수 없는 토대를 크게 세 가지로 제시했는데, 그 세 가지 특성에 관해 구체적으로 서술하시오.
3. 토머스 왓슨의 『신학의 체계』에서 '은혜'는 어떻게 설명되고 있는지 그 개념을 서술한 후에, 그것을 근거로 정통개혁파 신학자 범주에 속하는 청교도들의 특징을 간략하게 정리하시오.

※ 참고 문헌(제6장에 인용된 도서들)

프란키스쿠스 투레티누스. 『변증 신학 강요 1』. 박문재·한병수 역. 서울: 부흥과개혁사, 2017.
프란시스 투레틴. 『칭의』. 박문재 역. 서울: 솔로몬, 2018.
페트루스 판 마스트리흐트. 『이론과 실천 신학』. 박문재 역. 서울: 부흥과개혁사, 2019.
_____. 『이론과 실천 신학 2』. 박문재 역. 서울: 부흥과개혁사, 2021.
토머스 와슨. 『회심』. 강현민 역. 서울: 컴파스북스, 2018.
_____. 『신학의 체계』. 이훈영 역. 경기 고양: 크리스찬다이제스트, 2012.
존 플라벨. 『섭리의 신비』. 박문재 역. 경기 파주: 크리스천다이제스트, 2017.
_____. 『은혜의 방식』. 서문강 역. 서울: 청교도신앙사, 2017.
드 뷔데. 『프랑수아 투레티니 평전』. 권경철·강금희 역. 경기 군포: 다함, 2021.

리처드 멀러.『신학 서론』. 조호영 역. 서울: 부흥과개혁사, 2018.
아만두스 폴라누스.『하나님의 영원한 예정』. 김지훈 역. 경기 용인: 킹덤북스, 2016.
에드워드 피셔.『개혁 신앙의 정수』. 황준호 역. 서울: 부흥과개혁사, 2018.
윌리엄 에임스.『신학의 정수』. 서원모 역. 경기 고양: 크리스챤다이제스트, 2012.
윌리엄 퍼킨스.『황금 사슬: 신학의 개요』. 김지훈 역. 경기 용인: 킹덤북스, 2016.
제임스 뷰캐넌.『칭의 교리의 진수』. 신호섭 역. 서울: 지평서원, 2014.
조엘 비키 & 마크 존스.『청교도 신학의 모든 것』. 김귀탁 역. 서울: 부흥과개혁사, 2017.
조엘 R. 비키 & 브라이언 G. 헤지스.『은혜 안에서 번성하라』. 조계광 역. 서울: 개혁된실천사, 2022.
존 오웬.『죄 용서: 시편 130편 강해』. 박홍규 역. 서울: 부흥과개혁사, 2015.
존 프레스톤.『황금홀』. 홍상은 역. 서울: 지평서원, 2005.
켈리 카픽 & 랜들 글리슨.『청교도 고전으로의 초대』. 김귀탁 역. 서울: 부흥과개혁사, 2009.
한스 우르스 폰 발타사르.『세계의 심장』. 김혁태 역. 서울: 가톨릭출판사, 2022.

제7장

영국 청교도 변증방법론 : 스티븐 차녹 & 존 오웬

> 내가 너희에게 이르노니 이와 같이 죄인 한 사람이 회개하면 하늘에서는 회개할 것 없는 의인 아흔아홉으로 말미암아 기뻐하는 것보다 더하리라(누가복음 15장 7절).

에드워드 힌슨(Edward Hindson)은 "청교도주의란 구영국(Old England)과 신영국(New England)을 둘 다 꿰뚫고 흐르던 신학적 신념의 흐름에 대한 이름이다"로 정의한다.[1] 이것은 매우 적합한 정의이다. 오늘날 지성이 충만하다고 자부하는 현대인 중에서 청교도를 폄훼하고 가치 없게 여기는 이들이 있다. 그러면서 자유주의 신학이나 종교사회학 분야에 많은 관심을 기울인다.

그런 이들은 청교도가 박해받아 가면서 고고하게 신앙을 지키던 위인들이라는 사실을 애써 외면한다. 그리고 위대한 분들을 당대의 골수분자 정도로 취급한다. 청교도 고전을 외면하고 현대의 문화적 콘텐츠나 시대정신을 추구하는 목회자들 역시 이들과 조금도 다르지 않다.

고귀한 분들의 변증방법론에 귀 기울이지 않고 교회 부흥을 꿈꾼다?

청교도들의 논리와 사상을 등지고 문학적 기법과 인문학적 소양으로 설교한다?

그런 목회자와 설교자 그리고 신학자들은 사실상 '죄악 폭주 기관차'의 기장들이다. 이 말은 조금도 지나친 말이 아니다. 청교도적 기독교 세계의 특성에 대해 조금만 관심을 기울인다면 지금 자신의 지성과 영성의 수준이 얼마나 초라한지 깨닫게 될 것이다. 그들은 탁월한 지력을 소유했고, 마음속에는 건전한 학문과 길든 경건의 습관들이 있다.

---

1 에드워드 힌슨, 『청교도 신학』, 박영호 역 (서울: 기독교문서선교회, 2018), 9.

무엇보다 청교도들은 하나님에 대한 불타는 열정과 영혼을 사랑하는 마음으로 충만했다. 리차드 스틸(Richard Steele)에 따르면, "흐트러짐이 없이 주님을 섬기는 일은 꼭 필요한 우리의 본분"이다.[2] 그래서 그런지 청교도들의 변증방법론은 금으로 된 사슬에 영혼들을 묶어서 천국으로 이동시키는 텔레포트와도 같다.

1. 죄를 파쇄하는 변증

오늘날 목회자 중에는 '죄'를 주제로 설교하기를 두려워하고 교인들 눈치만 보는 이들이 있다. 그러나 청교도들은 죄악과 폭정에 맞서서 복음의 진리를 선포했다. 조엘 비키(Joel R.Beeke)에 따르면, "청교도들은 우리의 의지를 독려해 실천적인 거룩함을 추구"하도록 이끌었던 이들이다.[3] 이들 청교도의 핵심적인 메시지는 "회개"이다. 그렇기에 이들의 기독교 변증방법론에서 내용적인 핵심은 회심하지 않은 이들의 회심을 끌어내는 것에 있다.

대표적으로 조셉 얼라인(Joseph Alleine)의 경우에는 "당신의 죄를 철저히 살피고 뼛속 깊이 느끼도록 노력하라!"라고 말한다.[4] 이것은 정죄감을 느끼도록 위협하는 언사가 아니다. 죄인들 스스로가 자신들이 생명이 없는 상태임을 자각하고 생명이신 그리스도께 나아올 수 있도록 설득하는 변증방법론이다. 현대의 변증가들은 죄와 무관한 고통에 대해 많은 변증을 제시한다. 그러나 청교도들은 죄 그 자체의 심각성과 무서움을 알리는 것에 변증의 사력을 다한다.

그래서 얼라인은 "당신은 스스로 죄를 원수라고 부르면서 죄를 찾아내려고 하지 않고, 더 나아가 죄가 드러나지 않도록 숨기고 있다면, 스스로 속이고 있는 죄인이다"라고 경고하는데, 이는 죄 그 자체에 대한 경고이면서 동시에 은혜 언약으로의 안내이다.[5]

리처드 백스터(Richard Baxter)는 죄인 한 사람이 회개하면 하늘에서는 회개할 것이 없는 의인 아흔아홉으로 인한 기쁨보다 더할 것이라는 성경의 가르침을 의

---

2 리차드 스틸, 『흐트러짐』, 송광택 역 (서울: 지평서원, 2012), 53.
3 조엘 R. 비키 & 브라이언 G. 헤지스, 『은혜 안에서 번성하라』, 조계광 역 (서울: 개혁된실천사, 2022), 127.
4 조셉 얼라인, 『돌이켜 회개하라』, 이용복 역 (서울: 규장, 2008), 163.
5 리처드 얼라인 & 조셉 얼라인, 『은혜 언약』, 박홍규 역 (경기고양: 언약, 2022), 404.

식했다. 백스터는 교회 안에서 습관적인 종교 생활을 하면서 구원받은 줄로 착각하는 이들에게 진정으로 확실한 거듭남의 역사가 필요하다고 느꼈다.

그래서 백스터는 아예 기독교 생활 지침을 내린다. 한 가지 예를 들면, 그는 예배자의 태도에 대해서 이렇게 말한다.

"하나님을 예배하러 올 때마다, 당신 영혼이 깨어 하나님의 위엄과 임재와 위대함과 거룩함을 인식하고 당신이 하는 거룩한 일의 위대함과 탁월함을 인식할 수 있게 노력하라."[6]

그뿐만 아니라 백스터는 변증 이전에 목회적인 차원에서 열 가지 회개 지침을 내린다. 열 가지 회개 지침은 다음과 같다.

1. 회개의 필요와 본질을 깨닫기 위한 수고를 마다하지 말라!
   계속 그렇게 살다가 죽으면 멸망할 수밖에 없다. 그리고 죽음에 체포되어 지옥으로 끌려가게 된다.
2. 깊이 묵상하라!
   그리스도의 사랑과 고난과 풍성하신 은혜에 대해, 당신의 위태로운 처지를 돌아보라.
3. 하나님의 말씀을 주목하라!
   회개하고 구원받기를 진정으로 원한다면, 보편적인 은혜의 수단인 하나님의 말씀을 주목하라.
4. 쉬지 말고 기도하라!
   은혜를 내려 어두운 마음을 조명해달라고 구하라.
5. 죄에서 떠나라!
   당신이 알고 있는 모든 죄와 고의로 범한 모든 죄에서 즉각 떠나라.
6. 인간관계를 변화시켜라!
   죄를 도모했던 불필요한 인간관계를 즉각 청산해라.
7. 주님께 자신을 맡겨라!
   영혼의 의사이신 주님께 온전히 맡겨라. 그러면 예수님이 십자가의 보혈로 당신의 모든 죄를 용서해 주시고 거룩하게 하실 것이다.

---

6   리처드 백스터, 『기독교 생활 지침 4: 교회 윤리』, 박홍규 역 (서울: 부흥과개혁사, 2020), 15.

8. 지금 즉시 회개하라!

　오늘 회개하지 않으면 내일도 못 할 것이요, 그러면 앞으로도 계속할 수 없을 것이다. 당신이 지금 피투성이가 된 채 버둥거리고 있다는 것을 기억하라.

9. 온전히 회개하라!

　돌이켜 살고자 한다면 전폭적으로, 무조건적으로, 절대적으로 회개하라.

　그리스도께 굴복하지 않는 것은 회개가 아니다.

10. 단호히 실천하라!

　오늘이 지나기 전에 결단하라. 사탄이 날카로운 낚싯바늘로 당신의 영혼을 낚아채기 전에 결단하라.[7]

회개와 결단은 은혜를 진정으로 수용해서 참된 구원의 확신으로 나아가기 위한 장치이다. 백스터는 목사들에게도 예외 없이 권고한다. "거룩한 것을 평범한 것처럼 다루어서는 안 된다"고 말이다.[8] 여기서 '거룩한 것'은 주님을 경외하는 마음과 돌이켜 회심하는 은혜이다. 목회자들은 백스터의 권고에 특별히 주의를 기울여야 한다. 청중을 움직이는 것은 재치 있는 화술이 아니라 하늘 보좌를 경외하는 마음이기 때문이다.

윌리엄 거스리(William Guthrie)는 목회자를 포함한 모든 성도에게 구원에 이를 만큼 그리스도와 관계를 맺고 있는지 시험해 볼 것을 권면한다.[9] 만일 성도들이 강력한 구원의 확신을 소유했다면, "하나님이 구주를 보내사 구속 사역을 완성하신 것은 인간에게 있는 그 어떤 것 때문이 아니라 하나님의 가슴 속에 있는 값없는 사랑 때문"이라는 점을 인정하고 찬양할 것이다.[10] 그래서 토마스 굿윈(Thomas Goodwin)은 구원의 확신을 가진 성도들은 그리스도 안에서 성장하게 될 것을 이야기한다. 이것이 곧 성화이다.

굿윈이 말하는 성화는 "그리스도 안에서 죽는 것(mortification) 곧 '죄 죽임'과 그리스도와 함께 다시 사는 것(vivification) 곧 '소생'이라는 두 과정"이다.[11] 회개와 죄 죽임에 대한 무한한 강조는 기독교 역사상 가장 강력한 변증이다. 이것

7　리처드 백스터, 『회개했는가』, 배응준 역 (서울: 규장, 2008), 244-254.
8　리챠드 백스터, 『참 목자상』, 박형용 역 (경기시흥: 좋은미래, 2016), 95-96.
9　윌리엄 거스리, 『참된 구원의 확신』, 오현미 역 (경기수원: 그책의사람들, 2016), 61
10　Ibid., 65.
11　토머스 굿윈, 『그리스도인의 성장』, 황의무 역 (서울: 지평서원, 2010), 78.

은 기독교 신앙개념을 논리적으로 설명하는 것보다 더 큰 변증 효과를 보인다. 잘 알다시피 죄에 대한 경각심은 청교도들의 공통적 관심사이다. 대표적인 작품은 존 오웬(John Owen)의 『내 안에 죄 죽이기』이다. 여기서 오웬은 "믿음을 통해 그리스도 안에서 죄를 죽여라"라고 말한다.[12] 너무 당연한 이야기라서 '이게 무슨 변증인가?' 싶겠지만 이것은 분명하게 변증이다.

그리스도 안에서 죄와 맞서 싸우는 것은 신앙인들이 삶의 현장에서 경험하는 기독교 변증학 그 자체이지 않은가!

청교도들은 회심의 메시지를 투척한 후 회심한 신앙인들이 삶의 현장에서 그리스도인의 정체성을 가지고 살아가도록 실질적인 지침을 지속해서 주었다. 윌리엄 거널(William Gurnall)은 『그리스도인의 전신갑주』라는 작품에서 성도들이 입어야 할 전신갑주에 대한 안내를 다루고 있는데, 이것이 바로 실질적인 지침들이다. 그리스도인의 전신갑주는 가공할 만한 위력이 있다. 사탄이 쏘아대는 무신론의 불화살은 성도들에게 아무 효력을 미치지 못한다. 그 이유는 하나님께 속한 사람은 "세상을 다 준다 해도 주님을 거스르는 죄"를 감히 범할 수가 없기 때문이다.[13]

그러나 유사 그리스도인은 그렇지 않다. 매튜 미드(Matthew Mead)에 따르면, 유사 그리스도인의 모습으로는 전신갑주의 능력은커녕 하나님과 사람에게서도 모두 미움을 받게 된다.[14] 여기서 유사 그리스도인이란 죄에 대해 무감각한 사람들을 가리킨다. 죄에 대해 무감각한 이들은 복음의 필요성을 느끼지 못한다. 반면에 진정한 그리스도인들은 살아 역사하는 믿음을 소유한 자들이다. 데이비드 클락슨(David Clarkson)은 진정한 그리스도인의 믿음은 단호한 것이라고 말한다. 그리스도인들이 주님께 간구하는 것들은 신령한 것이다.

특히, 신자는 살아 역사하는 믿음을 간구한다. 그런데 이것은 주님께서 먼저 주시기로 약속하신 것이다. 주님께서 "절대적으로 약속하신 것"이라면, 신자는 절대적으로 믿을 수 있다.[15] 먼저 약속해 주신 주님의 언약 은혜 때문에 신자의 삶은 당당할 수 있다.

---

12 존 오웬, 『내 안의 죄 죽이기』, 김창대 역 (서울: 브니엘, 2018), 196.
13 윌리엄 거널, 『그리스도인의 전신갑주 II』, 원광연 역 (경기파주: CH북스, 2019), 168.
14 매튜 미드, 『유사 그리스도인』, 장호익 역 (서울: 지평서원, 2018), 227.
15 데이비드 클락슨, 『살아 역사하는 믿음』, 송영의 역 (서울: 지평서원, 2006), 150.

리처드 십스(Richard Sibbes)는 만군의 여호와께서 회심한 성도들에게 잔치를 베푸신다는 사실을 묘사한다.[16] '만군의 여호와께서 베푸시는 잔치'라는 말을 듣게 된 그리스도인들은 "하나님은 우리 영혼을 잔칫집으로 만드실 수 있는 최적임자"라는 사실을 인지하게 된다.[17]

그리스도인들은 잔칫집의 주인공이라는 사실에 교만함과 위세를 부리지 않는다. 오히려 겸손한 마음을 품게 된다. 신자가 가지고 있는 유연함과 민감함과 유용성이라는 것은 초자연적이다.[18] 본래 인간 마음은 돌과 같다. 본성상 돌과 같은 마음이 유연해질 수 있는 것은 순전히 성령의 능력이다.

지금까지 살펴본 바에 의하면, 청교도들의 변증방법론은 크게 두 가지 순서로 진행된다.

첫째, 지옥의 공포와 죄의 무서움을 폭로하는 것이다.

죄의 무서움을 자각한 사람은 반드시 회개한다.

둘째, 실질적인 삶의 실천과 구원받은 자의 기쁨을 가르치는 것이다.

청교도들이 회심 이후의 삶까지 신자들에게 지침을 준 이유는 그들이 목회자로서 책임감과 사명감이 있었기 때문이다.

결국, 이 두 가지가 청교도들의 기독교 변증방법론이라고 함축할 수 있겠다.

2. 회개의 열매

지금부터는 청교도들의 저작을 통해서 그들의 변증 방법과 내용을 직접적으로 살펴보겠다. 다만 기독교 변증학에 집중해서 정리하다 보니 전반적인 청교도들의 사상을 전부 다룰 수가 없다는 점이 아쉬울 것이다.

오웬과 존 하웨(John Howe), 리처드 백스터와 토머스 굿윈 등 청교도 거성을 모두 꼼꼼히 정리한 후, 이어서 스티븐 차녹, 리처드 십스 그리고 존 플라벨 등 청교도를 모두 놓치지 않고 시간적 흐름에 따라 정리하기를 원하는 독자들은 마틴 로이드 존스의 『청교도 신앙 그 기원과 계승자들』과 조엘 비키(Joel R. Beeke)와 마크 존스(Mark Jones)가 공저로 저술한 『청교도 신학의 모든 것』이라는 책을

---

16 리처드 십스, 『영광스러운 부르심』, 이태복 역 (서울: 지평서원, 2014), 30.
17 Ibid., 31.
18 리처드 십스, 『개혁』, 윤종석 역 (서울: 복있는사람, 2018), 31.

독서할 것을 추천한다.[19] 대신 이 책에서는 스티븐 차녹(Stephen Charnock)과 존 오웬(John Owen) 그리고 토머스 굿윈(Thomas Goodwin)의 작품들을 근거하여 청교도 변증방법론에 초점을 두고 서술하겠다.

첫째 인물은 스티븐 차녹이다.

그의 변증방법론은 성경에 근거한 교리적 천명을 논리적인 구술 때문에 설득하는 형태이다. 청교도들에게 그리스도 안에 있는 지식이야말로 진정한 변증의 초석이다. 그리고 그 진리는 죄인들을 회개할 수 있도록 조명해 준다. 즉, 회개의 열매를 맺도록 변증이 이끌어 준다는 의미이다. 분명하게 회개의 열매는 거룩한 삶이다. 그리고 거룩한 삶은 영원한 행복을 잉태한다. 그러기에 **"하나님과 중보자 그리스도를 아는 지식은 영원한 생명과 행복에 이르는 필요불가결한 수단"**이다.[20] 모든 종교에 구원의 가능성을 부여한다든지, 개인적인 사고와 이념 등을 모두 존중해 주자고 한다든지 등의 주장은 기독교 변증을 적대하는 주장들이다.

차녹에 있어서 참된 구원에 이르도록 할 수 있는 신령한 지식은 오직 하나님을 아는 지식 외에는 없다. 그리고 하나님을 아는 지식은 오직 그리스도 안에 있으며 그리스도로만 말미암는다. 그래서 그는 "그리스도께서 드린 속죄 제물을 통해 하나님, 곧 진노한 최고 심판자를 향한 온전한 속죄"가 이루어졌다고 말한다.[21] 즉, 예수 그리스도만이 하나님의 진노를 풀어 드릴 수 있는 영원하고도 유일한 속죄 제물이라는 뜻이다. 그 밖에 다른 속죄 제물은 결코 용납될 수 없다. 이는 지나치거나 가혹한 주장이 아니다. 차녹은 다음과 같은 성경적 진리에 부합한 문장으로 신앙 원리를 증거한다.

> 하나님 진노의 벼락을 맞아 마땅했던 반역도들을 자신의 두 팔로 감싸 안는다. 비할 데 없고 상상을 불허하는 친절함으로, 자기 아들을 내주어 자기 원수들을 구원하고 자녀로 삼는다.[22]

---

19 "마틴 로이드 존스, 『청교도 신앙 그 기원과 계승자들』, 서문강 역 (서울: 생명의말씀사, 2019)"와 "조엘 비키·마크 존스, 『청교도 신학의 모든 것』, 김귀탁 역 (서울: 부흥과개혁사, 2017)" 참고.
20 스티븐 차녹, 『하나님을 아는 지식 1』, 임원주 역 (서울: 부흥과개혁사, 2018), 213.
21 스테판 차녹, 『죽임 당하신 어린양』, 김영우·이미아 역 (서울: 지평서원, 2011), 163-164.
22 스티븐 차녹, 『하나님을 아는 지식 1』, 273.

이러한 은혜의 논리는 어디까지나 오직 회심자들만을 향한다. 차녹의 『하나님을 아는 지식 2』에서는 불신자의 비참한 처지를 처절할 정도로 묘사한다. 왜냐하면, 아들을 믿는 자에게는 영생이 있고, 반면에 순종하지 않는 자들에게는 도리어 하나님의 진노가 임한다는 것이 성경적 진리이기 때문이다. 하나님의 분노는 하나님의 성품에서 나오는 것이 아니라, 하나님의 속성과 반대되는 특수한 상황(죄가 범람하는 상황)과 관련하여 나타나는 신적 본성의 표현일 뿐이다. 그러므로 하나님의 진노가 죄인의 회개 눈물로 멈출 수 있다는 것은 하나님이 전적으로 사랑이시기 때문이다.

이 성경적 진리에 근거해서 차녹은 예수 그리스도 외에 다른 구원의 방법을 하나님이 마련하지 않으신 것이 오히려 더 합리적이라고 주장한다. 실제로 차녹은 "만일 그리스도께서 다시 고난을 받는다고 할지라도 믿음과 회개만을 요구할 것이라고 생각하는 것이 합리적이다"라고 주장하였다.[23] 이것은 복음의 경륜에 근거한다.

> 행위 언약에 대한 범법을 은혜 언약이 구제해 주지만 은혜 언약을 범한 것을 구제할 수 있는 것은 은혜 언약 그 자체밖에 없다. 은혜 언약이 최후의 구제 방안이기 때문이다.[24]

하나님의 존재하심에 대한 논리도 마찬가지이다. 어리석은 자들은 그들 마음에 '하나님이 없다'라고 생각한다. 하나님이 없다고 생각하는 자들은 부패하고 그 행실이 가증할 수밖에 없다. 그리고 무질서하다. 그러나 질서를 중시하는 무신론자들도 있다. 그런 무신론자들은 세상의 원리가 질서에 의한 것이기에 하나님의 존재를 인정할 수 없다고 말한다. 이에 대항하여 차녹은 다음과 같은 논리를 펼친다.

"질서는 결과이기 때문에 질서 자체가 스스로를 만들어 낸 원인이 될 수는 없다."[25] 차녹은 '하나님의 존재 자체'에 대한 변증에 이어서 '하나님의 속성'에 대한 변증을 펼쳐 나간다. 특히, 하나님의 불변하심에 대한 그의 변증은 영존하시는 분의 위대함을 각인시켜 준다. 하나님이 변함없으시고 신실하신 분이며,

---

23 스티븐 차녹, 『하나님을 아는 지식2』, 임원주 역 (서울: 부흥과개혁사, 2012), 47.
24 Ibid.
25 스티븐 차녹, 『하나님의 존재와 속성1』, 송용자 역 (서울: 부흥과개혁사, 2015), 99.

영존하시는 불멸의 주님이시라면, 그분은 예배받으시기에 합당하신 분이라는 것이 자명하다.

회개한 자에게 나타나는 열매는 '선을 행하는 능력'이다. '선을 행하는 능력'은 "예배"라는 가시적 형태로 눈에 보인다. 하나님의 불변성에 대한 차녹의 변증은 곧 예배에 대한 변증이다. 여기에 따르면, 예배의 존재 이유와 목적까지도 연쇄적으로 설명 가능해진다.

> 분명히 하나님의 지식은 불변하고 선을 행하려는 하나님의 뜻은 완전하다. 그리고 이런 탁월함이 바로 하나님에게 경배와 경외함을 드려야 할 합당한 근거다. 하나님이 하나님이라면 마땅히 존귀를 받으셔야 한다. 그리고 하나님이 하나님일 수밖에 없으므로 더 높이 존귀를 받으셔야 한다.
> 만일 하나님이 카멜레온처럼 매일, 순간마다 색을 바꾸신다면 이런 하나님에게 기도하는 것에 무슨 위로가 있겠는가?
> 오늘은 이 마음을 내일은 다른 마음을 갖고 계신 분을 향해 우리의 눈을 높이 드는 것이 무슨 격려를 줄 수 있겠는가?
> 어느 날은 간구한 것을 들어주고 다른 날에는 이것을 거부할 정도로 수시로 행동이 바뀌고 변할 수 있는 이 땅의 왕에게 누가 간구하겠는가?
> 그러나 왕이 이런저런 조건 위에서 무언가를 약속하고 왕의 약속이 메대와 바사의 고치지 아니하는 규례처럼 변하지 않는다는 것을 안다면 어느 누가 이것을 근거로 호소하지 않겠는가?[26]

예배와 기도는 불변하신 전능자에게 향한다. 이것을 보장하기 위해 논리를 펼치는 것은 지극히 옳다. 회개한 죄인들에게 최상의 기쁨은 예배의 순간이다. 이것은 네덜란드의 빌헬무스 아 브라켈(Wihelmus à Brakel)에게 동일하게 주장되는 입장이다. 브라켈은 영국의 청교도들과 마찬가지로 죄로 인해 비참함의 상태를 인지한 인간이라면, "두려워서 머리카락이 곤두서고, 눈물을 흘리지 않고는 견딜 수가 없으며, 계속 이를 갈며 주먹을 불끈 쥘 수밖에 없을 것"이라고 강조한다.[27]

---

26 Ibid., 617-618.
27 빌헬무스 아 브라켈,『그리스도인의 합당한 예배1』, 김효남·서명수·장호준 역 (서울: 지평서원, 2019), 765.

그러나 회심 이후에 하나님의 자녀로 받아들여진 자들은 영적인 어머니의 품 안에서 받아들여져서 안식을 누려야만 한다.[28] 여기서 영적인 어머니는 교회를 의미한다. 그리고 교회는 거룩한 예배 공간이다. 예배받으시기 합당한 주님은 보좌를 하늘에 세우시고 그의 왕권으로 만유를 다스리시는 주님이시다. 이 하나님의 다스리심에 대해서 의심하는 자들은 죄를 용서받지 못한 것이다.

왜냐하면, 차녹에 의하면, "죄 사함을 받는 곳에서 영혼은 새롭게 되기 때문" 이다.[29] 하나님이 "영혼을 새롭게 하는 것은 필연적으로 하나님의 다른 복들을 기쁨으로 누리게 하기 위한 것"이다.[30]

죄 사함의 필요성을 강조하는 것은 불신자들이 회심할 수 있도록 도와주는 변증방법론이다. 그리고 죄 사함 받은 이후에 펼쳐질 기쁨의 잔치에 대한 소개는 신자들의 신앙을 강화하는 변증방법론이라고 할 수 있겠다.

둘째 인물은 존 오웬이다.

오웬도 다른 청교도들처럼 죄악을 폭로하고 일깨우는 것을 제일 변증으로 삼는다. 특히, 오웬은 죄라는 것이 법의 특징을 지니고 있다고 주장한다. 사실 "하나님의 법은 태초에 사람에게 심겨 내재 된 본성의 법"이었다.[31] 이 하나님의 법은 "영혼 전체가 철저히 순종하는 데 있어서 탁월한 힘"을 갖고 있다.[32]

그러나 신자 안에는 내재 된 원죄도 있다. 이 죄는 시시때때로 발현된다. 그리고 유신을 집어삼킨다. 오웬은 "은혜가 새사람 자체인 것처럼, 어떤 면에서 죄는 인간 자신"이라는 점을 강조한다.[33] **죄라는 것이 작동되어 발현되면, 그 더러운 죄는 우리 안에 거하는 것으로 그치지 않고 몸의 행실을 일으키려고 계속 활동한다.** 죄는 마음에 음욕, 미움, 시기, 질투 등을 심어주고, 이것은 마음에만 머물러 있지 않고 반드시 죄악 된 행동으로 연결된다. 그렇기 때문에, 오웬은 신자는 항상 죄를 죽여야 한다고 거듭 강조한다.[34]

---

28 빌헬무스 아 브라켈,『그리스도인의 합당한 예배2』, 김효남·서명수·장호준 역 (서울: 지평서원, 2019), 88.
29 스티븐 차녹,『하나님의 존재와 속성2』, 송용자 역 (서울: 부흥과개혁사, 2015), 613.
30 Ibid.
31 존 오웬,『신자 안에 내재하는 죄』, 김귀탁 역 (서울: 부흥과개혁사, 2017), 50.
32 Ibid.
33 Ibid., 51.
34 존 오웬,『죄 죽임』, 김귀탁 역 (서울: 부흥과개혁사, 2018), 46-47.

그러나 날마다 죄를 죽이라고만 강조한다면 그것은 변증이 될 수 없을 것이다. 또한, 그것은 공덕을 쌓는 일로 해석될 위험성도 있다. 그래서 오웬은 오직 성령만이 죄 죽임을 충족한다는 점을 무한히 강조한다.[35] 토머스 보스턴(Thomas Boston)도 인간 본성의 죄악성, 비참함, 무능함을 강조하고 오직 은혜가 필요한 존재들임을 거듭 주장한다. 특히, 그는 우리도 다른 이들과 같이 본질상 진노의 자녀였고, "죄가 앞서가면 당연히 진노가 뒤따른다는 것"을 당부한다.[36]

그러나 언제까지나 죄의 지배 아래 있을 수는 없다. 은혜의 지배로 그 소속이 바뀌어야 한다. 무엇보다 은혜의 복음 안에는 죄를 멸하시는 그리스도께서 계신다. 오웬은 이 참된 진리를 변증으로 제시할 때, 직설적 화법으로 제시한다. 그는 "그리스도에 참여하는 일은 은혜와 복음의 역사로 이루어진다"라고 확신을 두고 말한다.[37]

은혜의 역사를 경험한 성도들은 고통 중에서도 그 안에 감추어진 은혜의 경륜을 발견한다. 청교도들의 논증은 인간을 죄악의 공포로 몰아넣는 것에서 그치지 않고 고통 속에서 은혜를 발견할 수 있도록 끌어준다. 그래서 보스턴은 성도들에게 다음과 같이 위로한다. "자신을 낮추는 환경과 처지 속에서 심령을 낮추어 겸손하게 되면 그 사람이 반드시 그 처지에서 높여 지는 때가 올 것"이다.[38]

여기서 우리는 청교도들에게서 목회적인 능력은 그들이 가진 변증 능력과 별개의 능력이 아니라는 것을 확인할 수 있어야 한다. 청교도들의 활동 당시에도 어떤 사람들은 무신론 아래 있었다. 그러나 "이성이나 자연의 빛은 하나님의 존재에 대한 증거"를 보여 준다.[39] 이것을 논쟁적으로 변증할 수 있는 능력이 오웬에게 있었다. 그러나 오웬은 "논쟁은 여전히 무신론자들을 혼란스럽게 할 수 있다"고 말한다.[40] 이것은 그의 변증 능력과 목회 능력이 잘 조화되었음을 나타내 보여 주는 문장이다.

35　Ibid., 56.
36　토머스 보스턴, 『인간 본성의 4중 상태』, 스데반 황 역 (서울: 부흥과개혁사, 2016), 143.
37　존 오웬, 『죄와 은혜의 지배』, 이한상 역 (서울: 부흥과개혁사, 2015), 150-151.
38　토머스 보스턴, 『고통 속에 감추인 은혜의 경륜』, 서문강 역 (서울: 청교도신앙사, 2017), 257.
39　존 오웬, 『영적 사고』, 박홍규 역 (서울: 부흥과개혁사, 2019), 174.
40　Ibid., 175.

3. 믿음의 본질

셋째 인물은 토머스 굿윈이다.

굿윈이 변증하려고 했던 중점적인 내용은 "믿음의 본질"에 대한 것이다. 사실 굿윈은 처음부터 청교도 신학의 전통을 따랐던 것은 아니었다. 그러나 그의 동료들이 "수사학의 헛됨과 알미니안주의의 어리석음을 폭로"하면서 굿윈을 설득하였고, 굿윈은 결국 하나님의 섭리 안에서 청교도 신학을 받아들이게 된다.[41] 이후 그의 설교는 진지하고도 경험적이며 목회적인 성격을 띠었다.

특히, 그는 '믿음'은 근본적으로 하나님이 사람에게 직접 부여해 주신다는 점을 변증해 나갔다. 가령 출애굽기에서는 우리 믿음의 기초를 다져 주는 은혜가 선포되어 있다.[42] '스스로 있는 자'의 직접적인 등장은 주권자가 누구인지 알려주는 장면이다. 이 기록된 명백한 사건 때문에 양심이 있는 자들은 믿음의 대상을 다른 우상으로 설정할 수가 없다.

그렇다면 믿음의 대상이 어떤 분인지를 답변해야 한다. 굿윈은 믿음의 대상은 "의롭다고 하시는 하나님"이라고 주장한다. 하나님만이 의롭다고 선언하실 수 있는 분이다. "믿음이란 무엇"이며 그 "믿음의 대상인 하나님이 어떤 분인지" 이해된 자들은 "어떻게 믿음이 주어지는지"를 묻게 될 것이다. 이것은 그리스도의 십자가 공로가 전가되므로 주어진다. 그렇다면 그리스도께서도 믿음의 대상이다.

믿음의 본질은 구원으로 이끈다는 것이며, 굿윈이 추가로 변증하는 것은, "구원의 믿음은 삼위일체의 합의를 전제한다"라는 것이다.[43] 그래서 그는 이렇게 말한다.

> 그리스도께서 믿음의 대상인 것처럼 어떤 영혼이 회심하고 그리스도를 믿도록 이끌림을 받을 때, 그 일에 대해 삼위일체 하나님의 세 위격 사이에 의견일치가 있다는 사실과 세 위격 모두가 합치해서 그 역사에 동의하는 갱신된 행위를 제시

---

41 조엘 비키 & 마이클 리브스, 『청교도, 하나님을 온전히 따르는 삶』, 신호섭 역 (서울: 지평서원, 2021), 70.
42 토머스 굿윈, 『믿음의 본질 1』, 임원주 역 (서울: 부흥과개혁사, 2018), 57.
43 Ibid., 311.

한다는 사실을 요한복음 6장 44절과 6장 65절로 입증하는 것이 나의 계획이다.[44]

교회 전통의 삼위일체 신앙과 종교개혁의 칭의 믿음이 청교도들 안에 잘 계승되어 있다. 그러나 청교도 굿윈은 "의지 속에서의 믿음 행위" 또한 강조했다. 굿윈은 "우리가 파악한 진리들에 대한 단순한 동의 혹은 단순한 믿음은 구원과 칭의를 얻어 주는 믿음이 아니라고" 했다.[45] 오히려 '하나님의 자비'와 '값없는 은혜' 그리고 '그리스도를 구세주로 믿는 특별한 믿음 행위'야말로 구원과 직결된다.

청교도들의 구원론이 행위 구원은 분명히 아니지만, 믿기 위한 노력이 무의미하다고 보지도 않는다. 백스터가 회심의 지침을 촉구하는 것과 마찬가지로 굿윈은 믿음의 본질을 발휘하기 위한 지침을 준다. 굿윈의 지침은 다음과 같다.

1. 믿음의 씨를 뿌리고 마음을 확고부동하게 하라.
   믿음의 참된 행위는 오직 하나님의 역사에서 나오는 것이지만, 믿음의 실체들을 영혼에 간직하는 것은 마음에 있다.
2. 믿음을 발휘하라.
   믿음의 행위를 발휘하기 위한 노력이 필요하다. 지속적인 믿음의 단련은 애쓰고 수고해야 한다.
3. 믿음의 행위를 지속해서 갱신하라.
   믿음의 행위가 중단되거나 약화하지 않도록 믿음에 의해 하나님 곁에 머무르는 것이 중요하다.[46]

참된 기독교 변증학은 회심자들의 눈물이다. 참된 기독교 변증학은 거룩한 삶의 실천이다. 모든 변증의 원리와 믿음의 원리는 유일한 참 포도나무이신 그리스도께 이미 제시되어 있다. 그런데 여기서 "아멘!"으로 화답하기 전에 이런 궁금증이 나올 수 있다.

44　Ibid.
45　토머스 굿윈, 『믿음의 본질2』, 임원주 역 (서울: 부흥과개혁사, 2018), 13.
46　Ibid., 621-646.

모든 변증의 원리와 믿음의 원리가 제시되어 있는데, 왜 우리 안에 여전히 죄악이 있는가?
여전히 우리 안에 남아 있는 부패성은 어떻게 설명할 것인가?
믿음의 본질에 충실한 사람들도 내면의 부패성이 여전히 남아 있는 이유는 무엇일까?

이러한 질문들에 대해서 굿윈은 인간에게 남아 있는 부패성을 통해서 하나님은 더 큰 은혜를 주시고, 오히려 성도들을 거룩한 목적으로 이루어 가실 것이라고 주장한다.[47] 이것은 참으로 은혜롭고 역설적인 변증이다. 남아 있는 부패성이 있기에 스스로 완전한 존재가 아님을 자각할 수 있다.[48] 그 결과 영적 자만으로부터 스스로를 지키고 겸손해질 수 있다. 고로 완전하지 않음도 은혜다. 그래서 아이작 암브로스(Isaac Ambrose)는 "우리는 새로운 은혜를 행하도록 인도받을 때 성장한다"라고 말한다.[49]

지금까지 우리는 청교도들의 기독교 변증방법론을 살펴보았다. 이를 살펴보면서 공유되는 공통적인 논지들이 눈에 들어왔을 것이다. 그러나 청교도들 모두가 획일화된 사상으로 연결되어 있다고 단언해선 안 된다. 초기 영국의 청교도주의자들 중 윌리엄 퍼킨스, 리처드 십스, 존 프레스톤 등은 예레미야 버로스, 윌리엄 거스리, 토머스 굿인, 자일스 퍼민 등의 청교도들과는 세세한 논지들에서 차이가 있다.
오웬과 백스터도 동시대 활동했으나 마찰이 전혀 없었던 것도 아니다. 후기 청교도로 구분되는 존 플라벨과 존 번연도 앞선 청교도들과 모든 신학이 일치되었다고 볼 수 없다. 어떤 청교도들은 개혁파 정통의 신학을 가지고 있었고, 또 어떤 청교도들은 비교적 유연하게 아르미니우스의 논지들까지도 받아들인다. 반면에 이들 모두가 이견 없이 공통으로 주장하는 부분도 있다.
첫째, 불신 영혼들의 회심 촉구이다.
회심의 메시지와 변증의 메시지가 구별되지 않는 것은 모든 청교도의 특징이다.
둘째, 교황주의자들에게 반대해서 핍박의 세월을 보냈다는 점이다.

---

47 토머스 굿윈, 『그리스도인의 성장』, 53.
48 Ibid., 57.
49 아이작 암브로스, 『예수를 바라보라2』, 송용자 역 (서울: 부흥과개혁사, 2016), 279.

핍박의 상황에서 복음의 결실과 능력은 더욱 빛을 발한다.

17세기 청교도들의 작품들은 마치 천사가 실수로 천국 보화 상자를 이 땅에 떨어뜨려 놓은 듯한 느낌을 준다. 영혼을 사랑하는 마음과 그리스도 보혈의 은혜에 감복하는 마음이 특히나 그렇다. 이러한 청교도들은 의인 아흔아홉 명보다 죄인 한 명에게 집중하신 주님의 사역에 동화되었다.

조엘 비키와 폴 스몰리(Paul M. Smalley)는 청교도들을 다음과 같이 분석한다. 청교도들은 "그리스도에 관한 복음을 설교할 때 율법을 사용"하는 자들이다.[50] 이러한 평가는 지극히 적절하다. 율법은 죄를 자각하게 하는 기능이 있다.

그리고 복음은 죄를 씻어내는 기능이 있다.

성경 속에서 율법과 복음을 끄집어내는 청교도들은 성경을 어떻게 바라보고 있었던 것일까?

이에 대해서 데이비드 색스톤(David W. Saxton)은 "청교도는 성경이 마치 수확기를 앞둔 잘 익은 과실들로 가득한 들판처럼 신자들의 영혼을 유익하게 하기 위한 광대하고, 막대한 지식을 간직하고 있다고 생각"했다.[51] 신자들의 영혼을 회개하게 만드는 광대한 지식이 성경 속에 있다는 것을 인지한 청교도들은 성경 말씀을 근거로 기독교 변증을 시도했다. 결국, 회심을 끌어내는 기독교 변증학이 바로 청교도들의 변증방법론이었다.

♣ 내용 정리를 위한 문제

1. 존 오웬이 볼 때, 죄가 작동되어 발현되면 어떤 일이 발생하는가? 그리고 그 죄를 죽이기 위해서는 무엇이 필요한가?
2. 리처드 백스터의 '회개의 지침'과 토머스 굿윈의 '믿음의 본질을 발휘하기 위한 지침'을 각각 서술하시오.
3. 스티븐 차녹이 주장한 '회개의 열매'에 대해 서술하시오. 그리고 회개의 열매가 어떻게 해서 기독교 변증이 될 수 있는지 밝히시오.

---

50 조엘 비키 & 폴 스몰리, 『은혜로 말미암은 준비』, 마르투스선교회 역 (인천강화: 마르투스, 2018), 358.
51 데이비드 색스톤, 『마음을 위한 하나님의 전투 계획』, 조계광 역 (서울: 개혁된실천사, 2019), 124-125.

※ 참고 문헌(제7장에 인용된 도서들)

스티븐 차녹. 『하나님을 아는 지식 1』. 임원주 역. 서울: 부흥과개혁사, 2018.
_____. 『하나님을 아는 지식 2』. 임원주 역. 서울: 부흥과개혁사, 2012.
_____. 『하나님의 존재와 속성 1』. 송용자 역. 서울: 부흥과개혁사, 2015.
_____. 『하나님의 존재와 속성 2』. 송용자 역. 서울: 부흥과개혁사, 2015.
_____. 『죽임 당하신 어린양』. 김영우·이미아 역. 서울: 지평서원, 2011.
존 오웬. 『내 안의 죄 죽이기』. 김창대 역. 서울: 브니엘, 2018.
_____. 『신자 안에 내재하는 죄』. 김귀탁 역. 서울: 부흥과개혁사, 2017.
_____. 『죄 죽임』. 김귀탁 역. 서울: 부흥과개혁사, 2018.
_____. 『죄와 은혜의 지배』. 이한상 역. 서울: 부흥과개혁사, 2015.
_____. 『영적 사고』. 박홍규 역. 서울: 부흥과개혁사, 2019.
데이비드 색스톤. 『마음을 위한 하나님의 전투 계획』. 조계광 역. 서울: 개혁된실천사, 2019.
데이비드 클락슨. 『살아 역사하는 믿음』. 송영의 역. 서울: 지평서원, 2006.
리차드 스틸. 『흐트러짐』. 송광택 역. 서울: 지평서원, 2012.
리챠드 백스터. 『참 목자상』. 박형용 역. 경기시흥: 좋은미래, 2016.
_____. 『기독교 생활 지침 4: 교회 윤리』. 박홍규 역. 서울: 부흥과개혁사, 2020.
_____. 『회개했는가』. 배응준 역. 서울: 규장, 2008.
리처드 십스. 『영광스러운 부르심』. 이태복 역. 서울: 지평서원, 2014.
마틴 로이드 존스. 『청교도 신앙 그 기원과 계승자들』. 서문강 역. 서울: 생명의말씀사, 2019.
매튜 미드. 『유사 그리스도인』. 장호익 역. 서울: 지평서원, 2018.
빌헬무스 아 브라켈. 『그리스도인의 합당한 예배 1』. 김효남·서명수·장호준 역. 서울: 지평서원, 2019.
빌헬무스 아 브라켈. 『그리스도인의 합당한 예배 2』. 김효남·서명수·장호준 역. 서울: 지평서원, 2019.
아이작 암브로스. 『예수를 바라보라2』. 송용자 역. 서울: 부흥과개혁사, 2016.
에드워드 힌슨. 『청교도 신학』. 박영호 역. 서울: 기독교문서선교회, 2018.
윌리엄 거널. 『그리스도인의 전신갑주 II』. 원광연 역. 경기 파주: CH북스, 2019.
윌리엄 거스리. 『참된 구원의 확신』. 오현미 역. 경기 수원: 그책의사람들, 2016.
조셉 얼라인. 『돌이켜 회개하라』. 이용복 역. 서울: 규장, 2008.
리처드 얼라인 & 조셉 얼라인. 『은혜 언약』. 박홍규 역. 경기 고양: 언약, 2022.
토머스 굿윈. 『그리스도인의 성장』. 황의무 역. 서울: 지평서원, 2010.
_____. 『믿음의 본질 1』. 임원주 역. 서울: 부흥과개혁사, 2018.
_____. 『믿음의 본질 2』. 임원주 역. 서울: 부흥과개혁사, 2018.
토머스 보스턴. 『고통 속에 감추인 은혜의 경륜』. 서문강 역. 서울: 청교도신앙사, 2017.

_____. 『인간 본성의 4중 상태』. 스데반 황 역. 서울: 부흥과개혁사, 2016.

조엘 비키 & 마이클 리브스. 『청교도, 하나님을 온전히 따르는 삶』. 신호섭 역. 서울: 지평서원, 2021.

조엘 비키 & 마크 존스. 『청교도 신학의 모든 것』. 김귀탁 역. 서울: 부흥과개혁사, 2017.

조엘 비키 & 폴 스몰리. 『은혜로 말미암은 준비』. 마르투스선교회 역. 인천 강화: 마르투스, 2018.

조엘 R. 비키 & 브라이언 G. 헤지스. 『은혜 안에서 번성하라』. 조계광 역. 서울: 개혁된실천사, 2022.

제8장

독일 경건주의 변증방법론 : 요한 아른트

> 천사가 내게 말하기를 기록하라 어린양의 혼인 잔치에 청함을 받은 자들은 복이 있도다 하고 또 내게 말하되 이것은 하나님의 참되신 말씀이라(요한계시록 19장 9절).

요한계시록에서 어린양의 혼인 잔치에 청함을 받은 자들은 곧 교회 안의 참된 그리스도인들을 뜻한다. 이것은 경건주의자들에게 상징이며 변증이다. 여기서 경건주의는 일종의 '갱신 운동'이다. 경건주의자들은 "내세를 바라보고 사는 기독교인들"이며, 이들은 검소하고 금욕적이며 자기 억제 생활을 실천함으로써 세속주의자들과 확연히 구별되는 삶을 살았다.[1]

경건주의는 주로 독일의 개신교 안에서 발생하였기에 영국의 청교도와는 구분해서 다룬다. 그러나 경건의 실천을 강조한다는 측면에서 독일의 경건주의 운동도 영국의 청교도나 네덜란드의 종교개혁과 그 성격이 흡사하다. 이들은 진실한 그리스도인이 되기를 꿈꿨고, 그것을 삶으로 증명하려고 했다. 벵크 헤그룬트(Bengt Hägglund)에 따르면, 신학사에서 경건주의가 차지하는 위치는 다음과 같다.

> 17세기 후반에 루터란 지역으로 들어와 정통루터파 전통의 축소 또는 내부적 변형을 초래한 바 있는 경건주의 운동(the Pietist Movement)은, 단순히 당시의 교회 생활이 지닌 취약성에 대한 반응이었다기보다는, 오히려 새로운 실재 개념에 기초를 둔 하나의 새로운 신학적 입장으로서, 그 자체 속에 근대적인 관점의 씨앗을 배태하고 있었다.

---

1 콜린 맥다넬 & 베른하르트 랑, 『천국의 역사 Ⅰ』, 고진욱 역 (서울: 동연, 1998), 313.

(중략) 경건주의가 살아 있는 경건을 주장하였고 객관적인 신학적 지식의 불충분성을 노정(露呈) 시켰다는 사실적 범위에서 볼 때, 이 경건주의 운동에는 이미 초기의 루터란들 가운데, 17세기 초의 요한 아르트(Johan Arndt)와 요한 게르하르트(Johann Gerhard) 그리고 17세기 후반기의 테오필 그로스게바우어(Theophil Grossgebauer)와 하인리히 밀러(Heinrich Müller) 등과 같은 많은 선구자가 있었음을 알 수 있다.

사실, 유수한 정통 신학자들은 그들이 대체로 도덕과 행습의 개선을 주장했던 것과 마찬가지로, 신학의 실제적 목적이 무엇인지에 대해서도 잘 알고 있었던 터이었다.[2]

경건주의자들이 꿈꾸는 것은 하나님의 섭리를 날마다 느끼며 교회 안에서 경건의 기쁨을 만끽하는 것이다. 이는 초대 교회의 성도들이 꿈꾸던 것과 일치한다. 실제로 그리스도 안에서 생명을 발견한 그리스도인들은 예수를 따라 살면서, 스스로가 예수를 닮도록 부르심을 받았다고 생각한다.[3]

필립 야콥 슈페너(Philipp Jakob Spener)는 교회 안에 작은 교회는 곧 참된 그리스도인이라는 점을 핵심으로 삼았다. 이는 경건주의가 단순히 시대적 사조를 품은 여러 가지 운동(movement) 중 하나가 아님을 말해 준다. 오히려 경건주의는 교회 안에 그리스도인들이 자신을 변증하기 위한 과정에서 등장했다고 생각하는 게 더 적절할 것이다.

어린양의 혼인 잔치에서 기뻐 춤을 추며 찬양하는 것을 소망하고, 하나님의 섭리에 자신의 전 인생을 맡기는 것은 독일 경건주의자들뿐 아니라 오늘날까지도 모든 그리스도인이 추구하는 궁극의 목적이다. 성도들이 하나님께 영광 돌리고 경건을 추구할 때, 하나님만 기쁨을 누리시는 것이 아니다. 경건을 추구하는 성도들 역시 "피조 된 존재가 얻을 수 있는 최대의 기쁨 속으로 환영받고 있는 중"이다. 그러므로 경건을 추구하는 이들은 "무한한 완전함을 흠모하고 반영"하는 자들이다.[4]

전반적으로 경건주의는 마음의 종교이며 일상생활에서 하나님의 현존을 강조했다. 이 운동의 본래 동기는 체험적 신앙의 회복에 있었는데, "하나님을 향한

---

2 벵크 헤그룬트, 『신학사』, 박희석 역 (서울: 성광문화사, 2014), 453-454.
3 제럴드 L. 싯처, 『회복력 있는 신앙』, 이지혜 역 (서울: 한국성서유니온선교회, 2020), 184.
4 존 파이퍼, 『섭리』, 홍병룡 역 (서울: 생명의말씀사, 2021), 721.

진정한 회심, 내면의 변형, 선행으로 표현된 삶의 거룩함은 교리적 정통성에 대한 단순한 확증보다 더 중요했다."[5] 그 때문에 성경 읽기와 주석 연구에서 눈부신 발전을 이룩한다.

지금부터는 경건주의 신학자 요한 아른트(Johann Arndt), 필립 슈페너(Philipp Jacob Spener), 헤르만 프랑케(August Hermann Francke), 요한 알브레히트 벵엘(Johann Albrecht Bengel), 친젠도르프(Nikolaus L. von Zinzendorf)의 신학을 순서대로 소개하면서 독일 경건주의와 그들의 공동체 속에서 발견되는 기독교 변증학을 살펴보도록 하겠다.

1. 경건을 위한 변증

첫째로 살펴볼 인물은 요한 아른트이다.

일반적으로 독일 경건주의의 아버지로 알려진 요한 아른트는 『진정한 기독교』 서문에서 더 이상 복음을 부끄럽게 여길 수 없음을 결연하게 보여 준다. 물론, '아른트를 경건주의의 아버지라고 볼 수 있느냐?'라는 물음에는 반대 견해도 있다. 요하네스 발만(Johaness Wallmann)에 따르면, 아른트가 "광의의 개념에서는 경건주의 신학자라고는 할 수 있으나 경건주의의 아버지는 아니다"라고 말한다.[6]

발만에 따르면 경건주의는 종교개혁과 청교도주의 다음으로 중요한 개신교의 경건 운동이라고 명명한다.[7] 이처럼 경건주의는 개신교 역사를 말할 때 빼놓을 수 없는 매우 중요한 운동이다. 여기서 굳이 독일 루터파 경건주의를 다시 한번 더 할레 경건주의와 뷔르템베르크 경건주의로 세분화해서 다루지는 않겠다. 그러나 이들 경건주의 신학자의 분명한 공통점은 경건하지 못한 시대에 경건을 이야기한다는 것이다.

앞서 종교개혁자들과 청교도들을 통해 확인했듯이 '경건'을 말하는 그 자체로도 교회와 성도를 지켜 내는 변증의 울타리가 된다. 또한, 경건주의자들의 변

---

5 필립 쉘드레이크, 『미래로 열린 영성의 역사』, 정병준 역 (서울: 한국장로교출판사, 2020), 237.
6 요하네스 발만, "요한 아른트" 『경건주의 신학과 신학자들』 카터 린드버그 편집, 이은재 역 (서울: 기독교문서선교회, 2009), 90.
7 Ibid., 31, 62-63.

증학은 거센 세속화라는 파도를 막아주는 방파제가 된다. 잘 알려져 있듯이 종교개혁 이후 개신교 안에서는 성상이나 이콘을 통해서 경건 생활을 지속하는 일이 현저히 줄었다. 그 대신 종교개혁 이후 영국의 청교도와 독일의 경건주의자들은 "경건의 내적 자원들을 개발하도록 자극받았다."[8]

어쨌든지 간에 아른트가 『진정한 기독교』 서문에서 말하는 바는 경건주의의 변증신학의 목적을 알려 주는 지표라는 점은 틀림없다. 아른트의 『진정한 기독교』 서문의 처음 문단은 아래와 같다.

> 사랑하는 그리스도인 독자들이여, 우리가 사는 이 시대에 거룩한 복음이 수치스럽게 오용되었음은 입으로만 그리스도와 그의 말씀을 찬양하면서 그리스도인의 세상이 아닌 이방인의 세상에 사는 사람들과 같이 비기독교적인 삶을 사는 불경건한 자들의 회개할 줄 모르는 삶으로써 완전히 증명되었습니다.[9]

아른트의 위 문장은 경건주의자들 영성의 핵심을 대변해 주는 말이다. 참된 그리스도인이라면 마음 깊은 곳에서부터 회개가 일어나야 하고, 복음을 부끄럽게 여기지 않아야 한다. 이것은 루터의 가르침이기도 하다. 아른트는 루터의 가르침 속에서도 특별히 순결하고도 고결한 경건의 삶을 전면에 내세운 것이다. 다시 말해서 아른트가 생각하는 **진정한 기독교는 "거룩한 열매와 행동하는 삶"으로 변증되어야 한다.**[10]

아른트의 변증신학은 형식만 남은 교리보다 살아 역사하는 경건한 삶을 강조했고, 외형보다는 진실하고 실천적인 신앙을 강조했다. 무엇보다 아른트는 "영혼 안에 심겨진 하나님의 형상을 재확립하기 위한 성화" 등을 강조했다.[11]

그러나 그렇다고 해서 경건주의자 아른트가 교리에 취약했다고 생각해서는 안 된다. 그는 영적인 불로 마음이 새롭게 되고 성령으로 거듭나는 것을 중요하게 생각했지만, 그 모든 것 이전에 '칭의 교리'에 분명히 서 있었다. 왜냐하면, 아른트는 "그 어떤 인간의 미덕이나 행위나 공로가 아니라, 다만 믿음으로 붙잡

---

8   디아메이드 맥클로흐, 『그리스도교의 역사와 침묵』, 배덕만 역 (서울: 기독교문서선교회, 2017), 249.
9   요한 아른트, 『진정한 기독교』, 노진준 역 (서울: 은성출판사, 2004), 43.
10 요하네스 발만, "요한 아른트" 『경건주의 신학과 신학자들』, 74.
11 Ibid., 90.

은 예수 그리스도의 최상의 공로만이 하나님 앞에서 유효"하다는 사실을 매우 분명하게 인지하고 있었기 때문이다.[12]

아른트의 『진정한 기독교』 3권에서는 신비주의의 구조가 등장한다. 중세 후반에 있었던 신비주의적 성향이 아른트에게 묻어 있는 것이다. 하지만 이러한 모습들조차도 실천적 경건을 위한 변증신학으로 볼 수 있어야 한다. 왜냐하면, 신앙과 신학의 관점은 정통교리에서 정통실천으로 강조점이 옮겨지는 것이기 때문이다.[13]

즉, 아른트의 경건의 삶은 "성령으로 말미암아 하나님의 위로에 이르며 믿음의 행위를 사랑으로 행하는 아름답고 향기로운 열매 맺는 삶"이다.[14] **성령으로 변화된 사람은 '하나님의 형상 회복자'라고 말할 수 있다.** 인간 안에 있는 하나님의 형상에 대해서 논의하는 것은 아른트의 변증에서 상당히 중요하다. 그는 인간 영혼에 '이해', '의지', '기억'이라는 세 가지 주요한 능력이 있는데, 이것을 하나님이 '은혜'와 '사역'과 '은사'로 보호하신다고 주장한다.[15]

하나님이 인간 영혼의 주요한 능력을 보존해 주시는 이유는 인간이 바로 '하나님의 형상'이기 때문이다. 그러나 죄는 하나님의 형상을 상실시켰다. 그래서 인간이 인간답게 살기 위해서는 타락한 삶에서 벗어나 그리스도 안에서 살아야 한다. 그리고 그리스도 안에서 살아갈 때 비로소 창조 형상의 회복이 일어난다. 이것이 곧 '경건'이 목표하는 바이다. 경건은 곧 거룩의 실천이요, 성화의 다른 말이다. 아른트는 새 사람이 창조되고 날마다 새로워지려면 옛사람의 성정은 죽어야 한다고 주장한다.[16]

옛사람의 성정들을 죽이면 하나님의 자녀가 된다. 하나님의 자녀가 될 때, 새로운 탄생의 열매를 맺게 된다. 그 열매가 바로 불신 영혼들을 구원하는 변증의 열매이다.

---

12 Ibid., 75.
13 지형은, 『경건주의 연구 : 갱신·시대의 요청』, (서울: 한들출판사, 2003), 37.
14 이후정, 『기독교 영성 이야기』, (서울: 신앙과지성사, 2015), 258.
15 요한 아른트, 『진정한 기독교』, 52.
16 Ibid., 127.

2. 계속 이어지는 경건 의지

둘째로 살펴볼 인물은 필립 슈페너이다.

슈페너는 "열정적인 교리문답식 교육과 1670년에 그가 결성한 '경건한 소모임'(collegia pietatis, 경건한 자들의 모임)으로 인해 알려지게 되었는데, 이 소그룹의 목적은 기독교의 삶을 보다 효과적으로 장려하려는 것"이었다.[17] 그의 변증적 신학의 핵심은 진정한 교회 개혁이다. 그는 무자비하게 교회를 비판하고 냉소적으로 비웃지 않는다. 진정으로 교회를 사랑하고 공동체의 부패한 부분만을 끄집어내어 비판한다. 그뿐만 아니라 구체적인 개혁안을 제시한다. 『경건한 열망』은 크게 세 부분으로 구성이 되는데, 그야말로 교회를 위한 경건주의의 변증서와 같은 고전이다.

첫 번째 부분은 당시 교회의 결함들과 부패한 모습을 비판한다.

죄를 심각하게 여기지 않고 형식적인 방식으로 사는 것을 지적한 것이다. 마치 오늘날 교회의 모습을 비판하는 지점과 매우 흡사하다. 슈페너는 다음과 같이 호소한다.

> 신학은 모름지기 성령님으로 충만한 가운데 성령님의 조명하심을 의지하여 감당해야 하지만 스스로 지혜 있다고 말하는 자들은 자기가 무엇을 보지 못하고 있는지도 모른 채 그리스도의 사랑을 운운합니다. 그들은 여전히 고집스럽게 육신적인 옛사람에 머물러 있으며, 일상의 삶에서 거듭남의 참된 표징이라고는 도무지 찾아볼 수 없습니다. 사도 바울은 이런 상황을 두고 이렇게 탄식했습니다. "저희가 다 자기 일을 구하고 그리스도 예수의 일을 구하지 아니하되"(빌 2:21)[18]

두 번째 부분은 개혁의 가능성이다.

슈페너는 당시의 상황을 두고 비판하고, 절망하고, 포기하는 것이 아니라 성경에서 말하는 초기 공동체의 회복이 가능할 수 있다는 용기를 준다. 특별히 슈페너는 이스라엘의 회복을 예로 들면서, 유대인과 이방인이 동시에 모이게 될

---

17 K. 제임스 슈타인, "필립 야콥 슈페너" 『경건주의 신학과 신학자들』, 카터 린드버그 편집, 이은재 역 (서울: 기독교문서선교회, 2009), 184.
18 필립 야콥 슈페너, 『경건한 열망』, 이성덕 역 (서울: 선한청지기, 2021), 33.

교회에 대해 희망적인 변증을 선언한다.

> 혹 하나님이 자기 능력을 통해 우리가 아직 알 수 없는 방식으로 새로운 민족들을 회심시킨다면, 그 새로운 회심이 우리 교회에 엄청난 변화와 개선을 초래할 것입니다(초대 교회 당시 회심자들의 모습에서 그러한 변화의 물결과 열정을 볼 수 있습니다). 마치 경주하듯 거룩한 열심을 가지고 유대인과 이방인이 모인 전체 교회가 하나의 믿음과 풍성한 열매로 주님을 섬기고 서로를 격려하게 되기를 희망합니다.[19]

세 번째 부분은 구체적인 개혁 방안이다.

이 거룩한 열망들은 목회자와 평신도 모두가 성경을 사용할 것과 공의로운 기독교인의 삶을 강조하는 것이 포함되어 있고, 더 나아가 종교적 논쟁을 즐기는 자들보다 더 나은 경건의 삶과 신학 교육의 개혁까지도 담고 있다. 무엇보다 그는 설교의 모델로 요한 아른트를 꼽으면서, 경건주의의 예배 중심적 삶을 공동체 안에 적용한다. 무엇보다 경건주의는 개인의 경험을 기초로 삼아 출발하였고, 그것을 신앙적인 지식이나 식견의 기본적 사항으로 간주했다.

따라서 경건주의자들이 생각했을 때, "신학적 지식이란 중생의 체험을 떠나서는 습득될 수 없는 것"처럼, 변증방법론에서도 경험적인 신앙적 사건들이 먼저 다뤄지게 되었다.[20]

그러나 '신학적 실용주의자'로 불리는 슈페너를 염려하는 목소리도 있었다. 당시 "정통주의 신학자들은 슈페너가 기독교적 경건을 조장하는 것이 오직 은총에 의한 구원" 교리를 전복시키지 않을까 진정으로 두려워했다.[21] 당시 슈페너는 칼빈의 예정론이 도르트 회의에서 결정되었을 때, 그것은 '무서운 가르침'이라고 비난하였다.[22] 이러한 부분 때문에 슈페너를 두려워하는 듯하다.

그렇지만 슈페너의 자유의지와 결정론에 대한 변증은 많은 이에게 현명한 설명으로 다가온다. 분명 슈페너는 불가항력적인 은혜의 교리를 사수하지 않는다.

---

19 필립 야콥 슈페너, 『경건한 열망』, 이성덕 역, 83-84.
20 벵크 헤그룬트, 『신학사』, 459-460.
21 K. 제임스 슈타인, "필립 야콥 슈페너" 『경건주의 신학과 신학자들』, 187.
22 필립 슈페너, 『경건한 열망』, 모수환 역 (경기고양: 크리스챤다이제스트, 2014), 33. : Theodore G. Tappert의 서론.

하지만 그는 하나님의 은혜를 방해하지 않는다. 어디까지나 슈페너는 "사람들은 하나님의 은총을 거부할 자유가 있지만 하나님의 은총을 불러일으킬 자유는 없다"라고 주장하기 때문이다.[23]

즉, 불가항력적 은총의 교리를 주장하지는 않으나 믿음이 하나님의 선물이라는 점은 매우 명확하게 주장하고 있는 셈이다. 칭의와 예수 그리스도의 의를 복음의 핵심으로 삼고 구원의 토대로 삼고 있기에 경건주의 신학자들의 변증은 결국 공동체가 거듭나도록 이끈다.

실천적 대안을 제시하는 부분에서도 슈페너의 변증은 빛을 발한다. 대표적으로 목회자 신학 교육의 커리큘럼을 지적하는 슈페너의 논리는 오늘날 신학교들을 향한 비판이 되어도 무방할 정도의 생생함과 구체성이 있다. 슈페너는 이같이 말한다. "합당한 사람들이 성직으로 부르심을 받는다고 하더라도 저들은 쓸모 있는 사람이 되어야 하며, 따라서 우리 학교와 대학들에서 훈련받아야만 합니다."[24] 이어서 슈페너는 다음과 같이 말한다.

> 학생들의 외적인 삶에서부터 모든 신분을 위한 교회의 양성소로 실제로 느껴야 할 것이며 그리고 세속의 장소와 야망을 품고 술에 젖어 살고 흥청대며 소란을 피우는 악마들의 장소가 아니라 성령의 작업장으로서 인식되어야 할 것입니다.[25]

슈페너의 위와 같은 주장은 실천적일 뿐만 아니라 현실적이다. 오늘날에도 어떤 신학생들은 자신이 목회자 자녀라는 것을 하나의 신분으로 삼고 스스로 우월의식을 느낀다. 또 다른 부류의 어떤 신학생은 PC방, 당구장, 술집 등을 기웃대고 있다. 물론 대다수 신학생은 그렇지 않다.

그러나 소수의 학생이라고 할지라도 왜 경건을 잃어버린 신학생들이 매해 등장하는 것일까?

슈페너는 성직자들의 학교에서 그 문제를 찾았다. 오늘날이라고 다르지 않을 것이다. 경건이 빠진 신학교육 때문에 수많은 신학생이 부르심을 의심하고 방황한다. 이윽고 신학교는 악마들의 소굴이 된다. 그러나 경건이 살아 숨 쉬는 복음

---

23 K. 제임스 슈타인, "필립 야콥 슈페너"『경건주의 신학과 신학자들』, 196.
24 필립 슈페너,『경건한 열망』, 모수환 역, 115.
25 Ibid.

적인 신학이 신학교를 사로잡게 되면, 그곳은 교회를 살리는 성령의 작업장으로 변화될 것이다. 왜냐하면, "복음은 우리 자신보다 더 큰 세상으로 우리를 초대하기 때문"이다.[26] 또한 성령의 작업장에서 배출된 사역자들은 어린양의 혼인 잔치에 수많은 영혼을 초청할 것이다. 그 초청장을 만드는 거룩한 보급소가 바로 개혁된 교회이다.

셋째로 살펴볼 인물은 헤르만 프랑케로 경건주의의 흐름으로 이어진다.

본래 경건주의자(Pietist)란 말은 1674년경 슈페너를 중심으로 한 공동체를 가리키는 말이었다. 그러나 점차 경건주의라는 말이 정통주의와 대립되는 개념으로 대중화되었다. 그것은 1689-1690년 라이프치히에서 프랑케와 그의 추종자들이 정통주의자들과 충돌한 이후부터이다.[27]

프랑케의 할레 경건주의는 단순한 신앙과 교회의 개혁운동을 넘어서 정치적, 사회적인 개혁운동이 되었는데, 그 내면에는 변증적 신학이 자리 잡고 있었다. 마르쿠스 마이아스(Markus Matthias)에 의하면, 프랑케는 "회심을 의지의 영속적인 변화로 이해했다"고 주장한다.[28] 청교도들이 회심을 순간적인 결단과 체험으로 강조한 것과는 사뭇 다르다. 그런데 회심에 대한 프랑케의 이러한 신학은 목회적인 변증을 띤다. 또한, 프랑케는 "오직 중생이나 참된 경건성만이 참된 이해, 즉 효과적이고 실제적인 이해에 이르게 한다"라고 주장한다.[29]

이는 비록 자신의 구원이 불확실하다고 생각하는 사람일지라도, 복음을 간절히 사모하며 살아가고 있는 신자들에게 큰 위로를 준다. 참회의 투쟁과 회개로 나아가는 죄인의 모습은 점진적인 회심 속에 있는 이들에게 신학적 변증이 된다. 이처럼 프랑케의 기독교 변증학은 신앙의 각성이 실천과 관계된다는 점에서 중요하다.

실천을 강조하는 프랑케는 칼빈주의의 이중예정 교리를 반대하고 "하나님의 보편적인 사랑의 의지를 강조"한다.[30] 물론, 이중예정 교리는 은혜의 교리로 기독교 변증학의 중요한 장치이다. 하지만 창세 전에 구원받을 자녀와 멸망 받을

---

26 제럴드 싯처, 『영성의 깊은 샘』, 신현기 역 (서울: 한국기독학생회출판부, 2016), 353.
27 이성덕, 『경건과 실천 : 독일 경건주의와 A.H 프랑케 연구』, (서울: 기독교문서선교회, 2009), 89.
28 마르쿠스 마티아스, "아우구스트 헤르만 프랑케" 『경건주의 신학과 신학자들』 카터 린드버그 편집, 이은재 역 (서울: 기독교문서선교회, 2009), 226.
29 Ibid., 222.
30 이성덕, 『경건과 실천 : 독일 경건주의와 A.H 프랑케 연구』, 110.

자들이 이미 선택되어 있다는 것은 경건주의 신학자들의 눈에는 실천적인 경건 의지를 떨어뜨리는 요소가 된다. 따라서 이들에게는 이중예정론은 그다지 선호할 수 있는 변증이 아니었다. 확실히 이 대목은 개혁파 정통주의자들의 변증방법론과는 극명하게 차이가 있는 부분이다.

대신에 프랑케는 '하나님의 순서'라는 중심 개념을 통해서 사랑의 하나님 속성을 많이 강조한다. 그와 더불어서 회심 이후에 율법 계명의 준수가 필요하다는 점을 주장한다. 다시 말해서 프랑케에 율법의 실천은 곧 경건이다. 또한, 경건은 하나님 사랑의 실천이다. 프랑케는 구체적인 사랑의 실천 운동을 할레 공동체를 통해 증명해 보였다. 프랑케의 공동체는 정교한 신학적 논리 못지않게 가치가 있다. 왜냐하면, 할레 공동체 자체가 기독교 변증학의 가시적 증거물로 제출되기에 충분하기 때문이다.

하나님의 순서를 강조함으로 **현재적 종말론을 주장한 프랑케는 "제도적인 교회 안의 형식적인 기독교인을 통한 교회개혁을 포기하고 거듭난 하나님의 자녀를 핵심 그룹으로 하는 교회와 사회개혁을 추진"**하였다.[31] 이로써 그리스도를 따르는 삶의 실천은 '거룩'이 '죄'를 이기는 사례로 남는다.

3. 경건과 성경

넷째로 살펴볼 인물은 요한 알브레히트 벵엘로 경건주의 변증학에서도 성경 해석학의 변증으로 으뜸이 되는 인물이다.

그는 프랑케의 성경 해석 영향을 받았으며, "성경 해석에 있어 감정의 역할"에 큰 관심을 가졌다.[32] 그런데도 벵엘은 주류 개신교 내에서 간과되고 있다. 그 이유는 크게 세 가지이다.

(1) 벵엘은 실패한 종말 예측했기 때문이다.

그가 예측한 종말은 1836년이었지만, 틀렸다.

(2) 벵엘을 성서에 대한 사전적 해석에 있어서만 중요하게 생각했다.

31　Ibid., 112.
32　John Albert Bengel, *New Testament Word Studies : The Gnomon* (Grand Rapids, Michigan: Kregel, 1978), nos 15.

벵엘에게 그 밖에 특별한 것이 없을 것이라는 견해는 율리우스 벨하우젠(Julius Wellhausen)과 칼 하인리히 그라프(Karl Heinrich Graf)와 관련된 역사비평학자를 포함한 대다수의 주류 성경학자에 의해서 주장된다. 하지만 현대 역사비평가들이 생각하는 것 이상으로 벵엘의 해석학적 과정은 상상을 초월하는 것이다.

(3) 벵엘은 "경건주의에서 가장 우수한 모든 것의 상속자이자 계승자"라고 묘사되어 왔기 때문이다.

그러나 칼 바르트(Karl Barth)와 폴 틸리히(Paul Tillich)와 같은 많은 영향력 있는 20세기 신학자는 경건주의를 다음과 같이 부정했다. 경건주의는 반지성적이며 지나치게 율법주의적이고 완전히 신빙성이 없는 운동이다. 또한, 독일 철학자 에른스트 트뢸치(Ernst Troeltsch)도 다음과 같이 경건주의를 폄훼했다. 경건 운동은 "부정직한 위선자"와 "온갖 종류의 좁은 모임"들에 의해 오염되었다.[33] 벵엘과 같은 위대한 경건주의자의 공헌이 리츨 학파 같은 이들에게 공격당하는 것은 참으로 어이없는 일이다.

자유주의 신학자들은 "전통적 언어 구술의 교리는 17세기 당대에나 이해할 수 있는 것이며, 현대 세계에서는 유지할 수 없다"라고 생각하였다. 그러나 이러한 사고는 기독교 변증을 차단하는 발상이다. 실제로 18세기 이후의 철학적 가치관이 고조될 당시에는 "성경은 실제로 하나님의 말씀이 아니라 하나님의 말씀을 담고 있을 뿐이다"라는 주장이 주류를 이뤘다.

그 결과 놀라운 성경해석학과 변증학의 원천인 벵엘을 놓치고야 말았다. 벵엘은 구약과 신약은 가장 신뢰할 수 있고 귀중한 체계를 형성한다고 믿었으며, 성경은 하나님의 간증으로서 가장 고결하다고 주장하였다. 그야말로 벵엘의 신학은 구속사 신학이다. 그는 "세계의 역사는 구속사이며, 이런 구원계획은 창조로부터 시작하여 세계의 끝인 인간의 전 역사를 포함한다"라고 말했다.[34] 야로슬라브 펠리칸(Jaroslav Pelikan)에 따르면, 벵엘의 생각은 "19세기 자유주의의 인간주의적 측면에 대한 성경적 반대"[독일 고전 자유주의]를 대표했다.[35]

---

33 Mark D. Isaacs, ATLAS collection: THE END-TIME CALCULATION OF JOHANN ALBRECHT BENGEL (Chicago: American Theological Library Association, 1951), 138-139.
34 김영선,『경건주의 이해 : 아른트부터 웨슬리까지』, (서울: 대한기독교서회, 2013), 202.
35 Mark D. Isaacs, 140.

결론적으로 벵엘의 경건주의적 세계관은 고등 비평 방법이 지배하는 현대 신학 사조에 의해 거부되었다. 그 결과 오늘날까지 벵엘의 기여와 통찰력은 무시되어 왔으며 대부분 알려지지 않았다고 볼 수 있다. 그러나 벵엘은 역사적으로 무시 받을 만한 인물이 결코 아니다.

벵엘의 변증적 신학은 구원의 서정에 있다. 하지만 벵엘은 당대의 다른 경건주의자들에게서 두드러지게 나타나는 '회심'과 '성화'를 강요하진 않았다. 그 대신 벵엘은 하나님의 일하심을 믿는 자들은 '변증'과 '신학'에서 성경 말씀을 진지하게 사용해야 할 것을 다뤘다. 벵엘의 이러한 사상적 맥락 안에서 성경 해석에 대한 독창적인 견해가 등장했으며 그것이 그의 변증학의 초석이 되었다. 당시 슈페너와 프랑케는 독일의 탁월한 할레 연구소를 두고 교육, 전도, 출판, 자선 및 사회개혁에 중점을 두고 있었다.

그러나 벵엘은 앞선 경건주의자들과는 사뭇 다른 방향성으로 나갔다. 그는 특별히 뎅켄도르프 수도원학교에서부터 본문 비평을 위한 예비 훈련을 다져나가고 있었다. 여기서 우리가 분명하게 인지해야 할 부분은, 벵엘은 현대 역사비평학적 사관을 가진 루돌프 불트만(Rudolf Karl Bultmann) 계열의 인물이 아니라는 점이다. 벵엘의 성경해석학은 성경의 유효성을 변증하는 탁월한 논리가 되었고,

이 본문 비평은 그야말로 경건주의자의 성경 주해이다. 벵엘은 뎅켄도르프에 도착하자마자, 해석들에 특별한 관심을 가지면서 신약성경에 대한 주석을 집필하기 시작하였고, 그 과정에서 존 스튜어드 밀(John Steward Mill)이 편집한 1707년 판 그리스어 신약성경과 30,000개의 다양한 사본을 소유하게 되었다. 벵엘은 '공인된 본문'과 함께 사본들을 평가 비교하기 시작하였는데, 프랑케는 벵엘의 본문 연구에 대해서 "엄청난 시간 소비"라고 보았다.

그러나 벵엘에게 성경의 본문 비평은 믿음과 신앙의 변증 그 자체였다. 벵엘의 연구가 현대 본문 비평 사가들에게 영향을 주는 부분도 있지만, 동시에 차별화될 수 있는 부분도 있는데, 이 대목이 바로 그렇다. 왜냐하면, 벵엘은 "엄청난 분량의 다양한 사본이 존재하지만, 그 사본들 가운데 신앙의 기초를 흔들만한 것이 조금도 없다"라고 말하고 있기 때문이다.[36]

---

36 Charles T. Fritsch, ATLAS collection: *V. Bengel, the Student of Scripture* (Chicago: American Theological Library Association, 1951), 216.

벵엘의 성서에 대한 열정과 사상을 엿볼 수 있는 작품으로 주목할 만한 것은 『그노몬』이 있다. 『그노몬』에서 벵엘은 다른 주석가들이나 대학의 논쟁자들 글을 주제로 토론하지 않는다. 오히려 슈페너의 제안에 전적으로 동의하면서 철저하게 신자들의 삶에 초점을 맞추었다. 훗날 존 웨슬리(John Wesley)도 신약성경을 주해할 때 벵엘의 것을 사용하였다.

벵엘은 자신의 연구를 성경 주석에서부터 '구속사' 연구로 발전시켰다. 구속사의 관점에서 볼 때, 성경은 하나님과 그의 백성과의 관계를 다루는 역사이다. 이러한 구속사의 사상이 벵엘로 하여금 처음으로 복음서의 상호관계성을 다루도록 만들었다. 이것이 바로 벵엘의 성경주해법이고 곧 변증학이다.

벵엘의 좌우명은 "너 자신을 본문에 온전히 적용하라. 그렇게 할 때 본문의 모든 것이 너에게 적용되리라"이다.[37] 이 안에 벵엘의 성서에 대한 이해는 이미 함축되어 있다. 찰스 T. 프리트쉬(Charles T. Fritsch)는 벵엘에 대해 평가하기를 "벵엘은 유일하게 중요한 경건과 건전한 학습이 결합하여 성경에 대한 해석이 영적 통찰력과 학업 성취의 모델이 되었다"라고 한다.[38]

그렇다면 벵엘이 진리를 추구할 때 인도한 해석의 원리는 무엇인가?

진정한 경건주의자인 벵엘은 성경의 해석이 결코 개인의 마음과 삶과 분리될 수 없다고 믿었다. 봉헌되고 헌신적인 마음 없이는 진리를 해석할 수 없다는 것이다. 그러므로 그의 첫 번째 해석학적 원리는 자신의 좌우명이다.

- 텍스트에 전적으로 자신을 적용하십시오.
- 자신에게 전적으로 텍스트를 적용하십시오.

성경에 대한 적절하고도 탁월한 설교가 나왔다면, 그것은 신성한 은혜의 선물이다. 그러므로 변증을 다루는 성경학자들은 하나님을 향한 사랑에 뿌리를 두고 있어야 한다. 그리고 자신이 말씀을 사랑하는 것처럼 하나님이 해석자를 사랑하신다는 확신이 있어야 한다. 때문에 벵엘은 성경을 해석하는 사람들에게서 박해가 있더라도, 모든 말 뒤에는 깊은 믿음의 삶이 있었다고 생각하였다. 프리트쉬는 거듭하여 벵엘을 다음과 같이 평가한다.

---

37 Johann Albert Bengel, "From the *Gnomon of the New Testament 1742*," in Erb, ed., Pietists, Selected Writings, 18.
38 Charles T. Fritsch, ATLAS collection: *V. Bengel, the Student of Scripture*, 217.

원수들이 뱅엘의 성경 해석을 비난할 수도 있지만, 뱅엘의 해석 뒤에는 성경적 진리에 대한 헌신이 있었다는 점은 누구도 부정할 수가 없다. 결국, 뱅엘을 비판하던 사람들은 스스로 부끄럽게 될 것이다.[39]

그러나 뱅엘이 꽉 막힌 문자주의자의 입장에서 기독교 변증학과 성경해석학을 다룬 것은 아니다. 경건주의 신학자 뱅엘은 기계적 영감의 이론을 완전히 거부하고 성경의 여러 저자의 개성과 차이점을 인정했다. 그는 성경을 신탁으로 보지 않고 살아 있는 유기체로 보았다. 살아 있는 유기체라는 것은 성경이 인류의 시작부터 끝까지를 담고 있으며, 그 가운데 드러난 하나님의 신성한 통치에 관해 서술하고 있다는 의미이다.

이 서술은 성경 전체의 신성한 조화를 드러내는 서술이다. 대표적으로 구약과 신약은 시대에 따라 동일한 하나님을 나타내기 때문에 유기적으로 연결되어 있다. 따라서 역사의 각 단계에는 구속사를 이해하기 위한 계시가 있다. 현대 성경 해석자들에게는 이것이 모형론 또는 예표론으로 불리며 사용되는데, 대표적으로 윌리엄 맥퀸(William McEwen)이 "우리의 멜기세덱이신 그리스도께 왕 같은 제사장이며 거룩한 나라이자 독특한 백성인 우리는 단지 십일조를 드릴 뿐 아니라, 영적 예배를 드린다"고 설명하는 부분이다.[40]

구약과 신약의 유기적 연속성에서 한 걸음 더 나아가, 밴저민 머클(Benjamin L. Merkle) 같은 신학자는 구약과 신약의 연속성과 불연속성을 신학 체계의 연속체 안에서 탐구하기 시작했다.[41]

어쨌든 발전된 현대의 논의까지는 아니더라도, 뱅엘 정도의 성경적 세계관만 가지고 있어도 기독교 변증학은 상당 부분 완성된 것이나 다름이 없다. 경건주의자들이 봤을 때, 성경의 내용은 진실성에 대한 증거를 가지고 있다. 그렇기에 인간의 이론이 침투할 수 없다. 성경 전체는 하나님의 말씀이다. 그렇기에 성경은 특정 부분뿐만 아니라 전체 내용이 받아들여져야만 한다.

---

39 Charles T. Fritsch, ATLAS collection: *V. Bengel, the Student of Scripture* (Chicago: American Theological Library Association, 1951), 213-215; Alan J. Thompson, ATLAS collection: THE PIETIST CRITIQUE OF INERRANCY? J. A. BENGEL'S GNOMON AS A TEST CASE (Chicago: American Theological Library Association, 2004), 71-88 참고.

40 윌리엄 맥퀸, 『구약의 그리스도 모형론』, 이재호 역 (서울: 부흥과개혁사, 2022), 49-50.

41 밴저민 머클, 『구약과 신약의 연속성과 불연속성』, 윤석인 역 (서울: 부흥과개혁사, 2022), 19.

벵엘은 비록 비평적 방법을 사용하지만, 그의 성서에 대한 태도와 자세는 철저하게 경건주의자였다. 벵엘은 "성경에 아무것도 넣지 마라. 성경은 숨기는 것이 아무것도 없다. 실제로 성경 안에 모든 것이 있다"라고 말한다.[42] 이전에 "종교개혁이 오직 성경(Sola Scriptura)으로만을 주장했다면, 경건주의는 성경 전체(Total Scriptura)로만을 주장" 하는 것이다.[43]

4. 십자가 보혈의 신학

다섯째로 살펴볼 인물인 친젠도르프도 경건주의 신학자이며 변증가로 소개할 수 있을 것이다.

왜냐하면, 그는 내면의 유혹을 경험하고 무신론과 싸워서 신앙의 확신을 얻어낸 인물이기 때문이다. 친젠도르프는 무신론이라는 신앙에 대해서 "'깊은 사변', '세련된 무신론자의 관념', '아버지의 실재에 관한 양심의 가책', '회의주의', '의심', '영적인 유혹'이라는 매우 무거운 짐"으로 불렀다.[44] 친젠도르프는 계몽주의 사유와 종합된 무신론적 유혹보다 그리스도와의 교제가 더욱 강력하다고 생각했다.

그래서 그는 진리의 마음을 굽히지 않고 십자가 보혈의 신학에 머물러 경건을 실천했다. 이것이 곧 친젠도르프의 변증이다. 추상적인 사유가 친젠도르프에게 완전히 사라진 것은 아니지만, "그는 의심에 직관을, 지성에 살아 있는 감각을" 대립시켰다.[45]

친젠도르프의 신학 중 주목할 만한 것은 "예수 옆구리 상처"에 대한 것이다. 이 신비적인 신학 이론은 경건주의 신학의 변증으로 소개되기에 마땅하다. 친젠도르프에게 "옆구리 상처에 대한 경배는 다양한 방식으로 표현되었는데, 찬양과 설교에서 시각 예술과 예전을 위한 장식"에까지 광범위하게 적용되었

---

42 Charles T. Fritsch, ATLAS collection: *V. Bengel, the Student of Scripture*, 89.
43 이은재, 『친젠도르프와 헤른후트 그리스도의 공동체』, (서울: 기독교문서선교회, 2020), 17.
44 Ibid., 31.
45 Ibid., 31-32.

다.⁴⁶ 무엇보다 이것은 구속 신학이라는 배경에서 변증신학의 성격이 선명하다. 구속 신학적 관점에서 "그리스도의 옆구리 상처는 피난처를 의미했으며, 교회가 탄생하는 장소였으며, 다시 오실 그리스도의 때를 인식하는 종말론적 증표"였다.⁴⁷ 보혈이 흘러나온 거룩한 구멍은 우리 내면의 구멍을 메우는 역사를 일으킨다.

오늘날 전도자들도 불신 영혼들에게 복음의 진리를 전할 때, 십자가 도상에서 주님이 받은 고난과 상처를 전해야 할 것이다.

친젠도르프의 "옆구리 상처의 신학을 위한 출발점은 구속론"이다.⁴⁸ 세상 죄를 지고 가시는 거룩한 어린양의 옆구리에 상처가 났다. 그리고 그 상처는 하나님의 진노로부터 신자들을 구출하는 통로가 된다. 또 그 상처는 어린양의 혼인 잔치로 끌어 주는 생명의 밧줄과도 같다. 예수 그리스도의 옆구리 상처는 그야말로 구원의 완전함을 위한 이미지이며, 친젠도르프의 변증의 중심이 된다. 친젠도르프는 예수 그리스도를 두 번째 아담으로 파악한 바울의 신학에서 착안을 얻어서 이처럼 주장한다.

> 하와가 아담의 옆구리에서 취해진 것처럼, 교회는 그리스도의 신부로 예수의 옆구리에서 취해진다.⁴⁹

옆구리 상처는 천국으로 들어가는 입구인 동시에, 교회를 생성시키고 잉태하는 출구가 된다. 그리스도의 거룩한 옆구리에는 보혈이라는 이름의 기독교 신앙의 요체가 흘러넘치고 있다. 이러한 은유적 신앙 표현은 반지성적인 것처럼 보이고, 변증과는 거리가 멀게 느껴질 것이다. 그러나 친젠도르프의 이 유형론적 예시들은 18세기 형제회 안에서는 강력한 변증 효과를 누렸다.

이러한 유형론적 예시들은 오늘날에도 여전히 변증방법론으로 통한다. 그 이유는 경건주의자들의 성경 해석이 이전의 전통을 살려내고 교회 공동체에 신뢰를 주기 때문이다. 교회 밖에 있는 무신론자들을 논리로 설복시키는 변증은 아

---

46 Ibid., 268.
47 Ibid., 268.
48 Ibid., 271.
49 Dietrich Meyer, Zinzendorf und die Herrnhuter Brüdergemine 1700-2000, 32f. ; 이은재, 271. 재인용.

닐지라도, 공동체 안에 있는 자들의 경건을 증진하는 측면에서 진첸도르프의 신학은 변증적 요소를 충분히 담고 있다.

경건주의자들의 변증방법론은 실천적인 사회 변혁을 통해서도 드러났다. 공동체 안에서 개인의 변화를 통해 세계를 변혁시켜나갔다. 마치 어린양의 혼인 잔치를 확장하듯이 말이다. 어린양의 혼인 잔치는 모든 교회 공동체의 신자가 함께 누리게 될 잔치이다. 그 잔치의 주인공은 예수 그리스도와 바로 당신이다. 참되신 하나님의 말씀이 이 사실을 확정 지어 준다.

할레 공동체와 헤른후트 공동체의 등장과 경건주의자들의 신학적 작업은 어린양의 혼인 잔치에서 벌어질 일들을 실루엣으로 보여 준 것과 같다. 그 거룩한 실루엣은 기독교 변증의 한 지평을 차지하기에 충분하다.

♣ 내용 정리를 위한 문제

1. 요한 아른트가 『진정한 기독교』에서 강조하고 있는 바는 무엇인가?
2. 필립 슈페너가 제시한 교회 개혁안과 헤르만 프랑케가 추진한 공동체를 비교하여 각각의 핵심적 특징을 정리하시오.
3. 요한 알브레히트 벵엘의 성경 해석 대원칙을 쓰고, 그 후 친젠도르프가 예수의 옆구리 상처를 어떻게 해석하고 적용하였는지 서술하시오.

※ 참고 문헌(제8장에 인용된 도서들)

요한 아른트. 『진정한 기독교』. 노진준 역. 서울: 은성출판사, 2004.
필립 슈페너. 『경건한 열망』. 모수환 역. 경기 고양: 크리스챤다이제스트, 2014.
필립 야콥 슈페너. 『경건한 열망』. 이성덕 역. 서울: 선한청지기, 2021.
밴저민 머클. 『구약과 신약의 연속성과 불연속성』. 윤석인 역. 서울: 부흥과개혁사, 2022.
윌리엄 맥퀸. 『구약의 그리스도 모형론』. 이재호 역. 서울: 부흥과개혁사, 2022.
필립 쉘드레이크. 『미래로 열린 영성의 역사』. 정병준 역. 서울: 한국장로교출판사, 2020.
디아메이드 맥클로흐. 『그리스도교의 역사와 침묵』. 배덕만 역. 서울: 기독교문서선교회, 2017.
벵크 헤그룬트. 『신학사』. 박희석 역. 서울: 성광문화사, 2014.
제럴드 L. 싯처. 『회복력 있는 신앙』. 이지혜 역. 서울: 한국성서유니온선교회, 2020.
제럴드 싯처. 『영성의 깊은 샘』. 신현기 역. 서울: 한국기독학생회출판부, 2016.
존 파이퍼. 『섭리』. 홍병룡 역. 서울: 생명의말씀사, 2021.

카터 린드버그. 『경건주의 신학과 신학자들』. 이은재 역. 서울: 기독교문서선교회, 2009.
콜린 맥다넬 & 베른하르트 랑. 『천국의 역사 I 』. 고진욱 역. 서울: 동연, 1998.
김영선. 『경건주의 이해 : 아른트부터 웨슬리까지』. 서울: 대한기독교서회, 2013.
이성덕. 『경건과 실천 : 독일 경건주의와 A.H 프랑케 연구』. 서울: 기독교문서선교회, 2009.
이은재. 『친젠도르프와 헤른후트 그리스도의 공동체』. 서울: 기독교문서선교회, 2020.
이후정. 『기독교 영성 이야기』. 서울: 신앙과지성사, 2015.
지형은. 『경건주의 연구 : 갱신·시대의 요청』. 서울: 한들출판사, 2003.
Bengel, John Albert *New Testament Word Studies : The Gnomon Grand Rapids*, Michigan: Kregel, 1978.
Bengel, Johannes Albert Gnomon Novi Testamenti. 3d ed. Tübingen: Sumtibus Ludov. Frid. Fues., 1836.
Isaacs, Mark D. ATLAS collection: THE END-TIME CALCULATION OF JOHANN ALBRECHT BENGEL Chicago: American Theological Library Association, 1951.
Fritsch, Charles T. ATLAS collection: V. Bengel, the Student of Scripture. Chicago: American Theological Library Association, 2004.
Thompson, Alan J. ATLAS collection: THE PIETIST CRITIQUE OF INERRANCY? J. A. BENGEL'S GNOMON AS A TEST CASE. Chicago: American Theological Library Association, 1951.

제9장

대각성 부흥 운동과 변증방법론 Ⅰ : 존 웨슬리

> 우리가 그에게서 듣고 너희에게 전하는 소식은 이것이니 곧 하나님은 빛이시라 그에게는 어둠이 조금도 없으시다는 것이니라(요한일서 1장 5절).

존 웨슬리(John Wesley)는 일평생 복음을 전한 복음 사역자이다. 프레드 샌더스(Fred Sanders)의 증언에 의하면, "웨슬리가 가장 좋아하는 책은 요한일서"였다.[1] 그 이유는 아마도 사도 요한의 사랑의 가르침이 자신의 복음적 삶을 대변하기 때문일 것이다. 사도 요한이 예수님께 듣고 전했던 소식은 하나님은 빛이라는 것이다. 하나님 안에는 어둠이 조금도 없다. 웨슬리는 어둠이 전혀 없으신 하나님을 전했고, 구세주 예수 그리스도의 십자가와 부활을 뜨겁게 전했다.

헨리 D. 랙(Herry D. Rack)에 따르면, "웨슬리에 업적 유산은 두말할 나위 없이 세계적으로 퍼져 있는 감리교회들"이라고 평가한다.[2] 여기에 더해 데이비드 햄튼(David Hempton)은 이렇게 말한다. "웨슬리는 자신의 신학을 전개 함에 있어 추론적인 방법을 사용하는 것보다 신자의 경험을 통해 나타나는 믿음의 실체를 중요시했다."[3]

이러한 평가를 미루어 볼 때, 웨슬리는 계몽주의와 열광주의가 교차하는 18세기에 그 시대적 흐름에 침식되지 않고, 복음에 불타오른 사람이라는 것이 분명하다.

---

1 프레드 샌더스,『웨슬리가 말하는 그리스도인의 삶』, 이근수 역 (서울: 이바서원, 2015), 157.
2 헨리 D. 랙,『존 웨슬리와 감리교의 부흥』, 김진두 역 (서울: 감리교신학대학교출판부, 2001), 651.
3 데이비드 햄튼,『성령의 제국 감리교』, 이은재 역 (서울: 기독교문서선교회, 2009), 85.

그러나 로버트 G. 터틀 2세(Robert G. Tuttle, Jr)는 영국 전역을 불태운 복음의 불꽃이 웨슬리를 부흥사보다는 도리어 신학자로 만들어 놓았고 평가한다.[4] 이 말은 웨슬리가 뜨거운 말씀 사역자이지만 동시에 체계를 갖춘 신학자라는 뜻이다.

웨슬리의 기독교 변증방법론을 접한 사람이면, 누구나 웨슬리를 변증신학자로 부르는 것에 동의할 것이다. 존 라일(John C. Ryle)은 웨슬리가 설교에서 "죄를 지고 갈 하나님의 어린양"을 강조하고 있으며, "어떤 공로도, 어떤 의도 내세우지 말라"는 것을 누구보다 뜨거운 논증으로 강조했다고 평가한다.[5]

또 대니얼 R. 제닝스(Daniel R. Jennings)는 당시 열광주의와는 구별된 웨슬리를 소개하고 있는데, 이는 광신적인 은사주의에 대한 기독교 변증학의 태도로 볼 수 있다.[6] 그런데, 이런 진실한 교리의 사람 웨슬리가 오늘날 많은 오해를 받고 있다. 그로 인해 웨슬리의 기독교 변증방법론이 한국에 잘 소개되지 않았다. 이번 장에서는 웨슬리에 대한 오해를 해명하고, 그 주제에 대한 웨슬리의 기독교 변증을 소개함으로 글을 전개하겠다.

1. 사변형에 대한 오해와 성경 중심적 변증

웨슬리는 사변형(성서, 이성, 전통, 체험)이 신앙의 균형을 이룬다고 주장했을까?

더 나아가 웨슬리는 성경보다 경험과 이성을 더 중시할까?

이런 물음은 웨슬리의 사변형 신학을 잘못 이해하는 데에서 비롯된다. 사변형은 알베르 아우틀러(Albert Outler)에 의해서 제시되었다.[7] 아우틀러는 "성서, 전통, 체험, 이성은 서로 분리될 수 없고, 만일 감리교도들이 웨슬리를 성서 엄수주의자만으로 생각하거나 혹은 전통고수주의자만으로 평가하거나 혹은 실존주의자만으로 간주하거나 혹은 이성주의자만으로 판단한다면, 그들은 웨슬리의

---

4   로버트 G. 터틀 2세,『존 웨슬리 그의 생애와 신학』, 김석천 역 (서울: 세북, 2001), 429.
5   존 라일,『휫필드와 웨슬리』, 배용덕 역 (서울: 부흥과개혁사, 2007), 125.
6   대니얼 제닝스,『존 웨슬리의 미라클』, 박성은 역 (경기군포: 하늘씨앗, 2020), 81.
7   김민석,『웨슬리안 실천교리』, (서울: 샘솟는기쁨, 2019), 48.

전통을 포기하는 것"이라고 주장한 바 있다.[8] 그러나 여기에는 오해가 있다. 우선 웨슬리는 철저하게 "성경"이라는 '한 책의 사람'이었다. 66권의 성경을 한 책으로 보았다는 것은 웨슬리가 성경을 통전적으로 이해한 기독교 변증가라는 뜻이다. 또 **웨슬리가 한 책의 사람이라는 뜻은 그가 오직 성경(Sola Scriptura)이라는 종교개혁 전통에 서 있음을 의미한다.** 웨슬리는 이신론을 포함한 당대의 이단적 사설과 치열하게 싸워가며 복음을 전했는데, 그때 그의 중심에는 복음의 폭풍을 일으키는 성경이 있었다.

그렇다면 사변형 신학이라는 오해는 어떻게 비롯된 것인가?

사변형 신학이 오해라면 웨슬리의 기독교 변증학의 제일 원칙은 무엇인가?

웨슬리의 기독교 변증학의 제일 원칙은 오직 성경이다. 웨슬리에게서는 **성경만이 유일한 권위이며, 제일 원칙이다.** 당시 영국 성공회의 삼변형은 성서, 전통, 이성이다. 그러나 영국 성공회 역시 성경의 권위를 우선으로 인정했다. 웨슬리는 다양한 영향을 받았지만 그대로 답습하지 않았다. 웨슬리는 자신이 영향받은 것을 창조적으로 재작업하여 적용했다.[9]

이러한 웨슬리의 특징은 영국교회에 대해서도 예외가 없었다. 웨슬리는 영국교회의 가르침을 그대로 수용하지 않고 자신의 방법으로 수정한다. 즉, 웨슬리는 전통들을 충분히 이해하고 존중하면서도 성경과 맞지 않으면 과감히 수정한다. 이것이 웨슬리가 기독교 변증을 해나가는 방법이다. 웨슬리의 신학은 종교개혁자, 청교도, 영국 성공회, 로마가톨릭, 동방정교회, 모라비안 등의 다양한 영향 속에서 발전되었다. 그는 실로 종합적이었다. 그러나 결코 혼합적이지 않았다.

웨슬리에게서 '성서가 가장 중요한 위치에 있다는 것'을 간과하는 사람들 때문에 아우틀러는 자신이 사변형 신학을 만든 것에 대해서 후회한다. 아우틀러는 다음과 같이 말한다.

---

8 알버트 C. 아우틀러, 『웨슬리 영성 안의 복음주의와 신학』, 전병희 역 (서울: 한국신학연구소, 2008), 48.
9 웨슬리는 알미니아누스의 영향을 받았어도, 예정론이 있다. 반면 웨슬리가 스스로 칼빈과 자신의 차이는 머리카락 하나 차이라고 말했음에도 칼빈주의의 이중예정론은 거부한다. 이러한 웨슬리의 모습들이 창조적인 재작업의 모습이라고 볼 수 있다. 더 엄격한 의미에서는 웨슬리가 이중예정설을 반대한 것이라기보다는, 무조건적 선택과 무조건적 유기(unconditional election, unconditional reprobation)를 반대한 것일 뿐 조건부 선택과 조건부 유기(conditional election, conditional reprobation)는 주장했다.

"사변형(quadrilateral)이라는 용어는 웨슬리 자료(Wesley corpus)에서 발생하지 않으며, 널리 쓰인 이후로 현대적 용도로 제작한 것을 후회한다."[10]

아우틀러는 사변형 신학 때문에 오히려 웨슬리를 오해하는 일이 발생한 것에 대해서 분명히 후회하고 있다. 단지, 아우틀러는 영국교회 전통 안에서 웨슬리의 독자적 신학 기틀을 강조하고 싶은 나머지 "웨슬리에게 신비적 경건"(mystical piety)이라는 용어를 추가시킨 것일 뿐이다.[11] 그러므로 웨슬리는 "기독교 진리에 관한 모든 문제와 관련해 기본적으로 성경에 호소"했다.[12]

그렇지만 웨슬리의 기독교 변증방법론에서 이성, 전통, 체험이 매우 강조되고 있음은 사실이다.[13] 그 때문에 리챠드 P. 하이첸라이터는(Richard P. Heitzenrater) "웨슬리 신학은 성서에 근거하기는 했지만 웨슬리 자신의 경험에서 우러나온 것으로, 하나님 존재 안에서의 삶을 설명하려는 시도였다"라고 말한다.[14] 하지만 웨슬리에게서 이성, 전통, 체험이 성경과 동등한 강조점에서 논의될 수는 없다.

그 이유는 웨슬리에게서 성경은 하나님의 계시 사건에 대한 기록이기 때문이다. 오늘날 종교학에서는 성서를 인간이 상상해 낸 소설 정도로 취급한다. 그러나 하나님의 계시 사건이 다양한 문학적 장르로 기록된 성경을 소설 정도로 폄하시키는 것에 대해서 웨슬리가 동의할 리가 없다. 오히려 분노할 것이다. 왜냐하면, 웨슬리는 하나님의 자기 계시가 기록된 문자가 성경이라고 이해했기 때문이다.

그리고 그 성경 말씀 전체를 하나님의 구원 행위에 대한 기록으로 보았다. 다시 말해서 웨슬리는 성경을 하나님의 계시 사건에 대한 증언으로 이해했으며, 성서의 구원사를 중요하게 생각했다. 그 근거는 웨슬리의 〈하나님의 말씀을 부패시키는 것에 대하여〉라는 설교를 통해서 직간접적으로 파악할 수 있다. 웨슬리는 위 설교에서 하나님의 말씀을 부패시키는 것의 가장 큰 요인은 하나님의 말

---

10   Albert C. Outler, *The Wesleyan Theological Heritage*. eds, Thomas C. Oden & Leicester R. Longden. Grand Rapids (MI: Zondervan Publishing House, 1991), 35-36. ; 원문의 표현은 다음과 같다. The term 'quadrilateral' does not occur in the Wesley corpus – and more than once, I have regretted having coined it for contemporary use, since it has been so Widely misconstrued.
11   알버트 아우틀러,『웨슬리 설교 해설』, 조종남 역 (서울: 대한기독교서회, 2006), 104-105.
12   토머스 C. 오든,『하나님과 섭리』, 장기영 역 (경기부천: 웨슬리르네상스, 2021), 110.
13   로벳 윈즈,『존 웨슬리의 신학과 유산』, 이은재·이관수 역 (서울: 진흥, 2005), 21.
14   리챠드 P. 하이첸레이터,『웨슬리와 메소디스트라고 불리운 사람들』, 정은해 역 (Nashville: Abingdon Press, 2005), 325.

씀에 자신의 상상력이나 이단적 가르침을 혼합하는 것이라고 단호하게 말한다.[15]

또 웨슬리는 같은 설교에서 하나님의 말씀에 자기 말을 보태거나 혼합해서 설교하는 것에 대해 경계한다. 웨슬리는 "만일 누구든지 말씀에 다른 것을 더하면, 하나님이 이 책에 기록된 재앙들을 그에게 더하실 것"이라는 성경 말씀을 "고백할 뿐만 아니라 진실로 믿는다면, 그들은 사소한 경우에서도 두려워할 것"이라고 말한다.[16] 즉, 웨슬리에게 설교는 성서적 복음을 선포하는 것이고, 계시와 성서와 설교는 서로 맞물린다. 그리고 웨슬리의 이러한 성서 읽기와 적용은 유대교, 초대 교회, 종교개혁자들 전통 안에서 벗어나지 않는다.

그렇다면 웨슬리에게 '전통'이란 기독교 변증학에서 어떤 역할을 하는가?

웨슬리에게 **'전통'**이란, 성경을 읽는 데 참고가 되는 초대 교부들의 해석이다. 그가 초기부터 "성화의 노력"을 포기하지 않는 이유도 초대 교회적인 기조와 교부의 전통 때문이다.[17] 오늘날에도 동방교회는 초대 교부 이상으로는 신학을 하지 않는다. 왜냐하면, 신학이 초대 교회에서 이미 완성되었다고 보기 때문이다. 당시 웨슬리가 옥스퍼드의 철학과 고전학을 가르친 교수임을 생각하면, 당연히 웨슬리는 초대 교부들에 대해서 해박했을 것이다.

웨슬리에게 **'이성'**도 전통과 마찬가지로 성경을 해석하는 수단이다. 웨슬리가 말하는 이성은 현대 자유주의 신학자들이 말하는 하나님과 독립된 인간의 계몽적 이성을 의미하는 것이 아니다. 웨슬리에게서 계몽적 이성은 "믿음이나 희망 또는 사랑을 줄 능력이 전혀 없다."[18] 웨슬리가 말하는 이성은 분별력과 논리를 의미한다. 그러나 논리적 분별력으로 추구하는 이성 역시 성령의 도우심과 조명을 받아야만 가능하다. 왜냐하면, 이성이 완전무결하며, 그 자체로 무오한 것이 아니기 때문이다. 따라서 웨슬리에게 있어서 이성은 성서와 연결된 바른 해석을 의미한다는 점에서 중요하다.

또한, 웨슬리에게 **'경험'**은 세속의 경험을 의미하는 것이 아니라 '신앙 경험'을 의미한다. 여기서 '신앙 경험'이란, "하나님과의 관계성 또는 세상 속에

---

15 존 웨슬리,『웨슬리 설교전집4』, 한국웨슬리학회 역 (서울: 대한기독교서회, 2015), 60.
16 Ibid., 62-63.
17 이후정,『웨슬리와 초대교부 영성』(서울: 신앙과지성사, 2019), 18.
18 로버트 W.버트너 & 로버트 E.차일즈,『웨슬리 신학 개요』, 김운기 역 (서울: 전망사, 1988), 21.

서 역사하시는 하나님의 사역과 관련된 경험"을 의미한다.[19] 즉, 경험이란 성령이 주시는 영성을 의미한다. 그러나 웨슬리는 경험에 대해서도 매우 조심스러운 접근을 한다. 왜냐하면, 웨슬리에게 있어서 성서와 동떨어진 신비체험은 정당화될 수 없기 때문이다. 성경을 해석할 때 신앙 경험은 매우 중요하지만(특히 성령의 내적 증거로서 구원 경험이 매우 강조됨), 인간의 경험은 다 신뢰할 수 없으므로 경험이라고 하는 것은 반드시 성경에 비추어 점검해야 한다.

결론적으로 웨슬리에게 있어서 전통, 이성, 경험은 성경과 따로 구분되는 것들이 아니라 성경을 해석하는 수단이다. 사변형이 동등한 권위로 평행한 것이 아니라 성경이 유일한 권위를 누리며, 나머지는 성경을 잘 이해하기 위한 보조 수단이다. 따라서 웨슬리는 성경이라는 한 책의 사람이었으며, 그 한 책에 근거하여 변증을 펼친 인물이다. 아우틀러의 입장을 직접 인용하면 다음과 같다.

> 사변형(quadrilateral)은 신학자에게 그가 합리적으로 책임을 질 수 있는 것, 즉 의심과 충실한 성경에 대한 친숙함을 요구한다. 더해서 그리스도인 과거의 지혜에 대한 친분을 더한다. 또 토론자의 무기 이상으로 논리적인 분석을 위한 것들에 그치지 않고 이 세상에서 은혜와 그 장래의 승리에 대한 확신으로 확고하게 지켜지는 내적인 신앙이 보태져야 한다.[20]

아우틀러의 글에서 알 수 있듯이 사변형을 이해하는 관점은 성서, 전통, 이성, 체험이 동등하게 적용되는 것이 아니다. 웨슬리는 전통을 존중하고, 이성의 필요성은 충분히 강조하지만, 그것들은 성경을 하나님의 마음으로 보기 위함이다. 그렇기에 감리교 신학자는 "은혜의 불과 은혜의 화염" 앞에서 항상 깨어 있어야 한다.[21]

---

19 헨리 나이트, 『웨슬리 사랑의 신학』, 유성준 역 (서울: kmc, 2013), 140.
20 Albert C. Outler, *The Wesleyan Theological Heritage*, 36. ; 위 글은 필자가 이해하기 쉽도록 의역한 것이다. 원문의 표현은 다음과 같다. The 'quadrilateral' requires of a theologian no more than what he or she might reasonably be held accountable for, which is to say, a familiarity with Scripture that is both critical and faithful; plus, an acquaintance with the wisdom of the Christian past; plus, a taste for logical analysis as something more than a debater's weapon; plus, a vital, inward faith that is upheld by the assurance of grace and its prospective triumphs, in this life.
21 Albert C. Outler, *The Wesleyan Theological Heritage*, 37.

그렇다면 '웨슬리는 성서무오를 주장했는가?'

이런 물음이 필연적으로 뒤따른다. 그 물음에 대한 답변은 매우 명백하다. 성경을 최고 권위로 이해하고 있는 웨슬리이기에 당연히 그가 성서무오의 입장에 있다고 생각해야 옳다. 웨슬리 당시에는 역사비평학이 고도로 발전된 시기는 아니지만, 웨슬리 이전에 요한 알브레히트 벵엘(J. A. Bengel)이 이미 성서의 각기 다른 사본 비교를 정밀하게 작업하였다. 그렇기에 웨슬리의 성서무오의 입장은 기계적 축자 무오의 입장이 아닌, 유기적 영감에 의한 무오설을 지지했으리라 추측된다.[22]

웨슬리가 벵엘의 『그노몬』에 매우 감명받아 그 대부분을 영어로 번역하고, 당시 널리 읽혔던 자신의 신약성경 주해에 이것을 도입한 것을 생각해 볼 때, 웨슬리가 벵엘의 성서 대조의 작업도 모를 리 없다.[23] 따라서 웨슬리에게 있어서 성경은 예수 그리스도의 계시 사건에 대한 가장 완벽하고도 유일한 지도다.

2. 포용 가능한 의견(opinion)과 타협할 수 없는 교리(doctrine)

웨슬리는 다양성을 주장하고 넓은 포용력을 가졌을까?

분명히 웨슬리는 다양한 신학적 사고를 포용할 수 있는 능력을 갖춘 인물이다. 그의 포용적인 이미지는 가난한 사람들에게 긍휼한 마음을 가지고 배려하는 부분에서 드러난다. 심지어 웨슬리는 "가난한 사람들을 업신여기거나 기껏해야 동정심이나 가지는 것은 가난한 사람들을 직접 만나서 그들을 경험하지 못하였기 때문"이라고 말했다.[24] 그러나 그가 포용한 것은 약자의 영혼과 다양한 의견(opinion)뿐이다. 그는 잘못된 교리(doctrine)에 대해서는 절대로 포용하지 않았다. 다시 강조하지만, 웨슬리는 가난한 이웃들에게 관용을 베푼 것이지, 기독교 신

---

22 기계적 축자무오는 성경 저자에게 하나님이 성경의 내용을 불러 주었고, 그것을 그대로 받아 적었다는 입장이다. 반면에 유기적 무오는 구속사라는 통일성과 문학적 장르라는 다양성을 가지고 역사 속에서 기록되었다는 입장이다. 즉, 하나님이 성경 저자의 상황과 환경과 배경에 영감을 더해 주어 기록된 계시가 성경이라는 것이다. 어쨌든지 성경이 완전 영감을 받아 기록된 절대무오한 말씀이라는 것에서는 두 입장이 동일하게 주장하는 명제이다.
23 도날드 스톤, 『웨슬리의 생애와 윤리』, 조종남 역 (서울: 선교횃불, 2019), 223.
24 김진두, 『존 웨슬리의 생애』 (서울: KMC, 2014), 333.

학의 근본 교리에 대해서 관용을 베풀며 타협한 것이 아니다.

그렇다면 왜 오늘날 감리교 신학은 교리가 없다는 오해를 받는가? 그리고 웨슬리에게서 사용된 기독교 변증방법론에서 교리에 대한 수호 의지는 빠지고 에큐메니컬 정신만 강조되고 있을까?

도그마(dogma)란 초대 교회부터 형성된 교회의 공인된 약속이다. 그렇기에 쉽게 변경할 수 있는 것이 아니다. 왜냐하면, 교회가 가진 공리화 된 공식은 매우 무게감 있는 큰 전통이기 때문이다. 초대 교회부터 전해오는 기독교의 기본 진리는 시대에 따른 가변적인 것이 아니라 '불변하는 원칙'이다. 그런데 이런 도그마를 기초로 발전시킨 것이 교리이다. 즉, 모든 교리는 도그마를 기초로 만들어야 한다.[25]

결국, 도그마나 교리는 성경에 그 뿌리와 근거를 두고 있다. 물론, 웨슬리는 도그마와 교리를 엄격하게 구분하여 사용하지는 않는다. 그러나 웨슬리가 자유방임적인 관용만을 이야기했다고 생각해선 안 된다. 웨슬리는 분명하게 '교리'와 '견해'를 구별했다. 웨슬리는 역사적으로도 조지 휫필드(George Whitefield), 니콜라스 친젠도르프(Nikolaus L. von Zinzendorf) 등의 사람들과 논쟁하는 것을 피하지 않았고, 특히, 교리에 있어서는 타협과 양보가 없었다.[26]

웨슬리에게 있어서 교리적 표준은 삼위일체, 성육신, 이신칭의, 중생과 성화, 예수 그리스도의 대속 사역 및 구원의 유일성, 원죄, 그리스도의 신성과 인성 등이며, 이것들은 '의견'이나 '견해'가 아니라 신학의 '교리'이다.

웨슬리는 언제나 가난한 사람들을 섬기고 그들에게 양보하기를 좋아했다.[27] 그리고 그는 청교도로부터 성공회를 변증한 리처드 후커(Richard Hooker)의 입장("모든 사람의 미덕을 존중하는 신앙적인 독창성"[28])에 따라 중도의 길(*via media*)을 선호

---

25 교리에 대한 재해석과 교파별 신학적 차이가 발생하는 것은 도그마가 아니라 교리이다. 왜냐하면, 교리는 초대 교회부터 내려오는 신앙의 고백적 유산으로서 도그마는 아니기 때문이다. 따라서 정교회 도그마, 웨슬리 도그마, 칼빈 도그마 등의 표현은 사용될 수 없다. 이러한 것은 도그마가 아니라 교리라고 표현해야 적합하다.
26 아놀드 델리모어(Arnold A. Dallimore)에 따르면, 당시 웨슬리는 칼빈주의가 오류라고 확신했을 뿐만 아니라, 자신에 대한 우월감도 가지고 있었다. 그러나 웨슬리와 휫필드의 예정론 논쟁의 책임은 학자마다 보는 관점이 다르기 때문에 반드시 어느 한쪽 책임이라고 단정하기는 매우 어렵다. : 아놀드 A. 델리모어, 『휫필드 씨! 제발 좀 마이크 내려놓고 쉬세요!』, 오현미 역 (경기고양: 이레서원, 2021), 108.
27 케네스 콜린스, 『존 웨슬리 톺아보기』, 이세형 역 (서울: 신앙과지성사, 2018), 221.
28 리처드 후커, 『교회 체제의 법에 관하여』, 노철래 역 (서울: 성공회출판사, 2022), 205 ; 웨

했다. 그러나 교리에 접근하는 방식에서도 웨슬리가 이러한 성품으로 대했다고 생각하면 큰 오산이다.

예를 들어, 관용적인 웨슬리의 성품을 교리적 차원에 접목해서, 도그마를 포기하면서까지 무리하게 타종교와의 대화를 추구하는 것은 완전히 잘못된 접근이다. 제프리 웨인라이트(Geoffrey Wainwright)는 "만약 감리교가 교리에서 반대가 된다면 더 이상 합법적인 웨슬리안이라고 주장해선 안 된다"라고 말한다.[29]

그러므로 웨슬리를 오해하여 기독교 신앙의 교리를 훼손시키거나 왜곡하는 행위는 웨슬리안으로서는 할 수 없는 일이다. **웨슬리가 말한 관용은 교리에 해당하는 것이 아니라, 견해 또는 의견에 해당하는 것이다.** 가령 예배 형식이나 세례 형태 등이 여기에 해당한다.[30]

물론, 성찬에 대해서는 '은총의 수단'으로써 대속 교리에 기반할 것을 주장한다.[31] 다시 정리하자면, 웨슬리의 기독교 변증방법론에서 '교리'는 수호해야 할 명백한 신앙의 지침이지, 타협하거나 양보할 수 있는 개인적인 견해가 아니다.

교리를 대하는 웨슬리의 자세를 오늘날에 동일하게 적용한다면, 그것이 곧 기독교 변증방법론이다. 웨슬리가 칼빈처럼 『기독교 강요』를 저술하지는 않았지만, 그는 변증을 펼치기에, 충분한 교리적 이해를 갖추고 있었다. 로버트 차일스(Robert E. Chiles)는 "신학이 웨슬리의 궁극적 관심이 아닐지라도 그는 신학이 그리스도인의 생활과는 무관한 것이거나 임의적인 것으로 여기지 않았다"라고 말한다.[32]

겉으로 봤을 때 웨슬리는 신학적인 것보다는 늘 실제적이고 전도하는 것에 더 많은 강조점을 두고 있으므로 웨슬리의 신학은 정밀하지 않다고 인식하는 경향

슬리는 어머니 수산나 웨슬리의 영향을 받아서 청교도 신앙에 친숙했으나, 그와 동시에 성공회 사제 입장에서 후커의 사상과 이론을 충분히 용인하고 수용했다.

29 Geoffrey Wainwright, *Methodist in Dialogue*. Nashville, Kingswood Book, 1995, 232.; 원문의 표현은 다음과 같다. "If Methodist denominations ever declined constitutionally from those doctrines, they could no longer legitimately claim to be Wesleyan." 만약 다음 문장을 직역한다면, "감리교 교단이 그 교리에서 헌법적으로 거부되면 더 이상 합법적으로 웨슬리안이라고 주장할 수 없습니다."로 해석할 수 있을 것이다.

30 예외적으로 예정론은 웨슬리에게서 범주에 대한 이해가 변경되었다. 초창기 웨슬리는 '예정론'을 교리로 생각했다. 그러나 나중에 칼빈주의자들과의 논쟁 이후 예정론에 대한 범주는 '의견'(opinion)의 범주에 놓는다.

31 오레 보르겐, 『웨슬리와 성례전』, 조종남 역 (서울: 선교횃불, 2019), 144.

32 로버트 차일스, 『웨슬리신학의 근간교리와 그 변천』, 조종남 역 (서울: 선교횃불, 2017), 28.

이 있다. 그러나 이것은 완전히 잘못된 인식이다. 차일스는 웨슬리가 "메소디스트의 교리적 표준을 설정하였다는 것과 그가 신학을 언급할 때 '중요한 교리'들과 '단순한 의견'을 구분하여 설명한 것에서 그가 신학의 중요성을 강조했다"고 본다.[33]

특별히 웨슬리의 교리는 "웨슬리 자신의 표준 설교", "신약성서 주해", "초기 메도디스트의 매년 총회와 총회 회의록", "메도디스트 찬송집", "영국교회 39개에서 몇 가지 삭제한 24개 교리", "웨슬리의 각종 논문과 성도의 생애"에서 발견된다.[34] 웨인라이트의 글을 보면, 웨슬리가 교리를 정밀하게 이해한 후 철저하게 구분하고 있음을 명확히 알 수 있다.

> 웨슬리가 "원죄의 교리", 원죄 및 그리스도와 영의 무상 사역에 대한 오랜 논문에서 보여 주듯이, 인류학적인 종말점에서 웨슬리는 "더 멀리 떨어진 감리교의 원리"에서 "나머지는 모두 포함하는 우리의 주된 교리가 회개와 신앙과 거룩 이렇게 세 가지"라고 말했다.[35]

더 구체적으로는 "1903년 영국의 신학자 윌리암 피저랄드가 처음으로 사용"하고, "1951년에 영국의 메도디스트 신학과 경건의 표상으로 존경받던 복음주의 신학자요, 목회자였던 윌리암 생스터가 웨슬리 중심 교리로 공인"한 네 가지 교리(Methodist Four Alls)가 있다.[36] 이는 '모든 사람'(All)이란 단어로 시작하는 방식으로 요약 전수되었다.[37]

---

33 Ibid.,
34 김진두, 『웨슬리와 우리의 교리』(서울: kmc, 2010), 10.
35 Geoffrey Wainwright, 231.; 원문은 다음과 같다. (At the anthropological end of scale, Wesley stated in "The Principles of a Methodist Farther Explained" that "our main doctrines, which include all the rest, are three, that of repentance, of faith, and of holiness"; and behind thess stood, as Wesley shows in a lengthy treatise on "The Doctrine of Original Sin," original sin and the gratuitous work of Christ and the Spirit.)
36 김진두, 『웨슬리와 우리의 교리』, 90.
37 네 가지 교리는 다음과 같다. {1. 모든 사람이 구원을 받을 필요가 있다(All need to be saved). 2. 모든 사람이 구원받을 수 있다(All can be saved), 3. 모든 사람이 구원의 확신을 얻을 수 있다(All can be assured.). 4. 모든 사람이 최고 수준의 성화를 얻을 수 있다(All can be sanctified to the uttermost)}

오늘날에는 소위 종교다원주의 신학을 전개하는 사람들이 타종교와 대화하기 위해서는 기꺼이 교리(dogma)를 내버릴 수 있어야 한다고 주장하기도 한다. 또 과정신학과 종교 철학을 중심으로 공부를 하는 사람들은 삼위일체, 인격적인 성령, 예수 그리스도의 대속 교리 등은 폐기되거나 재해석해야 할 과거 산물이라고 주장한다.

그러나 이러한 태도는 웨슬리안의 기독교 변증방법론이 아닐뿐더러, 교회 공동체에 피해만 준다. 기독교 변증방법론은 교회를 세우고 성도들의 신앙을 증진할 때만 비로소 빛이 난다.

여성 문학가이자 옥스퍼드의 최초의 졸업생이면서, 희곡과 소설을 쓰는 도로시 세이어즈(Dorothy L. Sayers)는 "도그마는 드라마다"라고 하였다.[38] 이 말은 교리가 구태의연한 과거 산물이 아니라 신앙을 풍성하게 만드는 아름다운 이야기라는 것을 의미한다.

그럼에도 불구하고-"성육신은 낡은 교리이며, 현대인들이 이해하지 못한다. 또 타종교와의 대화에 방해가 된다. 그뿐만 아니라 남성 중심적 기독교 사관을 강화시킨다."-등등의 말도 안 되는 주장으로 교리를 반대하는 학자들이 있다.[39] 하지만 이들의 주장과는 다르게 성육신 교리는 사람을 잘못되게 만들지 않고, 오히려 사람을 거룩하게 만든다.

웨슬리의 기독교 변증방법론에 근거한다면, 종교 간의 대화를 굳이 시도해야 할 이유가 없다. 왜냐하면, "대화를 위해 진리를 포기"하는 것만큼 "정체성 없는 행동"은 없기 때문이다. 또한, "남성 중심적 기독교 사관을 반대한다"라는 입장은 상대적인 주장이기에, "여성 중심적 사관은 옳은 것이냐?"라는 반문을 유발한다.

신앙의 내적 논리 안에 들어오지 않고 교리를 거부하는 태도는 매우 어리석은 행동이다. 차일스에 의하면 웨슬리는 "참된 관용의 정신을 가진 사람은 중요한 기독교 교리들에 관한 판단이 고정되어 있다"고 주장하였다.[40] 즉, **기독교 신앙의 범주인 도그마를 벗어나 대화와 관용을 말하는 것에 대해서는 그 어떤 형태이든지 웨슬리는 용납하지 않는다.** 웨슬리에게 있어서 관용은 교리적인 표준이

---

38   도로시 세이어즈, 『도그마는 드라마다』, 홍병룡 역 (서울: 한국기독학생회출판부, 2017), 41.
39   존 힉(John Harwood Hick), 로즈마리 류터(Rosemary Radford Ruether)와 같은 학자들이 위와 같은 주장을 한다.
40   로버트 차일스, 『웨슬리 신학의 근간 교리와 그 변천』, 33.

분명한 사람들만이 가능하다. 그리고 이러한 사람들은 의견이 다르다고 싸우지 않는다. 오히려 공통점을 찾기 위해 애쓴다. 달리 말하면 기독교 신앙 안에서 다툼이 일어날 만한 상황이 생기면 양보하고 타협하는 것이다. 그러나 이것은 어디까지나 기독교 신앙 안에서의 상황이다. 기독교 신앙을 벗어나서 벌어지는 교리적 타협이나 양보는 웨슬리안의 자세도 아니고, 그리스도인의 태도도 아니다.

3. 그리스도인의 완전 성화

웨슬리 이전에 프랑스 남서부의 사제인 프랑소아 페넬롱(François Fénelon)은 "우리 자신을 우리 성화의 보증이신 예수님의 형상에 맞추어 가는 것"이 '그리스도인의 완전'이라고 설명한 바가 있다.[41] 칭의 된 그리스도인이 성화의 삶을 살아가는 것은 마땅하다. 그런데 여기서 의문인 것은 '아무리 구원받은 하나님의 자녀라고 할지라도 이 땅에서 완전 성화를 이루는 것이 과연 가능할까?'이다. 이와 관련해서 웨슬리에 대한 기타 질문들이 쏟아진다.

웨슬리의 구원론에서 성화는 어떤 위치를 차지하는가?
완전 성화는 무흠 무결한 인간을 의미하는 것인가?
웨슬리의 구원론에는 예정론이 없는가?

이와 같은 오해투성이 질문들에 답변하다 보면 자연스레 웨슬리의 기독교 변증방법론을 마주할 수 있다.

먼저, 웨슬리 신학의 핵심이며 모든 감리교도의 기독교 변증학의 중심이 되는 '선행 은총'과 '성화'를 바르게 이해해야 한다. 웨슬리에게 있어서 **"선행하는 은혜는 현관 입구요(porch), 칭의는 문(door)이요, 성화나 성결은 우리가 그 안에서 거주하도록 부르심을 받은 집안의 방(room)에 해당"** 한다.[42] 즉, 구원의 가능성이 선행 은총으로 말미암아 모든 인간에게 부여되었다. 이것은 기독교 신앙의 놀라운 변증이 된다. 그러나 선행 은총으로 모든 인간이 반드시 구원받는다는

---

41 프랑수아 페넬롱, 『그리스도인의 완전』, 김창대 역 (서울: 브니엘, 2019), 142.
42 Theodore Runyon, 『새로운 창조』, 김고광 역 (서울: kmc, 2012), 37.

말은 아니다.

최종적으로는 그리스도의 구속 은총이 구원으로 이끈다.

그렇다면 웨슬리 구원론의 요체인 성화는 어떻게 이해되는가?

특히, 완전 성화는 기독교 변증방법론의 기능으로 어떤 역할을 하겠는가?

이에 대해서는 웨슬리의 "그리스도인의 완전"이라는 설교를 통해 확인할 수 있다. 웨슬리는 어둠이 조금도 없으신 하나님의 아들 예수 그리스도께서는 "몸과 혼과 영을 완전히 성화하신 자"라고 표현한다.[43]

다시 말해서 어두움이 전혀 없는 완전무결한 인간은 오직 예수 그리스도뿐이시다. 그러나 신자도 "성결이라고 일컫는 영혼의 상습적 성향"으로 인해 죄가 정결하게 되고 예수 그리스도 안에 있었던 모든 덕을 부여받게 된다.[44] 이것은 순전히 그리스도의 보혈 능력으로 가능하다. 또한, 웨슬리에게서 성화는 사랑과 동일시되며, "하나님의 사랑이 선물이듯이, 성화는 하나님의 선물이다."[45] 웨슬리는 완전 성화를 다음과 같이 정리하였다.

- 그리스도인의 완전은 모든 죄로부터의 건짐 받음을 의미하는 하나님에 대한 사랑과 이웃에 대한 사랑이다.
- 이것은 오직 믿음으로써 받는다.
- 이것은 한순간에 순간적으로 주어진다.
- 우리는 이것을 죽음의 순간이 아니라, 매 순간 기대해야 한다. 지금이 허락된 때다. 지금이 구원의 날이다.[46]

토머스 오든(Thomas Clark Oden)이 설명하기를 "완전하게 하시는 은혜의 교리는, 궁극적으로 인간 의지의 능력이 아닌, 그 인간의 의지를 온전히 변화시키는 은혜의 능력에 대한 가르침"이다.[47] 그러므로 성화는 성령의 선물이다.

---

43 존 웨슬리, 『그리스도인의 완전』, 이후정 역 (서울: 감리교신학대학교출판부, 2006), 35.
44 레오 조직 칵스, 『웨슬리의 완전론』, 김덕순 역 (서울: 은성, 1989), 135.
45 W.클라이버 & M.마르쿠바르트, 『감리교회 신학』, 조경철 역 (서울: kmc, 2011), 368.
46 존 웨슬리, 『그리스도인의 완전에 관한 거짓 없는 석명』, 이선희 역 (대전: HolyMountain, 2021), 106.
47 토머스 C. 오든, 『그리스도와 구원』, 장기영 역 (경기부천: 웨슬리르네상스, 2021), 432.

성령이라는 선물은 적극적이고 의미 있는 기독교인의 삶으로 거룩의 삶을 가능케 한다.⁴⁸

그러나 완전 성화가 결코 실수가 없는 완벽의 상태를 의미하는 것은 아니다. 그리스도인이 완전 성화가 되었어도 유혹받고 거룩한 길에서 벗어나 죄의 길로 떨어질 수 있다. 즉, 완전 성화는 육신의 연약함에서 벗어날 수 있는 것을 의미하는 것이 아니다. 다만 완전 성화의 상태에 있으면 영혼으로부터 죄가 정화되고 신자는 하나님의 완전한 사랑 안에서 자유를 누리게 된다.⁴⁹

웨슬리의 성화를 설명할 때 한 가지 더 오해하지 말아야 할 내용이 있다. 그것은 바로 "사회적 성화"라는 말이다. 종종 웨슬리의 성화를 '사회적 성화'라고 정의하는 이들이 있는데, 그것은 대단히 잘못된 정의이다. 우선 구원은 개인적 측면이기 때문에 '사회적 성화'라는 말은 적절한 표현이 아니다. 그것은 '사회적 성결'로 불리는 것이 더 적절하다. 이 웨슬리의 '사회적 성결'은 속회와 밴드를 중심으로 하는 신앙 운동이지, 어떤 정치적 사회 개혁 운동이 아니다.

웨슬리는 사회 질서 속에서 술 취함을 근절하기 위해 온 힘을 다했고, 반성경적인 노예 제도를 폐지하기 위해 힘썼다. 그렇지만 그는 정치적 현상에서 보수주의자였으며 철저한 토리(tory) 당원이었다.⁵⁰ 그러므로 웨슬리의 사회적 성결은 정치적 운동이 아닌 순전한 "신앙 운동"으로 봐야 할 것이다.

4. 웨슬리의 예정론

예정론은 성경에서 틀림없이 증언하고 있다. 신약성경 에베소서에서 바울은 하늘의 신령한 복을 말하면서, 분명히 예정에 관한 언급을 한다.⁵¹ 성경의 예정은 창세 전에 택하심과 그리스도 안에서 예정을 포괄하고 있다. 그렇기에 성경이 한 책의 사람이었던 웨슬리는 예정론을 인정하고 믿었다.

---

48 찰스 W. 카터, 『현대 웨슬리 신학 I』, 김영선 외 5인 역 (서울: 대한기독교서회, 1998), 993.
49 오톤 와일리 & 폴 컬벗슨, 『웨슬리안 조직신학』, 전성용 역 (경기파주: 세북, 2016), 388-389.
50 찰스 W. 카터, 『현대 웨슬리 신학 II』, 박은규 외 6인 역 (서울: 대한기독교서회, 1999), 274-277.
51 에베소서 1: 3-14.

그러나 웨슬리는 칼빈주의자의 이중예정론은 반대한다. 웨슬리의 기독교 변증의 내용 중 독특한 지점이 바로 이 부분이다. **웨슬리는 "이중예정론"을 반대한 것이지 "예정" 자체를 반대한 것은 아니다.** 그러므로 웨슬리의 구원론과 칭의 이해는 지극히 종교개혁의 전통과 그 맥을 같이한다.[52] 오해의 원인은 아르미니안에 대한 관점에 차이에서일 것이다. 아르미니안은 절대적 예정을 부인하고, 불가항력적 은혜도 부인한다. 무엇보다 아르미니우스주의는 성도의 견인 교리에 동의하지 않았다.

그러나 아르미니안이 펠라기우스와 동류 취급을 받는 것은 문제가 있다. 왜냐하면, 웨슬리가 봤을 때, 아르미니우스는 원죄와 이신칭의를 부인하지 않았기 때문이다.[53]

웨슬리의 예정론은 타협 불가능한 극단적 이중예정론이 아닐 뿐이지, 그는 구원의 방법이 예정되어 있음은 긍정한다. 아직 우리가 죄인 되었을 때 성부께서는 성자의 십자가 사건을 통한 구원의 방편을 예정해 놓으셨다. 그리고 웨슬리는 직분자가 예정되었다는 사실도 긍정한다.[54] 즉, 소명이 예정되었다고 본 것이다. 하지만 웨슬리는 자신의 설교 "값없이 주시는 은총"(Free Grace)에서 "나는 이러한 신성 모독적인 내용 때문에 이중예정 교리를 혐오한다"고 말하였다.[55]

그러나 웨슬리는 바로 이어서 "그 교리를 주장하는 사람들을 사랑한다"고 덧붙인다.[56] 여기서 웨슬리의 사랑의 모습을 볼 수 있다.

그 밖에 칼빈주의에 대한 비판적 견해에 대해서 리처스 S. 테일러(Richard S. Taylor)는 크게 다섯 가지로 정리하였다.[57] 또 오든은 "이중예정론을 설교하는 사

52　웨슬리는 1765년 5월 14일에 칼빈주의자 존 뉴턴(John Newton)에게 쓴 편지에서 자신의 구원론, 특히 칭의 이해는 "칼빈과 머리카락 한 올 차이"밖에 없다고 밝힌 바 있다. 이 말은 사실상 웨슬리 스스로가 자신이 칼빈과 구원론을 크게 달리하지 않는다는 말이기도 하다. 그러나 웨슬리를 구분하여 이해하길 원하는 학자들은 이 머리카락 한 올이 칼빈과 웨슬리를 가르는 루비콘강이라고 비유하기도 한다.; 장기영, 『개신교 신학의 양대 흐름』 (경기부천: 웨슬리르네상스, 2019), 240.
53　존 웨슬리, 『존 웨슬리 논문집 I』, 한국웨슬리학회 역 (서울: 한국웨슬리학회, 2009), 90.
54　직분자로서의 예정을 인정한다는 말은, 하나님이 이스라엘 민족을 선택하셨던 것과, 또 열두 사도를 세우셔서 사용하신 것과, 바울을 선택하여 세우셨던 것 등을 의미한다.
55　John Wesley, "Free Grace" in Kenneth J. Collins & Jason E. Vickers (eds.), *The Sermons of the Work of John Wesley: A collection for the Christian Journey* (Nashville, TN: Abingdon Press, 2013), 29.
56　Ibid.,
57　리처스 S. 테일러, 『죄의 올바른 이해』, 장기영 역 (경기부천: 웨슬리르네상스, 2022),

람들의 여덟 가지 잘못된 경향성"을 정리했다.[58] 칼빈주의 변증방법론을 선호하는 사람들은 웨슬리안의 이러한 논리가 상당히 불편하고 어색할 것이다. 그러나 웨슬리가 이중예정론을 반대했다고 해서, '행위구원'을 주장하는 것이 결코 아니다. 웨슬리는 언제나 은혜를 강조했다. 웨슬리의 설교 "믿음으로 말미암는 구원"(Salvation by Faith)을 보면 처음 시작하는 문장에서 "하나님이 말도 안 되게 베푸시는 모든 호의와 축복은 자비를 요구할 수 없는, 자격 없는 자들에게 베풀어지는 사랑"이라고 한다.[59]

오든이 지적하고 있는 것처럼, 칼빈주의자들은 하나님의 주권적 은총을 강조하기 때문에 인간의 책임성이 상대적으로 약하다. 반면에 인간의 책임성을 지나치게 강조하면 하나님의 은혜가 축소되기 마련이다. 이를 극복하기 위해 웨슬리는 어떤 상황에서도 하나님의 은총은 인간을 포기한 적이 없으며, 다만 인간이 하나님을 포기하는 것으로 생각했다.

> 신인 협력에서 주도권은 하나님의 은혜에 놓여 있다. 그렇지만 인간의 응답과 동의 없이 구원은 이루어질 수 없는 것이다.[60]

이는 하나님 은혜의 주권을 강조하면서도 인간의 응답을 요청하는 것이다. 인간의 응답은 달리 말하면, '은혜로의 참여'이다. 그런데 은혜에 참여하는 행위

198-199. : 칼빈주의의 다섯 가지 경향성은 다음과 같다. 1. 칼빈주의는 신앙은 강조하면서 회개의 필요성은 매우 경시하는 경향을 지닌다. 2. 칼빈주의는 하나님 보시기에 죄가 얼마나 끔찍한 것인지에 대한 날카로운 감각을 잃게 만든다. 3. 칼빈주의는 그 추종자들이 삶에서 어느 정도의 죄를 허용하게 만드는 경향이 있다. 4. 칼빈주의는 필시 타락한 사람들을 안심시켜 잘못된 구원 보장 교리 속에서 잠들게 만드는 경향이 있다. 5. 칼빈주의는 모든 죄에서 온전히 씻음 받는 성결의 교리에 본성적으로 반대하게 만드는 경향이 있다.

58 Thomas C. Oden, *John Wesley's Teachings. Vol.2: Christ and Salvation*. (Grand Rapids, MI: Zondervan, 2012), 164-166. : 여덟 가지 잘못된 경향성은 다음과 같다. 1. 이중예정론은 설교를 불필요하게 만든다. 2. 이중예정론은 성화의 삶을 손상시킨다. 3. 이중예정론은 성령의 역사를 강조할 필요가 없게 만든다. 4. 이중예정론은 자비의 사역에 대한 것을 없앤다. 5. 이중예정론은 역사적 하나님의 계시를 사소하게 만든다. 6. 이중예정론은 성경전체를 볼 때 잘못된 주석에 근거한다. 7. 이중예정론은 하나님의 사랑에 대한 신성 모독적인 경향이 있다. 8. 이중예정론은 하나님의 도덕적 속성을 뒤집는다.

59 John Wesley, "Salvation by Faith." in Frank Baker (ed.), *The Bicentennial Edition of the Work of John Wesley Vol.1* (Nashville, TN: Abingdon Press, 1984), 117.

60 이후정, "존 웨슬리와 신인 협력론의 현대적 의미", 『신학과 세계 제94집』 (서울: 감리교신학대학교, 2018), 237.

는 "협력"이 아니다. 그것은 "순응"이다.[61] 그러므로 '신인 협력'이라는 말보다는 '신인 순응'이라고 말하는 것이 더 적절할 듯하다. 어쨌든 웨슬리가 생각하는 구원론은 불가항력적인 은혜의 주도적인 강압만은 아닐 것이다.[62] 그러나 은혜 앞에서 순응할 수 있는 것조차 성령의 도우심으로만 가능하다.

그렇다면 이 시점에서 기독교 변증학에서 단골로 제시되는 물음이 등판할 차례이다.

과연 "이중예정론을 거부한 웨슬리의 예정론이 칼빈을 잘 계승한 것이라고 볼 수 있는가?"

칼빈의 예정론을 더 정확히 이해하고 계승한 사람들은 웨슬리가 아니라 칼빈주의자들이다. 그러나 웨슬리는 하이퍼 칼빈주의자들과 싸운 것이지 칼빈이라는 인물과 싸운 것이 아니다. 웨슬리도 칼빈을 계승하고 있는 지점들이 아주 많다. 다만 앞에서도 계속 강조했듯이 이중예정론이라는 특정 개념에 대해서는 분명 웨슬리는 칼빈과 입장을 달리한다.

칼빈은 『기독교 강요』에서 강력하고 확고한 어조로 예정에 대한 태도를 분명히 밝힌다. 칼빈은 『기독교 강요』 3권 21장 4번 "예정 교리가 위험하다는 논리에 대한 반박"을 펼친다. 칼빈은 자신의 예정 교리에 문제 삼는 자들을 향해서 거침없이 "불경한 자들의 비난"이라고 반박한다.[63]

더 나아가 창세 전부터 하나님이 예정하셨다는 "믿음의 주요한 교리"에 대해 방해하고 망령된 행동을 보이는 것에 대해서 "패역한 자들의 의기양양함"이라고 치부한다.[64] 칼빈의 '이중예정론 수호정신'은 오늘날의 칼빈주의에서도 그대로 나타난다. 가령 벤저민 워필드(Benjamin Breckinridge Warfield)의 경우에는 자신의 저서 『구원의 계획』에서 "제한 구원론(이중예정론)은 칼빈주의의 증표"라고 말한다.[65] 그러면서 동시에 워필드는 이중예정론의 논지는 "소수만을 불구덩이에 건져서 구원한다"는 점에 초점이 있는 것이 아니라, "전능하신 하나님의

---

61 이선희, 『복음주의적 감리교 신학의 모색』 (대전: 복음, 2003), 93. ; 하나님의 은혜에 '협동한다'라고 표현할지라도 그것이 구원의 효력에 인간 의지와 행위 등이 작동된다는 의미로 읽혀져서는 안 된다. 그저 하나님의 은혜 앞에 인간이 순응되어 따라가는 것이다.
62 존 웨슬리, 『존 웨슬리 논문집 II』, 한국웨슬리학회 역 (경기과천: 한국웨슬리학회, 2019), 418.
63 존 칼빈, 『기독교 강요(중)』, 원광연 역 (경기: 크리스챤다이제스트, 2015), 515.
64 Ibid.,
65 벤자민 B.워필드, 『구원의 계획』, 모수환 역 (경기: 크리스챤다이제스트, 2012), 95.

은혜가 구원받은 이들에게 임한다"는 점을 강조한다.[66]

아브라함 카이퍼(Abraham Kuyper)의 경우에는 칼빈의 신학을 정치적이고 실천적인 적용에 집중하지만, 자신의 저서 『칼빈주의 강연』에서 "칼빈주의는 하나님의 위엄 아래 우리를 놓아 하나님의 영원한 규례와 변할 수 없는 계명에 따르게 할 뿐이다"라고 말한다.[67] 따라서 칼빈을 정확히 이해하고 계승한다면, "하나님이 그가 기뻐하시는 자들을 그의 은밀한 계획 가운데서 값없이 선택하시며 동시에 다른 이들을 버리신다는 사실"을 분명히 인지하고 받아들여야 한다.[68]

그러나 웨슬리는 머리카락 한 올의 차이를 이 지점에서 보인다. 따라서 칼빈 자체를 정확히 이해하고 순수하게 계승하는 입장은 워필드나 카이퍼이지, 웨슬리는 아니다. 다만 웨슬리는 나름의 독자적이고 창조적인 예정론을 제시하였고, 칼빈 입장을 그대로 수용한 것이 아니라 자신의 목회적인 상황에서 재해석한 것으로 평가할 수 있다. 이어서 계속되는 질문이다.

"한 번 받은 구원은 영원한가?"

이중예정론에 근거하면, 한 번 받은 구원은 영원하다.

그러나 현대 칼빈주의자 중 어떤 이들은 다음과 같은 고민도 한다.

"과연 칼빈이 이중예정론을 가르쳤는가?"

심지어 고전적인 칼빈주의 견해로 제시되던, "칼빈주의의 5대 논점"에 대한 입장도 다양한 관점으로 재해석되는 시점이다.[69] 이러한 시점에서도 마이클 호튼(Michael S. Horton)은 고전적 칼빈주의 견해를 지지하면서도 부드러운 어조로 구원의 영원성을 지지한다.

> 하나님은 자신이 선택해서 그리스도 안에 두시고 그리스도에 의해 구속했으며, 그의 영원한 맹세를 위반하지 않은 채 그리스도에게 연합시킨 이들을 결코 버리실 수 없다. 이는 "한 번 구원받은 자는 항상 구원받는 것"이라는 원리 때문이 아니라, 하나님이 구원의 역사를 시작하신 이에게는 이를 완성하실 것이라

---

66 Ibid., 106.
67 아브라함 카이퍼, 『칼빈주의 강연』, 김기찬 역 (경기: 크리스챤다이제스트, 2014), 90.
68 존 칼빈, 522.
69 마이클 호튼 & 스티븐 하퍼 & 노먼 가이슬러 & 스티븐 애슈비, 『한 번 받은 구원 영원한가』, 이한상 역 (서울: 부흥과개혁사, 2011), 11.

는 약속 때문이다.[70]

　호튼과는 다르게 애즈베리신학교의 웨슬리 연구 담당 교수로 있었던 스티브 하퍼(Steve Harper)는 좀 더 신중한 입장을 보인다. 하퍼는 "웨슬리에서 참된 신학이란 올바른 성경 해석"을 통해서 "화육"이 이루어져야만 하는 것이다.[71] 따라서 구원이 영원하냐, 아니냐의 여부에 대해 확고한 교리적인 답변은 내놓지 않는다.
　만약 칼빈주의의 견해를 따른다면, 구원은 하나님의 은혜와 예정으로 말미암아 칭의와 성화가 동시적으로 완성되기에 취소될 수 없다. 그리고 타락하는 인간들에 대해서는 애초에 구원받지 않은 상태로 취급하면 매우 간단하다.
　그러나 웨슬리 입장에서 기독교 변증방법론을 펼칠 때 구원의 지속성 여부는 심각하게 고민할 만한 주제이다. 웨슬리는 절대 "구원이 취소될 수 있다"라고 말하지 않았다. 그러나 그는 파선되지 않기 위해 성화의 삶을 살아갈 것을 촉구했다. 사실 칭의 사건이 은혜로 말미암아 전인격적인 변화를 가져왔고, 그 은혜가 성화로 말미암아 지속된다면 한 번 받은 구원은 영원하다. 달리 말하면, "칭의 구원이 종국적인 것"이 아니라 "칭의 사건은 구원의 기초"이고, "성령으로 말미암는 거듭남과 성화의 과정"이 "충만한 구원, 구원의 완성"으로 이끈다.[72]
　1738년 5월 24일 수요일 오후 8시 45분 올더스게이트 가(Aldersgate Street)에서 웨슬리는 루터의 로마서 서문을 통해서 마음의 뜨거워짐을 느꼈다.[73] 그는 어둠이 없으신 참 빛이신 하나님을 경험한 것이다. 여기서 웨슬리가 경험한 은혜는 그저 위로가 아니라 능력을 낳는다. 그 능력은 "그리스도께 순종할 수 있는 능력"이다.[74]
　다시 말해서 구원받은 신자는 곧 하나님의 은혜에 대한 감격을 느낀 자이고, 하나님의 은혜에 대한 감격을 느낀 사람이라면, 필연적으로 성화의 길을 걸어간다(그렇기에 가룟 유다는 은혜의 감격을 느끼지 못한 사람이다). 만일 "성화 된 삶"을 통하여 충분한 구원에 이른다는 웨슬리의 주장을 왜곡하여 이해할 경우, "구원

70　Ibid., 58.
71　Ibid., 379.
72　이후정,『성화의 길』(서울: 대한기독교서회, 2014), 132.
73　존 웨슬리,『존 웨슬리의 일기』, 김영운 역 (경기파주: CH북스, 2019), 74-75.
74　케네스 콜린스,『성경적 구원의 길』, 장기영 역 (서울: 새물결플러스, 2017), 194.

받았으나 거룩한 삶을 살지 못하면 구원에서 박탈된다"라고 해석할 수도 있다.

그러나 이렇게 해석하는 순간, '인간의 공로와 노력으로 구원을 이룬다'라는 펠라기우스 입장과 별반 다를 것이 없게 된다. 따라서 웨슬리의 기독교 변증 방법을 구사할 때도 구원이 취소될 수 없음을 명시하는 것이 적절하다. 구원받은 자는 반드시 하나님이 지속적인 은혜를 부어 주신다. 케네스 콜린스(Kenneth J. Collins)는 웨슬리에 온전한 성화에 대해 다음과 같이 말한다.

"온전한 성화는 '하나님께 헌신 된 마음과 삶'을 포함할 뿐 아니라 하나님과 인간의 관계를 정결케 함으로써 하나님의 형상, 특히 도덕적 형상을 영광과 광휘 가운데 새롭게 한다."[75] 어둠이 없으신 하나님의 광휘가 은혜로 신자들을 성화의 길에 들어서도록 인도하신다.

하나님이 구원을 주실 때 감격으로 반응하지 않았다면 구원받지 않은 것이지, 구원에서 탈락했다고 말할 수는 없다. 그러나 인간의 순응을 간과해선 안 된다. 즉, 은혜에 대한 인간의 반응 여부가 구원받은 성도의 표징을 보여 준다. 따라서 신자는 하나님의 은혜 앞에서 구원의 감격이 식어서는 안 된다. 은혜의 감격이 유지되는 사람은 거룩한 삶을 필연적으로 살아간다.

> 먼저, 의롭다 함을 받은 후 신자는 계속 믿음의 시련을 겪으면서 자신을 재검토하게 되며, 이미 이긴 듯한 옛 원수들의 세력과 죄의 공격을 겪게 된다. 그러나 이러한 구름 속에서도 주님의 영의 위로를 받으면서 견인하는 것이 성도의 완전으로의 길이다.[76]

---

[75] 케네스 콜린스, 『거룩한 사랑과 은총 존 웨슬리의 신학』, 이세형 역 (서울: kmc, 2014), 423.
[76] 이후정, 『성화의 길』(서울: 대한기독교서회, 2020), 254.

♣ 내용 정리를 위한 문제

1. 존 웨슬리 신학을 사변형 신학으로 오해하게 된 이유는 무엇이며, 사변형(성경, 전통, 이성, 체험)에 대한 웨슬리의 진짜 입장은 무엇인지 구체적으로 밝히시오.
2. 웨슬리 입장에서 포용할 수 있는 의견은 무엇이고, 타협 불가능한 교리는 무엇인지 구분하여 정리하시오. 그 후 웨슬리 구원론에 등장하는 '선행 은총'과 '완전 성화'에 대한 개념을 각각 서술하시오.
3. 칼빈주의자의 '이중예정론'에 대한 웨슬리의 입장을 밝힌 후, 웨슬리의 예정론에 대해 서술하시오.

※ 참고 문헌(제9장에 인용된 도서들)

존 웨슬리.『그리스도인의 완전』. 이후정 역. 서울: 감리교신학대학교출판부, 2006.
_____.『그리스도인의 완전에 관한 거짓 없는 석명』. 이선희 역. 대전: HolyMountain, 2021.
_____.『웨슬리 설교전집 4』. 한국웨슬리학회 역. 서울: 대한기독교서회, 2015.
_____.『존 웨슬리 논문집 I』. 한국웨슬리학회 역. 서울: 한국웨슬리학회, 2009.
_____.『존 웨슬리 논문집 II』. 한국웨슬리학회 역. 경기 과천: 한국웨슬리학회, 2019.
_____.『존 웨슬리의 일기』. 김영운 역. 경기 파주: CH북스, 2019.
Wesley, John. "Free Grace" in Kenneth J. Collins & Jason E. Vickers (eds.), *The Sermons of the Work of John Wesley: A collection for the Christian Journey*, Nashville, TN: Abingdon Press, 2013.
_____. "Salvation by Faith." in Frank Baker (ed.), *The Bicentennial Edition of the Work of John Wesley Vol.1* Nashville, TN: Abingdon Press, 1984.
Theodore Runyon.『새로운 창조』. 김고광 역. 서울: kmc, 2012.
W.클라이버 & M.마르쿠바르트.『감리교회 신학』. 조경철 역. 서울: kmc, 2011.
대니얼 제닝스.『존 웨슬리의 미라클』. 박성은 역. 경기군포: 하늘씨앗, 2020.
데이비드 햄튼.『성령의 제국 감리교』. 이은재 역. 서울: 기독교문서선교회, 2009.
도날드 스톤.『웨슬리의 생애와 윤리』. 조종남 역. 서울: 선교햇불, 2019.
도로시 세이어즈.『도그마는 드라마다』. 홍병룡 역. 서울: 한국기독학생회출판부, 2017.
레오 조직 칵스.『웨슬리의 완전론』. 김덕순 역. 서울: 은성, 1989.
로버트 G. 터틀 2세.『존 웨슬리 그의 생애와 신학』. 김석천 역. 서울: 세북, 2001.
로버트 W.버트너 & 로버트 E.차일즈.『웨슬리 신학 개요』. 김운기 역. 서울: 전망사, 1988.

로버트 차일스. 『웨슬리 신학의 근간 교리와 그 변천』. 조종남 역. 서울: 선교햇불, 2017.
로벳 웜즈. 『존 웨슬리의 신학과 유산』. 이은재·이관수 역. 서울: 진흥, 2005.
리챠드 P. 하이첸레이터. 『웨슬리와 메소디스트라고 불리운 사람들』. 정은해 역.
　　　Nashville: Abingdon Press, 2005.
리쳐드 후커. 『교회 체제의 법에 관하여』. 노철래 역. 서울: 성공회출판사, 2022.
리처스 S. 테일러. 『죄의 올바른 이해』. 장기영 역. 경기 부천: 웨슬리르네상스, 2022.
마이클 호튼 & 스티븐 하퍼 & 노먼 가이슬러 & 스티븐 애슈비. 『한 번 받은 구원 영원한
　　　가』. 이한상 역. 서울: 부흥과개혁사, 2011.
벤자민 B. 위필드. 『구원의 계획』. 모수환 역. 경기: 크리스챤다이제스트, 2012.
아놀드 A. 델리모어. 『윗필드 씨! 제발 좀 마이크 내려놓고 쉬세요!』. 오현미 역. 경기 고
　　　양: 이레서원, 2021.
아브라함 카이퍼. 『칼빈주의 강연』. 김기찬 역. 경기: 크리스챤다이제스트, 2014.
알버트 C. 아우틀러. 『웨슬리 영성 안의 복음주의와 신학』. 전병희 역. 서울: 한국신학연
　　　구소, 2008.
알버트 아우틀러. 『웨슬리 설교 해설』. 조종남 역. 서울: 대한기독교서회, 2006.
오레 보르겐. 『웨슬리와 성례전』. 조종남 역. 서울: 선교햇불, 2019.
오톤 와일리 & 폴 컬벗슨. 『웨슬리안 조직신학』. 전성용 역. 경기 파주: 세북, 2016.
존 라일. 『횟필드와 웨슬리』. 배용덕 역. 서울: 부흥과개혁사, 2007.
존 칼빈. 『기독교 강요(중)』. 원광연 역. 경기: 크리스챤다이제스트, 2015.
찰스 W. 카터. 『현대 웨슬리 신학 I』. 김영선 외 5인 역. 서울: 대한기독교서회, 1998.
찰스 W. 카터. 『현대 웨슬리 신학 II』. 박은규 외 6인 역. 서울: 대한기독교서회, 1999.
케네스 콜린스. 『거룩한 사랑과 은총 존 웨슬리의 신학』. 이세형 역. 서울: kmc, 2014.
　　　_____. 『성경적 구원의 길』. 장기영 역. 서울: 새물결플러스, 2017.
케네스 콜린스. 『존 웨슬리 톺아보기』. 이세형 역. 서울: 신앙과지성사, 2018.
토머스 C. 오든. 『그리스도와 구원』. 장기영 역. 경기 부천: 웨슬리르네상스, 2021.
　　　_____. 『하나님과 섭리』. 장기영 역. 경기 부천: 웨슬리르네상스, 2021.
프랑소아 페넬롱. 『그리스도인의 완전』. 김창대 역. 서울: 브니엘, 2019.
프레드 샌더스. 『웨슬리가 말하는 그리스도인의 삶』. 이근수 역. 서울: 이바서원, 2015.
핸리 D. 랙. 『존 웨슬리와 감리교의 부흥』. 김진두 역. 서울: 감리교신학대학교출판부,
　　　2001.
헨리 나이트. 『웨슬리 사랑의 신학』. 유성준 역. 서울: kmc, 2013.
김민석. 『웨슬리안 실천 교리』. 서울: 샘솟는기쁨, 2019.
김진두. 『웨슬리와 우리의 교리』. 서울: kmc, 2010.
　　　_____. 『존 웨슬리의 생애』. 서울: kmc, 2014.
이선희. 『복음주의적 감리교 신학의 모색』. 대전: 복음, 2003.
이후정. 『성화의 길』. 서울: 대한기독교서회, 2014/2020.

_____. 『신학과 세계 제94집, 존 웨슬리와 신인 협력론의 현대적 의미』. 서울: 감리교신학대학교, 2018.

_____. 『웨슬리와 초대 교부 영성』. 서울: 신앙과지성사, 2019.

장기영. 『개신교 신학의 양대 흐름』. 경기 부천: 웨슬리르네상스, 2019.

Oden, Thomas C. *John Wesley's Teachings. Vol.2: Christ and Salvation*. Grand Rapids, MI: Zondervan, 2012.

Outler, Albert C. *The Wesleyan Theological Heritage*. eds, Thomas C. Oden & Leicester R. Longden. Grand Rapids. MI: Zondervan Publishing House, 1991.

Wainwright, Geoffrey. *Methodist in Dialogue*. Nashville, Kingswood Book, 1995.

제10장

대각성 부흥 운동과 변증방법론 Ⅱ : 조나단 에드워즈

> 그들이 실족할 그 때에 내가 보복하리라 그들의 환난날이 가까우니 그들에게 닥칠 그 일이 속히 오리로다(신명기 32장 35절).

현대 기독교 변증학자들이나 조직 신학자들이 신학을 만들어 가는 방법은 다양하다. 칼 바르트(Karl Barth)의 경우에는 계시에 입각한 신학을 전개한다. 반면에 슐라이어마허(Friedrich Daniel Ernst Schleiermacher)나, 칼 라너(Karl Rahner)와 같은 신학자들은 인간 경험에 입각한 신학을 전개한다. 또 폴 틸리히(Paul Johannes Tillich)는 인간의 생각과 계시를 상관관계 속에서 연결하여 접근한다.

그 밖에도 자신만의 관점을 가지고 독특하게 신학을 전개하는 학자들은 더 있다. 볼프하르트 판넨베르크(Wolfhart Pannenberg)의 경우에는 역사라는 관점으로 신학을 전개하고, 한스 우르 폰 발타자르(Hans Urs von Balthasar)는 미학의 관점으로 신학을 전개한다.

그러나 실제 교회 현장에서 적극적으로 사용되는 기독교 변증방법론은 주로 교파 신학 내지는 18세기 부흥 운동을 주도했던 웨슬리, 휫필드, 에드워즈 전통에 입각한 신학이 통용된다.[1] 이 때문에 현대 복음주의 신학자들은 자신의 기독교 변증신학의 뿌리를 18세기 부흥 운동에 둔다.

로저 E. 올슨(Roger E. Olson)은 복음주의에 대한 정의를 내리면서, "18세기 초반 독일, 영국, 북미에서 일어난 개신교 갱신과 부흥을 추구했던 경건주의자들과 부흥 운동가"들을 소개한다.[2] 여기에는 웨슬리 형제, 조지 휫필드, 조나단 에

---

1 여기서 교파신학이란, 개혁교회 전통에 입각한 칼빈주의 신학을 의미한다. 찰스 하지, 코넬리우스 반틸, 벤자민 위필드, 헤르만 바빙크 등의 학자들이 있다.
2 로저 E 올슨, 『복음주의 신학사 개관』, 이종원·박욱주 역 (서울: 크리스천투데이, 2017), 12.

드워즈가 포함된다. 존 스토트(John Stott)에 의하면, "'복음주의적'이란 말은 존 웨슬리와 조지 휫필드와 관련이 있는 소위 '복음주의적 부흥'이라고 불리는 것과 연관되어, 18세기 초에 비로소 널리 쓰이게 되었다"라고 설명한다.[3]

그중에서도 조나단 에드워즈(Jonathan Edwards)는 당대 최고의 신학자이며 철학자이자 설교가이다. 그가 생각한 기독교 변증의 목적은 언제나 "하나님의 영광을 위하시는 예수 그리스도로 말미암아 오는 의의 열매를 영원히 맺는 것"에 있다.[4] 이를 위해서라면 지옥의 공포를 주는 것 역시 유익하다.

1. 지옥과 천국

에드워즈의 변증방법론 중 가장 두드러지는 핵심은 내세에 대한 확신이다. 그가 이끈 영적 대각성 운동은 내세(천국과 지옥)에 대한 분명한 확신을 기초로 한다. 특히, 에드워즈는 교회 안에 회심하지 않은 자들을 시온의 죄인들로 간주하고 무섭게 경고한다.[5] 기독교 신앙의 변증에서 "틀림없이 지옥이 있는 이유에 대한 일련의 논증"들은 성도를 참된 길로 끌어준다.[6]

솔로몬 스토다드(Solomon Stoddard) 역시 "본성의 상태에서 죽는 모든 인간은 필연적으로 지옥에 떨어지게 될 것"임을 강조했다.[7] 이로 보건대 에드워즈의 기독교 변증방법론은 자기 할아버지인 스토다드와 그 방향성이 같다. 에드워즈는 신명기 32장 35절 말씀을 가지고 〈진노하시는 하나님의 손안에 있는 죄인〉이라는 제목의 설교를 한다. 그는 "하나님의 공의로운 복수"에 의해 멸망하게 될 죄인들이 바로 당신들이라며 청중을 향해 선포했다.[8]

하나님의 보복 날은 환난의 날이다. 그날에 관한 이야기는 많은 사람에게 불편함을 주었다. 하지만 에드워즈의 그러한 설교들은 성도의 삶을 교정시키고 기

---

3 존 스토트, 『복음주의의 기본 진리』, 김현회 역 (서울: 한국기독학생회출판부, 2016), 22.
4 이안 머레이, 『조나단 에드워즈 삶과 신앙』, 윤상문·전광규 역 (서울: 이레서원, 2009), 96.
5 조나단 에드워즈, 『복음 설교, 조나단 에드워즈에게 배우다』, 조계광 역 (서울: 생명의말씀사, 2016), 111.
6 조지 M. 마즈던, 『조나단 에드워즈 평전』, 한동수 역 (서울: 부흥과개혁사, 2017), 187.
7 솔로몬 스토다드, 『그리스도께로 가는 길』, 이순임 역 (서울: 기독교문사, 2003), 42.
8 조나단 에드워즈, 『진노하시는 하나님의 손안에 있는 죄인』, 백금산 역 (서울: 부흥과개혁사, 2015), 17.

독교 신앙의 고결함을 증명시켜 주는 데 크게 일조했다. 웨슬리와 마찬가지로 에드워즈의 기독교 변증학 역시 열매 맺는 삶에 초점이 놓여 있기에 이런 변증 방법론이 나타난 것이다.

에드워즈는 데이비드 브레이너드(David Brainerd)의 일기에서도 "구원받기 위해서는 바로 그리스도께 달려와야 할 필요가 있음"을 강조하고 있다.[9] 그러나 에드워즈가 지옥의 공포로만 사람들을 몰아넣은 것은 결코 아니다. 그가 이해하는 천국은 "사랑의 하나님이 공급하시는 세계"이다.[10] 또한, 에드워즈는 "천국에는 성도들이 세상에 있는 동안 가장 마음을 두고 가장 사랑했던 것이 모두 있다"라고 천국 소망을 변증한다.[11]

마이클 리브스(Michael Reeves)는 에드워즈의 천국과 지옥에 대한 관점을 근거로, 우리가 이 땅에서 체험하는 모든 두려움은 하나의 맛보기라고 주장한다. **지옥은 공포의 두려움이고, 천국은 거룩의 두려움이다.** 즉, "불신자들이 겪는 죄악된 두려움과 공포심은 지옥의 첫 열매이며, 그리스도인들이 하나님의 자녀로서 경험하는 두려움은 하늘의 첫 열매이다."[12] 두려움은 죄가 사망에 이르게 한다는 사실을 아는 이들에게 모두 나타난다. 그런데 이 죄가 이성에 미친 영향 중 가장 심각한 것은, 우리의 신앙 지식을 사변적이고 형식적인 것으로 추락시켰다는 점이다.

그래서 에드워즈는 『원죄론』에서 "인간 본성의 부패는 종교에 있어서 극도로 우둔하고 어리석은 현재 인간 본성의 경향에서 분명히 드러난다"라고 지적하고 있다.[13] 그러나 마음의 감각이 각성하여 하나님의 초월에 참여하는 성향이 있게 된다면 천국과 지옥의 실제들을 느낄 수 있다.[14] 결국, 에드워즈가 생각한

---

9 조나단 에드워즈, 『데이비드 브레이너드의 일기』, 윤기향 역 (경기고양: 크리스챤다이제스트, 2005), 164.
10 카일 스트로벨, 『조나단 에드워즈가 보여준 영적 성숙의 길』, 윤석인 역 (서울: 부흥과개혁사, 2014), 43.
11 조나단 에드워즈, 『천국은 사랑의 나라입니다』, 백금산 역 (서울: 부흥과개혁사, 2015), 27.
12 마이클 리브스, 『떨며 즐거워하다』, 송동민 역 (서울: 복있는사람, 2021), 229.
13 조나단 에드워즈, 『원죄론』, 김찬영 역 (서울: 부흥과개혁사, 2016), 207.
14 스캇 올리핀트, "조나단 에드워즈의 변증학" 『조나단 에드워즈의 유산』, D.G.하트, 숀 마이클 루카스, 스티븐 니콜스 외 10명 편집, 장호익 역 (서울: 부흥과개혁사, 2009), 215-217.

복음적 삶은 "천국과 지옥을 눈앞에 두고 사는 종말론적 삶"이다.[15]

중요하게 주목해야 할 부분은 에드워즈의 지옥과 천국에 대한 설교다. 그의 내세에 대한 설교는 지옥의 공포로 몰아넣은 뒤 천국 문을 활짝 여는 기독교 변증 방법이다. 적용한다면 다음과 같은 논지를 펼칠 수 있다.

- 회개하지 아니한 이들은 진노하시는 하나님의 손안에 있는 죄인들이다.
- 그들의 등 뒤에는 언제나 지옥의 유황불이 넘실대고 있다. 또한, 그들의 심장은 하나님의 진노가 담긴 과녁이다. 거룩한 이의 분노가 담긴 활시위는 이미 당겨져 있고 언제든 당겨진 손은 놓을 준비가 되어 있으시다.
- 아직도 멸망 당하지 않은 이유는 하나님의 인내하심 때문이다. 그렇기에 서둘러 회개해야 한다. 지옥은 실재하고 있다. 지옥은 거룩한 이의 분노로 가득 차 있다.
- 반면에 천국도 실재한다. 천국은 거룩한 이의 사랑으로 가득 차 있다. 신실한 분의 사랑의 손길이 신자들을 끝까지 붙드신다. 붙들어 주실 뿐만 아니라 그 주권적인 손은 회개의 눈물을 흘린 모든 신자를 사랑의 나라로 이끄신다.

에드워즈에게 지옥의 공포와 천국의 소망은 기독교 신앙의 중심부를 차지하고 있다. 이 기독교 신앙의 중심적인 내용은 시대가 급변해도 여전히 복음이기 때문에, 마크 갤리(Mark Galli)는 "영원한 지옥과 영원한 천국이 있다는 것과 하나님이 예수 그리스도 안에서 자신을 완벽하게 정의롭고 완벽하게 자비로운 분으로 보이셨다는 것"은 분명한 성경적 진리라고 주장한다.[16] 그러므로 예수 그리스도의 십자가만이 지옥에서 천국으로 구출해 낼 수 있다. 그 십자가는 지옥 백성을 천국으로 초대하는 무적의 구명보트이다.

---

15 더글라스 스위니 & 오웬 스트라챈, 『조나단 에즈워즈의 천국과 지옥』, 김찬영 역 (서울: 부흥과개혁사, 2013), 64.
16 마크 갤리, 『하나님이 이긴다』, 김명희 역 (서울: 포이에마, 2011), 181.

2. 신앙 감정론과 구속사

에드워즈의 핵심 사상 중 하나는 "신앙 감정론"이다. 에드워즈는 믿음을 '감정'이나 '의지'가 아닌, 체험으로 이해했는데, 그 이유는 하나님을 아는 것은 아름다움을 아는 것과 같은 '체험적 앎'이기 때문이다.[17] 에드워즈는 하나님을 "사람이 상상할 수 있는 가장 위대하고, 가장 순결한 존재보다 더 거룩하게 빛나는 분이고, '거룩한 아름다움' 가운데 계시는 분"으로 이해했다.[18] 이것은 그가 신앙 감정론을 풀어내는 논리와 긴밀하게 연결되는 개념이다. 그러나 오해하지 말아야 할 것은 "에드워즈는 정서를 감정과 동일시하는 것"을 원치 않았다.[19]

그의 신앙 감정론은 그저 단순히 마음이 뜨거워지는 종교적 체험이나 슐라이어마하의 '절대 의존 감정'이 결코 아니다. 에드워즈는 마음을 넘어 정서를 바라봄으로 자아에 관해 통합적인 견해를 제시할 수 있는 개념적이며 영적인 지식을 중시한다.

따라서 에드워즈는 감정의 고조로 계시를 이해하지 않고, 성경을 통하여 예수 그리스도께 접근하는 것이 참된 계시라고 이해했다. 그리고 그 계시는 아름답다.

"계시의 심장이신 예수 그리스도의 아름다움을 찾는 가장 확실하고도 분명한 방법은 하나님이 교회에 주신 기록된 계시, 즉 성경에만 있다."[20]

이것은 실질적이고 실천적인 기독교 변증으로 나타난다. 에드워즈의 신앙 감정론 열두 번째 적극적 표지는 '행위로 나타나는 신앙'이다. 기독교 원리는 하나님의 말씀 앞에 순종하는 행위로 나타난다. 복음에 합당한 삶이란 겸손한 태도로 주변과 화평을 누리는 것이다.[21] 이러한 기독교인 삶의 모습은 불신 영혼들을 설득하기에 충분하다.

---

17 이상현, 『조나단 에드워즈의 철학적 신학』, 노영상·장경철 역 (서울: 한국장로교출판사, 2011), 18.
18 더글라스 스위니 & 오웬 스트라챈, 『조나단 에즈워즈의 하나님의 아름다움』, 김찬영 역 (서울: 부흥과개혁사, 2014), 46.
19 스테펜 J. 니콜라스, 『조나단 에드워즈의 생애와 사상』, 채천석 역 (서울: 개혁주의신학사, 2013), 114.
20 마이클 맥클리먼드 & 제럴드 맥더모트, 『한 권으로 읽는 조나단 에드워즈 신학』, 임요한 역 (서울: 부흥과개혁사, 2015), 188.
21 조나단 에드워즈, 『신앙감정론』, 정성욱 역 (서울: 부흥과개혁사, 2017), 544.

사실 에드워즈의 『신앙 감정론』은 부흥을 비판하는 자들에게 신앙 감정의 중요함을 설명하기 위한 것이었다. 그래서 그는 진실로 회심한 그리스도인들의 모습과 그들에게 나타난 '신앙 감정'에 대하여 설명해 줄 의무를 느꼈다. 에드워즈가 볼 때, 복음에 대한 이론적인 이해와 참된 회심은 전적으로 차이가 있다. 참된 회심은 오직 거룩한 신앙 감정에 의해 일어난다.

그러므로 신앙 감정은 거룩한 감정이다. 또한, 신앙 감정은 성부와 성자와 성령의 사랑을 느끼는 원천의 감정이다. 또 이것은 마음의 거룩한 정감을 불러일으키는 성령의 능력이다. 따라서 "신앙 감정이 없는 사람은 영적으로 죽은 사람이요, 그 마음에 하나님 성령의 구원하시고 살리시는 실제적인 역사가 없는 사람"이다.[22] 신앙 감정론은 구원의 확증이 되는 지표와 그렇지 않은 지표를 나눠 주는 기준이 된다(아래 표를 참고하라).

〈신앙 감정론의 지표〉

신앙 감정을 진정으로 판단할 근거가 될 수 없는 소극적 표지 12가지	진정으로 은혜로운 거룩한 감정을 뚜렷이 구별해 주는 적극적 표지 12가지
1. 감정의 강도	1. 성령의 내주
2. 몸의 격렬한 반응	2. 하나님의 하나님 되심에 대한 인식
3. 신앙과 신학에 대한 관심	3. 하나님의 아름다우심에 대한 인식
4. 감정의 자가 생산 여부	4. 하나님을 아는 지식
5. 성경이 갑자기 떠오름	5. 진리에 대한 깊은 확신
6. 사랑의 피상적 표현	6. 참된 겸손
7. 감정의 정도	7. 성품의 변화
8. 감정의 체험 순서	8. 그리스도의 성품을 닮아 감
9. 종교적 행위와 의무의 피상적 실천	9. 하나님을 두려워함
10. 찬송을 열심히 부름	10. 신앙의 균형
11. 자신의 구원 확신	11. 하나님을 향한 갈망
12. 타인에 의한 구원의 확신	12. 행위로 나타나는 신앙

22　샘 스톰즈, 『우리 세대를 위한 조나단 에드워즈 신앙감정론』, 장호준 역 (서울: 복있는사람, 2016), 69.

무엇보다 신앙 감정에 충만한 사람은 성령을 통해 거듭난 사람이다. 성령을 통해 거듭난 사람은 새로워진 마음에 "영적인 아름다움, 복음의 진리, 성도의 미덕, 믿음의 공동체 등"을 정당하게 이해할 수 있다.[23] 영적인 감각은 다른 어떤 감각보다도 고귀하고 중요하다. 그리고 이 신앙 감정은 중생한 마음에서 하나님의 영광 빛이 임할 때 효력이 발생한다(그런 의미에서 '신앙 감정'은 '신앙 정감'이라고 해석해도 문제 될 것이 없다).

에드워즈의 신앙 감정은 그의 미덕 이론에 기초한 변증이다. 이에 대해서 콘라드 체리(Conrad Cherry)는 "미덕 이론이 우주의 아름다움, 인간 도덕의 아름다움, 신적 자비의 아름다움을 공생하는 관계로 가져왔다"라고 말한다.[24] 예수 그리스도의 구속 사역을 올바로 이해한 성도는 참되고 바른 신앙 감정의 지표가 필연적으로 나타난다.

기독교 신앙은 참된 신앙 감정의 지표를 가진 사람들로부터 변증이 된다. 그들은 참된 미덕을 가지고 있다. 에드워즈에게 있어서 "참된 미덕은 우선적이며 가장 본질적으로 하나님을 향한 최고의 사랑"에 있다.[25] 즉, 최고로 지적이면서 영적인 것은 '하나님 사랑'에 있다. 이것은 신앙 감정의 참되고 분명한 지표이다.

그러나 이러한 지표는 오직 예수 그리스도의 구속 사역 능력에 휘감겼을 때만 표출할 수 있다. 따라서 신앙 감정을 통한 기독교 변증은 자연스럽게 구속 사역을 통한 변증으로 연결된다. 그래서 에드워즈는 다음과 같이 말한다.

> 구속받은 자들은 자신의 모든 좋은 것을 하나님께로부터(of) 받으며, 하나님을 통해(through) 받으며, 하나님 안에서(in) 받습니다. 하나님은 모든 구속받은 자의 모든 유익이 나오는 원인이요, 원천입니다. 그러므로 모든 유익은 하나님께로부터(of) 나옵니다. 하나님은 모든 좋은 것을 얻게 하고 운반하는 매체입니다. 그러므로 구속받은 자들은 모든 좋은 것을 하나님을 통해(through) 받습니다. 하나님은 수여되고 운반되는 좋은 것 자체(good itself)입니다. 그러므로 모든 좋은

---

23 마이클 맥클리먼드 & 제럴드 맥더모트, 『한 권으로 읽는 조나단 에드워즈 신학』, 143.
24 Conrad Cherry, *Nature and Religious Imagination: From Edwards to Bushnell* (Philadelphia, PA: Fortress Press, 1980), 62.
25 조나단 에드워즈, 『참된 미덕의 본질』, 노병기 역 (서울: 부흥과개혁사, 2015), 43.

것은 하나님 안에 있습니다.[26]

위와 같은 에드워즈의 설교는 삼위일체 하나님 안에 '모든 좋은 것의 근원이 다 있다'라는 사실을 밝혀 준다. 에드워즈의 기독교 변증방법론은 신앙 감정론과 더불어 구속의 절정을 드러내는 것에 쏠려 있다. 에드워즈에게서 구속사는 다른 어떤 것보다 중요한 하나님의 웅대한 계획을 의미한다.[27] 그것은 삼위일체 하나님의 신적 활동과 작정들 가운데 최고와 최후(summum and ultimum)가 되는 것이다.

다시 말해서 구속사는 태초부터 영원까지, 창조, 구속, 부활, 재림 등을 포괄한다. 즉, 에드워즈에게 교회의 역사는 곧 그리스도의 역사이다. 예수 그리스도만이 참된 역사다.

그리고 하나님의 참되고 영광스러운 구속 프로젝트는 십자가와 부활에서 절정을 보였다. 이것은 기독교의 기본 진리를 설명해 내는 변증일 뿐 아니라 회심한 성도들이 초심에서 벗어나지 않도록 끌어 주는 지침과도 같다. 종종 에드워즈의 후기 노트를 근거로 그에게서 구속사 개념이 "하나님의 임재와 활동을 기독교 이외의 종교와 세속 문화에서도 평가하려는 경향이 있었다"라고 진단하는 이들이 있다.[28]

그러나 그의 구속사 개념의 핵심은 "인간의 죄와 하나님의 은혜에 대한 칼빈주의 개념에 헌신한다"라는 점에서 그는 여전히 정통주의자이다.[29]

에드워즈는 구속사의 기간을 크게 세 시기로 나눈다.

첫째, 인간의 타락으로부터 그리스도의 성육신까지의 기간이다.
둘째, 그리스도의 성육신으로부터 그의 부활까지의 기간이다.
셋째, 그리스도의 부활부터 세상 끝날까지의 기간이다.[30]

---

26 조나단 에드워즈, 『구속 사역을 통해 영광 받으시는 하나님』, 백금산 역 (서울: 부흥과개혁사, 2016), 25-26.
27 본문에서 사용된 '구속사'란 단어는 조나단 에드워즈의 전집의 제9권으로 나온 "구속사" 설교만을 지칭하지 않는다. 여기서 '구속사'란 그의 신학적 전개 방식 전체에 드러난 핵심적 특징으로써 포괄적인 의미로 사용한다.
28 마이클 맥클리먼드 & 제럴드 맥더모트, 『한 권으로 읽는 조나단 에드워즈 신학』, 254.
29 Ibid.
30 조나단 에드워즈, 『구속사』, 김귀탁 역 (서울: 부흥과개혁사, 2015), 171.

이렇게 세 기간은 인류의 타락, 그리스도의 구속 사역 그리고 부활과 재림 모두를 포괄한다. 여기서 에드워즈의 구속사 변증방법론의 대전제는 모든 역사는 예수 그리스도의 구속사 안에 있다는 것이다. 이 변증은 특별히 교회 공동체에 속한 그리스도인들에게 위로와 힘을 준다. 교회가 고난과 박해 상황 속에 있든지, 평화와 번영 상태에 있든지 은혜의 수단과 교회 공동체의 유지 수단은 그리스도의 구속 사역 안에 있다고 밝혀 주었기 때문이다.

3. 참된 부흥을 추구하고 점검할 수 있는 신학

지금까지 살펴본 에드워즈의 변증방법론은 지옥과 천국에 대한 변증이었으며, 신앙 감정론과 구속사에 대한 변증이었다. 그리고 지금부터 살펴보게 될 에드워즈의 변증방법론은 부흥에 대한 변증이다.

18세기 미국의 부흥 운동에서는 놀라운 회심과 성령의 역사가 일어났다. 그러나 이러한 부흥에 대해 반대하는 목소리도 적지 않았다. 그 때문에 에드워즈는 "부흥을 반대하거나 중립적인 자세를 취하지 말고, 부흥을 적극적으로 찬성하고 추구할 것을 촉구"한다.[31] 부흥은 하나님의 영광이 가득할 때 나타난다. 그러나 소위 무분별한 은사주의가 활개를 치는 것은 조심해야 한다. 이 같은 상황들 때문에 에드워즈는 부흥의 현상들을 성경을 기준으로 분별해야 했다.

에드워즈는 신앙 부흥에서 생기는 오류를 크게 세 가지를 꼽았다.

첫째, "영적 교만"
둘째, "잘못된 신학적 관점"
셋째, "사탄의 계교로 인한 영적 체험에 대한 무지"[32]

첫째와 셋째는 바로 이해가 갈 것이다. 그러나 둘째로 언급된 '잘못된 신학적 관점'에 대한 것은 '올바른 신학적 관점'과 대비해서 이해할 필요성이 있다.

에드워즈는 성도들에게도 설교를 통해 "신학 공부의 필요성과 중요성"을 누차 강조했던 인물이다. 에드워즈에게 있어서 신학은 하나님에 대한 우리의 의무이며, 우리가 하나님 안에서 즐거워할 수 있는 모든 요소이다. 이는 모든 신자가

31　조나단 에드워즈,『부흥론』, 양낙홍 역 (서울: 부흥과개혁사, 2015), 453.
32　Ibid., 548.

알아야 할 기독교 법칙이며, 삶에 대한 교리이다.

에드워즈의 이와 같은 신학에 대한 정의는 현대 신학자들과는 확연히 다르다. 에드워즈에게 신학은 '하나님을 의심하는 학문'도 아니고, '타자와 약자들을 위한 투쟁'도 아니다. 신학은 그리스도를 알아가는 것이고 그리스도로 말미암아 부흥을 경험하는 것이다. 그래서 그는 "어떤 은혜의 수단이라도 지식 없이는 유익을 끼칠 수 없다"는 점을 강조했다.[33]

여기서 지식은 예수 그리스도에 대한 지식이다. 잘못된 신학적 관점은 예수 그리스도의 구속 사역에 중점을 두지 않는다. 그리고 부흥의 역사를 열광주의적인 행태로 매도한다. 반면에 참된 신학적 관점은 성령의 신성과 위격성 가운데서 일어나는 부흥의 역사를 인정한다. 에드워즈는 성령에 대해서 어떤 에너지 운동원이나 추상적인 연합의 끈이 아니라 철저한 신적 위격성이 있음을 주장했다.[34]

이러한 에드워즈의 성령 이해는 부흥에 대해 참되고 바른 이해를 주장하는 데 있어서 매우 효과적일 뿐 아니라 탁월하다. 잘못된 부흥 운동은 성령 하나님의 속성을 오인한다. 또한, 잘못된 은사 중지는 성령 하나님의 능력을 제한한다. 그러나 에드워즈는 성령 하나님의 위격성을 분명히 함으로, 이 모든 문제를 넘어서서 부흥에 대해 참되고 올바른 성경적 가치를 제시하도록 이끌었다.

앞서 소개한 『신앙 감정론』(1746)도 부흥에 대한 변증서이다. 하지만 그 외에도 에드워즈의 『놀라운 부흥과 회심 이야기』(1737), 『성령의 역사 분별 방법』(1741), 『균형 잡힌 부흥론』(1743), 『기도합주회』(1748)도 주로 1730년대와 1740년대 부흥 중에 일어난 경험, 사상, 논쟁에 초점을 두고 있다. 에드워즈가 구체적으로 '부흥'과 '부흥주의'를 엄격하게 구분하는 것처럼 보이지는 않지만, 이것은 충분히 구별할 수 있다. 이는 '부흥 운동 그 자체에 대한 것'과 '부흥 운동 중 나타나는 성령의 신비한 현상'에 대한 것으로 구별된다.

특히, 에드워즈는 목회자로서 은사의 모든 것을 부정하지는 않으나, 신학자로서 무분별한 은사주의를 용납하지도 않는다. 따라서 그에 부흥에 대한 변증방법론은 "은사 신중론"에 기인한다고 평가할 수 있겠다. 즉, 에드워즈는 은사의 현상 자체를 모조리 거부하지는 않으나 철두철미하게 성경에 기반을 두어 신중해

---

33 조나단 에드워즈, 『신학공부의 필요성과 중요성』, 백금산 역 (서울: 부흥과개혁사, 2015), 29.
34 이상웅, 『조나단 에드워즈의 성령론』 (서울: 부흥과개혁사, 2013), 151.

야 한다는 의견이다.

4. 에드워즈의 자유의지

마지막으로 에드워즈의 변증방법론이 활용되고 있는 주제는 '자유의지'에 대한 것이다. 에드워즈는 목회 중 신학적 난제들에 부딪힐 때 그냥 지나가는 법이 없었다.[35] 특히, "의지"의 문제에서 그렇다. 에드워즈에게 "의지란(어떤 형이상학적인 재구성 없이 간명하게 정의하자면), 정신(mind)이 어떤 것을 선택하는 것"이다.[36] 선택하는 활동의 능력을 의미하는 것이 '의지'라고 한다면, '의지'는 욕구와의 충돌에서도 합당한 선택을 가능하게 만드는 힘이 된다. 그렇기에 에드워즈는 "의지는 항상 지성/이성의 최종 명령을 따른다"고 주장한다.[37]

그러나 이것은 구원을 선택할 수 있는 의지라기보다는 자유와 도덕 행위의 개념 속에서 이해된다. 그러므로 에드워즈는 "의지가 자기 결정력을 지녔다는 아르미니우스주의자들의 '자유의지' 개념은 명백한 모순"이라며 비판한다.[38] 여기서 '자기 결정력'이란, 그리스도께서 베푸시는 구원에 은총을 선택하거나 거부할 수 있는 결정력을 의미한다. 분명 에드워즈에게도 의지에 따른 인간 결정의 개념은 존재한다. 하나님의 형상으로 창조되어 의지의 자유를 소유한 인간에게 "영적(spiritual)이고 도덕적인(moral) 하나님 형상은 사람이 부여받은 도덕적 탁월성에 있다."[39]

하지만 에드워즈는 아르미니우스의 '자기 결정력'과 하나님의 형상으로 창조된 인간이 의지를 발동시켜 선을 쫓아가는 것과는 명백하게 다르다고 보았다. 이에 대해 더글러스 스위니(Douglas A. Sweeney)는 평가하기에 "에드워즈는 아마도 평생 복음적인 알미니안주의자들을 만나 보지 못했을 것"이라고 설명한다.[40] 이어서 스위니는 "물론 훗날 웨슬리 형제들의 감리교 알미니안주의자들에 대해

---

35 에드나 게르스트너, 『조나단 에드워즈의 영적 생활』, 황규일 역 (서울: 기독교문서선교회, 1999), 113.
36 조나단 에드워즈, 『자유의지』, 정부흥 역 (서울: 새물결플러스, 2017), 73.
37 Ibid., 93.
38 Ibid., 138.
39 조나단 에드워즈, 『의지의 자유』, 김찬영 역 (서울: 부흥과개혁사, 2017), 251-252.
40 더글러스 스위니, 『조나단 에드워즈의 말씀 사역』, 김철규 역 (서울: 복있는사람, 2014), 130.

서는 들어 보았을 수도 있다"라는 말을 덧붙인다.[41] 에드워즈가 아르미니우스주의자들을 이해한 배경은 다음과 같다.

> 에드워즈 주변 사람은 모두 칼빈주의자들이었다. 뉴잉글랜드 주민들은 알미니안주의를 개방적이고 도덕 중심적이며 이성에 초점을 둔 자유주의의 일파로 이해했다. 에드워즈에게 있어 "알미니안"은 곧 종교개혁과 그 영광스러운 은혜의 신학을 반대할 뿐만 아니라, 죄인은 오직 초자연적인 은혜로, 오직 믿음으로, 오직 그리스도로 말미암아 구원받는다는 성경적 진리에 반대하는 이들로 이해되었다.[42]

에드워즈가 평가한 아르미니우스주의가 과연 합당한지는 논의될 수 있는 영역이다. 그러나 그가 '자유의지'의 개념으로 기독교 신앙의 변증을 펼친 것에 대해서는 의심할 여지 없이 기여한 바가 크다. 특히, "신적 의지의 도덕적 필연을 부정하는 반론"은 선하신 하나님이 행하신 일들을 신실하게 변증한다.[43] 에드워즈는 "하나님은 어느 한 편에 대해 선호하고 있으며, 필연을 따라서 행하신다"라는 점을 부각한다. 그러면서 에드워즈는 그것이 "하나님 자신에게 치욕이 되지는 않는다"라고 주장한다. 왜냐하면, "지혜로우신 하나님이 선한 사물 중 가장 적합한 것만을 선택하시고, 행하시기 때문"이다.[44]

인간은 선행하는 자유로 선을 택하거나 악을 택하지만, 하나님은 언제나 필연적으로 최고의 선을 행하신다. 이것이 인간의 자유의지와 하나님의 자유의지의 본질적 차이이다. **인간이 만일 하고 싶은 대로 행한다면 그것은 대부분 본성에 따른 욕망의 활동이다. 하지만 지고지순하신 하나님이 그 자유로운 주권대로 행하신다면 그것은 하나님의 본성에 부합한 거룩한 활동이다.** 그렇기에 하나님이 하신 모든 일이 선했으며, 선하고, 앞으로도 선할 것이다. 이것은 자명한 진리이다. 성경 계시로부터의 증거로도 자명하고, 인간 이성으로부터의 증거로도 이것은 참이다.

---

41 Ibid., 130-131.
42 Ibid., 131.
43 조나단 에드워즈, 『자유의지』, 550.
44 Ibid., 551.

기독교 변증방법론에 에드워즈의 방법론은 철학적이면서 동시에 성경적이다. 그는 로마서 강해에서 다음과 같이 주장한다.

> 하나님은 모든 시대에 걸쳐 타락한 인간들의 영혼을 회심시키는 사역을 수행하시는 것처럼, 또한 그리스도의 공의로 말미암아 그들의 모든 죄를 제거하고 자기 눈에 그들을 의로운 자로 받아들이고, 사탄의 자녀였던 그들을 양자로 삼아 자기 자녀로 만드심으로써 그들을 의롭게 하신다. 또한, 하나님은 그들 속에 시작하신 은혜의 사역을 지속하심으로써 그들을 거룩하게 하시고, 자신의 영의 안위로 그들을 위로하시며, 그들의 육체가 죽었을 때 그들에게 그리스도의 대속의 열매인 영원한 영광을 주셔서 그들을 영화롭게 하신다.[45]

에드워즈는 인간의 자유의지를 부정하지 않는다. 그러나 은혜가 자유의지보다 강력하기에 여전히 '불가항력적 은혜'이다. 복음의 효력은 언제나 인간의 의지적 선택보다 강력하고 선하게 작동된다. 자유의지가 선하게 발현된다면 전적으로 은혜 때문이다. 쉽게 말해서 완전한 우연과 자기 결정적 자유는 허용될 수 없다. 물론, 하나님의 형상으로 창조된 인간에게 '의지의 선택'과 '의지의 결정'은 존재한다.

그러나 그것이 전적으로 선하게 작동되려면, 마음의 의존이 하나님께 기울어져 있어야만 한다. 에드워즈는 의지의 본성에 대해서 다음과 같이 정의 내린다.

> 의지의 모든 행위에는 선택의 행위가 있다는 것을 누구나 인정하리라고 나는 생각한다. 즉, 모든 의지 작용에는 영혼의 선호 또는 우세한 기욺이 있다는 것을 누구나 인정할 것이다. 의지 작용이 있는 바로 그 순간 영혼은 영혼의 선호 또는 우세한 기욺으로 말미암아 의지 작용의 직접적인 대상에 대해서 완전 중립적인 상태에 결코 있지 못한다. 그래서 의지의 모든 행위 또는 의지에서 나오는 모든 행위에는 다른 쪽보다 한쪽으로 다소 기우는 마음의 기욺이나 경향이 존재한다. 그리고 의지의 모든 행위에서 영혼은 하나를 다른 것보다 갖거나 하길 좋아하는지, 갖거나 하길 좋아하지 않든지 한다. 그리고 아무런 선호함이나 선택함도 전혀 존재하지 않고 완전한 평형상태가 계속되는 곳에는 어떤 의

---

45 조나단 에드워즈, 『로마서 주석』, 김귀탁 역 (서울: 복있는사람, 2017), 283.

지 작용도 존재하지 않는다.[46]

지금까지 다룬 에드워즈의 자유의지에 대해 좀 더 쉽게 정리하자면 다음과 같은 순서로 이해할 수 있다.

- 의지는 자신의 자유로운 마음으로 어떤 것도 선택할 수 있다.
- 그러나 의지가 가장 명백한 선을 인식한다면 항상 선을 선택하게 된다.
- 그러므로 의지는 행동의 원인이 되는 것이 아니라 결과이다.
- 의지가 행동의 원인이 아니라 결과라고 한다면, 의지는 어떤 것을 행할 수 있는 능력이 아니라 그저 하나의 과정이다.
- 따라서 의지는 곧 마음(mind)이 선택하는 것이며, 의지는 마음의 또 다른 형태이다.
- 따라서 만약 부족한 것이 있다면, 그것은 능력이 아니라 의지이다.
- 결론적으로 구원의 제안을 거부하는 사람은 하나님이 회개의 마음을 주시지 않았다고 항변할 수 없다.
- 고로 죄인은 자신이 실제로 회개를 원하지 않았음을 인정해야 한다.

결국, 에드워즈의 자유의지론은 아르미니우스주의자들을 향한 변증이다. 아르미니우스를 기독교 변증학의 방법론으로 삼는 학자들도 있다. 그러나 아르미니우스주의로부터 기독교 신앙을 변증해야 한다고 주장하는 학자들도 있다. 굳이 따지면 웨슬리는 전자에 속하고 에드워즈는 후자에 속한다.[47]

지금까지 에드워즈의 기독교 변증방법론에서 핵심이 되는 부분만을 요약해서 살펴보았다. 에드워즈는 명목상으로만 그리스도인이고, "참된 은혜의 본질과 그 형성"을 거부하는 자들이 핑계할 수 없도록 마치 나사를 조이듯 탄탄한 논리로 그들을 조인다.[48] 그가 이처럼 절실하게 부흥의 현장에서 투혼 했던 이유는 실족하는 영혼들을 구원하기 위함이다.

---

46 조나단 에드워즈, 『의지의 자유』, 216.
47 이 말은 웨슬리가 아르미니우스 주의자라는 뜻이 결코 아니다. 그보다는 웨슬리가 아르미니우스의 일부를 긍정적으로 수용하여 사용한다는 뜻이다.
48 더글라스 스위니 & 오웬 스트라첸, 『조나단 에드워즈의 참된 기독교』, 김찬영 역 (서울: 부흥과개혁사, 2014), 71.

지금, 이 순간에도 거룩한 이의 보복하심이 임박해 있고, 환난 날이 속히 다가오고 있다. 만약 이 책을 읽는 독자의 주변 가족과 친구들이 예수님을 아직 구세주로 영접하지 않았다면 지금 즉시 그들에게 복음을 전해야 한다. 그리고 지옥의 공포도 알려 주어야 한다. 복음의 즐겁고 기쁜 소식을 전도하고, 논리적인 수사로 변증방법론을 펼쳐 내도 물론 유익하다.

하지만 심판의 날과 지옥의 쓰나미는 엄청난 속도로 밀어닥치고 있다. 다급하게 긴급 재난의 사이렌을 울려야 할 때이다. 에드워즈는 학자로서 충분한 논리를 갖추고도 설교를 통해 긴박한 성경적 진리를 선포했다. 논리만 믿고 방심하지 말고 "그들이 실족할 그때 내가 보복하리라" 하신 주님의 말씀을 무거운 마음으로 전하는 것이 참된 성도의 사명이다. 그리고 그것이 에드워즈의 기독교 변증방법론이다.

♣ 내용 정리를 위한 문제

1. 조나단 에드워즈의 지옥과 천국에 대한 설교를 근거로 내세에 대한 기독교 변증을 시도할 때, 어떻게 적용하여 설명할 수 있겠는가?
2. 에드워즈의 신앙 감정론에 근거해서 구원 여부를 판단할 때, 판단할 근거가 될 수 없는 소극적 지표 12가지와 판단 근거로 삼을 수 있는 적극적 지표 12가지에 대해 각각 비교하여 쓰시오. 그 후 에드워즈가 구속사의 세 시간을 어떻게 나누었는지 정리하시오.
3. 하나님의 자유의지와 인간의 자유의지가 각각 어떤 결과를 초래하는지 그 차이를 비교한 후, 에드워즈가 이해한 "자유의지"의 신학적 개념을 서술하시오.

※ **참고 문헌**(제10장에 인용된 도서들)

조나단 에드워즈. 『구속 사역을 통해 영광 받으시는 하나님』. 백금산 역. 서울: 부흥과개혁사, 2016.
_____. 『구속사』. 김귀탁 역. 서울: 부흥과개혁사, 2015.
_____. 『데이비드 브레이너드의 일기』. 윤기향 역. 경기 고양: 크리스챤다이제스트, 2005.
_____. 『로마서 주석』. 김귀탁 역. 서울: 복있는사람, 2017.
_____. 『복음 설교, 조나단 에드워즈에게 배우다』. 조계광 역. 서울: 생명의말씀사, 2016.

_____. 『부흥론』. 양낙흥 역. 서울: 부흥과개혁사, 2015.
_____. 『신앙감정론』. 정성욱 역. 서울: 부흥과개혁사, 2017.
_____. 『신학공부의 필요성과 중요성』. 백금산 역. 서울: 부흥과개혁사, 2015.
_____. 『원죄론』. 김찬영 역. 서울: 부흥과개혁사, 2016.
_____. 『의지의 자유』. 김찬영 역. 서울: 부흥과개혁사, 2017.
_____. 『자유의지』. 정부홍 역. 서울: 새물결플러스, 2017.
_____. 『진노하시는 하나님의 손안에 있는 죄인』. 백금산 역. 서울: 부흥과개혁사, 2015.
_____. 『참된 미덕의 본질』. 노병기 역. 서울: 부흥과개혁사, 2015.
_____. 『천국은 사랑의 나라입니다』. 백금산 역. 서울: 부흥과개혁사, 2015.
D.G.하트, 숀 마이클 루카스, 스티븐 니콜스 외 10명 편집. 『조나단 에드워즈의 유산』. 장호익 역. 서울: 부흥과개혁사, 2009.
더글라스 스위니 & 오웬 스트라챈. 『조나단 에즈워즈의 천국과 지옥』. 김찬영 역. 서울: 부흥과개혁사, 2013.
_____. 『조나단 에즈워즈의 하나님의 아름다움』. 김찬영 역. 서울: 부흥과개혁사, 2014.
_____. 『조나단 에드워즈의 참된 기독교』. 김찬영 역. 서울: 부흥과개혁사, 2014.
로저 E 올슨. 『복음주의 신학사 개관』. 이종원·박욱주 역. 서울: 크리스천투데이, 2017.
마이클 리브스. 『떨며 즐거워하다』. 송동민 역. 서울: 복있는사람, 2021.
마이클 맥클리먼드 & 제럴드 맥더모트. 『한 권으로 읽는 조나단 에드워즈 신학』. 임요한 역. 서울: 부흥과개혁사, 2015.
마크 갤리. 『하나님이 이긴다』. 김명희 역. 서울: 포이에마, 2011.
샘 스톰즈. 『우리 세대를 위힌 조나단 에드워즈 신앙 감정론』. 장효준 역. 서울· 복있는사람, 2016.
솔로몬 스토다드. 『그리스도께로 가는 길』. 이순임 역. 서울: 기독교문사, 2003.
스테펜 J. 니콜라스. 『조나단 에드워즈의 생애와 사상』. 채천석 역. 서울: 개혁주의신학사, 2013.
에드나 게르스트너. 『조나단 에드워즈의 영적 생활』. 황규일 역. 서울: 기독교문서선교회, 1999.
이안 머레이. 『조나단 에드워즈 삶과 신앙』. 윤상문·전광규 역. 서울: 이레서원, 2009.
조지 M. 마즈던. 『조나단 에드워즈 평전』. 한동수 역. 서울: 부흥과개혁사, 2017.
존 스토트. 『복음주의의 기본진리』. 김현회 역. 서울: 한국기독학생회출판부, 2016.
카일 스트로벨. 『조나단 에드워즈가 보여준 영적 성숙의 길』. 윤석인 역. 서울: 부흥과개혁사, 2014.
이상현. 『조나단 에드워즈의 철학적 신학』. 노영상·장경철 역. 서울: 한국장로교출판사, 2011.
이상웅. 『조나단 에드워즈의 성령론』. 서울: 부흥과개혁사, 2013.
Cherry, Conrad. *Nature and Religious Imagination: From Edwards to Bushnell*. Philadelphia, PA: Fortress Press, 1980.

제11장

신정통주의 변증방법론 I : 칼 바르트

> 너는 하나님 앞에서 함부로 입을 열지 말며 급한 마음으로 말을 내지 말라 하나님은 하늘에 계시고 너는 땅에 있음이니라 그런즉 마땅히 말을 적게 할 것이라 (전도서 5장 2절).

칼 바르트(Karl Barth)는 20세기 최고의 신학자이다. 에버하르트 부쉬(Eberhard Busch)는 바르트의 삶 속에서 특별히 더 중요한 부분을 찾기가 어려울 정도로 모든 부분이 중요하다고 강조한다.[1] 왜냐하면, 그의 삶은 자유주의 신학의 영향 아래에 있었으나 계시 중심적인 사고로 전환했기 때문이다. 바르트가 베를린 대학에서 자유주의 신학자 아돌프 폰 하르낙(Adolf von Harnack)과 마르부르크 대학의 빌헬름 헤르만(Wilhelm Herrmann)의 영향을 지대하게 받았다는 것은 익히 알려진 사실이다.

하지만 바르트의 기독교 변증방법론은 '하나님은 하늘에 계시고 인간은 땅에 있다'는 전제이다. 다시 말해서 하나님은 전적인 타자이시다. 하나님과 인간의 전적인 차이를 강조하는 방법론은 19세기에 유행한 자유주의 신학과는 정반대의 스탠스이다.

독일의 관념론 철학자 게오르크 빌헬름 프리드리히 헤겔(Georg Wilhelm Friedrich Hegel)에 따르면, 종교 자체가 신과 인간을 매개하는 것이기 때문에, "매개 작용은 단순히 대상과 맺는 관계가 아니라 내적으로 일어나는 운동, 즉 신으로의 이행이나 고양이다."[2] 이와 마찬가지로 자유주의 신학의 아버지라고 평가되는 프리드리히 슐라이어마허(F. D. E. Schleiermacher)는 "의존 감정이 본질적인 삶의 조

---

[1] 에버하르트 부쉬, 『칼 바르트』, 손성현 역 (서울: 복있는사람, 2014), 29-30.
[2] 피터 C. 하지슨, 『헤겔의 종교철학』, 정진우 역 (서울: 동연, 2022), 188.

건이라는 사실을 인정하는 것은 우리의 논의 어디에서도 등장하지 않는 모든 신 존재 증명을 대신한다"라고 주장했다.[3]

또한, 슐라이어마허는 "종교적 감정만이 인간에게 보편성을 부여한다는 사실"을 강조했다.[4] 이것은 경험에 입각한 신학 방법론이다. 그러나 바르트는 경험에 입각해서 신학적 논의를 펼치지 않았다. 그는 철저하게 하나님의 말씀으로부터 계시의 신학을 펼쳤다. 진보적인 학풍에 있는 사람들은 슐라이어마허도 기독교의 종교성을 강조함으로 기독교 신앙을 변증해 낸 인물이라고 평가한다. 그러나 정통주의자들과 신정통주의 바르티안들은 자유주의 신학은 '기독교를 변증한 것이 아니라 파괴한 것'이라고 평가한다.

바르트의 스승이었던 자유주의 신학자 하르낙은 아래와 같이 주장한다.

> 예수는 자신의 계명을 지키는 것 가운데 포함되는 그러한 것 외에는 자기 자신에 대한 그 어떤 다른 믿음도 그 어떤 다른 연관도 원치 않았다. (중략) 따라서 그의 복음과 무관히 하나의 '교설'을 예수의 인격과 위엄에 부여하려는 것은 완전히 그의 시야를 벗어난 것이었다.[5]

쉽게 말해서 자유주의 신학자들의 주장은 예수님이 전한 복음은 '하나님 나라'이지, '예수님 자신에 대한 신앙은 아니라는 것'이다. 더 나아가 그들은, 예수는 하나님 나라를 선포했는데, 후대에 바울을 포함한 초대 교회 공동체가 '예수의 가르침'을 예수 자체에 대한 신앙으로 변질시켰다고 주장한다.

알브레히트 리츨(Albrecht Ritschl)도 "하나님 나라가 도덕적 이상으로 유효하며 그것의 실현이 공동체 지체 간 상호 활동과 연결된다면 그것만이 최고선이라 할 수 있다"라고 주장한다.[6] 하르낙이나 리츨의 주장을 얼핏 들여다본다면 크게 문제가 될만한 것이 없어 보인다. 그러나 면밀하게 보면 함정이 있다. 정통적인 신앙 골조에서 최고선은 그의 윤리나 공동체가 아닌, 오직 예수 그리스도 자신뿐이다. 윤리나 공동체는 최고선에서 파생된 것이지 그것 자체가 최고선일 수 없다.

---

3 프리드리히 슐라이어마허, 『기독교신앙』, 최신한 역 (경기파주: 한길사, 2013), 185.
4 F.D.E. 슐라이어마허, 『종교론』, 최신한 역 (서울: 대한기독교서회, 2015), 103.
5 아돌프 폰 하르낙, 『기독교의 본질』, 오흥명 역 (서울: 한들출판사, 2015), 122.
6 알브레히트 리츨, 『기독교 강요』, 진규선 역 (경기파주: 서로북스, 2022), 24.

그러나 당시 자유주의 신학자들의 이러한 주장은 성경비평학을 통하여 더욱 유행하였으며, 가열차게 퍼져 나갔다. 비평학자들은 사복음서에서 요한복음같이 신성을 강조하는 문헌들은 신앙으로 채색된 것이라고 평가했고, 그 결과 예수님은 그저 윤리적 스승으로만 그 역사성을 지니게 되었다.

더 이상 예수님은 구세주가 아니다. 또한, 복음은 '예수님 자신'이 아니라 예수가 선포한 '하나님 나라'이다. 따라서 자유주의 신학이 말하는 기독교의 본질은 예수가 선포한 하나님 나라를 이룩하고 그 유토피아를 실현하기 위해 예수의 윤리적 가르침을 삶 속에서 실현해 나가는 것이라고 할 수 있겠다. 이것이 곧 하르낙이 자신의 저서 『기독교의 본질』에서 주장한 핵심 내용이다.

본래 바르트는 이러한 자유주의 신학을 동경했었다.

그런데 왜 바르트의 기독교 변증방법론은 자유주의 신학에 극렬히 맞서고 있는가?

바르트는 자신이 동경했던 자유주의 신학과 왜 정반대의 길을 걷게 되었는가?

그 이유는 그가 겪은 상황이 설명해 준다. 목회자가 된 후 바르트는 자유주의 신학에 의존해서는 교회의 회복과 부흥을 이뤄낼 수 없다는 것을 깨닫는다. 또한, 자신의 스승 하르낙이 제1차 세계대전을 일으킨 빌헬름 황제의 전쟁 계획에 찬성한 것을 알고 큰 실망감을 느낀다. 이것이 계기가 되어 바르트는 19세기를 주도해 오던 자유주의 신학 방법론에 정면으로 맞서게 된다.[7]

1. 자유주의 신학을 거부하고 '하나님 말씀'의 신학으로

'자유주의 신학에 근거한 목회는 성공할 수 없다'라는 공식은 오늘날까지도 유효하다. 왜냐하면, 자유주의 신학에서는 오로지 성경 비평만이 가능하고 설교는 불가능하기 때문이다. 또한, 예수를 그저 윤리적·도덕적 스승으로 모시는 것만으로는 사람들의 삶을 변화시키지 못한다. 바르트도 이것을 발견했다. 바르트를 영어권 세계에 소개한 토마스 토렌스(Thomas F. Torrance)는 "역사의 진짜 예수는 그의 구원하는 활동 하심과 분리할 수 없는 그리스도이며, 그의 인격

---

[7] 가톨릭 신학자 칼 아담은 바르트의 『로마서(제2판)』을 "자유주의 신학자들의 놀이터에 던져진 폭탄"이라고 평가한다.

과 그의 사역은 하나님이기 때문에 그리스도는 구원의 은혜의 복음으로 옷 입혀진 분"이라고 정리한다.[8] 더 나아가 토렌스는 "소위 신학적 진리에서 찢겨 나간 역사의 예수는 가짜 과학 방법에 의해서 발견된 추상에 불과하다"고 주장한다.[9] 즉, 예수님을 구세주로 믿지 않는 자는 예수님의 가르침을 따를 수도 없다. 예수님의 가르침을 따르는 성도는 전적 타자되시는 성부 하나님을 "그리스도를 통해서(dia Christou)뿐만 아니라 그리스도 안에서(en Christo) 예배한다."[10]

바르트 당시에 독일의 많은 지식인이 세계대전을 지지하는 성명서를 냈다. 그 중에서 특히 자유주의 신학의 대가들이 많이 있었다. 그들의 하나님은 내재적이나 초월적이지는 않다. 자유주의자들의 하나님은 세속 권력에 저항하고 악에 대해 말할 수 있는 하나님이 아니라 세속의 섭리 그 자체가 하나님이 되었다. 마치 루트비히 포이어바흐(Ludwig Andreas von Feuerbach)가 "인간의 신은 인간을 신격화시킨 본질에 불과하며 그러므로 종교의 역사 또는 신의 역사는 인간의 역사에 불과하다"라고 정의한 것을 적극적으로 증명해 주는 모습이었다.[11] 바르트는 바로 여기서 자유주의 신학에 대한 환상이 깨진다.

본래 자유주의 신학은 '세상과의 대화', '문화의 존중', '세상 속의 하나님' 등을 말하기 때문에 세상의 흐름과 하나님의 뜻을 쉽게 일치시키려는 경향이 있다. 그러나 바르트는 세상의 구조적인 악에 반대하는 하나님을 말한다. 쇠렌 키에르케고르(Søren Aabye Kierkegaard)가 "정립된 죄는 물론 폐기된 가능성이기는 하지만, 동시에 부당한 현실성이기도 하다"라고 말했듯이,[12] 바르트 역시 인간 실존의 죄악과 구조적 악을 고민했다.

또 키에르케고르가 생각할 때, 기독교는 "이 시대의 요구와 관련하여, 모든 규칙에 가차 없이 반항하는 것"이었는데, 이점에서도 바르트는 키에르케고르와 같다.[13] 시대적 요구에 휩쓸려 따라가는 자유주의 기독교는 키에르케고르와 바르트에게 있어서 용납될 수 없는 기독교이다. 결국, 고심 끝에 바르트는 자신의 신학적 출발점을 '하나님 말씀'에서부터 다시 시작한다.

---

8   토마스 토렌스, 『참 그리스도를 전하라』, 전병호 역 (서울: 베드로서원, 2006), 28.
9   Ibid.
10 제임스 토런스, 『예배, 공동체, 삼위일체 하나님』, 김진혁 역 (서울: 한국기독학생회출판부, 2022), 68-69.
11 루트비히 포이어바흐, 『종교의 본질에 대하여』, 강대석 역 (경기파주: 한길사, 2006), 63.
12 쇠렌 키에르케고르, 『불안의 개념』, 강성위 역 (서울: 동서문화사, 2018), 121.
13 쇠얀 키에르케고르, 『기독교의 공격』, 이창우 역 (서울: 카리스아카데미, 2021), 231.

정통주의자들 시선에서 봤을 때, 바르트의 신학적 출발점은 새로운 것이 없다. 지극히 당연하다. 그러나 자유주의 신학 한복판에 있었던 바르트에게는 일생을 뒤집는 회심의 사건이다. 바르트는 "19세기 신학이 인간 속에 하나님이, 내재 속에 초월이, 자연 속에 은총이, 시간 속에 영원히 혼합되어 애매모호했기 때문에 전쟁을 일으키는 신학에 동조하기에 이르렀다"라고 봤다.[14] 결국, 바르트는 1922년에 출간된 로마서 2판에서 하나님은 인간의 시스템과 생각에 쉽게 일치될 수 없는 분임을 무한히 강조하였다. 바르트는 하나님의 진리, 곧 복음에 대해서 이렇게 말한다.

> 그것은 인간의 신성 혹은 인간의 신격화에 대한 어떤 종교적 메시지, 설명, 지침이 아니라, 전적 타자이신 한 분 하나님의 메시지다. 그분은 인간으로서는 전혀 알 수도 가질 수도 없는 하나님이시며, 바로 그래서 우리가 구원을 기대할 수 있는 하나님이시다.[15]

바르트의 위 주장에 대한 성경의 근거는 전도서 5장 2절 말씀이다. 이는 문화적 기독교의 신앙 시스템에 대한 대반격이다. 칸트의 불가지론에 따르면, 하나님은 시공간 밖에 있기에 인지할 수 없고, 알 수 없는 존재다. 그저 도덕 유지를 위해 필요할 따름이다. 반면에 바르트의 신론에 따르면, 하나님은 시공간 안에 스스로 들어오셨기에 예수 그리스도를 통해서 하나님을 알 수 있다.

칸트의 철학은 자유주의 신학 안에 많이 흡수되어 있다. 오늘날에도 목회 현장에 자유주의 신학의 요소가 침투된 경우가 많다. 하나님의 뜻을 쉽게 세상의 뜻과 일치시키는 것들이 바로 자유주의 신학의 영향들이다. 그러나 바르트의 기독교 변증방법론은 그것을 차단해 준다. 지금부터는 하나님을 전적인 타자로 전제한 기독교 변증방법론의 대표적인 것을 소개하겠다. 그리고 그 밖에 논란이 되는 바르트 신학들에 대해서 긍정적 평가와 부정적 평가를 밝히겠다.

바르트의 기독교 변증방법론은 "삼중적 형태를 가진 하나님의 말씀"(Das Wort Gottes in seiner dreifachen Gestalt)이다. **바르트의 '하나님 말씀의 신학'은 선포된 말씀, 기록된 말씀, 계시된 말씀 이렇게 세 가지 형태로 나누어 설명될 수 있다.** 여

---

14 최종호, 『칼 바르트: 하나님 말씀의 신학: 칼 바르트 신학과의 산책』 (서울: 한들, 2010), 57.
15 칼 바르트, 『로마서(제2판, 1922)』, 손성현 역 (서울: 복있는사람, 2017), 141.

기서 주목할 것은 '선포된 말씀'이 맨 앞에 위치한다는 점과 하나님의 말씀은 위의 셋을 모두 합쳐야 비로소 성립된다는 점이다.[16] 즉, 선포는 설교요, 기록된 말씀은 성서요, 계시된 말씀은 예수 그리스도이시다. 바르트가 이러한 도식으로 신학을 전개하고 설명하는 근거는 다음과 같다.

첫째, 하나님의 말씀은 '선포'를 통해서 현장과 맞닿는다.

선포 없는 하나님의 말씀은 죽은 문자에 불과하다. 또한, 이 선포는 '성서'를 근거로 하여 이루어진다. 그리고 그 성서의 핵심은 계시된 말씀으로써 인간이 되신 하나님, 즉 예수 그리스도가 있다.[17] 바르트는 인간의 경험에 근거한 신학이 아니라 계시된 말씀을 신학의 출발점으로 삼았기에 이러한 도식으로 기독교 계시의 신학을 설명할 수 있는 것이다.

바르트 생애 마지막 강연이 정리된 책 『개신교 신학 입문』에서 바르트는 "신학의 '자리'는 단순히 신학에 내부로부터 지시되고 신학의 대상에 의해 필연적으로 지정되는 출발점, 곧 말씀을 뜻한다"라고 말한다.[18] 이런 점에서 그의 신학적 방향성은 말씀 중심이라는 일관성을 지니고 있다.

앞서 바르트의 '하나님 말씀의 신학'을 통해서 예수 그리스도가 구체적으로 계시된 하나님이며 신앙의 출발점이라는 사실을 알 수 있었다. 즉, '말씀의 신학'이란 인간의 의지와 내면적인 경험에서 출발하는 신학이 아니라 하나님의 말씀과 예수 그리스도에게서 계시된 하나님으로부터 출발하는 신학이라고 정의할 수 있다. 바르트는 이를 전제한 상태에서 계시신학의 방법론적인 구조를 정립한다.

바르트는 하나님의 말씀을 두 가지 주요 관점에서 다루고 있다. 영원한 말씀과 계시된 말씀이 그것이다.[19] 이는 앞서 살펴본 세 가지 구조적 형태를 취하는데, 선포된 말씀(설교), 기록된 말씀(성서), 계시된 말씀(예수 그리스도)이라는 도식이다. 선포된 말씀은 하나님의 말씀이 선포를 만들고 이에 따라 교회를 교회로 만든다는 뜻이다. 그런데 이 선포된 말씀의 선교 원리는 설교와 성례전이라는 것으로 나타난다.[20] 즉, 성례전 역시 선포된 말씀의 부분이다.

---

16 최종호, 『칼 바르트: 하나님 말씀의 신학: 칼 바르트 신학과의 산책』, 33.
17 Ibid., 59. : 해당 지문에 대한 이해를 순차적으로 정리하였다.
18 칼 바르트, 『개신교신학 입문』, 신준호 역 (서울: 복있는사람, 2014), 21.
19 최종호, 『칼 바르트: 하나님 말씀의 신학: 칼 바르트 신학과의 산책』, 111.
20 Ibid., 같은 쪽.

둘째, 하나님의 말씀은 '기록'된 성경이다.

"선포에서 발설되는 하나님의 말씀은 '무엇을 회상하는 것'과 '무엇을 대망하는 것'을 위해 말해진 것이다." 이 선포가 기록된 것이다. 즉, 이것은 '이미 일어난 것'(신약)이고, '이미 말해진 것'(구약)이다.[21] 바르트는 기록된 말씀의 정당성을 증인들의 사도적 증언에 두고 있다. 바르트가 증인들이라고 이해하는 부류는 성서 저자, 구약의 예언자, 신약의 사도들을 의미한다.[22] 그들의 존재 이유와 목적은 하나님의 말씀이신 예수 그리스도를 증거하기 위함이다.

그렇기에 바르트는 "신학자는 하나님의 말씀에 대해 성서적 증인들보다 더 많이 알고 있는 것처럼 행동해서는 안 된다"라고 단호히 말한다.[23] 바르트와 같은 입장에 서면, 경험이나 상황에 근거하는 신학적 태도를 버릴 수 있다. 또한, 성서 본문에 대한 사실 여부에 집착하는 행위들을 종결짓게 될 것이다.

왜냐하면, 바르트의 계시신학 방법론에서 신학은 예언 직도 아니고 사도직도 아니기 때문이다. 신학에서 하나님의 말씀에 대한 관계는 성서적 증인들의 그 말씀에 대한 관계와 비교될 수 없다.[24] 즉, 바르트는 인간적 응답을 무시하지는 않으나, 목격자들을 통해 증언된 일차적인 권능의 말씀이 선행될 것을 주장한다.

셋째, '계시'된 말씀은 예수 그리스도를 통해 나타난다.

'계시'란 "닫혔던 문이 열리고, 덮였던 것이 제거되며, 어둠 속에 빛이 비치는 것으로 비유될 수 있다." 바르트에게서 계시란 초자연적 진리가 드러나는 것, 하나님이 자신을 드러내시는 것 그리고 예수 그리스도 자신이시다.[25] 따라서 계시된 말씀은 하나님의 행동 자체로 성서에서 증언하는 성육신 된 예수 그리스도이다. 바르트는 그의 『교의학 개요』에서 다음과 같이 정리하고 있다.

> 그리스도교적 믿음의 대상은 그 중심에서 예수 그리스도라는 행동의 말씀이다. 하나님은 예수 그리스도 안에서 영원 전에 우리를 위해 인간이 되기를 원하셨으며, 시간 안에서 우리를 위해 인간이 되셨으며 그리고 영원히 우리를 위한

---

21 Ibid., 111-112.
22 칼 바르트, 『개신교신학 입문』, 32-43.
23 Ibid., 38.
24 Ibid., 37-38.
25 최종호, 『칼 바르트: 하나님 말씀의 신학: 칼 바르트 신학과의 산책』, 192-193.

인간이시며 앞으로도 그러하실 것이다. 하나님 아들의 그러하신 사역은 아버지의 사역을 전제로써 그리고 성령의 사역을 결과로써 자체 안에 포함한다.[26]

지금까지의 내용을 종합해 봤을 때 바르트가 이해하는 계시는 일반계시의 입장이 아닌, 초자연적인 특수 계시를 말하고 있으며 그 계시는 성부와 성자와 성령 사이에 일어난 삼위일체적 사건이다.

이를 삼중 형태 속에서 이해하면 다음과 같다.

첫째, 계시에 대한 성서의 증언을 반복할 때 선포가 가능해진다.

둘째, 계시는 하나님의 말씀 자체이며 그 말씀의 행동이며 하나님의 자유한 은총이다.

셋째, 계시는 구체적으로 삼위일체 하나님을 말한다.[27]

따라서 이 계시는 예수 그리스도를 통해서 다다르는 것이다. 에버하르트 융엘(Eberhard Jüngel)은 바르트에게서 "감추어진 하나님은 계시에 대적하는 하나님"이 아니라, 오히려 "존재 방식 안에서 계시의 주격으로 존재한다"고 주장한다.[28] 또한, 부쉬는 "바르트가 '말씀' 또는 '계시'라고 부르는 것이 예수 그리스도의 인격과 동일시된다는 사실"을 거듭 강조한다.[29]

결론적으로 바르트 신학의 기독교 변증방법론은 '말씀'과 '계시되신 예수 그리스도'가 중심이다 하나님을 하나님 되게 하려면 '나의 주체'나 '자아'로부터가 아니라 하나님의 계시로부터 신학을 해야 한다. 즉, 기독교 신학의 출발점은 예수 그리스도 안에서 행해지는 하나님의 행동이다. 만일 사도들이 증언하고 있는 '계시'이신 '예수 그리스도'를 부인한다거나 그보다 더 앞서는 어떤 경험을 주장한다면, 신학 자체가 불가하다.

따라서 바르트의 신학은 계시 가운데 계시는 예수 그리스도 안에서 출발하는 것이지 자신의 특별한 경험에 기인하는 것이 아니다. 정리하자면 바르트에게서 계시는 하나님이 역사 안에서 자기 자신을 드러내는 것이며, 그것이 예수 그리스도를 통해서 드러났다는 것으로 이해할 수 있겠다.

---

26 칼 바르트, 『교의학 개요』, 신준호 역 (서울: 복있는사람, 2015), 101.
27 최종호, 『칼 바르트: 하나님 말씀의 신학: 칼 바르트 신학과의 산책』, 199.
28 에버하르트 윙엘, 『하나님의 존재는 되어감 속에 있다』, 백철현 역 (서울: 그리스도교신학연구소, 1988), 48.
29 에버하르트 부쉬, 『위대한 열정』, 박성규 역 (서울: 새물결플러스, 2015), 67.

사실 바르트의 기독교 변증방법론은 안셀무스의 영향이 크다. 바르트는 1931년에 『이해를 추구하는 믿음: 안셀무스의 신학적 체계와 연관한 신 존재 증명』을 저술한다. 그 책에서 바르트는 "안셀무스를 다루는 이 책 속에 안셀무스의 신학이 아니라 나의 '교회 교의학'을 이해할 열쇠가 들어 있다는 것을 대부분 사람은 보지 못한다"라고 기록했다.[30] 즉, 바르트는 '믿음이 있다는 사람들(교인)은 그 믿음의 근거가 되는 것을 추구하고 이해할 수 있어야 한다'고 생각했다.

물론, 바르트가 안셀무스의 신학을 그대로 계승한다는 의미는 아니다. 그저 바르트가 안셀무스의 신학을 통해서 대단한 힌트를 발견한 것으로 이해하는 것이 적당할 것이다.

기본적으로 안셀무스의 관심은 다음을 이해하는 것이다.

'하나님이 어떻게 인간이 되셨는가?'

반면에 19세기의 자유주의 신학은 다음을 사색했다

'인간이 어떻게 하나님처럼 고양될 수 있는가?'

하지만 안셀무스의 신학에서 힌트를 얻었던 바르트는 다음과 같은 질문을 했다.

'하나님이 어떻게 인간들의 세상, 곧 시간과 공간 속에 임재하실 수 있는가?'

이것은 경험으로부터 유추된 것이 아니라 계시된 것을 기반으로 진행하는 것이기에 바르트의 신학은 '위로부터의 신학'이다.

2. 유일한 계시 = 예수 그리스도

지금까지 바르트의 기독교 변증방법론에 대해서 논의했다. 지금부터는 그의 변증방법론의 긍정적으로 평가되는 측면과 부정적으로 평가되는 측면을 각각 다루면서 추가적인 세부 개념을 확대 논의하겠다. 앞서 거듭 강조했듯이 자유주의 신학을 비롯한 '경험으로부터의 신학'은 자기 생각을 하나님의 뜻이라고 착각할 위험이 있다.

---

30 칼 바르트, 『이해를 추구하는 믿음』, 김장생 역 (서울: 한국문화사, 2013), 12.

또한, 문화 현상, 정치적 인물 혹은 역사적 위인들을 때에 따라서 그리스도로 취급할 위험성도 있다. 이는 문화 신학의 중대한 맹점으로 지적될 만한 부분이다. 이 문제를 극복하고자 디트리히 본회퍼(Dietrich Bonhoeffer)는 "계시는 공동체 안에서 일어난다"라는 점을 강조했다.[31]

그리고 바르트는 "계시는 우리가 들어야 하는 유일한 말씀으로서의 예수 그리스도"라는 표명을 내세우므로 극복한다.[32] 계시는 예수 그리스도이시고, 예수 그리스도는 구원자이시다. 그러므로 '계시론'과 '기독론' 그리고 '구원론'은 교의학 안에서 유기적으로 연결된다.

실제로 예수 그리스도의 존재는 "오직 그의 행위를 통해서만 그리고 그의 구원 행위를 통해서만 인식된다."[33] 정리하면 바르트에게서 계시는 오직 예수 그리스도만이고, 신학은 이 하나님의 자기 계시 안에서 출발한다. 그러므로 바르트의 기독교 변증방법론 중 가장 근간이 되는 원칙은 '예수는 그저 탁월한 사람 중 한 사람이 아니라, 유일한 구세주이시며 하나님의 계시'라는 것이다.

이러한 기독교 변증방법론은 다음과 같은 유익을 준다.

첫째, 바르트의 말씀 신학은 목회에 도움이 된다.

바르트가 자유주의 신학에 근거해서 목회했을 때는 실패를 경험했다. 오늘날 소위 '역사적 예수 연구', '역사비평학', '자유주의 신학' 등에 심취한 신학생들은 바르트에게서 교훈을 발견해야 한다. 바르트의 공은 "슐라이어마허에서 시작하여 자유주의에 이르기까지 모든 인간 중심적이고 내재주의적인 신학을 시원하게 깨부수었다는 것"이다.[34] 이 때문에 바르트에게는 '신(Neo)정통주의자' 혹은 '변증법 신학자'라는 타이틀이 붙게 된다.

바르트가 '하나님 말씀의 신학'을 언급할 때 여기서 신학이란 교회에 봉사하는 학문이며, 그것을 지탱하고 양육하는 것이고, 교회 설교에 교정 역할을 하는 것이다.[35] 그런데 오늘날 개신교 신학교 안에서 담론 되는 신학 중 일부는 실천적인 것과 거리가 멀고 지나치게 사변적이다.

---

31 디트리히 본회퍼, 『행위와 존재』, 김재진·정지련 역 (서울: 대한기독교서회, 2016), 135.
32 에버하르트 부쉬, 『위대한 열정』, 133. : "우리가 들어야 하는 유일한 말씀"이라는 말은 1934년 5월에 발표된 "바르멘 신학 선언"제 1조에 나온다.
33 H. G. 푈만, 『교의학』, 이신건 역 (서울: 신앙과지성사, 2013), 304.
34 김용주, 『신정통주의 신학이란 무엇인가?』 (서울: 좋은씨앗, 2019), 22.
35 조르즈 까잘리, 『칼 바르트의 생애와 사상』, 최영 역 (서울: 대한기독교서회, 1993), 69.

또한, 전통적인 신앙 고백에서 벗어난 급진적인 주장들이 많다. 그러나 바르트의 '말씀의 신학'을 하면, 그 출발점이 '인간'에게 있지 않고 '하나님 말씀'에 있게 되므로 목회 현장에 유익이 온다. 구체적으로 가져오는 유익 중 하나는 교회가 부흥되는 것이다.

둘째, 바르트의 말씀 신학은 확고한 구원관을 심어 준다.

바르트의 계시신학은 앞서 살펴봤듯이 예수 그리스도가 모든 것의 중심이다. 예수 그리스도의 성육신은 신앙과 성서 그리고 교회를 구성하는 결정적인 사건이다. 따라서 말씀의 신학에서 '말씀'은 예수님, 곧 하나님의 말씀이며, 하나님이신 예수 그리스도를 통해서 그 말씀은 선포되었다. 그리고 그 말씀에 기록 목적은 영생을 얻게 하려 하는 데 있다.[36]

그 결과 예수 그리스도로 말미암는 구원관이 분명하게 확립된다. 또한, 이러한 신학은 익명의 신이 아니라 예수 그리스도만이 신이라는 것을 분명하게 한다. 물론, 이러한 입장에 대해서 배타적 구원관이라고 공격하고 논쟁할 수는 있겠지만, 성서에 근거한 전통적 구원관과는 대립하지 않는다. 일부 몰지각한 종교 다원주의자들은 계시의 특수성을 일반화시킨다.

또한, 이들은 바르트의 '말씀의 신학'을 의도적으로 왜곡하여 '일반계시' 속의 '특별계시'를 주장한다. 이것은 명백하게 잘못된 주장이다. 특별계시는 일반계시의 종속된 개념이 결코 아니다.

지금까지 살펴본 바에 의하면, 바르트가 20세기 신학에 공헌한 바가 엄청나다는 것은 틀림이 없다. 그러나 최고의 학자로 불리는 바르트이지만, 여전히 많은 말이 있다. 대표적인 몇 가지는 다음과 같다.

첫째, 전통 칼빈주의의 이중예정론을 뒤틀었다는 것이다.

그러나 이러한 비판이 무색할 정도로 그를 칭송하는 목소리도 만만치 않다. 바르트의 이중예정론을 긍정적으로 평가하는 사람들은 바르트가 경직된 칼빈주의의 이중예정론을 창조적으로 재해석했다고 생각한다.

---

36 바르트의 이 주장에 대한 성서 근거는 요한복음 20: 30-31이다. "예수님이 제자들 앞에서 이 책에 기록되지 아니한 다른 표적도 많이 행하셨으나 오직 이것을 기록함은 너희로 예수님이 하나님의 아들 그리스도이심을 믿게 하려 함이요, 또 너희로 믿고 그 이름을 힘입어 생명을 얻게 하려 함이니라"

둘째, 만인 구원론과 유사한 '화해론'을 창안했다는 점이다.

하지만 이 역시 바르티안들의 만만치 않은 반론들이 나온다. 바르트를 만인 구원론이라고 말하는 것은 바르트 신학의 화해론을 바르게 이해하지 못하고 표면만 보고 판단했기 때문이라는 것이다.

셋째, 성경의 영감에 대한 부분에서 바르트가 역사비평학을 수용했다는 점이다.

그로인해 미국의 구 프린스턴 신학자 벤자민 워필드(Benjamin Warfield)와 찰스 핫지(Charles Hodge)의 완전 영감론을 따르는 진영으로부터 공격을 받았다.[37]

3. 바르트에게 논쟁이 되는 요소들

첫째, 바르트의 예정론에 대한 것이다.

이것은 앞서 평가가 교차하는 것처럼 단점일 수도 장점일 수도 있다. 다시 말해서, 어느 진영의 신학에서 해석하는지에 따라 다르게 평가될 수 있다. 칼빈주의의 이중예정론은 어떤 이는 구원의 복을 받기로 예정되어 있고, 또 어떤 이들은 유기되기로 예정되어 있다. 그러나 **바르트의 이중예정론은 예수 그리스도의 선택 안에서 하나님의 영원한 의지가 발현된 것이다.** 분명하게 "하나님의 선택은 은혜의 선택(예정)"이다.[38]

여기서 영원한 선택의 축복은 그리스도를 통해 인간인 우리가 받게 되고, 영원한 유기와 정죄는 그리스도께서 십자가에서 대신 받으셨다는 것이다. 다시 말해서 하나님의 복은 인간에게 주기로 예정되었고, 정죄와 죽음은 예수님이 대신 받기로 예정되었다는 것이다. 여기서 바르트가 아르미니우스처럼 '유기 자체를 주장하지는 않았다'라고 착각해서는 안 된다.

바르트는 선택과 유기 모두 강조한다. 그러나 유기는 인간에게 해당하지 않고 오로지 십자가 지신 그리스도께 예정되어 있다는 것이다. 좋게 보면 바르트의 예정론은 경직된 칼빈주의의 변증을 대신할 혁명적인 기독교 변증방법론이다. 그러나 전통 칼빈주의 노선에 서 있기를 자처하는 소위 개혁주의자들에게 이것

---

37 김용주, 『신정통주의 신학이란 무엇인가?』, 22.
38 에버하르트 부쉬, 『위대한 열정』, 217.

은 엄청난 독소이다.

둘째, '화해론'에 대한 오해와 위험이다.

바르트의 화해론은 원래 계약론(Lehre von Bund)이라는 이름이 붙을 뻔했다. 실제로 "계약은 화해론의 내적인 주제"이며, "임마누엘" 곧 "우리와 함께하시는 하나님"이라는 공식적인 문구로 요약된다.[39] 이 계약으로 완성되는 화해는 예수 그리스도 안에서 발생한 계약 성취이다. 바르트는 자신의 『교회 교의학』에서 다음과 같이 진술한다.

> 예수 그리스도는 하나님, 곧 인간으로서 하나님이시고, 그래서 바로 인간인 "우리와 함께 계시는" 하나님이시고, 화해의 사건 속에 계신 하나님이시다. 그러나 그 화해는 하나님과 인간 사이에 맺은 계약의 성취(Erfüllung des Bundes)이다.[40]

여기서 바르트의 화해론을 오해하는 이들은 죄 때문에 하나님의 계약이 시작된 것으로 이해한다. 그러나 바르트에게 있어서 계약으로 완성되는 '화해'는 죄가 동기가 되어 유발된 것이 아니다. 바르트는 오히려 "피조물들에 대해 하나님이 본래 가지고 계셨던 선한 의지의 실행"으로 계약 성취를 이해한다.[41] 즉, 하나님의 계약은 단지 죄에 대한 반응이 아니다. 또한, 화해의 사건 안에서 예수 그리스도의 인격과 사역은 분리될 수 없다. **바르트의 화해론의 핵심은 초월적인 하나님이 예수 그리스도로 오셔서 인간의 고통을 당하신 것이다.**

바르트에게서 "화해가 하나님의 주도권적 행위라는 것은, 화해를 그 어떤 것으로부터 도출해 내거나, 혹은 화해로부터 어떤 것을 유도해 내고자 하는 것을 금지하는 것"이다.[42] 화해는 무엇보다 계명(Gebot)이며, 주도권적 행위는 전적인 하나님의 은총 행위이다. 그것은 예수 그리스도 안에 있는 하나님의 은혜이며, 그 은혜는 곧 기적 위에 기적을 베푸는 신적 행위이다. 그래서 화해는 불변성 속에서 초월을 누리시는 이가 경계선을 넘어서 이 땅에 강림하신 사랑의 행위이다. 바르트는 화해 사건을 다음과 같이 말한다.

---

39 Ibid., 104.
40 칼 바르트, 『교회교의학IV/1』, 김재진 역 (서울: 대한기독교서회, 2017), 47.
41 에버하르트 부쉬, 『위대한 열정』, 105.
42 칼 바르트, 『교회교의학IV/1』, 137.

이 사건으로 말미암아 창조주이시고 주님이신 하나님이 그리고 거룩하시고 의로우신 하나님이-인간의 존재와 행위 앞에서는 언제나 당신의 얼굴을 숨기시던-통찰될 수 없고, 인간의 죄 때문에 두려운 것이 되어 버린 하나님 자신의 신성이라는 비밀(Geheimnis)이 밖으로 드러나게(heraustritt) 되었다. 그래서 하나님이 자신을 인간에게 선물로 주시며, 자신을 인식되도록 내어 주시는 일이 일어난 것이다.[43]

그렇다면 코넬리우스 반틸(Cornelius Van Til) 계열의 개혁주의자들이 바르트의 '화해론'에 대해 문제점이 있다고 주장하는 근거는 무엇일까?

바르트의 화해론은 자유주의 신학자들처럼 인간의 도덕이나 윤리적 행위에 집중되어 있지 않고, "그리스도교적 삶이 하나님께 기도하는(말을 건네는) 가운데 실행되는 것"에 있다.[44] 그런데 바르트는 예수님이 인성을 가졌다는 점에서 우리와 같지만, 그 외에는 우리와 다른 분이라고 주장한다. 더 구체적으로 말하자면, 예수님이 인성을 가지셨다는 점에서 이 땅을 살아가는 사람들과 똑같지만, 이 땅에서 화해의 사역을 이루기 위해 인간의 몸을 입고 오셔서 고난 겪으신 분이라는 점에서 우리와는 전적으로 다르시다.

그러므로 예수님 안에서 인성은 하나님에 의해 '고양'된 인성이다. 이것은 해석하기에 따라서 그리고 어떤 신학적 자세를 취하느냐에 따라서 위험하게 받아들여질 수 있는 부분이다. 바르트는 『하나님의 인간성』에서 다음과 같이 말한다.

> 예수 그리스도 안에서 우리는 하나님과 인간이 나누는 역사 및 대화와 마주치는데, 그 안에서 하나님과 인간은 서로 만나고 대화하며 함께 존재한다. 그것은 상호 간에 맺어지고 보존되고 양쪽에 의해 성취되는 계약(언약)의 현실성이다. 예수 그리스도는 그분 하나의 인격 안에서 참 하나님으로서 인간의 신실한 파트너시고, 참 인간으로서 하나님의 신실한 파트너이시다. (중략) 바로 이러한 "하나"의 존재 안에서 예수 그리스도는 하나님과 인간 사이의 중재자 곧 화해자이시다.[45]

---

43 Ibid., 140.
44 에버하르트 부쉬, 『위대한 열정』, 109.
45 칼 바르트, 『하나님의 인간성』, 신준호 역 (서울: 새물결플러스, 2017), 73-74.

이것을 긍정적으로 해석하면 다음과 같다.

> 바르트는 지금 초월적인 하나님이 예수님의 모습으로 성육신하셨음을 무한히 강조하고 있다. 그렇게 하는 이유는 자유주의 신학을 철저하게 반대하기 위함이다. 자유주의 신학에서 예수님은 마치 종교성이 충만하게 고양된 인간이다. 그리고 종교성이 충만하게 고양된 인간이기에 그가 신이 된 것이다. 바르트는 이러한 주장을 원천적으로 반대한다.

그리고 부정적으로 해석하면 다음과 같다.

> 바르트에게서 예수님이 우리와 다른 이유는 그분의 선재에 있는 것이 아니라, 그분이 인성을 취하시고 역사 안으로 들어와서 화해의 길을 열어 주셨기 때문이다. 즉, 화해를 위해 역사 속에 들어오신 예수님의 인성은 고난을 겪으시면서 고양된다. 그런데 이것은 꼭 슐라이어마허 이후의 자유주의 신학자들이 "예수님은 하나님을 본받아 행함으로써 신의 아들로 승귀 되었다"라고 주장하는 부분과 너무 흡사하다.[46]

바르티안들은 바르트의 시대적 상황과 그의 신학적 방향성을 보았을 때, 바르트에 대해서 긍정적으로 해석하는 쪽이 옳다고 주장한다.

반면에 강경한 개혁주의 진영에 있는 이들은 다음과 같이 비판을 쏟아붙인다. "사람의 몸을 입고 우리와 함께하시는 하나님에 대해 말하면서, 자신이 초기에 극도로 비판했던 자유주의적 강조점을 되살린 것 아니냐?

결국, 자유주의와 대항했으나 그 시대의 한계 속에서 여전히 자유주의적 색깔이 남아 있는 것 아니냐?"

이것은 바르트를 보는 입장에 따라 달라지는 부분인데, 분명한 것은 20세기 최고의 신학자인 바르트의 '화해론'을 정확히 이해하고 평가내리는 것 자체가 오늘날 신학자들에게 엄청난 부담이 된다는 사실이다. 바르트는 결코 간단하게 평가내릴 수 있는 학자가 아니다. 그렇기에 그에 대해서 맹목적인 비판을 섣불리 쏟아놓지 않기를 바란다.

---

46 김용주, 『신정통주의 신학이란 무엇인가?』, 141.

그렇다고 해서 바르트에 대해 무비판적으로 수용하고 동경하라는 의미는 아니다. 모든 신학은 강점과 약점이 있다. 그러나 적어도 우리는 그의 천재적인 신학을 존중하면서 예리하게 공부하려는 태도를 보여야 할 것이다. 왜냐하면, 그것이 배우는 자의 건전한 태도이기 때문이다.

셋째, 바르트의 '성경론'이다.

꼼꼼히 독서한 독자들이라면, 바르트의 기독교 변증방법론을 다루는 파트에서 필자가 성경이라는 말을 사용해 오다가 '성서'라는 말을 사용한 것을 발견할 것이다. 이것은 의도적으로 그렇게 한 것이다. 성경이라고 할 때는 정경(canon)의 의미가 부각되지만, 성서는 텍스트(text)의 의미가 강조된다. 사실 엄밀하게 구분해서 사용할 필요는 없다. '성경전서'의 준말로 '성서'라고 할 수도 있다. '성경'이라고 표현하거나, '성서'라고 말하거나, 우리는 계시된 말씀으로써 성경을 이해하기 때문이다.

개혁주의 신학자 반틸은 "성경은 하나님의 말씀으로 완전하다"라는 완전 영감을 전제로 변증학을 시작한다.

그러나 바르트는 '말씀의 신학'이지만, 성경의 완전 영감을 주장하지는 않는다. 물론, 그렇다고 해서 바르트가 자유주의 신학자들처럼 "성경은 그저 고대 근동의 산물이며, 문자일 뿐이다"라고 주장하는 것은 아니다. 또 그는 신정통주의 노선에 있는 루돌프 불트만(Rudolf Karl Bultmann)의 비신화화 이론도 거부한다. 불트만은 "성경은 사실이 아니지만, 그 안에 담긴 복음의 메시지는 유효하다"라는 식의 주장을 한다.

반면에 **바르트는 성경 안에 하나님의 계시된 말씀이 있다고 주장한다.** 즉, 성경이 거짓이라고 말하지 않고, 성경 안에 의미만 살려내자고 주장하지도 않았다는 점에서 그는 자유주의 신학자들과 불트만과도 명백하게 구분된다. 그러나 "성경이 하나님의 말씀이다"라고 주장하지 않고, "성경 안에 하나님이 말씀하신다"라는 명제를 내세운 것은 정통주의자들과의 결정적 차이다.

바르트식대로 '성경 안에 하나님이 말씀하신다'라고 이해한다면, 성경 안에 하나님의 말씀이 아닌 것도 있다는 말인가?

물론, 욥기에서 사탄이 말하는 장면은 하나님의 말씀이 아니다. 그러나 반틸을 위시한 개혁파 변증론자들 입장에서 저런 예시는 궁색하다. 왜냐하면, 반틸이나 루이스 벌코프(Louis Berkhof)가 성경의 완전 영감을 주장할 때는 구속사의 흐름 속에서 전체 문맥을 두고 말하는 것이기 때문이다. 바로 이런 점 때문에 마이클 호튼(Michael S. Horton)이나, 존 프레임(John M. Frame) 그리고 웨인 그루뎀(Wayne A. Grudem) 같은 이들은 바르트식의 기독교 변증방법론을 지양한다.

〈성경을 바라보는 인식〉

자유주의 신학	성경은 고대 근동 문헌의 산물일 뿐이다.
루돌프 불트만	성경은 비신화화해서 봐야 한다.
칼 바르트	성경 안에 하나님의 말씀이 있다.
코넬리우스 반틸	성경이 하나님의 말씀이다.

넷째, 자연계시의 부재이다.

바르트를 신정통주의로 분류하지만, 사실상 바르트는 신정통주의의 공동전선을 무너뜨린 인물이다. 먼저, 바르트는 복음을 세상과 연결하려고 했던 프리드리히 고가르텐(Friedrich Gogarten)을 세속 역사와 구속사의 구분으로 비판했다. 당시 고가르텐은 "세속화를 이해하는 출발점은 일반 철학 사상사인 세상이 아니라, 기독교 신앙임이 틀림없다"라고 주장하였다.[47]

고가르텐이 이처럼 말한 이유는 '기독교 신앙이 세상과의 관계를 포함하고 있음'을 강조하기 위함이었다. 그러나 바르트에게 있어서 구속사적 사건은 세속화를 이해하는 도구도 아니었으며, 그것들을 포괄하기 위한 것은 더욱 아니었다.

그런가 하면 바르트는 일반 은총 속에서 인간이 받아들일 수 있는 계시가 있다고 주장한 에밀 브루너(Emil Brunner)를 향해서 계시는 오직 예수 그리스도뿐이라고 비판한다. 그런데 브루너와의 논쟁이 되는 이 지점은 바르트가 비판받을 수 있는 지점이기도 하다. 하나님의 창조 세계 안에서 발견되는 자연계시나, 세상 속에 나타나는 일반계시는 바르트에게 있어서 철저하게 무시되고 있다. 바르트가 자연신학을 거부하는 이유에 대해 살펴보면 다음과 같다.

(1) 자연계시를 인정해 주면, 예수 그리스도의 계시 외에 또 다른 계시를 인정하는 것을 뜻하며, 이는 결국 예수 그리스도의 계시를 자연계시에 비추어 측정하는 일이 야기될 수 있다.[48]

---

47 프리드리히 고가르텐, 『우리 시대의 절망과 희망』, 맹용길 역 (서울: 대한기독교서회, 1977), 11.
48 최종호, 『칼 바르트: 하나님 말씀의 신학: 칼 바르트 신학과의 산책』, 200.

(2) 자연계시가 받아들여지게 되면 예수 그리스도의 계시는 인간의 이성, 양심, 감정, 자연, 문화, 역사와 연속성을 가지게 되어 계시의 특수성이 없어지고 상대화된다.[49]

(3) 자연계시에 대한 바르트의 거부는 그 당시 아돌프 히틀러(Adolf Hitler)가 이끄는 제3제국의 정치적 현실과 결부되어 있다.

따라서 바르트에게 유일한 계시는 예수 그리스도뿐이다. 그리스도 안에 하나님의 형상이 있고, 예수 그리스도만이 하나님과 인간, 하나님과 피조물들의 접촉점이 된다.

이처럼 바르트가 자연계시를 거부하는 이유는 상당히 합리적이며 일관성이 있다. 그러나 바르트의 염려는 지나치다. 왜냐하면, '자연계시'를 인정하더라도 예수 그리스도의 계시를 '자연계시'에 비추어 측정하는 일이 발생하지 않을 것이기 때문이다. 그 이유는 '자연계시'의 존재가 예수 그리스도의 특수 계시와 동등하지 않기 때문이다.

우리는 바르트가 우려하는 부분을 이해하지만, 그렇다고 자연계시를 원천적으로 부정하지는 않는다. 왜냐하면, 그러한 태도는 기독교 변증방법론을 지나치게 축소할 위험이 있기 때문이다. 실제로 '자연계시' 자체를 부정한 바르트는 인간 안에 있는 하나님의 형상에 대해서도 강력하게 부정한다.

하지만 이에 맞서서 브루너는 "이 세상의 창조는 하나님의 계시이며 자기 현현이기도 하다"라고 주장한다.[50] 또한, 로마서 1장 20절에 자연계시를 증거하고 있다.[51] 물론, '자연계시'는 구원 진리를 조명하는 계시가 아니다. 하지만 그렇기에 오로지 예수 그리스도의 계시만이 구원으로 초대할 수 있다고 역설할 수 있다. '자연계시'는 인간이 성서 없이 하나님의 존재 여부만을 판단할 수 있도록 도와주는 것이 전부이다. 그렇기에 '자연계시'를 인정해도 예수 그리스도의 계시를 자연계시에 비추어 측정하는 것은 가능하지 않다.

49　Ibid., 201.
50　에밀 브루너 & 칼 바르트, 『자연신학』, 김동건 역 (서울: 대한기독교서회, 2021), 41.
51　롬1:20 "창세로부터 그의 보이지 아니한 것들 곧 그의 영원하신 능력과 신성이 그가 만드신 만물에 분명히 보여 알려졌나니 그러므로 그들이 핑계하지 못할지니라" 종교개혁자 칼빈과 신정통주의 신학자 에밀 부르너 역시 이 본문을 근거로 '자연계시'에 대해 설명하였다.

또한, '자연계시'가 인정되더라도 예수 그리스도 계시의 특수성은 없어지지 않는다. '자연계시'는 존재하지만, 구원으로 이끄는 계시는 성서에 기록된 예수 그리스도라는 '특수 계시'이기 때문에 그 특수성은 여전히 존속된다. 물론, 바르트가 우려하는 것처럼 자연계시의 존재 자체를 인정하면 예수 그리스도 계시와 비교하게 되는 일이 필연적으로 발생하게 될 것이다. 그렇다면 당연히 '자연계시'와 '예수 그리스도의 계시'를 상대화하게 될 것이다.

그러나 창조와 구속이라는 연결을 차단하는 것보다 신학적인 논의를 거쳐 상대화하는 것을 감수하는 것이 더 유익하지 않을까?

결론적으로 예수 그리스도의 계시가 구원으로 이끄는 유일한 초대라고 한다면, '자연계시'나 '일반 은총'이 예수 그리스도로부터 출발하는 신학 방법론의 근간 자체를 위협하지는 못할 것이다.

끝으로 오늘날은 히틀러가 이끄는 제3 제국의 정치적 현실과는 다르다. 물론, 오늘날에도 여전히 전쟁의 위협이 있고, 정치적 현실을 무조건적으로 하나님의 뜻이라고 해석하는 자들이 있다. 그러나 그것은 '자연계시'나 '일반계시'를 예수 그리스도의 계시보다 우월하게 여기거나 동등하게 생각하는 소수의 이단자에게만 나타난다. 그런데 바르트는 지나치게 '자연계시'와 '일반계시'를 부정한다.

물론, 바르트 당시의 시대 상황을 고려하면 이해 못 할 일은 아니다. 하지만 계시를 구분하지 못하는 자들의 무모한 해석을 막고자 '자연계시' 자체를 부정하는 것은 너무 극단적이다. 만일 '자연계시' 자체를 부정한다면, 하나님의 피조 세계에 대한 모독이 될 것이며, 그것은 곧 하나님에 대한 모독이다. 따라서 바르트가 "유일한 계시는 예수 그리스도뿐이다"라고 말한 개념은 "구원으로 이르는 유일한 계시는 예수 그리스도뿐이다"라는 말로 바꿔 이해하는 것이 더 나을 듯하다.

바르트의 기독교 변증방법론의 장점을 정리하면 다음과 같다.

- 자유주의 신학을 제압하기에 용이하다.
- 하나님을 전적인 타자로서 경외할 수 있도록 만든다.

현대신학이 지나치게 하나님을 인간화시켰다면 바르트에게서 하나님은 절대 타자로 인간이 알 수 있는 존재가 아니다. 땅에 있는 인간은 하나님 앞에서 함부로 입을 열고 급한 마음으로 말을 할 수 없다. 하나님은 하늘에 계시고 인간은 땅에 있다. 하나님 스스로 인간이 되셔서 화해를 이루기 전까지 인간은 계시를 결코 알 수 없다. 그러나 계시 그 자체이신 예수 그리스도께서 친히 강림하셨다.

반면에 바르트의 기독교 변증방법에는 단점도 있다.

- 그의 화해론과 예정론은 만인 구원론으로 소급될 우려가 있다(단, 이것은 어디까지나 반대파들의 입장이며, 바르트에 관한 치밀한 연구 없이 그를 '만인 구원론자이다'라고 단정하는 것은 조심스러운 부분이다).
- 바르트의 성경론은 성경의 완전 영감을 전제하고 변증을 시도하는 정통주의 변증론자들이 받아들이기에 위험한 요소가 있다.
- 자연계시를 부정하는 그의 태도는 기독교 변증방법론을 축소할 위험이 있다.

자연계시나 일반계시 자체가 구원에 이르게 하지는 못한다. 하지만 자연계시나 일반계시는 분명 존재한다. 따라서 자연계시와 일반계시가 예수 그리스도의 계시를 대신할 수는 없지만, 하나님의 존재 자체를 알게 해 주는 차원에서 자연계시 역시 중요하다.

바르트의 기독교 변증방법론은 총과 같다. 사역자가 평신도들에게 위험한 총을 애써 쥐여 줄 필요는 없다. 총 쏘는 법을 모르는 사람에게 총을 맡기느니, 총을 다룰 줄 아는 이가 대신 그 총을 사용해서 사냥하면 된다. 가장 이상적인 바람은 모든 사역자가 총(바르트)에 복음의 실탄을 넣어 자유자재로 사용하는 것이다. 그리고 그 총(바르트)으로 주님의 포도원을 허는 작은 여우(자유주의 신학)를 토벌하는 것이다.

물론, 어떤 목회자들에게는 총(바르트)을 능숙하게 다루는 것이 여전히 부담스럽고 무리일 것이다. 정 그렇다면, 적어도 총이 어떤 위력을 가졌는지는 성도들에게 알리고, 총을 사람에게 겨누지 말도록 가르칠 수 있는 수준은 되어야 한다.

♣ 내용 정리를 위한 문제

1. 칼 바르트가 자유주의 신학을 거부한 이유는 무엇인가? 그리고 바르트의 "하나님 말씀의 신학"은 어떻게 설명할 수 있는가?
2. 바르트의 예정론, 화해론, 성경론을 각각 정리한 후, 바르트의 이 개념들이 왜 신학적 논쟁이 되는지 그 이유를 서술하시오.
3. 바르트가 주장하는 계시에 대한 이해를 서술한 후, 바르트 입장에서 에밀 부르너의 자연계시를 비판해 보시오.

※ 참고 문헌(제11장에 인용된 도서들)

칼 바르트.『개신교 신학 입문』. 신준호 역. 서울: 복있는사람, 2014.
_____.『교의학 개요』. 신준호 역. 서울: 복있는사람, 2015.
_____.『교회 교의학IV/1』. 김재진 역. 서울: 대한기독교서회, 2017.
_____.『로마서(제2판,1922)』. 손성현 역. 서울: 복있는사람, 2017.
_____.『이해를 추구하는 믿음』. 김장생 역. 서울: 한국문화사, 2013.
_____.『하나님의 인간성』. 신준호 역. 서울: 새물결플러스, 2017.
에밀 브루너 & 칼 바르트.『자연신학』. 김동건 역. 서울: 대한기독교서회, 2021.
H. G. 푈만.『교의학』. 이신건 역. 서울: 신앙과지성사, 2013.
디트리히 본회퍼.『행위와 존재』. 김재진·정지련 역. 서울: 대한기독교서회, 2016.
루트비히 포이어바흐.『종교의 본질에 대하여』. 강대석 역. 경기 파주: 한길사, 2006.
쇠렌 키에르케고르.『불안의 개념』. 강성위 역. 서울: 동서문화사, 2018.
쇠얀 키에르케고르.『기독교의 공격』. 이창우 역. 서울: 카리스아카데미, 2021.
아돌프 폰 하르낙.『기독교의 본질』. 오흥명 역. 서울: 한들출판사, 2015.
알브레히트 리츨.『기독교 강요』. 진규선 역. 경기파주: 서로북스, 2022.
에버하르트 부쉬.『위대한 열정』. 박성규 역. 서울: 새물결플러스, 2015.
_____.『칼 바르트』. 손성현 역. 서울: 복있는사람, 2014.
에버하르트 윙엘.『하나님의 존재는 되어감 속에 있다』. 백철현 역. 서울: 그리스도교신학연구소, 1988.
제임스 토런스.『예배, 공동체, 삼위일체 하나님』. 김진혁 역. 서울: 한국기독학생회출판부, 2022.
조르즈 까잘리.『칼 바르트의 생애와 사상』. 최영 역. 서울: 대한기독교서회, 1993.
토마스 토렌스.『참 그리스도를 전하라』. 전병호 역. 서울: 베드로서원, 2006.
프리드리히 고가르텐.『우리 시대의 절망과 희망』. 맹용길 역. 서울: 대한기독교서회, 1977.

프리드리히 슐라이어마허.『기독교 신앙』. 최신한 역. 경기 파주: 한길사, 2013.
F.D.E. 슐라이어마허.『종교론』. 최신한 역. 서울: 대한기독교서회, 2015.
피터 C. 하지슨.『헤겔의 종교철학』. 정진우 역. 서울: 동연, 2022.
김용주.『신정통주의 신학이란 무엇인가?』. 서울: 좋은씨앗, 2019.
최종호.『칼 바르트: 하나님 말씀의 신학: 칼 바르트 신학과의 산책』. 서울: 한들, 2010.

제12장

신정통주의 변증방법론 II : 에밀 브루너 & 폴 틸리히

> 우리는 십자가에 못 박힌 그리스도를 전하니 유대인에게는 거리끼는 것이요 이방인에게는 미련한 것이로되 오직 부르심을 받은 자들에게는 유대인이나 헬라인이나 그리스도는 하나님의 능력이요 하나님의 지혜니라 하나님의 어리석음이 사람보다 지혜롭고 하나님의 약하심이 사람보다 강하니라(고린도전서 1장 23-25절).

현대인들에게 십자가는 거리끼는 걸림돌이다. 그러나 신정통주의의 변증방법론은 이 거친 '걸림돌'을 구원으로 도약하는 '디딤돌'이라고 변증한다. 그러한 기독교 변증방법론의 능한 신학자가 바로 에밀 브루너(Emil Brunner)이다. 브루너는 칼 바르트와 디트리히 본회퍼 그리고 폴 틸리히(Paul Johannes Tillich) 못지않은 세계적인 수준의 신학자이다.

신정통주의를 말하면 보통 바르트를 떠올리기 때문에 앞에 장에서는 바르트의 기독교 변증방법론을 중점적으로 다뤘다. 그러나 신정통주의에 속한 학자들과 그 시대를 같이 지냈던 신학자들의 신학도 그냥 넘어갈 수는 없다. 이번 장에서는 브루너와 틸리히의 변증법적 신학을 중점적으로 신정통주의의 변증방법론을 살펴보겠다.

신정통주의의 핵심적인 변증 내용은 '계시'에 대한 것이다. 계시를 이해하는 관점과 방향이 기독교 변증방법론의 골격과 구성을 만든다.

찰스 M. 우드(Charles M. Wood)에 따르면, "기독교 신학은 그 다루는 대상인 기독교 증언이 제아무리 광대하고 다양하고 복잡하다고 해도, '기독교 증언'이라는 뚜렷이 한계가 그어진 대상이므로 철학보다는 초점이 더 좁다."[1] 이는 기

---

1 찰스 M. 우드, 『신학 탐구 방법론』, 김홍규 역 (서울: 동연, 2020), 59.

독교 신학이 철학을 아우른다고 하더라도 결국 계시에 대한 해석을 그 목적으로 하기 때문이다. 여기서 브루너는 여느 신정통주의 신학자들처럼 기독교가 구석으로 몰리는 상황에서 자유주의 신학을 반대하고 변증법적 신학을 구사한다.

로후스 레온하르트(Rochus Leonhardt)에 따르면, 고가르텐, 불트만, 브루너와 같은 신정통주의자들이 가지고 있는 "사상적 맹아의 공통점은 초기 변증법적 신학이 강조한 하나님과 인간의 차이에만 머물지 않고 복음의 선포에 인간이 반응할 수 있음"을 말한다는 점이다.[2] 바로 이 점이 바르트와의 가장 큰 차이라고 볼 수 있다. 그중에서 특히 브루너는 신학적 논쟁술(Eristische Theologie)을 통해서 비기독교적 세계에 접근하고자 하였다.

1. 십자가의 역사성과 계시성

십자가는 신학의 정점이며 전부이다. 그리고 '십자가'를 어떻게 이해하고 받아들이는지가 신학적 성향을 결정한다.

첫째, 브루너는 십자가 복음이 당장은 그리스도교의 치명적인 약점이고 '걸림돌'처럼 보이지만, 결국 이것이 구원으로 도약하는 '디딤돌'이라는 점을 역설한다.

유대인과 이방인에게는 걸림돌이고 미련한 것이지만, 그리스도인에게 '십자가의 도'는 명백하게 역사적 계시의 길이다. 브루너는 현대인에게도 '십자가의 도'는 변호 가능하다고 생각했다. 왜냐하면, "기독교는 그리스도의 사건이 바로 '역사적-유일회성 사건'임을 믿음으로 고수하기 때문"이다.[3] 신비주의 종교들은 인간의 실존을 진지하게 다루지 않고 그저 종교적 명상이나 체험에 집중하지만, 그리스도교 신앙은 과거의 일회적인 역사적 사건에 기반을 둔다.

그런데 그리스도교의 이러한 점은 현대인들에게 매력이 없다. 현대인들은 역사를 불확실하고 상대적인 것으로 취급한다. 하지만 명백한 사실성을 담고 있는 십자가 사건은 신비주의적인 관상 놀이에 빠지는 것을 막아 준다.

---

2 로후스 레온하르트,『조직신학 연구 방법론』, 장경노 역 (서울: 기독교문서선교회, 2018), 183.
3 에밀 브루너,『십자가, 결코 억울한 죽음이 아니라는 희망』, 박영범 역 (경기 파주: 공감마을, 2017), 44.

또한, 역사에 대해 불확실하고 상대적인 것으로 취급하는 현대인들조차도 역사 속 사실 그 자체는 부인할 수 없다. 그러므로 하나님의 거룩하심이 하나님의 사랑을 통해서 완성된 사건이 역사 가운데서 실제로 벌어졌다는 것은 그 누구도 부정해선 안 된다.

볼프하르트 판넨베르크(Wolfhart Pannenberg)**의 경우에는 그리스도의 역사를 아예 보편사로 확대한다. 그는 바르트처럼 구속사와 세속 역사를 구분하지 않고, 역사를 단일 역사로 인지한다.** 그렇기에 예수의 부활에 대해서도 꼭 그리스도인이 아니라 할지라도 보편 역사 속에서 일어난 사실적 사건으로 받아들일 수 있어야 한다.

> 예수의 등장 가운데서 하나님의 미래가 미리 폭로될 뿐만 아니라, 그 미래는 이미 사건으로 발생했으며, 그런데도 미래이기를 중단하지 않았다. 그 사건 안에서 하나님의 미래가 이미 동터왔다. 예수 선포의 이런 구조에 특유한 방식으로 상응하는 것이 바로 그리스도교의 부활 소식이다. 그 소식은 부활의 생명의 미래적인 구원이 예수에게서 이미 등장했을 뿐만 아니라, 예수 안에서 우리를 위해서도 이미 시작되었다고 선포한다.[4]

판넨베르크식의 이해는 위로부터 계시된 이해가 아니라, 아래로부터 위로 상승하는 신학 구조이다. 이 점에서 신정통주의 신학 방법론과는 큰 대조를 이룬다. 브루너는 판넨베르크와 동일한 변증방법론을 취하고 있는 것은 아니나, 그의 계시 이해는 현대인들을 설득하기에 충분하다. 브루너가 생각할 때, 그리스도의 역사적-유일회성 사건'은 현재 경험되는 신비나 세대의 풍조를 넘어서는 신앙이다. 브루너는 이같이 말한다.

> 과거의 한 역사를 고백하라! 과거의 한 인물을 고백하라! 그리고 과거의 특정한 바로 그 장소에서 바로 그 시간에 발생했던 하나의 사건을 고백하라! 이것이 바로 전통적인 기독교 믿음입니다.[5]

---

[4] 볼프하르트 판넨베르크, 『판넨베르크 조직신학 I』, 신준호·안희철 역 (서울: 새물결플러스, 2017), 401.
[5] 에밀 브루너, 『십자가, 결코 억울한 죽음이 아니라는 희망』, 45.

현대 지식인들은 역사적인 것보다 형이상학적인 것을 추구한다. 그래서 역사적 사건은 유대인과 이방인뿐 아니라 현대인들에게도 철저한 걸림돌이 된다. 하지만 형이상학적인 것은 결국 불가지론과 신비주의로 이끌 뿐이다. 신비주의는 위조된 종교 행위일 뿐이다. 그래서 브루너는 "하나님의 참된 계시를 다른 곳에서 발견할 수 없고, 오직 그곳과 그때에만 발견할 수 있다"고 주장한다.[6]

과거의 한 역사는 십자가와 부활의 역사이다. 과거의 한 인물은 예수 그리스도이시다. 과거의 특정한 장소는 골고다 언덕과 아리마대 요셉이 장사한 무덤이요, 엠마오로 내려가는 길이자, 예루살렘 한복판이다. 그리고 그 시간에 발생했던 사건은 구원의 사건이다.

이전에 브루너는 바르트와는 달리 자연 신학에 호의적임으로 자연을 통해서도 하나님을 알 수 있고, "하나님이 창조하신 세계 안에서 하나님을 알고 존경할 것"을 요청했었다.[7] 하지만 그런 브루너조차도 그리스도의 역사적 사건에 대해서는 바르트처럼 "하나님을 오직 예수 그리스도 안에서만 발견할 수 있다"고 주장한다.[8]

물론, 브루너는 '계시는 믿음을 통해 해석된 사건'이라고 말함으로써, 정통 개혁파나 복음주의 신학자들과는 차이를 보인다. 브루너는 "기독교는 순수역사적 사건을 하나님과 연관된 해석역사로서의 계시 사건이라고 믿는다"라고 말했다.[9] 이런 표현은 여러 가지 오해를 불러일으킨다. 하지만 그는 역사적인 모든 것이 불확실성을 지닌다고 생각하는 당시 현대인들에게 "믿음은 조건 없는 확실성을 필요로 한다"고 역설했다는 점에서 중요한 인물이다.[10]

브루너의 논증은 루돌프 불트만(Rudolf Bultmann)의 비신화화 논증과도 다르다. 역사적 보도들은 역사비평, 더 나아가 역사를 바라보는 회의적 시각 아래에 놓여 있게 된다. 이에 대해서 불트만식의 논증은 '그 역사가 사실이 아니어도 믿을 수 있다'라는 말로 요약될 수 있다. 반면에 브루너식의 논증은 '그 역사가 사실과 다르더라도 믿을 수 있다'라는 말로 요약할 수 있다. 오늘날 복음주의자들은 '그 역사가 사실이기 때문에 믿는다'라고 말한다.

---

6 Ibid., 49.
7 에밀 브루너 & 칼 바르트, 『자연신학』, 김동건 역 (서울: 대한기독교서회, 2021), 57.
8 에밀 브루너, 『십자가, 결코 억울한 죽음이 아니라는 희망』, 49.
9 Ibid., 50.
10 Ibid., 66.

이 지점은 신정통주의와 복음주의의 큰 차이점이기도 하다. 아마 신정통주의 변증 신학자들은 '실증주의자'라는 비판은 피하려고 복음주의와 선 긋기가 필요했을 것으로 추측된다. 여기서 실증주의란 "우리가 감각으로 직접 파악하는 것을 제외하고 그 어떤 것에 대한 지식도 얻을 수 없다고 주장하는 철학적 입장"이다.[11]

브루너는 "역사 계시에 대한 믿음은 하나님에 관한 전혀 다른 이해를 제공"한다는 것을 증명해 냈으며, "기독교의 하나님 이해는 신화나 합리주의 또는 관념적인 사변이 옹호하는 하나님에 관한 이해와 전혀 다르다"라는 것을 드러냈다. 결론적으로 브루너에게서 하나님은 관념이 아닌 살아계신 하나님이시다. 그분의 약함은 인간의 강함보다 강력하고, 그분의 어리석음은 인간의 지혜보다 뛰어나다.

둘째, 브루너는 사귐과 화해의 중재자로 예수 그리스도를 소개한다.

싸움과 반목으로 가득한 세계에서 사귐과 화해의 중재자를 소개하는 것은 그 자체로 강력한 변증이 된다. 그런데 여기서 주체가 누구인지가 중요하다. 주체는 하나님이시지 인간이 아니다. 다시 말해서 예수의 죽음을 통해서 인간이 하나님과 화해한 것이 아니다. 오히려 하나님이 이를 통해 인간과 화해하신 것이다.

즉, 화해의 주체는 항상 하나님이시다. 중재자 되신 예수 그리스도는 제3의 어떤 존재도 아니고, 단순한 동물의 희생 제물도 아니다. 예수 그리스도는 하나님 그 자신의 사랑이 은혜로써 표현된 장소이다. 또한, 그 장소는 십자가이다. 브루너는 단순한 일치가 아닌 사귐과 화해를 원하시는 하나님을 아래와 같이 설명한다.

> 단지 하나의 개인인 나와 함께 사귐을 나누길 원하십니다. 이것은 우리가 전혀 상상할 수도 없는 기적이지요. 하나님은 나를 아시고 나를 사랑하십니다. 하나님은 영원 전부터 예수 그리스도를 통해서 나를 선택하셨습니다. 여기서 나는 단지 보편적 의미에서의 인류가 아닌, 개인으로서의 나입니다. 그렇기에 하나님은 나의 능력이나 나의 사회적 기능을 보시지 않습니다. 하나님은 오히려 내

---

11 스텐리 J. 그렌츠 & 데이비드 거레츠키 & 체리스 피 노들링, 『신학 용어 사전』, 진규선 역 (서울: 한국기독학생회출판부, 2022), 75.

가 하나님을 전심을 다해서 그리고 온 힘을 다해서 사랑하시는지를 더 중요하게 보십니다.[12]

셋째, 브루너는 정의와 자유에 대한 기독교적 가치관을 제시함으로 기독교 변증방법론을 펼친다.

계시에 대한 전제가 분명한 신정통주의의 변증방법론은 역사적 관점에 대해 비뚤어진 이해를 교정시키기에 최적화되어 있다. 특히, 브루너는 칼 마르크스(Karl Marx)의 역사관과 경제 이해를 강도 높게 비판한다. 브루너는 "경제적 요소가 정말 역사 과정에 있어서 큰 역할을 한다는 것"을 인정한다. 그러나 마르크스처럼 경제적 요소만이 전적으로 중요하며, 관념은 전혀 중요하지 않다고 주장하는 것은 매우 잘못된 유물사관에서 비롯된 것이라고 비판한다.[13]

브루너가 봤을 때 유물주의는 매우 비현실적인 인간론이다. 또한, 마르크스의 무신론은 근본적으로 인간의 존엄성과 정의와 자유를 파괴한다고 예측했다. 특히, 마르크스의 공산주의와 히틀러식의 전체주의는 결국 자아 분열의 관념을 낳게 되고, '결정론'에 의지하다가 결국에는 허무주의에 빠지게 될 것을 경고했다.[14] 그런데 현대 지식인 중에서 어떤 이들은 초기 기독교가 일종의 공산주의를 실천했다고 분석한다.

사도행전 2장과 4장에서 신자들이 공동소유를 했던 사실이 있기에 이러한 분석은 반드시 틀린 것은 아니다. 그러나 이러한 분석을 맹목적으로 받아들이게 되면 정의와 자유에 대한 기독교 신앙의 가치관이 흔들릴 위험이 있다.

그래서 브루너는 '공산주의'(communism)란 말이 기독교적 용어인 '공회'(communion)에서 나온 용어인 것을 인정하나, 그와 동시에 지금의 공산주의와 초기 기독교 공동체를 구성하는 각각의 구성원에게 차이가 있음을 강조한다. 공산주의자들과 그리스도인들은 그 성격이 전혀 다르다. 그에 대해 브루너는 다음과 같이 정리한다.

- 초대 기독교인들의 공산주의는 무신론적이 아니고, '그리스도에 대한 신앙에 입각한' 단체였다.

---

12 에밀 브루너, 『십자가, 결코 억울한 죽음이 아니라는 희망』, 178.
13 에밀 브루너, 『정의와 자유』, 전택부 역 (서울: 대한기독교서회, 2007), 103.
14 Ibid., 116-117.

- 오늘날 공산주의와는 달리, 그것은 '정신적 공산주의'였지 물질적인 공산주의는 아니었다.
- 초대 기독교인들은 '사랑의 공산주의'였다. 그리고 사랑의 공산주의인 만큼 자발적인 공산주의이지 억지로 뒤집어씌워진 공산주의는 아니었다. 이 초대 교회가 사유재산을 거의 다 포기하였다고 하면, 그것은 자발적이었지, 억지로 재산을 포기하게 한 것은 아니었으며, 누구든지 사유 재산을 그대로 간직할 수 있었다.
- 오늘날의 공산주의는 국가의 것인데 반하여 초대 교회의 공산주의에는 국가 요소란 털끝만큼도 없다. 오늘날 공산주의는 국가의 것일 뿐 아니라, 전체주의 국가 다시 말하면 '전체를 지배하는 국가의 것'이다. 그러므로 이 초대 기독교인들의 공산주의와 오늘날의 공산주의와는 아주 다른 성질의 것이다. 이 두 가지를 같은 말로 표현할 수는 없다.[15]

브루너는 기독교인을 현대 공산주의자로 오해하는 것은 정의와 자유를 파괴하는 잘못된 사고에서 기인한다고 보았다. 그 대신 브루너는 "정의는 자유와 동일한 것이며, 동시에 정의는 자유와 동일하지 않다"라는 변증법적 관계를 제시한다.[16] 그는 이데올로기를 극복하려면, 오직 인격을 가지신 "하나님과 인격적 관계"를 가져야만 한다고 주장한다. 그럴 때 정의와 자유의 문제는 해결될 수 있으며, 그 해결 방안은 오직 살아 있는 기독교 신앙에서 비롯된다.[17]

그래서 브루너는 『정의와 사회 질서』에서 "우리들은 정의를 위하여 정의의 영역을 뛰어넘어서 형이상학과 신앙의 영역으로 들어갈 것"을 주장하는 것이다.[18] 그런데 이와 같은 주장은 필연적으로 교회 공동체 안에서 형성된다. 본회퍼는 "말씀 아래서 이루어지는 공동생활은 자신을 그 어떤 운동이나 교단, 또는 그 어떤 단체나 경건의 집단으로 이해하지 않고, 오직 하나의 거룩하고 보편적인 그리스도교적 교회의 한 부분으로 이해할 때만 건강하게 지속될 수 있다"라고 주장한다.[19]

---

15 Ibid., 146.
16 Ibid., 216.
17 Ibid., 217.
18 에밀 브루너, 『정의와 사회 질서』, 전택부 역 (서울: 대한기독교서회, 2003), 56.
19 디트리히 본회퍼, 『신도의 공동생활/성서의 기도서』, 정지련·손규태 역 (서울: 대한기독

판넨베르크는 "교회 이해에 있어서 고려해야 할 주요점은 하나님 나라"이고, "교회가 예수의 메시지에 대하여 계속 충실히 하려고 한다면 하나님 나라가 교회의 중심적 관심사가 되어야 한다"라고 주장한다.[20] 단, 여기서 판넨베르크가 말하는 하나님 나라는 인간이 이룩하는 유토피아를 의미하는 것이 아니다.

본회퍼와 판넨베르크의 주장은 교회가 하나님 나라의 복음이라는 가치를 가르치고 전파하는 공동체라는 점을 분명히 알게 해 준다. 또한, 위와 같은 주장들은 정의와 자유라는 기독교적 가치관이 교회 공동체 안에서 형성될 수 있다는 점도 변증해 준다.

브루너 역시 "예수의 공동체는 다름의 역설적 통일성을 갖는 공동체"라는 말로 교회의 다양한 구성원들이 지금도 살아계신 그리스도로 말미암아 통일성을 지니게 되는 신비한 공동체라는 점을 적시했다.[21] 물론, 교회가 신비 공동체이나 "신앙인들의 신비는 다른 신비와 본질적으로 구별되며, 역사적으로 확인할 수 있어야 한다"는 점에서 차이가 있다.[22]

앞서 브루너가 정의와 자유라는 기독교적 가치관을 세속 사람들에게 변증하기 위해 공산주의를 비판하고 교회 공동체의 개념을 설명했다는 점을 밝혔다. 그리고 지금은 브루너가 최종 단계로 에클레시아라는 교회 공동체가 예배적 실존으로 하나님의 백성이 된다는 것을 변증하고 있음을 밝힌다. 이것이 바로 신정통주의자 브루너의 변증방법론이다.

브루너는 바르트와 마찬가지로 절대 타자되신 하나님이 예수 그리스도 안에서 계시되었다는 명제를 주장하지만, 동시에 그는 교회 공동체의 실존성과 자연계시의 현상들을 통해서 기독교 전통을 설득력 있게 풀어낸다. 이제 거리끼는 걸림돌은 없다. 하나님의 능력과 지혜만이 에클레시아를 통해 세계에 충만할 뿐이다.

교서회, 2010), 41.
20 볼프하르트 판넨베르크, 『신학과 하나님 나라』, 이병섭 역 (서울: 대한기독교서회, 2014), 101.
21 에밀 브루너, 『교회를 오해하고 있는가?』, 박영범 역 (서울: 대서, 2013), 95.
22 Ibid.

2. 궁극적 관심의 대상으로 나아가는 상관관계 변증법

지금까지 브루너의 기독교 변증방법론을 살펴보았다. 다음으로 살펴볼 인물은 틸리히이다. 틸리히를 신정통주의 범주에서 볼 수 있는 근거는 그의 『조직신학』 서론 가장 첫 번째 문장에서, "신학은 교회의 한 기능으로서 교회의 요구를 충족시키기 위해 교회를 섬겨야 한다"라고 주장한 것에 있다.[23] 틸리히에게 신학의 고향은 교회이며, "신학의 자료와 규범은 오직 교회에서만 현실적으로 실존한다."[24] 그렇다고 해서 틸리히가 신정통주의 방법론에 다 동의한다고 생각해서는 안 된다.

월터 캡스(Walter H. Capps)에 따르면 틸리히는 바르트의 가장 두드러진 적수이며, 그의 신학은 "다른 종교에 대해서도 개방적인 태도를 보일 수 있게 했고, 다른 종교의 신자들도 단지 선교 또는 개종의 대상만이 아니라 그 이상의 의미를 지니는 존재로 대하게 했다"라는 점을 설명한다.[25] 즉, 틸리히의 신학 안에서는 '신학에 대한 변증'과 '철학에 대한 포용'이 종합적으로 나타난다. 틸리히는 상황이 제기하는 물음들을 끝까지 붙들면서 '대답하는 신학'으로 자신의 변증을 세워 나갔으며, 신학에서 '변증' 역할과 그 기능이 전과 같지 않음을 간파하고 있었다.

> "변증"(apologetic)이라는 용어는 초기 교회에서 높은 지위를 누렸지만, 신학자들이 근대 인문주의 및 자연주의 그리고 역사주의의 무차별적인 공격에 맞서 기독교를 변호하기 위해 변증을 그릇된 방법으로 사용했기 때문에 그 평판이 추락했다. 변증가들이 사용했던 변증 형식 중 무지로부터의 논증(argumentum ex ignorantia)은 사람들에게 특히 허술하고 혐오스러운 것으로 비판받았다.
> 즉, 이 논증은 하나님의 존재 없이도 정확히 계량화될 수 있는 "자족적인" 세계 안에서 하나님과 그분이 활동하신다는 증거를 찾기 위해 인간의 과학적 지식과

---

23 폴 틸리히, 『폴 틸리히 조직신학 1 이성과 계시, 존재와 하나님에 관하여』, 남성민 역 (서울: 새물결플러스, 2021), 20.
24 Ibid., 95.
25 월터 캡스, 『현대 종교학 담론』, 김종서·배국원·김성례·이원규·김재영·윤원철 역 (서울: 까치글방, 2006), 397.

역사적 지식에 틈이 있음을 발견하고자 애를 썼다.²⁶

따라서 틸리히는 신정통주의 범주에 넣기보다는 "신자유주의(neo-liberalism) 또는 완화된 자유주의(chastened liberalism)"로 불리는 것이 더 적절할지도 모른다.²⁷ 실제로 틸리히는 신정통주의를 노골적으로 비판하기도 한다. 그는 다음과 같이 말함으로써 바르트나 브루너와는 다른 견해를 보였다.

> 신정통주의 신학이 나쁜 영향력을 끼치게 된 원인 중 하나는 그것이 슐라이어마허의 방법과 완전히 결별함으로써 결과적으로 지난 200년 (슐라이어마허를 중심으로 100년 이전과 이후) 동안의 신학 발전을 부정했다는 점이다.²⁸

틸리히의 위와 같은 입장에도 불구하고, 그가 바르트, 부루너와 함께 20세기의 중요한 신학자라는 점에서, 이들과 함께 비교하여 다루는 것은 적절하다. 앞서 소개한 바르트의 계시 신학은 하나님이 역사 안에서 일하시고, 예수 그리스도 안에서 하나님의 계시가 드러난다는 것을 전제로 한다. 그렇기에 하나님에 대한 구체적 지식은 예수 그리스도 안에 바탕을 두는 것만 인정하게 된다.

계시에서부터 출발하는 신학의 장점은 인간적인 것과 하나님의 계시를 일치시키지 않기에 신앙생활에서 명료함을 제공한다. 하지만 만일 계시를 우해하여 직통 계시를 주장하거나, 계시의 범위를 지나치게 축소한다면, 사이비 교주들에 의한 종교 사기가 발생할 위험이 있다.

틸리히의 경우에는 바르트와 변증하는 방법에서 차이가 있다. 틸리히의 변증법적 신학은 '위로부터의 계시의 신학'이 아닌, '철학적 신학'에 가깝다. 그래서인지 틸리히는 문화에 대한 기독교적 해석이 탁월하고 서로 다른 학문의 접경을 자유롭게 이동한다. 여기서 '문화'란 반기독교적 세속 가치를 뜻하는 게 아니라, "인간이 서로 그리고 하나님의 피조 세계와 상호 작용하면서 생산하는 모든 것"을 뜻한다.²⁹

---

26 폴 틸리히, 『폴 틸리히 조직신학1 이성과 계시, 존재와 하나님에 관하여』, 25.
27 로저 올슨, 『현대신학이란 무엇인가』, 김의식 역 (서울: 한국기독학생회출판부, 2021), 491.
28 폴 틸리히, 『폴 틸리히 조직신학1 이성과 계시, 존재와 하나님에 관하여』, 84.
29 브루스 애쉬포드, 『어디에서든 그리스도인』, 김보람 역 (서울: 좋은씨앗, 2022), 29.

틸리히의 저서 『문화의 신학』을 보면 종교 철학의 두 유형, 즉 "존재론적 유형"과 "우주론적 유형"을 통해 종교가 세속 문화와의 화해에 어떤 기여를 할 수 있는지 그 방안을 모색한다.[30] 따라서 틸리히에게 서로 다른 학문은 '신학'과 '철학'을 예로 생각해 볼 수 있다. 여기서 "철학은 존재에 관한 물음을 던지고 이를 알기 위해 노력하는 활동"을 의미한다.[31]

대부분의 보수적인 학자는 '철학'의 위치를 신학을 돕기 위한 학문 정도로 이해한다. 혹시 그렇지 않더라도 유일한 철학으로서 기독교를 말하기 일쑤이다. 심지어 판넨베르크 역시 "참된 철학으로서의 기독교"를 말했다.[32] 그러나 틸리히는 '신학'을 공부하기 위한 수단으로 '철학'을 탐구하지 않았고, 판넨베르크보다도 철학에 대해 더 완곡하게 진술한다. 그에게서 '철학'은 복음의 준비 단계 정도로 취급될 수 없다.

틸리히에게 '철학'은 '신학'과 우열 관계로 설정되지 않는다. 왜냐하면, "종교가 인간 정신의 한 측면이라는 신념에 대해 비판하는 신학적인 비평가와 과학적인 비평가는 모두 종교를 신적 존재와 인간의 관계로 정의"하고 있음을 발견했기 때문이다.[33] 틸리히는 인간 정신의 한 측면으로 종교를 바라보지만, 그와 동시에 신적 존재와 인간의 관계에 대한 철학적 접근을 시도한다.

> 철학은 취향의 문제가 아닙니다. 철학은 인간을 인간답게 만드는 활동입니다. 인간은 존재 물음을 던지는 존재입니다. 모든 인간이 나름의 도덕을 갖고 있고 정치 활동하며 예술을 하고 학문을 닦으며 종교를 갖듯 모든 인간은 철학을 합니다. (중략) 철학을 반대하는 사람들도 이 상황을 피할 수 없습니다. 심지어 철학을 경멸하는 이들조차 철학의 협력자일 뿐만 아니라 철학의 학생입니다. 이러한 철학과 철학 이전 것들의 상호의존은 성서와 다른 종교, 신학 문헌에도 마찬가지로 적용됩니다.[34]

30　폴 틸리히, 『문화의 신학』, 남성민 역 (서울: 한국기독학생회출판부, 2018), 25-26.
31　폴 틸리히, 『성서 종교와 궁극적 실재 탐구』, 남성민 역 (서울: 비아, 2021), 19.
32　볼프하르트 판넨베르크, 『신학과 철학』, 정용섭 역 (서울: 한들출판사, 2001), 27.
33　폴 틸리히, 『문화의 신학』, 남정우 역 (서울: 대한기독교서회, 2012), 14-15.
34　폴 틸리히, 『성서 종교와 궁극적 실재 탐구』, 23-25.

즉, 틸리히에게 종교는 인간 정신의 특수한 기능이 아니라 도덕적 기능을 이루는 것이다. 또한, "종교는 인간의 정신생활의 다른 기능으로 다뤄져야 하며, 종교는 인식 기능에 관심"을 갖는다.[35] 결론적으로 틸리히에게는 철학과 신학이 동등하게 가치가 있다. 만일 누군가가 틸리히의 작품을 읽고도 철학을 신학보다 열등한 학문으로 인식했다면, 그는 틀림없이 틸리히를 오해한 것이다. 물론, 틸리히에게 철학적 물음이 선행하지만, 그에게서 언제나 **철학은 질문이고 신학은 대답**이다. 철학적 질문과 신학적 대답으로 구성된 틸리히의 신학 방법론의 구성은 크게 아래 다섯 가지 형태로 정리될 수 있다.

〈틸리히의 변증법〉

철학의 질문	신학의 답변
이성	계시
인간의 한계	하나님의 존재
소외된 인간	예수 그리스도
양심	성령
역사의 의미	하나님 나라

첫째, 인간 실존에 대한 이성의 물음이다. 그리고 이에 대한 답변은 계시에 대한 설명이 된다.
둘째, 인간의 한계라는 물음을 하나님의 존재론으로 답변한다.
셋째, 소외된 인간이라는 철학적 물음에 대해 새로운 존재, 즉 예수 그리스도로서 신학적 대답을 구성한다. 4
넷째, 양심(ambiguity)과 성령이다.
다섯째, 역사의 의미와 하나님 나라에 대한 구조로 설명된다.[36]

위 표는 틸리히의 조직신학 구조이며 그의 기독교 변증방법론의 압축된 요약이라고 할 수 있다. 틸리히의 신학적 구성은 종교와 문화의 상관관계로써 질문

---

35 폴 틸리히, 『문화의 신학』, 남정우 역 (서울: 대한기독교서회, 2012), 16.
36 폴 틸리히의 신학방법론의 구조가 철학적 질문과 신학적 대답의 구조로 구성되어 있음이 드러난다.

과 대답의 관계를 취하고 있는데, 이는 형식과 내용의 관계로도 볼 수 있다.[37] 틸리히는 "인간의 상황은 언제나 인간 문화가 그 예술작품의 지배적인 양식을 통해 다양한 방식으로 표현하고 있는 근본적인 물음들을 제기하며, 그 물음에 대하여 종교적 전승들은 종교적 상징으로 표현된 대답을 제공한다"고 이야기한다.[38]

이러한 사고가 바로 철학으로 묻고 신학이 답변하는 조직신학 구성을 가능하게 만든 것이다. 틸리히의 이 같은 논리적 구성은 현대 지성인들이 기독교의 표현을 거부하는 상황을 고려한 것으로 보인다. 즉, 지성인들이 기독교 신앙을 미신적으로 취급한다면, 그들이 고차원적이라고 이해하는 세속 철학의 개념으로 기독교를 변증하겠다는 것이다. 이를 전 이해를 하고 위에 소개한 틸리히의 다섯 가지 변증법적 방법론을 접근해야만 틸리히에 대해 착각하지 않을 수 있다.

인간의 이성은 끊임없이 묻고 생각한다. 그러나 하나님의 계시가 인간의 이성을 조명하는 빛이 되어 주신다. 이로 볼 때 인간은 한계가 있다. 인간의 한계는 하나님의 존재를 상정한다. 하나님이 존재하시기 때문에 한계가 있는 인간도 세상에서 살아갈 수 있다. 무엇보다 인간의 한계는 소외로 나타난다. 인간은 죄로 인해 신적 존재로부터 철저하게 소외되고 외면되었다.

> 실존이라는 상태는 소외의 상태다. 인간은 자신 존재의 근거로부터, 다른 존재자로부터, 자기 자신으로부터 소외되어 있다. 본질에서 실존으로의 이행은 인격적 죄책과 보편적 비극으로 귀결된다. 이제 실존적 소외와 소외의 자기-파괴적 함의를 묘사해야 한다.[39]

이런 소외된 인간을 구출하기 위해 예수 그리스도께서 오신다. 예수 그리스도께서 소외된 인간에게 오시는 이유는, 비록 인간 안에 양심이 있기는 하지만, 그것만으로는 자기 자신을 구출할 수 없으므로 성령께서 일하셔야만 하기 때문이다. 물론, 한계가 있는 소외된 인간은 나름 양심에 따라 살아가면서 '역사의 의

---

[37] 데이비드 H. 켈시, "폴 틸리히" 『현대 신학과 신학자들』, 데이비드 F.포드 편집, 류장열, 오홍명, 정진오, 최대열 엮음 (서울: 기독교문서선교회, 2005), 159.
[38] Ibid., 159-160.
[39] 폴 틸리히, 『폴 틸리히 조직신학2 실존과 그리스도』, 남성민 역 (서울: 새물결플러스, 2022), 83.

미'를 추구해 왔다. 그러나 이제 존재하시는 하나님이 예수 그리스도를 보내셔서 성령을 부어주심으로 '하나님 나라'를 이룩하신다.

이처럼 틸리히의 주요 신학적 특징은 본질적 특성, 실존적 붕괴, 현존에 관한 내용으로 구성된다. 이는 처음 틸리히가 조직신학의 두 항목으로 '로고스'와 '창조주 하나님'을 "본질적 특성"에 관한 질문으로 다루는 것에서 두드러진다.[40] 틸리히는 경계선 위에서 '하나님 너머의 하나님'을 답변으로 제시하고 있는데, 이것은 '존재'가 '비존재'에 의해서 위협을 당할 때, 그에 대한 인간의 대답이기도 하다.

그런데 여기서 비존재의 위협에 저항하는 힘은 어디서부터 오는 것인가? 이러한 물음은 지성인들에게 필연적으로 등장하기 마련이다. 그것은 틸리히에게 '궁극적 관심'에 대한 질문이다.[41] 그는 다음과 같이 말한다.

> 우리가 우리의 궁극적 관심의 본성에 관해 더 많은 것을 이야기해야 한다면, 그것은 "궁극적 관심"이라는 개념 분석에서 파생되어야 한다. 우리의 궁극적 관심은 우리의 존재와 비존재를 결정하는 것이어야 한다. 그 대상이 우리에게 존재와 비존재의 문제가 될 수 있는 한, 그런 대상을 다루는 명제만이 신학적이다.[42]

그렇기에 **틸리히는 "믿음은 궁극적으로 관심을 가지게 되는 상태이며, 믿음의 역동성은 인간이 가진 궁극적 관심의 역동성"이라고 정의한다.**[43] 이로써 틸리히는 인간의 '한계 상황'을 극복한다. 마르틴 부버(Martin Buber)는 "사람 안에 나타나는 정신이란, 바로 '너'에 대한 사람의 응답을 가리키는 것"이라고 말한다.[44] 즉, 언어를 통한 소통과 응답이 신비의 심연으로부터 인간 한계를 극복하고 나

---

40 데이비드 H. 켈시, "폴 틸리히"『현대 신학과 신학자들』, 160. : 본질적 특성이란 가장 근본적으로 존재하는(is)어떤 것을 말한다.
41 궁극적 관심(ultimate concern)이란 성서에 나오는 가장 위대한 계명, 즉 "주 곧 우리 하나님은 유일한 주시라. 네 마음을 다하고 목숨을 다하고 뜻을 다하고 힘을 다하여 주 너의 하나님을 사랑하라"를 추상적으로 번역한 용어를 말한다. 종교적 관심은 궁극적인 것이다. : 폴 틸리히,『폴 틸리히 조직신학1 이성과 계시, 존재와 하나님에 관하여』, 36.
42 폴 틸리히,『폴 틸리히 조직신학1 이성과 계시, 존재와 하나님에 관하여』, 39-40.
43 폴 틸리히,『믿음의 역동성』, 최규택 역 (서울: 그루터기하우스, 2010), 31.
44 마르틴 부버,『나와 너』, 김천배 역 (서울: 대한기독교서회, 2011), 61.

름의 독자성을 키워준다는 뜻이다. 여기서 더 나아가 틸리히는 "현대인이 타율에 복종하는 것을 막는 것은 바로 인간의 '한계 상황'(boundary-situation)에 대한 의식, 즉 인간 실존에 대한 궁극적인 위협에 대한 의식"이라는 점을 상기하면서, 프로테스탄티즘의 요소를 다음과 같이 설명한다.[45]

프로테스탄티즘의 첫 번째 요소는 인간의 한계 상황, "인간 실존이 직면해 이는 궁극적 위협을 선포하는 것이며, 또 항상 그렇게 선포"해야 한다.[46] 인간 실존에 직면한 위협이란 소외된 상태를 의미한다. '소외'라는 것은 곧 '죄'이다. **하나님으로부터 '소외'되어 떨어지는 것이 곧 '죄'이기 때문이다.** 그렇다고 하더라도 '소외'는 '죄'를 대신할 수 없다.

'죄'라는 단어는 '소외'라는 용어에 내포되어 있지 않은 사실, 즉 자신이 속해 있는 것으로부터 돌아서는 행위는 인격적 행위라는 사실을 표현하고 있기 때문이다. 죄는 소외의 비극적 측면과 대조되는 인격적 특징을 아주 날카롭게 표현한다. 따라서 '죄'라는 단어는 재생될 수 있고 또 재생되어야 한다.[47]

이처럼 틸리히는 실존적 함의가 깊은 용어로 기독교 신앙을 철학화하여 변증했다. 그 이유는 그가 마주한 세계적인 지성인들에게는 기독교적 용어보다는 철학적 용어가 변증과 설득에 있어서 훨씬 유리하다고 판단되었기 때문이다. 그는 자신의 설교집 『흔들리는 터전』 머리말에서 이렇게 말한다.

> 주일예배 회중 중 많은 이가 그 말의 가장 기본적인 의미에서 기독교 서클 바깥에서 온 분이었습니다. 그들에게 전통적인 성경 용어로 행해지는 설교는 아무런 의미도 없었습니다. 그런 까닭에 나는 성경과 교회 용어가 가리키는 인간의 경험을 다른 용어로 표현하는 언어를 찾아야 했습니다. 이런 상황에서 변증적 형태의 설교가 나타났습니다.[48]

그러나 틸리히의 의도와는 다르게 그가 전개한 실존 철학의 용어는 몇몇 지성인에게만 통용될 뿐, 대다수 청중과 본래 기독교 신앙 전통에 서 있는 성도들에게는 상당히 낯설게 다가올 따름이다. 신앙인들에게는 '소외', '존재와 비존재', '실

---

45 폴 틸리히, 『프로테스탄트 시대』, 이정순 역 (서울: 대한기독교서회, 2011), 303.
46 Ibid., 303-304.
47 폴 틸리히, 『폴 틸리히 조직신학2 실존과 그리스도』, 85.
48 폴 틸리히, 『흔들리는 터전』, 김광남 역 (경기고양: 뉴라이프, 2008), 6-7.

존', '한계 상황', '실재' 등의 용어보다는, '죄', '하나님과 인간', '은혜', '복음', '하나님 나라' 등의 용어가 훨씬 익숙하다.

3. 상관관계 변증법의 강점과 약점

지금부터는 틸리히의 기독교 변증방법론의 강점과 약점에 관해서 설명하겠다.

첫째, 틸리히의 기독교 변증방법론은 인간 의식에 대한 이해를 합리적으로 풀어냈다는 점에서 강점이다.

틸리히는 자신의 조직신학 1부에서 인간 인식의 반복되는 좌절에 대한 회의주의적 물음을 언급한다. 틸리히의 인식개념에서 인식하는 것은 우리가 그 안에서 세계를 파악하는 동시에 형성하는, 세계와의 모든 상호작용의 유형을 망라한다.[49] 이것을 행할 수 있는 인간의 능력은 '존재론적 이성'이라고 부르는 정신구조다. 그런데 기독교의 상징인 '로고스'를 통해서 존재론적 이성이 가져오는 불확실성의 위협을 답변할 수 있다.[50] 이것은 틸리히의 철학적 변증법이 준 합리적 답변이다.

둘째, 틸리히는 이성과 감성의 상호작용이 인간실존 안에 있다는 것을 올바로 분석하면서 동시에 이성과 감성을 화해시켰다.

자유주의 신학자들은 인간실존에 대한 분석은 적절하게 받아들이지만, 교리를 인간실존과 화해시키는 것은 실패했다. 틸리히는 그 이유에 대해서 "자유주의 교리론이 십자가에 달리신 그리스도를 역사적 예수로 바꿔치기했을 뿐 아니라 칭의론의 역설을 도덕 범주로 해결했기 때문"이라고 분석한다.[51] 세계에 대한 "인간의 인식적 상호작용이 지니는 형식적이고 감성적인 역할은 갈등의 위협"이 되고, 인간은 "그것들을 통합하는 어떤 종류의 인식을 열망" 한다.[52]

실재에 대한 이성적 파악은 정적이고 역동적인 측면이 균형을 유지하도록 해야만 한다. 즉, 기독교 신앙은 이성과 감성 중 어느 것 하나 폭주하지 않고 인간

---

49 데이비드 H. 켈시, "폴 틸리히"『현대 신학과 신학자들』, 163.
50 Ibid.
51 폴 틸리히,『경계선 위에서』, 김홍규 역 (서울: 동연, 2018), 75.
52 데이비드 H. 켈시, "폴 틸리히"『현대 신학과 신학자들』, 163.

실존 안에서 균형을 이뤄야 한다. 이것이 틸리히의 변증방법론 안에서 균형 있게 그 경계선을 오가고 있다.

셋째, 틸리히는 "실존적 붕괴로부터 발생하는 물음"들을 다루고 있다는 점에서 탁월하다.

틸리히에게 '실존'과 '실존적'이란 말은 대개 '본질로부터의 소외'를 의미한다. 그리고 틸리히는 실존과 실존적 붕괴에 대한 물음에 대해서 "실존적 붕괴 없이 본질적인 인간의 특성을 현실화하였고, 그럼으로써 치료하거나 구원하는 새로운 존재의 힘을 인간에게 매개해 줄 수 있는 그 예수를 지적함"으로 답변한다.[53]

결국, 틸리히는 현존과 초월적 규범으로써 자신의 신학을 진술해 가고 있다.[54] 이 진술은 그의 설교 안에서도 나타나는데, 냉소주의, 절망, 실패라는 상황을 끌어안은 붕괴된 실존에 놓인 인간 세상을 흔들리는 터전으로 묘사하는 부분이 바로 그러하다. 그래서 틸리히는 흔들리고 무너져 가는 세상에서 영원한 반석과 다함이 없는 구원은 곧, 궁극적 관심인 믿음으로써 극복될 수 있다고 역설한다.[55]

지금까지 살펴본 바에 따르면, 틸리히의 기독교 변증방법론은 '철학적 질문'과 '신학적 대답'으로 매우 촘촘하고 정밀한 논지를 전개하고 있다. 이것은 그의 신학 방법론의 큰 장점이다. 분명히 틸리히의 변증은 '철학'과 '신학'의 학문적 경계에서 신학적 로커스를 풍부하고 다채롭게 설명해 나갈 수 있도록 만든다.

그러나 틸리히의 기독교 변증방법론은 다음과 같은 문제점이 있다.

첫째, 너무 어렵다.

철학적 질문과 신학적 대답으로 구성한 틸리히의 변증방법론은 지나치게 사변적이다. 아마 신정통주의 기독교 변증방법론의 틸리히 파트부터는 읽으면서 이해하지 못하는 독자들도 발생했을 것이다. 최대한 쉽게 틸리히의 기독교 변증방법론을 설명한다고 노력했으나, 신학과 철학 두 분야 모두를 충분히 접하지 않았던 이들은 알쏭달쏭한 느낌을 받기 십상이다. 또한, 성경적이고 신앙적인 용어보다 철학적 용어가 그의 변증방법론의 대부분을 차지한다.

---

53 Ibid., 168.
54 폴 틸리히, 『존재의 용기』, 차성구 역 (서울: 예영커뮤니케이션, 2014), 194-200.
55 폴 틸리히, 『흔들리는 터전』, 28-30.

교회 현장에 있는 교역자 처지에서는 성경의 이야기와 신앙 전통의 용어가 틸리히의 실존주의적인 용어보다 복음을 설명하기에 더 적합하다고 느낄 것이다. 왜냐하면, 우리는 틸리히처럼 세계적인 철학자들과 지성인들을 상대하는 것이 아니라, 오늘 하루를 살기 위해 눈물로 주님의 십자가를 붙드는 성도들을 마주하고 있기 때문이다.

둘째, 틸리히 신학은 기독교 전통에 대한 논지들을 지나치게 절제하고 있다.

앞서 지적했던 부분과 같은 맥락인데, 틸리히는 실존주의적인 용어 사용이 빈번하기에 상대적으로 기독교 전통에 근거한 성경적인 용어가 부족해 보인다. 물론, 실제로 그가 기독교 전통에 대한 이해가 없는 것은 결코 아니다. 그는 독일과 미국에서 명성이 높았던 학문적 대가이다.

그러나 교회 전통에만 익숙한 사람이 봤을 때 틸리히의 글들은 참으로 낯설게 느껴질 것이다. 물론, 틸리히가 철학적 물음에 대한 신학적 답변의 변증방법론을 고수하려고 일부러 기독교 전통에서 탈피했을 것으로 추정된다. 하지만 그러한 시도가 당시 철학을 사유하는 지성인들에게는 효과적이었던 것처럼 지금도 유효한 효과를 낼 수 있는지는 의문이다. 왜냐하면, 오늘날 기독교 변증방법론을 고민하는 이들에게 있어서 신학의 목적은 문화 이해를 위한 것이 아니기 때문이다.

물론, 세속의 사람들을 설득하기 위해 문화를 이해해야 한다면, 틸리히의 기독교 변증방법론은 여전히 유효할 것이다. 하지만 신학이 기독교 전통의 용어를 배제하고 시도될 수는 없다. 정통적인 신학은 철학의 용어로 기독교 신학의 용어를 문화화시키는 것이 아니라, 기독교 신학의 용어로 세속의 철학 용어를 변화시키는 것에 그 목적을 둔다. 이를 기준으로 생각했을 때, 틸리히는 정통주의에 부합하지 않는다.

셋째, 기독교 변증 측면에서 틸리히의 철학적 질문은 다수의 비(非)그리스도인을 설득할 만한 대중성이 떨어져 보인다.

간단하게 질문했을 때, 이성의 깊이와 현존에 대한 물음에 계시가 주는 답변이 '로고스'라고 한다면, 계시 사건은 무엇이 되는가?

틸리히에 의하면 "예수의 제자들에게 경험되는 '기적'은 황홀경 속에서 받아들여진 것이며 예수 자신이라는 상징이 그 의미의 근거"가 되었다.[56] 즉, 예

---

56 데이비드 H. 켈시, "폴 틸리히" 『현대 신학과 신학자들』, 165.

수는 로고스라는 이미지이다. 그런데 이러한 설명은 받아들이기가 참으로 난감하다. 자유주의 신학자들이 '역사적 예수'로 십자가에 달리신 예수님을 바꿔치기했다면, 틸리히는 십자가에 달리신 예수를 '실존 철학의 예수'로 바꿔치기한 느낌이다. 틸리히의 설명은 어렵게 느껴질 뿐만 아니라 오늘날 현대인들에게 대중적이지도 않다.

몇몇 철학에 일가견이 있는 지식층들을 제외하고는 틸리히의 용어와 논리를 과연 이해할까?

심지어 전통적인 교회 용어에 더 익숙한 사람들은 이러한 철학적 용어가 낯설게만 느껴지지 않을까?

어쩌면 받아들이는 이에 따라서 틸리히의 철학적 질문들과 논지들은 그저 사변적일 뿐이고, 실천적이지는 않다. 단, 틸리히의 저서 『사랑, 힘 그리고 정의』라는 책 단원에서 속죄에 대한 그의 설명은 예외적이다. 그는 "그리스도의 십자가는 신성한 사랑의 상징으로, 그리스도는 자신을 사랑에 반대하는 사람들에게 내어줌으로 이와 같은 파괴에 동참하였다"라고 말한다.[57]

이러한 문장을 읽을 때 우리는 틸리히가 지나치게 철학적이고 어렵지만, 그 역시 기독교 변증방법론을 구상한 조직 신학자라는 사실을 다시금 떠올리게 된다. 결론적으로 틸리히의 기독교 변증방법론은 철학과 신학이라는 두 가지 학문 모두에서 깊이 있는 사유를 요청한다.

지금까지 브루너와 틸리히의 기독교 변증방법론을 중점으로 살펴보았다. 그들은 자유주의 신학과 현대 지성인들의 도전 앞에서 십자가에 못 박힌 그리스도를 나름의 논리로 전했다. 십자가는 현대인들에게는 거리끼는 것이요, 자유주의 신학자들에게는 미련한 것이었지만, 오직 변증학자들에게는 하나님의 능력이요, 하나님의 지혜였다. 그렇기에 신정통주의자들은 하나님의 어리석음이 사람보다 지혜롭고 하나님의 약하심이 사람보다 강하다는 사실을 세속 사람들에게 필사적으로 변증했다.

그들이 변증할 당시에는 기독교 전통의 가치와 신앙이 멸시받던 시기이다. 바로 그러한 시기에 신정통주의 변증가들은 막강한 학문적 위상으로 기독교 신앙의 새로운 전통을 구축했다. 그 결과 현대 기독교 신학은 풍성해졌다. 신정통주의의 변증방법론이 불편한 이들도 있겠으나, 그들의 변증을 통하여 설득된 지성

---

[57] 폴 틸리히, 『사랑, 힘 그리고 정의』, 성신형 역 (서울: 한들출판사, 2017), 159.

인들도 있다. 그렇기에 오늘 우리는 복음을 전하는 도구로 다양한 방법론들을 폭넓게 사용할 수 있어야 한다. 그러나 용도에 맞게 사용해야 한다. 왜냐하면, 신앙을 변증한다는 명목으로 시작하였으나, 오히려 성경적 진리를 더욱 파괴하는 함정들이 곳곳에 있기 때문이다.[58]

♣ 내용 정리를 위한 문제

1. 에밀 브루너와 볼프하르트 판넨베르크는 예수 그리스도의 십자가 죽음과 부활에 대해서 어떻게 이해하고 변증하였는지 각각 비교하여 서술하시오.
2. 폴 틸리히는 자신의 조직신학에서 철학과 신학의 상관관계를 어떻게 설명하고 있는가? 철학적 질문과 신학적 답변을 각각 다섯 가지로 정리하시오. 그 후 틸리히에게 '궁극적 관심의 대상'은 무엇이고, '소외'는 무엇인지 각각의 신학적 개념을 쓰시오.
3. 틸리히의 상관관계 변증법에서 강점과 약점은 무엇인가?

※ 참고 문헌(제12장에 인용된 도서들)

에밀 브루너 & 칼 바르트. 『자연신학』. 김동건 역. 서울: 대한기독교서회, 2021.
에밀 브루너. 『십자가, 결코 억울한 죽음이 아니라는 희망』. 박영범 역. 경기 파주: 공감마을, 2017.
_____. 『정의와 사회 질서』. 전택부 역. 서울: 대한기독교서회, 2003.
_____. 『정의와 자유』. 전택부 역. 서울: 대한기독교서회, 2007.
_____. 『교회를 오해하고 있는가?』. 박영범 역. 서울: 대서, 2013.
폴 틸리히. 『경계선 위에서』. 김홍규 역. 서울: 동연, 2018.

---

[58] 신정통주의의 대표적인 함정은 루돌프 불트만이다. 불트만은 신정통주의 진영의 학자이지만, 여기서 다루지 않았다. 그 이유는 그가 신약학자이지 변증학자는 아니기 때문이다. 또한, '성서비평학에 대한 변증'이라는 단원에서 그의 잘못된 주장들을 상세히 다룰 것이기 때문이다. 불트만의 신학은 기독교 신앙을 변증하는 것이 아니라 도리어 파괴한다. 어쩌면 자유주의 신학자들보다 불트만이 훨씬 더 위험하다. 신약학에서 불트만의 망령에 갇힌 이들은 다음과 같이 주장한다.-"성경은 그 자체가 사실은 아니지만 신화로 봐서도 안 되기에 비신화화해야 한다" 이러한 주장은 성경의 무류성을 주장하는 이들에게 참으로 불쾌한 주장이다. 또한, 사실도 아닌 것을 믿을 수 있다고 말하는 것은 고차원적인 신앙도 아니다. 그것은 실존주의 철학으로 포장된 망상일 뿐이다.

_____. 『문화의 신학』. 남성민 역. 서울: 한국기독학생회출판부, 2018.
_____. 『문화의 신학』. 남정우 역. 서울: 대한기독교서회, 2012.
_____. 『믿음의 역동성』. 최규택 역. 서울: 그루터기하우스, 2010.
_____. 『사랑, 힘 그리고 정의』. 성신형 역. 서울: 한들출판사, 2017.
_____. 『성서 종교와 궁극적 실재 탐구』. 남성민 역. 서울: 비아, 2021.
_____. 『존재의 용기』. 차성구 역. 서울: 예영커뮤니케이션, 2014.
_____. 『폴 틸리히 조직신학 1 이성과 계시, 존재와 하나님에 관하여』. 남성민 역. 서울: 새물결플러스, 2021.
_____. 『폴 틸리히 조직신학 2 실존과 그리스도』. 남성민 역. 서울: 새물결플러스, 2022.
_____. 『프로테스탄트 시대』. 이정순 역. 서울: 대한기독교서회, 2011.
_____. 『흔들리는 터전』. 김광남 역. 경기 고양: 뉴라이프, 2008.
볼프하르트 판넨베르크. 『신학과 철학』. 정용섭 역. 서울: 한들출판사, 2001.
_____. 『신학과 하나님 나라』. 이병섭 역. 서울: 대한기독교서회, 2014.
_____. 『판넨베르크 조직신학 Ⅰ』. 신준호·안희철 역. 서울: 새물결플러스, 2017.
브루스 에쉬포드. 『어디에서든 그리스도인』. 김보람 역. 서울: 좋은씨앗, 2022.
데이비드 F.포드. 『현대 신학과 신학자들』. 류장열, 오홍명, 정진오, 최대열 역. 서울: 기독교문서선교회, 2005.
디트리히 본회퍼. 『신도의 공동생활/성서의 기도서』. 정지련·손규태 역. 서울: 대한기독교서회, 2010.
로저 올슨. 『현대 신학이란 무엇인가』. 김의식 역. 서울: 한국기독학생회출판부, 2021.
로후스 레온하르트. 『조직신학 연구 방법론』. 장경노 역. 서울: 기독교문서선교회, 2018.
마르틴 부버. 『나와 너』. 김천배 역. 서울: 대한기독교서회, 2011.
스텐리 J. 그렌츠 & 데이비드 거레츠키 & 체리스 피 노들링. 『신학 용어 사전』. 진규선 역. 서울: 한국기독학생회출판부, 2022.
월터 캡스. 『현대 종교학 담론』. 김종서·배국원·김성례·이원규·김재영·윤원철 역. 서울: 까치글방, 2006.
찰스 M. 우드. 『신학 탐구 방법론』. 김홍규 역. 서울: 동연, 2020.

제13장

로마가톨릭 변증방법론 : 한스 큉 & 칼 라너

> 이는 이제 교회로 말미암아 하늘에 있는 통치자들과 권세들에게 하나님의 각종 지혜를 알게 하려 하심이니(에베소서 3장 10절).

로마가톨릭의 변증방법론은 중세의 아퀴나스 변증방법론을 거의 그대로 계승하고 있다. 하지만 오늘날 로마가톨릭 신학자들은 현대적 관점들도 충분히 고려하고 있다. 여기서 그냥 '가톨릭'(Catholic)이라고 하면 오해가 생길 수 있다. 왜냐하면, 가톨릭은 보편교회, 또는 공교회 전체를 지칭하는 용어로 사용되기 때문이다. 개혁주의 신학자 로레인 뵈트너(Loraine Boettner)는 '가톨릭' (공교회, 公敎會)이라 용어에 대해 말해져야만 할 것들이 있는데, 로마가톨릭은 독단적으로 이 용어를 독점하여 사용하려는 경향이 있다며, 강한 불만을 표출한다.[1]

이와 관련해서 오늘날 대다수 일반인은 가톨릭은 구(舊)교, 기독교는 신(新)교라고 생각한다. 그러나 이것 역시 잘못된 용어 사용이다. "기독교"는 예수 그리스도를 주로 고백하는 그리스도교 공동체 전체를 지칭한다. 따라서 '기독교'라는 단어는 '개신교', '로마가톨릭', '동방정교회' 등을 전부 포괄한다. 또한, '가톨릭'이라는 말 역시 보편교회를 뜻하는 신학 용어이기 때문에, '로마가톨릭'이라고 말해야만 '개신교'와 구별해서 이해하는 것이 가능하다.

로마가톨릭과 개신교를 구별해서 이해해야만 하는 이유는 교리적인 차이점이 분명 존재하기 때문이다. 대표적으로 구원론에서 차이점이 나타난다. 개신교는 사람이 구원받을 수 있는 이유를 "그리스도의 의가 전가되기(간주하거나 인정되거나 법적으로 귀속되기) 때문"이라고 본다. 반면에 로마가톨릭은 "그리스도의 의가

---

1 로레인 뵈트너, 『로마 가톨릭 사상 평가』, 이송훈 역 (서울: 기독교문서선교회, 2014), 42.

사람에게 부어져서(주입되거나 분여되므로) 실제로 의롭게 되기 때문"에 구원받는다고 설명한다.[2]

이러한 좁혀지지 않는 차이가 결국 종교개혁을 불러일으켰다. 현재 로마가톨릭은 개신교회를 향해서 "떨어져 나간 형제"로 부른다. 그렇다면 우리 개신교회도 로마가톨릭교회를 향해서 "아직 개혁되지 않은 형제"라고 불러주는 것이 적당하다.

1. 로마가톨릭 신학의 현주소

제임스 기본스(James Gibbons) 추기경은 교부들의 신앙 구조의 정통성이 로마가톨릭에 있음을 강조한다. 예를 들면, 로마가톨릭 신자가 몸에 십자 성호를 긋는 행위들은 터툴리아누스(Tertullianus) 때부터 내려오던 경건한 관습이라고 주장한다.[3] 관습과 예식에 대한 그의 변증은 로마가톨릭의 처지에서는 굉장히 경건하고 보수적이지만, 종교개혁의 신학을 계승하는 이들에게는 수구적이며 미신적이다. 또 로마가톨릭에서 마리아는 "신앙과 자연 숭배의 화해"를 이루는 연결자로 숭배받는데, 이와 같은 '성호 긋기'와 '지나친 마리아 공경' 등은 개신교로선 받아들이기 어렵다.[4] 어떤 이들은 로마가톨릭의 '성호 긋기'를 향해서 외친다.

"외식과 행위가 아닌 진짜 기도해라!"

이런 투박한 변증이 무시당하고 있다는 것을 의식했는지, 로저 헤이트(Roger Haight)는 변증법적인 세련미와 역동적인 학문성을 드러낸다. 그는 "오늘날 모든 신학은 변증법적이어야 한다"라고 주장한다.[5] 그러면서 그는 "신학적 진술이 곧 신앙의 진술"이 되는 이유로, "신학적 진술은 제도적 구조의 부분인 공동체에 의해 공유"된다는 점을 꼽았다.[6] 하지만 헤이트의 변증방법론은 계시와 성경에 대한 것조차도 제도적 가치와 공동체에 의해서 타협된 것으로 이해한다는 점에

2　그레그 앨리슨 & 크리스 카스탈도, 『개신교와 가톨릭, 무엇이 같고 무엇이 다른가』, 전광규 역 (서울: 부흥과개혁사, 2017), 149.
3　제임스 기본스, 『교부들의 신앙』, 장면 역 (경기고양: 가톨릭출판사, 2017), 21.
4　요제프 라칭거, 『저 위에 있는 것을 추구하세요』, 김정희 역 (서울: 피데스, 2021), 113.
5　로저 헤이트, 『신학의 역동성』, 전현식·안규식 역 (서울: 대한기독교서회, 2019), 18.
6　Ibid., 29.

서 보통의 비평 사학파들의 한계를 동일하게 가지고 있다.

로마가톨릭 신학의 한계점은 이미 "해방신학"이 유행할 당시 대두되었다. 로마가톨릭 신학 안에서는 현장에 대한 고민과 역사와 정치에 대한 급진적인 신학 조류가 뒤섞여서 "해방신학"이 탄생하였다. 물론, 본래 "성경은 해방하는 진리의 말씀"이다.[7] 그렇기에 성경 자체가 이미 자유와 해방을 향해 나아가는 급진성을 담고 있다.

하지만 로마가톨릭 신학에서 논의되는 해방신학의 관점은 더욱더 광의적이다. 해방 신학자 혼 소브리노(Jon Sobrino)는 단순히 고통당하시는 그리스도의 수난 이미지에 머물지 않고 저항과 반란을 상징하는 그리스도의 새 이미지에 관심을 가지게 되었다.[8]

그는 억눌리는 사람들이 차별당하고 죽임당하는 상황을 변증하고 극복하기 위해 나름의 신학적 새로운 지표를 제시한 것이다. 이것은 직면하고 있는 현실 상황을 고려했기에 제기될 수 있는 접근이다. 마찬가지로 구스타보 구티에레즈(Gustavo Gutiérrez)는 "세계 인구의 대다수를 안고 있는 가난한 국가"들이 개발의 불평등을 의식하기 시작했다고 경고한다.[9]

그는 이러한 상황에 대해 교회와 전(全) 인류가 반성해야 한다고 촉구한다. 더 나아가 인류의 역사를 해방하는 변혁의 신학이 필요하다고 강조한다. 그 변혁의 신학은 교회에 모여 그리스도를 공개적으로 고백하는 인류들이 투쟁과 해방의 역사를 만들어 가는 것이다.[10]

이전 로마가톨릭 전통은 초월적이고 신적인 것들을 추구해 왔다. 반면에 육신적이고 세속적인 것들은 상대적으로 터부시되었다. 이에 대한 반성으로 현장에 외침이 '해방신학'이고 육신에 대한 새로운 이해가 '몸의 신학'이다. 해방신학은 삼위일체 하나님의 신비 역시 이 땅에서의 해방 프로그램으로 접근한다.[11] 또한, 몸의 신학은 "몸이 처음부터 타고난 본래 의미를 옹호하는 것"으로서, 하나님의 형상으로 창조된 인간 육신 원형의 모습을 회복하는 것을 중대히 여긴다.[12]

---

7 피에트로 보바티, 『자유의 말씀』, 박요한 역 (서울: 가톨릭출판사, 2021), 31.
8 혼 소브리노, 『해방자 예수』, 김근수 역 (서울: 메디치미디어, 2017), 37-38.
9 구스타보 구티에레즈, 『해방신학』, 성염 역 (서울: 분도출판사, 2017), 35-36.
10 Ibid., 34.
11 레오나르도 보프, 『성 삼위일체 공동체』, 김영선·김옥주 역 (서울: 크리스천헤럴드, 2011), 12-13.
12 미하엘 발트슈타인, 『몸의 신학 입문』, 이병호 역 (서울: 가톨릭대학교출판부, 2010), 169.

이와는 정반대로 로마가톨릭 안에는 현대의 하나님 개념과 그 안에서 발생하는 딜레마를 신비신학의 상승으로 풀어내는 관점도 여전히 지지받는다. 이러한 초월적인 신비신학 안에서는 "하나님과 고통은 모순이 아니고", "시간성과 소멸성"도 분리되지 않는다.[13]

지금까지 살펴본 신학적 흐름은 로마가톨릭 안에서 등장한 신학들이지만, 기독교 변증방법론의 핵심으로 다루기는 어렵다. 그 이유는 다음과 같다. 제임스 추기경의 경우에는 로마가톨릭을 수호하기 위한 충성심이 있으나, 로마가톨릭 제일주의를 노골적으로 전제한다는 점에서 유연하지 않다.

또 헤이트는 신학적 중립성과 해석의 다양성을 전제하나 성경과 종교적 상징 등에 대한 중요 가치들은 정작 변증하지 않을뿐더러, 성경 영감설을 훼손시킨 '역사의식의 발흥'을 지나치게 의식한다. 또 해방신학의 경우에는 현장에 대한 변증으로는 적합할 수 있으나, 교회 전통에서 비껴간 급진적인 사상과 유행이론에 많은 논거를 의지하고 있다는 한계가 있다.

마지막으로 신비신학은 동방정교회의 변증방법론과 많은 유사성을 가지고 있기에 굳이 이번 장에서 다룰 필요가 없다. 지금부터는 현대 로마가톨릭 신학자로 거론되는 대표적인 거장 세 명을 소개하고, 그들 신학자 각각을 통해서 드러난 로마가톨릭의 기독교 변증방법론을 파악해 보도록 하겠다.

2. 교회 공동체를 위한 변증

첫째로 소개할 학자는 바로 한스 큉(Hans Küng)이다.

(1) 그는 교회 공동체 그 자체를 무엇보다 가장 중요하게 여긴 인물이다.

큉은 교회로 말미암아 통치자들과 권세자들이 하나님의 각종 지혜를 알게 되리라 생각했다. 그의 교회론은 '로마가톨릭'과 '개신교' 그 어느 곳에도 갇히지 않았다. 물론, 결국, 그는 '로마가톨릭교회'를 가장 사랑한다고 밝힌다. 큉은 교회론의 중심 위치에 "예수의 인격적 본질이나, 십자가와 부활"이 있다는 사실을 전제하면서, 예수가 선포한 하나님 나라의 메시지도 동등하게 중요하

---

13 존 J. 오도넬, 『삼위일체 하나님의 신비』, 박종구 역 (서울: 가톨릭대학교출판부, 2008), 18-19.

다고 여긴다.

특별히 큉이 교회론을 통해 기독교 변증학을 펼칠 때, 주목할 점은 그가 "교회의 실제적인 본질은 비본질 속에서 나타난다"고 인정하고 있는 부분이다.[14] 전통적인 가톨릭교회의 정체성은 "바로 그리스도께 속하는 것, 세상에서 그분의 '성사'가 되는 것으로 정의"된다.[15] 대부분의 자유주의 신학자는 도래하는 하나님의 지배와 예수의 선포가 본질이고, 교회의 조직과 예식 등은 비본질이라고 말한다. 그러나 큉은 본질이라는 요소가 비본질 속에서 나타난다는 사실을 주장한다.

본질은 예수 그리스도시고 성도이다. 비본질은 예식이고 교회 건물이다. 그런데 예식은 예수 그리스도를 가리키고, 성도는 교회 건물 안에서 예배를 드린다. 따라서 교회의 기원은 여전히 예수님께 있으며, 비본질은 본질을 나타내기 위한 수단으로써 필수적이다.

따라서 교회의 근원은 예수님이며 교회의 시작도 예수님이다. 간혹가다가 '예수님은 교회 공동체를 만들 생각이 없었으나 후에 제자들이 초기 기독교 공동체를 구성하게 되었다'라는 식의 주장을 펼치는 이들이 있다. 그러나 큉의 입장에서 이런 이야기는 예수와 하나님 나라를 분리하는 잘못된 주장들이다.

또한, 게르하르트 로핑크(Gerhard Lohfink)는 '교회는 예수 이전에 존재했다'라는 식의 독특한 관점을 내놓았는데,[16] 이러한 주장 역시 큉의 시각에선 올바르지 못한 주장이다.

교회는 철저하게 예수님으로부터 시작된 '소집된 모임'(에클레시아)이다.

제자들을 부르신 이가 누구신가?

예수님이시다. 큉은 다음과 같이 말한다.

> 예수가 비록 직접 교회를 설립하지는 않았을지라도 교회의 기원은 예수에게서 찾을 수밖에 없다. 십자가 처형을 당했지만, 부활한 사람, 바로 그분 안에서 하나님의 왕국이 이미 시작되었다고 신자들이 신봉했던 예수야말로 교회

---

14 한스 큉, 『교회』, 정지련 역 (서울: 한들출판사, 2007), 36.
15 마르코 스프리치, 『앙리 드 뤼박: 교회 안에서 그리스도인의 정체성』, 박성희 역 (경기부천: 부크크, 2018), 217.
16 게르하르트 로핑크, 『예수는 어떤 공동체를 원했나?』, 정한교 역 (경북칠곡: 분도출판사, 1996), 5.

의 기원이다.[17]

　신약성경 말씀은 교회의 이러한 본질을 '하나님의 백성', '그리스도의 몸' 등의 개념으로 설명한다. 비록 "예수 운동은 자체적인 예배 의식, 규율, 특정한 사제직 등을 갖춘 조직이 아니라 종말론적 성격을 가진 운동"이지만, 이것은 곧 예수 이름으로 "세례 의식"과 "성만찬"이 되었다.[18] 다시 말해서, 여태 비본질로 이해하고 있는 '예식'과 '조직' 안에 가장 본질적인 '하나님 나라의 메시지'와 '성례전'이 내포된 것이다.
　결국, 그리스도가 하나님의 성례전이라면, 교회는 우리를 위한 그리스도의 성례전이 되었다. 이러한 주장을 하는 로마가톨릭 학자는 비단 큉만이 아니다. 마인라트 림베크(Meinrad Limbeck) 역시 예수가 남긴 유산은 "긍정적 발전이 이루어지는 장소" 곧 '하나님 나라가 선포되는 성소'라는 점을 주장한다.[19]
　또한, 미셸 크리스티안스(Michel Christiaens)는 성서의 상징 중 "하나님의 어린양"이 사제가 배령하는 성체를 통해 나타난다고 주장한다.[20]
　하지만 큉은 예수님으로부터 시작되는 교회와 전통 안에 존재하는 예식들을 존중하지만, 맹목적으로 로마가톨릭교회를 수호하는 것은 결코 아니었다. 그는 "교황이 영적 기초를 거론하며 자기의 세속적 욕구"를 채워 나가는 것을 비판했다.[21] 실제로 바티칸 교구 사제들은 세례 기록을 통해서 자본가를 찾아내고, 파문과 추방을 포함하여 가능한 모든 방법을 동원해서 재정 수입을 올렸다.[22]
　이로써 세속의 지성인과 대다수 현대인에게 로마가톨릭교회의 거룩함을 변증한다는 것은 억지스러운 일이 되었다. 이미 16세기 루터를 통해 로마가톨릭의 교권은 도전받았다. 그 이후 로마가톨릭은 반-종교개혁[23]을 통해 이미지가 쇄신되는 듯싶었다. 그러나 부패한 모습들은 오늘날까지도 끊이질 않고 있다. 무엇보다 큉은 로마가톨릭교회가 보편성을 상실했다는 점을 가장

17　한스 큉, 『가톨릭의 역사』, 배국원 역 (서울: 을유문화사, 2018), 27.
18　Ibid.
19　마인라트 림베크, 『예수의 유산』, 김형수 역 (경북칠곡: 분도출판사, 2017), 157.
20　미셸 크리스티안스, 『성서의 상징 50』, 장익 역 (경북칠곡: 분도출판사, 2009), 70-71.
21　한스 큉, 『가톨릭의 역사』, 155.
22　제럴드 포스너, 『교황청의 돈과 권력의 역사』, 명노을 역 (서울: 밀알서원, 2019), 73-74.
23　반-종교개혁이란, 종교개혁에 반대하는 것만을 의미하지 않는다. 반-종교개혁운동은 로마가톨릭교회의 자정적 회복을 위한 일종의 쇄신 운동이다.

안타깝게 여겼다.

그래서 큉은 로마가톨릭교회 스스로가 "'로마'라는 수식어로 '가톨릭', 즉 '보편적'이라는 말을 근본적으로 부정하는 모순 어법"을 사용하고 있다는 점을 지적하기도 했다.[24] 그런데도 보편교회는 여전히 "성령의 피조물"이다.[25] 그 이유는 교회는 신조들을 두고 있기 때문이다.

(2) 큉은 교회의 거룩한 신조를 변증한다.

신조들은 "이성적 신뢰의 행위"로 납득할 수 있는 것이다. 그는 현대인들을 향해서 교회와 신조들을 변증하기 위해 다음과 같이 주장한다.

> 하나님께 대한 인간의 신앙은 이성적인 증명도 비이성적인 감정도 의지의 결정론적 행위도 아니며, 하나의 근거 있는 그리고 이런 의미에서 바로 이성적인 신뢰다. 이러한 이성적 신뢰는 사색과 의문과 회의를 끌어안으며, 또한 동시에 오성과 의지, 정서에 밀접히 관계되는 일이다. 바로 이것이 성서적 의미에서 "믿는다"라는 말이 뜻하는 것이다. 그것은 단순히 이러저러한 교리들을 옳다고 인정하는 것이 아니라, 인간 전체를 내어주는 일이다. 그것도 특정한 교의나 신조가 아니라, 하나님 자신인 그 실재에 자신을 온전히 내맡기는 일이다.[26]

로마가톨릭교회가 어떤 모습이 있든지 간에 창조주 하나님에 대한 신앙은 이성적 신뢰 행위로 이해할 수 있다. 또한, "소박한 기도만으로도, 마음에서 우러나오는 예배만으로도, 현대인은 정말로 존재의 심오함을 느낄 수 있으며, 우리가 어디서 왔고, 우리는 어디에 있으며, 우리는 어디로 가는지"를 느낄 수 있다.[27] 그래서 큉은 우주학 시대에 창조주 신앙을 "쉬지 않으시는 하나님의 창조 역사"로 도전한다.[28]

또한, 그는 "성서의 언어는 자연과학적 사실 언어가 아니라 은유적 상징언어"라고 말함으로써 "무로부터의 세계 창조"가 '음중력을 지닌 가짜 진공'에 대한

---

24 한스 큉, 『가톨릭의 역사』, 166.
25 한스 큉, 『교회란 무엇인가?』, 이홍근 역 (경북 칠곡: 분도출판사, 2016), 95.
26 한스 큉, 『믿나이다』, 이종한 역 (경북 칠곡: 분도출판사, 2012), 50.
27 한스 큉, 『왜 나는 아직도 기독교를 믿는가?』, 김근수·윤세웅 역 (서울: 열린세상, 2014), 50.
28 한스 큉, 『믿나이다』, 33.

자연과학적 진술이 아니라는 점을 강조했다.[29] 덧붙여서 "성경의 창조 이야기의 의도는 우주의 궁극적 기원에 대한–과학적으로는 증명할 수도, 반증할 수도 없는–신앙의 증언"이라는 점을 강조했다.[30]

여기서 큉의 변증에 아쉬움을 느끼는 이도 있을 것이다. 왜냐하면, 성경 안에 역사적 사실성이 분명 내포되어 있는데, 마치 은유적 상징언어로만 일축하는 것처럼 보이기 때문이다. 하지만 큉의 관심은 그런 비판지점에 있지 않고, 현대인들이 신을 추구할 수 있도록 이끄는 것에 있었다.

이와 비슷한 논지를 가지고 앙리 드 뤼박(Henri de Lubac)은 떼이야르 드 샤르댕(Pierre Teilhard de Chardin)을 인용하면서 "가능한 세계의 개념에 대한 상관어로 '물리적으로' 가능한 이라는 말을 하는 것은, '불가능한 세계'가 있기 때문"이라는 점을 상정한다.[31] 샤르댕은 우주의 수렴 현상이 오늘날 현대인들에게 과학적 감각을 눈뜨게 해 준 점에 대하여 긍정적으로 평가한다.

하지만 "그리스도에 의한 우주의 완성"은 진화적 감각이 주는 힘이 고양된 것 이상이다.[32] 샤르댕에 의하면, 진화론적 사고가 현대인들에게 설득력 있게 다가오더라도 여전히 "영혼의 숨결이 최초의 세포에 생명을 불어넣은 것은 신비"의 영역임을 주장한다.[33] 현대 로마가톨릭이 창조주 하나님에 대한 신조를 변증하기 위해 과학적 세계관을 수용하는 동시에 신비를 말하는 것은 나름의 변증학적 돌파구가 된다.

(3) 큉은 윤리를 의심함으로 기독교의 정당성을 펼친다.

이를 위해 큉은 일차원 성을 초월하여 신을 추구할 것을 제기한다.[34] 여기서 주목할 부분은 도덕과 원리에 대한 회의이다. 먼저, 큉은 교회와 신조를 의심하는 현대인들에게 "순수 사유만으로 윤리의 정당성을 주장하기는 어렵다"라는 사실을 주지한다.[35] 큉은 다음과 같이 묻는다.

---

29 Ibid., 34.
30 한스 큉, 『왜 나는 아직도 기독교를 믿는가』, 51.
31 앙리 드 뤼박, 『떼이야르 드 샤르댕의 종교 사상』, 이문희 역 (대구: 대구가톨릭대학교출판부, 2012), 319-320.
32 삐에르 떼이야르 드 샤르댕, 『그리스도』, 이병호 역 (경북칠곡: 분도출판사, 2006), 34.
33 삐에르 떼이야르 드 샤르댕, 『신의 영역』, 이문희 역 (경북칠곡: 분도출판사, 2015), 30.
34 한스 큉, 『왜 그리스도인인가』, 정한교 역 (경북칠곡: 분도출판사, 2017), 42.
35 한스 큉, 『오늘을 사는 그리스도인』, 분도출판사편집부 역 (경북칠곡: 분도출판사, 2008), 34.

윤리적 선이란 결국 나에게 득이 되는 것, 소속 단체나 정당이나 노동조합이나 계층이나 민족에 득이 되는 것이 아닐까?

또한, 종국적으로 개인적 또는 집단적 이기심의 문제가 아닐까?[36]

위와 같은 질문을 던진 후 큉은 계속해서 현대 무신론자 사인방을 모조리 반박한다. 그의 진술은 다음과 같다.

- 처음에 신학도였다가 나중에는 무신론자가 된 루드비히 포이에르바하의 신관은 틀렸다. 그는 인간에게 현세에서는 희생을 강요하고 오직 내세에서의 축복을 지향하는 하나님을 상상했다.
- 칼 막스의 신관도 틀렸다. 그는 지배자들 편에 서는 하나님을, 불의한 사회 현실을 정당화하는 하나님을, 거짓 위안을 주는 하나님을 상상했다.
- 목사의 아들로 자란 프리드히 니체의 신관도 틀렸다. 그는 하나님이란 결국 원한의 산물이라 하였다.
- 지그문드 프로이트의 신관도 틀렸다. 그는 하나님을 일컬어 폭군적 초자아요, 환상적이고 미숙한 욕구의 표상이라 했으며, 종교의식이란 범죄 콤플렉스, 아버지 콤플렉스, 외디푸스 콤플렉스 따위 강박관념의 산물이라 하였다.

예수님의 하나님은 저 사상가들의 하나님과는 아주 다르다. 성경의 하나님은 형식적이고 결의론적이며 무자비한 율법 준수로 얻는 의를 선포하지 않았다. (중략) 하나님이야말로 불리한 처지에 놓인 이들, 특권을 누리지 못하는 이들, 억눌린 이들, 약한 이들, 병든 이들, 가난한 이들을 돌보시는 하나님이시다. 윤리, 종교적 관점으로는 부덕한 이들, 비종교인들의 하나님이시다. 그러니깐 결론적으로 정다운 하나님, 말할 수 없이 정다운 하나님이라 하겠다.[37]

예수는 철학자들의 하나님도 아니시고, 또 많은 유대인 학자가 말하는 "시온주의적, 메시아주의적 혁명"과도 전혀 관계가 없는 하나님이시다. 그의 하나님 나라 소식은 폭력의 포기를 겨냥하고 있으며, 실천적인 선(善)안에서 혁명가들보다 더 혁명적이었다.[38] 그렇기에 세속 철학이 제시하는 윤리는 의심해 봐야 하며, 오직 그리스도의 사역만이 의심받을 수 없는 진정한 삶이다.

---

36 Ibid.
37 Ibid., 50-51.
38 한스 큉, 『믿나이다』, 101-102.

3. '익명의 그리스도인'을 '실명의 그리스도인'으로 바꾸는 변증

둘째로 소개할 학자는 칼 라너 (Karl Rahner)이다. 라너는 종종 폴 니터(Paul F. Knitter)와 같은 종교다원주의 학자들에 의해서 왜곡되었다. 라너는 사실 "교회는 신앙의 신비"라고 말할 정도로 지극히 전통에 입각한 학자이다.[39] 그러나 악의적인 종교 다원주의자들은 라너의 "익명의 그리스도인"(anonymen Christen) 개념을 종교 간의 대화를 위한 도구 정도로 격하시켜 이해했다. 이러한 오해를 바로잡지 않은 상태에서 라너를 소개한다면, 그의 기독교 변증방법론은 전면 거부 될 것이다. 그래서 먼저 라너에게 집중된 부당한 오해를 해결한 후 라너의 변증방법론을 밝히겠다.

라너는 비(非)그리스도인을 규정할 때, "익명의 그리스도인"이론을 제시했다. 그러나 라너가 이와 같은 주장을 제기한 이유는 종교다원주의를 주장하기 위함은 아니다. 라너는 그저 "모든 사람이 구원받고 진리를 깨닫게 되기를 원하시는 하나님의 보편적 구원 의지를 중시"했을 뿐이다.[40]

결국, 라너가 강조하고자 하는 핵심은, '하나님이 인간의 신비'라면, '인간은 하나님의 암호'라는 것이다. 이는 라너가 인간의 위치를 좀 더 승격된 상태로 해석했을 따름이지, "인간=익명의 그리스도인"이라는 등식을 성립시킨 것은 결코 아니다.[41] 인간에게 수용된 하나님의 모든 은총은 그리스도의 은총이다.

다시 말해서 타종교인이든 그리스도를 모르는 사람이든 그 사람 가운데 은총이 있다면, 그것은 예수 그리스도로 말미암아 주어진 것이라는 뜻이다. 이것을 오해해서 한스 큉은 "'익명의 그리스도인'을 두고 신학적 기만"이라고 혹평했다.[42] 큉은 교회의 사회성, 역사성을 라너가 전부 놓쳐 버렸다고 생각한 것이다.

반면에 니터나 존 힉(John Harwood Hick)과 같은 이는 이웃 종교를 그리스도교의 잣대로 평가하는 것은 제국주의적 발상이라고 주장하면서, 더 적극적인 종교다원주의 신학을 펼친다.[43] 위르겐 몰트만(Jürgen Moltmann)도 라너의 신학이 전통적인 교회의 지배권 주장을 그저 형식만 바꾸어 등장시킨 것이 아니냐고 의심

---

39 칼 라너, 『공의회 새로운 시작』, 정혁태 역 (전라북도 전주: 도서출판아름다운, 2014), 30.
40 이찬수, 『인간은 신의 암호』 (서울: 분도출판사, 2018), 121.
41 Ibid., 123.
42 Hans Küng, On Being a Christian, New York: Doubleday and Company, 1976, 97-98.
43 폴 니터, 『오직 예수 이름으로만?』, 변선환 역 (서울: 한국신학연구소, 1986), 211-212.

한다.[44] 그러나 이 모든 것은 오해이다.

라너가 "익명의 그리스도인"이라는 용어를 쓰면서 본래 의도했던 것은 "그리스도교의 독특성을 보전"하면서도 하나님의 보편적 사랑과 구원 개념을 높이고자 함이다.[45] 즉, 라너가 "익명의 그리스도인"을 말했을 때는, 타종교를 폄훼하고 기독교 제국주의적 발상으로 종교 간의 대화를 시도하려던 것이 결코 아니다. 또한, 그리스도의 독특성과 유일성을 저버리고 보편 구원을 신학적으로 시도한 것은 더더욱 아니다.

라너는 비(非)그리스도인 안에 있는 하나님의 일반 은총이 특별계시로 이끌어질 것을 기대하고 아직 교회 안에 속하지는 않았으나 언젠가 그리스도교 공동체로 들어오게 될 사람들을 향하여 "익명의 그리스도인"이라고 말한 것이다. **라너는 교부 키프리아누스의 가르침(교회 밖에는 구원이 없다)에 실질적으로 도전한 적이 없으며, '익명'을 '실명'으로 바꿔 나가는 선교적 책임을 교회의 사명으로 생각했다. 그는 실로 지극히 전통적인 로마가톨릭 신학자이다.**

물론, 라너가 각 종교가 가지고 있는 특수성과 보편성을 존중하고 다양한 관점들에 우열을 두고 말하지는 않는다. 다만 그는 그리스도교 전통에 충실할 뿐이다. 그리고 타종교인은 자신들의 종교에 대하여 그렇게 할 뿐이다. 그렇기에 라너의 이런 신학을 두고 종교다원주의 신학의 근거가 마련된 것처럼 호들갑 떠는 것은 대단히 잘못된 태도이다.

지금부터는 간략하게 라너의 기독교 변증방법론을 소개하겠다.

(1) 라너의 변증방법론도 큉과 마찬가지로 로마가톨릭교회가 "그 본질적인 구성에 관해서는 그리스도에 의해서 요망된 것이고, 예수 그리스도로부터의 역사적인 연속성을 가지고 있는 것"을 증명하는 것에 있다.[46]

라너는 교회는 없어서는 안 되며, 예수 그리스도의 교회는 하나여야 한다는 점을 강조한다. 그러면서 그는 자기 교회 공동체에 대한 신뢰가 정당하다는 점을 피력한다. 교회에 대한 라너의 신학이 전통적인 견해에 충실하지만, 동시에 라너의 기독교 변증방법론은 나름의 독창성이 있다. **라너가 이해하는 하나님 인식은 초월적이지만 동시에 후험적인 하나님이라는 점이 독창적이다.**[47]

---

44 위르겐 몰트만, 『오늘의 신학 무엇인가』, 차옥숭 역 (서울: 한국신학연구소, 1990), 92.
45 이찬수, 『인간은 신의 암호』, 128.
46 칼 라너, 『그리스도교 신앙 입문』, 이봉우 역 (경북칠곡: 분도출판사, 2014), 450.
47 Ibid., 79.

초월적인 하나님은 주권자에 의해서 계시 되지만, 인간 실존이 하나님의 존재를 지향해서 경험하려고 하는 기질이 있다. 이에 대해서 라너는 "우리가 하나님을 향해 있다는 원초적 경험은 항상 주어져 있다"고 진술한다.[48] 라너가 경험에 입각하여 신학을 할 때, 슐라이어마허와는 차이가 있다. 그는 "하나님의 절대적 존재"는 "개방성 가운데서도, 은폐되어 있을 수 있는 분"이며, 자유롭게 스스로를 계시하거나 침묵하실 수 있다고 설명한다.[49]

(2) 라너는 자신이 다루는 각각의 주제에서 세계 속의 구체적 실존을 거룩한 신비인 하나님에 의해 사로잡힌 것으로 규명하고자 했다.[50]

라너에게 있어서 초월이라는 것은 학문을 통해서, 또는 사랑의 관계를 통해서 이루어지는 자아 탈출이 될 수 있다. 이는 이야기가 사실이든 아니든 자아 탈출의 도구가 된다. 그런데 여기서 초월의 경험을 하나님이 돕는다.[51] 즉, 초월의 경험은 사실 하나님의 은혜 가운데서 이루어진다.

이에 대한 보충적인 이해로 통합적 측면에서 라너는 명료성(가시성의)의 구체적인 종류는 은혜에 의해 변화된 인간 실존의 구조가 어떻게 기독교적인 신앙과 삶의 경험에 그리고 사실상 기독교적 계시 때문에 이해되고 해석된 것으로서 인간의 삶 자체에 대한 경험에 필수적 조건이 되는가를 밝혀주는 것이었다.[52] 그는 하나님에 대한 인간의 경험 속에서 하나님에 대한 명백한 믿음의 근거를, 나아가 하나님의 존재에 대한 고전적 논증의 근거를 드러내는 광범위한 선험적 논증을 전개한다.[53]

라너의 선험적 신학에서 인간은 의식하든 의식하지 않던 하나님의 은혜 안에 있고, 여기서 벗어날 수 있는 인간은 없기에 누구나 하나님을 경험할 수 있다. 라너는 인식에 있어서 절대적 신비를 향한 이 정향이 사실상 하나님에 대한 정향성이라고 논증한다. 따라서 논증에 출발점을 제공하는 경험은 선험적 경험이 된다.[54] 라너는 다음과 같이 기독교 변증방법론의 명제를 전개한다.

48　Ibid., 81.
49　칼 라너, 『말씀의 청자』, 김진태 역 (서울: 가톨릭대학교출판부, 2011), 128.
50　J.A. 디 노이아, "칼 라너" 『현대 신학과 신학자들』 데이비드 F.포드 편집, 류장열, 오홍명, 정진오, 최대열 엮음 (서울: 기독교문서선교회, 2005), 209.
51　하나님 앞에 선 자아를 '초월적 실존'이라는 말로 압축하여 설명할 수 있다.
52　J.A. 디 노이아, "칼 라너" 『현대 신학과 신학자들』, 211.
53　Ibid., 212.
54　Ibid., 213.

"초월 그리스도론"은 초월적인 필연성과 구체적이고 우발적인 역사적 사실들 사이에서 살아가는 인간의 실존적인 상황에서 그 초월적인 필연성과 역사적 사실들이 서로 '마주하는' 조건 및 중재 관계에 관한 이해를 앞서 요구한다. 왜냐하면, 이는 상기 두 요소가 인간의 실존적인 상황에 언제든 복합적으로 등장할 수 있다고 보기 때문이다.[55]

라너의 기독교 변증방법론은 경험에 입각하지만, 그것은 **초월적인 그리스도에 대한 경험**이다. 여기서 잠시 독자들이 선험적 경험을 쉽게 이해할 수 있도록, 은혜의 이론을 비교하여 설명하고자 한다. 종교개혁자들의 사상은 인간의 지혜로는 '의'를 생산할 수 없다고 주장한다. 따라서 그리스도의 의가 전가되어야만 한다. 이것은 '전가된 은혜'이다. 루터는 '인간은 죽을 때까지 죄의 고민에서 벗어날 수 없다'고 보았다. 다만 그리스도의 의가 인간을 성장시켜 줄 뿐이다.

반면에 웨슬리의 경우에는 '의'가 성품으로 서서히 연합된다고 본다. 이 연합은 본성을 바꿔준다. 이와는 전혀 다르게 로마가톨릭의 '은혜 이론'은 '은총이 주입되는 것'이다. 즉, '의'(義)가 내면 안에서 창조되는 것이다. 토마스 그룸(Thomas H.Groome)에 따르면, 로마가톨릭은 "인간이 '타락'했음에도 인간 조건은 신적 모상 안에 그 자리를 유지하고 있다는 확신을 가지는 것"에 있다.[56]

결국, 인간이 하나님의 형상으로 창조될 때, '의'(義)도 내면 안에 주입 또는 창조된 것이다. 그러나 라너는 모든 사람이 시공간을 뛰어넘어 은혜 가운데 있는 것이지 '의'가 창조되는 것이 아니라고 보았다. 이것이 바로 로마가톨릭의 신학자 칼 라너의 기독교 초월과 경험에 대한 변증이다.

선험적 철학이 가져오는 또 다른 논증은 은혜와 계시에 관한 그의 신학이 드러내고 있는 보편 구제설이다. **라너는 계시의 구조를 설명하기 위해 다시 선험적 계시를 상정하고 있다.** 이를 연장하면, 비기독교적 종교체험과 지혜에 대한 해명의 근거가 제공된다.[57] 정리하면, **라너에게서 '초월의 경험'은 하나님의 은혜 가운데서 모든 사람이 보편적으로 시공간을 넘어서 체험하는 것이다.** 이것은 선험적이고 보편적이기 때문에 결국 비기독교인들도 '익명의 기독교'라고 해석

---

55 칼 라너 & 빌헬름 튀징, 『그리스도론』, 조규만·조규홍 역 (서울: 가톨릭출판사, 2016), 34.
56 토마스 H. 그룸, 『신앙은 지속될 수 있을까?』, 조영관·김경이·임숙희 역 (서울: 가톨릭대학교출판부, 2021), 97.
57 J.A. 디 노이아, "칼 라너" 『현대 신학과 신학자들』, 221-222.

가능해지는 것이다. 따라서 라너는 다음과 같이 평가받는다.

그의 신학이 기독교 공동체의 전통적 주장을 뒤엎어 무한정한 계시의 손아귀에 들어가게 한다는 불가피한 비난이 라너 자신에 대하여 가해진다면 그것은 부당해 보인다. 라너의 신학을 형성시킨 선험적 입론의 정치함과 난해함을 감안한다면, 라너의 계시신학에 대한 그 같은 오해는 피할 수 없을는지도 모르겠다.[58]

다시 강조하지만, 라너에게서 '초월의 경험'은 하나님의 은혜 가운데서 모든 사람이 시공간을 넘어 보편적으로 느낄 수 있는 것이다. 선험적이고 보편적이면 비기독교인들을 향해서 '익명의 기독교인'이라고 해석할 수 있는 여지를 마련해 주게 된다. 하지만 동시에 그는 "일상의 기도는 그리스도교적 삶의 '큰 은총의 시간'의 전제이자 결과"라고 말함으로써 기도 가운데서도 초월의 경험을 강조하였다.[59] 즉, 라너는 종교 간의 대화를 모색했던 신학자라기보다는, 신자의 삶을 독려하는 것에 큰 관심을 가졌던 신학자이다.

여기서 라너의 변증방법론에 대해 모호함을 느낀 이들도 있을 것이다. 또, 어떤 독자들은 아마 더 명쾌한 답을 얻기 위해 다음과 같은 질문을 품고 있을지 모른다.

과연 보편적으로 경험되는 은혜가 구원의 가능성을 내포하고 있는가?
그렇다고 한다면, 구원의 은혜가 로마가톨릭 밖에서 이루어진다는 것을 인정하는가?
아니면 예수 그리스도의 구원 은혜를 믿음이라는 조건을 넘어서 전 우주적으로 이루어진다고도 볼 수 있는가?

이와 같은 물음에 대해서 로마가톨릭교회의 공식적인 답변을 듣기를 원한다면 다음 학자를 살펴보면 된다.

---

58 Ibid., pp.222-223.
59 칼 라너, 『기도의 절실함과 그 축복에 대하여』, 김진태 역 (서울: 가톨릭대학교출판부, 2017), 107.

4. 전통의 수호자가 된 교황

셋째로 소개할 학자는 요제프 라칭거(Joseph Aloisius Ratzinger)이다.
아마도 그는 제265대 교황 베네딕토 16세로 더 많이 알려져 있을 것이다. 하지만 그는 교황이기 이전에 탁월한 신학자이다. 라칭거는 교황의 직무를 감당하기 위해 로마가톨릭교회의 위대한 변증학자가 되기로 자처한 것이 아니라 본래 그의 성품과 신학적 방향성이 보수적이었다.

이에 대한 자세한 배경 설명을 덧붙이자면, 라칭거는 한스 큉과 함께 교황청의 관료들이 교회를 경직시키고 있다는 비판을 제기하면서 진보적인 목소리를 냈던 적이 있었으나, 1967-1968년 독일 대학가를 휩쓴 네오마르크시즘 열풍을 보며 무신론적 열정에 사로잡힌 흉측한 이들과 대항해야겠다고 생각한다.

그래서 그는 신앙교리성 장관 재직 기간에는 해방신학 안에 담고 있는 마르크스주의에 대해서 비판적 견해를 밝혔으며, 남미의 급진적 해방신학 운동에 제재를 가하는 법안을 제정하기도 했다. 이 당시 많은 해방 신학자의 활동이 중지되거나 파문 조치가 내려졌는데, 그 유명한 해방 신학자 레오나르도 보프(Leonardo Boff) 사제에게도 침묵 명령이 떨어졌다. 이를 부당하게 여긴 보프는 사제의 직분을 내려놓고 평신도로서 활동한다.

그는 로마가톨릭교회가 지구적 위기에 용감하게 대응하지 못하고 수구적 보수성의 보루가 되었다고 비판하면서, 이단의 가장자리로 감히 나아가야 한다고 주장하였다.[60] 보프의 이러한 주장은 전통과 질서를 사랑하는 라칭거의 시선에서 굉장히 불온하게 보였을 것이다.

라칭거는 신앙교리성에 있는 동안에는 교회에 대한 공개적 비판도 용납하지 않았으며, 교황청의 교권주의를 비판해 온 한스 큉과 같은 진보적인 신학자들에게 수업 및 저서 출판 금지 등의 처분을 내렸다. 그에게 있어서 신앙은 "인간적 행위가 아니라, 하나님의 신의"이며, "하나님께서 거저 주시는 선물로서, 우리가 어떻게 우리 삶을 영위해야 할지 이해"하게 하는 실천적 가치이다.[61]

즉, 라칭거는 교황이 되기 전부터 일찍이 로마가톨릭교회를 수호하고 신앙 교리들을 전수하기 위해 보수주의 로마가톨릭으로서 기독교 변증방법론을 구축했

---

60 레오나르도 보프, 『오소서, 성령이여』, 이정배 역 (경기고양: 한국기독교연구소, 2017), 30.
61 요제프 라칭거, 『기도』, 이진수 역 (서울: 바오로딸, 2020), 301

다고 볼 수 있다. 여기서 보수주의 로마가톨릭이란, 로마가톨릭교회 이외에 교회들, 곧 개신교와 성공회에서 이루어지는 성사와 사목활동을 인정하지 않는 것이다. 대표적인 인물로 존 헨리 뉴먼(John Henry Newman)이 있다. 그는 "개신교와 성공회가 진정한 교회에서 떨어져 나갔다"라고 믿었다.[62] 라칭거 역시 같은 견해를 가지고 있는 인물이다. 그러나 신약학자로서 라칭거가 가장 먼저 변증하고 나선 것 중에 핵심이 되는 것이 몇 가지 있다.

(1) 나사렛 예수의 역사성이다.

라칭거가 나사렛 예수의 역사성을 주장한다고 할 때, 독자들은 웨스터연구소(Westar Institute)의 지원받아 로버트 펑크(Robert W. Funk)와 존 도미니크 크로산(John Dominic Crossan)에 의해 1985년에 설립된 예수 세미나(Jesus Seminar) 연구 모임과 그 방향성이 동일하다고 생각해서는 결코 안 된다. 라칭거는 예수 그리스도의 신앙을 파괴하려는 사람이 아니라, 오히려 변증하고 수호하려던 인물이다. 그래서 그는 "동정녀의 출산과 무덤에서의 실제적인 부활은 신앙의 시금석"이라고 주장한다.[63] 계속해서 라칭거는 다음과 같이 주장한다.

> 부활은 본질적으로 예수의 육신이 썩지 않았다는 것을 내포한다. 이러한 의미에서 부활 선포의 한 부분으로서 빈 무덤은 엄격히 성경에 따른 사실이다. 부패와 부활이 서로 양립할 수 있을 것이라는 신학적 사고들은 현대적 사고에 속하며, 성경적 관점에 정면으로 모순된다.[64]

라칭거는 지금 복음서에 나오는 예수가 역사적으로 타당하고 모순 없는 인물이라는 점을 강하게 변증하고 있다. 라칭거는 비관적인 비평학자들과는 다르게 "예수가 '내가 그다'라고 말할 때 예수는 이 역사를 받아들여 자기한테 적용하고 있다"고 주장한다.[65]

그 결과 예수님은 자신의 유일함을 드러냈고 하나님 나라의 비밀을 세상에 공개하게 되었다. 개신교 신학자 중에서는 피터 라잇하르트(Peter J. Leithart)가 복음서에 기록된 "사람의 몸을 입은 하나님의 아들" 그분이야말로 가장 역사적인 예

---

62 에리버리 덜리스, 『존 헨리 뉴먼』, 윤성희 역 (서울: 성바오로, 2010), 187.
63 요제프 라칭거, 『나사렛 예수-유년기』, 민남현 역 (서울: 바오로딸, 2013), 84.
64 요제프 라칭거, 『나사렛 예수2』, 이진우 역 (서울: 바오로딸, 2012), 321.
65 요셉 라칭어, 『나사렛 예수』, 최호영·김하락 역 (경기파주: 김영사, 2011), 427.

수 그리스도의 모습이라고 주장한다.[66]

(2) 라칭거는 세속주의에 대항하고 신앙을 역설적으로 설명하는 변증방법론을 취한다.

그는 믿음 밖에 있는 것이 무지한 것이라고 주장한다. 라칭거는 그리스도교 신앙을 멸시하는 이들에게 다음과 같이 물음을 던진다.

"현대화만 내세우면서 분장이나 지우고 세속적 언어 또는 하나의 '무종교 크리스처니즘' 따위의 평복을 뒤집어쓴다고 모든 것이 해결되는 것일까?"[67]

이런 질문은 하비 콕스(Harvey Cox)나 위르겐 하버마스(Jürgen Habermas)가 도전하는 세속주의에 대한 거센 역공이다. 라칭거가 믿음이 오히려 참된 지성을 충전시키고 합리적 이성을 만족시켜 줄 수 있다고 생각한 이유는 육화되신 하나님의 로고스에 대한 신앙이 이미 세속 이성보다 심오하고 깊기 때문이다.

중세 말에서 르네상스 초기의 사상가 니콜라우스 쿠자누스(Nicolaus Cusanus)에 따르면, "신은 형상적인(파악 가능한) 모든 (의미) 근거의 절대적인 근거이기 때문에, 모든 근거를 자신 안에 내적"으로 펼친다.[68] 그렇기에 교회 공동체는 비이성적인 곳이 아니라 초이성적인 공간으로써 성령의 위대한 역사가 나타나는 곳이다. 거룩하고 보편화된 교회에서 나타나는 위대한 역사란, 신조에 대한 고백과 죄에 대한 고해와 세례와 성찬이다.[69]

또한, 종말까지 붙멸이다. 그래서 라칭거는 "불멸에 대한 그리스도교적 표상에는 공동체적인 요소도 포함된다"라고 했다.[70] 칼 하인츠 멘케(Karl-Heinz Menke) 역시 라칭거의 입장에서 교회 공동체에 다음과 같은 당부를 한다.

> 진리를 추구하는 공동체가 하나님에 대한 신앙이 없다면, 마치 인간 자율에 의해 잘못 해석된 개별 이성의 철학처럼 결국에는 방향을 잃을 수밖에 없다."[71]

---

66 피터 라잇하르트, 『손에 잡히는 사복음서』, 안정진 역 (서울: 한국기독학생회출판부, 2018), 17.
67 요셉 라칭어, 『그리스도 신앙 어제와 오늘』, 장익 역 (서울: 분도출판사, 2018), 43.
68 니콜라우스 쿠자누스, 『신의 바라봄』, 김형수 역 (서울: 가톨릭출판사, 2014), 83.
69 Ibid., 342-343.
70 요셉 라칭거, 『종말론』, 조한규 역 (서울: 생활성서사, 2020), 195.
71 칼 하인츠 멘케, 『그리스도교의 본질에 대하여』, 조한규 역 (서울: 가톨릭대학교출판부, 2020), 37.

세속 이성 앞에서 교회 전통과 하나님에 대한 참된 신앙이 더욱 이성적 행위라고 자신 있게 말할 수 있는 것은 로마가톨릭 신학자들이 아퀴나스의 변증방법론을 기본적으로 장착하고 있기 때문이다. 라칭거도 예외는 아니다. 그리스도인들에게 당연하다고 생각되는 이 단순하고도 기초적인 변증은 실로 막강한 화력을 지닌다. 라칭거 외에도 다른 로마가톨릭 신학자들도 교회 전통과 신적 사랑이 세속 이성을 능가하는 것임을 뚜렷이 증언한다.

이브 콩가르(Yves Congar)는 "성령께서는 교회가 사도들에게서 받은 신앙에 충실하도록 확실하게 보장"해 주신다고 단언한다.[72] 또 한스 우르 폰 발타자르(Hans Urs von Balthasar)는 예수 그리스도의 "사랑 그 자체는 궁극의 선물이요, 또 한 궁극적 요청"이라고 말한다.[73] 그뿐만 아니라 뤼박은 "그리스도교 신비성"은 신앙 외에는 다른 그 어떤 것으로도 양육되지 않는다고 주장한다.[74] 설령 그것이 이성이라고 할지라도 말이다.

현대에 이르러서도 로마가톨릭의 기독교 변증방법론은 여전히 전통과 교리를 수호하기 위한 것을 목적으로 한다. 또한, 신(God)인식에 대한 변증들도 계속해서 활발히 논의되고 있다. 여전히 그들에게 교회는 통치자들과 권세자들에게 하나님의 각종 지혜를 알려줄 수 있는 곳이다. 신앙으로 가장 충만한 곳이 가장 이성적인 곳이다. 라칭거에게 그곳은 예수님이 부르시고, 일하게 하시고, 하나 되게 하시는 계약 공동체, 즉 로마가톨릭교회를 의미한다.[75]

그런데 이 변증방법론을 우리가 굳이 로마가톨릭교회에 한정시킬 필요는 없어 보인다. 오히려 삼위일체 하나님을 주로 고백하고 예수 그리스도의 사랑을 실천하는 모든 보편교회가 이 변증을 실현할 수 있어야 한다. 왜냐하면, 성령으로 말미암은 신앙이야말로 가장 이성으로 충만하거나 혹은 이성을 초월하여 거룩한 선(善)을 창출하기 때문이다.

---

72 이브 콩가르, 『나는 성령을 믿나이다 2』, 백운철·안영주 역 (서울: 가톨릭출판사, 2015), 57.
73 한스 우르스 폰 발타사르, 『발타사르의 구원 이야기』, 김관희 역 (서울: 바오로딸, 2018), 55.
74 앙리 드 뤼박, 『그리스도교 신비사상과 인간』, 곽진상 역 (경기화성: 수원가톨릭대학교출판부, 2014), 55.
75 요셉 라칭어, 『예수님과 사도들 그리고 초대 교회』, 김한수 역 (서울: 가톨릭출판사, 2015), 14.

♣ 내용 정리를 위한 문제

1. 현대 로마가톨릭 신학의 현주소를 정리한 후, 한스 큉이 소망한 교회론을 서술하시오.
2. 칼 라너의 '익명의 그리스도인' 개념에 대한 올바른 이해를 정리한 후, 라너가 말하고 있는 '초월의 경험'이 무슨 의미인지 밝히시오.
3. 요제프 라칭거가 로마가톨릭의 전통을 수호하기 위해 시도한 변증법적 노력은 무엇인가? 그리고 개신교회 입장에서 그의 변증을 평가할 때, 긍정적으로 받아들일 만한 부분과 부정적으로 비판해야 할 부분에 대해 각각 서술하시오.

※ 참고 문헌(제13장에 인용된 도서들)

한스 큉. 『가톨릭의 역사』. 배국원 역. 서울: 을유문화사, 2018.
_____. 『교회』. 정지련 역. 서울: 한들출판사, 2007.
_____. 『교회란 무엇인가?』. 이홍근 역. 경북 칠곡: 분도출판사, 2016.
_____. 『믿나이다』. 이종한 역. 경북 칠곡: 분도출판사, 2012.
_____. 『오늘을 사는 그리스도인』. 분도출판사편집부 역. 경북 칠곡: 분도출판사, 2008.
_____. 『왜 그리스도인인가?』. 정한교 역. 경북 칠곡: 분도출판사, 2017.
_____. 『왜 나는 아직도 기독교를 믿는가』. 김근수·윤세웅 역. 서울: 열린세상, 2014.
칼 라너 & 빌헬름 튀징. 『그리스도론』. 조규만·조규홍 역. 서울: 가톨릭출판사, 2016.
칼 라너. 『공의회 새로운 시작』. 정혁태 역. 전라북도 전주: 도서출판아름다운, 2014.
_____. 『그리스도교 신앙 입문』. 이봉우 역. 경북 칠곡: 분도출판사, 2014.
_____. 『기도의 절심함과 그 축복에 대하여』. 김진태 역. 서울: 가톨릭대학교출판부, 2017.
_____. 『말씀의 청자』. 김진태 역. 서울: 가톨릭대학교출판부, 2011.
요셉 라칭거. 『종말론』. 조한규 역. 서울: 생활성서사, 2020.
요셉 라칭어. 『그리스도 신앙 어제와 오늘』. 장익 역. 서울: 분도출판사, 2018.
_____. 『나자렛 예수』. 최호영·김하락 역. 경기 파주: 김영사, 2011.
_____. 『예수님과 사도들 그리고 초대 교회』. 김한수 역. 서울: 가톨릭출판사, 2015.
_____. 『기도』. 이진수 역. 서울: 바오로딸, 2020.
_____. 『나자렛 예수2』. 이진수 역. 서울: 바오로딸, 2012.
_____. 『나자렛 예수-유년기』. 민남현 역. 서울: 바오로딸, 2013.
_____. 『저 위에 있는 것을 추구하세요』. 김정희 역. 서울: 피데스, 2021.
게르하르트 로핑크. 『예수는 어떤 공동체를 원했나?』. 정한교 역. 경북칠곡: 분도출판사, 1996.

구스타보 구티에레즈. 『해방신학』. 성염 역. 서울: 분도출판사, 2017.
그레그 앨리슨 & 크리스 카스탈도. 『개신교와 가톨릭, 무엇이 같고 무엇이 다른가?』. 전광규 역. 서울: 부흥과개혁사, 2017.
니콜라우스 쿠자누스. 『신의 바라봄』. 김형수 역. 서울: 가톨릭출판사, 2014.
데이비드 F. 포드. 『현대 신학과 신학자들』. 류장열, 오홍명, 정진오, 최대열 역. 서울: 기독교문서선교회, 2005.
레오나르도 보프. 『성 삼위일체 공동체』. 김영선·김옥주 역. 서울: 크리스천헤럴드, 2011.
_____. 『오소서, 성령이여』. 이정배 역. 경기고양: 한국기독교연구소, 2017.
로레인 뵈트너. 『로마 가톨릭 사상 평가』. 이송훈 역. 서울: 기독교문서선교회, 2014.
로저 헤이트. 『신학의 역동성』. 전현식·안규식 역. 서울: 대한기독교서회, 2019.
마르코 스프리치. 『앙리 드 뤼박: 교회 안에서 그리스도인의 정체성』. 박성희 역. 경기부천: 부크크, 2018.
마인라트 림베크. 『예수의 유산』. 김형수 역. 경북 칠곡: 분도출판사, 2017.
미셸 크리스티안스. 『성서의 상징 50』. 장익 역. 경북 칠곡: 분도출판사, 2009.
미하엘 발트슈타인. 『몸의 신학 입문』. 이병호 역. 서울: 가톨릭대학교출판부, 2010.
삐에르 떼이야르 드 샤르댕. 『그리스도』. 이병호 역. 경북 칠곡: 분도출판사, 2006.
_____. 『신의 영역』. 이문희 역. 경북 칠곡: 분도출판사, 2015.
앙리 드 뤼박. 『그리스도교 신비 사상과 인간』. 곽진상 역. 경기 화성: 수원가톨릭대학교출판부, 2014.
_____. 『떼이야르 드 샤르댕의 종교 사상』. 이문희 역. 대구: 대구가톨릭대학교출판부, 2012.
에리버리 덜리스. 『존 헨리 뉴먼』. 윤성희 역. 서울: 성바오로, 2010.
위르겐 몰트만. 『오늘의 신학 무엇인가?』. 차옥숭 역. 서울: 한국신학연구소, 1990.
이브 콩가르. 『나는 성령을 믿나이다 2』. 백운철·안영주 역. 서울: 가톨릭출판사, 2015.
제랄드 포스너. 『교황청의 돈과 권력의 역사』. 명노을 역. 서울: 밀알서원, 2019.
제임스 기본스. 『교부들의 신앙』. 장면 역. 경기 고양: 가톨릭출판사, 2017.
존 J. 오도넬. 『삼위일체 하나님의 신비』. 박종구 역. 서울: 가톨릭대학교출판부, 2008.
칼 하인츠 멘케. 『그리스도교의 본질에 대하여』. 조한규 역. 서울: 가톨릭대학교출판부, 2020.
토마스 H. 그룸. 『신앙은 지속될 수 있을까?』. 조영관·김경이·임숙희 역. 서울: 가톨릭대학교출판부, 2021.
폴 니터. 『오직 예수 이름으로만?』. 변선환 역. 서울: 한국신학연구소, 1986.
피에트로 보바티. 『자유의 말씀』. 박요한 역. 서울: 가톨릭출판사, 2021.
피터 라잇하르트. 『손에 잡히는 사복음서』. 안정진 역. 서울: 한국기독학생회출판부, 2018.
한스 우르스 폰 발타사르. 『발타사르의 구원 이야기』. 김관희 역. 서울: 바오로딸, 2018.

혼 소브리노. 『해방자 예수』. 김근수 역. 서울: 메디치미디어, 2017.
이찬수. 『인간은 신의 암호』. 서울: 분도출판사, 2018.
Küng, Hans. *On Being a Christian*. New York: Doubleday and Company, 1976.

제14장

동방정교회 변증방법론 : 블라디미르 로스끼

> 하나님은 나처럼 사람이 아니신즉 내가 그에게 대답할 수 없으며 함께 들어가 재판을 할 수도 없고 우리 사이에 손을 얹을 판결자도 없구나(욥기 9장 32-33절).

한국에 기독교 신앙을 가진 대다수는 로마가톨릭과 개신교에 대해서 어느 정도 익숙한 느낌이 있다. 그러나 동방정교회에 대해서는 많은 이가 낯설어한다. '기독교'라는 단어 안에 '개신교'와 '로마가톨릭'뿐 아니라 '동방정교회'가 포함되어 있다는 것을 처음 알게 된 이들은 마치 욥이 고난을 마주한 것처럼 당혹스러움을 감추지 못한다.

심지어 어떤 이들은 정교회를 그저 러시아 사람들의 민속 종교쯤으로 생각하는 사람들도 있다. 일반인들이 떠올리는 정교회 사제의 모습은 치렁치렁한 복장을 착용하고 길게 수염을 늘어뜨린 모습이며, 정교회 성도들은 성상 앞에서 기도하는 사람들로 인식된다. 하지만 그렇다고 해서 정교회 신학을 결코 만만하게 여겨서는 안 된다. 정교회는 오랜 역사를 지니고 있으며 탄탄한 전통과 예식이 갖춰진 곳이다.

카네기 사무엘 캘리언(C. S. Calian)은 개신교 종교개혁이 '역사적 확실성'을 확보했다면, 정교회의 헤시카즘(*Hesychasm*)은 '신앙의 확실성'을 확보했다고 본다.[1]

---

[1] 카네기 사무엘 갤리언, 『경계를 뛰어넘는 신학: 동방정교회와 서방교회 전통의 만남』, 이달·이문균 역 (서울: 대한기독교서회, 2002), 53. : 헤시카즘이란 기도를 통하여 신학을 내면화하는 방법이다. 그것은 수도원 생활과도 연관이 있다. 이 헤시카즘의 궁극적 목적은 침묵하는 가운데 하나님과 신비한 합일(union)에 이르는 것이다. 헬라어 헤시키아(*hesychia*)는 고요함 혹은 평화를 의미한다. 궁극적인 고요함이란 정적이나 평정의 상태를 말하는데, 이러한 고요함에 이르는 것은 대단히 어렵다. 그러나 귀를 기울이는 기도의 형식 안에서 이루어지는 신학화의 과정에 사유와 감정이 수렴되는 결과를 얻게 된다.

헤시카즘을 통해 신앙의 확실성을 확보한 이들은 영적 존재가 되었으며, 물질에는 관심을 두지 않는다. 요한 클리마쿠스(Joannes Climacus)는 이렇게 말한다.

> 물질(육신)에 결합한 영적 존재는 육신을 양육하는 것(음식)을 걱정하지 않습니다. 전자는 음식의 맛을 느끼지 못하고, 후자는 음식을 구할 필요가 없습니다. 전자에게는 돌보거나 이용할 재산이 없고, 후자에게는 악령이 살펴볼 영적 사악함이 없습니다. 천상 존재는 물질적 피조물에 시선을 돌리지 않습니다. 일단 저 위에 자신의 갈망을 둔 영적 존재는 감각적 형상에 관심이 없습니다. 천상 존재가 부단히 자신을 진보시키며 사랑에 나아가듯이, 영적 존재는 매일 천상 존재를 모방할 뿐입니다.[2]

동방정교회의 헤시카즘이 신앙에 어떤 유익을 주는지 충분히 확인할 수 있다. 그러나 개신교회 입장에서 루터의 종교개혁은 '역사적 확실성'과 '신앙의 확실성' 모두를 확보한 사건이며, 동방정교회의 전통과 신학은 그저 문제투성이의 이교도다. 반면에 정교회 입장에선, 개신교 종교개혁은 그저 '서방 기독교' 안에서 발생한 시시한 말다툼 정도일 뿐이며, 오늘날의 개신교회는 전통과 예식이 몰락한 이들이다. 이런 간극과 이질감이 서로에게 분명 존재하고 있으므로, 개신교회와 동방정교회는 무리하게 교회 일치를 위한 시도를 감행하지 않는 편이 더 나을 듯하다. 현실적으로 개신교와 정교회의 에큐메니컬 운동은 그저 서로 다른 전통의 차이를 발견하고 거기서 만족하는 것이 전부이다.

단, 정교회의 신학과 역사 전체를 섣불리 이단으로 단정하고 외면하는 태도는 지양해야 할 것이다. 왜냐하면, 기독교 변증방법론을 다룰 때 정교회의 신학 속에 담긴 변증적 성격을 놓치는 것은 학문적으로 큰 손실이기 때문이다.

지금부터는 정교회 신학자들이 말하는 동방정교회에 대한 간략한 개념을 소개하겠다. 왜냐하면, 동방정교회의 신학을 낯설어하는 이들이 많기 때문이다. 그래서 이번 장은 특정 학자들의 개념을 뽑아서 그 해당 학자의 신학 이론을 비교 대조하기보다는 현대 동방정교회의 방향성과 정교회 신학자들이 공통으로 변증하고 있는 정교회 신학 방법론 그 자체를 소개하는 것에 더 집중하겠다.

---

2 요한 클리마쿠스, 『천국의 사다리』, 허성석 역 (서울: 분도출판사, 2020), 352.

디모데 웨어(Timothy Ware)는 "동방정교회(Orthodoxy)라는 단어는 '올바른 믿음'과 '올바른 영광'"이라는 의미를 지닌다고 정의한다.³ 정교회 입장에서 로마 가톨릭은 a라는 기독교 신앙에 '교황'이 '+'된 것이고, 개신교회는 a에 '예식과 성상'이 '-'된 것이다. 어쨌든 양 진영의 공통점은 a 이다.⁴

웨어에 따르면, 동방정교회는 외적인 갑작스러운 변화들, 가령 "아랍 이슬람인들에 의한 알렉산드리아, 안디옥 그리고 예루살렘의 함락, 몽골인들에 의한 키예프의 화재, 두 번에 걸친 콘스탄티노플의 함락, 러시아의 10월 혁명 등"의 사건 속에서도 고대적 분위기와 무변 화성을 유지하며 초대 교회와의 내적인 연속성을 유지하고 있다.⁵ 정교회의 세계를 묘사하는 유사한 이름을 가진 정교회의 수많은 분파가 있으나, (그리스 정교회, 러시아 정교회, 정교회, 정교회 가톨릭교회 등) 공식적인 완전한 명칭은 "거룩한 정교회 가톨릭 사도적 동방교회"이다.

데니얼 B. 클린데닌(Daniel B. Clendenin)은 "이 모든 이름은 정교회를 이해하는 데 도움이 되면서 동시에 정교회에 대한 오해를 불러일으킬 잠재력을 가지고 있다"고 우려한다.⁶ 이와 같은 염려는 아마도 정교회 신학과 변증을 소개했을 때, 그것을 이해하고 감탄하는 이들이 있는 반면에, 더욱 오해하는 이들도 있기 때문이다. 그런데 이것이 오히려 변증학적인 매력을 준다. 또한, 현대 동방정교회 신학자들의 독특한 논리는 그런 매력을 더욱 잘 어필해 주고 있다.

---

3   디모데 웨어, 『동방정교회의 역사와 신학』, 이형기 역 (서울: 한국장로교출판사, 2008), 16.
4   Ibid., 7. ; 위 내용은 러시아 신학자 엘시스 코미아코프(Alexis Khoiniakov)가 1846년 한 영국인 친구에게 보낸 편지에서 기록된 내용을 디모데 웨어가 자신의 책 서문에서 인용한 것이다. 디모데 웨어는 정교회와 다른 교파 간의 차이점보다 공통점을 주목한다. 만일 동방정교회와 로마 가톨릭 그리고 개신교가 서로 공유하고 있는 신앙 공통점에 집중해서 대화한다면 에큐메니칼(교회일치)을 끌어 낼 수 있다. 그러나 에큐메니칼 운동이 기독교 변증에 항상 유익을 주는 것은 아니다. 잘못된 교회 일치 운동은 종교혼합주의 형태로 빠질 우려가 있다. 또한, 서로 다른 전통이 억지로 조화를 이루려고 하면 본래의 고유한 신학적 가치와 정신을 잃어버릴 수도 있다. 따라서 에큐메니칼 운동에 대해서 순기능만 있다고 볼 수는 없다.
5   Ibid., 237.
6   대니얼 B. 클린데닌, 『동방 정교회 개론』, 김도년 역 (서울: 은성출판사, 2014), 49.

1. 낯설고도 신비한 이콘

정교회 신학에서 가장 주목할 것은 '**이콘신학**'이다. 레오니드 알렉산드로비치 우스펜스키(Leonid Alexandrovich Uspensky)에 의하면, 이콘은 "형상(image), 혹은 초상(portrait)을 의미"한다.[7] 비잔틴에서 그리스도교적 형상이 막 형성될 무렵, 사람들은 그리스도, 동정녀, 천사, 성인, 거룩한 역사의 사건들에 대한 모든 표상들을 '이콘'이란 단어로 지칭했다. 그것이 그려진 것이든 조각된 것이든 구분하지 않고 모두 이콘으로 지칭된다.

오늘날에도 동방정교회에서 조각되거나 모자이크되거나 또 다른 어떤 방식으로 창작된 작품들을 이콘이라고 지칭하면서 신앙의 도구로 사용한다. 여기서 중요한 것은 이콘이 단순히 예술적 양식이 아닌 신앙의 도구로 이해한다는 점이다. 종교개혁자들의 관점에 봤을 때 그리고 오늘날 개신교 신학자들의 시선에서 볼 때, 이것은 명백한 우상 숭배다. 형상을 만들어 그것들을 향해 절하는 것은 십계명을 어기는 행동이기 때문이다.

하지만 정교회 입장에서 이콘은 신앙을 변증하기 위한 일환이 될 수 있다. 우스펜스키는 "그리스도교 예술은 그 본질에 있어서 전례적"이라는 점을 강조한다.[8] 이콘은 교회의 세속화를 막고 신앙을 고취하는 도구이기에, 이콘으로 신앙을 표현하는 것을 악하게 봐서는 안 된다는 취지이다. 이어서 우스펜스키는 이콘에 대해서 다음과 같이 주장한다.

> 그것은 하나님을 알게 해 주는 하나의 수단이며 하나님과 접촉할 수 있는 다양한 길 중의 하나이다. 그리스도교만의 독특한 기호요, 그리스도교의 깃발이요, 생명인 고귀한 십자가와 마찬가지로 이콘 또한 신앙 고백이요, 신앙 선언이다.[9]

형상을 만들어 숭배하는 행위에 대해서 성경은 잘못된 것이라고 말한다. 동방정교회 신학자들이 그것을 모를 리 없다. 그러나 그들은 창세기 1장 26절에 '하나님의 형상과 모양을 따라 창조된 사람'이라는 점에 기인하여 이콘신학을 정

---

7 레오니드 알렉산드로비치 우스펜스키, 『정교회의 이콘신학』, 박노양 역 (서울: 정교회출판사, 2015), 17.
8 Ibid., 191.
9 Ibid.

당화한다. 하나님도 자신의 형상을 따라 인간을 창조했듯이, 하나님의 형상대로 창조된 인간이 "형상과 모양에 따라" 무언가를 만들려는 것은 창조주의 속성을 닮았기 때문이다.[10]

따라서 **이콘을 만드는 것은 우상을 제조하는 것이 아니라 하나님의 형상대로 창조된 존재들이 창조주의 속성을 발현하는 것이다.** 왜냐하면, 동방정교회 신학에서 "인간은 하나의 '작은 세계'요, 소우주이다. 인간은 창조된 생명의 중심이다. 따라서 하나님의 형상인 인간은 하나님께서 피조물에 역사하시는 통로"이다.[11] 더 나아가 이콘을 통해 영광스러운 모습으로 변모되는 체험을 가진 동방정교회 성인들의 이야기가 이콘의 정당성을 더욱 부여해 줄 것이다. 단순하게 생각해 봐도 변증 시 눈으로 볼 수 있도록 증명해 줄 무언가가 있다면 설득력이 가중될 것이다. 그런 차원에서 이콘과 성례전은 "그리스도 안에서 어떻게 구원받는가를 눈으로 볼 수 있게 가르치는 살아 있는 신학"이다.[12]

물론, 성경을 읽지 않고 이콘에 의지해서 신앙생활을 하는 것은 동방정교회 신학자들도 동의하지 않는다. 동방정교회에서는 성경 읽기의 가장 좋은 방식으로 교부들처럼 무릎을 꿇고 읽는 것이라고 가르친다. 또한, "성경을 비평적인 자세로 읽는 것이 아니라 배우고 기도하는 태도"로 읽어야 할 것을 강조한다.[13] 왜냐하면, 신자는 성경에서 하나님이 외치는 소리를 세상에 메아리치도록 하는 존재이기 때문이다. 이런 점에서 이콘신학을 소중히 여기는 동방정교회가 성경을 마구잡이로 해체하고 비평하기 좋아하는 개신교 자유주의 신학자들보다 낫다.

이콘이 성경 속의 내용을 학습할 수 있도록 돕거나 가시적인 신앙 도구의 역할을 해 주기에 용이한 것은 사실이나, 과연 이콘을 통하여 구원론을 정확하게 가르치는 것이 가능한가?

클린데닌이나 우스펜스키 같은 현대 정교회 신학자들의 주장에 따르면, 몇 개의 문장과 그림으로 된 이콘이 구원의 경륜 전체를 표현하고 가르칠 수 있다고

---

10 Ibid., 215.
11 Ibid., 216.
12 일리아스 마스트로야노플로스, 『불멸의 양식』, 마은영 역 (서울: 정교회출판사, 2012), 111.
13 콘스탄티노스 사까리디스, 『성서의 메아리』, 마은영 역 (서울: 정교회출판사, 2012), 14.

본다.[14] 하지만 여기서 개신교 신학과 정교회 신학에 구원론의 큰 차이점이 발견된다. 동방정교회에서도 죄인은 구원받는다. 왜냐하면, 하나님이 죄인을 포기하지 않으실 뿐 아니라 더 많은 관심을 두고 계시기 때문이다.[15]

그러나 은혜로 말미암는 칭의 등의 개념은 동방정교회 신학 안에서는 전혀 강조되지 않는다. 심지어 정교회의 구원론은 행위 구원론을 연상하게끔 한다. 왜냐하면, 선한 행실은 믿음 뒤에 따라오는 것이 아니라 믿음의 전제가 되기 때문이다. 바바라 파파스(Barbara Pappas)는 "하나님과 맺은 피의 계약으로 인해 이 값진 선물이 그리스도에 대한 믿음을 보이는 삶을 산 사람들에게 주어지는 것이다"라고 주장한다.[16]

지금까지 살펴본 바에 근거할 때, 우리는 글을 읽지 못하는 이들에게 기독교 신앙을 설명하고 변증해 주기 위한 맞춤형 변증으로써 '이콘'이 사용될 수 있다는 점을 인정해야 한다. 특히, 성경을 읽지 못하는 사람들이(아직 글씨를 모르는 어린이, 문맹 노인, 지적 장애인 등) 성경 속 이야기를 그림으로 보고 깨닫게 된다면 그것은 좋은 것이다. 하지만 우리는 동시에 **이콘 그 자체가 하나님을 대신할 수 없다는 사실을 간과해서는 안 된다.**

인간은 죄성이 강해서 신앙의 도구로 이콘을 받아들이기보다는 미신적인 도구로 그것을 생각할 위험이 강하다. 실제로 오늘날까지도 이콘 앞에서 절하고 입 맞추는 행위를 하는 사람들의 수가 적지 않게 목격된다. 무엇보다 동방정교회의 이콘신학은 구원론을 완벽히 설명해 줄 수는 없다는 점에서 큰 약점이다. 특히, 치밀한 교리문답 과정과 성경 공부를 통해 구원론을 거듭해서 학습하는 개혁주의 입장에서는 이콘을 붙들고 있는 정교회의 모습이 몹시 못마땅할 것이다.

---

14 대니얼 B. 클린데닌, 『동방 정교회 신학』, 주승민 역 (서울: 은성출판사, 2014), 44.
15 일리아스 불가라키스, 『당신은 왜 형제를 판단하십니까?』, 박용범 역 (서울: 한국정교회출판부, 2007), 63.
16 바바라 파파스, 『구원으로 가는 길』, 마은영 역 (서울: 한국정교회출판부, 2007), 56. ; 종교개혁자들은 정교회의 주장과는 다르다. 개신교는 값진 선물(구원의 은혜)이 주어졌기에 믿음을 보이는 삶을 살 수 있다고 주장한다.

2. 병원으로서의 교회, 의사로서의 그리스도

동방정교회에서 예수님은 구세주일 뿐만 아니라 우리의 질병을 치료하시는 의사이시다. 이것이 정교회의 **치유자 그리스도에 대한 신학**이다. 인간은 죄인이고 예수 그리스도는 구원자이시다. 이것은 분명한 신앙 명제이다. 동방정교회도 이러한 신학적 전제에 동의한다.

그러나 동방정교회에서는 인간을 전적으로 타락된 존재로 바라보기보다는, 하나님의 형상이 남아 있는 존재로 본다. 물론, 인간은 죄로 말미암아 타락했고 거룩함이 상실된 존재이다. 하지만 동방정교회에서는 이러한 상태를 '전적 타락'이라고 명명하기보다는, '병든 상태'라고 명명하기를 더 선호한다. 동방 교부 마카리우스 설교에 따르면, 인간이 죄악으로 물들게 된 것은 사탄이 영혼을 어둠으로 옷 입혔기 때문이다.[17]

이것이 바로 병든 상태인데, 이 병은 중증 병이다. 중증 병에 걸린 상태에서는 몸 전체가 아프다. 이처럼 영혼도 중증 병에 걸리면 영혼 전체가 불행과 죄의 정욕으로 고통당하게 된다. 따라서 이 병을 고쳐줄 의사가 필요하다. 그분이 바로 구세주 예수님이시다. 그분이 구세주이신 이유는 치유자이시기 때문이다.

특히 인간의 타락은 분열과 죄책감 등을 낳았고, 그로 인해 끊임없는 정신적 고통을 받는다. 따라서 인간이 걸린 중증 병은 정신병이다. 죄는 중추신경이라는 영혼의 양심을 마비시키는 병균이다. 따라서 치유자가 '감각'과 '에너지'와 '활력'을 주입해 주어야 한다. 여기서 **교회는 치유의 에너지를 공급하는 병원이요, 그리스도는 영혼의 의사이시다**. 그런데 그 영혼의 의사 되시는 예수 그리스도를 거부하고 받아들이지 않는 상태가 바로 정신병 말기의 상태이다. 참으로 아이러니하지만, 예수 그리스도를 영접하는 성도들을 정신병자 취급하는 바로 그 현대인들이야말로 사실 진짜 병자들이다. 그들은 죄악이라는 병균으로 오염되어 있다. 이 죄악이라는 병균이 일으키는 질병이 바로 죽음이다.

죽음의 공포와 육신의 부패는 필연적이기에 인간은 늘 이것에 대한 괴로움과 공포 속에 놓여 있다. 물론, 이러한 상황은 어디까지나 치유자 그리스도께서 죽음이라는 질병을 멸망시키시기 전 이야기이다. 그리스도께서는 자기 죽음으로 인류의 죽음을 멸망시켰다. 즉, "죽음과 저승에 대한 승리는 오직 흠 없으시

---

17 마카리우스, 『마카리우스의 신령한 설교』, 최대형 역 (서울: 은성출판사, 2015), 47.

고 죄 없으신 거룩하신 신인 예수 그리스도의 희생으로 성취"되었다.[18] 이제 성도는 필멸할 운명에서 불멸할 운명으로 바뀌게 되었고, 그리스도의 부활을 통하여, "모든 창조 세계를 가득 채운 승리의 영광"을 경험하게 된다.[19] 치유자 그리스도께서 사망의 독침을 빼내시고, 병자들에게 백신을 주입하신 것이다. 이러한 신학적 진술은 몸의 부패와 죽음의 공포 속에 놓인 이들에게 강렬하고 신비스러운 변증으로 다가가게 된다.

동방정교회의 변증방법론은 죽음에 대한 관점을 뒤틀어버리므로 성립된다. 모든 인간은 탄생하는 그 순간 죽음이라는 운명이 결정되어 있지만, 하나님의 형상대로 창조된 인간은 다른 동물들과는 다르게 죽음을 의식할 수 있다. 그렇기에 "죽음은 생명 자체만큼 우리 삶 속에서 생동"한다.[20] 죽음의 관점으로 삶을 되돌아본다면, 세상에 사는 인간 삶의 목적은 영원성에 맞닿아 있다. 무엇보다 하나님이 허락하신 육체의 죽음은 "영혼의 가장 천한 정욕들을 제어하기 위한 확실한 구원의 약"이다.[21]

결국, 우리는 모두 못 자국난 예수 그리스도의 그 상처 안에서만 나의 상처가 치유될 수 있음을 인정해야 한다. 더 나아가 주님의 십자가를 통해 주어진 "불사와 불멸의 선물은 부활의 기쁨과 축제의 원인"이 된다는 것을 받아들여야 한다. 그럴 때 비로소 불신이라는 정신병이 치유되고, 치유가 일어난 그 순간 비로소 그리스도인의 삶이 시작된다. 새 생명이 시작되는 것이다.

3. 하나님과의 신비한 연합

동방정교회 신학에서 핵심이 되는 것 중 하나는 **하나님과의 연합을 통한 신화(神化) 추구**이다. 동방정교회에서 신화(Theosis)에 대한 근거로 베드로후서 1장 4절, 로마서 8장, 요한복음 14-17장, 고린도후서 3장 17-18절 등을 꼽는다.

또한, 요한복음 10장 34절에서는 예수님이 직접 시편 86편 6절을 인용하시며, "내가 너희를 신이라 불렀다 하신 말씀이 있지 않느냐"라고 말씀하셨는데,

---

18 니콜라오스 바실리아디스, 『죽음의 신비』, 박용범 역 (서울: 정교회출판사, 2010), 94.
19 알렉산더 슈메만, 『대 사순절』, 박노양 역 (서울: 정교회출판사, 2016), 21.
20 니콜라오스 바실리아디스, 22.
21 Ibid., 85.

동방정교회 신학자들은 여기에 착안해서 신학을 발전시킨다. 또한, '예수기도'라는 것을 통하여 악마를 정복하고 마음의 평정심을 찾으며 그리스도와 합일을 추구한다.[22]

이처럼 동방정교회에서는 **인간이 창조된 목적은 하나님을 닮아가는 모습으로 상승해 가는 것이다.** 그것이 가능한 이유는 인간이 하나님의 형상으로 창조되었기 때문이다. 그렇기에 "사람만이 유일하게 신이 될 수 있다."[23] 보통 창세기를 접한 신자들이라면, 사람이 하나님처럼 되려는 것은 욕심에서 비롯된 것이고, 그 욕심이 선악과를 먹게 했다고 생각한다.

따라서 사람이 신이 된다는 것은 매우 잘못된 진술로 느끼는 것이 보통이다. 그러나 정교회의 신학적 진술 안에서는 그렇지 않다. 정교회 신학에 근거할 때, 하나님의 형상으로 창조된 인간이 하나님께로 고양되는 것이야말로 영적인 선물을 누리는 것이다. 다시 말해서 하나님과의 합일을 통해 신화화되는 것, 그 자체가 동방정교회의 기독교 변증방법론이라고 할 수 있겠다.

그렇다면 죄가 크고 연약한 사람이 어떻게 '신화'(Theosis)가 될 수 있는가? 그것은 역설적으로 예수 그리스도께서 육화되심으로 가능하다.

> 사람을 신(god)으로 만들기 위하여 하나님(God)이 인간이 되셨다.[24]

만약 하나님이 인간의 몸을 입지 않으셨다면 인간은 결코 신화를 이룰 수 없다. 왜냐하면, 인간과 하나님의 연합은 중보자 되신 예수 그리스도를 통해서 가능하기 때문이다. 그리스도께서는 자신의 위격 안에 '하나님'과 '인간'이라는 두 위격을 결합하심으로써 본성이 연합되었다.[25] 신성과 인성은 구별되는 것이나 성자 안에서 연합된 본성이 이루어진다. 그리스도의 "신성의 절대적 기쁨"이 "그 인성의 눈물을 배제하지 않는 것"처럼 이 두 본성은 철저하게 사귐과 친교를 이룬다.[26]

22　이에로테오스 대주교, 『예수기도』, 박노양 역 (서울: 정교회출판사, 2018), 157.
23　게오르기오스 깝사니스, 『신화』, 하정훈 역 (서울: 정교회출판사, 2015), 20.
24　Ibid., 24. : 교부 아타나시오스의 말을 재인용하고 있다.
25　Ibid., 28.
26　렙 질레, 『예수』, 박노양 역 (서울: 정교회출판사, 2016), 72.

그리고 육화된 그분은 그 상태로 천국에 오르셨고, 성부의 오른편에 앉아있고, 다시 재림해서 세상을 심판할 것이다. 그 결과 인간 본성은 이제 성 삼위일체 하나님의 가슴에 안기게 된다. 하나님의 육화하심으로 인간의 신화(테오시스)가 이루어지며, 인간의 신화로 하나님의 창조 본성이 인간 안에 회복된다. 이 연합은 명백하게 은총으로 이루어진 연합이다. 존 메이엔도르프(John Meyendorff)는 로고스의 육화와 인간의 신화, 이 두 관계를 다음과 같이 설명한다.

> 성육화 자체는 '형상과 모양(닮음)'이라는 성서적 개념에서 표현되는 하나님과 인간의 관계가 결코 소원해질 수 없는 것임을 전제한다. 창조의 회복은 '새 창조'이지만, 그것은 인간에게 새로운 구조를 도입하는 것이 아니라 인간을 피조물 중에서 차지했던 본래의 신적인 영광과 이 세상에 대한 최초의 책임 안에 되돌려 놓는 것이다. 그것은 인간이 하나님의 생명에 참여할 때만 진정으로 인간일 수 있고, 인간은 하나님과의 관계에서나 세상과의 관계에 있어서 결코 독립적인 존재가 아니며, 따라서 인간의 참된 삶은 결코 '세속에 속하는 것'일 수 없다는 것을 재확인한다.
> 예수 그리스도 안에서 하나님과 인간은 하나가 된다. 예수 그리스도 안에서 하나님은 인간적인 것을 압도하거나 제거함으로써가 아니라 오히려 인간성을 가장 순수하고 진정한 형태로 완성하고 유지함으로써 인간이 다가갈 수 있는 분이 되신다.[27]

위와 같은 진술을 통해서 메이엔도르프는 "'하나님의 모습'에 따라 창조된 인간은 자유롭게 하나님을 닮아가도록 부름을 받았다는 것"을 강조하며, 하나님께로의 '상승 과정'과 하나님과의 '교제'가 연합의 신비라는 점을 강조한다.[28] 이것은 동방정교회 신학을 잘 대변해 주는 말이다. 하나님과의 관계는 "하나의 선물임과 동시에 과제이며, 즉각적인 경험임과 동시에 사랑에서 우러나는 자유로운 노력"이기 때문이다.[29] 이와 같은 진술은 논리에 근거한 변증은 아닐 수 있으나, 전통(동방 교부의 전통)에 근거한 변증인 것은 틀림이 없다.

---

27 존 메이엔도르프, 『비잔틴 신학』, 박노양 역 (서울: 정교회출판사, 2013), 298-299.
28 Ibid., 10.
29 Ibid.

놀랍게도 이런 오래된 진술이 '신 중심적 인간학'을 세우려는 현대의 신학적 흐름에 크게 이바지한다. 예를 들어 위르겐 몰트만(Jürgen Moltmann)이 "이론적 이성에 대하여 삼위일체론은 인식될 수 없다. 왜냐하면, 삼위일체론은 가능한 모든 경험의 한계를 넘어서기 때문이다"라고 말할 때 이것은 동방정교회의 신 중심적 인간학이 깔린 것이다.[30]

왜냐하면, 몰트만이 말하는 삼위일체의 페리코레시스(περιχώρησις)개념은 '상호공재' 또는 '상호침투'를 넘어서 '상호사귐' 혹은 '상호연합'으로 이해될 수 있기 때문이다. 더 나아가 이것은 사회와 하나님의 '사귐'과 '교제' 혹은 '연합'이다. 이러한 몰트만의 사회적 삼위일체 개념은 동방정교회의 삼위일체 신학에서 착안한 것이다. 또한, 비잔틴 신학자들이 인간에 대한 '신 중심적' 관점을 표현하기 위해 그리스 철학의 개념을('테오시스', 즉 신화라는 개념) 이용한 것도 다 그와 같은 맥락이다.[31]

하나님과의 연합과 신성화를 추구하는 신학적 흐름은 세속왕국과 그리스도의 교회가 동일시되는 것을 억제해 준다는 점에서 나름의 변증적인 요소를 갖추고 있지만, 그보다 더 큰 의미는 그러한 신학이 종말론적 지평까지 열어 준다는 것에 있다. 이에 대해 **존 지지울러스(John D. Zizioulas)**는 "역사 내의 성령의 현존인 하나님 나라의 보증은 역사와 종말론의 종합을 의미"한다고 정리한다.[32] 동방정교회의 교부들과 그리고 현대 정교회 신학자들 모두는 "그리스도 안에서 성령을 통해 하나님과 교제하는 것이 인생의 유일하고 참된 의미임을 주장"한다.[33] 즉 하나님과 끝없는 교제와 연합만이 신화를 끌어낼 수 있다.

4. 정의 내릴 수 없는 하나님

동방정교회의 변증방법론의 매력은 **"부정의 방법을 통한 신비신학"**에 있다. 욥기 9장 32-33절에 기록된 내용은 욥이 고통 속에서 자신의 처한 상황을 비관

---

30 위르겐 몰트만, 『삼위일체와 하나님의 나라』, 김균진 역 (서울: 대한기독교출판사, 2009), 19.
31 존 메이엔도르프, 『비잔틴 신학』, 11.
32 존 지지울러스, 『친교로서의 존재』, 이세형·정애성 역 (강원춘천: 삼원서원, 2014), 195.
33 존 메이엔도르프, 『비잔틴 신학』, 213.

하는 내용이다. 그 내용은 다음과 같다.

하나님은 나처럼 사람이 아니신즉 내가 그에게 대답할 수 없으며 함께 들어가 재판할 수도 없고 우리 사이에 손을 얹을 판결자도 없구나.

그런데 그 비판 속에 부정의 방법을 통한 신비신학이 내포되어 있다. 메이엔도르프는 "신학자는 오직 하나님은 '무엇이 아니다'라고 말하는 것을 통해서만 참으로 진리를 말할 수 있다"라고 말한다.[34]

물론, 로마가톨릭과 성공회 안에서도 신비신학은 논의되고 있다. 로마가톨릭의 신학자 윌리엄 존스턴(William Johnston)은 하나님을 사랑하지 않는 자는 하나님을 모르며 그 이유는 하나님은 사랑이시기 때문이라고 말한다.[35] 이는 사랑의 하나님 신비를 강조한 것이다. 성공회 조직 신학자 마크 A. 매킨토시(Mark A. McIntosh)도 신앙의 신비를 삶을 주시는 하나님 안에 머무르는 것으로 설명한다.[36] 즉, 하나님의 차원 속에서 만족하는 삶의 연습이 신앙의 신비를 누리는 것이 되겠다.

하지만 동방정교회의 신학과는 근본적인 방법론의 차이가 있다. 그 차이점은 긍정의 방식이냐, 부정의 방식이냐의 차이이다. 서방의 신학 진술은 대개 "하나님은 ~이다" 형태로 진술된다. 예를 들면, '하나님은 사랑이시다', '하나님은 빛이시다' 등의 정의이다. 반면에 동방정교회의 신학은 '하나님은 사람이 아니시다', '하나님은 어둠이 없으시다' 등 부정의 방식으로 정의를 내린다. 마치 욥이 '하나님은 나처럼 사람이 아니시다'라고 진술하는 것처럼 말이다. 이러한 방법론은 인간의 어떤 말이나 사상도 하나님을 이해하고 정의할 수 없다는 생각에서 기원한다.

부정의 방법을 통한 신비신학을 이해하기 위해서는 동방정교회의 대표적인 신학자인 **블라디미르 로스끼**(Vladimir Lossky)와 지지울러스의 설명에 주목할 필요가 있다. 로스끼는 **"계시가 된 진리는 말로 다 할 수 없는 그 무엇이기에, 이 계시된 진리를 표현하는 교리는 우리 자신을 신비 체험에 합당한 존재로 만들어**

---

34 Ibid., 29.
35 윌리엄 존스턴, 『신비신학』, 이봉우 역 (경북칠곡: 분도출판사, 2007), 79.
36 마크 A. 매킨토시, 『신앙의 논리』, 안에스더 역 (서울: 비아, 2019), 14-15.

가는 하나의 과정에서 경험되어야 하는 그 무엇"이라고 주장한다.37 하나님에 대한 지식을 얻는 부정의 방법은 "하나의 대상이 획득하고자 하는 긍정적인 속성들을 점진적으로 제거하는 정신의 상승적 작업"이다.38

이런 부정의 방법은 최고의 무지에 있는 인간이 최종적 지식의 대상을 이해하기 위한 필사의 노력이다. 지지울러스는 "부정신학의 메시지는 우리가 인간 정신이나 창조 개념들로는 하나님-진리-을 가리킬 수 없으므로 닫힌 그리스 존재론을 부수고 초월해야 한다는 것"을 명시한다.39 이것(부정신학)은 "우리가 존재에 대해 즉 창조에 대해-알고 있는 것이 존재론적으로 하나님과 같아서는 안 된다는 점을 강조하면서, 그리스적 진리관을 배격"한다.40

부정의 방법을 통한 변증방법론은 필연적으로 초월적 본질을 향한 '신비경의 신학'으로 입장하도록 돕는다. 신비에 참여하게 될 때는 참된 겸허함 속에 있을 때이고, 하나님에 대한 관상으로 충만해져서 선한 에너지가 발산될 때이다. 이러한 신비신학은 부정의 방법을 통해 하나님께로 상승하여 간다.

신비신학에서 "은총은 우리 안에서 끊임없는 노력을 요구하는 하나님의 현존"이다.41 그리고 그 은총은 창조되지 않은 에너지로서 삼위일체 안에서 발현되는 신비이다. 칼리스토스 웨어(Kallistos Ware)는 "이 신비의 하나님은 특별하게 우리 가까이 계셔서 모든 것을 채워 주시며, 우리 주위 및 내면 어느 곳에나 임재"하고 계심을 강조한다.42

인간이 무한히 초월하시는 하나님에 대해 한계가 있는 언어로 진술할 방법이 없으나 하나님은 인격으로서 자신을 계시하셨다. 이 인격을 제시해 주고 그 신성에 참여하는 것이 바로 동방정교회의 신비신학이 취하는 변증방법론이다. 이것은 마치 미지의 범접할 수 없는 분께 다가가는 여정이요, 고백이다.43 또 이것은 "하나님은 '가까이 갈 수 없는 빛' 안에 거하시지만, 인간은 사랑의 확신을

---

37 블라디미르 로스끼,『동방교회의 신비신학에 대하여』, 박노양 역 (서울: 한국장로교출판사, 2010), 19.
38 대니얼 B. 클린데닌,『동방 정교회 신학』, 223.
39 존 지지울러스,『친교로서의 존재』, 95.
40 Ibid.
41 블라디미르 로스끼,『동방교회의 신비신학에 대하여』, 237.
42 칼리스토스 웨어,『정교회의 길』, 엄성욱 역 (서울: 은성출판사, 2011), 15.
43 블라디미르 로스끼,『동방교회의 신비신학에 대하여』, 48.

두고 하나님의 임재 안에 서며, 친구로서 그분과 대화"하는 것을 의미한다.[44]

이블린 언더힐(Evelyn Underhill)은 신비를 소유한 이들은 "대중으로부터 동떨어져 있는 이들을 일컫는데, 그들이 공동체 전체가 공유하지 않고 공유할 수도 없는 비밀을 소유하고 있다는 것, 그들이 다른 이들은 오를 수 없는 차원에서 살고 있다는 것을 시사한다"고 말한다.[45]

여기서 우리는 신비신학으로 기독교 신앙을 변증하려 할 때, 지나친 '종교적 개인주의자'가 되는 것은 아닐까? 하는 의문, 내지는 비판이 들것이다. 그러나 그러한 의문이나 비판은 다소 성급하다. 하나님과의 수직적 관계가 형성된 이들은 반드시 이웃과의 수평적 관계 성립을 이루어 낸다. 알렉산더 슈메만(Alexander Schmemann)에 의하면, 신비 공동체의 예배, 곧 교회를 교회 되게 하는 "'레이투르기아'(leitourgia)를 통해 우리에게 계시해 주고 전달해 주는 그 살아 있고 중단 없는 경험"은 그리스도인의 신앙과 삶의 행위를 더 공동체적으로 만들어 준다.[46]

물론, 수덕의 삶으로 고양되는 것은 불가시적이다. 하지만 그것을 가시적인 형태로 나타내 보일 수 있는데, 그것은 바로 '성찬'이다. 이는 개인적 존재로 하나님과 친교를 이루고, 교회적 존재로 이웃과 공동체를 구성하는 것이다.[47] 만일 성찬 참여가 사적이고 개인적인 것으로 생각된다면, 그것은 본질을 잃어버린 성찬이다. 성찬은 공동체의 신앙이고, 고백에 동의하는 자들이 그리스도 안에서 함께 참여한다.

즉, 성찬은 그리스도의 희생 봉사와 교회 공동체의 "전체적인 유기적 관계"를 드러내 주는 하나님 나라의 지상 잔치이다.[48] 그러므로 우리는 신비신학이 개인적인 종교성 고취에 그친다고 생각하면 안 되고, 그것 역시 하나의 기독교 변증방법론으로 취급해 주어야 한다.

이전부터 동방정교회의 신비신학과 영성은 "객관적인 관상의 추구"를 통해 전인적 존재를 이해하기 위해 접근하는 것이었다.[49] 동방 교부 닛사의 그레고리

---

44 칼리스토스 웨어, 『정교회의 길』, 16.
45 이블린 언더힐, 『영적 삶과 신비주의의 본질』, 안소근 역 (경기남양: 누멘, 2019), 46.
46 알렉산더 슈메만, 『세상에 생명을 주는 예배』, 이종태 역 (서울: 복있는사람, 2019), 11.
47 존 지지울러스, 『친교로서의 존재』, 20.
48 알렉산더 슈메만, 『성찬 하나님 나라의 성례』, 김아윤·주종훈 역 (경기고양: 터치북스, 2021), 373.
49 존 메이엔도르프, 『헤지카즘의 신학자 성 그레고리오스 팔라마스』, 박노양 역 (서울: 정교

(Gregory of Nyssa)는 "성령을 따르는 사람들은 누구든지 바다를 건널 수 있다"고 말한다.[50] 바다를 건너는 일은 보편적인 시선에서 불가능이고, 신비이다. 그러나 하나님과 연합된 자가 들고 있는 지팡이는 믿음의 지팡이이다. 그리고 그 지팡이는 바다에 길을 낸다. 그뿐만 아니라 뒤쫓아 오던 적의 군대를 수몰시킨다. 손에 들고 있는 지팡이가 이콘이고, 눈앞에 홍해 바다는 죽음이라면, 기도는 연합이다.

또한, 욥과 같은 억울함의 호소(하나님은 나처럼 사람이 아니신즉)는 부정의 신학으로 상승한다. 이윽고 사람이 아니신 하나님이 친히 사람이 되셔서 병든 마음을 치유해 주신다. 수덕의 삶과 인내의 삶이 신화화로 발현되면 결국 신비를 누리게 된다. 그것은 안개와 같은 인생의 짧은 여정 속에서 빛을 향해 등정하는 신앙의 삶이다.

그 신앙의 삶이 동방정교회가 세속사회에 말하는 신학이고 변증이다. 아래 세라핌 성인이 말하는 내용 속에 빛을 향한 등정이 있으며, 동방정교회의 신학 및 변증이 감추어져 있다.

> 영과 마음이 기도 안에서 아무런 흐트러짐 없이 일치되면 그리스도로부터 흘러나와서 내적 존재를 평화와 기쁨으로 가득 채우는 영적인 온기를 경험하게 될 것입니다. 그리스도의 빛이 마음에 임할 수 있도록 하려면 눈에 보이는 세상에 초연해져야 합니다. 눈을 감고 그리스도께 온 정신을 집중하여 영과 마음을 일치시키고 존재의 심연으로부터 '주 예수 그리스도시여, 죄인인 나를 불쌍히 여기소서!' 하고 기도를 드리며 우리 주님의 거룩한 이름을 불러야 합니다. 주님을 향한 사랑이 마음을 뜨겁게 할 때, 마르지 않는 행복의 샘이 되는 온화함을 예수의 이름 안에서 발견하게 됩니다.[51]

회출판사, 2019), 226.
50 닛사의 그레고리, 『모세의 생애』, 고진옥 역 (서울: 은성출판사, 2003), 112.
51 발렌틴 젠더, 『사보로의 천사 세라핌 성인』, 박노양 역 (서울: 한국정교회출판부, 2007), 37.: 세라핌 성인의 말을 재인용하고 있다.

♣ 내용 정리를 위한 문제

1. 동방정교회에서 이콘을 중요하게 생각하는 이유와 그것을 정당화하는 논리는 무엇인가? 또 개신교회 입장에서 정교회의 이콘을 어떻게 평가하는 것이 적절한가?
2. 동방정교회의 교회론과 기독론을 설명한 후, 정교회의 신화(테오시스) 개념을 서술하시오.
3. 블라디미르 로스끼의 설명 방식에 따라 정교회의 신비신학과 부정의 변증 방법을 정리하시오.

※ 참고 문헌(제14장에 인용된 도서들)

블라디미르 로스끼.『동방교회의 신비신학에 대하여』. 박노양 역. 서울: 한국장로교출판사, 2010.
게오르기오스 깝사나스.『신화』. 하정훈 역. 서울: 정교회출판사, 2015.
니콜라오스 바실리아디스.『죽음의 신비』. 박용범 역. 서울: 정교회출판사, 2010.
닛사의 그레고리.『모세의 생애』. 고진옥 역. 서울: 은성출판사, 2003.
대니얼 B. 클린데닌.『동방 정교회 개론』. 김도년 역. 서울: 은성출판사, 2014.
_____.『동방 정교회 신학』. 주승민 역. 서울: 은성출판사, 2014.
디모데 웨어.『동방정교회의 역사와 신학』. 이형기 역. 서울: 한국장로교출판사, 2008.
레오니드 알렉산드로비치 우스펜스키.『정교회의 이콘신학』. 박노양 역. 서울: 정교회출판사, 2015.
렙 질레.『예수』. 박노양 역. 서울: 정교회출판사, 2016.
마카리우스.『마카리우스의 신령한 설교』. 최대형 역. 서울: 은성출판사, 2015.
마크 A. 매킨토시.『신앙의 논리』. 안에스더 역. 서울: 비아, 2019.
바바라 파파스.『구원으로 가는 길』. 마은영 역. 서울: 한국정교회출판부, 2007.
발렌틴 젠더.『사보로의 천사 세라핌 성인』. 박노양 역. 서울: 한국정교회출판부, 2007.
알렉산더 슈메만.『대 사순절』. 박노양 역. 서울: 정교회출판사, 2016.
_____.『성찬 하나님 나라의 성례』. 김아윤·주종훈 역. 경기 고양: 터치북스, 2021.
_____.『세상에 생명을 주는 예배』. 이종태 역. 서울: 복있는사람, 2019.
요한 클리마쿠스.『천국의 사다리』. 허성석 역. 서울: 분도출판사, 2020.
위르겐 몰트만.『삼위일체와 하나님의 나라』. 김균진 역. 서울: 대한기독교출판사, 2009.
윌리엄 존스턴.『신비신학』. 이봉우 역. 경북 칠곡: 분도출판사, 2007.
이블린 언더힐.『영적 삶과 신비주의의 본질』. 안소근 역. 경기 남양: 누멘, 2019.

이에로테오스 대주교. 『예수기도』. 박노양 역. 서울: 정교회출판사, 2018.
일리아스 마스트로야노플로스. 『불멸의 양식』. 마은영 역. 서울: 정교회출판사, 2012.
일리아스 불가라키스, 『당신은 왜 형제를 판단하십니까?』. 박용범 역. 서울: 한국정교회 출판부, 2007.
존 메이엔도르프. 『비잔틴 신학』. 박노양 역. 서울: 정교회출판사, 2013.
_____. 『헤지카즘의 신학자 성 그레고리오스 팔라마스』. 박노양 역. 서울: 정교회출판사, 2019.
존 지지울러스. 『친교로서의 존재』. 이세형·정애성 역. 강원 춘천: 삼원서원, 2014.
카네기 사무엘 갤리언. 『경계를 뛰어넘는 신학: 동방정교회와 서방교회 전통의 만남』. 이달·이문균 역. 서울: 대한기독교서회, 2002.
칼리스토스 웨어. 『정교회의 길』. 엄성욱 역. 서울: 은성출판사, 2011.
콘스탄티노스 사까리디스. 『성서의 메아리』. 마은영 역. 서울: 정교회출판사, 2012.

제15장

개혁주의 변증방법론 Ⅰ : 헤르만 바빙크 & 루이스 벌코프

> 사드락과 메삭과 아벳느고가 왕에게 대답하여 이르되 느부갓네살이여 우리가 이 일에 대하여 왕에게 대답할 필요가 없나이다 왕이여 우리가 섬기는 하나님이 계시다면 우리를 맹렬히 타는 풀무불 가운데에서 능히 건져내시겠고 왕의 손에서도 건져내시리이다 그렇게 하지 아니하실지라도 왕이여 우리가 왕의 신들을 섬기지도 아니하고 왕이 세우신 금 신상에게 절하지도 아니할 줄을 아옵소서 (다니엘 3장 16-18절).

개혁주의 변증방법론은 사드락과 메삭과 아벳느고가 느부갓네살의 신상 앞에서 절하지 않는 것과 같은 신앙의 기개를 보여 준다. 다니엘과 세 친구는 바벨론의 야만적이고 이교적인 삶을 받아들이며 편안하게 출세할 기회가 있었다. 그러나 그들은 그렇게 하지 않았고, "도리어 겸손함과 믿음과 흠 없는 행실과 기도와 의로움과 용기를 가지고서 오랫동안 한 분 참되신 하나님을 섬겼다."[1]

반면에 현대 지성인들은 철학이라는 금 신상, 또는 문화 대중화라는 은 신상 앞에 넙죽넙죽 절한다. 오직 신앙을 가진 지성인들만이 금 신상과 은 신상 앞에서 합리적인 의심을 한다. 여기서 합리적 의심이란 지성인들이 추구하는 철학논리와 세속의 방향성에 대해 의문을 품는 것을 뜻한다.

그렇다면 개혁주의란 무엇인가?
또 개혁주의자란 누구인가?

어떤 이들은 개혁주의를 넓은 의미에서 칼빈을 포함하여 종교개혁자 전통을 소중히 여기는 이들 전부를 뜻한다고 주장한다. 이 말은 칼빈주의 계승자들은 모두 개혁주의자라는 뜻이다. 그러나 청교도 중 어떤 이들(리처드 백스터, 존 밀턴

---

[1] 조엘 비키 & 폴 스몰리, 『개혁파 조직신학 2』, 박문재 역 (서울: 부흥과개혁사, 2021), 33.

등)과 독일 경건주의자들 그리고 웨슬리는 종교개혁자들의 영향을 분명히 받았음에도 개혁주의라고 칭하지는 않는다. 그 이유는 칼빈을 계승한다고 해도 칼빈의 전통과 유산을 온전히 계승하지 않기 때문이다. 그러므로 개혁주의는 칼빈의 영향 가운데 형성된 영미권의 장로교회와 대륙의 개혁교회에 한정하여 사용하는 단어가 되었다.

그리고 이들은 '웨스트민스터 표준문서'와 '벨직 신앙 고백' 등과 같은 개혁교회의 신조들을 최고로 여긴다. 복음주의와 개혁주의의 차이점을 강조하는 이들은 바로 이 부분에 많은 강조점을 둔다. 특히, 현대 복음주의 안에 인본주의적 요소가 들어왔다고 판단한 이들은 개혁주의의 순수성과 정통성을 더욱 강조한다.

1. 개혁주의 신학의 긍지

제임스 몽고메리 보이스(James Montgomery Boice)는 개혁주의를 세속적 인본주의의 저항하는 신학으로 묘사한다.[2] 마치 느부갓네살의 권세에 무릎 꿇지 않고 풀무불 가운데서 하나님의 권세를 경험하는 신앙의 인물들처럼 말이다. 개혁주의 변증방법론에서 설명하는 기독교 윤리란 바로 이런 것이다. 왕의 명령(느부갓네살 금 신상에 절하는 행위, 오늘날로 치면 세속 문화에 편승하는 행위)에 거역하는 것은 보편적으로 통용되는 도덕의 범주가 아니다. 하지만 신앙에 근거한 행동으로서는 그 행위가 '참'이다.

요험 다우마(J.Douma)는 "기독교 윤리학은 교회 안에서 그리스도인들에게 좋은 조언을 제공하는 것 이상이다"라고 주장한다.[3] 즉, 기독교 윤리는 세상이 아는 최고의 윤리가 아니다. 그것은 유일한 윤리이다. 이처럼 개혁주의 신학의 변증과 권세는 세속 윤리의 도덕 가치가 아닌 복음의 윤리, 곧 종교개혁 5대 솔라(Sola)에 그 기반을 둔다. 5대 솔라(Sola)란 '오직 성경'(Sola Scriptura), '오직 그리스도'(Solus Christus), '오직 은혜'(Sola Gratia), '오직 믿음'(Sola Fide), '오직 하나님께 영광'(Soli Deo Gloria)이다.

---

2   제임스 몽고메리 보이스, 『개혁주의 서론』, 김수미 역 (서울: 부흥과개혁사, 2018), 57.
3   J. 다우마, 『개혁주의 윤리학』, 신원하 역 (서울: 기독교문서선교회, 2008), 65.

이것이 개혁주의를 지탱하는 근간이고 원동력이다. 그렇기에 개혁주의자들은 공통적으로 "성경을 완결된 계시로 보고서, 성경에 계시된 하나님 마음에 있는 계획과 목적과 교육적 의도를 총체적으로 파악해, 그 계획과 목적과 교육적 의도를 기독교 신앙의 신조로서 질서정연하게 배열하는 것을 추구한다."[4]

이 질서정연한 배열 중 가장 확실하게 알려진 것이 바로 '칼빈주의 5대 교리'(The Five Points of Calvinism)이다. '칼빈주의 5대 교리'는 '튤립'(T.U.L.I.P.)교리라고도 불리는데, 그 내용은 다음과 같다.

- Total depravity : 전적 타락
- Unconditional election : 무조건적 선택
- Limited atonement : 제한 속죄
- Irresistible grace : 불가항력적 은혜
- Perseverance of the saints : 성도의 견인

전적 타락은 인간의 완전한 무능을 뜻하고 무조건적 선택은 은혜에 있어서 하나님의 전적인 주권을 뜻한다. 또한, 제한 속죄는 하나님의 예정하심을 의미하고 불가항력적 은혜는 하나님의 무한하신 사랑은 주권적이면서 일방적이라는 것을 의미한다. 여기서 인간의 자유의지로 하나님의 은혜를 거부할 수 있다고 생각하는 이들에게 존 오만(John Oman)은 다음과 같이 반론한다.

> 만일 은혜가 전지성에 의해 인도되는 전능자의 힘이라면, 일방적 믿음이 품어야 하는 측면에 관해서 어떤 의심도 일어날 수 없다.[5]

끝으로 성도의 견인은 신자에게 안정감을 주는 은혜의 언약이다.

개혁주의 변증방법론은 바로 이와 같은 은혜의 교리를 변증의 핵심 무기로 삼는다. 또한, 이 은혜의 교리들은 신앙 고백서로 정리되어 회중에게 변증적 신앙을 고백하도록 만들어 준다.

4　조엘 비키 & 폴 스몰리,『개혁파 조직신학 1』, 박문재 역 (서울: 부흥과개혁사, 2021), 46.
5　존 오만,『은혜 그리고 인격』, 명노을 역 (서울: 개혁주의신학사, 2022), 39.

존 페스코(J. V. Fesko)에 의하면, "신앙 고백서는 교회가 진리와 거짓을 분별하는 데 도움을 준다"라고 말한다.[6] 즉, 성경이 강령으로 선포되고, 교리로 요약되며, 신앙 고백서로 학습될 수 있다는 것은 우리 신앙에 매우 큰 유익을 줄 수 있다는 뜻이다. 그래서 에롤 헐스(Erroll Hulse)는 황금 사슬로 불리는 불멸의 교리 안에는 하나님의 다섯 가지 행동이 있다고 설명한다.

그 다섯 가지 행동은 '하나님의 사랑', '예정', '부르심', '의롭게 하심', '영화롭게 하심'이라는 구원의 원리가 내포되어 있다.[7] 하나님의 사랑은 구원의 원인이다. 하나님의 예정하심은 인간의 공로가 개입될 수 없고, 오직 하나님의 주권적 선택만이 구원의 조건으로 작동되는 것을 뜻한다.

또한, 하나님이 우리를 부르셨다는 것은 구원으로의 초대를 의미한다. 더불어서 하나님이 우리를 의롭게 하신다는 것은 구원의 증표이다. 끝으로 하나님이 우리를 영화롭게 하는 것은 구원의 종국적인 결과이다. 다시 반복하지만, 개혁주의에서 이 모든 것은 하나님의 주권에 의한 것이다. 여기서 "하나님의 주권은 보편적이요, 절대적이시지만 그저 맹목적인 힘의 주권이 아니고 무한한 예지와 성결 및 사랑이 결합한 주권이다."[8]

복음의 교리를 손에 쥔 개혁주의자들이 신앙의 자긍심을 가지는 것은 지극히 당연하다. 그러나 극단적 칼빈주의자들은 "사람들은 스스로 구원할 능력을 전혀 가질 수 없으므로 사람들에게 그들이 할 수 없는 것을 하라고 요구하는 일은 잘못"이라고 말한다.[9] 그 결과 회개를 요청하는 행동도 인간이 해야 할 일이 아니라고 주장하기에 이른다. 건강한 개혁주의 변증학자들은 칼빈주의자들이 자신이 발견한 진리에 대한 애정도가 높아짐에 따라 냉담하고 교만한 태도가 같이 조장되는 것에 대해 극도로 경계한다.

그래서 몽고메리 보이스는 "은혜의 교리가 뜨거운 기독교적 경건과 유리될 때마다 사람들은 완고해지기 쉽다"며 경고한다.[10] 우리는 결코 개혁주의가 완전한 신학이라고 확정 내릴 수 없다. 하지만 개혁주의 신학이 비록 완전하진 않더

---

6 존 페스코, 『신앙 고백서와 교리문답서 공부의 필요성』, 윤석인 역 (서울: 부흥과개혁사, 2021), 148.
7 에롤 헐스, 『칼빈주의 기초』, 김귀탁 역 (서울: 부흥과개혁사, 2015), 116.
8 로레인 뵈트너, 『칼빈주의 예정론』, 홍의표 역 (대구: 보문출판사, 2017), 50.
9 에롤 헐스, 『칼빈주의 기초』, 132.
10 제임스 몽고메리 보이스 & 필립 그레이엄 라이큰, 『개혁주의 핵심』, 이용중 역 (서울: 부흥과개혁사, 2010), 272.

라도, 적어도 안전한 신학인 것은 틀림없다. 이 말은 개혁주의 변증방법론을 구사한다고 해서 완전한 신학자로 인정받는 것은 아니나, 적어도 믿을 수 있는 안전한 신학자는 될 수 있다는 뜻이다. 그렇다면 개혁주의 변증방법론을 구사하는 학자들은 누구이며 어떤 식의 방법론을 펼치는 살펴보겠다.

2. 계시적 사유(思惟)의 신앙 철옹성

첫째로 소개할 학자는 헤르만 바빙크(Herman Bavinck)이다.
바빙크가 봤을 때, "변증(apologetics)은 새로운 것이 아니라 계시만큼이나 오래된 것"이다.[11] 왜냐하면, 계시는 변증을 동반시키기 때문이다. 그리고 신학은 계시가 동반하는 변증적 사고를 설명해야 할 의무를 지닌다. 바빙크는 "신학 없는 교회는 건강하고 힘 있는 삶을 결코 살 수 없다"고 경고한 바가 있다.[12] 이처럼 신학은 교회 공동체를 위해 중요한 기능을 담당한다.
그런데 신학의 신념 및 가치체계에 관해 주장할 때, 우리는 세상으로부터 진정성을 증명하도록 요구받는다. 그 진정성을 해명하는 과정이 바로 변증이다. 따라서 계시가 주어진 순간부터 우리는 변증하도록 요청된다. 모든 사람은 기본적으로 변증에 반응할 수 있는 종교성이 있다. 이것은 우연하고 임의적인 것이 아니라, 하나님에 의해 계시된 것이다. 바빙크는 말하길 "계시와 종교는 아주 긴밀하게 연관되고 아주 내적으로 결합하여 있어서 하나가 서면 다른 것도 서고, 하나가 쓰러지면 다른 것도 쓰러진다."[13]
이성적인 사고와 기능이 성령에 이끌리어 변증의 도구로 사용되는 일은 그리스도인들에게 자연스럽게 나타나는 현상이다. 여기서 '계시'가 굉장히 중요하다. **바빙크에 따르면, "계시는 항상 하나님이 능동적으로 행하시는 영역"이다.**[14] 이러한 계시 이해는 개혁주의 변증방법론을 설명하는 핵심이다. 우선, 원(原) 계시는 구약의 이스라엘에 나타나는 하나님의 마음이다. 그 원 계시가 유지되고 발전된 것을 두고 바로 '언약'이라 부른다. 언약은 곧 은혜이다. 은혜는 값이 없

---

11 헤르만 바빙크, 『개혁과 교의학』, 김찬영·장호준 역 (서울: 새물결플러스, 2015), 212.
12 헤르만 바빙크, 『교회를 위한 신학』, 박태현 역 (경기군포: 다함, 2021), 60.
13 헤르만 바빙크, 『개혁교의학 1』, 박태현 역 (서울: 부흥과개혁사, 2020), 394-395.
14 헤르만 바빙크, 『일반은총』, 박하림 역 (경기군포: 다함, 2021), 19.

다. "구원 사역은 객관적으로 그리고 주관적으로, 처음부터 끝까지 하나님의 은혜 사역이며 오직 하나님의 은혜만의 사역이다."[15] 이것은 '자연 세계'라는 일반계시와 '예수 그리스도'라는 특별계시 모두를 포괄하고 있다. 바빙크는 다음과 같이 진술한다.

> 아브라함을 부르셨던 사건 전에는 일반계시와 특별계시가 서로 섞여 있었고 모든 나라와 민족의 소유물로 남아 있었다. 특별계시는 인간들의 삶 속 깊숙한 곳으로 점진적으로 들어온 모든 왜곡에 대항하기 위해 자기 소임을 다하기 시작했다. 특별계시는 창조 때부터 계시를 통해 인간 본성에 심어졌고 보존되었을 뿐 아니라 인류 안에서 자라났던 모든 것을 확증하고 완성하는 역할을 담당했다.[16]

계시는 만들어지는 것이 아니다. 계시는 점진적인 것도 아니다. 계시는 주어진다. 그리스도인들은 그 계시를 인지하고 받아들이며 설명해야 한다. 왜냐하면, "기독교는 신적 계시인 동시에 순수한 이성"이기 때문이다.[17] 그러므로 계시를 설명하기 위해서는 이성적 변증이 불가피하다. 참된 기독교 변증가는 이성적인 논리를 가지고 "우리는 율법의 행위와 상관없이 오직 믿음을 통해 그리스도의 인격과 유익"을 얻는다고 주장할 수 있어야 한다. 왜냐하면, "하나님이 자신의 의를 그리스도 안에서 율법 외에 율법과 상관없이 계시했기 때문이다."[18]

또한, 개혁주의 변증방법론에서 "기독교는 유일하고도 참된 철학"이다.[19] 세속의 철학은 하나님을 의심하는 것에서부터 접근이 이루어진다면, 기독교적 접근은 하나님을 신뢰하는 것에서부터 논증이 시작된다. 바빙크에 따르면, "교의학이 하나님으로부터 시작하는 까닭은 모든 것이 하나님에게서 나오기 때문이다."[20] 이 진리를 모르는 사람이라 할지라도, 사람들은 형이상학적 필요를 추구

---

15   헤르만 바빙크,『개혁교의학 3』, 박태현 역 (서울: 부흥과개혁사, 2021), 633.
16   헤르만 바빙크,『계시 철학』, 박재은 역 (경기군포: 다함, 2019), 353.
17   헤르만 바빙크,『개혁파 교의학』, 213.
18   헤르만 바빙크,『개혁교의학 4』, 박태현 역 (서울: 부흥과개혁사, 2019), 117.
19   헤르만 바빙크,『개혁파 교의학』, 213.
20   헤르만 바빙크,『개혁교의학 2』, 박태현 역 (서울: 부흥과개혁사, 2020), 27. : 교의학을 설명하기 위해 '이성'과 '논리'가 필수적인 것은 분명하다. 하지만 '이성'과 '논리'가 전부는 아니다. '신비'야말로 교의학의 핵심요소이다.

하고 계시를 철학 체계 속에서 설명하려는 이성이 있다.

그래서 코넬리우스 야스마(Cornelius Jaarsma)는 "철학은 눈으로 볼 수 있는 자연의 주어진 사실과 내적인 경험의 요소로 구성된다"고 말한다.[21] 이 말의 표면적인 의미는 경험된 요소를 가지고 철학이 시작된다는 것이다.

그러나 내면적인 의미로는 '계시'라는 확실성을 추구하는 '인간 이성'은 철학을 추구하게 된다는 뜻이다. 즉, '이성은 악하고 계시는 선하다'라는 이분법적 논리는 개혁주의 변증방법론에서도 받아들여지지 않는다. 심지어 하인리히 헤페(Heinrich Heppe)는 "이성은 인간이 그 안에 내재 된 신의 개념을 알도록 허용하며, 그에게 신의 작품인 가시적 세계로부터 그 불가시적 창조자와 통치자를 추론하도록 가르친다"고 말한다.[22]

하지만 **하나님의 자기 증거, 곧 '계시'는 너무나 강력해서 이성이 앞장서서 작동되기도 전부터 "이것으로부터 달아날 수 있는 사람"은 물론 "이에 대해 지속해서 저항할 수 있는 사람"도 없다.**[23] 실로 불가항력적 계시이다. 그래서 바빙크는 "하나님이 자신을 계시하시되, 신앙을 통해 그 계시로부터 하나님을 아는 지식을 터득할 수 있는 방식으로 자신을 계시하셨다고 주장"한다.[24]

이 계시의 내용은 게르할더스 보스(Geerhardus Johannes Vos)가 진술하는 십자가 대속이다. 보스는 예수 그리스도의 죽음이 그에게 "불가결했던(indispensible) 만큼 불가피한(inevitable) 것은 아니었다"라는 서술로 날카롭게 정형화한다.[25] 정형화된 진리는 교리이며 그것은 확실한 것이다. 그 확실한 것은 곧이어 신앙 고백으로 불리게 된다. 브랜던 크로(Brandon D. Crowe)에 따르면, "능동적 순종과 수동적 순종이 예수님의 순종의 두 단계가 아니라 예수님의 통합된 순종을 묘사하는 두 방식이며, 두 측면 모두 구원에 필요하다."[26] 즉, 주님은 완전한 삶을 사셨

---

21 코넬리우스 야스마, 『기독교교육철학』, 정정숙 역 (서울: 총신대학출판부, 1990), 53.
22 하인리히 헤페, 『개혁파정통교의학』, 이정석 역 (경기고양: 크리스찬다이제스트, 2011), 22.
23 헤르만 바빙크, 『믿음의 확실성』, 허동원 역 (경기고양: 우리시대, 2019), 121-122.
24 헤르만 바빙크, 『개혁파 교의학』, 40.
25 게르할더스 보스, 『예수의 자기계시』, 이승구 역 (경기김포: 그나라출판사, 2014), 374. : 보스는 다음과 같이 더 진술한다.-십자가에서 예수님이 하나님께 대하여 능동적인 순종을 했으며 그에게는 죽음이 순종의 행위인 반면 거절이 하나님께 대적하는 나쁜 행위라는 것을 함의한다. 그렇기 때문에 베드로가 주님의 십자가 죽으심을 만류하는 것은 그리스도께서 죄에 참여하라고 요구하는 행동으로 간주된다.
26 브랜던 크로, 『그리스도의 능동적 순종과 수동적 순종』, 전광규 역 (서울: 부흥과개혁사,

고 십자가라는 온전한 순종을 이루신 분이다. 이 신앙 고백은 확실성의 결과물로서 언제나 "훌륭하고 영광스러운 사실에 대한 아름다운 표현"이다.[27]

그래서 개혁주의 변증방법론에서 계시와 변증은 언제나 확실성을 요구한다. 확실성은 "우리의 지식의 대상 안에서 우리의 마음이 완전히 인식하는 능력과 속성과 조건"이다.[28] 이에 대해서 바빙크는 "변증은 믿음의 열매지만, 믿음의 토대는 결코 아니다"라는 주장을 남긴다.[29] 왜냐하면, "믿음의 확실성은 사실에 따라가는 논증(after-the-fact-reasoning)보다 훨씬 깊은 데에 뿌리"를 내리고 있기 때문이다.[30] 결국, 바빙크에게는 언제나 "주관적 종교(religio subjectiva) 앞에 항상 객관적 종교(religio objectiva)가 선행"하게 된다.[31]

여기서 "주관적 종교란 인간의 자의적인 감정, 느낌, 의식, 심상, 경험 등에 근거한 종교를 뜻하며, 객관적인 종교란 계시, 신적 기원, 삼위일체 하나님의 본성과 속성에 근거한 종교"를 뜻한다.[32] 쉽게 말해서 주관적 종교는 '이교도'이고 객관적 종교는 '기독교'이다. 따라서 바빙크의 변증 체계 안에서 모든 이교도의 신앙은 객관적 종교인 기독교를 결코 선행할 수 없다.

바빙크의 이러한 이론적 사유는 사실 헤르만 도예베르트(Herman Dooyeweerd)의 사유에서도 흡사하게 나타난다. 그는 "이론적 사유의 종교적 출발점에 나타나는 대립은 참된 종합을 허용하지 않는다"고 진술한다.[33] 이 말은 "이론적 대립은 본질상 상대적이며 사유하는 '자아'로 하여금 이론적 종합을 수행하도록 요구"하는 점을 역으로 발상한 것이다.[34]

상대적인 특징을 띄는 주관적 종교와는 다르게 예수 그리스도는 유일하게 객관적이시다. 모든 것이 상대적이고 주관적이지만 오로지 기독교 철학은 객관을 유지한다. 기독교는 필연적으로 모든 객관의 표준이 될 수밖에 없다. 왜냐하면, 기독교는 계시를 소유하고 있기 때문이다. 또한, 기독교에서 "하나님의 백

2022), 22.
27 헤르만 바빙크, 『찬송의 제사』, 박재은 역 (경기군포: 다함, 2020), 78.
28 코넬리우스 야스마, 『기독교교육철학』, 53.
29 헤르만 바빙크, 『믿음의 확실성』, 56.
30 Ibid.
31 헤르만 바빙크, 『계시 철학』, 422.
32 Ibid.
33 헤르만 도예베르트, 『이론적 사유의 신비판 서론』, 김기찬 역 (서울: 크리스챤다이제스트, 1995), 102.
34 Ibid.

성은 그리스도에 의해 구속받고 새롭게 되는 모든 것에 관계"되기 때문이다.[35] 그래서 그리스도는 세속의 정치 철학과 과학의 영역에서도 예외 없이 주권자가 되신다.

결국, 개혁주의가 추구하는 과제는 "기독교의 지식 전체를 그것이 복음적 신앙에서 전개되어 나온 방식과 일치하게 표현하는 일"이다.[36] 이것은 곧 하나님에 대한 학문으로서의 신학이다. 이 신학은 "단지 인생을 통과하는 길을 보여주는 데에 그치는 것이 아니라 인생에서 벗어나는 길도 보여 줌으로써 인생의 흥망성쇠와 죽음의 시간에 우리가 불변하는 것들에 대해 확실성을 가질 수 있게 하는 영예로운 일"을 담당한다.[37] 여기서 바빙크가 추구하는 개혁주의 변증방법론의 중요한 의제가 한 가지 더 다뤄진다. 그것은 추론과 증명에 앞선 전제이다. 여기서 전제는 성경이다. 왜냐하면, 성경은 그 자체로 자기 증거를 충분하고 온전히 감당하기 때문이다. 바빙크는 다음과 같이 말한다.

> 성경 자체가 영감의 교리를 담고 있고 또 그것을 가르치는데, 성경이 영감 교리를 다루는 방식은 삼위일체나 성육신, 또는 대리속죄 등의 교리를 가르칠 때와 동일한 것으로서, 확고하고 분명하면서도 추상적 개념으로는 거의 도식화되지 않는다.[38]

성경이 모든 변증의 전제가 된다는 것은 고고학적 증거자료의 유무 여부와 상관없이 그러하다. 오늘날 사람들은 이 말을 쉽게 납득하지 못한다. 왜냐하면, 그들은 고고학이 계시인 줄 착각하기 때문이다. 예를 들면, 수메르나 아카드 지역에서 발견되는 창조와 홍수 설화 속에 나타나는 유사한 특징들에 대해 놀라움을 표하면서 이런 설화들이야말로 인간과 공동체의 기원에 대해 말해 주는 이야기로 너무나 쉽게 가정해 버린다.[39] 이 고고학적 연구나 결과는 바벨의 땅이 노아의 후손 요람이요, 모든 문화의 시작점이라는 사실을 알려주는 단초 역할을 하지만 성경의 신빙성과 기록자의 영감을 부정할 근거는 될 수 없다.

---

35 J.M.스피어, 『기독교철학개론』, 문석호 역 (서울: 크리스챤다이제스트, 2007), 23.
36 헤르만 바빙크, 『개혁파 교의학』, 40.
37 헤르만 바빙크, 『믿음의 확실성』, 49.
38 헤르만 바빙크, 『개혁파 교의학』, 193.
39 헤르만 바빙크, 『계시 철학』, 343.

또한, 경험론적 철학으로 성경의 모든 내용을 입증할 수 없다는 점이 이러한 변증방법론에 힘을 실어준다. 가령 천국과 부활에 대한 것은 논증할 수 있는 것이 아니라 전제되는 것이다. 헤페는 "영화 된 육체에 물질적 필요와 의존, 특히 동물적 생활이 종식되는데, 이는 그 순수한 생활의 원리가 성령이기 때문"이라고 말한다.[40] 이것은 성경이 전제되어야 설명할 수 있는 변증이다. 따라서 성경의 신빙성과 사실성을 애써 부정하는 이들은 믿음의 확실성을 결코 얻을 수 없다. 하나님의 존재에 대한 설명도 마찬가지이다.

바빙크는 "성경은 하나님의 실재에서 출발하며, 사람이 하나님을 알고 인정한다고 전제"한다.[41] 그래서 바빙크는 "하나님이 인간의 마음속, 즉 그의 존재의 심층 구석과 그의 인격의 핵심 속에 심어 놓으신 이런 영원한 것에 대한 소원 (*desiderium aeternitatis*)"은 "모든 시간적인 것을 통해서는 만족하게 될 수 없다"는 점을 밝혔다.[42]

성경은 영원한 것에 대한 소원임으로 시간적인 것들을 통해서 재단할 수 있는 것이 아님은 자명하다. 무엇보다 성경이 하나님의 존재를 증명하려 하지 않고 전제하고 있기에 그것은 변증과 논의의 대상이 될 수 없다. 성경 자체도 변증방법론의 전제이고, 전제되는 그 성경이 하나님의 실재를 전제하고 있으니 그것은 의심의 대상이 될 수 없다는 뜻이다. 그렇다면 이쯤에서 이런 물음이 들것이다.

과연 개혁주의 변증방법론은 무신론자들과 대화할 수 있는가?

기독교적 확신에서 시작하는 변증방법론이 과연 의미가 있는가?

이에 대한 바빙크의 답변은 다음과 같다.

> 경험론에 의하면 진리는 경험적이고 감각적으로 지각할 수 있는 실재성과 더불어 일어나며, 합리론에 의하면 진리는 사유의 그 자신과의 일치로부터, 내적 명증성과 사유의 필연성으로부터 나오기 때문입니다. 그리하여 마침내 양쪽의 관점 모두에서 과연 진리는 존재하는지, 만일 존재한다면 그 진리는 무엇인지에 관한 질문이 일어납니다. 그러나 이 진리라는 것은 우리 인식능력에 있어서 필수 불가결한 선(善)이며, 따라서 그것은 모든 학문의 목적입니다. 만일 진리가 존재하지 않는다면, 모든 인식과 학문이 그와 함께 무너집니다. 그러므로

---

40 하인리히 헤페,『개혁파정통교의학』, 998.
41 헤르만 바빙크,『개혁파 교의학』, 292.
42 헤르만 바빙크,『하나님의 큰 일』, 김영규 역 (서울: 기독교문서선교회, 2015), 11.

기독교는 진리를 알게 하며 진리를 하나의 객관적 실재로 견지한다는 점에서 무엇보다 그것의 지혜를 드러냅니다.[43]

바빙크의 위와 같은 답변은 지성인들을 만족시키기에 충분한 답변이다. 그렇다면 이런 질문을 이어서 할 수 있다.

성경이 전제되고 하나님의 실재도 전제할 수 있는 것이라면, 계속해서 과정, 진화, 발전되어가는 개념에 대해서는 어떻게 변증할 수 있는가?

이에 대해서 바빙크는 "되어가는 과정에 있는 존재도 자신의 가장 깊은 근저 속에서는 이미 존재하는 존재라는 사실"을 명시한다.[44] 즉, 인간 객체가 스스로 성장하고 발전되어가는 과정에 있다는 사실을 인지할 때, 이미 성장해 가는 객체 자신이 존재하는 것이다.

쉽게 말해서 **인지하기 때문에 존재하는 것이 아니라, 존재하기 때문에 인지할 수 있다. 그리고 그것을 인지할 수 있도록 알려주는 절대적 존재자는 필연적으로 있을 수밖에 없다.** 마찬가지 이유로 인지할 수 있는 '문화'(바빙크 입장에서 그 당시 네덜란드의 현대 문화를 뜻함)는 존재하기 때문이고, 그 '문화'는 기독교의 열매이다.[45] 따라서 현대 문화는 기독교와 분리될 수 없고, 기독교를 반대하는 것은 서방 사고 모든 영역에 이미 깊숙이 침투한 일반은총의 산물을 거부하는 것이다. 문화가 있어서 진리가 있는 것이 아니고, 진리가 있기에 문화가 발전될 수 있다.

계시에 대한 것도 이와 마찬가지이다. 그래서 바빙크는 인간의 최고선은 오직 하나님뿐이라고 확언한다.[46] 왜냐하면, "하나님은 만물의 창조자이시며 보존자이시고, 모든 존재와 생명의 근원이시고, 모든 선한 것의 큰 기초"가 되시기 때문이다.

또한, "모든 피조물은 순간마다 영원하고 유일하시며 어디에나 계시는 존재이신 하나님에게만 의존"하고 있다.[47] 아브라함 카이퍼(Abraham Kuyper)는 이 계시는 은혜의 특별한 성격을 나타내 보여 준다고 설명한다. 카이퍼의 기술에는

---

43 헤르만 바빙크, 『기독교 세계관』, 김경필 역 (경기군포: 다함, 2020), 84-85.
44 헤르만 바빙크, 『계시 철학』, 351.
45 제임스 에글린턴, 『바빙크-비평적 전기-』, 박재은 역 (경기군포: 다함, 2022), 563.
46 헤르만 바빙크, 『하나님의 큰 일』, 9.
47 Ibid.

특별 은혜와 일반 은혜 간에 긴장되는 기술이 있지만, 어쨌거나 개혁파 신학 안에서 은혜는 계시의 산물이며, 계시는 은혜로 말미암아 주어진다.[48]

여기서 은혜의 특별한 성격은 '구원받을 개인을 하나님이 주권적으로 선택한다는 것'과 '개인이 한 공동체의 일원이 되어 하나님의 언약에 참여하게 된다는 것', 이 두 가지 모두를 뜻한다. 그래서 카이퍼는 "언약 교리 없는 선택 교리는 수족이 절단된 교리"라고 못을 박는다.[49]

지금까지 우리는 개혁주의 변증방법론 중 바빙크의 방법론을 살펴보았다. 바빙크는 계시와 변증의 관계를 설명하고 성경을 전제함으로 개혁주의 변증방법론을 세워나갔다. 그리고 그 성경이 전제하고 있는 하나님의 존재를 철학의 전제조건으로 삼고 있음을 발견했다. 좀 더 쉬운 이해를 위해 바빙크를 계승하는 개혁주의 신학자를 이어서 살펴보겠다.

3. 영감(靈感) 된 성경

둘째로 소개할 학자는 루이스 벌코프(Louis Berkhof)이다.

사실 바빙크를 잘 이해했다면 개혁주의 변증방법론은 이미 습득한 것과 다름이 없다. 그러나 바빙크를 어렵게 느낀 이들이 있을 것이다. 그런 이들이 개혁주의 변증방법론을 좀 더 쉽고 체계적으로 입문하기 위해서는 벌코프만큼 좋은 학자가 없다. 특히, 벌코프의 교의학 체계는 표본적인 개혁주의 변증방법론이다. 개혁주의 변증방법론의 변증 원칙은 고대 변증가들과 동일하게 변호적(defensive)이고, 공격적(offensive)이며, 구성적(constructive)이다.[50] 여기서 오해하지 말아야 할 것은 개혁주의 신학자들이 현대 신학의 변증방법론을 모르기 때문에 전통주의적인 해석을 고수하는 것이 아니라는 점이다.

우선 이들이 자유주의 신학의 방법론을 배척하는 이유에 대해 알아볼 필요가 있다. 벌코프에 따르면, 현대 자유주의 신학은 "철두철미하게 펠라기안주의"이

---

48 크레이그 바르톨로뮤, 『아브라함 카이퍼 전통과 삶의 체계로서의 기독교 신앙』, 이종인 역 (서울: 한국기독학생회출판부, 2023), 86.
49 아브라함 카이퍼, 『일반 은혜 1』, 임원주 역 (서울: 부흥과개혁사, 2019), 38.
50 루이스 벌코프, 『기독교교리사』, 박문재 역 (경기파주: 크리스챤다이제스트, 2015), 57.

다.⁵¹ 왜냐하면, 자유주의 신학은 죄와 구속에 관한 교리의 진정한 중추들을 박탈시키고 종교적 고양이나 인간의 노력 등을 강조했기 때문이다. 그 결과 19세기 후반기에 발전했던 자유주의 신학은 잠시 전성기를 보내는 듯했으나 오늘날에는 심각한 하향길의 상태에 접어들었다.⁵²

구체적으로 자유주의 신학이 잘못된 이유에 대해 벌코프 입장에서 설명하자면 다음과 같다. 자유주의 신학자 하르낙(Adolf von Harnack)은 "초기의 교부들이 기독교의 알맹이를 오로지 그 합리적인 내용들 속에서 찾았고, 성육신과 부활 같은 객관적으로 계시된 사실들을 단지 자연계시의 진리들을 증명해 주는 것으로만 평가"했다.⁵³ 하르낙의 이와 같은 평가는 개혁주의 입장에서 매우 부당한 평가이다.

또한, 리츨 학파(Ritschlians)의 경우에는 기독교는 오로지 종교적 체험들로만 이루어졌다고 생각했다.⁵⁴ 리츨 학파의 주장이 잘못된 이유는 기독교 안에는 지적이며 이성적인 내용들도 있기 때문이다. 그것들 모두를 종교적 체험으로 간주할 수는 없다. 모름지기 변증학이란 "불신 세상 앞에서 기독교 신앙의 진리 주장, 특히 살아계신 참 하나님에 대하여 배타적인 참지식을 가졌다는 주장을 성경의 가르침과 일치하는 방식으로 변호하는 지적인 노력"이다.⁵⁵

여기서 지적인 노력이란 개인의 신앙을 변증하는 것에 한정하지 않는다. 지적인 노력은 성경에 주어진 모든 계시에 대한 공격에 답변하는 것이다. 물론, 그 답변은 다양한 방법론을 통해 할 수 있다.

그래서 개혁주의 전통에 있는 학자들도 신정통주의의 변증방법론과 실존주의의 신학방법론이 중요한 역할을 하고 있음을 인지한다. 또한, 불트만(Rudolf Karl Bultmann), 고가르텐(Friedrich Gogarten), 에벨링(Gerhard Ebeling), 오토(Rudolf Otto)와 부리(Fritz Buri) 등과 같은 신학자들이 변증학의 작업을 이뤄놓은 것을 알고 있으며, 상관관계(correlative)의 방법을 사용하는 틸리히(Paul Johannes Tillich)의 신학적 조류와 동향에 대해서도 상세하게까지는 아닐지라도 어느 정도 간파하고 있다.

---

51 루이스 벌코프, 『L.벌코프의 자유주의 강연』, 박동근 역 (서울: 고백과문답, 2020), 178.
52 Ibid., 187.
53 루이스 벌코프, 『기독교교리사』, 61.
54 Ibid., 62.
55 로버트 L. 레이몬드, 『개혁주의 변증학』, 이승구 역 (서울: 기독교문서선교회, 2016), 9.

하지만 개혁주의 변증방법론은 초자연주의를 경계했으며, 신정통주의의 방법론을 무조건으로 수용하지 않았다. 개혁주의 신학 입장에서 평가할 때, 초자연주의는 성경적이고자 했던 신앙 고백들을 변질시키고 잘못된 방향성의 교의학을 낳았다. 그러나 다행히도 "네덜란드에서는 카이퍼와 바빙크"로 인해 개혁주의 신학이 재건되었고, "스코틀랜드에서는 힐(Hill), 딕(Dick), 커닝엄, 배너만, 크로포드, 캔들리시 등"의 인물들에 의해 신학이 다시 구성되었다.

또한, "미국에서는 브레큰리지, 쏜웰, 댑니, 찰스 하지, A. A. 하지, 쉐드, H. B. 스미스, 워필드 등"의 학자가 큰 노력을 기울였다. 재밌는 것은 여기서 벌코프가 "비록 개혁주의적 성격은 의심스럽지만, 바르트 신학도 공헌한 바가 있음을 인정한다"는 점이다.[56] 공헌한 바를 인정하는 것과 그의 신학을 동의하는 것과는 다른 차원이다. 벌코프가 봤을 때, 비록 바르트의 신학이 "하나님 말씀의 신학"이라고 일컬어지며, 현대 신학과 달리 특별계시의 중요성을 강조하고 있는 것은 사실이다. 하지만 바르트가 신학의 원천으로 제시하는 성경 개념은 개혁과 개신교와는 일치하지는 않는다.[57]

벌코프는 바빙크 만큼이나 성경에 권위에 대해서 강하게 변증한다. **성경은 개혁주의 변증방법론의 전제가 되는 것이기에 그 무오성이 훼손될 수도 없고, 훼손되어서도 안 된다. 또한, 성경은 특별계시를 담고 있기에 계시에 대한 변증을 위해서는 성경은 필연적으로 무오하다.** 여기서 "'특별계시'라는 용어는–성경에서 발견되고, 성경전서가 성령에 의해 무오하게 영감 된 책이라는 사실에서 그 진실성에 대해 신적 보증을 지니는–구속의 진리들과 사실들의 복합체와 그것의 적절한 역사 배경에도 적용" 가능하다.[58]

따라서 종교개혁자들과 마찬가지로 현대 개혁주의 변증학자들도 "교회가 성경이 무엇을 가르치는지를 결정하는 것이 아니라 성경이 교회가 무엇을 가르쳐야 할지를 결정"한다고 주장한다.[59] 이는 "성경의 권위는 교회의 권위에 기초한다는 로마가톨릭교회의 전통적인 견해"와 완벽하게 대치되는 주장이다.[60]

56　루이스 벌코프, 『벌코프 조직신학』, 이상원·권수경 역 (경기파주: CH북스, 2019), 99.
57　이상웅, 『박형룡 신학과 개혁신학 탐구』, (서울: 솔로몬, 2021), 929.
58　루이스 벌코프, 『벌코프 조직신학 개론』, 박희석 역 (경기파주: 크리스챤다이제스트, 2016), 35.
59　루이스 벌코프, 『성경해석학』, 박문재 역 (경기파주: 크리스챤다이제스트, 2008), 26.
60　J. 판 헨더렌 & W. H. 펠레마, 『개혁교회 교의학』, 신지철 역 (서울: 새물결플러스, 2018), 192.

개혁교회에서 성경은 성령의 영감을 받은 저자들에 의해 기록된 말씀으로 그 말씀 전체는 무오한 신적 계시를 담고 있다. 그러나 이 간결하고도 분명한 진리는 오늘날 현대인들에게 쉽게 납득되지 않는다. 특히, 역사비평적 사고에 잠식된 사람들일수록 성경이 하나님의 영감을 받아 기록되었다는 것에 냉소적인 비웃음을 자아낸다. 그러나 이들의 비웃음의 대상은 어디까지나 '기계적 축자영감설'에 국한될 것이다.

벌코프는 성경의 영감설을 크게 세 가지로 설명한다.

첫째, 기계적(Mechanical) 영감이다.

기계적 영감은 필연적으로 축자적인 것은 사실이지만, 축자 영감이 반드시 기계적이라는 것은 사실이 아니다.[61] 어쨌든지 기계적 영감은 하나님이 말씀해 주시는 대로 성경 저자들이 기계적으로 받아쓰기했다는 의미가 강하다. 이 주장은 현재 사본학적 오류들을 증거로 많은 공격을 받고 있으며, 개혁주의자들 역시 이 주장에 대체로 동의하지 않는다. 왜냐하면, 성령께서 사람을 수동적으로 사용하시는 분이 아니시기 때문이다. 그렇기에 기계적 영감설을 가지고 성경의 영감 교리를 비판하는 이들은 헛발질하고 있을 따름이다.

둘째, 동력적(Dynamical) 영감이다.

보통 '동력적 영감'이라는 말은 '유기적 영감'이라는 말과 동의어로 사용되는 경우가 있는데, 여기서는 아니다. 여기서 말하는 동력적 영감은 자유주의 신학의 아버지로 불리는 슐라이어마허의 가르침에서 비롯된 영감 이론이다. 이 이론은 쉽게 말해서 저자 개인의 합리적이고 영적인 의식이 반영되어 성경이 기록되었다는 주장이다.

그런데 개혁파 교의 학자들 입장에서 이러한 주장은 결코 납득할 수 없다. 왜냐하면, 개혁주의에서는 "하나님의 모든 행위는 그분의 경륜 혹은 작정들에 기초"하기 때문이다.[62] 이것은 성경이 기록되는 과정과 성령의 영감이 작동하는 부분에서도 예외 없다. 그래서 벌코프는 역동적 영감 이론에 대해서 다음과 같이 평가한다.

---

61 루이스 벌코프, 『벌코프 조직신학』, 169.
62 J. 판 헨더렌 & W. H. 펠레마, 『개혁교회 교의학』, 332.

이 이론은 성경의 책들을 만들어 내는 일에 있어서 성령의 직접적인 활동 개념을 부인하고, 그 개념을 저자들의 일반적인 영감으로 대치시켜 버렸는데, 이는 그리스도인 일반의 영적 조명과 정도의 차이밖에 없는 영적 조명에 불과한 것이 된다. 엄밀하게 말해 이 이론은 초자연적 요소를 제거해 버리고, 영감 개념을 변형시키며, 그것을 지성적인 영역으로부터 도덕적 영역으로 옮겨 버린다.[63]

셋째, 유기적(Organic) 영감이다.

유기적 영감은 하나님이 성경 저자의 성격, 은사, 재능, 교육 환경, 문화, 어휘, 문체, 논술 방식 등을 함께 사용하셨다는 것이다. 이는 하나님의 말씀을 기계적으로 받아쓰기한 것도 아니고, 저자 독단의 창의적인 작품을 저술한 것도 아니다. 이것은 성령께서 저자의 환경과 문화적 요인 모두를 조화롭게 사용하시면서, 죄의 영향은 누르셨음을 의미한다. 즉, 기록자들은 수동적이 아니라 능동적으로 기록했다.

단, 그 기록 과정에서 하나님의 진리와 반대되는 "죄악 된 본성 표출"은 허용하지 않으셨다.[64] 성령은 기록자들의 자유와 개성을 박탈하지도, 파괴하지도 않으시고 조화롭고 유기적으로 사용하셨다. 그 결과 특별계시는 완전 영감 된 성경 안에 기록되었다. 성령께서 개입하여 기록한 성경이기에 이것은 부분적인 영감도 아니고 사상적 영감도 아닌 완전한 영감이다. 벌코프는 "영감에 관한 성경의 증거를 받아들이는 것은 성경이 진리이기 때문이고, 성경을 진리라고 인정하는 것은 그것이 영감 되었기 때문"이라고 압축하여 증언한다.[65]

그렇다면 다시 원점으로 돌아와서, 성령께 영감 된 완전 무오한 성경이 증언하고 있는 내용은 무엇인가?

성경에 따르면 하나님은 완전한 하나님이 되기 위해 외부로부터 무언가가 있어야 하지 않으셨다. 하나님은 스스로 존재하신다. 이것이 의미하는 바는, "하나님은 영원토록 필연적으로 존재하시며, 스스로 독립적으로 존재하시며, 필요한 모든 것을 친히 다 가지고 계시고, 자신을 계시하신다는 것"이다.[66] 이것은 모든 이에게 가장 중요한 은혜의 방편이 하나님의 말씀이라는 것을 자명하게 한

---

63 루이스 벌코프, 『벌코프 조직신학』, 170.
64 루이스 벌코프, 『성경해석학』, 49.
65 루이스 벌코프, 『벌코프 조직신학』, 175.
66 로버트 L. 레이몬드, 『기독교 신론』, 조영천 역 (서울: 기독교문서선교회, 2009), 29.

다. 여기서 "은혜의 방편이라는 말은 아주 구체적으로 성경에 기록되고, 교회에 선포되는 하나님의 말씀"을 가리킨다.[67]

또한, 은혜의 방편인 성경은 은혜의 교리로 정립되어 교회를 건강하게 세운다. 그것은 철저히 성경적(Radically biblical)인 교리로써 "하나님에 관한 교리(신론), 사람에 관한 교리(성경적 인간론), 그리스도에 관한 교리(기독론), 구원에 관한 교리(구원론), 교회에 관한 교리(교회론), 마지막에 될 일들에 관한 교리(종말론)"를 다룬다.[68]

성경 말씀과 복음적 교리는 세속적이라고 생각되는 것들조차도 "하나님의 영광을 위해, 즉 이기적이지 않고 희생적으로 사용"할 수 있도록 만들어 준다.[69] 더 나아가 말씀에 비추어 개혁교회는 계속 개혁되는 공동체가 되도록 이끌어 준다. 결국, 개혁주의 변증방법론은 은혜의 방편들을 고수하는 것을 목적으로 한다. 이 은혜의 방편들을 온전히 의지하기만 하면 느부갓네살 금 신상 앞에서도 절하지 않을 수 있고, 풀무불 가운데서도 주님의 임재를 경험할 수 있다.

♣ 내용 정리를 위한 문제

1. 오늘날 개혁주의 신학이 어떻게 정의되고 있는지 밝힌 후, '칼빈주의의 5대 교리'에 대해 정리하시오.
2. 헤르만 바빙크가 이해하는 "계시"의 개념은 무엇이며, 개혁주의 신학에서 신앙을 사유(思惟)하기 위해 전제해야 할 진리는 무엇인가?
3. 루이스 벌코프의 성경론을 쓰고, 그가 크게 세 가지로 설명한 성경 영감설에 대해 각각 서술하시오.

---

67 루이스 벌코프, 『벌코프 조직신학 개론』, 273.
68 로버트 L. 레이몬드, 『개혁주의 변증학』, 24-25.
69 필립 라이큰, 『솔로몬: 어떻게 유혹을 이길 것인가』, 김명희 역 (서울: 한국기독학생회출판부, 2016), 37.

※ 참고 문헌(제15장에 인용된 도서들)

헤르만 바빙크. 『개혁교의학 1』. 박태현 역. 서울: 부흥과개혁사, 2020.
_____. 『개혁교의학 2』. 박태현 역. 서울: 부흥과개혁사, 2020.
_____. 『개혁교의학 3』. 박태현 역. 서울: 부흥과개혁사, 2021.
_____. 『개혁교의학 4』. 박태현 역. 서울: 부흥과개혁사, 2019.
_____. 『개혁파 교의학』. 김찬영·장호준 역. 서울: 새물결플러스, 2015.
_____. 『계시 철학』. 박재은 역. 경기군포: 다함, 2019.
_____. 『교회를 위한 신학』. 박태현 역. 경기 군포: 다함, 2021.
_____. 『기독교 세계관』. 김경필 역. 경기 군포: 다함, 2020.
_____. 『믿음의 확실성』. 허동원 역. 경기 고양: 우리시대, 2019.
_____. 『일반은총』. 박하림 역. 경기 군포: 다함, 2021.
_____. 『찬송의 제사』. 박재은 역. 경기 군포: 다함, 2020.
_____. 『하나님의 큰일』. 김영규 역. 서울: 기독교문서선교회, 2015.
루이스 벌코프. 『L.벌코프의 자유주의 강연』. 박동근 역. 서울: 고백과문답, 2020.
_____. 『기독교교리사』. 박문재 역. 경기 파주: 크리스챤다이제스트, 2015.
_____. 『벌코프 조직신학 개론』. 박희석 역. 경기 파주: 크리스챤다이제스트, 2016.
_____. 『벌코프 조직신학』. 이상원·권수경 역. 경기 파주: CH북스, 2019.
_____. 『성경해석학』. 박문재 역. 경기 파주: 크리스챤다이제스트, 2008.
J. 다우마. 『개혁주의 윤리학』. 신원하 역. 서울: 기독교문서선교회, 2008.
J. 판 헨더렌 & W. H. 펠레마. 『개혁교회 교의학』. 신지철 역. 서울: 새물결플러스, 2018.
J.M.스피어. 『기독교 철학 개론』. 문석호 역. 서울: 크리스챤다이제스트, 2007.
게르할더스 보스. 『예수의 자기 계시』. 이승구 역. 경기 김포: 그나라출판사, 2014.
로레인 뵈트너. 『칼빈주의 예정론』. 홍의표 역. 대구: 보문출판사, 2017.
로버트 L. 레이몬드. 『개혁주의 변증학』. 이승구 역. 서울: 기독교문서선교회, 2016.
_____. 『기독교 신론』. 조영천 역. 서울: 기독교문서선교회, 2009.
브랜던 크로. 『그리스도의 능동적 순종과 수동적 순종』. 전광규 역. 서울: 부흥과개혁사, 2022.
아브라함 카이퍼. 『일반 은혜 1』. 임원주 역. 서울: 부흥과개혁사, 2019.
에롤 헐스. 『칼빈주의 기초』. 김귀탁 역. 서울: 부흥과개혁사, 2015.
제임스 에글린턴. 『바빙크-비평적 전기-』. 박재은 역. 경기군포: 다함, 2022.
제임스 몽고메리 보이스 & 필립 그레이엄 라이큰. 『개혁주의 핵심』. 이용중 역. 서울: 부흥과개혁사, 2010.
제임스 몽고메리 보이스. 『개혁주의 서론』. 김수미 역. 서울: 부흥과개혁사, 2018.
조엘 비키 & 폴 스몰리. 『개혁파 조직신학 1』. 박문재 역. 서울: 부흥과개혁사, 2021.
_____. 『개혁파 조직신학 2』. 박문재 역. 서울: 부흥과개혁사, 2021.
존 오만. 『은혜 그리고 인격』. 명노을 역. 서울: 개혁주의신학사, 2022.

존 페스코. 『신앙 고백서와 교리문답서 공부의 필요성』. 윤석인 역. 서울: 부흥과개혁사, 2021.
코넬리우스 야스마. 『기독교교육철학』. 정정숙 역. 서울: 총신대학출판부, 1990.
크레이그 바르톨로뮤. 『아브라함 카이퍼 전통과 삶의 체계로서의 기독교 신앙』. 이종인 역. 서울: 한국기독학생회출판부, 2023.
필립 라이큰. 『솔로몬: 어떻게 유혹을 이길 것인가』. 김명희 역. 서울: 한국기독학생회출판부, 2016.
하인리히 헤페. 『개혁파 정통교의학』. 이정석 역. 경기 고양: 크리스챤다이제스트, 2011.
헤르만 도예베르트. 『이론적 사유의 신비판 서론』. 김기찬 역. 서울: 크리스챤다이제스트, 1995.
이상웅. 『박형룡 신학과 개혁신학 탐구』. 서울: 솔로몬, 2021.

제16장

개혁주의 변증방법론 II : 코넬리우스 반틸 & 존 프레임

> 하나님의 말씀은 살아 있고 활력이 있어 좌우에 날선 어떤 검보다도 예리하여 혼과 영과 및 관절과 골수를 찔러 쪼개기까지 하며 또 마음의 생각과 뜻을 판단하나니 지으신 것이 하나도 그 앞에 나타나지 않음이 없고 우리의 결산을 받으실 이의 눈 앞에 만물이 벌거벗은 것 같이 드러나느니라(히브리서 4장 12-13절).

개혁신앙이란 "종교개혁으로 생겨난 독특한 신학 전통"을 의미한다.[1] 따라서 개혁 전통에 있다는 것은 종교개혁의 정신을 계승하는 것을 의미한다. 종교개혁자들은 살아 있고 활력이 있는 하나님의 말씀에 의지했다. 그 결과 많은 사람이 복음 앞에서 혼과 영과 및 관절과 골수가 찔러 쪼개지는 체험을 하였다. 즉, 하나님의 말씀은 전인격적인 변화를 동반시킨다는 것을 증명한 셈이다.

또한, 종교개혁자들이 담대하게 개혁의 햇불을 들 수 있었던 이유는 하나님이 창조하신 모든 만물이 마지막 날 결산 될 것을 굳게 신뢰했기 때문이다. 그런데 종교개혁자들은 한둘이 아니다. 루터, 칼빈, 멜란히톤, 츠빙글리, 불링거 등의 수많은 종교개혁자가 있다. 그들의 신학적 방점은 큰 틀에서는 같을지라도 세부적으로는 다르다.

그리고 그 세부적인 부분을 크게 확대 해석하면 개혁파의 범주가 지엽적으로 한정된다. 개혁파 전통을 오로지 '칼빈주의'로만 제한하는 이들이 주로 여기에 해당한다. 그래서 리처드 멀러(Richard A. Muller)는 "폭넓은 종교적·신학적 맥락에서 개개의 신학자를 분리 시킨다면, 개혁신학의 등장, 곧 개혁파라는 구체적

---

[1] 켈리 M. 캐픽 & 웨슬리 밴더 럭트, 『개혁신학 용어 사전』, 송동민 역 (서울: 알맹e, 2018), 12.

인 전통의 형성을 올바르게 분석할 수 없으며, 적절하게 이해할 수도 없다"라고 말했다.[2] 물론, 칼빈주의는 개혁파를 소개할 때 중점적으로 다뤄지는 부분임이 틀림없다. 벤자민 워필드(Benjamin B. Warfield)는 다음과 같이 주장한다.

> 개혁교회는 존 칼빈에 대해 언제나 자기들 교리 체계의 창시자라기보다는 해설자라고 생각했지만, 그런데도 존 칼빈은 개혁 교리의 창시자 중의 하나이며, 아울러 교리 체계를 형성하고 조직화한 재능 있는 특별한 인물로서 많은 사람의 추종을 받았다.[3]

이런 이유로 앞장에서 칼빈주의를 계승하는 개혁주의 변증방법론을 충실하게 살펴본 것이다. 또한, 개혁주의 신학을 논의할 때, 지나치게 한정적으로 봐서는 안 되겠지만 적절한 범주라는 것은 필요하다. 신학은 언제나 출발점을 지니고 있고, 그 출발점은 "종교개혁의 전통에 서 있는 다른 교회들과 더불어 네덜란드의 개혁파 신앙 고백서에 찬성한 교회들이 전통적으로 주장해 온 입장"이다.[4]

신앙 고백서에 기반을 두고 개혁주의는 그 정통성을 유지했을 뿐 아니라, 변증방법론을 지속해서 발전·강화했다. 대표적으로 프린스턴대학의 찰스 하지(Charles Hodge)와 벤자민 워필드(Benjamin B. Warfield) 같은 인물들을 꼽을 수 있다. 이들의 변증방법론에서 특별히 주목할 부분은 성경에 대한 견해이다. 하지는 "성경에는 이성과 모순되는 것도 없고, 선함과 모순되는 것도 없다"라고 주장하였다.[5] 더 나아가 "성경은 신학의 모든 사실을 포함하고 있다"라고 선언하였다.[6] 하지의 제자로 알려진 로레인 뵈트너(Loraine Boettner) 역시 성경 영감설에 대해 강경한 주장을 펼친다.

> 가장 중요한 것은 주님의 백성이 성경의 이 위대한 완전 영감설 교리에 철저하게 뿌리내려야 하며, 그들이 성경이 하나님의 말씀이라고 확신하는지 시험을

---

[2] 리처드 멀러, 『칼빈과 개혁 전통』, 김병훈 역 (서울: 지평서원, 2017), 27.
[3] 벤자민 B. 워필드, 『구원의 계획』, 모수환 역 (경기고양: 크리스챤다이제스트, 2012), 117.
[4] J. 판 헨더렌 & W. H. 펠레마, 『개혁교회 교의학』, 신지철 역 (서울: 새물결플러스, 2018), 28.
[5] 찰스 하지, 『찰스 하지의 조직신학 개요』, 원광연 역 (경기 고양: 크리스챤다이제스트, 2011), 13-14.
[6] 찰스 하지, 『조직신학 I』, 김귀탁 역 (경기고양: 크리스챤다이제스트, 2006), 36.

해 봐야 하는 것이라고 우리는 말한다. 모든 다른 기독교 교리는 성경에서 인출되고, 그것들의 권위는 성경에 의존하기 때문에, 이 교리는 바로 모든 교리의 어머니이며 인도자이다.[7]

계속해서 워필드는 칼빈을 인용하면서, "성경의 유일한 저자이신 성령의 단일성 앞에서 인간 저자들의 다양성은 사라진다."고 확언한다.[8] 이들이 성경을 보는 관점은 철저하게 신본주의이다. 즉, 프린스턴 학파에서 기독교 교육의 "구심점은 그리스도와 성경"뿐이다.[9] 하지만 그 흐름이 서서히 바뀌게 된다.

프린스턴 학파의 흐름이 바뀌게 된 결정적인 원인은 1925년 7월 21일, 미국의 테네시주(State of Tennessee)에서 있었던 과학 교사 존 스콥스(John Thomas Scopes)에 대한 재판이다. 관용적으로 원숭이 재판(Monkey Trial)이라고도 불리는 이 재판에서 스콥스 교사는 공립학교에서 진화론을 가르쳤다는 이유로 벌금형 유죄판결이 내려진다. 당시 공립학교 내에서 진화론을 가르치는 일은 불법이었다.

오늘날 공립학교에서는 창조론은 가르치지 않고, 주로 진화론을 가르치기에 이런 판결이 더욱 낯설게 느껴질 것이다. 그러나 성경의 문자적 무오함을 그대로 받아들이는 이들의 입장에서는 진화론이야말로 받아들이기 어려운 주장이었다. 그런데 이 재판의 결과는 기독교인들에게 역풍이 되었다. 계몽주의 사관의 영향을 받은 세속화된 사람들 시선으로 볼 때, 이 재판의 결과는 기독교의 편협함과 무자비함을 드러내는 판결이었다.

여기에 자유주의 신학까지 이 문제에 합세해서 도전해 왔다. 계속되는 사회적 분위기와 세속화의 흐름 앞에서 프린스턴 학파 역시 신본주의적 관점을 고집스럽게 고수하지 못했다. 프린스턴 학파는 세상이 보기에 소위, 중도적이고 종합적이면서 학문적인 입장을 견지하는 쪽으로 기울었다.

프린스턴 학파가 변질되어 간다고 생각한 이들은 하지와 밴자민과 같은 구(Old) 프린스턴 학파의 입장을 계승하고자 새로운 학교를 설립한다. 그리하여 1929년 웨스트민스터신학교가 프린스턴신학교와 분리되어 설립된다. 그때 주축이 된 인물들이 존 그래샴 메이첸(John Gresham Machen)과 코넬리우스 반틸

---

[7] 로레인 뵈트너, 『개혁주의 신학 연구』, 김광열 역 (서울: 기독교문서선교회, 1994), 49.
[8] 벤자민 B. 워필드, 『칼뱅: 하나님·성경·삼위일체 교리 해설』, 이경직·김상엽 역 (서울: 새물결플러스, 2015), 90.
[9] 프랭크 개블라인, 『신본주의 교육』, 이창국 역 (서울: 기독교문서선교회, 2012), 53-54.

(Cornelius Van Til)이다. 또 구약학의 로버트 딕 윌슨(Robert Dick Wilson)과 오스왈드 T. 앨리스(Oswald T. Allis)도 합류했다.

그뿐만 아니라 조직신학의 존 머레이(John Murray)와 프린스턴신학교 졸업생인 앨런 맥래(Allen McRae), 폴 울리(Paul Woolley) 그리고 네드 B. 스톤하우스(Ned B. Stonehouse)가 웨스트민스터신학교 교수진에 합류했다.[10] 비록 각자의 사정으로 인해 윌리엄 파크 암스트롱(William Park Armstrong), 게르할더스 보스(Geerhardus Vos) 그리고 C.W. 핫지(Caspar Wistar Hodge)는 프린스턴에 남기로 했으나 그들의 신학적 방향성은 메이첸과 함께하고 있었다.[11]

반틸은 성경을 믿음의 "궁극적인 표준으로 삼고 있는 사람"은, "종교와 분리된 학교", 즉 세속화된 학교를 절대로 선호하지 않을 것이라고 말한다.[12] 반틸의 이와 같은 입장은 아마 세속화된 프린스턴 신학교를 비판하는 말일 것이다.

지금부터는 프린스턴에서 떨어져 나온 미국 웨스트민스터의 개혁주의 변증방법론을 크게 세 명의 학자를 중점으로 소개하겠다.

1. 근본주의라는 비난 극복

첫째로, 소개할 학자는 정통 기독교 근본을 수호한 인물로 잘 알려진 그레샴 메이첸 박사이다.

오늘날 극단적인 자유주의 신학자들은 개혁파 변증방법론과 현대 근본주의를 구분하지 않고, 무차별적으로 성경의 권위를 존중하는 이들을 향해 전부 '근본주의자'라고 매도한다.

메이첸 스스로가 근본주의의 아버지임을 자처한 것을 빌미로 그런 부당한 공격을 퍼붓는 것이다. 그러나 진짜 전투적 근본주의자이자 분리주의자로 불리는 독보적 인물은 칼 매킨타이어(Carl McIntire)이다. 그리고 어떤 의미에서 근본주의자라는 비난은 때에 따라 칭찬일 수도 있다.

---

10 스테판 J. 니콜스, 『메이천 생애와 사상』, 윤재석 역 (서울: 개혁주의신학사, 2020), 76.
11 Ibid., 78-79.
12 루이스 벌코프 & 코넬리우스 반틸, 『개혁주의 교육학』, 이경섭 역 (서울: 개혁주의신학사, 2011), 74.

오늘날은 근본주의를 무조건 부정적인 뉘앙스로 인식하는데, 사실 근본주의의 긍정적 측면도 존재한다. 근본주의는 그저 "일치(unity)와 조정보다는 순결(purity)을 신앙 및 교회 정체성의 1순위로 놓고, 그 판단의 기본이 되는 교리나 윤리 항목에 배치된다고 판단할 때는 분열(division, schism)을 정당화"했을 따름이다.[13] 분열은 부정적이지만, 신앙의 정체성을 수호하려는 강직한 태도는 기독교 변증에 있어서 긍정적인 요소이다.

에반젤리칼(evangelical)한 교리적 예리함과 명확함 없이 그저 에큐메니컬(ecumenical)적인 요소만 추구해서 과연 건강한 교회가 유지될 수 있겠는가?

그래서 많은 복음주의와 개혁주의 변증학자도 신앙 수호라는 측면에서는 근본주의의 긍정적 요소를 담고 있다. 대표적으로 "오직 성경만을 우리의 권위로 인정"하는 것은 타협할 수 없는 기준이다.[14] 이것은 우리의 이기적인 목적에 근거한 신념이 아니라 깨끗한 신앙 양심에 근거한 진리이다.

조엘 비키(Joel R. Beeke)에 따르면, "깨끗한 양심이 되기 위해서는 정당성(건전한 삶)뿐만 아니라 정통성(건전한 교리)도 필요"하다.[15] 그러므로 성경의 절대적 권위는 어떤 비판을 감수하고서라도, 특히 근본주의자라는 비판받는 한이 있더라도 반드시 지켜 내야만 한다.

현대에 이르러서도 개혁주의 변증학은 여전히 교의학을 따라야 하고, 교의학은 성경을 따라야 한다.[16] 예배 역시 성경만을 따라야 한다. 왜냐하면, "설교와 가르침을 통해서 성경이 가르쳐지며, 성경의 내용이 우리 삶 속에 적용"되기 때문이다.[17] 결국, "하나님의 말씀은 그분의 인격적 임재"이기에 예배는 오직 성경 안에서, 성경을 근거로, 성경에 따라 이루어져야 한다.[18] 그러나 현대 자유주의 신학은 이와는 정반대로 성경의 권위보다 과학의 권위를 더욱 신뢰한다. 그래서 메이첸은 현대 자유주의를 다음과 같이 비판한다.

---

13 이재근, 『20세기, 세계, 기독교』, (서울: 복있는사람, 2022), 107.
14 로버트 갓프리, "오직 성경으로의 의미" 『오직 성경으로』, 조엘 비키 편집, 조계광 역 (서울: 지평서원, 2011), 27.
15 조엘 R. 비키 & 니콜라스 톰슨, 『비판 속에 있는 목회자들』, 김효남 역 (경기고양: 언약, 2022), 153.
16 리처드 멀러, 『신학 공부 방법』, 김재한 역 (서울: 부흥과개혁사, 2018), 193.
17 존 프레임, 『신령과 진정으로 드리는 예배』, 김광열 역 (서울: 총신대학교출판부, 2013), 144.
18 존 M. 프레임, 『성경론』, 김진운 역 (서울: 개혁주의신학사, 2014), 144.

늘 기독교라는 이름으로 알려졌던 위대한 구속의 종교가 지금은 전혀 다른 형태의 종교적 신념과 싸우고 있다. 이 종교적 신념은 전통적인 기독교 용어를 사용하기 때문에 기독교 신앙에 더 파괴적이다. 이 현대의 비 구속적(non-redemptive)종교는 "현대주의 신학" 혹은 "자유주의 신학"이라고 불린다.[19]

자유주의 신학자들은 속죄 교리를 거부하고, 오직 예수의 인격적인 힘과 도덕적 감화만을 강조했다. 더 나아가 그들은 예수의 인격적이고 도덕적인 모습이 지금의 종교인 삶에 감화되어 체험될 수 있다고 주장한다. 하지만 메이첸은 다음과 같이 반론을 펼친다.

> 예수가 우리의 구주인 것은, 그가 우리에게 영감을 주어 그가 살았던 것과 같은 종류의 삶을 살게 했기 때문이 아니라, 그가 우리의 죄에 따라오는 무서운 죄책을 십자가에서 우리 대신 담당했기 때문이다.[20]

인간은 영적 무능력 때문에 스스로 중생할 수가 없다. 중생치 못한 사람은 "성령의 특별하신 사역 없이는 자기 삶의 근본적 방향을 죄 된 자기 사랑(自己愛)으로부터 하나님 사랑(神愛)"으로 결코 바꿀 수 없다.[21] 그러나 "예수가 십자가에서 죽으셨을 때 그분이 우리의 죄를 위한 완전한 만족"이 되어 주셨고, 이는 "율법이 우리의 죄에 선고한 형벌 일부가 아니라 전부를 갚아 주셨다는 것"을 의미한다.[22] 그렇다면 속죄 교리는 죄인 된 인간이 구원받기에 매우 중요한 교리이다.

그런데 자유주의 신학자들은 어찌 이 위대한 교리를 왜곡하고 터부시하고 멸시할 수 있는가?

메이첸이 봤을 때, 자유주의 신학자들이 속죄 교리를 밀어내는 모습은 마치 "인간의 자랑을 위해 성경 교리를 제거하려는 정교한 노력"이다.[23] 자유주의 신학에서 인간이 예수의 윤리를 표본으로 도덕적 감화가 일어나서 결국 참된 자유

---

19 J. G. 메이첸, 『기독교와 자유주의』, 황영철 역 (서울: 복있는사람, 2013), 35.
20 Ibid., 171.
21 안토니 A. 후크마, 『개혁주의 구원론』, 류호준 역 (서울: 기독교문서선교회, 2003), 135.
22 존 그레셤 메이첸, 『보이지 않는 것들』, 노진준 역 (서울: WPK, 2022), 631.
23 J. G. 메이첸, 『기독교와 자유주의』, 171.

를 누리게 된다고 주장할 때, 그 이야기는 종종 매력적으로 들린다. 하지만 잊지 말아야 할 것이 있다. "인간은 참된 자유를 가지고 창조되었지만, 죄에 빠진 순간 그 참된 자유를 상실"했다는 것, 말이다.[24] 이와 같은 원칙과 기준은 오로지 성경에 근거한다. 메이첸은 다음과 같이 진술한다.

> 만약 우리가 성경을 하나님의 말씀으로 생각한다면, 성경은 진리에 대해 그리고 생활에 대한 우리의 표준이 될 것이다. 우리가 어떤 메시지를 지지할 수 있는지 없는지 혹은 어떤 행동을 할 수 있는지 없는지 질문을 받을 때, 우리가 하는 것은 단순히 그 메시지나 그 행위를 성경과 비교하는 것이다. 만약 그것이 성경과 일치하면, 우리는 그것을 지지할 수 있고 그것을 따를 수 있다. 만약 그것이 성경과 일치하지 않으면, 우리가 다른 권위들에 의해 어떤 명령을 받을지라도, 우리는 그것을 지지할 수 없고 그것을 따를 수 없다.[25]

메이첸이 '원칙과 기준은 오로지 성경뿐이라고 주장할 때'는 창조, 언약, 십자가, 부활, 재림 등과 같은 구원에 밀접한 참된 교리들은 물론이요, 성경에 나타난 수많은 기적 사건과 사소한 날짜, 지명, 시간, 인물까지도 포괄한다. 간결히 말해서 메이첸은 성경의 완전 영감 교리를 전적으로 지지하는 것이다.

그는 "성경의 저자들이 복되고 놀라운 성경의 초자연적인 인도와 감동하여 다른 책들에 나타나는 오류로부터 보존"되었고, "그 결과로 나타난 성경은 모든 부분에서 진정한 하나님의 말씀으로서 사건의 기록에서 온전히 진실하며 그 명령에 온전히 권위가 있다"라고 주장한다.[26]

종종 어떤 이들은 고고학적 발굴과 쏟아지는 현대 과학의 실증적 증거들이 '성경의 권위'가 존속되지 못하도록 방해할까 봐 염려한다. 그러나 오히려 그것들은 반대로 작동한다. 대부분의 고고학과 과학은 성경의 실증성을 더욱 입증시키는 증거들이다. 설사 그렇지 않다고 하더라도 메이첸의 변증방법론에 근거할 때 고고학과 현대 과학은 성경을 판단하는 척도가 될 수 없다. 오히려 성경이 그것들을 판단하는 척도가 된다. 어떤 이들은 성경을 기준으로 전제한다는 것은 학문적 담론을 차단하는 근본주의적 태도라고 멸시한다. 반면에 어떤 이들은 성

---

24 앤서니 후크마, 『개혁주의 인간론』, 이용중 역 (서울: 부흥과개혁사, 2017), 319.
25 그레샴 메이첸, 『기독교와 현대신앙』, 김효성 역 (서울: 기독교문서선교회, 1993), 74.
26 존 그레셤 메이첸, 『보이지 않는 것들』, 78.

경을 근본 기준으로 삼는 것이야말로 교회와 신학에 유익을 주는 기초적 변증이라고 지지한다.

2. 절대 계시론적 전제주의

둘째로 소개할 학자는 코넬리우스 반틸이다.

반틸은 앞에서도 자주 언급했던 학자이다. 반틸이 자주 언급될 수밖에 없는 이유는 반틸이 기독교 변증학을 말할 때 반드시 다뤄져야 할 중요한 변증학자이기 때문이다. 그는 자유주의 신학에 대항하는 변증뿐 아니라, 신정통주의 신학에도 맞서는 변증을 펼쳤다. 반틸은 "모든 것(All things)은 하나님의 존재를 '증명'(prove)하고 있으며, 따라서 기독교를 증명하는 일이 실상 모든 기독인에게 가능한 것"으로 보았다.[27]

반틸의 변증방법론은 단순한 신앙주의(Fideism)가 아니라 절대 계시론적 전제주의(Presuppositionalism)이다.[28] 그는 성경을 절대적 기준으로 전제한 후 변증을 시도한다. 성경은 변증의 대상이 아니라 변증의 원천이다. 따라서 반틸이 봤을 때, 인간 이성으로 하나님의 말씀을 증명하려는 것은 태양이 진짜인지, 가짜인지 알려고 손전등으로 태양을 비추는 것과 같은 꼴이다. 성경이 참인지 거짓인지 증명하려고 덤비지 말고, 성경에 의해 나의 삶이 진실한 삶인지, 거짓된 삶인지를 증명해야 한다.

마찬가지로 반틸에게 신 존재 증명 방법론도 철학적 논리보다 성경이 선행된다. 하나님의 말씀인 성경은 강퍅한 마음과 아둔한 이성을 녹이고, 불신 영혼들의 관절과 골수와 혼을 찔러 쪼개가며 자증 한다.

하지만 성경이 말하는 바를 주의 깊게 보면 특별계시뿐만 아니라 자연계시에서도 "사람은 하나님이 세계의 창조주이심을 발견할 수 있다."[29] 그렇기에 개혁주의 변증가에게 '성경이 없어서, 혹은 성경을 몰라서 하나님의 존재를 자각하지 못했다'라는 말은 그저 핑계일 뿐이다(롬 1:20-21). 우리가 명심해야 할 것은

---

27 스코트 올리핀트, 『코넬리우스 밴틸의 개혁주의 변증학』, 석기신 역 (경기고양: 크리스챤, 2011), 42.
28 김향주, 『기독교 변증학』, (서울: 엘맨출판사, 2020), 645.
29 코넬리우스 반틸, 『개혁신앙과 현대사상』, 이승구 역 (서울: SFC출판부, 2009), 23.

"인간이 하나님께 어떤 태도를 보이든 상관없이 하나님의 일반계시는 그들 곁에 있다"[30] 는 것이다.

개혁주의 변증방법론에서 이와 같은 논리는 칼빈이 『기독교 강요』를 통해 일반은총을 설명하는 방식과 같다. 여기서 계시에 대한 분명한 의미를 주는 것은 "절대적이며, 절대적으로 자의식적인 존재이신 하나님 개념"이다.[31] 다시 말해서 계시의 원천은 하나님이시고, 모든 계시의 지표도 하나님이시다. 삼위일체 하나님은 계시의 근원이자 발원이시기에 계시와 비견할 수 있는 그 무언가는 결코 있을 수 없다.

따라서 하나님의 존재를 변증하거나 설명하기 위해서는 하나님 자신의 계시에 근거해야만 한다. 그것은 특별계시(성경)와 일반계시(자연) 전체를 포괄한다. 반틸은 다음과 같이 말한다.

> 하나님은 절대적인 인격체이시며, 따라서 절대적인 단일적 개별자이시다. 그는 필연적으로 존재하신다. 그는 본질상 스스로 정의를 내리는 분이시다. 하나님은 심지어 자신의 존재를 정의하심에 어떤 비존재와 자신의 존재를 비교하심으로써 정의하시지 않는다. 어느 무엇도, 심지어 비존재도 하나님과 비교될 수 없기 때문이다.[32]

기독교 신앙이 다른 어떤 사상과도 차별화되고 구분할 수 있는 근거가 바로 반틸이 설명하는 논리 속에 있다. 그것은 바로 "기독교적 인식론은 궁극적 합리주의를 믿는 반면에 다른 모든 인식론 체계는 궁극적 비합리주의를 신봉하는 것"에 있다.[33] 반틸에게 있어서 삼위일체 하나님만이 궁극적 합리주의의 결정체이다. 이것은 그 누구도 반론하거나 부정할 수 없는 전제이다.

만약 이것을 부정하는 사람은 자신의 존재를 스스로 부정하는 것과 같다. 왜냐하면, 인간은 하나님의 존재에 힘입어 존재하기 때문이다. 즉, 하나님의 존재를 부정하는 인간은 결국 자신의 존재를 부정하는 꼴이다.

30　코넬리우스 반틸, 『개혁주의 일반 은총론』, 정성국 역 (서울: 개혁주의신학사, 2022), 268.
31　코넬리우스 반틸, 『조직신학 서론』, 이승구·강웅산 역 (경기고양: 크리스찬출판사, 2009), 164.
32　코넬리우스 반틸, 『변증학』, 신국원 역 (서울: 개혁주의신학사, 2017), 82-83.
33　Ibid., 110.

창조주를 거부하는 피조물의 모습이 얼마나 우스꽝스러운가!

우리가 사는 현시대에서도 성경의 권위에 복종하는 것은 여전히 비합리적이라고 생각한다. 하지만 성경을 기준으로 하는 전제주의자 관점에서 볼 땐, 살았고 운동력 있는 하나님의 말씀 앞에 복종하지 않는 것이야말로 가장 비합리적이고 졸렬한 태도이다.

여기서 율법과 언약이 없는 그저 '자연'이라는 일반계시만 두고 설명해 보았을 때도, 결국 신 존재 증명은 필연적이라고 입증된다. 과학적 실험으로 탐구하던, 성경을 통해 납득하던 '모든 것'은 하나님의 경이로운 창조 세계라는 결론에 도달하게 된다.

그래서 K. 스콧 올리핀트(K. Scott Oliphint)는 하나님의 섭리와 통치는 "섬세하고 세밀하게 이뤄지기 때문에 그분의 자애로운 통치와 관리 밖에는 아무것도 존재할 수 없다"고 확신한다.[34]

그런데 반틸에 따르면 이 같은 확신은 자연과학이나 인문학적 철학 도움 없이도 충분히 가질 수 있다. **왜냐하면, 반틸이 말하는 변증방법론의 원천적인 논리는 성경이 전제하고 있고, 성경이 증명하고 있고, 성경이 말하고 있기 때문이다.** 그러므로 그 외에 다른 수사적 방법과 세속 학문의 변증 체계를 굳이 사용할 이유가 없다. 반틸은 다음과 같이 말한다.

> 우리는 죄인들을 깊은 동정으로 사랑해야만 한다. 그러나 죄인을 사랑하는 것 이상으로 우리는 그리스도를 사랑해야 한다. 그러므로 죄인을 진실로 사랑하면 할수록 더 타협하지 않고 그들에게 필요한 것을 보여 주어 그들이 자신의 개념대로가 아니라 하나님의 표준에서 구원받을 수 있도록 해야 하는 것이다. 성경의 말씀을 사용하여 병을 진단하시는 이는 그리스도시며, 또한 그가 말씀하시는 대로 자신의 병(=죄)을 고백하는 이들을 고쳐 주시는 이도 그리스도이기 때문이다.[35]

이와 같은 이유로 반틸은 자유주의 신학은 물론이요, 신정통주의의 변증방법론도 거부한다. 자유주의 신학의 경우에는 슐라이어마허의 접근이 "외적인 계

---

34 K. 스콧 올리핀트, 『하나님의 신비를 예배하다』, 김태형 역 (서울: 좋은씨앗, 2022), 243.
35 코넬리우스 반틸, 『개혁신앙과 현대사상』, 112-113.

시가 아니라 경건한 주관적 경험을 근거"로 하고 있다는 점에서 큰 문제이다.[36] 그뿐만 아니라 슐라이어마허가 삼위일체 교리에 접근하는 방식 역시 큰 결함이 있기에 자유주의 신학의 문제점들은 이미 너무나도 명백하다. 신정통주의의 변증방법론은 비슷하지만 다른 이유로 문제가 있다.

반틸은 신정통주의에서 취하는 비평주의는 사실 "경험주의와 이성주의의 찌꺼기에 기인"했다고 폄훼한다.[37] 즉, 비평주의 형태인 변증법은 경험주의와 이성주의의 실패를 만회하려는 노력이긴 하나 그 역시도 건강한 방법은 아니라는 뜻이다. 특히, 반틸의 바르트 비판은 매우 거칠다. 반틸은 "바르트가 논하는 계시 관의 성격은 의식 신학자들이나 정통 기독교 계시관과는 아주 다른 종류인 것이 분명하다"고 말한다.[38]

이 말은 바르트가 자유주의 신학자도 아니고 정통 신학자도 아니란 뜻이다. 반틸이 바르트를 이처럼 몰아붙이는 이유는 성경론 외에도 다음과 같은 이유가 있다. 바르트는 하나님의 은혜가 "주권적인 것처럼 또한 보편적이다"라고 말했는데, 반틸의 입장에서 이런 명제는 동의할 수 없는 명제이다.[39] 반틸은 바르트를 다음과 같이 평가한다.

> 바르트에게 있어서, 죄인으로서 인간은 확실히 하나님의 진노 아래에 있다. 하지만 그 진노는 그 자체로 너무 지배적인 은혜의 하나님 한 형태이다. 그리스도 안에 없는 사람들에게 영원한 형벌은 없다.[40]

반틸의 시선에서 바르트는 '영원한 형벌에 대한 이해'가 생략되어 있다. 칼빈을 계승하면서 개혁주의 변증방법론을 취급하는 반틸 입장에서 이 말은 마치 보편구원론을 열어 놓는 위험한 주장으로 들릴 것이다.[41] 왜냐하면, 개혁주의 변

36　마이클 호튼, 『기독교 신앙의 핵심』, 조계광 역 (서울: 지평서원, 2018), 66.
37　코넬리우스 반틸, 『신현대주의』, 김해연 역 (서울: 성광문화사, 1992), 85.
38　Ibid., 211. : 바르트는 위로부터 온 하나님에 대한 지식은 어디까지나 개인적인 것이지 객관적인 것이 아니라고 했다. 하나님 말씀의 계시는 개인마다 다르게 적용된다는 것이다. 그러므로 개인마다 다르게 적용된 하나님 진리의 말씀을 하나의 틀로 묶을 수 없다는 뜻에서 '명제적 계시관'(propositional revelation)을 거부했다. 이에 대해 반틸은 '성경전제주의적 계시관'(supositional revela-tion)으로 바르트를 반대했다.
39　코넬리우스 반틸, 『개혁신앙과 현대사상』, 348.
40　코넬리우스 반틸, 『칼 바르트와 복음주의』, 최더함 역 (서울: 리폼드북스, 2020), 69-70.
41　바르티안의 시선으로 봤을 때, 위와 같은 주장은 반틸이 바르트를 오해한 부분이다. 왜냐

증론자들은 "은혜는 주권적이지만 결코 보편적이지는 않다"라고 생각하기 때문이다.

무엇보다 성경에서 구원받을 자와 멸망 당할 자에 대해서 언급하고 있다. 그렇기에 성경을 진지하게 받아들이는 이들은 만인이 구원받게 될 것이라고는 절대 생각하지 않는다.[42] 여기서 '모든 사람이 구원 얻기를 바라는 것'과 '모든 사람이 구원받는다'는 완전히 다른 진술이다. '모든 사람이 구원 얻기를 바라는 것'은 선교적 사명으로 적합한 소망이지만, '모든 사람이 구원받는다'라는 주장은 보편구원론을 주장하는 것이다.

결국, 반틸의 입장에서 볼 때, '신정통주의가 슐라이어마허를 비판했지만, 그 근본적인 해결책은 미흡하고, 여전히 자유주의적'이다. 반틸은 다음과 같이 말한다.

> 바르트는 슐라이에르마허의 신학에서는 그리스도가 불편한 자리에 있다고 말한다. 그러나 이에 대한 바르트의 해결책은 모든 실재가 다 그리스도에게 있다는 것이다. 바르트에게 있어서는 그리스도 사건이란 모든 실재를 포괄하는 것이기 때문이다.[43]

반틸의 주장은 성경에 비추어 볼 때 합리적이다. 그러나 세속방법론에 비추어 봤을 때는 매우 비합리적이다. 그런데 바로 이런 "합리주의적-비합리주의자인 사람에게 복음은 그 창조와 계시 교리, 그리스도 안에서의 은총을 통한 구속 교리"를 가지고 다가온다.[44]

어찌 보면 반틸은 현대인들에게 설득력 있는 접근을 하고자 경험주의, 비평주의, 이성주의 등을 동원하는 것이야말로 변증의 수치라고 여길지 모른다. 현대인들을 설득하기 위해 전제가 되는 것을 양보하면, 그것은 오히려 개혁신앙의 설득력을 떨어뜨릴 뿐만 아니라, 대전제가 되는 성경의 권위를 침해하는 행

하면, 바르트는 다원화된 세계를 상정하고 논리를 전개하지 않았다. 바르트는 기독교 세계관만을 전제로 논리를 전개했다. 그러므로 바르트를 만인구원론자로 해석하는 것은 무리한 공격이다. 필자 역시 바르트를 보편구원론자로 쉽게 단정하는 것에 대해서 경계한다. 하지만 반틸은 바르트를 보편구원론자로 보고 있다.

42 마이클 호튼, 『은혜의 복음이란 무엇인가』, 윤석인 역 (서울: 부흥과개혁사, 2016), 182.
43 코넬리우스 반틸, 『개혁신앙과 현대사상』, 349.
44 코넬리우스 반틸, 『조직신학 서론』, 386.

동이 된다.

현대 신학(자유주의 신학과 신정통주의 신학)은 현대인들을 설득하기 위해 권위가 될 만한 것들을 찾고, 권위의 필요성을 절실하게 옹호하지만, 성경의 권위는 놓치고 있다. 그래서 반틸은 다음과 같이 일침을 가한다

"현대 신학은 현대의 철학과 과학이 받아들이지 않는 권위를 절대로 옹호하지 않으려 한다. 현대 신학도 전문가의 권위만을 강하게 주장할 뿐이다."

대부분 현대인이 말하는 권위는 사실(fact)에 기반한다. 그런데 "오직 하나님만이 궁극적인 자기 결정적 사실(fact)"이다.[45] 따라서 **"엄연한 사실"(brute fact)이라는 말은 과학이나 고고학보다는 신학에 더 적합한 단어이다.** 이 말은 믿음을 가지면 모든 사실을 깨닫게 된다는 뜻이 아니다. 예를 들어 식물학이나 물리학의 전문가가 되려면 반드시 해당 학문을 공부해야만 한다.

그러나 최종적으로 그것이 납득 가능한 학문이 되기 위해서는 성경적 토대가 아니면 안 된다. 이와 같은 주장을 억지라고 취급한 현대의 지성인들은 결국 하나님에 대한 해석뿐 아니라, 자신의 전공 분야에 대한 해석도 실패하게 된다.

3. 성경의 성경론(scripture's doctrine of scripture)

셋째로 소개할 학자는 존 프레임(John M. Frame)이다.

프레임은 반틸의 사상을 탁월하게 계승한 학자로 평가받는다. 물론, 프레임이 반틸의 모든 주장을 동의한다고 말할 수는 없다. 하지만 그는 성경이 증언하는 하나님과 삼위일체의 모든 논의를 전제한다는 점에서 개혁주의 노선에 서 있다. 프레임은 모든 복음 설교자는 변증가가 되어야 할 것을 주장한다. 왜냐하면, "하나님의 존재와 많은 속성이 피조계 안에 '분명히 인식되지만'(롬 1:18-20) 복음의 메시지는 그 자체로 이 세상에서 가시적"이지 않기 때문이다.

따라서 복음을 가시적으로 전달하기 위해 설교자가 필요하다(롬 10:14-15).[46] 물론, 일반계시로 말미암아 "이 세상 속에서 하나님을 발견하는 일은 어렵지 않으며 그 일에는 복잡한 논증이 요구되지 않는다."[47] 그러므로 설교는 최고의 변

---

45 Ibid., 424.
46 존 프레임,『개혁파 변증학』, 김진운 역 (서울: 개혁주의신학사, 2019), 283.
47 존 프레임,『우리는 모두 철학자입니다』, 손동민 역 (서울: 복있는사람, 2020), 81.

증이며, 설교자는 성경으로 증언한다. 왜냐하면, 성경은 "삶의 모든 영역에 대한 진리를 말해 줄 수 있는, 가장 권위 있는 출처"이기 때문이다.[48]
"성경은 성경 메시지가 담고 있는 진리를 지지하는 증거를 제시"한다.[49] 즉, 성경은 자증(自證)한다. 프레임은 이와 같은 변증의 전제를 "**성경의 성경론**"(scripture's doctrine of scripture)이라 부른다.[50] 그는 성경에 기록된 기적들에 대해서도 다음과 같은 방식으로 변증해 나간다. 그래서 프레임은 기독교 세계관의 맥락에서 기적은 가능하다고 서슴없이 주장한다.[51] 왜냐하면, "세계는 하나님의 주권적 다스리심 아래에 있기 때문"이다.[52]

또한, 우리는 그것들을 인지할 수 있다. "피조물은 하나님에 의해 창조되었기 때문에 그분과 교제를 나눌 수 있는 능력"을 지닌다.[53] 물론, 그렇다고 해서 세계가 하나님의 일부라는 것은 결코 아니다. 피조물과 하나님은 온전히 구별된다.

문제는 현대의 세속주의가 하나님과 피조물의 관계들을 모호하게 만들었다는 데에 있다. 데이비드 흄(David Hume)은 기적은 자연법칙을 위반하는 것이기에 개연성으로 따질 수 없고, 그렇기에 증명 불가능하다고 설명한다. 그러나 성경에 기록된 기적들은 자연법칙을 위반(초월)하고 있음에도 그것들 모두는 성경을 통해 증명된다. 프레임은 다음과 같이 주장한다.

> 성경적인 인식론은 성경적인 형이상학을 전제하고, 성경적인 형이상학은 성경적인 인식론을 전제한다. 그 둘의 통합은 인간의 삶보다 우위에서 온전한 세계관을 제시하는 하나님의 계시를 통해 이루어진다.[54]

사도들은 예수 그리스도 곁에서 기적이라는 비 개연성의 사건을 연속적으로 경험했다. 프레임은 변증방법론을 취할 때 "불신자가 '이성'과 대조되는 '믿음'을 근거로 기독교를 공격할 때 그런 불평을 뒤바꾸는 것이 중요"하다고 강

---
48 크리스 파커, 『처음 만나는 기독교 세계관』, 홍병룡 역 (인천: 템북, 2022), 162.
49 존 프레임, 『개혁파 변증학』, 283.
50 Ibid., 286.
51 존 프레임, 『존 프레임의 조직신학』, 김진운 역 (서울: 부흥과개혁사, 2017), 159.
52 Ibid.
53 존 프레임, 『서양 철학과 신학의 역사』, 조계광 역 (서울: 생명의말씀사, 2018), 64.
54 Ibid., 303.

조한다.[55] 불신자들의 불평이란 우리 주변에서 흔히 마주하는 것들이다.

- 불평 : 기적들은 이성에 반하는 것이고 기독교인들이 그저 믿기로 작정했다.
- 답변 : 불신자들은 맹목적으로 기적을 믿지 않기로 작정했다. 성경에 실제 일어난 사건이 기록되었음에도 억지로 일어나지 않은 일이라고 맹신한다. 기록된 실증적 사건을 부정하는 행동이야말로 이성을 포기하는 행동이다.

위와 같은 답변을 취할 때 불신자들은 우리의 대명제(성경)를 신뢰할 수 없다고 주장할 것이며, 그다음은 진리를 대체할 다른 무언가를 찾으려고 할 것이다. 그러나 개혁주의 변증가들은 불신자들의 첫 번째 시도부터 원천 차단한다.

이들의 변증방법론이 이처럼 완고한 이유는 만일 성경이라는 명제의 진정성을 의심받는다면 그 이후에 제시하는 모든 논리와 지식도 필연적으로 의심의 대상이 되기 때문이다. 상대주의적 무신론자들에게는 근본적인 모순이 있다. 그것은 "어떤 증거도 존재하지 않는다는 증거, 절대적인 진술이 존재하지 않는다는 절대적 진술"이다.[56] 이에 대해서 프레임은 다음과 같은 부연 설명을 더 한다.

'순진한 상대주의'의 명제는 자기 모순적이든 이해하기 어렵든 줄 중 하나입니다. 객관적 진리가 존재하지 않는다고 주장함과 동시에 자기주장이 객관적 진리라고 외친다면 이는 자기모순입니다. 그렇다고 상대주의자가 자신의 주장이 객관적 사실이 아니라고 말한다면 아무런 주장도 할 수 없게 됩니다. '주장하다'라는 말은 어떤 진술이 객관적인 진리라고 말하는 것입니다. 객관적인 진리를 주장하지 않으면서 어떤 것을 '주장'한다고 말하는 것은 이해하기 어렵습니다.[57]

마지막으로 프레임의 변증 중 주목해야 할 논쟁을 한 가지 더 살펴보고자 한다. 그것은 하나님의 주권과 인간의 자유를 다루는 **열린 신학**(open theism) **논쟁**이다. 열린 신학(open theism, openness theology)이란, "자유의지 신론(freewill theism), 열

---

55 존 프레임, 『신지식론』, 김진운 역 (서울: 개혁주의신학사, 2020), 679.
56 존 프레임, 『개혁파 변증학』, 428.
57 존 M. 프레임, 『기독교를 생각하다』, 김효남 역 (서울: 좋은씨앗, 2021), 39-40.

린 관점에서의 하나님(open view of God), 현재주의(prensentism), 이성적 신론(rational theism), 일관된 알미니안주의(consistent Arminianism)"으로 불리는 이론들을 의미한다.[58]

이 논의의 주된 쟁점은 '예지 예정이냐', 아니면 '주권적 예정이냐'의 견해 차이다. 열린 신학을 지지하는 예지 예정론자들은 하나님이 우리가 그리스도를 선택할 것이라는 사실을 미리 알고 우리를 선택하셨다고 주장한다. 이 견해에 따르면 우리의 선택은 원인이 되고 하나님의 선택은 결과가 된다. 프레임은 이러한 주장을 정면으로 반박한다. 왜냐하면, 프레임이 봤을 때, 열린 신학 지지자들의 이와 같은 주장은 인간을 제1 원인으로 만들고 하나님을 제2 원인으로 만들기 때문이다.[59]

브루스 웨어(Bruce A. Ware)에 따르면, '열린 신론'은 하나님의 속성과 목적과 사역, 성경 계시의 정확성과 확실성, 구원 계획과 진실성 그리고 신자의 기도나 고난, 소망과 관련된 삶을 심각하게 왜곡시킨다고 주장한다.[60] 개혁파 변증론자들은 열린신론 논쟁에서 하나님의 주권적인 예정을 인정하고, "절대적으로 하나님의 독보적인 위대하심의 무한한 광채와 하나님의 관대한 선하심의 형언할 수 없는 부요를 겸손하게 응시"할 것을 요청한다.[61] 웨어는 "구원하는 믿음에 앞서 발생하는 중생은 무조건적 선택을 필요"로 하다는 사실을 명시함으로 하나님의 주권을 무한히 강조하고자 한다.[62]

물론, 모든 변증론자가 이와 같은 견해를 지지하는 것은 아니다. 복음주의 변증방법론을 다룰 때 상세히 다루겠지만, 클락 핀녹(Clark H. Pinnock)은 열린 선택론을 지지한다.

지금까지 「개혁주의 변증방법론 I」에서는 바빙크와 벌코프를 중점으로 그리고 「개혁주의 변증방법론 II」에서는 메이첸, 반틸, 프레임 중심으로 살펴보았다. 이들 모두의 공통점은 성경을 대명제로 전제하고 있다는 점이다. 각각의 포인트가 있다면, 메이첸은 자유주의 신학에 대항한 변증, 반틸은 신정통주의

---

58 존 M. 프레임, 『열린 신학 논쟁』, 홍성국 역 (서울: 기독교문서선교회, 2015), 11.
59 Ibid., 93.
60 브루스 웨어, 『더 큰 하나님의 영광』, 김귀탁 역 (서울: 부흥과개혁사, 2008), 25-27.
61 Ibid., 9.
62 브루스 웨어 & 잭 코트렐 & 로버트 레이먼드 & 토머스 탈보트 & 클락 핀녹, 『선택이란 무엇인가』, 박승민 역 (서울: 부흥과개혁사, 2015), 47.

신학에 대항한 변증 그리고 프레임은 열린 신론에 대항한 변증이 눈에 띈다.

이처럼 개혁주의 변증방법론은 살았고 운동력 있는 하나님의 말씀이 마음의 생각과 뜻을 판단하고 있음을 나타내 보인다. 그리고 그 하나님의 말씀은 "위대하신 자는 또한 유일하신 분"이라는 사실을 증거한다.[63] 우리 눈앞에 있는 것 중 하나님이 창조하지 않은 것이 하나도 없기에 하나님은 위대하시다. 또한, 우리의 결산을 받으실 삼위 하나님 눈앞에 만물이 벌거벗은 것같이 드러나기에 그분은 위대하시다. 그리고 그 위대하신 분은 독생자 예수 그리스도이시며 우리를 죄와 사망에서 구원할 유일한 주님이시다.

♣ 내용 정리를 위한 문제

1. 개혁주의 신학-구(old) 프린스턴 학파-이 근본주의로 비난받게 된 이유는 무엇이며, 이를 극복하기 위해 그레샴 메이첸이 취한 변증은 무엇인지 서술하시오.
2. 코넬리우스 반틸의 "절대 계시론적 전제주의"란 무엇인가? 또, 반틸이 신정통주의(특히 칼 바르트)를 비판하는 내용과 근거는 무엇인가?
3. 열린 신학(open theism) 논쟁이 무엇인지 설명한 후, 존 프레임이 이 논쟁에서 어떤 견해를 가졌는지 밝히시오.

※ 참고 문헌(제16장에 인용된 도서들)

J. G. 메이첸. 『기독교와 자유주의』. 황영철 역. 서울: 복있는사람, 2013.
_____. 『보이지 않는 것들』. 노진준 역. 서울: WPK, 2022.
그레샴 메이천. 『기독교와 현대신앙』. 김효성 역. 서울: 기독교문서선교회, 1993.
코넬리우스 반틸. 『개혁신앙과 현대사상』. 이승구 역. 서울: SFC출판부, 2009.
_____. 『개혁주의 일반 은총론』. 정성국 역. 서울: 개혁주의신학사, 2022.
_____. 『변증학』. 신국원 역. 서울: 개혁주의신학사, 2017.
_____. 『신현대주의』. 김해연 역. 서울: 성광문화사, 1992.
_____. 『조직신학 서론』. 이승구·강웅산 역. 경기고양: 크리스챤출판사, 2009.
_____. 『칼 바르트와 복음주의』. 최더함 역. 서울: 리폼드북스, 2020.

---

63 존 M. 프레임, 『자연, 양심, 하나님』, 손현선 역 (서울: 좋은씨앗, 2020), 52.

루이스 벌코프 & 코넬리우스 반틸. 『개혁주의 교육학』. 이경섭 역. 서울: 개혁주의신학사, 2011.
존 M. 프레임. 『기독교를 생각하다』. 김효남 역. 서울: 좋은씨앗, 2021.
_____. 『개혁파 변증학』. 김진운 역. 서울: 개혁주의신학사, 2019.
_____. 『서양 철학과 신학의 역사』. 조계광 역. 서울: 생명의말씀사, 2018.
_____. 『성경론』. 김진운 역. 서울: 개혁주의신학사, 2014.
_____. 『신령과 진정으로 드리는 예배』. 김광열 역. 서울: 총신대학교출판부, 2013.
_____. 『신지식론』. 김진운 역. 서울: 개혁주의신학사, 2020.
_____. 『열린 신학 논쟁』. 홍성국 역. 서울: 기독교문서선교회, 2015.
_____. 『우리는 모두 철학자입니다』. 손동민 역. 서울: 복있는사람, 2020.
_____. 『자연, 양심, 하나님』. 손현선 역. 서울: 좋은씨앗, 2020.
_____. 『존 프레임의 조직신학』. 김진운 역. 서울: 부흥과개혁사, 2017.
J. 판 헨더렌 & W. H. 펠레마. 『개혁교회 교의학』. 신지철 역. 서울: 새물결플러스, 2018.
K. 스콧 올리핀트. 『하나님의 신비를 예배하다』. 김태형 역. 서울: 좋은씨앗, 2022.
로레인 뵈트너. 『개혁주의 신학 연구』. 김광열 역. 서울: 기독교문서선교회, 1994.
리처드 멀러. 『신학 공부 방법』. 김재한 역. 서울: 부흥과개혁사, 2018.
_____. 『칼빈과 개혁 전통』. 김병훈 역. 서울: 지평서원, 2017.
마이클 호튼. 『기독교 신앙의 핵심』. 조계광 역. 서울: 지평서원, 2018.
_____. 『은혜의 복음이란 무엇인가』. 윤석인 역. 서울: 부흥과개혁사, 2016.
벤자민 B. 워필드. 『구원의 계획』. 모수환 역. 경기 고양: 크리스챤다이제스트, 2012.
_____. 『칼뱅: 하나님·성경·삼위일체 교리 해설』. 이경직·김상엽 역. 서울: 새물결플러스, 2015.
브루스 웨어 & 잭 코트렐 & 로버트 레이먼드 & 토머스 탈보트 & 클락 핀녹. 『선택이란 무엇인가』. 박승민 역. 서울: 부흥과개혁사, 2015.
브루스 웨어. 『더 큰 하나님의 영광』. 김귀탁 역. 서울: 부흥과개혁사, 2008.
스코트 올리핀트. 『코넬리우스 밴틸의 개혁주의 변증학』. 석기신 역. 경기 고양: 크리스챤, 2011.
스테판 J. 니콜스. 『메이천 생애와 사상』. 윤재석 역. 서울: 개혁주의신학사, 2020.
안토니 후크마. 『개혁주의 구원론』. 류호준 역. 서울: 기독교문서선교회, 2003.
_____. 『개혁주의 인간론』. 이용중 역. 서울: 부흥과개혁사, 2017.
조엘 비키. 『오직 성경으로』. 조계광 역. 서울: 지평서원, 2011.
조엘 R. 비키 & 니콜라스 톰슨. 『비판 속에 있는 목회자들』. 김효남 역. 경기고양: 언약, 2022.
찰스 하지. 『조직신학 I』. 김귀탁 역. 경기 고양: 크리스챤다이제스트, 2006.
_____. 『찰스 하지의 조직신학개요』. 원광연 역. 경기 고양: 크리스챤다이제스트, 2011.
켈리 M. 캐픽 & 웨슬리 밴더 럭트. 『개혁신학 용어 사전』. 송동민 역. 서울: 알맹e, 2018.

크리스 파커.『처음 만나는 기독교 세계관』. 홍병룡 역. 인천: 템북, 2022.
프랭크 개블라인.『신본주의 교육』. 이창국 역. 서울: 기독교문서선교회, 2012.
김향주.『기독교 변증학』. 서울: 엘맨출판사, 2020.
이재근.『20세기, 세계, 기독교』. 서울: 복있는사람, 2022.

제17장

기독교 변증학의 고전 : C. S. 루이스 & 프란시스 쉐퍼

> 어리석은 자는 그의 마음에 이르기를 하나님이 없다 하는도다 그들은 부패하고 그 행실이 가증하니 선을 행하는 자가 없도다(시편 14편 1절).

어리석은 자는 마음에 이르기를 "하나님이 없다"라고 한다. 바꿔 말하면, 지혜로운 자는 마음에 이르기를 "하나님이 있다"라고 한다. 또한, 어리석은 자들은 부패하고 행실이 가증하지만, 지혜로운 자는 선을 행하고 행실이 올바르다.

기독교 변증학의 고전으로 꼽을 수 있는 인물들은 G. K. 체스터턴(Gilbert Keith Chesterton), 헬무트 틸리케(Helmut Thielicke), 아브라함 요수아 헤셸(Abraham Joshua Heschel), C. S. 루이스(Clive Staples Lewis), 프란시스 쉐퍼(Francis A. Schaeffer) 등이 있는데, 이들은 단연 지혜로운 자에 속하는 인물들이다. 현대 기독교 변증학은 이들의 변증방법론을 기초로 발전했다고 봐도 과언이 아니다.

이전부터 기독교 신앙의 변증방법론은 크게 세 가지로 구분 지어 설명할 수 있는데, 그 세 가지는 다음과 같다.

- 전제주의(Presuppositionalism) : 이해하기 위해 믿는다(Credo ut ittelligam).
- 증거주의(Evidentialism) : 나는 이해하고, 믿는다(Inteligo et credo).
- 경험주의(Experientialism) : 불합리하므로 나는 믿는다(Credo quia absurdum est).

그중에 철저한 개혁파 전통에 있는 그룹들은 전제주의의 방법론을 많이 사용한다. 그리고 아퀴나스식의 스콜라 전통에 있는 그룹이 증거주의 방법론을 많이 채택한다. 또한, 바르트를 비롯한 실존철학에 기반을 둔 변증가는 경험주의의 방법론을 주로 사용한다. 그런데 변증의 고전적 표준으로 불릴만한 이들에게는

1. 고전적 변증 태도

변증방법론만큼 중요한 것은 변증의 태도이다. 진리를 위한 투쟁이 아닌 자신의 논리를 뽐내기 위한 변증 태도는 공허한 기술이다.

무엇보다 믿음이라는 것이 수호한다고 수호될 수 있는 그런 것인가!

그럴싸한 해답을 주는 듯하지만, 도돌이표 같은 물음과 답변이 반복되는 경우가 허다하다. 그래서 틸리케는 "상대의 주장에 반대하는 논리와 주장, 토론과 변증으로 시험을 몰아내려는 시도는 그림자로 그림자를 쫓아내는 것이나 마찬가지"라고 말한다.[1]

그렇다면 어떤 변증의 태도를 보이고 변증에 임하는 것이 좋을까?

흔히 변증의 태도는 전략적 변증, 공세적 변증, 방어적 변증으로 나타난다. 틸리케는 "박해 속에서도 즐거워하는 그 신비"를 믿음으로 제시하여 전략적 변증을 취한다.[2] 반면에 헤셸은 하나님이 인간을 찾으시는 것이야말로, "성경적 신앙의 신비스러운 역설"이라고 말함으로써 계시와 믿음의 관계를 확장한다.[3] 또한, 헤셸은 "하나님을 아는 인간의 지식은 인간을 아는 하나님의 지식 안에서 초월 된다"라고 명시한다.[4]

단순화해서 말하자면 사람을 찾는 하나님을 말하면 신학이고, 하나님을 찾는 인간을 말하면 종교학이다. 헤셸의 이와 같은 논증은 공세적 변증에 속한다. 이와는 다르게 체스터턴은 "버림받아 십자가에 죽은 그 인물을 우리가 높이 들고 싶다면, 단순한 현인이나 영웅이 아니라 진정한 하나님이 십자가에 죽었다고 생각하고 싶어질 것"이라고 말한다.[5] 또 체스터턴이 볼 때 기독교는 "이상을 구현

---

1 헬무트 틸리케, 『신과 악마 사이』, 손성현 역 (서울: 복있는사람, 2022), 68.
2 헬무트 틸리케, 『현실과 믿음 사이』, 윤종석 역 (서울: 두란노서원, 2015), 48.
3 아브라함 요수아 헤셸, 『사람을 찾는 하나님』, 이현주 역 (경기고양: 한국기독교연구소, 2007), 174.
4 아브라함 J. 헤셸, 『예언자들』, 이현주 역 (서울: 삼인, 2017), 688. : 헤셸은 주체(인간)가 객체가 되고 객체(하나님)가 주체가 되는 것을 두고, "신과 인간의 만남의 변증법"이라고 표현한다.
5 G.K. 체스터턴, 『정통』, 홍병룡 역 (서울: 아바서원, 2016), 307.

한 인간적 진리에 대한 사상을 주장함으로써 우리의 영혼이 궁극적으로 제정신(sanity)에 도달해야 한다고 공표"하는 종교이다.[6] 이러한 관점의 변증이 바로 믿음을 수호하는 방어적 변증이다.

이해를 돕기 위해 각각 두드러지는 변증들을 구분하여 살펴보았다. 하지만 사실 이러한 종류의 변증 방식들은 고전적 변 증가에서 구분되어 나타나기보다는 종합적으로 나타난다. 다양한 변증 태도들이 종합적으로 나타난다는 것을 확인시켜 주는 인물들이 바로 루이스와 쉐퍼이다. 이들을 통해 나타나는 기독교 변증은 지극히 고전적 방법론들이다. 또한, 이들의 공통점은 모두 복음 전도를 사역의 중심에 두었다는 점이다.

하지만 루이스는 좋은 책들을 찾아 음미하는 문학가였다. 이 교양 있는 학자는 평생 즐길 수 있는 문학적 향찬을 '한 영혼의 구원'을 위해 맞바꾸었다. 루이스에게 있어서 복음 전도의 사명은 '인생의 진정한 소임'이자 인간이 하나님께 영광을 돌릴 수 있는 유일한 길이었다. 이러한 신념으로 루이스는 자신의 문학에 대한 깊은 열정을 복음 전도에 쏟아부었다.[7]

쉐퍼 역시 자신의 소명을 당당히 표현했다. 일반적인 대중의 인식과 달리, 쉐퍼는 자신을 '지성인을 위한 선교사'나 고도의 책상 변증가로 불리기를 원치 않았다. 그는 자기 자신을 소외된 세상에 화해의 메시지를 전하는 '토박이 전도자'(old-time evangelist)로 표현했다.[8]

루이스와 쉐퍼 같은 고전적 기독교 변증가들은 세상 앞에 복음의 진가를 드러내는 일에 힘쓴다. 하지만 참된 기독교 신앙을 견지하기 위해선 때론 문화에 역행할 때가 있고, 말씀에 변함없이 충성하다가 세속으로부터 고립당할 위험도 있다. 그런데도 모든 기독교 변증가는 "세상에 반(反)함으로써 천국과 공명하는 즐거운 망명자다."[9]

쉐퍼와 루이스는 복음을 사수하는 일에 있어서 공통된 영역에 속하지만, 죄에 빠진 인류가 어떻게 거룩하신 하나님과 화해하는가에 대해서는 매우 다른 청사

---

6 길버트 키스 체스터턴, 『왜 세상이 잘못 돌아가나』, 서상복 역 (경기고양: 연암서가, 2021), 37.
7 스콧 버슨 & 제리 월즈, 『루이스와 쉐퍼의 대화』, 김선일 역 (서울: 한국기독학생회출판부, 2009), 84-85.
8 Ibid.
9 제임스 휴스턴, 『즐거운 망명자』, 홍종락 역 (서울: 한국기독학생회출판부, 2010), 20.

진을 제시한다. 쉐퍼는 주로 속죄를 법적인 형벌로 보았지만, 루이스는 주로 새로운 삶을 가능케 하는 하나님의 행위로 보았다.[10] 따라서 쉐퍼는 칭의, 죄 사함, 전가된 의, 죽음의 순간에 단회적으로 이루어지는 변화 등을 강조했다. 반면에 루이스는 회개, 중생, 부여된 의, 죽음 이후에도 지속되는 협력에 의한 변화에 초점을 맞추었다.

이러한 구원론적 차이는 쉐퍼의 『기초성경공부』(*Basic Bible Studies*)와 루이스의 『순전한 기독교』를 비교해 보면 명확하게 드러난다. 쉐퍼는 이신칭의의 구원론적 중요성을 강조하지만, 회개에 대해서는 거의 언급하지 않는다. 반면 루이스는 회개의 구원론적 중요성을 강조하지만, 이신칭의에 대해서는 거의 언급하지 않는다.[11] 이는 이 두 변증가 사이에 방법론적 차이가 있기 때문이다.

그렇다면 20세기 기독교 변증의 고전으로 불릴 수 있는 루이스와 쉐퍼의 변증방법론은 각각 어떤 특징을 가지고 있을까?

이를 파악하기 위해 그들의 작품에서 드러난 두드러진 특징점들을 살펴보겠다.

2. 순전한 기독교

첫째로, 루이스를 살펴보겠다.

루이스의 변증방법론은 상당히 문학적이다. 그래서 그의 변증은 **문학적 변증**이다. 루이스는 기독교적이면서도 문학적 가치를 추구하는 것이 마땅하다고 생각했다.[12] 그런데 "흔히 문학적인 글은 또 다른 주요 글쓰기 방식인 논증적 글과 대조를 이룬다."[13]

하지만 루이스는 논쟁적인 글을 능숙하게 다루는 변증가인데, 어떻게 문학가일 수도 있는가?

---

10 스콧 버슨 & 제리 월즈, 『루이스와 쉐퍼의 대화』, 97.
11 Ibid.
12 C. S. 루이스, 『기독교적 숙고』, 양혜원 역 (서울: 홍성사, 2013), 10.
13 릴랜드 라이큰 & 글렌타 페이 매티스, 『잃어버린 독서의 예술 되찾기』, 홍종락 역 (서울: 무근검, 2022), 69.

캐런 스왈로우 프라이어(Karen Swallow Prior)에 따르면, "세계 최고의 문학에 제시된 좋은 삶에 대한 비전은 선에 대한 지식과 갈망을 함양하는 매개이자, 진리에 대한 지식과 갈망을 함양하는 매개가 될 수 있다."[14] 루이스는 이 점에 매우 적합한 인물이다.

루이스의 문학적 변증으로 많은 이가 『나니아 연대기』에서 아슬란(나니아 연대기에 등장하는 사자)이 죄 없이 죽임을 당한 후 부활하는 장면 등을 떠올린다. 하지만 루이스와 J. R. R. 톨킨(John Ronald Reuel Tolkien)은 『나니아 연대기』와 『반지의 제왕』 등을 '복음 전파'라는 목적으로 기록하지 않았다. 잉클링스(Inklings) 모임[15]에서 서로의 글을 나눴을 때 그들은 순수하게 문학적인 차원을 논하는 경우가 많았다.

루이스의 『나니아 연대기』도 신학적 작품 내지는 기독교 변증의 산물이라기보다는 순수한 상상력과 문학적 예술의 종합이라고 보는 것이 더 적절하다. 그런데도 『나니아 연대기』가 기독교의 모습을 예표 한다고 볼 수 있는 이유는, 그가 기독교야말로 참된 "신화 중의 신화"라고 생각했기 때문이다. 가장 신화다운 이야기를 만들려고 하다 보니 자연스레 기독교적 요소가 들어갈 수밖에 없었다.

그의 대표적인 작품 중 『스크루테이프의 편지』는 '스크루테이프'라는 악마가 자기 조카 악마인 '웜우드'에게 인간들의 신앙을 공격하기 위한 전략을 알려주는 내용이다. 루이스는 마귀의 처지에서 마귀의 전략을 문학적으로 상상해 본 것이다. 그런데 여기서 스크루테이프의 전략을 역으로 적용하면 우리 신앙의 변증이 될 수 있다. 스크루테이프는 조카 웜우드에게 신자의 영성을 파괴하는 방법에 대하여 이렇게 일러준다.

> 일단 예수를 단순한 스승으로 만들어 버린 후, 그의 가르침과 다른 모든 위대한 도덕적 스승의 가르침이 실질적으로는 아주 일치하고 있다는 점을 슬쩍 은폐해 버리는 게야.[16]

---

14 캐런 스왈로우 프라이어, 『소설 읽는 신자에게 생기는 일』, 홍종락 역 (서울: 무근검, 2022), 29.
15 영국의 옥스퍼드 대학교와 관련된 문학 토론 모임을 뜻함.
16 C. S. 루이스, 『스크루테이프의 편지』, 김선형 역 (서울: 홍성사, 2014), 134.

위 루이스 작품을 통해서 독자는 역으로, "예수는 모든 위대한 도덕적 스승과는 차원이 다르신 구세주"라는 점을 공고히 할 수 있다. 즉, 루이스가 기독교 변증을 의도하고 문학 작품을 저술하지는 않았을지라도, 그의 작품들은 기독교 변증의 방법론을 충분히 제공해 주고 있다. 『천국과 지옥의 이혼』이라는 작품 역시 인간 본성을 문학적으로 그려냄과 동시에 기독교 신앙의 고결함을 변증하고 있다.

루이스는 『영광의 무게』라는 작품에서도 천국의 영광스러움을 표현하고 있는데, 그는 "영광을 하나님이 '알아주시는' 상태"로 묘사하는 것은 결코 유치한 것이 아니라 신약성경이 말하고 있는 바라고 주장한다.[17] 그리고 『천국과 지옥의 이혼』이라는 작품에서는 사람들이 "천국과 지옥의 결혼을 성사"하려는 시도를 해 온다는 점에 대해 정면으로 반론하고, 거룩한 것의 구별됨을 강조했다.[18] 루이스의 문학적 변증은 체스터턴의 영향일 것으로 추측되는데, 체스터턴 역시 문학적 문체로 오늘날의 모습이 고전적 신앙인들과 어떻게 다른지 간결하게 폭로한다.

> 신앙을 제일로 여기던 옛 종교인들은 도덕적 진리를 위해 사람들을 육체적으로 고문했다. 실익을 중시하는 요즘 현실주의자들은 육체적 진리를 위해 사람들을 도덕적으로 고문한다.[19]

이 말은 신앙의 삶, 도덕적 삶을 추구하는 사람들이 육체적인 불편함을 감수했다면, 오늘날 사람들은 육체적인 편리함을 위해 신앙의 삶과 도덕적 삶을 포기하며 산다는 점을 고발한 것이다. 루이스가 천국과 지옥의 이혼을 선언하는 것과 마찬가지로, 상당히 문학적인 표현이다. 그러면서도 기독교 신앙의 변증적 요인이 담겨 있다. 체스터턴은 "기독교는 진리의 모든 면을 포용하게끔 일부러 폭을 넓히는 동시에, 온갖 오류에 대항해 싸울 진용을 강경하게 갖추고 있다"라고 말한다.[20]

---

17 C. S. 루이스, 『영광의 무게』, 홍종락 역 (서울: 홍성사, 2014), 28.
18 C. S. 루이스, 『천국과 지옥의 이혼』, 김선형 역 (서울: 홍성사, 2014), 8.
19 G. K. 체스터턴, 『하나님의 수수께끼가 사람의 해답보다 더 만족스럽다』, 이은진 역 (경기 파주: 비아토르, 2020), 80.
20 G. K. 체스터턴, 『영원한 사람』, 송동민·서해동 역 (서울: 아바서원, 2020), 322.

그리고 체스터턴은 "보편적인 동시에 유일무이한 영이 기독교에 현존하고 있음을 보여 주는 증거는 많다"라며 고전적인 변증을 정직하게 설파한다.[21] 즉, 교회와 견줄 만한 것은 없고, 닮은 것도 없다. 교회는 오래된 만큼 여전히 새로운 존재이다.

이와 같은 변증법은 루이스의 『순전한 기독교』에서도 빛을 발한다. 문학적 변증법을 취한다고는 하지만, 본격적인 변증에 있어서는 문학에 기독교적 요소를 가미시키는 것이 아닌, 오로지 기독교를 위한 작품을 저술했다.

체스터턴과 마찬가지로 루이스도 **기독교 고유의 언어를 지키는 것을 중요하게 생각했다.** 언어에 민감한 그는 기독교 용어가 모호하게 흐려지거나 다른 개념들로 혼합되는 것을 꺼렸다. 그래서 루이스는 "하나님이 세상과 구별된 존재이며, 세상의 어떤 것은 그의 뜻을 거스르고 있다는 사실"을 명확하게 간파했다.[22] 루이스는 순전한 기독교의 진리는 "그리스도의 죽음이 효력을 갖는다는 사실"이며, 그것은 신학자들이 제시한 그 어떤 설명들보다 무한히 더 중요한 것임을 강조한다.[23]

> 기독교 신앙의 중심은 그리스도의 죽음이 어떤 방식으로든지 간에 우리로 하여금 하나님과 바른 관계를 맺게 해 주며 새로이 출발하게 해 주었다는 데 있습니다.[24]

루이스의 위와 같은 증언을 통해, 우리는 그가 열렬하게 진리를 주장하면서, 동시에 맹렬하게 비진리에 대해 배척하고 있음을 알 수 있다. 거룩한 하나님은 죄의 모든 형태를 용납할 수 없다. 그러나 사랑이신 하나님은 용서를 통한 구원의 역사를 보이셔야만 했다. 그래서 하나님은 독생자 예수 그리스도를 통해서 '거룩'과 '사랑'을 동시에 실현했다. 거룩한 하나님의 '진노'는 순수한 하나님의 요체다.[25]

---

21 Ibid., 323.
22 C. S. 루이스, 『순전한 기독교』, 장경철·이종태 역 (서울: 홍성사, 2010), 72.
23 Ibid., 97.
24 Ibid., 96.
25 제럴드 리드, 『C. S. 루이스를 통해 본 거룩한 삶』, 조혜정 역 (경기고양: 엔크리스토, 2006), 31.

그래서 순전한 기독교에 불순물이 첨가될 수 없다. 그 거룩한 하나님의 진노를 고스란히 받으신 분이 예수 그리스도시다. 기독교 신앙은 어두운 권세에 하나님의 침공이 성육신으로 이루어졌다는 것이다. 그리고 십자가와 부활은 빛의 권세가 실현되는 현장이다. 그러나 그 어두운 권세조차도 본래는 선하게 창조되었다. 후에 악하게 되었을 뿐이다.

이런 점에서 기독교는 이원론과는 구별된다. 결국, 순전한 기독교는 '성육신', '십자가', '부활'이다. 이 진리에 어떠한 불순물도 첨가하지 않는다면, 기독교는 순전한 기독교로 계속 남을 수 있다.

정리하자면, **순전한 기독교의 핵심이 되는 것은 그리스도의 대속이고, 그것은 하나님의 사랑의 결과이다.** 그렇기에 "우리는 신비주의나 하나님을 향한 피조물의 사랑, 지상의 몇몇 사람들에게 허락된 지복에 대한 놀라운 예배 체험"에서 신앙을 시작해선 안 된다. 그 보다 신앙의 시작점은 "신적 에너지로서의 사랑"에 두어야 한다.[26] 이 근본적인 사랑은 하나님의 대가 없는 선물이다.

그래서 루이스는 '기독교만의 독특함이 무엇입니까?'

이런 질문에 이처럼 대답한다.

"그것은 쉽습니다. 바로 은총입니다"(That's easy. It's Grace).

은총은 믿음을 일으키며 믿음은 언제나 우리를 안전한 자리에 놓는다. 루이스가 생각할 때, 우리의 믿음을 공격하는 것은 의외로 이성이 아니라 감각과 상상력이다. 세속적 즐거움의 감각과 하나님이 없을 것이라는 상상이 바로 그러하다. 역설적으로 믿음은 우리의 이성을 강화해 준다.

> 사람들에게 믿음이라는 미덕(일정한 내용을 계속 믿겠다는 확고한 의지)을 권할 때 우리는 이성에 맞서 싸우라고 권하는 것이 아니다. 계속 믿으려는 의지가 필요한 이유는 하나님이 주신 이성을 인간이 본래 취지대로 쓸 줄 모르기 때문이다. 일단 감정이 끼어들면, 용광로 앞에서 점도를 유지할 수 없는 눈송이만큼이나 인간의 이성도 은혜의 도움 없이는 기존 진리를 고수하기가 힘들다.
>
> 우리의 이성은 유혹에 굴하는 순간 설득당해 기독교에 대한 반론을 받아들일 수 있는데, 그런 반론은 대개 앞뒤가 맞지 않는다. 이성으로 각종 진리를 얻을 수는

---

26 C. S. 루이스, 『네 가지 사랑』, 이종태 역 (서울: 홍성사, 2008), 215.

있으나 믿음 없이 이성으로만 진리가 고수되는 기간은 사탄의 손에 달려 있다.[27]

계속해서 루이스에 따르면, "내가 정의하는 믿음이란, 생각을 바꿀만한 설득력 있는 이유가 나타나기 전까지는 여태 성심껏 사실로 알던 내용을 계속 믿는 힘이다."[28] 그래서 그는 기독교 신앙의 내용을 앞에 두고, "그 안전한 요소를 믿지 않을 합리적인 근거는 하나도 없다"고 주장한다.[29]

즉, **루이스에게 믿음은 "강화된 이성"**이다.

그런데 많은 이가 기독교 신앙의 '믿음'을 두고 따져 물으며 의심한다.
'그것은 비합리적인 것 아닌가?'

특히, 기적 사건들이 그러하다. 예를 들어서 물리학자가 당구공의 속도와 이동에 대해 실험할 때, 자연법칙에 따른 실험을 하게 된다. 여기에 당구장 바닥이 살짝 울퉁불퉁한 부분이 있어서 생기게 될 변수는 있을지 모르겠으나, 기적이 개입할 여지는 없다. 이에 대해서 루이스는 자신의 저서 『기적』에서 다음과 같이 변증한다.

> 물리학자로서는, 제가 당구 채를 낚아채서 당구공 실험을 '망칠' 가능성이 있는지에 대해서는 알지 못합니다. 그런 문제에 대해서 저를 아는 누군가에게 물어봐야 할 것입니다. 마찬가지로, 물리학자는 어떤 초자연적 힘이 간섭할 가능성이 있는지에 대해서는 알지 못합니다. 이 문제에 대해서는 형이상학자에게 물어봐야 할 것입니다. 그러나 물리학자는, 물리학자로서 만일 당구공들이 자연적이든 초자연적이든 그가 고려하지 않았던 어떤 작인에 의해 간섭받는다면, 그것들의 행위는 그가 기대했던 것과 다를 수밖에 없다는 것을 알고 있습니다.
> 이는 그 법칙이 틀렸기 때문이 아니라, 옳으므로 그런 것입니다. 이렇게 법칙에 대해 더 확신하면 할수록, 새로운 요소들이 도입된다면 그 결과는 달라질 수밖에 없다는 점을 좀 더 분명히 알게 됩니다. 우리가 물리학자로서 알 수 없는 것은, 초자연적 힘이 그 새로운 요소 중의 하나일 가능성이 있는지 입니다.[30]

---

27 C. S. 루이스, 『신자의 자리로』, 윤종석 역 (서울: 두란노서원, 2022), 73-74.
28 Ibid., 71.
29 C. S. 루이스, 『기독교적 숙고』, 80.
30 C. S. 루이스, 『기적』, 이종태 역 (서울: 홍성사, 2008), 111-112.

위 루이스의 논리는 **자연법칙을 거스르는 초자연적인 기적이 발생했다고 해서, 자연법칙의 방식이 틀렸음을 증명하는 것은 아니라는 것**이다. 존 그레샴 메이첸(John Gresham Machen)에 따르면, 기적이란 하나님의 즉각적인 능력에 의해서 행해진 사건을 뜻하지만, 이는 기적만이 하나님의 행위라는 뜻은 아니다.

오히려 반대로 일상적인 사건의 경우에는 그 사건을 일으키시기 위해 하나님이 지으신 자연 질서라는 수단을 쓰시지만, 기적의 경우에는 그러한 수단을 쓰지 않고 맨 처음 무에서 모든 것을 만드실 때처럼 창조의 능력을 통해 사건을 일으키신다는 뜻이다.[31] 다만 자연법칙의 원리로는 기적을 설명해 낼 수 없기에 그것에 대한 해답을 제시할 의무가 과학에 없다는 뜻이다.

또한, 자연법칙 역시 하나님의 창조로 인한 기적이고, 그 기적이 반복되어 법칙이 된 것이라는 점을 간과할 수도 없다. 우리가 초자연적인 것으로 여기는 '기적' 역시 자연법칙 밖에서 개입할 수 있는 '하나님의 자유'이다.

현대 신학자 제럴드 브레이(Gerald Bray)도 루이스처럼 결국 하나님의 존재는 인간의 관점에서는 표현될 수 없다고 못 박는다. 이 말은 하나님의 존재는 과학적으로 탐구되거나 탐지될 수 없음을 의미한다. 그러나 하나님은 여전히 우리와 함께하시며 우리는 하나님 없이는 존재할 수 없다.

우리는 감히 하나님께 다가갈 수 없는데, 하나님 없이 살 수 없다는 것은 도대체 어떤 의미인가?

불의 이미지를 빌려서 이해하면 이렇다.

> 불은 실제적이며 인간의 삶에 매우 중요하지만, 불과 접촉하면 그 결과 반드시 고통을 당하게 된다. 하나님과의 관계에서도 마찬가지다. 하나님의 존재와 우리의 존재는 서로 직접 접촉하며 공존할 수는 없시만, 동시에 우리는 하나님 없이는 존재할 수 없다.[32]

구속 진리와 기적에 대한 변증 이외에도 루이스의 고전적 변증은 몇 가지 더 있다. 그중 추가로 다룰 것은 **인간의 문제**와 **고통의 문제**에 대한 것이다. 루이스는 자신의 저서 『인간 폐지』에서 "최후의 인간들은, 힘의 상속자이기는커녕 위

---

31 존 그레셤 메이첸, 『보이지 않는 것들』, 노진준 역 (서울: WPK, 2022), 357-358.
32 제럴드 브레이, 『갓 이즈 러브』, 김귀탁·노동래 역 (서울: 새물결플러스, 2019), 202.

대한 계획자들과 조작자들의 죽은 손에 가장 종속된 인간"이라고 주장한다.[33] 이는 창조자에게 순종하기보다는, 스스로 창조자의 자리를 찬탈하려는 인간 본성에 의해 나타난 결과이다.

그러나 인간은 스스로 창조자가 되었다고 착각하고 있을 뿐, 사실 그들은 그저 조작자에 불과하다. 즉, 인간이 도덕률을 행함으로 구원에 이를 수 없는 이유는 도덕률을 행할 의지와 능력이 인간에게 없기 때문이다. 그래서 루이스는 고통의 문제의 원인 중 그 일차적 요인을 "죄"로 보았다. 하나님이 만드신 선한 것 중 "이성적인 피조물의 자유의지에는 본질상 악의 가능성이 내포되어 있으며, 피조물들은 그 가능성을 틈타 악해졌다."[34]

그러나 선량한 자가 겪는 고통의 문제에 대한 답변도 요청되기 마련이다. 이에 대해서 루이스는 "고통스러운 경험의 유익은, 고난받는 당사자는 하나님의 뜻에 복종하게 되며 그의 고난을 목격한 사람들은 동정심을 품고 자비로운 행동을 하게 된다는 데 있다"고 설명한다.[35]

그 밖에 루이스는 문학가이자 변증가로서 불트만 계열의 실존 신학이나 역사적 예수 연구 등을 거부했다. 앞서 루이스가 기독교를 '신화 중의 신화'로 생각했다는 말을 오해해서, '기독교의 성경은 곧 신화다'라고 생각해선 절대 안 된다. 루이스는 자신의 문학 작품에 신화적 요소를 도입했지만, 성경 자체를 신화화하는 것에 대해서는 반대했다. 왜냐하면, 신화는 어디까지나 숙고의 대상이지 믿음의 대상은 아니기 때문이다.[36]

그래서 그는 『시편 사색』에서 시편의 기록 시기를 포로기 이후로 잡는 학술적인 접근을 피하고, 시편 그 자체가 노래를 부르기 위해 쓴 시라는 사실에 집중한다.[37] 결론적으로, 루이스의 기독교 변증학의 고전이 지닌 핵심적인 특징은, 기독교 신앙 고유의 아름다움을 그대로 선포하는 것에 있다.

---

33 C. S. 루이스, 『인간 폐지』, 이종태 역 (서울: 홍성사, 2011), 71.
34 C. S. 루이스, 『고통의 문제』, 이종태 역 (서울: 홍성사, 2017), 106.
35 Ibid., 167-168.
36 C. S. 루이스, 『오독』, 홍종락 역 (서울: 홍성사, 2017), 61.
37 C. S. 루이스, 『시편사색』, 이종태 역 (서울: 홍성사, 2006), 9.

3. 이성으로부터의 도피

둘째로 쉐퍼에 대해서 살펴보겠다.

쉐퍼의 고전적 변증은 세계관을 통한 변증이다. 그의 모든 세계관은 성경의 세계관에 기반을 둔다. 그래서 쉐퍼가 변증하는 하나님은 성경의 하나님이다. 그는 자유주의 신학이 성경을 과학과 역사의 영역에서 신뢰하지 않는 점을 맹렬히 비판했다.[38] 쉐퍼가 설정한 세계관에서 성경의 하나님은 과학과 역사의 영역에서도 온전한 주권자이시다. 따라서 이점을 부인하는 개념과 사상은 사실상 기독교가 아니다. 그래서 쉐퍼는 세속 이성에서 도피할 수 있는 도피성을 기독교 철학과 세계관으로 구현했다. 구체적으로 쉐퍼의 변증 영역을 크게 다섯 가지로 나눠서 설명하겠다.

(1) 기독교 철학 및 문화관에 대한 변증이다.

쉐퍼는 자신의 저서 『이성에서의 도피』에서 "신앙을 비성경적인 방법으로 이성과 대치시키는 데서 오는 결과"를 설명한다.[39] 쉐퍼는 "이성과 신앙을 대치시키는 이상, 우리는 실제 세계에서 실제 윤리를 가질 수 없다"고 지적한다.[40] 하지만 분명한 명제가 있는데, 그것은 기독교가 "삶의 문제 전체에 대한 통일된 해답"을 준다는 점이다.[41] 인간은 변하는 세계 속에서 살아가지만, 불변의 해답을 언제나 요청한다. 그런데 불변하는 진리는 영적인 영역에 속한다. 이것에 대해서 쉐퍼는 형이상학적 필요를 요청한다.

그러면서 그는 "인간이 유한하지만, 인격적 존재라는 사실"에서 실마리를 찾아 나간다.[42] 그런데 놀라운 것은 이것은 실존에 대한 최선의 답변이 아니라 오직 유일한 답변이라는 사실이다. 삼위일체 하나님을 높이고 찬양하는 행위는 인간 실존에 도달하는 행위이며, 형이상학적인 인식을 충족시키는 유일한 해답이다. 이와 같은 논리로 변증을 이어 나가는 쉐퍼는 『거기 계시는 하나님』에서 이렇게 증언한다.

---

38 L.G. 파커스트, 『프란시스 쉐퍼』, 성기문 역 (서울: 두란노서원, 1997), 141.
39 프란시스 쉐퍼, "이성에서의 도피" 『기독교 철학 및 문화관』, 김재권 역 (서울: 생명의말씀사, 2020), 365.
40 Ibid.
41 Ibid., 367.
42 프란시스 쉐퍼, "거기 계시며 말씀하시는 하나님" 『기독교 철학 및 문화관』, 김재권 역 (서울: 생명의말씀사, 2020), 401.

우리는 실제로 대화를 나눌 수 있는 지점을 갖고 있다. 그러나 이 지점은 엄밀히 말해 "중립적"인 것이라고 할 수 없다. 중립적 사실(neutral facts)은 전혀 없다. 왜냐하면, 사실(facts)은 하나님의 사실이기 때문이다.[43]

쉐퍼의 변증은 세속 세계와의 단절을 주장하는 것이 아니다. 오히려 세속 세계와 긴장 지점에서 복음으로 나아가야 할 것을 주장한다. 고전적이고 전제적 변증학(presuppositional apologetics)에 해당되는 쉐퍼식 논리를 불편하게 느끼는 사람들도 있을 것이다.

그러나 쉐퍼는 세속 세계관에 있는 사람들을 포기하는 것이 아니라 돕고 있다. 진리로 초대하는 것이다. 그는 이것을 "지붕 없애기"라고 명명한다. 어떤 사람이 비기독교적 전제의 논리로 결론에 도달하는데, 그때 그 비기독교적 전제가 지붕이다. 그러나 그 지붕은 영혼을 보호하지 못하고 죄만을 간직할 뿐이다. 따라서 그들이 진짜 보호막의 필요를 느낄 수 있도록 그들의 지붕을 없애주어야 한다.

쉐퍼는 "이 지붕이 없어질 때 사람들은 각각 존재의 진리 앞에 벌거벗고서 상처를 입은 채로 서 있게 될 것"을 말한다.[44] 지금 쉐퍼는 고도의 지성인들 앞에서 역사적 기독교를 다시 꺼내 들면서 고전적인 변증을 시도하는 것이다. 이것이 바로, 쉐퍼의 철학이며 세계관이다.

(2) 기독교 성경관에 대한 변증이다.

쉐퍼는 성경에 나타난 기독교적 예술이 세계관에 미치는 영향에 대해서도 많은 관심을 기울였다.[45] 하지만 그가 궁극적으로 주장하고자 하는 변증은, 성경에 모순이 없다는 것이다. 그는 『궁극적 모순은 없다』라는 책에서 성경의 명제적 진리를 다음과 같이 변증한다.

> 하나님이 성경을 통해서 우리에게 말씀하신 바에서 우리가 지식을 얻게 되는 방법과 과학적 연구를 통해 그 지식을 얻게 되는 방법에는 차이가 있을 수 있다. 하지만 그것이 사실을 둘로 나누게 하지는 않는다. 거기에 연루되는 특별

---

43 Ibid., 193.
44 Ibid., 197.
45 프란시스 쉐퍼 & 한스 로크마커, 『예술과 기독교』, 김진선·김헌수 역 (서울: 한국기독학생회출판부, 2016), 45

한 상황 때문에, 실제로 이 두 연구를 연관시키는 것이 항상 가능하지는 않을 것이다. 하지만 이 두 연구를 적절히 추구할 수만 있다면 궁극적 모순은 없을 것이다.[46]

쉐퍼는 몇몇 복음주의자가 과학과 역사의 영역에서 성경의 진실성을 제외하는 것을 당연히 여기는 것에 대해서 심각성을 느낀다.[47] 쉐퍼의 시선에서 그들은 '자칭 성경무오주의자'에 불과하다. 특히, 그가 위험하게 여기는 이들은, '성경은 그 당시 시대와 역사를 다루기에, 그 시대 문화를 반영하고 있다'라고 말하는 이들이다. 쉐퍼가 이들을 위험하게 여긴 이유는, 이들의 논리대로면 성경이 역사와 우주에 대해서 말하는 부분은 그저 "그 시대의 문화를 반영할 뿐"이라는 결론으로 도출되기 때문이다.[48]

이런 맥락에서 쉐퍼는 신정통주의의 성경관도 강하게 비판하면서, "교회와 기독교인들은 성경은 역사적으로나 과학적으로도 오류가 없다는 원리를 철저하게 견지해야 한다는 점을 강조했다."[49] 즉, 쉐퍼에게 성경은 시대의 문화가 반영되어 기록된 산물이 아니고, 시대와 상관없이 언제나 명제적 진리 선언이다. 만일 성경이 당시 그 시대의 문화를 반영하기 위해 기록되었다면, 성경은 오늘날 시대에 맞춰서 새롭게 재해석하는 것이 자유로워진다.

그러나 진리는 선언되고 고백 되는 것이지 자유롭게 재해석되는 것이 아니다. 성경은 분명히 기록된 당시의 시대적 문화를 반영하고 있다. 하지만, 그렇다고 해서 성경의 과학적이며, 역사적인 신빙성을 배제할 수는 없다.

지금까지의 쉐퍼의 성경관을 통해서 근본주의자라는 느낌까지도 받았을지 모른다.[50] 하지만 쉐퍼가 이렇게까지 주장한 이유는 그가 저술한 『기초 성경 공부』의 서문을 보면 알 수 있다. 그는 "성경에는 우리 세대가 찾고 있는 인생의 의미와 목적에 관한 질문에 많은 대답을 주고 있음"을 발견했으며, 또한 "성경

---

46 프란시스 쉐퍼, "궁극적 모순은 없다"『기독교 성경관』, 권혁봉 역 (서울: 생명의말씀사, 2016), 197.
47 Ibid., 205.
48 Ibid., 206.
49 이상원,『프란시스 쉐퍼의 기독교 변증』, (서울: 세상바로보기, 2020), 39.
50 실제로 프란시스 쉐퍼는 1935년에 웨스트민스터 신학교에 입학했는데, 1937년 근본주의자 칼 매킨타이어(Carl Mcintire)가 주도하는 성경장로교교회(Bible Presbyterian Church)의 페이스 신학교로 이적한 첫 졸업생이기도하다.

은 전체가 하나의 단위"를 이룬다는 사실을 강조했다.[51] 쉐퍼의 논리가 일관성 있게 성경의 통일성을 주장하고 있다는 사실을 발견했다면, 그의 변증이 전혀 억지스러운 것은 아님을 받아들일 수 있을 것이다.

이미 로마서 1장 2절에서 구약과 신약성경은 통일성을 지닌다는 것을 살펴보았다. 성경에 두 종류의 종교가 있을 수 없고, 두 종류의 서로 다른 구원의 길이 있을 수 없다. 성경은 오직 하나의 종교, 하나의 구원의 길을 전한다.[52]

(3) 기독교 영성관에 대한 변증이다.

그는 진정한 영적 생활은 자유를 누리는 것에 있음을 주장한다. '죄의 속박에서부터의 현재적 자유'와 '죄의 속박 결과에서부터의 현재적 자유'는 쉐퍼가 주장하는 핵심이다. 특히, 쉐퍼는 "기독교 메시지의 중심은 예수 그리스도의 구속적인 죽음"이라는 사실을 강하게 주장한다.[53] 주님의 죽음이 자유를 준다. 그리스도의 죽음으로 말미암아 그리스도인들이 삶을 얻는다. 영적 생활의 핵심은 예수 그리스도의 구속사건이다. 다시 말해서 그리스도께서 십자가에서 죽으신 사건 때문에 그리스도인의 영적 생활이 가능해졌다.[54]

그러나 죄의 속박으로부터의 자유는 죽음을 거쳐 부활을 통해서도 얻어진다. 이는 시공간 안에 발생했던 사건이다. 승천하시고 영화로우신 그리스도께서 "다메섹 도상에서 시간과 공간상으로 사울에게 나타나셨고," 밧모섬에도 나타나셨다.[55] 쉐퍼는 이를 근거로 모든 신자도 부활의 때에 영화롭게 된 몸을 가지고 예수 그리스도를 따르게 될 것을 확신한다. 이 모든 변증의 근거는 성경이다. 그리고 그의 영적 공동체는 "매 순간 모든 것에 대해 죽어야 하는 소명"을 실천하며 살아갔다.[56]

지금까지는 물리적 상황에 따른 죄의 속박에서의 자유였다면, 지금부터 쉐퍼가 변증하는 내용은 죄의 속박이 가져다준 결과로부터의 자유이다. 특히, 쉐퍼는 "사상의 세계에서의 자유"를 주장하면서, 기독교 영성관을 변증했다.[57] 사상

---

51 프란시스 쉐퍼, "기초 성경공부"『기독교 성경관』, 권혁봉 역 (서울: 생명의말씀사, 2016), 442.
52 프란시스 쉐퍼,『복음의 진수』, 조계광 역 (서울: 생명의말씀사, 2014), 37.
53 프란시스 쉐퍼, "진정한 영적생활"『기독교 영성관』, 전호진 역 (서울: 생명의말씀사, 2016), 307.
54 Ibid., 311.
55 Ibid., 323.
56 Ibid. 335.
57 Ibid., 427.

세계에 오염이 일어난 인간들은 내면의 양심이 파괴된다. 예를 들어서, 요셉의 형들의 죄는 "그들이 요셉을 애굽에 팔 때 있었던 것이 아니라, 이미 내적 세계 안의 실재 속"에 들어 있었다.[58]

요셉의 형들은 시기와 질투로 인해 사상 세계가 파괴된 것이다. 오늘날에는 그런 감정적인 분노와 시기 질투 외에도 성경의 진리와 반대되는 명제로 결론을 내리는 논리들이 사상 사계의 파괴를 불러일으킨다. 그래서 쉐퍼는 『초영성주의에 맞서는 그리스도인의 자세』에서 이 죄의 속박 결과를 심각하게 우려한다. 사상 세계가 파괴된 사람들은 초월적 신비주의로 공허함을 채워 넣으려 한다. 왜냐하면, 인간은 영적인 존재이기 때문이다.

그런데 기독교 세계관에서 벗어나서 초월적 신비를 경험하려면, 이성을 포기하고 환각을 추구할 때만 가능하다. 가장 단순하고 대표적인 것은 마약이겠으나, 그 외에도 동양적 사고와 연결되는 주술, 악마 숭배, 기독교가 아닌 어떤 종교적인 음악이나 의식 등이 그런 것이다.[59] 그리스도라는 말이 아무 의미가 없어진 순간에는 그 어떤 영적 생활도 일말의 기대를 할 수 없게 된다.

초영성주의만큼 쉐퍼가 경계하는 것은 초율법주의이다. 이것은 죄책감을 피하려고 성경의 외적 규율에 지나치게 집착하는 태도이다.[60] 중국의 위트니스 리(Witness Lee) 공동체는 고립되어 소규모 분파를 형성하지만, 청교도 경건과는 달리 율법 조직 집단 같은 모습을 띤다.[61] 진정한 공동체는 그리스도의 보혈 능력으로 날마다 자유함을 경험하며 찬양하는 공동체이지, 감시하고 통제하고 고립시키는 그런 폐쇄 공동체가 아니다.

결국, 쉐퍼는 모든 신자의 책임성을 포기하고 신비 체험에 함몰되는 "초영성주의"와 엄격한 규율과 통제로 죄책감에서 벗어나려는 "초율법주의" 모두가 잘못되었음을 비판한다. 그러면서 쉐퍼는 참된 기독교 영성이란, "시공간의 역사를 흐르는 그리스도의 대속적 죽음을 기초로 다시 태어나고 있는 신앙"이라고 정의한다.[62] 여기서 좀 더 급진적으로 확대하자면, 기독교 영성은 "예수를 닮아

---

58 Ibid., 434.
59 프란시스 쉐퍼, "초영성주의에 맞서는 그리스도인의 자세" 『기독교 영성관』, 전호진 역 (서울: 생명의말씀사, 2016), 547.
60 Ibid., 554.
61 Ibid., 555.
62 Ibid., 568.

가기 위해 부르심을 받은 제자들"이 십자가에서 드러난 예수의 성령에 이끌려 지는 것을 뜻한다.[63]

따라서 올바른 기독교 영성주의는 복음과 율법의 관계를 정확히 이해하고, "현실의 삶 가운데 하나님과 실제로 대화하는 신앙인이며 성령께서 내 속에 들어와 사심을 깨닫는 신앙인이고 그리하여 매 순간 성령께서 우리에게 힘을 더하여 주심을 아는 신앙"이다.[64]

(4) 기독교 교회관에 대한 변증이다.

쉐퍼는 『오늘날 교회의 사명』이라는 작품을 남겼는데, 이는 무신론자들에 대한 변증이라기보다는, 현대 기독교인들을 일깨워 주기 위한 변증이다. 쉐퍼는 "그리스도의 신부로서의 교회는 교회 자체의 순결과 신실성을 유지"해야 한다고 주장한다. 특히, 쉐퍼는 교리적 순결성을 지킬 것을 촉구했는데, 그는 고등비평 이론을 용납하는 것이 성경의 순수한 교리를 수호하는 데 큰 걸림돌이라고 평가했다. 그래서 쉐퍼는 고등비평을 수용하는 바르트 역시도 자유주의 신학을 허공에 잠시 붙들어 놓을 수 있을 정도의 못을 제공한 것뿐이라고 평가 절하한다.[65]

---

63 존 드라이버, 『성령과 함께 하는 삶』, 장진호 역 (대전: 대장간, 2017), 24.
64 프란시스 쉐퍼, "초영성주의에 맞서는 그리스도인의 자세" 『기독교 영성관』, 568.
65 Ibid., 175-176. : 쉐퍼의 주장을 그저 근본주의자(fundamentalism)의 주장 정도로 여겨서는 결코 안 된다. 1936년 자유주의자들은 너무도 득세하여 그레샴 메이첸 박사(Dr. J.Gresham Machen)를 성직에서 박탈시키고 그를 종교활동의 일선에서 제거한 일이 있다. 즉, 바르트가 자유주의 진영과 맞서 싸웠을지라도 자유주의의 신학은 이미 전통적인 기독교 신앙을 심각하게 위협하고 있었다. 따라서 쉐퍼는 메이첸처럼 강력한 정통주의자의 변증에 동의하고 있었고, 교회가 메이첸을 잃어버리는 것에 대해서 심각한 위기를 느꼈을 것이다. 그런데 이런 와중에 메이첸의 성직 박탈과 함께 북장로교회의 분열 사건까지 벌어졌다. 이 사건은 일반 세속 대중매체의 전면을 독차지했다. 개혁교회가 제거되자 개혁주의 사상의 일치마저 흔들렸다.
쉐퍼가 느끼기에 20세기 후반기 미국의 뉴스에서 가장 의미심장한 것은 메이첸에 관한 뉴스였다. 장로교회 안에서는 자유주의로 향하는 추세가 절정에 다다랐고, 기타 대부분의 교단도 동일한 추세를 보이고 있었다. 쉐퍼는 세속사회에 관해서 관심을 가졌기 때문에, 교회 안에서 벌어지는 이와 같은 변화가 세속화된 사회를 더욱 가속화 할 것으로 예측했다. 즉, 쉐퍼는 기독교와 무관한 사회적 현실이 도래할 것을 우려한 것이다. 따라서 쉐퍼가 직면한 시대적 상황에서는 근본주의자 같은 변증이 요청되었고, 그것은 무자비하고 폭력적인 것이 아니라, 어디까지나 방어적인 변증의 일환이었다. 즉, 쉐퍼의 논리가 교회 공동체를 수호하기 위한 방어적 변증의 일환이라고 이해한다면, 그의 주장들에 대한 타당성을 인정할 수밖에 없을 것이다.

앞서 루이스 역시 고등비평을 적극적으로 배척할 것을 주장하지는 않았으나 이에 대한 우려를 밝힌 바 있다. 비평학이 교회를 변증하는 데 큰 걸림돌이 된다는 것을 인지한 것은 비단 루이스와 쉐퍼뿐만이 아니었다. 틸리케도 이 사태의 심각성을 인지하고 있었다.

틸리케는 겨우 교양 수준의 역사비평을 손에 넣은 신학생이 교회 현장에서 비평 사학파들 흉내를 내며, "아주 무겁고 사람을 위압하는 논증의 이불"로 영혼들을 덮어씌워 질식시켜 버린다고 현실을 폭로한다.[66] 물론, 오늘날에는 정직하고 성실한 연구로 비평학을 조심스럽게 다루며 신앙을 더욱 성숙시키는 학자들과 목회자들이 어느 정도 있다.

하지만 20세기 초반에는 여러모로 신학적 과도기였다. 이런 배경에서 쉐퍼는 변증에 있어서 만큼은 고집스럽게 정통주의를 고집한 것이다. 그러나 그는 깐깐한 정통주의 변증가였을 뿐만 아니라, 적극적인 실천가였다. 그래서 그는 교회가 주님의 순결한 신부가 되기 위해 교리의 신실성은 물론이요, 일상생활에서의 사랑 실천 또한 적극적으로 촉구했다.

> 중생한 그리스도인이라면 그의 배경이 개혁파, 루터파, 침례교파, 형제교회파, 회중교회파, 영국 국교파이든 또는 개인적인 특성이 무엇이든 간에 공통으로 지닌 기본 사항들이 있다. 이 중의 하나는 하나님의 거룩하심과 하나님의 사랑을 자발적으로 드러내는 일이다.[67]

(5) 기독교 사회관에 대한 변증이다.

그의 사회관에 대한 변증은 기독교인들의 삶에 대한 지침과도 같다. 쉐퍼의 사회관을 적극적으로 수용한다면, 무신론자들에게 기독교인들의 실천적 모습을 자연스럽게 보여 줄 수 있다. 그리고 그 결과 변증을 성공시키는 그림이 그려진다. 쉐퍼는 『환경오염과 인간의 죽음』이라는 책에서 "하나님의 형상으로 창조된 인격"이 하나님의 피조 세계를 사랑하는 것이 마땅하다고 주장한다.[68]

---

66 헬무트 틸리케, 『신학을 공부하는 이들에게』, 박규태 역 (서울: 한국기독학생회출판부, 2019), 49.
67 프란시스 쉐퍼, "오늘날 교회의 사명" 『기독교 교회관』, 217.
68 프란시스 쉐퍼, "환경오염과 인간의 죽음" 『기독교 사회관』, 김재권 역 (서울: 생명의말씀사, 2016), 44-45.

사실 환경론자들이나 생태 신학자들 못지않게, 아니 그보다도 먼저 복음주의자들은 창조 세계에 대한 돌봄을 강조해 왔다. 그리고 그 입장은 지금까지도 변함이 없다. 쉐퍼 이후에도 최근에, 샌드라 리히터(Sandra L. Richter)는 "하나님의 최종적 목적이 우리를 통해 세계를 하나님 자신과 화해시키는 것이라면 환경에 관한 대화는 충분히 토의할 가치가 있다"고 주장한다.[69] 심지어 더글러스 무(Douglas J. Moo) "창조 세계를 돌보는 일은 복음의 일부분"이라고까지 강조했다.[70]

그 밖에 쉐퍼는 자신의 저서『기독교 선언』에서 마르크스와 레닌주의 그리고 현대 사회학과 과학의 비윤리성을 배격할 것을 주장한다.[71] 마치 마르크스의 "공산당 선언"에 대항하는 쉐퍼의 "기독교 선언"이다. 특히, 쉐퍼는 목소리를 높이지 않고 침묵하는 한 "자유의 손실"을 계속 당할 것이라고 경고했다.[72] 그래서 쉐퍼는 기독교인들이 사회관을 거룩하게 형성하고, 끊임없이 영향력을 발휘해야 할 것을 주장한다.

쉐퍼는 논쟁거리가 되는 사안들에 대해서도 실천적인 지침을 이야기한다. 낙태, 영아 살해, 안락사에 대한 그리스도인의 자세들이 바로 그런 것이다. 쉐퍼의 논리는 사실 간단명료하다. 그는 생명을 죽이고 살리는 권한이 인간에게 있다는 발상 자체가 유물론적 인본주의의 사고관이라고 비판한다. 인본주의적 세계관이 언제나 기독교 앞에서 우월한 태도를 보였으나, 그들의 세계관은 실용성을 위해 도덕성을 포기하는 사회관이다.

유물론적 사회에는 하나님이 없다. 왜냐하면, 그 사회에서는 하나님의 존재를 생각할 이유도 필요도 없기 때문이다. 반면에 하나님의 창조를 인정하는 기독교 사회관에서 인간은 "거룩하신 하나님으로 인한 것이며, 그분의 성품은 모든 의로움의 표준이 되고, 모든 도덕률의 척도"가 된다.[73]

---

69 샌드라 리히터,『에덴의 청지기』, 조영호 역 (서울: 기독교문서선교회, 2023), 35.
70 더글러스 무 & 조너선 무,『창조 세계 돌봄』, 송동민 역 (서울: 죠이선교회, 2022), 310.
71 프란시스 쉐퍼, "기독교 선언"『기독교 사회관』, 김기찬 역 (서울: 생명의말씀사, 2016), 676-677.
72 프란시스 쉐퍼, "그러면 우리는 어떻게 살 것인가"『기독교 사회관』, 김기찬 역 (서울: 생명의말씀사, 2016),, 315.
73 찰스 콜슨 & 낸시 피어시,『그리스도인, 이제 어떻게 살 것인가?』, 정영만 역 (서울: 요단출판사, 2002), 557.

시편 14편 1절에 "어리석은 자는 그의 마음에 이르기를 하나님이 없다 하는도다"라고 기록되어 있다. 하나님이 없다고 주장한 결과에 대해서 시편 기자는 계속해서 이렇게 말한다.

"그들은 부패하고 그 행실이 가증하니 선을 행하는 자가 없도다."

쉐퍼의 논리는 앞서 주장한 변증과 일맥상통하면서 한 치의 오차도 없이 일관성을 유지하고 있다. 쉐퍼는 그리스도인이 추구하는 기독교 사회관은 성경이 객관적으로 참되다고 주장하는 것에서부터 시작된다고 생각했다.[74]

성경이 객관적으로 참되므로, 하나님의 존재는 자명하고 인간의 존엄성은 당연히 보장될 수 있다. 이러한 성경적 세계관은 "기독교 사회관을 성경으로 세우자!"라는 쉐퍼의 원칙 아래서 공정하게 적용되었다. 그래서 그런지 "쉐퍼는 수시로 복음주의 교회들 중 일부가 '부르주아적인' 삶의 방식을 취하는 것"도 비난했다.[75] 쉐퍼의 일관성은 논리에서뿐 아니라 삶에서도 나타났다. 그는 라브리의 방문자들이 회심하고 결단의 기도를 드리고 나면, 오디오의 볼륨을 높이고 샬레의 창문을 연 다음, 주변 알프스 기슭을 힘찬 '할렐루야 합창' 연주로 쩌렁쩌렁하게 만들었다

♣ 내용 정리를 위한 문제

1. 과거부터 현대까지 이어지는 기독교 변증방법론의 대표적인 개념들을 크게 세 가지로 정리한 후, 고전적 변증의 태도에 관해서도 크게 세 가지로 설명하시오.
2. C. S. 루이스가 『순전한 기독교』와 『기독교적 숙고』에서 말하고자 하는 핵심적 내용은 무엇인가?
3. 프란시스 쉐퍼의 다섯 가지 변증 영역에 대해 각각 정리하여 서술하시오.

---

[74] 에버레트 쿠프 & 프란시스 쉐퍼, "낙태, 영아 살해, 안락사에 대한 그리스도인의 자세" 『기독교 사회관』, 김기찬 역 (서울: 생명의말씀사, 2016), 543.
[75] 윌리엄 에드거, 『쉐퍼가 말하는 그리스도인의 삶』, 김광남 역 (서울: 아바서원, 2015), 222.

※ 참고 문헌(제17장에 인용된 도서들)

C. S. 루이스. 『고통의 문제』. 이종태 역. 서울: 홍성사, 2017.
_____. 『기독교적 숙고』. 양혜원 역. 서울: 홍성사, 2013.
_____. 『기적』. 이종태 역. 서울: 홍성사, 2008.
_____. 『네 가지 사랑』. 이종태 역. 서울: 홍성사, 2008.
_____. 『순전한 기독교』. 장경철·이종태 역. 서울: 홍성사, 2010.
_____. 『스크루테이프의 편지』. 김선형 역. 서울: 홍성사, 2014.
_____. 『시편 사색』. 이종태 역. 서울: 홍성사, 2006.
_____. 『신자의 자리로』. 윤종석 역. 서울: 두란노서원, 2022.
_____. 『영광의 무게』. 홍종락 역. 서울: 홍성사, 2014.
_____. 『오독』. 홍종락 역. 서울: 홍성사, 2017.
_____. 『인간 폐지』. 이종태 역. 서울: 홍성사, 2011.
_____. 『천국과 지옥의 이혼』. 김선형 역. 서울: 홍성사, 2014.
프란시스 쉐퍼 & 한스 로크마커. 『예술과 기독교』. 김진선·김헌수 역. 서울: 한국기독학생회출판부, 2016.
프란시스 쉐퍼. 『기독교 교회관』. 김재권 역. 서울: 생명의말씀사, 2020.
_____. 『기독교 사회관』. 김기찬 역. 서울: 생명의말씀사, 2016.
_____. 『기독교 성경관』. 권혁봉 역. 서울: 생명의말씀사, 2016.
_____. 『기독교 영성관』. 전호진 역. 서울: 생명의말씀사, 2016.
_____. 『기독교 철학 및 문화관』. 김재권 역. 서울: 생명의말씀사, 2020.
_____. 『복음의 신수』. 소계평 역. 서울: 생명의말씀사, 2014.
G.K. 체스터턴. 『영원한 사람』. 송동민·서해동 역. 서울: 아바서원, 2020.
_____. 『정통』. 홍병룡 역. 서울: 아바서원, 2016.
_____. 『하나님의 수수께끼가 사람의 해답보다 더 만족스럽다』. 이은진 역. 경기 파주: 비아토르, 2020.
길버트 키스 체스터턴. 『왜 세상이 잘못 돌아가나』. 서상복 역. 경기 고양: 연암서가, 2021.
L.G. 파커스트. 『프란시스 쉐퍼』. 성기문 역. 서울: 두란노서원, 1997.
더글러스 무 & 조너선 무. 『창조 세계 돌봄』. 송동민 역. 서울: 죠이선교회, 2022.
릴랜드 라이큰 & 글렌다 페이 매티스. 『잃어버린 독서의 예술 되찾기』. 홍종락 역. 서울: 무근검, 2022.
스콧 버슨 & 제리 월스. 『루이스와 쉐퍼의 대화』. 김선일 역. 서울: 한국기독학생회출판부, 2009.
샌드라 리히터. 『에덴의 청지기』. 조영호 역. 서울: 기독교문서선교회, 2023.
아브라함 J. 헤셸. 『예언자들』. 이현주 역. 서울: 삼인, 2017.

아브라함 요수아 헤셸. 『사람을 찾는 하나님』. 이현주 역. 경기 고양: 한국기독교연구소, 2007.
윌리엄 에드거. 『쉐퍼가 말하는 그리스도인의 삶』. 김광남 역. 서울: 아바서원, 2015.
제럴드 리드. 『C. S. 루이스를 통해 본 거룩한 삶』. 조혜정 역. 경기 고양: 엔크리스토, 2006.
제럴드 브레이. 『갓 이즈 러브』. 김귀탁·노동래 역. 서울: 새물결플러스, 2019.
제임스 휴스턴. 『즐거운 망명자』. 홍종락 역. 서울: 한국기독학생회출판부, 2010.
존 그레셤 메이첸. 『보이지 않는 것들』. 노진준 역. 서울: WPK, 2022.
존 드라이버. 『성령과 함께 하는 삶』. 장진호 역. 대전: 대장간, 2017.
찰스 콜슨 & 낸시 피어시. 『그리스도인, 이제 어떻게 살 것인가?』. 정영만 역. 서울: 요단출판사, 2002.
캐런 스왈로우 프라이어. 『소설 읽는 신자에게 생기는 일』. 홍종락 역. 서울: 무근검, 2022.
헬무트 릴리케. 『신학을 공부하는 이들에게』. 박규태 역. 서울: 한국기독학생회출판부, 2019.
_____. 『신과 악마 사이』. 손성현 역. 서울: 복있는사람, 2022.
_____. 『현실과 믿음 사이』. 윤종석 역. 서울: 두란노서원, 2015.
이상원. 『프란시스 쉐퍼의 기독교 변증』. 서울: 세상바로보기, 2020.

제18장

복음주의 변증방법론 Ⅰ : 칼 헨리 & 버나드 램

> 하나님의 아들 예수 그리스도의 복음의 시작이라 (마가복음 1장 1절).

예수 그리스도는 하나님의 아들이시면서 동시에 복음의 시작이다. 이는 성경이 증언하고 있는 바이다. 복음주의 변증은 하나님의 아들 예수 그리스도를 변증하는 것이다. 마틴 로이드 존스(David Martyn Lloyd-Jones)는 "복음주의자는 언제나 교회의 교리에 관심"을 두어야 한다고 크게 강조한다.[1] 성경과 십자가, 중생과 성화 등의 교리들은 기독교 신앙의 요체들이다.

이에 대해서 타협 없이 온전히 증언하는 것이야말로 복음주의의 변증방법론이다. 19세기 후반부의 복음주의 운동은 구원에 관한 성경적 메시지에 전력을 다하면서 전성기를 누렸고, 수많은 사람을 회심으로 초대했다.

'칼빈주의 복음주의'와 '아르미니우스 복음주의자' 사이에 교리적 불일치가 있음에도 세속주의와 자유주의 신학이라는 공공의 적을 앞에 두고 "그리스도의 십자가와 권능"을 선포했다.[2] 마크 놀(Mark A. Noll)에 따르면, 복음주의 운동은 세계선교대회 등을 통해서 더욱 퍼져 나갔고, 그 결과 세계 모든 곳에서 복음주의적 신앙을 지닌 그리스도인을 찾아볼 수 있게 되었다.[3] 따라서 오늘날 목회 현장에 있는 사역자들은 보편적인 기독교 신앙으로 자리 잡은 복음주의 신학과 친숙해질 필요가 있다.

1　마틴 로이드 존스, 『복음주의란 무엇인가』, 이길상 역 (서울: 복있는사람, 2016), 84.
2　데이비드 W. 베빙턴, 『복음주의의 전성기』, 채천석 역 (서울: 기독교문서선교회, 2012), 344.
3　마크 놀, 『복음주의와 세계 기독교의 형성』, 박세혁 역 (서울: 한국기독학생회출판부, 2015), 53.

가끔 복음주의(evangelicalism)와 근본주의(fundamentalism)를 구별하지 않고 동의어처럼 사용하는 이들이 있다. 그러나 이것을 구분하지 않는 것은 정교하지 못한 접근이다. 리처드 마우(Richard Mouw)는 근본주의가 개혁된 모습으로 발전된 것이 "교양 있는 복음주의"라고 평가한다. 근본주의적인 신앙이 주는 유익이 그 나름대로 있겠으나, 그것은 틀림없이 부작용도 있다. 그러나 복음주의 신앙에서는 이 긴장 관계 속에서 좀 더 따뜻한 기독교 변증을 구사할 수 있다. 따라서 복음주의는 틀림없이 근본주의와는 구별된다.

1. 복음주의의 역사와 정체성

복음주의의 역사는 굉장히 오래되었다. 이안 머리(Iain H. Murray)는 16세기 종교개혁자들부터 청교도의 웨슬리 형제와 에드워즈의 대각성 운동까지를 복음주의 운동으로 포괄한다.[4] 물론, 현대적인 의미로는 자유주의 신학에 반발해서 등장한 근본주의가 합리적으로 순화되어 나온 것이 복음주의라고 정의할 수도 있다. 이 과정에서 복음주의 운동은 합리성과 복음 전파의 사명을 명실상부하게 갖추게 되었다. 그런데 이런 모습은 마치 18세기 영국의 존 웨슬리(John Wesley)를 연상케 한다.[5]

전 세계를 교구로 보고 어디서나 복음을 전파하는 행위는 복음주의자들에게서 나타나는 특징이다. 이들은 설교, 집필 등으로 예수 그리스도의 십자가로 말미암는 구원을 전했고, 영적인 각성과 성화 된 삶 등을 강조했다. 복음주의 설교자들은 "오직 성령만이 타락한 사람이 잠들어 범죄한 양심을 깨우고 경종을 울릴 수 있다"라고 굳게 믿었다.[6] 특히, 스펄전, 무디, 로이드 존스 등과 같은 복음주의 진영의 설교자들이 하나님의 스피커 역할을 톡톡히 했다. 그러나 현대에 이르러서는 에큐메니칼 운동에 대해서 복음주의 진영 내에 분열의 목소리가 커지기 시작했다.

대릴 하트(Darryl G. Hart)는 "17세기의 경건주의의 만개 및 다음 세기의 대각성과 연관된 부흥 이래로 복음주의는 매우 자주 분열하는 종교 운동이 되어 왔

---

4   마크 A. 놀, 『복음주의 발흥』, 한성진 역 (서울: 기독교문서선교회, 2012), 351-355.
5   이안 머리, 『오래된 복음주의』, 송용자 역 (서울: 부흥과개혁사, 2015), 171.
6   존 올프, 『복음주의 확장』, 이재근 역 (서울: 기독교문서선교회, 2010), 60.

다"고 설명한다.⁷ 결국, 복음주의 변증방법론은 서로 일치되지 않았고, 다양한 형태의 모습으로 발전되었다. 이 과정에서 칼빈주의 신학을 중심으로 변증을 강화하는 학자들과 아르미니우스적인 방향의 복음주의자들이 학술적인 대립을 세워나갔다. 하지만 곧이어 복음주의자들의 균열을 접착시킨 인물이 등장한다.

그는 바로 빌리 그레이엄(Billy Graham)이다. 신복음주의(Neo-evangelicalism)의 등장으로 소위 보수 신앙이 명맥을 유지하게 되고, 칼 헨리(Carl F.H. Henry) 같은 탁월한 학자가 이에 가담한다. 헨리는 본래 "근본주의 출신이었지만, '개인 구원'에만 치중하는 것을 반대하고 더 포괄적인 사회적 책임을 강조"하기 시작했다.⁸ 복음주의 지성인들은 "그들 특유의 방식으로 자신들의 공동체에 복음주의 영향력을 옹호하고 확장하려는 전망을 가지고 복음주의 신학을 잘 다듬어 사회에 제시"했다.⁹

하지만 언제나 반발하는 흐름은 있다. 개인의 영혼이 구원받는 것이야말로 복음의 메시지인데, '사회 구원'이라는 말이 사용된다면 거북스러움을 느낄만하다. 또한, 과학적 자연주의와 성경 간의 충돌 지점에 대해서 타협점을 찾는 시도들이나, 성경 읽기에 고등비평을 도입하는 등의 접근은 복음주의가 타락해 간다고 느끼기에 충분했다.

특히, 진리에 투철한 변증가들은 복음의 본질을 흐리는 것에 대해서 단호한 태도를 고수하는데, 대표적으로 해롤드 린셀(Harold Lindsell)의 경우에는 '성경은 대체적으로 진리이나 약간의 오류가 있다.'라는 식의 주장들은 성경을 완전히 부정하는 것과 마찬가지라고 본다. 린셀은 성경의 완전 영감을 신뢰하지 않는 자들을 복음주의로 인정하지 않는다. 린셀이 봤을 때 복음주의가 중요하게 변증해야 할 핵심은 성경의 무오성이다.

> 성경의 모든 부분은 인간을 위하여 기록된 하나님의 말씀으로 구성되어 있다. 이 기록된 말씀인 성경의 원본에는 어떠한 오류도 없다. 역사나 교리의 내용에 있어서 완전히 믿을 만하다. 성경의 기록자들 지식은 제한적이어서 그들이 성경 이외의 것을 기록할 때는 많은 오류를 범했다 할지라도 그들이 거룩한 성경

---

7 대릴 하트 & 앨버트 몰러, 『복음주의 신학 교육의 역사』, 조호영 역 (서울: 부흥과개혁사, 2020), 12-13.
8 이안 머리, 『분열된 복음주의』, 김석원 역 (서울: 부흥과개혁사, 2016), 51.
9 제프리 R. 트렐로어, 『복음주의 분열』, 한동수 역 (서울: 기독교문서선교회, 2021), 111.

을 기록할 때는 성령의 인도 아래 역사적, 과학적 혹은 어떤 다른 오류들이라도 범하지 않도록 보호하심을 받았다. 성경의 취지는 역사나 과학이나 수학 교과서가 되는 것이 아니다. 그러나 성경의 저자들이 이런 학문에 포함되는 문제들을 말할 때 그들은 오류를 범하지 않았으며 참된 것만을 기록했다.[10]

린셀은 위와 같은 이유로 하나님의 영감에 의해 기록된 성경에는 어떠한 오류도 없다는 것을 강력하게 주장한다. 지금 린셀은 앞서 개혁주의 변증방법론에서 다뤄진 벌코프, 반틸, 메이첸 등의 학자들과 마찬가지로 성경 전제주의적인 변증방법론에서 이 부분을 변증하고 있다. 그리고 이것을 복음주의의 정체성으로 삼고 있다. 물론, 아무리 보수적인 학자라 할지라도 성경과 역사, 성경과 과학 이들 사이에 명백한 모순이 있음을 대부분은 인정한다.

그러나 종종 지적되는 얼마 되지 않는 오류들 가운데서 합리적으로 설명되지 않는 것은 거의 없다. 비유컨대, 제정신인 사람은 파르테논 신전의 구조물에서 작은 사암 조각이 발견된다고 해서 그것이 대리석으로 지어졌다는 사실을 부인하지는 않을 것이다.

R.L.해리스(R. Laird Harris) 역시 성경의 완전 무오성을 주장한다. 해리스는 성경의 자증력과 함께 위대한 교부들의 증언들을 증거로 제시한다. 대표적으로 로마의 클레멘트의 증거, 이그나티우스의 증거, 파피아스의 증거, 이레니우스의 증거, 순교자 저스틴의 증거 등은 초기 기독교 공동체에서 오랫동안 수용된 주장들이다.[11]

오늘날에는 크레이그 블롬버그(Craig L. Blomberg)가 "성경의 기록된 역사적 사실의 정확성", "전개된 신학의 일관성", "윤리적 가치관의 적절성", "비평적 자료들과의 일치성" 등을 근거로 성경의 신뢰성을 입증하고 있다.[12] 무엇보다 "하나님의 성육하신 아들인 예수님이 친히 그것을 인간을 향한 하나님의 말씀으로 인정하였기 때문"에 성경은 이미 충분한 권위가 보장된 상태다.[13]

---

10 해롤드 린셀, 『교회와 성경무오성』, 김덕연 역 (서울: 기독교문서선교회, 1990), 31.
11 R.L.해리스, 『성경의 영감과 정경』, 박종칠 역 (서울: 개혁주의출판사, 2012), 271-282.
12 크레이그 L. 블롬버그, 『복음주의 성경론』, 안상희 역 (서울: 기독교문서선교회, 2017), 393.
13 리차드 프랑스 "예수 그리스도와 성경" 『복음주의 성경핸드북』 도널드 거스리, 레온 모리스, 하워드 마샬 외 지음, 오광만 역 (서울: 크리스챤다이제스트, 2008), 11.

대표적인 논쟁이 성서무오에 대한 논쟁일 뿐이고, 그 밖에도 창조 논쟁, 기독론 논쟁, 구원론 논쟁, 천년 왕국 논쟁, 영적 은사 논쟁 등이 복음주의 진영 내에서 활발하게 토론되고 있다.[14] 이것을 계기로 복음주의 진영은 신학적으로 좁아짐과 넓어짐을 반복하면서 다양한 스펙트럼의 학문적 결과물을 얻게 되었다.

현재까지도 이를 두고 복음주의 신학의 발전으로 볼 것인지, 아니면 복음주의 신학의 훼손으로 볼 것인지는 평가가 엇갈리는 실정이다. 하지만 분명한 것은 케네스 캔저(Kenneth S. Kantzer)가 강조하듯, 복음주의자들은 "그 시대의 지적인 싸움터"에서 절대로 철수하지 않았다.[15]

왜냐하면, 복음주의는 반(反)지성주의가 아니기 때문이다. 로버트 라이트너(Robert P. Lightner)는 "인간의 정신은 매우 구조적이기 때문에(지식을 수용함에 있어서도) 체계적"으로 접근할 수밖에 없다고 주장하는데, 이는 우리가 상호 간의 관계 속에서 하나님의 진리를 비록 제한적이기는 하나, 인간적 수준 안에서만큼은 충분한 정도까지 파악할 수 있다는 것을 의미한다.[16]

2. 성숙한 복음주의

지금부터는 복음주의 지성인의 양대 산맥으로 꼽히는 두 명의 학자의 변증방법론을 비교하며 소개하겠다. 칼 헨리(Carl F.H. Henry)와 버나드 램(Bernard L. Ramm)이 바로 그 주인공들이다. 이들은 내재성과 초월성의 균형을 맞추면서 복음주의 신학이 더욱 성숙해지도록 이끌었다.

먼저, 칼 헨리의 변증방법론을 살펴보겠다.

헨리는 현대주의에 대한 복음주의적 대안을 자신의 변증방법론으로 삼았다. 그는 신학적으로 균형감을 갖춘 복음주의 지성인이었음으로, 근본주의자들의 분리주의 성향이 주는 폐해에 대해 매우 잘 알았다. 그래서 그는 개혁신학과 침례교단의 교회관을 가지고 있음에도 성경 무오성 논쟁에 집중하지 않고, 포괄적인 대화를 시도하며 기독교 신학을 변증해 나갔다. 심지어 그는 「크리스채너티

---

14 그레고리 A. 보이드 & 폴 R. 에디, 『복음주의 신학 논쟁』, 박찬호 역 (서울: 기독교문서선교회, 2014), 20-21.
15 케네스 캔저, 『복음주의의 뿌리』, 고일선 역 (서울: 생명의말씀사, 1983), 95.
16 로버트 P. 라이트너, 『복음주의 신학개론』, 박용성 역 (서울: 기독교문서선교회, 1994), 389.

투데이」에 이렇게 기고했다.

> '성경이 말씀하기를'이란 말은 빌리 그레이엄의 말투나 근본주의자의 습관적인 어투가 아니다. 이것은 오히려 개신교 설교가 가진 권위, 그동안 왜곡된 모더니즘에 의해 상실된 권위였다. 그러나 이제 복음주의 운동이 추구하는 권위로 이 말을 다시 찾을 수 있다.[17]

결과적으로 헨리는 린셀과 같은 강경한 무오론자들과는 거리를 두게 되었다. 대신에 그는 20세기 최고 신학자로 꼽히는 칼 바르트(Karl Barth)와 여러 차례 교제하면서 바르트가 "자유주의 신학에 저항해서 그리스도의 동정녀 탄생, 삼위일체, 정통 기독론 및 다른 교리들을 든든히 지켜낸 것"에 대해서 찬사를 보냈다.[18] 이에 불안을 느낀 헨리의 주변 동료 복음주의자들은 헨리에게 바르트 신학 방법론을 너무 가까이하지 말라고 주의를 주었다.

하지만 헨리가 신정통주의의 변증법적 유산을 전부 계승한다고 생각하면 큰 오산이다. 오히려 헨리는 바르트가 계몽주의에 너무 많은 것을 양보했다고 판단했다. 그래서 그는 바르트의 주장이 "사실 성서로서의 성서에 있는 원초적인 예언적-사도적 문서나 현재 우리가 손쉽게 입수하는 사본과 역본에 있는 권위적 규범을 발견하려고 하는 모든 노력을 훼손"시킬 수 있다고 지적한다.[19]

특히, 헨리는 루돌프 불트만(Rudolf Bultmann)에 대해서 강도 높게 비판한다. 그는 불트만의 비(非)신화화 개념은 기독교 계시를 종교적 언어로 축소하여 표현하기 위한 궁여지책의 언어학적 방안쯤으로 여긴다.[20] 헨리가 봤을 때, "기독교는 신화적 진술을 단순히 인용한 것이 아니고 하나님에 관한 사실적이고 문자적인 진리를 인용하는 것이다."[21]

그러므로 실제로 맹신주의라고 불려야 할 대상은 "종교적인 진리는 일반적인 지성과 이성적인 시험과 무관한 것이라고 일축해 버렸던 키에르케고르와 일부

---

17 Carl F.H. Henry, "The Resurgence of Evangelical Christianity", *Christianity Today*, 1959년 3월 30일, 5쪽.
18 티모시 라슨 & D.W.베빙턴 & 마크 A. 놀, 『복음주의 인물사』, 이재근·송훈 역 (서울: 기독교문서선교회, 2018), 952.
19 칼 F. H. 헨리, 『신, 계시, 권위 4』, 이상훈 역 (서울: 알맹e, 2022), 253.
20 칼 F. H. 헨리, 『신, 계시, 권위 1』, 맹용길 역 (서울: 알맹e, 2022), 60.
21 Ibid., 75.

신정통(Neo-orthodox) 계열의 신학자들"이다.[22] 실존주의의 후계자들은 흑암 속으로 도약하는 신앙을 요구함으로 말미암아 지성적 이해의 가능성을 전적으로 결핍하고 말았다.[23] 헨리는 자신의 저서 『신 계시의 권위』에서 보다 구체적으로 다음과 같이 말한다.

> 다른 사람들이 성서적 기독교의 중요한 주장에 관하여 무엇이라고 생각하든지 간에 복음적 크리스천은 처음부터 이러한 언어적 형성을 단순히 미적이요, 시적인 방안만이 아니라 합리적 신념을 요청하는 명제들이라고 생각하였다. 성서의 거룩한 진리는 역사적 기독교의 인식적 기반이다. 만일 이러한 신학적 주장들이 실제로 사실이 아닌 것 같다면 정통적 신앙을 고수한 자들은 그 신앙을 포기하여야 할 최초의 사람들일 것이다.[24]

헨리는 "성경이 하나님의 말씀 자체가 아니라, 존재론적 만남을 통해 하나님의 말씀이 '된다'"라는 식의 설명은 옳지 않다고 생각했다.[25] 왜냐하면, 이런 식의 대응은 성경의 기적 사건들을 비신화화시키려는 불트만의 해석과 흡사한 느낌을 주기 때문이다. 이 때문에 헨리를 포함한 당시의 복음주의권 학자들은 '신정통주의 성경관'을 매우 경계했다.

헨리는 "신적 계시는 인식적 자원이요, 성서는 기독교의 역사 해석의 방법론적 원리"라는 점에 대해 동의하지만, "성서적 맥락은 하나님의 본성과 목적과 약속에 관한 앞선 지식을 포함하며 지적으로 일관성 있는 구조에 역사적 행위와 그 의미"를 가진다는 점을 절대로 놓치지 않는다.[26]

그래서 헨리를 포함한 복음주의자들은 신정통주의의 '변증법적 논리'를 사용하면서도 그들의 '성경관'에 대해서는 회의적이었다. 오늘날까지도 전통적인 학자들의 상당수는 "신정통주의의 성경관은 '신 죽음의 신학' 등과 같은 급진적인 사조들에 대해서 강경하게 대응할 수 있는 능력이 없다"라고 분석한다.

---

22 칼 F. 헨리, 『현대사조와 신앙회복』, 김호식 역 (서울: 기독교문사, 1992), 48.
23 칼 F. H. 헨리, 『신, 계시, 권위 3』, 이상훈 역 (서울: 알맹e, 2022), 642-643.
24 칼 F. H. 헨리, 『신, 계시, 권위 1』, 109.
25 티모시 라슨 & D.W. 베빙턴 & 마크 A. 놀, 『복음주의 인물사』, 952.
26 칼 F. H. 헨리, 『신, 계시, 권위 2』, 맥용길 역 (서울: 알맹e, 2022), 391-392.

그 밖에도 헨리는 사회적 법률 제도에 있어서도 나름 전통적인 견해를 지지했는데, 그 대표적인 것이 '사형제도'이다. 헨리는 "어떠한 경우든 처벌의 목적은 범죄자의 사회 복귀를 돕는 것이라는, 널리 퍼진 최근의 형벌 이론은 와해 되었다"고 말한다.[27] 헨리는 창세기 9장 6절을 근거로 하나님은 보복 의무를 인간에게 부과하셨다고 주장한다. 왜냐하면, 처벌은 범죄자의 사회 복귀보다는, 피해자의 억울함 해소에 더 큰 목적이 있기 때문이다. 지금까지 살펴본 바에 근거했을 때, 헨리의 신학적 변증 구조는 사실 여타의 다른 복음주의자들과 큰 차이가 없다.

그는 "신학은 오직 성경 속에 나타난 하나님의 자기 계시에만 근거할 수 있는 것"이라고 주장했다.[28] 하지만 그는 근본주의 지도자들이 보였던 '가혹한 성향'과 '무정한 정신과 투쟁심'은 피하고자 했다.[29]

헨리의 주된 관심은 인도주의적 요소를 복음주의 내에서 회복시키는 것이다. 그는 사회 구원이라는 해방적인 용어를 사용하지는 않았으나, 복음 수호를 명분으로 게토화된 근본주의를 강도 높게 질책했다. 헨리의 이러한 시도는 복음주의 진영의 폭을 넓혀주고, 세속 사람들에게 기독교 신앙의 이로움을 알리는 효과도 냈다.

그는 자신의 저서 『근본주의자의 불편한 양심』에서 신복음주의 진영에 있는 이들이 '사회 복음'이라는 신학을 수용하지 않으면서도, 사회와 문화에 적극적으로 참여할 수 있도록 도와주었다는 것을 언급한다. 헨리는 엄밀한 의미에서 죄에 대한 공포로 몰아넣고 복음을 선언하는 식의 복음 선포 방식을 반대하는 것은 아니지만, 기독교 전통이 가지고 있던 박애주의가 상실되는 것에 대해서 안타까워했다.

무엇보다 헨리는 '복음주의'와 '근본주의', 이 두 진영 모두에서 정죄만 남고 사회적 프로그램이 없어졌다고 고발한다. 또한, 이러한 현상은 기독교 전통과도 멀어지는 것이라고 분석했다.

---

27 칼 헨리 외 21명, 『창세기 격론』, 김태범 역 (서울: 한국기독학생회출판부, 2020), 329.
28 스탠리 그렌츠 & 로저 올슨, 『20세기 신학』, 신재구 역 (서울: 한국기독학생회출판부, 2015), 471.
29 Ibid., 464.

세상을 향한 열정이 부족할 때마다 기독교는 종교개혁이 서구 지성을 위해 회복하고자 한 사도적, 선교적 형태의 기독교가 되지 못했다. 기독교는 그 참된 정수를 드러낼 때 어느 시대이건 그 시대의 분위기에 관념론적인 심판의 기상을 제공했으며, 과거의 문화 속에서 일련의 개혁운동을 촉발했다.

그러나 오늘날 근본주의는 기독교 윤리를 어떤 식으로든 현대의 개혁자들이 견지하는 인본주의적 도덕주의와 동일시하는 것을 반대한다. 그런데 아이러니하게도 오늘날 용인된 사회악을 가장 분명하고 활발하게 공격하는 쪽은 다름 아닌 인본주의자들이다. 그 결과 세상에 대한 프로그램이 부족한 개신교 복음주의는 지배적인 문화에 도전하는, 부차적이며 심지어 종속적인 역할로 전락하고 말았다.³⁰

헨리가 봤을 때 사회 개혁운동과 결별한 복음주의는 세상을 향해 충분한 변증을 구사할 수가 없다. 그렇기에 초자연적 세계관으로 인간 삶에 끊임없이 도전을 주던 교회들은 현실의 문제 앞에서도 기수가 돼야 한다. 그렇기에 헨리는 사회 개혁을 추구하면서, 십자가와 부활이라는 구체적인 틀을 계속해서 제시해 주는 것이야말로 참된 복음주의 변증방법론이라고 생각한다.

오늘날에는 짐 월리스(Jim Wallis)가 공동선을 위한 복음으로 하나님 나라 개념을 확장한다. 여기서 하나님 나라의 개념이 정치적 투쟁이나 공산주의적 평등사회 건설은 결코 아니지만, 하나님 나라가 "세상의 모든 정치적·종교적 왕국과 날카로운 대조를 이루는 새로운 삶의 질서"라는 점은 분명하다.³¹

헨리는 기독교 신앙을 제기하고 변증할 때도 복음주의 진영 전체 안에서 발생하는 차이점보다 공통점을 훨씬 강조했다. 케빈 밴후저(Kevin Vanhoozer)는 "점점 양극화되어가는 이 시대에 다양성 안에서의 통일성이라는 특징을 지닌 20세기 중반기의 복음주의 운동"은 헨리가 추구했던 방향성이며, 이것을 다시 상기시키는 것은 복음주의 신학에 유익이 된다고 본다.³²

복음주의가 추구하는 통일성이란, 세속주의와 과학주의에 대항해서 삼위일체론적 유신론을 일관성 있게 주장하는 것이다. 이러한 신앙을 위한 원리적 변호

---

30 칼 F.H. 헨리, 『복음주의자의 불편한 양심』, 박세혁 역 (서울: 한국기독학생회출판부, 2009), 62-63.
31 짐 월리스, 『하나님 편에 서라』, 박세혁 역 (서울: 한국기독학생회출판부, 2014), 27.
32 케빈 밴후저 "'가장 위대한 세대'와 미래 복음주의 신학을 위해 그들이 남긴 유산" 『기독교 기본 교리』 칼 헨리 엮음, 노진준 역 (서울: 죠이선교회, 2020), 18.

는 에드워즈 존 카넬(Edward John Carnell)에 의해서도 잘 이루어졌다. 카넬은 진리의 성질은 조직적인 일관성이 있다고 주장한다.

> 그리스도인들은 자신의 판단이 하나님의 뜻에 일치할 때 참된 것이라 믿는다. 이는 모든 사실과 그 사실이 가지는 모든 의미의 창조자가 하나님이기 때문이다. 그리스도인이 그의 주장에 명제를 달려하고, 또 그가 하나님의 뜻에 일치하게 되는 때를 알려고 시도해 보는 시험(Test)은, 다른 사람이 언급했듯이, "체계적 일관성"(Systematic Consistency)이다. 판단은 우리가 경험하는 모든 사실과 서로 일치할 때 참되며, 또 그렇게 일치할 때는 참된 것으로 간주되는 반면 판단이 우리의 경험에 일치할 수 없을 때는 거짓된 것이다.[33]

카넬의 이와 같은 변증법은 헨리 역시 동의하는 변증 구조이다. 기독교인의 관점에서 하나님은 진리이며 모든 사물과 의미의 조성자이시다. 하나님은 자신의 영원성과 영광을 위해 우주를 섭리로 다스리심으로서 진실성을 끊임없이 입증하고 계신다. 그 결과 모든 피조물은 창조주에 의해서 창조되었을 뿐만 아니라 보존되고 있다. 헨리는 존재의 문제뿐 아니라, 철학에서 받아들이기에 부담스러운 진리와 도덕의 영역들도 기독교 신앙의 이름으로 답변한다.

> 사실에 있어서 모든 가설을 제거하면 사람의 생각은 목적이나 결과 없이 허공을 헤멜 수밖에 없게 되고 생각할 여지도 없이 지성 전체를 잃어버린 상태가 될 수밖에 없다.
> 다시 말하면 신앙이 없이는 과학이나 철학이나 신학을 막론하고 어떤 학문이든 전혀 발전할 수 없다. 엄연한 진리를 다룸에 있어 기독교는 신학적인 진리를 추구하기 위해 세상 사람들이 주장하는 것과 같은 방법을 채택할 아무런 이유가 없다. 기독교는 객관적인 진리에 관한 이론을 전제로 받아들일 필요도 없고 진지한 형이상학적인 동화나 대화를 위해 기독교 자체가 내포하고 있는 진리 추구의 방법을 변질시킬 이유도 없다.
> 기독교인들은 기독교의 주장에 대해 변명할 이유도 없고 서로 경쟁 관계에 있는 신칸트주의자들(neo-Kantians)이나 논리적 긍정주의자들(Logical Positivists), 실

---

33 에드워드 존 카넬, 『기독교변증학원론』, 김해연 역 (서울: 성지출판사, 1999), 69.

존주의자들(existen-tialists) 및 기타 제약적인 규정과 보조를 같이함으로 세속적인 의구심을 만족시키기 위해 기독교의 주장을 제거해야 할 이유란 전혀 없다. 기독교 이외의 진리 추구에 있어 신빙성을 증진하는 방법으로 기독교 이외의 진리 추구 방법과 같은 것을 사용할 것을 주장하는 것은 기독교의 특성을 버리는 행위에 불과하다.[34]

헨리는 지금 우연성이나 비인격적인 차원으로 하나님을 논의하는 철학의 담론들을 현대 정신의 타락을 단면으로 보여 주는 모습들로 생각하는 것이다. 또한, "그리스도의 초자연적 출생과 초자연적 부활의 빛을 무색하게 하는 케리그마적 또는 실존적인 방법들" 역시 무지를 추구하는 형태이다.[35]

무엇보다 "예수님에 의해서 선포된 것이 없어서는 안 되는 필요 불가결한 중생의 절차"를 요구하지 않는 것은 세속화된 종교 분야일 뿐 복음주의가 아니다.[36] 복음이 주는 영적인 활기는 언제나 성경적인 믿음을 가진 기독교 안에 있다.

3. 확장된 복음주의

다음으로는 버나드 램의 복음주의 변증방법론을 살펴보겠다.

당시 반지성주의자들은 이성을 쉽게 포기했고, 계몽주의자들은 기독교 교리의 전통을 쉽게 포기했다. 그러나 램의 신학적 탐구는 '이성'과 '전통' 그 어느 것 하나도 포기하지 않고 균형 있게 전개된다. 그의 주된 관심사는 성경과 과학의 대화, 성경의 권위, 변증법과 해석학 등이다.

이 각 분야에서 램은 복음주의 변증방법론의 논리를 발전시켰다. 원래 램은 '증거주의'(evidentialism)의 접근 방식을 통해서 기독교의 진실성을 증명하려고 했다. 그러나 얼마 지나지 않아 기독교를 하나의 자명한 원리이자 가설이라고 주장하는 쪽으로 변증법적 포지션을 옮긴다. 왜냐하면, "한 신앙인이 개인 구원

---

34 칼 F. 헨리, 『현대사조와 신앙회복』, 53-54.
35 칼 헨리, "현대 정신의 타락" 『복음주의의 뿌리』 케네스 캔저 편저, 고일선 역 (서울: 생명의말씀사, 1983), 126.
36 Ibid.

에 대한 영적 확신을 한다고 할지라도, 기독교 신앙을 역사적으로 증명하기 위한 확증의 단계까지 나아가진 못하고 어느 정도의 가능성만을 확신"할 뿐이기 때문이다.[37]

램이 봤을 때, 근본주의자들의 오류는 성경에 나타나는 역사를 이성적으로 확증하려는 욕심에 있다. 마침내 램은 현대사상과 대화하는 복음주의 신학으로 새로운 지평을 확장했다. 램은 "근본주의는 계몽주의로부터 자기 몸을 감싸려고 노력하는 반면, 복음주의자는 계몽주의가 없었던 것처럼 되돌이킬 수 없다고 생각"한다.[38] 그렇기에 램의 변증방법론은 이전의 성경 전제주의자들과 헨리의 변증법과는 다르다.

램의 복음주의 변증방법론은 다음과 같다.

첫째, '계시에 근거한 변증'이다.

램은 바르트처럼 계시에 근거한 변증방법론을 펼쳤다. 기독교 변증학은 신적 계시, 더 분명히 말해서 "특별계시나 구원적 계시에 근거"해야만 한다.[39] 기독교 변증에서 여전히 계시의 진리는 성경이 증언하고 있다. 그래서 성경은 "신학적 논의나 계시에 제한되지 않고, 창조하신 하나님은 또한 섭리와 역사의 하나님이심을 계시"한다.[40] 계시를 하나의 경험이나 통찰로 보려는 것은 자유주의 신학의 견해일 뿐이다. 계시와 구속은 밀접하게 연관되어 있고, 성경은 하나님의 계시 활동에 대한 탁월한 증언이다.

또한, "기독교는 복음 이상이며, 주체성으로서의 믿음 이상이며 성령의 증거 이상"이다.[41] 그러나 성경을 보고 신앙이 각성될 때, '확신'과 '확실성'은 구분되어야 한다. 성경과 성령의 내적 증거에 근거할 때만, 신자는 구원에 대한 영적 확신을 가질 수 있기 때문이다. 성령의 설득과 증거는 언제나 기독교 변증의 제일 원리로 작동된다. 계시는 본질상 인간이 이해할 수 있는 '신인 동형론적 특징'을 가지고 있다.

그렇기에 그것은 인지하는 것이 가능하다. 따라서 하나님의 아들 예수 그리스도를 복음의 시작이라고 선포하는 것도 계시에 근거한 선언이다. 여기서 계시는

---

37 티모시 라슨 & D.W. 베빙턴 & 마크 A. 놀, 『복음주의 인물사』, 252.
38 스탠리 그렌츠 & 로저 올슨, 『20세기 신학』, 480.
39 버나드 램, 『기독교 변증학 개론』, 권혁봉 역 (서울: 생명의말씀사, 1994), 46.
40 Ibid., 65.
41 Ibid., 64.

예수 그리스도이며, 선언은 복음이다. 즉, 램은 영감 교리나 성경 자체에 관한 교리보다도, '성경의 계시적 내용'인 예수 그리스도를 최우선적인 변호 대상으로 삼았다. 결국, 램은 계시의 본원이신 예수 그리스도를 격상시키는 것이야말로 복음주의 변증방법론의 핵심으로 여긴 것이다.

둘째, '해석학 개념에 근거한 변증'이다.

램은 바르트의 '특정한 해석학'은 문제의 소지가 크지만, 대체로 그의 해석학 개념은 건전하다고 판단하였다.[42] 이러한 램의 태도는 복음주의 지성인들이 신정통주의 기조를 사용하여 세속 학문과 소통할 수 있도록 만들어 주었다. 하지만 램의 해석학 개념들은 "초월적인 하나님이 인간에게 내려오셔서 하나님의 죄 많은 피조 물에게 신적 실재를 계시하셨다"는 대전제 위에서 논의된다.[43] 즉, 예수 그리스도의 "속죄 행위의 가치는 신성 그 자체가 십자가에서 고난 겪으셨다"는데 있다.[44] 타락한 설교자들 중 어떤 이들은 "하나님 은혜의 구원에서 벗어난 자기 구원을 설명하기 위한 해석 수단"으로 변증법적 해석 방법을 사용하는 경우가 있다.[45] 하지만 램을 포함한 대다수의 복음주의 변증가들은 변증법적 해석 방법을 그런 식으로 사용하지 않는다. 또한, 세속 학문과 소통하는 시도를 하더라도, 기독교 전통의 용어들을 포기하거나 약화시키지 않는다.

해석학적 변증은 성경의 완전 영감에만 의존하지 않고, "진리에 상응하는 부분인 성경의 위대한 목적"에도 함께 주목한다.[46] 이로써 해석학의 원리는 신학의 분야에서 가장 중요한 요소로 자리 잡게 되었다. 특별히 성경을 "믿음의 제1원리"가 아닌 "유일한 믿음의 규범"으로 인정하는 참된 개신교에서, 성경 말씀을 참되고 바르게 해석하는 것은 변증 이전에 사명이다.[47] 따라서 램은 성경해석학을 토대로 기독교 신학의 정당함을 변증한다. 램은 "성경을 하나님의 말씀으로 믿는다는 것은 성경 해석이 반드시 신학적 맥락에서 행해져야 함을 의미"한다고 말한다.[48]

---

42 스탠리 그렌츠 & 로저 올슨,『20세기 신학』, 491.
43 Ibid., 493.
44 버나드 램,『현대신학의 용어해설』, 최기서 역 (서울: 보이스사, 1996), 30.
45 더글러스 본드,『복음주의 은혜론』, 정재우·신지훈·오승원 역 (서울: 개혁주의신학사, 2017), 245.
46 버나드 램,『성경해석학』, 김재권 역 (서울: 생명의말씀사, 2019), 129.
47 Ibid., 22.
48 Ibid., 131.

해석은 인간의 언어로 기록된 계시 사건에 대한 증언이다. 해석학적 개념은 성경의 단어, 문장, 언어의 문맥, 역사적 정황 등을 고려해서 입체적으로 볼 수 있도록 돕는다. 램은 "종교개혁자들의 가르침과 마찬가지로, 영감으로 기록된 성경과 계몽된 독자, 내재적인 혹은 외재적인, 또한 객관적인 혹은 주관적인 성경의 권위의 여러 측면을 한데 엮어 보고자 노력"했다.[49]

이러한 노력이 가능한 이유는, "성경은 인간의 생각에 융화(적응)된 하나님의 진리"이기 때문이다.[50] 따라서 인간은 그 진리를 자신의 것으로 삼을 수 있다.

셋째, '성경과 과학과의 대화'이다.

앞서 계시에 근거한 변증과 해석학에 근거한 변증은 성경의 '신실성' 증명을 목적으로 한다. 그러나 성경과 과학의 대화는 복음주의 신학이 받는 오해에 대해서 변증하고, 복음주의 그리스도인들이 편협하지 않음을 증명하는 것에 집중된다. 램은 자신의 저서 『과학과 성경의 대화』에서 "교양 학문과 문학 그리고 과학에 탁월한 교수 중 일부는 여전히 자연에 관한 문제에 대해 성경이 말하는 모든 내용을 신뢰하는 진실하고 독실한 신자"들임을 밝힌다.[51]

더 나아가 램은 "신학과 과학을 대립시키는 것은 곧 창조와 계시를, 자연과 구속을 대립시키는 것"이라고 주장한다.[52] 성경이 창조주, 구속 주, 재림 주를 일관되게 증언하듯이 과학적 자연법칙 또한 창조 섭리 안에서 일관되게 작동된다. 자연법칙들은 창조자의 질서이며, 과학은 그것을 실험과 과학 언어로 증명하는 것이다.

그렇다면 과학과 신학은 전혀 무관한 것이 아니다. 신학의 해석이 곧 계시가 아니듯 과학의 실험도 계시가 아니다. 계시는 신적 진리의 전달이고, 신학적 해석과 과학적 실험은 그것을 이해하려는 시도이다.[53] 이로써 램은 성경의 신적 기원과 영감도 받아들이면서, 동시에 과학적 탐구도 수용한다.

램의 이러한 시도를 위험한 시도로 여기는 이들도 분명히 있다. 그러나 램 자신은 "부분 영감 설", "자유주의", "신정통주의"의 견해를 단호히 거부한다고

49　티모시 라슨 & D.W. 베빙턴 & 마크 A. 놀, 『복음주의 인물사』, 252.
50　버나드 램, 『성경해석학』, 133.
51　버나드 램, 『과학과 성경의 대화』, 박지우 역 (서울: 한국기독학생회출판부, 2016), 19.
52　Ibid., 33.
53　Ibid., 46.

밝히면서, 복음주의자의 정체성을 분명히 했다.[54] 램은 과학과 성경이 불일치가 나타난다면, 그것은 영감의 차이가 아니라 해석의 차이일 뿐이라고 복음주의자들을 안심시킨다.

끝으로 램은 복음주의 신학이 미래에도 꾸준히 영향력을 발휘하기 위해, 다음과 같은 방안을 촉구한다. 먼저, 복음주의자는 성경 학도가 되어야 한다. 철학이 성경적 계시에 대한 진정한 사색적인 대형이라고 주장하는 운동들은 언제나 있기 마련이다. 그런 주장들에 휩쓸리지 않기 위해서는 철저하게 성경에 머물러야 한다.

철학의 지적 설득은 개인적인 취향 문제이나, 복음주의 신학의 선택은 '삶의 길이냐?, 죽음의 길이냐?'

이를 결정하는 문제이다.[55] 다음으로는 복음주의 신학의 구조와 세속 문화 풍토를 알아야 한다. 또한, 언어학, 철학 등에 대해서 능통해야 한다. 왜냐하면, 복음주의는 세속과 단절하는 것이 아니라, 세속 한복판에서 하나님의 아들 예수 그리스도를 전파하는 것이 주된 사명이기 때문이다. 복음은 어두운 세상 한복판에서 시작되었다.

그렇다면 복음의 내용은 세상 안에서 울려 퍼져야 한다. 마지막으로 복음주의자는 "하나님이 세상과 관계하시는 양태"를 재고해야 한다.[56] 하나님의 초월성 및 내재성이 인격적 혹은 실존적인 말로 어떻게 재진술될 수 있는지를 고민할 수 있어야 한다. 또한, 교회의 무흠성을 유지하고, 성도들의 신앙을 촉진하기 위해서는 "초월적인 하나님이 세상과 관계하시는 내재적 방법"에 대해서도 심도 있게 접근할 필요가 있다.

램의 변증방법론을 긍정적으로 평가한다면 다음과 같다.

근본주의를 극복하고 복음주의 변증 구조를 철저하게 했다. 그는 "바르트를 재발견함으로써 신학의 토대적 주제(변증학, 성경과 과학, 신학의 권위)를 벗어나 자유롭게 구성신학(constructive theology)으로 방향 전환"을 했다. 이로써 복음주의 사상가들은 자신들이 처한 상황과 적극적으로 대화할 수 있게 되었다. 즉, 진리를 증거할 뿐만 아니라, 다른 전통 및 관점에서도 배울 수 있는 토대를 구

---

54 Ibid., 47.
55 버나드 램, 『복음주의 신학의 흐름』, 권혁봉 역 (서울: 생명의말씀사, 1993), 212-213.
56 Ibid., 231.

축한 것이다.[57]

반면에 부정적으로 평가한다면 다음과 같다. 불가해한 하나님을 인지할 수 있는 것으로 축소하면서 초월성과 내재성의 딜레마 속에서 여전히 헤맨다. 또한, 과학과 성경의 대화를 시도함으로 신학적 지식의 확장은 되었을지 모르지만, 결과적으로 복음 전파에 어떤 기여가 되었는지 의문이다. 진화론을 주장하는 과학자들에게는 전문성이 떨어진다고 평가받고, 보수적인 신학자들에게는 세속 학문과의 타협을 시도한 것이라고 폄훼되기도 한다.

복음주의는 하나의 부흥 운동에서 시작되었으나, 점차 발전되어서 오늘날에는 학술적인 변증방법론도 정밀하게 갖춰졌다. 앞서 소개한 학자들의 변증방법론이 이를 전부 입증해 주고 있다. 린셀이나 카넬은 철저하게 성경의 무오성을 수호함으로써 세속주의에 함몰되지 않는 복음주의의 저력을 보여 주었다.

헨리의 변증방법론은 복음주의 신앙이 교리적 전통을 수호하면서, 사회적 동력을 갖출 수 있도록 만들었다. 또한, 램의 변증은 과학적 세계관과 성경적 세계관의 불일치를 해석의 차이로 승화시켰다. 어쨌거나 복음주의자는 기본적으로 "구원자 예수 그리스도 안에서, 하나님의 구원 받은 은혜의 상속자가 될 수 있다는, 그 복된 소식에 헌신 된 사람"이다.[58]

다시 말해서, 복음주의자는 하나님의 아들 예수 그리스도께서 복음의 시작임을 믿고 전파하는 사람들이다. 이들은 고집스럽게 복음의 진리와 기독교 전통을 사수하나, 때로는 세속 학문에 대해 적대적인 태도를 보였던 근본주의의 방식을 철폐하고 과감한 대화를 시도한다. 이로써 복음주의 신학의 변증방법론은 학술적인 위상이 높아짐과 동시에 정통성은 계속 유지할 수 있게 되었다.

---

57 티모시 라슨 & D.W.베빙턴 & 마크 A. 놀, 『복음주의 인물사』, 252-253.
58 Richard Quebedeaux, *The Worldly Evangelicals* (San Francisco: Harper & Row, 1978), 6.

♣ 내용 정리를 위한 문제

1. 복음주의의 역사적 흐름에 관해 설명한 후, 해롤드 린셀이 가지고 있었던 복음주의의 정체성을 서술하시오.
2. 칼 헨리가 복음주의 진영 안에서 복음주의자들에게 강조했던 핵심은 무엇인가?
3. 버나드 램의 변증방법론을 정리한 후, 그의 변증방법론에 대한 긍정적인 평가와 부정적인 평가를 각각 서술하시오.

※ 참고 문헌(제18장에 인용된 도서들)

칼 F. H. 헨리. 『신, 계시, 권위 1』. 맹용길 역. 서울: 알맹e, 2022.
_____. 『신, 계시, 권위 2』. 맹용길 역. 서울: 알맹e, 2022.
_____. 『신, 계시, 권위 3』. 이상훈 역. 서울: 알맹e, 2022.
_____. 『신, 계시, 권위 4』. 이상훈 역. 서울: 알맹e, 2022.
칼 F. 헨리. 『현대사조와 신앙회복』. 김호식 역. 서울: 기독교문사, 1992.
_____. 『복음주의자의 불편한 양심』. 박세혁 역. 서울: 한국기독학생회출판부, 2009.
칼 헨리 외 21명. 『창세기 격론』. 김태범 역. 서울: 한국기독학생회출판부, 2020.
칼 헨리. 『기독교 기본 교리』. 노진준 역. 서울: 죠이선교회, 2020.
버나드 램. 『과학과 성경의 대화』. 박지우 역. 서울: 한국기독학생회출판부, 2016.
_____. 『기독교 변증학 개론』. 권혁봉 역. 서울: 생명의말씀사, 1994.
_____. 『복음주의 신학의 흐름』. 권혁봉 역. 서울: 생명의말씀사, 1993.
_____. 『성경해석학』. 김재권 역. 서울: 생명의말씀사, 2019.
_____. 『현대신학의 용어해설』. 최기서 역. 서울: 보이스사, 1996.
R.L.해리스. 『성경의 영감과 정경』. 박종칠 역. 서울: 개혁주의출판사, 2012.
그레고리 A. 보이드 & 폴 R. 에디. 『복음주의 신학 논쟁』. 박찬호 역. 서울: 기독교문서선교회, 2014.
대릴 하트 & 앨버트 몰러. 『복음주의 신학교육의 역사』. 조호영 역. 서울: 부흥과개혁사, 2020.
더글라스 본드. 『복음주의 은혜론』. 정재우·신지훈·오승원 역. 서울: 개혁주의신학사, 2017.
데이비드 W. 베빙턴. 『복음주의의 전성기』. 채천석 역. 서울: 기독교문서선교회, 2012.
도널드 거스리 & 레온 모리스 & 하워드 마샬 외 지음. 『복음주의 성경 핸드북』. 오광만 역. 서울: 크리스챤다이제스트, 2008.

로버트 P. 라이트너. 『복음주의 신학 개론』. 박용성 역. 서울: 기독교문서선교회, 1994.
마크 A. 놀. 『복음주의 발흥』. 한성진 역. 서울: 기독교문서선교회, 2012.
마크 놀. 『복음주의와 세계 기독교의 형성』. 박세혁 역. 서울: 한국기독학생회출판부, 2015.
마틴 로이드 존스. 『복음주의란 무엇인가』. 이길상 역. 서울: 복있는사람, 2016.
스탠리 그렌츠 & 로저 올슨. 『20세기 신학』. 신재구 역. 서울: 한국기독학생회출판부, 2015.
에드워드 존 카넬. 『기독교 변증학 원론』. 김해연 역. 서울: 성지출판사, 1999.
이안 머리. 『분열된 복음주의』. 김석원 역. 서울: 부흥과개혁사, 2016.
_____. 『오래된 복음주의』. 송용자 역. 서울: 부흥과개혁사, 2015.
제프리 R. 트렐로어. 『복음주의 분열』. 한동수 역. 서울: 기독교문서선교회, 2021.
존 올프. 『복음주의 확장』. 이재근 역. 서울: 기독교문서선교회, 2010.
짐 월리스. 『하나님 편에 서라』. 박세혁 역. 서울: 한국기독학생회출판부, 2014.
케네스 캔저. 『복음주의의 뿌리』. 고일선 역. 서울: 생명의말씀사, 1983.
크레이그 L. 블롬버그. 『복음주의 성경론』. 안상희 역. 서울: 기독교문서선교회, 2017.
티모시 라슨 & D.W.베빙턴 & 마크 A. 놀. 『복음주의 인물사』. 이재근·송훈 역. 서울: 기독교문서선교회, 2018.
해롤드 린셀. 『교회와 성경 무오성』. 김덕연 역. 서울: 기독교문서선교회, 1990.
F.H. Henry, Carl. "The Resurgence of Evangelical Christianity", *Christianity Today*, 1959년 3월 30일.
Quebedeaux, Richard. *The Worldly Evangelicals*. San Francisco: Harper & Row, 1978.

제19장

복음주의 변증방법론 II : 제임스 패커 & 노먼 가이슬러

> 오직 성령이 너희에게 임하시면 너희가 권능을 받고 예루살렘과 온 유대와 사마리아와 땅 끝까지 이르러 내 증인이 되리라 하시니라(사도행전 1장 8절).

    복음주의의 변증이 쉽고 간결한 이유는 복음 전파를 위해서이다. 복음주의자들의 최종 목적은 언제나 영혼 구원에 있다. 이를 위해 변증과 윤리와 신학이 총동원된다. 사도행전 1장 8절에는 "오직 성령이 너희에게 임하시면 너희가 권능을 받고 예루살렘과 온 유대와 사마리아와 땅끝까지 이르러 내 증인이 되리라 하시니라"라고 기록되어 있다. 복음주의자들은 이 말씀을 지상 최대 명령으로 삼고 성령에 의지하여 성경의 진리를 전파한다. 그래서 복음주의자들의 공통된 목적이 담긴 선언에는 언제나 네 가지가 포함되어 있다.[1]

- 하나님의 말씀인 성서
- 구원을 얻는 곳인 십자가
- 보편적 필요인 회심
- 보편적 과제인 선교 사역

    그러나 현대 사회는 세속화로 인해 "기독교적 조류에서 벗어난" 신기루의 세계에 놓여 있다.[2] 이러한 세계를 인지하지 못하고 진리를 인간의 논증으로 설명할 수 있는 것처럼 받아들이면 큰 부작용이 따른다.

---

1 제임스 패커 & 토마스 오덴, 『복음주의 신앙 선언』, 정모세 역 (서울: 한국기독학생회출판부, 2014), 26.
2 제임스 패커, 『그리스도를 아는 기쁨』, 김진우 역 (서울: 성서연구사, 1994), 45.

제임스 패커(James Packer)는 이를 경계하며 다음과 같이 진술한다.

> 우리는 기독교의 진리를 우리의 논증으로 증명할 수 있는 것처럼 생각해서는 안 된다. 눈먼 마음을 새롭게 하시는 성령의 전능하신 역사 없이는 어떤 사람도 기독교의 진리를 입증할 수 없다. 인간의 양심에 복음 진리를 깨닫게 하시는 것은 그리스도 영의 주권적인 특권이다. 그리고 그리스도를 증언하는 사람들은 그들이 성공하리라는 소망의 근거가 자신이 진리를 잘 제시하는 데 있는 것이 아니라 성령께서 진리를 권능 있게 나타내 보이시는 데 있음을 배워야만 한다.[3]

결국, 오직 성령의 충만함을 받아 권능을 입었을 때만, 예루살렘과 온 유대와 사마리아와 땅끝까지 복음을 전하는 증인의 삶을 살 수 있다. 이것은 어떤 새로운 이론으로 무장되었음을 의미하는 것이 아니다. 존 스토트(John Stott)에 따르면, 복음주의적 신앙은 최근에 고안된 새로운 종류의 어떤 무언가가 아니라, "원래적이고 사도적인 신약의 기독교"이다.[4] 누구라도 초대 교회와 현대교회를 비교한다면, 문화적 차이를 대번에 발견할 것이다.

그러나 복음은 차이가 없다. 초대 교회나 현대교회 모두 복음의 메시지만큼은 차이가 발생할 수 없고, 발생해서도 안 된다. 왜냐하면, 기독교의 복음은 철학이나 이념이 아니라, 예수 그리스도의 사건이기 때문이다. 이것은 매우 쉽고 단순해서 직설적으로 전달하는 것이 가장 효과적이다. 이러한 복음의 특성을 알고 있는 복음주의자들은 성경을 근거로 단순한 복음 사건을 변증해 나간다.

그 대표적인 학자가 패커와 노먼 가이슬러(Norman Geisler)이다. 이 두 사람 모두 복음주의 변증가로 꼽히는 대가들이지만, 둘 사이에는 신학적 견해와 방법론적 차이가 있다. 지금부터 패커와 가이슬러가 제시한 변증의 내용과 방법들에 대해서 살펴볼 텐데, 먼저 패커의 변증방법론에서 강조되는 세 가지를 언급하겠다. 그 후 가이슬러의 변증방법론 중 중요하게 다뤄지는 세 가지를 대조하여 제시하겠다.

---

3 제임스 패커, 『하나님을 아는 지식』, 정옥배 역 (서울: 한국기독학생회출판부, 2018), 113.
4 존 스토트, 『복음주의의 기본 진리』, 김현회 역 (서울: 한국기독학생회출판부, 2016), 21.

1. 기독교의 기본

첫째, 패커는 기독교의 기본 지식을 정확하게 전달하는 것을 변증의 핵심으로 삼았다.

주로 패커는 사도신경, 주기도문, 십계명 등 기독교 신앙의 아주 기본이 될 만한 것을 통해 복음의 명료함을 설명한다. **사도신경은 교리이며, 주기도문은 기도이다. 그리고 십계명은 실천 조항이다. 즉, 이 세 가지는 교리와 경험과 실천이다.** 그중에서 주기도문은 심지어 주님이 직접 가르쳐 주신 기도문이다.

후스토 곤잘레스(Justo L. González)에 따르면, "주기도문은 그리스도인의 삶을 요약해 보여 주는 역할을 했고, 한 사람의 모든 행동뿐만 아니라 하나님께 구한 모든 것을 판단하는 기준 역할을 했다."[5] 어쨌든 '사도신경', '주기도문', '십계명' 이 세 가지는 기독교의 기본을 설명하는 핵심이라고 할 수 있겠다.

패커에 따르면, 실천이 없는 교리와 경험은 "지식을 가진 영적인 마비 환자"를 만든다. 반면에, 교리가 없는 경험과 실천은 "불안정한 영적 몽유병자"를 만든다.[6] 따라서 성도에게 가장 중요한 것은 하나님을 아는 지식이다. 여기서 중요한 것은 '하나님에 대한 지식'이 아니라, '하나님을 아는 지식'이라는 점이다.

패커는 다음과 같이 말한다.

> 그리스도인이 하나님을 아는 것은 하나님이 그들을 아신 결과다. 하나님이 먼저 은혜로 그들을 택하셨기 때문에 그들이 믿음으로 하나님을 아는 것이다. 안다는 말이 하나님에 대해 이런 식으로 사용될 때는, 하나님이 사랑하시고 선택하시며 구속하시고 부르시고 보존하시는 일에 주도권을 쥐시는 것을 가리키는, 주권적인 은혜의 단어가 된다.[7]

패커가 생각하는 기독교의 기본 지식이 담고 있는 진리는 창조주 하나님이 자기 피조물인 인간에 대해서 가장 철저하고 정확하게 알고 있다는 사실이다. 또한, 그 하나님이 인간을 사랑해서 독생자를 희생시켰다는 사실이다. 타락한 피

---

5 후스토 곤잘레스, 『초기 교회에서 배우는 주기도문』, 오현미 역 (경기고양: 이레서원, 2022), 29.
6 제임스 패커, 『기독교 기본 진리』, 김진웅 역 (서울: 아바서원, 2019), 175.
7 제임스 패커, 『하나님을 아는 지식』, 64.

조물인 인간을 구원하기 위해 하나님이신 예수 그리스도께서 십자가에서 돌아가셨다.

그리고 부활하시고 승천하셨으며 다시 재림하실 것이다. 이 모든 내용은 기독교인에게는 기초 중의 기초이지만, 복음을 처음 듣는 이들에게는 충격적인 소식이다. 패커는 속죄의 본질에 대해서 이같이 말한다.

> 어떻게 그리스도의 희생적 죽임이 실제로 우리를 구원할 수 있을까?
> 다시 말해서 위험과 멸망으로부터 우리를 구할 수 있을까?
> 그리스도의 희생은 우리를 속량하심으로써 우리를 구원하셨다. 즉, 소망 없이 노예의 상태에서 살던 우리를 미래가 있는 자유의 상태로 옮겨 주셨다. 그리스도께서는 이를 가능하게 하기 위해 필요한 대가를 치르심으로써 우리를 구원하셨다.[8]

하나님의 의로우신 진노를 종식하는 사건은 오로지 그리스도의 십자가 사건뿐이다. 또한, 하나님의 사랑은 그리스도의 십자가에서 가장 탁월하게 나타났다. 이것은 결코 타협되거나 희석될 수 없는 진리이다. 패커는 "온전한 진리로 위장한 절반의 진리는 완전한 비진리에 지나지 않는다"라고 말했다.[9] 그렇기에 복음주의자들은 성경이 계시하는 그리스도의 십자가 사건에 대한 왜곡이나 재해석을 일절 허용하지 않는다.

왜냐하면, 예수 그리스도의 십자가 사건은 기독교 신앙의 요체로서 절대적이기 때문이다. 그 일은 죄 없으신 예수님이 친히 대속 제물이 되신 사건이다. 존 머레이(John Murray)에 따르면, "그리스도의 십자가를 통해 드러난 하나님의 사랑의 가장 두드러진 특징은, 그렇게 드려진 희생이 갖는 무한한 가치"에 있다.[10]

그러므로 예수 그리스도의 십자가 처형은 나사렛 청년이 억울하게 희생당한 사건이 아니라 인류 구원의 사건이며, 지상 최대의 은혜 사건이다. 여기서 패커는 은혜의 개념을 다음과 같이 정의한다.

---

8 제임스 패커 & 마크 데버, 『십자가를 아는 지식』, 박세혁 역 (경기파주: 살림, 2010), 28.
9 J. I. Packer, *A Quest for Godliness: The Puritan Vision of the Christian Life* (Wheaton, IL:Crossway, 1990), 126.
10 존 머레이, 『존 머레이의 구속』, 장호준 역 (서울: 복있는사람, 2020), 35.

은혜는 하나님의 주권적인 사역에서 나온 자발적인 선택 사랑(election-love)에다가 언약 사랑(covenant-love)을 합친 것이다. 이 은혜가 모든 죄와 악으로부터 우리를 구원한다. 은혜는 경건하지 못한 사람들을 그들의 창조주를 아는 지식 안에 있는 진정한 행복으로 이끌고 간다.[11]

패커가 말하고 있는 복음의 기본 지식은 구속의 은혜이다. 이 은혜는 "그리스도를 희생하여 이룩한 하나님의 부요함"이다.[12]

여기서 '희생'이 필요한 이유는 '죄' 때문이다. 복음주의 변증방법론에서 가장 중요한 핵심은 복음의 기쁨을 말하기 전에 죄의 무서움을 먼저 설명한다는 점이다. R. C. 스프로울(R. C. Sproul)은 "죄의 심각성을 인정하지 않으면, 결코 하나님을 경외할 수 없다"고 말하였다.[13] 또한, 아더 핑크(Authur W. Pink)는 "갈보리의 십자가는 인류의 전 역사를 통틀어 죄에 대한 하나님의 증오가 가장 무섭고 엄숙하게 드러난 사건"이라고 말한다.[14]

십자가는 복음의 기쁨과 영광을 가리키기에 앞서서 죄의 무거움과 하나님의 공의를 폭로한다. 그리스도께서 당하신 고난은 죄인이 당해야 할 고난이며, 그리스도께서 흘리신 피는 죄인이 심판받아서 흘려야 할 피였다. 그렇기에 자신이 죄인임을 깨닫지 못하고, 인정하지 못하는 사람은 복음의 필요성을 결코 인지할 수 없다. 하나님의 구속적 은혜는 오로지 죄인임을 자각하고 있는 자에게 유효하다. 패커는 이에 대해서 복음의 삼단 논법을 전개한다.

> 우리의 죄에 대해서는 이미 형벌이 가해졌다. 보응의 수레바퀴는 이미 돌았다. 우리의 불 경건에 대해서는 이미 심판이 내려졌다. 그러나 하나님의 어린양이신 예수님이 우리의 자리에 대신 서셨다. 그러므로 하나님은 의로우시다. 이렇게 의로우신 하나님은 "우리가 범죄한 것 때문에 내줌이 되고 또한 우리를 의롭다 하시기 위하여 살아나셨고(롬 4: 25)-살아나신 예수를 믿는 이들을 의롭다-"해 주셨다.[15]

---

11 제임스 패커, 『은혜를 아는 지식』, 손영배 역 (서울: 쉴만한물가, 2002), 22.
12 제임스 패커, 『하나님을 아는 지식』, 203.
13 R.C. 스프롤, 『구원의 의미』, 조계광 역 (서울: 생명의말씀사, 2003), 36.
14 아더 핑크, 『구원 신앙』, 조계광 역 (서울: 생명의말씀사, 2019), 17.
15 제임스 패커 & 마크 데버, 『십자가를 아는 지식』, 48.

위에 내용은 기독교의 기본 진리며 핵심이다. 저주받아 마땅한 인간을 대신해서 하나님이 대신 저주를 받으셨다. 그리고 죄인인 우리를 '의롭다'고 칭해 주셨다. 여기서 중요한 것은 "우리의 죄가 그리스도에게 전가되어야 할 뿐 아니라, 그리스도의 의가 우리에게 전가되어야 한다"는 사실이다.[16]

그리스도의 구속 사건은 복음의 원인이고, 칭의 사건은 복음의 결과이다. 그리고 신자의 변화된 삶의 모습은 복음의 열매이다. 일찍이 J. C. 라일(John charles Ryle)도 성도가 거룩해야 하는 이유를, "주 예수 그리스도를 믿는 구원의 믿음을 가졌다는 유일하게 바른 증거가 거룩함이기 때문"이라고 말한 바가 있다.[17]

2. 하나님을 아는 지식

둘째, 패커는 하나님의 속성을 변증한다.

특히, **패커는 하나님의 전능성과 불변성과 주권성을 강하게 변증한다.** 하나님은 불변하시기에 전능하시고, 전능하시기에 불변하시다. 또한, 창조자이시기에 주권자이시고, 주권자이기에 세상을 통치하신다. "하나님의 성품은 오늘도 성경 시대의 성품과 똑같으며 항상 동일"하시다.[18] 성경 시대에 하나님의 성품은 공의와 사랑이다. 그리고 그 속성은 지금도 동일하다. 또한, 하나님의 성품과 계획 역시 변하지 않기 때문에, 하나님의 말씀도 변할 수 없다.

"하나님은 말씀하신 것을 영원토록 지키시기 때문에, 모든 세대의 모든 사람은 하나님의 말씀 아래 있다."[19]

따라서 하나님은 영원이 주권적이시다. 핑크는 하나님의 주권이라는 뜻은 "하나님의 최고권과 왕권과 신격"을 의미한다고 정의한다. 다시 말해서 하나님은 하나님이시다.[20]

하나님의 권위와 구속력은 그의 전능성과 불변성에 기인하기에 영원하다. 주권적인 하나님이 만일 신실하지 않으시고, 변덕스러웠다면 인간은 일찍이 멸망

---

16 R.C. 스프롤, 『구원의 의미』, 130.
17 J. C. 라일, 『거룩』, 장호준 역 (서울: 복있는사람, 2019), 115.
18 제임스 패커, 『하나님을 아는 지식』, 121.
19 제임스 패커, 『제임스 패커의 절대 진리』, 박문재 역 (서울: 국제제자훈련원, 2019), 110.
20 아더 핑크, 『하나님의 주권: 하나님의 뜻대로』, 김진홍 역 (서울: 개혁주의출판사, 2016), 29.

했을 것이다. 다행히도 하나님은 철저하게 사랑의 속성으로 일관하신다. 그런데 패커는 이러한 하나님의 속성을 "경건주의적 경험주의"를 통해 알려고 하는 것을 경계한다. 왜냐하면, 내적 충동이나 상상, 또는 음성으로 하나님을 알 수 있다는 '감정주의'는 광신주의로 흘러갈 위험이 있기 때문이다.[21]

하나님의 속성을 오해 없이 알기 위해서는 성경에 근거해야 한다. 물론, 성경을 대할 때, "우리 자신의 지적 능력은 신적 진리를 시험하고 측량할 수 없다"는 사실을 인정하고 접근해야 한다.[22] 영화로우신 하나님의 신적 속성 앞에서 자신의 이성과 논리를 앞세울 수 있는 사람은 존재하지 않는다.

하나님은 인격적이시지만 신적 위엄이 있으시다. 패커는 '엘 샤다이'(전능하신 하나님)라는 이름에서 이미 그의 "전능함을 예증해 준다"고 주장한다.[23] 그런데 복음주의가 절대로 사수하는 바로 그 놀라운 진리는 전능하신 하나님이 스스로 자신을 낮추시고 인간이 되셔서 사랑과 희생의 성품을 이 땅에서 온전히 보이셨다는 것이다. 그 결정체가 바로 예수 그리스도시다.

> 복음은 우리의 창조자께서 우리의 구속자가 되셨다고 말한다. 복음은 하나님의 아들이 "우리 인간을 위해, 또한 우리의 구원을 위해" 인간이 되셨으며 영원한 심판으로부터 우리를 구하기 위해 십자가에서 죽으셨다고 선포한다. 성서에서 그리스도의 구속적 죽음을 설명할 때는 기본적으로 그분을 **화목 제물**이라고 부른다. 이는 우리의 죄를 하나님 앞에서 지워버리심으로써 그분의 진노를 누그러뜨리셨다는 말이다. 하나님의 진노는 불의함에 대한 그분의 의로우신 반응이다. 하나님의 진노는 보복적 정의를 통해서 나타나게 된다. 그러나 예수 그리스도께서는 성부의 뜻에 순종하여 우리의 대표적 대속 물이 되시고 우리를 대신하여 우리의 죗값을 치르심으로써 우리가 당해야 할 보복적 정의의 결과로부터 우리를 구해 주셨다. 이를 통해 공의가 이루어졌다. 장차 용서받을 모든 이의 죄에 대해 성자에게 심판이 내려졌고 징벌이 가해졌기 때문이다.

---

21 제임스 패커 & 캐롤린 나이스트롬, 『하나님의 인도』, 조계광 역 (서울: 생명의말씀사, 2008), 17.
22 제임스 패커, 『근본주의와 성경의 권위 & 자유주의』, 옥한흠 역 (서울: 개혁주의출판사, 2017), 148.
23 제임스 패커, 『하나님을 아는 지식』, 131.

이를 근거로 죄인인 우리에게 죄 사함이 주어졌기 때문이다. 말하자면 구속의 사랑과 보복적 정의가 갈보리에서 손을 잡았다. 하나님이 갈보리를 통해 자신이 의로우시며 예수를 믿는 이들을 의롭다고 하시는 분이심을 보여 주셨기 때문이다.[24]

그리스도께서는 십자가에서 희생당하셨지만, 하나님의 엄위로우신 속성이 상실된 것은 아니다. 오로지 인간의 죄만 상실되었다. 스프로울이 말한 것처럼, "우리의 중보자는 신-인(God-man)이시며, 구속의 드라마는 그의 인성에 초점이 맞춰진 것"이다.[25] 즉, 그리스도의 대속 사건은 하나님의 '신실성'과 '사랑'의 속성을 드러내는 것에 집중될 뿐이지, 하나님의 전능성과 불변성과 영원성에 반대되는 것은 결코 아니다.

하나님은 하늘 보좌 버리고 이 땅에 강림하셨고, 우리에게 친숙하게 다가오셨으며, 십자가에서 죽으셨다. 그런데도 그분은 여전히 엄위로우신 주님이시다.

셋째, 패커는 믿음에 근거한 행함을 변증한다.

믿음은 인간의 의지적 결단이 아니다. 믿음은 전적으로 성령 하나님이 주시는 것이다. 패커가 거듭 변증하고 있는 핵심은 "구원을 주는 능력은 수단에 있지 않다"라는 것이다. "그 능력은 수단을 쓰시는 하나님의 손안에 있다."[26] 무엇보다 중요한 것은, 성령께서는 하나님의 능력이나 수단이 아니라는 사실이다. 성령은 삼위 하나님 가운데 한 분 하나님이시다.

또한, 성령께서는 성자에게로 우리를 이끄시는 하나님이시다. 그래서 패커는 당부한다

"절대로 성령을 비인격적인 존재로 생각하거나 무슨 물건처럼 부르지 말라!"[27]

어쨌든 성령 하나님을 통해서 우리는 믿음을 선물로 받는다. 이 믿음은 성령 하나님이 주신 것임으로 살아 있는 믿음이다. 살아 있는 믿음(*fides viva*)은 반드시

---

24 제임스 패커 & 마크 데버, 『십자가를 아는 지식』, 49.
25 R.C. 스프로울, 『철회할 수 없는 하나님의 은혜 언약』, 김태곤 역 (서울: 생명의말씀사, 2014), 229.
26 제임스 패커, 『복음전도란 무엇인가?』, 조계광 역 (서울: 생명의말씀사, 2012), 44.
27 제임스 패커, 『성령을 아는 지식』, 홍종락 역 (서울: 홍성사, 2020), 87.

행동의 열매를 동반한다.[28] 믿음과 행위가 더해져서 칭의 사건이 일어나는 것이 아니라, 믿음에 근거해서 칭의와 성화가 순차적이지만 동시적으로 발현된다.

따라서 행위는 구원의 조건이 아니라 구원의 결과이다. 패커는 "실제로 거룩하게 하시는 분은 우리 안에 내주하시는 성령님"이라고 강조한다.[29] 쉽게 생각해서, 구원받은 자녀들 안에 성령 하나님이 내주하시고, 삼위 하나님이 동행하신다. 따라서 구원받은 백성은 거룩한 일을 행하게 되며, 자신의 의지적 노력으로 죄와 싸우는 것이 아니라, 하나님이 기뻐하시는 일을 행하기 때문에 죄를 멀리하게 된다. 즉, 거룩한 습관과 행함이 은혜의 감격 속에서 이행된다.

믿음은 하나님에게 근거한다. 또한, 행함은 믿음에 근거한다. 고로 성도들의 거룩한 행함은 전적으로 '하나님으로 인해', '하나님으로부터' 일어난 일이다. 억지로 거룩한 행함을 시도하는 것이 아니라, 믿음이 기쁨으로 거룩한 행함을 이행할 수 있도록 만들어 준다. 오직 믿음만이 칭의에서 성화로 나아가게 한다. 또한, 오직 믿음만이 신실한 충성을 나타내 보일 수 있다.

그도 그럴 것이 믿음으로 말미암아 우리는 하나님의 자녀가 되었다. 하나님의 '아들 됨'은 은혜의 선물이다. 이것은 복음이 제시하는 최고의 특권이다. 왜냐하면, '아들 됨'은 "자연적인 아들 됨이 아니라 양자로 받아들여진 아들 됨"이기 때문이다.[30] 하나님의 자녀라는 말은 하나님의 가족이 되었다는 뜻이다. 패커는 다음과 같이 말한다.

> 우리는 하나님 아버지께서 자신의 모든 양자 속에서 보기를 원하시는 가족적 닮음(family likeness)에 대해서 말하고 있다. 그 가족적 닮음은 거룩하신 아버지의 형상이신 아들의 도덕적인 형상을 구성하는 사랑과 겸손 그리고 의로움을 본받음으로써 그리스도를 닮는 것(Christlikeness)이다.[31]

믿음은 신앙의 기쁨을 산출한다. 그리고 산출된 기쁨에서 행함의 열매가 맺는다. 믿음에서 행하므로 나아가듯 칭의에서 성화로 나아간다. 믿음 없이는 행함이 불가능하며, 칭의 되지 않은 상태에서 성화 되는 것도 불가능하다. 마치 하나님

---

28 R.C. 스프로울, 『오직 믿음으로』, 안보헌 역 (서울: 생명의말씀사, 2017), 181.
29 제임스 패커, 『거룩의 재발견』, 장인식 역 (서울: 토기장이, 2019), 292.
30 제임스 패커, 『하나님을 아는 지식』, 316.
31 제임스 패커, 『그리스도를 아는 기쁨』, 138.

의 양자 됨 없이 하나님의 가족이 될 수 없듯이 말이다. 월터 마샬(Walter Marshall)은 성경을 근거로 "신자를 위한 신령한 본성이 그리스도 안에서 먼저 준비되고 신자는 그리스도와의 연합을 통해서 그것을 받아 누린다"라고 주장한다.[32]

즉, 성령께서 믿음을 통해 역사하시기 때문에 신자가 그리스도와 연합할 수 있고 거룩함을 행할 수 있게 된다. 결론적으로 "모든 그리스도인은 사실상 어떤 대가를 치르든지 하나님의 뜻을 따르며 그 결과에 대해 하나님을 의지한다는 의미에서 믿음의 삶을 살도록 부름"받았다.[33]

3. 복음주의 기독교 철학

다음으로는 가이슬러의 변증 내용을 살펴보겠다. 가이슬러 변증방법론은 진리에 대해서 명확하게 관철하면서 다양한 논의를 폭넓게 분석해 나가는 방식이다. 그가 이런 변증방법론을 통해 변증하고 있는 것 중 대표적인 것들이 있다.

첫째, 가이슬러는 기독교 철학을 근거로 복음의 특수성을 변증한다.

가이슬러가 강조하는 복음의 특수성은 '그리스도 사건'이다. 그런데 이것을 철학적 문법으로 풀어내는 것은 상당한 어려움이 따른다. 왜냐하면, 기독교의 진리는 철학적 진리와 다르기 때문이다. 이 진리는 교의적으로 볼 때 구원에 이르는 지혜이다. 철학적 진리는 도덕적 삶이나 이념이다. 또 수학에서도 변하지 않는 일관된 진리가 있는데, 그것은 수리적 규칙이다.

그러나 이것으로 기독교의 특수성을 설명하기에는 한계가 있다. 무엇보다 가이슬러는 "그리스도인으로서 우리는 상대주의나 불가지론으로 결론이 나는 진리 이론은 모두 받아들일 수 없다"고 천명한다.[34] 그런데도 복음주의 기독교인들은 기독교 철학의 방법론을 이해하고 활용해야 할 책임성이 있다. 물론, 가이슬러는 신정통주의자들처럼, 철학이라는 세속이론으로 기독교라는 특수성을 담아낼 수 있다고 주장하는 것은 결코 아니다. 그보다 그는 기독교의 특수성을 드러내기 위해 철학의 일반성을 비교하여 상정할 수 있어야 한다고 본다. 이러한 접근방법론이 바로 '기독교 철학'이다. 가이슬러는 다음과 같이 말한다.

---

32 월터 마샬, 『성화의 신비』, 장호준 역 (서울: 복있는사람, 2019), 69.
33 제임스 패커, 『하나님을 아는 지식』, 336.
34 노르만 가이슬러, 『기독교 철학개론』, 위거찬 역 (서울: 기독교문서선교회, 2012), 281.

기초적인 성경적 신앙 때문에 기독교인은 특별한 철학적으로 짐을 지니고 있다. 그는 이러한 믿음의 체계화나 기독교 신앙의 변호를 위한 철학적 논증에서 철학을 이용한다. 그는 기독교적 시각을 다른 세계관과 상호 교류하기 위해 철학이 있어야 한다. 전반적으로 말하자면 기독교인은 믿을 수 있는 것을 이해할 수 있게 하려면 철학에 의존한다. 철학은 그것에 의해서 기독교인이 그의 믿음을 넘어 의미를 취하는 도구이다.[35]

진리가 가지고 있는 속성은 불변함과 명백함이다. 이것은 철학과 상응하고 있으면서도 그 이상의 특수성을 지닌다. 특히, 구원의 문제 앞에서 이것은 더욱 두드러진다. 그런데 가이슬러는 이전의 칼빈주의 변증가들과는 다른 입장에서 이 논리를 전개한다. 그는 자신을 온건한 칼빈주의로 상정하면서, 강성 칼빈주의보다는 완화된 태도를 보인다. 또한, 아르미니우스의 입장과도 차별성을 드러내며 변증한다.

그는 자신이 아르미니우스주의와는 다르게, "영원한 안전의 교리에 대한 강력한 성경적 및 신학적 근거가 있음을 확신"한다. 또한, 강성 칼빈주의와도 다르게 "신자들이 끝까지 신실한 여부와 상관없이 하나님의 택함 받은 자라는 실제적 확신을 가질 수 있다고 주장한다."[36]

어쨌든 기독교 철학은 복음의 기능으로 구원을 이야기하고 복음의 특수성으로 구원의 안전성을 보장한다. 복음은 우리를 죄에서 구원했다는 것만이 아니라, 그 구원이 영원히 안전하다는 사실을 보증한다. 그래서 샘 스토스(Sam Storms)는 이렇게 말한다.

> 우리의 구원이 안전한 근거는 궁극적으로 우리의 의나 순종이 아닌 하나님의 약속과 능력, 목적 그리고 무엇보다 그리스도 안에서 우리를 향한 하나님의 열정적인 사랑에 있다.[37]

---

35 Ibid., 86.
36 노르만 가이슬러, "온건 칼빈주의 관점", 『한 번 받은 구원 영원한가』, 이한상 역 (서울: 부흥과개혁사, 2011), 161.
37 샘 스톰스, 『터프 토픽스』, 장혜영 역 (서울: 새물결플러스, 2016), 296.

일반적인 칼빈주의자들의 '성도의 견인 교리'는 거룩한 상태로 끝까지 견디고 인내하게 되는 것을 뜻한다면, 가이슬러는 도덕적 흠이 있음에도 안전하게 구원에 안착할 수 있다는 진술에 좀 더 초점이 놓여 있다.

결국, 기독교 철학이 주장하고 있는 복음의 특수성은 다음과 같은 질문에 대해 답변하고 있다.

"어떻게 사랑의 하나님이 사람들을 지옥에 보내실 수 있는가?"
"어떻게 공의로우신 하나님이 사람들을 천국에 보내실 수 있는가?"

따라서 가공할 만한 이 '특수성'은 곧 '유일성'이라 불러도 무방하다.

둘째, 가이슬러는 인간 의지와 기독교 윤리에 대해서 변증한다.

인간 의지에 대한 부분에서 가이슬러는 "구원받지 못하는 이들은 스스로 구원받기를 거절한 것"이라고 주장한다.[38] 스프로울 역시 "하나님이 구원을 베푸시기 위해서는 예수 그리스도의 역할뿐 아니라 우리의 회개와 믿음"이 있어야 한다고 주장한 바 있다.[39]

그렇다면 구원받기 위해서는 하나님의 은혜를 받아들이는 선택이 인간의 의지에 달린 것인가?

이런 질문을 일축하기 위해 스프로울은 "죄인이 먼저 믿음을 택하고, 그러고 나서 자유를 경험하는 것"이 아니라, "자유하게 하는 믿음 그 자체가 선물"이라는 아우구스티누스의 논리를 인용한다.[40] 우리는 여기서 예정과 자유의지 문제는 모든 복음주의자가 일치된 변증방법론을 보이지 않는다는 점을 인지해야 한다.

가령 칼빈주의 복음주의자들은 "하나님이 모든 것을 정하신다"라는 결정설에 기인한다. 반면에 알미니우스 복음주의자들은 "하나님이 모든 것을 아시지만 자신의 지식을 제한하신다"라는 지식 제한설에 기인한다.

클락 핀녹(Clark H. Pinnock)에 따르면, "하나님의 계획은 열려 있다. 하나님이 결심하실 때 우리가 드리는 기도의 권세를 실제로 받아 주신다"라고 설명한다. 즉, "하나님은 자유로운 행위자가 사는 세상을 창조하기로 스스로 내리신 결정

---

38 노르만 가이슬러 & 래비 재커라이어스, 『하나님을 누가 만들었을까?』, 박세혁 역 (서울: 국제제자훈련원, 2008), 27.
39 R.C. 스프로울, 『성경에 나타난 천국, 천사, 지옥, 마귀』, 이선숙 역 (서울: 아가페북스, 2013), 86.
40 R.C. 스프로울, 『자유의지 논쟁』, 김태곤 역 (서울: 생명의말씀사, 2015), 78.

에 부합되는 권능을 발휘"하신다.⁴¹

그런데 가이슬러는 여기서 '예지 예정'의 입장을 전개한다. 가이슬러는 "그리스도를 영접하기로 자유롭게 선택할 것임을 미리 아시기에 하나님은 사람들을 구원하기로 선택(결정)하신다"고 설명한다.⁴² 여기서 주의해서 할 것이 있는데, 그것은 아르미니우스 복음주의자들이 무조건 웨슬리안 감리교도가 아니라는 점이다. 무엇보다 패커에 따르면 웨슬리는 아르미니우스주의자로 보기 어려운데, 그 이유는 다음과 같다.

> 웨슬리는 사람의 '완전한'(total) 타락을 강하게 주장하고, 본성상 사람의 의지는 악을 행하는 일에만 자유롭기 때문에 하나님의 은혜가 먼저 악을 행하는 의지를 제시하고, 그 후에 그를 지속해서 개선해서 하나님께로 돌이키는 일이 가능하도록 그리고 그렇게 원하도록 만들어야 한다는 사실을 일관되게 주장했기 때문이다.⁴³

지금까지 살펴본 논의를 정리했을 때, 가이슬러의 변증방법론은 하나님의 주권적 은혜 앞에 불가항력적으로 복종하게 되는 구원론보다는, 인간의 의지적 선택에 더 많은 강조점이 놓여 있는 것처럼 보인다. 그런데 가이슬러가 인간의 의지에서는 '자율성'이 있을지 모르지만, 기독교 윤리에서만큼은 '절대성'을 강하게 주장한다. 가이슬러는 "하나님의 도덕적 속성은 변하지 않으므로(말 3:6; 약 1:17), 하나님의 속성에 뿌리를 둔 도덕 명령은 절대적"이며, "그것은 항상 어디서나 모든 사람에게 적용"되는 것이라고 말한다.⁴⁴

그러므로 현대에 도덕률 폐기론은 윤리적 상대주의가 만들어 낸 함정이다. 만일 절대적 기준이 될 만한 윤리를 배제한다면, 필연적으로 도덕 폐기론이 유행

---

41 클락 핀녹, "하나님 지식제한설: 하나님은 자신의 지식을 제한하신다",『예정과 자유의지』, 이미선 역 (서울: 부흥과개혁사, 2011), 228-229.
42 노먼 가이슬러, "하나님 전지설: 하나님은 모든 것을 알고 계신다",『예정과 자유의지』, 이미선 역 (서울: 부흥과개혁사, 2011), 96.
43 제임스 패커,『알미니우스주의』, 이스데반 역 (서울: 기독교문서선교회, 2019), 27. ; 흔히 한국의 개혁주의 진영에서 말하는 것과는 다르게, 로저 올슨(Roger E. Olson)은 웨슬리뿐 아니라 아르미니우스에 대한 오해까지 자신의 저서 *Arminian Theology: Myths and Realities*에서 상세히 다루는데, 여기서 올슨은 웨슬리를 아르미니우스주의자로 보는 것이 옳으며, 아르미니우스와 그의 신실한 추종자 대부분은 개혁주의 전통에 속해있다고 주장한다.
44 노르만 L. 가이슬러,『기독교 윤리학』, 위거찬 역 (서울: 기독교문서선교회, 2016), 17.

하게 된다. 그런데 가이슬러는 이것이 아래와 같은 모순점이 있다고 밝힌다.

- 모든 구속력 있는 도덕 가치를 부정하는 것은 자기 기만적이다.
- 인생이라는 경기에 객관적인 규칙을 부여하지 않는 것 또한 지극히 주관적이다.
- 도덕률 폐기론은 너무 개인주의적이다.
- 도덕률 폐기론은 너무 비효과적이다.
- 도덕률 폐기론은 서로 대립하는 견해들이 모두 올바르다는 믿음을 수반하기 때문에 비합리적이다.[45]

위 도덕률 폐기론의 문제점을 극복하기 위해 세속철학은 '일반주의'로 구속력 있는 도덕 원리를 제시한다. 이것은 나름의 긍정적인 출발이다. 왜냐하면, 도덕법이 존재한다고 말하는 순간, "모든 사람에게 옳고 그름에 대한 근본 인식이 각인되어 있음"을 암시하기 때문이다.[46] 이런 상황에서는 차등적 절대주의를 통해 "더 높은 차원의 도덕 법칙을 준수"하며 살아가는 것은 현명한 일이다.[47]

여기서 도덕법의 표준은 도덕적 논증에 근거한다. 이는 입법자를 상정하고 있다. 그런데 일반주의에서 도덕법을 만들어 낸 입법자는 절대적 존재가 아니다. 그렇기에 '일반주의' 역시 절대적 도덕의 가치를 창출해 내지 못하고 결국 상대주의의 한계를 겪게 된다. 이 한계를 극복하기 위해서는 절대적 입법자가 필요하다. 그리스도인들에게 그 입법자는 삼위 하나님이시다.

따라서 도덕법의 표준은 예수 그리스도시며, 이는 언제나 객관적 도덕 지표이다. 상대주의나 환원주의자들의 도덕법에서는, "히틀러의 행위는 단지 견해에 따른 문제"가 된다.[48] 사실상 도덕법이 폐기된 것과 마찬가지의 상태라고 볼 수 있다. 다행인 것은, "인간 위에 진정한 도덕 기준이 존재한다는 점"이다.[49]

이는 하나님의 절대적 윤리이다. 이 윤리 앞에서는 히틀러나 테레사 수녀나 모두 절대적 타락 상태에 있는 죄인들이다. 왜냐하면, 기준점이 지금 예수 그리

---

45 Ibid., 44-45.
46 노먼 가이슬러 & 프랭크 튜렉, 『진리의 기독교』, 박규태 역 (서울: 좋은씨앗, 2014), 323.
47 노르만 L. 가이슬러, 『기독교 윤리학』, 166.
48 노먼 가이슬러 & 프랭크 튜렉, 『진리의 기독교』, 362.
49 Ibid., 363.

스도로 상정되어 있기 때문이다. 예수 그리스도 앞에서는 어떤 위인도 한순간에 죄인이 된다 (또 어떤 죄인도 한순간에 의인이 될 수 있으며, 의인이 될 뿐만 아니라 위인까지도 된다). 이 절대적 도덕에 부합할 수 있는 인간 역시 존재할 수 없다.

그런데 여기서 결정적으로 중요한 기독교의 구원 메시지가 강조된다. 그것은 하나님의 윤리를 충족시키는 그리스도의 사건 때문에 도덕법이 실현되었다는 것이다.

셋째, 가이슬러는 성경의 진실성을 변증한다.

복음주의자들은 오래전부터 "하나님이 성경의 각 저자들이 무엇을 말해야 할지 친히 가르쳐 기록하도록 하셨다"는 사실을 긍정한다.[50] 가이슬러 역시 여느 복음주의자처럼 성경의 진실성을 수호한다. 그는 크게 '성경의 영감', '성경의 정경화', '성경의 전승'으로 변증을 전개해 간다. 먼저, 성경의 영감에 대한 증거는 다음과 같이 진술한다.

> 성경은 영감 되었다는 것을 매우 강하게 주장하기 때문에 그 성격에 대한 설명의 여지는 매우 제한된다. 이 책은 그리 신뢰할 만한 사람의 저작일 수 없으며 하나님의 영감을 받은 것이라는 엄청난 주장을 하고 있다. 만일 이 점에서 저자들이 거짓말하고 있다면 그들이 신뢰할 만하지 않다는 것은 확실하다. 반면에 그들이 신뢰할 만한 저자들이라면 성경은 하나님의 말씀이며 따라서 이런 주장에 대한 증거를 기대할 수 있을 것이다. 그런 증거들은 한둘이 아니다. 성경의 성격, 통일성, 우월성, 보편성, 고고학, 예언, 그리스도인의 경험 그리고 그리스도 자신에게서 이런 증거들이 분출된다.[51]

교회의 권위는 무류성보다는, 역사성에 기인한다. 그러나 성경의 권위는 역사성보다 무류성에 먼저 기인한다. 그래서 복음주의는 "오직 성경"이라는 종교개혁의 가르침을 계승한다. 가이슬러 역시 "성경만이 믿음과 도덕을 위해 무오류하게 쓰인 권위"라는 사실을 적극적으로 동의한다.[52]

자연계시는 무오류하거나 기록된 것이 아니고, 믿음과 도덕의 모든 문제를 포괄하지도 않는다. 오직 성경만이 모든 도덕을 포괄하며, 구원에 이르는 지혜를

50　J. C. 라일, 『믿음으로 살라』, 장호준 역 (서울: 복있는사람, 2013), 145.
51　N. 가이슬러 & W. 닉스, 『성경 일반총론』, 김남준·김철 역 (서울: 솔로몬, 2011), 171.
52　노만 가이슬러, 『로마가톨릭주의와 복음주의』, 라은성 역 (서울: 그리심, 2016), 293.

준다. 성경의 정경화 역시 이 연장선에서 볼 수 있다. 그가 볼 때, "성경적 관점은 영감이 정경성을 결정"한다.[53]

이제 해결해야 할 마지막 관문은 영감으로 기록된 정경이 어떻게 전승되느냐의 문제이다. 성경의 진실성이 변증 되기 위해서는 원본들과 현대의 성경 사이에 괴리가 없어야 한다. 이에 대해서 가이슬러는 다음과 같이 변증한다.

> 오늘날 성경학자들은 원본을 정확히 베낀 사본을 소유하고 있는가?
> 명백히 성경의 친 저성과 권위는, 만약에 현재의 복사본들이 완전성(integrity)을 가지고 있다는 사실이 인정되지 않는다면, 구축될 수가 없는 것이다. 본문의 신실성을 옹호하여, 압도적인 고대 문서들이 제시될 수도 있다. 2세기의 고대 역본들과 사본 단편들로 시작하여, 교부의 풍부한 인용으로 계속되고, 그때부터 현대의 성경 역본들까지의 수천의 사본 복사본들의 신약성경에 대하여, 실제로 끊어지지 않은 증거가 있다.
> 더 나아가, 성경의 완전성을 지원하는 무수한 사본들이 있을 뿐만 아니라 (사해사본 발견 이후에 구약성경을 포함하여), 성경 사본 복사본들의 준비 절차와 보존의 연구는 전승 과정 그 자체의 신뢰성을 보여 준다. 사실, 고대로부터의 어떠한 주요한 문서도 성경이 가지고 있는 것만큼의 완전성에 대한 확실한 증거를 가지고 있지 못하다는 것이 결론적으로 할 수 있는 말이다.[54]

지금까지 패커와 가이슬러의 복음주의 변증방법론을 각각 살펴보았다. 설명하는 방식과 논증의 내용에 있어서 패커와 가이슬러의 두드러진 차이점도 눈에 띌 것이다. 그러나 이런 신학적 차이점이 있음에도 불구하고, 예루살렘과 온 유대와 사마리아와 땅끝까지 이르러 그리스도의 증인이 되겠다는 사명만큼은 이들의 공통적 숙명이다. 아마 앞으로도 복음주의자들은 이 일치된 목표 안에서 주님의 지상 명령을 순종해 나갈 것이다.

---

53 N. 가이슬러 & W. 닉스, 『성경일반총론』, 188.
54 Ibid., 346.

♣ 내용 정리를 위한 문제

1. 제임스 패커가 제시한 '기독교의 기본' 세 가지는 무엇인가? 그리고 이 세 가지는 각각 어떤 특징이 있는지 설명하시오.
2. 제임스 패커가 강조하고 변증하고 있는 하나님의 속성에 관해 설명한 후, 인간의 믿음과 행함의 관계를 패커 입장에서 서술하시오.
3. 노먼 가이슬러가 제시한 복음주의 기독교 철학의 골조는 무엇이며, 그가 변증하고 있는 주요 내용들은 무엇인가?

※ 참고 문헌(제19장에 인용된 도서들)

Packer, J. I. *A Quest for Godliness: The Puritan Vision of the Christian Life*. Wheaton, IL:Crossway, 1990.
제임스 패커 & 마크 데버. 『십자가를 아는 지식』. 박세혁 역. 경기 파주: 살림, 2010.
제임스 패커 & 캐롤린 나이스트롬. 『하나님의 인도』. 조계광 역. 서울: 생명의말씀사, 2008.
제임스 패커 & 토마스 오덴. 『복음주의 신앙 선언』. 정모세 역. 서울: 한국기독학생회출판부, 2014.
제임스 패커. 『거룩의 재발견』. 장인식 역. 서울: 토기장이, 2019.
_____. 『그리스도를 아는 기쁨』. 김진우 역. 서울: 성서연구사, 1994.
_____. 『근본주의와 성경의 권위 & 자유주의』. 옥한흠 역. 서울: 개혁주의출판사, 2017.
_____. 『기독교 기본 진리』. 김진웅 역. 서울: 아바서원, 2019.
_____. 『복음 전도란 무엇인가』. 조계광 역. 서울: 생명의말씀사, 2012.
_____. 『성령을 아는 지식』. 홍종락 역. 서울: 홍성사, 2020.
_____. 『알미니우스주의』. 이스데반 역. 서울: 기독교문서선교회, 2019.
_____. 『은혜를 아는 지식』. 손영배 역. 서울: 쉴만한물가, 2002.
_____. 『제임스 패커의 절대 진리』. 박문재 역. 서울: 국제제자훈련원, 2019.
_____. 『하나님을 아는 지식』. 정옥배 역. 서울: 한국기독학생회출판부, 2018.
N. 가이슬러 & W. 닉스. 『성경 일반총론』. 김남준·김철 역. 서울: 솔로몬, 2011.
노르만 L. 가이슬러. 『기독교 윤리학』. 위거찬 역. 서울: 기독교문서선교회, 2016.
노르만 가이슬러 & 래비 재커라이어스. 『하나님을 누가 만들었을까?』. 박세혁 역. 서울: 국제제자훈련원, 2008.
노르만 가이슬러 외 3인. 『한 번 받은 구원 영원한가』. 이한상 역. 서울: 부흥과개혁사, 2011.
노르만 가이슬러. 『기독교 철학개론』. 위거찬 역. 서울: 기독교문서선교회, 2012.

_____. 『로마 가톨릭주의와 복음주의』. 라은성 역. 서울: 그리심, 2016.
노먼 가이슬러 & 프랭크 튜렉. 『진리의 기독교』. 박규태 역. 서울: 좋은씨앗, 2014.
노먼 가이슬러 외 3인. 『예정과 자유의지』. 이미선 역. 서울: 부흥과개혁사, 2011.
J. C. 라일. 『거룩』. 장호준 역. 서울: 복있는사람, 2019.
_____. 『믿음으로 살라』. 장호준 역. 서울: 복있는사람, 2013.
R.C. 스프로울. 『오직 믿음으로』. 안보헌 역. 서울: 생명의말씀사, 2017.
_____. 『자유의지 논쟁』. 김태곤 역. 서울: 생명의말씀사, 2015.
_____. 『철회할 수 없는 하나님의 은혜 언약』. 김태곤 역. 서울: 생명의말씀사, 2014.
R.C. 스프롤. 『구원의 의미』. 조계광 역. 서울: 생명의말씀사, 2003.
R.C. 스프롤. 『성경에 나타난 천국, 천사, 지옥, 마귀』. 이선숙 역. 서울: 아가페북스, 2013.
샘 스톰스. 『터프 토픽스』. 장혜영 역. 서울: 새물결플러스, 2016.
아더 핑크. 『구원 신앙』. 조계광 역. 서울: 생명의말씀사, 2019.
_____. 『하나님의 주권: 하나님의 뜻대로』. 김진홍 역. 서울: 개혁주의출판사, 2016.
월터 마샬. 『성화의 신비』. 장호준 역. 서울: 복있는사람, 2019.
존 머레이. 『존 머레이의 구속』. 장호준 역. 서울: 복있는사람, 2020.
존 스토트. 『복음주의의 기본 진리』. 김현회 역. 서울: 한국기독학생회출판부, 2016.
후스토 곤잘레스. 『초기 교회에서 배우는 주기도문』. 오현미 역. 경기 고양: 이레서원, 2022.

제20장

복음주의 변증방법론 Ⅲ : 윌리엄 레인 크레이그

> 너희 마음에 그리스도를 주로 삼아 거룩하게 하고 너희 속에 있는 소망에 관한 이유를 묻는 자에게는 대답할 것을 항상 준비하되 온유와 두려움으로 하고(베드로전서 3장 15절).

    그리스도를 주로 삼아 거룩하게 된 이들은 자신이 소망하는 바에 관해서 설명할 수 있어야 한다. 그리스도인이 소망하는 것은 '구원', '은혜', '하나님 나라' 등인데, 이러한 것을 통칭해서 '복음'이라고 말할 수 있다. 복음주의 변증방법론은 바로 이 복음을 설명하고 전달하는 과정이다.
    오늘날에도 그리스도인들은 복음을 소망하고 복음 안에 살아가려고 노력한다. 그와 동시에 그리스도인들은 진리의 말씀, 합리적인 이성, 철학적 논증 등을 통해서 자신이 소망하고 있는 복음의 진리를 명확하게 말하기 위하여 공부해야 한다. 이 공부는 일차적으로 신자에게 기쁨을 준다. 이차적으로는 세속주의가 신앙의 영역에 침공해 오는 것을 막아 준다.
    그러나 언제나 그렇듯 세상은 그리스도의 십자가와 부활이라는 복음의 정수에 대해서 냉소적으로 비웃는다. 그리고 복음의 소망에 대해서 합리적인 논증에 근거해서 설명해 달라고 요구한다. 따라서 기독교 변증은 불가피하고 필연적이다. 물론, 세상 사람들의 요구가 아니더라도, 성경은 신자들이 대답할 것을 항상 준비하라고 말한다.
    여기서 복음주의 변증방법론의 원칙은 온유함과 두려움이다. 복음은 좋은 소식이다. 좋은 소식을 협박조로 강요해선 안 된다. 온유함으로 전달해야 한다. 동시에 복음은 하나님의 계시이다. 따라서 이것에 왜곡이 있어서는 안 된다. 이런 이유에서 복음은 두려움으로 선포되어야 한다.

복음주의 변증가들은 기독교 밖에 있는 이들의 공격을 막아낼 뿐 아니라, 그들을 복음 안으로 초청하는 것에도 주력을 기울이고 있다. 그런데 이러한 복음주의 변증방법론에는 현실적인 어려움이 있다. 그 현실적인 문제란, 몇 명의 지성인을 제외하고는 복음주의를 자처하는 대다수 대중이 '방어'와 '초청'이라는 변증의 기능을 전혀 감당하지 못한다는 점이다. 현재 교회 안에 부흥을 경험한 많은 대중들이 교리상으로 정확한 설교보다는 감정적인 뜨거움을 불러일으키는 것에만, 많은 관심을 가지게 되었고 그러면서 반지성주의의 흐름이 복음주의 교회 안에 자리 잡게 되었다.

J. P. 모어랜드(J. P. Moreland)는 복음주의 교회에서 감정적인 뜨거움과 개인 구원이 강조되는 것은 잘못된 것은 아니나, "얄팍한 지성 주의와 신학적 무지로 이루어진 기독교가 인기 있는 주류"가 되는 것은 굉장히 심각한 문제라고 지적한다.[1] 실제로 영성이 지성보다 중요하다고 생각하는 흐름이 존재한다. 하지만 그리스도인들은 믿음의 내용(What)뿐만 아니라 믿는 근거(Why)도 함께 알아야 한다.

그리스도인들에게는 영성뿐 아니라 지성도 요구된다. 그래서 유진 피터슨(Eugene H. Peterson)은 영적 지도 사역으로 "영적인 모험, 개인적인 고결함, 정직하고 주의를 게을리하지 않는 기도" 등을 꼽는데, 여기서 '정직'은 신앙의 양심뿐 아니라 지성을 키워나가는 성실함까지 포괄한다.[2] 즉, 영성이 우선되고 지성이 나중 되는 것이 아니다. 지성과 영성은 동등하게 요구된다. 왜냐하면, 지성도 하나님의 형상에게만 부여된 특권이기 때문이다. 하나님의 형상으로 창조된 인간만이 영성과 지성을 활용한다. 그리고 그것을 근거로 말씀을 실천하고 전한다.

필립 그레이엄 라이큰(Philip Graham Ryken)은 말씀이 하나님으로부터 나오는 것이라면, "그것은 하나님의 신적인 성품을 반영해야 한다"고 주장한다.[3] 여기서 신적인 성품 내지는 신적 속성은 "하나님이 시간과 공간과 물질을 초월하여 만물을 통치하시는 영"이라는 사실에 근거한다.[4] 이것을 깨닫고 고백하는 것은

1　J. P. 모어랜드, 『그리스도를 향하는 지성』, 정진환 역 (서울: 죠이선교회, 2010), 21.
2　유진 피터슨, 『균형 있는 목회자』, 차성구 역 (서울: 좋은씨앗, 2022), 267.
3　필립 그레이엄 라이큰, 『돌판에 새긴 말씀』, 안영미 역 (서울: 개혁주의신학사, 2015), 27.
4　필립 그레이엄 라이큰, 『하나님은 누구신가』, 이규현 역 (서울: 개혁주의신학사, 2013), 43.

기독교 신앙의 영성이다. 그런데 이런 불가해성 하나님을 설명해 주고 전달하는 것은 기독교 신앙의 지성이다. 로버트 H. 킹(Robert H. King)에 따르면, 현대의 불신자들조차도 하나님의 존재를 지성적으로 전달하는 것은 건설적인 과업으로 인식하고 있다.[5] 이런 추세라는 것은 오늘날 지성인들이 기독교 변증을 이해할 만한 지적 수준이 된다는 뜻이다. 다만 영적인 상태는 인간의 몫이 아닌 성령께서 일하시는 부분이기에 변증의 영역을 벗어난다. 지금부터는 현대복음주의 변증가의 대표주자로 알려진 두 인물의 방법론을 소개하겠다.

1. 복음의 조력이 되는 형이상학과 인식론

윌리엄 레인 크레이그(William Lane Craig)는 현대의 대표적인 무신론자들과 토론하면서 합리적인 믿음을 제시한 인물이다. 우주의 창조, 고통의 문제, 성경의 기적 사건들 및 일반적인 변증부터 형이상학, 인식론 등의 철학적 변증까지 다양한 주제를 종합적으로 논의한다.

기본적으로 변증방법론은 철학적 논증을 통한 방어이다. 콜린 브라운(Colin Brown)에 따르면, 철학적 신학은 기독교 신앙의 형식에 관계된다. 그러므로 철학적 논증은 기독교 신앙의 형식에 대해 구조화하고 형상화할 수 있도록 돕는다. 나아가 "신앙에 포함된 것, 곧 기독교 안에서 발견되는 계시와 종교언어 그리고 자연적인 것과 초자연적인 것과의 관계 등을 마음속에 떠올리게 된다."[6] 이는 '신앙'에 '신학'과 '철학'이라는 보호장구를 입혀놓는 것과 같다. 하지만 크레이그는 "방어적인 태도를 보이지 않으면서도 변증할 수 있다"고 말한다.[7]

그렇다면 크레이그는 복음주의 변증방법론에서 철학적 변증을 어떤 방식으로 활용하는가?

첫째, 형이상학에 근거한 변증이다.

기독교의 논증도 철학적 논증과 마찬가지로 싸움이나 뜨거운 언쟁이 아니라, 결론을 도출하기 위한 진술의 나열일 뿐이다. 그러므로 철학적 논증과 개념을

---

5 피터 헛슨 & 로버트 킹, 『기독교신학』, 황승룡 역 (서울: 성광문화사, 1997), 20.
6 콜린 브라운, 『철학과 기독교 신앙』, 문석호 역 (서울: 기독교문서선교회, 2010), 339.
7 윌리엄 레인 크레이그, 『복음주의 변증학』, 오성민 외 5인 역 (서울: 기독교문서선교회, 2019), 22.

사용한다고 해서 비성경적이거나 반신앙적인 것이 아니다. 그중에서도 형이상학에 대해서는 모든 시대의 가장 위대한 사상가들이 저마다 걸출한 개념들을 역사 안에 남겨 놓았으며, 이 개념들은 신학의 오랜 친구이기도 하다.[8] 개릿 드위즈(Garrett J. DeWeese)는 형이상학에 대해서 다음과 같이 생각을 밝힌다.

> 창조자로서 하나님에 대한 교의를 제외하고, 기독교 세계관이 인식론이나 윤리학과 같은 다른 철학 분야에 대해서 말할 것보다 형이상학에 대해서 말할 것이 더 적다고 추측하는 것은 충분히 이해할 만하다. 그러나 나는 그 추측이 틀렸다고 믿는다.[9]

모어랜드와 크레이그는 드위즈의 말을 입증이라도 하듯, 형이상학의 일반적 존재론에서 실존, 동일성, 환원을 설명하는데, 이것이 결국 기독교의 진실성을 설명하는 도구가 된다는 점을 증명해 낸다. 실존의 속성과 본성을 따질 때, 하나님의 존재는 유무는 명백하기 때문이다.

> 존재가 유(有)라면, 즉 존재를 가지는 모든 사물에 동일한 방식으로 적용되는 일의어적 개념이라면, 그때는 그 의미는 어떠한 실존이라도 존재하는 것으로 판명된다면, 실존하는 모든 것은 동일한 의미에서 실존 또는 존재를 가지리라는 것이다. 존재는 모든 존재물에 대하여 동일한 의미가 있는 일의 업적 개념이다.[10]

매번 실존의 속성을 실증적 방법으로 확인해서 존재의 여부를 규정할 수 있는 것은 아니다. 예를 들어서 숫자 19라는 수가 실존한다고 할 때, 그것은 어떤 물질이 존재하는 것이 아니라 그 속성이 남아 있는 것이다. 즉, 숫자의 개념은 실존을 입증하는 속성이다. 그런데 신(God)도 물질적 존재로 포착할 수 있는 것이 아니고, 실존의 속성을 근거로 포착할 수 있다.

---

8 J. P. 모어랜드 & W. L. 크레이크, 『기독교 세계관의 철학적 기초』, 김명석 외 3인 역 (서울: 기독교문서선교회, 2022), 287.
9 개릿 드위즈, 『철학하는 그리스도인』, 신지철 역 (서울: 한국기독학생회출판부, 2022), 157.
10 J.P. 모어랜드 & W.L. 크레이그, 『형이상학』, 류의근 역 (서울: 기독교문서선교회, 2006), 38.

크레이그는 "신체 없는 실존이 형이상학적으로 가능"하다면, 사람의 신체 여부가 존재의 여부를 결정해 주는 실존적 기능을 감당할 수 없다고 주장한다.[11] 여기서 철학은 기독교 변증학의 과제를 도와준다. 유신론을 반박하기 위해 사용되던 철학의 논리적 구조들은 역설적으로 기독교 유신론을 변호하기 위한 논증적 도구가 되었다.[12] 그래서 그레이크는 "철학은 우리 안에 있는, 하나님의 형상을 핵심적으로 표현하는 것"이라고 정의한다.[13]

크레이그를 통해서 확인할 수 있는 점은, 복음주의 기독교는 결코 반지성주의나 반 철학주의가 아니라는 사실이다. 기독교는 처음부터 유일하신 하나님을 선포하면서, 동시에 철학에 호소했다.[14] 또한, 이방 민족의 다신론적 신념에 대한 비판도 철학에 근거해서 이루어졌다. 즉, "종교적 신 이해는 절대자 개념의 철학적 명료화에 진전을 가져오기 위한 영감의 원천"이 될 수 있다.[15]

여기서 우리는 크레이그의 변증방법론을 오해해선 안 된다. 그가 형이상학적 철학 구조를 변증에 사용하기는 하나, 결코 하이데거(Martin Heidegger)의 구성적 해석은 아니다. 복음주의 변증방법론은 알 수 없는 신의 존재 가능성을 열어 주는 것이 아니라, 의심의 여지 없이 '신론'은 곧 '존재론'임을 밝혀 주는 것이다.

또한, 복음주의 변증방법론은 예배와 제사 의식을 신 존재 증명의 근거로 보지 않고, 신의 존재가 분명하기에 예배와 제사 의식이 존재한다고 본다. 이는 추론적이기보다는 계시적이다. 피터 젠센(Peter Jensen)에 따르면, 계시는 하나님의 선포된 진리이지만, 그것은 단순한 개념이 아니라 인격의 사귐을 뜻한다고 말한다.

즉, 계시는 단지 복음을 가져다주는 것이 아니라, 복음 자체가 곧 계시이다.[16] 그렇기에 크레이그는 "기독교 신학의 초점이 처음부터 신의 교리에 있었다고 하는 사실"과 "유일신 선포가 기독교 선교에 대해 가지는 근본적 의미" 이 두

---

11 Ibid., 53.
12 J.P. 모어랜드 & W.L. 크레이그, 『기독교 철학』, 이경직·이성흠 역 (서울: 기독교문서선교회, 2013), 39-40.
13 Ibid., 41.
14 J.P. 모어랜드 & W.L. 크레이그, 『형이상학』, 253.
15 Ibid., 262.
16 피터 젠센, 『하나님의 계시』, 김재영 역 (서울: 한국기독학생회출판부, 2008), 33.

가지는 서로 일치한다고 주장한다.[17]

둘째, 인식론적 변증이다.

'기독교 인식론'은 '회의주의'에 빠진 이를 구출해 주는 밧줄과도 같다. 복음주의 변증방법론에서 인식론은 이성과 합리성으로 진리의 표준을 제시해 주는 것이다. 인간 인식은 불완전하기에 인식론적 변증 과정에서 논리적 오류가 없기란 불가능에 가깝다. 그러므로 "의심은 믿음의 정반대도, 믿음이 없는 것도 아니며, 오히려 모든 특정한 믿음에 동반하는 것"으로 이해할 수 있다.[18]

만일 여기서 우리가 인식론이 아닌 성경 전제주의에 근거해서 변증한다면, "완전하게 확실한 하나님의 말씀은 오류가 논리적으로 불가능하다"라고 설명할 수 있을 것이다.[19] 일찍이 헤롤드 린셀(Harold Lindsell)은 "성경의 우수성을 흠잡는 어떠한 모순도 성경에서 발견하는 것은 불가능하다"고 주장했다.[20]

그런데 그레이크의 경우는 성경 전제주의에 근거한 복음주의 변증방법론을 타협 없이 고집하기보다는, 인식론적 측면으로 이 지점을 설명해낸다. 크레이크는 "합리성에 대한 의무론적 이해는 교의론적 주의주의(doxastic voluntarism)"라고 가정하는데, 여기서 '교의론적'이라는 것은 감각적 경험이 아니라 믿음에 관계하는 것을 뜻한다.[21] 그런데 인식론적 측면에서 무신론자들은 증명될 수 없다는 이유로 불신의 근거를 주장하기 일쑤이다.

그런데 과연 증거의 부재가 부재의 증거를 구성할 수 있는가?

크레이그는 다음과 같이 예를 든다.

> 어느 사람이 안뜰에 코끼리가 있다고 주장했을 때 그때는 거기서 코끼리를 관찰할 수 없다면 우리는 거기에 코끼리가 없다고 생각할 좋은 이유가 있을 것이다. 그러나 어느 사람이 안뜰에 벼룩이 있다고 주장했다면 그때는 그것을 관찰할 수 없다는 것이 안뜰에 벼룩이 없다는 좋은 증거를 구성하는 것은 아닐 것이다. 이 두 경우의 현저한 차이는 현실적으로 존재물이 실존했다면 그에 대한 어떤 증거를 한 경우에는 볼 수 있기를 기대해야 하나 다른 경우에는 기대하지 않아야 한

---

17 J.P. 모어랜드 & W.L. 크레이그, 『형이상학』, 253.
18 개릿 드위즈, 『철학하는 그리스도인』, 204.
19 J.P. 모어랜드 & W.L. 크레이그, 『인식론』, 류의근 역 (서울: 기독교문서선교회, 2011), 38.
20 해롤드 린셀, 『교회와 성경무오성』, 김덕연 역 (서울: 기독교문서선교회, 1990), 75.
21 J.P. 모어랜드 & W.L. 크레이그, 『인식론』, 42.

다는 점이다.
　따라서 요청된 존재물이 실존했다면, 우리는 그 실존에 대한 어떤 증거를 가지기를 기대해야 하는 경우에만 증거의 부재는 부재의 증거이다. 게다가 이러한 경우에 수여된 정당화는 우리가 가지고 있는 증거의 양은 그 존재물이 실존했다면 우리가 가지기를 기대해야 하는 증거의 양에 비례한다는 점에 있을 것이다. 그 비율이 낮다면, 그때는 그 존재물이 실존하지 않는다는 믿음에 수여되는 정당화는 거의 없을 것이다.[22]

　크레이그의 위와 같은 논증은 현대철학자들의 논쟁 주제를 무신론의 손쉬운 추정에서 소위 신의 은폐성에 대한 토론으로 바꾸었다. 이는 사실상 신이 실존했거나 혹은 실존하고 있다면, "우리가 가지는 것보다 더 많은 자기 실존의 증거를 남겼을 것이라는 개연성 또는 기대에 대한 토론이다."[23]
　여기서 더 나아가 기독교 신앙에서 믿음은 "그리스도와 복음에 대한 앎"이며, 이 복음에는 "이성적인 기초와 진실"이 포함되어 있다.[24] 따라서 '교의론적'이라는 말은 합리성에 근거해서 사람들이 자발적으로 믿음을 '통제', 또는 '선택'하는 것을 뜻한다. 물론, 기독교 전통에서 믿음은 성령께서 신자들에게 선물로 주시는 은혜이다. 하지만 그 은혜는 합리성을 배제하지 않는다. 합리성이 없는 믿음은 기독교 변증에 오히려 해를 끼친다. 어쩌면 그러한 것들은 무늬만 기독교일 수 있다.
　크레이그가 봤을 때, 기독교의 인식론은 지식과 합리성에 대해서 정당화된 구조를 선명하게 가진다. 다시 말해서 기독교 신앙에서 제시하는 유일한 진리 기준은 인식론적인 정합성의 조건을 명확하게 충족시킨다.[25] 인식론적 합리성과 정합성에 대해서 예를 들어보겠다.
　만일 어떤 사람이 당신에게 코끼리 색은 분홍색이라고 한다면 그 말을 믿겠는가?
　아마 믿기 어려울 것이다.

22　J. P. 모어랜드 & W. L. 크레이크, 『기독교 세계관의 철학적 기초』, 263-264.
23　Ibid., 264.
24　브루스 데머레스트 & 키스 매슈스, 『신학 사전』, 김성중 역 (서울: 죠이선교회, 2013), 192.
25　J.P. 모어랜드 &　W.L. 크레이그, 『인식론』, 83.

그런데 만약 여기서 코끼리를 분홍색으로 믿으면 10억을 주겠다는 조건이 붙는다면, 당신은 어떻게 하겠는가?

과연 존재하지 않는 것에 대해서 상상하고, 믿음으로 받아들이는 행위가 선택적으로 가능할까?

아마 10억을 받기 위해 분홍색 코끼리의 존재에 대해 믿는다고 말할지는 모르겠다. 그러나 마음속 깊은 곳에서는 코끼리가 분홍색이라는 사실을 인정하지는 않을 것이다. 어린 시절부터 코끼리는 분홍색이라고 세뇌하거나, 혹은 10억이라는 보상으로 거짓 믿음을 받아낼 수는 있다. 그러나 그렇다고 해서 코끼리가 분홍색으로 바뀌는 일은 절대로 일어나지 않는다. 즉, 합리성이 없는 신앙은 대중성을 상실하고 필연적으로 고립될 수밖에 없다.

인식론적 사고를 정당화하고 수용하는 것은 기독교 변증에서 중요하다. 인식론을 거부하는 것은 스스로 고립을 선택하는 것이다. 그런데 그리스도의 사건은 고립되지 않았다. 오히려 빠른 속도로 전파되면서, 2000년이 지난 지금까지도 여전히 공유되고 있다. 이것은 그리스도의 사건 자체에 대한 진술과 고백이 인식론적인 토대 위에서 증명되고 있음을 방증한다.

하지만 포스트모더니즘에서는 단어나 언어에 믿음의 기초적 진리가 명제화될 수 없다고 주장하기에 이런 논증 자체를 무의미하게 여긴다. 회색 코끼리를 분홍색 코끼리로 믿고 받아들이는 행위 역시 존중할 수 있기 때문이다. 하지만 크레이그는 진리 이론을 근거로 이를 반박한다. 한계는 있겠으나, 기본적으로 모든 진리는 언어적 유형과 표지로 설명됐다.

어떠한 진술이든 '참' 또는 '거짓'이라는 답변이 요구되고 있으며, 그것은 포스트모더니즘 철학도 예외가 될 수 없다.[26] 그리고 그리스도께서는 스스로 '참'임을 시인했고, 십자가와 부활은 이 모든 논증을 철저하게 보증한다. 즉, 복음은 논증의 대상이 아니라, 논증을 종결시키는 증거이다.

---

26 Ibid., 128-129.

2. 도덕의 당위성을 책임지는 변증

셋째, 도덕론적 변증이다.

이 변증은 크레이그 변증방법론의 핵심이라고 해도 과언이 아니다. 크레이그와 모어랜드는 윤리학의 영역과 도덕의 영역은 판단 행위에 대한, 최고 권위가 있을 때만 유지될 수 있다고 보았다.[27] 일반적으로 윤리와 도덕 영역에서 최고 권위를 양심으로 생각한다. 그런데 현실에서는 양심이 마비된 인간들이 많다. 이들은 하나님의 존재와 최후 심판에 대한 지식이 없으며 그로 인해 두려움도 없다. 하지만 양심이 있는 사람들은 자신들의 삶이 침해받기를 원하지 않았고, 원칙과 질서에 따른 행정을 원했다. 그 결과 양심 없는 사람들을 위해, 더 정확하게는 그들을 제한하기 위해 법이 세워졌다.

그렇다면 이 법률은 누가 어떤 기준으로 만들었는가?

역사적으로 법률은 종교에서 착안하였다.

그렇다면 인간의 종교성과 도덕 윤리에 대한 인식은 어디서 기인하는가?

이런 식으로 추론하다 보면 인간 도덕 영역의 최고 권위는 양심의 창조자이신 하나님에게 있음을 발견하게 된다.

만약 신이 존재하지 않는다면 애써 양심에 따라 행동할 필요가 없다. 그리고 사후에 도덕적인 행동에 대한 어떠한 보상도 없으며, 비윤리적인 행위에 따른 어떠한 처벌도 없다. 더 나아가 삶의 이유와 목적도 불필요한 것이 된다. 결국, 궁극적인 의미가 없는 상태에서는 삶의 부조리함만을 느낄 뿐이고, 허무함에 모든 것을 내려놓게 될 것이다. 그래서 크레이그는 다음과 같이 논증한다.

> 만약 신이 존재하지 않는다면, 인간과 우주는 죽음에 굴복할 수밖에 없는 운명이다. 인간은 다른 모든 생물처럼 결국 죽는다. 영생에 대한 희망이 없다면, 인간의 인생은 그저 무덤으로 향할 수밖에 없다. 인간의 인생은 무한한 어둠 속에서 잠깐 튀는 불꽃일 뿐이며, 잠깐 타오르다 영원히 사라져 버릴 뿐이다.[28]

---

[27] J.P. 모어랜드 & W.L. 크레이그, 『논리학·윤리학』, 이경직 역 (서울: 기독교문서선교회, 2011), 136.
[28] 윌리엄 레인 크레이그, 『복음주의 변증학』, 46.

윤리와 도덕은 삶의 목적과 방향성을 안내하는 표지판과 같다. 왜냐하면, 윤리와 도덕은 올바른 삶의 방식을 지도하기 때문이다. 그런데 여기서 중요한 것은, 만일 도덕적 규범이나 규칙이 인간의 기준과 요청에 따라 주장 된 것이라면, 그 역시도 엄밀한 의미에서 옳지 않다는 점이다. 의무론적 윤리와 도덕 규칙의 본성은 정언명령에 따라 도덕적 의무로 실행되지만 이와 대조적으로 덕 윤리는 도덕성 있는 인간 본성에 기대한다.[29]

하지만 도덕적 이행이 어려운 예외적 상황에서는 의무론적 윤리 실천이 어렵고, 덕 윤리의 경우는 현대 포스트모던의 상대성에 따라 가변적으로 바뀌었다. 그러므로 도덕의 당위성을 책임질 수 있는 더욱더 큰 절대적 의무론이 절실하다. 다행히도 복음이 그 도덕적 당위성을 책임지는 역할을 감당하며 시시때때로 요청에 응답할 수 있다.

따라서 엄격하고도 분명하게 정의한다면 – 도덕이 옳은 것이 아니라 도덕을 명하시는 하나님이 옳으시다 – 다시 말해서 하나님은 옳은 일을 하시는 분이 아니라, 하나님이 하시는 일이 곧 옳은 일이다. 옳고 그름도 인간의 기준으로 생각한다면 그 자체가 이미 오염된 도덕이다.

그런데 무신론자들은 옳고 그름의 최종 판단자이신 하나님의 존재를 부정한다. 그렇다면 이들은 굳이 삶의 방식을 윤리와 도덕에 맞출 이유가 없어지게 된다. 최후의 심판과 그 이후에 일어나게 될 영생의 시간이 없다면 도덕과 윤리는 그 당위성을 상실하기 때문이다. 이에 대해서 빌럼 뢰이뻰(William A. Luijpen)과 헨리 코렌(Henry J. Koren)은 다음과 같이 진술한다.

> 신의 죽음은 어느 사람도 도덕적 선을 위해 노력하지 않을 것이라는 사실을 의미한다. 왜냐하면, 도덕은 신의 존재와 긴밀하게 연관되어 있기 때문이다. 종교를 폐지하고 도덕을 보존할 수 있다고 생각하는 순진한 무신론자들이 있다. "도덕을 인가하는 신이 실종되었는데도 그 도덕이 존속할 수 있다고 여기는 그 순진함이란!" 신이 사라지고 난 미래 인간은 파괴 의지가 창조 의지만큼 본질적이라는 사실에 대비하는 편이 더 나을 것이다.[30]

---

29 J. P. 모어랜드 & W. L. 크레이크, 『기독교 세계관의 철학적 기초』, 823.
30 빌럼 A.뢰이뻰 & 헨리 J.코렌, 『현대 무신론 비판』, 류의근 역 (서울: 기독교문서선교회, 2005), 131.

거꾸로 질문한다면, 이렇게 물어볼 수 있다.

"신이 존재한다면, 왜 도덕적인 것이 마땅할까?"

그 이유는 도덕적인 삶은 절대자에 의해 '요청' 혹은 '명령' 받고 있기 때문이다. 그런데 놀랍게도 이 질문 앞에서 이기주의적 응답과 유신론적 응답에 공통점이 발생한다. 그것은 바로 도덕적인 행위가 자신에게 최고 이익을 준다는 점이다.[31] 이기주의자들은 도덕을 지킴으로 법률에 근거한 처벌을 피하고, 사회적인 칭찬을 듣게 된다는 점에서 이익이 발생한다.

반면에 유신론자들은 도덕을 지킴으로 선하고 정의로우신 하나님의 영광을 드러내고, 하나님 나라의 백성으로 살아가는 행복을 누리게 된다는 점에서 이익이다. 이런 차원에서 우리는 그리스도인들을 '긍정적 이기심의 소유자' 혹은 '이타심을 부르는 선한 이기주의자'라고 불러줄 수 있게 되었다.

결론적으로 크레이그의 복음주의 변증방법론은 철학적 논증을 통한 변증방법이다. 그는 세속철학을 이용하기도 하고, 때론 반론하면서 복음의 일관성을 주지시킨다. 목적론적인 논증으로 과학적 세계관에 대해 응답하고, 가치론적 논증으로 윤리와 도덕의 최고 결정권자이신 하나님의 정의를 설명한다. 또한, 존재론적 논증으로 기독교 교리를 형이상학과 인식론적 가능성을 통해 설명해 냈다.

무엇보다 크레이그는 여느 복음주의 변증가들과 마찬가지로 하나님의 존재와 성육신, 기적 사건과 동정녀 탄생 및 부활 등에 대해서도 누구보다 열정적으로 변증했다. 또 성경의 영감, 삼위일체 교리 등에 대한 복음의 핵심 교리들도 그냥 지나치지 않고 꼼꼼하게 변증했다. 물론, 고통의 문제나 불신 영혼에 대한 설명도 놓치지 않고 변증한다.

지금은 그의 방대한 변증방법론 중 핵심적인 것 몇 개만 간략하게 소개했을 따름이다. 이러한 크레이그의 변증들은 복음주의의 지성적 약점을 보완하고, 정교한 이성이 믿음을 야기할 수 있다는 것을 몸소 증명해 보였다는 점에서 기여하는 바가 크다.

---

31 J.P. 모어랜드 & W.L. 크레이그, 『논리학·윤리학』, 153.

3. 이성의 끝에서 발견한 믿음

라비 재커라이어스(Ravi Zacharias)도 크레이그와 마찬가지로 이성을 활용한 날카로운 변증을 펼치면서 미국 사회에 많은 지식인을 복음 앞으로 나오게 했다. 그로 인해 재커라이어스는 세계적 변증가로 이름을 떨치게 되었다. 하지만 유감스럽게도 현재 재커라이어스의 변증은 진정성 부분에서 전부 의심받게 되었다. 그 이유는 그가 생전에 저지른 성추행 사실이 뒤늦게 드러났기 때문이다. 재커라이어스의 성추행 사건을 소개한 기사 내용을 보면 아래와 같다.

> 미국 크리스채너티투데이(CT)는 최근 "라비 재커라이어스 국제사역센터(RZIM)가 지난 23일 '재커라이어스가 수년에 걸쳐 성폭력을 저질렀다는 신뢰할 만한 증거가 있다'고 밝혔다"고 보도했다. RZIM은 재커라이어스가 1984년 설립한 사역 단체로, 15개국에 300여 명의 직원을 둔 국제 기독교 변증 단체다.
> 지난해 5월 별세한 재커라이어스는 생전 그에게 성추행당했다는 여성들의 증언이 잇따라 나오면서 성추행 의혹에 휩싸였다. RZIM은 재커라이어스의 성추행 혐의를 조사하기 위해 법무법인을 고용해 사태 파악에 나섰고, 지난 23일(현지시간) 홈페이지에 중간 조사 결과를 공지했다. RZIM은 이 공지문에서 "슬프게도 우리는 중간 조사 결과에서 재커라이어스가 실제 성폭력을 저질렀다는 사실을 확인했다"며 "(이런 행위는) 그가 40년 이상 사역을 펼치며 대중에게 보여 온 행동과 전적으로 일치하지 않는다"고 밝혔다.
> "최종 조사 결과가 나오면 포괄적인 내용을 공개할 것"이라고도 말했다. 법무법인이 조사·작성 중인 최종보고서는 이달이나 다음 달 중 나온다. 재커라이어스의 딸인 사라 데이비스 RZIM 대표는 "우리는 이 소식이 수천 명의 사람에게 슬픔과 혼란, 환멸과 분노를 가져다줄 것을 안다"며 "재커라이어스의 성폭력으로 고통받은 사람들을 위해 깊이 애도한다. 이들을 위해 기도해 달라"고 요청했다.[32]

---

[32] http://news.kmib.co.kr/article/view.asp?arcid=0015384959&code=61221111&sid1=al [국민일보, 2021년 1월 3일 09시, 양민경 기자]

위 기사를 읽고 재커라이어스의 변증방법론을 다루는 것 자체가 부적절하다고 생각하는 이들이 있을 것이다. 그런데도 지금부터 재커라이어스의 변증방법론을 소개하려고 한다.

첫째, 지성이 살아 있어도 영적으로는 죽어 있을 수 있다는 사실을 알리기 위함이다.

그의 치밀하고 탁월한 변증방법론은 지성인들을 충분히 매료시킬 만했다. 반면에 그의 삶의 모습은 성적으로 타락했다. 이 대조적인 모습이 우리에게 시사하는 바가 분명히 있을 것이다.

둘째, 인간의 악함과 약함을 보여 주기 위함이다.

재커라이어스의 추락은 거룩한 논리도 죄 된 본성 앞에 처참하게 무너질 수 있음을 적나라하게 보여 준다. 보통은 자유주의 신학자들에게 도덕적인 문제가 발생한다. 이는 그들의 신학이 교리적으로 건강하지 못하기 때문이다.

그런데 예수 그리스도를 구세주로 믿고 따르는 복음주의 신학자들에게도 왜 윤리적인 문제가 예외 없이 나타날까?

그 이유는 크게 두 가지로 생각해 볼 수 있다.

첫 번째, 겉으로만 복음주의이고, 사실은 자유주의 신학에 의존하고 있어서일 수 있다.

두 번째, 복음주의 변증방법론을 이성적으로는 완전히 터득하였지만, 성령 하나님께 사로잡힌 삶을 추구하지 않아서 일 수 있다.

죄에서 자유를 얻는 능력이 복음이라는 것을 이론적으로는 동의하나, 진정으로 경험하지 못하면 어느 사람이라도 넘어질 수 있다. 실제로 로날드 사이더(Ronald James Sider)가 밝힌 바에 따르면, 복음주의자들이 성적으로 실족하는 비율은 세속사회의 평균과 동일한 수치였다.[33]

셋째, 재커라이어스의 일탈과는 별개로 학문적 차원에서 논의할 수 있는 부분들이 있기 때문이다.

그가 비록 성추행범일지라도 그가 변증한 예수 그리스도께서는 성추행 피해자들을 사랑하시고, 위로하시는 분이시다. 물론, '기독교 변증'이라는 특수한 분야이기에 실족한 사람의 논리를 추앙하거나 답습하려고 하는 것은 옳지 않다.

---

[33] 로날드 사이더, 『그리스도인의 양심 선언』, 이지혜 역 (서울: 한국기독학생회출판부, 2005), 19.

만일 학문적인 접근 외에 그의 성추행 사건을 두둔하거나 정당화한다면, 피해자들에게 2차 가해를 입히는 것이 된다. 그렇기에 여기서는 철저하게 학술적인 측면에서만 재커라이어스의 변증을 소개할 것이다.

재커라이어스의 복음주의 변증방법론은 다음과 같다.

첫째, 믿음에 근거가 이성에 있다는 것이다.

재커라이어스는 날카로운 이성으로 위대한 장인이신 하나님을 소개했다. 그는 하나님은 '행위' 이전에 '존재'라는 사실을 성경에 근거해서 명료하게 주장했다.[34] 출애굽기에서 하나님은 '스스로 있는 자'로 자신의 존재를 밝힌 후 사역하셨다. 그리고 그 하나님의 행위는 인간들에게 기적, 우연 등의 이름으로 불리지만, 사실 이 모든 요소는 하나님의 계획에 근거해서 이루어진 필연적 사건들이다.

따라서 하나님을 예배하고 찬양하는 행위는 믿음의 행위이지만 동시에 필연적 사건들의 창조자를 향한 이성적인 경배 행위이기도 하다. 그래서 재커라이어스는 "종교의 예식은 개인의 마음을 고양해서 초월적 혹은 초자연적으로 생각하도록 만들고, 그 결과로 오는 경이로움은 의미의 근원"이 된다고 주장한다.[35]

진리를 검증하고, 그것이 믿음의 근거가 되기 위해서는 합리적인 이성의 원칙을 통과해야 한다. 이때 진리의 검증이 되는 기준은 "논리적인 일관성, 실증적인 타당성, 경험적인 적절성"이다.[36] 이런 점에서 기독교는 증거가 부족하지 않다. **현대인들이 기독교를 받아들이지 않는 이유는 증거가 없기 때문이 아니라, 증거를 받아들이는 관용적 태도가 없기 때문이다.**

특히, 재커라이어스는 논증에서, 하나님을 상정하지 않더라도 물질적 실재가 존재하게 된 이유를 설명하기 위해서는 필연적으로 "다른 무언가로부터 파생되지 않은 상태의 존재"가 있어야 한다고 말한다.[37]

실제로 무신론자 대부분은 이성보다는 고집을 앞세우고 '하나님이 없다'라는 것을 주장할 따름이다. 그런데 하나님이 없다면, 이 땅에서 발생하는 악의 문제는 우연의 문제로밖에는 설명할 수 없다. 재커라이어스는 기독교에는 선과 악의 기준점이 있지만, 자연주의적 관점에서는 "선과 악은 감정적 혹은 실용적인

34　라비 재커라이어스, 『위대한 장인』, 이상준 역 (서울: 토기장이, 2016), 185-186.
35　라비 재커라이어스, 『경이로움』, 권기대 역 (서울: 베가북스, 2015), 109.
36　라비 재커라이어스, 『이성의 끝에서 믿음을 찾다』, 송동민 역 (서울: 베가북스, 2016), 162.
37　Ibid., 164-165.

동기에서 나온 것이고, 두 가지 모두 다양한 문화의 추론 과정을 거치며 희생양이 된다"라는 점을 지적한다.[38]

이것은 자연주의 안에 있는 화려한 모순이다. 즉, 지금 현실의 상황은 선과 악의 기준 자체가 모호해진 상태다. 여기서 무신론이 낳는 더 심각한 문제는 사랑의 근원에 대한 해답을 제시할 수 없게 된다는 것이다. 왜냐하면, 기독교 유신론에서만 "사랑이 삼위일체 안에서 선재한다"고 설명할 수 있기 때문이다.[39] 계속해서 재커라이어스는 이렇게 말한다.

> 사랑은 인간보다 먼저 존재하고 우리의 절대 가치가 된다. 이 절대 가치는 궁극적으로 하나님 안에서만 찾을 수 있고, 우리는 고통과 싸우며 살면서 하나님을 알아 가고 사랑한다. 우리는 고통이 최종적으로 악에서 유래한다는 것과 완전한 선과 완전한 사랑의 하나님이 마침내 악을 파괴한다는 것을 안다. 사실 하나님이 선과 사랑이라는 개념과 언어의 기반 자체를 우리에게 허락했다.[40]

이처럼 기독교의 믿음은 합리적 추론에 근거하고 있다. 그뿐만 아니라 다양한 증거들도 이를 뒷받침해 준다. 그런데 이와 대조적으로 "무신론이란 것은 신이 없다고 믿는 신조"에 불과하다.[41] 무신론자는 '신은 존재하지 않는다'라는 믿음을 가진 이들이다. 그리고 이 믿음은 이성에 근거하지 않는다. 이런 점에서 기독교 신앙의 믿음과 무신론자의 믿음은 큰 대조를 이룬다. 만일 무신론적 믿음의 근거가 이성에 있다면, '신조'보다는 '증거'에, '가설'보다는 '합리적 추론'에 의존해야 한다.

그러나 현대인들은 방대한 자료를 가지고도 자신의 신조를 강화해 주는 정보만을 취사선택해서 받아들인다. 이는 신의 존재 여부를 모른다고 주장하는 불가지론과 혼동되어선 안 된다. 재커라이어스는 "무신론은 신의 부재를 전제로 하면서도 곧바로 절대부정의 실수를 저지르고 있다는 점에서 자기모순이다"

---

38 라비 재커라이어스 & 빈스 비테일, 『하나님 앞에서 고통을 묻다』, 전나리 역 (서울: 토기장이, 2018), 42.
39 라비 재커라이어스, 『믿음의 이유』, 최요한 역 (서울: 두란노서원, 2019), 168.
40 Ibid., 168-169.
41 라비 재커라이어스, 『무신론의 진짜 얼굴』, 권기대 역 (서울: 베가북스, 2016), 45.

라고 말한다.[42]

왜냐하면, 무신론자는 "신이 존재하지 않는다는 신념"을 지지하기 위해 무한한 지식이 자신에게 있음을 보여 주어야 하기 때문이다. 이것은 마치 "나는 무한한 지식을 가진 존재가 없다고 하는 무한한 지식을 가지고 있다"라고 말하는 것과 다름이 없다.[43] 이처럼 이성에 근거하지 않은 믿음은 현학적인 언어유희로 조롱받게 된다.

둘째, 그리스도의 구원의 유일성을 세속 세계관에 대치시키는 것이다.

대부분의 복음주의 변증가들은 무신론에 대한 변론 이후, 타종교에 대한 변증으로 이어 간다. 재커라이어스도 이와 마찬가지인데, 그는 특별히 종교는 취향의 문제가 아니라 구원의 문제라는 사실을 심도 있게 다룬다. 기독교 신앙에 대해서 적개심을 내비치는 사람들은 대개 '그리스도 구원의 유일성'을 주장하는 것에서 배타성을 느끼기 때문이다.

그러나 그리스도인들 입장에서 예수 그리스도만이 진리이다. 이 진리를 하나의 종교적 취향으로 취급하거나, 허구보다 더 이상한 것으로 취급하는 것은 진리를 소유한 이들에 대한 모욕이 된다. 지금 현실은 기독교 신앙이 배타적인 것이 아니라, 세속사회가 그리스도를 배타하고 있다.

철학자 버트런드 러셀(Bertrand Russell)은 만약 죽은 뒤 신을 만난다면, 자신의 불신 이유를 "신이 충분한 증거를 주지 않았음에 있다"라고 말한다고 했다. 그러나 충분한 증거는 이미 예수 그리스도께서 제공해 주었다. 예수님은 "기적을 통하여 더욱 위대한 것으로부터 덜 위대한 것에 이르기까지 입증"해 주셨다.[44] 다만 러셀과 같은 이들은 이 최고의 증거를 받아들이지 않고 있을 뿐이다. 그리고 이 절대적 증거는 오로지 예수 그리스도만을 가리키고 있다. 명백한 증거가 한 가지만을 가리키고 있다는 것은 진리가 다양한 것이 아니라 유일하다는 것을 말해 준다. 그러나 세속사회는 진리에 대한 증거보다 다양성이라는 이념을 더 중요하게 생각하고 있다.

세속 이념이 하나님을 외면하듯이 종교들도 진리보다는 관용과 포용을 더 중요한 가치로 삼고 있다. 이 세속주의 안에는 인본주의와 상대주의가 포함되어 있다. 인본주의에 속한 사람들은 기독교 신앙에 대해서 절대적인 반대를 한다.

---

42 Ibid., 46.
43 Ibid.
44 라비 재커라이어스, 『오직 예수』, 이상준 역 (서울: 두란노서원, 2019), 164.

반면에 상대주의적인 사람들은 기독교 신앙의 가치를 존중한다고 말하면서, 다른 종교들의 가르침도 소중하다고 주장한다.

재커라이어스가 볼 때, 이런 "상대주의자들은 절대성을 차단해 버리고 절대적으로 상대주의에 순응할 것을 요구"한다.[45] 참으로 이성이 결여된 모순적 태도가 아닐 수 없다. 그런데 이러한 세속주의 가치에 편승한 종교들은 '진리'와 '포용'을 동의어로 생각하고 있다.

그러나 복음주의 변증방법론은 이러한 사상들에 대해 단호하게 반대한다. 왜냐하면, 기독교의 진리는 기독교 공동체에만 제한되는 것이 아니라, 전 인류 나아가 전 우주를 포괄하는 진리이기 때문이다.

하나님의 창조, 성육신 등은 결코 제한적인 진리가 될 수 없다. 마치 중력의 법칙을 믿는 사람들만 그 법칙의 적용을 받는 것이 아니듯 말이다.

그런데 중력의 법칙을 배타성의 법칙이라고 비난하는 이가 있는가?

중력의 법칙을 믿든지, 믿지 않든지, 30층 빌딩에서 뛰어내리면 모두 큰일을 당하게 된다. 마찬가지로 구원의 진리도 크리스천들만이 아니라 만인에게 똑같이 적용된다. 예수 그리스도를 구주로 믿는 것이 구원으로 인도하는 유일한 길이라는 것은 중력의 법칙과 마찬가지로 모두에게 똑같이 적용되는 절대적 진리이다.[46]

복음주의는 종교개혁자들과 청교도들의 정신은 계승하지만, 방법론적 측면까지 똑같지는 않다. 따라서 복음주의 변증방법론이 그저 오래전 낡은 이야기의 반복이라고 생각하면 큰 오산이다. 칼 헨리(Carl F.H. Henry)와 버나드 램(Bernard L. Ramm)과 같은 학자들의 등장으로 복음주의의 지성은 빛을 발했고, 20세기에 이르러서는 교회의 부흥과 함께 더욱 발전했다. 이들은 근본주의자들처럼 고집스러운 모습만 보이지 않고, 대화와 타협과 토론도 충분히 거쳤다.

그리고 오늘날에 이르러서도 크레이그와 재커라이어스와 같은 이들이 철학과 이성을 통해서 복음의 진수를 거침없이 드러냈다. 크레이그와 마찬가지로 재커라이어스도 소망에 관한 이유에 대한 대답을 항상 준비했던 변증가다. 그러나 재커라이어스는 안타깝게도 마음에 그리스도를 주로 삼아 거룩하게 되는 일에는 실패했다.

---

45 라비 재커라이어스 & 빈스 비테일, 『오직 예수 2』, 이상준 역 (서울: 두란노서원, 2019), 252.
46 로버트 제프리스, 『예수 말고 다른 길은 없다』, 정성묵 역 (서울: 생명의말씀사, 2016), 54.

결국, 베드로전서 3장 15절의 말씀을 온전히 이행하기 위해선 삼위 하나님께 '경건한 삶'과 '거룩한 지성' 모두를 간구해야 한다. 우리는 모두 변증가가 되기 전에 참된 그리스도인이 되어야 한다. 그리고 참된 그리스도인은 소망의 이유를 언제나 담대히 대답할 수 있어야 한다.

♣ 내용 정리를 위한 문제

1. 윌리엄 레인 크레이그가 이해하고 있는 '형이상학'과 '인식론'을 설명한 후, 이를 근거로 기독교 신앙을 변증하시오.
2. 윌리엄 레인 크레이그 입장에서 복음이 도덕의 당위성을 어떻게 책임지고 있는지 논리적으로 서술하시오.
3. 라비 재커라이어스는 현대인들이 기독교 신앙을 받아들이지 않는 이유가 어디에 있다고 생각하는가? 그리고 그에 대한 합리적 변증을 어떤 방식으로 전개하고 있는가?

※ 참고 문헌(제20장에 인용된 도서들)

윌리엄 레인 크레이그. 『복음주의 변증학』. 오성민 외 5인 역. 서울: 기독교문서선교회, 2019.
J.P. 모어랜드 & W.L. 크레이그. 『기독교 철학』. 이경직·이성흠 역. 서울: 기독교문서선교회, 2013.
_____ 크. 『기독교 세계관의 철학적 기초』. 김명석 외 3인 역. 서울: 기독교문서선교회, 2022.
_____. 『형이상학』. 류의근 역. 서울: 기독교문서선교회, 2006.
_____. 『논리학·윤리학』. 이경직 역. 서울: 기독교문서선교회, 2011.
J.P. 모어랜드 & W.L. 크레이그. 『인식론』. 류의근. 서울: 기독교문서선교회, 2011.
J. P. 모어랜드. 『그리스도를 향하는 지성』. 정진환 역. 서울: 죠이선교회, 2010.
라비 재커라이어스. 『위대한 장인』. 이상준 역. 서울: 토기장이, 2016.
_____. 『경이로움』. 권기대 역. 서울: 베가북스, 2015.
_____. 『이성의 끝에서 믿음을 찾다』. 송동민 역. 서울: 베가북스, 2016.
_____. 『믿음의 이유』. 최요한 역. 서울: 두란노서원, 2019.
_____. 『무신론의 진짜 얼굴』. 권기대 역. 서울: 베가북스, 2016.
_____. 『오직 예수』. 이상준 역. 서울: 두란노서원, 2019.

라비 재커라이어스 & 빈스 비테일.『오직 예수 2』. 이상준 역. 서울: 두란노서원, 2019.
_____.『하나님 앞에서 고통을 묻다』. 전나리 역. 서울: 토기장이, 2018.
개릿 드위즈.『철학하는 그리스도인』. 신지철 역. 서울: 한국기독학생회출판부, 2022.
로날드 사이더.『그리스도인의 양심 선언』. 이지혜 역. 서울: 한국기독학생회출판부, 2005.
로버트 제프리스.『예수 말고 다른 길은 없다』. 정성묵 역. 서울: 생명의말씀사, 2016.
빌럼 A.뢰이뻔 & 헨리 J.코렌.『현대 무신론 비판』. 류의근 역. 서울: 기독교문서선교회, 2005.
브루스 데머레스트 & 키스 매슈스.『신학 사전』. 김성중 역. 서울: 죠이선교회, 2013.
유진 피터슨.『균형 있는 목회자』. 차성구 역. 서울: 좋은씨앗, 2022.
콜린 브라운.『철학과 기독교 신앙』. 문석호 역. 서울: 기독교문서선교회, 2010.
피터 젠센.『하나님의 계시』. 김재영 역. 서울: 한국기독학생회출판부, 2008.
피터 헛슨 & 로버트 킹.『기독교 신학』. 황승룡 역. 서울: 성광문화사, 1997.
필립 그레이엄 라이큰.『돌판에 새긴 말씀』. 안영미 역. 서울: 개혁주의신학사, 2015.
_____.『하나님은 누구신가』. 이규한 역. 서울: 개혁주의신학사, 2013.
해롤드 린셀.『교회와 성경 무오성』. 김덕연 역. 서울: 기독교문서선교회, 1990.

제21장

복음주의 변증방법론 Ⅳ : 알리스터 맥그래스

> 하나님의 도는 완전하고 여호와의 말씀은 진실하니 그는 자기에게 피하는 모든 자에게 방패시로다(사무엘하 22장 31절).

하나님의 진리는 완전하고 그분의 말씀은 진실하다. 여기서 진실함은 곧 순수함이다(시편 18:30). 이 순전한 진리는 하나님의 그늘 안에 들어오는 모든 이의 방패가 된다. 이 방패는 견고한 방패요, 무적의 방패이다. 복음주의 변증방법론은 이 진리의 말씀을 근거로 신앙을 방어한다. 교회 공동체의 역사와 전통을 지켜 내는 철통 방패는 오직 하나님의 말씀뿐이다.

다시 말해서 성경 말씀을 방어하는 것이 아니라, 성경 말씀으로 방어하는 것이다. 복음주의 변증방법론은 이 원칙에 근거해서 변증을 이뤄나간다. 그렇기에 이들의 변증법은 목회적이다. 뒤에서 언급하게 될「목회 현장 속 기독교 변증」파트는 사실 전부 복음주의 변증방법론에 근거한다. 특히, 이번 장에서 중심적으로 다루게 될 알리스터 맥그래스(Alister McGrath)는 존 스토트(John Stot)와 제임스 패커(James I. Packer)의 영향을 받은 학자이다. 그래서 맥그래스의 변증은 복음적이다.

맥그래스의 신학은 매우 정석(定石)이다. 그에게 있어서 신학은 "하나님에게 이르는 길을 지도로 만들고, 그리스도인들이 하나님을 어떻게 경험하고 시각화하고 이해했는지 그 풍경을 스케치"해서 사람들이 하나님을 찾도록 도와주는 작업이다.[1] 쉽게 말해서 신학은 "참되고 살아 계신 하나님을 아는 일을 그 목표"

---

[1] 알리스터 맥그래스,『신학이 무슨 소용이냐고 묻는 이들에게』, 이은진 역 (서울: 포이에마, 2022), 52.

로 삼는 것이다.[2] 맥그래스는 자신만의 독특한 신학을 내세우지는 않으나, 교과서적인 기독교 교리 및 역사에 대한 정보를 올바르게 전달해 주는 것으로 탁월하다.

그 때문에 그의 대부분 저서는 신학교 교과서로 안성맞춤이다. 단, 기초와 정석에 충실한 것을 유치한 것이라고 오해해선 안 된다. 맥그래스의 주장들은 너무나 당연한 이야기이지만, 가장 핵심이 되는 기본이다. 대표적인 주장을 살펴보면 다음과 같다.

첫째, "교리의 중요성을 보지 못하면 믿음의 척추를 잃고 뼈대 없는 윤리의 길"을 걷게 된다.[3]

둘째, "교회 역사에 대한 기본적인 이해 없이 기독교 신앙을 공부하는 것은 불가능"하다.[4]

셋째, "'전통'이라는 개념에는 과거의 신학적 유산을 진지하고 기꺼이 받아들이는 태도가 포함"된다.[5]

넷째, "만일 오직 한 분의 하나님이 존재하고, 그 하나님이 '그리스도인의 하나님'(2세기 테르툴리아누스의 표현)이라면, 신학의 본질과 범위는 상대적으로 잘 정의된 것"이다.[6]

다섯째, "신학은 기독교인이 '하나님이 어떤 분이시며 누구신가에 대한 구별된 사고'를 가지는 것을 인정하는 데서 시작"한다.[7]

이처럼 맥그래스에게서 변증은 곧 신학이고, 신학의 기초는 곧 기독교 전통과 교리에 대한 이해이다. 그런데 기독교 전통과 교리는 철저하게 하나님의 말씀에 근거한다. 따라서 변증과 신학은 완전하고 진실한 하나님의 말씀을 그리스도인들에게 제공하는 행위이다. 이 완전한 '하나님의 도'는 모든 믿는 자의 방패가 되기에 충분하다.

---

2 마이클 리브스,『사역하는 마음』, 송동민 역 (서울: 복있는사람, 2023), 131.
3 알리스터 맥그래스 & 존 스토트 & 마크 놀 외,『한 권으로 배우는 신학교』, 전의우 역 (서울: 규장, 2012), 663.
4 알리스터 맥그래스,『기독교 신앙 그 개념의 역사』, 오현미 역 (서울: CUP, 2020), 30.
5 알리스터 맥그래스,『신학이란 무엇인가』, 김기철 역 (서울: 복있는사람, 2015), 30.
6 알리스터 맥그래스,『신학의 역사』, 소기천·이달·임건·최춘혁 역 (경기고양: 知와 사랑, 2016), 20.
7 알리스터 맥그래스,『기독교 기초신학』, 박태수 역 (서울: 기독교문서선교회, 2016), 21.

맥그래스는 신학을 전공하기 이전에 자연과학 분야에서 인정받은 학자였다. 그래서 그는 변증을 다루는 폭이 굉장히 넓다. 그에게 있어서 '변증'이란, '하나님의 존재를 모르는 이들'에게 기독교의 하나님을 소개하는 행위이다. 기독교의 하나님을 소개하는 것은 일반적으로 선교적 차원으로만 생각한다. 하지만 맥그래스는 한정적으로 접근하지 않는다.

맥그래스는 학문적 차원에서 다뤄지는 모든 기독교 변증은 '그리스도께로 향하는 안내판' 역할을 한다고 믿었다. 즉, 지성인을 향한 선교가 바로 '기독교 변증'이다. 그런 의미에서 맥그래스의 복음주의 변증방법론은 무척 다양하다. 그러나 '변증'과 '신학'과 '선교'를 종합적으로 전부 다루려면 너무 방대해진다. 그러므로 맥그래스의 모든 작품을 이 짧은 챕터 안에서 전부 담아내지는 못했다. 그 대신 맥그래스가 강조하고 있는 복음주의 변증방법론의 핵심적인 개념을 뽑아서 크게 네 가지로 요약하여 소개하겠다.

1. 기독교 지성의 각성

맥그래스는 다양한 신학적 논의에 참여하지만, 자신의 신학적 대원칙은 '종교개혁 정신'과 '복음주의 신앙'에 놓는다. 그래서 그는 복음주의를 다음과 같이 정의한다.[8]

- 경건과 신학에서 예수 그리스도, 특별히 십자가에서 그분의 대속적 죽음에 초점을 둔다.
- 영성과 교리와 윤리에서 성경이 궁극적인 권위를 갖는다.

---

8   알리스터 맥그래스, 『복음주의와 기독교적 지성』, 김선일 역 (서울: 한국기독학생회출판부, 2015), 26.
: 데이비드 베빙턴(David W. Bebbington)은 일찍이 복음주의를 아래 4가지 기준으로 설명한 바 있다.
1. 성경주의(Biblicism) : 모든 영적 진리는 성경에서 찾을 수 있다. 2. 십자가 중심주의(Crucicentrism) : 그리스도의 십자가 대속 사역에 모든 초점을 둔다. 3. 회심주의 (Conversionism) : 인간의 회심은 반드시 필요하다고 믿는다. 4. 활동주의 (Activism) : 선교적 사명을 가지고 복음을 열심히 전해야 한다.

- 삶을 변화시키는 종교적 체험으로서의 회심(conversion) 혹은 '새로운 탄생'에 강조점을 둔다.
- 신앙의 나눔, 특히 복음 전도에 관심이 높다.

복음주의의 변증방법론에서 거부감을 느끼고, 배타성을 지적하는 사람들은 기독교 전통에 대한 이해가 부재하기 때문이다. 따라서 맥그래스는 그들에게 기독교가 무엇인지에 대해서 설명해 줄 필요성을 강조한다. 기독교에 대한 호감을 주기 이전에 기독교가 무엇인지 설명해 줘야 한다. 복음주의 변증방법론에서 기독교는 세계의 종교들 가운데서 유일하다. 그리고 기독교가 유일한 이유는 그 중심에 놓인 역사적 인물이 예수 그리스도시기 때문이다.[9]

이것은 기독교 신앙의 정체성이자 모토이다. 이것이 곧 전부이다. 그래서 맥그래스는 "복음주의는 단지 그리스도의 유일성(uniqueness)만을 고백하는 것이 아니라, 궁극성(definitiveness)을 강조한다"라고 주장한다.[10] 복음주의는 이 위대한 진리를 설명하기 위해 논리를 각성시켜야 한다. 그것이 바로 세속 사람들에게 기독교 신앙을 설명하기 위한 변증이 된다. 만일 기독교의 이미지를 좋게 만들기 위해, 복음의 본질을 설명하지 않는다면, 혹은 복음의 본질에서 무언가를 빼거나 더한다면, 그것은 이미 기독교가 아니게 된다.

리처드 마우(Richard Mouw)는 "오늘을 살아가는 기독교인으로서 우리의 삶은 자주 신속하게 움직이면서도 단단히 붙잡는 것"이어야 한다고 말한다.[11] 즉, 복음주의자들은 시대적 변화에 대해서 발 빠르게 움직일 수 있어야 하지만, 동시에 달라지지 않고 유지해야 할 무언가가 있다는 뜻이다.

여기에서 시대에 맞춰서 움직이는 것은 변증의 스타일이나 방식일 것이다. 반면에 유지해야 할 무언가는 변증의 내용이다. 복음주의 지성의 각성이란, 다양한 변증방법론을 구사할 수 있게 되었다는 뜻이 아니다. 그것은 오히려 변증의 내용을 절대적으로 고수하며, 여유롭게 논리를 펼쳐 나갈 수 있게 된 것을 뜻한다. 우리가 단단히 붙잡아야 할 변증의 본질은 예수 그리스도시다. 복음주의자들은 예수 그리스도 구원의 유일성과 성경의 권위를 인정하고, 모든 윤리적 삶의 원인을 복음에 의해 통제받는다. 따라서 복음주의 지성은 각성할수록 타협의

---

9 알리스터 맥그래스, 『복음주의와 기독교적 지성』, 29.
10 Ibid.
11 리처드 마우, 『흔들리는 신앙』, 김준재 역 (서울: SFC출판부, 2021), 27.

여지가 없는 것처럼 보인다. 이 원론적인 원칙은 모더니즘에서도, 포스트모더니즘에서도 동일하다.

이 원칙이 권위를 갖는 이유는 복음주의자들의 숫자가 많기 때문이 아니라, 복음주의자들이 믿고 고백하는 '예수 그리스도의 권위' 때문이다. 맥그래스는 "오늘날 세상의 지혜는 언제나 어떠한 사회적인 태도를 보인다"라는 사실을 분명히 알고 있다.[12] 하지만 현대적 사고방식이 어떠하든지 간에 하나님만이 계시하시고, 하나님만이 구원하신다. 복음주의 변증방법론도 고통의 문제, 자연과학과의 문제, 문화, 이념, 윤리 등에 대해서는 상황에 맞춰서 변증할 수 있는 부분들이 있다.

그러나 구원에 관련된 진리는 상황화가 될 수 없다. 오히려 하나님의 구원이 세속의 상황을 바꿔놓는다. 맥그래스는 이러한 의미에서, 복음주의 변증방법론은 "하나님의 계시(인간의 주도권이 아닌)에 대한 응답이면서, 그 사상과 틀에 대해 하나님께 책임이 있다는 이중적 의미에서 책임성을 지닌다"고 설명한다.[13]

복음주의의 기독교적 지성이 각성 될 때 진리 수호에 대한 사명이 두드러진다. 이윽고 복음주의는 세속 사람들을 '기독교 신앙 진리'로 더욱 많이 초대했다. 이것이 가능해진 이유는 다음과 같다.

첫째, "복음주의에 속한 전문 신학자들이 늘면서 지적 신뢰성 또한 점차 강화되고"있기 때문이다.[14]

둘째, 복음주의의 기독교적 지성이 곧 윤리와 영성으로 직결되기 때문이다. 맥그래스는 "복음주의가 정통 교리와 더불어 윤리적 표준의 중요성을 강조"한다는 사실을 설명한다.[15] 이러한 것들은 현상적이다. 불확실한 것들이 아니라, 현실에서 벌어지는 일들이다. 쉽게 예를 들면 이렇다.

무신론자들이 단체를 만들어서 봉사하고 진리를 전하기 위해 구제를 벌이는 모습을 목격한 바가 있는가?

아마 없을 것이다. 반면에 복음주의 공동체에서 행해지는 윤리적 선행은 압도적으로 많다. 물론, 가시적인 선행이나 보편적인 구제 활동은 기독교만이 독점

---

12 알리스터 맥그래스, 『복음주의와 기독교적 지성』, 76.
13 Ibid., 43.
14 알리스터 맥그래스, 『복음주의와 기독교의 미래』, 정성욱 역 (서울: 한국기독학생회출판부, 2018), 11.
15 Ibid., 219.

하는 가치는 아니다. 그러나 그리스도의 가르침에 근거한 선행은 기독교만이 독점하고 있는 윤리이다. 즉, 진리에 근거한 윤리이다. 결국, 무신론은 지식만을 전달했고, 복음주의는 지식과 함께 윤리적 실천(사랑)을 전달했다. 그런데 엄밀한 의미에서 무신론은 지식 전달조차도 실패했다. 실제로 "19세기의 콩트식 실증주의, 20세기의 논리 실증주의 그리고 21세기 초의 새로운 무신론은 모두 그것들이 약속한 확실한 지식을 전달하는데 실패"했다.[16] 맥그래스는 다음과 같이 말한다.

> 새로운 무신론은 우리의 망상을 없애주겠다고 큰소리쳤지만, 그 자체가 결국 망상의 대열에 끼고 말았다. 우리는 불확실성에 압도되지 않은 채 불확실성을 받아들일 필요가 있다.[17]

복음주의의 기독교적 지성은 각성 되기 시작했다. 세계에 퍼져 있는 복음주의 신앙인들은 변화하는 세상 속에서 변하지 않는 복음의 진리를 증거하고 있다. 그들의 변증방법론은 투박하거나 무식하지 않으며, 세련되고 지적으로 예리해져 있다.

2. 십자가 중심

맥그래스는 십자가의 구속과 칭의 교리를 정확하게 설명한다. 합당한 기독교 변증은 기독교 신앙의 핵심 정수를 정확하게 설명해 주는 것이다. 특히, 반복적으로 강조되는 핵심 교리는 속죄의 교리이다. 웨인 그루뎀(Wayne A. Grudem)에 의하면, 속죄는 "우리의 구원을 위해 그리스도께서 하셨던 사역을 뜻하는데 이는 그리스도의 삶과 죽음 둘 다 포함"하는 것이다.[18]

또한, 도널드 맥클라우드(Donald Macleod)는 그리스도의 속죄 사건은 "구속적 효력에 있어서 그리고 무엇보다도 그 내용에 있어서 유일한 사건"이라고 명명

---

16 알리스터 맥그래스, 『지성적 회심』, 김창영 역 (서울: 생명의말씀사, 2021), 202.
17 Ibid.
18 웨인 그루뎀, 『성경 핵심 교리』, 박재은 역 (서울: 솔로몬, 2018), 386.

한다.[19] 즉, 복음주의 변증방법론은 속죄 교리에 근거한 변증이며, 속죄 교리를 증명하기 위한 변증이다. 맥그래스는 하나님과 인류의 관계는 기독교적 이해에 따라 다음과 같이 크게 세 가지로 정리될 수 있다고 밝힌다.[20]

첫째, 하나님은 의로우시다.

둘째, 인간은 죄인이다.

셋째, 하나님은 인간을 의롭게 하신다.

하나님이 인간을 의롭게 하시는 방법에 관해 설명하는 것은 복음주의 변증방법론의 중요한 의제이다. 브루스 데머리스트(Bruce Demarest)는 "그리스도의 십자가는 확고한 성경적 근거로 인해 기독교 신앙의 핵심적인 상징"이 되었다고 명시한다.[21] 십자가는 초대 교회와 종교개혁자들은 물론이요, 현대에서도 여전히 중대하다. 십자가를 정확하게 설명할 수 있다면, 이미 지성인들에게 설득력 있는 변증을 제시할 수 있다는 뜻이다. 맥그래스는 "십자가에 대한 풍요로운 기독교적 이해를 간단하면서도 너무 단순하지 않게 정리"할 것을 요청한다.[22]

십자가는 구원하심의 은혜이다. 구원하심의 은혜는 타락한 인간에게 베풀어지는 은혜이다. 그리고 이 구속의 은혜는 '은혜의 언약'이라는 이름으로 "구약과 신약시대 모두"에 작동한다.[23] 칼 투르먼(Carl R. Trueman)은 루터의 신학을 빌려와서, "그리스도인의 구원 확실성은 구원이 전적으로 하나님에게 달려 있다는 데 있다"라고 주장한다.[24]

인간의 의지는 하나님의 은혜에 결코 개입할 수 없다. 그런데 이것은 시대적 상황에 상관없이 적용된다. 참된 신학과 하나님을 아는 지식은 십자가에 달리신 그리스도 안에 있다. 십자가가 빠져 있다면 그것은 기독교적인 것이 아니다. 십자가 없이는 기독교를 설명할 수도, 변증할 수도 없다. 따라서 구약시대의 사람들에게도 오직 예수 그리스도의 십자가만이 유일한 공로가 된다. 이에 대해 맥그래스는 다음과 같이 진술한다. 그리스도께서 "은혜 언약의 증인"이기 때문에,

---

19 도널드 맥클라우드, 『간추린 기독론』, 우상현 역 (서울: 기독교문서선교회, 2020), 120.
20 알리스터 맥그래스, 『하나님의 칭의론』, 한성진 역 (서울: 기독교문서선교회, 2015), 24-25.
21 브루스 데머리스트, 『십자가와 구원』, 이용중 역 (서울: 부흥과개혁사, 2016), 219.
22 알리스터 맥그래스, 『십자가란 무엇인가』, 김소영 역 (서울: 한국기독학생회출판부, 2016), 10.
23 알리스터 맥그래스, 『하나님의 칭의론』, 356.
24 칼 트루먼, 『오직 은혜』, 박문재 역 (서울: 부흥과개혁사, 2018), 174.

"구약과 신약 모두의 증인"이 된다.[25]

즉, 구약시대 사람들이 경험하는 속죄의 은혜도 오직 그리스도의 십자가로 말미암아 이루어진다는 뜻이다. 맥그래스가 추구하는 복음주의 변증방법론은 "예수 그리스도의 십자가 죽음과 부활이 신앙의 근본적 사건"이라는 것을 확정하는 것이다.[26] 이것은 변증의 지렛대다. 분명히 "기독교의 정체성과 적실성에 대한 추구는 십자가에 달리신 예수님과 밀접하게 연결"되어 있다.[27]

십자가의 속죄 교리는 하나님의 공의와 사랑을 모두 설명해 준다. 죄의 본질은 하나님에 대한 불순종이다. 더 나아가 그것은 하나님에 대한 공격이다. 창조주를 향한 이런 적대적 행위는 하나님의 거룩성 앞에서 심판받아 마땅하다. 하지만 인간은 하나님의 형상으로 창조되었으며, 하나님은 인간들을 사랑하신다. 하나님의 공의는 심판을 외치는데, 하나님의 사랑은 용서를 외친다. 하나님은 정의이시면서 사랑이시다. 이 딜레마를 단번에 해결하는 것이 바로 '십자가'이다. 로버트 리탐(Robert Letham)은 속죄의 교리의 중대함을 다음과 같이 진술한다.

> 하나님은 우리를 구원해야 할 아무런 외적인 압력도 받지 않으셨지만(구원은 전적으로 하나님의 자유롭고 주권적인 은혜의 행동이다), 구원을 작정하셨다. 그리고 우리를 구원하는 방법으로 속죄 외에는 하나님의 본성에 부합하는 방법이 없다.[28]

맥그래스에게서도 "십자가는 신학의 개별적 측면이 아니라, 그 자체로 신학의 기초"이다.[29] 맥그래스의 복음주의 신학은 루터의 십자가 신학과 전통적인 부활 신앙을 견지하는 것이다. 물론, 이것은 논리로만 변증할 수 있는 영역이 아니고, 믿음이라는 것이 요구된다. 맥그래스의 변증법에서 믿음은 "그리스도의 은덕이 우리에게 흘러오는 경로이며, 그리스도의 행위가 우리 삶에 적용되는 수단"이다.[30]

---

25 알리스터 맥그래스, 『하나님의 칭의론』, 356-357.
26 알리스터 맥그래스, 『십자가로 돌아가라』, 정옥배 역 (서울: 생명의말씀사, 2014), 31.
27 Ibid., 41.
28 로버트 리탐, 『그리스도의 사역』, 황영철 역 (서울: 한국기독학생회출판부, 2014), 129.
29 알리스터 맥그래스, 『복음주의와 기독교적 지성』, 46.
30 알리스터 맥그래스, 『십자가란 무엇인가』, 74.

따라서 믿음은 인간의 행위나 결심이 아니고, 우리 안에서 일어나는 하나님의 행위이다. 결국, 성령께서 십자가의 속죄를 믿도록 만들고, 이신칭의(의롭다고 칭함을 받음)의 기쁨을 허락하시는 것이다. 이 기쁨 속에 있는 사람들은 그리스도의 영광에 참여하기 위해 애쓴다. 십자가는 그리스도인들이 고난에 참여하도록 만들지만, 결국에는 영광으로 이끌어 준다. 즉, 십자가를 피해서는 영광으로 나아갈 수 없다.[31] 궁극적으로 십자가는 승리로 점철된다. 십자가는 악의에 찬 죽음의 횡포에서 우리를 해방시킨다.[32]

3. 회심(回心)으로 이어지는 회의(懷疑)

인간 이성은 의심을 발생시킨다. 그러나 맥그래스는 의심과 회의를 거부하지 않고 정면으로 맞서 "복음의 호소력을 인간의 이성에 국한시켜서는 안 된다"고 주장한다.[33] 하나님에 대한 회의가 들면 신앙에 위기라고 생각할 수 있다. 그러나 회의는 영적 성장의 기회를 제공하기도 한다. 맥그래스는 의심의 요소가 작동되어도 믿음은 여전히 그 기능을 다할 것으로 전망한다.

> 완전한 무관심 외에 그리스도에 대해 취할 수 있는 모든 태도에는 확실성이 아니라 믿음이 필요하다. 신앙은 증명 없는 믿음이 아니라, 조건 없는 신뢰다. 신뢰할 만한 분으로 자신을 보여 주신 하나님을 신뢰하는 것이다.[34]

의심과 회의는 믿음을 더욱 안전하게 만들어 준다. 의심의 과정 이후에는 하나님에 대한 확신이 자리 잡는다. 만일 의심이 없는 믿음이 있다면, 그것은 맹신이 된다. 복음주의 변증방법론은 의심과 회의를 두려워하지 않고, 그들에게 적절한 답변을 제공한다. 그 후 얻어진 믿음은 단련되어 있다. 이 믿음은 왜곡을

---

31 로버트 레담, 『예수님과의 연합』, 윤성현 역 (서울: 개혁주의신학사, 2014), 216-217.
32 알리스터 맥그래스, 『십자가란 무엇인가』, 140.
33 알리스터 맥그래스, 『기독교 변증』, 전의우 역 (서울: 국제제자훈련원, 2014), 30.
34 알리스터 맥그래스, 『회의에서 확신으로』, 김일우 역 (서울: 한국기독학생회출판부, 2016), 38.

제거하고 사물을 있는 그대로 볼 수 있게 해 준다.[35]

반면에 극단적인 무신론자들은 믿음이야말로 사물을 왜곡시켜 바라보게 한다고 주장한다. 그들은 '신앙'을 그저 종교적인 사람들에게만 나타나는 일종의 정신질환이라고 말한다. 오늘날에도 어떤 무신론자들은 인간 이성의 한계를 고려하지 못한 채 자신의 확신은 철저하고 믿을 만하다고 주장한다. 그러나 이러한 무신론자들의 거센 항의들은 오히려 의심과 회의에서 벗어나도록 도와준다. 만일 하나님이 존재하지 않는다면, 그 하나님을 증오해야 할 이유도 없기 때문이다.

그런데 무신론자들은 하나님이 없다고 주장하면서, 하나님을 증오한다. 무엇보다 무신론자들이 비판하는 종교적 믿음은 기독교 신앙에 해당하지 않는 비판이다. 맥그래스는 무신론자들의 종교비판에 기독교가 해당하지 않는 이유를 다음과 같이 밝힌다.

> 기독교가 말하는 믿음이란, 단지 특정한 것이 참이라고 믿는 게 아니다. 믿음이란 이보다 훨씬 많은 것을 포함한다. 그리스도인들에게 믿음이란 단순히 인식의 문제("나는 이것이 참이라고 믿는다")가 아니라 관계와 실존의 문제다("나는 이 사람을 신뢰한다") 믿음이란 단순히 하나님이 존재한다고 믿는 게 아니라 하나님은 지혜롭고 사랑이 넘치며 선하신 분임을 발견하는 것이다. 그리고 그 결과로 이러한 하나님께 자신을 헌신하겠다고 선택하는 것이다.[36]

계속되는 의심을 거두기 위해 맥그래스는 기독교의 메타 서사를 제시한다. 메타 서사란, "예수 그리스도 안에서 그분을 통해 가능해진 새로운 존재 방식에 대한 상상력을 사로잡고 지적으로 풍요로운 비전을 제시"하는 것이다.[37] 종종 변증을 사상과 이념을 수호하는 것으로 착각하는 경우가 있다. 이럴 때 온전한 믿음이 세워지기 힘들며, 의심과 회의 앞에서도 적절한 답변이 어려워진다. 기독교의 믿음은 성경에 근거한 합리적 믿음이어야 한다. 맥그래스는 "성경에 나타난 하나님의 자기 계시 이외의 다른 것이나 다른 인물이 우리의 사상과 가치

---

[35] 알리스터 맥그래스, 『지성의 제자도』, 노진준 역 (서울: 죠이선교회, 2019), 39.
[36] 알리스터 맥그래스, 『기독교 변증』, 131.
[37] 알리스터 맥그래스, 『포스트모던 시대, 어떻게 예수를 들려줄 것인가』, 홍종락 역 (서울: 두란노서원, 2020), 14.

관을 좌우하도록 놓아둔다면, 신학이 아닌 이데올로기를 받아들이는 것"이라고 지적한다.[38] 여기서 변증의 주목적은 특정한 관념들에 사로잡힌 사람들을 설득하는 것이 아니다. 맥그래스가 생각할 때 변증은 그보다 기독교 신앙의 '아름다움', '선함', '진리'를 충실하고 생생하게 묘사하며 사람들이 그 풍성하고 심오한 세계관 안으로 이끌리게 하는 것이다. 의심과 회의가 발생되는 원인은 세속의 세계관에 이끌렸기 때문이다. 역으로 기독교 세계관의 신비와 매력을 발견하면, 의심이 사그라지게 된다.

하지만 여전히 신앙을 의심하게 만드는 문제가 한 가지 남아 있다. 그것은 바로 고난의 문제이다. C. S. 루이스(Clive Staples Lewis)는 "고난은 우리의 잠을 깨우는 하나님의 메가폰"으로 이해하였다. 하지만 악인들 때문에 겪는 고난의 문제는 선하신 하나님에 대해서 의심하도록 만든다. 무신론자들은 고통은 악하기 때문에 그 고통을 허락하는 하나님은 선하지 않다고 주장한다. 그리고 이것이 하나님이 존재하지 않는 이유가 된다고 말한다. 이 순환논증에 대해서 맥그래스는 정면으로 반박한다.

> 악이 존재한다는 사실을 토대로 하나님이 존재하지 않는다고 주장하는 논증은 고통이 실제로 악하다는 전제에 근거한다. 그러나 이것은 경험적인 관찰이 아니다. 도덕적 판단이다. 고통은 중립적이다. 고통이 악하려면 도덕적 틀을 전제해야 한다.
> 그런데 이러한 틀이 어디서 오는가?
> 이 논증이 유효 하려면 절대적인 도덕적 틀이 존재해야 한다. 그리고 이러한 절대적인 틀의 존재 자체가 하나님의 존재를 가리킨다고 널리 받아들여진다. 결국, 하나님의 비존재(nonexistence)는 하나님의 존재에 달린 것으로 보인다. 그러므로 이것은 최선의 논증이 아니다. 그러나 자연이 악하다는 것이 순전히 개인적인 지각이라면, 이것은 하나님에 관한 논쟁과는 무관하다. 이것은 우주의 더 깊은 구조를 말하기보다는 순진하고 감성적인 개인의 취향을 말할 뿐이다.[39]

---

38 알리스터 맥그래스, 『복음주의와 기독교적 지성』, 70.
39 알리스터 맥그래스, 『기독교 변증』, 279.

신정론에 대한 문제는 위르겐 몰트만(Jürgen Moltmann)을 다룰 때, 상세히 다룰 것이다. 지금은 신정론 문제를 자세하게 다루지는 않겠다. 하지만 맥그래스는 '그리스도 안에서 하나님이 고통받으셨다'라는 몰트만의 이론을 받아들이고 있다. 맥그래스는 "하나님은 우리의 복리를 위해 전념하시며, 고난과 고통으로부터 우리를 구속하시고 마지막으로는 고난과 고통의 존재를 모두 없애기 위해 고난과 고통을 함께 나누신다"라고 설명한다.[40]

결국, 십자가는 고난에 대한 기독교적 이해이다. 기독교는 고통의 문제 앞에서 의심하는 이들에게, 모든 고통을 없앨 단 하나의 고난이 있음을 역설한다. 그것은 바로 예수 그리스도의 사건이다. 이것은 유일한 변증이 될 뿐만 아니라, 모든 '의심'을 '확신'으로, 모든 '회의'를 '회심'으로 만들기에 충분하다.

4. 복음의 유산 회복

맥그래스는 세속화된 실용주의를 벗어던지고, 복음의 유산을 회복시키는 것을 강조한다. 특히, 그는 "전 세계에 막강한 영향력을 행사하는 미국의 학문 문화가, 그 본질 면에서, 너무나 실용성에 치우쳐 있다"는 점을 경고했다.[41] 깊이 있는 신학과 철학을 회피하고, 복음의 유산이 담고 있는 진리의 풍성함을 세속화된 실용주의와 맞바꾼다면, 변증은 아예 힘을 잃을 것이다.

이 말의 의미는 실용적인 '대화'와 '상호존중적인 자세'를 포기한다는 뜻이 아니다. 세속 학문과의 소통과 대화는 이루어지되, 복음주의적 관점은 놓치지 말아야 한다는 의미이다. 가장 중요한 것은 믿음을 상실하지 않는 것이다. 복음의 유산 중 가장 위대한 것은 믿음이다.

일반적으로 믿음은 기독교에서만 요구되는 것이 아니다. 맥그래스가 분석했을 때, "모든 도덕적, 정치적, 종교적 혹은 반종교적 세계관은 그 핵심 신념들이 옳음을 증명할 수 없다는 점에서 믿음을 요구"하고 있다.[42] 그렇기에 기독교 신앙이 합당하게 변증하기 위해서는 세속화된 실용주의를 추구하는 것은 부적절

---

40 알리스터 맥그래스, 『고난이 묻다, 신학이 답하다』, 박주성 역 (서울: 국제제자훈련원, 2014), 127.
41 알리스터 맥그래스, 『기독교의 미래』, 박규태 역 (서울: 좋은씨앗, 2010), 180.
42 알리스터 맥그래스, 『믿음을 찾아서』, 홍종락 역 (서울: 두란노서원, 2019), 89.

하며, 오히려 역효과를 가져온다. 그보다는 합당한 기독교 신앙의 믿음, 다시 말해서 복음의 유산을 회복시키는 것이 시급하다.

사실 '하나님의 존재'나 '하나님의 부재'에 대해서 믿게 만드는 압도적인 논증은 어디에도 없다. 신에 대한 논증에는 언제나 믿음이 선행된다. 다만, 하나님을 믿기로 결단하고 신조를 고백하는 사람들의 삶의 이야기 속에서 하나님의 은총과 섭리하심이 넘쳐나고 있다는 점에서 다를 뿐이다. 이를 통해 발견된 사실은, 기독교의 '매력'은 기독교의 '거룩'에서 나온다는 점이다. 거룩하게 사는 것, 다시 말해서 하나님께 영광 돌리는 것은 기독교인의 삶의 목적이다.

그리고 복음은 이 일을 가능하게 만든다. 이 위대하고 아름다운 유산을 회복하는 것만으로 사람들은 기독교에 대해서 관심을 끌게 된다. 그렇다면 이것은 변증으로 세워지기에 합당하다. 게리 토마스(Gary Thomas)는 다음과 같이 말한다.

> 영적 여정인 기독교는 단순히 우리가 무엇을 믿느냐 또는 어떻게 행동하느냐로 규정되는 게 아니다. '우리가 어떤 존재인가?' 하는 것이 기독교의 핵심이다. 이것은 종류가 다른 변화다. 충성만이 아닌 존재의 변화, 고백만이 아닌 체험의 변화, 신봉만이 아닌 실존의 변화다. 하나님의 영광을 위한 우리 영광의 회복이다.[43]

거룩한 것이 지닌 매력은 세련된 것들이 아니다. 복음의 유산들은 세련미가 떨어진다. 반면에 세속화된 실용주의는 세련되었으며, 상대주의 시대와 부합한다. 더군다나 기독교 신앙은 동의하고, 신뢰하고, 헌신하는 것을 기본으로 하기에 상대주의 시대에 맞지 않고, 더 나아가 현대인들에게 오래된 느낌을 준다.

특히, 기독교 신앙은 성경에 대한 동의를 강조하기 때문에 더욱 그렇다. 이러한 이미지에서 탈피하고자, 교회 안에 존재하는 세속화된 실용주의자들은 성경을 시대에 맞게 재해석하거나, 성경 이외 것에 권위를 부여하기 시작한다.

그러나 데이비드 잭맨(David Jacman)은 "도덕적인 결함을 지닌 인간들이 완전무결하신 하나님과 관계를 맺을 수 있는 유일한 방법은, 하나님이 인간과의 간격을 이어 줄 수 있는 언어로 자신을 계시하는 것뿐"이라고 주장한다.[44]

---

43 게리 토마스, 『거룩이 능력이다』, 윤종석 역 (서울: CUP, 2016), 22.
44 데이비드 잭맨, 『왜, 성경인가?』, 김진선 역 (서울: 성서유니온, 2014), 20.

즉, 성경의 권위는 "궁극적이며 유일한 권위"라는 뜻이다.[45] 맥그래스는 세속적인 이성보다는 성경의 권위가 회복되는 것이 변증론적으로 유익하다고 판단한다. 이성이란, "논쟁과 증거에 기초한 인간의 기본적인 사고 능력"이다.[46]

그런데 논쟁과 증거가 될 만한 원천적인 텍스트는 정경으로 인정받을 만큼 권위가 있다. 따라서 성경이라는 것은 믿을 만한 권위이다. 물론, 이성에 한계가 있듯이, 권위에도 한계가 있다. 하지만 기독교는 한계를 초월하고 합리주의 금기에 맞선다.

복음의 유산에는 한계를 초월하는 능력이 있다. 특별히 맥그래스는 과학적 사고관에 따라서 이성을 활용했던 사람이기에 그가 세속화된 실용주의보다는, 복음적인 유산에서 변증학적 요소를 발견하려고 한다는 점은 대단히 의미가 있다. 어쩌면 맥그래스에 '믿음'은 '가장 강력한 이성'이다.

맥그래스가 봤을 때, "믿음은 우리가 증명할 수 있는 아주 제한된 영역으로 시야를 제한하지 않고, 실재의 심층을 인식하면서 삶을 바라보는 시야를 확장"한다.[47] 보편적 의식이 있는 인간들은 확실히 "의미를 추구하는 피조물"이기 때문에, 자기 경험을 이해하고 싶어 하고, 삶의 의미와 목적을 깨닫고 싶어 한다.[48] 그런데 이것은 순수 이성으로 전부 파악하기에는 한계가 있다. 따라서 복음의 유산 안에 있는 믿음이 필요하다. 이 믿음의 특징에 대해서 맥그래스는 다음과 같이 진술한다.

> 믿음은 특정 사고방식이 신빙성 있고 신뢰할 만하며 적절하다는 근거 있는 확신이다. 믿음은 사물을 보는 방식이고, 옳은 것으로 증명될 수는 없지만 신빙성 있는 것으로 드러난다. 그뿐만 아니라 믿음은 특정 사고방식 안으로 들어가 그것이 삶의 방식이 되게 한다. 믿음은 우리의 상상력을 사로잡고 이성을 비추어 주며 세상에서 어떻게 살아야 하는지 윤리적 비전을 세우는 실재의 '큰 그림'을 받아들이게 한다. 과학은 사물을 분리하여 그 작동 원리를 볼 수 있게 하지만, 믿음은 그것을 다시 조립하여 우리가 그 의미를 보게 한다.[49]

---

45 Ibid.
46 알리스터 맥그래스, 『복음주의와 기독교적 지성』, 101.
47 알리스터 맥그래스, 『믿음을 찾아서』, 109.
48 알리스터 맥그래스, 『인간, Great Mystery』, 오현미 역 (서울: 복있는사람, 2018), 95.
49 알리스터 맥그래스, 『믿음을 찾아서』, 109.

지금까지 맥그래스의 복음주의 변증방법론을 크게 네 가지로 나눠서 살펴보았다. 하지만, 이 네 가지는 유기적으로 연결되어 있다.

첫째, 복음주의의 기독교적 지성이 각성 되는 것.
둘째, 십자가의 구속과 칭의 교리를 정확하게 설명하는 것.
셋째, 의심과 회의를 거부하지 않고 정면으로 맞서는 것.
넷째, 세속화된 실용주의를 벗어던지고 복음의 유산을 회복하는 것.

그리고 이 모든 변증방법론은 철저하게 하나님께 종속되어 있다. 하나님에 대한 모든 인간적 지식은 "삼위 하나님의 자기 지식의 부분집합"이다.[50]

또한, 모든 지식은 이미 하나님이 계시하신 진리이다. 이 진리를 발견하는 것이 복음주의 변증방법론의 사명이다. 변증은 복음을 이성으로 가공하는 것이 아니라, 복음을 이성으로 발견하는 것이다. 발견된 복음은 완전한 하나님의 도이고, 진실한 여호와의 말씀이다. 그 말씀은 예수 그리스도시다. 예수 그리스도께서는 자신에게 피하는 모든 자의 방패가 되어 주신다.

♣ 내용 정리를 위한 문제

1. 알리스터 맥그래스가 정의하는 '복음주의'란 무엇인가?
2. 알리스터 맥그래스가 정리한 하나님과 인류의 관계를 설명한 후, 복음주의의 속죄 교리에 근거하여 십자가가 하나님의 공의와 사랑을 어떻게 설명하고 있는지 서술하시오.
3. 알리스터 맥그래스가 생각한 복음의 유산은 무엇이며, 이것이 회복될 때 기독교 공동체가 얻을 수 있는 유익은 무엇인가?

---

50 리처드 보컴 & 마이클 리브스 외, 『삼위일체: 신약신학·실천신학적 연구』, 신호섭 역 (경기고양: 이레서원, 2018), 290.

※ **참고 문헌(제21장에 인용된 도서들)**

알리스터 맥그래스 & 존 스토트 & 마크 놀 외.『한 권으로 배우는 신학교』. 전의우 역.
　　서울: 규장, 2012.
알리스터 맥그래스.『기독교 변증』. 전의우 역. 서울: 국제제자훈련원, 2014.
_____.『기독교 신앙 그 개념의 역사』. 오현미 역. 서울: CUP, 2020.
_____.『기독교의 미래』. 박규태 역. 서울: 좋은씨앗, 2010.
_____.『믿음을 찾아서』. 홍종락 역. 서울: 두란노서원, 2019.
_____.『복음주의와 기독교의 미래』. 정성욱 역. 서울: 한국기독학생회출판부, 2018.
_____.『복음주의와 기독교적 지성』. 김선일 역. 서울: 한국기독학생회출판부, 2015.
_____.『신학이 무슨 소용이냐고 묻는 이들에게』. 이은진 역. 서울: 포이에마, 2022.
_____.『신학이란 무엇인가』. 김기철 역. 서울: 복있는사람, 2015.
_____.『십자가란 무엇인가』. 김소영 역. 서울: 한국기독학생회출판부, 2016.
_____.『십자가로 돌아가라』. 정옥배 역. 서울: 생명의말씀사, 2014.
_____.『인간, Great Mystery』. 오현미 역. 서울: 복있는사람, 2018.
_____.『지성의 제자도』. 노진준 역. 서울: 죠이선교회, 2019.
_____.『지성적 회심』. 김창영 역. 서울: 생명의말씀사, 2021.
_____.『포스트모던 시대, 어떻게 예수를 들려줄 것인가』. 홍종락 역. 서울: 두란노서원,
　　2020.
_____.『회의에서 확신으로』. 김일우 역. 서울: 한국기독학생회출판부, 2016.
_____.『기독교 기초신학』. 박태수 역. 서울: 기독교문서선교회, 2016.
_____.『고난이 묻다, 신학이 답하다』. 박주성 역. 서울: 국제제자훈련원, 2014.
_____.『신학의 역사』. 소기천·이달·임건·최춘혁 역. 경기 고양: 知와 사랑, 2016.
_____.『하나님의 칭의론』. 한성진 역. 서울: 기독교문서선교회, 2015.
게리 토마스.『거룩이 능력이다』. 윤종석 역. 서울: CUP, 2016.
데이비드 잭맨.『왜, 성경인가?』. 김진선 역. 서울: 성서유니온, 2014.
도널드 맥클라우드.『간추린 기독론』. 우상현 역. 서울: 기독교문서선교회, 2020.
로버트 레담.『예수님과의 연합』. 윤성현 역. 서울: 개혁주의신학사, 2014.
_____.『그리스도의 사역』. 황영철 역. 서울: 한국기독학생회출판부, 2014.
리처드 마우.『흔들리는 신앙』. 김준재 역. 서울: SFC출판부, 2021.
리처드 보컴 & 마이클 리브스 외.『삼위일체: 신약신학·실천신학적 연구』. 신호섭 역.
　　경기 고양: 이레서원, 2018.
마이클 리브스.『사역하는 마음』. 송동민 역. 서울: 복있는사람, 2023.
브루스 데머리스트.『십자가와 구원』. 이용중 역. 서울: 부흥과개혁사, 2016.
웨인 그루뎀.『성경 핵심 교리』. 박재은 역. 서울: 솔로몬, 2018.
칼 트루먼.『오직 은혜』. 박문재 역. 서울: 부흥과개혁사, 2018.

제22장

복음주의 변증방법론 V : 도날드 블러쉬

> 그들을 진리로 거룩하게 하옵소서 아버지의 말씀은 진리니이다(요한복음 17장 17절).

예수님은 그리스도인들이 진리로 거룩하게 되기를 기도하셨다. 진리는 오직 하나님의 말씀이다. 따라서 하나님의 말씀을 듣고 행하는 자라야 진리 안에 거하는 자라고 할 수 있다. 로저 올슨(Roger E. Olson)에 따르면, "사도들이 살아 있는 동안에는 그들이 예수님의 가르침과 행동을 기억하고 있었기 때문에, 그것으로 초대 교회의 제자들을 훈련하기에 충분"했다.[1]

또한, 이들은 '그리스도인'이라 불리기에 적합했다. 여기서 "그리스도인이란 '그리스도 안에' 있는 사람"이다.[2] '그리스도 안에 있다'라는 뜻은 그리스도의 십자가와 부활 사건을 믿고 고백한다는 뜻이며, 그리스도의 가르침 대로 산다는 뜻이다. 이처럼 그리스도 안에서 합당한 신앙 고백을 가지고 살아가는 이들을 두고 대개 '복음주의 성도'라고 부른다.

현대에 이르러서 대부분 신자는 스스로를 '복음주의자'라고 자처한다. 그러나 본래 "기독교 역사 속에서 이 표현을 가장 확고하게 자신의 정체성을 지칭하는 용어로 빌린 인물은 16세기 종교개혁의 기수 마틴 루터(Martin Luther)였다."[3] 루터가 복음을 발견하고 이신칭의의 신학을 펼쳤기에 그를 '복음주의의 시조'로 보는 것은 딱히 틀린 말은 아닐 것이다.

---

1 로저 E. 올슨 & 애덤 C. 잉글리쉬, 『하룻밤에 정리하는 신학의 역사』, 김지호 역 (경기고양: 도서출판100, 2019), 7.
2 제임스 휴스턴 & 옌스 치머만, 『그리스도인은 누구인가』, 양혜원·홍종락 역 (서울: 한국기독학생회출판부, 2021), 173.
3 이재근, 『세계 복음주의 지형도』, (서울: 복있는사람, 2015), 20.

하지만 엄밀한 의미에서 '복음주의'라는 말을 독점해서 사용할 수 있는 개인이나 교단은 있을 수 없다. 왜냐하면, '복음주의'라는 말은 신학적 진보와 보수를 가르는 용어로 사용되기도 하고, 또는 종교개혁 이후의 개신교단들을 통합하는 명칭으로 사용되기도 하며, 때에 따라서는 영미권을 넘어 세계화된 복음주의 신앙 체제를 지칭하는 의미로도 사용되기 때문이다.

아무튼 복음주의는 과거에나 지금이나 신학적 운동 그 자체는 아니지만, "전미복음주의협회의 기본적 교의들(기본적 개신교 정통주의)과 초자연적 세계관을 공유하면서 거기서부터 많은 다른 방향으로 나아가는 수많은 신학자와 신학교들을" 배출했다.[4]

이들 중에는 엄격한 칼빈주의자도, 열정적 웨슬리안도, 휴거를 사모하는 세대주의 자도 있다. 또한, 이들은 각 진영에 따라 근본주의, 복음주의, 신복음주의 등으로 불린다. 어쨌든 이들은 큰 틀에서 복음주의라고 묶이고 있으며 하나님을 사랑하고 교회를 사랑하고 이웃을 사랑한다.

복음주의 신학이 변증하려는 내용은 중생, 은혜, 구원 등과 더불어 거룩한 삶의 실천까지도 포함되어 있다. 마크 A. 놀(Mark A. Noll)에 따르면, "그리스도인의 학문에 필요한 모든 세부 내용"은 사랑에 따른 그리스도인의 예배에서 흘러나온다.[5] 논리적 이론과 삶의 조화는 예배를 근거로 설명된다. 결코 복음주의자들은 지성을 배타하지 않는다. 그들은 지식 그 자체로 소중한 것임을 인지한다. 틀림없이 지식은 우리 영혼에 알맹이를 더해 주고 "우리의 자아의식을 고양"해 준다.[6]

또한, 복음주의자들은 신앙의 실천을 지성만큼이나 중요시한다. 그래서 복음주의자들에게는 언제나 제자도가 강조된다. 복음주의자들의 진정한 길은 "생명과 기독교 제자도를 위한 복"이다.[7] 이 제자도를 가진 복음주의자들은 "세상에서 도피하여 거룩함을 보존하려 해서도 안 되고, 세상에 순응하여 거룩함을 희생시켜도 안 된다."[8] 결정적으로, "예수의 제자란 내 일하되 그분이 하시는 것

4　로저 올슨, 『현대 신학이란 무엇인가』, 김의식 역 (서울: 한국기독학생회출판부, 2021), 825.
5　마크 A. 놀, 『그리스도와 지성』, 박규태 역 (서울: 한국기독학생회출판부, 2015), 189.
6　달라스 윌라드, 『그리스도를 아는 지식』, 홍병룡 역 (서울: 복있는사람, 2015), 68.
7　달라스 윌라드, 『하나님의 모략』, 윤종석 역 (서울: 복있는사람, 2018), 419.
8　존 스토트, 『제자도』, 김명희 역 (서울: 한국기독학생회출판부, 2015), 21.

처럼 하는 법을 그분으로부터 배우는 것"이다.[9]

결국, 제자가 되어 복음주의 변증방법론을 온전히 적용하기 위해서는 지성과 실천의 겸비가 요구된다. 이러한 측면에서 **도날드 블러쉬**(Donald G. Bloesch)의 신학은 실천을 강조하는 지성인들에게 설득력 있는 관점을 제공해 준다. 블러쉬의 변증방법론이 설득력 있는 이유는 그가 조직신학적 구조 속에서 기독교 신앙을 변증해 나가기 때문이다.

그는 미국의 신학자 중 특별히 창의적인 복음주의 조직 신학자로 소개된다. 블러쉬는 개혁파와 루터교 경건주의 전통에서 신앙의 유산을 물려받았으나, 화이트헤드(Alfred North Whitehead)의 과정철학과 자유주의 신학의 여러 유형을 접했다. 그 이후에도 그의 학문적 담론을 키에르케고르(Søren Kierkegaard), 브루너(Emil Brunner), 바르트(Karl Barth), 불트만(Rudolf Karl Bultmann), 틸리히(Paul Tillich) 등으로 확장했다.

블로쉬는 자유주의 신학을 포함한 다양한 신학적 유산들을 다독한 후에 복음주의 진영 신학에 대해서 독특한 경고를 했는데, 그것은 미국 복음주의 신학 역시 현대 자유주의 신학의 이성주의 담론과 한 뿌리를 공유하고 있다는 비판이었다. 블러쉬는 찰스 핫숀(Charles Hartshorne), 빌헬름 포크(Wilhelm Pauck) 등과 같은 석학들에게 배웠지만, 무엇보다 그에게 가장 지대한 영향을 준 것은 그의 외할머니였다. 그의 외할머니는 손자가 경건한 길에서 벗어나지 않도록 끊임없이 기도해 주었다.

그 결과 블로쉬는 옥스퍼드에서 박사 학위를 마친 후 수도주의의 신앙과 예배 중심의 신앙으로 신학을 형성해 가기 시작했다. 실로 블로쉬에게 성부의 제한 없는 사랑이 성자 안에서 성령의 지속적인 역사로 제시되었다. 지금부터 복음주의 신학자 블러쉬가 변증하고 있는 내용과 그의 변증방법론을 살펴보겠다.

---

9 달라스 윌라드, 『하나님의 모략』, 435.

1. 중생과 행함

첫째, 블러쉬는 복음주의자들의 기본 교리에 대해 충실하면서, 중생과 행함에 대한 신학적 당위성을 제시한다.

블러쉬는 "복음주의 신학은 전(全)진리를 갖고 있음을 주장하지 않지만 참된 진리"를 공언한다는 점에 대해서 분명히 한다.[10] 만일 복음주의 신학의 약점이 있었다면, 지엽적이고 비본질적인 일에 집중하여 일부 고립된 이들이 나타났다는 점이다. 이와 같은 일이 발생한 이유는 복음적인 기초 교리가 없었기 때문이 아니라, 교리에 대한 신학적 당위성을 뚜렷하게 확보하지 못했기 때문이다.

그래서 블러쉬는 중생, 칭의, 성화라는 교리적 내용을 신학적으로 표현할 때 동시에 그리스도인의 실천적 행함이 복음주의 신학의 정수임을 강조한다. 실천적 교리가 곧 신학의 당위성이 된다. 또한, "신학은 그리스도인 삶의 기반"이 된다.[11]

이에 대해 제럴드 브레이(Gerald Bray)는 "신학은 우리와 우리의 감정에 초점을 맞추지 않고, 하나님과 그 하나님이 우리에게 자신을 계시하신 방식에 초점을 맞춘다"는 점을 내세운다.[12] 즉, 복음주의는 감정적 현상이 아니라 성경의 계시에 근거한다. 마찬가지로 중생은 감정적 동요로 발생하는 것이 아니라 하나님의 은혜에 근거한 개인적인 계시 사건이다. 이는 직통 계시를 의미하는 것이 아니라, 중생 사건에서 구원의 가능성이 하나님이 보이신 구원의 능력임을 뜻한다.

이런 맥락에서 블러쉬는 복음주의자들이 구원 교리를 설명할 때, 그것은 "단지 구원의 가능성을 가져온 것이 아니라(불트만이나 에벨링의 경우에서처럼), 구원의 실재 그 자체를 가져온다"라고 설명한다.[13]

만일 논리로만 따진다면, 불완전한 인간이 중생하는 것은 불가능하다. 하지만 은혜로 따졌을 때 이것은 가능하다. 교리는 논리로만 형성된 것이 아니라 은혜로 형성되었다. 기독교 신학의 당위성은 논리에만 의존하지 않는다. 그것은 철

---

10 도날드 G. 블러쉬, 『복음주의 신학의 정수 (1)』, 이형기·이수영 역 (서울: 한국장로교출판사, 2005), 44.
11 스탠리 그렌츠 & 로저 올슨, 『신학으로의 초대』, 이영훈 역 (서울: 한국기독학생회출판부, 2013), 48.
12 제럴드 브레이, 『갓 이즈 러브』, 김귀탁·노동래 역 (서울: 새물결플러스, 2019), 121.
13 도날드 G. 블러쉬, 『복음주의 신학의 정수 (1)』, 201.

저하게 은혜의 사건과 실제 발생한 간증들로 입증된다. 필립 얀시(Philip Yancey)는 "은혜의 렌즈로 세상을 보니 불완전이야말로 은혜의 선결 조건임을 깨닫는다"고 말한다.[14]

마치 빛은 갈라진 틈으로만 새어들 듯이 은혜도 갈라진 인간 마음에 새어 들어온다. 이것이 바로 중생과 행함에 대한 신학적 당위성이다. 블러쉬는 그리스도께서 우리를 대신하여 죄의 저주를 겪었으며, 이것은 "영원한 결과뿐 아니라 그 한시적(temporary) 결과를 의미"한다는 점을 분명히 한다.[15]

중생의 조건은 언제나 '은혜'이지 '행위'가 아니다. 레슬리 뉴비긴(Lesslie Newbigin)도 중생에 대해서 "십자가는 인간의 죄에 내린 하나님의 사형선고인 동시에 새로운 생명의 선물"이라고 설명한다.[16] 그리스도의 십자가 사건은 모든 믿는 자를 다시 태어나게 만든다. 명백하게 십자가는 죽었다 다시 살아나는 자리이다. 이것이 나타내는 놀라운 효과가 있다면 완전한 변화이다.

다시 태어난 중생의 체험을 한 자들은 칭의와 성화의 단계 속에서 인격, 행함, 성품 등이 하나님의 자녀 된 모습으로 변화되어 간다. 토드 빌링스(J. Todd Billings)는 이것을 "그리스도와의 연합이라는 신비"로 해석한다.[17]

하지만 창조주 하나님과 피조물 인간 사이에 명확한 선은 절대로 지워지지 않는다. 따라서 죄인이 전능자와 연합한다는 것에 대해 설명할 만한 절대적인 무언가가 절실히 필요한 상황이다. 그런데 복음은 그 절실한 무언가를 가장 명확하게 제시해 준다. 그리스도의 십자가와 부활이 '하나님과의 연합', '다시 새롭게 태어나는 중생' 그리고 '영원한 구원'을 약속하고 있고 말한다.

우리는 새로운 피조물로서 "그리스도와 다시 살았고, 그리스도와 올려졌으며, 그리스도가 계시는 아버지의 우편에 그리스도와 함께" 앉았다.[18] 즉, "하나님은 성령을 통하여 그리스도 안에 있는 차고 넘치는 당신의 사랑"으로, "거룩하고 신비하신 하나님과의 교제 속"으로 그리스도인들을 이끌어 주신다.[19]

---

14 필립 얀시, 『놀라운 하나님의 은혜』, 윤종석 역 (서울: 한국기독학생회출판부, 2007), 321.
15 도날드 G. 블러쉬, 『복음주의 신학의 정수 (1)』, 210-211.
16 레슬리 뉴비긴, 『죄와 구원』, 홍병룡 역 (서울: 복있는사람, 2019), 143.
17 J. 토드 빌링스, 『그리스도와의 연합』, 김요한 역 (서울: 기독교문서선교회, 2014), 139.
18 로버트 레담, 『예수님과의 연합』, 윤성현 역 (서울: 개혁주의신학사, 2014), 226.
19 J. 토드 빌링스, 『그리스도와의 연합』, 197.

블러쉬는 "그리스도인의 삶은 예수 그리스도의 죽으심과 부활에 근거하고 있다는 것이 성경의 분명한 가르침"이라는 사실을 거듭 강조하면서 중생을 상대적이고 심리적으로 설명하려는 기독교 실존주의에 대해서 경계한다.[20] 여기서 실존주의란 "'본질'(인간이란 무엇인가?)이 아니라 '실존'(인간은 어떻게 사는가?)의 측면에서 인간이 된다는 것의 의미를 정의하려고 시도하는 모든 철학 체계"를 의미한다.[21]

실존주의자들은 일반적으로 인간에게는 공통 본질이 없고, 각자의 자유로운 결정과 행위로 살아간다고 주장한다. 결과적으로 실존주의자들은 정해진 삶의 의미를 찾기보다는, 스스로 삶을 개척하는 것에 집중한다. 이로 보건대 실존주의가 주는 장점도 분명히 있다. 하지만 이것은 한계도 가지고 있다. 그래서 블러쉬는 이어서 다음과 같이 주장한다.

> 구원은 객관적 극(또는 국면, pole)과 주관적 극(또는 국면, pole)을 가지고 있지만, 객관적 극이 그리스도인의 삶을 구성하는 주관적 응답에 선행하고 또 실로 그것의 기초가 된다는 사실이 강조되어야 한다. 그리스도인 삶의 근거는 실존적 결단이나 신비적 경험이 아니라 예수 그리스도의 희생적 삶과 죽음 안에서의 결정적이고 변경할 수 없는 하나님의 사역이다.[22]

블러쉬가 위와 같이 주장한 것들이 지나치지 않다고 생각되는 이유는, 중생과 구원은 성령 하나님의 사역이기 때문이다. 스탠리 그렌츠(Stanley James Grenz)에 따르면, "창조자의 영으로서 성령은 생명의 근원이자 새 생명을 촉진하는 자로서 세상 속에서 하나님의 구원을 결실" 맺도록 만든다.[23] 구원의 결실은 곧 그리스도인의 삶이다. 그래서 블러쉬는 다음과 같이 말한다.

---

20 도날드 G. 블러쉬, 『그리스도인의 삶과 구원』, 유태주·정원범 역 (서울: 한국장로교출판사, 2010), 51.
21 스탠리 J. 그렌츠 & 데이비드 거레츠키 & 체리스 피 노들링, 『신학 용어 사전』, 진규선 역 (서울: 한국기독학생회출판부, 2022), 75.
22 도날드 G. 블러쉬, 『그리스도인의 삶과 구원』, 51.
23 스탠리 그렌츠, 『조직신학』, 신옥수 역 (서울: CH북스, 2017), 588.

그리스도인은 그를 위하여 예수 그리스도가 행한 바에 대한 감사로 말미암아 선행을 하도록 촉구된다.[24]

그렌츠에게서 이것은 "하나님과 관계 속에 사는 백성들"이 교회라는 하나의 공동체성으로 묶여서 살아가는 것이다.[25]

2. 경건을 회복시키는 복음주의

둘째, 블러쉬는 복음주의 신학이 경건 회복에 어떤 영향을 주는지를 변증한다.
블러쉬는 "오늘날 꼭 필요한 것의 하나는 경건 생활에 대한 신학적 근거를 회복하는 것"이라고 강조한다.[26] 또한, 그는 자신의 저서 『경건의 위기』에서 "복음의 참된 그릇인 성경 말씀이 모든 경건의 원초적인 근거"라고 주장한다.[27] 결국, 복음주의 신학의 정수는 말씀 위에 바로 세워진 경건이다. 분명히 "거룩함은 하나님의 선물"이다.[28] 그리고 성경적 교리는 거룩한 삶으로 우리를 이끈다. 블러쉬는 다음과 같이 말한다.

> 우리는 대속적 속죄가 과거에는 그리스도인이 선행을 하라는 신적 명령에서 실제로 면제시키는 값싼 은혜의 형태가 되게끔 해석됐다는 것을 인정한다(참조, 딤전 6:18). 그러나 제대로 이해되기만 한다면, 그것은 그리스도인으로서의 삶을 살아가는 데 영적인 능력과 동기의 엄청난 근원이 될 수 있다. (중략) 구주의 지고한 희생에 대한 감사와 사랑을 증명하기 위하여 희생을 기꺼이 치르는 제자직(discipleship) 안에서 예수 그리스도를 따르며 자기 십자가를 짊어질 의무가 있다.[29]

---

24 도날드 G. 블러쉬, 『복음주의 신학의 정수 (1)』, 215.
25 스탠리 그렌츠, 『누구나 쉽게 배우는 신학』, 장경철 역 (서울: CUP, 2012), 317.
26 도날드 G. 블러쉬, 『목회와 신학』, 오성춘·최건호 역 (서울: 한국장로교출판사, 2010), 203-204.
27 도날드 G. 블러쉬, 『경건의 위기』, 이용원 역 (서울: 소망사, 1996), 17.
28 Ibid., 61.
29 도날드 G. 블러쉬, 『복음주의 신학의 정수 (1)』, 214-215.

복음주의 신학이 경건 회복에 영향을 준다는 것은 비단 블러쉬의 주장만이 아니다. 로버트 웨버(Robert E. Webber)에 따르면 다음과 같다.

> 하나님의 섭리하시고 돌보시는 은총에 대한 참다운 신앙은 단순히 신자의 내면에서 시작되는 하나님에 대한 믿음만을 강조하는 것이 아니라 그 내면적인 믿음이 삶의 모든 영역 속에서 실제적이고 눈에 보이는 행동으로 표현되어야 할 것까지를 강조한다. 그렇게 실천하지 않으면 그 믿음은 바위가 아니라 모래 위에 지은 사상누각과 같은 믿음에 불과하다.[30]

복음주의 신학자들이 삶의 변화를 요구하는 것은 하루 이틀 일이 아니다. 달라스 윌라드(Dallas Willard)는 "그리스도 안에서 하나님과 꾸준한 인격적 관계와 인간 상호 간의 관계를 통해 사람을 안으로부터 바꾸는 성품 혁명"을 중요시한다.[31] 또, 탐 사인(Tom Sine)은 "삶, 공동체, 선교 영역에서 이미 여기에 와 있는 하나님 나라를 온전하고 참되게 표현"할 것을 촉구한다.[32] 복음주의는 내면적으로나 외면적으로나 경건한 삶의 실천을 요구한다.

또한, 올슨은 "진정한 복음주의는 예수 그리스도와 사귀고 그분을 기쁘게 하는 데 전념하도록 하는 변화"를 중요하게 여기는 이들이며, "사람들의 행동을 심판하는 사람이 아니라 선한 성품과 행동을 응원하는 사람"이라고 정의한다.[33] 계속해서 블러쉬는 복음주의 신학이 성경의 원칙대로 경건한 삶의 실천을 끌어내고 있다는 사실을 다음과 같이 밝힌다.

> 교회와 세상 사이의 경계선이 가시화되도록 그리스도인의 삶에로의 부르심을 진지하게 받아들이는 것 역시 분명 피할 수 없는 일이다. 비록 우리의 칭의가 믿음으로 붙잡는 그리스도의 대리 전가된 의에 기인하는 것이지만, 우리의 성화는 이 세상의 고뇌 속에서 사랑과 순종의 삶과 분리될 수 없다. 오직 우리의 교리와 일치하는 삶만이 신앙을 경멸하는 교양 있는 자들의 눈에 우리의 신앙

---

30 로버트 E. 웨버, 『복음주의 회복』, 이승진 역 (서울: 기독교문서선교회, 2012), 224.
31 달라스 윌라드, 『마음의 혁신』, 윤종석 역 (서울: 복있는사람, 2003), 24.
32 탐 사인, 『하나님 나라의 모략』, 박세혁 역 (서울: 한국기독학생회출판부, 2014), 31.
33 로저 올슨, 『보수와 자유를 넘어 21세기 복음주의로』, 최요한 역 (서울: 죠이선교회, 2012), 59.

이 신뢰받을 수 있게 만들 것이다.[34]

복음주의 신학은 신앙의 충분한 기초로 성경을 전제한다. 이 성경은 틀림없이 경건을 일으킨다. 물론, 세속철학에서는 이를 두고 주관주의라고 비난할 것이다. 그러나 복음주의 변증가들은 이런 비난이 쇄도해도 "성령의 증거의 심오함과 설득력"으로 곧장 반대자들은 무기력하게 만든다.[35]

복음주의 변증은 성경의 무오함을 논리로 설명하는 것에서 그치지 않고, "하나님은 성경으로 말씀하셨고 아직도 성경을 통해 말씀하신다"라는 사실을 근거로 경건 생활을 이어 나간다. 따라서 블러쉬는 경건 회복의 원천인 '성경'에 대해 다음과 같이 정리한다.

> 그것의 최고의 권위는 예수 그리스도 안에서 계시하고 구현되었으며, 성경 안에 증언되고 기록된 하나님의 말씀이다. 이 말씀은 단순히 과거의 사건이 아니라, 우리가 성경과 교회의 케리그마적 선포를 대할 때 우리를 대면하는 살아있는 실재이다. 그것은 단순히 말로 환원될 수 없으나 주로 말을 통해서 전달된다. 하나님의 말씀은 하나님의 복음으로서 과거에 묻혀 버린 역사적 증언으로서가 아니라, 창조적인 살아 있는 말씀으로 즉 지금 여기에서 우리에게 말씀하시는 영원한 말씀이다.[36]

복음주의 신학을 통해서 경건한 삶이 회복되는 이유는 복음주의 신학이 삼위일체 신학에 대해서 교리적으로 명확하고 명료하기 때문일 것이다. J. P. 모어랜드(J. P. Moreland)는 "먼저 하나님을 비롯한 여러 사안에 대해 믿는 내용을 더욱 명료하고 깊이 있게 이해"하는 일은 중요하다고 강조한다.[37] 애매모호한 것은 진정으로 믿을 수 없다. 그렇기에 교리(특히 삼위일체 교리)가 명료한 것은 복음주의 신학이 변증방법론을 구상할 때 큰 이점이 된다.

---

34 도날드 G. 블러쉬, 『복음주의 신학의 정수 (2)』, 이형기·이수영 역 (서울: 한국장로교출판사, 1999), 23.
35 브루스 밀른, 『복음주의 조직신학 개론』, 김정훈 역 (경기고양: 크리스챤다이제스트, 2013), 35.
36 도날드 G. 블러쉬, 『복음주의 신학의 정수 (2)』, 315.
37 J. P. 모어랜드, 『하나님 나라의 삼각구도』, 홍병룡 역 (서울: 복있는사람, 2008), 201.

프레드 샌더스(Fred Sanders)에 따르면, "복음주의적 속기(速記)는 예수를 당신의 마음속으로 영접하여 개인의 구주로 삼으라는 것과 또는 하나님과의 교제라는 주제와 관련"이 있다.[38] 여기서 복음주의 신학이 하나님의 인격에 대해 강조하는 것은 삼위일체의 요소와도 잘 부합한다. 또한, 복음주의 신학은 "삼위일체의 위격은 경세적이며 분리되지 않는 방식"으로 계시된다는 사실을 강조한다.[39] 복음주의 신학자 밀라드 에릭슨(Millard Erickson)은 삼위일체 하나님의 내재성과 초월성을 좀 더 구체적으로 다음과 같이 설명한다.

> 하나님의 내재성이란 하나님이 그의 창조 세계와 인간 세상 안에서, 심지어 하나님을 믿지 않고 순종하지 않는 사람들 가운데서도 임재해 계시고 활동하고 계신다는 것을 의미한다. 하나님의 영향력이 미치지 않는 곳은 아무 데도 없다. 하나님은 자연적인 진행 과정에서 그리고 그것을 통하여 일하고 계신다.
> 이에 반해 하나님의 초월성이란 하나님은 단지 자연과 인간의 범주에 머물러 계신 분이 아니라는 것을 의미한다. 하나님은 단순히 최고의 인간이 아니시다. 그분은 우리의 사고능력으로는 모두 이해할 수 없는 분이시다. 그분의 거룩하심과 선하심은 우리의 거룩함과 선함과는 비교할 수조차 없고 이와 같은 것은 하나님의 지혜와 능력에도 마찬가지이다.[40]

위와 같이 복음적인 교리 이해는 경건 회복에 큰 영향을 준다. 반면에 경건의 위기는 복음적 교리가 약화되는 것에 있다. 특히, 이런 일은 현대 신학에서 많이 발생하는데 자유주의 신학의 흐름 속에 있는 유행 신학 등으로 복음적 교리가 약화 되면 영적 생활을 강조하지 않게 되고, 그렇게 되면 결국 신앙에 있어서 '경건'이 위기를 맞게 된다.[41]

---

38 프레드 샌더스, 『삼위일체 하나님이 복음이다』, 임원주 역 (서울: 부흥과개혁사, 2016), 79.
39 로저 올슨 & 크리스토퍼 홀, 『삼위일체』, 이세형 역 (서울: 대한기독교서회, 2016), 60.
40 밀라드 J. 에릭슨, 『조직신학 개론』, 나용화·황규일 역 (서울: 기독교문서선교회, 2016), 121-122.
41 도날드 G. 블러쉬, 『경건의 위기』, 50.

3. 말씀과 성령의 목회

셋째, 블러쉬는 변증을 통해서 결국 복음주의 교회의 미래와 목회 전망을 제시한다.

신학은 신앙을 설명하는 도구이며 변증 그 차제이다. 복음주의자들은 신학적 지성을 가지고 교회의 미래를 전망하고 목회 상황을 복음으로 돌파할 수 있어야 한다. 크레이그 바돌로뮤(Craig G. Bartholomew)는 성경의 계시는 대부분 교리적이며, "반지성주의와 반교리적 태도는 성경이 우리에게 요구하는 것이 단연코 아니라는" 점을 분명히 한다.[42]

여기서 우리는 복음주의자들이 기독교 신앙을 변증하기 위해 지성과 영성 모두를 중요시 여긴다는 사실을 확인할 수 있다. 그렇기 때문에 블러쉬는 "증거제일주의"(evidentialism)보다 "신앙적 계시주의"(fideistic revelationalism)를 추구한다.[43] 이 말의 뜻은 "오늘 기근의 시대에 우리 자신의 신뢰를 새로운 운동계획이나, 새로운 유형의 선교문화에 맡기는 것보다는 하나님의 영을 기다리고 기도하는 편이 낫다"는 취지이다.[44] 그래서 블러쉬는 자신의 저서 『목회와 신학』에서 다음과 같이 말한다.

> 이성의 토론장에서 신앙을 변증하거나 변호하려는 유혹 때문에 많은 성직자가 문명의 종이 되고 있는 것이다. 신앙의 진리가 지성적이라 할지라도 자연적인 인간의 이성이 죄로 말미암아 어둡게 되어 있으므로 우리의 이성으로는 이 진리를 믿을 수 없다는 사실을 받아들이지 못하는 경향이 있다. 복음을 마치 장사를 위해 만든 제품인 것처럼 윤색하려는 것은 복음을 값싸게 할 뿐이다.[45]

그러면서도 블러쉬는 "우리가 선포하는 말씀이 상황과의 실존적으로 그리고 문화적으로 진정하게 연관되어야 한다는 사실을 염두에 두어야 할 것"이라고

42　크레이그 G. 바돌로뮤 외 2인, 『복음주의 미래』, 이호우 역 (서울: 기독교문서선교회, 2012), 280.
43　도널드 G. 블러쉬, 『말씀과 성령의 신학』, 이용원 역 (서울: 한국장로교출판사, 2000), 27.
44　도널드 G. 블러쉬, 『목회와 신학』, 25.
45　Ibid., 20.

말한다.⁴⁶ 또, 블러쉬는 "신비주의적 종교는 비역사적이며 그것은 성서적 계시의 역사적 독특성을 강조하지 않거나 혹은 무색하게 한다"는 점을 지적한다.⁴⁷ 지나친 '신비주의'와 '반지성주의' 모두를 경계하는 것이 가장 복음적이며 목회적인 변증이다.

이것은 목회자의 설교에서도 대단히 중요한 부분을 차지한다. 목회에서 교리의 중요함은 이루 말할 수 없고, 설교 시간은 교리를 설명하고 선포하는 시간이 되어야 한다. 또한, 설교 시간은 설교자와 청중들 모두 성령의 주도하심을 경험하는 시간이 되어야 한다. 교리적 지성이 충족되고 성령 하나님의 임재를 통한 영성이 회복되는 시간이 바로 예배다. 거기에 성례전적 예전이 추가된 것이 바로, 복음주의 교회의 미래 목회가 나가야 할 방향성이다. 블러쉬는 이것을 "말씀과 성령의 신학"으로 정의한다.

> 말씀과 성령의 신학에서 우리는 하나님의 구체적인 말씀을 받거나 듣는다. 이것은 인간에게 지울 수 없는 인상을 남긴다. 그러나 인간의 정신으로는 완전히 이해할 수 없는 것이다. 계시된 것의 의미를 완전히 알기 위해서는 우리는 지금 하나님의 뜻이라고 확인되는 것에 순종하지 않으면 안 된다.⁴⁸

복음주의 신학은 변증을 통해서, '미래 교회의 목회 전망'에 회복과 개혁을 약속한다.

그러면, 복음주의 변증이 무슨 수로 목회 전망에 회복과 개혁을 약속할 수 있는가?

에드먼드 클라우니(Edmund P. Clowney)에 의하면, 그것은 섬김으로 약속받는다. 클라우니는 "예배를 통하여 주님을 직접 섬기며 양육을 통하여 성도를 섬기고 증거를 통하여 세상을 섬긴다"고 설명한다.⁴⁹ 블로쉬에게 섬김은 곧 순종이다. 또한, 순종을 위해서는 신학적 변증법이 요청된다. 이것은 철학적 변증과는 다르다. 블로쉬는 다음과 같이 말한다.

---

46 Ibid., 191.
47 도널드 G. 블러쉬, 『기도의 신학』, 오성춘·권승일 역 (서울: 한국장로교출판사, 2002), 143.
48 도널드 G. 블러쉬, 『말씀과 성령의 신학』, 29.
49 에드먼드 클라우니, 『교회』, 황영철 역 (서울: 한국기독학생회출판부, 2016), 133.

신학은 철학을 희생시킴으로써 유리한 자리를 차지하려는 것이 아니라, 겸손하게 완전한 또는 완성된 사상체계는 오직 하나님의 마음에만 있다는 것을 인정하면서 하나님의 영광을 위해 모든 찬양을 돌려드리는 것이다. 우리가 세우는 그 형편없는 체계라는 것들은 기껏해야 하나님만이 가지고 계시는 그 완전무결한 체계를 불완전하게 반영한 것이거나 그것의 근사치에 불과하다.

신학의 과업은 하나님의 완전한 지혜를 지향하는 표징들(signs)과 비유들을 바르게 세워 주는 것이다. 그리고 그 하나님의 지혜는 교회를 위해서는 하나의 실현된 가능성이 아니라 바라보아야 할 종말론적 소망이라 할 수 있다.[50]

철학에 의존하지 않고 말씀에 순종하는 것이 목회적 변증이다. 그리고 교회는 이러한 방법론에 근거하여 미래 목회를 전망한다. 이전에 목회와 신학은 종교개혁자들에게선 전투였고, 중세의 변증가들에 지혜의 선포였으며, 계몽주의 이후 현대 신학자들에게는 하나의 탐구 놀이였다. 그러나 미래 복음주의 변증가들에 요청되는 교회는 사도적 사명을 바로 세우고 말씀을 전하고 가르치는 일이다. 그리고 이 교회는 신학이 있는 믿음이라야 말씀과 성령의 목회로 든든히 세워질 수 있다.

그러면 여기서 미래 교회의 목회를 세워나가는 신학이란 무엇인가?
이에 대해서 로니 커츠(Ronni Kurtz)의 설명이 매우 옳다.

> 신학의 목표는 하나님이 누구이시며 세상 가운데서 하나님이 무슨 일을 행하고 계신지를 더 정확히 아는 것이다. 이런 목표로 신학을 제대로 하면 우리는 이전과 다른 사람으로 변해 간다. 하나님에 관한 우리의 혼란이 신학을 통해 명료하게 돼 기독교 신앙의 진리 앞에 이르면 그 진리로 말미암아 우리는 변화될 수밖에 없다. 성경 처음부터 끝까지, 성경 속 인물들이 하나님의 임재 가운데 들어갈 때마다 강력한 반응이 나타났다.[51]

21세기 복음주의 교회에서 신학은 "하나님이 계시해 주신 진리에 대한 신실한 성찰의 형태를 띠는 하나의 증언(witness)"이다.[52] 그렌츠 역시 "신학은 공정

---

[50] 도널드 G. 블러쉬, 『말씀과 성령의 신학』, 216.
[51] 로니 커츠, 『신학이 있는 믿음』, 정성묵 역 (서울: 두란노서원, 2023), 16.
[52] 도널드 G. 블러쉬, 『말씀과 성령의 신학』, 218.

한 연구와 객관적 관찰을 전혀 배제하지는 않는 한편, 밖으로부터가 아닌 신앙 공동체의 상황 '속에서' 신앙에 대한 반성을 추구"한다고 주장한다.[53]

결국, "신학은 하나님이 인간 역사에 찾아오시는 일이 가지는 의미와 그 영향에 대한 성찰"이다. 그러나 "그것은 우주의 주이신 하나님께 순종하기 위해 행하는 성찰"이다.[54] 최종적으로 신학은 "모든 백성에게 복음을 전하라는 지상명령(至上命令, the Great Commission)에 충성스럽게 순종하려는 마음으로부터 나오는 담대한 사랑의 모험"이다.[55]

블러쉬를 중심으로 복음주의 변증방법론을 살펴보았을 때, 복음주의 변증은 대단히 목회적이며 실천적이다. 이들은 목회를 위해 '변증'하고 교회를 위해 '신학' 한다. 학문적인 우월함을 뽐내거나 논리로 사람들의 기를 꺾으려는 목적은 일절 없다. 오로지 진리로 거룩하게 되기를 추구할 뿐이며, 많은 이들이 진리의 말씀 앞에 돌아오기를 바랄 뿐이다.

> ♣ **내용 정리를 위한 문제**
>
> 1. 도날드 블러쉬가 중생을 상대적이고 심리적으로 설명하려는 기독교 실존주의에 대해 경계하면서, 구원을 어떻게 설명하고 변증하는가?
> 2. 도날드 블러쉬는 복음주의 신학을 통해 경건한 삶이 회복되는 이유에 대해 어떻게 설명하고 있는가?
> 3. 도날드 블러쉬가 바라보는 복음주의 교회의 미래와 목회 전망은 무엇인가?

※ **참고 문헌(제22장에 인용된 도서들)**

도날드 G. 블러쉬. 『복음주의 신학의 정수 (1)』. 이형기·이수영 역. 서울: 한국장로교출판사, 2005.
_____. 『복음주의 신학의 정수 (2)』. 이형기·이수영 역. 서울: 한국장로교출판사, 1999.
_____. 『기도의 신학』. 오성춘·권승일 역. 서울: 한국장로교출판사, 2002.

---

53 스탠리 J. 그렌츠, 『복음주의 재조명』, 전대경 역 (서울: 기독교문서선교회, 2014), 119.
54 도날드 G. 블러쉬, 『말씀과 성령의 신학』, 218.
55 Ibid., 219.

_____.『말씀과 성령의 신학』. 이용원 역. 서울: 한국장로교출판사, 2000.
_____.『경건의 위기』. 이용원 역. 서울: 소망사, 1996.
_____.『목회와 신학』. 오성춘·최건호 역. 서울: 한국장로교출판사, 2010.
_____.『그리스도인의 삶과 구원』. 유태주·정원범 역. 서울: 한국장로교출판사, 2010.
스탠리 J. 그렌츠.『복음주의 재조명』. 전대경 역. 서울: 기독교문서선교회, 2014.
스탠리 그렌츠.『누구나 쉽게 배우는 신학』. 장경철. 서울: CUP, 2012.
_____.『조직신학』. 신옥수 역. 서울: CH북스, 2017.
스탠리 J. 그렌츠 & 데이비드 거레츠키 & 체리스 피 노들링.『신학 용어 사전』. 진규선 역. 서울: 한국기독학생회출판부, 2022.
스탠리 그렌츠 & 로저 올슨.『신학으로의 초대』. 이영훈 역. 서울: 한국기독학생회출판부, 2013.
로저 올슨.『보수와 자유를 넘어 21세기 복음주의로』. 최요한 역. 서울: 죠이선교회, 2012.
_____.『현대 신학이란 무엇인가』. 김의식 역. 서울: 한국기독학생회출판부, 2021.
로저 올슨 & 크리스토퍼 홀.『삼위일체』. 이세형 역. 서울: 대한기독교서회, 2016.
로저 E. 올슨 & 애덤 C. 잉글리쉬.『하룻밤에 정리하는 신학의 역사』. 김지호 역. 경기 고양: 도서출판100, 2019.
로니 커츠.『신학이 있는 믿음』. 정성묵 역. 서울: 두란노서원, 2023.
달라스 윌라드.『그리스도를 아는 지식』. 홍병룡 역. 서울: 복있는사람, 2015.
_____.『하나님의 모략』. 윤종석 역. 서울: 복있는사람, 2018.
_____.『마음의 혁신』. 윤종석 역. 서울: 복있는사람, 2003.
제럴드 브레이.『갓 이즈 러브』. 김귀탁·노동래 역. 서울: 새물결플러스, 2019.
로버트 E. 웨버.『복음주의 회복』. 이승진 역. 서울: 기독교문서선교회, 2012.
레슬리 뉴비긴.『죄와 구원』. 홍병룡 역. 서울: 복있는사람, 2019.
에드먼드 클라우니.『교회』. 황영철 역. 서울: 한국기독학생회출판부, 2016.
크레이그 G. 바돌로뮤 외 2인.『복음주의 미래』. 이호우 역. 서울: 기독교문서선교회, 2012.
밀라드 J. 에릭슨.『조직신학 개론』. 나용화·황규일 역. 서울: 기독교문서선교회, 2016.
프레드 샌더스.『삼위일체 하나님이 복음이다』. 임원주 역. 서울: 부흥과개혁사, 2016.
J. P. 모어랜드.『하나님 나라의 삼각구도』. 홍병룡 역. 서울: 복있는사람, 2008.
J. 토드 빌링스.『그리스도와의 연합』. 김요한 역. 서울: 기독교문서선교회, 2014.
브루스 밀른.『복음주의 조직신학 개론』. 김정훈 역. 경기 고양: 크리스챤다이제스트, 2013.
로버트 레담.『예수님과의 연합』. 윤성현 역. 서울: 개혁주의신학사, 2014.
탐 사인.『하나님 나라의 모략』. 박세혁 역. 서울: 한국기독학생회출판부, 2014.
필립 얀시.『놀라운 하나님의 은혜』. 윤종석 역. 서울: 한국기독학생회출판부, 2007.
존 스토트.『제자도』. 김명희 역. 서울: 한국기독학생회출판부, 2015.
마크 A. 놀.『그리스도와 지성』. 박규태 역. 서울: 한국기독학생회출판부, 2015.

제임스 휴스턴 & 옌스 치머만. 『그리스도인은 누구인가』. 양혜원·홍종락 역. 서울: 한국기독학생회출판부, 2021.
이재근. 『세계 복음주의 지형도』. 서울: 복있는사람, 2015.

제23장

후기 자유주의 변증방법론 : 조지 린드벡

> 태초에 말씀이 계시니라 이 말씀이 하나님과 함께 계셨으니 이 말씀은 곧 하나님이시니라 (요한복음 1장 1절).

태초에 말씀이 있었다. 이 말씀은 하나님과 함께 계셨기 때문에, 이 말씀은 곧 성자 예수 그리스도시다. 그리고 삼위일체 하나님의 창조와 구속의 스토리가 곧 기독교 신앙이 사수해야 할 진리이다. 그러기 위해서는 태초부터 하나님과 함께 한 진리의 말씀이 담고 있는 이야기를 잘 구성할 수 있어야 한다.

후기 자유주의 변증방법론은 진리의 이야기를 '복원', '상기', '수호'하는 변증방법론이라 할 수 있다. 인간의 언어로 기록된 하나님의 진리인 성경은 태초의 말씀이신 예수 그리스도를 증거하고 있다. 그리고 모든 '언어'와 '이야기'는 그리스도를 설명하고 높이기 위해 존재한다.

자유주의 신학의 도전 앞에서 복음주의 신학이 대립하여 변증하는 것들은 굉장히 흥미로운 학문적 논의이다. 그런데 변증의 구도는 자유주의와 복음주의의 대결만 존재하는 것이 아니다. 그 외에도 학계에서 주목할 만한 다양한 변증방법론이 있다. 미국 '예일학파'라고도 불리는 후기 자유주의 신학(Postliberalism)이 바로 주목해야 할 것 중 하나이다. 흔히 '자유주의'는 계몽주의의 철학적 전통을 지칭한다.

그러나 후기 자유주의는 이와 대조를 이룬다.[1] '후기 자유주의'(Postliberalism) 신학은 자유주의 신학 이후에 자유주의 신학의 한계를 극복하기 위해 만들어진

---

1 윌리엄 C. 플래처, "후기 자유주의 신학," 『현대 신학과 신학자들』, 데이비드 F. 포드 편집, 류장열, 오홍명, 정진오, 최대열 역음 (서울: 기독교문서선교회, 2005), 539.

신학이다.

먼저, 자유주의 신학의 흐름과 주장들에 대해서 이해하는 작업이 필요하다. 자유주의 신학의 아버지로 불리는 슐라이어마허는 계몽주의적 세계관에서 기독교 신앙이 존립할 수 있도록 기여했다. 헤르만 피셔(Herman Fischer)에 의하면, 슐라이어마허는 "교회라는 개념을 기독교 교회의 역사적, 경험적 사실성을 넘어서, 더욱 근본적인 의미에서 '인간 정신의 발전을 위해 필수적인 요소'로 이해"하고 있다.[2]

슐라이어마허(Friedrich Daniel Ernst Schleiermacher)의 이러한 입장은 기독교 신학의 독특성보다는, 종교가 존재해야만 하는 이유에 대해서 변증했다고 보인다. 이런 점에서 슐라이어마허는 칸트(Immanuel Kant)와 흡사하다. 자유주의 신학에서 기독교의 절대성을 주장할 때는, 그리스도 구속의 은혜나 부활, 재림 등이 아니다.

에른스트 트뢸취(Ernst Troeltsch)에 따르면, 기독교가 가치있는 이유는 통일성이 있기 때문이다. 기독교가 통일성을 가질 수 있는 이유는 역사적이면서 개별적인 종교사적인 발전을 이뤘기 때문이다.[3] 자유주의 신학자들의 변증이 이런 식이기 때문에 대부분 복음주의자는 '자유주의 신학의 의도가 어떠하든 결과적으로 기독교의 진리와는 전혀 다른 새로운 종교를 탄생시켰을 뿐이다'라고 혹평한다.

어찌 되었든 자유주의 신학은 계몽주의 철학 사조와 맞물리면서 급속도로 유행하기 시작한다. 자유주의 신학은 문화와 경험 또는 종교의 '보편성'에 호소하면서 한동안 기독교 신학 학계의 주류 흐름을 차지했었다. 그러나 오늘날에 이르러서 자유주의 신학은 쇠퇴하기에 이른다.

1. 자유주의 신학의 종말과 후기 자유주의 신학의 태동

현대에 이르러서는 인간의 이성과 철학적 논리에 기반을 둔 자유주의 신학 사조는 거의 종말을 맞이했다고 봐도 과언이 아니다. 그 이유는 크게 두 가지이다.

---

2 헤르만 피셔, 『슐라이어마허의 생애와 사상』, 오성현 역 (서울: 월드북, 2007), 99.
3 에른스트 트뢸취, 『기독교의 절대성』, 이기호·최태관 역 (서울: 한들출판사, 2014), 27.

첫째, 복음주의 신학의 거센 반발이다.

자유주의 신학은 교회 현장에서 완벽히 실패했다. 반면에 복음주의 신학은 교회를 부흥시키는 원동력을 제공해 주었다. 그뿐만 아니라 학술적인 방법론들이 발전함에 따라 학계의 흐름을 복음주의자들이 주도하기 시작했다. 자유주의 신학은 특별계시와 같이 특수주의(partic-ularism)를 취하는 모든 형식에 대해서 적대적인 태도를 보여 왔다.

아돌프 폰 하르낙(Adolf von Harnack)은 자유주의 신학자답게 "그리스의 사변적 성향이 교리의 형성을 초래"하였다고 주장했다.[4] 하르낙은 교리에 대해 의문을 제기하면서도, 예수가 가르친 하나님 나라의 윤리는 강조했었다. 하지만 정작 하르낙 본인은 독일의 제1차 세계 대전에 찬동하며, 반윤리적인 모습을 보여 주었다.

결국, 자유주의 신학은 학문과 윤리의 영역 모두에 의심받게 된다. 심지어 어떤 이들은 자유주의 신학자들이 종교적 영역을 넘어 정치적 영역에서까지 독재를 부린다고 생각하였다. 존 맥쿼리(John Macquarrie)는 "자유주의 신학 자체가 학파나 당파의 표지가 된다면, 대개 그것은 극단적인 편협함을 보인다"라고 논평한다.[5]

둘째, 포스트모더니즘에 접어들면서 세속 학계는 인간 이성을 중심으로 사유하기를 멈췄다.

사실 세계 대전 이후 인간 이성을 중심으로 하는 철학적 논의들은 전부 의심을 받기 시작했다. 오늘날 세속 학계에서는 초(超) 영성주의나, 종교탈피주의 등이 논의되고 있으며, 현대 문화 현장에서 반복적으로 등장하는 주제는 '계몽주의의 끝'이다. 이러한 인식이 보편화되어감에 따라, 세속 사회 전반에서 지적 타당성을 추구해 오던 자유주의 신학은 점점 설 자리를 잃어가기 시작했다. 세속 이성과 문화에 편승 내지는 타협해 오던 자유주의 신학은 이제 버려진 지푸라기 신세가 되었다.

인간 이성에 한계를 느끼기 시작하는 세속 학계의 흐름 속에서 종교적 가치의 유효함을 말하기 위해, 로마가톨릭의 리처드 로어(Richard Rohr)의 경우는 탈육신적이며, 신비주의적인 방법으로 인간과 종교의 본래의 선함을 사수해야 한다고

---

4   아돌프 폰 하르낙, 『기독교 신학과 교회 교리의 형성』, 박영범·민유홍 역 (경기파주: 공감마을, 2018), 133.

5   John Macquarrie, *Jesus Christ in Modern Thought* (London: SCM, 1990), 253.

말한다.[6]

이처럼 인간 이성에 대한 신뢰가 바닥을 치는 와중에서도, 위르겐 하버마스(Jürgen Habermas)는 여전히 공론적 삶의 요소로 "종교는 이성에 실천적 영향을 부여할 수 있다"고 주장한다.[7] 하버마스는 계몽주의가 주장해 오던 이성의 객관성을 여전히 붙잡은 것이다. 하버마스는 이성이 공공성에 기여해 온 바를 고전적 모델들을(헬레니즘부터 르네상스 시대) 근거로 내세우면서, "사회구성체가 아니라 이데올로기적 범형" 자체가 오늘날의 문제를 야기한 것임으로, '이성' 그 차제는 잘못이 없다고 포스트모더니즘 사회에 호소한다.[8]

하지만 이러한 호소가 거센 세속 학계의 흐름을 저지하기에는 역부족이다. 로저 스크루턴(Roger Scruton)의 분석에 따르면, 하버마스의 이성 중심적 사고는 이성과 비이성이라는 이분법으로 관료화되고, 또 독일 사회학의 공식 언어 안에서 한계 지어 진다.[9]

결국, 자유주의 신학은 신학계에서는 복음주의 신학의 맹공을 받고 있고, 세속 학계에서는 포스트모더니즘의 흐름에서 버려진 신세가 되었다. 자유주의적인 기독교가 교회와 사회 양편에서 발언권을 잃어가고 있다는 것은 의심할 여지가 없다. 자유주의 신학은 모든 연료를 소진했다.

이런 상황에서 후기 자유주의 신학은 신학의 논의를 다시 학계의 논의로 확장하는 데 기여했다. 즉, 후기 자유주의 신학은 "지식에 대한 계몽주의 이상의 종말"을 인정함으로부터 시작된다.[10]

초대 교회 핵심 신학은 '삼위일체 규명'과 '삼위일체 찬양'이다. 그렇기에 신학과 영성은 필연적으로 함께한다. 그러나 현대 신학에 와서 가장 큰 어려운 점은 신학과 영성이 분리되는 것이다. 여러 원인 중 가장 핵심이 되는 원인은 자유주의 신학에 따라 발전된 역사비평학의 도전이다. 이것이 신학과 영성을 분열시키는 큰 원인이 되었다.

또한, 자유주의 신학이 일반 대학에서 다른 학과들과 경쟁하는 과정에서 학문과 영성이 분리되었다. 이러한 문제 인식은 교회 현장에서뿐 아니라 복음주

---

6 리처드 로어, 『보편적 그리스도』, 김준우 역 (경기고양: 한국신학연구소, 2020), 81.
7 위르겐 하버마스, 『현대성의 철학적 담론』, 이진우 역 (서울: 문예출판사, 2016), 46-48.
8 위르겐 하버마스, 『공론장의 구조변동』, 한승완 역 (경기파주: 나남, 2016), 73.
9 로저 스크루턴, 『우리를 속인 세기의 철학가들』, 박연수 역 (대전: 도움북스, 2019), 232-233.
10 윌리암 C. 플레이커, 『비변증론적 신학』, 정승태 역 (서울: 은성, 2003), 30.

진영의 학자들에게도 위기감을 주었다. 또한, "수많은 상호연관적 특성들"을 가지고 있는 후기 자유주의 신학에도 극복 방안을 제시하도록 유도하였다.[11]

디트리히 본회퍼(Dietrich Bonhoeffer)는 일찍이 신학을 일반 대학과 학문적인 경쟁 구도 안으로 가져가는 것에 대해서 반대한 바가 있다. 그러나 이미 신학은 세속 학문과의 논의 속에 들어와 있다. 후기 자유주의 신학은 자유주의 신학의 방법론에 역행하고 세속 학문과 구별되는 신학적 용어와 특수성을 확립하고자 한다.

하지만 "postliberalism"이 "후기 자유주의 신학"으로 번역될 때, 마치 자유주의를 계승하고 이어받는 신학으로 오해할 수 있다. 그러나 분명하게 **후기 자유주의(postliberalism)는 자유주의 신학의 문제점을 극복하기 위한 신학이지, 자유주의 신학을 계승하는 신학이 결코 아니다. 그렇기에 "후기 자유주의 신학"이라는 용어는 "탈(脫) 자유주의 신학" 또는 "반(反)자유주의 신학"으로 이해하는 것이 바람직하다.** 그러나 이 책에서는 학문적인 통일성을 위해 "후기 자유주의 신학"이라는 말로 통일하여 쓰겠다.

후기 자유주의 신학은 인식이 비 추론적인, 확고한 신념 안에 있다는 주장을 거부한다.[12] 이것은 비 토대론적인 것으로 이해할 수 있다. 즉, 경험이 언제나 이미 해석된 상태로 주어지는 것이다. 이는 포스트모더니즘 사회에서 성경을 해석할 때도 중요하게 고려되어야 할 부분이다. 메롤드 웨스트팔(Merold Westphal)은 다음과 같이 말한다.

> 진리와 관련한 해석학적 문제는 텍스트가 어떻게 실재와 일치하느냐 혹은 완벽하게 실재를 반영하느냐의 문제가 아니다. 오히려 해석학적 문제는 독자, 설교자, 또는 주석가가 말하는 내용과 텍스트가 말하는 내용이 일치하느냐의 문제다. 만일 우리가 스스로 성서를 읽거나 혹은 설교자나 주석가의 성서 해설의 주의를 기울일 때 성서가 계속해서 우리를 향한 하나님의 말씀이 된다는 식으로, 성서를 하나님의 말씀으로 여긴다면, 이 문제는 매우 중요하다.[13]

---

11 윌리엄 C. 플래처, "후기 자유주의 신학," 『현대 신학과 신학자들』, 539.
12 Ibid.
13 메롤드 웨스트팔, 『교회를 위한 철학적 해석학』, 김동규 역 (경기고양: 도서출판100, 2019), 28.

인간의 언어와 선행 경험으로 인식된 것들은 반드시 해석될 수밖에 없고, 이것은 역사도 예외가 아니다.[14] 역사비평학에 대한 후기 자유주의 신학의 입장은 역사가 기록된 그 순간부터 이미 해석자의 의도가 반영되었기에 객관적인 역사 이해란 불가능하다는 것이다. 인간의 언어와 선행 경험에 대한 해석학적 이해는 비트겐슈타인(Ludwig Josef Johann Wittgenstein)의 언어철학의 영향 받았다.

도날드 허드슨(Donald Hudson)은 비트겐슈타인의 이론에 근거해서, "형이상학을 배척하는 하나의 근거는 함축적인 부정 가능성의 원리이고, 종교적 명제들이나 혹은 신학적 명제에 대한 하나의 반대는 그것이 반증이 불가능하다는 것"으로 설명한다.[15] 그렇기에 후기 자유주의 신학은 "체계적 변증론"에 매달리지 않는다.[16] 그보다는 노먼 촘스키(Avram Noam Chomsky)가 말한, "내재 언어"의 생성문법과 보편문법에 집중한다.[17] 이를 통해 진화된 언어 이론으로 이미 생성된 이야기(성경의 이야기)를 해석하는 것이 후기 자유주의 학파에서는 중요하다.

실제로 "성경 기자들이 기독교 교리를 전하고자 사용한 언어는 평범한 언어"였다.[18] 그 언어가 발전되어 기독교적 언어가 된 것이다. 그렇기에 후기 자유주의 신학자들은 언어로 이루어진 철학과 예술을 포함하는 문화에 대한 다양한 경험들에서 연관성을 찾는다. 그러나 후기 자유주의 신학자들은 '철학적인 것'과 '문화적인 것' 그리고 그 밖에 모든 것들이 기독교적 작업 틀 밖에서 영향을 미치는 것은 아니라고 생각한다.

고로 후기 자유주의 신학에서는 종교들의 동일성을 논증하기보다는 종교 간의 차이점에 관심을 가진다. 이들은 기독교인들이 종교들의 교의적인 충돌에서 하나님과 기독교 공동체를 확인하고 더 나아가 자기 삶을 성경의 서사적 이야기로 설명한다는 점에 집중한다.

후기 자유주의 신학자 중에서 현대 신학에 지대한 영향을 끼친 사람으로는 한스 프라이(Hans W. Frei), 조지 린드벡(George Lindbeck), 데이비드 켈시(David Kelsey) 등이 있다. 지금부터는 이들을 중심으로 후기 자유주의 신학의 변증방법론을 소

---

14 윌리엄 C. 플래처, "후기 자유주의 신학," 『현대 신학과 신학자들』, 539.
15 도날드 허드슨, 『비트겐슈타인의 종교철학』, 신상형 역 (서울: 외계출판사, 1990), 53.
16 윌리엄 C. 플래처, "후기 자유주의 신학," 『현대 신학과 신학자들』, 539.
17 로버트 C. 버윅 & 노엄 촘스키, 『왜 우리만이 언어를 사용하는가』, 김형엽 역 (경기파주: 한울아카데미, 2018), 151-153.
18 빅터 쿨리진, 『구원의 언어』, 손현선 역 (서울: 좋은씨앗, 2020), 19.

개하고자 한다.

2. 성서의 서사성 회복

후기 자유주의의 변증방법론에서 가장 중요한 것은 성서의 서사성 회복을 통한 변증이다. 이들의 궁극적인 질문은 '성서를 어떻게 읽을 것인가?'에 대한 것이다

먼저, 한스 프라이는 "17세기와 18세기로부터 시작하여, 기독교 신학자의 성경을 읽는 방식이 어떻게 잘못된 길을 걸어왔는지에 대한 해명을 제시"한다.[19] 이를 통해 후기 자유주의는 역사비평학의 도전 앞에서 철저하게 합리적인 비평으로 반론을 제시한다. 이를 위해 프라이는 "현대의 성경 해석은 성경 읽기의 반란뿐만 아니라 그 연속성에 대한 탐구를 문자적이고 역사적인 성경 읽기로부터 시작했다"라는 것을 인정한다.[20] 그의 대표적인 저서 『성경의 서사성 상실』에서도 그 논지를 핵심적으로 다루고 있다.

> 18세기 이후로 상황은 계속 똑같았다. 역사비평가는 내러티브를 가지고 내러티브 해석과는 다른 무언가를 하는 사람이었다. 왜냐하면, 그는 내러티브가 가리키는 대상이나 내러티브 외부의 재구성된 역사적 배경이 내러티브를 무엇으로 설명하는지에 관심을 기울였기 때문이었다. 그가 이렇게 할 때 틀린 것은 아니었다. 하지만 역사비평가는 본인이 하는 작업과 내러티브 해석이 무엇일지 그리고 그런 해석이 무엇을 생산할 수 있을지 사이의 논리적 차이점을 보지 못할 가능성이 있었다.[21]

하지만 프라이는 성경 해석의 사실주의적인 접근보다 연속적인 서사로 접근할 것을 제시한다.[22] 이것은 이전의 보수주의가 '계몽주의와 과학의 영향으로 성서를 사실로 전제하는 것'과는 다르다.

---

19 윌리엄 C. 플래처, "후기 자유주의 신학," 『현대 신학과 신학자들』, 540.
20 한스 W. 프라이, 『성경의 서사성 상실』, 이종록 역 (서울: 한국장로교출판사, 1996), 14.
21 한스 W. 프라이, 『성서 내러티브의 상실』, 김승주·조선영 역 (서울: 감은사, 2022), 191.
22 한스 W. 프라이, 『성경의 서사성 상실』, 387.

또한, 자유주의 신학에서 '종교적 체험을 풍부하게 표현하는 것이 성서다'라고 해석하는 것과도 다르다. 서사적 접근은 이전의 것과는 전혀 다른 새로운 대안이다. 프라이는 분명하게 "해석은 성경 이야기를 다른 이야기와 더불어 다른 세계 속으로 맞추는 것이지, 그 세계를 성경 이야기 속으로 끌어들이는 것이 아니다"라고 명시한다.[23] 즉, 역사적 사실에 근거한 "해석이라는 것은 또 하나의 세계를 성경 이야기 안에서 구체화하는 문제가 아니라, 성경의 이야기를 그 세계에 꿰맞추는 문제가 된 것"이다.[24] 이 문제점들 앞에서 프라이는 "이야기"라는 문학적 장르로 그 대안을 제시한 것이다. 어찌 보면, 후기 자유주의 신학은 곧 '이야기 신학'이다.

그렇다면 이야기(내러티브)의 연속성은 어디에서 찾을 수 있을까?
여기에 대한 답변이 프라이의 핵심적인 주장이 될 것이다.

> 답은 내러티브적 연속성은 상호작용을 통해 서로를 형성해 가는 등장인물과 사건의 내터티브적 연쇄에 있지 않고, 의식에 있다는 것이다. 그리고 이는 최소한 이중적 의미를 지닌다. 먼저, 저자가 있다. 이해되어야 하는 것은 그의 정신이다. (중략) 둘째, 내러티브들의 연속성은 저자의 정신과 분명 양립하고 있긴 하지만 동일하지는 않은 내러티브의 내적 형식 또는 유기적 연결에서 찾아야 한다. 복음서 내러티브에서 이 내적 형식이란 곧 내러티브의 주인공인 예수의 의식이다. 사실, 신약성서 정경의 통일성을 이루게 하는 유일한 것은 바로 신약성서 기자들의 다양한 개별 관점들과 소통하는 예수의 의식의 지배적인 현존 내지는 확산이었다.[25]

후기 자유주의 신학의 '서상성 회복을 통한 변증론'에 영향을 받은 많은 학자가 소위 '서사 비평'이라는 영역을 확대해 나가기 시작했다. 마크 알렌 포웰(Mark Allan Powell)은 성경의 저자들이 "서사 이야기 기법들을 사용함으로써 독자가 본문을 이해할 수 있게 해 준다"고 주장한다.[26] 그리고 D. F. 톨미(D. F. Tolmie)는 "성

---

23 Ibid., 160.
24 윌리엄 C. 플래처, "후기 자유주의 신학," 『현대 신학과 신학자들』, 540.
25 한스 W. 프라이, 『성서 내러티브의 상실』, 421-422.
26 마크 알렌 포웰, 『서사비평이란 무엇인가?』, 이종록 역 (서울: 한국장로교출판사, 2012), 67.

경 내러티브에서 주된 경향은 상이-서술 내레이터와 내레이티"라고 주장한다.[27] 계속해서 로버트 알터(Robert Alter)는 "성서 내러티브는 인간이 시간이라는 매개체 속에서 변화를 거듭해 가며 하나님을 직면하면서 살아야 하고 다른 인간들과 끊임없이 그리고 복합적으로 관계를 맺어야 한다는 기본적 인식을 구현"한다.[28]

그 밖에도 서사적 방법과 오스카 쿨만(Oscar Cullmann)의 구속사적 방법을 접목하여 구속사 내러티브로 발전되어가는 흐름도 있다. 쿨만은 "초대 기독교 문헌들의 저자들은 역사적 의식이 완전히 결핍"되었기 때문에, 역사와 신화 사이를 구별하는 것은 "선험적으로 요원한 일"이라고 주장했다.[29]

그러나 프라이가 서사적 연속성으로 성서 해석을 제시할 때는 소설의 허구성을 말하는 것이 아니다. 후기 자유주의에서는 이야기 구조만을 분명하게 취하고 있다. 이는 후기 자유주의 신학이 팩트(fact, 사실)와 픽션(fiction, 소설) 그 사이 어딘가에서 방황하고 있다는 의미가 아니라, 히스토리(History, 역사)와 스토리(Story, 이야기) 그 사이에 정착한 것을 뜻한다.

따라서 프라이의 입장은 "성서는 하나님의 이야기(서사 체적 연속성)"로 보는 것이다. 오늘날 구속사적 연구에 뛰어든 대부분 학자 역시 후기 자유주의와 쿨만의 영향을 받았지만, 동시에 성경의 역사적 사실성을 의심하는 논의를 거치지 않고 연구를 진행한다. 스티븐 웰럼(Stephen Wellum)은 "만일 우리가 어떤 본문의 의미를 혼동한다면, 혼동한 사람은 우리이지 하나님이 아니다"라고 주장한다.[30]

즉, 성경의 이야기는 역사와 신화가 혼재된 문헌으로 취급해선 안 되고, 또 그것들 속에서 어떤 구별을 요구해서도 안 된다. **성경은 구원에 이르도록 하는 완전한 하나의 서사(story)이다.** 마이클 윌리엄스(Michael Williams)에 따르면, "성경은 죄를 심판하고 구속을 가져오는 하나님의 능하신 행동들에 힘입어서 타락에 대한 해결책을 제공하는데 그런 행동들은 하나님이 예수님 안에서 계획하신 구원 목적으로 절정"에 이른다.[31] 이와 같은 성경의 대서사에 대해서 스캇 맥나이트(Scot McKnight)는 이렇게 정리한다.

---

27 D. F. 톨미, 『서사학과 성경 내러티브』, 이상규 역 (서울: 기독교문서선교회, 2008), 35.
28 로버트 알터, 『성서의 이야기 기술』, 황규홍·박영희·정미현 역 (서울: 아모르문디, 2015), 45.
29 오스카 쿨만, 『그리스도와 시간』, 김근수 역 (서울: 나단, 1989), 138.
30 트렌트 헌터 & 스티븐 웰럼, 『그리스도 중심적 성경 이야기』, 전광규 역 (서울: 부흥과개혁사, 2019), 49.
31 마이클 윌리엄스, 『성경 이야기와 구원 드라마』, 윤석인 역 (서울: 부흥과개혁사, 2013), 11.

성경을 하나로 묶는 것은 예수와 사도들과 교회의 이야기로 이어져 나가는 이스라엘의 이야기다. 그렇기에 성경을 하나로 묶는 것은 예수에 대한 교회의 이야기다. 성경의 서사를 강조하는 신학자들은 세 가지 항목 틀에서 교회에 관한 이야기가 축소된 것과 주제 중심 틀에서 교회론이 나중에 다루어야 할 주제로 밀려난 것에 충격을 받는다.

성경의 중심이 되는 신학은 사람들(이스라엘 백성과 교회)과 함께하시는 하나님의 방식에 관한 서사다. 성경의 신학은 이야기다. 이야기의 틀로 구성된 신학이 없다면 우리는 성경 자체가 가진 틀, 곧 구심점을 잃어버린다.[32]

3. 교리의 본성

후기 자유주의의 변증방법론에서 돋보이는 것은 서사적 언어를 조직적인 언어로 발전시키는 것이다.

린드벡의 경우에는 프라이의 주장을 좀 더 조직신학적 언어로 발전시킨다. 그러면서 동시에 교의에 대한 이해에 집중적으로 관심을 가진다. 후기 자유주의는 현대 기독교가 현대의 선입견을 품고 기독교를 바라보기 때문에, 초기 기독교와는 거리가 먼 '새로운 기독교(이상한 기독교)'를 만들게 되었다고 비판한다. 기독교 내부의 고유한 문화와 언어와 문법으로 기독교를 바라보아야 진짜 성경이 말하는 바를 이해할 수 있다.

왜냐하면, "종교는 문화나 언어와 마찬가지로, 주로 개인의 주관성이 나타난 것이기보다는 개인의 주관성을 형성하는 공동체적 현상"이기 때문이다.[33] 이것은 비트겐슈타인의 언어게임 개념의 논리와 흡사하다.

린드벡은 "언어(언어 게임)가 삶의 형식과 관련되듯이 그리고 문화에 인지적 차원과 행동적 차원이 있듯이, 종교 전통의 경우도 마찬가지"라고 설명한다.[34] 쉽게 말해서 기독교를 제대로 이해하려면 기독교 게임을 이해해야 한다. 예를 들면, 농구에 대해 전혀 이해가 없는 사람이 농구 경기를 보면, "사람들은 왜 바

---

32 스캇 맥나이트, 『성서학자가 신학자에게 바라는 다섯 가지』, 정은찬 역 (서울: 한국기독학생회출판부, 2022), 196.
33 조지 A. 린드벡, 『교리의 본성』, 김영원 역 (경기고양: 도서출판100, 2021), 115.
34 Ibid.

구니에 공을 넣기 위해 힘들게 뛰어다닐까?"라고 생각한다. 그러면서 "모든 농구 선수가 전부 공을 한 개씩 가지고 시작하면, 쉽게 바구니에 공을 넣을 수 있을 텐데 … "라는 엉뚱한 생각까지 하게 된다. 이렇게 농구 게임에 대한 이해가 없으면 자기의 선입견으로 농구 경기를 판단하게 된다.

이렇듯 기독교에 대한 이해, 성경에 대한 이해도 마찬가지다. 기독교도 기독교 고유의 논리, 문화, 언어, 문법을 이해하지 않고 자기의 문화, 논리, 언어, 문법으로 기독교를 바라보면, 원래의 기독교와는 거리가 먼 이상한 종교가 생겨난다. 만일 기독교가 아닌 세속의 논리로 성경을 바라보면 천지창조, 아담과 하와, 성육신 등의 이야기는 이해할 수 없는 이야기일 뿐이다.

그러나 기독교 고유의 언어를 이해한 상태에서 성경을 바라보면, 그 모든 것이 치밀한 논리와 믿음 속에 있음을 이해하게 된다. 기독교 신학을 변증하기 위해서는, 성경이라는 기독교 고유의 게임 규칙 설명서를 반드시 숙지해야 한다. 기독교 고유의 논리, 문법, 언어, 문화 안에서 비로소 '교의'(Dogma)는 올바로 이해될 수 있다.

린드벡은 종교와 교의의 해석에 있어서 크게 두 가지 방법론을 비판하며 자기 입장을 밝힌다.

첫째, 인식적-명제적(cognitive-propositional) 구성이다.

이것은 반드시 언급해야 하는 대상이 있어야 하고, 그 언급하는 대상은 반드시 존재해야만 한다는 뜻이다. 만일 하나님을 언급한다면 하나님은 반드시 계신 것이다. 따라서 교리는 "객관적 실재들에 대한 지식적 명제나 진리 주장"으로 취급될 수 있다.[35] 또한, 린드벡은 '언어는 반드시 대상이 있어서 사용되는 것이 아니라, 상황 속에서 언어가 충분히 사용될 수 있다'고 보았다.[36] 어쩌면 린드벡은 "교리적 진술들을 '상대적 적절성'의 개념으로 격하시키는 교리에 대한 인지적 접근을 부당한 비 융통성"으로 여길지도 모른다.[37]

---

[35] George Lindbeck, *The Nature of Doctrine* : Religion and Theology in a Postliberal Age (Philadelphia: Westminster, 1984), 16.
[36] 비트겐슈타인의 언어 철학의 개념에서 차용되어 이해할 수 있다. 이 개념의 요지는 말은 문법 속에만 이루어지지 않고 독특한 상황 속에서 형성된다.
[37] 알리스터 맥그래스, 『교리의 기원』, 류성민 역 (서울: 생명의말씀사, 2021), 41.

둘째, 체험적-현상적(experiential-expressive) 방법론이다.

이것은 자유주의 신학에서 사용되는 해석방법론이다. 자유주의 진영의 학자들은 "교리가 중요한 것이 아니라 삶이 중요하다"라고 주장함으로써 교리라는 말을 부정적으로 채색한다. 하지만 후기 자유주의자들의 시선에서 볼 때, 이는 아주 피상적이고 어리석은 주장이다. 교리는 삶과 절대로 분리되지 않는다. 린드벡은, "교리를 어디에서나 있고(ubiquitous) 사고보다 앞선(prereflective) 개인적 경험을 가지고 모든 종교에 공통된 것으로 다루는 교리의 경험적 이론을 비판"한다.[38]

예를 들어, "예수 그리스도는 주님이시고 구원자이시다"라는 고백은 초대 교회의 신앙이며 교리(dogma)이지, 막연한 신 의식의 신앙이 아니다. 삼위일체 하나님의 속성과 사역에 대한 분명한 고백(교의와 교리와 전통에 준수한 고백)이 신앙이다. 따라서 교리는 사람을 죽이는 것이 아니라 생명으로 초대한다. 그러나 린드벡은 보편적 감정이라는 것은 없다고 본다.

자유주의 신학자들은 '보편적 언어'나 '공공의 담론' 등을 들고나와 세속적 문화 가치관과 보편적 감정에 호소했다. 하지만 후기 자유주의는 '보편성의 허상'을 지적하면서 변증을 시도한다. 린드벡은 자유주의 신학의 관심사는 결국 "보편적 원리나 구조를 밝히는 것들이 형이상학적이거나 실존적인 것 등으로 판명이 되어도, 그저 토대주의적 연구"일 뿐이라고 지적한다.[39] 린드벡은 계속해서 다음과 같이 말한다.

> 지금은 낡고 후퇴해서 신뢰를 잃어버린 자유주의의 전략이 근본적인 보편적 원리들을 추구하는 일에 관여했다가 그로 인해-사실은 그런 의도는 아님에도 불구하고-기독교를 그와 같은 원리들로 격하시켜 버렸지만, 후기 자유주의는 매개가 되는 용어나 개념들을 사용하되 그것들이 체계적인 면에서 복음보다 상위 개념으로 자리하거나 복음 그 자체에 대한 우리의 이해를 통제하지 못하게 하면서, 기독교를 설명하고 권할 수 있는 중재적 입장(mediating position)을 제시한다.[40]

---

38 Ibid., 51.
39 George Lindbeck, 129.
40 Ibid., 131.

그래서 린드벡은 앞서 소개한 두 가지 방법의 대안으로써, **언어학적-문화적** (linguistic-cultural) 방법론을 제시한다. 이 입장은 독특한 상황 속에서 신앙의 언어가 나올 수 있음을 염두하고 있다. 이를 비트겐슈타인의 '언어 게임'과 관계해서 생각해 볼 때, 한 언어는 삶의 모습과 연관되어 있다.[41] 앞서 확인했듯이 언어 철학의 사고에서 "단어를 일상적 방식으로 사용할 때 우리는 '단어 자체가 아니라' 그 단어가 지시하는 대상을 말하고자 한다."[42] 이를 응용하여 단어의 일상적 언어를 교회의 교리적 언어로 적용하는 것이 가능하다. 린드벡은 자신의 "언어학적-문화적 모형 혹은 규칙의 모형"을 "담론과 태도 그리고 행위에 관한 공동체의 권위 있는 규칙"으로 취급한다.[43]

따라서 린드벡에게 교의(doctrine)의 의미는 하나의 행동 방식으로서의 규칙이라고 볼 수 있다. 이전에 명제적이고 인지적인 접근은 진리를 지시해 주는 교리이다. 또 경험적이고 실존적 접근은 실존 경험이 교리가 된다는 것을 의미한다. 하지만 린드벡의 공동체적 접근은 기독교인의 정체성을 만들어 주는 교리이다. 여기서 중요한 것은 기독교 공동체만이 가지고 있는 언어가 있다는 점이다.

그런데 린드벡의 언어학적 접근은 자유주의 신학자들뿐만 아니라, 복음주의자들에게도 낯설다. 종교를 인지적인 양식으로 깨닫거나 경험하는 형태가 아니라, 언어를 통해 경험과 상황을 표현할 수 있기 때문이다. 특히, 린드벡은 교리에 대한 인지적 접근법이 교리적 진술의 '상대적 적합성'이라는 개념을 경시했기 때문에, 경직된 모습이 되어버렸다고 지적한다.

이 개념에서 '적합성'은 교리가 공식화된 원래의 역사적 배경과 그 교리가 나타내려는 대상(그것이 무엇이든 간에) 양쪽의 관점에서 평가될 수 있다.[44] 반면에 언어학적-문화적 접근은 교리가 결정되게 된 이야기를 내면에 깔고 있으므로, 결코 경직된 모습으로 남아 있을 수 없다. 문화와 언어는 "인간의 삶을 구성하는 가장 광범위한 개념적 그물"이다.[45]

---

41 알리스터 맥그래스, 『교리의 기원』, 58.
42 콜린 맥긴, 『언어철학』, 박채연·이승택 역 (서울: 도서출판 b, 2020), 37.
43 윌리엄 C. 플래처, "후기 자유주의 신학," 『현대 신학과 신학자들』, 544.
44 George Lindbeck, 87-92.
45 위거찬, 『기독교와 포스트모더니즘』, (서울: 기독교문서선교회, 2011), 153.

4. 후기 자유주의 신학에 대한 평가

후기 자유주의에서 성경 권위의 출처를 '문자'에서 '삶'으로 바꾸는 것은 성경의 서사성과 교리의 언어 때문이다. 특별히 데이비드 켈시는 '성서 영감설'에 기인해야만 성경의 권위가 나오는 것인지에 대해 심각한 의혹을 던진다. 켈시는 "성경의 권위가 그 본문 자체의 일정한 특징이 아니라, 한 공동체가 그것을 사용하는 방식에 놓여 있다"고 이해한다.[46]

그러므로 켈시는 성경을 읽어가는 사람이 변화되는 것, 바로 거기에서부터 성서의 권위가 있다고 본다. 후기 자유주의 신학의 영향 속에 있는 스탠리 하우어워스(Stanley Hauerwas)는 "이 세상 속에서 구원이 이루어지고 있음을 세상이 알 방법은 교회가 구원받은 백성이 되어 구주를 나타내 보이는 길뿐이다"라고 말한다.[47] 여기서 교회는 성경으로 인해 창조된 공동체이다. 성경은 교회를 거룩하게 만든다. 즉, 성경의 권위는 교회 공동체를 창조하고, 지탱하고, 거룩하게 한다는 점에서 권위가 있다.

이처럼 후기 자유주의 흐름 속에 있는 학자들은 성경의 권위는 문자가 아니라 하나님 나라의 공동체적 삶이 이룩되면서 확증된다고 이해한다. 실제로 성경을 접한 이들은 하나님 나라의 열정을 가지고 살아간다. 구약학자 존 브라이트(John Bright)는 "하나님 나라는 이미 세상 속에 발출된 능력"으로 본다.[48]

또 피터 레이하르트(Peter J. Leithart)는 그리스도인들은 "세상을 위해 세상을 대항"하는 거룩한 백성으로 묘사한다.[49] 결국, 성경을 읽고 변화된 자들은 하나님 나라에 참여하게 되고, 하나님 나라에 참여하는 자들은 "문화와 세속적인 기대를 거스르는 가르침"에도 성경에 기록된 말씀을 따라 행한다.[50] 성경의 권위를 행함의 결과로 증명해 내는 후기 자유주의의 비(非) 변증론적 방법론이 역설적으로 기독교 신앙과 성경의 정당성을 설명하는 변증론적 방법이 되었다.

---

46 윌리엄 C. 플래처, "후기 자유주의 신학," 『현대 신학과 신학자들』, 551.
47 스탠리 하우어워스 & 윌리엄 윌리몬, 『하나님의 나그네 된 백성』, 김기철 역 (서울: 복있는사람, 2018), 137.
48 존 브라이트, 『하나님의 나라』, 김인환 역 (경기파주: CH북스, 2019), 271.
49 피터 레이하르트, 『하나님 나라와 능력: 교회의 중심성 재발견』, 안정진 역 (서울: 개혁주의신학사, 2014), 271.
50 벤저민 글래드 & 매튜 하몬, 『하나님 나라와 교회 생활』, 신윤수 역 (서울: 부흥과개혁사, 2018), 83.

지금까지 살펴본 후기 자유주의 신학의 변증방법론의 강점을 크게 세 가지로 본다면 다음과 같다.

첫째, 역사비평학의 문제점을 조직적이고 합리적으로 비평하였을 뿐 아니라, 서사체적 연속성이라는 이야기 해석 방법을 제시해 주었다.

둘째, 교의가 기능하는 방식들에 대해서 조직적인 형태를 제시했다.

특히, 린드벡은 보수주의 입장의 "인지적-명제적 방법론"과, 자유주의 신학 입장의 "경험적-표현론적 방법론" 모두를 극복하고 자신의 "문화-언어적 방법론"을 제시하고 있다는 점에서 기여하는 바가 매우 크다. 린드벡에 대해 비판적으로 평가하는 견해에 있는 크리스틴 헬머(Christine Elmer)조차도, 린드벡의 신학적 성과에 대해서는 일부 긍정한다. 헬머는 다음과 같이 말한다.

> 신학과 교리에 대한 린드벡의 구성적 제안은 교리를 통해 식별한 그리스도교 공동체 사이의 불가피한 차이점을 강조하는 데에만 기여했던 교리 구축을 넘어서는 하나의 방법을 제공한다는 점에서 개신교 신학과 가톨릭 신학에서 폭넓게 받아들여졌다.[51]

셋째, 전통적인 성경 무오성의 강력한 근거로 제시되는 영감설에 벗어나서, 성서의 능력 그 자체에서 성경의 권위를 발견했다는 점이다.

이것은 성서가 읽는 이로 하여금 마음에 감동을 주고 삶의 변화를 이끌어 주기 때문에 그 차제로 권위가 인정될 수 있다는 견해이다.

하지만 우리는 여기서 후기 자유주의 신학의 변증방법론이 받는 비판에 대해서도 살펴볼 필요가 있다.

첫째, 프라이가 제시하는 이야기 해석방법은 "기독교 신앙의 뚜렷한 진리를 주장하지 않고 다만 특정한 공동체 내에서 전해지는 이야기들만을 보고하는 상대주의의 한 형태"라는 점이다.[52]

이러한 비판에 대해서, 프라이는 "서사의 의미는 그 서사 모습 자체와는 다른 것"이라고 받아친다.[53] 즉, 후기 자유주의 신학자들은 사실적인 성경 읽기가 오히려 성경 이야기의 연속성을 해치기 때문에, 서사 비평을 제시한 것일 뿐이다.

---

51 크리스틴 헬머, 『교리의 종말』, 김지호 역 (경기고양: 도서출판100, 2020), 54.
52 윌리엄 C. 플래처, "후기 자유주의 신학," 『현대 신학과 신학자들』, 550.
53 한스 W. 프라이, 381.

그들에게는 기독교 신앙의 진리를 거부할 목적이 전혀 없었다.

둘째, 린드벡의 저술에 나타나는 논쟁적 설득의 상당 부분은 '명제론 자들(교의가 사실문제에 관한 진리 주장을 제시한다고 주장하는 이들)'과, '규칙론 자들(교의가 한 공동체 내의 담론의 규칙만을 기술한다고 보는 이들)' 사이에서 발생하는 논의들에 거의 의존해 있었다는 점이다.

알리스터 맥그래스(Alister McGrath)는 "린드벡은, 교리에 대한 자신의 문화-언어적 접근법이 이 점을 확증할 것인지 아니면 인식론적 현실주의와 진리의 정합성 이론을 배제할 것인지 모호한 입장에 서 있는 것 같다"라고 평가한다.[54] 다시 말해서 복음주의자들이 볼 때, 후기 자유주의는 '진리'의 개념을 '내적 일관성'으로 격하시키고 있다.

반면에 자유주의자들이 볼 때, 린드벡의 교리 접근법은 인간의 현실과 유리되거나, 신적 현실과 무관해질 수 있다. 이에 대해 헬머는 "그리스도교만의 고유한 신학적 인식론이 아니라, 타 학문과 공유 가능한 지식과 언어 이론을 활용해야 신학이 자기만의 영역에 함몰되지 않을 수 있다"고 주장한다.[55]

헬머는 린드벡을 정면으로 비판하면서, 언어 안에 갇힌 교리의 종말을 선언한다. 그 대신 초 역사성을 담는 교리를 슐라이어마허를 통해 다시 복구하고자 한다. 이와는 정반대의 평가로, 존 프레임(John M. Frame)은 린드벡이 보수주의와 자유주의의 모습을 다 가지고 있다고 분석했다.

> 보수주의자 린드벡은 교리가 중심이고 어떤 경우에 그 무엇으로도 대체할 수 없다고 주장할 수 있다. 또한, 언어가 없다면 우리는 어떤 것도 언급할 수 없다. 그러나 자유주의자 린드벡은 언어 자체는 어떤 명제적 진리도 수반하지 않으면서 우리가 (다른 것들 가운데) 그런 진리를 진술할 수도 있게 하는 도구를 제공할 뿐이라고 주장할 수 있다.[56]

후기 자유주의 신학자 린드벡에 대해 복음주의 신학과 자유주의 신학이 각각의 날 선 비판을 제시했다. 이런 점에서 린드벡의 '문화-언어적 종교론'은 아

---

54 알리스터 맥그래스, 『복음주의와 기독교적 지성』, 김선일 역 (서울: 한국기독학생회출판부, 2015), 169.
55 크리스틴 헬머, 『교리의 종말』, 402.
56 존 M. 프레임, 『신지식론』, 김진운 역 (서울: 개혁주의신학사, 2020), 714.

직까지도 논쟁의 여지가 있는 변증방법론이다. 문화-언어적 종교 이해는 "종교의 소여적 특성을 강조한다는 의미에서 기존의 종교 이론들이 간과하였던 측면을 보강해 주는 효과"를 가지고 있다.[57]

교리는 일종의 언어다. 언어는 우리의 일상 삶에서 다른 일을 하기 위해 사용하는 상징체계다. 또한, 교리의 목적은 단순히 반복하는 것이 아니라, '적용'하는 것까지 목적으로 한다. 하지만 린드벡의 규칙 이론에서 다루는 문법과 어휘의 요소는 지시 대상을 구체적으로 나타내 주는 역할만 감당할 뿐, 신앙 공동체가 각종 논쟁에 대해 변증할 수 있도록 대응책을 마련해 주지는 못하는 듯하다.

결국, "후기 자유주의 신학자들이 때때로 현대 문화의 지적 논쟁들에서 벗어나 신학적 은신처로 퇴각해 들어간다는 비판"은 상당히 일리 있는 비판이 되었다.[58]

셋째, 켈시가 성경무오설의 논리 이외에 성경의 권위를 입증할 만한 다른 방법론을 제시하고 있음에 대한 비판점이다.

사실 이 부분은 많은 변증학자가 비판보다는, 동의가 앞서는 내용일 것이다. 왜냐하면, 그것은 성경을 읽는 것 자체가 권위로 역사하기 때문이다. 즉, 성경은 사람이 읽지만, 역설적으로 성경이 독자의 삶을 읽어간다. 이러한 경험 자체에서 성경의 권위는 발견된다.

하지만 이 주장이 성경무오설의 입장과 역사비평학의 첨예한 논쟁 속에서 탈출구가 되기는 다소 부족해 보인다. 왜냐하면, 학술적 논지로서 합당한 대안 책이 되기 위해서는, 성경을 읽어도 여전히 변화되지 않는 사람들에 대한 적절한 반증이 요구되기 때문이다. 즉, 성경을 읽고도 변화되지 않는 사람들 때문에 성경의 권위가 의심받는 일이 발생할 수도 있다. **그렇기에 후기 자유주의 신학자 켈시의 입장이 성경무오설의 주장보다 성경의 권위를 더 잘 변증하고 있다고 확신할 수는 없다.**

태초에 하나님과 함께하신 말씀은 곧 예수 그리스도시다. 그리고 그리스도인들은 예수 그리스도의 이야기를 믿는다. 그리고 예수 그리스도를 설명하는 교리적 언어를 고백한다. 태초부터 하나님과 함께한 그 말씀은 지금도 우리와 함께 한다. 그리고 우리의 삶을 때론 극적으로, 때론 점진적으로 변화시킨다. 인간 이

---

57 위거찬, 『기독교와 포스트모더니즘』, 156.
58 윌리엄 C. 플래처, 556.

성으로 인생의 이야기를 해석하는 것이 아니라, 육신이 되신 말씀으로 인생 이야기를 조명하기 시작할 때, 비로소 성령 충만함이 무엇인지 알게 된다.

♣ 내용 정리를 위한 문제

1. 자유주의 신학이 쇠퇴하고 후기 자유주의 신학이 태동하게 된 이유와 배경은 무엇인가? 또한, 한스 프라이가 '성서의 서사성 회복'을 통해 추구하고자 하는 핵심 내용은 무엇인가?
2. 조지 린드벡이 『교리의 본성』이라는 자신의 저서에서 "인지적-명제적 방법론"과 "체험적-현상적 방법론"을 어떤 이유에서 비판했으며, 이에 대한 대안으로 린드벡 자신은 어떤 방법론을 제시했는지 구체적으로 서술하시오.
3. 데이비드 켈시는 성서의 권위를 어떤 방식으로 변증했는지 서술한 후, 후기 자유주의의 긍정적 평가와 부정적 평가에 대해서 정리하시오.

※ 참고 문헌(제23장에 인용된 도서들)

Lindbeck, George. *The Nature of Doctrine : Religion and Theology in a Postliberal Age*. Philadelphia: Westminster, 1984.
조지 A. 린드벡. 『교리의 본성』. 김영원 역. 경기 고양: 도서출판100, 2021.
한스 W. 프라이. 『성경의 서사성 상실』. 이종록 역. 서울: 한국장로교출판사, 1996.
_____. 『성서 내러티브의 상실』. 김승주·조선영 역. 서울: 감은사, 2022.
D. F. 톨미. 『서사학과 성경 내러티브』. 이상규 역. 서울: 기독교문서선교회, 2008.
데이비드 F. 포드. 『현대신학과 신학자들』. 류장열, 오흥명, 정진오, 최대열 역음. 서울: 기독교문서선교회, 2005.
도날드 허드슨. 『비트겐슈타인의 종교철학』. 신상형 역. 서울: 외계출판사, 1990.
로버트 C. 버윅 & 노엄 촘스키. 『왜 우리만이 언어를 사용하는가』. 김형엽 역. 경기 파주: 한울아카데미, 2018.
로버트 알터. 『성서의 이야기 기술』. 황규홍·박영희·정미현 역. 서울: 아모르문디, 2015.
로저 스크루턴. 『우리를 속인 세기의 철학가들』. 박연수 역. 대전: 도움북스, 2019.
리처드 로어. 『보편적 그리스도』. 김준우 역. 경기 고양: 한국신학연구소, 2020.
마이클 윌리엄스. 『성경 이야기와 구원 드라마』. 윤석인 역. 서울: 부흥과개혁사, 2013.

마크 알렌 포웰. 『서사비평이란 무엇인가?』. 이종록 역. 서울: 한국장로교출판사, 2012.
메롤드 웨스트팔. 『교회를 위한 철학적 해석학』. 김동규 역. 경기 고양: 도서출판100, 2019.
벤저민 글래드 & 매튜 하몬. 『하나님 나라와 교회 생활』. 신윤수 역. 서울: 부흥과개혁사, 2018.
빅터 쿨리진. 『구원의 언어』. 손현선 역. 서울: 좋은씨앗, 2020.
스캇 맥나이트. 『성서학자가 신학자에게 바라는 다섯 가지』. 정은찬 역. 서울: 한국기독학생회출판부, 2022.
스탠리 하우어워스 & 윌리엄 윌리몬. 『하나님의 나그네 된 백성』. 김기철 역. 서울: 복있는사람, 2018.
아돌프 폰 하르낙. 『기독교 신학과 교회 교리의 형성』. 박영범·민유홍 역. 경기 파주: 공감마을, 2018.
알리스터 맥그래스. 『복음주의와 기독교적 지성』. 김선일 역. 서울: 한국기독학생회출판부, 2015.
알리스터 맥그래스. 『교리의 기원』. 류성민 역. 서울: 생명의말씀사, 2021.
에른스트 트뢸취. 『기독교의 절대성』. 이기호·최태관 역. 서울: 한들출판사, 2014.
오스카 쿨만. 『그리스도와 시간』. 김근수 역. 서울: 나단, 1989.
위르겐 하버마스. 『공론장의 구조변동』. 한승완 역. 경기 파주: 나남, 2016.
_____. 『현대성의 철학적 담론』. 이진우 역. 서울: 문예출판사, 2016.
윌리암 C. 플레이커. 『비변증론적 신학』. 정승태 역. 서울: 은성, 2003.
존 브라이트. 『하나님의 나라』. 김인환 역. 경기 파주: CH북스, 2019.
존 M. 프레임. 『신지식론』. 김진운 역. 서울: 개혁주의신학사, 2020.
콜린 맥긴. 『언어철학』. 박채연·이승택 역. 서울: 도서출판 b, 2020.
크리스틴 헬머. 『교리의 종말』. 김지호 역. 경기 고양: 도서출판100, 2020.
트렌트 헌터 & 스티븐 웰럼. 『그리스도 중심적 성경 이야기』. 전광규 역. 서울: 부흥과개혁사, 2019.
피터 레이하르트. 『하나님 나라와 능력: 교회의 중심성 재발견』. 안정진 역. 서울: 개혁주의신학사, 2014.
헤르만 피셔. 『슐라이어마허의 생애와 사상』. 오성현 역. 서울: 월드북, 2007.
위거찬. 『기독교와 포스트모더니즘』. 서울: 기독교문서선교회, 2011.
Macquarrie, John. *Jesus Christ in Modern Thought*. London: SCM, 1990.

제24장

급진정통주의 변증방법론 : 존 밀뱅크

> 우리의 싸우는 무기는 육신에 속한 것이 아니요 오직 어떤 견고한 진도 무너뜨리는 하나님의 능력이라(고린도후서 10장 4절).

급진정통주의(Radical Orthodoxy)자들이 생각할 때, 어떠한 견고한 진도 무너뜨리는 하나님의 능력은 기독교 전통 안에 담겨 있는 지혜들이다. 이 지혜들은 육신에 속한 것이 아니다. 왜냐하면, 전통적인 기독교 철학자들은 성경에 의존해서 사상을 발전시켜 나갔기 때문이다.

오늘날 현대 철학적 사상들은 견고한 진을 만들어 놓았다. 이 견고한 진을 뚫고 나가기 위해서는 하나님의 능력이 필요하다. 우리는 이를 위해 현대 사상이 세워 놓은 견고한 진이 무엇인지 먼저 살펴볼 필요가 있다.

현대 사상의 철학적 흐름은 신학 방향에도 많은 영향을 준다. 구조주의에서 포스트 구조주의로 넘어온 철학적 사조는 언어의 규칙이나 실존적 개념들을 해체하는 것이다. 자크 데리다(Jacques Derrida)가 창조한 탈 구축(deconstruction)의 개념이 대표적인 것 중 하나이다.[1] 탈 구축 사회에서는 결정 불가능한 타자의 경험에 대해서 정의할 수 없다. 텍스트의 독해 역시 다의성이 있으므로 한 가지 독해가 불가능하다. 하지만 현대 철학 사조에서도 "개인적인 존재의 문제가 제기되는 순간", 믿음의 문제는 필연적으로 거론된다.[2]

전통적인 철학에서는 '합리론'과 '경험론'에 근거해서 지식과 믿음에 접근했다. 철학자들에게 '종교적 믿음'도 경험주의에 근거해서 판단된 지식으로 간

---

1 발리 뒤, 『그림으로 이해하는 현대사상』, 남도현 역 (경기고양: 개마고원, 2018), 281.
2 알랭 바디우, 『유한과 무한』, 조재룡 역 (경기파주: 이숲, 2021), 33.

주하였다.³ 무신론 철학자인 버트란드 러셀(Bertrand Russell) 역시 "모든 지식은 우리의 본능적인 믿음에 근거해서 구성된다"고 주장했다. 또한, 그는 본능적인 믿음들과 그로부터 구성되는 결과들을 체계화함으로써 그리고 비판적 탐구를 받아들임으로써, "질서 정연한 지식 체계"를 세울 수 있다고 보았다.⁴

이전 모더니즘 사회에서는 인간 이성 안에서 질서와 규칙들을 세워 나갔다. 세계대전이 일어나기 전 모더니즘 사회에서는 인간의 표현들이 주목받았으며, 심지어 미적 관념에서도 혁명을 일으키고 있었다.⁵ 하지만 탈 구축화 된 포스트 모더니즘에서는 구조화된 사고에 매이지 않는다.

오늘날은 합리주의적 사고로 무신론을 주장하는 것이 아니라, 사유의 자율화를 근거로 무신론을 세워나간다. 철학자들이 볼 때, 신을 사유하는 방식이 진화된 것이다. 알랭 바디우(Alain Badiou)는 "진리의 형식적 이론으로서 진리 이론을 상술(진리들은 다른 모든 것과 마찬가지로 다수성이 있다)"한다.⁶ 즉, 유일한 진리(하나님)도 인간이 사유하기 나름이다. 바디우는 이러한 상황에 대해서 다음과 같이 진술한다.

> 철학으로서의 사유가 사유 자신이 배치되는 근원적 분열 속에서 언제나 하나가 지닌 규범 능력만 조직한 것이 아니라 동시에 이 능력에 맞선 방책, 이 능력으로부터의 벗어남 또한 조직해 왔다면, 당연히 우리는 세계의 암흑이 도래함과 동시에 언제나 이 암흑에 대한 해명 또한 도래한다고 말해야 한다. 이렇게 보면 신들의 빠져 나감은 인간이 신들에게 제공한 유익한 휴가이기도 하며, '대지'의 파괴는 대지를 적극적인 사유에 걸맞게 정돈한 일이기도 하다.⁷

신에 대한 사유뿐 아니라, 인류학에서도 "유일한 진리라는 사고를 해체"하기 위해 앞장선다.⁸ 데리다는 언어, 형이상학, 정신분석학, 미학, 문학 등을 해체해

---

3   B.A.브로디, 『철학과의 만남』, 김신혁·이숙 역 (경기파주: 서광사, 2007), 280-281.
4   버트란드 러셀, 『철학의 문제들』, 박영태 역 (서울: 서광사, 1989), 33-34.
5   피터 게이, 『모더니즘』, 정주연 역 (서울: 민음사, 2015), 36-37.
6   알랭 바디우 & 파비앵 타르비, 『철학과 사건』, 서용순 역 (경기파주: 오월의봄, 2015), 170-171.
7   알랭 바디우, 『일시적 존재론』, 박정태 역 (서울: 이학사, 2018), 34.
8   로제 폴 드르와, 『위대한 생각과의 만남』, 박언주 역 (서울: 시공사, 2013), 247.

나가다가, 결국엔 "철학은 철학 자체를 폐기"한다고 인정하기에 이른다.⁹ 데리다 이전에 에른스트 카시러(Ernst Cassirer)는 "상징 형식"으로 인간의 의식 흐름을 표출할 것을 주장했었다.¹⁰

또한, 비슷한 시기에 발터 벤야민(Walter Benjamin)에 의해서 "아우라"는 예배의 대상물 이외에도 널리 보급되었다. 벤야민은 아우라를 "공간과 시간으로 짜인 특이한 직물로서, 아무리 가까이 있더라도 멀리 떨어져 있는 것의 일회적인 현상"이라고 정의했다.¹¹

1. 신학과 사회이론

철학적 사조가 다양해지고, 탈(脫)종교화됨에 따라서 기독교 변증은 그 힘을 잃어가는 것처럼 보인다. 어떤 이들은 현대 철학 사조의 거센 흐름 앞에서 기독교 신앙의 변증 가능성이 아예 상실되었다고 말한다. 하지만 여전히 철학은 신학의 범주 안에 있다. 그 이유는 키에르케고르(Søren Kierkegaard)의 실존적 해석이 완전히 소멸한 것이 아니기 때문이다.¹²

또한, 비트겐슈타인(Ludwig Wittgenstein)의 '언어 게임'(language games)의 용법은 인간의 사고, 지각, 행위의 문제들에 접근하고 답변하는 데 도움을 준다. 무엇보다 신앙의 '언어 게임'이 인간의 치유를 일으킨다.¹³ 요셉 슈미트(Josep Schmidt)는 "철학은 제일 원리"로 향하기 때문에, 결국 종교가 자신의 내용으로 신(God)이라는 마지막 영역과 접촉하게 될 것이라고 말한다.¹⁴ 그러나 이런 부류의 철학적 방법론과 논의는 불가지론자들의 논리 안에서도 유효하다. 그래서 존 밀뱅크(John Milbank)는 다음과 같은 진술을 자신의 저서 『신학과 사회이론』에서 다음과 같이 남긴다.

---

9   자크 데리다, 『해체』, 김보현 역 (서울: 문예출판사, 1996), 167.
10 에른스트 카시러, 『인문학의 구조 내에서 상징형식 개념 외』, 오향미 역 (서울: 책세상, 2002), 112-113.
11 발터 벤야민, 『기술복제시대의 예술작품』, 최성만 역 (서울: 길, 2016), 50.
12 디오게네스 알렌, 『신학을 이해하기 위한 철학』, 정재현 역 (서울: 대한기독교서회, 2015), 384-385.
13 Ibid., 414-415.
14 요셉 슈미트, 『철학적 신학』, 이종진 역 (서울: 서강대학교출판부, 2011), 19.

만약에 사회학의 주장을 인정하게 되면, 자유주의적 개신교의 해석학에서 말하는 신뢰와 의심 간의 중도적 태도(via media)는 불만족스럽게 비칠 뿐만 아니라, 사회학의 환원적 주장에 대해 신정통주의가 보여 준 교묘한 언변(bravura)마저도 이와 동일한 중간의 길(the middle path)을 인간 경험의 한계 내에서 가장 먼 곳에서 재배치하는 것에 불과해 보일 것이다. 따라서 신정통주의가 주장하는 "저 너머"(beyond)는 결과물도 효과도 내지 못하는 하나의 언표 불가능성(ineffability)으로 귀결된다.

그렇지만 나는 전적으로 다른 경로를 제안했었다. 말하자면 사회학적 "의심"(suspicion)에 대해 일부라도 인정하는 것이 아니라, 그 대신에 의심 그 자체가 과연 가능한지에 대한 의문을 제기하는 "메타 의심"(meta-suspicion)을 전개하는 것이 바람직하다고 보았다.[15]

밀뱅크는 개신교 자유주의와 신정통주의 모두 계몽주의적 철학 사고관에 기댐으로써 종교적 숭고함의 영역과 멀어지게 되었음을 지적한다. 쉽게 말해서 신에 대한 영역은 초자연적인 영역이기 때문에 인간의 철학과 이성으로는 탐구 불가능하다. 마이클 하이저(Michael S. Heiser)는 "선택적인 초자연주의를 재검토하여 보이지 않는 세계에 대한 성경의 신학을 회복"할 것을 요청한다.[16]

이처럼 현대적 철학 사조와 전통적 신학의 충돌은 거대한 소용돌이를 치며 학계의 흐름을 휘저어 놓고 있다. 이러한 흐름 속에서 급부상한 신학 운동이 바로 **급진정통주의(Radical Orthodoxy)**이다. 급진(Radical)이라는 말은 본래 뿌리를 찾아간다는 의미이다. 뿌리를 찾아가는 것은 과격하다. 급진정통주의의 대표하는 학자는 방금 인용된 밀뱅크를 필두로, 그레이엄 워드(Graham Ward), 캐서린 픽스톡(Catherine Pickstock) 등이 있다.

이들은 "신학과 사회학의 관계에서 문제가 되고 있는 것들의 전체"에 대해서 과감하게 대응한다.[17] 특히, 계몽주의에 기반을 둔 신학은 급진정통주의자들에 의해 강력하게 거부된다.

---

15 존 밀뱅크, 『신학과 사회이론』, 서종원·임형권 역 (서울: 새물결플러스, 2019), 223-224.
16 마이클 하이저, 『보이지 않는 세계: 성경의 초자연적 세계관 회복하기』, 손현선 역 (서울: 좋은씨앗, 2019), 32.
17 리처드 H. 로버츠, "신학과 사회과학," 『현대 신학과 신학자들』, 데이비드 F.포드 편집, 류장열, 오홍명, 정진오, 최대열 엮음 (서울: 기독교문서선교회, 2005), 1080.

밀뱅크는 앙리 드 뤼박(Henri de Lubac), 한스 우르 폰 발타자르(Hans Urs von Balthasa)와 같은 가톨릭 학자들의 논리를 차용하고, 마이스터 에크하르트(Meister Eckhart)가 전개한 스콜라와 신비주의의 흐름도 놓치지 않는다. 그래서 그런지 밀뱅크는 오직 그리스도교만이 완벽하게 실증주의적일 수 있다고 주장한다.[18] 그리스도교 신앙의 아름다움은 '실증적'이면서 '실존적'이며 동시에 '미학적' 이다.

발타자르에 따르면, 영은 보이지 않는 실재이지만 모든 감각적인 것보다 더 명백하게 자신을 증명한다. "영은 우리 한가운데에 생겨난 낙원의 보이지 않는 향기"이다.[19] 그러므로 급진정통주의자들은 "상상할 수 있는 가장 급진적인 근대적 다원주의의 가능성"은 사실상 그리스도교 안에 있다고 주장한다.[20] 지금부터 급진정통주의 신학의 개관을 소개하면서, 밀뱅크의 변증방법론을 다루겠다.

급진정통주의의 주된 관심사는 크게 두 가지이다.

첫째, "욕망에 대한 이해"이다.

정신분석학에서 욕망은 "거울 기제의 역할을 이질적인 정신분석학적 현실"에서 찾는다.[21] 또한, 불교에서는 모든 존재하는 것의 실체를 부정한다. 그리고 물질세계에 대한 욕망, 아집, 집착을 버리기 위해 수행한다. 성경에서도 사도 바울이 고린도전서 15장 31절에서 '나는 날마다 죽는다'라고 고백한다.[22] '날마다 죽는다'는 것은 신앙의 역설이며 욕망의 죽음이다. 그러나 인간에게서 욕망은 없어지지 않는다. 왜냐하면, 인간 자체가 욕망덩어리기 때문이다.

슬라보예 지젝(Slavoj Žižek)은 인간의 욕망이 자본주의 사회를 만들었으며, 그 안에서 폭력을 정당화되고 있다고 고발한다. 무엇보다 종교인들이 신의 이름으로 행하는 '신적 폭력'은 "신(대타자) 자신의 무능을 보여 주는 징표"에 불과하다.[23] 무신론자들은 자신의 자아를 십자가 앞에서 파괴하는 기독교적 논리보다, 욕망에 자신을 맡기고 폭력을 즐기는 인간들이 현실 세계에 더 많다는 점을 지적한다.

---

18 존 밀뱅크,『신학과 사회이론』, 19.
19 한스 우르스 폰 발타자르,『세계의 심장』, 김혁태 역 (서울: 가톨릭출판사, 2022), 212.
20 존 밀뱅크,『신학과 사회이론』, 19.
21 자크 라캉,『욕망 이론』, 민승기·이미선·권택영 역 (서울: 문예출판사, 2017), 43.
22 고전 15:31 "형제들아 내가 그리스도 예수 우리 주 안에서 가진 바 너희에 대한 나의 자랑을 두고 단언하노니 나는 날마다 죽노라"
23 슬라보예 지젝,『폭력이란 무엇인가』, 이현우·김희진·정일권 역 (서울: 난장이, 2011), 276.

그러나 밀뱅크는 이러한 입장에 반대하며, "보편주의 논리는 유신론을 지향해야 할 것"을 주장한다.[24] 즉, 초월적 신성에 대한 믿음이 '인간 욕망'을 제압할 수 있다는 사실을 인정하자는 것이다.

아우구스티누스는 『고백록』에서 욕망에 사로잡힌 자기 모습을 다음과 같이 고백한다. "나는 정식 부인이 아닌 한 여자를 또 얻게 되었으니 사실 나는 동거가 좋아서 그런 것이 아니라 정욕의 노예가 된 탓이었습니다."[25] 이 고백은 성적인 욕망에 사로잡힌 아우구스티누스의 모습이다. 위대한 교부도 젊은 시절 욕망에서 벗어나 있지 않았다. 또한, 사도 바울도 십자가의 대속으로 이미 죽었지만 날마다 죽는 신앙의 역설을 펼친다.

아우구스티누스는 욕망에 대해서 성경의 말씀과 신플라톤주의 입장에서 해석하였다. 급진정통주의는 현대적 철학과 인문학의 사조들을 철저하게 검토하고 검증한다. 그러나 전통적인 신앙 진술들을 절대로 외면하지 않는다. 왜냐하면, 급진정통주의자들은 현대적인 철학 사조 안에 여전히 기독교적 변증법의 흔적이 있을 것으로 생각하기 때문이다.

> 완전히 순결한 무에서 시작하면, 이상하게도 신학적 목소리가 들린다. (순수하고 단일한 신성에서 순서대로 하위 실재를 끌어내듯이) 변증법적 자기 관계를 통해 순수한 무에서 하위 실재를 순서대로 끌어낼 때도, 이상하게 신학적 목소리가 들린다 (순수한 무에서 순서대로 하위 실재를 끌어낼 때, 모든 실재는 논리적으로 무⟨nihil⟩를 기준으로 자리를 잡을 수 있다).
>
> 신앙에 물들지 않은 완전히 합리적인 형이상학적 신학이 주체의 자의적 선호를 항상 증명해 왔듯이 규정적 부정이 실재를 규정한다는 생각도 근거가 제시되지 않은, 주관적 믿음일지 모른다.[26]

계몽주의를 통해 이론화된 인간학적인 전망을 제시해도 신학의 요청은 무시될 수 없다. 그 이유는 그리스도인들이 신앙 안에서 욕망과 싸워나가며 성숙해지고 있기 때문이다. 카를로 라우다치(Carlo Laudazi)에 의하면, "구약과 신약성서로부터 우리는 인간이 완성된 존재가 아니라 자신의 성숙을 향해 나아가는 실재

---

24 슬라보예 지젝 & 존 밀뱅크, 『예수는 괴물이다』, 배성민·박치현 역 (서울: 마티, 2013), 175.
25 어거스틴, 『고백록』, 선한용 역 (서울: 대한기독교서회, 2011), 204.
26 슬라보예 지젝 & 존 밀뱅크, 『예수는 괴물이다』, 243.

라는 확신을 얻었다"라고 증언한다.[27]

어떻게 보면, 신앙인들에게 욕망의 대상은 오직 하나님뿐이다. 제임스 스미스(James K. A. Smith)는 인간은 예전적 동물이기 때문에, "세상에 대한 우리의 근본적 지향은 일차적으로 우리가 생각하는 것이 아니라 우리가 사랑하는 것, 우리가 욕망하는 것에 의해 좌우된다"고 말한다.[28] 즉, 예배를 욕망하고 하나님 나라를 욕망하는 것만이 인간 자아의 선용이라고 할 수 있다.

그러나 간혹 '초탈'을 강조하는 일부 신비주의 신학에 빠진 이들은 마치 불교처럼(예를 들면, 에크하르트의 신학), 하나님을 욕망하는 것에서 벗어나야 한다고 주장한다. 하지만 잘 생각해 보면 이러한 주장 역시 또 다른 형태의 '욕망'임을 발견할 수 있다. 쉽게 말해서, '하나님을 욕망하려는 것을 벗어나려는 욕망'이다. 아우구스티누스는 욕망을 없애는 것 자체는 불가능하므로, 욕망의 방향성을 올바로 잡는 것에 집중하고자 했다. 그 **방향성은 세상을 향한 욕망을 영원자(하나님)를 향한 욕망으로 돌리는 것이다.**

이는 경제적 관념에도 적용할 수 있다. 물질 그 자체가 목적이 된다면, 돈을 욕망하게 된다. 그러나 그리스도교적 덕성을 추구하는 자들은 돈이라는 재화를 욕망하지 않으면서도 사용한다. 결국, 급진정통주의자들이 볼 때 세속의 욕망 안에 있는 정치경제학은 "도덕적 입장을 고려하는 가운데 경제적 제반 관계의 형식적 측면을 추상화하여 탐구했던 하나의 해방된 세속 학문"이 아니었다.[29] 다시 말해 경제학은 세속 학문이 아닌 신학의 하위 범주이다.

둘째, "세속화"이다.

여기서 세속화란, 근대와 멀어지는 것을 뜻한다. 잘 알다시피 근대 계몽주의는 인간의 이성을 중요하게 생각한다. 계몽주의는 세속의 영역에서 인간의 독립적인 이성만이 작용할 수 있다고 주장한다. 즉, 종교가 간섭할 수 없다. 이는 콘스탄틴의 제국주의적 교회와 중세의 교회 권력 시대에 대한 반발이다.

그러나 계몽주의 사관에서는 하나님이 역사 안에 침투할 수가 없다. 그렇기에 종교가 세속에 관여할 수도 없다. 그런데 이러한 세계관 안에서 영향을 받은 독일 자유주의 신학은 계몽주의 틀 안에서 성서, 계시, 예수를 설명한다. 급진정통

---

27 카를로 라우다치,『신학적 인간학』, 윤주현 역 (서울: 가톨릭대학교출판부, 2017), 383.
28 제임스 스미스,『하나님 나라를 욕망하라』, 박세혁 역 (서울: 한국기독학생회출판부, 2019), 329.
29 존 밀뱅크,『신학과 사회이론』, 132.

주의는 계몽주의 틀에서 신학 하는 것 '그 자체'를 거부한다. 밀뱅크는 "기독교적 진리로 벗어나 단호한 양자택일을 제시하는 세속적 사상"에 대해서 "세속적 사회이론과 기독교는 사실상 서로 모순 속"에 서 있음을 지적한다.[30]

세속적 사회이론은 인간을 종교적 범주 밖에 있는 것으로 본다. 그러나 급진 정통주의자들이 볼 때, 인간은 종교적인 범주 안에서 벗어난 적이 없다. 또한, 인간을 포함해서 모든 존재하는 것은 '존재를 가능하게 한 자(하나님)'가 존재하고 있음을 보여 주는 증거품들이다. 에머리히 코레트(Emerich Coreth)는 "실제적 현존재 안에 설정된(즉, 실존하는) 모든 존재자는 실재하는 모든 존재자와 무조건적으로 타당한 현존재라는 동일한 차원에 자리"하고 있음을 주장했다.[31]

또 요셉 피퍼(Josef Pieper)는 "하나님은 '최고 현실태인 존재자'로서, 처음부터 온전하고 오롯하게 실현된 존재이신데, 이분 안에서 모든 존재 가능성은 '남김없이 실현된 현 실력'"이라고 주장한다.[32] 무엇보다 존재자를 인정하는 인간들은 교회 공동체 안에서 예전을 유지해 왔다.

페터 휘너만(Peter Hunermann)은 "교회는 어떤 인간 권력에도 매이지 않고 어디나 복음의 사도를 파견하고 그리스도교 공동체들을 건설하며 그들을 교회에 편입"시켰다고 밝힌다.[33] 급진정통주의자들은 이러한 주장들을 받아들이면서, 인간이 교회를 떠나서 이성적으로 살 수 없다고 주장한다. 만일 인간이 교회를 떠난다면 교회를 대신하는 그 무언가가 반드시 자리 잡게 된다. 밀뱅크는 이렇게 말한다.

> 급진 정통 신앙의 관점으로 볼 때 우리는 중세 이후로 완전히 들어가지 않았다. 우리가 사는 시대는 여전히 중세 "어딘가에" 있다. 우리 시대는 일상과 주의주의(의지주의)를 지향하며, 유명론적으로 다의적이며, 불가해한 영지주의를 신봉한다.[34]

---

30 리처드 H. 로버츠, 1080.
31 에머리히 코레트, 『전통 형이상학의 현대적 이해』, 김진태 역 (서울: 가톨릭대학교출판부, 2017), 101.
32 요셉 피퍼, 『실재와 선』, 김진태 역 (서울: 가톨릭대학교출판부, 2017), 11.
33 페터 휘너만, 『교회에 관한 교의 헌장 「인류의 빛」』, 신정훈 역 (서울: 가톨릭대학교출판부, 2019), 99.
34 슬라보예 지젝 & 존 밀뱅크, 『예수는 괴물이다』, 337.

하나님을 떠난 인간이 자율적이라고 생각하는 것은 '신화'이다. 세상은 하나님께로 자율성을 가지고 독립된 이성으로 살 수 없다. 왜냐하면, 하나님이 세상 안에 계시고 세상의 모든 것이 하나님께 참여하고 있기 때문이다. 밀뱅크는 "신이 없다면 어떤 인본주의도 있을 수 없다"고 주장한다.[35] 이는 급진정통주의가 계몽주의 세속화 이론을 정면으로 부정하고 있음을 보여 주는 것이다. **밀뱅크에 따르면 "메타 담론이자 문화 언어적 관습으로서 '기독교'는 내재적 우상숭배로 이해된 근대적 신학을 상대화하고 있다"고 지적한다.**[36]

이는 세속적 이성의 부속물로 해석된 모든 자유주의 신학의 형태를 거부하는 것이다. 다시 말해서, 포스트모더니즘처럼 급진정통주의도 순수한 인본주의를 거부하는 것이다. 급진정통주의는 "포스트모더니즘을 뛰어넘어 인본주의를 신학적으로 구원하려는 계획에 동참"한다.[37]

계몽주의 이전에는 모든 것이 신에게 참여하는 것으로 이해되었고, 실재와 인간 삶의 모든 영역은 초월자에게 달린 것으로 여겨졌다. 이는 기독교 신앙 고백에서 피조 계가 창조자에게 참여하고 의존하는 것으로 해석된다.[38] 필립 샤프(Philip Schaff)는, 이러한 신앙 고백(신조)은 "믿음보다 앞서는 것이 아니라 믿음을 전제"로 한다.[39] 여기서 믿음을 전제로 한 '신조'는 단순한 문자의 배열이 아니다.

베리 칼렌(Barry L. Callen)에 따르면, "신앙은 명제가 아니라 하나의 인격이며, 복잡한 신조가 아니라 살아 있는 그리스도다."[40] 그런데 어느 순간 인간의 자율적 이성이 신앙의 신조들을 파괴하기 시작했다. 인간에게서 신앙이 파괴되면 필연적으로 인간 내면의 종교성은 그것을 대신할 우상을 만들어 낸다. 훨씬 더 과거인 고대 근동에서도 인간 내면의 종교성이 만들어 낸 우상들로 득실거렸다. 그것들은 전능하신 야훼 하나님의 신앙과 정면으로 대적하였지만 결국에는 소멸하였다. 크리스토퍼 라이트(Christopher Wright)는 고대 근동의 신에 대해 이렇게 기술한다.

---

35 Ibid., 484.
36 리처드 H. 로버츠, 1080.
37 슬라보예 지젝 & 존 밀뱅크, 『예수는 괴물이다』, 485.
38 제임스 K. A. 스미스, 『급진 정통주의 신학』, 한상화 역 (서울: 기독교문서선교회, 2011), 118.
39 필립 샤프, 『신조학』, 박일민 역 (서울: 기독교문서선교회, 2015), 9.
40 베리 칼렌, 『급진적 기독교』, 배덕만 역 (대전: 대장간, 2010), 123.

> 신들이 주로 인간이 만든 것이라면, 그것들은 파괴적일 뿐 아니라 우리가 이 땅에서 만든 다른 모든 것과 마찬가지로 파괴될 수 있다. 그 신들 역시 부패하고 소멸할 수밖에 없다. 그 신들은 그것들을 만든 사람이나 제국과 마찬가지로 내구력이 없다. 역사를 살펴보면, 열방의 죽은 신들을 경멸하던 앗시리아 자신도 똑같은 신세로 전락했다.
> 지금 앗시리아, 바빌론, 페르시아, 헬라, 로마의 신들은 어디에 있는가?
> 역사는 신들의 무덤이다.[41]

여기서 인간의 자율적 이성이 신조들을 파괴하고 또다시 내면의 종교성을 채워줄 우상을 찾기 전에, 이 일을 미리 방지하고자 제임스 사이어(James W. Sire)는 기독교 지성의 책임적 역할을 강조한다.[42] 또한, 급진정통주의자들은 "초월자와 관계없는 피조계의 영역"을 마땅히 부정함으로 우상의 출현을 철저히 거부한다.[43] 즉, 급진정통주의자들은 모든 피조 계가 초월자의 통치를 받고 있다는 사실을 분명히 사수함으로써 만들어진 신의 존재를 전능자에게 종속 또는 무효화시킨다. 그렇기에 급진정통주의자들에게 브루스 애쉬포드(Bruce Ashford)와 히스 토머스(Heath A. Thomas)의 증언은 참으로 받아들여질 것이다.

> 성경 이야기는 하나님을 만물의 위대하신 왕으로 제시한다. 하나님은 어느 한 지역의 신이나 선반에 놓여 있는 우상으로 전락하실 수는 없다. 성경의 하나님은 우리 개인의 경건 시간보다 더 크시며 우리의 교회 건물보다 훨씬 더 크시다. 성경에 묘사된 하나님은 우주의 초월적 창조주시다.[44]

이와 같은 진술을 거부하고 세속 이성이나, 과학적 진리, 혹은 계몽주의의 인본주의를 따르면, 종국에는 허무주의가 될 것이다. 급진전통주의자들은 "사실 하나님을 배제한 모든 이념은 궁극적으로 허무주의"일 수밖에 없다는 점을 지

---

41 크리스토퍼 라이트, 『이것이 너희 신이다』, 한화룡 역 (서울: 한국기독학생회출판부, 2022), 60.
42 제임스 사이어, 『지식 건축법』, 윤종석 역 (서울: 한국기독학생회출판부, 2013), 263.
43 제임스 K. A. 스미스, 『급진 정통주의 신학』, 118.
44 브루스 애쉬포드 & 히스 토머스, 『왕의 복음』, 정옥배 역 (서울: 한국기독학생회출판부, 2021), 180.

적한 것이다.⁴⁵ 급진정통주의는 전통에 근거하고 탈(脫)세속적 신앙 가치를 지지하면서 변증을 전개해 나간다. 이에 대한 구체적인 진술들에 대해서는 밀뱅크를 중심으로 살펴볼 수 있다.

2. 모든 학문보다 우월한 신학

밀뱅크는 신학적 담론을 확장하게 시키기 위해 자연과학, 인문학, 철학 등을 철저하게 학습하며, 때에 따라서는 세속 학문을 수렴하고, 사용하고, 대화한다. 그러나 그것들 안에 절대 종속되지 않는다. 다시 말해서 세속 학문의 전제와 언어와 논리 안에서 신학을 이끌어가지 않고, 신학적 전제와 언어와 논리 안에서 철학적 담론을 허용한다. 단순하게 보면 세속 학문과의 단절로만 보일 수 있으나, 엄격한 의미에서 급진정통주의의 작업은 '사회이론'을 '신학' 안에서 해석해 내는 과정이다. 그리고 이를 위해 크게 세 가지 주장이 개진된다.

첫째, 급진정통주의 신학에서 볼 때 계몽주의적 이성이야말로 환상이고 신화이다.

밀뱅크는 계몽주의 학자들 이전에 하나님을 떠나서 자율적으로 존재하는 인간에 대한 논쟁이 이미 둔스 스코투스(Duns Scotus)에게 있었다고 본다. 즉, 자율 이성이라는 전제는 근본적으로 잘못된 것이다. 급진정통주의의 신학 방법론은 기본적으로 "사회적 현실 속에서 기독교에 분명하게 남겨져 있는 공간에 적응하거나 순응하지 않는 것"이다.⁴⁶ 더 나아가 '세속성'과 '세속적 담론'은 정통 기독교와 관련하여 이단인 것으로 취급된다. 밀뱅크는 "신학은 사회과학이 품고 있는 혐의의 시선을 모두 피해 갈 수 있으며, 역사학은 신학의 동반자"라고 생각한다.⁴⁷

여기서 밀뱅크가 이와 같은 변증방법론을 구사하는 이유는 서양 문화 속에 있는 두 가지 큰 흐름 때문이다. 하나는 '고전주의'이고, 다른 하나는 '허무주의'이다.⁴⁸ 급진정통주의는 고전적이고 중세적인 흐름을 취하면서 기독교의 전적인

---

45 제임스 K. A. 스미스, 『급진 정통주의 신학』, 136.
46 리처드 H. 로버츠, 1081.
47 존 밀뱅크, 『신학과 사회이론』, 500.
48 리처드 H. 로버츠, 1082.; 고전적이고 중세적인 것은 플라톤-아리스토텔레스-어거스틴-

독창성을 주장한다. 따라서 신학이라는 것은 "허무주의로부터 유일하게 구원해 줄 수 있는 '비지배의 담론'이다."[49] 정리하면, 허무주의로부터 탈출하고 인간의 자율적 이성을 전면 부정하는 것이야말로 급진전통주의의 핵심이 되는 기독교 변증이다.

둘째, 급진정통주의 변증방법론에서는 세속 학문과 기독교 신학이 동등한 입장에서 대화하지 않는다.

밀뱅크가 봤을 때, 세속 학문이 오히려 기독교 신학 앞에 무릎을 꿇고 배워야 한다. 즉, 신학은 중세와 같은 권위를 누려야 한다. 반면에 세속 사회는 "헤겔이나 마르크스의 역사철학보다는 아우구스티누스의 역사철학이 탈근대적 관점에서 더 가능성 있는 대안"이라는 사실을 인정해야 한다.[50] 급진정통주의 변증방법론은 주로 플라톤, 플로티누스, 아우구스티누스, 아퀴나스 등의 인물들을 통해서 가능성을 찾는다. 역설적이게도 고전적인 것이 가장 현대적이다.

급진정통주의자들은 플라톤의 이데아 사상을 이분법적인 것으로 취급하지 않는다. 세상과 이데아의 이분법은 나름의 상관성을 내포하고 있고, 이것은 세계를 설명하기에 좋은 이론이다. 이데아의 그림자가 세상이라면, 세상은 이데아를 반영하고 있다. 즉, 인간이 하나님에게 참여하듯이 이 세상도 여전히 이데아에 참여한다.[51]

이러한 입장을 견지하여 기독교 변증을 펼친다면,-세상에 어떤 것도 하나님과 관계없는 것이 없다. 따라서 독립적인 인간의 자율 이성을 주장하는 모든 이론은 거짓된 환상일 뿐이라는 결론이 도출된다. 급진정통주의 신학자들의 말처럼 "자율 이성에 의한 세상 학문"이 환상이라면 세속 학문의 영향을 받아 신학을 하는 것은 성립 불가능한 출발이다. 급진정통주의는 현대 신학의 출발점과 전제부터 재설정하고 있다.

그 결과 급진정통주의는 현대의 여러 가지 신학에 대한 근본적인 부정을 가능케 했다. 또한, '하나님을 떠난 자율 이성'을 부정하는 것은 철학적 사고보다 계시에 집중하도록 이끈다. 계시는 증명될 필요도 없고 반박될 수도 없다. 즉, 급

아퀴나스의 언어로 이루어지는 것을 말하며, 허무주의적인 것은 객관적으로 가정되는 모든 추론이 역사화를 통해 차이점을 조장하는 것을 말한다.
49 Ibid., 1083.
50 존 밀뱅크, 『신학과 사회이론』, 733.
51 일자(The One)로부터 유출이 되는 것이기에 하나님과 관계없는 것은 없다.

진정통주의 신학의 입장에서 볼 때, 하나님 없이 시작한 세속 학문에 신학이 영향을 받을 필요는 조금도 없다. 오히려 신학이 세속 학문에 도전을 주고 영향을 끼쳐야 한다.

셋째, 급진정통주의의 기독교 변증방법론은 평화에 입각한다.

신학은 하나님의 창조 세계를 다루기에 인간을 평화로운 존재로 이해한다. 그러나 세속 학문은 인간의 폭력을 어떻게 다룰 것인지에 초점이 있다. 이것은 세속 학문이 인간을 폭력적인 존재로 전제하기 때문이다. 특히, 스미스는 하이데거와 데리다를 "폭력적 매개 모델"로 꼽는다.[52] 그 이유는 창조와 타락에 대해서 "해석학은 인간 존재를 구성하지만 역시 구조적으로 폭력적인 것"으로 취급하기 때문이다.[53]

그러나 아우구스티누스의 입장에서, "해석학은 피조물을 구성하나, 역시 구조적으로 선한 것"이다.[54] 여기서 스미스는 '전통'이라는 입장이 주는 유익과 철학적 해석학의 허구를 다룬다. 크리스토퍼 홀(Christopher A. Hall) 역시 "성경 해석은 기도와 예배라는 맥락에서 교회 안에서 교회를 위해 행하는 활동"이어야 한다고 주장했다.[55] 즉, 현대의 해석학보다 전통적 주해가 더욱더 나은 안정적인 평화를 창조해 낸다.

급진정통주의는 철학적 고전들과 기독교 교부들 전통 속에서 해석학의 가능성을 찾고 있다. 그러나 이러한 주장은 곧 '중세로 돌아가자는 것이냐?'라는 비판을 받을 만하다. 또한, '중세로 돌아가는 것'은 종교개혁의 유산과 전통이 발생하기 전으로 돌아가는 것임으로, 개신교 처지에서는 온전히 동의하기가 어렵다. 그러나 중세의 문제는 '교권주의'와 '제국주의적인 사고'에 기인한 것이다. 그렇기에 종교개혁을 경험하고 성경의 보편화가 이미 이루어진 오늘날 중세시대의 반복을 걱정하는 것은 지나친 우려일 수 있겠다. 그보다는 오히려 하나님으로부터 독립된 인간의 자율적 이성이 폭력, 파괴, 부조리를 가져온다. 따라서 밀뱅크는 이렇게 반론한다.

---

52 제임스 K. A. 스미스, 『해석의 타락』, 임형권 역 (대전: 대장간, 2015), 39.
53 Ibid., 41.
54 Ibid.
55 크리스토퍼 홀, 『교부들과 함께 성경 읽기』, 이경직·우병훈 역 (경기파주: 살림, 2008), 11.

헤겔이 반쯤 이해하고 있던 도의성은 그리스도교의 입장에서 포기되지 않고 오히려 강화되었는데, 그 이유는 에클레시아가 폴리스의 요구 수준을 상회하는 절대적 합의를 추구할 뿐 아니라 사도 바울의 말마따나 윤리적 행동은 각 사람이 그리스도의 몸 안에서 맡은 역할과 유기적으로 관련되어야 하기 때문이다.[56]

밀뱅크에게는 세속 사회보다 교회가 더 웅장하고 거대하다. 왜냐하면, 윤리적 행동으로 인한 평화는 언제나 교회 전통이 차지하고 있기 때문이다. 로드니 스타크(Rodney Stark)는 분석하기로, 기독교 발흥의 기적은 부자와 빈자를 막론하고 모두에게 똑같이 "다음 세상에서의 완전한 보상을 약속"했다는 것에 있다.[57]

그 결과 교회는 성장했다. 역사학자 톰 홀랜드(Tom Holland) 역시 이와 비슷한 분석을 내놓는데, 그에 따르면 "그리스도처럼 고통을 겪고, 매질을 당하고, 멸시받고, 모욕당하는 것은 그리스도의 영광에 동참하는 것"이며, 이러한 사상은 교회가 타락한 로마의 폭력적 행태 앞에서도 꿋꿋이 윤리적 고결성을 유지할 수 있던 비결이다.[58] 그리고 이것은 곧 기독교가 서양의 세계관을 지배하게 된 원인이기도 하다.

앨런 크라이더(Alan Kreider)도 초대 교회의 성장 원인으로 "조직화 된 선교 프로그램의 결과"나 신중하게 계획된 "선교 전략" 등은 결코 아니라고 단언한 바가 있다.[59] 실제로 세속 국가 로마(폴리스)는 과부와 고아를 멀리하고, 기독교 공동체(에클레시아)는 과부와 고아를 품었다. 그 결과 박해당하던 기독교는 제국의 종교가 되었다. 로마로 인한 평화(*Pax Romana*)가 그리스도로 인한 평화(*Pax Christus*)로 전복된 것이다.

이를 셰인 클레어본(Shane Claiborne)은 '세례받은 제국'으로 묘사한다.[60] 이처럼 약자를 쓸어모아 제국을 집어삼킨 기독교 신앙의 힘은 오늘날에도 여전히 강력하다. 세속 학문이 아무리 박해해도 복음을 손에 쥐고 있는 이상 결국 기독교는 승리하게 될 것이다. 세계적인 신약학자 톰 라이트(N. T. Wright)는 이렇게

---

56 존 밀뱅크, 『신학과 사회이론』, 787.
57 로드니 스타크, 『기독교 승리의 발자취』, 허성식 역 (서울: 새물결플러스, 2020), 159.
58 톰 홀랜드, 『도미니언』, 이종인 역 (서울: 책과함께, 2020), 142.
59 앨런 크라이더, 『초기 교회와 인내의 발효』, 김광남 역 (서울: 한국기독학생회출판부, 2021), 30-31.
60 셰인 클레어본 & 크리스 호, 『대통령 예수』, 이주일 역 (서울: 죠이선교회, 2016), 117.

증언한다.

> 기독교가 실패했다고 보는 것은 현대가 만든 신화로서, 우리는 교회의 역사를 제대로 이야기하는 것을 부끄러워해서는 안 된다.[61]

3. 방어적 변증이 아닌 공세적 선포

급진정통주의는 복음주의와 마찬가지로 자유주의 신학을 반대하지만, 복음주의 변증방법론과는 차이가 있다.

급진정통주의자들은 압도적인 논리로 세속 학문의 모순을 부수고, 신학의 독자성을 구축했다. 또한, 급진정통주의는 후기 자유주의와 마찬가지로, 무비판적으로 세속 학문을 수용해 오던 자유주의 신학자들에게 엄청난 도전을 주었다. 그러나 복음주의와는 다르다. 복음주의 신학 안에서는 방어적 변증학이 굉장히 중요하다.

그러나 급진정통주의는 방어적 변증을 좋아하지 않는다. 그 이유는 "궁극성은 합리적 선택의 문제"가 아니기 때문이다.[62] 즉, 인간의 자율적이고 독립적인 이성을 인정하는 '세속화된 사고'는 명백하게 잘못된 것임으로 굳이 변증할 필요나 가치가 없다. 참된 기독교적 관점에서는 '설득'이라는 측면도, '인간 이성의 변증적 매개'를 통해 전달되는 것이 아니다. 그것은 선포될 뿐이다.

급진정통주의는 '세속 이성' 자체를 해체할 뿐 아니라 '진리'가 결여 된 세속 사회의 틀 안에서 변증하려는 것은, 수준이 맞지 않은 행위로 간주한다.

> 순수한 신앙에의 추구가 순수 이성에의 추구만큼이나 근대적인 추구라고 보며, 구원에 대한 보증을 전적으로 기관이나 공식에 의탁하는 것도 그러한 문제들에 대한 개인적인 무시만큼이나 근대적이라고 주장하는 한편 모든 변증학을 삼가는 것도 변증학을 진정한 신학의 본질적 토대로 여기는 것과 마찬가지로

---

61 톰 라이트, 『하나님은 어떻게 왕이 되셨나?』, 최현만 역 (경기평택: 에클레시아북스, 2013), 226.
62 리처드 H. 로버츠, 1080.

근대적인 것으로 본다.[63]

따라서 복음주의에서 취하고 있는 변증학조차도 급진정통주의자들에게는 불필요한 작업이다. 복음주의와 급진정통주의의 기독교 변증방법론의 차이에 대해 예를 들면 다음과 같다.

> 마르크스가 "기독교는 인민의 아편"이라고 말했다.
> - **복음주의자의 변증**: 기독교는 인민의 아편이 아니라, 인민의 명약이다. 기독교의 복음만이 인간을 구원할 수 있다.
> - **급진정통주의자의 변증**: 기독교는 인민의 아편이 맞다. 그 아편은 죄를 마비시킨다. 그렇기에 모든 인민에게 기독교라는 아편을 공급해 주어야 한다.

이처럼 급진정통주의는 해명하거나 반론하기보다는, 재해석하거나 기독교적 틀로 '논의의 필드'(field)를 교체한다. 물론, 급진정통주의자들의 지적이 모두 옳은 것만은 아니다. 지적 호기심이 많은 사람에게, 학문적 연구와 기독교 교리에 대한 변증은 시대적 요청에 부응한다.

따라서 복음주의 변증들도 나름의 의미가 있다. 즉, 급진정통주의가 복음주의의 변증학을 무가치하게 여기는 것은 문제가 있는 처사이다. 급진정통주의자들은 기독교 신앙을 말할 때, '기독교 신앙은 변증하는 것이 아니라, 선포하는 것이다'라고 말할 것이다. 그렇다. 기독교 신앙은 변론하고 방어만 하지 않는다. 전파하고 선포하는 것은 지극히 합당하다.

하지만 복음주의의 변증학은 하나님과 독립된 자율적 이성을 인정하기 때문에 변증하는 것이 아니다. 오히려 자율적 이성에 사로잡혀 있는 세속 학문을 성령의 조명하심을 받도록 제시해 주는 역할을 한다. 즉, 복음주의는 하나님이 합법적으로 사용하시는 이성이다. 성경론에 대해서도 마찬가지이다. 급진정통주의자들은 '성경은 전적으로 진실하기에 무오성을 굳이 주장하지 않아도 결국 성경 스스로가 계시하게 된다'라고 믿는다.

---

63 제임스 K. A. 스미스, 『급진정통주의 신학』, 99-100.; 스미스는 밀뱅크의 "*Programme of Radical Orthodoxy*"에 있는 글을 인용하고 있다. 밀뱅크는 복음주의자들이 제도적인 교회론에 대해 무시하거나, 혹은 역사의 합리적인 반성에서 회피하려고 하지는 않는지 의심한다.

하지만 낙관적으로만 생각할 수는 없다. 세속 학문은 하나님과 분리된 이성으로 끊임없이 교회를 위협하고 있다. 이에 대응하여 성령의 조명하심을 받은 합리적 이성 사용은 불가피하다. 물론, 급진정통주의자들이 말하려고 하는 본질은, 궁극적으로 신학을 하는 목적이 자기만족에 있는 것이 아니라, "하나님을 영화롭게 하는 데에 있다"는 것이다.[64]

4. 급진정통주의 신학에 대한 평가

앞에서도 계속 언급하고 변호했던 지점들이긴 하나, 먼저 급진정통주의의 약점이 될 만한 부분을 다시 한번 크게 세 가지로 정리해 보겠다.

첫째, 급진정통주의 신학은 중세의 긍정적 부분을 극대화한 나머지 그 당시의 한계점을 너무 괄시한다.

기독교 신앙이 중세와 같은 권위를 꿈꾸고 누릴 수 있다면 그리스도인 모두는 너나 할 것 없이 좋다. 하지만 교회가 철학을 통치하고 관리할 수 있는 시대는 이미 놓쳤으며, 교회가 중세와 같은 영광을 다시 누렸을 때, 교권의 타락이 다시 발생하지 않으리라는 법이 없다.

둘째, 급진정통주의 신학은 종교개혁과의 연결 지점이 희미하다.

급진정통주의는 현대의 철학이 아닌 중세의 철학과, 현대의 신학이 아닌 교부의 신학을 신뢰함으로 그 골격을 다잡는다. 그러나 여기서 아쉬운 지점이 나타나는데, 그것은 바로 종교개혁자들의 신학과 접촉점이 희미해진다는 점이다. 만일 급진정통주의 신학이 고전적 철학과 신학을 신뢰하면서 종교개혁자들의 정신과 신학 사상까지 흡수하여 보강한다면 지금보다 더 강력한 변증방법론으로 업그레이드될 수 있을 것이다.

셋째, 급진정통주의 신학은 세속 학문과의 단절을 초래한다.

급진정통주의 신학자들이 인문학이나 세속 학문을 모르는 것이 아니다. 그들은 철저하게 세속 학문의 이론을 꿰뚫고 있다. 그래서 이들의 신학은 자체는 세속 학문과 대립하면서도 더욱 단단하고 군건하다. 그렇기에 세속 학문과의 단절은 반드시 단점의 요소가 아니다. 다만, 급진정통주의의 신학적 이론체계를 정

---

64 하상화, 『하나님 중심으로 신학하기』 (서울: 기독교문서선교회, 2010), 217-218.

확히 이해하지 못하고 '단절'과 '배타성'이 이들 신학의 핵심적 특징이라고 오해하는 이들이 문제다.

이처럼 학문적 태도가 빈약한 이들이 급진정통주의의 신학적 매력에만 빠져서, 혹은 이들의 신학을 오해하여서, 외골수적인 기질로 세속 학문과의 단절을 초래할 경우, 급진정통주의 학자들이 쌓아 놓은 신학적 유산과 명성에 큰 흠집이 남게 된다.

다음으로 밀뱅크의 급진정통주의 신학의 강점은 다음과 같다.

첫째, 교회 공동체 안에서 오랫동안 권위를 인정받은 교부들에서 변증의 묘수를 찾는다는 점이다.

이는 공동체의 권위를 세워줄 뿐 아니라 '악한 의도(신앙을 와해시키려는 목적)'로 도전하는 학문적 논쟁을 '고전'이라는 권위를 통해 대응할 수 있도록 만든다. 앞서 권위에 호소하는 것을 부정적으로 보는 시선도 있겠으나, 전통이 오래된 공동체일수록 권위에 근거할 때 그 변증학적 내구성이 강해지는 것은 누구도 부정할 수 없는 사실이다.

둘째, 신학을 신앙 현실 속으로 참여시켰다.

이성이 독립적이지 않고 창조주에게 종속된 것으로 이해한다면, 인간은 끊임없이 하나님의 조명하심 속에 교정될 수 있다. 신앙 현실 가운데 참여하는 '신학'은 절대적으로 교회의 유익을 구한다. 간혹 현대적 신학 사조 흐름에서 비교종교학적으로 평론하고 관망하는 이들이 있는데, 그것은 올바른 자세가 아니다. 신학은 건전한 신앙이 형성된 상태에서, 조명된 지성으로 가다듬는 것이다.

셋째, 급진정통주의 신학은 진리의 우월성을 가지고 모든 학문에 방향성을 줄 수 있다.

그러나 앞서 말한 대로 이것은 동시에 비판점이며 한계점일 수 있다. 진리의 절대적 우월성을 주장하면 배타적이고 편협하다는 비판을 받게 된다. 또한, 세속 학문과의 단절은 신학을 '고립된 섬'으로 만들 수 있다. 그래서 키스 워드(Keith Ward)는 그리스도교가 "다른 세계관을 가진 모든 이와 건설적인 대화를 하며 진정으로 범지구적이면서도 제국주의적이지 않은 신앙"으로 나아가야 한다고 외친다.[65]

---

65 키스 워드, 『그리스도교와 만나다』, 차건 역 (서울: 비아, 2021), 15.

하지만 이러한 비판에 대해서 급진정통주의자들은 아마도 다음과 같이 재반론을 펼칠 수 있을 것이다.

진리란 본래 상대적인 것이 아니라 절대적이다. 그리고 기독교적 진리는 타종교와의 대화를 끌어내기 위한 것이 아니라, 복음 선포를 창출하는 것에 그 목적을 둔다.

급진정통주의자들에게 주어진 숙제는 이러한 변증이 배타적이고 폭력적으로 보이지 않도록 최대한 대화의 양상을 띠면서 선포하는 것이다. 하지만, 사실 급진정통주의는 '세속 학문으로부터의 고립'이라는 비판받아선 안 된다. 왜냐하면, 성령에 조명을 받지 않은 세속적 이성은 하나님을 알 수 없기 때문이다.

또한, 그러한 이성은 존재할 수도 없다. 그렇기에 세속 학문이 비(非)진리라면, 신학이 고립을 피하고자 비진리에 아부할 필요는 조금도 없다. 무엇보다 그리스도인들이 싸우는 무기는 육신에 속한 것이 아니라, 오직 어떤 견고한 진도 무너뜨리는 하나님의 능력에 있다.

그런데 인간의 '자율 이성'이라는 망상에 사로잡혀 있는 이들은 육신의 무기로 싸우려 한다. 그들은 자신들 스스로가 세속 학문이라는 거대한 대륙에 거주한다고 생각한다. 하지만 그리스도인들은 그들의 대륙을 부러워해선 안 된다. 그리스도인들은 비록 고립된 섬이지만, 예수 그리스도께서 함께하시는 섬에 거해야 한다. 왜냐하면, 비록 세속 학문은 넓고 방대한 대륙이지만, 그 대륙에는 그리스도께서 계시지 않기 때문이다. 그렇다면 그 대륙이야말로 '고립된 대륙'이 아닐 수 없다.

♣ 내용 정리를 위한 문제

1. 급진정통주의에서 중요하게 관심하고 있는 개념은 무엇이며, 그 각각 관심사는 급진정통주의 안에서 어떻게 설명되고 있는가?
2. 존 밀뱅크의 사상과 변증방법론을 정리한 후, '급진정통주의 신학'과 '복음주의 신학'의 공통점과 차이점을 서술하시오.
3. 급진정통주의 신학이 가지는 한계와 강점을 각각 세 가지씩 정리하여 서술하시오.

※ 참고 문헌(제24장에 인용된 도서들)

존 밀뱅크. 『신학과 사회이론』. 서종원·임형권 역. 서울: 새물결플러스, 2019.
존 밀뱅크 & 슬라보예 지젝. 『예수는 괴물이다』. 배성민·박치현 역. 서울: 마티, 2013.
B. A. 브로디. 『철학과의 만남』. 김신혁·이숙 역. 경기 파주: 서광사, 2007.
데이비드 F. 포드. 『현대 신학과 신학자들』. 류장열, 오홍명, 정진오, 최대열 역. 서울: 기독교문서선교회, 2005.
디오게네스 알렌. 『신학을 이해하기 위한 철학』. 정재현 역. 서울: 대한기독교서회, 2015.
로드니 스타크. 『기독교 승리의 발자취』. 허성식 역. 서울: 새물결플러스, 2020.
로제 폴 드르와. 『위대한 생각과의 만남』. 박언주 역. 서울: 시공사, 2013.
마이클 하이저. 『보이지 않는 세계: 성경의 초자연적 세계관 회복하기』. 손현선 역. 서울: 좋은씨앗, 2019.
발리 뒤. 『그림으로 이해하는 현대 사상』. 남도현 역. 경기 고양: 개마고원, 2018.
발터 벤야민. 『기술 복제 시대의 예술작품』. 최성만 역. 서울: 길, 2016.
버트란드 러셀. 『철학의 문제들』. 박영태 역. 서울: 서광사, 1989.
베리 칼렌. 『급진적 기독교』. 배덕만 역. 대전: 대장간, 2010.
브루스 애쉬포드 & 히스 토머스. 『왕의 복음』. 정옥배 역. 서울: 한국기독학생회출판부, 2021.
셰인 클레어본 & 크리스 호. 『대통령 예수』. 이주일 역. 서울: 죠이선교회, 2016.
슬라보예 지젝. 『폭력이란 무엇인가』. 이현우·김희진·정일권 역. 서울: 난장이, 2011.
알랭 바디우 & 파비앵 타르비. 『철학과 사건』. 서용순 역. 경기 파주: 오월의봄, 2015.
알랭 바디우. 『유한과 무한』. 조재룡 역. 경기 파주: 이숲, 2021.
_____. 『일시적 존재론』. 박정태 역. 서울: 이학사, 2018.
앨런 크라이더. 『초기 교회와 인내의 발효』. 김광남 역. 서울: 한국기독학생회출판부, 2021.
어거스틴. 『고백록』. 선한용 역. 서울: 대한기독교서회, 2011.
에른스트 카시러. 『인문학의 구조 내에서 상징형식 개념 외』. 오향미 역. 서울: 책세상, 2002.
에머리히 코레트. 『전통 형이상학의 현대적 이해』. 김진태 역. 서울: 가톨릭대학교출판부, 2017.
요셉 슈미트. 『철학적 신학』. 이종진 역. 서울: 서강대학교출판부, 2011.
요셉 피퍼. 『실재와 선』. 김진태 역. 서울: 가톨릭대학교출판부, 2017.
자크 데리다. 『해체』. 김보현 역. 서울: 문예출판사, 1996.
자크 라캉. 『욕망 이론』. 민승기·이미선·권택영 역. 서울: 문예출판사, 2017.
제임스 사이어. 『지식 건축법』. 윤종석 역. 서울: 한국기독학생회출판부, 2013.
제임스 스미스. 『급진정통주의 신학』. 한상화 역. 서울: 기독교문서선교회, 2011.

_____. 『하나님 나라를 욕망하라』. 박세혁 역. 서울: 한국기독학생회출판부, 2019.
제임스 스미스. 『해석의 타락』. 임형권 역. 대전: 대장간, 2015.
카를로 라우다치. 『신학적 인간학』. 윤주현 역. 서울: 가톨릭대학교출판부, 2017.
크리스토퍼 라이트. 『이것이 너희 신이다』. 한화룡 역. 서울: 한국기독학생회출판부, 2022.
크리스토퍼 홀. 『교부들과 함께 성경 읽기』. 이경직·우병훈 역. 경기 파주: 살림, 2008.
키스 워드. 『그리스도교와 만나다』. 차건 역. 서울: 비아, 2021.
톰 라이트. 『하나님은 어떻게 왕이 되셨나?』. 최현만 역. 경기 평택: 에클레시아북스, 2013.
톰 홀랜드. 『도미니언』. 이종인 역. 서울: 책과함께, 2020.
페터 휘너만. 『교회에 관한 교의 헌장 「인류의 빛」』. 신정훈 역. 서울: 가톨릭대학교출판부, 2019.
피터 게이. 『모더니즘』. 정주연 역. 서울: 민음사, 2015.
필립 샤프. 『신조학』. 박일민 역. 서울: 기독교문서선교회, 2015.
한스 우르스 폰 발타사르. 『세계의 심장』. 김혁태 역. 서울: 가톨릭출판사, 2022.
한상화. 『하나님 중심으로 신학하기』. 서울: 기독교문서선교회, 2010.

제25장

과학적 무신론에 대한 기독교 변증 I : 윌리엄 뎀스키

> 하나님이 이르시되 땅은 생물을 그 종류대로 내되 가축과 기는 것과 땅의 짐승을 종류대로 내라 하시니 그대로 되니라 하나님이 땅의 짐승을 그 종류대로, 가축을 그 종류대로, 땅에 기는 모든 것을 그 종류대로 만드시니 하나님이 보시기에 좋았더라(창세기 1장 24-25절).

성경은 하나님의 창조에 대해서 기록해 놓았다. 성경에서 하나님은 생물들을 각기 종류대로 창조하셨다. 그러나 과학계에 진화론이 등장하면서부터 성경의 창조론에 대해 불편함을 표시하는 이들이 있다. 이에 따라 창조냐 진화냐의 논쟁은 기독교 변증학에서 항상 다뤄지는 단골 주제가 되었다.

최근에는 과학적 세계관과 기독교적 세계관을 구별해서, 아예 '창조'와 '진화'의 개념을 다른 영역으로 다룬다. 마이클 루스(Michael Ruse)에 따르면, "다윈주의(진화론)는 종교적 신념의 형성과는 아무 상관도 없는 것이기에 그것이 종교의 문제점을 드러낸다고 주장할 수는 없다"라고 주장한다.[1] 이러한 주장에 따르면, 다윈주의자면서 기독교인이 되는 것도 가능하다. 그러나 이러한 입장은 곧장 다음과 같은 질문을 유도하게 된다.

> 진화를 사실로 받아들이면서 창조의 교리를 받아들일 수 있다는 말은 마치 검은색이면서 동시에 흰색일 수도 있다는 말 아닌가?
> 하나님이 창조하신 후 진화를 허락하신 것인가?
> 아니면 진화라는 방법을 통해서 창조를 이룩하신 것인가?

---

1   마이클 루스, 『다윈주의자가 기독교인이 될 수 있는가?』, 이태하 역 (서울: 청년정신, 2002), 226.

창조론과 진화론이 반드시 대립한다고 생각하는 사람들은 성경의 창조를 과학적 사실의 진술로 믿는다. 그들은 '창조과학'이라는 것을 통해서 성경을 과학적으로 증명하려고 시도한다. 이들의 동기는 순수하다. 성경은 문자 그대로의 사실이며 무오한 말씀이기에 과학적으로도 '사실 그대로'라고 전제한 것이다. 그런데 이러한 시도는 많은 부작용도 동반한다.

반면에 창조론은 진화론의 위협을 받을 이유가 없으며, 창조론적 사고를 하더라도 과학적 세계관에 충분히 동화될 수 있다고 생각하는 사람들은 창조를 과학적 진술이 아닌 신앙적 진술로 받아들인다. 이들 중 어떤 이들은 '진화'에 대해선 과학적 사실로 받아들이면서 '종교'에 대해선 기독교 신앙을 유지한다. 또 어떤 이들은 여전히 진화론을 받아들이지 않고 성경에 기록된 창조를 믿지만, 이것을 과학적 방법론으로 접근할 필요가 아예 없다고 생각한다.

정리하자면, '성경의 창조를 과학적 사실로 입증할 수 있다는 창조론자 그룹', '진화론을 과학적 사실로 믿지만, 기독교 신앙은 그것과는 별개라고 생각하는 그룹' 그리고 '진화론은 과학적으로 오류가 있으며, 여전히 창조론이 옳다고 생각하지만, 이것을 과학적 방법론을 입증할 필요가 없다고 생각하는 그룹'으로 나눌 수 있다.

1. 창조와 진화

전통적으로 기독교 신앙은 하나님이 무로부터 세상을 창조하셨다는 것을 받아들인다. 여기서 창조라는 개념을 받아들여 공식화할 때 유일한 기준은 "창조적 상상력"이며 그 "창조적 정신"은 하나님의 속성이다.[2] 그러나 전통적 세계관에서 벗어난 현대의 과학적 세계관은 하나님의 창조보다는 우연한 진화를 더 선호한다. 이러한 과학적 세계관에 대해서 기독교 변증은 크게 두 가지로 반응할 수 있다.

---

2 도로시 세이어즈, 『창조자의 정신』, 강주헌 역 (서울: 한국기독학생회출판부, 2016), 48-49.

첫째, '진화'를 수용하는 것이다.

하나님이 창조 세계에 진화라는 방법을 사용하셨다고 수용하는 것이다. 일명 유신 진화론이다. 하나님은 살아계시지만, 진화론도 수용할 수 있다는 논리이다.

둘째, '성경적 창조론'만을 고집하는 것이다.

필립 존슨(Phillip E. Johnson)은 자신의 강경한 입장을 다음과 같이 진술한다.

> 자연주의적 진화론은 과학의 거대한 형이상학적 이야기의 일부로서 창조가 비인격적이며 비지성적인 힘에 의해 이루어졌다고 말한다. 성경의 이야기와 자연주의의 이야기 사이에는 근본적인 대립이 있기 때문에 어느 편도 타협할 수가 없다. 타협하는 것은 상대에게 지는 것이다.[3]

성경적 창조론만을 고집하는 이들은 성경적 진리와 대치되는 개념은 단호하게 배척한다. 그렇기에 이들 기준에서 유신 진화론자들은 기록된 성경을 그대로 믿지 못하는 타협주의자들에 불과하다. 진화론적 사상을 담고 있는 자연주의적 과학은 성경을 변증하는 도구가 결코 될 수 없기 때문이다. 성경적 창조론만을 고수하는 입장에서, 켄 햄(Ken Ham)은 지구의 역사도 성경의 역사 연대기와 동일하게 6000년이라고 주장한다. 일명 젊은 지구 창조론이다. 그는 창세기에 기록된 "창조의 날들은 문자 그대로"라고 주장한다.[4]

반면에 알리스터 맥그래스(Alister McGrath)는 좀 더 신중한 입장이다. 그는 유신론자겸 진화론자가 존재하는 것에 대해서 문제 삼기보다는, 과학만능주의 사고가 기독교 안에 들어오는 것을 더 경계한다. 맥그래스는 "과학과 신앙이 오늘날의 문화 가운데 진지하게 들어야 할 유일한 목소리는 아니다"라고 주장한다.[5] 또 맥그래스는 "물리 법칙이 어떻게 우주에 대한 온전한 설명을 제공할 수 있다는 것인지 알아보기는 어렵다"고 한다.[6] 이처럼 과학도 다른 학문과 마찬가지로 한계가 있는 학문이다.

---

3 필립 존슨, 『위기에 처한 이성』, 양성만 역 (서울: 한국기독학생회출판부, 2001), 115.

4 켐 햄 & 휴 로스 & 데보라 하스마 & 스티븐 마이어, 『창조, 진화, 지적 설계에 대한 네 가지 견해』, 소현수 역 (서울: 부흥과개혁사, 2020), 26.

5 알리스터 맥그래스, 『우주, 하나님 지으신 모든 세계』, 홍종락 역 (서울: 복있는사람, 2017), 286.

6 Ibid., 133.

따라서 성경을 과학 이론으로 증명하려는 창조과학자들과 과학으로 신앙의 영역을 폄훼하는 무신론자들 모두 과학만능주의에 사로잡혀 있는 이들이다. 실제로 기독교 신앙을 과학으로 변증하는 것보다, 오늘날 최첨단이라고 불리는 과학이 어떤 한계를 가졌는지를 알려주는 것이 더 효과적인 변증일 수 있다. 그래서 낸시 피어시(Nancy R. Pearcey)는 "'환원 불가능한 복잡성'까지도 우연한 자연선택이 무작위로 만들어 냈다"라고 말하는 것이 과학이라면, 그것은 과학보다는 미신에 가깝다고 지적한다.[7]

마찬가지로 J.P.모어랜드(J. P. Moreland)도 "과학주의가 우리 문화에 수용되는 정도에 비례하여, 우리의 도덕적·영적 주장은 '탈 인지화된다'(decognitivized)"라고 경고한다.[8] 기독교 신앙의 영역에서 우주의 기초는 '물질'이 아니라 '관계'이다.[9] 삼위일체 하나님의 창조 목적은 우리에게 찬양과 경배를 받기 위함이고 우리와 관계를 맺기 위함이다.

그런데 과학적 사고 안에 갇히면, 물질의 구성 요소인 원자와 분자 이론에만 집중하고 하나님과의 관계는 생각하지 않게 된다. 이 모든 논의를 올바로 이해하기 위해서는 우리는 반드시 과학과 신학이 다른 영역의 학문이라는 점을 반드시 명심해야 한다. 이것을 명확하게 이해하지 않은 상태에서는 변증은 불가능하고, 도리어 큰 혼란만 거듭된다. 이를 염려해서 낸시 머피(Nancey Murphy)는 다음과 같이 정리한다.

> 심리학의 관심사가 생물학의 관심사와 다르듯, 신학에도 고유한 주제(주로 하나님)가 있다. 이렇듯 이 견해는 신학과 각 과학 분야가 서로 상이한 언어를 가진다는 것을 인정한다. 생물학에는 심리학 용어인 '신경증'(neurosis)이나 '자아 강도'(ego strength)에 해당하는 용어가 없다. 마찬가지로 과학에는 '구원', '은총', '죄'에 해당하는 용어도 없다.[10]

그러나 과학과 신학이 다른 학문이라고 해서, 과학적 접근을 통한 기독교 변증이 전부 무가치하다고 단정하는 것은 아니다. 왜냐하면, 때론 창조론자 역시

---

[7] 낸시 피어시, 『완전한 진리』, 홍병룡 역 (서울: 복있는사람, 2006), 350-351.
[8] J.P.모어랜드, 『과학, 과학주의 그리고 기독교』, 황을호 역 (서울: 생명의말씀사, 2019), 39.
[9] 스카이 제서니, 『종교에 죽고 예수와 살다』, 정성묵 역 (서울: 두란노서원, 2020), 99.
[10] 낸시 머피, 『신학과 과학의 화해』, 김기현·반성수 역 (서울: 죠이선교회, 2021), 37.

과학적 방법을 동원하여 기독교 신학을 변증하기 때문이다. 특히, 진화론적 사상에 반대할 때 과학 이론을 동원한다. 그 구체적인 논증 중 대표적인 것은, 종이 바뀌는 '대진화'는 과학적으로 설명 불가능하다는 점이다. 상식적인 차원에서도 종이 다르면 교배는 불가하다.

그런데 대진화는 종을 넘나드는 불가능한 자연법칙을 말하고 있다는 점에서 큰 모순이 있다.[11] 또한, 과거 진화론자는 과학적 검증보다는 조작된 증거들로 자신들의 논리를 입증하려 시도했었던 적이 있는데, 이런 일련의 사건들이 진화론에 대해 반감을 갖게 하는 원인이 되기도 하였다.

다음은 1925년 존 스코프스(John Scorpus)가 재판받았던 사례이다.

> 이 재판에서 헤스페로피테쿠스 즉, 네브라스카인의 치아가 인류 진화의 증거로 뽐내며 전시되어 보여 졌다. 네브라스카인의 그림은 1922년에 그라우돈 엘리엇 스미스의 의뢰에 의하여 그려졌고, 〈런던 화보 뉴스〉에 발표되었다. 네브라스카인은 네브라스카주에서 발견된 단 한 개의 어금니 화석에 근거하여 만들어진 것이다. 그러나 이 치아는 원인의 것도 아니고 사람의 것도 아니며 멸절한 산돼지의 이빨이었다는 것이 1927년에 판명되었다.[12]

과학적 입증을 거치치 못한 진화론은 과학이 될 수 없다. 진화론자는 돌연변이를 대진화의 원인으로 설명하기도 하지만, "돌연변이를 대진화의 원인으로 인정하는 데 있어서 가장 큰 문제는 이것 역시 자연 선택과 같이 자연계에서의 관찰이나 실험실에서의 증거가 없다는 것"이다.[13]

그렇다면 우리는 과학의 방법론을 적극적으로 활용하면서 기독교 신앙을 변증하는 것이 가능할까?

과학적 사고를 이해하면서 무신론에 대해 기독교는 어떻게 변증할 수 있을까? 이를 위해 윌리엄 뎀스키(William Dembski)는 '지적 설계론'을 제시한다. '지적 설계론'은 '창조 과학'과 엄연히 다르다. 지적 설계론은 성경을 전제하고, 성경을 수호하기 위해 과학적 사고를 동원하는 것이 아니다. 이것은 철저하게

---

11 교과서진화론개정추진회, 『진화론에는 진화가 없다』 (서울: 생명의말씀사, 2012), 40.
12 우사미 마사미, 『창조의 과학적 증거들』, 장혜영·오덕철·김남형 역 (서울: 한국창조과학회, 2000), 72.
13 양승훈, 『창조와 진화』 (서울: SFC, 2012), 133.

과학적 방법을 통해 연구된다.

과학적 방법이라 함은 (1) 관찰 (2) 가설 (3) 실험 (4) 결론의 순서를 거치는 것이다. 지적 설계는 이런 절차를 정확하게 따른다.[14] 뎀스키의 '지적 설계론'은 크게 세 가지로 구분해서 설명할 수 있는데, 이것은 과학적 무신론자들에게 효과적인 변증이 될 것이다.

2. 지적 설계론

첫째, '지적 설계론'은 설계 이론에 따른 창조의 신뢰 가능성을 제시해 준다.
최근 과학자들은 "설계가 엄밀한 과학 이론으로 공식화될 수 있음"을 깨닫기 시작했다.[15] 신앙의 언어로 이러한 자연 현상에서 발생한 설계 이론들은 창조주의 지문이라고 표현할 수 있을 것이다. 리 스트로벨(Lee Strobel)은 디스커버리 연구소 과학문화센터 소장으로 있는 스티븐 마이어(Stephen Meier) 박사와의 대화를 통해서 과학은 진리의 유일한 원천이 아니라는 것을 설명한다.

대표적으로, 우연에 따른 진화 가설을 과학에서 수용하고 있다는 점이 그렇다. 마이어는 과학이 가설을 제시하는 것처럼, 유한한 우주에 대해서 유신론적 가설을 세우는 것 역시 수용 가능하다고 주장한다. 가령 우주의 기원에 대해서 예상할 수 있고, 그 우수의 시작에 대한 놀라운 증거가 있다면 이것은 기독교와 유대교에서 말하는 창조주 하나님의 존재 가설의 논리적 성립이 이루어진다.

"이 삼단논법은 실증적 관측이 과학 이론을 확인하는 것과 거의 같은 방식" 으로, 유신론의 형이상학적 가설을 추론할 수 있는 논리로써 충분히 암시한다.[16] 물론, 과학 이론에서 세워진 가설에 따라 자연계의 여러 정보를 습득할 수 있었음을 부정해선 안 된다. 즉, 과학은 신학의 적이 아니다. 오히려 과학은 일반은총의 측면을 탐구할 수 있도록 돕는 신학의 동역자 내지는 도우미이다. 그러므

---

14 게리 켐퍼 & 헬리 켐퍼 & 케이시 러스킨, 『지적 설계의 발견』, 소현수 역 (서울: 부흥과개혁사, 2021), 402-403.
15 윌리엄 뎀스키, 『지적설계』, 서울대학교창조과학연구회 역 (서울: 한국기독학생회출판부, 2002), 137.
16 스티븐 마이어, 『하나님 존재 가설의 귀환』, 소현수 역 (서울: 부흥과개혁사, 2022), 294.

로 과학적 증거가 유신론에 대한 믿음을 뒷받침해 주기도 한다.[17] 과학에서 다뤄지는 지적 설계론의 논의가 바로 그 대표적인 예이다.

> 현대 물리학자들이 발견하고 있는 바처럼 물리 법칙들이 생명을 허용하도록 미세하게 조정되어 있다면, 그 법칙들을 미세하게 조정한 설계자가 있다는 뜻일 겁니다. 분자생물학이 보여 주는 바와 같이 세포에 정보가 있다면, 그것은 바로 지적 설계에 대한 정보를 가리킵니다.[18]

과학적인 사고 안에서 창조주에 따른 설계 가능성이 있다. 물론, 지적 설계는 하나님의 존재를 전제하지 않고, 자연 속에 담긴 "지적 패턴"(intelligent pattern)을 찾는 일이다.[19] 따라서 지적 설계는 "자연에서 나타나는 지적 원인에 의해서 발생한 명백한 결과"에 초점을 맞춘다.[20] 뎀스키가 말하는 지적 설계의 기본적인 주장도 마찬가지이다. 뎀스키는 "복잡하고 정보로 가득한 생물의 구조를 설명하려면 지적 원인이 필요"하고, 그 지적인 원인은 "경험적으로 탐지 가능하다는 것"이다.[21]

생물학자 데이비드 드로시어(David DeRosier)는 "다른 모터들에 비해서 편모는 인간이 설계한 기계와 더욱 비슷하다"고 한다.[22] 이는 세포 속에 있는 작은 분자 기계들이 지성적인 행위자에 의해 설계되었음을 시사한다.[23] 단, 여기서 창조과학자들의 화석과 단층에 따른 젊은 지구론 논쟁은 논외로 한다. 왜냐하면, "모든 창조론자는 지적 설계의 지지자이지만, 모든 지적 설계의 지지자들이 젊은 창조론자이거나 오래된 지구 창조론자인 것"은 아니기 때문이다.[24]

---

17 리 스트로벨, 『창조 설계의 비밀』, 홍종락 역 (서울: 두란노서원, 2010), 91.
18 Ibid., 92. ; 리 스트로벨의 질문에 대한 스티븐 마이어의 답변이다.
19 기예르모 곤잘레스 & 제이 W. 리처즈, 『창조, 진화, 지적 설계 쉽게 이해하기』, 김희범·이승엽 역 (서울: 개혁주의신학사, 2019), 35.
20 Ibid.
21 윌리엄 뎀스키, 『지적설계』, 137-138.
22 David J. DeRosier, "The Turn of the Screw: The Bacterial Flagellar Motor," Cell 93 (April 3, 1998): 17. : 낸시 피어시, 『완전한 진리』, 홍병룡 역 (서울: 복있는사람, 2006), 352 재인용.
23 낸시 피어시, 『완전한 진리』, 352.
24 켐 햄 & 휴 로스 & 데보라 하스마 & 스티븐 마이어, 『창조, 진화, 지적 설계에 대한 네 가지 견해』, 87.

지금까지 살펴본 바에 따르면, 지적 설계론에서는 창조자나 기적을 전제하지 않는다. 그럼에도 그 이론은 창조의 신뢰 가능성을 높여 준다. 또한, "지적 설계는 자연 신학보다 더욱 조심성 있으며 동시에 더욱 강력"하다.[25] 왜냐하면, "지적 설계는 자연 세계의 관찰 가능한 특징들로부터 그런 특징들을 생기게 한 지성을 추론"하기 때문이다.[26] 기예르모 곤잘레스(Guillermo Gonzalez)는 "지적 설계의 증거와 철학적 주장 몇 가지를 결합하여 창조주의 존재를 뒷받침하는 강력한 논증을 만들 수 있다"고 보았다.[27]

물론, 최종적으로 구원에 이르는 지식을 얻기 위해서는 예수 그리스도의 사건이라는 특별계시가 필요하다. 뎀스키가 "지적 설계론"을 근거로 창조의 신뢰 가능성을 말할 때는 그리스도의 사건을 선포하고, 특별계시에 근거한 구원의 진리를 전달하는 것은 결코 아니다. 뎀스키는 과학의 영역에서 "어떤 지성이 한 일을 다른 지성이 결정"할 수밖에 없다는 것을 설명하는 것이다.[28]

> 지적 설계는 경험적으로 설계를 탐지하고, 그다음 설계로 탐지된 대상물을 역설계 공학하는 것이다. 그러므로 지적 설계가 과학적 연구를 질식시킬 것이라는 걱정은 정당한 근거가 없다. 실로 많은 과학자가 자연주의적인 옷을 입고 있더라도 이미 설계이론가라고 말할 수 있다.[29]

둘째, '지적 설계론'은 진화론적 사고로 설명 불가능한 복잡성과 특정성에 대해 합리적 추론을 가능하게 만든다.

조나단 웰스(Jonathan Wells)에 따르면, "종교와 실증 과학" 사이에는 결코 전쟁이 없었으나, "종교와 물질주의적 과학" 사이에는 '진화'라는 전쟁이 있다.[30] 웰스는 진화론에서 주장하는 것들은 허구이며, 진화론은 세계의 복잡성과 특정성을 온전하게 설명해 주지 못한다고 본다. 특히나 생명과학자들의 물질주의적인 관점에 대해서 그는 다음과 같이 말한다.

---

25 윌리엄 뎀스키, 『지적설계』, 139.
26 Ibid.
27 기예르모 곤잘레스 & 제이 W. 리처즈, 『창조, 진화, 지적 설계 쉽게 이해하기』, 37.
28 윌리엄 뎀스키, 『지적설계』, 141.
29 Ibid.
30 조나단 웰스, 『진화론의 상징들』, 소현수 역 (서울: 부흥과개혁사, 2017), 204.

그러므로 생명의 기원 연구자는 증거보다 거대한 물질주의적 이야기에 더 의존한다. 생물학자 소스텍은 그 이야기를 이렇게 말한다.

"초기 지구 위의 다양한 환경에서 단순한 화학에서부터 점점 더 복잡한 화학이 출현했고, 결국 중요한 생물의 구성 요소의 합성에 이르게 되었다. 어떤 시점에서 이 물질들이 원시 세포들로 조립되어 다윈의 진화적 행동이 출현할 수 있게 되었으며, 그 후 더 복잡한 생명 형태들의 점진적인 진화를 통해 현대적인 생명에 이르게 되었다"(Jack W. Szostak, "Attempts to define life do not help to understand the origin of life," *Journal of Biomolecular Structure and Dynamics* 29 (2012): 599-600).

그러나 이 이야기는 완전히 가정들로 구성되어 있다.

만약 ("오 얼마나 큰 만약인지!")간단한 화학에서부터 생물의 구성 요소들이 합성되었다면 그리고 만약 이 구성 요소들이 스스로 조립해 원시 세포로 변했다면 등. 이들 단계 중 어느 것도 실험적으로 입증되지 않았다. 실제로 생명의 기원 연구는 매우 성공적이지 못했다. 밀러-유리 실험은 많은 막다른 곳 중 하나다.[31]

맥그래스는 "우리가 자신 있게 말할 수 있는 것은 생명을 가진 지구상의 모든 유기체는 근본적으로 동일한 화학 구조물로 이루어졌으며, 이 구조물은 주로 아미노산과 지방산과 당들과 질소 염기로 구성되었다는 것"이라고 설명한다.[32] 그러나 맥그래스는 생물학 세계에 존재하는 창조주의 정교한 조율에 대해서 무시하지 않는다. 왜냐하면, "많은 사람이 진화가 스스로 자신을 조율한다"고 생각하지만, 실제는 이보다 상당히 더 복잡하기 때문이다.[33]

뎀스키는 바로 이 생물학적 복잡성에 대한 부분을 "지적 설계론"에 근거하여 설명하고자 하는 것이다. 뎀스키는 "우리가 설계를 추론할 수 있으려면 다음 세 가지, 즉 불확정성(contingency), 복잡성(complexity), 특정성(specification)을 확증해야 한다"고 밝힌다.[34] 불확정성은 자연법칙 또는 알고리즘으로 이해할 수 있고, 특정성은 정확한 발생 사건을 일컫는다.

---

31 Ibid., 59.
32 알리스터 맥그래스,『정교하게 조율된 우주』, 박규태 역 (서울: 한국기독학생회출판부, 2014), 288.
33 Ibid., 300.
34 윌리엄 뎀스키 & 낸시 피어시 외,『위대한 설계, 그 흔적들』, 현창기·도명술 역 (서울: 새물결플러스, 2014), 261.

그런데 생물의 복잡성은 불확정성보다는 특정성에 근거해서 정보가 나열된다. 이는 확률이 아니라 설계에 근거한다. 지적 설계에 따르면, "생물의 어떤 특징들을 포함해 자연 세계의 어떤 특징들은 인도되지 않은 자연적 과정보다 지성적인 원인"으로 더 잘 설명된다.[35]

그리고 이를 증거로 추론하는 행위는 과학적 증거와 성경에 근거한 주장을 조합하기보다는 엄격히 과학적 증거에 토대를 두고 있다. 뎀스키의 "지적 설계론"에 근거할 때 복잡성에 대한 설명이 충족되는 이유는 다음과 같다.

> 지적 행위를 식별해 내기 위해서 경쟁하는 다양한 가능성 중 하나가 실제화된 것을 관찰해야 하고, 어떤 가능성이 배제되는지를 확인해야 하며, 이어서 실제화한 가능성을 특정화할 수 있어야 한다. 또한, 배제된 가능성은 유효한 가능성이어야 하며 실제화한 가능성을 특정화하는 것이 우연에 의한 것이 될 수 없을 정도로 그 수가 충분하게 많아야 한다.[36]

따라서 복잡성은 확률로는 설명 불가능하다. 이는 생물을 관찰할 때뿐 아니라, 우주를 관찰할 때도 마찬가지이다. 우주를 관찰하고, 공전과 자전의 주기를 관측할 때, 그것들이 우연한 확률로 움직인다고 추론하는 이는 없을 것이다. 즉, "우주의 미세 조정은 신의 설계에 대한 자명한 증거"이다.[37]

짐 워너 월리스(J. Warner Wallace)는 "연구자들이 우주에 미세 조정의 모습이 있는 것에 합의하듯이, 과학자들은 또한 생물에 설계의 모습이 있는 것에 합의"한다고 설명한다. 심지어 대표적인 과학적 무신론자로 잘 알려진 리처드 도킨스(Richard Dawkins)조차도 "생물학은 목적을 위해 설계된 모습을 지닌 복잡한 물질에 대한 연구"라고 말하였다.

그러나 도킨스는 자연의 진화 과정의 힘이 "설계와 계획의 환영"을 설명할 수 있다고 믿는다. 그런데 만약 설계와 계획의 모습이 도킨스의 주장처럼 순수한 환영이라면, 그것은 실제로 인상적인 환영이다.[38] 여기서 우리는 도킨스의 믿음은 증거와 연구에 따른 결과가 아닌 신념에 의한 것일 뿐이라는 점을 발견할

---

35 조나단 웰스, 『진화론의 상징들』, 213.
36 윌리엄 뎀스키 & 낸시 피어시 외, 『위대한 설계, 그 흔적들』, 278.
37 리 스트로벨, 『창조 설계의 비밀』, 160.
38 Ibid., 138.

수 있다. 왜냐하면, "누적적인 설계 특징은 단순히 자연적 과정으로 설명될 수 없기" 때문이다.[39] 무엇보다 우주와 생물은 환원 불가능한 복잡성을 띠고 있다. 뎀스키는 다음과 같이 진술한다.

> 환원 불가능하게 복잡한 시스템에서는 시스템의 모든 구성 요소가 동시에 제자리에 있을 때만 작동하게 된다. 자연 선택이 환원 불가능하게 복잡한 시스템을 생성하려면 단번에 생성하든가, 아니면 전혀 생성하지 못하든가 해야 한다. 해당 시스템들이 간단하면 문제가 되지 않을 것이다. 그러나 그 시스템들은 그렇지 않다.[40]

셋째, '지적 설계론'은 정보 이론에 따른 지적 창조의 근거를 제공한다.

볼프하르트 판넨베르크(Wolfhart Pannenberg)에 따르면, "자연 법칙적인 질서는 시간의 과정에서 현상들이 등장하기 위한 규칙들의 총괄 개념이기는 하지만, 그런데도 그 질서는 그런 규칙들의 총괄 개념으로서 추상적이며, 구체적 실재 속에 있는 피조물들의 다양성"과는 분리된다고 설명한다.[41] 자연법칙이 질서에 따른다면, 그 질서와 규칙은 설계된 것이라고 보는 것이 합당하다. 따라서 "기독교 유신론과 기독교의 창조 교리는 빅뱅을 설명하는 데 있어 지금까지 과학적 자연주의가 제시한 어떤 설명보다 훨씬 우월"하다는 것이 명백하다.[42]

반면에 "지성에 의지하지 않고 정보를 쉽게 얻을 수 있다는 것이 현대 진화 생물학의 거대한 신화"이다.[43] 정보를 수집해서 신(God)을 측정하는 것은 절대적으로 불가능하다. 그것은 과학의 영역도 아니다. 그러나 정보를 수집해서 지적 창조의 근거를 제공하는 것은 가능하다. 대표적으로 생물학적 기원과 발전을 설명해 주는 정보 이론에서 발견할 수 있다.

여기서 지적 설계는 단지 "지성적인 원인만이 생물학의 복잡하고 풍성한 정보 주고를 적절하게 설명할 수 있으며, 이런 원인은 실증적으로 발견될 수 있음

---

39 Ibid., 139.
40 윌리엄 뎀스키, 『지적설계』, 192.
41 볼프하르트 판넨베르크, 『조직신학 II』, 신준호·안희철 역 (서울: 새물결플러스, 2018), 132.
42 윌리엄 뎀스키, 『지적설계』, 259.
43 Ibid., 199.

을 중점적으로 주장"할 따름이다.[44] 이 정보 이론에 근거하여 우주의 원리가 극단적인 미세 조정에 의한 설계임을 합리적으로 주장할 수 있는데, 이를 마이어는 다음과 같이 예시를 들어 설명한다.

> 설계 가설의 타당성을 평가하려면, 어떤 비기능적 결과를 얻을 확률을 특정한 기능적 결과(또는 알아볼 수 있는 패턴)를 얻을 확률과 비교해야 한다. 자물쇠 예시에서 64,000개의 가능한 세 번 돌리기 중 하나만 자물쇠를 여는 조합과 일치하므로, 무작위 또는 인도되지 않은 시도의 가장 가능성이 있는 결과는 열리지 않은 자물쇠이다.
>
> 따라서 열리지 않은 자물쇠는 그런 시도의 예상되는 결과다. 그러나 다이얼 돌리기가 올바른 조합에 대한 지식에 의해 지적으로 인도되었다면, 우리는 알아볼 수 있는 패턴(즉, 올바른 조합)과 기능적 결과(즉, 자물쇠를 여는 것)가 일치하는 사건을 보기를 기대할 것이다. 우리는 분명히 시도가 인도되지 않거나 무작위인 경우보다 지적으로 인도된 시도의 경우에 열린 자물쇠를 기대할 더 많은 이유를 가질 것이다.[45]

'정보 이론'은 특정화된 사건에 대한 실증적 표지이다. 만일 정보 이론이 제시하고 있는 실증적 표지들을 무시한다면, 과학적 지식이라고 하는 것들은 환원론이나 상대주의로 빠지게 된다. 물론, 반드시 그렇게 되는 것은 아니지만, 실제로 그런 경우가 자주 일어난다.[46] 그뿐만 아니라 창조 설계에 대한 정보 이론 없이, 자연주의적인 이론들만 가지고는 "어떤 지적인 원인이 최초의 살아 있는 세포의 기원과 같은 획기적인 일에 관여했을 가능성"을 아예 고려하지 못한다.[47]

특정화와 관련해 중요한 일은 그것이 납득할 수 있게 주어지며, "어떤 사건이 이미 벌어진 이후에 그 사건에 부과되지 않는다는 것"이다.[48] 뎀스키는 다음과 같은 예를 든다.

---

44 윌리엄 뎀스키 & 마이클 R. 리코나, 『기독교를 위한 변론』, 박찬호 역 (서울: 새물결플러스, 2016), 196.
45 스티븐 마이어, 『하나님 존재 가설의 귀환』, 201.
46 낸시 피어시 & 찰스 택스턴, 『과학의 영혼』, 이신열 역 (서울: SFC, 2009), 84.
47 필립 존슨 & 존 마크 레이놀즈, 『유신론과 무신론이 만나다』, 홍병룡 역 (서울: 복있는사람, 2011), 81.
48 윌리엄 뎀스키 & 마이클 R. 리코나, 『기독교를 위한 변론』, 198.

예를 들어 활을 쏘는 사람이 벽에 화살을 쏜 다음에 우리가 화살 주위에 과녁을 그린다면, 우리는 사건 이후에 패턴을 부과하는 것이다. 반면에 과녁이 앞에 세워지고("특정화되고") 그런 다음에 활을 쏘는 사람이 정확히 그 과녁에 화살을 명중한다면, 우리는 그것이 설계에 의한 것임을 안다.[49]

결론적으로 뎀스키의 "지적 설계론"은 진화론의 모순과 과학의 약점을 보완하고, 창조의 가능성을 설득력 있게 논증해 보인 변증이다. 이제 더 이상 창조주 하나님에 대한 믿음을 주관적 체험으로만 간주할 수 없다. 기독교에 있어서 신앙의 근거는 오래전부터, "개인의 주관적 체험이 그리스도의 부활이라는 객관적이고 역사적인 사실과 연결"되어 왔다.[50] 하나님의 구원 방법은 섭리에 의한 것이다. 그리고 하나님의 창조 역시 창조주의 철두철미한 설계에 따른 것이다. 결국, 뎀스키는 이렇게 말한다.

> 한 그루의 나무도 다른 나무와 같지 않다. 한 사람의 얼굴도 다른 사람의 얼굴과 동일하지 않다. 사실 머리카락 한 올도 유일하고, 그것과 정확히 동일한 다른 것이 없었으며 앞으로도 없을 것이다. 하나님의 세상 창조는 모든 창조 행위 중에서 가장 장엄한 것이다. 창조주와 예수 그리스도를 통한 구속은 하나님의 자기 계시의 가장 중요한 예이다. 창조를 통한 하나님의 계시는 보통 일반계시라고 불리며 구속을 통한 계시는 보통 특별계시라고 불린다. 신학자들은 간혹 두 책에 대해서 말하는데, 창조를 통한 하나님의 자기 계시인 자연의 책과 구속을 통한 하나님의 자기 계시인 성경책이 그것이다. 하나님이 누구인지 알고 싶다면 창조와 구속 양자를 통해 하나님을 알 필요가 있다.[51]

뎀스키의 "지적 설계론"을 통한 변증을 접한 이들은 과학적 무신론에 대한 저항력이 어느 정도 갖추게 된다. 그러나 기독교 변증을 시도하는 모든 이가 뎀스키처럼 '환원 불가능한 복잡성'과 같은, 과학적 설명에 나 있는 틈새들에 기초하여 '지적 설계자'를 주장하는 것에 찬성하지는 않는다.

---

49 Ibid.
50 폴 리틀,『이래서 믿는다』, 김태곤 역 (서울: 생명의말씀사, 2008), 260.
51 윌리엄 뎀스키,『지적설계』, 299.

맥그래스는 "이 접근법을 채택하는 사람은 기독교를 과학적 진보에 있어서 너무 그리고 쓸데없이 취약하게 만든다"라고 부정적인 평가를 한다.[52] 그 이유는 우주의 가해성(intelligibility) 자체가 이미 설명해야 하기 때문이다. 지적설계론에 근거한 변증을 거부하는 기독교 변증학자들은 어쩌면 과학적 차원의 변증 안에서 기독교 신앙의 가능성을 설명하기보다는, '신비'라는 관념을 통해 종교의 불가해성을 과학으로부터 방어하는 것이 더 유리하다고 판단했을 것이다. 어쨌든 지적 설계론에 동의하든 하지 않던 이것이 과학적 무신론자들에 대한 여러 변증 중 하나의 역할을 하는 것은 틀림없다.

이어서 우리는 여전히 다음과 같은 해결해야 할 질문들을 마주하고 있다.

창세기에 창조 순서는 과연 사실일까?
성경에 기록된 창조의 모습은 과연 문자 그대로 수용할 수 있는 것일까?
아담은 과연 실존 인물인가?
노아의 홍수 사건은 지질학적 근거로 설명되는 것인가?
지구의 나이는 어떻게 계산할 수 있는가?
성경과 과학은 서로 모순 관계가 아니고 상호 보완적인 관계에 있다는 것을 설득력 있게 논의하기 위해서는 어떻게 해야 할까?

지금부터는 창세기 본문을 근거로 과학적 무신론자들에 대한 몇 가지 변증들을 추가로 더 설명하고자 한다.

3. 창세기 본문 변증

첫째, 창세기 1장에서 '빛 창조'와 '태양 창조' 간의 우선순위 이해이다.
구약 신학을 처음 접하게 되면 창세기의 창조 설화에 관한 이야기가 화두로 꼽힌다. 대표적으로 창세기 1장과 2장에 대한 신학적 구조의 차이와 창조 순서의 차이에 대한 논쟁이 그 대표적인 예이다. 창세기를 허구의 작품이라고만 생

---

52 알리스터 맥그래스, 『도킨스의 망상 만들어진 신이 외면한 진리』, 전성민 역 (경기파주: 살림, 2008), 47-48.

각하는 자유주의 신학자들에게, 이것은 별로 큰 문제가 아닐 것이다.

하지만 창세기를 역사성과 사실성이 포함된 하나님의 말씀이라고 믿는 대부분의 복음주의 교회에서는 이 문제에 답하는 것이 상당히 곤혹스럽다. 왜냐하면, 대답하기에 따라 자칫 잘못하면 성경 문자주의에 대한 논쟁에 휩쓸리거나, 또는 과학 안에 성경의 세계관을 억지로 구겨 넣는 실수를 저지를 수 있기 때문이다. 이를 의식한 머피는 다음과 같이 중재에 나선다.

> 하나님의 활동과 자연적 사건을 서로 배타적이라고 본다면, 계시를 하나님이 인간 역사에 직접 개입하는 것으로 이해하기 쉽고, 성경 텍스트 안에 나타난 인간적 특징에 충분한 주의를 기울일 수 없게 된다. 그러나 하나님의 활동이 자연과 역사적 과정 안에서 그리고 그 과정을 통하여 발생한다고 정상적으로 이해한다면, 우리는 성경의 저자를 인간이면서 동시에 하나님으로 인식할 수 있다. 또한, 자연스럽게 인간 저자들의 문맥과 의도를 고려한 읽기 전략으로 귀결될 것이다.[53]

기독교는 성경에 근거한 '계시종교'이기 때문에 궁극적인 권위는 철학이나 과학이 아닌 오직 성경에서 나온다. 문제는 창세기 본문을 해석하는 신학적 근거들이 너무나 다채롭고 풍부하다는 것이다. 여기서 성경을 마주하는 사람들(신학자와 과학자뿐 아니라 모든 그리스도인)은 여러 가지 해석에 휘둘려서 창세기 본문의 본래 메시지를 놓치지 않도록 특히 주의해야 한다.

찰스 험멜(Charles E. Hummel)은 창세기의 메시지가 "지금 무엇을 의미하는가 하는 것보다는, 저자가 의미한 것이 무엇인가를 밝히는 것"에 더 집중해야 한다고 주장한다.[54]

창세기 1장에서 시작되는 하나님의 창조 역사는 창조주 하나님에 대한 신앙을 함축한다. 번 S. 포이트레스(Vern S. Poythress)는 창조와 섭리를 통해 히브리적 문법의 진술을 설명한다. 그는 "창조의 여섯째 날 끝에 이루어진 그분의 창조 행위의 완성(창 1:31) 이후 현재의 세계 안에서 이루어지는 하나님의 통치를 묘사

---

53 낸시 머피, 『신학과 과학의 화해』, 120-121.
54 찰스 험멜, 『과학과 성경, 갈등인가 화해인가?』, 황영철 역 (서울: 한국기독학생회출판부, 2000), 232-233.

하기 위해 섭리라는 단어를 사용"할 것이라고 주장한다.[55] 이로써 하나님의 창조에 대한 신학적 논의는 충분히 이루어질 수 있게 되었다.

단적인 예로 빛과 태양 창조에 대한 이해이다. 창세기 1장 3절에서 하나님은 빛을 창조하였는데, 창세기 1장 14절에서는 태양을 창조하셨다. 일반적인 상식으로는 태양이 빛과 열을 발산하기에 창조 순서로 따지면 태양이 먼저 창조되어야만 한다. 즉, 창세기 1장 3절과 1장 14절은 과학적 상식에 부합하지 않는 창조 순서이다. 물론, 성경은 과학책이 아니기에 이러한 논쟁은 적합하지 않다. 그러나 오늘날 창조과학자들은 창세기 1장 3절에서 빛의 창조는 빛의 입자와 원소에 대한 창조이고, 그 이후에 태양의 물질적 요소를 광명 체로서 결합하여 창조했다고 주장한다. 또 이단 종파에서는 요한복음을 근거로 빛은 예수 그리스도이기에 하나님의 첫 번째 창조물이 '예수'라는 터무니없는 주장을 하기도 한다.

그런가 하면, 어떤 과학 신학자들은 하나님이 빛을 창조하시고 어둠으로 나누시는 행위는 곧, 실제 시간을 창조한 사건이고, 후에 광명 체를 창조하심으로써 계절이라는 시간적 흐름을 우리가 체감할 수 있게 된 것이라고 설명한다. 그러나 이러한 설명은 마치 성경이 사실임을 입증하기 위해 무리하게 짜 맞추며 변증하는 것처럼 보일 수 있다.

이러한 비판을 보완하기 위해 어떤 학자들은 이 세상의 혼돈과 공허와 흑암을 이기고 자연과 조화를 이루며 살아가는 것이야말로, 신앙인의 삶의 구현이라고 설명한다. 다시 말해서, 아담이 동물에게 이름을 지어 주는 과정은 질서를 만드는 과정이며, 이것은 마치 하나님의 창조 모습과 흡사하게 볼 수 있음으로, 인간은 곧 하나님의 형상이라는 것이다. 따라서 빛은 절대적 선을 가리키는 히브리 문학적 표현이고, 빛의 창조는 혼돈과 흑암 속에서 '질서의 창조'라고 해석할 수 있다.

이 설명은 인간이 하나님의 형상대로 창조되었다는 물음에 대해서도 적절한 답변으로 적용할 수 있다. 존 콜린스(C. John Collins)는 "창세기 1-2장을 그 자체의 결(grain)을 따라 읽어야 한다"고 주장한다.[56] 이렇게 주장하는 이유는 창세기가 메시아 대망이라는 거룩한 내러티브에 근거해서 기록되었기 때문이다. 물론, 창세기는 역사적 신빙성도 충분히 확보하고 있다. 그렇기에 창세기의 역사적 사

---

55 번 S. 포이트레스, 『천지창조에서 에덴까지』, 김광남 역 (서울: 새물결플러스, 2021), 202.
56 C. 존 콜린스 외7, 『창조 기사 논쟁』, 최정호 역 (서울: 새물결플러스, 2016), 178.

실성을 굳이 부정할 필요는 없을 것이다. 하지만, 지나치게 실증적인 증거 찾기에만 혈안이 된 나머지, 성경이 말하고 있는 신학적 진리를 놓쳐서는 안 된다.

둘째, 하나님의 창조 시간에 대한 논의이다.

과연 하나님의 칠일 창조는 오늘날의 일주일의 시간과 같을까?

창조의 하루 길이는 과연 24시간이었을까?

이런 질문들은 절대 피할 수 없는 질문들이다. 전통적 견해의 학자들은 창세기에서 창조된 시간적 이해에 대해서 두 가지 견해로 입장이 나뉜다.

(1) 알버트 아이슈타인(Albert Einstein)의 상대성이론에서 증명하듯, 우주 공간의 시간과 지구의 시간이 중력에 따라 다르다는 점을 고려해서 접근하는 방법이다.

만약 시간의 창조를 이렇게 이해한다면, '첫째 날', '둘째 날' 이런 식의 시간 이해로 지구의 연대를 측정하는 것은 불가능하다. 실로 천년이 하루 같으신 하나님의 시간적 개념을 인간이 다 이해할 수 없다.

클라이든 맥콘(R. Clyde McCone)은 "창조의 '날들'을 시간의 '날들'로 만드는 일은, 우리가 창조주를 알려는 것이 아니라 창조를 이해하고 설명하기 위해 창조주를 그분이 창조하신 틀에 꿰맞추는 행위"라고 경고한다.[57]

(2) '하나님이 아담을 어린아이로 창조하셔서 성장시킨 것이 아니라 성인인 아담을 창조하셨듯이 지구 역시 몇억 년 지층연대를 거친 것과 같은 완성된 지구를 하나님이 창조하셨다'라는 견해이다.

하지만 하나님의 시간 창조에 대한 추론과 지구의 연대기를 두고 토론하는 것이 창세기 본문이 우리에게 목적하는 바는 아니다. 그보다 더 중요한 본질은, 고대 근동에서 창조는 우주의 생성에 관한 문제가 아니라 질서의 세력이 막강한 대적에게 승리하는 이야기라는 점이다.[58] 이 말의 뜻을 잘못 이해하면, 창세기가 고대 근동의 영향을 받아서 기록된 문헌적 산물이라고 오해할 수 있다. 하지만 오히려 정반대이다.

창조의 본질적인 이야기는 성경만이 가지고 있는 독특한 신학적 사상이며, 고대 근동의 영향을 받기보다는 오히려 고대 근동 사회 전체에 지대한 영향을 끼

---

57 칼 헨리 & 존 월턴 & 데이비스 영 외, 『창세기 격론』, 김태범 역 (서울: 한국기독학생회출판부, 2020), 29-30.

58 존 D. 레벤슨, 『하나님의 창조와 악의 잔존』, 홍국평·오윤탁 역 (서울: 새물결플러스, 2019), 143-144.

쳤다. 대표적으로 고대 근동 사회에서는 왕만이 '신의 아들'이다. 그러나 성경에서는 이스라엘 백성 모두가 '하나님의 자녀'이다. 이것은 고대 근동 사회에서 발견할 수 없는 성경만의 독특한 계시적인 관점이다. 따라서 성경이 다른 고대 문명의 어떤 문학과 문화적 흐름을 같이한다고 해서, 그것들의 영향을 받아 기록한 것이라고 속단해선 결코 안 된다.

셋째, 아담의 역사성에 대한 부분이다.

포이트레스는 아담이 어떤 방식으로 창조되었든, "DNA는 근본적으로 하나님의 설계(design)이며, DNA 유사성은 그분의 지적 설계(intelligent design)의 산물"이라고 명시한다.[59] 여기서 피터 엔즈(Peter Enns)는 비평학적 관점을 수용하면서, 신앙을 유지하려고 한다. 그는 성경의 문자적 의미보다는 창세기의 신학에 집중할 것을 주장한다.[60] 그러나 엔즈는, '역사적 인물로서의 아담은 존재하지 않으며, 하나님은 진화라는 방법을 통해서도 역사하실 수 있다'라는 견해를 가지고 있다.

그런데, 과연 진화론적인 방식을 수용하고 아담의 실존성을 거부하면서, 하나님의 창조를 인정하는 것이 가능할까?

물론, 가능하다. 다만, 이런 신앙을 가진 이들은 창조주의 존재를 인정했을 뿐, 성경 그대로의 신앙이 있다고는 볼 수 없다. 분명히 유신 진화론자들은 성경의 진술과는 다르게 받아들이고 있다.

그렇다면 기독교 신앙의 입장에서 아담의 역사성을 어떻게 접근할 수 있을까?

기독교 신앙의 전통을 사랑하고, 복음적인 관점에서 학문적 가치를 존중하는 대부분 학자는 성경에 기록된 이야기를 구태여 반론하거나 의심하지 않는다. 윌리엄 D. 배릭(William D. Barric)은 문서설의 접근 방식을 거부하고, 하나님의 진리로 창세기를 이해한다. 그렇다면 아담의 역사성도 신뢰할 수 있는 내용이다.[61]

또, 존 H. 월튼(John H. Walton)은 모든 인류를 지칭하는 대표로서 '아담'이라는 역사적 인물이 있다고 보았다. 그러나 창조의 원형과 타락 이야기에 집중해야지, 역사적 인물의 형성 그 자체에 집중하는 것은 별 도움이 안 된다고 주장한

---

59 번 S. 포이트레스, 『아담은 역사적 인물인가?』, 김희범 역 (서울: 개혁주의신학사, 2018), 47.
60 피터 엔즈, 『아담의 진화』, 박상민·진규선 역 (서울: 기독교문서선교회, 2014), 68.
61 존 H. 월튼 외5, 『아담의 역사성 논쟁』, 김광남 역 (서울: 새물결플러스, 2015), 306-307.

다.⁶² 마찬가지로 J. P. 베르스티그(J. P. Versteeg)도, "아담이 역사적 인물이었는지의 여부가 아니라 아담이 교육 혹은 '교수 모델'이었다"는 데에 집중한다.⁶³

끝으로, 드루 존슨(Dru Johnson)은 "우리가 기독교의 형식대로 인간의 진화를 주장한다면 우리에게는 성경 서사와 과학 서사라는 두 가지 역사적 서사가 있다"고 말한다.⁶⁴

넷째, 노아의 홍수 심판에 대한 역사적 해석에 대한 것이다.

먼저, 노아의 홍수가 전 세계적이었다는 해석에 반대하는 수많은 과학적 주장이 가능(어떻게 방주 안에 모든 종의 동물을 실을 수 있는가? 남국의 펭귄이 어떻게 방주까지 찾아올 수 있는가?)하기에 이것을 역사적 사실 그대로 받아들이기는 현실적으로 어려운 것은 사실이다.⁶⁵

그렇다면 홍수 사건은 단순한 허구일까?

고대 근동 문헌들에는 홍수 설화가 많이 나타난다. 참고로 "메소포타미아 문헌 중에서 창세기 1-11장과 평행을 이룬다고 제일 많이 알려진 것은 아트라하시스 서사시(기원전 1600년경)"다.⁶⁶ 하지만 창세기는 여타의 고대 문헌들과는 달리 분명한 목적이 있다. 그 목적은 야훼 하나님 신앙을 고대 근동의 종교·신화에 대항하여 펼치는 것이다. 바로 이것이 창세기가 가지고 있는 원형적인 역사 이야기이다.

그렇다면 창세기 6장 3절에 120년은 무엇인가?

이 물음에 대해서 인간의 평균 수명이 120년 정도로 줄었다고 주장하는 견해가 지배적이다. 또 다른 해석으로는 120년 후에 대홍수가 일어난다는 사실을 암시하기 위해 기록했다는 견해가 있다. 즉, 120년의 기간은 하나님의 심판이 유예된 은총의 기간이다.

종종 일부 성서학자는 고대 근동 창조 신화에 홍수 사건들이 기록된 것을 근거로 노아의 홍수 사건은 실제 사건이 아니라고 주장한다. 하지만 이러한 주장은 창세기가 고대 근동의 영향을 받아서 기록되었다는 편견 때문에 생겨난 것

---

62 Ibid., 175-176.
63 J. P. 베르스티그, 『아담의 창조』, 우성훈 역 (서울: 개혁주의신학사, 2014), 51.
64 드루 존슨, 『우주의 시작: 창세기 1-11장』, 이여진 역 (경기고양: 이레서원, 2020), 143.
65 케럴 힐 외 9인, 『그랜드캐니언, 오래된 지구의 기념비』, 노동래 역 (서울: 새물결플러스, 2018), 36.
66 고든 J. 웬함 외2, 『창세기 원역사 논쟁』, 주현규 역 (서울: 새물결플러스, 2020), 140.

이다. 고대 근동 창조 신화로 꼽히는 메소포타미아 창조 이야기인 '에누마 엘리쉬'와 '아트라하시스 서사시'는 비록 창세기보다 먼저 기록되었지만, 그렇다고 한들 그것은 아카드어로 기록되어 있기에 히브리인들 사회에서 대중적으로 읽혔다고 볼 수 없다. 그럴 뿐만 아니라 고대 근동 문헌에 기록된 홍수 사건들은 굉장히 지엽적이라는 점에서 성경의 광의적인 노아의 홍수 사건기록과는 큰 차이를 보인다.

그래서 존 D. 커리드(John D. Currid)에 따르면, "성경 저자들은 고대 근동에서 잘 알려져 있던 표현과 모티브를 가져다가 고대 세계의 다른 신들이 아니라 야훼의 인격과 행위에 적용"한다는 점을 주장한다.[67] 즉, 성경이 고대 근동과의 스토리 라인에서 흡사한 부분이 있을지라도 당시 고대 근동의 종교들과 히브리 신학이 상호적으로 영향을 주고받았다는 식의 결론을 섣불리 내려선 안 된다. 왜냐하면, 성경은 유일신 사상을 견지하고 다신론을 절대 용인하지 않기 때문이다.

악명 높은 고등비평가인 헤르만 궁켈(Hermann Gunkel)조차도 히브리 전설은 바빌로니아의 전설과 비교할 수 없을 정도로 우월하다고 주장한다. 물론, 히브리 문헌을 전설이라고 말하는 궁켈의 입장은 동의할 수 없으나 성경의 독특성을 긍정하는 그의 진술은 받아들일 만하다.

구약학자 고든 웬함(Gordon J. Wenham)은 아예 관점을 전혀 달리한다. 그는 창조의 메아리가 확장형 교차 대구로 설명되고 있는 창세기의 이 구조적 특징으로 모든 시선을 돌린다. 여기서 확장형 교차 대구는 창조와 홍수 심판 이후의 재창조가 대칭을 이루고 있음을 의미를 뜻한다. 예를 들어 "하나님이 노아를 기억하사"라고 말한 후 즉시 "하나님의 바람을 땅 위에 불게 하시매"(창 8:1)라고 말씀하시는데, 이것은 "하나님의 영이 수면 위에 운행하시니라"(창 1:2)를 떠올리게 한다.[68] 이러한 성경의 독특성은 곧 계시성과 유일성을 상정한다.

어쨌든 고대 근동 사회에서 창조 설화와 홍수 심판 이야기가 공통된 소재가 되려면 일단 대홍수가 실제 있었던 사건이라고 보는 것이 더 합리적이다. 있지도 않은 일을 공통 소재로 만드는 것보다는, 실제 벌어진 사건을 근거로 이야기를 재구성해 나가기가 더 쉽기 때문이다. 문제는 사건이 구전되고 전달되는 과

67　존 D. 커리드, 『고대 근동 신들과의 논쟁』, 이옥용 역 (서울: 새물결플러스, 2017), 38.
68　고든 웬함, 『성경 전체를 여는 문 창세기 1-11장 다시 읽기』, 차준희 역 (서울: 한국기독학생회출판부, 2020), 89.

정에서 여러 민족의 신화와 뒤죽박죽된 것으로 추정해 볼 수 있다. 물론, 기독교 변증가의 입장에서는 오직 성경만이 바르고 정확하게 기록하고 있을 뿐이다.

트렘퍼 롱맨 3세(Tremper Longman III)에 따르면, "구약에 있는 하나님의 계시가 고대 세계 전체에 일반적이었던 사고방식을 반영하든, 또는 이스라엘 민족에게 고대 세계의 일반적인 사고를 버릴 것을 촉구하든 성경에서 벌어지는 대화는 분명히 고대 세계 속에 자리"하고 있음이 틀림없다.[69]

그렇다면 이제 우리는 고대 세계에서 '홍수'라는 사건이 실제 발생했다고 확신할 수 있다. 왜냐하면, 성경에 기록된 이야기가 고대 세계 사람들의 이야기에도 기록되어 있기 때문이다. 이는 성경이 고대 세계 속에 자리하고 있다는 말도 성립하지만, 동시에 홍수 사건이 보편적으로 전 인류에게 경험된 사건이라는 점도 증명해 준다.

결론적으로 창세기의 신학은 '하나님은 창조주 하나님이시다'라는 것이다. 하나님을 경외하고 섬기기 위해서는 하나님이 창조주라는 사실을 알아야 한다. 또한, 창조주는 설계하시는 분이시며, 심판도 하실 수 있는 분이시다.

창조와 홍수 심판은 창조주의 권능을 보여 준다. 여기서 홍수 심판 이후 등장하는 무지개의 원어 의미는 '활'이다. 즉, 하나님 자신의 무기인 활을 스스로 사용하지 않겠다는 의미이다. 히브리적 표현을 빌려서 이해한다면, 비 온 뒤에 하나님이 자신의 무기를 공개적으로 하늘에 걸어 놓음으로써 인간들을 안심시키려는 의도가 있었다고 볼 수 있다.

따라서 홍수 사건을 두고 하나님 진노의 심판으로만 해석해선 안 된다. 왜냐하면, '홍수'를 '눈물'로 해석하는 것이 성경 기자와 감정적으로 더 잘 동화되는 접근이기 때문이다. 더 정확히 말하자면 홍수 심판은 은혜의 심판이며, 창세기 저자는 하나님의 눈물이 흘러내려 홍수가 되었음을 알리고 있다. 히브리 원문에 근거한 문학적 표현을 볼 때 주님의 심판은 언제나 분노의 심판이 아니라, 눈물과 사랑의 심판이다. 따라서 홍수는 세상을 진멸할 수밖에 없는 하나님의 절박한 심정이 눈물로 흐른 것이다. 그 눈물에 세상이 잠긴 것이다.

---

69 트렘퍼 롱맨 3세 & 존 H. 월튼, 『노아의 홍수의 잃어버린 세계』, 이용중 역 (서울: 새물결플러스, 2021), 19.

♣ 내용 정리를 위한 문제

1. 과학적 세계관 속에서 기독교 신앙을 가진 이들이 창조와 진화의 관계를 어떻게 이해하고 바라보고 있는지 설명한 후, 유신 진화론자들과 창조 과학론자들이 가지고 있는 변증의 특징과 한계는 무엇인지 각각 서술하시오.
2. 윌리엄 뎀스키의 '지적 설계론'을 설명하고, 그것이 가지고 있는 변증학적 이점에 관해서 서술하시오.
3. 구약성경 창세기 본문 중 '빛과 태양의 창조 순서', '시간의 창조', '아담의 역사성', '노아의 홍수 사건' 등에 대해서 어떻게 설명하고 변증할 수 있는가?

※ 참고 문헌(제25장에 인용된 도서들)

윌리엄 뎀스키. 『지적 설계』. 서울대학교창조과학연구회 역. 서울: 한국기독학생회출판부, 2002.
윌리엄 뎀스키 & 낸시 피어시 외. 『위대한 설계, 그 흔적들』. 현창기·도명술 역. 서울: 새물결플러스, 2014.
윌리엄 뎀스키 & 마이클 R. 리쿠나 『기독교를 위한 변론』. 박찬호 역. 서울: 새물결플러스, 2016.
C. 존 콜린스 외7. 『창조 기사 논쟁』. 최정호 역. 서울: 새물결플러스, 2016.
J. P. 모어랜드. 『과학, 과학주의 그리고 기독교』. 황을호 역. 서울: 생명의말씀사, 2019.
J. P. 베르스티그. 『아담의 창조』. 우성훈 역. 서울: 개혁주의신학사, 2014.
게리 켐퍼 & 헬리 켐퍼 & 케이시 러스킨. 『지적 설계의 발견』. 소현수 역. 서울: 부흥과개혁사, 2021.
고든 J. 웬함 외2. 『창세기 원 역사 논쟁』. 주현규 역. 서울: 새물결플러스, 2020.
고든 웬함. 『성경 전체를 여는 문 창세기 1-11장 다시 읽기』. 차준희 역. 서울: 한국기독학생회출판부, 2020.
기예르모 곤잘레스 & 제이 W. 리처즈. 『창조, 진화, 지적 설계 쉽게 이해하기』. 김희범·이승엽 역. 서울: 개혁주의신학사, 2019.
낸시 머피. 『신학과 과학의 화해』. 김기현·반성수 역. 서울: 죠이선교회, 2021.
낸시 피어시 & 찰스 택스턴. 『과학의 영혼』. 이신열 역. 서울: SFC, 2009.
낸시 피어시. 『완전한 진리』. 홍병룡 역. 서울: 복있는사람, 2006.
도로시 세이어즈. 『창조자의 정신』. 강주헌 역. 서울: 한국기독학생회출판부, 2016.

드루 존슨.『우주의 시작: 창세기 1-11장』. 이여진 역. 경기 고양: 이레서원, 2020.
리 스트로벨.『창조 설계의 비밀』. 홍종락 역. 서울: 두란노서원, 2010.
마이클 루스.『다윈주의자가 기독교인이 될 수 있는가?』. 이태하 역. 서울: 청년정신, 2002.
번 S. 포이트레스.『아담은 역사적 인물인가?』. 김희범 역. 서울: 개혁주의신학사, 2018.
_____.『천지창조에서 에덴까지』. 김광남 역. 서울: 새물결플러스, 2021.
볼프하르트 판넨베르크.『조직신학II』. 신준호·안희철 역. 서울: 새물결플러스, 2018.
스카이 제서니.『종교에 죽고 예수와 살다』. 정성묵 역. 서울: 두란노서원, 2020.
스티븐 마이어.『하나님 존재 가설의 귀환』. 소현수 역. 서울: 부흥과개혁사, 2022.
알리스터 맥그래스.『우주, 하나님 지으신 모든 세계』. 홍종락 역. 서울: 복있는사람, 2017.
_____.『정교하게 조율된 우주』. 박규태 역. 서울: 한국기독학생회출판부, 2014.
알리스터 맥그래스.『도킨스의 망상 만들어진 신이 외면한 진리』. 전성민 역. 경기파주: 살림, 2008.
우사미 마사미.『창조의 과학적 증거들』. 장혜영·오덕철·김남형 역. 서울: 한국창조과학회, 2000.
조나단 웰스.『진화론의 상징들』. 소현수 역. 서울: 부흥과개혁사, 2017.
존 D. 레벤슨.『하나님의 창조와 악의 잔존』. 홍국평·오윤탁 역. 서울: 새물결플러스, 2019.
존 D. 커리드.『고대 근동 신들과의 논쟁』. 이옥용 역. 서울: 새물결플러스, 2017.
존 H. 월튼 외5.『아담의 역사성 논쟁』. 김광남 역. 서울: 새물결플러스, 2015.
짐 워너 월리스.『하나님의 우주 창조 증거』. 소현수 역. 서울: 부흥과개혁사, 2020.
찰스 험멜.『과학과 성경, 갈등인가 화해인가?』. 황영철 역. 서울: 한국기독학생회출판부, 2000.
칼 헨리 & 존 월턴 & 데이비스 영 외.『창세기 격론』. 김태범 역. 서울: 한국기독학생회출판부, 2020.
켐 햄 & 휴 로스 & 데보라 하스마 & 스티븐 마이어.『창조, 진화, 지적 설계에 대한 네 가지 견해』. 소현수 역. 서울: 부흥과개혁사, 2020.
케럴 힐 외 9인.『그랜드캐니언, 오래된 지구의 기념비』. 노동래 역. 서울: 새물결플러스, 2018.
트렘퍼 롱맨 3세 & 존 H. 월튼.『노아의 홍수의 잃어버린 세계』. 이용중 역. 서울: 새물결플러스, 2021.
폴 리틀.『이래서 믿는다』. 김태곤 역. 서울: 생명의말씀사, 2008.
피터 엔즈.『아담의 진화』. 박상민·진규선 역. 서울: 기독교문서선교회, 2014.
필립 존슨 & 존 마크 레이놀즈.『유신론과 무신론이 만나다』. 홍병룡 역. 서울: 복있는사람, 2011.

필립 존슨. 『위기에 처한 이성』. 양성만 역. 서울: 한국기독학생회출판부, 2001.
교과서진화론개정추진회. 『진화론에는 진화가 없다』. 서울: 생명의말씀사, 2012.
양승훈. 『창조와 진화』. 서울: SFC, 2012.

제26장

과학적 무신론에 대한 기독교 변증 II : 존 C. 레녹스

> 태초에 하나님이 천지를 창조하시니라 땅이 혼돈하고 공허하며 흑암이 깊음 위에 있고 하나님의 영은 수면 위에 운행하시니라 하나님이 이르시되 빛이 있으라 하시니 빛이 있었고 빛이 하나님이 보시기에 좋았더라 하나님이 빛과 어둠을 나누사 하나님이 빛을 낮이라 부르시고 어둠을 밤이라 부르시니라 저녁이 되고 아침이 되니 이는 첫째 날이니라 (창세기 1장 1-5절).

'태초에 하나님이 천지를 창조했다'라는 성경의 진술은 과학적 무신론자들이 결사적으로 반대하는 문장이다. 과학적 무신론자들은 진화론에 근거해서 하나님의 창조 가능성 부정한다. 리처드 도킨스(Richard Dawkins)는 이렇게 말한다.

> 진화의 사실을 의심하는 역사부인 주의자들이 생물학에 무지한 이들이라면, 세상이 1만 년 안짝에 시작되었다고 생각하는 사람들은 무지보다 더 심한 상태다. 현혹됨이 지나쳐 옹고집 수준에 이른 자들이다. 그들은 생물학의 사실들만 부인하는 게 아니라 물리학, 지질학, 우주론, 고고학, 역사, 화학의 사실들까지 부인하는 것이다.[1]

과학적 사고에 근거해서 진화를 의심하는 것이 가능한 일임에도, 도킨스는 진화를 받아들이지 않는 이들을 비과학적인 사람들로 비난한다. 이는 사실상 창조 신앙을 가진 기독교인들을 향한 저격이다. 물론, 모든 과학자가 도킨스와 같지는 않다. 도킨스의 '급진적 무신론' 역시 다양한 입장 중의 하나일 뿐이다. 앞

---

1 리처드 도킨스, 『지상 최대의 쇼』, 김명남 역 (경기파주: 김영사, 2009), 122.

앞 장에서 살펴보았듯이, 어떤 이들은 과학적 사고 체계 속에서 진화론을 부정하기도 하고, 또 어떤 이들은 과학적 사고 속에서 진화를 이해하면서 창조주 신앙을 유지하는 사람들도 있다.

존 호트(John F. Haught)는 과학과 신앙의 관계를 '갈등', '분리', '대화'로 나누어 설명한다. '갈등'에 입장에서는 "신앙이 하나님의 존재에 대한 아무런 과학적 증거도 제공할 수 없으므로 비이성적이라고 주장한다."[2] 반면 '분리'의 입장에서는 "신앙과 과학은 각각의 인지적 기준들로 상대방을 판단할 수 없다"고 정의한다.[3]

끝으로 '대화'의 입장에서는 "신학적 지식과 과학적 지식이 인간의 정신과 문화에 대한 완전히 다른 영역에 계속해서 갇혀 있을 수만은 없다고 주장한다."[4] 다음 중 어떤 사고가 더 적합한 기독교 변증방법론인지는 계속 논의가 이어지겠지만, 분명한 것은 지금 당장 진화론적 무신론에 대해 답변하는 것이 시급하다.

1. 과학만능주의의 폐단(弊端)

프랜시스 S. 콜린스(Francis Sellers Collins)는 인간의 게놈과 유기체 게놈 사이의 유사성을 근거로 "신이 훌륭한 설계 원리를 반복해 사용"했다고 주장한다.[5] 그는 그 증거로 '유전자'(DNA)를 제시한다. 콜린스에게 있어서 유전자(DNA)야말로 신의 언어인 것이다.

반면에 도킨스는 인간의 게놈과 유기체의 게놈이 유사하여서 모든 생물은 단 하나의 조상으로부터 진화해 왔을 뿐이라고 설명한다. 따라서 도킨스는 진화론에 근거해 모든 생물의 존재 이유는 오직 '종족 번식'에만 있다고 해석한다. 심지어 그는 집단 이타주의를 공동체의 종족 유지를 위한 방어행위로 해석한다.[6] 인간도 여기서 예외는 아니다. 인간도 여타의 다른 생명체들처럼, DNA를 후손에게 전달하기 위해 살아갈 뿐이다.

---

2 존 호트, 『과학 시대의 신앙』, 장재호 역 (서울: 두리반, 2021), 26.
3 Ibid., 30.
4 Ibid., 35.
5 프랜시스 S. 콜린스, 『신의 언어』, 이창신 역 (경기파주: 김영사, 2020), 137.
6 리처드 도킨스, 『이기적 유전자』, 홍영남 역 (서울: 을유문화사, 2010), 299-300.

그렇기에 사회의 법규와 질서와 도덕, 심지어 종교까지도 종족 번식에 유리하도록 진화된 것에 불과하다. 그런데 도킨스의 이와 같은 주장은 사회 보편적 인식으로 받아들여지기는 어렵다.

첫째, 종교적인 이유로 인해 받아들여지기 어렵다.

기독교뿐만 아니라 대부분 종교인도 '종족 번식'보다는 '도덕적 삶'에 더 많은 가치를 두며 살아간다. 그중에서도 특히 기독교 신앙은 하나님 나라의 백성으로 살아갈 것을 끊임없이 촉구하는데, 이에 반해 도킨스의 인간 이해는 수많은 그리스도인의 정체성과 반대된다.

둘째, 과학적인 논의가 아직 완결되지 않았기에 받아들이기 어렵다.

진화를 사실로 받아들이는 존 그리빈(John Gribbin)에 따르면, "복잡한 생물체가 가지고 있는 '비암호화 DNA'의 상대적 비율"은 단순한 생물체보다 높다.[7] 즉, 생물체가 복잡할수록 세포 안에 가지고 있는 DNA의 비율이 높다. 이 세포 메커니즘의 복잡성이 오로지 종족 번식과 생존을 목적으로 한다고 단정하는 것은 지나치게 성급하다.

셋째, 일반 윤리학적 관점에서 받아들이기 힘들다.

극단적인 무신론은 인간의 존엄성을 심각하게 훼손시킨다. 진화론적 사고를 주장하는 과학적 무신론자들은 '자연선택'과 '적자생존'의 법칙을 인간사회에도 적용한다. 이것은 사회적 진화론자들에 의해서 우생학으로 발전된다. 대표적으로 재닛 브라운(Janet Browne)은 찰스 다윈(Charles Robert Darwin)의 진화론을 받아들이면서도, 진화론 때문에 인류의 전쟁과 "인종 우월성 개념의 생물학적 배경"이 등장했다고 인정한다.[8]

찰스 길리스피(Charles Gillispie)에 따르면, "가치의 영역에서 과학의 완전한 무능력은, 객관적 태도의 필연적 결과"이다.[9] 이 말인즉슨 과학은 '도덕'과 '윤리'가 아닌 '실험'과 '문법'에 의해서 존재하는 것이기에 결과에 대한 책임이 없다는 뜻이다.

과학은 만능하지 않다. 과학 전문 기자 룰루 밀러(Lulu Miller)는 이렇게 말한다. "과학은 늘 내가 생각해 왔던 것처럼 진실을 비춰주는 햇불이 아니라, 도중

---

7   존 그리빈 & 메리 그리빈, 『진화의 오리진』, 권루시안 역 (서울: 진선출판사, 2021), 303
8   재닛 브라운, 『종의 기원 이펙트』, 이한음 역 (서울: 세종서적, 2012), 153-154.
9   찰스 길리스피, 『객관성의 칼날』, 이필렬 역 (서울: 새물결, 2005), 190.

에 파괴도 많이 일으킬 수 있는 무딘 도구라는 것을 깨닫는다."[10] 만일 과학이 만능하다고 착각해서 윤리와 양심의 통제를 따르지 않으면 참혹한 결과를 맞이하게 된다.

예를 들어, 과학자는 핵폭탄이 어떤 원리로 만들어지는가에 대해서 분석하고 그것을 만들어 낼뿐 핵폭탄으로 인해 어떤 피해가 나타나는지는 윤리적으로 생각하지 않는다. 과학의 결과물을 윤리적으로 판단할 수 있지만, 윤리적 가치는 과학적 방법으로 판단할 수 없다.[11] 만일 진화론이 과학이라면, 이것은 윤리학의 입장에서 평가 절하되는 것이 마땅하다.

또한, 진화론이 과학이라면, 과학적 실험을 거칠 수 없는 신앙의 영역에 대해서도 함부로 판단해선 안 된다. 그러나 과학적 무신론자들은 진화론을 과학으로 수용하면서 윤리학의 판단을 거부하고 신학의 업적은 철저하게 무시하고 있다.

과학적 무신론자들의 치명적인 오류는 더 있다. '과학적'이라는 말과 '객관적'이라는 말을 동의어라고 생각하는 것이 바로 그것이다. 앞서 길리스피는 과학이 가치의 영역에서 객관적 태도를 유지한다고 주장했다. 하지만 그 말의 의미는 과학적 사고가 곧 객관적 사고라는 뜻이 결코 아니다.

마르쿠스 가브리엘(Markus Gabriel)에 따르면, 근대 과학적 세계관이 "자연에서 신을 근본적으로 제거"하고 스스로가 신적인 관찰자 자리에 올라간 것은, 일신교(기독교-유대교-이슬람교)로부터 물려받은 유산이라고 정의한다.[12] 따라서 '과학'이 곧 '객관'이라고 말하는 것은 큰 오류이다.

토머스 S. 쿤(Thomas Samuel Kuhn)에 따르면, 과학적 실험도 원하는 결과를 상정해 놓고 실험을 시작한다는 점에서 나름의 주관성이 있다고 평가한다. 그렇기에 그는 "보통 하나의 과학 이론이 선행 이론들보다 낫다고 느껴지는 것은 그것이 단지 퍼즐을 발견하고 해결하는 더 나은 도구임을 의미하기보다는, 어떻든 자연이 참으로 무엇과 같은가(What nature is really like)에 대한 더 나은 표상이기 때문"이라고 분석한다.[13]

---

10 룰루 밀러, 『물고기는 존재하지 않는다』, 정지인 역 (서울: 곰출판, 2022), 267.
11 리처드 파인만, 『파인만 씨, 농담도 잘하시네 1』, 김희봉 역 (서울: 사이언스북스, 2015), 58.
12 마르쿠스 가브리엘, 『나는 뇌가 아니다』, 전대호 역 (경기파주: 열린책들, 2018), 274.
13 토머스 S. 쿤, 『과학혁명의 구조』, 김명자·홍성욱 역 (서울: 까치글방, 2019), 336.

또한, 제임스 클리크(James Gleick)는 카오스 속에 질서가 있음을 과학에서 인정하고 있으나, "그 개념을 수치로 표시할 수 있는 실질적인 틀"은 가지각색이라고 설명한다.[14] 정리하자면, "본질적으로 과학 연구는 우리에게 창조 세계에 관한 잠정적인 지식을 매개하며, 우리가 그 지식을 발견하고 수정하기 위한 수단이다. 그렇다고 해서 과학자들이 자연을 연구할 때 과학 연구가 지식을 계시한다는 뜻은 아니다."[15] 그러므로 과학이 곧 '계시'나 '객관'이 아니라는 것만 인지해도, 과학적 무신론자들은 '과학 신봉주의'에서 벗어날 수 있을 것이다. 하지만 '과학 신봉주의'에서 벗어나는 것이 기독교 변증의 최종 목적은 아니다.

2. 과정철학과 과정신학

과학적 세계관 앞에서 효과적인 기독교 변증을 위해, 새로운 신학 방법론을 연구한 결과, 과학적 세계관과 어우러지면서 기독교 신학을 설득력 있게 전달할 수 있는 "과정신학"(Process theology)이 등장하게 된다. 그런데 이 과정신학은 독자적으로 형성된 신학 이론은 아니고, "과정철학"(Process philosophy)에 영향으로 탄생한 신학이다. 과정철학은 생성의 존재론과 과정주의를 통해 형이상학적 실재에 접근하는 철학이다.

전통적인 유신론에 대해 현대과학이 도전하고 있기에, 과학과 종교의 관계 속에서 적합한 이해 방식을 취하는 것은 중요한 일로 떠올랐다. 테드 피터스(Ted Peters)는 가정 혹은 가설 차원에서 신앙논의는 신학자들과 과학자들에게는 아직 아니지만, 과학철학자들 사이에는 동의가 이루어지고 있다고 밝힌다.[16] 이러한 고민과 분석은 알프레드 노스 화이트헤드(Alfred North Whitehead)에게서 발전된다. 화이트헤드는 철학과 과학의 관계를 다음과 같이 설명한다.

---

14 제임스 클리크, 『카오스-현대과학의 대혁명』, 박배식·성하운 역 (서울: 동문사, 1994), 198-199.

15 로버트 C. 비숍 외 4인, 『기원 이론』, 노동래 역 (서울: 새물결플러스, 2023), 88.

16 테드 피터스, "신학과 자연과학," 『현대 신학과 신학자들』, 데이비드 F.포드 편집, 류장열, 오흥명, 정진오, 최대열 엮음 (서울: 기독교문서선교회, 2005), 999.

철학의 임무는 실재 세계의 구체적 사실들 속에 예증된 것으로 생각되는, 관념들의 조화를 연구하는 데에 있다. 철학은 완전한 사실의 실재성을 특징짓는 일반성을 탐구한다. 그러한 일반성이 없을 때 어떤 사실이든 추상으로 떨어질 것임이 틀림없다. 그러나 과학은 추상을 시도한다.
그리고 완전한 사실을 단지 그 일부의 본질적 양상과 관련해서만 이해하는 것으로 만족한다. '과학'과 '철학'은 서로 비판하며, 서로 상상적 소재를 제공한다. 철학 체계는 과학이 추상화하는 구체적 사실에 대한 설명을 제공해야 한다. 또한, 과학은 철학 체계가 제시하는 구체적 사실들 속에서 자신의 원리를 발견하도록 해야 한다. 사상의 역사란 결국 이러한 공동작업에서 실패와 성공의 정도에 관한 이야기이다.[17]

화이트헤드는 신학자는 아니었지만, 과정 신학자들에게 영향을 주었고 '자연주의' 운동으로부터 남겨진 여러 문제를 떠안고 있다.[18] 화이트헤드가 볼 때, "종교란 신실하게 지켜지고 생생하게 이해될 때 품성(character)을 변화시키는 효과를 보게 되는 일반적 진리 체계"이다.[19] 일반적 진리 체계라는 말은, 과학과 마찬가지로 종교도 과정에서 변화를 추구한다는 뜻이다. 이 시점에서 기독교 변증학은 과학적 세계관에 대한 과정신학의 방법론을 정리하고, 과정신학의 '신(神)이해'를 다룰 필요성이 있다.
오늘날 진리 담론에 대해서 많은 부분 과학에 의존하고 있다. 그리고 더 나아가서 과학이 진리의 기준이 되어 가고 있다. 화이트헤드의 관심사는 신앙과 과학 사이의 갈등이었다. 그는 "종교가 인류를 위하여 무슨 기능을 하며, 또한 과학이 무슨 역할을 하는가를 우리가 생각해 볼 때, 앞으로의 역사는 현세대가 이들 양자(종교와 과학) 간의 관계에 대해 어떠한 태도를 보이느냐에 달렸다 해도 지나친 말이 아니다"라고 한다.[20] 따라서 신학과 과학에 대한 체계적인 이해와 노력에서부터 과정신학이 출발한다고 해도 과언은 아닐 것이다.
화이트헤드는 크게 두 가지 물음으로 논의를 진척시킨다.

---

17 알프레드 N. 화이트헤드, 『관념의 모험』, 오영환 역 (경기 파주: 한길사, 2010), 242-243.
18 제임스 J. 버클리, "수정주의자들과 자유주의자들," 『현대신학과 신학자들』, 데이비드 F. 포드 편집, 류장열, 오홍명, 정진오, 최대열 엮음 (서울: 기독교문서선교회, 2005), 520.
19 알프레드 N. 화이트헤드, 『진화하는 종교』, 김희헌 역 (서울: 대한기독교서회, 2012), 15.
20 A.N. 화이트헤드, 『종교와 신과 세계』, 류기종 편역 (서울: 황소와소나무, 2003), 177.

첫째, "과학의 부작용과 폐해 속에서 어떻게 과학을 본래 위치에 놓을 수 있는가?"

둘째, "실재(reality)를 어떻게 봐야 하는가?"[21]

여기서도 과학적 부작용에 대한 예로 '진화론'이 꼽힌다. 왜냐하면, 앞서 설명한 것처럼, 진화론은 인간을 덜 진화된 존재와 더 진화된 존재로 구분하여 인종차별로 악용할 위험이 있다. 같은 맥락에서 식민지 통제를 위한 수단으로 '사회 진화론'이 사용될 수도 있다. 이런 이유 때문인지 진화론이 사회적 이데올로기로 적용되는 것에 대해서는 철학에서도 반대한다. 진화론 외에 핵무기나, 대량살상 무기 등도 과학의 부정적 영향으로 꼽을 수 있다.

하지만 화이트헤드는 종교와 과학이 언제나 대립하였지만, 종교와 과학 둘은 항상 지속적인 발전의 상태에 있었음을 주장한다.[22] 화이트헤드 입장에서 다소 낙관적으로 접근한다면, 과학의 부정적인 요인들은 인간의 기술이 발전해 나가므로 극복할 수 있는 것들이다. 또한, 종교 역시 과학과 대립하는 구도 속에서 머물지 않고 충돌과 모순을 극복하고자 논의할 것이다.

실재(Reality)를 어떻게 볼 것인지에 대해서 화이트헤드는 과정 사상의 입장을 근거로 유기체적 철학으로 접근한다.[23] 그래서 **화이트헤드는 "우주를 하나의 살아 있는 생명체로 보며, 또한 실재를 정적 개념인 존재(being)로서가 아니라 동적인 개념인 '되어감'(becoming)으로 보는 과정형이상학"으로 본다.**[24]

화이트헤드의 유기체 철학과 동적인 개념은 서구 사상의 변화에서 영향받았다. 고대 아리스토텔레스 전통에서는 "하나님은 움직이지 않고 만물을 움직인다"(Unmoved mover)라는 사고가 지배적이었다. 또한, 데카르트에게도 인간의 자아는 고정되어(fixed) 있었다. 이것이 기존 서구의 하나님과 인간의 자아 개념이었다. 그러나 헤겔에게서 "역사는 끊임없이 발전되는 것"이라는 이해가 등장함에 따라, 서구의 사고는 고정됨(fixed)이 아니라 발전적 사고를 제시할 수 있게 되었다.

---

21 실재(reality)란 말은 현실성(現實性) 또는 현실감이나 사실성을 의미할 뿐 아니라 '현상' 그 자체로도 이해한다.
22 A.N. 화이트헤드, 『종교와 신과 세계』, 178.
23 Ibid., 200-201.
24 Ibid., 201.

여기에 다윈의 진화론 역시 발전적 사고에 힘을 실어준다. 이런 맥락에서 화이트헤드는 사물, 현상, 리얼리티, 현실적 계기(actual entities), 현실적 존재(actual occasion) 등 존재하는 모든 것은 고정된 것이 아니라 움직이고 성장하는 것으로 이해하려 했다.[25]

화이트헤드의 영향을 받아 과정신학을 전개한 존 캅(John B. Cobb)은 과정 사상은 정의상 "과정이 근본적"이라고 주장한다.[26] 하지만 과정신학이 "모든 것이" 과정 안에 있다는 것은 아니며, 존재하는 것만이 과정 안에서 종속된다고 이해한다.[27] 결국, 과정신학의 신학 방법론의 구조는 현실재(actual entity)가 어떻게 성장해 나가는가에 초점이 놓여 있다. 그렇기에 캅은 화이트헤드의 견해를 "현실재에서 다른 현실 재로의 전이"라고 이해한다.[28] 또한, 캅은 '결합'과 '변이'라는 과정과 '전이'에 대한 이중적인 강조를 다음과 같이 설명한다.

> 전이는 시간의 중요성을 성립시킨다. 한 계기적 사건은 다른 사건을 계승한다. 과거는 이미 일어났던 사건들로 구성된다; 미래는 사건을 내포하지 않기 때문에 근본적으로 다르다; 그리고 현재는 지금 일어나고 있는 바로 그 사건을 말한다. 현재는 과거에 의해 영향을 받으며 그리고 미래에 영향을 준다.[29]

정리하자면 과정신학의 방법론은 현재가 과거에 영향을 받았고, 미래에 영향을 주기 때문에 모든 "**존재하는 것**"은 유기체적으로 성장을 향해 움직이는 것이다. 따라서 과정신학에서 현실재는 고정된 것이나 가변한다. 현실재는 환경적인 요인 안에서 끊임없이 영향을 주며 합생(concrescence)이 되어가는(becoming) 것이다.[30]

---

25 인류의 역사 속에서 축적된 지식은 문학, 과학, 철학, 종교 등으로 나타난다. 그런데 세상을 보는 눈은 집단, 민족 안에서 다양하게 나타나며, 이러한 리얼리티는 서로 중첩 할 수도, 충돌 할 수도, 상호보완 할 수도 있다. 그렇기에 인류가 가진 현상을 한 가지 현상(Reality)로만 볼 수 없다.
26 존 캅 & 데이빗 그리핀, 『캅과 그리핀의 과정신학』, 이경호 역 (대구: 이문출판사, 2012), 22.
27 Ibid.
28 존 캅 & 데이빗 그리핀, 『과정신학』, 류기종 역 (서울: 열림, 1993), 21.
29 Ibid., 22.
30 Ibid. ; "합생"(concrescence)이라는 말은 화이트헤드의 개념과 관점을 그대로 차용해서 캅이 사용하고 있는 개념이다. 이것은 현실재가 '되어 지는'(becoming) 구체성을 의미한다.

과정신학은 "존재하는 모든 것이 어떻게 움직임(성장) 하는가?"에 관심이 집중되어 있다.[31] 여기서 전제해야 하는 가능성은 "모든 사건은 무수한 많은 가능성의 현실화를 함축하고 있다"는 것이다.[32] 즉, 사건들이나 인간의 현실화에는 무수히 많은 가능성을 내포하고 있으며 그 가능성은 성장하는 것으로 이해된다. '존재하는 모든 것' 중 사람을 예로 들어 설명한다면, 사람은 정신적 측면과 육체적 측면으로 환경을 파악한다. 그리고 그것은 충분한 만족(fully satisfaction)까지 성장해 간다.[33]

다시 말해서 현실재가 환경 속에서 성장할 때 그것은 그 현실재가 충분히 만족할 때까지 성장한다. 여기서 존재론적인 우선성에 기인해서 차이를 발견하면, 현실재가 성장 과정에서 끊임없이 다른 것에 영향을 받고 영향을 주는 '상호연결' 안에 있다는 것이 선명하게 보일 것이다.

그런데 여기서 전통적인 기독교 변증학에 익숙한 이들은 과정신학의 방법론에 대해서 이런 의문이 들것이다.

"왜 성경을 신앙 변증의 근거로 하지 않는가?"

그 이유는 과정신학은 성경에 기반을 둔 것이 아니고, 과정철학에 기반을 두고 있기 때문이다. 물론, 데이비드 그리핀(David Ray Griffin)은 과학적 자연주의와 기독교 신앙을 과정신학으로 종합하는 시도를 하면서도, "기독교 신앙의 내용"은 "기독교 복음의 본래 가르침"이어야 한다고 주장한다.[34]

하지만, 캅은 "신을 창조자로 보는 관념은 거의 언제나 일방적인 인과 작용의 관점에서 이해"되었다고 지적한다.[35] 또한, 캅은 하나님의 존재에 관한 주장이 자신의 본질적이고 주된 상황이 아니라고 밝힌다.[36]

과연 성경에 근거하지 않은 변증이 기독교 변증학이 될 수 있을까?

---

31 과정신학에서 사용되는 개념들 중 현실재(actual entity), 현실적 계기(actual entities), 현실적 계기(actual occasion), event, subject 등의 단어들을 "존재하는 모든 것"이라고 쉽게 이해할 수 있다.
32 존 캅 & 데이빗 그리핀, 『과정신학』, 39.
33 필자는 "충분한 만족"(fully satisfaction)을 객관적이고 일시적인 충족의 상태가 아니라 '완전한 만족 상태의 끝'이라고 이해한다.
34 데이비드 그리핀, 『위대한 두 진리』, 김희헌 역 (서울: 동연, 2010), 79.
35 존 B. 캅 Jr, 『화이트헤드 철학과 기독교 자연신학』, 이경호 역 (서울: 동과서, 2015), 287-288.
36 존 캅 & 데이빗 그리핀, 『과정신학』, 57.; 존 캅은 "하나님의 존재를 위한 주장들은 이 과업의 본질적인 부분이 아니다"라고 말한다. 여기서 '과업'이란 과정신학을 말한다.

이에 대한 논의는 과정신학에서의 '하나님 이해'를 살펴보면 판단이 설 것이다.

3. 과정신학의 '신(神) 이해'와 문제점

전통적인 신학 문법에서 하나님은 이 세상을 창조하신 창조주이며, 시간 이전에 계셔서 시간까지도 창조하신 전지전능하신 존재다. 그러나 **과정신학에서 '하나님 이해'는 현실재에 속한다. 즉, 하나님도 존재하는 모든 것 중 하나이다.** 다시 말해서 하나님도 이 세상과 더불어 있는 것이지, 시간 이전에 있었던 분이 아니다. 하지만 화이트헤드의 '신(神) 이해'와 과정신학의 방법론에서도 하나님만은 소멸하지 않는다고 본다. 모든 존재하는 것은 경험을 통해 수많은 지식을 축적하며 살지만 결국에는 죽는다. 하지만 하나님에게는 두 가지 본성이 있는데, 그것은 원초적 본성(primordial nature)과 귀결적 본성(consequent nature)이다.[37]

화이트헤드의 과정신학이 접근하고 있는 하나님의 독특성은 '시간'과 '역사'와 함께 하나님이 함께 간다. 그렇기에 과정신학에서 이해하는 하나님은 시간을 초월한 '영원'의 하나님이 아니라, '시간 끝까지 함께 하신다'라는 의미로 '영원'을 이해한다. 캐서린 켈러(Catherine Keller)는 함께하시는 하나님의 영원을 "초대로서의 신적 유혹"으로 표현한다.[38]

켈러에게서 예수는 하나님의 초월적이거나 강압적인 계시가 아니라, 설득적인 사랑이다. 설득하시고, 매혹하시고, 요청하시는 하나님의 모델은 인간이 하나님을 향유하도록 만든다.

그리고 그것은 창조 세계 전체까지도 아름답게 바라보도록 만든다. 하지만 성경이 말하는 하나님은 역사 안에서 함께하시고, 역사 안에서 움직이시지만, 동시에 역사를 초월하고 역사 안에 갇힐 수 없는 하나님이다. 즉, 과정신학에서 말하고 있는 하나님은 전통적인 하나님 이해에서 벗어나 '축소된 영원(시간)'으로 하나님을 제한시키고 있다. 이런 과정신학의 논법은 기독교 신앙의 올바른 변증이라기보다는 자연주의 세계관에 납득할 수 있는 유한한 하나님을 새롭게 그려

---

37 '원초적 본성'은 정신적 측면으로써 영원과 직결되는 것이고, '귀결적 본성'은 사람들과 관계를 갖는 본성으로 이해할 수 있다.
38 캐서린 켈러, 『길 위의 신학』, 박일준 역 (서울: 동연, 2020), 81.

낸 것으로 보인다.

전통적인 신학에서 '영원'에 대한 이해와 과정신학에서 '영원'에 대한 이해가 확연하게 다른 이유는 화이트헤드의 '신(神) 이해'에 있다. 화이트헤드는 하나님은 모든 존재하는 것의 기억을 모으시는 분이고 그런 의미에서 하나님은 영원한 것이다. 즉, 모든 기억을 하나님이 가지고 있다는 의미에서 하나님은 영원하신 것이다. 화이트헤드와 마찬가지로 캅도 전통적인 유신론(특히 어거스틴 입장)은 "하나님은 완전히 무감각하며 피조물에 대한 신적인 사랑에서도 어떠한 동정심의 요소도 전혀 없다"라고 말한다.[39]

또한, 캅은 하나님이 각자의 사건 속에서 존재들을 위해 끊임없이 매혹하시는 분이고, 이것은 현실화를 지배하는 행위가 아니라 창조적 활동을 내포하는 설득이라고 주장한다.[40] 정리하자면 과정신학에서 하나님은 강제적이지 않고 설득하는 분이시기에 하나님은 모든 존재하는 것과 상응하고, 상생하며, 대응한다.

과정신학에서는 '강요'가 아닌 '설득'이라는 측면으로 하나님을 이해하기에 하나님 역시 영향을 주고받는 관계에 있다. 그뿐만 아니라 하나님은 같이 고통을 당하시는 분이며, 세상 안에서 함께 계신다. 화이트헤드는 모든 존재하는 것이 충분한 상태로 성장하려면 환경에서 어떻게 자기를 극대화할 수 있는지에 대한 여부와 하나님이 최초의 목표로 부여하는 "초기 목표"(initial aim)가 중요하다. 그리고 이 과정에서 하나님은 세상과 조화를 이루시고 강요가 아닌 설득으로 접근하신다. 이것이 세상 안에서 영향을 주고받으시는 하나님이다.

결국, 과정신학에서 '하나님 이해'는 보상이나 형벌을 내포하지 않고 가능성을 현실화할 수 있도록 설득하시는 분이다.[41] 따라서 과정신학은 "피조물들이 내재적으로 선한 것으로 경험하는 것을 촉진하는 데 목적"이 있다.[42] 그렇기에 과정신학에서 '죄'는 하나님에 대한 반역이라기보다는 피조 세계(creation)를 침해하여 자연의 안녕을 거스르는 폭력을 뜻한다.[43]

과정신학은 하나님의 창조적이고 응답인 사랑을 아름답게 피력한다는 점에서 장점이다. 왜냐하면, 과정신학의 방법론으로 하나님을 이해한다면 하나님은 하

---

39 존 캅 & 데이빗 그리핀, 『과정신학』, 62.
40 Ibid., 74.
41 Ibid., 75.
42 Ibid., 78-79.
43 마조리 H. 수하키, 『폭력에로의 타락』, 김희헌 역 (서울: 동연, 2011), 33.

나님 자신을 제외한 현실재들이 꽃 피울 수 있도록 매혹하시는 분이고 절대적인 군주의 개념이 아니라, 설득하시고 요청하시는 하나님으로 그려지기 때문이다.[44]

또한, 과정신학은 사람들에게 창조적 사랑인 하나님의 매혹에 대해 응답하는 삶을 살도록 요청한다. 이것은 현실재로서 인간이 하나님과 상호작용하는 권리이며 책임이 된다. 그리고 이것은 하나님뿐 아니라, 모든 피조물과도 상호작용할 수 있는 근거가 된다. 피조물과도 상호작용할 수 있다는 말은 생태학적으로 발전시켜서 이해할 수 있다는 의미이다. 이는 켈러의 글을 접하면 더 잘 이해할 수 있다.

> 생태하나님은 되어감의 과정 중에 있는 전체 피조물들 속에 체현되어, 품어지고 그리고 감싸여진다. 현재 난국에 처한 "새로운 창조"의 성서적 희망은 이 세계의 초자연적 교체, 즉 무로부터 새로운 창조를 기대하지 않았고, 지금도 그렇다. 그 희망은 우리의 집 지구의 철저히 물질적인 개벽의 가능성을 포용한다.[45]

과정신학을 통해서 얻은 성과는 과학과 신학의 모순과 대립을 역사의 점진적 성장이라는 측면으로 설명해 낸 것에 있다. 화이트헤드는 과학적 통찰이 진보할 때 종교는 한층 더 깊은 통찰을 얻게 된다고 이해한다.[46] 그리고 과정신학은 군주적 성격의 하나님을 탈피하고, 설득적인 하나님을 제시한다는 점에서 무신론자들을 매혹한다. 캅은 설득력 있는 하나님의 창조적 사랑을 이야기하면서 다음과 같이 말한다.

> 과정 사상은 완전에 대한 다른 이해와 더불어 신의 창조적 활동을 세계에 대한 응답성에 근거한 것으로 이해한다. 현실성의 바로 그 의미가 내적인 연관성을 내포하고 있으므로, 현실성으로서의 하나님은 세계와 본질적으로 관련

---

44 과정신학 입장에서 예수는 하나님의 매혹에 가장 잘 응답한 사람이다. 그렇기에 예수가 곧 신은 아니다. 만일 여기서 '하나님의 매혹에 대한 응답' 대신 '절대의존감정'으로 이해한다면, 슐라이어마허가 떠오른다. 왜냐하면, 슐라이어마허는 예수를 절대의존감정이 가장 잘 나타난 존재로 보았기 때문이다.
45 캐서린 켈러, 『지구 정치 신학』, 박일준 역 (충청남도: 대장간, 2020), 183-184.
46 A.N. 화이트헤드, 『종교와 신과 세계』, 190.

된 것이다.[47]

하나님에 대한 위와 같은 이해는 예수에 대해서도 "창조적 변형으로서의 그리스도"로 이해한다.[48] 이는 화육적 로고스가 그리스도이며 로고스의 활동이 피조물들에 영향을 미치고 로고스의 영향 범위는 피조물들에 의해 결정된다는 것이다.[49] 즉, 그리스도는 피조물들과 상호내재적이다.

하지만 과정신학은 심각한 한계와 문제점을 가지고 있는데 그것은 바로, 과정신학의 원조 격인 과정철학자 화이트헤드에게 시간의 시작이나 완전의 개념이 없다는 것이다. 이것이 문제가 되는 이유는, 정작 일반 과학에서는 '빅뱅 이론'으로 시간의 시작에 접근하고 있기 때문이다.[50]

아마도 화이트헤드가 일반 과학의 이론을 몰랐기 때문이 아니라, 의도적으로 다루지 않았을 가능성이 크다. 왜냐하면, 과정신학에서 하나님에 대한 이해는 '존재하는 모든 것 중'에 속하지만, 다른 존재들과는 다르게 유일하게 소멸하지 않는다는 특수성이 있다.

이 특수성은 '지식의 계속되는 축적'을 근거로 하는데, 만일 시간의 시작점을 인정하게 되면, 하나님의 지식은 '시간의 시작부터 현재까지'라고 제한된다. 마찬가지로 화이트헤드에게 '완전'이라는 개념이 없는 이유는, '완전'은 곧 시간의 종점을 상징하기 때문이다. 그렇다는 것은 하나님의 영원성을 시간의 영원성 안에서 설명하는 것이 불가능해진다. 따라서 초월적인 하나님의 '영원' 이해를 피하면서, 동시에 이러한 모순점들을 만들지 않으려고 일부러 '시간의 시작'이나 '완전'의 개념을 언급하지 않았을 것이라고 본다.

과정신학에서 '시간의 시작'과 '완전'이라는 개념 대신 '충만한 성장'과 환경 속에서 '상호 작용'이라는 접근 방법은, 하나님을 인간과 영향을 주고받는 분으로 그려 냈다. 그러나 이러한 과정신학의 방법론은 결코 성경적이지 않다. 물론, 성경 안에는 과정신학에서 말하는 것처럼 인격적으로 다가오고 설득하는 하나님의 모습이 분명히 있다. 그러나 그것은 하나님과 인간이 서로 영향을 주고받았기에 발생한 것이 아니다. 왜냐하면, 하나님이 인간과 서로 영향을 준다

---

47 존 캅 & 데이비드 그리핀, 『과정신학』, 74.
48 Ibid., 136.
49 Ibid., 137.
50 트린 후안 투안, 『우주의 운명』, 백상현 역 (서울: 시공사, 2004), 62.

고 말했을 때, 교회 전통의 언어로 설명되어 오던 기독론, 구원론 등의 개념 이해가 심각하게 변형된다.

그렇기에 전통적인 기독교 변증학에서 하나님이 인간의 아픔을 이해한다고 했을 때, 그것은 하나님 스스로가 결정하셔서 자발적으로 인간의 아픔에 동참하신 것으로 이해해야지, 인간이 하나님에게 영향을 주었기 때문이라고 볼 수는 없다.

결국, 과정신학은 광범위하게 현대 신학과 생태학적인 전반을 아우르다가 전통적인 신앙 논법을 전부 놓쳐버렸다. 진정한 기독교 변증학은 하나님을 인간의 기준에서 아름답게 꾸며내는 것이 아니라, 하나님을 하나님 되게 하는 것이다.

4. 신앙과 손잡은 과학

그렇다면 다시 원점으로 돌아와서 질문해 볼 수 있다.

정말 과학적 사고를 지향하면서 신앙을 가지는 것은 불가능한 일인가?
과정신학처럼 자연과학의 세계관 안에서만 과학적 논증이 가능한 것일까?
교회 전통의 문법을 고수하면서, 현대 세계와 대화할 방안은 무엇일까?

이런 여타의 질문에 대하여 답변을 내놓기 위해 많은 학자가 나름의 답안을 제시했다. 복음주의 신학자 버나드 램(Bernard L. Ramm)은 "성경은 강한 유신론을 바탕으로 자연의 균일성과 규칙성에 필요한 모든 것을 제공해 주고 있다"고 설명한다.[51] 물리학자이자 성공회 사제인 존 폴킹혼(John C. Polkinghorne)은 "과학의 맥락 속에서 신학은 과학의 진보가 제공하는 기술적 가능성을 염두에 두어야 할 것"을 주장한다.[52]

또 폴킹혼은 교육받은 신앙인들에게 과학을 진지하게 대함으로 기독교에 대한 이해를 강화하라고 촉구한다.[53] 미하엘 벨커(Michael Welker)도 "신학과 과학

---

51 버나드 램, 『과학과 성경의 대화』, 박지우 역 (서울: 한국기독학생회출판부, 2016), 99.
52 존 폴킹혼, 『과학으로 신학하기』, 신익상 역 (서울: 모시는사람들, 2015), 92-93.
53 존 폴킹혼, "물리학자에서 사제로," 『과학과 종교』, 테드 피터스 엮음, 김흡영 외5인 역 (서울: 동연, 2002), 122.

양 분야의 연구 전선에서 최소한 모두 그 성과를 인정할 것"을 언급한다.[54] 벨커는 "우주 진화론적 이론"이 전개되는 것을 받아들이면서도, 창조에 관한 교리는 관례로 계속될 것으로 전망한다.[55] 마크 해리스(Mark Harris)는 "하나님은 우주가 창조된 목적대로 되도록 전 우주에 자유와 자치를 부여"했으며, 지금도 계속해서 새롭게 창조하시면서 우주를 지원하고 있다고 주장한다.[56] 이들의 주장은 과학적 세계관 안에서 기독교 신앙을 변증하기 위한 나름의 답변이었다.

반면에 필립 존슨(Philip E. Johnson)은 방법론적 자연주의로 성경과 과학을 조화시키는 자들은 신앙의 초자연적 간섭(성육신, 부활) 등에 대해서도 언젠가는 자연주의자들과 타협하게 될 것이라고 경고한다.[57] 또한, J. P. 모어랜드(J. P. Moreland)와 W. L. 크레이그(William Lane Craig)는 과학적 세계관과 타협한 유신론 과학은 "'공백의 신'이라는 부적절한 전략을 대변하는 것"이라고 평가했다.[58]

이처럼 여러 학자의 서로 다른 논의들이 충돌하는 가운데, 존 C. 레녹스(John C. Lennox)는 자신의 기독교 변증으로 과학적 무신론자들에게 효과적인 대응을 선보인다. 지금부터는 레녹스가 과학적 무신론자들에게 선보인 논증에 특별히 주목하겠다.

첫째, 창조와 과학의 조화 가능성을 발전시키는 변증법이다.

이것은 역사가 증명해 준 과학적 무신론에 대한 레녹스의 기독교 변증방법론으로 다음과 같이 요약된다. 레녹스에 따르면, "갈릴레오와 뉴턴을 포함해 당시에 과학의 눈부신 발전에 기여한 위대한 과학자 대부분"은 창조주 하나님에 대한 믿음이 과학에 방해가 된다고 여기지 않았다.[59]

갈릴레오는 교권에 도전한 반(反)기독교적 과학자가 아니라, 참신앙에 근거한 과학자이다. 따라서 신앙은 과학을 더욱 발전시킨다.

일부 성직자들뿐 아니라 아리스토텔레스의 제자들이었던 당시의 세속 철학자들의 저항과 반(反)계몽주의에 반대해 똑같이 우주에 대한 더 나은 과학적 이해

---

54 미하엘 벨커, 『오늘의 신학적 주제에 대한 다각적·성서적 탐구』, 전 철 외8 역 (서울: 동연, 2015), 99.
55 미하엘 벨커, 『창조와 현실』, 김재진 역 (서울: 대한기독교서회, 2020), 22-23.
56 마크 해리스, 『창조의 본성』, 장재호 역 (서울: 두리반, 2020), 300.
57 필립 존슨, 『위기에 처한 이성』, 양성만 역 (서울: 한국기독학생회출판부, 2001), 224.
58 J. P. 모어랜드 & W. L. 크레이그, 『과학철학』, 김명석 역 (서울: 기독교문서선교회, 2013), 138.
59 존 레녹스, 『신을 죽이려는 사람들』, 홍종락 역 (서울: 두란노서원, 2017), 21-22.

를 추진했던 인물이 바로 성경적 세계관을 믿었던 갈릴레오였다는 것이다.[60]

창조는 신앙이고 진화는 과학이라는 생각은 낡은 생각이다. 창조는 신앙일 뿐 아니라 과학 발전의 원인이며, 진화는 과학 이론의 가설 중 하나이다. 분명히 과학적 사고는 합리적이다. 그리고 합리적이어야만 한다. 하지만 합리적인 사고가 결코 과학에 국한되지 않는다. 기독교 신앙 역시 합리성을 추구한다. 기독교는 과학적 사고의 논리를 언제든 수용할 수 있다.

칼 W. 가이버슨(Karl W. Giberson)은 "과학적 설명이 창조에 대한 우리의 믿음과 대립한다는 무신론자들의 주장은 명백히 잘못되었다"라고 일침을 놓는다.[61] 심지어 레녹스는 성경이 과학 활동을 명령하고 있다고 주장한다.

예를 들어, 아담이 동물의 이름을 지어 주는 행동은 생물을 탐구하고, 조사하고, 분류하는 일종의 과학 활동이다. 즉, 아담이 점점 더 정교하게 그 구성물들의 이름을 지어 줌으로써 그 세계를 연구하는 것으로 간주한다.[62]

이는 과학을 연구하라는 성경의 명령으로 해석할 수 있다. 그런데 과학 역시 신앙을 필요로 한다는 점을 인정해야 한다. 신앙이 과학에 필수적인 이유는 "신앙은 아직 증명되지 않았지만, 여전히 언제나 그래왔던 것처럼 우주에 관한 과학적 탐구의 선결 조건"이기 때문이다.[63] 과학이 '선결 조건'과 '믿음'에 근거해서 실험을 시작한다고 해서, 비합리적인 것은 결코 아니듯, 하나님의 창조를 믿으면서 과학 실험에 참여하는 것 역시 전혀 어색한 일이 아니다. 오히려 과학적 실험은 성경에 기록된 창조 신앙에 대한 믿음을 더욱 강화해 줄 뿐이다.

둘째, 과학이 한 번도 무신론을 입증한 적이 없었음을 밝혀내는 것이다.

무신론을 주장하는 과학자들이 있을 뿐이지, 과학이 무신론을 입증해 낸 적은 없다. 또한, 과학이라는 학문 역시 여타의 다른 학문과 마찬가지로 한계 가능성이 있다. 그렇기에 과학은 한 번도 신비의 영역(사후세계, 그리스도의 부활, 만물의 근원이신 하나님, 기적)에 대한 분석이나 평가하지 않았다. 사실 내놓을 수가 없다. 왜냐하면, 이것은 과학의 영역이 아니기 때문이다.

60　존 레녹스, 『과학은 모든 것을 설명할 수 있을까?』, 홍병룡 역 (서울: 아바서원, 2020), 32.
61　칼 W. 가이버슨 & 프랜시스 S. 콜린스, 『과학과 하나님의 존재』, 김정우 역 (서울: 새물결플러스, 2019), 21.
62　존 레녹스, 『과학은 모든 것을 설명할 수 있을까?』, 88.
63　존 레녹스, 『현대 무신론자들의 헛발질』, 노동래 역 (서울: 새물결플러스, 2020), 87.

따라서 과학은 신의 존재 여부를 평가하거나 주장할 수 있는 상태가 아니다. 만일 신의 존재 여부를 가정하는 순간, 그것은 이미 과학이 아니라 믿음의 영역이다. 유신론은 하나님이 존재한다는 믿음이고, 무신론은 하나님이 존재하지 않는다는 믿음이다. 이 말은 즉, "하나님을 믿지 않는 것이 과학적 정통의 보증이 될 수 없다"는 뜻이다.[64]

만일 "세상에 관해 유일하게 믿을 수 있는 지식은 과학 지식뿐이라고 생각"하는 사람이 있다면, 그 사람은 과학 우상 주의에 빠진 종교인이다.[65] 또한, 과학 지식만을 유일하다고 여기는 사람은, 기독교인이 그리스도의 진리만을 유일하게 여기는 것에 대해서 그 어떤 비판도 해서는 안 된다.

재밌는 사실은, 과학적으로 무신론이 입증될 수 없는 데 반해, 신앙적으로 유신론은 언제나 입증된다. 신앙적이라고 해서 맹신적인 것은 아니다. 레녹스는 합리적 추론에 근거해서 정교하게 신앙을 변증한다. 이 변증은 과학적 무신론자들도 납득 가능하도록 접근하는데, 그 진술의 내용은 다음과 같다.

> 누가는 초대 기독교인들이 자연법칙을 몰라서 터무니없는 기적 이야기를 덥석 덥석 믿는 어리숙한 무리가 아니었음을 분명히 밝히고 있다. 그들은 여느 사람과 마찬가지로, 기적 이야기를 믿는 데 어려움을 느꼈다. 그들이 기적을 믿은 경우는 자연법칙에 무지해서가 아니라, 그들에게 제시된 직접 증거의 무게에 눌려 그럴 수밖에 없었기 때문이었다. 이와 유사하게, 기독교의 발흥을 알리는 기록에서 누가는 예수 그리스도가 부활했다는 기독교의 메시지를 최초로 반대한 이들이 무신론자들이 아니라 유대교의 사두개파 대제사장들이었음을 보여준다. 그들은 대단히 종교적인 사람들이었다. 그들은 하나님을 믿었다. 그들은 성전에서 기도하고 예배를 드렸다. 그러나 예수가 죽었다가 살아났다는 주장을 처음 들었을 때 그들은 그 말을 믿지 않았다. 그 주장을 믿지 않았다. 그들은 예수 그리스도는 물론이고, 어느 사람에 대해서도 몸의 부활이라는 가능성 자체를 부정했던 세계관을 받아들였기 때문이다.[66]

---

64 존 레녹스, 『과학은 모든 것을 설명할 수 있을까?』, 32.
65 알리스터 맥그래스, 『도킨스의 신』, 김지연 역 (서울: SFC, 2021), 107.
66 존 레녹스, 『신을 죽이려는 사람들』, 362-363.

기적은 자연법칙에 위배된다. 따라서 기적에 대해 거부하는 것이 합리적인 이성에 부합한다고 생각할 수 있다. 그런데 만일 눈앞에서 기적이 벌어진다면 그때는 과학적 실험과 탐구에 의존할 수 없을 것이다. 왜냐하면, 신앙은 과학에서 요구하는 실험이나 규칙적인 현상이 아니라, 증언과 기록으로 그리고 경험에 의존하여 입증되기 때문이다. 즉, 창조 세계 속에 살면서도, '창조는 과학적으로 입증할 수 없기에 믿을 수 없다'라고 주장한다면, 그것은 비극이다. 오늘날 과학적 무신론자들은 겉으로는 과학적이나, 사실은 종교적이다. 과학은 사람들을 무신론자로 만들지 않는다. 무신론이라는 종교적 신념과 고집을 과학이라는 이름으로 포장하고 있을 뿐이다.

셋째, 우주의 합리적 이해 가능성이 창조에 있음을 증명해 내는 것이다.

결국, 과학도 믿음이 있어야 한다. 그런데 여기서 "'증명 가능성'과 '진실'을 헷갈리지 않는 것이 중요"하다.[67] 우주에 대한 영역을 탐구할 때 특히나 더 그렇다. 그래서 보통은 "우주론과 신학 사이에서의 수렴이 이해되고 접촉될 수 있는 곳은 문화적 영역(통찰력들이 사회적 실천들과 전통적 해석의 범주들에 의하여 복합적 관계성을 형성하는 곳)"에만 한정한다.[68]

하지만 "성경의 하나님 가설은 우주에 참으로 시작이 있었다"고 말한다.[69] 이것은 곧 '엑스니힐로(ex nihilo) 창조', 곧 무로부터의 창조를 의미한다. 이는 신앙인들에게 너무나 명백한 진리이다. 하지만 이것을 과학적 탐구 과정을 통해 증명하기란 불가능하다. 그럼에도 과학은 끊임없이 우주의 합리적 이해 가능성을 찾아 나선다. 레녹스는 과학에서의 이러한 시도를 다음과 같이 평가한다.

> 실로 과학 연구가 이미 많은 성공을 거두었음에도 불구하고 아직도 과학 연구를 추구할 가치가 있다고 생각될 경우 과학자들은 우주의 합리적 이해 가능성을 그들의 근본 신조 또는 기본 가정으로 믿어야 한다. 과학자들은 인간의 정신이 우주에 접근할 수 있다고 믿는다는 점에서 모두 신앙인이다.[70]

---

67 알리스터 맥그래스, 『도킨스의 신』, 123.
68 래리 부처드, "우연적 미래들: 우주론적 윤리의 상상," 『종말론에 관한 과학과 신학의 대화』, 존 폴킹혼 & 미하엘 벨커 엮음, 신준호 역 (서울: 대한기독교서회, 2018), 163-164.
69 에드거 앤드류스, 『신을 탐하다』, 홍종락 역 (서울: 복있는사람, 2012), 124.
70 존 레녹스, 『현대 무신론자들의 헛발질』, 87.

에드거 앤드류스(Edgar Andrews)는 "태초에 하나님이 천지를 창조하셨다는 진술은 우주가 빅뱅으로 생겨났다는 현재의 과학적 믿음과도 전적으로 일치"한다고 주장한다.[71] 즉, 앤드류스는 우주의 합리적 이해 가능성이 성경의 '창조'에 있음을 설명한 것이다. 여기서 빅뱅이란, 우주의 기원을 설명하는 대폭발이론(Big Bang theory)을 뜻한다.[72]

과학적 답변은 "대폭발이 일어나고 1초가 지났을 때, 우주는 수 광년까지 팽창"했고, "이때부터 모든 양성자와 전자는 더 이상 사라질 염려 없이 '영원한 생명'을 확보"했으며, "우주 온도가 1억 도까지 식으면서 양성자끼리(또는 양성자와 중성자가) 융합하여 헬륨 원자핵을 만들었다"라는 것까지다.[73]

세계적인 천체 물리학자들도 "대폭발 이전에는 무엇이 있었는가?"

이런 질문에 대해서 물음표를 둔다. 여기서부터는 과학의 영역 그 이상이기 때문이다. 그렇다면 지금부터의 문제는 창세기 본문에 대한 해석이다. 이것을 문자적으로 보느냐, 풍유적으로 보느냐에 따라, 교회 공동체에 서로 다른 영향을 주게 된다. 어떤 것이 더 긍정적인 영향을 끼치느냐는 어디까지나 목회적인 문제이다. 레녹스는 "기독교 신앙의 기본적인 교훈을 다룰 때 성서 구절에 대한 자연스러운 해석을 고려하는 것이 중요"하다고 밝힌다.[74]

어떤 이들은 과학의 '빅뱅 이론'을 받아들이는 것은 성경에 기록된 창조 신앙과 충돌되는 주장이라고 생각한다. 하지만 하워드 반 틸(Howard J. Van Till)의 경우에는 정반대로 진술한다.

---

71 에드거 앤드류스, 『신을 탐하다』, 134.
72 데이비드 버코비치, 『모든 것의 기원』, 박병철 역 (서울: 책세상, 2017), 22. : 우주의 나이가 유한하고 공간이 팽창한다는 것은 우주에게 '생일'이 있다는 뜻이다. 현재를 기점으로 시간을 거꾸로 되돌린다면, 우주가 점점 작아지다가 상상을 초월할 정도로 뜨거운 하나의 점으로 수렴할 것이다. 벨기에 천문학자 조르주 르메트르(Georges Lamaître)는 이 점을 '우주 달걀'(cos-mic egg)이라 불렀다. 이 달걀이 폭발하면서 우주가 탄생했고, 폭발과 함께 질량과 에너지가 사방으로 퍼져 나가기 시작했다. 이것이 바로 우주의 기권을 설명하는 빅뱅 이론이다. 이 용어를 처음 사용한 사람은 케임브리지대학교의 천문학자 프레드 호일(Fred Hoyle)이었는데, 사실 그는 우주가 대폭발로 탄생했다는 가설을 적극적으로 반대했던 사람이었다.
73 닐 디그래스 타이슨, 『블랙홀 옆에서』, 박병철 역 (서울: 사이언스북스, 2018), 447-448.
74 존 레녹스, 『최초의 7일』, 노동래 역 (서울: 새물결플러스, 2016), 24.

창조 계의 형성 능력들 중 또 하나를 과학이 발견하게 될 때마다, 나는 창조 계가 확고한 형성 경제 원리를 만족시킨다는 더 큰 확신을 하게 되며, 나는 창조주의 (풍성한 능력을 개념화하는) 심오한 창조성과 (창조 계에 이러한 존재의 충만함을 부여하는) 무한한 관대하심을 경축한다.[75]

또 앤드류스 역시 창세기와 빅뱅 이론을 동시에 수용하는 것에 대해서 거부감이 없다. 그는 "창세기에 대한 역사적 견해와 빅뱅 이론을 조화시키는 데 아무런 어려움이 없다"고 설명한다.[76] 이 말은 창세기의 창조 기록이 허구라는 뜻이 절대 아니다. 창세기의 언어는 형식이 시적이기는 하지만 내용은 분명히 역사적이다. 따라서 서사시의 개념으로 볼 수 있다. 이렇게 이해하면 "창세기의 창조 기록은 빅뱅 이론과 온전히 조화를 이루고, 모종의 창조 시나리오까지 예측"하도록 만들어 준다.[77]

태초에 하나님이 천지를 말씀으로 창조하셨고, 빛이 있으라 하시니 빛이 있었다. 그리고 하나님이 빛을 낮이라 부르시고 어둠을 밤이라 부르시니 저녁이 되고 아침이 되었다. 이것은 명백한 신앙 고백이다. 하지만 동시에 이것은 우주의 합리적 이해 가능성이 창조에 있음을 암시한다. 다시 말해서, '빛을 낮이라 부르시고 어둠을 밤이라 부르시니'라는 진술은 틀림없는 신앙 고백이지만, 이것은 동시에 과학적 진술과의 교집합을 가지고 있는 문장이다. 결국, 레녹스는 다음과 같이 결론 내린다.

과학은 결코 하나님을 매장하지 않았다. 과학의 결과는 하나님의 존재를 가리킬 뿐 아니라 과학 활동 자체가 그분의 존재로 인해 정당성을 인정받는다. 물론, 과학 활동을 하는 사람들뿐 아니라 우리가 모두 출발점에 해당하는 전제를 선택해야 하는 것은 피할 수 없다. 선택지는 많지 않다. 본질적으로는 둘뿐이다. 인간 지성은 궁극적으로 정신없는 물질에서 기원했거나, 창조주가 있거나 둘 중 하나다. 그런데 이상하게도 일부 사람은 자기의 지성에 이끌려 두 번째

---

75 하워드 반 틸, "창조론:무오한 성경, 효과적인 과학," 『현대과학과 기독교의 논쟁』, 리챠드 칼슨 편저, 우종학 역 (서울: 살림, 2003), 82-83.
76 에드거 앤드류스, 『신을 탐하다』, 134.
77 Ibid., 135.

선택지보다 첫 번째 선택지를 선호한다고 주장한다.[78]

여전히 스티븐 호킹(Stephen William Hawking) 같은 이들에게 '천국'은 어둠을 두려워하는 자들을 위한 동화이다. 하지만 레녹스의 입장에서 볼 때, '무신론'은 빛을 두려워하는 자들을 위한 동화이다.

♣ 내용 정리를 위한 문제

1. 과학만능주의와 리처드 도킨스의 과학적 무신론이 보편적인 이론으로 받아들여질 수 없는 이유를 설명하시오.
2. 과정철학과 과정신학의 관계와 특징을 설명한 후 과정신학에서의 '하나님 이해'를 서술하시오. 그 후 전통적인 기독교 신관의 입장을 가지고 과정신학의 한계와 문제점이 무엇인지 설명하시오.
3. 존 레녹스가 과학적 무신론자들에게 기독교 신앙을 어떻게 변증하였는지 그 내용과 특징을 서술하시오.

※ 참고 문헌(제26장에 인용된 도서들)

존 레녹스. 『신을 죽이려는 사람들』. 홍종락 역. 서울: 두란노서원, 2017.
_____. 『과학은 모든 것을 설명할 수 있을까?』. 홍병룡 역. 서울: 아바서원, 2020.
_____. 『현대 무신론자들의 헛발질』. 노동래 역. 서울: 새물결플러스, 2020.
_____. 『최초의 7일』. 노동래 역. 서울: 새물결플러스, 2016.
J. P. 모어랜드 & W. L. 크레이그. 『과학철학』. 김명석 역. 서울: 기독교문서선교회, 2013.
닐 디그래스 타이슨. 『블랙홀 옆에서』. 박병철 역. 서울: 사이언스북스, 2018.
데이비드 F. 포드. 『현대 신학과 신학자들』. 류장열, 오홍명, 정진오, 최대열 역. 서울: 기독교문서선교회, 2005.
데이비드 그리핀. 『위대한 두 진리』. 김희헌 역. 서울: 동연, 2010.
데이비드 버코비치. 『모든 것의 기원』. 박병철 역. 서울: 책세상, 2017.
로버트 C. 비숍 & 래리 L. 펑크 & 레이먼드 J. 루이스 & 스티브 O. 모시어 & 존 H. 월튼. 『기원 이론』. 노동래 역. 서울: 새물결플러스, 2023.
룰루 밀러. 『물고기는 존재하지 않는다』. 정지인 역. 서울: 곰출판, 2022.

---

78 존 레녹스, 『신을 죽이려는 사람들』, 382.

리챠드 칼슨. 『현대과학과 기독교의 논쟁』. 우종학 역. 서울: 살림, 2003.
리처드 도킨스. 『이기적 유전자』. 홍영남 역. 서울: 을유문화사, 2010.
_____. 『지상 최대의 쇼』. 김명남 역. 경기 파주: 김영사, 2009.
리처드 파인만. 『파인만 씨, 농담도 잘하시네1』. 김희봉 역. 서울: 사이언스북스, 2015.
마르쿠스 가브리엘. 『나는 뇌가 아니다』. 전대호 역. 경기파주: 열린책들, 2018.
마조리 H. 수하키. 『폭력에로의 타락』. 김희헌 역. 서울: 동연, 2011.
마크 해리스. 『창조의 본성』. 장재호 역. 서울: 두리반, 2020.
미하엘 벨커. 『오늘의 신학적 주제에 대한 다각적·성서적 탐구』. 전 철 외8 역. 서울: 동연, 2015.
미하엘 벨커. 『창조와 현실』. 김재진 역. 서울: 대한기독교서회, 2020.
버나드 램. 『과학과 성경의 대화』. 박지우 역. 서울: 한국기독학생회출판부, 2016.
알리스터 맥그래스. 『도킨스의 신』. 김지연 역. 서울: SFC, 2021.
알프레드 N. 화이트헤드. 『관념의 모험』. 오영환 역. 경기 파주: 한길사, 2010.
_____ 드. 『진화하는 종교』. 김희헌 역. 서울: 대한기독교서회, 2012.
_____. 『종교와 신과 세계』. 류기종 역. 서울: 황소와소나무, 2003.
에드거 앤드류스. 『신을 탐하다』. 홍종락 역. 서울: 복있는사람, 2012.
재닛 브라운. 『종의 기원 이펙트』. 이한음 역. 서울: 세종서적, 2012.
제임스 클리크. 『카오스-현대과학의 대혁명』. 박배식·성하운 역. 서울: 동문사, 1994.
존 B. 캅 Jr. 『화이트헤드 철학과 기독교 자연 신학』. 이경호 역. 서울: 동과서, 2015.
존 그리빈 & 메리 그리빈. 『진화의 오리진』. 권루시안 역. 서울: 진선출판사, 2021.
손 캅 & 네이빗 그리핀. 『과정신학』. 류기종 역. 서울: 열림, 1993.
_____. 『캅과 그리핀의 과정신학』. 이경호 역. 대구: 이문출판사, 2012.
존 폴킹혼 & 미하엘 벨커. 『종말론에 관한 과학과 신학의 대화』. 신준호 역. 서울: 대한기독교서회, 2018.
존 폴킹혼. 『과학으로 신학하기』. 신익상 역. 서울: 모시는사람들, 2015.
존 호트. 『과학 시대의 신앙』. 장재호 역. 서울: 두리반, 2021.
찰스 길리스피. 『객관성의 칼날』. 이필렬 역. 서울: 새물결플러스, 2005.
칼 W. 가이버슨 & 프랜시스 S. 콜린스. 『과학과 하나님의 존재』. 김정우 역. 서울: 새물결플러스, 2019.
캐서린 켈러. 『길 위의 신학』. 박일준 역. 서울: 동연, 2020.
_____. 『지구 정치 신학』. 박일준 역. 충청남도: 대장간, 2020.
테드 피터스. 『과학과 종교』. 김흡영 외5인 역. 서울: 동연, 2002.
토머스 S. 쿤. 『과학혁명의 구조』. 김명자·홍성욱 역. 서울: 까치글방, 2019.
트린 후안 투안. 『우주의 운명』. 백상현 역. 서울: 시공사, 2004.
프랜시스 S. 콜린스. 『신의 언어』. 이창신 역. 경기 파주: 김영사, 2020.
필립 존슨. 『위기에 처한 이성』. 양성만 역. 서울: 한국기독학생회출판부, 2001.

제27장

사회적 무신론에 대한 기독교 변증 : 데이비드 반드루넨

> 대저 여호와는 우리 재판장이시요 여호와는 우리에게 율법을 세우신 이요 여호와는 우리의 왕이시니 그가 우리를 구원하실 것임이라(이사야 33장 22절).

여호와께서는 재판장 되시며 율법의 창시자시고 우리의 왕이 되신다. 따라서 그리스도인들에게 여호와 하나님은 국가, 사회, 법의 주인이요, 정점이시다. 하지만 하나님의 존재를 거부하는 사회적 무신론자들은 그리스도인들의 이와 같은 주장에 대해서 반대한다. '사회적 무신론'이란, 신에 대한 인간의 믿음이 국가와 사회 전반에 해로움을 주고 결국 인간을 비참하게 만든다는 주장이다.

더 거칠게 말하면, 신앙은 가치와 현실에 관한 질문을 잃게 만드는 "비극의 형이상학"일 뿐이다.[1] 이러한 주장을 펼치는 선두 주자에는 헤겔, 마르크스, 포이어바흐 등이 있다. 특히, 마르크스는 지배 계층이 종교적·정치적 환상으로 노동자들을 공공연하게 착취하고 있다고 지적했다.

마르크스가 볼 때, 종교는 부르주아가 노동자를 통제하고 구속하기 위한 일종의 도구이다. 부르주아는 "종교적 광신, 기사적(騎士的) 열광, 속물적 감상 등의 성스러운 황홀경"을 이용해서 이타적인 타산이라는 차디찬 얼음물 속에 인민을 던져버린 자들이다.[2] 그러므로 종교(기독교)는 인민의 아편이고 사회 전반에 없어져야 할 요소이다. 사실상 공산주의야말로 사회적 무신론의 대표적인 이론이다. 레몽 아롱(Raymond Aron)에 따르면, "공산주의는 교회의 영적 생명력과 권위가 쇠퇴하던 시기에 경제적, 정치적 이론에서부터 출발해서 발전했다."[3]

---

1 게오르크 루카치, 『영혼과 형식』, 홍성광 역 (경기고양: 연암서가, 2021), 331-335.
2 K.마르크스 & F.엥겔스, 『마르크스·엥겔스 저작선』, 김재기 역 (서울: 거름, 1997), 55.
3 레몽 아롱, 『지식인의 아편』, 변광배 역 (서울: 세창출판사, 2022), 348.

하지만 놀랍게도 기독교 세계관 안에서 사회적 무신론을 새롭게 재해석하고 그들의 비판점을 수용하려는 시도가 있다. 데이비드 리온(David Lyon)은 "무비판적인 자본주의 에토스 하에서 그리고 태만과 연루에 의한 지방적이며 국제적인 불의의 묵과에 공모한 조직 교회에 대하여, 마르크스와 마르크스주의자들이 종종 얼마나 정당하였는가를 고통스럽게 인식하게 되었다"고 말한다.[4]

리온같이 반성적 태도를 보이는 것도 나름의 의미가 있을 것이다. 그러나 그렇다고 해서 '사회적 무신론'을 기독교 신앙이 수용할 수는 없는 노릇이다. 왜냐하면, 예수는 공산주의자도 아니고, 사회주의자도 아니기 때문이다. 로렌스 W. 리드(Lawrence W. Reed)에 따르면, 예수님은 단 한 번도 공동 소유에 대해 가르치신 적이 없다.

물론, 사도행전에서 초대 교회 성도들이 물건을 통용하는 일이 등장하기는 하나, 이는 규범적(prescriptive)인 가르침으로 이해하기보다는, 기술적(descriptive)인 서술로 이해하는 것이 더 타당하다.[5] 리드는 계속해서 다음과 같이 말한다.

> 실제로 역사 속에는 평등주의적 공동 소유 체제를 살았던 기독교인보다 그렇지 않았던 기독교인이 압도적으로 더 많다. 기독교인이 사회주의를 따라야 한다고 주장하는 사람들은, 초대 교회의 일부 교인의 일시적인 행동을 근거로 사적 소유 모델을 따르는 대부분 기독교인보다 그들이 더 우월하다고 이야기하는 셈이다.[6]

오히려 역사상 기독교는 포획된 독점권을 거부하고 자유 시장을 확대하는데 더 힘썼다. 물론, 자본주의 시장 경제 체계에서 인간 이기심을 방치하고, 무한 경쟁으로 부추기는 행태는 공산주의만큼이나 반성경적이다. 왜냐하면, "기독교 기억의 중심에는 제단이 아닌 식탁, 희생 제물이 아닌 식사, 정치적 신격화가 아닌 자비를 구하는 청원과 현세의 약속"이 있기 때문이다.[7]

---

[4] 데이비드 리온, 『마르크스의 생애와 사상 평가』, 박영호 역 (서울: 기독교문서선교회, 1987), 4.
[5] 로렌스 W. 리드, 『예수는 사회주의자였을까』, 조평세 역 (경기의왕: 개혁, 2021), 40.
[6] Ibid.
[7] 더글라스 E. 오크만, 『주기도문과 채무 경제의 전복』, 박홍용 역 (서울: 새물결플러스, 2021), 50.

이는 누군가를 희생시키면서 더 높은 곳으로 올라가는 천민자본주의에 전적으로 반발하는 하나님 나라의 경제 원리다. 그런데도 "경쟁적인 교회들과 부지런한 성직자가 자본주의의 기본적 원리들과 부합"한다고 평가받는 것은 결코 과장된 것이 아니다.[8] 무엇보다 기독교가 공산주의 이념을 받아들일 수 없는 추가적인 이유는, 마르크스의 논리가 기독교 신앙에 대해 사회악(惡)이라는 프레임을 씌웠기 때문이다.

여기서 프레임이란 "우리가 세상을 바라보는 방식을 형성하는 정신적 구조물"을 뜻한다.[9] 마르크스는 결국 '초월한 것'을 '내재인 것'으로, '신학적인 것'을 '목적론적인 것'으로 그리고 "내세에는 아무것도 없고 혁명 이후의 미래"만이 있을 뿐이라고 주장한 셈이다.[10]

1. 정치와 기독교

과거에는 교회의 신앙을 중심으로 움직여 오던 서구 국가들이 근대 이후, 다양한 이념 및 철학으로 복잡해졌다. 신화적 사고와 과학적 사고가 혼재됨에 따라 사회적 무신론이 얻는 설득력은 높아져만 간다. 하지만 에른스트 캇시러(Ernst Cassirer)의 말대로, "역사적으로 볼 때 신화적 요소들에 의하여 지배되고 또 침투되지 않은 위대한 문화란 하나도 없다"라는 점을 간과해선 안 된다.[11]

원시적이기 때문에 의미가 없다거나, 합리적이지 않다는 이유로 배척 받아야 한다면 과거의 '유산'과 '문명'은 모두 무시 받아야 마땅하다. 그러나 사회적 무신론이 기독교를 그런 식으로 유린하는 것은 부당할 뿐 아니라 불가능하다. 무엇보다 국가와 교회의 상호 사회 참여는 앞으로도 계속 논의될 주제이다.

칼 슈미트(Carl Schmitt)는 "현대 국가론의 중요 개념은 모두 세속화된 신학 개념"이라고 아예 못을 박는다.[12] 여기서 슈미트가 '세속화된 신학 개념'이라고 말한 이유는 오늘날의 법률과 정치적 사고가 '진리'에 근거하기보다는 '권위'

---

8 로드니 스타크, 『기독교와 이성의 승리』, 김광남 역 (서울: 새물결플러스, 2021), 333.
9 조지 레이코프, 『코끼리는 생각하지 마』, 유나영 역 (서울: 와이즈베리, 2021), 10.
10 피터 헛슨 & 로버트 킹, 『기독교신학』, 황승룡 역 (서울: 성광문화사, 1997), 374-375.
11 에른스트 캇시러, 『국가의 신화』, 최명관 역 (서울: 창, 2013), 22.
12 칼 슈미트, 『정치 신학』, 김항 역 (서울: 그린비, 2019), 54.

에 근거해서 만들어졌기 때문이다.

이런 상황에서 "교회는 자신과 같은 '완전한 사회'(societas perfecta)인 국가와 자연적 동반자로서 공존의 길을 추구"했다."[13] 이러한 점들 때문에, 낭만주의에 반대하는 합리주의와 계몽주의자들은 "명징한 교리와 엄정한 윤리에 따라 세워진 훈육 체계 및 기독교적 질서를 구현"하는 교회마저도 정치적 낭만주의의 유산으로 선포하기에 이른다.[14] 다시 말해서 사회적 무신론자들이 볼 때, 교회는 그저 종교 국가의 정치적 낭만주의가 남긴 부산물에 불과한 것이다.

그런데 과연 정말 그런가?
사회와 국가에 기독교 신앙이 남긴 선한 영향들이 분명히 있지 않은가?
또한, 법률의 정치적 선언들이 과연 권위에만 근거하는가?
정치와 종교가 분리되고, 국가와 교회가 서로 무심한 것이 반드시 정답이 될 수 있을까?

로버트 코크란(Robert F. Cochran, Jr)은 "특정 상황에서는 그리스도인들이 법적이고 정치적인 힘을 사용하지 않는 것이 무책임한 것이 될 수 있다"고 말한다.[15] 또, 어윈 루처(Erwin W. Lutzer)는 나치 정권 속에서 독일의 루터교회들이 "성경적 경건"만을 주장하다가 나치 정권을 용인하는 결과를 남겼다고 지적했다.[16] 크리스틴 폴(Christine D. Pohl)은 "예수님을 따르는 이들은 삶의 방식에 대한 우리의 개인적 선택과 주변의 불의 사이에서, 우리의 개인적 의로움과 세상의 정의를 위한 우리의 노력이 어떻게 연결"되는지에 대해 주의를 기울이라고 요청한다.[17]

이들이 말하는 것처럼 **교회의 사회적 참여는 때로는 필수적으로 요청된다.** 또한, 법률과 국가에 대한 정당한 참여는 교회의 사명으로 부과되기도 한다. 이 때

---

13 피터 M. 스콧 & 윌리엄 T. 카바노프, 『정치 신학 연구』, 정승태 역 (서울: 기독교문서선교회, 2022), 176.
14 칼 슈미트, 『정치적 낭만주의』, 조효원 역 (경기성남: 에디투스, 2020), 11.
15 로버트 코크란, 『그리스도와 법』, 이일 역 (서울: 한국기독학생회출판부, 2015), 47-48.
16 어윈 W. 루처, 『국가가 하나님을 잊을 때』, 모영윤 역 (서울: 기독교문서선교회, 2020), 28.
17 크리스틴 폴 & 크리스토퍼 휴어츠, 『약한 자의 친구』, 박세혁 역 (서울: 복있는사람, 2012), 57.

문에 교회와 국가는 구별됨을 유지하면서, 협력의 관계 속에 있어야 한다. 이 점을 명확하게 밝혀주는 것만으로도 사회적 무신론자들의 주장에 대해 적절한 반론을 충분히 제공해 준다. 존 위티 주니어(John Witte Jr.)는 테오도르 베자(Théodore de Bèze)의 국가관을 빌려서 다음과 같이 주장한다.

> 교회는 신자의 사적 삶과 신앙의 내적 문제를 인도했으며, 국가는 시민의 공적 삶과 신앙의 외부적인 표출을 통치했다. 교회는 성경적 교리와 기독교의 규율을 정했으며, 국가는 범죄와 사회질서를 정했다. 모든 사람은 사적인 양심의 자유를 가졌다. 하지만 그들의 종교를 공개적으로 행사하는 것은 교회 안에서도 국가 안에서도 자유가 될 수 없었다.
> 모든 사람은 신앙을 통해 하나님의 은혜를 받아들일 자유를 가졌다. 그러나 그들이 신앙을 표현하고 옹호하기 위해 사용하는 단어와 행위들은 교회와 국가 당국이 부과한 도덕을 엄격히 따라야 했다. (중략) 그러나 칼뱅주의가 프랑스로 빠르게 퍼져 나가고 칼뱅주의자들이 종교적 소수자로 점점 더 억압받게 되자, 베자와 그의 동료들은 정치적 폭정에 저항하고 종교적 자유를 주장할 권리를 다듬고 확장하려고 노력했다.[18]

종교적 자유를 국가와 사회에 정당하게 요구할 수 있는 이유는 교회가 국가를 통치하기 때문이 아니고, 국가는 교회를 보호해야 할 의무가 있기 때문이다. 아브라함 카이퍼(Abraham Kuyper)는 기독교 국가의 부활을 주장하는 것은 아니나, 하나님 없는 세속 국가가 가지고 있는 위험성에 대해서는 염려한다.

정부는 초자연적 영역의 하나님 나라를 인지하지 못할지라도, 하나님 나라의 목적을 위해 세속적인 것을 사용할 수 있어야 한다. 물론, 세속 국가가 곧 하나님 나라는 아니며, 하나님 나라는 정치적 생활의 한계로 인해 국가와 밀착될 수 없다. 하지만 **국가는 이 땅에 하나님 나라의 기획자로 활동해야 할 의무가 있다.**[19] 실제로 카이퍼는 "사회 계약론이나 여러 종류의 실증주의와는 반대로 하나님이 창조 세계에 세우신 실재로서 신의 법칙들이라는 것이 존재하며, 이는

---

[18] 존 위티 주니어, 『권리와 자유의 역사』, 정두메 역 (서울: 한국기독학생회출판부, 2015), 224-225.
[19] 아브라함 카이퍼, 『아브라함 카이퍼의 정치 강령』, 손기화 역 (서울: 새물결플러스, 2018), 123-125.

경험으로 발견될 수 있음을 믿는다"고 설명했다.[20]

세속 국가의 주권은 법률에서 나온다. 범죄를 통제하고 다스리는 것이 세속 국가가 가진 주권의 힘이다. 그런데 세속 국가 그 기능을 감당하지 못했을 때, 구약에서는 '하나님의 결심'이 '인간의 대리'로 전환된다. 그 결과 모세는 제국의 경제로부터 떠난 노예 공동체를 탈출시키는 하나님의 대리자가 된다.[21] 신약에서는 그리스도의 구속 사건이 '개인의 죄 사함의 능력'으로 시작되어 사회적 죄악의 병폐를 밀어내는 '공공선의 능력'까지로 확대된다. "죄 없으신 메시아의 절대 주권은 동시에 지상의 죄 있는 사람의 모든 절대적 주권을 직접적으로 부정하고 도전"한다.

그렇기에 브라이언 J. 왈쉬(Brian J. Walsh)는 세속 제국 속에서도 천국을 소망하며 살아가는 것이야말로 기독교인의 비전이라고 주장한다.[22] 틀림없이 주님이 다스리시는 왕국은 왕국 중에 한 왕국이 아니라, 유일한 절대 왕국이다.[23] 이로 보건대, 세속 국가에 대한 긍정적 해석이 사회적 무신론을 만드는 것이 아니라, 유일한 절대 왕국에 대한 부정이 사회적 무신론을 만든다.

유일한 절대 왕국의 통치를 인정하고 그 나라의 시민권자로 살아가는 자들은 그리스도인들이고, 이를 거부하고 세속 국가를 통해 이상 국가 실현을 꿈꾸는 이들은 사회적 무신론자들이다.

그러나 애석하게도 세속의 모든 제도는 결국에 실패한다.[24] 오직 하나님의 왕국 제도만이 영원하다. 여기서 유일한 절대 왕국은 철저하게 "언약을 통한 하나님 나라"(Kingdom through covenant)이다.[25]

---

20 빈센트 E. 바코트, 『아브라함 카이퍼의 공공신학과 성령』, 이의현 역 (서울: SFC, 2019), 80.
21 월터 브루그만, 『복음의 공공선』, 정성묵 역 (서울: 두란노서원, 2021), 47.
22 브라이언 왈쉬 & 실비아 키이즈마트, 『제국과 천국』, 홍병룡 역 (서울: 한국기독학생회출판부, 2020), 57.
23 아브라함 카이퍼, 『영역주권』, 박태현 역 (경기군포: 다함, 2020), 30-31.
24 앤디 크라우치, 『사람의 권력 하나님의 권력』, 김명윤 역 (서울: 한국기독학생회출판부, 2022), 278-280.
25 피터 J. 젠트리 & 스티븐 J. 웰럼, 『언약과 하나님 나라』, 김귀탁 역 (서울: 새물결플러스, 2017), 845.

2. 언약과 왕국

지금부터는 기독교 변증으로 제시할 수 있는 "언약신학"의 개념을 소개하겠다. 교회의 사회적 참여의 정당성은 철저하게 하나님의 언약에서 근거한다. 또한, 기독교 신앙에서 정언하는 '하나님의 언약'은 권위에 근거한 정치적 선언이 아니라 진리의 푯대이다. 여기서 언약이란 "일정한 상벌 규정이나 합법성을 함의하고 있는 맹세들 그리고(또는) 약속들을 지닌 엄숙한 합의"를 의미한다.[26]

따라서 '언약신학'이라 함은, 하나님이 개인 혹은 국가에 집행하는 일종의 법률적 계약에 대해서 다루는 것을 의미한다. 그래서 윌리엄 J. 덤브렐(William J. Dumbrell)은 이스라엘의 왕권이 "한층 더 친숙해져 갈수록 백성을 다스릴 왕의 통치가 어떻게 시내산에서 세워진 하나님 나라와 연결될 수 있는가를 씨름"하면서 언약의 주권자와 이행자는 결국 왕권을 쥐고 계신 여호와께 있음을 강조한다.[27] 특히, 이 분야에서 먼저 다뤄질 인물은 마이클 호튼(Michael S. Horton)이다. 호튼은 "언약신학"을 이렇게 소개한다.

> 인간의 타락이 아담 안에서 일어나고 이스라엘의 역사에서 되풀이되었을 때, 인간관계는 먼저 인간의 언약적 주님께 대한 불성실의 결과로써 깨어진다. 그러나 인간의 깨진 약속의 이전과 중간과 이후에도, 약속하시며, 약속을 지키시는 하나님이 계시며, 하나님은 그 관계망을 깨지도록 내버려 두지 않으실 것이다. 하나님의 실존 자체는 언약적이다.
>
> 성부, 성자, 성령은 서로에게 끊임없이 헌신하고 계시며, 하나님 사이의 관계를 넘어 피조물 공동체를 창조하셔서 삼위 하나님 사이의 관계에 대한 큰 유비로서 기능하도록 하신다.[28]

일차적으로 언약신학은 하나님과 인간 사이에 죄로 깨어진 관계가 신실하신 하나님의 언약으로 말미암아 회복될 것을 말하는 것이다. 또한, 그 언약의 결정체이신 예수 그리스도로 말미암아 종국에는 새 언약이 완성될 것을 의미한다.

---

26 마이클 브라운 & 자크 킬, 『언약신학으로의 초대』, 조호영 역 (서울: 부흥과개혁사, 2016), 21.
27 윌리엄 J. 덤브렐, 『언약신학과 종말론』, 장세훈 역 (서울: 기독교문서선교회, 2016), 84.
28 마이클 호튼, 『언약신학』, 백금산 역 (서울: 부흥과개혁사, 2017), 17-18.

본래 시내산에서의 하나님의 언약은 관계를 성립시키기보다는, 그 관계의 존재를 확증해 주었으며, 그 관계의 지속성을 보증하는 하나님의 서약(a divine pledge)으로서 기능한다.

이 시내산 언약은 주권자가 행하는 일방적인 계약이라는 점에서 새 언약과의 불연속성을 이야기할 수 있으나, 궁극적으로 하나님의 모든 언약은 새 언약과의 연속선상에 놓여 있다. 왜냐하면, "여호와는 신랑으로서 선천적인 결속을 초월하는, 결혼 서약과 같은 이러한 언약 관계를 시작"하셨기 때문이다.[29] 즉, 예수 그리스도의 사역은 여호와 하나님의 사역이고, 여호와 하나님의 사역은 예수 그리스도의 사역이다.

존 페스코(J. V. Fesko) 역시도 하나님의 구원 사역의 뿌리에는 언약적 성격이 있음을 거듭 강조하면서, 은혜 언약은 "추상적인 결정이 아니라 구속 언약의 요람에 기대어 있으며, 성부는 타락한 죄인의 언약의 머리이자 보증인인 그리스도 안에서 죄인들을 선택하신다"고 주장한다.[30]

이차적으로 언약은 하나님의 일방적인 약속일뿐만 아니라, 세속의 언어로 표현했을 때는, '계약'이다. 그렇기에 그리스도의 구원 사건은 언약이며 동시에 속죄이다. 그리고 그리스도의 십자가는 세속 국가들이 감히 흉내낼 수 없는 완벽한 신적 정의가 법률에 근거하여 성취된 것이다. 세속의 어떤 국가도 공의와 사랑을 완벽하게 실현하는 경우는 없다. 오직 하나님의 왕국 언약에서만 그 일이 가능하다.

아도니스 비두(Adonis Vidu)는 "속죄론의 역사가 하나님의 본성에 대한 논의에서 실제로 시작했다"고 밝힌다.[31] 즉, 세속 국가의 법률적 '정의'와 '용서'의 개념도 결국 그리스도의 사건에 기인한다. 호튼은 국제 조약이나 정치적 조항들 그리고 일반적인 법률 조항 안에, "언약적 주님이 자신의 약속을 신실하게 지키신 역사적 사건에 뿌리를 내리고 있다"고 본다.[32]

예를 들어 혼인에 대한 법적 상태는 그리스도께서 교회와 맺은 거룩한 결속의 투영이라고 볼 수 있다.[33] 그 외에도 속죄, 보속, 합의, 보상, 배상 등의 제도는

---

29 윌리엄 J. 덤브렐, 『새 언약과 새 창조』, 장세훈 역 (서울: 기독교문서선교회, 2016), 115-118.
30 존 페스코, 『삼위일체와 구속 언약』, 전광규 역 (서울: 부흥과개혁사, 2019), 411.
31 아도니스 비두, 『속죄, 법, 정의』, 신기성 역 (서울: 새물결플러스, 2020), 429.
32 마이클 호튼, 『언약신학』, 43.
33 존 위티 주니어, 『성례에서 계약으로』, 정경화·류금주 역 (서울: 대한기독교서회, 2006),

은 성경에 기록된 율법에 근거하고 있다. 그리고 율법은 법적 구속력 이전에 하나님 은혜의 보호가 담겨 있다. 그러므로 호튼이 말하는 언약신학은 "영원한 작정에 대한 사변에서 관심을 돌려, 타락 이후에 인류에게 전달됐고, 은혜 언약에서 늘 반복된, 약속에 주의를 기울이는 것"이다.[34]

이것이 오늘날 세속 법률 속에 흔적으로 나타났고, 그것이 삼위일체 하나님의 영원한 언약의 은혜가 역사적인 경륜으로 펼쳐진 것이다. 또한, 호튼은 세속 법률 속에서 하나님 언약의 흔적이 나타나는 이유에 대해서, "사람은 율법 언약 안에서 창조되었기 때문"이라고 설명한다.[35]

호튼에 따르면, 언약신학에서 "그리스도는 약속되실 뿐만 아니라, 약속 그 자체이시기도 하다."[36] 모든 언약은 그리스도에게 근거하여 이루어지며, 이것은 국가 대 국가의 계약이나 국제사회의 규칙에서도 예외 없이 투영된다. 그 이유는 국가 역시도 하나님의 피조물이기 때문이다. 토머스 홉스(Thomas Hobbes)는 만인 대 만인의 투쟁 상태에 있는 인간이, 상호 파멸로부터 자신들을 지키고 자신을 구원하기 위해 인간들이 자발적으로 국가를 창조해 냈다고 생각할지 모른다. 하지만 성경에 근거했을 때, 국가는 하나님의 언약 조항에 따라 족장들이 번성하여 생겨난 것이다.

따라서 "하나님은 삶의 전 영역에 대한 주권을 요구"할 수 있으시며, 하나님의 국가 창조의 근간은 "신화가 아니라 역사 즉 일반적인 진리와 도덕의 원리에 정초" 되어 있다.[37] 그런데, 이러한 원리를 부정하는 사회적 무신론자들은 국가에 하나님이 개입할 요소가 없다고 주장한다.

또한, 교회의 사회적 참여와 복음의 공공성을 축소하기 위해 악한 도발을 계속한다. 하지만 세상은 법률에 따라 통치 및 유지되고 있으며, 그 모든 법률과 정치적 질서가 하나님의 언약에 대한 그림자라는 사실은 너무나 자명하다.

199-200.
34 마이클 호튼, 『언약과 구원론』, 김찬영·정성국 역 (서울: 기독교문서선교회, 2020), 266.
35 김찬영, 『마이클 호튼의 언약신학』, (서울: 기독교문서선교회, 2018), 75.
36 마이클 호튼, 『언약과 구원론』, 447.
37 마이클 호튼, 『언약신학』, 40.

3. 하나님의 두 나라 국민

데이비드 반드루넨(David M. VanDrunen)은 언약신학을 하나님의 통치 영역과 자연법, 정치, 국가, 사회 전방위로 확장 시켰다.

첫째, 반드루넨은 하나님의 언약법을 자연법으로 확대했다.

성경 신학에서 하나님의 언약법은 창조 언약, 노아 언약(심판), 아브라함 언약(축복), 모세 언약(율법), 새 언약(예수 그리스도) 순서로 나열할 수 있다. 반드루넨은 이러한 성경 속 자연법이 오늘날에도 여전히 필요하다고 주장한다. 하나님의 언약은 철저한 하나님의 통치 속에서 이루어진다. 그래서 하나님 왕국의 백성은 그리스도께서 십자가에 못 박히셨을 때, 이미 "지옥의 군대를 정복"했다고 믿는다.[38]

이것은 구속사의 언약법이다. 하지만 이 궁극의 언약은 자연법에도 깊숙이 침투한다. 반드루넨은 "자연법에 비추어 세속 정부, 모세 법, 지혜, 마지막 심판에 대해 생각하는 것은 보편적인 신학적 헌신과 유기적인 연속성에 놓이게 한다"고 설명한다.[39] 또한, 자연법이 필요한 신학적 근거로는 "기독교가 인류와 온 세상을 향한 하나님의 원래 목표를 그리스도가 성취하러 오셨다고 선포하는 역사적 종교"라는 점을 들 수 있다.[40]

그래서 사회적 무신론에 대한 가장 강력한 기독교 변증은 기독교의 사회적 유익을 근거로 제시하는 것이다. 반드루넨은 자연법을 근거로 이것을 논증하는데, 그는 자연법 신학이 "현재 그리스도인들의 이중 시민으로서의 정체성, 즉 종말론적인 그리스도의 나라와 다양한 자연적 인간 기관에서의 회원 자격을 이해하기 위한 중요한 신학적 토대를 제공한다는 사실"을 강조한다.[41]

기독교는 하나님의 언약에 근거한 도덕 명령을 토대로 하는데, 모든 사회의 시민법들도 도덕 명령을 요청한다. 하지만 인간의 자율에 대해 남용 및 오용하는 인본주의자들은 그리스도 밖에서 죄의 자유를 누리고자 시도했고, 이것은 자연법을 거스르는 위법이 되었다.

---

38   E. W. 케넌, 『나의 신분증』, 김진호 역 (경기용인: 믿음의말씀사, 2014), 47.
39   데이비드 반드루넨, 『언약과 자연법』, 김남국 역 (서울: 부흥과개혁사, 2018), 657.
40   Ibid., 659.
41   Ibid., 660.

은혜와 복음을 누리는 그리스도인은 세속 사회의 위법에 저항하고 올바른 기독교 문화를 고취한다. 이는 "단지 은혜가 충분하다고 말하는 것일 뿐"이지, 교회와 하나님의 왕국이 세속 정부 위에 군림하도록 만들겠다는 뜻은 결코 아니다.[42] 교회는 사회를 지배하는 것을 목적으로 삼는 공동체가 아니다. 그보다 교회는 사회를 그리스도의 복음으로 선도하고 영혼을 구원하는 것을 목적으로 삼는다. 그래서 반드루넨은 '하나님 나라'와 '세속 나라', 즉 이 두 나라 시민권을 지닌 그리스도인이 추구해야 할 삶의 위치를 아래와 같이 제시한다.

> 이런 '두 나라' 교리는 하나님이 만물을 만드셨으며, 죄가 삶의 모든 측면을 부패시키며, 그리스도인이 인간 문화에서 적극성을 보여야 하며, 모든 정당한 문화적 소명이 고귀하며, 모든 사람이 모든 활동에서 하나님께 대해 책임이 있으며, 그리스도인은 자기 믿음에 함축된 의미들을 자신의 일상생활에서 실행하는 데 힘써야 한다는 진리를 강하게 긍정한다.
> 하지만 그리스도인은 이런 중요한 진리들을 긍정하기 위해 구속적인 문화관을 받아들일 필요는 없다. 성경에 근거한 두 나라 교리는 그렇게 할 수 있는 또 하나의 유력한 방식을 제공한다. 이런 두 나라 교리에 따르면, 하나님은 이 세상에 속한 문화 활동과 제도를 구속하시는 것이 아니라, 자신이 창세기 8장 20절-9장 17절에서 노아를 통해 모든 생물과 맺으신 언약을 기반으로 그런 활동과 제도를 보전하시는 중이다.[43]

둘째, 반드루넨은 자연법과 두 나라 개념으로 그리스도인이 세속 사회에서 어떻게 살아가야 하는지 말해 준다.

그리스도인은 사회, 국가, 정치, 문화에 배제된 존재가 아니라, 함께 참여하는 존재이다. 그리스도인은 하나님 나라의 시민이지만, 동시에 세속 정부의 국민이다. 그리고 모든 세속 정부는 하나님의 주권 아래에 있다. 따라서 신자는 필연적으로 하나님의 두 나라 국민으로 살아가는 존재이다. 그러므로 "그리스도인은 삶의 어떤 영역이라도 하나님의 구속적 관심 밖에 있는 것으로 무시"해서는 안

---

42 클라스 스킬더, 『그리스도와 문화』, 손성은 역 (서울: 지평서원, 2017), 167.
43 데이비드 반드루넨, 『하나님의 두 나라 국민으로 살아가기』, 윤석인 역 (서울: 부흥과개혁사, 2016), 15.

된다.⁴⁴ 반면에 세속 사회의 시민들은 자기가 하나님의 통치에 종속되어 있음을 인정해야만 한다. 왜냐하면, 모든 통치의 주권이 하나님께 있음을 인정할 때만 올바른 법치가 가능하기 때문이다.

반드루넨은 아우구스티누스의 '하나님의 도성'과 루터의 '두 왕국 이론' 그리고 신 칼빈주의 계통에서 말하는 복음의 공적 영역 등을 충분히 다루지만, 개혁파 정통주의 입장에서 "자연법은 영적 나라가 아닌 시민적 나라를 위한 최고 규범"이라는 사실을 놓치지 않는다.⁴⁵ 무엇보다 반드루넨의 하나님 나라 이해는 사회적 무신론자들에 대한 기독교 변증이 될 뿐 아니라, 정치 신학을 발전시키는 이들에게도 수정된 관점을 제공해 준다는 점에서 의미하는 바가 크다.

존 하워드 요더(John Howard Yoder)는 예수가 "자신을 향한 조직적 반대에 대해 새로운 사회적 실체(social reality)를 공식 출범시키는 것으로 대응"하고 있다는 점을 근거로, 하나님 나라의 모델을 제시한다.⁴⁶ 즉, 그리스도인들은 자연법적 보복 행동에서 벗어난 평화와 비폭력을 추구하는 예수의 행동을 본받으며, 하나님 나라를 끊임없이 구현해야 할 것을 주장한다.

또한, 로날드 사이더(Ronald J. Sider)는 "인간 존재에 대한 영적이고 초월적인 관점은 정치 생활에서도 깊은 의미가 있다"고 주장하면서, 복음주의의 사회 참여를 강조한다.⁴⁷ 미로슬라브 볼프(Miroslav Volf)는 "기독교 신앙은 공적 신앙"이라고 선언하면서, 하나님 나라를 중시한다.⁴⁸ 세상에서 하나님 나라를 실현하려는 노력은 공적인 삶의 전 영역에서 '부름을 받은 자녀'로 살아가는 것이다.

성공회 평신도 신학자이자 변호사이면서 사회 운동가로 잘 알려진 윌리엄 스트링펠로우(William Stringfellow)도 "그리스도인들이 세상에 하나님의 말씀이 임했다고 말할 때 '세상'은 다른 어딘가가 아닌 지금 바로 이곳, 이 세상"이라고 강

---

44 데이비드 반드루넨, 『자연법과 두 나라』, 김남국 역 (서울: 부흥과개혁사, 2018), 17.
45 Ibid., 324.
46 존 하워드 요더, 『예수의 정치학』, 신원하·권연경 역 (서울: 한국기독학생회출판부, 2007), 72. : 요더는 그가 재직하던 미국 인디애나주 고센 성경신학대학원과 메노나이트 관련 기관에서 만난 여성들을 대상으로 성폭행을 일삼았다. 필자는 그의 비윤리적 행동을 옹호하지 않는다. 그러나 앞서 라비 재커라이어스를 다룬 것처럼, 그가 제시한 이론에 대해서만 인용할 따름이다.
47 로날드 사이더, 『복음주의 정치 스캔들』, 김성겸 역 (서울: 홍성사, 2010), 63.
48 미로슬라브 볼프 & 라이언 매커널린츠, 『행동하는 기독교』, 김명희 역 (서울: 한국기독학생회출판부, 2017), 33.

조한다.⁴⁹ 이런 주장들은 사람들이 내세적인 신앙관보다는, 현세적이고 공적 신앙에 더 많은 관심을 가지도록 만들기에 충분하다.

카이퍼 이후 신(新)칼빈주의에서는 공적 거룩함을 강조하는데, 이는 본래 복음이 가지고 있었던 폭넓은 확장성이다. 빈센트 바코트(Vincent E. Bacote)에 따르면, "성화의 과정은 그리스도인 안에서 일하시는 성령님의 지속적 사역으로서, 우리의 정체성을 공적으로 드러내기에 이른다."⁵⁰ 복음의 공공성과 그리스도인의 삶의 공적영역에 대해서 좀 더 급진적으로 나아가는 이들은 '감리교의 사회운동권', '가톨릭의 남미해방신학' 그리고 '한국의 민중 신학' 등을 추구한다. 이들 모두는 이 땅에서의 하나님 나라의 실현을 주장하며, 각자의 삶의 영역에서 하나님 나라 실현을 주창한다. 이러한 주장들은 사회적 무신론자들에게 기독교의 사회적 참여도를 보여 줌으로써 설득하기에 쉽다.

하지만 반드루넨의 자연법과 두 나라 개념은 위와 같은 모든 관점에 대해 반대한다. 간단히 말하자면, 하나님 나라의 실현은 교회의 실현이다. 세속 사회에서는 하나님 나라를 실현하는 것이 아니고, 다만 교회가 추구하는 사회적 목표를 다양한 사회 그룹과 대화와 협상을 하며, 공동선을 조심스럽게 만들어 갈 뿐이다. 이러한 이해는 루터 두 왕국 설의 현대적 적용이다. 반드루넨은 두 나라 교리가 나아가야 할 방향에 대해서 아래와 같이 결론짓는다.

> 그것은 시민 생활 속에서 그리스도인들에 의한 평화주의를 권장하지 않고 그리스도의 나라로서 교회의 평온함을 확인한다. 그것은 죄의 결과에 대한 궁극적 치료를 위해 국가와 기관들을 의지하지 않고 국가와 문화 기관들의 적법성을 확인한다.
>
> 그것은 교회가 어느 특정한 지상 나라나 정당에 편드는 것을 허용하지 않고 시민 자격을 갖춘 그리스도인들을 위한 건강한 애국심의 가능성을 확인한다. 그것은 세상에서 그리스도인과 비그리스도인 사이에 있는 공통의 영역을 부정하지 않고 그리스도의 나라와 사탄의 지배 사이의 대립 관계를 확인한다. 그것은 성경이 광장에서 벌어지는 도덕 담론을 위한 기초가 되어야 한다고 강조하지 않고서도 사회에서 정의를, 문화에서 탁월함을 얻기 위해 수고하는 임무를 확인한다.⁵¹

---

49 윌리엄 스트링펠로우, 『사적이며 공적인 신앙』, 김가연 역 (서울: 비아, 2021), 92.
50 빈센트 바코트, 『정치적 제자도』, 성석환 역 (서울: 새물결플러스, 2021), 93.
51 데이비드 반드루넨, 『자연법과 두 나라』, 651-652. : 본문에서 "그것은"은 "자연법과 두

셋째, 반드루넨은 기독교 정치신학의 윤리를 통해 그리스도인의 시민적 정체성을 제공해 준다.

하나님의 새 언약은 모든 믿는 자를 죄의 저주에서 건져 내고, "자기 아들의 영원한 나라의 시민권"을 수여한다.[52] 놀랍게도 세속 시민으로서의 정체성 역시도, 그리스도인들은 하늘 시민권에 근거하고 있다. 따라서 교회의 정치 참여는 사사로이 할 수 없으며, 철저하게 하늘 시민권자의 주권적 삶에 기인하여 참여해야 한다. 그러므로 신자는 진보적 정책이나 보수적 정책에 자신의 정체성을 두지 말고, 오직 기독교적 정책인지 아닌지만을 두고 따져봐야 한다.

가령 약자에게 복지를 베푸는 정책들은 진보적인 정책이지만 동시에 기독교적이다. 또한, 전통 방식을 수호하고 시민 안위를 위한 정책들은 보수적인 정책이지만 동시에 기독교적이다. 즉, 반드루넨은 "그리스도인은 보편적인 정의를 추구해야 한다"고 주장하는 것이다.[53] 그러나 정치적 흐름이 보편적 정의와 멀어질 때 그리스도인들은 난감해진다.

칼 트루먼(Carl R. Trueman)은 좌파가 반성경적인 가치들(동성애자의 권리나 낙태)을 중심 쟁점으로 삼았기에, 기독교가 외면할 수밖에 없었고, 반면에 우파는 노동자들과 난민을 비롯한 사회적 약자 등에 대해 무관심하고, 중산층을 위한 자유방임시장과 규제 완화에만 집중하였기에 기독교가 외면할 수밖에 없었다고 지적한다.[54] 그래서 도널드 크레이빌(Donald B. Kraybill)은 거룩함을 위협하는 정치적 존재들은 경계하고, 예수님의 정치, 곧 하늘 왕국의 통치 원리를 제안한다.[55]

또, 제임스 데이비슨 헌터(James Davison Hunter)는 "우리가 사는 세계에서 인간적 번영의 가능성이 있다면 그것은 바로 하나님 사랑의 말씀이 우리 안에서 육신이 되고, 구체화되어 실행될 때"라는 점을 주장한다.[56] 결국, 조엘 비키(Joel R. Beeke)가 말하는 바처럼, 시민으로 살아가는 그리스도인에게 주어진 도전은 "가능한 모든 곳에 복음의 진리"를 전하는 것이다.[57]

나라 패러다임"을 뜻한다.
52　데이비드 반드루넨,『기독교 정치학』, 박문재 역 (서울: 부흥과개혁사, 2020), 219.
53　Ibid., 234.
54　칼 트루먼,『진보 보수 기독교인』, 김재영 역 (서울: 지평서원, 2012), 61-63.
55　도널드 크레이빌,『예수가 바라본 하나님 나라』, 김기철 역 (서울: 복있는사람, 2019), 53-55.
56　제임스 데이비슨 헌터,『기독교는 어떻게 세상을 변화시키는가』, 배덕만 역 (서울: 새물결플러스, 2019), 357.
57　조엘 R. 비키,『사탄과의 싸움』, 조계광 역 (서울: 개혁된실천사, 2021), 243.

그러나 일련의 정치적인 사건은 복음의 진리가 올바로 선언되지 못하도록 방해한다. 반드루넨은 "정치적 과정을 비일비재하게 뒤덮고 있는 온갖 부패와 조작의 와중에서 어떻게 경건한 태도를 유지하느냐 하는 것은 깊이 생각해 볼 문제"라고 일축한다.[58] 또 존 H. 레데콥(John H. Redekop)은 한 국가의 법을 어기는 것은 언제나 심각한 문제이지만, 그것이 늘 잘못은 아니라고 여지를 남긴다.[59] 그렇다고 그리스도인이 정치적 행동에 무턱대고 직접 참여하는 것은 대단히 조심스럽다. 어떤 정책과 사안에 대해서 성경에 근거한 신학적 판단이 명확해지기 전까지 성도는 언제나 정치적 결단에 신중해야 한다. 정치적 문제에 있어서 만큼은 신속한 결정보다는 심사숙고함이 더 중요하다.

또한, 투표 이외에 방법으로 교회가 정치력을 발휘할 때, 사회적 비난을 감수해야 할 상황이 발생할 수도 있다. 만일 이런 상황이 발생한다면 세속 국가와의 관계성에서도 상당한 부담이 된다. 왜냐하면, 우리는 "현재 상황을 정확하게 이해하기도 대단히 어려울 뿐 아니라, 어떤 행동을 취했을 때 그 행동이 미래에 초래할 결과를 예측하는 것도 불가능"하기 때문이다.[60]

무엇보다 오늘날 교회의 신앙생활을 부업이나 수단 정도로 여기고 정치 참여만을 전업으로 삼는 이들이 가장 위험하다. J. 필립 워거먼(J. Philip Wogaman)은 교회와 국가가 하나의 전체 공동체로서 한 국가이며, 그러므로 교회가 공공 정책을 통해 사회정의를 실현해야 한다고 주장한다.[61] 하지만 준비되지 않은 신앙인들이 섣불리 정치에 참여할 경우, 너무 단순하게 정책의 단면만 보고 세상에 투영시킬 우려가 있다. 이런 경우가 빈번해지면 사회 전체에 혼란을 가져온다.

4. 진보와 보수를 넘어서는 기독교적 가치

반드루넨의 두 왕국 이론이 추구하는 기독교 정치는 결국 **하나님께 영광 돌려지는 사회적 참여이다**. 복음은 그리스도인들로 하여금 하나님의 이야기에 참여

---

58 데이비드 반드루넨, 『기독교 정치학』, 244.
59 존 레데콥, 『기독교 정치학』, 배덕만 역 (대전: 대장간, 2011), 209.
60 데이비드 반드루넨, 『기독교 정치학』, 249.
61 J. 필립 워거먼, "사회정의 관점," 『교회, 국가, 공적 정의 논쟁』, P.C.케메니 편집, 김희준 역 (서울: 새물결플러스, 2017), 347-348.

하도록 만들지만, "또한, 우리 자신의 시간과 장소에서 우리 자신이 지닌 제약과 도전들 속에서 우리를 부른다."[62] 무엇보다 기독교는 "정치, 교육, 문화, 사회, 과학 그리고 예술 분야에까지 하나님과의 관계에서 인생의 목적"에 이르기까지, 어떤 사명감을 가지고 살아갈 것인지에 대해 관심한다.[63] 사회 참여적이고 진보적인 기독교인의 사명은 주로 구제와 복지에 초점이 놓여 있다.

그러나 기독교의 이 성스러운 덕목은 기부에 의존하면서 살아가기를 원하는 게으른 이들 때문에 종종 좌절된다.[64] 웨인 그루뎀(Wayne A. Grudem)은 "범죄와 사기를 처벌하지 않고, 계약 관계를 강화하지 않으며, 건전한 금융 제도나 사법 제도를 확립하지 않는 악독한 정부도 비즈니스가 가난의 문제를 해결하지 못하게 가로막는 또 하나의 장애"라고 설명한다.[65]

또한, 오늘날 진보주의적 사고나 정치적 올바름(political correctness, PC)에 지나치게 경도되어 상대방을 굴복시키는 언어 규범들로 사회정의와 권력 투쟁을 일삼는 행태는 사랑과 용서의 성경적 세계관과는 완전히 반대된다.[66]

반면에 교리 수호적이고 보수적인 기독교인의 사명은 주로 국가와 민족의 영적 회심에 초점이 놓여 있다. 그러나 이들은 세속 국가의 요구 사항과 자신들의 사회적 요구를 서로 묶기에 어려움을 겪는다.[67] 다니엘라 어거스틴(Daniela C. Augustine)에 따르면, 개인의 이익과 탐닉에 신적 섭리가 임하는 것처럼 주장하는 자본주의 경제 이론은, 이윤보다는 신앙을 시장보다는 공동체를 중시하는 기독교 전통과 맞지 않다고 지적한다.[68]

또한, 보수주의 신앙인들은 복음보다 민족과 애국을 더 강조하는 것처럼 비칠 때가 있는데, 진정으로 복음을 사모한다면 민족주의를 뛰어넘어야 한다. 그리스도인의 정체성은 민족주의에 있지 않고 하늘 시민권에 있다.

---

62 데이비드 반드루넨, 『오직 하나님의 영광』, 박문재 역 (서울: 부흥과개혁사, 2017), 182.
63 김향주, 『교회와 국가』, (경기고양: 예감, 2020), 43.
64 알렉시스 드 토크빌, 『빈곤에 대하여』, 김영란·김정겸 역 (서울: 에코리브르, 2019), 37.
65 웨인 그루뎀, 『하나님을 영화롭게 하는 비즈니스』, 배용준 역 (서울: CUP, 2020), 145.
66 스콧 D. 알렌, 『사회정의는 성경적 정의인가』, 조평세 역 (서울: 개혁된실천사, 2022), 109-110.
67 리처드 니버, 『그리스도와 문화』, 홍병룡 역 (서울: 한국기독학생회출판부, 2018), 83.
68 다니엘라 C. 어거스틴, 『성령은 어떻게 공동선을 증진하는가?』, 김광남 역 (서울: 새물결플러스, 2022), 192-194.

사도 바울은 민족을 향한 사랑을 내세우지만, 궁극적으로 바울의 주된 관심은 유대주의를 벗어나는 것에 있다. 민족에 대해 애끓는 심정은 참되고 바른 그리스도인의 모습이지만, 민족적 사고에만 갇혀서 세계 선교와 사회적 구제 활동에 소극적인 것은 건강하지 못하다.

진보적인 기독교인이나 보수적인 기독교인이나 세속 정부 아래서는 완벽한 정치가 불가능하다는 것을 자각해야 한다. 사회적 무신론자들은 기독교가 정치적 오판으로 인해 넘어지기를 기다리고 있다. 하지만 우리는 삼권 분립 된 민주화된 세속의 정부가 성경의 정신에 기초한 하늘 왕국의 조각이라는 사실을 잊어선 안 된다.

이사야 33장 22절 말씀은, "대저 여호와는 우리 재판장[사법부]이요, 여호와는 우리에게 율법을 세우신 이[입법부]요, 여호와는 우리의 왕[행정부]이시니 그가 우리를 구원하실 것임이라"라고 선언한다.

만일 교회가 세속 정치에 참여하는 측면에서 하나의 왕국만을 강조한다면, 세상을 변화, 개혁, 해방하는 것에만 에너지를 쏟게 된다. 심한 경우 신자의 내면을 터부시하게 된다. 또 기도와 묵상은 사소한 개인주의의 표현에 불과하다고 생각하기에 이른다. 하지만 반드루넨은 오직 하나님께 영광 돌리는 것이야말로 그리스도인의 정체성을 유지하면서, 적법하게 사회에 기여하는 행위라고 판단한다. 최종적으로 그리스도인이 사회에 적법하게 기여하는 정치적이며 혁명적인 행위는 바로, "예배와 기도"이다.[69]

결국, 반드루넨은 두 왕국 이론을 통해서, '주님과의 개인적 교제'와 '교회 공동체 안에서의 사귐'도 중요하고, 신자가 비신자와 더불어 세상에서 민족주의나 사회 정의와 같은 공동선을 추구하는 것도 중요하다고 말한다. 즉, '교회'와 '창조 세계' 둘 다 중요하다. 그리스도인은 어느 하나의 국가를 버리지 않고, 이 두 국가 모두를 소중하게 여긴다. 사회적 무신론자들은 그리스도인이 어느 한 가지 국가만 선택하여 따르기를 바란다.

하지만 대부분 그리스도인은 두 나라 국민의 정체성을 유지한다. 그러자 사회적 무신론자들은 예배는 사회에 무관심한 행동이며, 사회에 독이 되는 행위라고 공격하기에 이르렀다.

---

69 데이비드 반드루넨, 『오직 하나님의 영광』, 183.

과연 그리스도인이 예배에 집중하는 것이 사회적 참여에 무관한 행동인가? 그리스도인의 정체성을 가지고 사회적 문제에 대해 기도하는 행위는 정말 소극적인 행동인가?
정당에 가입해서 특정 정책 이론에 대해 성명서를 발표하는 행위만이 적극적인 사회 참여인가?

이러한 일련의 물음에 대해서 반드루넨의 변증을 학습한 이들은 쉽게 답변할 수 있을 것이다. 사회적 무신론자들이 "예배 행위는 사회에 독이 된다"라고 공격하는 것에 대해, 그리스도인들은 절대 동조해선 안 된다. 우리는 분명히 안다. 예배를 드리지 않는 것이야말로 사회에 독이 된다. 초월자를 경배하지 않으면 사회 전체가 내재화된다. 다시 말해서 '예배'가 부재한 사회는 경색된다.
스탠리 하우어워스(Stanley Hauerwas)는 우리가 그리스도인인 것은 단순히 우리가 믿는 것 때문이 아니라, "예수님의 제자가 되도록 부름을 받은 것 때문"이라고 주장한다.[70] 예수님의 제자로 부름을 받은 공동체가 가장 우선적이고 가장 최종적으로 행해야 할 일은 "예배"이다. 복음 전파, 구제, 섬김, 양육, 교육, 정치적 참여 등은 모두 예배의 회복에서부터 비롯된다. 교회 안에 예배 공동체가 세워질 때, 세속 정부안에 거룩한 사회적 참여가 발생한다. 실제로 그리스도인이자 세속 국가의 사법기관에 종사하고 있는 한국의 천종호 판사는 이렇게 고백한다.

> 마르크스(Marx)가 지향하는 인간은 프롤레타리아(Proletariat)라 할 수 있고, 니체(Nietzsche)가 목적하는 인간은 초인(Übermensch)이다. 한편, 기독교가 지상에서 지향하는 인간은 하나님의 아들 예수 그리스도의 제자다.[71]

결국, 목회자의 복음 선포야말로 사회에 대한 가장 큰 기여이다. 왜냐하면, 복음은 책임적 기독교인을 양산하기 때문이다. 이들이 바로 예수 그리스도의 제자들이다. 사회 속에서 책임으로 살아가는 예수님의 제자들이 복음 혁명을 일으키기에, 하나님 나라는 결국 '교회'에서부터 시작되고, '예배'에서부터 출발한다.

---

70 스탠리 하우어워스, 『교회의 정치학』, 백지윤 역 (서울: 한국기독학생회출판부, 2019), 145.
71 천종호, 『선, 정의, 법』, (서울: 두란노서원, 2020), 72.

♣ 내용 정리를 위한 문제

1. 사회적 무신론자들의 주장에 대해 간단하게 반론한 후, 기독교가 세속 정치에 대해 어떤 자세와 태도를 보여야 하는지 서술하시오.
2. "언약신학"에 대해 설명한 후, 데이비드 반드루넨의 "두 왕국 이론"의 특징과 내용을 서술하시오.
3. 진보적 정책과 보수적 정책에서 발견되는 기독교적 가치와 반기독교적 가치에 대해 각각 서술한 후, 데이비드 반드루넨의 시각에서 기독교인이 두 나라 국민으로 살아가기 위해 가져야 할 삶의 자세를 쓰시오.

※ 참고 문헌(제27장에 인용된 도서들)

데이비드 반드루넨. 『언약과 자연법』. 김남국 역. 서울: 부흥과개혁사, 2018.
_____. 『자연법과 두 나라』. 김남국 역. 서울: 부흥과개혁사, 2018.
_____. 『기독교 정치학』. 박문재 역. 서울: 부흥과개혁사, 2020.
_____. 『하나님의 두 나라 국민으로 살아가기』. 윤석인 역. 서울: 부흥과개혁사, 2016.
_____. 『오직 하나님의 영광』. 박문재 역. 서울: 부흥과개혁사, 2017.
E. W. 케년. 『나의 신분증』. 김진호 역. 경기 용인: 믿음의말씀사, 2014.
K.마르크스 & F.엥겔스. 『마르크스·엥겔스 저작선』. 김재기 역. 서울: 거름, 1997.
게오르크 루카치. 『영혼과 형식』. 홍성광 역. 경기 고양: 연암서가, 2021.
다니엘라 C. 어거스틴. 『성령은 어떻게 공동선을 증진하는가?』. 김광남 역. 서울: 새물결플러스, 2022.
더글라스 E. 오크만. 『주기도문과 채무 경제의 전복』. 박홍용 역. 서울: 새물결플러스, 2021.
데이비드 리온. 『마르크스의 생애와 사상 평가』. 박영호 역. 서울: 기독교문서선교회, 1987.
도널드 크레이빌. 『예수가 바라본 하나님 나라』. 김기철 역. 서울: 복있는사람, 2019.
레몽 아롱. 『지식인의 아편』. 변광배 역. 서울: 세창출판사, 2022.
로널드 사이더. 『복음주의 정치스캔들』. 김성겸 역. 서울: 홍성사, 2010.
로드니 스타크. 『기독교와 이성의 승리』. 김광남 역. 서울: 새물결플러스, 2021.
로렌스 W. 리드. 『예수는 사회주의자였을까』. 조평세 역. 경기 의왕: 개혁, 2021.
로버트 코크란. 『그리스도와 법』. 이일 역. 서울: 한국기독학생회출판부, 2015.
리처드 니버. 『그리스도와 문화』. 홍병룡 역. 서울: 한국기독학생회출판부, 2018.
마이클 브라운 & 자크 킬. 『언약신학으로의 초대』. 조호영 역. 서울: 부흥과개혁사, 2016.

마이클 호튼. 『언약과 구원론』. 김찬영·정성국 역. 서울: 기독교문서선교회, 2020.
_____. 『언약신학』. 백금산 역. 서울: 부흥과개혁사, 2017.
미로슬라브 볼프 & 라이언 매커닐리린츠. 『행동하는 기독교』. 김명희 역. 서울: 한국기독학생회출판부, 2017.
브라이언 왈쉬 & 실비아 키즈마트. 『제국과 천국』. 홍병룡 역. 서울: 한국기독학생회출판부, 2020.
빈센트 E. 바코트. 『아브라함 카이퍼의 공공신학과 성령』. 이의현 역. 서울: SFC, 2019.
빈센트 바코트. 『정치적 제자도』. 성석환 역. 서울: 새물결플러스, 2021.
스콧 D. 알렌. 『사회정의는 성경적 정의인가』. 조평세 역. 서울: 개혁된실천사, 2022.
스탠리 하우어워스. 『교회의 정치학』. 백지윤 역. 서울: 한국기독학생회출판부, 2019.
아도니스 비두. 『속죄, 법, 정의』. 신기성 역. 서울: 새물결플러스, 2020.
아브라함 카이퍼. 『아브라함 카이퍼의 정치 강령』. 손기화 역. 서울: 새물결플러스, 2018.
_____. 『영역주권』. 박태현 역. 경기 군포: 다함, 2020.
알렉시스 드 토크빌. 『빈곤에 대하여』. 김영란·김정겸 역. 서울: 에코리브르, 2019.
앤디 크라우치. 『사람의 권력 하나님의 권력』. 김명윤 역. 서울: 한국기독학생회출판부, 2022.
어윈 W. 루처. 『국가가 하나님을 잊을 때』. 모영윤 역. 서울: 기독교문서선교회, 2020.
에른스트 캇시러. 『국가의 신화』. 최명관 역. 서울: 창, 2013.
웨인 그루뎀. 『하나님을 영화롭게 하는 비즈니스』. 배용준 역. 서울: CUP, 2020.
윌리엄 J. 덤브렐. 『새 언약과 새 창조』. 장세훈 역. 서울: 기독교문서선교회, 2016.
_____. 『언약신학과 종말론』. 김세훈 역. 서울: 기독교문서선교회, 2016.
윌리엄 스트링펠로우. 『사적이며 공적인 신앙』. 김가연 역. 서울: 비아, 2021.
월터 브루그만. 『복음의 공공선』. 정성묵 역. 서울: 두란노서원, 2021.
제임스 데이비슨 헌터. 『기독교는 어떻게 세상을 변화시키는가』. 배덕만 역. 서울: 새물결플러스, 2019.
조엘 R. 비키. 『사탄과의 싸움』. 조계광 역. 서울: 개혁된실천사, 2021.
조지 레이코프. 『코끼리는 생각하지 마』. 유나영 역. 서울: 와이즈베리, 2021.
존 레데콥. 『기독교 정치학』. 배덕만 역. 대전: 대장간, 2011.
존 위티 주니어. 『권리와 자유의 역사』. 정두메 역. 서울: 한국기독학생회출판부, 2015.
_____. 『성례에서 계약으로』. 정경화·류금주 역. 서울: 대한기독교서회, 2006.
존 페스코. 『삼위일체와 구속 언약』. 전광규 역. 서울: 부흥과개혁사, 2019.
존 하워드 요더. 『예수의 정치학』. 신원하·권연경 역. 서울: 한국기독학생회출판부, 2007.
칼 슈미트. 『정치신학』. 김항 역. 서울: 그린비, 2019.
_____. 『정치적 낭만주의』. 조효원 역. 경기 성남: 에디투스, 2020.
칼 트루먼. 『진보 보수 기독교인』. 김재영 역. 서울: 지평서원, 2012.

크리스틴 폴 & 크리스토퍼 휴어츠. 『약한 자의 친구』. 박세혁 역. 서울: 복있는사람, 2012.
클라스 스킬더. 『그리스도와 문화』. 손성은 역. 서울: 지평서원, 2017.
클락 E. 코크란 외 4. 『교회, 국가, 공적 정의 논쟁』. 김희준 역. 서울: 새물결플러스, 2017.
피터 J. 젠트리 & 스티븐 J. 웰럼. 『언약과 하나님 나라』. 김귀탁 역. 서울: 새물결플러스, 2017.
피터 M. 스콧 & 윌리엄 T. 카바노프. 『정치신학 연구』. 정승태 역. 서울: 기독교문서선교회, 2022.
피터 헛슨 & 로버트 킹. 『기독교 신학』. 황승룡 역. 서울: 성광문화사, 1997.
김찬영. 『마이클 호튼의 언약신학』. 서울: 기독교문서선교회, 2018.
김향주. 『교회와 국가』. 경기 고양: 예감, 2020.
천종호. 『선, 정의, 법』. 서울: 두란노서원, 2020.

제28장

철학적 무신론에 대한 기독교 변증: 장-뤽 마리옹 & 리처드 스윈번

> 누가 철학과 헛된 속임수로 너희를 사로잡을까 주의하라 이것은 사람의 전통과 세상의 초등학문을 따름이요 그리스도를 따름이 아니니라(골로새서 2장 8절).

예로부터 철학의 헛된 속임수에 사로잡히는 지성인들이 있다. 그러나 복음 앞에서는 어떤 철학 사조도 그저 사람의 전통이요, 세상의 초등학문일 뿐이다. 종종 철학을 통해 신의 존재를 설명하려는 노력도 있었다. 하지만 아퀴나스의 유명한 "다섯 가지 유형"의 신 존재 증명도 "이렇게 해서 신의 존재는 증명되었다"라는 말로 단정하며 끝맺지 않는다. 오히려 아퀴나스는 "사람들이 신에 대해 말할 때 의미하는 것이 이와 같다"라는 식으로 변증을 마무리한다.[1]

그래서 그런지, 빌헬름 라이프니츠(Gottfried Wilhelm Leibniz)도 "우리가 스콜라 철학자라고 부르는 신학자와 철학자의 고찰들이 전적으로 무시되어서는 안 된다"라고 말한다.[2]

그렇다면 철학적 무신론이란 무엇인가?

먼저, 무신론은 "유신론에서 주장하는 신의 실재를 부인하는 철학적 입장. 또는 다른 어떤 신적 존재의 실재도 부인하는 철학적 입장"을 뜻한다.[3] 그런데 구체적으로 철학적 무신론이라고 할 때, 이것은 도덕적 무신론을 뜻한다. 대표적으로 프리드리히 니체(Friedrich Wilhelm Nietzsche)를 떠올리면 된다. 니체는 이렇게 말한다.

---

1 빌렴A.뢰이뻔 & 헨리J.코렌, 『현대 무신론 비판』, 류의근 역 (서울: 기독교문서선교회, 2005), 196.
2 빌헬름 라이프니츠, 『형이상학 논고』, 윤선구 역 (경기파주: 아카넷, 2020), 57.
3 C. 스티븐 에반스, 『철학·변증학 용어 사전』, 김지호 역 (서울: 도서출판100, 2018), 37.

> 종교는 도덕을 믿는 일에서 철하게 몰락한다. 그리스도교적 · 도덕적 신은 유지될 수 없다. 따라서 〈무신론〉-마치 그것 이외의 신들은 있을 수 없다는 듯이.[4]

니체가 볼 때 기독교는 자신의 노예화된 도덕을 변론하기 위해 신에게 호소할 따름이다. 니체의 철학적 구조에서 그리스도교는 '불평등'을 '평등'이라고 포장하고 있을 따름이다. 이와 같은 니체의 이론에 동조하는 자들이 바로 철학적 무신론자, 혹은 도덕적 무신론자라고 볼 수 있다.

성공회 사제이자 종교 철학자인 키스 워드(Keith Ward)에 따르면, "그리스도교 교회의 역사에 도덕적인 가르침이 성서에서 직접 파생된 것은 거의 없다."[5] 기독교 신앙이 내세우는 도덕은 교회 전통에 근거한 자연법에서 비롯된 것이다. 하지만 대부분의 기독교 지성인은 성경에 기록된 율법과 예수님의 가르침이 강력한 도덕적 가르침이 된다고 생각한다. 그리고 그리스도인들은 니체의 주장처럼 기독교는 노예화된 도덕을 주장하기 위해 존재한다고 생각하지 않고, 구원의 진리를 설명하기 위해 존재한다고 생각한다.

그러므로 꼭 기독교 지성인이 아니더라도, 최소한의 기독교 신앙에 대한 이해만 있어도 철학적 무신론자들의 주장에 대해 쉽게 변증할 수 있다. 하지만 오늘날 사회철학 관점에서 변증의 대상은 기독교가 아니다. 그들에게 기독교는 공격의 대상이며, 철학이야말로 변증해야 할 가치가 되어 버렸다. 테오도르 아도르노(Theodor W. Adorno)는 이렇게 주장한다.

> 신은 너무나 먼 존재이고 추상적인 존재이기 때문에 '불공약적인 것'(Inkommensurable)의 공포는 더욱 강화되고, 자신 이외에 아무것도 용납하지 않는 '나는 나다'라는 말은 맹목적이지만 그 때문에 더욱 다의적인 자연이 요구하는 익명에 의한 운명성 더욱더 피할 수 없는 힘이 된다. (중략) 절대적인 것이 유한한 것에 가까이 다가오면 올수록 유한한 것은 절대화된다. 육화된 정신인 그리스도는 신격화된 주술사다.
>
> 인간이 자기 모습을 절대적인 것 속에 투영시키는 것과 그리스도를 통한 신의 인간화는 '제1의 거짓말'이다. 유대교를 넘어서는 진보는 인간 예수가 신이라는

---

4 프리드리히 니체, 『권력에의 의지』, 강수남 역 (서울: 청하, 2003), 118.
5 키스 워드, 『그리스도교와 만나다』, 차건 역 (서울: 비아, 2021), 222.

주장에 의해 얻어진 것이다. 기독교의 성찰적 계기, 즉 '주술의 정신화'가 바로 불행의 씨앗이다.[6]

아도르노의 부정 변증법은 곧 철학적 무신론이다. 그는 자신의 법칙은 사유의 법칙이 아니라 현실의 법칙이라고 생각한다. 또한, "변증법의 규율에 굴복하는 자는 의심할 바 없이 경험의 질적 다양성을 애석하게 희생시킬 수밖에 없다"고 주장한다.[7] 그렇다고 철학적 무신론자들이 계몽주의 시대의 이성을 절대화하는 것은 아니다.

막스 호르크하이머(Max Horkheimer)에 따르면, 객관화된 이성이 비록 종교로부터 분리되었으나, 객관적 진리 개념을 고집하고 있기에 여전히 그 한계가 있다는 것을 지적한다. 하지만 근대 이후에 오늘날 논의되는 '이성'은 자신의 고유한 객관적 내용을 폐기하는 경향이 있다.[8] 따라서 그것이 '종교'이든 '철학'이든 간에, '객관적 진리 개념'을 주장하는 순간 이미 뒤떨어진 논의에 불과한 것이다.

1. 유신론적 철학

모든 인간의 사유가 진리를 향하는 것이 아니듯, 모든 철학적 사유가 무신론으로만 흘러가는 것도 아니다. 로저 스크루턴(Roger Scruton)에 따르면, "철학에서는 진리가 무엇보다도 중요한 것"이며, "타당성은 대개 진리에 의해 규정"된다.[9] 이러한 진리 탐구는 종교의 신비들과 신화적 허구 사이에서 철학적 지식에 지대한 영향을 끼친다. 특히, 지식사회학에서는 근세 초기의 프로테스탄티즘 교회가 오늘날 현대 인식론의 기틀이 되었다고 말한다.

프로테스탄티즘에서 "개인은 누구나가 자기 주관적 양심에 따라 자기의 행실이 신의 뜻에도 합치하며 또한 구제의 길로 통할 수 있는지에 관한 결정"할 수

---

6 Th.W.아도르노 & M.호르크하이머, 『계몽의 변증법』, 김유동 역 (서울: 문학과지성사, 2020), 265-266.
7 테오도르 아도르노, 『부정변증법』, 홍승용 역 (경기파주: 한길사, 2019), 59.
8 막스 호르크하이머, 『도구적 이성 비판』, 박구용 역 (서울: 문예출판사, 2017), 27-28.
9 로저 스크루턴, 『현대 철학 강의』, 주대중 역 (서울: 바다출판사, 2017), 19.

있다.[10] 이러한 유신론적 철학 이념은 개체의 주관 세계가 설 수 있도록 도왔다. 그 결과 계몽주의적 합리주의가 역설적으로 종교적 주관성 안에서 재해석되기 시작하였다. 대표적으로 앤터니 플루(Antony Flew)는 세계 최고의 무신론자로 악명을 떨치다가 결국 신의 존재를 받아들이게 된다. 그는 신의 존재를 의심하다가 결국 신의 부재는 입증되지 않는다고 결론을 내린다.

> 내가 신을 발견하게 된 과정은 순전히 자연적인 수준에서 진행되었으며, 어떤 초자연적인 현상도 이 과정에 개입하지 않았다. 이것은 전통적으로 자연 신학이라 부르던 작업이었고, 어떤 계시종교와도 관련이 없다. 나에게는 신에 대한 개인적 체험은 물론이거니와 초자연적이거나 기적적이라고 말할 만한 체험도 없다. 내가 신을 발견하도록 이끈 것은 믿음이 아니라 '이성의 순례'였다.[11]

플루는 아도르노와 호르크하이머처럼 이성적 논리에 근거해서 철학적 변증을 세워나간다. 플루는 맹목적인 믿음이나, 계시적 사건에 기반해서 유신론을 주장하고 있지 않다. 그는 틀림없이 이성적 사고와 사유를 통해 유신론의 정당성을 말하고 있다. 반면에 시몬 베유(Simone Adolphine Weil)는 실험을 통해 어떤 법칙이 확인되듯이, 믿음과 신앙 경험도 동일한 원리라고 생각했다. 그래서 그녀는 "신의 부재는 악에 상응하는 신의 존재 방식"이고, 은총은 중력과 같이 우리에게 이미 편만해 있다는 것을 역설한다.[12]

특히, 그녀는 하나님의 은총을 중력의 법칙에 따라 접근했다. 그녀는 다음과 같이 진술한다. "창조는 중력의 하강 운동, 은총의 상승 운동 그리고 제곱한 은총의 하강 운동으로 이루어졌다. 은총은 하강 운동의 법칙이다."[13] 이는 자연법칙과 은총의 관계를 철학적으로 접근한 것이지만 상당히 기독교적이다.

더글라스 그로타이스(Douglas Groothuis)의 답변 역시 부정 변증법 자들이나, 도덕적 무신론 위치에 서 있는 이들에게 충분한 변증이 된다. 그로타이스는 예수님을 '성실한 철학자'로 빗대며, 변증을 끌어낸다.

---

10 카를 만하임, 『이데올로기와 유토피아』, 임석진 역 (경기 파주: 김영사, 2012), 115-116.
11 앤터니 플루, 『존재하는 신』, 홍종락 역 (경기 파주: 청림출판, 2011), 106.
12 시몬 베유, 『중력과 은총』, 윤진 역 (서울: 문학과지성사, 2021), 41.
13 시몬 베유, 『중력과 은총』, 이희영 역 (서울: 동서문화사, 2017), 13.

철학의 목적이 하나님이 준 인간의 추론 능력들을 사용하려는 것이라면, 우리는 성육신한 하나님도 그분보다 못한 존재들과 더불어 철학 할 수 있다는 생각에 화를 낼 필요가 없다. 결국, 많은 사람이 예수님에 관해 최고 권위라고 여기는-사도 바울은 모든 지식과 지혜가 예수 그리스도 안에서 발견된다고 주장했다(골로새서 2장 9절). 정통 기독교 사상에 따르면, 예수님은 하나님일 뿐 아니라 참된 인간이다. "말씀이 육신이 되었다(요한복음 1장 14절). 그리스도인은 예수님이라는 인격 안에서의 신성과 인성의 관계를 어떻게 이해할 수 있든 간에, 그리스도 안에 있는 하나님이 참된 인성을-추론 능력들 등을-지닌다고 고백한다.[14]

사실 철학적 통찰이나 접근은 '철학적 무신론'을 얘기하기보다는 하나님의 존재를 설명하기에 쉬운 도구들이다. 철학은 "잠정적인 존재가 최후결정적인 존재로 변화하는 것, 유한한 것이 절대적인 것에 끊임없이 접근하는 것, 하늘이 지상의 존재를 질료로써 생성하는 것" 등을 탐구하고 요청하는 것이다.[15] 그런데 이 모든 진술은 기독교 신앙에서 답변을 주는 것이다. 이에 대한 진술을 보강하기 위해, 데이비드 켈시(David H. Kelsey)의 말을 직접 인용해서 다시 설명하면 다음과 같다.

> 전통적인 철학적인 이론은, 모든 다른 형태의 생명과는 대조적으로 인간의 생명은("이성"을 사용하여) 진리를 알 수 있는 능력에 의해서 구별되고 또 도덕적으로 자신의 행위에 대해 책임지기 위하여 자신의 행위를 규제할 수 있는 능력에 의해 구별된다는 점을 주목해 왔다. 따라서 그것은 인간의 영혼은 단지 "살아 있음"(livingness)의 원리일 뿐만 아니라 합리적이고 자유로운 생명의 원리이기도 하다고 결론을 내렸다.[16]

본래 철학은 도덕적 삶을 추구하는 인간을 지향하고, 인간 존재의 근원에 대해서 추론하는 학문이다. 따라서 전통적인 철학은 필연적으로 신학적일 수밖

---

14 더글러스 그루타이스, 『철학자 예수』, 이경직 역 (서울: 연암사, 2013), 31-32.
15 N. 쿠치키, 『현대의 신』, 진철승 역 (서울: 범우사, 1988), 157.
16 데이비드 H. 켈시, "인간," 『현대 기독교 조직신학』, 피터 C. 하지슨 & 로버트 H.킹 엮음, 윤철호 역 (서울: 한국장로교출판사, 2015), 258.

에 없다. 디오게네스 알렌(Diogenes Allen)에 따르면, "우주의 질서에 대한 철학적 성찰은 신학을 위해 주요한 관심의 과제"가 된다.[17] 또, 카를로 라우다치(Carlo Laudazi)는 "인간의 객관적인 본성이 갖는 구조적 요소들"을 알기 위해서는 신에 대한 인식에 이르러야 하고, 이 길은 "오로지 신학적인 길"이라고 설명한다.[18]

스티븐 에반스(C. Stephen Evans) 역시 "인간의 근본적인 물음들에 대한 조직적이고 체계화된 답변 중에는 부정할 수 없는 종교적인 특징을 가지고 있는 것"이 분명히 있다고 말한다.[19] 따라서 철학은 종교적이다.

하지만 오늘날의 철학은 무신론적 인간을 만들어 내고, '인간 존재 근원'에 대해 신을 전제하는 행위를 경계한다. 종교 논리학에서는 "일반논리학의 법칙과 규칙" 그리고 "현실적으로 존재하는 종교 언어의 종류에 대한 메타 언어적인 진술을 탐구"함으로써 최대한 중립적 견해를 밝힌다.[20]

또 비교종교학은 각 종교가 가지고 있는 철학적 사유를 기반으로 종교 간의 대화에 많은 관심을 가지면서, "다른 사람의 신앙에 관한 연구를 시도"하는 방식으로 진행한다.[21] 그러나 종교 논리학이나 비교종교학으로는 철학의 헛된 속임수에 대응하기에는 역부족이다. 철학적 무신론 앞에서는 신학적 변증론이 절실하다.

2. 무신론자들의 망상

신학적 변증론을 감당하는 변증론자들은 오늘날 유행하는 철학적 무신론이 세상의 초등학문에 불과하다는 것을 밝혀낸다. 지금부터는 철학적 사유를 웃돌며 기독교 신앙의 논리를 설명하는 대표적인 변증학자들의 변증방법론을 소개하겠다.

---

17 디오게네스 알렌, 『신학을 이해하기 위한 철학』, 정재현 역 (서울: 대한기독교서회, 2015), 69.
18 카를로 라우다치, 『신학적 인간학』, 윤주현 역 (서울: 가톨릭대학교출판부, 2017), 284.
19 스티븐 에반스 & 잭커리 매니스, 『종교철학』, 정승태 역 (서울: 기독교문서선교회, 2016), 27.
20 요제프 M.보헨스키, 『종교 논리학』, 배선복 역 (서울: 가톨릭대학교출판부, 2006), 32.
21 J. 앤더슨, 『비교 종교론』, 박영관 역 (서울: 기독교문서선교회, 1995), 11.

첫째, 데이비드 벤틀리 하트(David Bentley Hart)

벤틀리 하트는 동방정교회 신학자이며, 철학자이자 문화비평가이다. 벤틀리 하트가 봤을 때 오늘날 무신론자들의 공격 대부분은 교회 역사에 무지한 이들이 망상 안에 갇혀서 하는 주장이다. 벤틀리 하트는 앞서 소개된 후기 자유주의자들과 급진정통주의자들처럼, "근대성 자체의 계몽주의 이데올로기는 근대과학의 발전을 위해도 그다지 특별한 공헌을 하지 못했다"고 주장한다.[22]

즉, 계몽주의적 이성에 근거한 철학적 무신론자들은 기독교 신앙에 대해 공격적인 주장을 펼치기 이전에 자신들이 사회 전반에 기여한 바가 무엇이 있는지 곰곰이 돌아보아야 한다.

기독교 신앙은 "역사적이며 영적인 주장이고, 따라서 여러 가지 모양으로 자연적 표현"을 이루고 있는데, 이것은 사회 전반의 폭력, 미신, 비도덕 등을 막아내는 역할을 해왔다.[23] 또한, 그리스도교는 인간의 눈과 마음에 "만물을 살게 하고, 움직이며, 존재하게 하는 한 분 하나님을 향하게 함으로써 우주와 자연의 '권세자들'에게 지배받고 있던 인간의 상상력을 해방"했다.[24]

그러나 철학적 무신론자들은 폭력, 미신, 비도덕이 종교를 통해 비롯된 것이라고 역으로 주장한다. 이들의 주장은 기독교의 역사를 오해하고 있거나, 의도적으로 모함하기 위해 억지를 부리는 것에 불과하다.

누구라도 "신이 현존한다는 사유를 따른다면, 우리는 신을 인식할 수 있을 것이며, 자기 아들을 통해 자신을 명확히 드러내고, 창조에서 자신을 보여 주며, 자신과 동일한 형상으로 인간을 창조했다는 사유"도 따를 수 있게 된다.[25] 결정적으로 참되고 바른 기독교 신앙 전통 안에서는 그리스도의 성육신을 주장하는 것이 지극히 타당하고 합리적이다.

그리스도의 성육신 사건은 신(God)에 의해, 악한 세력이 무너지고 하나님의 모든 피조물이 해방되었다고 선언된 혁명적 사건이다.

---

22 데이비드 벤틀리 하트, 『무신론자들의 망상』, 한성수 역 (경기 고양: 한국신학연구소, 2016), 11.
23 Ibid., 27.
24 데이비드 벤틀리 하트, 『바다의 문들』, 차보람 역 (서울: 비아, 2021), 74.
25 로베르트 쉐페만 & 롤프 쉔베르거, 『신앙과 이성적 통찰』, 김형수 역 (서울: 가톨릭대학교출판부, 2017), 66.

그것도 스스로 인간이 되셔서 말이다. 이에 윌리엄 윌리몬(William Willimon)은 성육신 교리에 대해 다음과 같은 진술을 추가한다.

> 그리스도인들은 예수님을 통해 하나님께서 자기 자신을 폭로하셨다고, 그렇기에 그가 하나님이라고, '우리와 함께하시는 하나님'의 결정판, 최종판이라고 고백합니다. 성육신은 하나님에 대한 고상한 관념이기보다 가장 낮은 곳으로 내려오신 하나님에 대한 고백입니다.[26]

이제 누구든지 그리스도를 영접하는 이들은 죄와 사망에서 구원받고 영생을 받을 수 있게 되었다. 이 진리를 깨달은 자는 누구라도 철학적 무신론의 망상을 간파하고, 신학적 사유를 할 수 있다. 예로부터 신학은 하나님으로부터 배우고, 하나님을 가르치고, 하나님께로 인도한다(*Theologia a Deo docetur, Deum docit, ad Deum ducit*).[27] 벤틀리 하트는 "그리스도교 사상은 이 세계가 전적으로 하나님의 피조물인데, 아무것도 없는 곳에서 불러낸(무에서 창조) 그리고 하나님의 필요 때문이 아니라, 은혜로(by grace) 창조했다고 가르쳤다."[28] 또 벤틀리 하트는 다음과 같이 진술한다.

> 그리스도교인들은 하나님의 영광이 실제로 인간이 되었다고 믿었다. 그리스도를 통해 하나님의 광채는 인간의 본성에 닿았고, 그 결과 온 인류가 하나님의 현존을 담는 그릇이 되었다고 그들은 확신했다. 초대 그리스도교인들은 그리스도와 함께하는 이들에게 하나님의 영광이 드러나 모든 피조물이 변모하게 될 그날을 열망하며 기대했다(롬 8:18-21). 나사렛 예수님은 온 인류 그리고 인류를 넘어온 세상 역사의 중심이었다. 그분 안에서 하나님의 창조는 궁극적인 성취에 이르렀다.[29]

---

26 윌리엄 윌리몬, 『성육신』, 정다운 역 (서울: 비아, 2022), 47.
27 강영안, 『철학자의 신학 수업』, (서울: 복있는사람, 2021), 147.
28 데이비드 벤틀리 하트, 『무신론자들의 망상』, 358.
29 데이비드 벤틀리 하트, 『그리스도교, 역사와 만나다』, 양세규·윤혜림 역 (서울: 비아, 2020), 29.

그리스도교 밖에 있는 자들은 이러한 진리가 터무니없게 들릴 것이다. 하지만 이것이 곧 기독교 신앙 그 자체이기에, 세상의 초등 학문 정도의 철학이 어찌할 수 없다. 이는 철저하게 영적 영역이다.

계몽주의 안에서 인간의 독립된 이성이 각성하면 철학은 더 이상 신학의 범주 안에 머무르지 않는다. 칸트식 사고를 하는 이들은 "전통적인 형이상학에 반발하며 신과 영혼은 '윤리 형이상학'의 공리"라고 이야기할지 모른다.[30] 더 나아가 대다수의 자칭 계몽주의 지식인들은 '신'이라는 개념이 폐기되고, 기독교가 거부되어야만 참된 계몽이 이루어질 수 있다고 강하게 주장한다.

정말로 철학적 사유 안에서만 보면 하나님을 폐기하려는 시도가 이성의 혁명으로 보인다. 하지만 벤틀리 하트는 이것을 망상으로 보고 있다. 그 이유에 대해 예를 들어 설명하면 다음과 같다.

누군가 벽에 구멍을 뚫었다. 이 구멍은 '벽의 없음'을 의미한다. 이 특정한 종류의 사물을 표시하는 단어를 "분류 표현"이라고 부를 수 있다.[31] 그런데 이 "분류 표현"은 어느 누군가가 구멍이 '있다'라고 말하면서 시작된다. 공간은 아무것도 없는 공간이다. 따라서 공간에 대해 '비어있다'라고 말할 수 있다.

마찬가지로 열(熱)이 없다면 '열(熱) 없음'이다. '열 없음'은 냉(冷)과 동치가 아니다. 하지만 인류는 열이 없다면 '냉(冷)이 된다'고 의식해 왔다. '악'을 '선의 결핍(없음)'이라 봤던 아우구스티누스의 견해에는 존재론적인 문제가 발생하는 것처럼 보인다.

그러나 '선의 결핍'은 그 자체로 존재론적 의미가 있다. 왜냐하면, 역사적으로 인류는 '선의 결핍'을 악의 '존재'와 동치로 여겼기 때문이다. 이러한 사례들을 근거로, 인간에게는 항상 '없음'을 '있음'으로 인식하려는 본성이 있다고 추론할 수 있다. 결국, 인간은 '없음'을 인식할 수 없다. 왜냐하면, '없는 것'은 없기 때문이다. 따라서 '없다'고 말할 수 없다. 인간이 대화하면서 '없다'고 말하는 것은 착각이거나 상호 간의 소통의 유용성, 또는 관용적 차원일 뿐이다.

무신론자는 신이 '없음'을 인식하지 못하면서, 신이 '없다'라고 믿는 사람들이다. 즉, 무신론은 종교 이상의 아주 강력한 믿음이다. 왜냐하면, 신이 없다

---

30 Ibid., 450.
31 로베르트 슈패만, 『왜 인격들에 대해 말하는가』, 박종대·김용해·김형수 역 (경기파주: 서광사, 2019), 55.

면 신이 없다는 것을 경험적으로 인식해야 하기 때문이다. 그런데 '없음'으로 없다. 따라서 신이 없다는 것을 인식할 수 없다.

신이 없다고 말하는 이유는 자신이 생각하는 신의 상(像)에 부합한 경험을 하지 못했거나, 그렇게 착각하거나, 그렇게 믿고 싶기 때문이다.

그러므로 하나님이 없다고 말하는 것은 정말 망상에서 비롯된 것이다. 인간의 인식구조로 '없음'을 말하는 것은 불가능에 가깝다. 여기서 '없음'에 대한 인식구조의 한계를 해결하기 위해 철학에서는 칸트의 초월적 관념론(Transzendentale Idealismus)이나, 니체의 초인(Übermensch)과 같은 대안들을 제시한다. 그러나 엄밀한 의미에서 철학이 '있음'(something)을 '없음'(nothing)으로 인식하는 것에 있지 않고, '없음'(nothing)을 '있음'(something)으로 인식하기 위해 도약하려는 모든 일련의 과정이다.

그런데 이 일련의 과정이라는 사투를 온전히 직면하지 못하고, 철학의 헛된 속임수에 속아 넘어간 자유주의 신학자들은 성경의 기적 사건들과 기독교 신앙의 초월성 개념을 스스로 포기하고 '없음'(nothing)으로 말한다. 물론, 자유주의 신학자들은 신에 관한 기독교의 교리를 바꾸려는 것이 아니라, 초월성이라는 낡아빠진 견해 때문에 기독교 자체가 없어지지 않게 하려고 나름의 대안을 제시하는 것이라고 말할 것이다.[32] 그러나 궁색한 변명이다. 왜냐하면, 기독교 신앙에서 발견되는 '초월성'은 반(反)이성이 아니라 초(超)이성이기 때문이다. 즉, 그리스도교의 이성은 철학적 사고보다 차원 높은 숭고함을 자랑한다. 그리스도교 전통에서 '이성'은 신의 형상대로 창조된 인간에게만 부여된 존엄이다.[33]

철학적 무신론자들에게 아부하고 타협하는 자유주의 신학자들은 방황과 방랑을 격려한다. 그 결과 평생 헤매고, 우울, 퇴폐, 자폐, 허무 등에 빠진다. 이런 사유와 삶의 방식은 신학의 결과가 아니라, 문학적 낭만주의와 철학적 실존주의의 영향이다. 그저 신학적 고뇌로 그럴듯하게 포장하고 미화했을 뿐이다. 자유주의 신학자들은 전통적인 신앙인들과 다른 방식으로 하나님을 추구한 것이 아니라, '하나님 없는 철학적 무신론 현상'에 휩쓸려 비뚤어진 신앙 모형을 가졌을 따름이다. 이것은 '계시'의 자리에 '자아'가 위치한 모습이다.

---

32 존 로빈슨,『신에게 솔직이』, 한영학 역 (서울: 대한기독교서회, 1988), 53.
33 데이비드 벤틀리 하트,『무신론자들의 망상』, 392.

결국, 이러한 신학적 방황은 인간을 망친다. 낸시 피어시(Nancy Pearcey) 역시 벤틀리 하트처럼 자신의 주장을 개진한다. 초인이 등장하는 순간 하나님의 존재는 불필요해지며, 초인이 아닌 인간은 초인보다 떨어지는 인간들로 취급되었다. 피어시는 이런 철학적 무신론은 "우상의 환원주의"라고 명명하면서 다음과 같이 설명한다.

> 인간은 자존하거나 자충족하지 않으며, 자기 존재를 스스로 규정하지도 않는다. 인간은 자기 자신을 창조하지 않았다. 인간은 유한하고 의존적이고 외부 조건에 종속되는 존재다. 그 결과 인간은 언제나 외부에서 자신의 궁극적 정체를 확인하고 의미를 찾으려 한다.
> 인간은 신적인 존재와의 관계로 인간의 본질을 규정하려 한다. 각자가 신성을 어떻게 정의하든 말이다. 초월적 창조주에게서 자기 정체를 확인하지 못하는 사람은 창조 세계 안에 있는 다른 어떤 것에서 자기 정체를 규명하려 한다. (중략) 우리가 하나님을 인격적인 '어떤 분'(someone)이 아니라 '어떤 것'(something)으로 규정하면 인간 또한 '어떤 것'들로 대하게 되는 경향이 있다.[34]

그러므로 인간이 꾸준히 합리적이고 윤리적으로 살려면 근대적인 신화가 아닌, 전통적인 고백을 따라야 한다. 물론, "신의 본질적 속성"은 합리성만 가지고 설명할 수 없으며 비합리성이 언제나 수반된다.[35] 하지만 그 안에는 비합리성을 넘어서는 초월적 성스러움도 함께 있다.

3. 선물과 신비

둘째, 장-뤽 마리옹(Jean-Luc Marion)
마리옹은 "계시 자체의 나타남을 예수 그리스도의 나타남과 동일시하는 가운데 신앙과 신학의 고유성을 구축"한 학자이다.[36] 그리스도의 나심과 희생은 그

---

34 낸시 피어시, 『완전한 확신』, 오현미 역 (서울: 복있는사람, 2017), 132-133.
35 루돌프 옷토, 『성스러움의 의미』, 길희성 역 (서울: 분도출판사, 2018), 34.
36 김동규, "계시 현상의 신비에 천착한 현상학자," 『우리 시대의 그리스도교 사상가들』, (경기고양: 도서출판100, 2020), 322.

리스도교 공동체에 주어진 선물이고, 그것은 곧 세속 공동체에 반역적 혁명이다. 이와 비슷하게 르네 지라르(Rene Girard)는 "신화나 제의적인 종교의 모든 것은 역사에서보다 한층 높은 어떤 영역에서 작용하고 있는 바로 이 희생양 메커니즘에서 나왔다"라고 설명한다.[37] 여기서 희생양 메커니즘은 그리스도의 십자가 사건을 의미한다. 이전에 신학자들은 십자가를 '희생 제사', '승리', '하나님 사랑의 본보기', 또는 '죄와 형벌에 대한 배상' 등의 속죄 개념으로 설명해 왔다.

그러나 지라르는 예수님의 십자가 죽음을 공동체의 폭력에 의한 희생으로 해석한다. 공동체는 희생자를 만듦으로써 자신들의 공동체를 단결한다. 그리고 공동체 안에 희생자가 등장하면, 공동체는 조화되고 안전하게 된다. 즉, 지라르의 철학적 관점에서 봤을 때, 예수님은 공동체가 만들어낸 희생양이 되어 폭력 속에 살해되었다고 볼 수 있다.

지라르의 해석은 그리스도 사건의 교의적 의미와 계시적 측면을 고려했다기보다는, 공동체가 가진 폭력성에 근거한 해석이다. 그런데 마리옹은 지라르보다는 좀 더 그리스도교적이다. 우선 마리옹은 그리스도의 나심부터 십자가 사건 그 이후까지도 전부 계시적 사건으로 천착한다. 철학적 무신론자들은 '계시적인 것'은 곧, '종교적인 것'이기에 거부해야 할 것으로 여긴다. 하지만 마리옹에 따르면, **"계시신학은 현상학의 능력에 의존"**하는 것이다.[38]

계속해서 마리옹은 다음과 같이 진술한다.

> 여기서 놀라운 것은 현상학은 신학이 '자연적'이고 이성적이라고 일컬어진다는 점을 의문시해야 하지만, 현상학이 계시신학에 무관심할 수 없다는 것이다. 왜냐하면, 곧 계시란 현상성의 법칙이 없으면 일어날 수 없기 때문이다.[39]

지금 마리옹은 현상학이라는 제일철학으로 철학적 무신론에 대해 계시를 주장하고 있다. 앞서 지라르가 그리스도의 십자가를 '공동체의 폭력에 의한 희생양'으로 해석할 수 있었던 이유는 공동체의 현상 속에서 계시의 현상 성 법칙을 발견했기 때문이다. 그러므로 철학은 신의 존재를 부정하기 위한 논증으로는 존재할 수 없다. 오히려 철학은 건강한 신앙을 증진하는 이성적 도구라야 존재

---

37 르네 지라르, 『희생양』, 김진식 역 (서울: 민음사, 2016), 94.
38 장 뤽 마리옹, 『과잉에 관하여』, 김동규 역 (서울: 그린비, 2020), 61.
39 Ibid.

할 수 있다.

리하르트 셰플러(Richard Schaeffler)에 따르면, "오직 배울 능력이 있는 철학적 이성만이 신앙 스스로 초래한 위험에 주의하게 된 신학에 비판적-해석학적인 봉사를 제공할 수 있는 것"이라고 말한다.[40] 마리옹이 제시하는 현상학의 이론은 셰플러가 말하는 배울 능력이 있는 철학적 이성에 부합한 것이다.

마리옹에게 핵심적인 사상은 '**선물**'에서 **발견되는** '**신비**'이다. 마리옹은 사랑과 선물의 최고 아이콘은 "예수"라고 보았다. 그는 출애굽기의 형이상학을 위시한 개념들부터 이미 하나님의 선물 개념은 성서 텍스트 사이의 간격 안에 담겨 있다고 보았다.[41] 따라서 출애굽은 노예 생활을 하던 민중의 역사가 아니라 하나님의 역사다. 역사의 주체는 언제나 하나님이다. 그래서 하나님은 역사를 움직이시는 분이지, 역사 속에 갇히시는 분이 아니다. 이것은 종교적인 고백일 뿐 아니라 현상학적인 분석으로도 옳다. 결국, 출애굽은 하나님의 선물이다. 그런데 그보다 더 결정적인 것은 예수 그리스도의 성육신-강림 사건이 가장 강력한 "선물의 신비"라는 사실이다.

역사의 주체자는 언제나 자기 피조물에 선물을 부여한다. 그런데 하나님의 선물은 고대 시대의 선물 개념을 완전히 비틀어 버리는 현학적 신비이다. 신약학자 존 바클레이(John M. G. Barclay)에 따르면, 고대의 선물 개념은 크게 두 가지다.

(1) 직급이 낮은 자가 직급이 높은 자에게 어떤 대가를 바라고 주는 뇌물형 선물이다.

(2) 직급이 높은 이가 직급이 낮은 이에게 하사하는 보상형 선물이다.

즉, 고대의 선물 개념은 무조건적 개념이 아니라 철저히 조건적(Give and Take) 개념이다. 그러므로 "선물은 사실 '객관적' 차원에서의 사심 가득한 권력 행위다."[42] 쉽게 말해서 고대 사회에서 선물을 줄 때는 새로운 관계 맺기를 원한다는 의미이며, 이것은 반드시 선물을 받을만한 자격이 되는 자에게만 준다는 뜻이다. 왜냐하면, 고대에는 체면과 평판이 목숨처럼 소중했던 시대였기에, 아무에게나 선물을 주면 선물을 주는 그 사람이 오히려 수치를 당하고 손가락질을 받기 때문이다.

---

40 리하르트 셰플러,『신에 대해서 철학적으로 말하기』, 이종진 역 (서울: 하우, 2016), 55.
41 김동규,『선물과 신비: 장-뤽 마리옹의 신-담론』, (서울: 서강대학교출판부, 2015), 185.
42 존 M. G. 바클레이,『바울과 선물』, 송일 역 (서울: 새물결플러스, 2019), 117.

그런데 이런 선물 개념을 예수 그리스도께서 엎으신다. 우리가 아직 죄인 되었을 때, 하나님이 값없이 선물을 주신다. 틀림없이 우리는 스스로 선물을 받을 만한 환경도, 입장도, 자격도, 실력도 안 되지만, 그 죄 덩어리 같은 우리를 위해 '하나님의 아드님'이라는 넘치는 선물이 임했다. 아무 조건이나 기대 없이 주어진 '선물'은 역사상 하나님이 우리 인간에게 주신, '예수 그리스도'라는 선물이 유일하다.

이 선물(복음이신 예수 그리스도)을 받음으로써 신(하나님)과 새로운 관계가 형성되고 선물에 걸맞은 신분이 회복된다. 선물은 목적이나 조건으로써 변화된 삶을 요구하는 것이 아니라, '선물의 능력' 그 자체가 이런 신비의 능력을 이뤄낸다. 따라서 '성육신', '십자가', '부활' 등은 결국 선물의 현현이자 아이콘이며 신비의 결정체이다.

> 그리스도의 나타남은 단순히 신체 성의 현현으로만 의미가 있는 것이 아니다. 그는 아가페 안에서 사람들의 시선을 자신이 아닌 사랑의 신에게로 향하게 한다. 즉, 그리스도의 아이콘은 아가페로 우리에게 주어진다는 것이다.[43]

마리옹이 말하고자 하는 것은 결국 예수 그리스도의 나타남은 보이는 현상일 뿐 아니라, '하나님의 선물'로서의 신비라는 점이다. 즉, **그리스도의 십자가는 적극적인 사랑의 행위이면서 동시에 현상학적이며 계시적이다.** 성경의 언어는 이 선물을 신비로 포장하여 전달하고 있다. 이것은 "초월적 의미"의 언어 행위로 세계의 질서 속에서 사유되고 있다.[44]

이로 보건대, 예수님이 신성과 인성을 다 가지고 있듯이, 초월적이며 계시적 언어를 함축하고 있는 성경도 신성과 인성을 다 가지고 있다. 예수님은 자신을 나타내 보임으로 현상학적인 측면을 드러냈고, 자신을 내어줌으로 계시적 측면을 보여 주었다.[45]

마찬가지로 성경 안에도 하나님의 계시적 측면과 인간의 언어가 같이 있다. 성경 말씀은 하나님이 주셨다. 인간의 작품이 아니다. 그러나 성경 말씀을 기록한 것은 인간이다. 그런데 기록된 성경의 내용은 철저하게 하나님의 신비를 담

---

43 김동규, 『선물과 신비: 장-뤽 마리옹의 신-담론』, 195.
44 리하르트 셰플러, 『기도언어』, 김진태 역 (서울: 가톨릭대학교출판부, 2011), 30-31.
45 장 뤽 마리옹, 『과잉에 관하여』, 63-65.

고 있으며, 선물이신 예수 그리스도를 가리킨다.

마리옹은 "현상화의 자기는 직접적으로 주어짐에서 자기를 현시한다"라고 말하는데, 이는 그리스도께서 인류를 향한 하나님의 사랑이 선물임을 현상학적으로 정의한 것이다. 본래 인간에게 규정되는 것은 '하나님'이 아니라 '우상'이었지만, '하나님의 선물(예수 그리스도)'로 규정되는 것이 완전히 바뀌었다.

인간은 하나님의 선물(예수 그리스도) 안에서 존재(죄로 타락한 존재에서 하나님의 형상으로)와 소속(지옥의 입주민에서 하늘의 백성으로)과 신분(마귀의 종에서 하나님의 자녀로)이 모두 변화되었다. 그래서 그리스도인들의 살아 있는 신앙은 세계 속에서 교회를 통하여 과거부터 지금까지 계속 '현시'된다.

오늘날까지도 철학적 무신론자들은 다양한 방식으로 기독교 신앙을 공격해 온다(포이어바흐는 하나님을 상상력의 산물로 본다. 니체는 하나님을 약자의 환상으로 본다. 프로이트는 하나님을 잠재의식으로 본다. 맑스는 하나님을 인민의 아편으로 본다). 하지만 하나님의 전능성에 도전하면 인간은 더 곤혹스러워질 뿐이다. 그렇다고 범신론(만물이 신이다)이나 범재신론(만물 안에 신이 있다)식의 무책임한 결론으로 끝나서도 안 될 것이다.

존 쿠퍼(John W. Cooper)는 "기독교 범재신론은 성경을 해명하는 신학으로서 전통적인 고전적 유신론이나 변형된 고전적 유신론만 못하다"라고 평가한다.[46] 범재신론에 대한 논의는 뒤로하고, 어쨌든 마리옹은 "우리가 신 자체를 알기를 원한다면 우리는 신을 알지 못해야만 한다"고 말한다.[47] 즉, 철학자들은 스스로가 '인식할 수 없음'을 인식하고, 무지의 특권을 누려야 한다. 그러므로 하나님은 곧 선물의 신비로서 현현되며, 그리스도 안에서 계시로써 인식 위에 임한다.

> 그 이름 - 우리는 그것을 말하지 않으면서, 그 이름을 말하고, 그것이 그 이름을 말하게 하고, 그것이 우리를 부름으로써, 그 안에 거해야 한다. 그 이름이 우리로 말미암아 말해지는 것이 아니며, 우리를 부르는 것이 바로 그 이름이다. 이 부름만큼 우리를 두렵게 만드는 것은 없다. "왜냐하면, (중략) 우리는 우리의 고유한 이름을 통해 그분을 지명하는 일을 무서운 일로 여기기 때문이다. 곧, (중략) '신께서는 모든 이름 위의 이름이라는 선물을 주셨다'"[48]

---

46 존 쿠퍼, 『철학자들의 신과 성서의 하나님』, 김재영 역 (서울: 새물결플러스, 2016), 567.
47 장 뤽 마리옹, 『과잉에 관하여』, 262.
48 Ibid., 278.

하나님을 완전히 아는 것은 불가능하다. 왜냐하면, 성경에 기록된 것만을 토대로 보기 때문이다. 그러나 하나님을 완전히 모르는 것도 불가능하다. 왜냐하면, 성경에 기록되어서 보이시는 것이 분명히 있기 때문이다. 이것은 현상적으로 분명하다. 그리고 하나님의 현상은 사랑의 선물이신 예수 그리스도시다. 선물은 강제적인 것이 아니다. 은혜이다. 그렇기에 우리에게 은혜는 쥐어 짜내는 것이 아니라 언제나 흘러넘치는 것이다.

마리옹은 후설과 하이데거가 이뤄 놓은 현상학에 머물지 않았다. 이전에 에드문트 후설(Edmund Husserl)은 "생각할 수 있는 모든 판단은 비록 복잡하게 매개되었더라도 궁극적으로 개체적 대상들과 관계"하고 있음을 말했다.[49] 또, 마르틴 하이데거(Martin Heidegger)는 "'현상학'이라는 칭호가 표현하고 있는 준칙은 '사태 자체로!'라고 정식화될 수 있다"라고 밝혔다.[50]

그러나 마리옹은 현상으로서의 주어짐에 머물지 않고, 현상 자체의 권위를 온전히 인정하기 위해 대상성이나 현존재의 이해를 철학적 사변에서 구출했다. 다시 말해서 "현상학"을 '순수한 주어짐' 그 자체로 돌렸다. 마리옹은 예수 그리스도로 말미암아 현상학의 새로운 장을 연 것이다. 더 이상 철학적 무신론자들은 선물의 신비 앞에서 '존재의 없음'을 말할 수 없게 되었다.

4. 신의 존재

셋째, 리처드 스윈번(Richard Swinburne)

스윈번은 각기 다른 모든 논의에 대해서 전부 설명해 낼 수는 없겠으나, "과학 및 형이상학적 논의의 맥락에서 어떤 현상과 그 현상에 대한 완전한 설명이 있는지 아는 것은 매우 중요하다"고 주장한다.[51] 따라서 철학은 필수적이다. 헤르만 도예베르트(Herman Dooyeweerd)에 따르면, "철학만이 이론적 사유에 의하여 서로 떨어져 있는 의미의 서로 다른 양상 측면들을 총체성의 시작으로 파악

---

49 에드문트 후설, 『경험과 판단』, 이종훈 역 (서울: 민음사, 2016), 82-83.
50 마르틴 하이데거, 『존재와 시간』, 이기상 역 (서울: 까치글방, 2006), 48.
51 Richard Swinburne, *The Existence of God*. (United Kingdom.: Oxford University Press, 2004), 25-26.

하는 과제를 갖는다."⁵²

그래서 스윈번은 철학, 수리, 논리 등으로 "하나님의 존재 논쟁에 적용될 수 있는 일반 원칙을 개발하는 것"에 많은 관심을 둔다.⁵³ 하지만 "성서의 계시에 대한 모든 이해"는 일반 원칙이 아니라, "궁극적으로 성령의 깨우침에 의존"하고 있다.⁵⁴

하나님은 전지전능하신 분이다. 그런데 '전지'와 '전능'에 대해 철학적 탐구는 사실상 불가능하다. 이 불가능성 때문에 철학적 무신론자들은 '신 존재'를 부정하기에 이른다. 하지만 "유신론에서는 신이 전능하고, 전지하며, 완전히 자유로운 인격체라고 주장"한다.⁵⁵ 스윈번은 이 유신론적 주장이 의미하는 바를 논리적 구도 안에서 신중하게 설명한다. 그 설명은 다음과 같다.

> 전능한 신은 우주를 존재하게 하면서 동시에 존재하지 않게 할 수 있다거나, 2+2가 5가 되게 할 수 있다거나, 네모이면서 동시에 둥근 도형을 만들 수 있다거나, 이미 일어났던 과거를 바꿀 수 있다는 것을 의미하는가?
> 대다수 종교 전통에서는 신이 이러한 일들을 행할 수 없다고 주장한다. 이는 신의 능력이 부족해서가 아니라 '네모인 동시에 둥근 도형을 만들라'와 같은 말들이 타당하지 않기 때문이다. 애초에 둥근 사각형이라는 모양을 충족시키는 것은 없다. 어떤 모양이 사각형이라고 할 때 그것은 둥글지 않음을 포함한다. 전문 용어로 신은 (자기모순의 진술을 포함하여) 논리적으로 불가능한 것을 할 수 없다. 신은 우주가 존재하게도 할 수 있고 존재하지 않게도 할 수 있지만, 우주가 존재하면서 동시에 존재하지 않게 할 수는 없다.⁵⁶

스윈번의 위와 같은 설명은 아퀴나스의 변증과 동일하다. 즉, 아퀴나스와 마찬가지로 스윈번에게도 "인간의 언어와 하나님의 계시는 단의적(univocal) 관계나 다의적(equivocal) 관계가 아니라 유비적(analogical) 관계"이다.⁵⁷ 결국, 하나님의

---

52 헤르만 도예베르트, 『이론적 사유의 신비판 서론』, 김기찬 역 (서울: 크리스챤다이제스트, 1995), 125.
53 Richard Swinburne, *The Existence of God,* 73.
54 오희천, 『계시와 해석』, (서울: 월드북, 2020), 198.
55 리처드 스윈번, 『신은 존재하는가』, 강영안·신주영 역 (서울: 복있는사람, 2020), 33.
56 Ibid., 34.
57 최경환, 『우리 시대의 그리스도교 사상가들Ⅱ』, "귀납논증을 통해 신의 존재를 증명하는

여러 속성은 모든 사물의 존재를 가능하게 만들고 모든 운동과 효과를 발생시키는 궁극적 원인이시기에 하나님은 모순을 행하지 않으시는 전능자이다.

또한, 하나님은 자신의 전능을 자유로운 의지의 행위로 발휘하신다. 그런데 이 전지전능으로 세상을 창조하신 하나님은 "살아 있는 비물질적인 실체"(요 4:24)이시다. 하나님의 "비물질성"(immateriality)은 "무형성"(incorporeality)이라고 하는 신적인 속성을 의미한다. 그것은 하나님이 형상화되지도 않으시고, 육체에 속하지도 않는 정신임을 의미한다.[58] 하지만 오늘날의 과학적 자연주의, 특별히 물리주의는 신적인 무형성의 교리를 싫어한다. 이들은 눈에 보이지 않는다는 이유로, 형이상학적 용어로 표현되는 신을 부정한다.

유신론을 논증하는 변증가들은 이들의 불만을 간단하게 극복한다. 전능하신 하나님은 "영혼과 신체를 결합"할 수 있다. 또한, 하나님은 "영혼을 존재하게 하고 그 영혼을 몸과 결합하게 할 충분한 이유"가 있으시다.[59] 무엇보다 철학적 무신론자들은 '신 존재 증명'을 유신론자들에게 요구해 오지만, 정작 자신들은 '신이 존재하지 않는다는 것'에 대해 증명해 내지 못한다.

여기서 스윈번은 오직 하나의 원인을 가정하는 설명보다 더 명확하고 단순한 설명은 없다고 주장한다. 그래서 그는 인간 존재를 설명하기 위해 신을 원인으로 가정한다. 즉, 철학의 주된 관심사인 '인간의 문제'도 오직 신의 존재로 설명할 수 있다. 스윈번은 신이 창조주로 존재할 때만 인간의 존재를 수학적으로 그리고 논리적으로 설명할 수 있다고 보았다. 그래서 그는 다음과 같이 진술한다.

> 온전히 선한 신은 쥐나 개와 같이 좁은 범위의 목적과 믿음을 가진 피조물을 포함하여 다양한 자연의 피조물을 사랑할 것이다. 그러나 신이 인간을 창조한 특별한 이유가 있다. 인간은 그들이 지닌 믿음과 목적에 있어서 다른 고등동물과 다르다. 우리 인간은 도덕적 신념과 우리 존재의 기원에 대한 믿음과 기본적인 수학 이론들을 가지고 있다. 우리는 이를 통해 다른 것을 추론할 수 있으며, 우리의 믿음은 의식적으로 다른 믿음에 기반을 두고 있다.[60]

그리스도교 철학자"(경기파주: 도서출판100, 2022), 151.
58 J.P.모어랜드 & W.L.크레이그, 『기독교철학』, 이경직·이성흠 역 (서울: 기독교문서선교회, 2013), 161.
59 리처드 스윈번, 『신은 존재하는가?』, 151-152.
60 Ibid., 153.

창조주 하나님은 인간에게 믿음을 허락하셨다. 그런데 그 창조주 하나님은 온전히 선하신(perfectly good) 하나님이시다. 신의 전 선함은 "완전히 자유롭고 전지한 존재라는 사실에서 연유"한다.[61] 전 선하신 하나님이 허용하고 있는 믿음은 연쇄적으로 다른 증거와 현상에 근거하고 있다. 또한, 증거와 현상들도 결국 믿음에 근거하여 신뢰받는데, 심지어 자연법칙과 수리적 계산들조차도 믿음에 근거하여 신뢰받는다. 예를 들면 **1+1이 2라는 사실은 수리적 논리로 설명되는 것이지만, 동시에 이것은 수학적 진리다. 이 수학적 진리를 인정하는 것은 믿음이다.**

스윈번의 변증은 유신론 그 자체를 변증하기 위해 수리적 논리를 펼치고 있는 것처럼 보이지만, 사실 스윈번의 변증은 결국 복음을 드러내는 것으로 확장된다. 그래서 그는 "오늘날 많은 그리스도인이 단지 신앙 고백을 합리적 동의로 이해하지 않고 하나님과의 인격적 교제로만 치부하는 것을 꼬집어 지적"한다.[62]

그러므로 신앙 고백과 그리스도교 교리의 진술은 일상언어로 이해되고 기술될 수 있는 명제로 충분히 설명되어야 한다. 여기서 그리스도인들에게 주어진 초강력의 복음은 전지전능하신 하나님이 성육신하셨고, 십자가에서 죽으셨고, 부활하셨다는 것이다. 그리고 이 전능자께서 삼위일체로 계신다.

유신론이 하나님의 존재 여부만을 변증했다면, 기독교의 신론은 그 유일하신 하나님이 선하신 하나님이라는 사실을 변증한다.

그렇기에 단연코 십자가는 죄인들을 환대한다. 한스 부르스마(Hans Boersma)는 "그리스도의 죽음과 부활은 하나님 환대의 궁극적 표현"이라고 정의 내린다.[63]

초강력 복음 앞에 대항하는 이들은 철학적 무신론자들뿐만이 아니다. 여기에는 개신교 자유주의 신학자들까지 가세하여 공격한다.

그들은 이제 존재하지 않는 신을 상정하기보다는 다음과 같은 질문을 던지며 따지고 든다.

교리는 지나치게 절대적 권위를 누리며 폭력을 조장하는 것이 아니냐?

---

61 Ibid., 40.
62 최경환, 『우리 시대의 그리스도교 사상가들Ⅱ』, "귀납논증을 통해 신의 존재를 증명하는 그리스도교 철학자", 151.
63 한스 부르스마, 『십자가, 폭력인가 환대인가』, 윤성현 역 (서울: 기독교문서선교회, 2014), 56.

교리를 벗어나 철학을 사유해야만 자유로운 사고를 할 수 있는 것이 아니냐? 성경과 교리는 다른 차원이 아니냐?

이런 질문을 던지며 따지고 든다. 이에 콜린 건턴(Colin E. Gunton)은 "현대성이 하나의 절대주의적 주장들에 맞서서 여럿의 권리와 자유의 실현을 이루었다고 하는 것은 단지 표면적 관찰에 불과하다는 점"을 지적한다.[64] 틀림없이 초대 교부들은 교리를 만들어 갈 때 성경에 근거했다. 교부에서 그리고 오늘날 참되고 바른 신학자들에게 있어서 "성경 속에 현존하는 그리스도를 인식하는 것이 성경의 권위를 유지하는 데서 본질적"이다.[65]

즉, 기독교 신앙 전통은 성경을 떠난 교리를 만든 적이 없다. 대표적으로 삼위일체 교리 같은 것은 성경을 압축한 것이다. 그렇다면 교리는 성경을 정확하게 읽는 일종의 '길 안내판'과 같은 것이지 철학적 사유를 억압하는 울타리가 아니다. 만일 교리 없이 성경을 읽게 된다면 길을 잃게 된다.

종종 어떤 종교학자들은 삼위일체 개념이 본래 없었는데, 정치적 투쟁을 거듭하면서 삼위일체 교리가 만들어졌다고 주장한다. 심지어 이러한 주장을 하면서도 멀쩡히 하나님의 통일성을 견지하는 이들도 있다. 그러나 삼위일체 교리가 정치적 투쟁의 산물이라는 주장은 완전히 잘못된 주장이다. 대부분의 정통적인 학자는 원래 삼위일체로 계신 하나님을 초대 교회가 깨달아 간 것이라고 본다.

성경에서 삼위일체의 흔적을 찾아가는 것은 지극히 합리적일 뿐 아니라 정당하다. 부르스마는 무로부터의 창조, 삼위일체, 성례전적 시간관 등의 전통은 "그리스도 안에 있는 하나님의 계시"라 인정한다.[66]

그리고 건턴도 다음과 같이 진술한다.

> 나는 현대성의 진전에 반대하는 보수적 반응을 촉구하는 것이 아니다. 하나님의 통일성이 하나님의 삼위일체 성(triunity)을 희생하면서 강조되었으며, 그런 만큼 현대의 비판은 신학을 본래의 삼위일체론적 근원으로 다시 부르는 것으

---

64 콜린 건턴, 『하나 셋 여럿』, 김의식 역 (서울: 한국기독학생회출판부, 2019), 47.
65 한스 부어스마, 『신학자가 성서학자에게 바라는 다섯 가지』, 차보람 역 (서울: 한국기독학생회출판부, 2022), 45.
66 한스 부어스마, 『천상에 참여하다』, 박세혁 역 (서울: 한국기독학생회출판부, 2021), 206.

로 이해되어야만 한다.[67]

그리스도인들은 '교리 때문에 편협하고 옹졸한 인간이 된다'라는 말을 퍼뜨리는 철학적 무신론자들과 자유주의 신학자들의 말에 동의할 수 없을 것이다. 오히려 지성적인 사람들일수록 이러한 억지 주장에 가장 먼저 반대한다. 스윈번은 기독교 신앙이 지적으로 가장 신뢰할 수 있는 이론임을 증명하고자 했다. 그런데 그것에 결정적으로 기여하는 것은 바로 '교리'이다. 교리 때문에 자기 정체성을 확립한 이들은 대개 시류에 쉽게 편승하지 않는다.

"너는 왜 다르냐?"

이런 말을 들어도 괘념치 않는다. 왜냐하면, 교리를 따르는 이들이 시류와 다른 방향인 것은 지극히 당연하기 때문이다. 이것은 편협해지는 것이 아니고, 구별되어 바르게 되는 과정이다. **바른 교리를 가져야 기독교인은 자신을 방어할 뿐 아니라 표현할 수 있다.** 예를 들면, "주는 그리스도시요 살아계신 하나님의 아들입니다"라는 신앙 고백(교리)은 기독교인을 혼란 가운데 지키게 할 뿐 아니라 고백적 삶을 살아가게 한다. 그러므로 하나님이 '사랑'이듯, 교리도 '사랑'이다.

하지만 무신론적 세계관 안에 있는 자들에게는 교리적 명제가 눈에 들어오지 않는다. 비교적 철학적 성실함이 따르는 이들이 현상적인 문제에 관해 탐구를 거듭할 뿐이다. 그런데 철학적 탐구도 신학적 변증 안에서 이루어질 때만, 큰 틀에서 올바른 방향에 합류할 수 있다. 물론, 때때로는 철학자들의 분석이 신학적 변증보다 더 정확할 때가 있다. 또한, 기독교 변증가의 논리가 100퍼센트 완전한 것은 아니다. 여기에 대해 스윈번은 다음과 같은 상황을 빗대어 설명한다.

우리가 어떠한 현상이 특정한 방식으로 일어날 것임을 예상하게 하는 이론이 있는데, 실제로 그 현상이 서술된 대로 발생하였다면 그 이론은 [다른 이론들보다] 더 좋은 이론이다. 하지만 관찰된 내용과 이론이 예측한 바가 서로 다를 경우, 예컨대 어떤 이론이 한 행성의 황경[68]각도가 106도1분2초라고 예측하였는데, 실제로 관찰된 각도는 106도2분12초라고 한다면, 그 이론은 대략 1'의 범위에 한

---

67 콜린 건턴, 『하나 셋 여럿』, 59.
68 황위와 함께 태양계 천체의 위치를 나타내는 황도의 좌표값으로서, 춘분점으로부터 동쪽으로 360도까지 측정한다.

해서는 부정확하다.

하지만 그 이론은 여전히 옳다고 볼 수 있는데, 이는 관측 자체에 미세한 오류가 있었거나 우리가 모르는 요인들이 결과에 영향을 미쳤을 수도 있기 때문이다. 따라서 우리는 그러한 오류에 집중하기보다는 그 이론을 참이라 믿고 활용할 필요가 있다.[69]

스윈번의 변증방법론을 이해하고 적용하기 위해서는 고등수학의 논리가 확립되어야 한다. 왜냐하면, 스윈번은 수학적 논리로 기독교 신앙을 변증, 변호하는 것이 '종교 철학'이라고 이해했으며, 그는 과학적, 논리적, 합리적 사고의 최고 정점은 하나님이시며, 하나님 없이 과학적, 논리적, 합리적 사고는 불가능하다고 보았기 때문이다. 그가 이렇게 본 이유는 세계에 질서를 부여하신 분이 하나님이시기 때문이다. 결국, 하나님의 창조 질서를 논리적으로 이해하기 위해 과학이 탄생한 것이다. 태양이 떠오를 때 태양뿐 아니라 세상을 바라볼 수 있듯이, 세계를 이해하기 위해서는 세계를 존재하게 하신 분을 먼저 이해해야 한다.

따라서 수학과 과학은 신학의 산물이다. 그리고 신학자와 목회자는 복음의 진리를 증명하고, 거짓 가르침을 논박할 책임을 맡은 변증가이다. 이 변증가들은 "나란 존재가 그저 세상이라는 체스판 위에 놓여 있는 체스 말에 불과한 거 같다"라고 느끼는 이들에게, "그렇다"라고 말해 줄 책임이 있다. 실제로 모든 인간(바로 당신)은 체스판 위에 놓인 체스 말에 불과하다. 그러나 그리스도인이라는 체스 말을 통해 승부를 보시는 분은 예수 그리스도시다. 그분은 패배가 없으실 뿐만 아니라, 체스에서조차도 단 한 차례로 승리(One Turn Kill Victory, Checkmate) 하신다.[70]

결국, 이 세상에 이론적 무신론은 있어도 실제적 무신론자는 없다. 누구나 자기 나름의 신을 모시고 살고 있다. 그게 돈, 이념, 정당, 운동선수, 연예인, 취미 등의 모습으로 보일 뿐이다. 그 무엇이든지 간에 좋아하는 단계에서 격상되어

---

69 리처드 스윈번, 『신은 존재하는가』, 68.
70 체스는 2인용 보드게임이며 '서양의 장기'로 불린다. 체스 게임은 체크 모양으로 된 체스판 위에서 특별한 모양으로 라인 기물들을 규칙에 따라 가동시켜 전열을 정비하고, 상대편 킹(왕)을 공격(체크)하여 승리하는 방식이다. 이 게임에서 단 한 차례로 체크메이트를 만드는 것은 불가능하다. 그러나 불가능을 가능하게 하시는 하나님의 능력을 극적으로 설명하기 위해 이와 같은 비유를 들었다.

그것 없이는 살지 못하는 중독 상태가 되면 우상이다. 만일 유신론적 사고를 하고 있음에도 제멋대로의 하나님을 만들어서 믿는다면, 철학적 무신론자들의 공격은 계속 유효한 공격이 이루어질 것이다. 그들 무신론자의 대표적인 공격 문구는 "'기독교의 신'이란, 사람의 욕망을 하늘에 투사한 것에 불과하다"이다.

그런데 실제로 자신의 욕망을 하나님께 투사하며 사는 이들이 있는데, 이들은 엄밀한 의미에서 사실 그리스도인들이 아니다. 스윈번이 볼 때, 참된 신앙인은 "예배를 통해서, 또한 신의 뜻이 이루어지도록 섬기는 일을 통해서 감사의 마음을 표현"하는 이들이다.[71]

즉, 신앙인들은 "이 세상에서 가장 어려운 산수 계산은 자신이 지금까지 받은 복을 세어 보는 것"이라는 사실 알고 있는 이들이다. 결국, 하나님은 자신을 위해가 아니라 우리와 타인들을 위해 우리를 거룩하게 만들고 더 나아가 우리를 통해 타인을 거룩하게 만드신다. 그리고 신은 우리가 그와 사귐을 갖도록 도움을 베푼다.[72]

결론적으로 우리는 세상의 초등학문과 철학의 헛된 속임수를 대적하기 위해 철학적, 수리적, 논리적, 합리적 변증을 갖추어야 한다. 하지만 그것은 표면적이다. 더욱더 최선의 변증을 원한다면, 철학적 변증과 함께 그리스도의 사랑을 실천해야 한다.

---

71 리처드 스윈번, 『신은 존재하는가?』, 219.
72 Ibid.

♣ 내용 정리를 위한 문제

1. 철학적 무신론자들에 대항하는 유신론적 철학자들 입장을 간략하게 정리한 후, 데이비드 벤틀리 하트의 기독교 변증방법론을 서술하시오.
2. 장-뤽 마리옹이 현상학을 통해 기독교 신앙의 신비를 어떻게 변증하고 있는지 서술하시오.
3. 리처드 스윈번이 고등수학의 논리로 하나님의 존재를 어떻게 변증하고 있는지 그 방법론과 내용을 서술하시오.

※ 참고 문헌(제28장에 인용된 도서들)

Swinburne, Richard. *The Existence of God*. United Kingdom.: Oxford University Press, 2004.
리처드 스윈번. 『신은 존재하는가』. 강영안·신주영 역. 서울: 복있는사람, 2020.
장 뤽 마리옹. 『과잉에 관하여』. 김동규 역. 서울: 그린비, 2020.
데이비드 벤틀리 하트. 『무신론자들의 망상』. 한성수 역. 경기 고양: 한국신학연구소, 2016.
_____. 『그리스도교, 역사와 만나다』. 양세규·윤혜림 역. 서울: 비아, 2020.
_____ 트. 『바다의 문들』. 차보람 역. 서울: 비아, 2021.
C. 스티븐 에반스. 『철학·변증학 용어 사전』. 김지호 역. 서울: 도서출판100, 2018.
J. 앤더슨. 『비교 종교론』. 박영관 역. 서울: 기독교문서선교회, 1995.
J.P.모어랜드 & W.L.크레이그. 『기독교 철학』. 이경직·이성흠 역. 서울: 기독교문서선교회, 2013.
N. 쿠치키. 『현대의 신』. 진철승 역. 서울: 범우사, 1988.
Th.W.아도르노 & M.호르크하이머. 『계몽의 변증법』. 김유동 역. 서울: 문학과지성사, 2020.
낸시 피어시. 『완전한 확신』. 오현미 역. 서울: 복있는사람, 2017.
더글러스 그루타이스. 『철학자 예수』. 이경직 역. 서울: 연암사, 2013.
디오게네스 알렌. 『신학을 이해하기 위한 철학』. 정재현 역. 서울: 대한기독교서회, 2015.
로베르트 쉐페만 & 롤프 쉔베르거. 『신앙과 이성적 통찰』. 김형수 역. 서울: 가톨릭대학교출판부, 2017.
로베르트 슈패만. 『왜 인격들에 대해 말하는가』. 박종대·김용해·김형수 역. 경기 파주: 서광사, 2019.
로저 스크루턴. 『현대 철학 강의』. 주대중 역. 서울: 바다출판사, 2017.
루돌프 옷토. 『성스러움의 의미』. 길희성 역. 서울: 분도출판사, 2018.
르네 지라르. 『희생양』. 김진식 역. 서울: 민음사, 2016.

리하르트 셰플러. 『기도언어』. 김진태 역. 서울: 가톨릭대학교출판부, 2011.
_____. 『신에 대해서 철학적으로 말하기』. 이종진 역. 서울: 하우, 2016.
마르틴 하이데거. 『존재와 시간』. 이기상 역. 서울: 까치글방, 2006.
막스 호르크하이머. 『도구적 이성 비판』. 박구용 역. 서울: 문예출판사, 2017.
빌럼 A. 뢰이뻰 & 헨리 J. 코렌. 『현대 무신론 비판』. 류의근 역. 서울: 기독교문서선교회, 2005.
빌헬름 라이프니츠. 『형이상학 논고』. 윤선구 역. 경기 파주: 아카넷, 2020.
스티븐 에반스 & 잭커리 매니스. 『종교철학』. 정승태 역. 서울: 기독교문서선교회, 2016.
시몬 베유. 『중력과 은총』. 윤진 역. 서울: 문학과지성사, 2021.
_____. 『중력과 은총』. 이희영 역. 서울: 동서문화사, 2017.
앤터니 플루. 『존재하는 신』. 홍종락 역. 경기 파주: 청림출판, 2011.
에드문트 후설. 『경험과 판단』. 이종훈 역. 서울: 민음사, 2016.
요제프 M.보헨스키. 『종교논리학』. 배선복 역. 서울: 가톨릭대학교출판부, 2006.
윌리엄 윌리몬. 『성육신』. 정다운 역. 서울: 비아, 2022.
존 M. G. 바클레이. 『바울과 선물』. 송일 역. 서울: 새물결플러스, 2019.
존 로빈슨. 『신에게 솔직이』. 한영학 역. 서울: 대한기독교서회, 1988.
존 쿠퍼. 『철학자들의 신과 성서의 하나님』. 김재영 역. 서울: 새물결플러스, 2016.
카를 만하임. 『이데올로기와 유토피아』. 임석진 역. 경기 파주: 김영사, 2012.
카를로 라우다치. 『신학적 인간학』. 윤주현 역. 서울: 가톨릭대학교출판부, 2017.
콜린 건턴. 『하나 셋 여럿』. 김의식 역. 서울: 한국기독학생회출판부, 2019.
키스 워드. 『그리스도교와 만나다』. 차건 역. 서울: 비아, 2021.
테오도르 아노르노. 『부정 변증법』. 홍승용 역. 경기 파주: 한길사, 2019.
프리드리히 니체. 『권력에의 의지』. 강수남 역. 서울: 청하, 2003.
피터 C. 하지슨 & 로버트 H.킹. 『현대 기독교 조직신학』. 윤철호 역. 서울: 한국장로교출판사, 2015.
한스 부르스마. 『십자가, 폭력인가 환대인가』. 윤성현 역. 서울: 기독교문서선교회, 2014.
_____. 『신학자가 성서학자에게 바라는 다섯 가지』. 차보람 역. 서울: 한국기독학생회출판부, 2022.
_____. 『천상에 참여하다』. 박세혁 역. 서울: 한국기독학생회출판부, 2021.
헤르만 도예베르트. 『이론적 사유의 신비판 서론』. 김기찬 역. 서울: 크리스챤다이제스트, 1995.
강영안. 『철학자의 신학 수업』. 서울: 복있는사람, 2021.
김동규 외 5인. 『우리 시대의 그리스도교 사상가들』. 경기 고양: 도서출판100, 2020.
김동규 외 8인. 『우리 시대의 그리스도교 사상가들 II』. 경기 파주: 도서출판100, 2022.
김동규. 『선물과 신비: 장-뤽 마리옹의 신-담론』. 서울: 서강대학교출판부, 2015.
오희천. 『계시와 해석』. 서울: 월드북, 2020.

제29장

인간학적 무신론에 대한 기독교 변증 : 로완 윌리엄스

> 만물보다 거짓되고 심히 부패한 것은 마음이라 누가 능히 이를 알리요마는 나 여호와는 심장을 살피며 폐부를 시험하고 각각 그의 행위와 그의 행실대로 보응하나니
> (예레미야 17장 9-10절).

인간의 마음은 거짓되고 심히 부패해 있다. 하지만 하나님의 존재를 부인하는 이들은 그 사실을 부정한다. 특히나 인간학적 무신론자들은 인간의 심리와 정신 상태를 통해서 인간의 마음 상태를 분석할 수 있다고 믿는다. 그러나 성경은 여호와 하나님만이 심장과 폐부를 살필 수 있으며, 하나님만이 인간을 시험하고 그 행실대로 보응하실 수 있다고 말한다.

그렇다면 인간학적 무신론이란 무엇인가?

사전적 의미로 "인간학적 무신론"은 "앤쓰로포스(*anthropos*), 즉 인간, 다시 말해 실존주의가 신을 거부하는 이유"에 해당하는 것이다.[1] 이 사상적 체계 안에서 세계 주체는 하나님이 아니라 인간이다.

무신론적 실존주의자에 해당하는 철학자 장 폴 사르트르(Jean-Paul Sartre)는 "오로지 인간에게만-실존이 본질에 앞선다"라고 말한다.[2] 신 존재를 거부하고 인간 실존에만 집중하기 시작하면, 인간학적 무신론은 쉽게 확산하기 마련이다. 에리히 프롬(Erich Seligmann Fromm)에 의하면, 종교는 "개인에게 지향할 틀과 헌신할 대상을 제공하는, 어떤 집단이 공유하고 있는 사고 및 행동 체계를 포괄하

---

1 빌럼A.뢰이뻰 & 헨리J.코렌, 『현대 무신론 비판』, 류의근 역 (서울: 기독교문서선교회, 2005), 153.
2 장 폴 사르트르, 『실존주의란 무엇인가』, 이희영 역 (서울: 동서문화사, 2017), 83.

는 말"에 불과하다.³

쉽게 말해서 "신은 인간이 가진 가능성의 표상"이다.⁴ 정신분석학자 지그문트 프로이트(Sigmund Freud)는 "신은 억눌린 욕망의 투사"로 보았다.⁵ 억눌린 욕망의 투사는 꿈속에서 나타난다. 왜냐하면, 꿈은 "소망 충족"을 목적으로 하기 때문이다.⁶ 프로이트의 제자 칼 융(Carl Gustav Jung)도, "꿈은 무의식의 고유한 표현"이라고 설명한다.⁷ 결국, 성경 속 인물들이 받은 계시는 꿈속에서 일어난 것이며, 이 꿈들은 신의 존재를 소망했던 이들의 무의식이 투영된 것이다. 즉, 신의 존재는 신을 열망하는 인간이 무의식 속에서 만들어 낸 환영에 불과하다.

그러나 이들과는 다르게 인간의 도덕성에서 유신론적 근거를 발견하는 학자들도 있다. 데이비드 바게트(David Baggett)에 따르면 인간의 도덕성은 신이 존재할 때만 그 기능을 한다. 정말로 "도덕성이 부르는 소리는 행복의 유일한 궁극적인 근원으로 돌아오라는 하나님의 부르심이다."⁸

1. 종교적 자아 초월과 신(God) 중심적 공동체

프롬이나 프로이트의 주장은 대표적인 "인간학적 무신론"의 표본이다.

하지만 과연 우리는 인간의 상상력이 신이라는 형이상학적 존재를 만들어 냈다고 주장할 수 있는가?

정말 하나님은 인간 무의식이 만들어 낸 환영인가?

이런 도발적인 물음들에 대해서는 기독교 변증학자들뿐 아니라, 모든 유신론자가 답변의 의무를 진다. 이에 유대인 심리학자 빅터 프랭클(Viktor Emil Frankl)은 "정신분석에 대한 재해석들은 프로이트 자신이 했던 정신분석에서 벗어나

---

3 에리히 프롬, 『소유냐 존재냐』, 차경아 역 (서울: 까치글방, 2019), 193.
4 로버트 뱅크스, 『그리스도인을 위한 무신론 사용설명서』, 김은홍 역 (서울: 새물결플러스, 2014), 149.
5 Ibid., 127.
6 지그문트 프로이트, 『꿈의 해석』, 이환 역 (서울: 돋을새김, 2011), 80.
7 카를 융, 『인간과 상징』, 김양순 역 (서울: 동서문화사, 2018), 37.
8 데이비드 바게트 & 제리 L. 월즈, 『선하신 하나님』, 정승태 역 (서울: 기독교문서선교회, 2013), 437.

있다"고 평가한다.⁹

실제로 오늘날 무의식의 영역은 영성의 영역으로 포괄되고, 종교적 자아 초월 이야말로 "인간 실존의 본질"로 이해되기 시작한다.¹⁰

거기서 한 걸음 더 나아가 기독교 신앙은 인간 실존을 향해서 피할 수 없는 개인적 의무를 부여한다. 그래서 W. E. 오츠(Wayne E. Oates)는 "성숙한 신앙은 삶을 영위함에 있어서 주체적이며 다양한 행동 동기를 조절할 수 있다"고 말한다.¹¹ 이를 뒤틀기 위해 인간학적 무신론자들은 인간 실존에만 집중하는 방식과는 정반대로 '범신론'의 카드를 꺼낸다.

에밀 뒤르켐(David Émile Durkheim)에 따르면, 범신론은 "개인에게 내재하는 실체는 개인 자신이 아니며 개인을 살아 있게 하는 영혼도 그 자신의 것이 아니므로 개인이란 실체는 없다는 관념"이다.¹² 결국, 종교적 범신론은 사실상 기독교 신앙에 대한 거부이며 인간학적 무신론의 표상이다.

인간학적 무신론자들은 종교적 율법이 인간 실존을 억압하고, 인간의 자유를 제한한다고 주장한다. 그게 아니라면, 정반대로 종교적 범신론을 통하여 개인이라는 실체를 부정했다. 하지만 **역설적이게도 율법과 복음은 자아의 굴레에서 자유함을 주었다.**

또한, 신앙은 개인의 실체를 긍정하고 자아를 세워 준다. 이것은 심리적일 뿐 아니라 실제적이다. 이에 대한 증거는 성경이 증언하고 있고, 역사가 기록하고 있다. 자유주의적 공동체주의자로 잘 알려진 찰스 테일러(Charles Taylor)까지도, 복음서에 기록된 초대 교회는 "신을 위한, 서로를 위한 그리고 인류를 위한 사랑으로 고취된 성자들이 공동체를 형성하고 있다"고 말한다.¹³

이 공동체는 장애물과 재앙 앞에서 그들의 강한 신앙을 더 굳세게 하였다. 마누엘 루이스 후라도(Manuel Ruiz Jurado, S.I.)에 따르면, 신앙 공동체가 가지고 있는 전통과 신앙인들 개별적 습관들은 하나님의 존재를 상정하고 있다고 밝힌다. 그는 다음과 같이 말한다.

---

9   빅터 프랭클, 『삶의 의미를 찾아서』, 이시형 역 (경기파주: 청아풀판사, 2020), 26.
10 빅터 E. 프랭클, 『무의식의 신』, 정태현 역 (경기의정부: 한님성서연구소, 2016), 166.
11 W. E. 오츠, 『신앙이 병들 때』, 정태기 역 (서울: 대한기독교출판사, 2004), 25.
12 에밀 뒤르켐, 『자살론』, 황보우종 역 (경기파주: 청아출판사, 2019), 284. : 뒤르켐은 개인이라는 실체를 부정하는 범신론적 조직사회 안에서 현대인들의 자살의 원인을 찾는다.
13 찰스 테일러, 『근대의 사회적 상상』, 이상길 역 (서울: 이음, 2019), 17.

습관을 만드는 훈련에 대해서 언급할 때 심리적 활동의 수준이 내포되는 것은 분명하다. 그렇지만 순전히 심리적이라기보다, 오히려 신앙과 은총 그리고 하나님의 영의 선물들의 영향과 인도를 따르는 인간적 능력들의 활동이다.[14]

신앙의 영역에 대해서 부정하기로 상정한 이들의 시선에서 하나님의 존재를 상정하는 일은 반(反)철학적인 태도일 것이다. 무엇보다 인간학적 무신론자들은 의미의 원천인 주체를 설명하기를 거부하는 이들이다. 메를로-퐁티(Maurice Merleau-Ponty)에 의하면, 철학자는 오로지 신비 중의 신비, 즉 주체성의 등장을 통해서 의미의 존재를 표현하고자 노력하는 이들이다. 그런데 이 설명은 필연성이 지배하는 사물의 영역에만 적용된다. 따라서 철학자는 신을 거부해야 한다는 논리가 형성된다.

이에 대해서 지성적인 그리스도인들은 어떻게 반론할 수 있을까?

우선, 인간학적 무신론의 접근대로면, 전통적인 하나님 인식과 종교적 규제의 틀 등이 제거되기에 도구적 응용 범위가 확대된다는 것은 틀림없다. 하지만 이렇게 되었을 경우 인간을 포함한 모든 피조물이 "존재의 고리 속에서 자신의 자리에 원래 부가되었던 고유한 의미"를 상실하게 된다.[15] 인간학적 무신론자들로만 사회 구성원이 형성된다면, 표면적으로는 개인의 자율적 사고가 증가하고 인간 중심적 사고의 공동체가 옹립될 것이다. 그러나 인간 중심적 사고는 개별적 자아의 충돌을 발생시킨다. 따라서 인간사회에서는 공통의 신앙 경험이라는 것이 보편적으로 수용되는 것이 훨씬 이롭다.

신앙은 '공통적인 것의 경험'이다. 옛 경험일 뿐 아니라 현재까지도 지속되는 경험이다. 인간학적 무신론자들 처지에서는 인간 중심적 공동체야말로 '공통적인 것의 경험'이라고 주장할 것이다. 하지만 대부분 지성인은 보편적 인간들의 공동체는 예로부터 인간 중심적 공동체가 아니라, **신(God) 중심적 공동체**였다는 사실을 부정하지 못한다. 정치철학자들이 말하듯, "공통적인 것의 경험은 보편적인 것과 특수한 것의 대립이 초래한 인식론적 난국을 타개할 수 있는 작업 틀을 제공"한다.[16] 그런데 인간학적 무신론자들은 이 건강한 작업 틀

---

14 마누엘 루이스 후라도, 『영적 식별』, 박일 역 (서울: 가톨릭대학교출판부, 2010), 56.
15 찰스 테일러, 『불안한 현대사회』, 송영배 역 (서울: 이학사, 2019), 15.
16 안토니오 네그리 & 마이클 하트, 『공동체』, 정남영·윤영광 역 (경기 고양: 사월의책, 2020), 183.

을 부수고 자기만의 주관적 경험만으로 인류의 보편적인 신(God) 경험을 묵살하려 한다.

위와 같은 인간학적 무신론자들에게 효과적으로 대항하는 기독교 변증가는 로완 윌리엄스(Rowan Douglas Williams)이다. 그의 기독교 변증방법론은 '인간에 대한 이해', '하나님을 신뢰하는 공동체' 그리고 '그리스도의 제자로 살아가는 삶의 방식' 등에 대해서 설명해 준다. 무신론의 논리적 오류에 대한 논박보다는, 기독교 신앙의 매력을 어필함으로 변증의 효과를 거두는 것이다. 특히, 윌리엄스는 현대 사회의 문제를 정확하게 통찰한 후, 각각의 문제에 대한 알맞은 해답을 교부의 지혜 속에서 제공해 주는 것에 매우 탁월하다. 지금부터 윌리엄스의 변증방법론을 구체적으로 살펴보겠다.

2. 하나님에게서 나오는 인간 실존

첫째, 인간 실존에 대한 가능성을 하나님에게서 찾는 것이다.

인간학적 무신론자들은 인간 실존을 능력과 사회의 경쟁 속에서 발견한다. 인류학자의 관점에서 "종교 체계 혹은 사회 조직 형태에서 각각의 상대적 가치를 끌어내어 그 위에서 다시 지적인 혹은 도덕적인 판결"을 시도하는 것은 불가능한 일이다.[17] 하지만 사회 조직 속에서 경쟁하며 능력을 인정받는 것도, 상대적 가치 속에서 도덕적 판결을 시도하는 것도, 모두 공동체 안에서 인간관계가 형성되어야만 논의될 수 있는 주제들이다. 이에 대해서 윌리엄스는 "인간은 만물의 중심에 있는 거룩한 사랑(하나님)과 친밀하게 관계 맺을 뿐 아니라 다른 이와 친밀하게 관계 맺으며 살아가게 되어 있다"고 말한다.[18]

그러면서 윌리엄스는 세속주의자들(인간학적 무신론자)의 진짜 문제점은 "하나님의 존재에 대한 부정이라기보다는 여가-시장에 봉사하는 데 사용되지 않은 시간-의 가능성에 대한 부정"이라고 지적한다.[19] 여기서 "세속주의란 표현은 홀리오키(G. J. Holyoake)가 처음 사용한 말인데, 하나님에 대해서나, 죽음 이후의 상태에 대해서는 어떠한 고려도 할 필요가 없으며, 오직 현재 인간의 행복과 관

---

[17] 클로드 레비-스트로스, 『인류학 강의』, 류재화 역 (서울: 문예출판사, 2020), 137.
[18] 로완 윌리엄스, 『그리스도교』, 정다운 역 (서울: 비아, 2019), 62.
[19] 로완 윌리엄스, 『인간이 된다는 것』, 이철민 역 (서울: 복있는사람, 2019), 109.

련해서만 윤리 문제를 다뤄야 한다"라는 이론이다.[20] 이것은 현대세속주의를 살아가는 인간들에게서 공통으로 나타나는 내면의 문제이다.

많은 사람이 스포츠 행사나 가수의 공연에 열광한다. 그 속에서 행복을 찾고 기쁨을 발견한다. 심지어 이 행복을 공유하기 위해 특정 스포츠 선수와 인기 연예인을 중심으로 거대한 공동체가 형성되기도 한다. 사회학자 카를 만하임(Karl Mannheim)에 따르면, "자연적으로 발전하거나 의식적으로 지향된 결합이 수많은 개인을 하나의 집단으로 묶는다면, 우리는 이를 '구체 집단'"이라고 한다.[21]

과거의 '구체 집단'은 종교적 유대 관계나 정치적 이데올로기로 형성되었다면, 현대인들은 특정 인물을 중심으로 팬덤(fandom, 공통적인 관심사를 공유하는 사람들과 함께 공감과 우정의 감정을 특징으로 하는 팬들로 구성된 하위문화)을 형성한다. 팬덤 안에 속한 이들은 스포츠 경기나 연예인의 공연 관람에 돈과 시간을 소비하는 것을 조금도 아까워하지 않는다.

하지만 만물의 창조주에 대해서는 외면하고, 구속 주를 찬양하는 궁극의 공연장인 교회는 멀리한다. 다시 말해서 예배를 위해 돈과 시간을 쏟는 것을 아까워한다. 이들에게 하나님의 존재는 불편하다. 여기에 인간학적 무신론의 철학적 사고가 이들의 불편함을 지워 주고 안정감을 부여해 준다. 이로써 인간들은 예배로부터 확실하게 등을 돌린다.

그런데 예배를 등시는 행위가 인간들에게 자유를 주는 것처럼 보이지만, 이것은 도리어 큰 해로움으로 다가온다. 왜냐하면, **예배를 포기한 사람들에게 도덕과 양심은 서서히 실종되어 가기 때문이다.** 또, 신앙을 잃어버린 인간들은 타인을 착취하기 시작한다. 타인과의 관계 속에서 개인만을 생각하게 된다. 더 이상 인간들은 "왜 일용직 노동자는 스포츠 운동선수의 연봉과 천문학적인 차이가 나는 것인지"에 관해서 묻지 않게 된다.

독일의 사회학자 울리히 벡(Ulrich Beck)은 "부는 상층에 축적되지만, 위험은 하층에 축적된다"라고 지적했다.[22] 물론, 직업의 특성상 그들의 직업 특성과 능력에 따라 봉급에 차이가 나타나는 것은 잘못된 일이 아니다. 그러나 그리스도인들은 사람들이 무엇에 소비하고 있고 열광하고 있으며, 이 구조 속에서 어떤 사회적 불평등이 야기되고 있는지에 관심을 둔다. 그리스도인들은 결코 위험이

---

20 제임스 패커, 『인간을 아는 지식』, 김동규 역 (서울: 아바서원, 2012), 78.
21 카를 만하임, 『세대 문제』, 이남석 역 (서울: 책세상, 2020), 45.
22 울리히 벡, 『위험사회』, 홍성태 역 (시울: 새물결플러스, 2019), 75.

축적되어가는 약자들을 외면하지 않는다.

반면에 무신론자들은 경기장 주변에서 쓰레기를 치우는 노동자에게는 무관심하고, 경기장 한복판에서 공차는 축구 선수에게는 모든 관심을 쏟는다. 참되고 바른 인간 실존은 하나님께 열광하고 나보다 약한 타인을 먼저 수용할 때 회복된다. 이 회복의 통로가 예배인데, 예배만이 인간다움을 유지하고 회복시킨다. 왜냐하면, "예배는 성 삼위 하나님과 함께하는 이야기에 참여(narrative engagement)하는 것"이기 때문이다.[23] 성삼위 하나님의 이야기 안에는 차별과 폭력이 없다. 그 안에는 사랑과 친교가 가득하다. 그러므로 **"신앙은 타인을 착취하는 이기심에 저항"한다.**[24]

능력과 노력에 따라 차등한 평가가 이루어지는 것은 공정한 사회의 모습이다. 하지만 인간의 권리는 능력이나 노력과는 무관하다. 인간은 하나님의 피조물이라는 이유만으로 존중받아 마땅하다. 어떤 인간이 다른 어떤 인간을 무시할 권한은 없다. 만약 권력이 높은 자, 인기가 많은 자, 돈이 많은 자가 다른 사람들을 차등할 수 있다고 생각한다면, 그자는 마귀의 환상에 사로잡힌 자다. 윌리엄스는 "모든 죄의 근원, 우리가 자행하는 비참함의 근원에는 바로 이러한 환상들이 자리하고 있다"고 말한다.[25] 죄는 그리스도 외에는 처리할 수 없는 고질적인 문제이며, 죽음을 유발하는 암이다.

> 죄는 성자가 우리의 구원을 위해 우리 인성의 모든 면에 있다고 여기신 아주 깊은 존재론적 문제다. 그리고 죽음 안에 우리 인성의 모든 면은 소멸하고 부활을 통해 우리 인성의 모든 면은 새롭게 태어난다.[26]

죄라는 고질적인 문제는 그리스도 안에서만 해결될 수 있다. 그런데 무신론적 사회에 방치된 이들에게 차별과 경쟁이라는 죄는 끊임없이 정당화될 뿐이다. 인간에게 발생하는 이와 같은 죄악의 문제를 끊어 내기 위해서는 교회가 세상에서

23　코넬리우스 플랜팅가 & 수 로즈붐, 『진정한 예배를 향한 열망』, 허철민 역 (서울: 그리심, 2006), 199.
24　로완 윌리엄스, 『그리스도교』, 63.
25　로완 윌리엄스, 『복음을 읽다』, 김병준 역 (서울: 비아, 2018), 114.
26　한스 마두에미 & 마이클 리브스 외 13인, 『아담, 타락, 원죄』, 윤성현 역 (서울: 새물결플러스, 2018), 371.

역할을 감당해야 한다. 윌리엄스는 교회 공동체에 대해서 다음과 같이 진술한다.

> 그리스도인들의 공동체를 에클레시아라고 불렀다는 것은 곧 하나님께서 온 세상에서 일어나는 공적 사안을 논의하는 회의에 모든 이(노예, 이주자, 시민이든 누구나)가 참석하도록 부르셨다는 선언이라 할 수 있습니다. 달리 표현하면 교회에서는 누구나 시민입니다.[27]

인간이 죄의 문제를 스스로 극복할 수 있다고 자부해선 안 되고, 하나님으로부터 독립된 존재가 되겠다고 선언해서도 안 된다. 왜냐하면, 죄의 문제를 해결할 능력이 인간 스스로에게는 없기 때문이다. **인간의 실존은 오직 하나님 안에서만 발견되고, 하나님 안에서만 유지될 수 있다.** 만일 자신의 힘으로 죄의 문제를 해결할 수 있다고 생각한다면, 바로 그 순간부터 "참 하나님은 죽이고 싶어질 정도로 미운 적 또는 가장 위험한 경쟁자"로 보이게 된다.[28]

반면에 인간의 실존은 전적으로 창조주의 주권에 있음을 인정한다면, "구원하시는 그리스도의 임재"가 보이게 된다.[29] 이 진술들은 정통 기독교 신학 그 자체이다. 이 정통 신학에 의지했던 이들이 "그리스도를 쫓아 인내하고 죽음을 견뎌낸 순교자들의 이야기"가 되었다.[30] 이로 보면 신학은 정통적일 때 최상을 누린다. 마이클 호튼(Michael S. Horton)은 이렇게 말한다.

> 역사적 기독교 안에서 유지된 기독교 신론은 과도적 내재론(범신론)과 과도적 초월론(이신론) 모두를 무효화한다. 예수 그리스도는 이스라엘의 하나님이 우리 위에서, 우리를 초월하시는 임마누엘("하나님이 우리와 함께하신다")의 하나님이심을 가르치셨을 뿐만 아니라 그것을 몸소 보여 주셨다. 하나님은 무언가가 있어야 하는 존재가 아니다. 우리가 그런 존재다. 하나님은 우리에게 의존하지 않으신다. 그러나 그분이 없는 우리는 의지할 데 없는 연약한 존재에 불과하다.[31]

---

27 로완 윌리엄스, 『바울을 읽다』, 손승우 역 (서울: 비아, 2020), 92.
28 로완 윌리엄스, 『어둠 속의 촛불들』, 김병준 역 (서울: 비아, 2021), 71.
29 로완 윌리엄스, 『루미나리스』, 홍종락 역 (서울: 복있는사람, 2020), 12.
30 로완 윌리엄스, 『심판대에 선 그리스도』, 민경찬·손승우 역 (서울: 비아, 2021), 174.
31 마이클 호튼, 『악험의 지리』, 김철규 역 (서울: 복있는사람, 2017), 83.

3. 신뢰하는 삶

둘째, 인간학적 무신론자들 모습과 하나님을 신뢰하는 인간의 모습을 대조하는 것이다.

인문학과 세속주의의 세례를 받은 이들은 하나님과의 단절된 상태로 살아간다. 그들은 점점 인간성을 상실해 가고 있지만, 그것이 '자유'인 줄 착각하며 살아간다. 반면에 물과 성령으로 세례받은 이들은 "하나님이 처음에 의도하신 인간성을 회복"한다.[32] 그리고는 마침내 그리스도 안에서 진정한 자유를 만끽한다. 유진 피터슨(Eugene H. Peterson)에 따르면, "하나님을 부인하고 창조 세계도 무시한 채, 자아만을 위해 자유가 있다"고 생각하는 것은 망상이다.[33]

자유를 누리기 위해서는 그리스도가 필요하고 믿음의 공동체가 필요하다. 하나님은 지금도 모든 믿는 자의 공동체에 '공급과 신뢰'를 가르치고 계신다.[34]

하나님은 은혜를 공급하심으로 죄인 된 우리가 하나님을 신뢰할 수 있도록 이끄시고, 하나님을 신뢰하는 삶을 살아가는 사람들에게 복음이 주는 자유를 경험하도록 허락하신다.

그렇다면 하나님을 신뢰하는 인간의 모습을 제시하는 것이, 왜 기독교 변증방법론이 될 수 있는가?

왜 그리스도 안에서 자유로움을 누리는 것이 곧 변증법적 삶의 태도일까?

그 이유는 간단하다. 하나님이 없는 이들은 스스로 '신뢰의 위기'를 맞이했기 때문이다. 하나님을 신뢰하지 않는 사람은 그 어느 것도 신뢰하지 못한다. 윌리엄스는 "신뢰의 위기란 단순히 사람들이 냉소적인 태도에 물들었거나 공공 영역에서 사람들이 전보다 더 경계하게 되었다는 것만을 뜻하지 않는다"고 경고한다.[35] 사람들의 불안함은 사회 기관들과 공권력에 대한 불신으로까지 나아가고, 종국에는 불안정한 사회 구조 안에 자신을 가두게 된다. 이 모든 것이 하나님을 신뢰하지 않아서 발생하게 된 문제이다.

인간학적 무신론자들이 하나님을 신뢰하지 못하는 이유는 하나님을 "자기를 닮은 신"의 모습으로 생각하기 때문이다. 자신을 닮은 신은 "자존감을 세워 주

---

32 로완 윌리엄스, 『그리스도인이 된다는 것』, 김기철 역 (서울: 복있는사람, 2018), 25-26.
33 유진 피터슨, 『자유』, 김명희 역 (서울: 한국기독학생회출판부, 2007), 21.
34 제임스 브라이언 스미스, 『위대한 여정』, 전의우 역 (서울: 비아토르, 2022), 83.
35 로완 윌리엄스, 『신뢰하는 삶』, 김병준·민경찬 역 (서울: 비아, 2015), 21.

는 버팀목이 될지는 모르지만, 우리의 도덕적 승리를 지원할 능력이 없으며, 우리가 어려움에 부닥칠 때면 당혹스럽게도 사라지고 말 것"이다.[36]

하나님을 신뢰하기를 거부하는 이들의 또 다른 핑계는 교회 조직에 대한 불신이다. 조직화된 교회 공동체 안에 결함이 있고 약점이 있는 것은 사실이다. 그러나 "교회는 오랜 기간 끊임없는 식별을 통해 자신의 형태를 구축해" 왔다.[37] 교회는 스스로가 죄인임을 인정하는 사람들의 공동체이면서, 그와 동시에 하나님의 사랑에 압도당한 이들의 공동체이다. 윌리엄스는 "예수님의 죽음과 부활 때문에 우리의 부활이 시작"되었고, "우리의 하늘 시민권이 시작"되었다고 말한다.[38]

즉, 교회 안에는 숨겨진 영광의 씨앗이 있으며, 이는 제도권 교회의 실망스러운 실수들과 부패로 인해 사라지는 것이 결코 아니다. 오늘날에도 교회 조직에 대해 세상의 비판을 맞이할 때면, 많은 크리스천이 난처함을 표시한다. 하지만 우리는 좀 더 넓게 봐야 한다. 기독교 신앙이 언제나 세속의 도전 앞에 있다고 생각하지만, 사실 세속주의와 종교사회학도 기독교 신앙의 도전을 맞이하고 있다. 특히 현실분석 측면에서 그러하다.

종교사회학자들은 "우리가 사는 시대는 더 이상 교회가 중심이 아니기에(교회는 변두리로 밀려났기에) 교회가 살아남기 위해서는 기존의 방법이 아닌 무언가 다른 방법을 간구해야 한다"라고 외친다. 그런데 이것은 기독교를 너무 만만히 본 것이다. 우선, 우리가 사는 시대가 어떻든지 간에 교회는 여전히 중심에 있다.

교회가 변두리로 밀려났는가? 그 변두리가 하나님의 중심이다.

교회가 지하로 숨어 들어갔는가? 그 지하가 하나님의 중심이다.

서구에서 기독교 신학을 빼고 설명할 수 있는 역사도 문화도 존재하지 않는다. 세속의 눈을 가진 사람은 폴리스(πόλις)가 거대해 보이겠지만 에클레시아(ἐκκλεσία)가 폴리스를 언제나 집어삼켰다. 왜냐하면, 진리와 애덕의 근원은 폴리스에 있지 않고 에클레시아에 있기 때문이다. 지금도 종교사회학자들은 기독교인들에게 '세상을 이해하기 위해 노력해라'라고 조언한다. 물론, 기독교는 세상 안에서 세상을 이해하고 그들과 소통할 수 있어야 한다.

---

36 J. B. 필립스, 『당신의 하나님은 너무 작다』, 홍병룡 역 (경기고양: 아바서원, 2021), 81-82.
37 로완 윌리엄스, 『과거의 의미』, 양세규 역 (서울: 비아, 2019), 167.
38 로완 윌리엄스, 『삶을 선택하라』, 민경찬·손승우 역 (서울: 비아, 2017), 211.

하지만 세상을 이해하는 것이 기독교의 본질이 아니고, 복음을 이해하는 것이 기독교의 본질이다. 따라서 성도들은 일차적으로 복음을 이해하고 복음을 선포하는 일에 우선의 관심을 두어야 한다. 세상에 대한 이해도가 높으면 기능적으로 유리하겠지만, 이해도가 낮다고 해서 복음의 능력이 나타나지 않는 것은 아니다.

실례로 역사상 위대한 복음 전도자들은 불신자들에게 복음 앞에 나아오라고 촉구했다. 그들은 다른 방법을 일절 간구하지 않았다. 오로지 방법은 복음뿐이었다. 복음 없이 다른 방법을 의존하거나 간구한다면, 그곳은 바로 그 순간부터 교회가 아니다. 기독교 교회를 변증하기 위해서는 사회학적 분석보다 하나님을 신뢰하는 일이 시급하다. 언제나 그렇듯, 종교사회학의 분석이나, 통계가 결코 말씀의 증언을 앞설 수 없다. 복음이 진짜다. 복음이 살린다. 복음이 전부다. 교회는 주님 오시기 직전까지 부흥할 것이다.

그런데도 인간학적 무신론자들은 불신앙의 기초를 교리의 기초보다 더 신뢰한다. S. P. 쉴링(S. Paul Schilling)에 따르면, 인간학적 무신론자들은 "종교를 심리학적 혹은 사회적 요인들로부터 발생한 소원-성취로 취급"한다.[39] 즉, 이들은 하나님을 신뢰하는 행동을 미신적 행위, 환상에 사로잡힌 행위, 더 나아가 망상에 빠진 행위로 보는 것이다.

하지만 기독교 신앙은 소원 성취나 기복적 요소를 선행한 적이 없다. 기독교는 십자가와 부활 그리고 영생에 대한 진리를 말한다. 이것은 인간의 소원 성취가 아니라, 하나님의 소원 성취이다. 윌리엄스는 무신론의 시대적 조류에 맞서서, "불멸의 조각"은 무에서 유를 창조하시고 죽음에서 생명을 끌어내시는 하나님께 있음을 설파한다.[40] 그리고 윌리엄스는 "하나님은 우리가 볼 수 있고 감당할 수 있는 것을 만드셨을 뿐 아니라 우리가 볼 수 없고 절대로 감당할 수 없는 것도 만드셨다"고 설명한다.[41]

그다음으로 무신론자들은 하나님과 세계의 단절을 주장하고 나선다. 세상의 고통과 악의 문제에 방치되어 있으므로 하나님의 존재는 환상이거나, 하나님이 존재하더라도 무관심한 하나님, 혹은 무능한 하나님의 모습이라고 주장하고 싶은 것이다. 무신론자들의 전형적인 투정이다.

---

39   S. P. 쉴링, 『무신론 시대의 하나님』, 조만 역 (서울: 현대사상사, 1982), 123.
40   로완 윌리엄스, 『하나님이 함께하신다는 것』, 강봉재 역 (서울: 국제제자훈련원, 2017), 117.
41   로완 윌리엄스, 『신뢰하는 삶』, 79.

윌리엄스는 그리스도의 성육신은 세상에 하나님이 인간이 되어 침투한 사건이며, 십자가는 고통과 악의 문제를 끊어 내기 위한 하나님의 구조 작전이다. 이 모든 것을 이루시고 부활하신 것이 하나님의 강력한 진리라고 조목조목 반론한다.[42] 즉, 하나님은 세계와 단절된 하나님이 아니고(성육신), 세상의 고통을 방치하신 분도 아니며(십자가) 무능하고 약한 하나님도 아니다(부활). 쉴링 역시 무신론자들의 주장에 대해 변증가들에게 다음과 같은 태도를 보이라고 요구한다.

> 기독교 사상은 하나님과 그의 세상과의 밀접한 관계를 그리고 세상은 그 동일성, 그 다양한 활동, 그 궁극적인 의미의 기반과 원천을 그에게 발견한다는 것을 주저하지 말고 긍정하는 것이어야 한다.[43]

무신론 세계관에서 하나님은 신뢰할 수 없는 환상이지만, 기독교 세계관에서 하나님은 신뢰할 수밖에 없는 진리이다.
하나님을 신뢰하지 않고, 거부할수록 인간은 점점 고독해질 뿐이다. 하나님을 신뢰하고 성도의 교제 안에 참여할 때만 고독은 없어지고 삼위일체 하나님 안에서 자유함과 풍성함을 누릴 수 있다.
사이먼 찬(Simon Chan)에 따르면, "공동체 안에 존재한다는 것은 개인적 특성이 집단 속에서 상실된다는 의미가 아니다."[44] 왜냐하면, 성도의 교제는 진정한 고독을 거친 후 하나님을 신뢰하기로 결단한 이들의 교제이기 때문이다. 즉, 교회의 공동체는 육체적으로 서로 함께하는 것 이상의 의미가 있다. 오늘날 인간학적 무신론에 놓여 있는 자들도 스스로가 공동체적 존재라는 것을 깨닫는 순간 하나님을 신뢰할 수밖에 없을 것이다.

---

42 로완 윌리엄스, 『하나님이 함께하신다는 것』, 44.
43 S. P. 쉴링, 『무신론 시대의 하나님』, 154.
44 사이먼 찬, 『영성신학』, 김병오 역 (서울: 한국기독학생회출판부, 2017), 169.

4. 제자의 삶

셋째, 제자도의 사명을 제시하는 것이다.

인간학적 무신론자들의 말처럼 기독교의 하나님이 환상이고 망상이라면, 그 환상과 망상에 취해서 거룩하게 살아가는 이들은 무엇인가?
환상과 망상에 빠진 사람이 왜 더 도덕적이고 거룩해지는가?
세상의 어떤 환상이 사람을 거룩하게 만들 수 있는가?
제자도의 사명을 살아가는 이들은 망상에 빠져서 그렇게 행하는가?

만일 그렇다면 이것은 순종과 거룩함을 불러일으키는 '긍정적 망상'이며 '계시적 환상'이다. 또 만일 그렇지 않다면, 이것은 망상이 아니라 '사실'이며, '실제'이다. 윌리엄스 말하길, "제자도는 '어떻게 살 것인가'라는 문제와 관련되며, 우리가 내리는 결단이나 믿는 내용뿐 아니라 삶의 상태까지 다루는 것"이다.[45] 제자가 되는 것은 결코 단순하지 않다. 그것은 은혜받은 상태이며, 그리스도를 따르는 상태를 일컫는다. 그러므로 그리스도인들은 인간학적 무신론자들 눈에 환상과 망상에 사로잡힌 사람처럼 보여야 한다. 데이빗 왓슨(David Watson)은 다음과 같이 제자도의 상태를 진술한다.

> 그리스도의 교회는 이익을 추구하기 위하여 가입하는 단순한 클럽이 아니다. 교회는 몸이며, 건물이며, 가족이며, 군대이다. 이러한 표현들은 그리스도의 부름을 받아들임으로 그의 제자가 되기 위하여 감수해야 하는 책임을 표현하는 것들이다. 우리 개인의 감정이나 선택에 관한 문제가 아니다. 우리는 그에 의하여 선택받았으며, 그에 의하여 부름을 받았으며, 그가 피로 값 주고 사신 바가 되었다. 그래서 우리는 그에게 속하게 되었고, 이 사실 때문에 우리는 서로에게 속하게 되었다. 그것이 쉽든지 또는 어렵든지, 기쁘든지 또는 고통스럽든지 받아들여야 하는 것이다.
> 희생이 크다고 여겨지는가?

---

45 로완 윌리엄스, 『제자가 된다는 것』, 김기철 역 (서울: 복있는사람, 2018), 25.

그만큼 목표와 특권과 보상 또한 무한히 큰 법이다.[46]

무신론자들의 눈으로 볼 때, 그리스도인이 제자로 살아가는 모습이 마치 속박된 모습으로 보일지 모른다. 하지만 "제자로 성장한다는 것은 지성에서 믿음으로, 기억에서 소망으로, 의지에서 사랑으로 여행을 떠나는 일"이다.[47] 이들이 제자화 된 삶을 실천하는 이유는 초월의 경험이 이성적 논의를 설득했기 때문이다. 무신론자들이 강조하는 합리적 사고나 이성적 논의들도 '초월'이 없다면 존재할 수 없는 것들이다. 모름지기 '초월'이 있을 때 그에 상응해서 '적합성'의 개념도 논의하거나 사고할 수 있다.

제자도의 삶을 살아가는 그리스도인들이 많아지면 많아질수록, 인간학적 무신론자들의 논리는 힘을 잃어간다. 그런데 기독교인을 자처하는 이들 중 제자도의 삶을 따르지 않는 이들도 있다. 이들은 제도화된 기독교에 시간을 허비하기 싫어서 맞춤화된 예배 방식을 만든다.[48]

또한, 삶의 방식 가운데 죄 된 모습을 합리화시키면서, 스스로 그리스도의 제자라고 말하고 다닌다. 그러니깐 이들은 제자의 모습으로 살아가는 것을 거부하면서 스스로 기독교인임을 자처하는 것이다. 이들의 주장과 행위들은 창조된 예배를 파열시킨다. 이것은 곧 무신론의 시작이요, 기독교의 타락이다. 여기서 타락이란, 창조 질서에서 벗어나서 죄로 인해 샬롬의 세계를 흔드는 것을 말한다. 이들은 삶으로 인간학적 무신론자들의 논증에 힘을 실어주고 있으며, 결국 "혼돈스러운 공허"를 향해 질주한다.[49]

이처럼 자칭 그리스도인들의 비(非)윤리적이며 반(反)복음적인 행태에 대해서, 윌리엄스는 죄로 하나님의 질서를 어지럽히고, 샬롬에 균열을 만드는 모든 행태는 기독교 공동체의 구성원들이라면 완강히 거부해야 할 것들이라고 강조한다. 그러면서 윌리엄스는 제자가 되는 것에 대해 다음과 같이 말한다.

---

46 데이빗 왓슨, 『제자도』, 문동학 역 (서울: 두란노서원, 2011), 34.
47 로완 윌리엄스, 『제자가 된다는 것』, 50.
48 스캇 솔즈, 『선에 갇힌 인간 선 밖의 예수』, 정성묵 역 (서울: 두란노서원, 2020), 75.
49 코넬리우스 플랜팅가 Jr, 『우리의 죄, 하나님의 샬롬』, 오현미 역 (서울: 복있는사람, 2017), 65.

제자가 된다는 것은 영원토록 변하지 않고 흔들림 없는 사랑의 눈으로 다른 사람들, 특히 큰 곤경에 처한 사람들을 헤아리도록 부름을 받았다는 것을 뜻합니다. 제자인 우리가 성령의 능력을 힘입어 이 부름에 응답하며, 나아가 과거와 현재뿐만 아니라 미래에도 동서양의 모든 사회 속에서 이 비전을 견고하고 바람직한 희망의 토대로 선포할 수 있기를 나는 간절히 바라고 기도합니다.[50]

제자도의 길을 걷는 이들은 곧 거룩한 이들이다. **거룩함이 곧 변증이다.** 그런데 이 거룩함에 이르기 위해서는 "내적으로나 외적으로나 온갖 충돌에 맞서 몸, 정신과 영혼의 요구를 존중하는 일정 수준 이상의 평화"가 이루어져야 한다.[51] 그래서 데릭 쿠퍼(Derek Cooper)는 우리가 제자가 될 수 있는 한 가지 기본적인 원리를 이렇게 말한다. "예수님이 우리의 죄를 깨끗하게 씻으셨고 그래서 우리는 하나님이 의도하셨던 대로 거룩하게 될 수 있다."[52]

이로 보건대, **하나님이 의도하시는 삶은 제자의 삶이며, 거룩한 삶이며, 평화를 추구하는 삶이다.** 그리고 이 삶은 "영혼으로 사는 삶"을 통해 나타난다.[53] 결국, 제자도는 그리스도와 함께 사는 것이고, 그리스도처럼 사는 것이다. 그리스도인들은 "하나님의 구원을 위한 걸작품, 그 중심에 끔찍한 추함과 낮아짐의 사건"이 있었음을 잘 알고 있다.[54] 그런데도 제자의 길을 걷는 이들은 그리스도께서 그러셨듯이 원수 된 자들에게 용서를 베푼다.

새라 코클리(Sarah Coakley)에 따르면, "용서라는 행위 저변에는 질서를 유지하려는 경향, 옳고 그름을 완고하게 구분하려는 경향을 넘어선 성부와 성자 사이에 일어나는 신적 교환, 신적 활동"이 자리하고 있다.[55] 이러한 '용서'의 개념을 인간학적 무신론에서 본다면, 도저히 이해할 수 없는 신적 행위이다. 그래서 윌리엄스는 용서에 대해 "하나님의 무기력함에 참여하는 행위"라고 정의한다.[56]

---

50 로완 윌리엄스, 『제자가 된다는 것』, 118-119.
51 로완 윌리엄스, 『사막의 지혜』, 민경찬·이민희 역 (서울: 비아, 2019), 13.
52 데릭 쿠퍼 & 에드 싸이체프스키, 『제자됨, 그 위험한 여정』, 박상희 역 (서울: 기독교문서선교회, 2013), 209.
53 고든 맥도날드, 『하나님이 축복하시는 삶』, 윤종석 역 (서울: 한국기독학생회출판부, 2012), 19.
54 필립 그레이엄 라이트, 『하나님을 위한 예술』, 곽수광 역 (서울: 규장, 2021), 89.
55 새라 코클리, 『십자가 사랑과 배신이 빚어낸 드라마』, 정다운 역 (서울: 비아, 2017), 74.
56 로완 윌리엄스, 『제자가 된다는 것』, 77.

그는 이어서 다음과 같이 말한다.

> 하나님에게는 자신의 본성을 어기는 일이 있을 수 없으며, 그래서 하나님의 처지에서 용서하지 않는 일은 신적 생명 자체에 손상을 일으키게 됩니다. 하나님이 용서의 행위를 통해 우리에게 보여 주시는 것은 당신의 권능이 아니라 사랑의 본성에 속하는 무력함입니다. 그리스도 안에 뿌리내린 제자들은 그런 무력함을 함께 나누며, 그 뿌리가 깊어질수록 용서하지 않을 가능성도 줄어들게 됩니다.[57]

이제 인간학적 무신론자들에게 다시 질문할 차례이다.

거룩함을 요구하는 하나님이 과연 인간이 가진 가능성의 표상일 수 있는가?
신앙의 모습을 촉구하는 하나님이 억눌린 욕망의 투사일 수 있는가?
과연 제자도의 삶을 살아가는 신앙의 모습이 아직도 '환상'이나 '망상'으로 보이는가?
제자도의 삶을 살아가는 그리스도인들을 보고도 신(God)의 존재를 부정한다면, 그것이야말로 '환상'과 '망상'에 빠져 있는 상태는 아닐까?

무신론자나 유신론자나 모든 인간은 만물보다 거짓되고 심히 부패한 마음을 여호와 앞에서 조금도 숨길 수 없다. 하나님은 심장을 살피며 폐부를 시험하고 각각 그의 행위와 그의 행실대로 보응하시는 하나님이시다. 이 이상 하나님의 존재를 부정하고, 하나님의 방식을 거부해선 안 된다. 지금 인류는 자신의 실존을 하나님 안에서 발견하고, 하나님만을 신뢰하며, 제자 됨의 삶을 회복하는 것이 시급하다.

---

[57] Ibid.

♣ 내용 정리를 위한 문제

1. '인간학적 무신론'에 대한 개념을 간략하게 설명한 후, 로완 윌리엄스가 말하는 '하나님에게서 나오는 인간 실존 개념'을 통해서 '인간학적 무신론'을 반론하시오.
2. 로완 윌리엄스는 인간학적 무신론자들과 대조하여 하나님을 신뢰하는 인간상에 대해 어떻게 설명하고 있는가?
3. 로완 윌리엄스가 추구하는 그리스도의 '제자의 삶'에 대해 설명한 후, 이것이 왜 기독교 변증방법론이 될 수 있는지 서술하시오.

※ 참고 문헌(제29장에 인용된 도서들)

로완 윌리엄스. 『과거의 의미』. 양세규 역. 서울: 비아, 2019.
_____. 『그리스도교』. 정다운 역. 서울: 비아, 2019.
_____. 『그리스도인이 된다는 것』. 김기철 역. 서울: 복있는사람, 2018.
_____. 『루미나리스』. 홍종락 역. 서울: 복있는사람, 2020.
_____. 『바울을 읽다』. 손승우 역. 서울: 비아, 2020.
_____. 『복음을 읽다』. 김병준 역. 서울: 비아, 2018.
_____. 『사막의 지혜』. 민경찬·이민희 역. 서울: 비아, 2019.
_____. 『삶을 선택하라』. 민경찬·손승우 역. 서울: 비아, 2017.
_____. 『신뢰하는 삶』. 김병준·민경찬 역. 서울: 비아, 2015.
_____. 『심판대에 선 그리스도』. 민경찬·손승우 역. 서울: 비아, 2021.
_____. 『어둠 속의 촛불들』. 김병준 역. 서울: 비아, 2021.
_____. 『인간이 된다는 것』. 이철민 역. 서울: 복있는사람, 2019.
_____. 『제자가 된다는 것』. 김기철 역. 서울: 복있는사람, 2018.
_____. 『하나님이 함께하신다는 것』. 강봉재 역. 서울: 국제제자훈련원, 2017.
J. B. 필립스. 『당신의 하나님은 너무 작다』. 홍병룡 역. 경기 고양: 아바서원, 2021.
S. P. 쉴링. 『무신론 시대의 하나님』. 조만 역. 서울: 현대사상사, 1982.
W. E. 오츠. 『신앙이 병들 때』. 정태기 역. 서울: 대한기독교출판사, 2004.
고든 맥도날드. 『하나님이 축복하시는 삶』. 윤종석 역. 서울: 한국기독학생회출판부, 2012.
데릭 쿠퍼 & 에드 싸이체프스키. 『제자됨, 그 위험한 여정』. 박상희 역. 서울: 기독교문서선교회, 2013.
데이비드 바게트 & 제리 L. 월즈. 『선하신 하나님』. 정승태 역. 서울: 기독교문서선교회, 2013.

데이비드 왓슨.『제자도』. 문동학 역. 서울: 두란노서원, 2011.
로버트 뱅크스.『그리스도인을 위한 무신론 사용설명서』. 김은홍 역. 서울: 새물결플러스, 2014.
마누엘 루이스 후라도.『영적 식별』. 박일 역. 서울: 가톨릭대학교출판부, 2010.
마이클 호튼.『약함의 자리』. 김철규 역. 서울: 복있는사람, 2017.
빌렘A. 뢰이쁜 & 헨리J. 코렌.『현대 무신론 비판』. 류의근 역. 서울: 기독교문서선교회, 2005.
빅터 E. 프랭클.『무의식의 신』. 정태현 역. 경기 의정부: 한님성서연구소, 2016.
빅터 프랭클.『삶의 의미를 찾아서』. 이시형 역. 경기 파주: 청아풀판사, 2020.
사이몬 찬.『영성신학』. 김병오 역. 서울: 한국기독학생회출판부, 2017.
새라 코클리.『십자가 사랑과 배신이 빚어낸 드라마』. 정다운 역. 서울: 비아, 2017.
스캇 솔즈.『선에 갇힌 인간, 선 밖의 예수』. 정성묵 역. 서울: 두란노서원, 2020.
안토니오 네그리 & 마이클 하트.『공통체』. 정남영·윤영광 역. 경기 고양: 사월의책, 2020.
에리히 프롬.『소유냐 존재냐』. 차경아 역. 서울: 까치글방, 2019.
에밀 뒤르켐.『자살론』. 황보우종 역. 경기 파주: 청아출판사, 2019.
울리히 벡.『위험사회』. 홍성태 역. 서울: 새물결플러스, 2019.
유진 피터슨.『자유』. 김명희 역. 서울: 한국기독학생회출판부, 2007.
장 폴 사르트르.『실존주의란 무엇인가』. 이희영 역. 서울: 동서문화사, 2017.
제임스 브라이언 스미스.『위대한 여정』. 전의우 역. 서울: 비아토르, 2022.
제임스 패커.『인간을 아는 지식』. 김동규 역. 서울: 아바서원, 2012.
지그문트 프로이트.『꿈의 해석』. 이환 역. 서울: 돋을새김, 2011.
찰스 테일러.『근대의 사회적 상상』. 이상길 역. 서울: 이음, 2019.
_____.『불안한 현대 사회』. 송영배 역. 서울: 이학사, 2019.
카를 만하임.『세대 문제』. 이남석 역. 서울: 책세상, 2020.
카를 융.『인간과 상징』. 김양순 역. 서울: 동서문화사, 2018.
코넬리우스 플랜팅가 & 수 로즈붐.『진정한 예배를 향한 열망』. 허철민 역. 서울: 그리심, 2006.
코넬리우스 플랜팅가 Jr.『우리의 죄, 하나님의 샬롬』. 오현미 역. 서울: 복있는사람, 2017.
클로드 레비-스트로스.『인류학 강의』. 류재화 역. 서울: 문예출판사, 2020.
필립 그레이엄 라이큰.『하나님을 위한 예술』. 곽수광 역. 서울: 규장, 2021.
한스 마두에미 & 마이클 리브스 외 13인.『아담, 타락, 원죄』. 윤성현 역. 서울: 새물결플러스, 2018.

제30장

해석학적 무신론에 대한 기독교 변증 : 케빈 밴후저

> 풀은 마르고 꽃은 시드나 우리 하나님의 말씀은 영원히 서리라 하라(이사야 40장 8절).

    기독교 역사관을 가진 이들은 자신의 상황을 신앙의 눈으로 해석한다. 여기서 "기독교의 역사 사상은 하나님이 세상에 개입한다는 믿음에서 유래"한다.[1] 이는 성경을 근거로 살아가는 모든 신앙인에게 해당하는 말이다. 그리스도인들은 자기 삶을 신앙의 눈으로 해석해 내는 능력이 있다.
    하지만 해석의 자유는 그리스도인들에게만 있지 않다. 현시대에 사는 모든 이는 저마다의 해석의 자유를 누리고 있다. 어떤 글이나, 그림이나, 음악에 대해서 사람들은 저마다 다르게 해석하고 적용한다. 문제는 해석의 자유가 무신론적 사고의 기반이 될 수도 있다는 점이다. 여기서 해석학적 무신론이 도출될 위험이 도사린다.
    해석학적 무신론이란, 해석의 다양성과 해체의 자유를 근거로 성경과 교리와 신(God) 존재에 대해 부정하는 일종의 철학 사조이다. 가령 루트비히 포이어바흐(Ludwig Andreas von Feuerbach) 같은 이들이 신을 인간적인 소원의 산물로 간주할 때, 이는 해석학적 무신론에 근거한다. 포이어바흐는 성서에서 예수님을 "꾸밈없는 역사적 시술의 대상이 아니라 종교의 대상이며 그러므로 역사적 인물이 아니라 종교적 인물, 곧 이야기와 환상의 본질 속으로 옮겨지고 변형된 존재"라고 주장한다.[2]

---

1 데이빗 베빙턴, 『역사관의 유형들』, 김진홍·조호연 역 (서울: 한국기독학생회출판부, 1997), 78.
2 루트비히 포이어바흐, 『종교의 본질에 대하여』, 강대석 역 (경기파주: 한길사, 2006), 279.

성경은 풀은 마르고 꽃은 시드나 하나님의 말씀은 영원하다고 증언하는데, 해석학적 무신론자들은 영원한 하나님의 말씀을 고대의 종교적 창작물로 여기고 자신들의 입맛대로 해석한다. 포이어바흐 역시 자신의 주관적 관점에 근거하여 성경을 판단하고 해석한 것이다.

그렇다면 해석학이란 무엇인가?

E. 후프나겔(Erwin Hufnage)은 "해석학이란 종래에는 텍스들의 해석을 위한 규칙들을 마련하고자 했던 신학, 문헌학과 법학의 보조 과목들을 의미"한다고 정의한다.³ 리차드 팔머(Richard E. Palmer)에 따르면, 해석은 사고나 이해 그리고 경험을 '언어'로 구현하는 것이다.⁴ 또 리처드 J. 번스타인(Richard J. Bernstein)이 봤을 때, 해석학은 "객관주의와 상대주의"를 넘어서서 의사소통의 상호 행위를 끌어내는 인식적 행위이다.⁵

이로 보건대, 현대의 뜨거운 쟁점들은 '해석학'에 관한 다양한 견해의 충돌로 봐도 과언이 아닐 것이다. 또한, 현대 사상사에서 해석학은 이미 철학과 신학의 중요한 분파로 자리 잡았다. 엄밀한 의미에서 "해석학"이라는 용어 자체는 17세기부터 사용된 것이지만, 실제적인 "해석의 제반 이론"이 종교적이든 문학적이든 법률적이든 간에 고대까지 거슬러 올라간다.⁶ 해석학적 무신론자들의 이론에 지성적으로 변증하기 위해 우리는 간단하게라도 해석학의 계보와 흐름을 파악하고 있을 필요가 있다.

1. 해석학의 발전 흐름

빌헬름 딜타이(Wilhelm Dilthey)에 따르면, 해석은 '낯선 것'과 '익숙한 것'이라는 이 두 대립하는 명제 사이에 존재한다.⁷ 이는 **텍스트**(text)**와 독자 사이에 간격**을 의미한다. 여기서 해석학은 "개별적인 것의 이해를 보편타당 한 수준으

---

3   E.후프나겔,『해석학의 이해』, 강학순 역 (서울: 서광사, 1995), 31.
4   리차드 팔머,『해석학이란 무엇인가』, 이한우 역 (서울: 문예출판사, 2017), 372.
5   리처드 J. 번스타인,『객관주의와 상대주의를 넘어서』, 황설중·이병철·정창호 역 (서울: 철학과현실사, 2017), 334.
6   리차드 팔머,『해석학이란 무엇인가』, 74.
7   빌헬름 딜타이,『체험·표현·이해』, 이한우 역 (서울: 책세상, 2015), 74.

로 끌어올릴 수 있느냐의 여부"가 관건이다.[8]

예를 들어 히브리 성서와 현대의 독자 사이에는 시간의 간극이 있고, 시대 상황이 다르다. 이 간격을 메우는 작업이 해석학이다. 해석학적 추구는 오래된 역사이며, 특히 성서 해석학의 관심이 해석학의 발전으로 지대하게 확대되었다.

여기의 선두 주자 같은 인물이 바로 프리드리히 슐라이어마허(Friedrich Schleiermacher)이다. 자유주의 신학의 아버지로 잘 알려진 슐라이어마허지만, 그가 해석학으로 신학사에 막강한 영향을 발휘한 것은 부정할 수 없는 사실이다. 앤서니 티슬턴(Anthony C. Thiselton)은 슐라이어마허가 "해석학적 순환(hermeneutical circle)의 원리를 정립한 최초의 주요 사상사"라는 평가에 동의한다. 해석학적 순환은 전체를 비교해 가며 볼 수 있는 통전적 시각을 제공한다. 다시 말해서 해석을 시도할 때, 문법과 구조 연구에 그치는 것이 아니라, 어떻게 사람들에게 이해시키는 것이 가능할지를 고민한 것이다. 즉, 슐라이어마허는 해석학을 "인간의 이해 행위 그 자체의 문제"로 본 것이다.[9]

그런데 여기서 중요한 것은 사람들이 텍스트(text)를 이해하기 위한 조건은 최소한의 전(前) 이해이다. 마음이 완전히 비어있다면, 어떤 것도 이해할 수 없다. 객관적 사유라는 것은 불가능하다. 객관적 계몽 이성은 해석학에서는 인정될 수 없다. 해석학은 전 이해(편견)가 있어야만 가능하다. 이와 같은 이론에 지대한 공헌을 끼친 인물이 아이러니하게도 감정과 직관으로 신학을 전개한 계몽주의 시대의 자유주의 신학자 슐라이어마허이다. 오늘날에는 해석학적 순환을 복음주의 성경 해석에 접목하는 경우가 있다. 해석학적 무신론자들과는 정반대의 적용이다.

슐라이어마허는 전체를 보는 눈(직관적 해석)과 비교해 가며 보는 눈(분석적 해석)이 상호 보완적 조화를 이뤄야 한다고 주장했는데, 그랜트 오즈번(Grant R. Osborne)은 이것을 성경 해석에 적용하여 "해석학적 나선형"을 발전시켰다. 오즈번은 해석학적 원(순환) 안에서 본문을 해석할 때, "언어 사건"의 공유된 형태(gestalt)에서 본문의 우선권이 상실하게 될 위험이 있다고 판단했다. 따라서 그는 본문 지평에서 독자 지평으로 자유롭게 움직일 수 있는 나선형의 순환을 제시한다.[10]

---

8   빌헬름 딜타이, 『해석학의 탄생』, 손승남 역 (서울: 지식을만드는지식, 2011), 34.
9   앤서니 C. 티슬턴, 『해석의 새로운 지평』, 최승락 역 (서울: SFC출판부, 2016), 287-288.
10 그랜트 오즈번, 『성경해석학 총론』, 임요한 역 (서울: 부흥과개혁사, 2017), 15.

에드문트 후설(Edmund Husserl)이 볼 때, 인간은 역사 안에 있으므로 필연적으로 세계 환경에 영향을 받는다고 분석한다. 그러나 후설은 이러한 영향을 차단할 것을 주장한다. 즉, 편견을 갖지 말고 해석할 것을 요구한 것이다. 순수의식의 강조이다. 그의 제자 마르틴 하이데거(Martin Heidegger) 역시 후설의 영향을 받아서 세상과 역사성을 중요하게 생각한다.

티슬턴에 따르면, 하이데거는 현존재를 세계-역사의 인식을 통해 관찰한다. 인간은 "결의성과 운명을 통해 자신이 소유한 역사 유산과 관련이 있는 존재"로 자기 자신을 생각한다.[11] 즉, 하이데거는 인간의 역사성을 인정하고, 거기(Dastin)에 있는 존재로 해석에 참여할 것을 주장한다.

이러한 사상적 흐름 속에서 **한스게오르크 가다머**(Hans-Georg Gadamer)는 자신의 스승 하이데거의 영향을 받으면서도 근본적인 입장과는 다른 견해를 보인다. 가다머는 편견과 전통을 반대하지 않고, 거기에 적극성을 부여한다. 그래서 가다머는 "이해는 의미 발생의 한 부분으로 고려되지 않으면 안 된다"고 주장한다.[12] 인간은 전통을 떠나 살 수 없고, 그 편견 없이 텍스트(text)를 이해하는 것은 불가능하다. 따라서 **편견(전 이해)은 제거 대상이 아니라, 긍정해야 할 것이다.** 예를 들어서 어떤 글을 읽을 때, 그 글을 이해하기 위해서는 문자와 언어를 알아야 한다.

가다머는 "이해를 실행하는 것 자체가 이미 언표된 텍스트의 요구를 받아들인다는 뜻"으로 간주한다.[13] 해석학적 무신론자들은 끊임없이 순수의식으로 텍스트를 객관화시킬 수 있다고 주장한다. 그러나 해석학은 "공동체적 해석과 전해진 지혜에 의존"하므로, 순수의식으로 객관화시키는 것은 불가능하다.[14] 왜냐하면, 텍스트를 기록하는 자도 전통 가운데 있고, 텍스트를 해석하는 자도 전통 가운데 있기 때문이다. 해석학은 전통과 전통이 합류하여 지평이 융합될 때 비로소 온전히 이루어진다.

해석학적 무신론자들은 '과연 전통은 늘 옳은가?'

---

11 앤서니 티슬턴, 『두 지평』, 박규태 역 (서울: 한국기독학생회출판부, 2017), 293.
12 한스게오르크 가다머, 『진리와 방법 1』, 이길우·이선관·임호일·한동원 역 (경기파주: 문학동네, 2018), 232-233.
13 한스게오르크 가다머, 『진리와 방법 2』, 임홍배 역 (경기파주: 문학동네, 2018), 383.
14 앤서니 C. 티슬턴, 『기독교 교리와 해석학』, 김귀탁 역 (서울: 새물결플러스, 2016), 24.

이런 질문을 던지면서, '신앙의 렌즈를 제거할 때, 비로소 성서를 더 잘 이해할 수 있다'라고 주장한다. 그러나 지성적 그리스도인들은 이와 같은 도전에 정면으로 반론할 수 있어야 한다. 가다머의 해석학에 근거할 때, 오직 신앙 전통 안에서만 성경을 더 잘 이해할 수 있다. 즉, 온전한 해석은 저자의 지평과 독자의 지평이 하나의 전통의 흐름 속에서 맞닿아 있을 때 일어난다. 티슬턴은 이것을 성경 해석에 적용하며, 칼 바르트(Karl Barth)의 말을 재인용한다.

"어제와 오늘의 구분이 불가능해질 때까지, 원문과 독자의 대화가 그 주제를 중심으로 움직인다."[15] 이 말은 원래 성서 저자 지평에 독자 자신의 지평이 융합될 때 비로소 참되고 바른 해석이 일어난다는 뜻이다. 해석학적 무신론자들이나, 현대의 위르겐 하버마스(Jürgen Habermas) 같은 이들은 전통도 비판의 대상으로 여긴다.

그러나 가다머의 해석학을 접목하는 복음주의 해석학자들은 교회와 신앙 전통을 존중하고, 반대로 객관성이라는 환상을 거부한다. 왜냐하면, 교회 전통을 떠나서는 교회를 위한 해석이 일어나지 않기 때문이다. 신앙을 넘어 객관적 해석을 시도한다는 것은 이미 철 지난 계몽주의 사관에 불과하다. 모든 사람은 이미 자신의 주관적 사관에 사로잡혀 있다.

하지만 해석학의 발전은 가다머에서 끝나지 않는다. 이전에 가다머는 전통 안에서 텍스트 기록자의 전통 또한 이해할 수 있다고 주장했다. 즉, 신앙 전통이 있어야 성서의 전통도 이해할 수 있는 것이다. 그런데 **폴 리쾨르(Paul Ricœur)**는 텍스트가 출판된 순간 저자의 의도를 떠난다고 주장한다. 리쾨르에게 있어서 텍스트는 "글에 의해 고정화된 모든 담화"이다. 그런데 이 텍스트는 언어라는 기호로 남아 있을 뿐이다.

따라서 독자의 상황이나, 이데올로기에 따라 저자의 본래 의도는 실종되기 마련이다.[16] 오늘날 소위 역사비평학에서 추구하는 저자의 본래 의도라는 것은 영원토록 파악할 수 없다. 무엇보다 성서의 텍스트가 역동적이라 단일한 해석이 불가하다. 텍스트의 "이러한 역동성은 성서의 거의 모든 장르에서 발견"된다.[17] 즉, 텍스트는 그 자체로 자율성이 있어서 독자와 창조적 긴장 관계에 놓인다.

---

15 앤서니 티슬턴, 『두 지평』, 486.
16 폴 리쾨르, 『해석학과 인문사회과학』, 윤철호 역 (경기파주: 서광사, 2017), 258-265.
17 앙드레 라콕 & 폴 리쾨르, 『성서의 새로운 이해』, 김창주 역 (경기파주: 살림, 2006), 15.

여기서 리쾨르는 '의심의 해석학'과 '긍정의 해석학'이 반드시 같이 있어야 한다고 주장한다. 성경을 읽을 때 의심(탐구)의 작업을 통과한 후 확신으로 간다. 리쾨르는 현대 기독교 해석학의 실패는 의심(탐구)에 멈춰있기 때문이라고 진단한다. 리쾨르는 역사학이나 철학에서 빌려온 비판 방법론을 성서 전체에 적용하면서 복음적 증언이 상실되었다고 지적한다. 즉, 역사적·비평적 방법을 통해 포괄적인 독서가 다양해진 것이 아니라는 뜻이다. 왜냐하면, "원래 케리그마는 텍스트 해석이라기보다는 한 사람에 대한 선포"이다.[18] 비판과 의심의 해석은 텍스트 탐구에 필수적이다.

저자의 의도를 알기 위해 아니라, 독자의 상황에 맞추어 해석하기 위해서라도 해석학은 필수적이다.

이것은 결국 텍스트를 긍정하기 위해 비판하는 것이다. 따라서 리쾨르는 "아테네의 맞은편에 있는 예루살렘"의 비전까지 해석학 안에 담겨야 할 것을 주장한다.[19]

지금까지 논의를 정리하자면, 가다머는 독자가 텍스트와 거리를 둬선 안 된다고 보았다. 왜냐하면, 신앙 전통들이 곧 텍스트의 해석이기 때문이다. 가다머의 이러한 입장은 전통이라는 전이해 안에서 성경을 해석할 수 있다는 장점이 있다. 반면에 리쾨르는 텍스트와 거리를 두고 모든 해석 방법을 동원할 것을 주장한다. 리쾨르의 이러한 입장은 성경 해석의 풍성함과 다양성을 제공해 준다는 장점이 있다. 한가지 의미에 메이지 않으면 상황에 따라 적용할 수 있고, 시대의 음성도 반영할 수 있다.

하지만 어떤 이들은 리쾨르의 해석학을 대단히 위험하게 생각한다. 왜냐하면, 독자가 해석의 권위를 일방적으로 누리고, 저자의 의도를 너무 쉽게 무시하는 것처럼 보이기 때문이다. 결국, 저자의 의도는 철저하게 외면되고 주석자의 의도만 남을 뿐이다.

하지만 원저자의 의도를 정확히 파악하는 것이 과연 가능한 일일까?

틀림없이 원전 연구를 충실히 하고, 과학적 탐구를 동원하면 텍스트를 이해하는 데 도움이 된다. 또한, 이러한 탐구 노력은 사회학적 비평을 제한하기에도 좋다. 복음주의자들이 이러한 입장에서 리쾨르 해석을 경계하는 것은 나름대로 일

---

18 폴 리쾨르, 『해석의 갈등』, 양명수 역 (경기파주: 한길사, 2019), 428.
19 폴 리쾨르, 『비판과 확신』, 변광배·전종윤 역 (서울: 그린비, 2013), 264.

리 있는 비판이다. 그러나 역사비평학자들이 원저자의 본래 의도를 추구한다는 명목으로 리쾨르의 해석을 거부하는 것은 부적절하다. 비평학자들이 원저자의 의도를 정확하게 분석할 수 있다고 자신하는 것이야말로 가장 무모한 태도가 아닐 수 없다. 어쩌면 그들은 해석학적 무신론자들의 꾐에 넘어간 것일지도 모른다. 역사비평학에 대한 논쟁은 비평학을 논의하는 장에서 더 상세히 다루겠다.

어쨌든 해석학적 무신론자들은 성경을 비평하고 결국 교회를 떠났다. 반면에 해석학적 그리스도인들은 "성경의 연구를 통해서 하나님이 누구시며, 자신들을 위해 하나님이 무엇을 행하셨는가?"를 배운다.[20] 이들은 결국 예배하기 위하여 성경을 해석한다. 이와 같은 목적을 가진 그리스도인들은 해석학의 불을 통과해서 '재'가 되는 것이 아니라, '정금'으로 연단 된다.

이제 해석학은 이런 물음으로 옮겨가기 시작한다.

"텍스트를 어떻게 이해하는가?"

"텍스트를 통해 내 자아가 어떻게 발전하는가?"

특히, 기독교 사상사에서는 성서 주석의 해석학적 방법이 뜨거운 논쟁거리이다. 그 이유는 성경을 어떻게 해석하는지에 따라서 신학의 위치가 결정되기 때문이다. 또한, 어떤 성경 해석 방법을 취하는지에 따라 전혀 다른 신앙의 양상을 띤다.

2. 해석자가 독점할 수 없는 텍스트의 의미

지금까지 우리는 해석학적 무신론의 입장과 해석학의 발전 흐름을 살펴보았다. 지금부터는 복음주의 조직 신학자이자 성경해석학자로 잘 알려진 **케빈 밴후저**(Kevin Vanhoozer)의 이론을 살펴보겠다. 밴후저는 모든 목회자가 변증학자가 될 것을 요청한다. 밴후서에 따르면, "목회자는 복음의 진리를 증명하고 거짓 가르침을 논박할 책임을 맡은 변증가"이다.[21] 이러한 밴후저의 해석학은 해석학적 무신론자들과 대응하기에 최적화되었다. 그는 해석학의 방법론을 성경 해석

---

20 윌리엄 클라인 & 크레그 블롬버그 & 로버트 허버드, 『성경해석학 총론』, 류호영 역 (서울: 생명의말씀사, 2013), 722.

21 케빈 밴후저 & 오언 스트래헌, 『목회자란 무엇인가』, 박세혁 역 (서울: 포이에마, 2016), 295.

에 적용하면서도 전통적이고 복음적인 입장을 견지하고 있다.

밴후저의 변증방법론에서 특히 중요한 것은, **텍스트의 의미를 해석자가 독점할 수 없음을 인지하고 '해석 무위화'(undoing)를 시도하는 것이다.** '무위화'란 텍스트의 무 규정성을 의미한다. 다시 말해서 해석 이전의 상태로 텍스트를 원상 복귀를 하는 작업이 곧 무위화이며, 이는 텍스트가 규정되거나 한정되지 않음을 뜻한다. 성경을 앞에 두고 무위화를 시도해야 하는 이유는, '오류는 성경 텍스트가 아닌 해석자에게 나타나기 때문'이다. 성경 텍스트의 진리는 언어와 문학으로 구성되어 있고, 전통과 명제와 문법이 "정통한 무오성"(well-versed inerrancy)을 입증해 준다.[22] 그러므로 텍스트가 고정된 의미가 있다고 생각할 수 없다면, 독자 역시 고정된 해석을 시도할 수 없다.[23]

밴후저의 이러한 입장은 해석학적 무신론자들에 대한 경고이다. 독자는 텍스트를 희생물로 삼는 적대적 행위를 일삼지 말아야 한다. 우리가 명심해야 할 것은 성경 해석에 있어서 단일한 해석만 존재하는 것은 아니나, 무한정한 해석이 있는 것도 아니라는 사실이다. 텍스트는 자체적인 제약 요소들을 가지고 있는 "변주의 공간"이다.[24] 이 변주는 독자의 지평과 텍스트의 지평이 자유롭게 융합된다는 차원에서 무위화 된다.

결국, 밴후저는 『이 텍스트에 의미가 있는가?』에서 해석의 무위화와 해석 개정을 제시하고 자신의 십자가의 해석학을 제시하고 있다. 그레고리 A. 보이드(Gregory A. Boyd)도 "십자가-중심적 해석학은 모든 다른 해석학에 토대가 된다"고 주장하는데, 그 근거는 "문헌상의 십자가상 속에서 하나님을 보되, 우리가 역사적인 십자가 죽음에서 보는 방식과 정확히 동일한 방식"이기 때문이다.[25]

다시 말해서 성경은 예수 그리스도의 구속 이야기이고, 이 십자가 이야기는 성경을 관통하고 있는 독점적 해석이다. 성경 이야기에 대한 해석은 해석자가 독점하는 것이 아니기에 '무위화' 되었지만, 기록된 사건 안에 이미 '메시아 성취'라는 단일 해석은 존재한다. 따라서 무위화 된 성경 텍스트는 본질적으로 구

---

22 케빈 밴후저, "오늘날 무오성의 갱신과 재구성에 대한 시각들," 『성경 무오성 논쟁』, 방정열 역 (서울: 새물결플러스, 2016), 279.
23 케빈 밴후저, 『이 텍스트에 의미가 있는가?』, 김재영 역 (서울: 한국기독학생회출판부, 2012), 163.
24 Ibid., 170.
25 그레고리 A. 보이드, 『전사 하나님의 십자가에 죽으심』, 류호영 역 (서울: 기독교문서선교회, 2022), 685-686.

원 드라마의 성격을 띤다. 그리고 오늘 우리 역시 이 "신적 극화"(theodramatizing)에 참여할 수 있도록 초대되었다.[26]

밴후저는 해석학에서 이데올로기가 포함되고, "모든 해석은 컨텍스트적"이라는 점에 대해 비판할 수 없다고 말한다.[27] 그런데 이러한 논지는 비단 근본주의자들에게만 적용될 수 없고, 오히려 해석학적 무신론자들과 역사비평학자들에게 더욱 엄격하게 적용할 수 있다. 해석학적 무신론자들은 포스트모던적인 의심의 해석학 안에서 자신의 주관 안에 갇힌 것이다.

밴후저는 프로이트의 정신 분석 방법에 근거하여 이러한 해석학의 함정에 대해서 "자신을 넘어설 수 없는 한계"라고 명명한다.[28] 에드먼드 리치(Edmund Leach) 역시, 구조화된 유형 안에 있는 종교적 메시지는 "성서가 최초로 사용되었던 초기 기독교 교회의 종교적 이데올로기와 분리해 생각할 수 없다"라고 말한다.[29]

분명한 것은 해체될 수 없는 전제는 텍스트성이다. 성경의 텍스트는 "그리스도 중심적 원리"에 근거한다.[30] 무위화성은 독자의 성경해석방법론이다. 이 방법론은 방종을 의미하지 않고, '번역'과 '이야기 구조'에 초점이 놓여 있다. 밴후저의 해석학에서 '번역'이 '반역'이 된다면, 그것은 텍스트를 배신하는 행위가 된다.[31] 하지만 창의적이고 충실한 번역은 상호 대화적 해석에 기인한다.[32] 여기서 상호 대화가 되기 위해 전제되는 것이 십자가의 해석학이다. 밴후저의 십자가의 해석학에서 핵심이 되는 것은, 겸손과 확신이다. 그것은 철저하게 삼위일체론적 해석학으로 승화된다.[33]

문화적 삼중성, 즉 저자, 텍스트, 독자는 해석학에서 삼중성을 이룬다. 또한, 형이상학, 인식론, 윤리학이 철학적 삼중으로 구분된다. 무엇보다 성경에는 성부, 성자, 성령이라는 하나님의 삼위 성이 해석학의 근간을 이루는 기본이 된

---

26 케빈 밴후저, "구원 드라마 모델,"『성경 어떻게 적용할 것인가』, 윤석인 역 (서울: 부흥과개혁사, 2011), 227.
27 케빈 밴후저,『이 텍스트에 의미가 있는가?』, 613.
28 Ibid., 614-615.
29 에드먼드 리치,『성서의 구조인류학』, 신인철 역 (경기파주: 한길사, 2017), 267-268.
30 에드윈 하틸,『성경해석학의 원리』, 이주영 역 (서울: 성광문화사, 1992), 239.
31 케빈 밴후저,『이 텍스트에 의미가 있는가?』, 619.
32 Ibid., 623.
33 Ibid., 727.

다.[34] 크리스토퍼 라이트(Christopher J. H. Wright)에 따르면, 구약성경에서조차 삼위일체 하나님에 대한 해석은 이미 이루어지고 있다. 그리스도인들은 세 분의 하나님을 믿는 것이 아니라, 한 분 하나님에 대한 삼위일체 고백을 한다. 이것을 믿는 사람은 "하나님의 세 위격 모두 구약성경에서 자신을 여호와로 알리신 하나님의 단일하고 통합된 인격적 정체성 안에 '속해 있음'도 인정해야 한다."[35]

텍스트를 독점하지 않으면서, '해석의 무위화'를 시도하기 위해선 텍스트의 언어를 어떻게 이해하는지가 관건이다. 버클리 마이켈슨(A. Berkeley Mickelsen)은 해석자가 언어의 기초 요소를 이해하지 못하고, 자기가 해석하는 대로 그것들을 취해버릴 경우, 해석자는 결코 성경의 참된 의미를 파악하지 못할 것이라고 말했다.[36]

또한, 해석자가 텍스트보다 우위를 점거한다면, 언어를 필연적으로 왜곡하게 된다. 따라서 무위화된 해석은 언어 연구를 전제하고 있다. 무엇보다 무위화된 해석을 추구하는 해석자는 그리스도께서 겸손히 성육신하시고 십자가 지신 것처럼, 텍스트 앞에서 겸손히 자기를 낮춰야만 한다. 더 나아가 그리스도만이 구원자라는 믿음의 확신을 공동체 안에서 올바른 언어로 의미화할 수 있어야 한다.

해석학은 궁극적으로 성경의 증거 대상을 드러내는 것이며, 해석자는 "증거 대상이 그리스도의 형상으로 점차 변화"되는 것이다.[37] 결론적으로 밴후저의 해석학은 "신적인 담화에서부터 하나님의 드라마"로 나아가는 것이다.[38] 이는 텍스트 앞에선 독자들을 초월적인 길로 이끈다.

---

34 Ibid., 729.
35 크리스토퍼 라이트, 『구약에 나타난 예수, 성령, 하나님』, 홍종락 역 (서울: 한국성서유니온선교회, 2018), 528.
36 A.버클리 마이켈슨, 『성경해석학』, 김인환 역 (경기고양: 크리스챤다이제스트, 2011), 155.
37 케빈 밴후저, 『이 텍스트에 의미가 있는가?』, 747.
38 케빈 밴후저, "갇힌 아니면 자유로운?," 『교회와 함께 읽는 성경』, 이희성 역 (서울: 그리심, 2017), 77.

3. 화행(話行)으로 나아가는 성경

다음으로 밴후저의 해석학적 변증방법론은 **화행(話行)에서 성경 행위로 담론을 확장하는 것**이다. 화행이란 "말과 행위"이다. 성경의 말이 성도의 행위가 되는 것이 곧 교회의 해석학이다. 하지만 해석학적 무신론자들은 이데올로기적 사고에 함몰되어 있다. 이들에게 있어서 모든 것은 독자의 정체성에 대해 상대적이다. 밴후저는 이러한 사회적 현상에 대해, "포스트모더니즘은 독자들에게 마음 내키는 대로 성경을 이끌어 갈 수 있는 허가서를 내주고 있다"라고 심각한 우려를 내비친다.[39]

경건한 독자들은 성경의 화행에 대해 적극적으로 순종하는 데 반해, 패역한 해석자들은 화행을 거스른다. 그래서 단 맥카트니(Dan McCartney)와 찰스 클레이튼(Charles Clayton)은 다음과 같은 말로 포스트모더니즘 해석자들에게 경고한다.

> "모든 진리는 상대적이다"라는 생각을 옹호하는 사람들은 실제로 아무것도 말할 수 없다. 왜냐하면, 모든 진리가 상대적이라면 모든 진리가 상대적이라는 그 말도 틀림없이 상대적이기 때문이다. 그것은 그러한 절대적인 말은 할 수 없다는 것을 의미한다.
> 성경과 현대의 접근 방법의 차이는 무엇인가?
> 현대인은 지식이 오직 유한하고 상대적인 존재들로부터 발생한다고 여기며, 따라서 그들에게 '진리'는 상대적인 말이 될 수밖에 없다. 그러나 성경은 상대적 지식을 초월하는 분을 인식한다. 따라서 절대적 진리가 실재하며, 그분은 자기 백성에게 말씀하시고 그들은 절대 진리를 알 수 있다고 말한다.[40]

밴후저가 포스트모더니즘의 시대에서 언어철학의 화행이론을 제시한 것은 시사하는 바가 크다. 여기서 특히 우리가 놓치지 말아야 할 아주 중요한 대명제는, **"성경은 언어로 된 진리"**라는 것이다. 그리고 이것을 듣고 행하는 과정을 해석학 안에서 다룬다. 밴후저는 J.L.오스틴(John L. Austin)의 언어(말)와 행위에 대한 관계를 성경 언어와 신자의 삶에 적용하면서부터 논리를 시작한다. 오스틴은

---

[39] 케빈 밴후저, 『제일신학』, 김재영 역 (서울: 한국기독학생회출판부, 2017), 40.
[40] 단 맥카트니 & 찰스 클레이튼, 『성경해석학』, 김동수 역 (서울: 한국기독학생회출판부, 2000), 27.

"문어체이건 구어체이건 간에 말(words)을 하지 않고서도 다른 방식으로 정확히 똑같은 유형의 행위를 수행"하는 것에 관해 연구했다.[41]

비트겐슈타인에 따르면, 말은 상황적 의도가 있다. 다시 말해서 언어규칙이 있다. 윌리엄 G. 라이컨(William G. Lycan)은 이를 "언어 화용론"(언어 표현의 사용을 사회적 맥락 속에서 연구하는 분야)으로 정리하는데, 이는 다시 "의미 화용론"(semantic pragmatics, 문장의 명제 내용이 맥락에 따라 결정되는 현상)과 "실용 화용론"(pragmatic pragmatics, 문장 사용의 양태가 맥락에 따라 바뀌는 현상)으로 나뉜다.[42] 여기서 기독교 신앙이 가지고 있는 '언약'이라는 담론은 발화(locutionary act)로 우리에게 다가온다. 즉, "하나님이 언어를 보증"하신다.[43]

따라서 발화 수반 행위(illuctionary act)는 실제로 성경이 말하는 의도가 되고, 궁극적으로 이는 발화 효과 행위(perlocutionary act)가 되어 성도들에게 나타난다. 오스틴의 언어철학 개념들에 대한 이해가 어렵다면 아래 표를 참고하라.

〈언어와 행위〉

개념	이해를 돕기 위한 설명	예시
화행	말-행동	조금 싱겁네?-소금을 찾기 위해 두리번거림.
발화	말의 표현, 말하는 것 자체	소금이 어디 있을까?
발화수반행위	말 가운데 말, 말의 의도	"소금이 어디 있을까?"라고 묻는 의도는 소금이 필요하다는 뜻이 숨겨져 있음.
발화효과행위	말의 효과, 말의 작용	식당 아주머니가 소금을 가져오심.

밴후저가 화행이론을 시도하는 이유는 "화행들의 맥락에서 생각하는 것이 성경 자체가 인간의 언어를 취급하는 방식과 흡사하기 때문"이다.[44] 오즈번 역시 밴후저와 같은 맥락에서 논의를 확장한다. 오즈번은 자신의 『해석학의 나선형』 서론에서 복음주의 해석학의 목표는 저자에게 하나님이 주신 영감과 의도를 밝

---

41 J.L. 오스틴, 『말과 행위』, 김영진 역 (경기파주: 서광사, 2017), 29.
42 윌리엄 G. 라이컨, 『현대 언어철학』, 서상복 역 (서울: 책세상, 2021), 285.
43 케빈 밴후저, 『제일신학』, 236.
44 Ibid., 241.

히는 것이라고 정의한다.[45] 오즈번은 내러티브 비평의 방법론이 본문 스토리를 중심으로 '인물', '스토리 시간', '대화'로만 둘러싸고 있는 것이 아니라, '청자', '독자', '내래이터'가 한층 더 둘러싸고 있다고 설명한다.[46]

밴후저는 이러한 소통 행위는 "로고스(logos)의 번역에 대한 네 가지 가능성-**말씀, 생각, 권능, 행위**-을 한데 끌어모아 통합한다"고 설명한다.[47] 오즈번은 이러한 소통 행위와 "의미론적 조사는 더 나아가 독자가 본문의 의미와 지시를 발견하도록 돕는 것"이라고 명명한다.[48] 이는 밴후저와 마찬가지로 언어학적 단어 연구과 어원과 어근에 집중한다는 뜻이다. 그런데 형이상학적 언어나 은유적인 언어에 대해서는 해석학적 화행에 모순이 발생 될 우려가 있다.

한스 크래머(Hans Kramer)에 따르면, "해석자들이 강하게 강조하는 은유법은 언어변화의 한 부분이며 그 자체가 증명의 딜레마에 속한다"라고 지적했다.[49] 계속해서 그는 "근본 의미를 모르는 한에서 은유적 의미를 평가할 수 없다"고 지적한다. 즉, "은유적인 것을 고립화하는 것은 자기 모순적"이다.[50] 여기서 밴후저는 자크 데리다(Jacques Derrida)를 선택적으로 인용한다. 밴후저는 해석학적 무신론자들이 "전제가 되는 나 자신 이외에 모든 것을 해체할 수 있다"라는 명제를 부분적으로 수용한다. 단, 전제가 되는 것은 해석자인 "나 자신"이 아니라, "예수 그리스도"로 바꾼다. 다시 말해서 전제가 되는 예수 그리스도 이외에 모든 것은 해체할 수 있다.

이에 대해 티슬턴은 "해체는 텍스트 안에 존재하는 과도하게 특화된 의미들을 의문시하고 그것들이 반대하는 것의 역할을 드러낸다"고 정리했다.[51] 여기서 오즈번은 "포스트모던주의자들은 실제 저자와 내포 저자를 분리"하지만 자신은 분리하지 않는다고 밝힌다.[52] 오즈번은 "경쟁하는 해석의 가능성을 검증"하는 입장에서 독자와 상황과 텍스트의 의미와 언어 등등 모든 고려해야 할 부분들의 "발화 수행"이 겹겹이 돌아가며 한 가지 초점에 집중되고 있음을 역설한

45　그랜트 오즈번, 『성경해석학 총론』, 17.
46　Ibid., 278.
47　케빈 밴후저, 『제일 신학』, 239.
48　그랜트 오즈번, 『성경해석학 총론』, 733.
49　한스 크래머, 『해석학 비판: 해석철학과 실재론』, 최신한 역 (경기파주: 서광사, 2012), 286.
50　Ibid.
51　앤서니 티슬턴, 『성경해석학 개론』, 김동규 역 (서울: 새물결플러스, 2015), 503.
52　그랜트 오즈번, 『성경해석학 총론』, 733.

다.⁵³ 오즈번의 이러한 해석방법론은 밴후저가 성경의 네 가지 발화 수반 요소로 명제, 목적, 현존, 효력을 제시한 것의 연장선이다.⁵⁴

결국, 밴후저는 자신의 저서 『들음과 행함』에서, "지혜로운 사람은 사물의 본질에 따라 행동하며, 이는 하나님이 말씀하신 바에 따라 행동한다는 의미"라고 말한다.⁵⁵ 즉, 화행은 필연적으로 성경 행위 담론 안에서 말씀의 실천, 자유의 길, 제자의 삶 등으로 승화된다.

4. 교리의 드라마

끝으로 밴후저의 변증방법론은 **텍스트와 교리를 이야기(내러티브)화된 드라마로 해석하는 것이다.** 어찌 보면 밴후저는 현대 기독교 사상사 안에서 후기 자유주의 신학자, 조지 린드벡(George Arthur Lindbeck)과 그 결이 흡사하다. 밴후저가 해석학에 내러티브 비평을 덧입히는 부분이 특히 그러하다. 해석학에서 '내러티브 철학'이 등장하는 것에 발맞춰서 후기 자유주의 신학도 소위 이야기 형태의 성경 해석을 시도하기 시작했다. 이는 자신이 텍스트를 분석하고 해체하는 것이 아니라, 텍스트가 자신의 세계관을 만들고 영향을 준다는 관점에서 착안한다.

예수회 출신의 성서학자 장 루이 스카(Jean Louis Ska)도 "성경이 논리적 담화보다는 이야기를 더 선호한다"고 주장했으며, 그렇기에 성경에는 구원에 관한 신학적 논의가 아닌 구원에 관한 이야기로 가득 차 있음을 어필했다.⁵⁶ 이는 구원하시는 하나님의 이야기이며 구원받은 사람들의 이야기이다. 이 성경의 이야기가 사람들을 구원으로 초대하고 그들의 삶을 변화시킨다. 교리는 이 성경 이야기의 함축된 진리다.

실제로 해석학적 무신론자들은 성경을 읽고 변화된 삶을 살아가는 사람들의 모습과 현상에 대해 전혀 설명하지 못한다. 밴후저는 이를 근거로 교리라는 텍스트 역시 거대한 구속 이야기의 압축이라고 생각했다. 이는 비단 밴후저 만의

---

53 Ibid., 734-735.
54 Ibid., 710.
55 케빈 밴후저, 『들음과 행함』, 박세혁 역 (서울: 복있는사람, 2020), 85.
56 장 루이 스카, 『잉크 한 방울』, 박문수 역 (서울: 성서와함께, 2021), 32-33.

독단적인 주장이 아니다. 샌드라 리히터(Sandra L. Richter)에 따르면, "기독교인으로서 우리가 지향하는 목적은 구속 이야기, 곧 성경을 이해하는 것"이라고 주장한다.[57]

즉, 에덴에서부터 새 에덴까지 인류의 모든 역사는 예수 그리스도의 거대한 구속 드라마이며, 이것은 교리일 뿐 아니라 성경을 해석하는 핵심적 키워드이기도 하다. 또 도로시 세이어즈(Dorothy Leigh Sayers)는 "역사상 가장 위대한 드라마"는 바로 성육신 사건을 다루는 기독교 교리라고 주장했다. 그녀는 해석학적 무신론자들과 현대교회의 자유주의 신학자들이 기독교 교리에 대해서 터부시하는 태도에 대해 일침을 날린다.

> 최근에 와서 공식적인 기독교가 상당히 나쁜 평판을 받고 있다. 설교자가 교리를 너무 강조해서 교회가 텅 비게 되었다는 소리를 쉴 새 없이 듣곤 한다. 교리에다 '지겨운 도그마'라는 별명까지 붙이면서 말이다. 그런데 사실은 그 정반대다. 오히려 도그마를 무시하기 때문에 지겨움이 생기는 것이다. 기독교 신앙이야 말로 역사상 인간의 상상력을 가장 크게 뒤흔든 흥미진진한 드라마다. 그리고 그 도그마가 바로 그 드라마다.[58]

밴후저가 봤을 때, **교리는 하나님의 행위(doing)가 담긴 드라마이다.** 이것은 세계라는 극장에 상연되었고, 이 하나님의 행동은 천국과 지상과 지옥을 묘사하는 "삼단 무대 위"에서 펼쳐졌다.[59] 그런데도 성경 텍스트를 허구의 이야기로 취급하는 해석학적 무신론자들은 성경의 사실성과 진실성을 무시하고 그저 고대 근동의 종교 문헌 중 하나로 보거나, 내지는 소설로 취급한다. 그러나 밴후저는 성경의 텍스트를 허구의 이야기가 아닌 진실의 이야기로 바라본다.

고고학적 증거를 가지고 사실성을 따지는 실증적 논쟁이 아니라, 영광의 드라마 그 자체로 텍스트와 교리를 받아들이는 것이다. 성경의 사실성을 두고 몇몇 해석학적 무신론자들과 일부 근본주의자들끼리의 싸움은 고리타분한 옛 논쟁에 불과하다. 오늘날 복음주의 해석학에서 논의하고 있는 주된 관심은 성경 이야기

---

57 샌드라 리히터, 『에덴에서 새 에덴까지』, 윤석인 역 (서울: 부흥과개혁사, 2021), 25.
58 도로시 세이어즈, 『기독교 교리를 다시 생각한다』, 홍병룡 역 (서울: 한국기독학생회출판부, 2009), 23.
59 케빈 밴후저, 『교리의 드라마』, 윤석인 역 (서울: 부흥과개혁사, 2017), 75-76.

와 구원 드라마에 대한 교리적 해석이다.

마이클 윌리엄스(Michael Williams)에 따르면 "창조-타락-구속-완성"의 구상은 성경의 핵심 주제이며, "사건들로 이야기하는 성경 드라마에서 근본적인 것"이다.[60] 즉, 해석학적 논의 자체를 성경의 사실성 여부가 아니라, 성경에서 펼쳐지는 구속 드라마에 집중한다.

다니엘 도리아니(Daniel M. Doriani) 같은 경우에도, "성경에서 역사적 전후 문맥에는 저자와 그 독자들의 신원, 글을 쓴 시기, 주제, 이유 등과 같은 것"을 강조하면서, 성경 본문(text)의 사실성보다는 해석에 무게 중심을 둔다.[61] 크레이그 바르톨로뮤(Craig G. Bartholomew)에 따르면, "성경은 '거대 서사'(grand narrative)이며, '메타내러티브'이기 때문에, 이는 진리의 역사일 뿐 아니라 보편적 역사이기도 하다"라고 주장한다.[62] 이로 보건대 성경에 대한 고고학적 실증자료를 제시하는 것보다는, 성경의 거대한 드라마를 제시하는 것이 더욱더 변증법적일 수 있다.

성경은 하나님의 드라마이면서, 하나님의 계시이다. 그런데 이것은 소통적 계시이다. 그래서 밴 후자는 "계시가 행위와 말로 이루어지는 하나님의 자기 소통"이라는 점을 강조한다.[63] 성경은 거대한 구속 드라마이고 교리는 이 드라마의 축약본과 같다. 특히 삼위일체 교리가 대표적이다. 밴후저는 다음과 같이 진술한다.

> 삼위일체 교리는 관념적 공론과 같은 것이 결코 아니며, 교리가 실제로 하나님 드라마의 논리에 바탕을 두고 필연적으로 도달하게 되는 결론이다. (중략) 그래서 복음은 삼위일체 하나님이 필요하다. 복음의 하나님은 정확히 성부와 성자와 성령으로 계시하고 구속하신다. 삼위일체 교리는 기독교 신학의 토대인 동시에 목표인데, 그것은 삼위일체 교리가 예수 그리스도의 복음에서 비롯되고

---

60 마이클 윌리엄스, 『성경 이야기와 구원 드라마』, 윤석인 역 (서울: 부흥과개혁사, 2013), 11.
61 다니엘 도리아니, 『해석, 성경과 삶의 의미를 찾다』, 정옥배 역 (서울: 한국성서유니온선교회출판부, 2011), 53.
62 크레이그 바르톨로뮤 & 마이클 고힌, 『성경은 드라마다』, 김명희 역 (서울: 한국기독학생회출판부, 2017), 25.
63 케빈 밴후저, 『교리의 드라마』, 77.

예수 그리스도의 복음을 계속 지향하기 때문이다.[64]

밴후저는 성경과 교리의 계시적 측면을 수호하면서, 유기적으로 이것들을 드라마로 풀어낸다. 이로써 삼위일체 교리는 거대한 구속 드라마에서 하나님 자신이 스스로 극중 인물로 등장한 사건이 되었다. 놀랍게도 이것은 그리스도 중심적인 사건으로 교회라는 극장에서 상영되고 있다.

그레엄 골즈워디(Graeme Goldsworthy)는 복음의 내용과 교리에 대해서 "통일성이나 차별성 중에 하나를 택하는 문제가 아니라 오히려 통일성과 차별성 모두 포함하는 문제임을 분명히 할 필요가 있다"고 주장한다.[65] 즉, 해석학에서도 가장 삼위일체적인 것이 가장 그리스도 중심적이다.

여기서 우리는 복음서가 "예수님이 누구시며 하나님의 영원한 계획에 따라 행하러 오신 일이 무엇인지를 정확하게 기술하고 해석하는 신학적 역사"라는 사실을 놓쳐선 안 된다.[66] 왜냐하면, 구속 드라마는 언제나 삼위일체 교리와 그리스도 중심적 교리로 축약되기 때문이다.

성경과 교리는 결코 반목할 수 없다. 게할더스 보스(Geerhardus Vos)에 따르면, "반교리적 경향(ant-doctrinal tendency)에 대해 성경 신학이 잘 대응할 수 있다."[67] 또, 번 포이트레스(Vern S. Poythress)는 "성경 전체는 언약의 종주이신 하나님을 중심으로 한다"고 말한다.[68] 이들의 주장은 성경의 드라마가 교리를 더욱 빛내 준다는 뜻이다. 골즈워디 역시 "성경 계시에 대한 큰 그림이나 전체적인 개관에 관한 연구를 성경 신학"으로 설명한다.[69] 성경은 교리를 명확하게 해 준다.

따라서 밴후저는 "하나님의 말-행동은 구속 드라마의 실체적 원리이자 성경의 소재"라고 말한다.[70] 그러므로 "성경 계시는 영구한 원리들을 추상적으로 설명하기보다는 오히려 하나의 스토리를 이야기" 한다.[71] 따라서 계시를 담고 있는

---

64 Ibid., 84.
65 그레엄 골즈워디, 『그리스도 중심 성경신학』, 윤석인 역 (서울: 부흥과개혁사, 2014), 133.
66 트렌트 헌터 & 스티븐 웰럼, 『그리스도 중심적 성경 이야기』, 전광규 역 (서울: 부흥과개혁사, 2019), 245.
67 게할더스 보스, 『성경신학』, 원광연 역 (경기파주: CH북스, 2017), 30.
68 번 S. 포이트레스, 『하나님 중심의 성경해석학』, 최승락 역 (경기고양: 이레서원, 2018), 62.
69 그레이엄 골즈워디, 『성경 신학적 설교 어떻게 할 것인가?』, 김재영 역 (서울: 한국성서유니온선교회, 2013), 53.
70 케빈 밴후저, 『교리의 드라마』, 307.
71 그레엄 골즈워디, 『성경신학적 설교 어떻게 할 것인가』, 53.

교리는 구속 드라마의 규준이다. 시드니 그레이다누스(Sidney Greidanus)에 따르면, "점진적 구속사는 그리스도 중심적 초점을 맞추게 하는 것은 물론이고, 현시대적인 적용도 가능"하도록 만든다.[72] 그래서 성경의 드라마는 명백한 통일성을 유지하고 있어서 교리로 압축해도 드라마의 내러티브적 요소가 그대로 간직된다. 밴후저는 다음과 같이 말한다.

> 단일한 구속 드라마의 역사적 통일성과 성경 서사의 한결같은 문학적 통일성 너머에는 정확히 신학적인 통일성이 존재하는데, 그런 신학적 통일성은 하나님이 성경으로 이야기하시는 궁극적 의사소통 행위 주체란 개념에 함축되어 있다. 성경의 통일성은 신앙 공동체에 의해 고안된 구성 개념이 아니라, 신앙 공동체가 그리스도를 알게 될 때 그 존재를 알아차리게 되는 무엇이다.[73]

해석학적 무신론자들이 억지를 부리며 거부하지만, 복음의 드라마는 교리로 완벽하게 해석된 신적 시나리오다. 이 시나리오의 결론은 승리이다. 그리고 승리는 곧, 속죄 신학을 위한 시금석이 된다. 이것은 "하나님이 취하시는 언약적 조치의 관통선의 정점으로서 예수님의 죽음이 지니는 필연성과 효력"을 의미한다.[74] 결국, 복음 중심적 성경 해석은 성육신하신 말씀과 문자 계시가 분리될 수 없음을 전제하고, 예수님의 사역은 인격을 포함한 전 역사에 대한 분명한 해석임을 밝힌다.[75]

심지어 예표론적 해석법 역시 "전통의 고안물이 아니라 우리 주님이 친히 시작하신 관례."[76] 일반 역사도 신적 행위가 발생하는 자리일 수 있으나, 신적 행위의 초점은 본질적으로 예수 그리스도의 역사다. 그리하여 "예수님의 역사는 성경의 정경 전체를 해석하는 열쇠"가 된다.[77]

여기서는 해석학적 무신론자들의 억지뿐 아니라, 루돌프 불트만(Rudolf Karl Bultmann)의 역사와 케리그마를 구분하는 태도도 결코 수용될 수 없다. 오스카

---

72 시드니 그레이다누스, 『구약의 그리스도, 어떻게 설교할 것인가』, 김진섭·류호영·류호준 역 (경기고양: 이레서원, 2019), 352.
73 케빈 밴후저, 『교리의 드라마』, 308-309.
74 Ibid., 647.
75 그레엄 골즈워디, 『복음중심 해석학』, 배종열 역 (서울: 기독교문서선교회, 2010), 268.
76 케빈 밴후저, 『교리의 드라마』, 337.
77 Ibid., 383

쿨만(Oscar Cullmann)은 구원사적 접근법의 기원을 다루면서 신약 메시지의 기초를 해석된 사건의 내레이션에서 보았다.[78] 쿨만이 이렇게 본 이유는 예수님을 '구주'로 칭하는 거의 모든 구절이 "전적으로 기독교적 특색들만을 포함"한다는 데에 있다.[79] 밴후저 이론을 그대로 수용하는 것은 아니지만, 적어도 불트만을 비판하고 있는 지점만큼은 결을 같이한다. 밴후저는 보다 더 복음적으로 해석학적 진술을 한다.

> 성령은 정경적 대본과 상연 공동체의 상호 내주를 일으키셔서, 우리를 구속 드라마에 포함할 뿐 아니라 구속 드라마의 중심 무대에 서는 극중 인물들과 연합시키신다. 전통은 성령의 작품으로서, 성경이라는 태양에 대하여 달의 임무를 수행한다. 그래서 전통은 참으로 빛과 권위를 지니는데, 정경에서 비치는 아들의 빛을 반사함으로써 그렇게 한다.[80]

결론적으로 복음 중심 해석학은 말씀이 육신이 되신 예수 그리스도를 곧 "역사에 대한 하나님의 관점"에 투영해서 해석하는 것을 의미한다.[81] 이는 곧 삼위일체적 해석이기도 하다. 성경 드라마에서 "성부 하나님은 사랑이 풍성한 주님으로, 성령 하나님은 영생을 주시는 분으로 그리고 성자 하나님은 세상의 빛이요 우리를 위한 왕으로" 등장하신다.[82]

따라서 "말씀 사건은 항상 하나님에게서 오는 객관적인 말씀"이다.[83] 그래서 우리는 구속 드라마, "곧 그리스도 안에서 발생했고 지금 그리스도 안에 있는 실재가 삼위 하나님의 사건이 되는 방식"을 살펴야 한다.[84] 해석학적 무신론자들은 해석학적 논리에 기반해서 무신론을 주장하는 것이 아니라, 복음의 진수와 교리의 아름다움을 느끼지 못하는 감정 장애 상태에 있기에 무신론을 주장하는 것이다. 교회는 이들의 감정 장애를 치유하는 병원이며, 감정 회복의 쉼터이다.

---

78 Oscar Cullman, *Salvation as History* (London: SCM, 1967), 88-97.
79 오스카 쿨만, 『신약의 기독론』, 김근수 역 (서울: 소망사, 2008), 368.
80 케빈 밴후저, 『교리의 드라마』, 362.
81 그레엄 골즈워디, 『복음중심 해석학』, 270-271.
82 케빈 밴후저, 『이해를 이야기하는 믿음』, 윤석인 역 (서울: 부흥과개혁사, 2018), 136.
83 그레엄 골즈워디, 『복음중심 해석학』, 271.
84 케빈 밴후저, 『이해를 이야기하는 믿음』, 139.

그런데 하나님 드라마의 관점에서 보면, "교회는 복음의 연극단으로서 그 본질과 과제가 모두 성령의 권능에 힘입어 말씀을 상연하는 일과 관계"있다.[85] 그렇기에 교회는 교리를 상영하는 복음의 극장이다.

오늘날 사람들이 교리를 매우 적대하지는 않을지라도, 딱딱한 이론으로 간주하거나 무관심하거나, 회의적인 것은 분명한 사실이다. 그래서 이런 이들은 교리가 삶에 그다지 큰 의미가 없다고 오해한다. 하지만 이들의 오해와는 정반대로 교리는 삶과 밀접하다. 교리는 성도의 삶을 지휘하고, 통치해 주는 인생의 지휘봉과도 같다. 그래서 교리는 "신앙 여정에서 자양분을 주고 안정시키는 요소"이다.[86]

그리고 이것, 곧 "완전한 복음과 구원하는 믿음('우리 안에 계시는 그리스도'와 '그리스도 안에 있는 우리')은 궁극적으로 오직 공동체 안에서 그리고 공동체에 의해서만 현시" 가능하다.[87] 또한 해석학은 교리라는 각본과 정경이라는 드라마 안에서 이루어지는데, 밴후저는 말하길 "교리는 우리가 하나님 드라마에 적합하게 참여하기 위한 지시이며, 정경은 하나님 드라마의 형식과 내용에 대한 공인된 설명으로서 교리의 최고 규범이다."[88]

그래서 교회는 언제나 복음을 받아들이고 체현할 때마다 십자가를 현시한다. 그러므로 교회는 혁명적인 연극을 무대 위에 올리려고 애쓸 필요가 전혀 없다. 그 이유는 교회가 바로 혁명의 극장이기 때문이다. 밴후저는 "교회가 성례와 공동의 삶 속에서 말하고 실행하는 모든 것이 하나님 드라마를 지속하며, 따라서 순전히 세속적인 세력과 체계들을" 뒤엎는다고 설명한다.[89] 최종 결론은 간단하다. 풀은 마르고 꽃은 시드나 하나님의 드라마(성경 말씀)는 각본(교리)대로 극장(교회)에서 영원히 상영될 것이다.

---

85 케빈 밴후저, 『교리의 드라마』, 677.
86 안드레아스 쾨스텐베르거 & 리처드 패터슨, 『성경해석학 개론』, 김장복 역 (서울: 부흥과 개혁사, 2017), 690.
87 케빈 밴후저, 『교리의 드라마』, 677.
88 Ibid., 407.
89 Ibid., 722.

♣ 내용 정리를 위한 문제

1. '해석학적 무신론'에 대해 간략하게 설명한 후, 해석학의 발전 흐름을 빌헬름 딜타이-한스게오르크 가다머-폴 리쾨르 순으로 비교하여 정리하시오.
2. 케빈 밴후저의 '해석 무위화'의 개념을 정리한 후, 밴후저가 화행(話行) 이론을 성경 해석과 기독교 변증에 적용한 이유를 서술하시오.
3. 케빈 밴후저가 텍스트와 교리를 드라마로 해석해 나가는 방식을 정리하여 서술하시오.

※ 참고 문헌(제30장에 인용된 도서들)

케빈 밴후저 & 오언 스트래헌. 『목회자란 무엇인가』. 박세혁 역. 서울: 포이에마, 2016.
케빈 밴후저 외 3인. 『성경 어떻게 적용할 것인가』. 윤석인 역. 서울: 부흥과개혁사, 2011.
케빈 밴후저 외 4인. 『성경 무오성 논쟁』. 방정열 역. 서울: 새물결플러스, 2016.
케빈 밴후저. 『교리의 드라마』. 윤석인 역. 서울: 부흥과개혁사, 2017.
_____. 『교회와 함께 읽는 성경』. 이희성 역. 서울: 그리심, 2017.
_____. 『들음과 행함』. 박세혁 역. 서울: 복있는사람, 2020.
_____. 『이 텍스트에 의미가 있는가?』. 김재영 역. 서울: 한국기독학생회출판부, 2012.
_____. 『이해를 이야기하는 믿음』. 윤석인 역. 서울: 부흥과개혁사, 2018.
_____. 『제일 신학』. 김재영 역. 서울: 한국기독학생회출판부, 2017.
A.버클리 마이켈슨. 『성경해석학』. 김인환 역. 경기 고양: 크리스찬다이제스트, 2011.
E.후프나겔. 『해석학의 이해』. 강학순 역. 서울: 서광사, 1995.
J.L. 오스틴. 『말과 행위』. 김영진 역. 경기 파주: 서광사, 2017.
게할더스 보스. 『성경 신학』. 원광연 역. 경기 파주: CH북스, 2017.
그랜트 오즈번. 『성경해석학 총론』. 임요한 역. 서울: 부흥과개혁사, 2017.
그레고리 A. 보이드. 『전사 하나님의 십자가에 죽으심』. 류호영 역. 서울: 기독교문서선교회, 2022.
그레엄 골즈워디. 『그리스도 중심 성경 신학』. 윤석인 역. 서울: 부흥과개혁사, 2014.
_____. 『복음 중심 해석학』. 배종열 역. 서울: 기독교문서선교회, 2010.
_____. 『성경 신학적 설교 어떻게 할 것인가』. 김재영 역. 서울: 한국성서유니온선교회, 2013.
다니엘 도리아니. 『해석, 성경과 삶의 의미를 찾다』. 정옥배 역. 서울: 한국성서유니온선교회, 2011.
단 맥카트니 & 찰스 클레이튼. 『성경해석학』. 김동수 역. 서울: 한국기독학생회출판부, 2000.
데이비드 베빙턴. 『역사관의 유형들』. 김진홍·조호연 역. 서울: 한국기독학생회출판부, 1997.
도로시 세이어즈. 『기독교 교리를 다시 생각한다』. 홍병룡 역. 서울: 한국기독학생회출판부, 2009.
루트비히 포이어바흐. 『종교의 본질에 대하여』. 강대석 역. 경기 파주: 한길사, 2006.
리차드 팔머. 『해석학이란 무엇인가』. 이한우 역. 서울: 문예출판사, 2017.
리처드 J. 번스타인. 『객관주의와 상대주의를 넘어서』. 황설중·이병철·정창호 역. 서울: 철학과실현사, 2017.
마이클 윌리엄스. 『성경 이야기와 구원 드라마』. 윤석인 역. 서울: 부흥과개혁사, 2013.
번 S. 포이트레스. 『하나님 중심의 성경해석학』. 최승락 역. 경기 고양: 이레서원, 2018.
빌헬름 딜타이. 『체험·표현·이해』. 이한우 역. 서울: 책세상, 2015.
_____. 『해석학의 탄생』. 손승남 역. 서울: 지식을만드는지식, 2011.
샌드라 리히터. 『에덴에서 새 에덴까지』. 윤석인 역. 서울: 부흥과개혁사, 2021.
시드니 그레이다누스. 『구약의 그리스도, 어떻게 설교할 것인가』. 김진섭·류호영·류호준 역. 경기 고양: 이레서원, 2019.
안드레아스 쾨스텐베르거 & 리처드 패터슨. 『성경해석학 개론』. 김장복 역. 서울: 부흥과개혁사, 2017.
앙드레 라곡 & 폴 리꾀르. 『성서의 새로운 이해』. 김창주 역. 경기 파주: 살림, 2006.
앤서니 C. 티슬턴. 『기독교 교리와 해석학』. 김귀탁 역. 서울: 새물결플러스, 2016.
앤서니 C. 티슬턴. 『해석의 새로운 지평』. 최승락 역. 서울: SFC출판부, 2016.
앤서니 티슬턴. 『두 지평』. 박규태 역. 서울: 한국기독학생회출판부, 2017.
_____. 『성경해석학 개론』. 김동규 역. 서울: 새물결플러스, 2015.
에드먼드 리치. 『성서의 구조인류학』. 신인철 역. 경기 파주: 한길사, 2017.
에드윈 하틸. 『성경해석학의 원리』. 이주영 역. 서울: 성광문화사, 1992.
오스카 쿨만. 『신약의 기독론』. 김근수 역. 서울: 소망사, 2008.
윌리엄 G. 라이컨. 『현대 언어철학』. 서상복 역. 서울: 책세상, 2021.
윌리엄 클라인 & 크레그 블롬버그 & 로버트 하버드. 『성경해석학 총론』. 류호영 역. 서울: 생명의말씀사, 2013.
장 루이 스카. 『잉크 한 방울』. 박문수 역. 서울: 성서와함께, 2021.
크레이그 바르톨로뮤 & 마이클 고힌. 『성경은 드라마다』. 김명희 역. 서울: 한국기독학생회출판부, 2017.
크리스토퍼 라이트. 『구약에 나타난 예수, 성령, 하나님』. 홍종락 역. 서울: 한국성서유니온선교회, 2018.

트렌트 헌터 & 스티븐 웰럼. 『그리스도 중심적 성경 이야기』. 전광규 역. 서울: 부흥과개혁사, 2019.
폴 리쾨르. 『비판과 확신』. 변광배·전종윤 역. 서울: 그린비, 2013.
_____. 『해석의 갈등』. 양명수 역. 경기 파주: 한길사, 2019.
_____. 『해석학과 인문사회과학』. 윤철호 역. 경기 파주: 서광사, 2017.
한스 크래머. 『해석학 비판: 해석철학과 실재론』. 최신한 역. 경기 파주: 서광사, 2012.
한스게오르크 가다머. 『진리와 방법 1』. 이길우·이선관·임호일·한동원 역. 경기 파주: 문학동네, 2018.
_____. 『진리와 방법 2』. 임홍배 역. 경기 파주: 문학동네, 2018.
Cullman, Oscar. *Salvation as History*. London: SCM, 1967.

제31장

세속 이성에 대한 변증: 앨빈 플랜팅가 & 니콜라스 월터스토프

> 너희의 하나님 여호와께서 너희를 위하여 이 모든 나라에 행하신 일을 너희가 다 보았거니와 너희의 하나님 여호와 그는 너희를 위하여 싸우신 이시니라(여호수아 23장 3절).

　세속 이성은 현대성을 반영한다. 신학에서 "현대성"을 말하면, 대개 독일의 현대 신학을 떠올리거나, 정통주의 신학에 반대되는 개념으로 이해한다. 하지만 일반 세속학자들이 정의하는 바는 다르다. 일반적으로 세속 학문이 정의하는 "현대성"은 농업 중심의 사회가 자본주의, 산업화, 세속주의 등으로 변천되는 것을 뜻한다.[1]

　이 가운데 세속 이성은 발전되어 왔고 합리적으로 의심하고 기독교에 질문하기 시작했다. 신앙을 받아들이지 않기로 작정한 급진적 무신론자들의 도전이 없어도, 발전하는 세속 이성 때문에 변증가들은 늘 답변을 준비해 놓아야 한다. 세속 이성은 사소한 오류나 결함도 그냥 지나치는 법이 없다. 하지만 우리는 세속 이성을 두려워할 이유가 없다. 여호수아 23장에 기록된 말씀처럼, 하나님 여호와께서 우리를 위하여 행하신 일들을 우리가 보았고, 주님이 우리를 위하여 함께 싸우시기 때문이다.

　오늘날 세속 이성은 합리적이면서 논리적이고, 기독교 신앙은 미신적이고 맹목적이라는 생각이 팽배하게 퍼져 있다. 그러나 이는 편견에 사로잡힌 잘못된 생각이다. 기독교 신앙도 충분히 합리적이면서 논리적일 수 있고, 세속 이성도 미신적이고 맹목적일 수 있다. 따라서 기독교 변증은 현대 문명과 세속화에

1　브루스 L. 맥코맥, "'현대성'을 신학적 개념으로 이해하기"『현대신학 지형도』, 켈리 M. 케이픽 & 브루스 L.맥코맥 편집, 박찬호 역 (서울: 새물결플러스, 2016), 20-21.

대한 신학적 전망을 올바르게 제시하는 일이 중요한 과업이 되었다. 하비 콕스(Harvey Cox)는 사회학적 쟁점, 정치적 쟁점에서 신을 말하고 있으나, 여전히 "신학적인 질문으로서의 신에 대해 말하는 것"이 의미가 있다고 주장한다.[2]

또한, 콕스는 기독교가 종교적 가치를 지키는 것에만 머물러선 안 되고, 이 세계 안에서 신의 일에 적극적으로 참여할 것을 촉구한다. 그러나 콕스는 삶의 변화를 촉구하는 것에서 더 나아가 아예 노골적으로 "그리스도교의 역사는 신조의 역사가 아니다. 그리스도교의 역사는 신앙 사람들의 이야기다"라고 말한다.[3] 물론, 콕스의 이와 같은 주장에 대해서 동의할 전통적인 학자들은 없을 것이다. 교리는 교회의 영토이고 그것은 신자의 삶의 원동력이 되기 때문에 신조와 삶을 구분해서 보는 관점은 이미 시대착오적인 주장이다.

세속 이성에 대한 대안으로 또 다른 주장은 데이비드 트레이시(David Tracy)의 견해이다. 그는 탈근대적인 다원주의적 상황에서 해석학과 신학은 "다원성"과 "모호성"을 설명하는 것에 있다고 생각했다. 세속 이성은 언어의 문제에서는 다원적이나, 역사의 문제에서는 모호하다는 한계가 있다. 그래서 트레이시는 종교 간의 다원성 속에서 연대의 삶을 가지는 것을 긍정적으로 본다. 하지만 그는 결국 "희망은 하나님으로부터 온 계시들이 실제로 발생했으며 거기에 본래 해방으로의 길이 있다는 그리스도교적 신앙에 근거"를 둔다.[4] 사실상 트레이시에게 중요한 것은 "세계를 해석하는 것이 아니라 세계를 변화시키는 것"에 있다.[5]

고든 카우프만(Gordon D. Kaufman)은 종교적 다원성 속에서 종교적 진리가 있다는 주장을 펼치며, '종교적 진리의 문제는 인류 종교의 다양성을 침해하기보다는 존중하게 될 것'이라고 전망한다. 그리고 이러한 종교적 평화가 세속 이성 앞에 여전히 종교가 가치 있음을 입증하는 방법이라고 생각한다.[6]

카우프만은 세속 이성에서 "신과 인간이라는 두 상징의 전통적인 의미"가 더 이상 중요한 문제로 인식되지 않게 된 것을 인지하고 있다.[7] 그래서 그는 "예비적인 것으로부터 궁극적인 것으로, 즉 피소물로부터 하나님에게로" 나아가는

---

2 하비 콕스, 『세속 도시』, 이상률 역 (서울: 문예출판사, 2020), 379.
3 하비 콕스, 『종교의 미래』, 김창락 역 (서울: 문예출판사, 2010), 15.
4 데이비드 트레이시, 『다원성과 모호성』, 윤철호·박충일 역 (서울: 크리스천헤럴드, 2007), 278.
5 Ibid., 279.
6 고든 카우프만, 『신·신비·다양성』, 유지황 역 (서울: 땅에쓰인글씨, 2007), 254-255.
7 고든 카우프만, 『태초에 창조성이 있었다』, 박만 역 (경기고양: 한국기독교연구소, 2013), 60-61.

신학 방법론을 주장한다.[8] 트레이시와 카우프만의 주장들은 모두 일리가 있다.

그러나 트레이시의 주장은 다원화된 세상에서 모호함을 발견했다는 점에서 상당한 관찰력이 있었으나, 그가 내놓은 대안이 다른 해방신학과 뚜렷하게 다른 부분이 무엇인지 발견하기 어렵다. 또한, 카우프만의 주장은 종교다원주의로 직결되는 논지들이라 기독교의 전통성을 유지하기에 적절치 않은 논리로 보인다.

세속 이성 앞에서 좀 더 합리적으로 접근하기 위한 노력은 여전히 필요하다. 특히, 대중들이 크리스토퍼 히친스(Christopher Hitchens)나 리처드 도킨스(Richard Dawkins), 샘 해리스(Sam Harris) 같은 호전적인 무신론자들이 마치 세속 이성을 주도하는 느낌을 받지 않게 하여 주는 것이 중요하다. 앤서니 데스테파노(Anthony Destefano)는 신은 없다고 주장하면서 신을 끔찍이도 미워하는 무신론자들의 오만하면서도 모순적인 모습을 폭로한다.[9] 논리가 아닌 고집으로 하나님 경험하기를 거부하는 세속 이성의 실태를 고발한 것이다.

그런데 이와 같은 변증이 가속화되게끔 이바지한 인물들이 있다. 바로 앨빈 플랜팅가(Alvin Plantinga)와 니콜라스 월터스토프(Nicholas Wolterstorff)이다. 이들은 세속 이성에 대한 기독교 변증이 투박한 것이 아니라 세련된 것임을 증명한 선구자이다. 지금부터 이들의 기독교 변증을 통해서 하나님이 우리를 위하여 이 모든 나라에 행하신 일을 기억해 내고, 그 삼위 하나님이 우리를 위하여 대신 싸우시는 분임을 확인하고자 한다.

일찍이 버트란드 러셀(Bertrand Russell)은 "진리들에 관한 우리의 인식은 사물들에 관한 인식과는 달리 진리에 상대적인 것, 즉 오류를 가진다"라고 평가했다.[10] 즉, 러셀은 진리에 관해서는 충분한 증거가 없음을 투정한 것이다. 이에 대해서 플랜팅가는 사실에 대한 비판과 믿음에 대한 비판을 구분하여 접근한다. 세속 이성은 사실에 대해서 비판하고 있는 것이 아니라 믿음에 대한 보증을 요구하는 것이다.

플랜팅가는 종교개혁자 칼빈을 인용하면서, 하나님에 관한 믿음을 산출하기 위해서는 사실적 증거들과 함께 신 의식(sensus divinitatis)이 있어야 할 것을 주장한다.[11] 예를 들어서 광활한 자연 광경을 보고 감탄하면서 하나님의 창조 세계를

---

8   고든 카우프만, 『신학 방법론』, 기독교통합학문연구소 역 (서울: 한들, 1999), 26.
9   앤서니 데스테파노, 『무신론자들의 마음속』, 정성묵 역 (서울: 두란노서원, 2018), 16-17.
10 버트란드 러셀, 『철학의 문제들』, 박영태 역 (서울: 서광사, 1989), 129.
11 앨빈 플랜팅가, 『지식과 믿음』, 박규태 역 (서울: 한국기독학생회출판부, 2019), 73-74.

인지할 수 있는 사람은 신성의 감각이 있는 것이다. 반면에 그 자연을 보면서도 창조주에 대한 아무 감각도 인지할 수 없다면 신성의 감각이 부재한 것이다.

그런데 오늘날 세속 이성은 '신의식'을 철저하게 부정한다. 어쩌면 세속 이성은 의도를 가지고 '신의식'을 억누르고 있는 것일지도 모른다. 신을 믿을 합당한 근거가 있다면, 유신론자가 신의 존재를 믿는 것은 철학적으로도 지극히 정당한 것이다. 왜냐하면, 무신론 추정은 존재론적 결론이 아니라 방법론적 출발점이기 때문이다.[12]

이러한 세속 이성에 대해서 플랜팅가는 다음과 같은 변증을 제시한다.

1. 지식과 믿음

플랜팅가는 하나님에 관한 보증된 믿음을 기독교 변증으로 제시한다.

앞서 러셀의 비판은 충분한 증거들과 믿음에 대한 보증을 요구하는 것에서 시작된다. 이에 대해서 플랜팅가는 지각을 통해 갖게 된 믿음들을 "기초적 방식"으로 받아들이면 보증을 획득할 수 있다고 보았다.[13] 기초적 방식이란 앞서 설명한 '신 의식'이다. 플랜팅가는 지금 인간에게 내재한 '신 의식'을 억누르지 말고, 그것이 정당화될 수 있음을 인정하자는 것이다. 이것은 타당한 연역 논변의 결론이며 전제 속에 포함된 진리이다.

다시 말해서, "우리가 스스로 모순을 범하지 않는 한 하나의 전제나 여러 전제를 주장하면서 동시에 그에 따른 결론을 부정할 수 없다."[14] 즉, 인간 안에 있는 '신인식'이 전제되었을 때, 믿음은 부정할 수 없는 결론이 된다. 이에 세속 이성은 기독교가 자연 세계에 대한 우주론적 논증을 완벽에 가깝게 펼칠 수 있다는 사실에 불리함을 느끼고, 곧바로 악의 문제를 가지고 반론해 온다. 악의 문제는 뒤에 신정론을 설명할 때 충분히 다루겠으나, 하나님에 관한 보증된 믿음과 악의 문제는 밀접하게 연관되기에 미리 다뤄져야 할 필요성이 있다.

---

12 앤터니 플루, 『존재하는 신』, 홍종락 역 (경기파주: 청림출판, 2011), 72.
13 앨빈 플랜팅가, 『지식과 믿음』, 78.
14 앤터니 플루 & 굿프리 베이지, 『행위와 필연』, 안세권 역 (서울: 철학과현실사, 2006), 105.

전통적인 견해로 신은 전능하다. 이것을 A라는 명제로 제시하겠다. 그리고 신은 선하다. 이것을 B라는 명제로 제시하겠다. 신은 전능하면서 선하다. A와 B의 명제 모두는 참이다. 그런데 여기서 갑자기 C라는 명제가 제시된다. C라는 명제는 "악이 세계에 존재한다"라는 명제이다.

A와 B의 명제가 성립되는 세계에 C라는 명제도 어떻게 같이 성립될 수 있는가?

이것이 바로 세속 이성이 제시하는 논리이다. 만약 C라는 명제가 참이 되기 위해서는 하나님이 선하지 않던가, 아니면 하나님이 전능하지 않아야 한다. 즉, A와 B의 명제 중 하나가 거짓이어야만 C라는 명제가 참일 수 있다. 고전적인 변증가들은 C라는 명제를 거짓으로 정의했다. 가령 아우구스티누스는 악은 선의 결핍으로 정의했다. 그로 인해 악이 세계에 존재하는 것이 아니라, 선의 결핍된 모습이 나타난 것으로 설명되었다.

그러나 악이 세계 안에 실존하고 있음을 몸소 경험한 사람들에게 그러한 변증은 변명으로만 들릴 뿐이다. 특히, 세속 이성을 가진 사람들은 이 문제를 집요하게 공격한다. 따라서 기독교 변증은 A, B, C의 명제가 모순되지 않으면서 참이라는 것을 입증할 합리적인 답변을 내놓아야 한다. 이것을 변증하기 위해 플랜팅가는 보증된 믿음을 제시하는 것이다. 신은 전지하고 전능하고 전선하다. 이것은 신앙인들에게서 일관되고 확실하게 제시됐다. 따라서 동의하든 동의하지 않든 신이 존재한다고 믿는 이들에게 이 증언은 보증된 것이다.

하지만 세계 안에 악이 있다는 것 역시 입증된 것이다. 이것 역시 역사를 통해 보증되었다. 그런데 여기서 생각해 봐야 할 문제가 있다. 과연 C라는 명제가 명시적으로 보증된 정의인지 아니면, 조건적으로 보증된 정의인지 말이다. 여기서는 다시 아우구스티누스의 논리가 유효하다. 악에 대해서 말할 때 좀 더 광의적으로 보면, 신은 선하지만, 악의 존재를 거부하기보다는 허용했다.[15] 악이 나타났음에도 결과론적으로 선이 창출되었다. 예를 들어서 아담과 하와가 불순종하여 선악과를 먹은 행위는 악이지만, 그로 인해 예수 그리스도가 약속된 것은 선이다.

또한, 가룟 유다가 예수님을 팔아넘긴 것은 악이지만, 그로 인해 인류 구원의 사건(십자가와 부활)이 벌어진 것은 선이다. 따라서 악이라는 것은 선의 결핍된

---

15 앨빈 플랜팅가, 『선·자유·악』, 김완종·우호용 역 (서울: SFC출판부, 2014), 52.

상태이고, 그 결핍된 상태조차도 하나님은 이용하셔서 선이 성취되도록 만든다. 즉, 플랜팅가는 어거스틴의 고전적 변증에 대해서 세속 이성이 '변명'으로 취급할 수 없도록 만들었다.

하지만 이 세계 속에서 범죄 사건의 피해자들은 계속해서 나온다. 악은 틀림없이 실제하고 있고, C라는 명제가 무효화 된 적은 역사상 단 한 번도 없다.

이에 대해서 플랜팅가는 자연적 악인지 도덕적 악인지 구분하여 접근한다. 자연적 악은 위와 같은 설명으로 답변할 수 있나, 도덕적 악은 순전히 인간사회에서 발생한 악이다. 플랜팅가는 "신은 자유로운 피조물을 창조할 수 있지만, 피조물이 옳은 것만 행하도록 결정할 수 없다"라고 설명한다.[16] 즉, 신은 자신의 전능함을 사용해서 자신의 전능함을 제한한 것이다.

그렇다면 신은 전능하지 않은가?

아니다. 신은 여전히 전능하다. 전능함을 제한해 보이는 능력까지 피조물에 나타낼 정도로 신은 여전히 전능하다. 그렇기에 A라는 명제는 여전히 보증된다.

그리고 신이 자신의 전능함을 제한한 목적이 무엇이겠는가?

그것은 B라는 명제가 보증되고 있음을 반증하는 모습이다. 이로써 A, B, C의 명제는 모두 참이면서 서로 모순되거나 충돌되지 않을 수 있게 되었다.

2. 신과 타자의 정신들

플랜팅가는 타자의 정신과 행동을 역설함으로 기독교 변증을 제시한다.

보통 존재론적 변증을 하는 이들은 신의 존재를 논리적으로 입증하려고 한다. 그런데 만일 자신의 논리를 들어줄 타자가 존재하지 않는다면, 애써 변증할 필요성을 느끼지 않을 것이다. 다시 말해서 타자가 존재하기에 신 존재 입증의 필요성을 느끼는 것이다. 타자가 존재하지 않는다면 자유로운 선택에 따라 자신의 믿음을 형성하면 될 것이다.

잘 알다시피 우리가 살아가는 사회는 혼자 사는 사회가 아니기 때문에 끊임없이 소통해야 한다. 독립되어 살아간다고 하지만 모두가 특정한 공동체 속에 있다. 따라서 유신론자나 무신론자나 타자에게 자신의 정신과 신념을 설득하려는

---

16 Ibid., 57.

과정은 필연적이다. 이에 대해서 플랜팅가는 다음과 같이 진술한다.

> 우리 각각은 자신이 우주 안에 홀로 있지 않다고 믿는다. 즉, 사유와 추론을 하고, 신념을 가지며, 감각과 감정을 지닌 다른 존재가 있다는 것을 믿는다. 어느 사람도 타자의 행동과 처지를 관찰할 수는 있지만 타자의 정신상태를 지각할 수는 없다.[17]

재밌는 점은 지각할 수 없는 타자의 정신상태를 설득하려고 노력하는 행위만 가지고도 신의 존재 여부를 입증하기에는 충분하다는 것이다. 이것은 무신론자들에게도 해당한다. 신이 없다고 생각하면 될 것을 굳이 타자에게 자신의 무신론적 생각을 전파하려고 한다. "있다는 것"을 증명하는 이들은 신앙이라는 불굴의 신념에 따르지만, "없다는 것"을 증명하려는 이들은 그렇게까지 해야 할 이유와 근거가 전혀 없다. 이 말은 곧 "무신론자는 없다"라는 뜻이 된다. 다만 불신론자만 있을 뿐이다.

그들은 신의 존재를 믿지 않기로 작정한 것이며, 그렇게 '불신'이라는 '신앙'을 지켜나가고 있다. 하지만 이 역시 타자에 대한 온전한 분석에 근거한 결론은 아니다. 타자의 정신상태를 온전히 파악하는 것은 불가능하다. 다만 최대한 그 정신상태를 이해하기 위해 추론하는 것이 가능할 따름이다. 그 추론은 행동과 언어로 가능하다. 무신론자들이 무신론을 주장하는 이유는 그들이 신에 대해 인식론적으로 오해하고 있는 것과 동시에 마음의 상처가 더해진 것이다.

인식 구조상 신의 존재를 믿는 사람은 신에 대한 감사한 마음이 강하다. 반면에 신의 존재를 부정하는 사람은 신에 대해 원망스러움이 강하다.

여기서 유신론자가 무신론자에게 "존재하지도 않는 신을 미워하고 원망한다는 것이 논리적으로 가능한 일인가?"

이렇게 지적한다면 어떨까?

틀림없이 그 무신론자는 분노라는 감정을 내뿜을 것이다. 하지만 이러한 감정적 논증만이 계속 반복된다면, 올바른 증명 과정은 계속 뒷전이 될 것이다. 플랜팅가는 다음과 같이 진술한다.

---

[17] 알빈 플란팅가, 『신과 타자의 정신들』, 이태하 역 (서울: 살림, 2004), 197.

신의 존재에 관한 어떤 논증은 결국 어떤 유용한 점에서 신의 존재를 증명하지 않고서도 건전할 수 있다. 내가 신을 믿기 때문에 나는 다음과 같은 논증이 건전하다고 생각한다.

신이 존재하거나 7+5가 14이다.
7+5=14는 거짓이다.
그러므로 신은 존재한다.

그러나 분명히 이것은 증명이 아니다. 이미 그 결론을 받아들이지 않는 어떤 사람도 첫 번째 전제를 받아들이지 않는다. 물론, 우리가 이제까지 연구해 왔던 존재론적 논증이 단지 이와 같은 논증은 아니지만, 그것의 핵심적인 전제-최대한으로 위대한 존재의 존재는 가능하다는 것-를 이해하고 반성하는 모든 사람이 그것을 받아들이지는 않으리라는 것이 인정되어야만 한다.

내가 생각건대, 이 전제를 받아들이는 것이 이성에 반대되거나 비합리적일 것이 없다는 것은 명백하다. 그러므로 내가 이런 논증에 관해서 주장하는 것은 그것이 유신론의 진리가 아니라 유신론의 합리적 수용가능성을 확립해 준다는 것이다. 그러므로 이런 논증은 적어도 자연 신학의 전통적인 목적 중에 하나를 달성하는 셈이다.[18]

위 논증에 대한 확장으로 플랜팅가는 유비적 논증을 통해 기독교 변증을 시도한다. 유비적 논증이란 증거를 제시하는 실증적인 논증과는 다르다. 유비적 논증은 일반적인 감각으로 감지할 수 없는 것을 예시를 들어 설명하는 방식이다. 세속 이성에 믿음의 증거나 이유를 보이는 것도 무척이나 중요한 과업이다. 그러나 언어를 통해 인간이 인식할 수 있도록 만드는 유비의 과정도 매우 필수적이다. 루드비히 비트겐슈타인(Ludwig Josef Johann Wittgenstein)은 언어는 생각을 스케치해 주는 도구로 이해한다.

따라서 "철학적 개념은 언어가 기능하는 방식에 관한 어떤 하나의 원초적 표상에 거주"한다.[19] 그뿐만 아니라 언어를 활용한 유비적 논증 역시 기독교 변증 방법론이 될 수 있다. '하나님'이라는 단어 역시 기능이나 사물을 설명하는 단어가 아닌 순전히 인식론적인 단어이다. 이것이 인간 인식 범위 밖에 있기에 "알

---

18 앨빈 플랜팅가, 『선·자유·악』, 188-189.
19 L.비트겐슈타인, 『철학적 탐구』, 이영철 역 (서울: 서광사, 2002), 20.

수 없다"라고 결정 내리면, 칸트식 불가지론에서 끝난다. 하지만 기독교의 믿음이 실제로 있기에 이는 반드시 유비라는 특수한 언어 설명체계를 통해서 인식 범주 안에 들어올 수 있다.[20] 인식론적 존재에 대해서 유비적 견해는 세속 이성에 변증할 수 있는 최선의 답변이다. 이 유비적 논증을 효과적으로 설명하기 위해 플랜팅가가 제시하는 유비의 논증 중 대표적인 논증을 예시로 들겠다.

어떤 사람이 통증을 느끼고 있다. 그러나 우리는 그 사람의 통증을 알 수 없다. 또한, 그 사람이 통증을 정말 느끼고 있는지도 의심해 봐야 한다. 그러나 유비적인 견해에 근거하면, "어떤 사람이 통증을 앓고 있고 그 사람은 내가 전혀 느낄 수 없는 신체 부위의 통증을 느끼고 있다는 명제에 대한 증거를 갖고 있으며 또한 쉽게 그러한 증거"를 얻을 수 있다.[21]

- 통증을 보이는 신체에 실제로 통증이 수반되는지 관찰을 통해 알 수 있었던 모든 통증 행위의 경우 신체에 통증이 수반되었다.
- 아마도 모든 통증 행위의 경우 통증을 보인 신체에 통증이 수반되었을 것이다.
- 지금 저 사람이 통증 행위를 보인다.
- 결론 : 저 사람은 통증 행위를 보이고 있고, 이전에 통증 행위를 보였던 사례에 근거할 때 저 사람이 통증을 느끼는 것은 사실이다.

저 사람의 통증이 사실이라면, 필시 병이 있는 것이다. 위 플랜팅가의 논리를 변증에 접목하면 다음과 같다.

- 믿음을 보이는 사람에게 실제로 믿음이 수반되는지 관찰하기 위해 박해를 가했다. 믿음을 실제로 보이는 사람의 신앙 행위는 믿음을 지키기 위해 순교하는 것으로 나타났다.
- 아마도 진짜 신앙 행위의 경우에는 믿음을 위해 박해도 감수할 것이다.
- 지금 저 사람이 신앙 행위를 보인다.
- 결론: 저 사람은 신앙 행위를 보이고 있고, 이전에 신앙 행위에서 보였던 사례에 근거할 때 저 사람의 믿음은 사실이다. 저 사람의 믿음이 사실이라면,

---

20 앨빈 플랜팅가, 『지식과 믿음』, 29.
21 알빈 플란팅가, 『신과 타자의 정신들』, 258.

필시 신(God)이 있는 것이다.

3. 종교의 한계 내에서의 이성

다음으로는 월터스토프의 기독교 변증방법론을 살펴보겠다. 월터스토프는 개혁신학의 영향을 받았으나, 상식철학[22]의 영향도 지대하게 받았다. 여기서 상식철학이란, "인간의 마음을 위시한 자연현상의 탐구에 쓰이는 '철학의 규칙'은 상식의 원리여야 한다"는 원칙에 근거한 철학을 일컫는다.[23]

월터스토프의 상식철학과 개혁신학의 영향은 앞서 살펴본 플랜팅가에게도 영향을 주었다. 그 결과 월터스토프와 플랜팅가는 소위 '개혁인식론'(Reformed epistemology)이라는 것을 탄생시켰다. 개혁인식론이란, "타당한 증거가 되는 다른 믿음들에 근거해야만 하나님에 대한 정당한 믿음을 가질 수 있는 것은 아니라는데 동의하는 것"이다.[24]

월터스토프는 직관적으로 종교적 믿음이 올바른 기초가 아니라는 사실을 깨달았다. 그런데 월터스토프가 봤을 때, "개혁주의 전통뿐 아니라 다른 전통의 사상가들도 종교적 믿음에 관한 증거주의를 거부"했고, 특히 토마스 아퀴나스가 거기에 포함되었다는 것을 발견했다.[25] 그 때문인지 월터스토프는 "개혁인식론"이라는 용어 자체를 좋아하지 않았다. 마치 특정 전통만의 입장으로 들리기 때문이다.

그렇다면 월터스토프가 주장한 기독교 변증은 무엇인가?

대표적인 것은 **기초주의**(foundationalism)[26]에 **저항하는 것**이다. 기초주의란, '토대주의' 또는 '정초주의'로도 번역된다. 월터스토프는 자신의 저서 『종교의 한

---

22 상식철학이란, "완전히 밑바닥부터" 지식에 접근하는 철학이다. 이것은 스코틀랜드의 토머스 리드(Thomas Reid)에서부터 시작된 개념이다. 리드는 철학은 상식의 노예가 되어야 한다고 주장했다.
23 토머스 리드, 『인간마음에 관한 탐구』, 양선숙 역 (경기파주: 한길사, 2014), 41.
24 니콜라스 월터스토프, 『경이로운 세상에서』, 홍종락 역 (서울: 복있는사람, 2020), 232.
25 Ibid., 233.
26 아리스토텔레스는 선택지가 '순환 논증'이거나 '무한 후퇴'라는 것을 확인했다면, 명백한 선택지는 기본적 믿음을 제시하는 토대주의라는 것을 알아냈다. 가장 유명한 토대주의자인 르네 데카르트(René Descartes)는 자신의 존재와 이성에 대한 명확한 관념에서 기초를 발견하였다. 반면 존 로크(John Locke)는 경험에서 토대를 찾았다. 기초는 경험을 강조하

계 내에서의 이성』에서 기초주의에 대해 강도 높은 비판을 한다. 제목만 봤을 때는 마치 칸트의 『이성의 한계 내에서의 종교』를 반론하기 위해 저술된 작품으로 추정할 수 있겠으나, 오로지 그것에 한정되지는 않는다. 알다시피 칸트는 "기독교적 계시를 도덕적으로 해석하는 작업을 수행"한다.[27]

그러나 이러한 계시의 재해석은 기독교 철학자들이 봤을 때, 매우 잘못된 시도이다. 칸트는 그저 "계시 없는 종교"를 추구할 따름이다.[28] 결론부터 말하자면, 월터스포트의 종합적인 논리는 결국 이성이 종교를 한계 할 수 있는 것이 아니라, 종교가 이성을 한계 할 수 있음을 변증하는 것이다. 이런 맥락에서 개릿 드위즈(Garrett J. Deweese)는 "종교만으로 철학적 활동에 한계를 설정해야 한다"고 주장한다.[29]

월터스토프의 변증방법론을 정확하게 이해하기 위해서는 그가 중점적으로 비판하고 있는 기초주의에 대한 개념 이해가 중요하다. 기초주의란, 정당화된 믿음이나 건전한 전제로부터 추론된 결론이 전제된 인식론 내지는 확실한 기초에 의존하고 있음을 뜻한다. 기초주의를 성취하기 위해서는 "확실성의 견고한 기초"로부터 시작해야 하며, "우리 모두가 확신하는 확실성의 방법에 따라 그 기초위에 이론체계"를 세워야 한다.[30] 그런데 월터스토프가 봤을 때, 이것은 기독교 변증에 도움이 되지 못한다. 그 이유는 자신이 가진 신념에 대해 만족할 만한 일반적 기준 없이 믿음을 정당화시킬 위험이 있기 때문이다.[31]

그래서 월터스토프는 지식의 초월적 조건에 대한 추론보다는 지식과 우리가 알고 있는 기능들이 "연구의 주제"가 아니라 "연구의 출발점"이라는 점을 주장한다. **월터스토프는 고전적 기초주의(foundationalism)를 거부하는 대신 현실 속 통찰력에 근거한 지식을 변증에 도입한다.** 이것은 기독교를 철학적으로 변증하는 것에 유익을 준다.

는 경험론이나 이성을 강조하는 합리론과 같이 다양한 인식론적 강조점을 반영하지만 양자를 혼합할 수도 있다. 그런데 월터스토프는 이러한 기초주의를 반대했다.
27 에디스 N. 밀러, 『칸트의 "이성의 한계 안의 종교" 입문』, 김성호 역 (경기파주: 서광사, 2020), 27.
28 필립 쉘드레이크, 『미래로 열린 영성의 역사』, 정병준 역 (서울: 한국장로교출판사, 2020), 233.
29 개릿 드위즈, 『철학하는 그리스도인』, 신지철 역 (서울: 한국기독학생회출판부, 2022), 107.
30 니콜라스 월터스토프, 『종교의 한계 내에서의 이성』, 문석호 역 (서울: 성광문화사, 1991), 33.
31 Ibid., 46.

철학에서 인식론의 핵심적인 내용을 살펴보면, 다음과 같은 문제에 봉착한다. '신앙은 어떤 증거도 없이 합리적일 수 있는가?'

그런데 기초주의에서는 "이론적 지식의 집 토대는 다른 믿음의 지원 없이 믿는 것이 정당화되는 일련의 기초적인 믿음"을 담고 있고 주장한다.³² 다시 말해서 합리적으로 믿기 위한 논증이나 증거를 요구하지 않겠다는 것이다. 이에 대해 월터스토프는 다음과 같이 말한다.

> 우리가 기초주의자에게 이러저러한 것을 믿는 데 있어서 정당한 근거가 되는 개념을 만족스럽게 설명해 달라고 하거나, 또는 이러저러한 것을 믿음에 있어서 언제 보증을 받는가에 관해서 만족스러운 기준을 요구한다는 것은 정당화될 수가 없다.³³

월터스토프는 일련의 기초 명제가 있다 해도, 받아들이거나 배격하는 데 보증된 이론이 그 일련의 부분과 어떤 관계가 있는지 증명하지 못했다는 점을 지적한 것이다. 즉, 기초 명제가 있다고 해도 과학의 일반적 논리를 갖고 있지 않고, 따라서 보증된 이론을 받아들이고 배격하기 위한 일반적 규칙도 갖고 있지 않다. 이는 인식론적 전제를 앞세우는 인문학(신학과 철학)에서뿐 아니라, '과학'이라는 학문의 영역에서도 예외가 없다. 자연과학은 선험적으로 토대주의를 가정한 논리로 보였으나, 사실은 그렇지 않았다.

그래서 월터스토프는 "찬탄할 만한 많은 과학의 일화들이 구조에 있어서 토대주의적으로 드러나지 않고 그리고 토대주의적이지도 않다"라고 분석했다.³⁴ 더군다나 보증된 이론을 받아들이기 위해 제안된 규칙은 유지될 수 없다는 점이 큰 문제이다.

따라서 월터스토프는 대안으로 "지배하는 신념"(control beliefs)을 제시한다. 지배적 신념, 혹은 통제 믿음(control beliefs)은 이론의 논리적 또는 상상적 구조 이론이 그 존재에 우리를 맡길 그런 실재 등에 대한 믿음을 포함한다. 그래서 "지

32　크레이그 바르톨로뮤 & 마이클 고힌, 『그리스도인을 위한 서양 철학 이야기』, 신국원 역 (서울: 한국기독학생회출판부, 2019), 358.
33　니콜라스 월터스토프, 『종교의 한계 내에서의 이성』, 47.
34　니콜라스 월터스토프, 『샬롬을 위한 교육』, 신영순·이민경·이현민 역 (서울: 성광문화사, 1991), 364.

배하는 신념"은 이론들을 만들어 내도록(to devise) 우리를 인도한다.³⁵ 그런데 월터스토프의 이러한 주장은 다음과 같은 의문을 낳는다.

그렇다면 믿음을 입증하기 위해 증거를 수집해 오던 이들의 노력을 수포로 만드는 것은 아닌가?

논증의 증거 없이도 합리적 믿음이 가능하다면, 역사적 사실에 전제한 변증이 그 효력을 잃는 것은 아닌가?

이러한 의문에 대해 켈리 제임스 클락(Kelly James Clark)은 복음적 증거주의의 실패는 계몽주의의 증거주의를 무 비판적으로 신뢰했다는 데 있다고 반박한다.³⁶ 또 콜린 브라운(Colin Brown)은 기독교 철학의 임무는 소통(communication)을 포함하기 때문에 종교 철학은 언어의 구조와 기능 그리고 그것이 신앙적 경험에 있어서 차지하고 있는 역할에 특별한 관심을 기울일 때만, '기초주의'와 '증거주의' 사이에서의 합리적 대안 제시가 가능할 것으로 본다.³⁷

4. 정의와 샬롬

월터스토프는 미학에 근거한 참된 기독교적 헌신(authentic Christian commitment) 또한 강조한다. 하나님 나라의 도래, 하나님 나라의 일꾼으로 참여, 부르심에 응답하는 삶 등이 곧 기독교 변증이 된다. 월터스토프는 우리의 믿음이 진정으로 기본적인 믿음이기 때문에 합리적일 수 있다고 생각했다. 따라서 책임 있는 학문을 하기 위해 순수이론과 실천 지향적 이론을 비교, 고찰하여 역사적이고 문화적 상황을 감안하면서 동시에 자기 능력을 염두하고 일을 추진할 것을 주장한다. 이것이 가능할 수 있는 이유는 우리가 믿는 하나님은 우리를 축복해 주는 존재에서 머물지 않고, 우리를 구출해 주는 존재가 되시기 때문이다.³⁸

어쩌면 월터스토프가 기초주의를 반대했던 이유도 여기에 있는 것이 아닐까 조심스럽게 추측해 본다. 고전적 기초주의에서는 "신을 믿는 일은 신의 존재가

---

35 니콜라스 월터스토프, 『종교의 한계 내에서의 이성』, 86.
36 켈리 J. 클락, 『이성에로의 복귀』, 이승구 역 (서울: 여수룬, 1999), 78.
37 콜린 브라운, 『철학과 기독교 신앙』, 문석호 역 (서울: 기독교문서선교회, 2010), 341.
38 니콜라스 월터스토프, 『정의와 평화가 입맞출 때까지』, 홍병룡 역 (서울: 한국기독학생회 출판부, 2018), 25.

토대적 믿음이라는 기초 위에서 입증될 수 있을 때만 정당화될 수 있다"고 보았다.[39] 그런데 여기에서는 신앙이 중심이기는 하나, 그것이 하나님 사랑과 이웃 사랑으로 발현될 만한 근거가 안 보인다. 다시 말해서 증거에 기초한 신앙 증명에 급급한 나머지 신앙적 삶의 모습 자체가 변증이 될 수 있음을 놓치는 것처럼 보인다. 월터스토프는 다음과 같이 말한다.

> 기독교 전통 속에서 깊숙이 우리에게 주는 확신은, 우리 각자는 자기 자신의 관점에 있어서 중심(center)이 되어서는 안 되고 오히려 온 생명을 다하여 하나님을 사랑하고 그를 섬겨야만 한다는 것이요, 하나님을 사랑하고 섬기듯이 자기 자신처럼 그 이웃을 사랑하라는 것이다.[40]

월터스토프는 기독교 미학에서도 이러한 주장을 놓치지 않고 이야기한다. 그는 기독교 예술이 감상하기 위한 것에서 머물지 않고 책임 있는 종으로서의 예술이 되기를 촉구했다.[41] 한스 우르 폰 발타자르(Hans Urs von Balthasar)는 개신교 신학에서 미학의 거부는 '존재의 유비'에 대한 거부의 결과로 보았는데, 월터스토프에게 이러한 분석이 적절치 않다. 왜냐하면, 월터스토프는 개신교 신학에서 미학의 실천을 정의의 실현이라는 측면으로 승화시킨 인물이기 때문이다. 정의와 샬롬의 신학적 성취는 아름다움이다. 즉, 미학은 평화로 실현된다.

리차드 빌라데서(Richard Viladesau)에 따르면, "아름다움의 경험은 영혼을 하나님에게로 이끌고 사람들을 헌신"에 굳게 서도록 만든다.[42] 월터스토프 역시 이러한 관점에서 논의를 전개한다. 월터스토프에 따르면, "우리가 사는 이 세계는 하나님이 만든 예술품"이기 때문에 인간은 하나님의 예술품에 몸담은 존재들이다.[43] 그리스도인들은 하나님의 예술품(창조 세계)을 보존하고, 말씀의 예술가(창조주 하나님)를 예배하는 존재들이다. 그러므로 예배는 창조주의 예술 활동에 참여함으로써 정의와 샬롬을 이루는 행위이다. 다시 말해서 예배는 정의로써 샬롬

---

39 크레이그 바르톨로뮤 & 마이클 고힌, 『그리스도인을 위한 서양 철학 이야기』, 359.
40 니콜라스 월터스토프, 『종교의 한계 내에서의 이성』, 141.
41 니콜라스 월터스토프, 『행동하는 예술』, 신국원 역 (서울: 한국기독학생회출판부, 2016), 131-134.
42 리차드 빌라데시, 『신학적 미학』, 손호현 역 (서울: 한국신학연구소, 2007), 198.
43 니콜라스 월터스토프, 『행동하는 예술』, 135.

을 이루며, 사랑으로써 샬롬을 유지하시는 하나님의 창조적, 구속적, 예술적 활동 전반을 찬양하는 것이다. 그 결과 성도의 인생이라는 노랫가락이 교회라는 악기 안에서 그리스도라는 화음으로 하나 되어 세상에 울려 퍼진다.

일반적으로 정의와 평화를 위한 진정한 싸움은 세상에 참여하는 것으로 이해하는데, 사실 그러한 행위는 오직 예배를 통해서만 가능하다. 즉, 예배야말로 사회 참여의 역동적 행위이다. 왜냐하면, "깨달음에 예배로 반응하는 것은 인간의 참된 본성"이기 때문이다.[44] 그러므로 예배는 충분히 존재론적 근거를 지닌다. 세속 이성이 사회 참여의 방편을 기독교 신앙에 요구할 때, 예배가 그런 능력이 될 수 있다고 답변하는 것은 매우 혁명적이며 미학적인 답변임이 틀림없다. 그러므로 교회는 천상의 멜로디가 그려진 복음이라는 악보를 예배로써 제공하고, 신자는 예배자의 삶으로 복음을 연주하며 살아간다.

끝으로 세속 이성에 대한 월터스토프의 기독교 변증은 **하나님의 정의를 확인시켜 주는 것**이다. 마이클 리브스(Michael Reeves)는 "삼위일체 하나님은 선한 세계 곧 아름다움과 기쁨과 조화와 사랑이 넘치는 세계를 창조"하셨다고 명시한다.[45] 다만 아담과 하와의 범죄로 인해 조화로운 관계가 뒤틀린 것이다. 그렇기에 하나님이 선하지 않거나 정의롭지 않다고 말할 수 있는 근거는 없다. 무엇보다 뒤틀린 관계를 바로잡기 위해 독생자를 주셨기에 하나님은 명백하게 사랑의 하나님이시다.

월터스토프는 하나님의 '사랑으로서의 정의'를 '용서'로 해석했다. 세속 이성을 받아들이는 일반적인 사람들은 '관용'보다 '형벌'이 정의를 실현하는 것에 더 적합하다고 생각할 것이다. 하지만 월터스토프는 "온전하고 완전한 용서"가 정의를 침해하지 않는다고 주장한다.[46]

따라서 **하나님이 사랑을 베푸셨어도 그분은 여전히 정의를 실현하고 계신 분이다**. 예수님은 형벌이 필요하지 않다고 가르치신 적이 없다. 하나님의 정의는 반드시 만족하여야 하고 불의한 것들은 심판을 받는다. 그리고 그러한 처벌을 받아야 할 대상은 바로 '우리'다. 그런데 우리의 형벌로 정해진 하나님의 정의가 그리스도께 전부 부어짐으로 하나님의 사랑이 실현되었다.

---

44 니콜라스 월터스토프, 『정의와 평화가 입맞출 때까지』, 294.
45 마이클 리브스, 『선하신 하나님』, 장호준 역 (서울: 복있는사람, 2018), 101.
46 니콜라스 월터스토프, 『사랑과 정의』, 홍종락 역 (서울: 한국기독학생회출판부, 2017), 337.

학대당하는 이들에게 사회정의운동가들의 노력은 하나님의 정의를 실천하는 실천가의 모습과 같다. 그러나 사회정의운동 지도자들은 자신들의 추종자들이 사회적 불의를 바로잡기 위해 제안하는 것들을 무시하는 경우가 있다.[47] 세속 이성의 사람이건 기독교 지도자이건 예외 없이 사회운동가들이 이러한 한계를 가지고 있다는 점은 안타까운 일이다.

이에 대해서 월터스토프는 "모든 사회정의운동과 조직은 어떤 지점에서 그 상황에 대한 사회정의의 분석과 비평을 제공해야 한다"고 주장한다.[48] 왜냐하면, 희생자들은 그저 사회적 불우 이웃이 아니기 때문이다. 가해자들에게 학대당하고 있기에 불우해 보이지만, 그들의 불우한 환경 이면에는 복지의 부재가 아니라 학대의 만연이 원인이다. 그렇다면 그들에게 필요한 것은 '빵 한 개 더 주는 것'이 아니라 '빵을 가로채는 자들에 대한 저항'이다.

세속 이성에 대한 기독교 변증은 바로 이러한 하나님의 정의를 실천적으로 먼저 실행하고 그 일을 앞장서서 선점하는 것에 있다. 무엇보다 불의를 타파하고 정의를 세우는 일은 세속 이성으로 될 수 있는 일이 아니다.

그것은 그리스도의 구속적 증표만이 재현시킬 수 있는 일이다. 월터스토프에게 있어서 기독교 변증이 하나님의 정의를 드러내는 것이 아니고, 하나님의 정의가 기독교 변증을 가능하게 만들어 주는 것이다. 즉, 변증은 "'자기의 희생'의 발걸음을 내디뎌 위대함에 이르는 길로 들어서는 것"이다.[49]

오늘날 어떤 신앙인들은 세속 이성 때문에 신앙의 상실을 맞이한 것을 슬퍼한다. 그러나 우리는 여호와께서 이 모든 나라에 행하신 일을 다 보았다. 그렇기에 우리는 세속 이성 때문에 신앙이 상실될 수 없다. 플랜팅가는 세속 이성 앞에 하나님에 관한 보증된 믿음을 제시했고, 월터스토프는 기초주의에 반대하고 인권을 위한 유신론적 근거를 훌륭하게 주장했다.

이와 같은 기독교 변증은 하나님이 우리를 위해 싸우시는 분이라는 점을 인지할 때 가능하다. 때로는 세속 이성의 거센 물음 앞에 부담을 느낄 것이다. 그래서 도널드 맥컬로우(Donald W. McCullough)는 "하나님에 관한 무지를 인정하는 것은 하나님을 다 알아야만 한다는 부담감으로부터 우리를 자유롭게 해 준다"

---

47 니콜라스 월터스토프, 『하나님의 정의』, 배덕만 역 (서울: 복있는사람, 2017), 255.
48 Ibid., 257.
49 이안 더귀드, 『믿음으로 산다는 것』, 김정식 역 (서울: 좋은씨앗, 2020), 44-45.

고 말했다.⁵⁰

오늘 우리에게는 하나님을 경외하는 것과 주어진 이성을 건전하고 자율적으로 발현하는 것이 요청된다. 지금 우리는 세속 이성이 인식하지 못하고 있는 신(God)을 충분히 인식하고 충분히 설명할 수 있다. 이로써 우리에게 샬롬이 찾아왔다.

> ♣ **내용 정리를 위한 문제**
>
> 1. 앨빈 플랜팅가가 세속 이성에 대항해서 제시한 '보증된 믿음'이 무엇인지 서술한 후, 플랜팅가의 유비적 논증에 근거한 기독교 변증을 서술하시오.
> 2. 니콜라스 월터스토프가 "기초주의"를 반대한 이유는 무엇이며, 그에 대한 대안으로 월터스토프가 제시한 기독교 변증방법론의 내용은 무엇인가?
> 3. 니콜라스 월터스토프는 세속 이성 앞에서 '하나님의 정의'를 어떻게 확인시켜주는가? 또한, 월터스토프가 말하는 '하나님의 정의'는 세속 이성에서 말하는 '정의'와 어떻게 다른지 서술하시오.

※ **참고 문헌**(제31장에 인용된 도서들)

앨빈 플랜팅가. 『신과 타자의 정신들』. 이태하 역. 서울: 살림, 2004.
_____ . 『선·자유·악』. 김완종·우호용 역. 서울: SFC출판부, 2014.
앨빈 플랜팅가. 『지식과 믿음』. 박규태 역. 서울: 한국기독학생회출판부, 2019.
니콜라스 월터스토프. 『경이로운 세상에서』. 홍종락 역. 서울: 복있는사람, 2020.
_____ . 『사랑과 정의』. 홍종락 역. 서울: 한국기독학생회출판부, 2017.
_____ . 『샬롬을 위한 교육』. 신영순·이민경·이현민 역. 서울: 성광문화, 1991.
_____ . 『정의와 평화가 입맞출 때까지』. 홍병룡 역. 서울: 한국기독학생회출판부, 2018.
_____ . 『종교의 한계 내에서의 이성』. 문석호 역. 서울: 성광문화사, 1991.
_____ . 『하나님의 정의』. 배덕만 역. 서울: 복있는사람, 2017.
_____ . 『행동하는 예술』. 신국원 역. 서울: 한국기독학생회출판부, 2016.
L.비트겐슈타인. 『철학적 탐구』. 이영철 역. 서울: 서광사, 2002.

---

50 도널드 맥컬로우, 『내가 만든 하나님』, 최규택 역 (서울: 그루터기하우스, 2007), 82.

개릿 드위즈. 『철학하는 그리스도인』. 신지철 역. 서울: 한국기독학생회출판부, 2022.
고든 카우프만. 『신·신비·다양성』. 유지황 역. 서울: 땅에쓰인글씨, 2007.
_____. 『신학 방법론』. 기독교통합학문연구소 역. 서울: 한들, 1999.
_____. 『태초에 창조성이 있었다』. 박만 역. 경기 고양: 한국기독교연구소, 2013.
데이비드 트레이시. 『다원성과 모호성』. 윤철호·박충일 역. 서울: 크리스천헤럴드, 2007.
도널드 맥컬로우. 『내가 만든 하나님』. 최규택 역. 서울: 그루터기하우스, 2007.
리차드 빌라데시. 『신학적 미학』. 손호현 역. 서울: 한국신학연구소, 2007.
마이클 리브스. 『선하신 하나님』. 장호준 역. 서울: 복있는사람, 2018.
버트란드 러셀. 『철학의 문제들』. 박영태 역. 서울: 서광사, 1989.
앤서니 데스테파노. 『무신론자들의 마음속』. 정성묵 역. 서울: 두란노서원, 2018.
앤터니 플루 & 곳프리 베이지. 『행위와 필연』. 안세권 역. 서울: 철학과현실사, 2006.
앤터니 플루. 『존재하는 신』. 홍종락 역. 경기 파주: 청림출판, 2011.
에디스 N. 밀러. 『칸트의 "이성의 한계 안의 종교" 입문』. 김성호 역. 경기 파주: 서광사, 2020.
이안 더귀드. 『믿음으로 산다는 것』. 김정식 역. 서울: 좋은씨앗, 2020.
켈리 J. 클락. 『이성에로의 복귀』. 이승구 역. 서울: 여수룬, 1999.
켈리 M. 케이픽 & 브루스 L.맥코맥. 『현대신학 지형도』. 박찬호 역. 서울: 새물결플러스, 2016.
콜린 브라운. 『철학과 기독교 신앙』. 문석호 역. 서울: 기독교문서선교회, 2010.
크레이그 바르톨로뮤 & 마이클 고힌. 『그리스도인을 위한 서양 철학 이야기』. 신국원 역. 서울: 한국기독학생회출판부, 2019.
토머스 리드. 『인간마음에 관한 탐구』. 양선숙 역. 경기 파주: 한길사, 2014.
필립 쉘드레이크. 『미래로 열린 영성의 역사』. 정병준 역. 서울: 한국장로교출판사, 2020.
하비 콕스. 『세속 도시』. 이상률 역. 서울: 문예출판사, 2020.
_____. 『종교의 미래』. 김창락 역. 서울: 문예출판사, 2010.

제32장

성서비평학에 대한 변증 : 게르하르트 마이어 & 에타 린네만

> 모든 성경은 하나님의 감동으로 된 것으로 교훈과 책망과 바르게 함과 의로 교육하기에 유익하니(디모데후서 3장 16절).

변증은 조직신학뿐 아니라 성경 신학에서도 필수적이다. 그 이유는 성서비평학이 신학 안에 만연해지면서 신앙인들의 신앙에 의심과 불신이라는 씨앗을 끊임없이 뿌리고 있기 때문이다. 성서비평의 최근 동향은 역사비평적 방법론(자료비평, 전승사비평, 양식비평, 편집비평)에 머물지 않고, 문학 비평적 방법론(사회학적 비평, 정경비평, 수사학적비평)으로 확대되고 있다. 더 나아가 비평의 방법이 전환되어 새로운 시대의 비평(구조주의 비평, 설화비평, 독자반응비평, 후기 구조주의 비평, 이데올로기 비평)이 대두되고 있는 현실이다.

이러한 비평사학파의 영향을 받은 이들은 보수적이고 진부한 기독교 전통에서 탈피하여 "누든지 성서를 자기 나름대로 방식으로 해석"할 수 있음을 주장한다.[1] 다양한 해석방법론이 공존하는 시대에 비평학적 요소들이 주는 유익도 분명히 있다. 장 루이 스카(Jean Louis Ska)에 따르면, 비평학적 통찰을 능숙하게 다룰 수 있는 사람들은 "성경의 '역사'란 표현이 가진 의미를 교정"할 수 있고, "우리가 성경에서 발견하는 '진리'가 어떤 종류인지 더 분명하게 정의"할 수 있도록 돕는다.[2]

---

1 스티븐 헤이네스 & 스티븐 매켄지, 『성서비평 방법론과 그 적용』, 김은규·김수남 역 (서울: 대한기독교서회, 2020), 9.
2 장 루이 스카, 『인간의 이야기에 깃든 하나님의 말씀』, 박문수 역 (서울: 성서와함께, 2016), 25.

그러나 안타깝게도 대부분은 성서비평학에 깊게 심취하면 할수록 성경이 하나님의 감동으로 되었다는 진리를 멀리하게 된다. 그 이유는 다양한 성서비평학을 접할 때 그것들이 여러 해석방법론 중 하나라는 사실을 망각하고, 절대적인 것으로 생각하기 때문이다. 사실 이것은 성서비평학에 정통한 학자들보다 이제 막 몇 가지 방법론만 접한 신학생들에게서 더 위험하게 나타난다.

성서비평학을 처음 접한 신학생들은 이전에 전통적 해석과는 상이하게 다른 자신만의 독특한 해석을 교회 공동체에서 뽐내고 싶어 한다. 이것은 대단히 위험한 '신학생 병'이다.[3] 심지어 "역사비평 연구는 교회를 위한 주석이고, 역사비평 덕분에 정경 본문을 더 잘 이해하게 되었다"라고 주장한 데일 C. 앨리슨(Dale C. Allison)조차도 "역사비평 연구의 자리는 설교 강단이 아니라 책상이다"라고 말한다.[4]

성서비평학에 심취한 사람들은 답답하고 무식한 이야기로 들리겠지만, 교회 전통 속에서 성장한 경건한 이들은 성경이 하나님의 감동으로 된 사실을 믿으며, 성경을 문자적(literal)으로 읽는다. 왜냐하면, 그들은 성경을 무오한 말씀으로 믿기 때문이다. 종종 성경에는 모순처럼 보이는 것이 존재한다. 그러나 그것들은 "우리의 믿음과 인내를 시험하기 위한 것이 아니라, 서로 의미를 설명하거나 수정하거나 제한하거나 확대함으로써 마련되는" 적절한 양식이다.[5]

따라서 성경의 난제 구절들의 의미를 완벽하게 해석하지 못한다고 해서 성경의 권위 자체를 의심하는 일은 적절하지 못하다. 글리슨 아처(Gleason L. Archer)는 예수님이 성경에 권위를 부여하셨고, 그것을 인용하셨기에 그리스도의 신성을 믿는 이들은 당연히 성경의 무오성을 받아들일 수 있다고 주장한다.

---

3 현대에 중학교 2학년 학생들이 보이는 감정변화와 사춘기 과정을 두고 흔히 중2병이라고 부른다. 마찬가지로 역사비평학을 처음 접한 신학교 학부 2학년에게 나타나는 증상을 신학생 병이라고 부르면 적절하겠다. 헬무트 틸리케(Helmut Thielicke)는 '신학생 병'이 영적 질병에 해당한다고 주장한다. 비평학이나 역사적 예수님 연구에 심취되어, 그리스도를 구세주로 고백하고 성경의 이적을 철석같이 믿는 사람들을 경멸하면 '신학생 병' 말기 환자이다. '신학생 병'에 걸린 사람은 역사적 예수님이나 비신화화나 구원 사건의 객관화 가능성 같은 문제를 완전히 무시하는 사람들보다 자신이 우위에 있다고 느낀다.: 헬무트 틸리케, 『신학을 공부하는 이들에게』, 박규태 역 (서울: 한국기독학생회출판부, 2019), 46-47.

4 데일 C. 앨리슨, 『역사적 그리스도와 신학적 예수』, 김선용 역 (서울: 비아, 2022), 112.

5 월터 카이저 & F.F. 브루스 & 맨프레드 브라우치 & 피터 데이비즈, 『IVP 성경난제주석』, 김재영·김지찬·박규태·이철민 역 (서울: 한국기독학생회출판부, 2021), 15.

그리스도께서 과학적 사실이나 역사적 사실문제에 있어서 히브리 성경의 완전한 정확성을 믿었다면, 우리는 이 점에 관해 그의 견해를 모든 면에서 정당하며 신빙성 있는 것으로 인정해야 한다. 더욱이 하나님은 오류를 범할 수 없다는 사실을 생각해 볼 때 우리는 역사와 과학의 문제들이라고 하더라도-비록 이것들이 신학적인 성격은 아니지만-근본적인 교리상의 중요성이 있다. 인정해야 한다.[6]

이런 견해를 지지하는 이들은 성경이 의로 교육하기에 유익하다는 사실을 그대로 받아들인다. 이것이 가능한 이유는 "성경의 명료성" 때문이다. R. C. 스프라울(R. C. Sproul)은 "성경의 어떤 부분들은 너무 명확하고 쉬운 나머지 지적인 자만심이 있는 사람들에게는 모욕적으로 느껴질 정도"라고 증언했다.[7] 실제로 성경은 평생 붙들고 골몰해야 할 정도의 심오함을 담고 있지만, 동시에 유치할 정도로 쉽고 명료하다. 종교개혁자들과 청교도들 역시 성경의 명료성을 인지하고 성경의 문자적 의미를 그대로 받아들였다.

물론, 성경 문자주의라는 비판은 받지 않는 편이 좋다. 이를 위해 문법, 정황, 성경 전체를 통해 그 의미를 밝혀야 한다. 어떤 이들은 최소한의 비평적 요소는 사용해야 한다고 주장하는데, 이 말 역시도 꺼림칙하다면 '최소한의 비평적 요소'라는 말 대신 '성경 연구'라고 부르면 되겠다.

1. 비평학에 대한 회의적인 목소리

오늘날에도 문자적으로 성경을 읽는 것이 위험하다고 말하는 이들이 있다. 하지만 문자적 읽기야말로 성경을 왜곡하지 않는 길이다. 한스 프라이(Hans Wilhelm Frei)를 비롯한 후기 자유주의자들이 말했듯이, 그것이 역사비평학의 '편견'으로부터 성경을 보호하는 길이다. 제멋대로 살려고 하는 이들은 성경 본문을 자기주장을 합리화하는 증거자료(proof text)로 사용한다. 소위 이데올로기 비평을 시도하는 이들이 그렇다.

6　글리슨 아처,『성경 난제 백과 사전』, 김창영 역 (서울: 생명의말씀사, 2014), 23.
7　R. C. 스프라울,『성경을 아는 지식』, 길성남 역 (서울: 좋은씨앗, 2018), 23.

그렇기에 **성경이 성경 되기 위해서는 문자적 해석 원칙이 지켜져야 한다**. 물론, 역사비평학자들도 성경을 성경으로 읽어야 한다고 주장한다. 이들은 성경에 대한 어떠한 편견도 없이 본문과의 거리를 두고 읽어야 할 것을 주장한다. 그러나 이것은 경건한 이들처럼 문자적으로 성경을 읽겠다는 뜻이 결코 아니다.

피터 엔즈(Peter Enns)는 "하나님의 말씀인 성경은 이래야 한다는 우리의 선입견을 버리고 성경을 있는 그대로 받아들인다면 성경을 읽는 일은 청량제처럼 상큼하고, 우리의 상상력을 자극하는 아주 재미있는 경험이 될 것"이라고 말한다.[8] 이 말이 의미하는 바는 성경에 교리적 해석을 하지 말라는 뜻이다.

하지만 성경 본문은 이미 성경 기자들의 교리적 해석으로 기록된 것이다. 엔조 비앙키(Enzo Bianchi)는 "어차피 본문 자체가 벌써 사건에 대한 신학적 해석"이기 때문에, 본문과의 거리를 유지하는 비평학은 그다지 의미 없는 일이라고 지적한다.[9] 또한 존 맥아더(John MacArthur)에 따르면, "그리스도인이 하나님의 말씀을 의심하는 것은 가장 심각한 자기모순에 해당한다."[10]

성경을 있는 그대로 보자고 하면서, 문자적으로 보는 것과 교리적 해석을 거부하는 것은 정당하지 않다. 무엇보다 역사비평학은 성경을 신뢰하기보다는 의심한다. 그러면서 자신들의 성경 해석은 검증된 비평이라고 항변한다. 물론, 성서신학의 비평이 본문의 구성을 체계적으로 분석하고 방법론적으로 본문과의 대화를 이끌어 줄 때도 있다.[11] 하지만 성경을 불신하는 태도만큼은 결코 받아들일 수 없다.

성서비평학자들이 제시하는 또 다른 이슈는 **성경의 원본과 번역의 문제**이다. 오늘날 한국에서 역사비평학의 관점으로 성경 신학을 시도하는 이들 대부분은 번역과 원문 문체를 근거로 '성경 무오성'을 의심한다. 하지만 놀랍게도 성서학과 원어 공부를 어설프게 한 아마추어일수록 성경 번역에 많은 불신을 나타낸다. 왜냐하면, 성경 번역에 대한 너무 많은 왜곡된 정보와 논리들이 범람하기 때문이다.

---

8   피터 엔즈, 『성육신의 관점에서 본 성경영감설』, 김구원 역 (서울: 기독교문서선교회, 2016), 20.
9   엔조 비앙키, 『영적 성경 해석』, 이연학 역 (서울: 분도출판사, 2019), 35.
10   존 맥아더, 『성경 무오성에 대한 도전에 답하다』, 조계광 역 (서울: 생명의말씀사, 2017), 30.
11   제임스 K. 미드, 『성서신학』, 임요한 역 (서울: 기독교문서선교회, 2014), 279-280.

이들은 비평사학파들의 주장에 일방적으로 노출되어서 과거 아람어와 그리스어의 전승 과정에서부터 이미 번역의 오류가 있을 것으로 가정하고, 현대 언어로 번역된 성경은 신뢰할 수 없다고 착각한다. 그 단적인 예는 오래된 자유주의 성서학자들의 -'예수님의 원래 가르침은 아람어로 되었는데 후대에 그것이 헬라어로 번역되었음으로, 그 원문의 진의를 알 방법은 사라졌다.'-라는 식의 주장이다. 그런데 이러한 자유주의 신학자들의 주장은 이미 학계에서 낡은 주장이다. 오늘날 학계의 정설은 -'예수님 당시는 이미 아람어와 헬라어가 공용으로 사용되던 시대였으며, 대부분 사람은 이중언어를 사용하는 것이 보편적이었다.'- 라는 주장이다. 피터 J. 윌리엄스(Peter J. Williams)는 다음과 같이 증언한다.

> 비록 번역이 원문과 완전히 일치할 수 없고 표현들이 잘못 번역될 수도 있지만, 오역은 정확한 번역보다 훨씬 드물게 나타난다. (중략) 실제로 마가복음은 예수님이 소녀(막 5:41, "달리다굼")와 귀먹고 말 더듬는 자(막 7:34, "에바다")에게 아람어로 말씀하셨다고 기록한다. 그러나 팔레스타인이 아람어만 말하는 지역이었다는, 아직도 인기 있는 견해는 대체로 어떤 부정할 수 없는 역사적 증거보다는 허구적 감정(romance)에 근거한다.[12]

성경의 어떤 부분은 여러 가지로 번역할 수 있는 부분이 있지만, 노골적으로 번역 오류라고 단정 지을 만큼 허술한 번역 작업은 없다.

그렇다면 성경 번역본은 과연 신뢰할 수 있는가?

이 질문에 대해서 이렇게 답변할 수 있겠다.

- 물리적 원본이 없다고 해서 원본 내용을 확실히 아는 것이 불가능한 것은 결코 아니다. 또한, 우리는 5,800개 이상의 사본을 근거로 여전히 원문을 정확하게 복구할 수 있다.
- 정경은 적절하게 선택되었다.
- 성경은 적절하게 번역되었다.[13]

---

12 피터 J. 윌리엄스, 『복음서를 신뢰할 수 있는가?』, 김태훈 역 (서울: 감은사, 2022), 170.
13 데럴 L. 보크 & 안드레아스 J. 쾨스텐버거 & 조시 채트로, 『세상에서 나의 믿음이 흔들릴 때』, 윤종석 역 (서울: 디모데, 2016), 170.

이에 반대하는 역사비평학자들과 회의론자들은 단순히 잘못된 것이며 그러한 경향에 집착하는 것일 뿐이다.

성서비평학에 대한 반론은 다른 이슈들에 대해 변증할 때보다 더 많은 전문 지식이 요구된다. 왜냐하면, 성서학자들이 성서비평학적 관점을 수용하고 있기 때문이다. 지성적인 신자라 할지라도 신학자에게 정면으로 변증하기란 대단히 부담스러운 일이 아닐 수 없다. 매튜 바렛(Matthew Barrett)은 자유주의 신학이 "오직 성경"이라는 종교개혁의 가르침을 파괴하기 시작했다고 불평한다.[14]

또 크레이그 블롬버그(Craig L. Blomberg)는 "문학적 형태와 요소"는 고려되어야 하지만, 본문의 가르침 자체를 비역사화 하거나 자명한 저작설을 부정하는 것에 대해서 심각함을 느낀다.[15] 하지만 성서비평학에 의존하는 학자들은 이런 우려의 목소리에 귀 기울이지 않는다.

가령 존 콜린스(John Collins)와 같은 학자는 고대 세계의 정보와 성서에 나오는 이야기의 불일치들은 자료비평, 양식비평, 편집비평 등으로 접근할 수 있으며, 고대 근동의 영향 아래 성서가 기록되었다고 주장한다.[16] 데이비드 R. 오르드(David R. Ord)와 로버트 B. 쿠트(Robert B. Coote) 같은 학자들 역시 "창세기의 에덴동산 (J 전승에 관한 이야기) 이야기보다 적어도 600년 전에 메소포타미아의 에누마 엘리쉬"가 기록되었다는 사실을 근거로 성서는 '고대 근동의 영향으로 기록된 책'이라고 주장한다.[17]

다행히도 이와 같은 주장에 모두가 동의하고 있는 것은 아니다. F.F. 브루스(Frederick Fyvie Bruce)는 사해사본의 구약 사용을 근거로 (쿰란의 사본들이 성경 해석의 영향을 받은 점), 고대 근동 사회가 오히려 히브리 전통의 영향을 받았다는 점에 더 무게를 싣는다.[18] 참고로 프레더릭 J. 머피(Frederick J. Murphy)는 "쿰란의 성경 해석은 성경이 쿰란 종파인 자신들을 직접 가리켜 말씀하시는 원리"로 이해한다.[19]

---

14 매튜 바렛,『오직 하나님의 말씀』, 김재모 역 (서울: 부흥과개혁사, 2018), 112.
15 크레이그 L. 블롬버그,『복음주의 성경론』, 안상희 역 (서울: 기독교문서선교회, 2017), 322-323.
16 존 콜린스,『히브리성서 개론』, 유연희 역 (경기고양: 한국기독교연구소, 2011), 24, 27-28참고.
17 데이빗R. 오르드 & 로버트B. 쿠트,『성서 이해의 새 지평』, 우택주 역 (서울: 대한기독교서회, 2013), 105, 107.
18 F.F 브루스,『사해사본의 구약 사용』, 이영욱 역 (서울: 감은사, 2018), 13-14.
19 프레더릭 J. 머피,『초기 유대교와 예수 운동』, 유선명 역 (서울: 새물결플러스, 2020), 359.

위와 같은 논쟁은 '성경 무오론'을 지지하는 이들과 '성서비평학'을 따르는 이들 간에 계속되고 있으나, 사실 신학계의 전반적인 흐름은 비평학에 대해 회의적이다. 회의적인 풍조에 놓인 이들은 아래와 같이 질문한다.

> 왜 논어를 읽을 때, "공자는 사생아였는가?", "이 말이 과연 공자 말이 맞는가?" 등의 의문은 품지 않는가?
> 공자의 논어나 석가의 일대기를 읽을 때는 역사비평적 방법론을 취하지 않으면서 왜 유독 성경에 대해서만 비평적 접근을 하는가?
> 다른 종교의 경전(꾸란, 법화경, 화엄경, 바가바드기타 등)을 접하는 이들은 비평학적 접근을 하지 않는다. 또한, 유대인들도 토라를 읽을 때 비평적 접근을 하지 않는다.
> 그런데 왜 유독 개신교 학자들만 자신들의 경전인 "성경"에 대해 비평적 접근을 하는가?

이러한 의구심은 비단 C. S. 루이스(Clive Staples Lewis)에게서만 나타나는 것이 아니다.[20] 디트리히 본회퍼(Dietrich Bonhoeffer)도 『시편 이해』에서 "역사비평적 해석 방법 때문에 사라졌던 기도"를 되찾을 것을 요청한다.[21] 브레바드 차일즈(Brevard S. Childs) 역시 "성경 신학자들의 모든 저서에서 사람들은 칼빈, 루터, 번연, 웨슬리 등의 책 면면에서 풍성히 발견되는 성경에 대한 순수한 기쁨이나 자발적인 경배의 표현을 거의 듣지 못했다"라고 말한다.[22] 물론, 차일즈가 이렇게 말하는 이유는 비평적인 판단을 받아들이지 않기 때문이 아니라 그 자료들이 권위의 중심이 아니기 때문이다.[23]

버클리연합신학대학원에서 신약학과 영성학을 담당하는 샌드라 슈나이더스(Sandra Schneiders)도 기독교 영성 신학이 이론적 연구가 되어 가고, 역사비평학의 배경이 학문으로 정착된 것에 대해 깊은 고민을 한다.[24]

---

20 C. S. 루이스, 『오독 문학비평의 실험』, 홍종락 역 (서울: 홍성사, 2017), 95. : 비평학이 오늘날에 설 자리가, 과연 있는지 의구심을 던진다.
21 디트리히 본회퍼, 『시편이해』, 최진경 역 (서울: 홍성사, 2015), 10.
22 브레바드 차일즈, 『성경신학의 위기』, 박문재 역 (서울: 크리스챤다이제스트, 1999), 57.
23 고든 피 외 5인, 『신학자들과 성경 읽기』, 김진우 역 (경기고양: 터치북스, 2022), 57.
24 샌드라 슈나이더스, "기독교 영성 연구에 대한 접근방식," 『기독교 영성 연구』, 아서 홀더 편집, 유해룡·오방식·최창국·정은심 역 (서울: 기독교문서선교회, 2017), 46. : 샌드라 슈

리처드 헤이스(Richard B. Hays)는 비평학자들이 주장하는 "구약과 신약의 모순"에 대한 입장 일체를 거부한다. 그 근거는 초대 교회는 마소라 본문이 아닌 셉투아진트를 사용하고 있다는 점이다. 즉, 현대의 자료비평이 구약을 마소라 본문으로 보는 이상 모순점을 계속 발견하게 될 것이다.[25] 만일 헤이스의 주장이 옳다면, 역사비평학의 가능성은 한없이 축소된다. 톰 라이트(Nicholas Thomas Wright)의 경우에는 기독교 신앙에서 성경의 권위는 "예수님 자신에게 주어진 말씀"이라고 주장한다.[26] 에타 린네만(Eta Linnemann)은 보다 더 급진적이다. 그녀의 논리는 종교사학파에 떨어진 폭탄과도 같다.[27]

린네만은 역사비평의 해석학적 시도를 일절 거부한다. 린네만은 개혁주의 신학자 게할더스 보스(Geerhardus Vos)가 이해했던 것처럼, 예수 그리스도라는 특별계시를 성경 전체(신구약 모두)가 말하고 있으므로 그 자체가 완벽한 권위를 가진다고 보았다.[28] 정리하자면 신약은 구약에 숨겨져 있고, 구약은 신약에 나타나 있다.

물론, 역사비평을 수용하면서 성경의 권위를 유지하고 싶어 하는 중립적인 의견들도 있다. 에크하르트 J. 슈나벨(Eckhard J. Schnabel)의 경우에는 본문비평을 통해서 원문이 다양하게 제시된다고 하더라도, 그것들이 복잡한 의미를 만들어 내지 않는다고 확신한다. 오히려 성서 비평을 통해 "복음의 목소리"가 드러나기 때문에, "신학적 신념에 도전장"을 내미는 일은 없을 것이라고, 다소 낙관적으로 본다.[29]

나이더스는 비평학이 학문으로 자리 잡은 것에 대해서는 어쩔 수 없으나, 비평학은 영성에 도움이 안 된다고 단언한다. 도움이 되는 부분을 발견하더라도 파괴적인 것이 더 많다고 평가한다.

25 리처드 B. 헤이스, 『바울서신에 나타난 구약의 반향』, 이영욱 역 (서울: 여수룬, 2017), 17.
26 톰 라이트, 『성경과 하나님의 권위』, 박장훈 역 (서울: 새물결플러스, 2015), 47.
27 카톨릭 신학자 칼 아담은 칼 바르트를 "자유주의 놀이터에 떨어진 폭탄"이라고 묘사했는데, 린네만도 그와 같은 영향력과 파급력을 보인다.
28 게할더스 보스, 『성경신학』, 원광연 역 (서울: CH북스, 2017), 61 이하. 게할더스 보스는 구약과 신약 모두 특별계시로 채워져 있기에, 그 자체로 권위가 있음을 강력하게 주장한다. 즉, 예수님에게 성경이 주어졌기 때문이 아니고, 성경이 예수님을 말하기 때문에 성경은 권위가 있는 것이다. : 에타 린네만은 자신의 저서 『성경비평학은 과학인가 조작인가』 들어가는 글에서 "하나님의 말씀에 대한 제한 없는 신뢰"를 강력하게 요청하고 있다.
29 에크하르트 J.슈나벨, "본문비평 최근의 발전," 『현대 신약성서 연구』, 스캇 맥나이트·그랜트R.오스본 엮음, 송일 역 (서울: 새물결플러스, 2018), 145.

지금부터는 성서비평학에 대해 좀 더 심도 있는 논의를 시도하면서, 게르하르트 마이어(Gerhard Maier)와 에타 린네만의 변증방법론을 제시하겠다. 이 작업을 위해 구약과 신약으로 나눠서 각각의 성서비평학적 방법론을 먼저 설명한 후 차례로 논박하겠다.

2. 문서가설의 허구와 역사비평학의 종말

먼저는 구약성서에서 사용되는 역사비평학에 대해 이해할 필요가 있다. 구약에서 사용되는 대표적 비평학은 '문서가설'이다. 앤서니 티슬턴(Anthony C. Thiselton)에 의하면 역사비평학이 등장하게 된 본격적인 전조는 사상사의 흐름 가운데서 17세기 말부터이다.[30] 이때는 인간의 이성적 사고가 중요시되던 시기라서, 이 당시 성경 해석은 텍스트의 기록 시기와 동기, 장소, 경우, 상황, 수단, 방법들을 연구하는 것으로 집중되었다. 이러한 영향을 크게 받은 대표적인 사람은 리처드 시몬(Richard Simon)과 바뤼흐 스피노자(Baruch Spinoza)이다.[31]

이 흐름과 사상은 할레의 제믈러(Johann Salomo Semler)에게도 영향을 미쳤는데, 제믈러는 해석학의 세 가지 과제에 초점을 맞추고 있다.

첫째, 해석자는 텍스트의 언어를 적절하게 드러내고 정확하게 연구해야 한다.

둘째, 역사적 정황을 구성하는 모든 사항을 고려해야 한다.

셋째, 해석자는 텍스트의 주제 문제를 재진술하되 시간과 상황의 변화를 꼼꼼히 따져야 한다.[32]

구약을 해석에 있어서 역사비평학은 16세기에 이루어진 일련의 성서번역에서부터 시작한다. 그리고 16세기를 거쳐 17세기에 이르면서 학자들은 세심한 성서 연구를 "성서비평"(biblical criticism)으로 부르기 시작한다.[33] 이는 17세기 중반 스피노자가 주장했던 성서 언어의 본성, 책의 내용, 기록 상황이 해석학의 필수 불가결한 요소로 거론되면서부터이다. 이 흐름 속에서 성서신학과 교의 신학의

---

30 앤서니 C. 티슬턴, 『해석의 새로운 지평』, 최승락 역 (서울 : SFC, 2016), 280.
31 Ibid., 281.
32 Ibid., 281-282.
33 Howard M. Teeple, *The Historical Approach to the Bible* (Evaston : Religion and Ethics Institutes, Inc., 1982), 67.

구분 필요가 가블러(Johann Philipp Gabler)에 의해서 요청되었고, 계몽주의 이후 본격적인 고고학적 연구가 진행되었다.

가블러의 관찰은 기본적으로 "성서 전체의 신학에 관련된 것"이다.[34] 여기서 로이스(Edouard Reuss)를 시작으로 하여 역사적-비평적 성서 해석은 19세기 후반 그라프(Heinrich Graf)에게 이어졌고, 이것은 율리우스 벨하우젠(Julius Wellahausen)에게 전달되었다.

문서자료들을 이용해서 오경의 구조를 파악한 신학자는 퀘넨, 그라프, 벨하우젠이다. 이들의 문서가설에 의하면 오경은 크게 네 가지로 구분된다.

첫째, 가장 오래된 것은 야위스트 자료(J)이다.

이 J 문서는 남유다 왕국에서 야훼(Jahwist/Yahweh)라고 부르며, 신인 동형론적인 표현의 약식 문구이다. 따라서 J 문서란 남 유대 왕국의 야훼 문서를 말한다. (독일학자의 이론임으로 약자를 Y가 아닌 J로 선택함)

둘째, 엘로히스트(Elohist) 자료(E)이다.

이 문서는 북 왕국 이스라엘에서 신의 초월성을 강조하는 경외 사상적인 표현, '엘로힘'의 약식 문구이다. 따라서 E 문서란 북이스라엘 왕국의 엘로힘 문서를 말한다.

셋째, 신명기 자료(D)이다.

이 문서는 신명기 사가(Deuteronomist)라 불리는 독립 문헌으로써, 히스기야에서 요시야 왕 때 설교를 통한 권면형 문체로 구성된 인과 응보적인 표현의 약식 문구이다.

넷째, 제사장 자료(P)이다.

이 문서는 포로기 혹은 포로기 이후 제사장(Priest)들의 글을 지칭하며, 제사장직이나 제사 의식을 강조하는 표현의 약식 문구이다. 따라서 P 문서란 포로기 시대 때나 포로기 이후 시대 때 제사장들 문서를 말한다. 벨하우젠의 문서가설이 신빙성 있었던 이유는 그가 다음과 같은 근거로 주장했기 때문이다.

> 제사장 코덱스는 포로기 이후에 발생했으며, 신명기는 포로기 직전에 발생했다. 출애굽기 20-23장의 짧은 단락 및 34장은 아마도 더 오래되었을 것이나,

---

[34] 존 H. 헤이스 & 프레드릭 C. 프루스너, 『구약성서 신학사』, 장일선 역 (서울: 나눔사, 2016), 19.

모세에게까지 거슬러 올라갈 수는 없다. 출애굽기 21-23장의 언약의 책은 팔레스타인 농업을 언급한다. 즉, 민족이 이미 그 땅에 뿌리 내린 것처럼 보이며, 광야의 모세가 이를 전제할 수 없었을 것이다. 그리고 십계명도 하나만 있는 것이 아니라 두 가지 판본이 존재한다. 이것만으로도 이미 전승의 불확실성이 입증된다. 출애굽기 34장이 담고 있는 내용은 축제에 관한 규정뿐인데, 이것들은 '추수 절기'에 관한 것이다. 따라서 이는 광야 이동이 아닌, 민족들의 땅의 거주를 전제로 한다.[35]

그러나 1880년대에 벨하우젠(Julius Wellhausen)이 체계화한 문서설은 정설로 굳어진 확고부동한 전제가 아니다. 최근에는 학자들이 오경의 이야기 속에서 통일된 구성과 주제들을 찾아내면서, 문서설의 우위가 사라져가고 있다. 물론, 여전히 문서설에서 논의를 시작하는 학자들도 존재하지만, "진정한 관심은 히브리 서사의 성질 그리고 단어들과 주제들이 어떻게 이야기와 사건들과 연결되는가로 옮겨져 왔다."[36]

지혜 문학의 대가로 손꼽히는 복음주의 구약학자 트럼퍼 롱맨 3세(Tremper Longman III)는 고대 근동의 언어와 문학 연구를 통해서 "J 자료에서 E 자료를 구분해 내는 것"은 불가능하다고 밝혔다.[37] 그렇다면 오경 안에 다채로운 이질적 자료들이 있어도, 그것들이 과연 문서설을 통해 밝혀질 수 있겠는가?

롱맨은 이러한 물음에 대해서는 그 누구도 확신할 수 없다고 본다.

통시적 해석에서 공시적 해석으로 넘어가게 되면 문학비평이 전개된다. 이는 역사비평학을 극복하는 대안으로 제시되며, 공시적 해석은 본문을 거울삼아 현재를 바라본다는 점이 특징이다. 이러한 해석방법론의 장점은 본문의 전체적 관점과 문학 장치를 파악할 수 있는 점이다. 단점은 역사성이 떨어지고 저자의 의도를 놓칠 수 있다는 점이다.

예를 들어, 공시적 비평 중 '이데올로기 비평'은 현실의 상황적 요인을 성서에 투사하여 해석해 낸다. 최근 퀴어신학이나, 페미니즘 신학 모두 이데올로기

---

35 율리우스 벨하우젠, 『이스라엘-유대 종교』, 진규선 역 (서울 : 수와진, 2021), 16-17.
36 아서 G. 팻지아 & 앤서니 J. 페트로타, 『성서학 용어 사전』, 하늘샘·맹호성 역 (서울 : 한국기독학생회출판부, 2021), 44.
37 트럼퍼 롱맨 3세, 『손에 잡히는 구약 개론』, 김동혁 역 (서울: 한국기독학생회출판부, 2017), 23.

비평법에 의존하고 있다. 즉, 역사비평학이 통시적 해석방법론인 것을 고려할 때, 역사비평학을 지향하면서 이데올로기 비평을 동시에 취하는 것은 불가능하다. 그렇기에 지성적인 기독교 변증가들은 역사비평학과, 교리적 통제에서 벗어난 무차별적인 공시적 해석, 이 두 가지 모두를 거부한다. 그 대신 초대 교회 전통과 종교개혁자들의 구속사적 성경 해석을 유익한 것으로 받아들인다.

물론, 성서비평학을 거부하는 학자들이라 할지라도, 비평학자들이 이루어 놓은 고고학적 노력과 시대적·문화적 정황에 대한 자료 수집에 대해서는 그 공로를 인정하고 수긍한다. 하지만 성서비평학은 여러 가지 다양한 해석방법 중 하나이지, 유일한 해석방법인 것은 결코 아니다.

역사비평학은 학문의 객관성을 중요시하고, 입증할 만한 자료들과 사본들을 중요하게 여긴다. 그런데 문제는 바로 그것에서부터 시작된다.

과연 역사비평학의 자료들과 근거들이 객관적인가?

전혀 그렇지 않다. 마이어가 볼 때, 계시의 특수성을 말소시키는 역사비평학은 무가치한 것이다. 마이어가 역사비평방법에 대해 반론을 제기하며 그 무가치성을 지적하는 핵심 논리는 다음과 같다.

첫째, 역사비평방법은 성경이 그리스도를 가르치는 척도(정경)의 기능을 상실시킨다.[38]

마이어는 역사비평학자들에게 '역사비평학이 명확한 사본 자료나 정당한 케리그마를 가지고 있는가?'

이런 물음을 지속해서로 던진다.

가령 J.E.D.P 문서가설은 문서비평에서 가정하고 있는 전제인데, 이것들에 대한 고고학적 증빙자료들이 제시된 것이 있는가?

지금까지 마이어가 던지는 물음들에 대해 충실하게 고민하면, 문서가설은 과학적 해석방법이 아니라, 상상력과 가설에 의존하고 있는 것임을 발견하게 될

---

38 게르하르트 마이어, 『역사비평학의 종말』, 김성수 역 (서울: 여수룬, 1986), 15-16. : 독일 국가 대학에서는 역사비평학이 필수적으로 요구된다. 그러나 마이어는 그것을 거부한다. 그 결과 마이어는 튀빙겐 신학대학의 케제만의 후임자 자리에서 슈툴마허와의 경쟁에서 밀려난다. 하지만 그는 독일권을 벗어나 영국과 미국의 많은 신학자에게 인정받는 석학이다. 왜냐하면, 마이어는 고전어에 탁월한 재능이 있었으며, 신약학자이지만 구약학 전반까지 폭넓게 가르치기 때문이다. 그는 벵엘 하우스에서 경건한 독일신학자들을 키워내고 있으며, 독일 국가 대학에서 역사비평학을 필수과목으로 선정한 것에 대해 반대하는 운동을 하고 있다.

것이다. 어쩌면 역사비평학자들은 문서가설에 대한 믿음을 전제하고 있을지도 모른다. 두안 A. 가렛(Duane A. Garrett)은 롤프 렌도르프(Rolf Rendtorff)의 말을 빌려서, "'야훼스트의 신학'이라는 개념은 환상이다"라고 비판한다.[39]

역사비평학은 자신들 스스로가 추구하는 연구 방법과 연구 대상이 서로 맞지 않음이 드러났다. 그런데도 성서비평학적 시각으로 성경 자체가 하나님의 말씀이라는 사실을 당당히 부정하고 있다. 이에 대해 마이어는 그 누구도 "그리스도와 성경을 분리할 아무런 열쇠"도 제공하지 못할 것이라고 말한다.[40]

둘째, 역사비평학은 해석하기 전에 결과가 미리 전제되어 있다.[41] 합리주의와 인간의 이성적 사고가 신앙의 논리를 미신적인 것으로 취급하는데, 사실 역사비평학이야말로 미신적인 신앙에 의존하고 있다. 비평학자들은 "교묘하게 본문을 다르게 착색하며, 그 구절을 문맥에서 도려내어 '차이점'(불일치점)을 드러낸 후 그 어떤 조화의 가능성도 배제해 버리면서 추정된 차이점이 문서의 다양성을 '증명한다'"라고 억지 주장을 펼친다.[42] 그런데 이런 태도야말로 해석자의 "주관적 독단"이다.[43]

예시를 하나 들면, 구약학의 난제 중 하나인 이사야서의 저자 문제에 대해서 신학적 논의를 거칠 때 역사비평학자들은 "8세기(1-39장), 바빌론 강제 이주기(40-55장), 페르시아 시대(56-66장)"라는 구분을 확신에 차서 전제한다. 하지만 "고대의 저자 개념과 현대적 맥락에서의 저자 개념 사이에는 상당한 차이가 있음을 명심"해야 한다.[44] 그리고 성서비평학자들의 주장들은 충분한 반론이 가능하다. 롱맨은 "예언자가 사건에 대한 뛰어난 상상력을 동원했으며, 따라서 각 시대를 살아가는 사람처럼 말할 수도 있다"라는 견해를 소개한다.[45]

즉, 이사야서의 저자가 예언에 생동감과 긴박감을 주기 위해 문학적 장치를 활용한 것으로도 설명될 수 있다. 물론, 이러한 복음주의 성경 해석의 입장에 대해서 성서비평학에 심취된 자들은 냉소적인 비웃음으로 화답할 것이다. 그러나

---

39 두안 A. 가렛, 『창세기 다시 생각하기』, 임요한 역 (서울: 솔로몬, 2021), 298.
40 게르하르트 마이어, 『역사비평학의 종말』, 16.
41 Ibid.
42 글리슨 L. 아처, 『구약 총론』, 김정우·김은호 역 (서울: 기독교문서선교회, 2008), 151.
43 게르하르트 마이어, 『역사비평학의 종말』, 22.
44 크리스토퍼 M. 헤이스 & 크리스토퍼 B. 안스베리, 『역사비평의 도전과 복음주의의 응답』, 성기문 역 (서울: 새물결플러스, 2021), 227.
45 트럼퍼 롱맨 3세, 『손에 잡히는 구약 개론』, 169.

복음주의 성경 해석자들이 맹목적으로 "이사야서의 저자는 의심할 여지 없이 이사야의 단일 저작이다"라고 선정하는 것은 아니다.

다만 이사야서에 표제가 한 번만 나온다는 점과 책을 통틀어 저자가 바뀌었다는 말이 없기에, 익명의 저자(제2 이사야 내지는 제3 이사야)에 대한 논의는 학문적 담론 그 이상도, 그 이하도 아니라는 점을 명심하자는 것이다.

이처럼 역사비평학은 여타의 다른 여러 가지 주장들과 이론들 가운데서 단지 하나의 견해에 불과하다. 무엇보다 역사비평학의 편식 된 성서관은 "더 이상 성경과 하나님 말씀"을 동일시하지 않는다.[46]

셋째, 역사비평학은 실용성이 결핍되어 있다.[47]

마이어가 실용성을 따질 때는 교회 현장에 실천적인 메시지(설교)와 연관된다. 따라서 비평은 계시에 대한 올바른 응답이 아니며, 신적 계시의 증언에서 멀어지는 무가치한 소설에 불과하다. 그리고 마이어가 봤을 때, 역사비평학은 해석자가 마치 교황의 위치에 올라서서 자신의 독단과 비합리적 상상력을 고집하는 것에 불과하다.

그래서 마이어는 자신의 『성경해석학』에서 역사적-비평적 해석을 거부하고 성경적-역사적 해석을 제시한다. 이전에 복음주의 학자들은 "우리가 해석학을 필요로 하는 것은 성경이 신성한 책이기 때문만이 아니고, 이것이 하나님의 책인 동시에 인간의 책이기 때문"이라고 설명한다.[48]

---

46 게르하르트 마이어, 『역사비평학의 종말』, 22.
47 Ibid., 23. : 역사비평학이 실용적이라고 생각하는 사람들은 성경에 모순과 오류가 많다고 생각하기 때문이다. 그들은 다음과 같이 항변한다.-"성서를 봐라! 모순투성이에 믿을 수 없는 것투성이다. 성서는 그저 종교적 산물에 불과하며, 그 안에서 사실적 내용을 찾을 수도 없고, 찾아서도 안 된다. 그저 의미 부여하는 것에 그쳐야만 한다. 왜냐하면, 성서는 결함과 단절만이 나열되어 있기 때문이다."-이와 같은 항변에 대해서 게르하르트 마이어의 벵엘 하우스 연구소의 답변은 다음과 같다.-"성경은 결함이 아니라 결합이 있고, 단절이 아니라 단결이 있다. 성경에는 단연코 모순도 없고, 오류도 없다. 다만 신비가 있다.
또한, 비평학자들이 지적하는 상당 부분은 이미 의론적으로 그리고 신학적으로 학자들을 통해 많은 부분 설명되었다. 그들이 지적한 부분들은 우리를 구원받게 하는 신앙에 조금의 영향도 미치지 못하는 것들뿐이다. 성경은 의미만 부여될 수 있는 것이 아니라 실재적이고 사실적인 계시적 사건으로 지금도 우리 신앙과 상응하고 있다. 그렇다고 한다면 이것은 진정한 진리이며, 계시이신 예수 그리스도를 증거하기 위한 경전이다. 계시에 상응하는 자세는 비평이 아니라 순종이며, 수정이 아니라 인정이다. 물론, 해석자가 성경을 해석할 수 있다. 그러나 결코 성경 위에 군림할 수는 없다."
48 월터 C. 카이저 & 모이세스 실바, 『성경해석학 개론』, 김창헌 역 (서울: 은성출판사, 2009), 17.

티슬턴의 경우에도 불트만, 슐라이어마허 등의 해석학적 방법들을 어느 정도 견제하며 이용한다.[49] 하지만 마이어는 이들의 해석학적 방법들이 전면 무가치하다는 것을 논리적-조직적 체계를 가지고 비판한다. 그 근거는 리쾨르가 "인간의 의식에서 출발하는 것이 계시의 정신을 이해하는 데에 있어서 가장 큰 장애물"이라고 생각하는 것에 동의하면서 제시된다.[50]

즉, 해석학은 "계시의 해석학"이어야 한다.[51] 비평적 해석을 전면 거부하지는 않더라도, 대체로 복음적인 학자들은 성경을 단순한 인류 이야기가 아닌, "하나님의 이야기, 곧 하나님이 친히 우리를 찾으시는 이야기"로 본다.[52]

하지만 마이어가 강조하는 "계시의 해석학"은 훨씬 더 강경하다. 마이어는 종교개혁 시대의 마티아스 플라키우스(Matthias Flacius Illyricus)의 명제를 다시 재인용하며, "인간이 성경 말씀에 비추어 현실을 해석할 것이 아니라, 말씀이 현실을 통해 해석되어야 한다"라고 주장한다.[53] 믿을 만하고 오류가 없는 성경의 해석은 오직 성경 자체로부터 나온다.

그가 볼 때 성서비평학은 복음주의자들이 수호해 오던 무오성 개념을 성공적으로 시험대 위에 올렸지만, 계시적 교리를 성경에 근거해서 표현해낼 만한 능력은 잃어버렸다. 결국, "성경에 진지한 독자라면 성경을 하나님의 진리로 채택"해야 한다.[54] 믿음은 역사를 날조하는 것이 아니라, 역사를 발견하는 것이다. 막연한 가설에 근거해서 비평적인 실험을 시도하는 것은 복음적이지 않을 뿐만 아니라 실용적이지도 않다.

우리는 발견한 역사 안에서 성경을 깨닫고, 진행되는 역사 속에서 하나님과 교제한다.[55] 우연한 역사적 진리는 필연적 이성 진리로 결코 증명할 수 없다. 또한, 믿음이 이성적이라면, 그것은 원칙적으로 역사적 근거를 필요로 하지 않는다. 따라서 마이어는 역사비평학은 무가치하다고 일관되게 주장한다. 린네만 역

---

49 앤서니 C. 티슬턴, 『해석의 새로운 지평』, 287-ff.
50 게르하르트 마이어, 『성경해석학』, 송다니엘·장해경 역 (경기수원: 영음사, 2015), 43.
51 Ibid.
52 고든 D. 피 & 더글라스 스튜어트, 『책별로 성경을 어떻게 읽을 것인가』, 길성남 역 (서울: 한국성서유니온선교회, 2016), 14.
53 게르하르트 마이어, 『성경해석학』, 44.
54 존 H. 월튼 & D. 브랜트 샌디, 『고대 근동 문화와 성경의 권위』, 신득일·오성환 역 (서울: 기독교문서선교회, 2017), 391.
55 게르하르트 마이어, 『요한복음』, 송다니엘 역 (경기안산: 토브북스, 2021), 31.

시 이 주장에 힘을 싣는다. 지금 우리는 역사비평이 전혀 과학적이지 않으며 '허구'라는 것을 폭로한 인물이, 현대 기독교 사상사 안에서 어떤 근본주의자가 아니라, 역사비평에 고견을 가지고 있는 린네만이라는 사실에 놀랄 수밖에 없다.[56]

그녀는 역사비평학이 과학적인 연구가 아니라고 거듭 강조하면서 이렇게 주장한다.-"역사비평학 안에서는 어떠한 진리도 찾아낼 수 없으며, 복음 전파에 도움이 되지 않는다."-[57] 따라서 린네만은 벨하우젠의 문서가설도 강도 높게 비판한다. 린네만에 따르면, 벨하우젠의 문서가설이 제시된 원인은 그라프의 과학적 가설에 근거한 것이다. 하지만 린네만은 그라프의 주장이 잘못된 것임을 간파했다. 그녀는 사무엘 퀼링(R. Külling)의 『창세기 P 문서의 시대 확정』이라는 책에 묘사된 내용을 근거로 다음과 같이 폭로한다.

> 로이스(Reuss)가 처음으로 소위 제사장 문서는 모세가 집필한 것이 아니고 훨씬 이후에 쓰인 것이라고 했는데, 그 자신도 이런 자신의 주장을 "영감의 결과"라고 했다. 그는 자기 제자들에게 위에 인용된 말 뒤에 즉시 덧붙여서 가르치기를, "선지서들은 율법서보다 먼저 있었고, 시편은 선지서와 율법서보다 먼저 생겨난 것이다"라고 했다.
> 로이스의 제자인 그라프(Graf)는 이 엄청난 말을 증명 해 보려는 시도조차 없이 그대로 받아들여서, 이 말을 근거로 구약에 나타난 이스라엘의 역사를 바꾸어 놓았다. (중략) 그라프는 로이스에게 다음과 같은 편지를 썼다.
> "모세 오경의 중간 부분이 바벨론 포기 시대 이후에 쓰인 것이라는 것에 대해 저는 확고하게 확신합니다" 소위 '과학적인' 논문에서 이런 유의 증명이 되지도 않은 것에 대한 '확고한 확신'이라는 말은 자주 사용되는 표현이라는 것은 필자가 굳이 증명할 필요도 없다. (중략) 그의 확신은 그 반대 의견들과 사실에 근거한 토론을 거쳐서 강화된 것이 아니고, 단순히 자신이 그렇게 하기로 결정한 것이다.[58]

---

56 린네만은 예레미야스 제자였을 뿐 아니라, 불트만, 에른스트 푹스, 프리드리히 고가르텐, 게르하르트 에벨링에게 수학하면서, 역사비평학에 정통하였다.
57 에타 린네만, 『성경비평학은 과학인가 의견인가』, 송다니엘 역 (서울: 부흥과개혁사, 2014), 9.
58 Ibid., 185-187. : R. Külling, *Zur Datierung der Genesis-P-Stücke*, Riehen, 1985. 재인용.

린네만이 이같이 문서가설을 비판하는 이유는 벨하우젠이 만들어 놓은 역사의 틀에서 P 문서가 포로 이후의 생성물임을 확증시켜 줄 만한 고고학적 자료나, 증거물이 전혀 없다는 점에서 그렇다.[59] 즉, 문서가설은 과학적 연구가 아니라, 개인의 상상력에 근거한 의견에 불과하다. 그라프로부터 벨하우젠에게 전수된 문서가설에 대한 인식(실제로는 올바른 인식이 아니라 로이스가 그의 영감에 의해 선지서가 율법서보다 먼저 나왔다고 주장한 것. 단순한 이런 주장이 나중에는 학자들 사이에서 인식되어 받아들여진다)은 그의 동료가 그들의 의견을 섞어 이리저리 엮어 놓은 것에 불과하다.[60]

과연 창세기 2장 18절은 J 문서와 E 문서의 교차 편집인가?
그렇다면 그 근거는 무엇인가?
왜 오경에 대해서는 문체의 통일성을 고려하지 않는가?
역사비평학자들은 해석학을 시도하면서 위와 같은 논쟁 지점들에 대해 과연 충분히 고려하고 있는가?

이러한 물음들이 쏟아지는 가운데서도 여전히 비평적 해석을 시도하길 원한다면, 적어도 존 골딩게이(John Goldingay)가 지적하는 부분에 대해서는 준수해야 한다. 골딩게이는 다음과 같이 말한다. 구성적 접근에 있어서 "역사 속에서 하나님의 구원 행위에 관한 구약의 서술 때문에 시사되는 변증법 또는 상보성(相補性) 그리고 대위법의 다양한 면모"는 우리 자신의 신앙과 삶에 결실을 위해 파악해야 한다.[61]

3. Q의 허구와 성서비평학의 모순

지금까지 우리는 구약에서 성서비평학의 한계점을 지적했다. 이어서 신약에서 성서비평방법론이 어떤 것이 사용되고 있으며, 이것에 대해 어떻게 반론할

---

59 Ibid., 188.
60 Ibid., 187.
61 존 골딩게이, 『구약의 권위와 신학적 다양성』, 김의원·박문재 역 (서울: 크리스챤다이제스트, 1998), 285.

수 있는지를 논의하겠다. 신약학에서 지대한 영향을 미친 인물은 아마도 루돌프 불트만(Rudolf Karl Bultmann)일 것이다.

불트만의 성서해석방법론은 케리그마 해석이다. 이 해석학적 이론은 "비신화화론"과 "실존주의 해석"에 기반을 두고 있다. 그래서 불트만은 "육체의 그리스도(Christ of flesh)가 아니라 신앙의 그리스도(Christ of faith)"를 필요로 했다.[62] 불트만은 예수님의 메시지와 신화의 문제에 있어서, 종말, 구속자, 구원 등의 개념은 현대과학에서는 논의하기 어려운 것임을 인정했다.

로날드 내쉬(Ronald H. Nash)에 따르면, 불트만은 "과학에서 멈추지 않고, 나이가 많은 성경 기사를 심리학적인 신화로 간주"하였다.[63] 다시 말해 불트만은 자기 나름의 돌파구를 찾기 위해 "비신화론적인 진술"들을 제거하기보다는, 그것들을 해석하는 데 집중했다.[64] 그러나 불트만과는 다르게 에른스트 케제만(Ernst Käsemann)은 역사적 예수님 연구의 필요성과 신화성을 인정하는 것에 대해 열린 자세를 취한다.

하지만 불트만과 케제만 사이의 논쟁은 성서비평학의 방법론을 거부하는 논쟁이 아니다. 케제만은 "정경이 하나의 복음서가 아니라 네 개의 복음서가 제시"된 이유는 공동체의 전승 자료가 다르기 때문이라는 점을 강조한다.[65] 또한 케제만은 성서의 이러한 "다면성"은 오류를 가지고 있으며, "모순이 있음을 인정하지 않을 수 없게 된다"고 주장한다.[66]

최근에 이르러서는 게르트 타이센(Gerd Theißen)이 역사비평학의 흐름 속에서, '역사적 예수 연구'를 사상사로 탈바꿈하여 새롭게 강조한다. 타이센은 원시기독교와 성서의 관계성을 다루면서 신화적 방식과 역사적 방식의 통합을 주장한다.[67] 또 타이센은 열린 성서 학습의 길을 제시하면서, 성서의 불일치, 불명확성

---

62 조나단 T. 페닝톤, 『복음서 읽기』, 류호영 역 (서울: 기독교문서선교회, 2015), 206.
63 로날드 내쉬, 『기독교신앙과 역사이해』, 문석호 역 (서울: 성광문화사, 1999), 66.
64 루돌프 불트만, 『예수 그리스도와 신화』, 이동영 역 (서울: 한국로고스연구원, 1994), 20-21. ; 그러나 불트만의 주장은 많은 공격을 받는다. 칼 브라텐은 "역사 없는 케리그마는 의미 없는 소리이다"라고 하였고, 이안 헨더슨은 "신약의 비신화화는 신화를 벗기는 것이 아니라, 실존과 인류학적 해석으로 진리를 파괴하는 것이다"라고 불트만을 평가하였다.
65 E. 케제만, 『신의와 성례전』, 대한기독교서회편집부 역 (서울: 대한기독교서회, 1987), 229. : 전승사 비평의 관점에서 이해할 수 있다.
66 Ibid., 235.
67 게르트 타이센, 『기독교의 탄생』, 박찬웅·민경식 역 (서울: 대한기독교서회, 2009), 63.

등의 해석 과제를 요구한다.⁶⁸

요아킴 예레미야스(Joachim Jeremias)의 제자로 알려진 린네만은 초창기에 예수님 비유의 연구를 불트만의 신학적 입장에 근거하여 주장했었다. 그러나 그녀는 자신의 인생 말년에 신학적 입장을 완전히 뒤바꾼다. 린네만은 현대 기독교 사상사 안에서 그나마 중도적 입지의 학자로 소개되는 신약학자 큄멜(Werner Georg Kümmel)에 대해서조차도 강도 높게 비판한다. 린네만은 역사비평학의 방법론이 사용되는 어떠한 이론도 거부한다. 그 이유는 앞서 마이어가 비판했던 것처럼, 역사비평학은 "증명된 것이 아니라 처음부터 전제가 되어 있었기 때문"이다.⁶⁹

큄멜은 성경을 고대 종교사적 문서로 보며, 역사학적 연구를 통해서만 의미가 있다고 주장한다. 하지만 린네만은 이러한 주장은 하나님의 말씀을 죽은 문자로 취급하는 끔찍한 소리라고 단언한다.⁷⁰ 그녀는 역사를 중립적으로 전제하고 성경을 연구하는 것은 불가능하다고 본다. 즉, 린네만에게서 약간이라도 성서비평학을 사용하는 사람이 있다면, 그 사람은 역사비평학자이다. 린네만은 비유하여 말하기를 "약간만 임산부가 된다는 말이 불가능하듯이 약간의 역사비평이라는 말도 불가능한 일"이라고 주장한다.⁷¹

린네만은 자신의 저서 『성경비평학은 과학인가? 의견인가?』 서문에서 자신의 이전 저서인 『예수의 비유 연구』와 『수난사 연구』 그리고 전문잡지에 기고했던 모든 비평학 이론을 쓰레기통에 버릴 것을 부탁한다.⁷²

그렇다면 왜 린네만은 이렇게 극단적인 방향 전환을 보이는 것일까?

그 이유는 그녀가 성서비평학에서 심각한 문제를 발견했기 때문이다.

첫 번째 이유는 '양식비평'과 '자료비평' 간의 모순이다.

양식비평의 전제는 세 명의 복음서 저자가 같은 단락에 대한 서로 다른 버전의 이야기들을 모두 가지고 있어야 한다. 이것은 전승의 변형체들이다. 이들은 이 변형체 중에 하나를 선택해서 자신의 복음서에 집어넣어야 한다. 그리고 이

---

68 게르트 타이센, 『성서, 어떻게 가르칠 것인가?』, 고원석·손성현 역 (서울: 동연, 2010), 402.
69 에타 린네만, 『성경비평학은 과학인가 의견인가』, 172.
70 Ibid., 172-173.
71 Ibid., 176. ; 린네만의 입장대로라면, 로버트 스타인, 고든 D. 피, 하워드 마샬과 같은 복음주의 학자들 역시 공격의 대상이다. 왜냐하면, 이들은 자료비평을 사용하면서 동시에 성서무오성을 주장하기 때문이다. 린네만 입장에서 비평학과 무오성을 동시에 주장하는 것은 정신분열 증상이다.
72 Ibid., 14.

모든 변형체가 하나도 빠짐없이 공관복음서에 모두 나타나야 한다. 쉽게 말해서 세 명의 기자가 각각 하나씩 선택해서 자신의 복음서에 수용한다. 이렇게 내용은 비슷하나 모양이 서로 다른, 공관복음서에 기록된 전승을 공관복음 전승이라고 한다.

즉, 복음서 기자는 전승을 편집한 것이다. 그러나 자료비평에서는 마태와 누가가 전승을 정리해서 복음서를 만든 것이 아니라, 마태복음의 저자와 누가복음의 저자가 '마가복음'과 'Q 문서'를 베꼈다고 주장한다. 여기서 지금 전승에 대한 '양식비평'과 '자료비평' 간에 명백한 모순성이 드러난다.[73] 만일 양식비평과 자료비평을 억지로 맞춘다면, 전승이 마가나 Q 문서 모두에 들어 있어야 하고, 마가복음에 비슷한 이야기 단위들이 2-3개씩 있어야만 한다. 그러나 이것은 합당하게 증명해 낼 수 없다. 따라서 역사-비평학은 이 두 가지 중 하나를 버려야만 한다.

만프레트 드라이차(Manfred Dreytza)도 역사-비평적 방법론이 "다양성과 주목할 만한 대조를 이루며, 하나의 분명한 불일치를 보여 준다"고 지적했다.[74] 성서비평가들이 이러한 모순을 인식하지 못하는 이유는 이 두 가지 방법을 사용하고 있음에도, 양자를 동시에 고려하지 않기 때문이다.[75] 즉, 자료비평을 할 때 양식비평을 고려하지 않고, 양식비평을 할 때는 자료비평을 고려하지 않기에 일관성을 잃어버린다.

그렇다면 이제 모든 비평학적 방법을 악마화하고 완전히 폐기해야만 하는 것일까?

아마 린네만이라면 반드시 폐기해야 할 것을 요청하겠지만, 이런 질문에 대해 복음주의 신약학자 블룸버그는 다음과 같이 대답한다.

> 복음서 비평은 비록 몇몇 급진적 비평가에 의해 본문 영감을 믿지 못하는 대체 수단으로 사용되긴 했지만, 본질적으로 그러한 것은 아니다. 오히려 그것은 최종 산물이 정확히 하나님이 그의 백성에게 전달하고자 하신 것이라는 사실이 보장

---

73 Ibid., 145.
74 만프레트 드라이차 & 발터 힐브란츠 & 하르트무트 슈미트, 『구약성서 연구방법론』, 하경택 역 (서울: 비블리카아카데미아, 2011), 60.
75 에타 린네만, 『성경비평학은 과학인가 의견인가』, 145.

되도록 하나님의 영이 감독하신 보통 인간의 저작 수단에 관한 연구인 것이다.[76]

블룸버그가 이같이 대답한 이유는 비평학적 사고가 꼭 좋아서라기보다는 비평학적 사고가 복음서 간에 발견되는 기록의 차이점에 관해 설명해 낼 수 있도록 도움을 주었기 때문이다.

예를 들면, 마태복음과 누가복음에서 특정 사건에 대해 보도하는 기록이 왜 다른지에 대해서 추적하기에는 비평학적 요소가 주는 유익이 없지 않아 있다. 가령 우리는 성경을 읽으면서 복음서 간의 기록 방식과 내용의 차이(단적인 예로, 마태복음에서는 동방박사가 아기 예수께 경배를 오지만, 누가복음에서는 목자들이 등장한다)를 필연적으로 발견한다. 이에 대해서 비평학적 요소를 참고하면, 마태와 누가가 전승받은 자료의 차이가 있었다고 추론할 수 있다.

또한, 이들이 자신의 신학적 입장에 맞춰서 자신들의 신학적 사고에 알맞은 사건을 취사선택하여 보도하고 있다고 생각할 수도 있다. 그래서 로버트 M. 그랜트(Robert M. Grant)는 다음과 같이 가이드를 제시한다.

> 두 개의 권위가 각기 성경 해석자에게 충성을 요구할 때, 이 두 권위 사이의 긴장은 난제를 간단히 해결하는 것보다 더 많은 열매를 맺는 법이다. 성경 해석자는 자기가 관찰하는 바, 진리에 대한 책임이 있을 뿐 아니라(진리는 결코 타자가 해석자에게 인식하도록 원하는 대로의 진리가 아니다) 동시에 해석자는 기록고 공동체에 대한 책임을 져야 하며, 그 공동체라고 하는 예배자의 계승 속에 서 있으며, 그 계승에 대한 책임이 있다. 인간은 이성 있는 동물이며 동시에 예배드리는 사람이다.[77]

두 번째 이유는 적법한 검증 없이 가설이 정설로 받아들여지기 때문이다.

린네만이 성서비평학에 반격하는 이유는 성서비평학의 방법론이 학문이 아니라 일종의 '사기' 또는 '조작'이기 때문이다. 린네만은 슐라이어마허가 Q를 단지 마태 혼자서만 사용한 원전으로 본 것에 대해 억측이라고 단언한다.[78] 린네만

---

76 크레이그 L. 블룸버그, 『예수와 복음서』, 김경식 역 (서울: 기독교문서선교회, 2016), 135.
77 로버트 M 그랜트 & 데이비드 트레이시, 『성경해석의 역사』, 이상훈·임충열 역 (서울: 알맹e, 2022), 19.
78 에타 린네만, 『성경비평학은 과학인가 조작인가?』, 송 다니엘 역 (서울: 부흥과개혁사,

과 마찬가지로 마이어는 이와 관련해서 비평학자들이 신봉하는 마가우선설(두 자료설)을 정면으로 비판한다. 사실상 마이어가 지적한 비판점은 '그리스바흐 가설'(Griesbach Hypothesis)에서 제기하는 주장과 흡사하다. 이 이론을 주장하는 학자들은 다음과 같이 생각한다.-마태가 가장 먼저 복음서를 기록했고, 그다음에 누가가 마태복음의 내용을 재배치하고 난 후 자신의 고유한 분량을 추가했을 것이다. 그리고 나서 마가가 마태와 마가의 기록을 압축하여 요약했을 것이다.-[79]

> 독일 국가신학대학에서는 오랫동안 두 자료설을 신봉해 왔다. 이 이론에 따르면, 마태는 마가복음과 큐(Q:예수님의 말씀 어록집)를 베껴 써서 마태복음서를 만들었다고 한다. F. 바우서, Th. 짠, A 쉴라터와 같은 학자는 마태복음이 먼저 쓰였으며 마가복음과 관계가 없다고 했다. 마태복음이 먼저 쓰였고, 마가복음과 연관이 없다는 것이 명백하므로 두 자료설은 학설로는 가치가 없다. 이렇게 마태복음이 마가복음을 베끼지 않았다는 것은, 특히 마태와 마가가 같은 사건을 설명할 때 마태가 항상 짧게 설명한 데에서 나타난다. 마태가 마가복음을 베껴 썼다면, 왜 그 많은 것을 생략했는지에 대한 합리적인 이유가 있어야 하는데, 이것을 아무도 설명할 수 없다.[80]

고대 교회의 전승에 근거할 때, 마가복음의 저자는 예루살렘 교회에 모임 장소를 제공한 마리아의 아들 마가이다. 물론, 성서비평학자들은 복음서 저자에 대해 의심한다. 그 이유는 복음서의 기록 순서에 대한 자신들의 견해를 설명하기 위해서이다. 따라서 이들은 필연적으로 이중가설을 주장하기에 이른다. 대표적으로 마태복음과 마가복음을 비교하는 차원에서 그것이 두드러진다. 그것은 현대 신학 사조에서 '문서설'이라는 이름으로 설명되는데, 여기서 '문서설' 또

2012), 68. : 린네만의 견해를 빌려서 두 자료설의 문제점을 잠시 언급하자면, 다음과 같은 문제점이 있다. 1. 마가도 특수자료가 있다(5퍼센트). 즉, 마태와 누가가 마가를 전부 받은 것이 아니고, 일부는 남겨두었는데, 두 자료설은 이에 대해 설득력 있는 해명을 하지 못한다. 2.누가에 누락 된 부분이 많다. 막 6:45-8:26이 눅 9:17과 눅 9:18 사이에 없다. 3. 단락을 마가에서 가져왔음에도 불구하고 마가에는 없으나 마태와 누가에 나오는 표현들이 있으며 이것이 서로 일치한다. 역사비평학자들은 이것이 왜 그런지 설명할 수 있는가? 더욱이 긴 문장이 완전히 일치하는 경우도 몇 군데 있다(마 3:12; 눅 3:18).

[79] 스캇 맥나이트 & 필립 로, 『그리스도 이야기: 외부의 시선으로 본 예수』, 이지혜 역 (서울: 비아토르, 2023), 23.
[80] 게르하르트 마이어, 『마태복음』, 송다니엘 역 (서울: 진리의깃발, 2017), 29.

는 '자료설'이란, 구전과 문서 자료를 더한 형태를 일컫는다.

복음서에서 논의하고 있는 '문서설'의 첫 번째는 '두 자료설'이다. '두 자료설'에는 '두 문서설'과 '두 복음서설'로 나뉜다. '두 자료설'은 마가복음이 가장 먼저 쓰였으며, 복음서들의 공통된 참고 문헌 Q 자료를 근거로 확대 편집하여 마태복음과 누가복음이 기록되었다고 보는 견해다. 이 입장에 근거하면, 복음서 간에 공통으로 참고했을 어록 형태의 Q 자료 가설이 전제된다. 또한, 복음서 저자가 단일 저자일 수 없다는 가설을 세워야만 성립된다.

즉, 이중가설에 근거할 때만 '두 자료설'이 설명될 수 있다. '두 자료설'에 대비되는 견해로는 '두 복음서설'이 있다. '두 복음서설'이란 마태복음과 누가복음의 이야기를 마가복음 저자가 요약해서 정리했다는 견해이다.

그러나 이러한 주장은 마가복음에 있는 내용 중 마태복음과 누가복음에 있는 내용보다 더 긴 것이 있기에 공격받는다. 특히, 불트만 학파 계열은 "두 복음서설"이 성립될 수 없다고 단언한다. 그래서 이들은 복음서 중에서 가장 먼저 쓰인 복음서는 마가복음이라고 정의 내린다. 결국, 이들은 '두 자료설'이라는 가설을 정설처럼 인지하도록 만들었다.

성서비평학자들의 '두 자료설'에 대해 듣게 된 오늘날 성도들은 신약성경을 더 이상 신뢰하기 어려운 책으로 여기게 된다. 하지만 브루스에 따르면, 복음서의 연대설을 주장하지 않더라도 "예수님 가르침의 진정한 전승"은 사복음서 안에서 잘 간직되고 있다.[81] 또한, 윌리엄스는 복음서에 기록된 예수님의 말씀은 날조됐다기보다 전수되었을 가능성이 더 크다고 주장함으로써 비평학자들의 견해를 일축하고 브루스의 견해에 힘을 실어준다.

> 복음서가 문자 그대로의 일치를 보여 주지 않는다는 사실 자체는, 우리가 현대의 제한된 인용 규칙이 복음서 시대에는 존재하지 않았다는 점을 고려할 때 아무런 문제가 되지 않는다. 예수님의 가르침의 일부, 대다수 또는 전부가 아람어로 주어졌고, 그리스어 복음서에 번역되는 형태로 기록되었다는 견해는 그 자체로 우리가 예수님이 말씀하신 것에 대해 믿을 만한 기록이 있다는 것을 의심할 만한 충분한 이유가 되지 않는다.[82]

---

81 F.F. 브루스, 『신약성경은 신뢰할 만한가?』, 홍찬혁 역 (서울: 좋은씨앗, 2016), 77.
82 피터 J. 윌리엄스, 『복음서를 신뢰할 수 있는가?』, 176.

무엇보다 마태복음이 마가복음을 베끼지 않았다는 것은, 앞서 마이어가 설명한 대로 마태와 마가가 같은 사건을 설명할 때 마태가 항상 짧게 설명한 데서 나타난다. 만일 마태가 마가복음을 베껴 썼다면, 왜 그 많은 것을 생략했는지에 대한 합리적인 이유가 있어야 하는데, 이것을 아무도 설명할 수 없다(마태복음 8장과 마가복음 5장을 비교해 보라, 또한 마태복음 26장과 마가복음 14장을 비교해 봐도 마가복음이 훨씬 그 진술이 구체적이다). 또한, Q 자료에 대한 가설은 고고학적 증거가 이제껏 없으며, 신학적 형태도 마가복음이 더 후대의 것이라고 보는 것이 훨씬 설득력 있다.

마태복음에서 마태는 예수님을 "아브라함과 다윗의 자손"으로 증거로 제시했고(마 1:1), 반면 마가는 "하나님의 아들 예수 그리스도 복음의 시작이다"로 선포했다(막 1:1). 이는 신학적 사상에서 마가가 마태보다 더 발전된 기독론을 사용하고 있음을 입증할 만한 근거가 되며, 이를 근거로 마가가 마태보다 후대에 쓰였다는 합리적 추정(더 발전된 것이 더 후대에 나오는 것이 상식적으로 맞다.)이 가능해졌다.

물론, 신약학계의 대체적인 흐름을 따라가면서 '마가 우선설'을 지지하더라도, 성경의 신뢰성을 지지하는 데에는 전혀 문제가 없다(마가복음에는 대참사에 대한 언급이나 암시가 전혀 없으므로 예루살렘 성전이 파괴(70년)되기 전에 기록되었을 가능성도 충분히 생각해 볼 수 있다). 오히려 마가가 마태보다 먼저 기록되었다면, 교회 초창기에 베드로가 지녔던 우월한 권위가 고려되었음을 의미하고, 초창기 복음에서 이미 기독론이 완성되었다고 확신할 수 있다.[83]

여하튼 '마태 우선설'이든 '마가 우선설'이든 Q에 근거한 추론은 어디까지나 지나친 상상력에 근거한 가설일뿐이며, 어느 복음서가 먼저 기록되었든, "복음서를 신학적으로 해석하는 데 큰 영향을 미치지 않는다."[84]

세 번째 이유는 성서비평학은 비과학적 접근을 과학적 접근으로 우기기 때문이다.

그 대표적인 것이 바로 '바울서신의 저자가 바울이 아닐지도 모른다'라는 의심이다. 성서비평학에서 에베소서, 골로새서, 데살로니가후서 그리고 세 개의 목회서신 등에 대해서 바울의 진정성을 의심한다. 그런데 이들이 의심하는 방

---

[83] 데이비드 웬함, 『복음은 어떻게 복음서가 되었을까?』, 이용중 역 (서울: 새물결플러스, 2021), 69-70.
[84] 아브라함 쿠쿠빌라, 『마가복음』, 박광진 역 (서울: 디모데, 2022), 37.

법이 비과학적이고 억지스럽다. 가령 골로새서에 대해서 역사비평학자들은 바울의 차명 서신(제2 바울서신)이라고 주장한다. 그 이유 중 하나는 문체가 바울의 진정 서신과 다르다는 것이다.

권터 보른캄(Günther Bornkamm)에 따르면, 데살로니가전서와 데살로니가후서는 '임박한 종말론'과 '지연된 종말론'이라는 서로 대조되는 신학적 이론이 나오기에, 이것은 단일 저자로 보기 어렵다고 주장한다. 그런데 데살로니가전서와 후서 간에 문체의 긴밀성과 통일성은 너무나도 명백하고, 신학적 수정은 바울 사도가 얼마든지 데살로니가 교회의 상황에 따라 다르게 수정할 수 있는 부분이다. 그렇기에 오랫동안 학계에서는 전통적으로 이 두 서신의 저자 모두를 바울로 볼 수밖에 없었다.

하지만 보른캄은 데살로니가후서가 데살로니가전서에서 사소한 용어들까지도 의존하여 시대적 상황에 맞춰서 신학을 수정하려고 했을 것으로 '가정'한다. 물론, 보른캄은 차명 서신의 현상을 성급히 현대적 판권의 척도로 판결하여 격하된 개념으로 대하지 말라고는 말하지만, 사실상 그는 성경 기록자를 의심하고 부정하는 가설을 일방적으로 주장하고 있는 셈이다.[85]

이처럼 역사비평학자들이 목회서신이 바울의 문체와 다르다는 이유로 바울의 친서가 아니라고 주장하면서, 데살로니가후서는 신학이 다르다는 이유로 바울의 친서임을 부정하는 것이 매우 의아하다. 이들이 주장하는 바에는 일관성이 전혀 없다.

린네만에 따르면, 문체가 다르다는 것을 판별하는 과학적 기준은 하팍스 레고메나(Hapax legomenon, 한 번만 나오는 단어)의 빈도수이다.[86] 그녀는 직접 바울서신 전체의 하팍스 레고메나의 빈도수를 조사하여 분석하였다. 그 결과 일회적 단어가 너무 많아 가짜라고 판정된 골로새서는 하팍스 레고메나의 비율이 8.80퍼센트를 차지하였고, 진정성이 단 한 번도 의심받지 않은 로마서는 일회적 단어가 무려 12.38퍼센트를 차지하고 있다.[87]

---

85 권터 보른캄, 『바울-그의 생애와 사상』, 허혁 역 (서울: 이화여자대학교출판부, 1994), 318-319.
86 하팍스레고메나(Hapax legomenon)의 빈도수란, 신약성경에서 단 한 번만 나오는 단어나 문체의 빈도수 비율을 뜻한다.
87 에타 린네만, 『성경비평학은 과학인가 조작인가』, 73.

만일 역사비평학자들의 논리대로면 로마서는 바울의 차명 서신(제2 바울서신)이어야 한다. 그러나 로마서에 대해서 그 어느 학자도, 심지어 극단적인 자유주의 신학자들까지도, 바울의 친서임을 의심하지 않는다. 결론적으로 역사비평학자들은 '과학적'이라는 수식어를 사용할 자격이 없다. 린네만은 자신이 제시한 역사비평의 허구성과 비과학성에 대해서 성서비평학자들이 침묵하고 있다는 점에 대해서 의문을 품는다. 끔찍한 것은 감히 예수님을 구세주로 믿는 자들이라면 도저히 시도할 수 없는 조작들이, 예수님을 그저 신화적 존재로 간주하는 성서 비평가들에 의해 끊임없이 자행되고 있다는 사실이다.[88]

마이어와 린네만이 성서비평학에 대해 반격하며 변증을 펼친 이유는, **성경은 궁극적으로 완벽한 유일한 정경**(The Bible is ultimately the only perfect canon)**이기 때문이다.** 즉, 해석자가 성경을 비평하는 것이 아니고, 성경이 해석자를 비평한다. 그렇기에 성경 앞에서 가장 좋은 태도는 엎드리는 것이다. 다시 말해서 성경 위에 올라서서 비평하는 것이 아니라, 성경 아래 꿇어 엎어질 때 진정한 해석이 나온다.

이 말은, 말씀에 감화된 해석자만 올바른 성경 주해가 가능하다는 뜻이다. 이는 구약을 해석할 때도 예외가 아니다. 빌헬름 부쉬(Wilhelm Busch)는 "나는 구약의 곳곳에 숨어 있는 예수 그리스도의 십자가를 입증하는 것이 성령님의 일"이라는 것을 확신한다고 말한다.[89]

물론, 이와는 다르게 월터 브루그만(Walter Brueggemann)은 "텍스트의 가공 작업은 창조적"이고, "역사비평적 방법은 공동체가 편집자들과 서기관들, 전승자들의 손"을 통해 그 텍스트를 묶는 과정에서부터 시작된다고 본다.[90] 그렇기에 브루그만은 텍스트가 창조된 것임을 인정하고, 편집된 문헌을 회중의 상황에 맞게 적용하자고 주장한다.[91]

브루그만이 복음주의자로서 성경 텍스트를 우선시하고 있다는 점에서 긍정적인 부분이 있으나, 이런 류의 권면에 대해서는 과감히 거부해야 한다. 왜냐하면, 복음은 편집된 문헌이 아니라 살아 있는 계시이기 때문이다. 그러므로 복음은 상황에 맞게 전하는 것이 아니라, 어떤 상황에서든지 전하는 것이다.

---

88 Ibid., 129-130.
89 빌헬름 부쉬, 『구약에 나타난 그리스도』, 이태성 역 (서울: 여수룬, 1998), 10.
90 월터 브루그만, 『텍스트가 설교하게 하라』, 홍병룡 역 (서울: 성서유니온, 2015), 175-176.
91 Ibid., 176.

존 스토트(John Stott)는 "하나님이 어떤 분인지 알려주는 것은 바로 성경이다"라고 하였다.[92] 또 제럴드 브레이(Gerald Bray)는 "성경은 문자로 기록된 하나님의 자기 계시"라고 하였다.[93] 그러므로 하나님이 어떤 분인지 알려주는 성경은 당시의 상황 속에서 기록되었지만, 오늘날의 상황을 초월하여 역사한다. 성령에 의해 감동 감화된 사람들이 기록한 성경은 교훈과 책망과 바르게 함과 의로 교육하기에 유익하다. 그러므로 성경 해석을 통해 성경 속 오류를 발견하는 사람들은 미련한 것이다.

우리는 성경을 해석함으로 내 안에 오류만 발견할 뿐이다. 또한, 진정한 성경 해석자는 성육신 된 언어인 성경 언어 앞에 무릎 꿇고 듣는다. 우리는 분명히 기억해야 한다. 서로 부딪히는 본문들 속에서 성경을 해석하는 일은 의심의 작업이 아닌 확신의 작업이다. 또한, 성경을 하나님의 말씀과 계시 사건으로 믿는 것은 이성의 희생이 아니라 교만의 희생이다.

♣ 내용 정리를 위한 문제

1. 오늘날 학계에서 성서비평학에 대해 회의적인 목소리가 나오는 이유는 무엇인가?
2. 게르하르트 마이어가 문서가설의 성서 해석방법론을 거부한 이유는 무엇이며, 기독교 변증을 위해 '역사비평학의 종말'을 주장한 이유는 또 무엇인지 구체적으로 서술하시오.
3. 에타 린네만이 "성서비평학은 과학적이지 않고 모순적이다"라고 공격한 이유는 무엇이며, 그 내용은 어떻게 전개되는지 서술하시오.

※ 참고 문헌(제32장에 인용된 도서들)

게르하르트 마이어. 『마태복음』. 송다니엘 역. 서울: 진리의깃발, 2017.
_____. 『성경해석학』. 송다니엘·장해경 역. 경기 수원: 영음사, 2015.
_____. 『역사비평학의 종말』. 김생수 역. 서울: 여수룬, 1986.
_____. 『요한복음』. 송다니엘 역. 경기 안산: 토브북스, 2021.

---

92 존 스토트, 『성경이란 무엇인가』, 박지우 역 (서울: 한국기독학생회출판부, 2015), 119.
93 제럴드 브레이, 『갓 이즈 러브』, 김귀탁·노동래 역 (서울: 새물결플러스, 2019), 127.

에타 린네만. 『성경비평학은 과학인가 의견인가』. 송다니엘 역. 서울: 부흥과개혁사, 2014.
_____. 『성경비평학은 과학인가 조작인가』. 송다니엘 역. 서울: 부흥과개혁사, 2012.
C. S. 루이스. 『오독 문학비평의 실험』. 홍종락 역. 서울: 홍성사, 2017.
E. 케제만. 『신의와 성례전』. 대한기독교서회편집부 역. 서울: 대한기독교서회, 1987.
F. F. 브루스. 『사해사본의 구약 사용』. 이영욱 역. 서울: 감은사, 2018.
_____. 『신약성경은 신뢰할 만한가?』. 홍찬혁 역. 서울: 좋은씨앗, 2016.
R. C. 스프라울. 『성경을 아는 지식』. 길성남 역. 서울: 좋은씨앗, 2018.
게르트 타이센. 『기독교의 탄생』. 박찬웅·민경식 역. 서울: 대한기독교서회, 2009.
게르트 타이센. 『성서, 어떻게 가르칠 것인가?』. 고원석·손성현 역. 서울: 동연, 2010.
게할더스 보스. 『성경 신학』. 원광연 역. 서울: CH북스, 2017.
고든 D. 피 & 더글라스 스튜어트. 『책별로 성경을 어떻게 읽을 것인가』. 길성남 역. 서울: 한국성서유니온선교회, 2016.
고든 피 외 5인. 『신학자들과 성경 읽기』. 김진우 역. 경기 고양: 터치북스, 2022.
귄터 보른캄. 『바울-그의 생애와 사상』. 허혁 역. 서울: 이화여자대학교출판부, 1994.
글리슨 L. 아처. 『구약 총론』. 김정우·김은호 역. 서울: 기독교문서선교회, 2008.
글리슨 아처. 『성경 난제 백과사전』. 김창영 역. 서울: 생명의말씀사, 2014.
데릴 L. 보크 & 안드레아스 J. 쾨스텐버거 & 조시 채트로. 『세상에서 나의 믿음이 흔들릴 때』. 윤종석 역. 서울: 디모데, 2016.
데이비드 웬함. 『복음은 어떻게 복음서가 되었을까?』. 이용중 역. 서울: 새물결플러스, 2021.
데이비드 R. 오르드 & 로버트B. 쿠트. 『성서 이해의 새 지평』. 우택주 역. 서울: 대한기독교서회, 2013.
데일 C. 앨리슨. 『역사적 그리스도와 신학적 예수』. 김선용 역. 서울: 비아, 2022.
두안 A. 가렛. 『창세기 다시 생각하기』. 임요한 역. 서울: 솔로몬, 2021.
디트리히 본회퍼. 『시편 이해』. 최진경 역. 서울: 홍성사, 2015.
로날드 내쉬. 『기독교 신앙과 역사 이해』. 문석호 역. 서울: 성광문화사, 1999.
로버트 M 그랜트 & 데이비드 트레이시. 『성경해석의 역사』. 이상훈·임충열 역. 서울: 알맹e, 2022.
루돌프 불트만. 『예수 그리스도와 신화』. 이동영 역. 서울: 한국로고스연구원, 1994.
리처드 B. 헤이스. 『바울서신에 나타난 구약의 반향』. 이영욱 역. 서울: 여수룬, 2017.
만프레트 드라이차 & 발터 힐브란츠 & 하르트무트 슈미트. 『구약성서 연구방법론』. 하경택 역. 서울: 비블리카아카데미아, 2011.
매튜 바렛. 『오직 하나님의 말씀』. 김재모 역. 서울: 부흥과개혁사, 2018.
브레바드 차일즈. 『성경신학의 위기』. 박문재 역. 서울: 크리스챤다이제스트, 1999.
빌헬름 부쉬. 『구약에 나타난 그리스도』. 이태성 역. 서울: 여수룬, 1998.

샌드라 슈나이더스. 『기독교 영성 연구』. 유해룡·오방식·최창국·정은심 역. 서울: 기독교문서선교회, 2017.
스캇 맥나이트 & 그랜트R.오스본. 『현대 신약성서 연구』. 송일 역. 서울: 새물결플러스, 2018.
스캇 맥나이트 & 필립 로. 『그리스도 이야기: 외부의 시선으로 본 예수』. 이지혜 역. 서울: 비아토르, 2023.
스티븐 헤이네스 & 스티븐 매켄지. 『성서 비평 방법론과 그 적용』. 김은규·김수남 역. 서울: 대한기독교서회, 2020.
아브라함 쿠쿠빌라. 『마가복음』. 박광진 역. 서울: 디모데, 2022.
아서 G. 팻지아 & 앤서니 J. 페트로타. 『성서학 용어 사전』. 하늘샘·맹호성 역. 서울: 한국기독학생회출판부, 2021.
앤서니 C. 티슬턴. 『해석의 새로운 지평』. 최승락 역. 서울 : SFC, 2016.
엔조 비앙키. 『영적 성경해석』. 이연학 역. 서울: 분도출판사, 2019.
월터 C. 카이저 & 모이세스 실바. 『성경해석학 개론』. 김창헌 역. 서울: 은성출판사, 2009.
월터 브루그만. 『텍스트가 설교하게 하라』. 홍병룡 역. 서울: 성서유니온, 2015.
월터 카이저 & F.F. 브루스 & 맨프레드 브라우치 & 피터 데이비즈. 『IVP 성경난제주석』. 김재영·김지찬·박규태·이철민 역. 서울: 한국기독학생회출판부, 2021.
율리우스 벨하우젠. 『이스라엘-유대 종교』. 진규선 역. 서울 : 수와진, 2021.
장 루이 스카. 『인간의 이야기에 깃든 하나님의 말씀』. 박문수 역. 서울: 성서와함께, 2016.
제럴드 브레이. 『갓 이스 러브』. 김귀탁 노동래 역. 서울: 새물결플러스, 2019.
제임스 K. 미드. 『성서신학』. 임요한 역. 서울: 기독교문서선교회, 2014.
조나단 T. 페닝톤. 『복음서 읽기』. 류호영 역. 서울: 기독교문서선교회, 2015.
존 H. 월튼 & D. 브랜트 샌디. 『고대 근동 문화와 성경의 권위』. 신득일·오성환 역. 서울: 기독교문서선교회, 2017.
존 H. 헤이스 & 프레데릭 C. 프루스너. 『구약성서 신학사』. 장일선 역. 서울: 나눔사, 2016.
존 골딩게이. 『구약의 권위와 신학적 다양성』. 김의원·박문재 역. 서울: 크리스챤다이제스트, 1998.
존 맥아더. 『성경 무오성에 대한 도전에 답하다』. 조계광 역. 서울: 생명의말씀사, 2017.
존 스토트. 『성경이란 무엇인가』. 박지우 역. 서울: 한국기독학생회출판부, 2015.
존 콜린스. 『히브리 성서 개론』. 유연희 역. 경기 고양: 한국기독교연구소, 2011.
크레이그 L. 블롬버그. 『복음주의 성경론』. 안상희 역. 서울: 기독교문서선교회, 2017.
＿＿＿. 『예수와 복음서』. 김경식 역. 서울: 기독교문서선교회, 2016.
크리스토퍼 M. 헤이스 & 크리스토퍼 B. 안스베리. 『역사비평의 도전과 복음주의 응답』. 성기문 역. 서울: 새물결플러스, 2021.

톰 라이트. 『성경과 하나님의 권위』. 박장훈 역. 서울: 새물결플러스, 2015.
트럼퍼 롱맨 3세. 『손에 잡히는 구약 개론』. 김동혁 역. 서울: 한국기독학생회출판부, 2017.
프레더릭 J. 머피. 『초기 유대교와 예수 운동』. 유선명 역. 서울: 새물결플러스, 2020.
피터 J. 윌리엄스. 『복음서를 신뢰할 수 있는가?』. 김태훈 역. 서울: 감은사, 2022.
피터 엔즈. 『성육신의 관점에서 본 성경 영감설』. 김구원 역. 서울: 기독교문서선교회, 2016.
헬무트 틸리케. 『신학을 공부하는 이들에게』. 박규태 역. 서울: 한국기독학생회출판부, 2019.
M. Teeple, Howard. *The Historical Approach to the Bible*. Evaston : Religion and Ethics Institutes, Inc., 1982.

제33장

역사적 예수 세미나에 대한 변증 : 마이클 F. 버드

> 빌라도가 예수께 물어 이르되 네가 유대인의 왕이냐 대답하여 이르시되 네 말이 옳도다
> (누가복음 23장 3절).

빌라도가 예수의 정체성을 물었을 때, 예수님은 그것에 대해 분명하고 명확하게 답변하셨다. 예수님이 하신 답변에 근거할 때, 예수님은 선지자며, 왕이며, 그리스도시다. 그분은 그저 단순한 윤리 스승이 아니라 하나님의 아들이시다. 이것은 신앙의 언어일 뿐 아니라 기독교 신앙의 핵심 진리이다. 그러나 비평적 성서 읽기에 익숙한 학자들은 복음서의 기록보다 다른 고고학적 자료에 더 많은 신뢰를 둔다.

프랑수아 보봉(François Bovon)은 아예 "복음서들에 담긴 수난 사화(passion narrative)는 초창기 교회의 개작을 거친 긴 이야기"로 취급한다.[1] 이러한 성서 학계의 분위기에 이어서, 현대에는 사회사적 연구에 기반을 둔 역사적 예수 세미나가 잠시 잠깐 활성화되었다. 역사적 예수 연구자들은 성경에 기록된 예수는 신앙의 눈으로 채색된 예수이기에, 실제 예수의 모습을 연구해서 밝혀보겠다고 주장한다. 그러니깐 이들은 성경에 기록된 예수의 모습은 실제 예수님의 모습이 아니라고 전제한 상태에서 연구를 시작하겠다는 것이다.

그러나 이들이 시도하는 논의들은 빠르게 진보하고 있는 신약학회에서 이미 지나간 연구로 취급당한다. 관점에 따라 다르겠지만, 오늘날 신약 학계에서 '역사적 예수 연구'보다 더 쟁점이 되는 것은 칭의에 대한 '새 관점'[2] 논쟁일 듯싶

---

[1] 프랑수아 보봉, 『예수의 마지막 날들-십자가 사건의 역사적 재구성』, 김선용 역 (서울: 비아, 2022), 25.
[2] 신약학계에 크게 논외되었던, 주제들 중 하나는 칭의의 '새 관점' 논쟁이다. 이것을 정확

다. 신약학자 데이비드 드실바(David A. deSilva)는 바울의 '새 관점' 측면에서 복음을 재해석하는데, 그는 이렇게 설명한다.

"복음은 예수님을 믿는 사람이 그리스도 안에서 새사람이 될 수 있다는 것만이 아니다. 복음은 그가 되어 가고 있는 그 새사람이 영원히 할 것이라는 소식이기도 하다."[3]

이처럼 학계에서 더 활발하게 논의되고 있는 쟁점들을 뒤로하고 굳이 '역사적 예수 연구'에 대해 반론하는 이유는 오늘날 한국 사회에서 아직도 역사적 예수 세미나에 집착하는 이들이 있기 때문이다. 지성인 크리스천들은 이들의 무모한 연구를 손쉽게 변증하고 제압할 수 있어야 한다.

역사적 예수 세미나에 대해서 논의할 때 자주 언급되는 인물은 존 도미닉 크로산(John Dominic Crossan)이다. 크로산은 학문적 입지도 미약하고 그를 따르는 자들도 소수에 불과하지만, 이들은 매스컴을 잘 이용하여 자신들이 예수 연구를 주도하는 것과 같은 인상을 대중들에게 심어 준다. 그는 복음서는 역사 기술(記述)도 전기(傳記)도 아니며, 고대 역사기술 기준에도 미치지 못한다고 주장한다.[4]

하게 이해하기 위해서는 '옛 관점'부터 알아야 한다. '옛 관점'이란, 종교개혁자들의 복음과 율법의 이해이다. 즉, 율법의 행위를 은혜의 복음이 대체 했다는 견해가 바로 '옛 관점'인 것이다. 그렇다면 '새 관점'은 무엇인가? '새 관점'은 신약학자 E.P. 샌더스(Ed Parish Sanders)에 의해 제기되었다. 샌더스가 볼 때, 애초에 율법조차도 행위가 아닌 은혜이다. 그런데 바울의 복음은 그 은혜의 율법을 유대인에게 한정시키지 않음을 의미한다. 샌더스의 이론을 발전시켜서 제임스 던(James D.G. Dunn)은 이렇게 설명한다. "율법의 행위 없이 구원받게 된 것이 복음이 아니고, 예수 그리스도로 말미암아 율법의 행위가 가능할 수 있게 된 것이 복음이다." 이 이론을 지지하는 대표적인 신약학자가 톰 라이트(N. T. Wright)이다. 그러나 필자는 개인적으로 '새 관점'의 견해를 반대하고, '옛 관점'의 견해를 그대로 지지한다.

왜냐하면, '새 관점'에서 율법도 은혜로 해석한 것은 매우 탁월한 접근이지만, 율법의 은혜가 예수 그리스도의 보혈의 은혜와 같은 것은 아니기 때문이다. 율법에는 행위와 언약이 모두 포함되어 있는데, 인간은 그 행위와 언약을 결코 지킬 수 없는 죄인이다. 그렇기에 율법은 죄를 깨닫게 하는 기능이 있다. 이런 차원에서 율법이 중요한 것이지 율법과 복음이 같은 칭의 효과를 발휘하는 것은 결코 아니다. 복음은 '율법을 실행할 수 있는 능력'이 아니라 예수 그리스도시다. 복음은 '예수를 믿기로 결단하는 행위'가 아니라 예수 그리스도시다. 즉, 복음은 예수 그리스도 그 자체다. 예수 그리스도께서는 율법을 행할 능력을 주신 게 아니라, 율법을 대신 행해 주셨다.

3 데이비드 드실바, 『바울 복음의 심장』, 오광만 역 (경기고양: 이레서원, 2019), 128.
4 크로산과 예수 세미나에 대해서는 주로 아민 바움(현 독일FTH 신약학 교수)의 글을 참조하였다.

또한, 크로산은 예수 생애 묘사에 가장 중요한 문서는 복음서가 아니라 도마복음, Q 문서, 십자가 복음이라고 주장한다. 즉, 그는 이단 문서나 존재하지도 않는 Q 문서를 예수 생애 연구의 기본 자료로 사용하고 있다.

그러나 건강한 신약학자들은 "사복음서는 신학적 전기로 읽혀야 하며, 사복음서가 기독교 정경 안에 배치되었다는 사실은 사복음서가 서로 비교와 조화를 할 수 있는 일종의 대화 관계에 있다는 것을 의미"한다고 인정한다.[5] 더군다나 도마복음은 오리게네스의 증언에 의하면 창작물에 불과하다. 유세비우스 역시도 이를 이단 문서로 보았다.[6]

그뿐만 아니라 현대 신학자들도 도마 복음서에 영지주의적인 면이 있음을 지적하고 있다. 그리고 도마복음은 지역과 지명에 대한 기록에도 그 역사적 디테일이 상당히 떨어진다.[7] 더 심각한 문제는 크로산이 주장하는 바대로 도마복음의 원전이 50년도에 쓰였다는 생각은 근거가 굉장히 부족하다.

이러한 주장은 소수의 종교 사학 파들 외에는 거의 지지하지 않는다. 로버트 펑크(Robert W. Funk)가 1985년에 설립한 예수 세미나는 신학자가 아닌 일반인도 회원이 될 수 있다.[8] 이들은 복음서의 각 말씀을 붉은색, 분홍색, 회색, 검은색 구슬 중의 하나를 투표함으로써 진짜 예수의 말씀을 결정한다.

과연 이러한 방법이 올바른 역사적 예수 탐구가 될 수 있을까?

역사적 예수 세미나에 대한 비판은 심지어 여성신학 쪽에서도 쏟아져 나온다. 페미니스트적 수사비평가로 잘 알려진 필리스 트리블(Phyllis Trible)은 역사적 예수 연구에서는 감수성과 세심한 언어 연구가 빠져 있음을 지적하고, 엘리자베스 쉬슬러 피오렌자(Elisabeth Schüssler Fiorenza)는 역사적 예수 연구는 남성 중심의 폭력이 만든 부산물이며, 연구 방법들은 전부 허구라고 비판한다.[9]

---

5 콘스탄틴 R. 캠벨 & 조너선 T. 페닝턴, 『신약성경을 기독교 경전으로 읽기』, 홍수연 역 (서울: 새물결플러스, 2022), 143.
6 유세비우스 팜필루스, 『유세비우스의 교회사』, 엄성욱 역 (서울: 은성, 2008), 168-169.
7 피터 J. 윌리엄스, 『복음서를 신뢰할 수 있는가?』, 김태훈 역 (서울: 감은사, 2022), 94-95.
8 존 쉘비 스퐁(John Shelby Spong)은 신학자가 아니다. 그는 미국 성공회 주교이며, 전통적인 기독교와는 상이하게 다른 주장을 펼치는 사람이다. 이런 사람까지도 역사적 예수 연구에 가담하고 있다.
9 엘리자베스 쉬슬러 피오렌자, 『성서-소피아의 힘』, 김호경 역 (서울: 다산글방, 2002), 121. : 피오렌자는 성서 텍스트를 읽을 때, 비판적 여성해방적 관점은 지배와 배제하는 주인지배적 피라미드의 밑바닥에서 투쟁하고 있는 여성들에게 초점을 맞추어야 한다고 주장한다. 피오렌자 입장에서 역사적 예수 연구는 전통주의자들의 해석보다 조금도 나아진

이 때문에 리처드 로어(Richard Rohr)는 역사적 예수를 우주적 그리스도로 환원시키려는 시도를 감행한다. 하지만 로어는 하나님이 예수님을 통해 세상 속으로(into) 들어오셨다고 말하기보다는, 예수가 이미 그리스도로 흠뻑 적셔진 세상으로부터 나왔다(out of)고 말함으로써, 성육신에 대한 기존의 이해를 심각하게 훼손하고 뒤틀었다.[10] 즉, 역사적 예수 세미나는 자신들이 따르고 싶은 그림을 예수에 대한 그림으로 그리면서 그것이 객관적이라고 우기는 것에 불과하다.[11]

이러한 신학적 동향으로 미루어 볼 때, 역사적 예수 연구는 오래전 알버트 슈바이처(Albert Schweitzer)의 말이 참이라는 것을 입증시켜 줄 뿐이다. 슈바이처는 역사적 예수 연구에 대해서, "누군가 예수의 역사적 생애를 쓴다면, 그것은 자신의 주관적 모습을 투영하고 있을 뿐이다"라고 결론을 내렸었다.[12] 현대에 이루어지고 있는 역사적 예수 세미나 역시 후기 불트만 학파들이 가진 한계를 똑같이 가지고 있다. 거기에 덧붙여서, 포스트모던에서조차도 역사적 예수 세미나의 방법론은 철저히 외면당하고 있다.

1. 초기 기독교 공동체의 증언

간략하게 역사적 예수 세미나의 한계를 소개했지만, 사실 구체적으로 비판할 부분이 상당히 많이 남아 있다. 지금부터 계속 그 문제점들을 논의할 것인데, 본격적으로 문제를 제기하기에 앞서서 역사적 예수 세미나에서 주장하는 내용을 먼저 소개하도록 하겠다.

우선 앞서 설명한 것처럼, 크로산은 Q 복음서의 존재와 도마복음서의 독립성을 받아들이는 것에서부터 논의를 시작한다.[13] 반면에 "예수가 신성이 있다거나

것이 없다. 여전히 역사적 예수 연구는 여성해방적 관점이 전혀 반영되지 않았고, 사회적, 정치적, 종교적 위치에 대한 반성이 결여된 연구이다.
10 리처드 로어, 『보편적 그리스도』, 김준우 역 (경기고양: 한국기독교연구소, 2020), 26.
11 스캇 맥나이트, "나사렛 예수," 『현대 신약성서 연구』, 스캇 맥나이트·그랜트R.오스본 엮음, 송일 역 (서울: 새물결플러스, 2018), 280.
12 Albert Schweitzer, *The Quest of the Historical Jesus* (Newyork Macmillan, 1961), 4.
13 존 도미닉 크로산, "예수와 공동 종말론 도전," 『역사적 예수 논쟁』, 손혜숙 역 (서울: 새물결플러스, 2015), 154.

메시아 또는 구세주라는 것을 전제해서는 안 된다"고 주장한다.[14] 크로산은 그리스도의 십자가는 제국에 의해서 정치적으로 희생된 상징이며, 바울이 전하려고 했던 십자가의 속죄 역시도 제국에 대한 저항으로 바라봤다.[15]

이러한 주장 때문에, 바트 어만(Bart D. Ehrman)은 예수를 혁명가나 메시아로 기대한 이들이 예수가 십자가에서 처형당하자, "하나님이 그를 죽음에서 되살려냈다고 믿기 시작한 것"이라고 주장한다.[16]

리처드 호슬리(Richard Horsley)는 이를 발전시켜서 소위 제국 비평(제국에 대한 저항자로서 예수를 바라보는 해석)을 시도한다. 그래서 호슬리는 "주의 기도 안에 민중들의 경제적인 필요(빵과 빚)"가 있다는 점을 강조한다.[17] 월터 윙크(Walter Wink) 역시 정치적 권세와 투쟁하는 혁명적 예수상을 그려내는데, 이 역시도 역사적 예수 세미나의 영향을 받았다고 볼 수 있다.[18]

또한, 마커스 보그(Marcus J. Borg)는 "예수가 종말론적 예언자였다는 합의된 이미지"가 있었기에, "하나님 나라"는 세속 역사에 대한 대항이라고 해석한다.[19] 틀림없이 "예수가 '유대인의 왕'으로 십자가에 처형된 것은, 그가 로마 권위에 반하는 지도력과 통치를 실행한 것으로 이해"될 수 있다.[20] 이러한 이해 자체가 그릇된 것은 아니다. 이것은 역사적 사실에 기반해서 충분히 수용할 수 있는 내용이다.

하지만 하나님의 아들이 겨우 제국에 대한 반역을 위해 인간이 되셨을까?

하나님 나라의 선포는 온 인류를 위한 구원 진리가 아니라, 단순히 제국의 횡포에 저항하기 위한 투쟁가의 목소리인가?

계속해서 역사적 예수 세미나의 존 쉘비 스퐁(John Shelby Spong)은 초자연적 기적들로 덧씌워진 예수와 나사렛 예수를 분리해야 한다고 주장한다.[21] 급기야 이

14　앨버트 놀런, 『그리스도교 이전의 예수』, 정한교 역 (경북칠곡: 분도출판사, 2010), 16.
15　마커스 보그 & 존 도미닉 크로산, 『첫 번째 바울의 복음』, 김준우 역 (경기고양: 한국기독교연구소, 2011), 177-178.
16　바트 어만, 『예수 왜곡의 역사』, 강주헌 역 (경기파주: 청림출판, 2010), 318.
17　리처드 호슬리, 『예수와 권세들』, 박홍용 역 (경기고양: 한국기독교연구소, 2020), 18.
18　월터 윙크, 『사탄의 체제와 예수의 비폭력』, 한성수 역 (경기고양: 한국기독교연구소, 2009), 208.
19　마커스 J. 보그, 『예수 새로 보기』, 김기석 역 (서울: 한국신학연구소, 2013), 28-29.
20　워렌 카터, 『신약 세계를 형성한 7가지 사건』, 박삼종 역 (서울: 좋은씨앗, 2017), 203.
21　존 쉘비 스퐁, 『만들어진 예수 참 사람 예수』, 이계준 역 (경기고양: 한국기독교연구소, 2009), 37.

들은 예수의 신성과 인성을 두고 일어난 교회사의 논쟁들도 역사적 암투에서 승리한 이들의 이야기라고 주장하기에 이른다. 역사적 예수 세미나의 사람들은 이러한 주장을 뒷받침하기 위해 증거를 제시하는 것이 아니라 소설을 쓴다.

대표적인 소설이 리차드 루벤슈타인(Richard P. Rubinstein)의 『예수는 어떻게 하나님이 되셨는가』이다. 책 제목에서 말해 주듯, 이 책은 "인간 예수가 후대에 교리 논쟁을 거쳐서 하나님으로 고백되게 되었다"라는 식의 내용을 담고 있다.[22] 프랑스 종교사학자인 프레데릭 르누아르(Frederic Lenoir)도 루벤슈타인과 마찬가지로 정치적 논쟁을 거쳐서 예수가 신이 된 것이라고 설명한다.[23]

원칙적으로 역사적 예수 연구는 "역사 속에 등장한 무수한 예수상들에서 나타나는 통일성과 다양성"을 탐구하는 것이다.[24] 하지만 역사적 예수 세미나에 속한 대부분 사람은 자신이 그려내고 싶은 예수상을 투영하고 있을 뿐이다.

그렇다면 오늘날 신약 학계에서는 예수를 어떻게 그려내고 있을까?

대부분의 성도는 복음서에 기록된 예수님이야말로 가장 역사적인 예수님의 모습으로 믿는다. 그래서 크레이그 S. 키너(Craig S. Keener)는 역사적 예수 연구에 복음서 외에 다른 자료들이 더 우선시 되는 것을 반대한다. "복음서는 우리가 연구해야 할 가장 완전한 자료이므로 우리는 복음서 장르와 그것이 역사적 전승에 대해 갖는 의미를 주의 깊게 검토해야 한다."[25]

데인 오틀런드(Dane Ortlund)는 "복음서가 제시하는 예수님은 단순히 사랑을 베푸는 분이 아니라 사랑 자체이시다"라고 말한다.[26] 이러한 신앙적 진술은 역사적 진술에 근거하면서 동시에 선행한다. 더불어서 그리스도인들은 십자가 사건 자체는 비유가 아니라는 사실이라는 점을 절대로 잊지 않는다.[27] 왜냐하면, 역사 속 예수님에 대한 분명하고도 정확한 기록이 복음서이기 때문이다.

---

22 리차드 루벤슈타인, 『예수는 어떻게 하나님이 되셨는가』, 한인철 역 (경기고양: 한국기독교연구소, 2004), 180. : 이 책에선 아리우스가 하나님의 심판이 아닌, 정치적 싸움에서 패배하고 독살로 사망했을 것이라고 설명한다.
23 프레데릭 르누아르, 『신이 된 예수』, 강만원 역 (서울: 창해, 2010), 290.
24 야로슬라프 펠리칸, 『예수, 역사와 만나다』, 민경찬·손승후 역 (서울: 비아, 2019), 535.
25 크레이그 S. 키너, 『예수 그리스도 전기』, 이용중 역 (서울: 새물결플러스, 2022), 47.
26 데인 오틀런드, 『온유하고 겸손하니』, 조계광 역 (서울: 개혁된실천사, 2022), 36.
27 플레밍 러틀리지, 『예수와 십자가 처형』, 노동래·송일·오광만 역 (서울: 새물결플러스, 2021), 357.

크레이그 블롬버그(Craig L. Blomberg)는 영감 교리에 의해서만이 아니라, 사본의 비교 대조 연구를 통해서도 "사실 복음서의 대략적인 내용뿐 아니라 세부 사항까지도 신뢰할 만한 것"으로 변증하기에 충분하다고 주장한다.[28]

즉, 역사적 예수 세미나에서 시도한 것들은 신뢰할 만한 축적된 증거들(복음서와 사도행전)을 외면하고 자신들 나름의 결론을 전제해서 벌인 일이다.[29] 그 밖에 피터 윌리엄스(Peter J. Williams)는 '성경 자체는 예수의 열혈 팬들이 기록했기에 편파적인 기록일 것이다'라고 생각하는 진보적인 학자들에게, 비기독교 저자들(코르넬리우스 타키투스, 소 플리니우스, 플라비우스 요세푸스)의 문헌과 성경의 일치되는 이야기를 근거로 성경이 여전히 신뢰할 만한 문헌임을 변증한다.[30]

그리고 이러한 견해에 근거했을 때 우리는, 자유주의 신학자들이 말하는 것처럼 예수에 대한 신앙이 후대에 신앙화된 것이 아니라, 초기 그리스도인 공동체가 초창기부터 이미 예수를 '하나님'으로 고백하고 있었다는 것을 역사적으로 인정할 수 있게 된다.

래리 허타도(Larry Weir Hurtado)는 **초기 기독교가 예수를 신적인 인물로 섬길 때 가졌던 믿음들과 신앙 관행이야말로 가장 신뢰할 만한 역사적 예수 기록임을 인정한다.**

물론, 성경에는 "비밀 모티브가" 분명히 있으나, 결국 예수님은 "왕 같은 메시아 지위"를 빌라도 법정에서 보이셨다.[31] 그레고리 K. 비일(Gregory K. Beale)은 "공관복음서는 예수가 선포하는 종말의 하나님 나라의 특성을 표현하기 위해 비밀이라는 용어를 사용"한다고 주장했다.[32] 어쨌든 네 권의 복음서는 프란시스 왓슨(Francis Watson)이 말하는 것처럼, 상호 보완적으로 "네 명의 그리스도를 소개하는 것이 아니라 서로 다른 네 개의 눈으로 바라본 단일 그리스도를 소개"한다.[33]

---

28 크레이그 블롬버그, 『복음서의 역사적 신빙성』, 안재형 역 (서울: 솔로몬, 2014), 42.
29 크레이그 L. 블롬버그, 『신약성경의 이해』, 왕인성 역 (서울: 기독교문서선교회, 2005), 28.
30 피터 J. 윌리엄스, 『복음서를 신뢰할 수 있는가?』, 19-51.
31 래리 W. 허타도, 『주 예수 그리스도』, 박규태 역 (서울: 새물결플러스, 2016), 491.
32 그레고리 K. 비일 & 벤저민 L. 글래드, 『하나님의 비밀』, 신지철 역 (서울: 새물결플러스, 2018), 82.
33 프란시스 왓슨, 『네 권의 복음서, 하나의 복음 이야기』, 이형일 역 (서울: 새물결플러스, 2020), 178.

데럴 벅(Darrell L. Bock)도 "정경 가운데 포함된 사복음서에는 예수에 대한 일관성 있는 모습이 나타난다"고 논증한다.[34]

결국, 초기 기독교 공동체가 믿고 고백했던 예수님의 모습은 신앙의 그리스도일 뿐 아니라 역사 속 그리스도시다.

다시 강조하지만, 신뢰할 만한 문헌들이 증언하는 예수의 모습이야말로 진짜 역사 속 예수시다. 따라서 복음서 이외에 자료에서 역사적 예수상을 찾는다면, 그것은 당연히 잘못된 결론으로 나올 수밖에 없다.

물론, 역사적 예수 세미나 쪽에서도 나름의 합리적 반론이 있다. 비교적 온건한 학자로서 앤서니 르 돈(Anthony Le Donne)은 사람들의 "모든 생각(의식적이든 잠재의식이든)이 해석의 결과이며 또한 외부 세계-타인, 사물, 관념-와 어떤 관련이 있다는 점"을 근거로 역사적 예수 연구의 가능성을 열어 놓는다.[35]

또한, 데일 C. 앨리슨(Dale C. Allison)은 "교회 역사와 전통의 예수"라는 신학적이며 교리적인 예수상 역시도 '역사적 그리스도'에 대한 진술로 포괄하며 이같이 말한다. "오늘날에도 많은 사람이 다양한 방식으로 만난다고 주장하는, 죽은 뒤에도 존재하는, 부활한 그리스도이신 예수가 있다. 예수는 한 명이 아니라 여러 명이다."[36] 이어서 앨리슨은 과격한 역사적 예수 세미나 쪽과는 결을 달리하면서도 여전히 '역사적 예수 탐구'가 가망 있음을 주장한다. 그 근거는 초기 그리스도인들의 기억이 정확하지는 않더라도 지금까지 남아 있다는 것(복음서)이다.

> 우리는 구체적이고 자세한 사항을 기억하지 못할 때도 전반적인 인상은 제대로 기억한다. 누군가 한 말을 정확히 기억하지는 못해도 대략의 요지는 기억한다. (중략) 이처럼 우리는 과거에 일어난 사건, 대화에 대해 세세한 부분보다는 그 일의 윤곽, 혹은 대략적인 취지를 기억하며 그 기억에서 일정한 흐름과 의미를 추출한다. 이를 고려하면, 일부 자료에 때 묻지 않은 기억이 보존되어 있을 거라는 희망 품고 진정성 판별 기준으로 개별 항목을 평가하는 방법으로 역사적 예수를 연구하는 것은 말이 안 된다. 그보다는 반복되는 흐름을 찾고 전체 그림(big picture)을 찾아야 한다. 조금이라고 믿으려면, 가장 믿을 만한 것을

---

34 데럴 벅, 『복음서를 통해 본 예수』, 신지철·김철 역 (서울: 솔로몬, 2017), 23.
35 앤서니 르 돈, 『역사적 예수』, 김지호 역 (서울: 도서출판100, 2018), 41.
36 데일 C. 앨리슨, 『역사적 그리스도와 신학적 예수』, 김선용 역 (서울: 비아, 2022), 113.

먼저 신뢰해야 한다.[37]

앨리슨이 역사적 예수 세미나의 '진정성 판별 기준'에 대해 비판한 지점은 매우 적절하다. 그러나 초기 그리스도인들의 기억이 정확하지 않을 것이라는 가정은 부적절하다.

리처드 보컴(Richard John Bauckham)에 따르면, "초기 기독교에서 목격자들의 역할 중 하나는, 과거의 목소리를 듣기 위해 주의를 기울이고 있는 그리스도인 그룹에 이 목소리를 또렷한 발성으로 들려주었다는 것"에 있다.[38] 즉, 한두 사람에게서는 어느 정도 당시 문화적 상황이나 외부적 요인으로 인해 사건에 대한 해석이 덧입혀질 수는 있겠으나, 목격자의 증언을 그대로 전달하는 것을 목적으로 삼는 공동체의 집단 기억이 단체로 왜곡되거나 재해석될 가능성은 현저히 낮다.

만일 전승 형성이 단일 저자에 의한 것이 아니라 공동체에 의해서 기록되었다는 비평학자들의 견해를 수용한다면, 오히려 공동체의 네트워크 된 기억의 조합으로 인식론적 균열은 더욱 사라졌다고 보는 것이 상식적으로 옳다.

고로 역사적 예수 세미나에서는 성서 저자들 간에 기억의 실수가 있음을 강조하지만, 실제로는 그들 기억에 심각한 왜곡은 존재하지 않는다. 그 이유는 "예수 운동이 갈릴리, 예루살렘, 유대, 시리아 및 소아시아 등지에서 네트워크와 신자들로 구성된 공동체를 형성"했기 때문이다.[39] 진정한 공동체는 기억을 일삼는 공동체이다.

이들 공동체가 기억하는 공통의 내용은 기독론이다. "태동기 교회의 기독론 발전 과정에서 예수에 대한 경배가 시작된 것"은 틀림없는 역사적 사실이며, 이것은 그리스도의 사건을 전제하지 않고는 도저히 설명할 길이 없다.[40] 결과적으로 역사적 예수 세미나의 연구 방식은 정통주의 학자들에게만 배척당하는 것이 아니라, 비평학적 방법론을 취하는 이들에게도 환영받을 수 없는 방법론이다.

---

37 Ibid., 149-150.
38 리처드 보컴, 『예수와 그 목격자들』, 박규태 역 (서울: 새물결플러스, 2015), 508.
39 마이클 F. 버드, 『주 예수의 복음』, 신지철 역 (서울: 새물결플러스, 2017), 219-220.
40 리처드 보컴, 『요한계시록 신학』, 강대훈 역 (서울: 부흥과개혁사, 2021), 181.

그래서 톰 라이트(N.T Wright)는 역사적 예수 세미나식의 연구 방법 대신 미래를 향한 "제3의 탐구"를 제안한다.[41] 이는 초기 그리스도인들이 예수님을 어떻게, 왜 예배할 수밖에 없었는지로 관심을 돌린다.

제임스 던(James D.G. Dunn)에 따르면, "하나님의 초월성을 훼손하지 않고 하나님의 내재(內在)를 이야기하는 방법"은 구약의 경우에는 '하나님의 사자'를 보내는 것이고, 신약은 '하나님이 성육신하시는 것'이라고 설명한다.[42] 성육신하신 하나님은 "죽음의 세력과 싸우는" 공적 활동을 벌이신다.[43]

그리고 그분은 스스로 아무 결정도 내릴 수 없던 본디오 빌라도의 질문에 순순히 "왕의 정체성"을 폭로하신다.[44] 예수님은 그 어떤 정치적 투쟁 작업을 시도한 바가 없으시다.

그저 빌라도의 질문에 사실을 대답했을 뿐이다. 하워드 마샬(Ian Howard Marshall)에 따르면, 당시 "'왕'이라는 칭호를 사용하는 것은 정치적으로 위험하며 사람들에게 오해를 줄 수도 있다"고 밝힌다.[45] 그런데도 예수님은 왕이셨다. 정치적 메시아가 아닌, 하나님 나라의 왕이다. 하나님 나라는 정치적 이데올로기가 투영된 유토피아가 아니다. 예수님 자신이 '하나님 나라'이시다. 그래서 스캇 맥나이트(Scot McKnight)는 "예수님 자신이 하나님 나라의 중심"에 있다고 스스로 선언하고 계심을 강조한다.[46] 결국, 예수님은 십자가에서 처형당하신다.

그런데 이 형벌 당하신 예수를 그리스도인들은 '예배'한다. 역사적 예수 세미나에 속한 이들은 이것에 대한 역사적 설명을 밝히는 작업에 대해서는 등한시한다. 그들은 그저 정치적 혁명가로 예수를 왜곡시키기에 바쁘다. 하지만 신약학자들은 이 부분에 대해서 성실하게 다룬다. 마르틴 헹엘(Martin Hengel)은 "예

---

41 N.T. 라이트, 『예수와 하나님의 승리』, 박문재 역 (경기고양: 크리스챤다이제스트, 2014), 151-153. 불트만식의 탐구는 1세기 유대인이었던 예수의 모습 속에서 예수의 의미를 찾지 말자고 주장하는 것이다. 반면에 역사적 예수 세미나는 진짜 역사적 예수의 모습을 복원하기 위해 1세기 유대인이었던 예수의 모습을 복원하기를 주장하지만, 결국 자신들의 문화와 상황에 채색된 예수를 만들어 냈을 뿐이다. 그러나 라이트가 주장하는 "제3의 탐구"는 1세기 유대인이었던 예수님이 왜 십자가에 못 박히셨는지를 조명하고, 그 후 종말론적이고 미래적인 상황을 도출하는 것에 연구 방향을 집중하는 것이다.
42 제임스 던, 『첫 그리스도인들은 예수를 예배했는가?』, 박규태 역 (서울: 좋은씨앗, 2016), 138.
43 매튜 티센, 『죽음의 세력과 싸우는 예수』, 이형일 역 (서울: 새물결플러스, 2021), 30.
44 리처드 보컴 & 트레버 하트, 『십자가에서』, 김동규 역 (경기고양: 터치북스, 2021), 103-105.
45 I. 하워드 마샬, 『신약 기독론의 기원』, 배용덕 역 (서울: 기독교문서선교회, 2005), 131.
46 스캇 맥나이트, 『예수 왕의 복음』, 박세혁 역 (서울: 새물결플러스, 2016), 156.

배는 십자가 처형의 거리끼는 모습을 공적으로 고백하기 위한 적절한 공간"이라고 했다.[47]

또 허타도는 '십자가 외에는 자랑할 것이 없다'라는 고백과 '예수를 주로 시인하면 구원받는다'라는 이 고백이 한데 모일 때 "예배 공동체의 특징"이 완성된다고 말한다.[48] 즉, 역사적으로 초기 기독교 공동체가 십자가에 돌아가시고 부활하신 예수를 주님으로 예배드렸다는 것이 명백한 사실이기에, 그 예수에 대한 기록도 우리는 역사 속의 사실로 인정하는 것은 그리 어려운 일이 아니다. 문제는 역사 속에 들어오신 예수님이 십자가에 참혹하게 처형당했음에도 그 끔찍한 사건을 어떻게 예배할 수 있었는가이다.

우선은 예수님이 부활하셨기 때문이고, 그다음은 십자가가 성도들을 결속시키기 때문이다. 헹엘은 "십자가에 달린 메시아에 관한 최초기 기독교의 메시지는 형언할 수 없는 고난 겪고 죽음에 이르게 된 자들의 고통을 하나님의 사랑과 '결속'"시키고 있다는 점에 주목한다.[49] 역사적으로 "십자가에서 악이 개입하고 고통이 허용되지만, 결국 위대한 사랑이 이기고 승리가 승전가를 부른다." 그리고 "부활을 통해 최후의 악은 패배하고 구속된다."[50] 이 역사적 진술을 제외하고 역사적 예수 세미나 연구는 무의미할 뿐 아니라 해롭기까지 하다.

2. '하나님이 인간이 되셨다'라는 사실과 '인간이 하나님이 되었다'라는 상상

지금까지 역사적 예수 세미나가 다루는 논의들과 신약 학계에서 다뤄지는 논의들이 어떤 차이가 있는지 설명했다. 현재 학계에서는 역사적 예수 연구보다는, 역사적 초기 기독교 공동체의 기독론 형성에 관한 연구가 더 활발하다. 그 이유는 아마도 역사적 예수 세미나 연구가 더는 별 의미 없는 논의라는 것에 대부분이 동의하기 때문일 것이다.

하지만 역사적 예수 세미나가 완전히 없어진 것도 아니고, 이들의 방법론과 성경 해석이 여전히 순진한 신학생들과 성도들을 오염시키고 있기에 그리고 역

---

47 마르틴 헹엘,『십자가 처형』, 이영욱 역 (서울: 감은사, 2019), 50.
48 래리 허타도,『아들을 경배함』, 송동민 역 (경기고양: 이레서원, 2019), 110-111.
49 마르틴 헹엘,『십자가 처형』, 177.
50 케네스 E. 베일리,『선한 목자』, 류호준·양승학 역 (서울: 새물결플러스, 2015), 370.

사적 예수 세미나가 잘못되었다는 것은 인지하나 이에 대한 충분하고도 논리적인 반론을 더 원하는 이들이 틀림없이 있기에 추가적인 논의는 더 필요하다. 이를 위해 **마이클 F. 버드**(Michael F. Bird)의 설명을 빌려서 좀 더 구체적인 진술을 이어 가겠다.

첫째, 역사적 예수 세미나의 문제는 전통적 신학을 무시하고 상상력에만 의존해서 질문한다는 것이다.

역사적 예수 세미나를 하는 이들은 "예수가 어떻게 하나님이 되었는가?"

이 질문의 의도는 예수는 그냥 인간일 뿐인데, 교회가 신앙을 투영해서 예수를 하나님으로 기록했다는 것을 말하고자 한다.

반면에 초대 교회와 정통주의 신학자들은 질문한다.

"예수님이 어떻게 인간이 되셨는가?"

그들의 질문 의도는 다음과 같다. 예수님은 하나님이신데, 성육신하셔서 우리와 같은 육신을 입으셨고, 성경의 저자는 그 예수님을 증거하기 위해 성령의 영감을 받아 기록했다는 것이다.

버드는 요한복음 1장 1절을 근거로 "예수의 신격은 어떤 교회 공의회의 결의 안에서 도출된 것이 아니라 만세 전 과거부터 존재했던 것"임을 주장한다.[51] 신적 지위가 없었던 예수가 인간들에 의해서 신적 지휘를 획득한 것이 아니라, 원래 하나님이신 예수님이 인간의 몸을 입고 이 땅에 성육신하셨다.

따라서 오늘 우리는 이렇게 물어야 한다.

"왜 하나님이 인간이 되셔야만 했는가?"

케네스 E. 베일리(Kenneth E. Bailey)에 따르면, "예수는 자신이 기름 부음을 받은 분(메시아)이라 주장하신 다음, 적어도 당대의 몇 명 유대 공동체가 기대하던 바와 일치하는 강령"을 내놓으셨다.[52] 또, 허타도가 분석한 바에 따르면, 예수님이 하나님의 아들이라는 사상은 "초기 교회에서 예수에게 주어진 모든 칭호와 신약성서의 다양한 문서들에 반영된 모든 그리스도론적 강조 그리고 그리스도의 존재 또는 그의 종말론적 재림(*parousia*)과 같은 교리들에 선행했으며 그 모든 교리의 기초"가 되었다.[53]

---

51 마이클 F. 버드, 『하나님은 어떻게 예수가 되셨나?』, 송현선 역 (서울: 좋은씨앗, 2016), 14.
52 케네스 E. 베일리, 『중동의 눈으로 본 예수』, 박규태 역 (서울: 새물결플러스, 2018), 235.
53 래리 허타도, 『유일한 하나님, 그리고 예수』, 박운조 역 (경기고양: 베드로서원, 2021), 150.

즉, "높임을 받은 주님으로서 예수에 대한 선포는 그 선포와 더불어 이전에 예수가 이스라엘을 대상으로 실제 사역했다는 사실을 암묵적으로 전제"한다.[54]

이로써 우리는 예수님이 활동하셨던 역사성과 그가 가진 자기 정체성은 역사적 사실이라는 것을 충분히 납득할 수 있게 되었다. 예수님은 인격뿐 아니라 신격까지 지녔다. 보컴에 의하면, 초기 유대 문헌에 등장하는 "초월적 유일성"(transcendent uniqueness) 개념은 예수 그리스도께서 가지고 있던 자의식이기도 하다.[55] 그리스도께서는 처음부터 자신이 하나님의 아들임을 알고 계셨다.

다시 말해서, 고(高) 기독론은 초기 신앙 공동체에 의해서 진화된 것이 아니라, 그리스도께 직접 계시하셨던 진리이다. 물론, 역사적 예수 세미나에서는 공관복음서 기자들이 예수의 자의식을 거의 완전히 배제하고 있다는 점을 지적해 올 것이다. 하지만 이에 대한 적절한 변증은 당연히 준비되어 있다.

데이비드 웰스(David F. Wells)는 다음과 같이 말한다.

> 예수님의 자기 이해, 즉 예수님이 자기 삶에 부여하신 의미와 자신의 행위에 대해 주신 해석은, 예수님의 자의식이 정확히 어떤 것이었는지를 찾는 이 미끄러운 길에 들어가지 않고서도 파악될 수 있다.[56]

만일 역사적 예수 세미나의 주장처럼, "예수가 한 번도 진지하게 자신이 '신적 존재'임을 주장한 적이 없다면, 기독교 정경과 신조의 중심 주장은 무의미한 것이 된다."[57] 결정적으로 예수님은 빌라도 법정에서 자신이 유대인의 왕, 곧 메시아임을 스스로 인정하고 있다. 예수 세미나에 속한 이들은 이러한 증언이 성경 저자에 의해 해석된 기록이라고 주장하겠지만, 분명하게 "신약의 예수 그리스도 신격화"는 역사 속 예수의 말과 행동에 그 뿌리를 두고 있다.[58]

이제 역사적 예수 세미나에서 "예수는 어떻게 인간이 되셨나?"라고 질문을 해올 때, 초대 교인들처럼 우리는 "예수는 어떻게 하나님이 되셨나?"라는 질문

---

54 마이클 F. 버드, 『주 예수의 복음』, 99.
55 리처드 보컴, 『예수와 이스라엘의 하나님』, 이형일·안영미 역 (서울: 새물결플러스, 2019), 198.
56 데이비드 웰스, 『기독론』, 이승구 역 (서울: 부흥과개혁사, 2015), 76.
57 마이클 F. 버드, 『하나님은 어떻게 예수가 되셨나?』, 119.
58 Ibid., 120.

으로 응수할 수 있어야 한다. 초대 교회가 성육신의 신비에 감탄하면서 던지는 그 질문이 역사적 예수 세미나의 질문보다 훨씬 깊이 있는 신학적 질문이다. 누가 봐도 한쪽은 신앙 없는 자의 질문이고, 다른 한쪽은 신앙을 전제한 질문이다.

만약, "이 질문도 옳고, 저 질문도 옳다!"라고 생각한다면 그것은 영적으로 심각하게 병든 것이다.

둘째, 역사적 예수 세미나는 성경의 텍스트가 역사적 사실이란 명제를 거부한다.

앞서 성경이 신뢰할 만한 문헌임을 충분히 변증했다. 그 밖에도 이해할 수 있는 변증들은 무수히 많다. 특히, 성경의 사본을 대조했을 때 대부분이 일치를 보이고 있으며, 구전 전승과의 차이도 미세하다. 또, 역사 기록에 대한 것과 고고학적 증빙자료도 넘쳐나는데, 특히 고대의 다른 기록과 비교해 볼 때 신약성경은 전례가 없을 정도로 많은 사본이 발견되었다.[59]

하지만 이 논쟁은 실증적으로만 접근할 문제는 아니다. 이쯤에서 우리는 실증적 역사접근이 성경의 역사성 논증에 도움이 될 수는 있지만, 이제 이러한 것들이 현대인들의 관심 밖이라는 사실에 대해서 인정해야 한다. 역사적 예수 세미나 이것에 대해 반론하는 변증가 그룹 모두 역사와 사실을 있는 그대로 인식할 수 없다는 점에 동의할 수밖에 없다. 직접 성경의 시대를 살아보지 않은 이상, 우리는 그저 기록과 증언으로만 이야기할 수 있을 따름이다.

하지만 역사적 예수 세미나를 시도하는 이들이 예수에 대해 가장 많은 기록을 담당하는 성경 텍스트의 사실성을 부정하는 것은, 결코 합리적인 추론 방식은 아니다.

크레이그 에반스(Craig A. Evans)에 따르면, 복음서의 역사성에 대해 신뢰하지 못하는 이유는 '잘못된 신앙'과 '엉뚱한 의심' 때문이다.[60]

여기서 잘못된 신앙은 "경직되고 특이한 기준들에 의해 성경 사본이 절대적으로 무오"할 것을 기대하는 신앙이다. 반면에 엉뚱한 의심은 "예수의 동시대인(그 운동의 첫 세대)이 예수가 말한 것과 행한 것을 정확하게 기억할 능력이 없었거나 그것을 전달하는 데 관심이 없었다고 쉽게 단정하는 불합리성을 의미"한다.[61]

---

59 리 스트로벨, 『예수는 역사다』, 윤관희·박중렬 역 (서울: 두란노서원, 2018), 75.
60 크레이그 에반스, 『만들어진 예수』, 성기문 역 (서울: 새물결플러스, 2017), 30.
61 Ibid.

에반스는 지금 사본에 대한 근본주의적 태도를 보이는 문자주의자들과 비합리적인 의심으로 연구를 진행하는 역사적 예수 세미나 모두를 비판한 것이다. 이것이 가능한 이유는 사본의 무오성을 논의하지 않더라도, 역사적 예수 세미나에 대해 논증할 수 있기 때문이다. 그렇다면 원인과 과정이 어찌 됐든 존재해 버린 성경이 어떤 '희망'을 제시하는지 확실하게 전달할 수 있어야 한다. 이것이 현대 변증의 코어(core)이다.

예를 들어서 성경의 역사 내러티브를 살펴볼 때 그러하다. 버드에 의하면, 신약성경은 "대화(dialogue)와 담론(discourses)은 예수 전승 자료에 충실한 방식으로 공들여 작성된 동시에, 고대 연설 내레이션에서 어떤 형식과 패턴이 적절한가라는 문제도 의식하면서 작성되었다."[62] 그래서 버드는 이렇게 말한다.

> 성경은 단지 신적 계시의 기록만이 아니다(물론 그것도 맞지만). 성경은 단지 하나님과 그분의 목적에 관한 깨달음으로 우리 생각을 조명하는 어떤 것만도 아니다(물론 그것 역시 맞지만!). 성경 자체가 곧 계시다. 신적으로 주어진 메시지를 기록하기 위해 성령의 영향력에 의해 감동한 인간 대리인(subjects) 속으로 하나님이 자신의 말씀을 불어넣으셨기 때문이다. 하나님의 말씀은 사람들 안에 고쳐지고 그 뒤에 책장 위에 기록된, 진리에 관한 신적 증언으로 구성된다.[63]

그럼에도 크로산 같은 이들은 정경 밖의 복음서(도마복음)에서 예수가 가르쳤던 가르침의 원형을 발견할 수 있다고 생각하며 이 복음서에서 초기 원판을 추출하려고 한다. 이점에 대해서 에반스는 주관적 바람이 객관적 역사성을 해치고 있다고 평가한다.[64] 이어서 에반스는 역사적 예수 세미나는 "정경에 없는 예수의 말씀과 정경 밖의 복음서"를 근거로 형편없는 지식을 만들어 내고 있다고까지 지적한다.[65]

그리스도인이 아니라 할지라도 합리적 사고가 가능한 지성인들은 "비록 복음서가 단순히 역사 보고서는 아니라 할지라도, 복음서는 역사적인 측면에서 믿을

---

62 마이클 F. 버드, 『주 예수의 복음』, 128.
63 마이클 버드, 『성경을 읽기 전 알아야 하는 7가지 사실』, 이철민 역 (서울: 한국성서유니온선교회, 2022), 76.
64 크레이그 에반스, 『만들어진 예수』, 82-83.
65 Ibid., 84.

만한 주장을 하고 있다"는 점을 절대로 부인하지 않을 것이다.[66] 이 과정에서 성경의 역사 내러티브가 왜 문자 그대로 사실이어야만 하는지 논증될 수 있다. 이에 대한 답변은 명확하다. 그래야 만이 성경에서 도출되는 모든 희망의 메시지, 즉 복음이 모순 없이 통일을 이룰 수 있기 때문이다. 역사적 예수 세미나는 성경의 사실성을 의심하여 성경을 '성경 밖'과 대조하기 시작했고, 모든 것을 의심하다가 결국 성경 자체의 의미를 잃게 되어 종국에는 회의주의와 허무주의를 맞이하게 된다. 이들의 학문에는 하나님의 역사하심이 없다.

3. 교회와 무관하고 교리와 반대되는 역사적 예수 연구

셋째, 역사적 예수 세미나는 교회 공동체에 대한 배려가 없다.

신학이 최악을 달릴 때는 교회에 대한 배려가 없는 경우이다. 신학은 교회에 유익을 주고 교회를 건설적으로 세우는 역할을 한다. 만에 하나 자유주의 신학을 한다고 하더라도 교회 공동체를 배려해 가며 학문적 논의를 해야 한다. 그러나 역사적 예수 세미나는 예수의 실존 가능성, 동정녀 탄생, 기적 사건, 자기 정체성, 십자가 처형과 부활, 재림 등에 대해서 부정하거나, 의심하거나, 왜곡한다. 버드는 예수 전승 과정에 대해서 외계인의 불시착 등으로 묘사하는 행위에 대해 강력하게 경고하며, "예수 전승이 전반적으로 믿을 만다는 것은 역사적 예수 탐구에서 필수 요소"라고 강조했다.[67] 심지어 역사적 예수 세미나에 속해 있는 이들 중 어떤 이들은, 유대인 반대자들이 기독교인의 동정녀 탄생 기사(story)를 풍자하여 예수님이 서출이었다는 주장에 대해 동의하기도 한다.

이에 존 그레샴 메이천(John Gresham Machen)은 "그것은 기독교에 대한 유대인 반대자들이 이미 초자연적 잉태 교리를 그들의 공격의 초점이 되는 초대 교회의 필수적인 신앙의 하나로서 인정했음을 보여 준다"고 반론한다.[68] 성경의 역사가 진술 그대로 사실이어야만 하는 이유는 성경 안에서만 찾을 수 있다. 지금 교회에 시급한 것은 역사적 예수 연구 아니라, 동정녀 마리아에게 탄생했으며, 실존

---

66 마이클 F. 버드, 『주 예수의 복음』, 152.
67 Ibid., 176-177.
68 존 그레샴 메이천, 『그리스도의 동정녀 탄생』, 정규철 역 (서울: 기독교문서선교회, 2018), 336.

했으며, 십자가에 달리셨으며, 부활하시고 승천하신 그 역사 속 예수를 만나는 것이다.

이 일의 선구자가 바울이다. 바울은 율법에서 벗어나 그리스도를 중심으로 새로운 신앙을 재구축했다.[69] 이렇게 재구축된 바울의 신앙은 "메시아적 유일신주의"인데, 이는 "하나님이 메시아 예수를 통해 알려지시는 것"을 뜻한다.[70] 본래 바울은 '역사 속 예수'를 대적했던 인물이었으나 어느 날 갑자기 '역사 속 예수'를 증언하는 인물로 삶의 방향 전체가 틀어졌다. 이것이 가능한 이유는 그가 예수를 만났기 때문이다. 누구든지 예수를 만나면 변화된다. 이것은 역사적 예수 연구를 통해서 가능해지는 것이 아니라, 은혜로 가능해진다. 초대 교회가 고백했던 신앙의 예수야말로 가장 분명한 역사 속 예수라는 점을 인정할 때 기적은 일어난다.

넷째, 역사적 예수 세미나는 기독론을 비롯한 교리적 이해가 부재하다.

이것은 어찌 보면 당연한 결과이다. 앞서 계속 반복되어 나온 이야기지만, 역사적 예수 세미나에서, 성경에 기록된 예수는 신앙의 눈으로 재해석된 예수이다. 따라서 이들은 교리적 해석에 대해 반감을 품고 적대한다. 로버트 스타인(Robert H. Stein)은 지독한 형태의 고문과 처형 방법인 십자가를 구속의 은혜로 받아들이는 이들은 오직 그리스도인들밖에 없다는 점을 밝힌다.[71] 이 말은 그리스도의 십자가를 역사적 사건으로 인정한다면, 이것이 기독론을 이미 반영하고 있음을 알아야 한다는 뜻이다.

그런데도 역사적 예수 세미나에서 기독론이 부재한 이유는 십자가 사건을 사실로 믿지 않거나, 혁명 끝에 정치적으로 희생되었다고 보기 때문이다. 이것은 심각한 오해이다. 우선 교리적 이해는 역사적 예수를 파악하는 데에 전혀 걸림돌이 되지 않는다. 예를 들어서, 예수님의 십자가 위에 명패가 있었다는 사실은 모든 복음서 저자가 증언하고 있다. 이는 명백한 역사적 사실이다. 그러나 그 명패에 기록된 내용은 복음서마다 차이가 있다. 그 차이는 다음 표를 참고하라.

---

69 마이클 F. 버드, 『혁신적 신학자 바울』, 김수진 역 (서울: 새물결플러스, 2019), 47.
70 마이클 버드, 『손에 잡히는 바울』, 백지윤 역 (서울: 한국기독학생회출판부, 2016), 192.
71 로버트 스타인, 『메시아 예수』, 황영철 역 (서울: 한국기독학생회출판부, 2003), 288.

⟨복음서별 예수님의 십자가 위 명패 내용⟩

마태복음 27장 37절	이는 유대인의 왕 예수라
마가복음 15장 26절	유대인의 왕
누가복음 23장 38절	이는 유대인의 왕이라
요한복음 19장 19절	나사렛 예수 유대인의 왕

명패에 기록된 내용에 대해서 복음서마다 약간의 차이를 보이고 있으나, 분명한 것은 이 증언에는 기독론이 포함되어 있다는 것이다. 빌라도는 예수를 비하하고 조롱할 목적으로 저 명패를 붙였을지 모른다.

그러나 저것은 명백한 역사적 예수의 정체성을 밝히는 증표가 되었다. 어둠의 명패가 구원의 명패로 전환된 것이다. 그분이 유대인의 왕이라면, 하나님의 아들이다. 도널드 맥클라우드(Donald Macleod)가 주장하듯, "진실로, 만약 역사상 그리스도가 신앙상의 그리스도가 아니라고 한다면, 신약성경의 존재 자체는 사실상 설명 불가능"한 것이다.[72]

역사적 예수 세미나를 나름 성실하게 하는 이들은 문헌을 병행하며 복음서 간에 각기 다른 점을 밝혀낸다. 그리고 이것을 근거로 신적 존재자이신 예수를 유대교와 로마에 저항한 저항 가로 각색한다. 그런데 문헌 간의 차이점을 발견한다고 해서 각 문헌이 공통으로 가지고 있는 교리적 이해를 부정할 수는 없다. 왜냐하면, 이것은 차이점이 아니라 공통점이기 때문이다. 무엇보다 "엄격한 유일신론은 초대 교회의 발명품이 아니라 유대교로부터 상속받은 유산"이다.[73]

그러나 "오직 한 분인 하나님이 이제 주 예수 그리스도를 통해, 그 안에서 그로서 알려진다는 기독론적 유일신론은 초대 교회의 창조물"이다.[74] 즉, 이것은 계시적이다. 버드는 다음과 같이 추가 진술을 한다.

> 초대 교회는 땅에 내려온 신들과 승천한 인간들에 관한 기존 사상들을 짜깁기해 그리 세련되지 못한 방식으로 예수에 접목한 것이 아니었다. 오히려 실제로 "초대 교회에서 일어난 일은, 예수의 가장 초기의 제자들 가운데 유대 유일

---

72 도널드 맥클라우드, 『그리스도의 위격』, 김재영 역 (서울: 한국기독학생회출판부, 2014), 153.
73 마이클 F. 버드, 『하나님은 어떻게 예수가 되셨나?』, 64.
74 Ibid.

신론을 재구성하려는 움직임이 즉각적으로 일어났고 이를 통해 이스라엘의 한 분 하나님이 이제는 주 예수 그리스도와 하나님 아버지로 알려지고 경험되기 시작했다는 것이다.[75]

역사적 예수 세미나는 기독론에 대한 이해가 잘못되었기에 자연스레 교회론에 대한 이해도 뒤틀린다. 역사적 예수 세미나에 참여한 이들뿐만 아니라, 종종 어떤 이들도 '예수가 교회를 설립한 것이 아니고, 바울과 사도들에 의해 교회가 설립된 것'으로 주장한다. 하지만 예수님은 "이스라엘 자손들의 지파의 수"와 같은 열두 명의 제자를 취하셨고, 이로써 교회 공동체의 시작을 알렸다.[76]

케빈 길레스(Kevin Giles)에 따르면, 제도적으로도 "그리스도께서 사도들에게 특별한 권세를 주시면서 베드로를 지도자"로 삼아 주셨다는 점에서 교회의 출발은 예수 그리스도시다.[77] 또한, "교회는 존재론적으로 그리고 문자적으로 그리스도의 몸"이라는 점에서 철저히 교회의 출발과 끝은 예수 그리스도시다.[78]

역사적 예수 세미나는 자신이 주관을 가지고 꾸며낸 예수상을 자신들 마음대로 그릴 수 있다는 점에서 꽤 흥미로울 수 있다. 그들은 신앙의 눈을 거둬 내고 객관적인 예수를 바라봐야 한다고 주장한 결과 예수님을 혁명가, 민중의 투쟁자, 음유시인 등으로 해석한다. 하지만 대신에 그들은 보편적이며 사도적인 신앙 규범과 건전한 교리에 의해 정죄 받게 된다.

또한, 현대인들에게는 '예수 세미나가 그려낸 예수상이야말로 자신들의 이데올로기 신앙으로 채색된 그리고 거짓된 예수상이다'라는 비판의 목소리를 듣는다. 결국, 가장 객관적인 예수님에 대한 그림은 복음서가 증언하는 예수님의 모습뿐이라는 것을 인정해야 한다. 성경을 빼고 예수님을 보려는 모든 시도는 "신학"이라고 불러줘선 안 된다. 지금 시점에서 성경 진술의 역사성을 부정해야 할 만한 합리적인 논증은 어디에도 없다. 버드는 이렇게 말한다.

> 복음서가 만들어 내는 것은 역사적 예수에게 억지로 덧붙여진 믿음의 그리스도가 아니다. 오히려 복음서는 과거 예수의 행위에 대해, 마치 다큐멘터리-드라마

---

75 Ibid., 64-65.
76 크레이그 A. 에반스, 『예수와 교회』, 김병모 역 (서울: 기독교문서선교회, 2016), 75.
77 케빈 길레스, 『신약성경의 교회론』, 홍성희 역 (서울: 기독교문서선교회, 2007), 25.
78 Ibid., 27.

와 같이 놀라운 묘사를 제공해 준다. 또한, 복음서는 예수에 대한 공동(집단)의 기억을 통해 예수의 음성을 오늘날의 청중에게도 들려준다. 따라서 복음서에 수록된 예수에 대한 기억은 우리에게 진정성과 예술적 특성, 사실과 믿음, 역사와 해석을 전해 준다. 복음서 저자들은 실증주의적 인식론을 만족시키려는 목적에서 예수의 생애를 저술하는 것이 아니다.

기독교 자체 내에서의 논쟁이나 유대교와의 논쟁에서 무기로 사용하려고 예수의 이미지를 꾸며낸 것도 결코 아니다. 오히려 복음서는 과거에 일어난 이야기를 서술해서 예수라고 불리는 한 인물, 이스라엘의 메시아이자 세상의 진정한 주님이 지금 바로 우리에게 중요성을 지니고 있음을 일깨우려는 것이다.[79]

성경의 역사를 의심하면 그 끝에서 '허무'만 얻을 것이다. 모든 것을 의심하는 행위의 결말에는 언어도 그 의미를 잃게 된다. 그 결과 어떤 것도 정의할 수 없게 된다. 성경 진술에 대해 의심을 거듭하다가 결국 의미마저 잃어버린 성경의 텍스트를 가지고 공동체에 들어오는 것은 대단히 위험하다.

성경만큼은 생명의 근원이자 유일한 구원의 길로 믿는 것이 좋을 것이다.

그렇다면 왜 하필 성경인가?

다른 고대 신화들은 진술 그대로 믿을 수 없는 것인가?

이와 같은 반문에 대해서는 이렇게 답할 수 있다. 만일 누군가 사십여 명의 저자가 약 1500년 이상 동안 서로 합의하지 않고 '하나(성경의 경우 단 하나, 예수 그리스도를 설명한다.)'를 설명한 책을 가지고 온다면 그대로 믿어보겠다. 그러나 그런 책은 성경 이외에 그 어디에도 없다.

---

[79] 마이클 F. 버드, 『주 예수의 복음』, 225-226.

♣ 내용 정리를 위한 문제

1. 역사적 예수 세미나의 주장은 초기 기독교 공동체의 증언과 반대되기 때문에 수많은 세계적인 성경학자들은 역사적 예수 세미나의 입장을 부정한다. 그중에서 래리 허타도, 데릴 벅, 리처드 보컴, 제임스 던은 역사적 예수 세미나의 주장을 어떻게 반대하고 있는가? 이들 학자의 각각 입장과 변증 내용을 정리하시오.
2. 역사적 예수 세미나에서는 "인간 예수가 신앙 공동체에 의해 하나님으로 불리게 되었다"라고 주장하는데, 이를 마이클 F. 버드와 크레이그 에반스의 입장에 근거해서 비판해 보시오.
3. 역사적 예수 세미나 연구가 비판받아 마땅한 이유를 교회 공동체에 소속된 입장에서 서술하시오.

※ 참고 문헌(제33장에 인용된 도서들)

마이클 F. 버드. 『주 예수의 복음』. 신지철 역. 서울: 새물결플러스, 2017.
_____. 『하나님은 어떻게 예수가 되셨나?』. 송현선 역. 서울: 좋은씨앗, 2016.
_____. 『혁신적 신학자 바울』. 김수진 역. 서울: 새물결플러스, 2019.
마이클 버드. 『손에 집히는 바울』. 배지윤 역. 서울; 한국기독학생회출판부, 2016.
_____. 『성경을 읽기 전 알아야 하는 7가지 사실』. 이철민 역. 서울: 한국성서유니온선교회, 2022.
I. 하워드 마샬. 『신약 기독론의 기원』. 배용덕 역. 서울: 기독교문서선교회, 2005.
N.T. 라이트. 『예수와 하나님의 승리』. 박문재 역. 경기 고양: 크리스챤다이제스트, 2014.
그레고리 K. 비일 & 벤저민 L. 글래드. 『하나님의 비밀』. 신지철 역. 서울: 새물결플러스, 2018.
데릴 벅. 『복음서를 통해 본 예수』. 신지철·김철 역. 서울: 솔로몬, 2017.
데이비드 드실바. 『바울 복음의 심장』. 오광만 역. 경기 고양: 이레서원, 2019.
데이비드 웰스. 『기독론』. 이승구 역. 서울: 부흥과개혁사, 2015.
데인 오틀런드. 『온유하고 겸손하니』. 조계광 역. 서울: 개혁된실천사, 2022.
데일 C. 앨리슨. 『역사적 그리스도와 신학적 예수』. 김선용 역. 서울: 비아, 2022.
도널드 맥클라우드. 『그리스도의 위격』. 김재영 역. 서울: 한국기독학생회출판부, 2014.
래리 W. 허타도. 『주 예수 그리스도』. 박규태 역. 서울: 새물결플러스, 2016.
래리 허타도. 『아들을 경배함』. 송동민 역. 경기 고양: 이레서원, 2019.
_____. 『유일한 하나님, 그리고 예수』. 박운조 역. 경기 고양: 베드로서원, 2021.

로버트 스타인. 『메시아 예수』. 황영철 역. 서울: 한국기독학생회출판부, 2003.
리 스트로벨. 『예수는 역사다』. 윤관희·박중렬 역. 서울: 두란노서원, 2018.
리차드 루벤슈타인. 『예수는 어떻게 하나님이 되셨는가』. 한인철 역. 경기 고양: 한국기독교연구소, 2004.
리처드 로어. 『보편적 그리스도』. 김준우 역. 경기 고양: 한국기독교연구소, 2020.
리처드 보컴 & 트레버 하트. 『십자가에서』. 김동규 역. 경기 고양: 터치북스, 2021.
_____. 『예수와 그 목격자들』. 박규태 역. 서울: 새물결플러스, 2015.
_____. 『예수와 이스라엘의 하나님』. 이형일·안영미 역. 서울: 새물결플러스, 2019.
_____. 『요한계시록 신학』. 강대훈 역. 서울: 부흥과개혁사, 2021.
리처드 호슬리. 『예수와 권세들』. 박홍용 역. 경기 고양: 한국기독교연구소, 2020.
마르틴 헹엘. 『십자가 처형』. 이영욱 역. 서울: 감은사, 2019.
마커스 J. 보그. 『예수 새로 보기』. 김기석 역. 서울: 한국신학연구소, 2013.
마커스 보그 & 존 도미닉 크로산. 『첫 번째 바울의 복음』. 김준우 역. 경기 고양: 한국기독교연구소, 2011.
매튜 티센. 『죽음의 세력과 싸우는 예수』. 이형일 역. 서울: 새물결플러스, 2021.
바트 어만. 『예수 왜곡의 역사』. 강주헌 역. 경기 파주: 청림출판, 2010.
스캇 맥나이트 & 그랜트 R. 오스본. 『현대 신약성서 연구』. 송일 역. 서울: 새물결플러스, 2018.
스캇 맥나이트. 『예수 왕의 복음』. 박세혁 역. 서울: 새물결플러스, 2016.
앤서니 르 돈. 『역사적 예수』. 김지호 역. 서울: 도서출판100, 2018.
앨버트 놀런. 『그리스도교 이전의 예수』. 정한교 역. 경북 칠곡: 분도출판사, 2010.
야로슬라프 펠리칸. 『예수, 역사와 만나다』. 민경찬·손승후 역. 서울: 비아, 2019.
엘리자베스 쉬슬러 피오렌자. 『성서-소피아의 힘』. 김호경 역. 서울: 다산글방, 2002.
워렌 카터. 『신약 세계를 형성한 7가지 사건』. 박삼종 역. 서울: 좋은씨앗, 2017.
월터 윙크. 『사탄의 체제와 예수의 비폭력』. 한성수 역. 경기 고양: 한국기독교연구소, 2009.
유세비우스 팜필루스. 『유세비우스의 교회사』. 엄성욱 역. 서울: 은성, 2008.
제임스 던. 『첫 그리스도인들은 예수를 예배했는가?』. 박규태 역. 서울: 좋은씨앗, 2016.
존 그레샴 메이천. 『그리스도의 동정녀 탄생』. 정규철 역. 서울: 기독교문서선교회, 2018.
존 도미닉 크로산 외 4인. 『역사적 예수 논쟁』. 손혜숙 역. 서울: 새물결플러스, 2015.
존 쉘비 스퐁. 『만들어진 예수 참 사람 예수』. 이계준 역. 경기 고양: 한국기독교연구소, 2009.
케네스 E. 베일리. 『선한 목자』. 류호준·양승학 역. 서울: 새물결플러스, 2015.
_____. 『중동의 눈으로 본 예수』. 박규태 역. 서울: 새물결플러스, 2018.
케빈 길레스. 『신약성경의 교회론』. 홍성희 역. 서울: 기독교문서선교회, 2007.
콘스탄틴 R. 캠벨 & 조너선 T. 페닝턴. 『신약성경을 기독교 경전으로 읽기』. 홍수연 역.

서울: 새물결플러스, 2022.
크레이그 A. 에반스. 『예수와 교회』. 김병모 역. 서울: 기독교문서선교회, 2016.
크레이그 에반스. 『만들어진 예수』. 성기문 역. 서울: 새물결플러스, 2017.
크레이그 L. 블롬버그. 『신약성경의 이해』. 왕인성 역. 서울: 기독교문서선교회, 2005.
크레이그 블롬버그. 『복음서의 역사적 신빙성』. 안재형 역. 서울: 솔로몬, 2014.
크레이그 S. 키너. 『예수 그리스도 전기』. 이용중 역. 서울: 새물결플러스, 2022.
프란시스 왓슨. 『네 권의 복음서, 하나의 복음 이야기』. 이형일 역. 서울: 새물결플러스, 2020.
프랑수아 보봉. 『예수의 마지막 날들-십자가 사건의 역사적 재구성』. 김선용 역. 서울: 비아, 2022.
프레데릭 르누아르. 『신이 된 예수』. 강만원 역. 서울: 창해, 2010.
플레밍 러틀리지. 『예수와 십자가 처형』. 노동래·송일·오광만 역. 서울: 새물결플러스, 2021.
피터 J. 윌리엄스. 『복음서를 신뢰할 수 있는가?』. 김태훈 역. 서울: 감은사, 2022.
Schweitzer, Albert. *The Quest of the Historical Jesus*. Newyork Macmillan, 1961.

제34장

부활에 대한 기독교 변증 : 게리 하버마스 & 마이클 L. 리코나

> 예수께서 이르시되 나는 부활이요 생명이니 나를 믿는 자는 죽어도 살겠고 … 도마에게 이르시되 네 손가락을 이리 내밀어 내 손을 보고 네 손을 내밀어 내 옆구리에 넣어 보라 그리하여 믿음 없는 자가 되지 말고 믿는 자가 되라(요한복음 11장 25절; 20장 27절).

기독교 신앙의 핵심은 단연코 십자가와 부활이다. 십자가는 구속의 은총이고 부활은 확증이다. 바울은 이 진리를 위해 목숨을 걸었다. 바울에게 하나님의 은혜는 "희생의 결과(fruit)가 아니라 희생의 원인(root)"이다.[1] 이 은혜는 오직 십자가와 부활로만 설명된다. 따라서 기독교를 파괴하기 위해서는 십자가와 부활 이 두 가지 진리 중, 단 한 가지만이라도 거짓이라고 입증하면 된다.

그래서 무신론자 중 어떤 이들은 현대 과학이 부활을 입증할 수 없다는 이유로 기독교 신앙이 거짓이라고 공격하기도 한다. 그리고 자유주의 신학자들은 이들의 공격에 동조한다. 그들 중 대부분은 부활의 역사성은 입증할 수 없으니, 신앙의 의미로만 보자고 주장한다. 그러나 정교회 신학자 알렉산더 슈메만(Protopresbyter Alexander Schmemann)은 "놀랍게도 부활의 힘, 그 완전한 승리의 능력은 바로 '증명할 수 없다'는 사실"에 있음을 역설한다.

즉, 부활의 실재에 관한 한 인간의 지식, 인간이 가진 모든 증거는 완전히 무력하다.[2] 그러나 슈메만의 이러한 증언은 부활의 신비를 강조한 것이지 부활 사건에 대한 변증이 무가치하다는 뜻은 아니다.

---

[1] 앤토니 C. 티슬턴, 『살아 있는 바울』, 윤성현 역 (서울: 기독교문서선교회, 2014), 148.
[2] 알렉산더 슈메만, 『죽음아, 너의 독침이 어디에 있느냐?』, 황윤하 역 (서울: 비아, 2022), 59.

만일 부활이 사실이 아니라면, 우리는 더 이상 "예수가 '아버지'라 부르셨던 분, 곧 예수가 선포하셨던 나라의 하나님"이 우리와 상관있다고 주장하기 어려워질 것이다.[3] 물론, 감사하게도 하나님은 예수님을 죽은 자들 가운데서 일으키심으로써 예수의 자기주장을 확증해 주셨을 뿐만 아니라, 수많은 증인과 증거를 통해 부활이 사실임을 명백하게 알려주셨다.

톰 라이트(Nicholas Thomas Wright)에 따르면, "그 부활이 우리가 사는 이 세계 안에서 일어난 사건이라는 바로 그 이유로, 부활의 함의와 효과는 우리가 사는 지금 여기에서" 느껴지고 있다.[4]

종교사적 관점에서 부활은 신화적 요소이다.[5] 그래서 종교사학파들은 부활 현현에 대한 증언 자체는 실제 존재하지만, 그 부활 현현은 교회를 세우기 위한 제자들의 그럴듯한 환상 체험으로 본다.[6]

그렇다면 초대 교회의 증언은 어떻게 되는가?

여기서도 만약 유대 종교사적 시점으로 설명할 경우, "부활은 본질상 이스라엘과 다윗에게 한 약속의 성취"임으로 이들이 종교적 정당성을 주장하기 위해 부활을 증언한 것이 된다.[7] 신약 기사들에 의하면, 실제의 부활 현장을 본 사람은 아무도 없다. 다만 부활하신 주님이 나타나신 것을 목격했고, 그것을 증언하고 있다. 이런 점을 고려해서 레온하르트 고펠트(Leonhard Goppelt)는 부활 증언은 "재결합된 제자들의 무리가 본질적인 의미에서의 '교회'가 되었음을 증언한 후에야 비로소 가능"하게 되었다고 평가한다.[8]

어쨌든 분명한 것은 성서학에서도 부활 자체를 논의하지 않을 수는 없다. 요아킴 예레미아스(Joachim Jeremias)는 부활과 관련된 사람들이 다양하다는 점에서 부활의 신빙성을 발견하는데 그 내용은 다음과 같다.

> 부활하신 자는 어떤 곳에서는 한 개인에게 나타나고, 다른 곳에서는 두 명의 제자에게 나타나며 그런가 하면 작은 무리에게 나타나고, 또 어떤 곳에서는 거

---

3 스탠리 그렌츠, 『누구나 쉽게 배우는 신학』, 장경철 역 (서울: CUP, 2012), 172.
4 톰 라이트, 『마침내 드러난 하나님 나라』, 양혜원 역 (서울: 한국기독학생회출판부, 2017), 296.
5 게하르드 하젤, 『신약신학: 현대 논쟁의 기본 이슈들』, 권성수 역 (서울: 엠마오, 1996), 50-51.
6 한스 콘첼만 & 안드레아스 린데만, 『신약성서 어떻게 읽을 것인가?』, 박두환 역 (서울: 한국신학연구소, 2010), 740.
7 야콥 예르벨, 『사도행전 신학』, 윤철원 역 (서울: 한들출판사, 2000), 55.
8 레온하르트 고펠트, 『사도시대』, 박문재 역 (서울: 크리스찬다이제스트, 1998), 30.

대한 무리에게 나타난다. 증인들은 대부분 남자이기는 하지만 또한 여자들인 경우도 있었다. 그들은 제자들의 내부 그룹과 추종자들(followers)이었다(요셉과 맛디아의 경우와 같은). 또한, 그들 가운데 일부는 가족과 같은 회의론자들도 있었으며 최소한 한 경우는 열광적인 대적자였다.[9]

여인들과 대적자의 증언을 담고 있다는 것은 부활의 역사적 사실 가능성을 높여 준다. 왜냐하면, 당시 여인들의 증언은 법정 효력이 없었다. 그런 여인들의 증언을 굳이 기록하고 있다는 것은 그 일이 실제 사실이기 때문이다. 만일 억지로 부활을 만들어 냈다면, 여인들의 증언은 첨삭하지 않는 것이 유리하다.

또한, 대적자의 갑작스러운 태도 변화도 한몫한다. 바울의 회심은 그리스도의 부활이 아니고서는 도저히 설명 불가능한 일이다. 또, 크리스티안 베커(J.Christiaan Baker)는 그리스도의 부활 없이는 초기 그리스도인들이 파루시아(parousia)에 대한 자극을 받기 어려웠을 것이라고 분석한다.[10]

계속해서 루크 티모시 존슨(Luke Timothy Johnson)은 "기독교는 부활 신앙에 의해 탄생 되었고, 이 전제를 입증할 수 있는 증거는 신약성경 곳곳에 참고 넘치며 기독교 전통은 이를 압도적으로 증거"한다고 강조한다.[11] 심지어 리처드 헤이스(Richard B. Hays)는 "성경은 부활에 비춰 읽을 때만 올바로 해석할 수 있으며, 부활은 하나님이 은혜로 이스라엘을 구원하셨다는 성경 이야기의 절정으로 볼 때만 비로소 이해할 수 있다"고 말한다.[12]

1. 역사적 신빙성이 보장된 부활

바울 신학을 다룰 때도 부활에 관한 이야기는 절대 빠질 수 없다. 헤르만 리델보스(Herman Nicolaas Ridderbos)는 바울에게 부활은 "객관적이고 구속사적인 의

---

9 요아킴 예레미아스, 『신약신학』, 정충하 역 (경기고양: 크리스챤다이제스트, 2012), 430.
10 크리스티안 베커, 『하나님의 승리』, 이영진·김기탁 역 (충청남도: 성서와교회연구원, 2020), 131.
11 루크 티모시 존슨, 『살아계신 예수님』, 이세형 역 (서울: 컨콜디아사, 2017), 15.
12 리처드 헤이스 & 엘렌 데이비스, 『성경 읽기는 예술이다』, 박규태 역 (서울: 한국성서유니온선교회, 2021), 336.

미를 위한 표준적 전거"라고 강조한다.[13] 그리고 콘스탄틴 R. 캠벨(Constantine R. Campbell)은 "그리스도와의 연합과 그리스도의 사역 관계에서 가장 중요한 요소 중 하나는 그와 함께 죽고 그와 함께 부활하는 것"임을 밝힌다.[14] 결정적으로 로버트 레이먼드(Robert L. Reymond)는 다음과 같이 설명한다.

> 바울에 의하면, 하나님은 그리스도의 십자가 사역을 인정하신다는 증표인 그리스도의 부활이 없다면, 그리스도의 죽으심이 죄인들을 위하여 하나님 앞에서 효용이 있다는 것을 믿을 근거가 없는 것이다.[15]

오늘날 '예수님이 하나님의 아들임은 믿지만, 부활은 믿지 못하겠다'라고 말하는 이들은 진정한 의미에서 그리스도인이 아니다. 기독교 변증학은 무신론자들을 단순히 유신론자가 되도록 하는 것에 목적을 두지 않고, 사람들이 그리스도의 십자가와 부활을 고백하도록 하는 것에 목적을 둔다.

이를 위해 초대 교회에서 가장 큰 활약을 펼친 변증가는 바로 바울이다. 바울이 부활을 자명한 사건으로 받아들이고 있다는 것 자체만으로도 이미 변증의 충분한 근거가 된다. 왜냐하면, 바울은 처음부터 예수의 제자였던 사람이 아니라, 적대자였다가 변화된 사람이기 때문이다. 적대자가 변화되어 부활을 입증하기 시작했다면, 우리는 부활이 실제 사실이거나, 아니면 바울이 그리스도인들의 사주를 받아 움직인 것으로 추측할 수 있다.

그런데 바울의 행동이 예수님의 제자들과는 차이점이 있는 것으로 볼 때(사도행전에 기록된 예루살렘 공의회), 바울이 사주를 받아서 견해를 바꿨다고 보는 것은 신빙성이 떨어진다. 또한, 아무리 사주를 받아 움직인다고 해도 목숨을 걸고 증거할 이유는 되지 않는다. 바울은 십자가와 부활의 복음을 전하기 위해 목숨의 위협을 받았다. 스탠리 E. 포터(Stanley E. Porter)가 주장한 것처럼, 논쟁의 여지 없이 바울은 "예수가 기름 부음 받은 메시아이며, 이것이 예수의 죽음과 부활 및

---

13 헤르만 리델보스, 『바울 신학』, 박문재 역 (서울: 솔로몬, 2017), 389.
14 콘스탄틴 R. 캠벨, 『바울이 본 그리스도와의 연합』, 김규섭·장성우 역 (서울: 새물결플러스, 2018), 443.
15 로버트 레이먼드, 『바울의 생애와 신학』, 원광연 역 (경기고양: 크리스챤다이제스트, 2012), 471.

승귀를 통해 입증되었음"을 분명히 받아들이고 있다.[16]

계속해서 존 M. G. 바클레이(John M. G. Barclay)에 따르면, 바울의 신학을 받아들인 모든 이, 곧 초대 교회 성도들은 "예수의 죽음으로 하나님과 화목하게 된 신자는 '그의 살아나심 안에서/살아나심으로 말미암아' 구원받았음을 확신"했다.[17] 부활은 2000년 전부터 지금까지 신앙 진리로 이어져 오고 있으며, 모든 그리스도인은 이 부활 신앙의 증인이 되어 살아가고 있다.

그렇다면 오늘날 부활에 대해 의심하고 있는 현대인들에게 복음서와 바울의 증언을 어떻게 더 설득력 있게 전할 수 있을까?

이를 위한 답변은 게리 하버마스(Gary Habermas)와 마이클 리코나(Michael R. Licona)의 변증방법론을 통해 확인할 수 있다.

사도 도마는 부활하신 주님을 뒤늦게 목격했다. 그는 처음에 그리스도의 부활을 의심했다. 그리고 부활하신 주님을 마주한 후 "나의 주 나의 하나님"으로 고백했다. 주님께서 도마에게 창 찔린 옆구리에 손을 넣어 보라고 말씀하셨지만, 도마는 예수님을 본 즉시 믿었다. 예수님을 보기 전 도마의 의심은 '사실적 의심'이다. '사실적 의심'이란, "성경적, 논리적, 형이상학적, 역사적, 과학적, 심지어 도덕적 영역" 중 전반적으로 증거가 부재할 시 발생하는 의심이다.[18]

그런데 오늘날 현대인들의 의심은 '사실적 의심'이라기보다는 '의지적 의심'이다. '의지적 의심'이란, "자신의 믿음에 대해 자발적 선택을 하려는 의지"이다.[19] 보통 '의지적 의심'이 일어나는 이유는, 신앙적으로 헌신했음에도 어려운 일이 생길 때 발생하지만, 아예 처음부터 믿지 않기로 의지를 굳힌 경우도 많이 있다.

그런 이들은 도마와 바울 앞에 나타난 부활의 주님이 직접 현현하실지라도, 믿지 않기로 작정했기에 스스로 그것을 거부할 것이다. 저널리스트 리 스트로벨(Lee Strobel)은 부활의 증거를 다섯 가지 사실을 근거로 명료하게 제시한다.[20]

---

16 스탠리 E. 포터, 『바울 서신 연구』, 임재승·조명훈 역 (서울: 새물결플러스, 2019), 180. : 빌립보서 2장 6-11절, 고린도전서 15장 20-25절에 바울의 신학적 신념이 분명하게 나타난다.
17 존 M. G. 바클레이, 『바울과 선물』, 송일 역 (서울: 새물결플러스, 2019), 834.
18 게리 하버마스, 『의심 믿음의 또 다른 얼굴』, 오수미 역 (서울: 요단출판사, 2002), 60.
19 Ibid., 67.
20 리 스트로벨, 『부활의 증거』, 윤종석 역 (서울: 두란노서원, 2018), 56-66.

사실 1. 예수는 십자가에서 실제로 죽으셨다.
사실 2. 제자들은 그분이 부활하여 자기들에게 나타나셨다고 믿었다.
사실 3. 교회를 박해하던 바울이 회심했다.
사실 4. 예수의 동생인 회의론자 야고보가 회심했다.
사실 5. 예수의 무덤이 비어 있었다.

위와 같은 역사적 사실들은 부활을 입증할 만한 증거가 된다. 또한, 이것은 성경에서 일관성 있게 제시되고 있기도 하다. 앨버트 몰러(Albert Mohler Jr.)는 "복음서 저자들(마태, 마가, 누가, 요한) 모두가 빈 무덤과 증인들과 부활하신 그리스도의 현현을 언급"했다는 사실을 이야기한다.[21] 십자가와 부활은 초대 교회의 사도적 가르침이자 핵심 진리였고, 지금까지도 모든 그리스도교 교회의 핵심 진리이다. 이러한 일관성과 전통성만을 두고 볼 때 부활은 믿을 만한 것이다. 하지만 현대과학을 근거로 부활을 부정하는 이들은 증거가 부족하다고 항변한다.

그렇다면 과연 부활의 증거는 부족한 것인가?

하버마스와 리코나는 이 물음에 반론을 제시하면서 증거의 타당성을 충분히 입증해 간다.

2. 부활 현현의 목격자와 증인

지금부터 부활을 변증할 수 있는 근거를 크게 네 가지로 소개하겠다.

첫째, 회의적인 시각을 가진 학자라 하더라도 부활 현현을 목격한 목격자들이 있었음은 모두가 인정하고 있다.

신약성경의 영감 설이나 저술의 신뢰성을 부여하지 않는다고 가정해도, 초기 기독교가 존재했고 그들이 예수의 부활 사건을 실제 사건으로 믿었음은 틀림없다. 이는 "회의적인 시각을 가진 학자라 하더라도, 심지어 마이클 마틴(Michael Martin)이나 G. A. 웰스(Wells) 같은 비판적인 학자들"까지도 수긍하는 내용이다.[22]

---

21 앨버트 몰러,『오늘 나에게 왜 사도신경인가?』, 조계광 역 (서울: 생명의말씀사, 2019), 147.
22 앤터니 플루 & 게리 하버마스,『부활 논쟁』, 최효은 역 (서울: 한국기독학생회출판부, 2012), 44.

만약 실제 사실도 아닌 거짓된 내용으로 인해 사람이 변화된다면 그것에 대해 어떻게 설명할 수 있을까?

분명히 "실제로 제자들의 친구나 적, 신자나 비판자들을 포함해서 그 누구도 제자들이 부활하신 예수를 봤다는 확신이 그들에게 급진적인 변화를 일으켰음을 부인하지 않는다."[23] 부활이 거짓이라면, 초대 교회의 성도들은 거짓말을 위해 목숨을 내던진 것이 된다. 만약 부활을 부정하면서 초대 교회 성도들의 순교를 설명하려면, 부활이 환각이나 환영이라는 사실을 입증해야만 한다. 환각은 "실제로 존재하지 않는 어떤 것을 인식하는 것"이다.[24]

그런데 "부활하신 예수님을 보았다고 스스로 믿는 사람들이 여럿 있어도 그들이 동일한 환영을 공유"하는 것은 절대 불가능한 일이다.[25] 그래서 리코나는 다음과 같이 입장을 정리한다.

> 비록 예수의 제자들 가운데 전부는 아니지만, 최소한 몇몇이 환각을 경험할 수 있는 정서였을 수 있었다는 것을 인정한다 해도, 부활하신 예수에 대한 몇몇 경험의 특성, 특별히 집단적인 배경에서 발생했던 경험들과 예수의 적대자인 바울에게 일어난 경험의 특성과 예수의 빈 무덤은 이런 경험이 단지 환각이 아니었음을 강력하게 제안한다.[26]

사실 집단적 최면 상태, 혹은 환각 상태가 일치된 증언으로 나타났을 거라고 믿는 것은 부활을 믿는 것보다 더 큰 믿음을 요구한다. 따라서 환영 가설은 지지받기 어렵다. 반면에 목격자와 증인을 역사적 사건의 증거로 내세웠을 때, 기독교 공동체는 예수의 부활뿐 아니라 승천까지도 논리적 결함 없이 설명할 수 있다. 특히, 패트릭 슈라이너(Patrick Schreiner)는 부활과 같은 선상에서 '예수 그리스도의 승천' 또한 중요한 기독교 신앙의 사건이자 교리임을 주장하는데, 그는 다음과 같이 말한다.

---

23 윌리엄 A. 뎀스키 & 마이클 R. 리코나, 『기독교를 위한 변론』, 박찬호 역 (서울: 새물결플러스, 2016), 337.
24 Ibid., 343.
25 앤터니 플루 & 게리 하버마스, 『부활 논쟁』, 53.
26 윌리엄 A. 뎀스키 & 마이클 R. 리코나, 『기독교를 위한 변론』, 345.

부활과 승천이 모두 예수님의 높아지심을 확증한다고 분명히 말할 수 있지만 우리는 또한 이 둘을 동일시하지 말아야 한다. (중략) 부활은 예수님이 죽은 자 가운데서 육신으로 일어나심을 말하며 승천은 그리스도의 높아지신 몸이 지상에서 하늘로 올라가는 것을 말한다. 부활 때 예수님은 죽음을 정복하셨고 승천 때 예수님은 아버지의 오른편으로 올라가셨다. 브라이언 돈(Brian Donne)은 이렇게 말한다.

"부활은 예수님이 살아계심을 의미하고 승천은 그분의 통치하심을 확증한다." (중략) 두 사건 모두에서 그리스도가 올려지셨지만, 부활은 그리스도의 낮아지심의 정당성을 변호했고, 승천은 하나님의 공식적인 승인을 나타냈다. 부활은 그리스도의 정당성을 입증했고 승천은 그 입증을 확증했다. 승천은 선택적 부가사항이 아니며 단순한 후기도 아니다. 부활에 실수로 끼워 넣은 추가 사항도 아니다. 승천은 그 자체로 매우 중요한 사건이다.[27]

목격자와 증인들을 앞세워도, "초대 교회가 예수에 대한 부활 신화를 만들기 위해 거짓에 목숨을 건 것은 아닐까?"

이런 억지스러운 질문을 한 번 더 던져오는 이들이 있을 수 있다. 여기서 그런 이들에게는 '세계관과 신화를 구분할 수 있어야 함'을 친절하게 안내해 주어야 한다.[28]

세계관의 차이, 종교적 신념의 차이, 정치적 이데올로기의 차이로 목숨을 거는 일은 있어도 신화를 만들기 위해 목숨을 거는 사람들이 과연 있을 수 있는가?

만일 있더라도 한두 명일 것이다. 집단으로 신화를 꾸미기 위해 목숨을 건다는 것은 도저히 설명할 수 없는 일이다. 그렇기에 과학적으로 설명 불가능한 기적이라 할지라도 부활을 역사적 사실로 인정하는 편이 가장 합리적이다. 무엇보다 과학은 기적 전체를 설명할 수 없다.

왜냐하면, 기적은 단순히 불가사의한 사건이 아니라 "이성적으로는 결코 이루어질 수 없는 신앙적 회심으로 이끄는 영적 표징"이기 때문이다.[29] 그러나 이 기적 사건은 보편 역사 속에서 실제 발생했기에 과학적으로 증명 불가능할지라도 역사적 사실인 것은 변함이 없다. 예수의 부활은 세속 사람들조차 이견 없이

---

27 패트릭 슈라이너, 『그리스도의 승천』, 박장훈 역 (경기고양: 이레서원, 2022), 179-181.
28 클린턴 E. 아놀드, 『영적 전쟁』, 길성남 역 (경기고양: 이레서원, 2020), 234.
29 파트리크 스발키에로, 『기적』, 이재정 역 (서울: 가톨릭출판사, 2021), 14.

받아들여야만 하는 보편적 사건이다. 볼프하르트 판넨베르크(Wolfhart Pannenberg)는 다음과 같이 진술한다.

> 부활 사건의 경험자와 믿는 자들이 예수와 결합 되었다는 확신은-예수는 우리를 위해 죽음을 뚫고 통과하여 생명으로 나아가셨다.-원시 그리스도교 안에서 궁극적으로 생명으로의 부활에 대한 희망이 우선권을 갖는다고 확증했다.[30]

만약, 어떤 사람이 '죽음에 이른 사람은 어떤 예외도 없이 죽은 상태로 남아 있는 것이 일반적 법칙이다'라고 주장한다면, 그 사람은 예수가 부활했다는 기독교의 주장을 당연히 받아들이지 못한다. 그러나 이것은 역사적 판단이 아니라 이념적 믿음이다.

둘째, 역사적 사건은 과학적 검증 대상이 될 수 없다.

부활에 대한 증언의 역사성은 당연한 것으로 여겨져 왔으나, 역사적 예수 세미나에서 부활의 역사성에 대한 의심을 제기하기 시작했다. 앞서 역사적 예수 세미나에 대해서 충분히 다뤘다시피, 이들은 자신들의 주관에 맞추어 원하는 예수상을 만들기 때문에, 부활의 역사성을 추적하는데도 회의적이다. 물론, 성서학계에서 이들에게 주는 관심은 지극히 적다. 왜냐하면, 그 세미나의 회원 수는 아주 적고 거의 배타적인 신학적 좌파에 속한 학자들로 이루어져 있기 때문이다.[31]

---

30 볼프하르트 판넨베르크, 『판넨베르크 조직신학 III』, 신준호 역 (서울: 새물결플러스, 2019), 874.
31 L. T. Johnson (1996)은 예수 세미나가 "약 2백 명의 학자들을" 회원으로 두고 있다는 주장에 이의를 제기한다. 6,900명의 세계성서학회(Society of Biblical Literature, SBL) 회원 중 신약학자가 최소 절반이라는 점과 거기에다 SBL의 회원이 되지 않기로 결정한 다른 수천 명의 신약학자들이 있다는 점을 고려한다면, 200명이라는 예수 세미나의 회원 숫자는 극소수에 불과하다. 더욱이 그들이 주장하는 2백 명의 숫자 역시 "다소 오도하는 것"일 수 있는데, 왜냐하면, 그들 중 정기적으로 만나서 논문을 읽고 예수의 말과 행동에 대해 투표하는 회원들의 실제 숫자는 "40명에 가깝기" 때문이다(2). *The Five Gospels*에서조차 단지 74명의 회원들만 투표했다고 주장한다. "그 정도의 숫자가 '학자' 또는 '학계'를 대표한다는 주장은 터무니없다"(2-3). Johnson의 진술은 다소 오래되기는 했지만, 여전히 정확해 보인다. 2008년 6월 4일 현재, Westar Institute의 웹 사이트가 제공하는 회원 명단에는 단지 145명의 학자들이 올라와 있을 뿐인데, 거기에는 은퇴했거나 지금은 고인이 된 8명까지 포함되어 있다. : 마이클 R. 리코나, 『예수의 부활』, 김광남 역 (서울: 새물결플러스, 2019), 95. 재인용.

종교사학파에 속해 있는 이들 대부분은 역사 기록이라는 것은 승자의 기록이라고 생각한다. 그래서 그들은 "예수와 초기 교회의 역사는 원-정통(proto-orthodox)이라고 할 수 있는 승자들의 기록이며, 오늘날의 교회는 그들의 저작을 권위 있는 문서로 읽고 있을 따름"이라고 주장한다.[32] 그래서 역사적 예수 세미나에 속한 이들은 승자의 기록에서 제외된 도마복음 같은 것이 더 역사적 기록에 가깝다고 전제하는 것이다. 하지만 역사가 반드시 승자의 기록이기만 한 것은 아니다. 리코나는 다음과 같이 증언한다.

> 투기디데스와 크세노폰은 가장 중요한 고대 역사가 중 두 명인데, 그들 모두 패자의 입장에서 역사를 썼다. 더욱이 페레즈 자고린이 지적하듯이, "현대 독일 역사기술의 중요한 부분은 독일인들이 어떻게 나치 체제와 그 체제가 저지른 범죄에 굴복했는지를 설명하고자 하는 패전국 학자들이 수행한 작업이다."[33]

역사 기록이 반드시 승자의 기록만도 아닐뿐더러, 당시 초대 교회가 로마와의 정치적 승리를 통해 역사 기록을 독점한 상황도 아니다. 부활에 대한 기록은 죄와 사망에 대한 승리의 기록이지만, 정치적 승리를 통해 기록된 이야기는 결코 아니다. 톰 라이트는 예수님의 부활, "곧 예수님의 죽음을 통해 이루어진 죄와 죽음의 승리 결과였던 그분의 부활안에서 드러난 진리가 온 우주에 적용"되었다고 이해한다.[34]

즉, 이해할 수 없다고 해서 부활 사건이 없었던 것이 되지 않다. 머레이 J. 해리스(Murray J. Harris)는 "부활 설화들은 초연한 역사가의 호기심을 만족시키려고 저술한 것이 아니라 그리스도에 대한 신앙을 유발하거나 강화하려고 저술한 것"임을 인정한다. 그렇다고 해서 "설화들에 대한 역사적 신빙성에 대하여 편견"을 가질 수는 없다.[35]

틀림없이 부활은 자연법칙에 어긋나는 사건이다. 그런데 부활에 대한 역사 기록의 신빙성은 '빈 무덤'과 '예수 현현'이라는 필요충분조건을 분명하게 제공해 주고 있다. 과학 법칙에 어긋나는 사건이지만, 역사적으로는 설명 가능한 사

---

32 마이클 R. 리코나, 『예수의 부활』, 김광남 역 (서울: 새물결플러스, 2019), 56.
33 Ibid., 56.
34 톰 라이트, 『이것이 복음이다』, 백지윤 역 (서울: 한국기독학생회출판부, 2017), 204.
35 머레이 J. 해리스, 『신약에 나타난 부활』, 서인선 역 (서울: 기독교문서선교회, 1995), 172.

건이라는 뜻이다.

그런데 언제부터 역사적 설명이 과학의 검증을 요구받았는가?

역사는 과거에 일어난 일에 대한 기록이다. 그 일이 실제로 발생했고, 그래서 기록되었다.

그런데 그것이 현대 과학으로 설명할 수 없다고 해서 없었던 일이 될 수 있는가?

이에 대해 톰 라이트의 증언에 귀 기울여 볼 필요가 있다.

> 부활의 가능성이 "과학"으로 반증되었다며 과학에 의지해 봐도 소용없다. 진정한 과학자라면 누구나 동의하듯이 과학은 통상적으로 발생하는 현상을 관찰한다. 하지만 기독교의 논거는 바로 예수의 부활이 통상적으로 발생하는 현상이 아니라는데 있다. 역사가로서 나는 전체 데이터를 다 포괄하지 못하는 답보다는 정연하면서 본질상 단순한 답을 더 좋아한다. 그 답이란 예수님이 죽은 자 가운데서 몸으로 부활하셨음을 초창기 그리스도인들이 믿었다는 것 그리고 그 믿음은 그들의 말이 과연 사실이기에 설명 가능하다는 것이다.[36]

역사기술이 '죽은 사람은 살아나지 않는다'라는 현실에 대한 좁은 개념에 따라 교조적으로 시작하지 않는 한, 왜 역사기술이 원칙적으로 예수의 부활이 제자들이 예수의 출현을 경험하고 빈 무덤을 발견한 것과 같은 사건들에 대한 가장 적합한 설명이라고 말해서는 안 되는지 명확하지 않다.

이것을 받아들이지 않고 만일 계속 논쟁을 이어 간다면, 이 논쟁은 '자연법칙을 벗어나는 사건이 가능하냐?'

이런 질문과 '기록된 입증 자료를 부정할 수 있는 것이냐?'

이런 질문이 끝없이 대립할 뿐이다. 즉, '과학'과 '역사'가 분야 간의 경계를 두고 평행선을 달릴 뿐이다. 그래서 리디야 노바코비치(Lidija Novakovic)는 다음과 같이 말함으로 논쟁을 조율한다.

---

36 N. T. Wright, *The Resurrection of the Son of God* (San Francisco: HarperSanFrancisco, 1999), 124-125.

예수의 부활이 역사적 탐구의 대상이 될 수 없다고 말하는 사람들은 역사적 탐구의 본질에 대한 현대의 이해뿐만 아니라, 신약 문헌들 자체와도 부합된다. 신약 문헌들은 예수 부활이 관찰할 수 있는 사건(observable event)이 아니라 하나님이 예수를 죽은 자 가운데서 살리셨다는 신앙 고백을 통해서만 표현할 수 있는 신적 행위(divine act)였다고 만장일치로 전하고 있기 때문이다.[37]

예수 그리스도의 부활 사건에 대한 논쟁을 신적 행위로 결정하고 넘어가면, 그다음 이어지는 논쟁은 성도의 부활에 대한 것이 된다. 역사적 사고도 과학적으로 접근할 수 없다면, 미래의 사건도 과학적 접근이 불가하다. 과연 부활 체는 어떤 상태가 되겠느냐에 대한 것은 과학이 논할 수 있는 영역이 아니다. 여기서 그리스도인들은 환생이 아니라 부활을 논의한다. 이는 영적인 부활만을 의미하지 않고, 육신의 부활도 포괄한다. 메다르드 켈(Medard Kehl)에 말을 빌려서 설명한다면, 부활 체는 다음과 같을 것이다.

> 완성된 예수와 다른 죽은 이들이 지니는 이러한 육신성은 비록 이 지상 삶에서 지니는 육신성과 같지는 않다고 하더라도, 이 육신성이 지상 삶에 대한 "기억"과 같이 우리의 사라지는 모든 육체성을 수용하는데, 이것이 온전한 인간의 궁극적 구원과 "육신과 영혼"의 완성에 있어 중요한 의미를 차지한다.[38]

3. 빈 무덤

셋째, 부활이 아니고서는 빈 무덤을 설명할 길이 없다.

우선 빈 무덤의 역사성에 대한 일반적 논의는 크게 여섯 가지 정도로 요약할 수 있다.

- 고린도전서 15장 3-4절의 죽음-장사-부활의 순서는 빈 무덤에 대해 알고 있음을 암시한다.

---

37 리디야 노바코비치, 『예수의 부활』, 이승호 역 (서울: 기독교문서선교회, 2021), 260.
38 메다르드 켈, 『종말? 그 다음에는?』, 신정훈 역 (서울: 가톨릭대학교출판부, 2017), 180.

- 빈 무덤에 대한 마가의 이야기는 윤색되지 않고(unembellished) 성경 인용도 없는데, 이는 그것이 초기 형태임을 드러낸다.
- 여인들의 증언은 유대교에서는 법적 효력이 거의 없었는데, 이는 그 이야기들이 사실이며 지어 낸 것이 아님을 암시한다.
- 무덤이 비어 있지 않았다면 예루살렘에서 부활을 선포하는 일이 불가능했을 것이다.
- 마태복음 28장 12-15절에 언급된 가장 초기의 유대인 논쟁은 무덤이 비어 있었다는 점을 반박하는 것이 아니라, 단지 그 일에 대한 대안적 해석을 제공한다.
- 예수의 묘지가 숭배되고 있지 않다는 점은 무덤이 비었다는 추정을 지지한다.[39]

너무나 명백한 증거 때문에 빈 무덤 자체를 부정하는 것은 불가능에 가깝다. 그 대신 부활을 거부하는 자들은 '빈 무덤이 부활과 상관없음'을 주장한다. 이와 같은 논리는 주장은 크게 두 가지 억측에 근거한다.

- 예수는 죽은 것이 아니라, 기절한 것이었다.
- 누군가 예수의 시체를 가져갔을 가능성이 있다.

먼저, 예수가 죽은 것이 아니라, 만약 기절한 상태였다고 가정해 보자. 물론, 상식적으로 채찍과 못 박힘으로 인해 심한 출혈이 발생하고, 창으로 옆구리가 찔렸음에도 죽지 않고 살아 있다는 것은 말도 안 되는 일이다. 그런데도, 만일 그와 같은 일이 일어났다면, 예수는 삼 일간 돌무덤에 가사 상태로 있었다는 것이 된다.

삼일간 무덤에서 물도 마시지 못하고 먹지도 못한 상태로 기절해 있었다가 깨어났다면, 그 힘으로 무덤의 돌을 밀고 나오는 것이 과연 가능할까? 로마 병사들의 감시를 깨고 그것도 몰래 나오는 것이 가능한 일인가?

---

39 리디야 노바코비치, 『예수의 부활』, 219.

대개 기독교 신앙을 거부하기 위해 부활을 부정하는 것일 텐데, 부활보다 더 큰 신앙을 요구하는 일을 과연 가정할 수 있겠는가?

리코나에 따르면, 예수가 십자가형에 의해 죽었다는 사실에 대한 역사적 증거는 아주 강력하다. 심지어 그 고대의 자료들은 기독교의 자료가 아니라서, 기독교적으로 해석하고 있지도 않다. 즉, 예수가 십자가형으로 죽었다는 사건 자체는 매우 명백하다. 간혹 무모하게 이를 부정하는 이가 있지만, 이들은 성서학계나 의학계 어느 쪽에서도 동조를 받지 못했다.[40]

다음으로 예수의 시체를 누군가 가져갔다는 가능성에 대해서 논박하겠다. 만약 시체를 옮겼다면 누가 무슨 목적에 의해서 옮겼겠는가?

---

[40] 마이클 R. 리코나, 『예수의 부활』, 462-463. : 던칸 데렛(J. Duncan M. Derrett)은 예수가 십자가형을 받고서도 살아남을 수 있다고 단언한다. 왜냐하면, 십자가형을 당한 죄수가 살아 있는 상태로 십자가에서 내려질 수도 있는 것은 사실이며 극심한 상처를 입은 사람이 죽음의 징후를 보이기는 하지만 뇌사 상태가 아닐 때 완쾌되는 일이 흔하기 때문이다. 데렛은 예수의 경우에 어떻게 이런 일이 일어났을 수 있는지에 대해서는 논의하지 않는다. 심한 상처를 입고 그로 인해 거의 죽게 된 사람이 적절한 치료를 받고 시간이 지나면 완쾌될 수 있다고 주장할 수는 있다. 그러나 특히 예수가 살아 있는 상태에서 십자가에서 내려졌다거나 어떤 식으로든 치료를 받았다는 증거가 없는데도 심한 고문과 십자가형을 받은 죄수가 완전히 건강을 회복했을 수도 있다고 주장하는 것은 전혀 다른 얘기다. D. F. 슈트라우스(David Friedrich Strauss)의 비판은 처음 제시되었을 때와 마찬가지로 오늘날에도 아주 적절하다.
슈트라우스는 한 남자가 반쯤 죽은 상태로 십자가에서 내려져 무덤에 매장되었다가 며칠 뒤에 어찌어찌해서 소생했다고 가정해 보라고 요청한다. 그 사람은 인사불성 상태에서 깨어나 어두운 무덤 밖으로 나가기 위해 입구를 막고 있던 육중한 돌 위에 못에 꿰뚫렸던 손을 올려놓고 그 돌을 밀어서 치워 버린다. 이어서 그는 못에 찔려 상처를 입은 발로 제자들을 찾아 몇 구역이나 되는 길을 걷는다. 마침내 그는 제자들이 머물고 있는 곳에 도착해 문을 두드린다. 그 소리를 듣고 베드로가 일어나 문을 열어 보니 극심한 상처를 입고 탈진한 예수가 서 있다. 예수는 허리를 구부린 채 베드로를 올려다보며 극심한 고통으로 얼굴을 찌푸리며 이렇게 말한다. "나는 보편적 부활의 첫 열매다!" 그런 예수라면 결코 자기 제자들에게 자기가 부활한 생명의 왕임을 확신시키지 못했을 것이다. 살아 있다고? 겨우 숨이 붙어 있을 수는 있다. 부활했다고? 결코 그럴 수 없다! 앨리슨은 이렇게 말한다. "채찍에 맞고 십자가형이라는 끔찍한 고통을 받아 반쯤 죽게 된 죄수가 다른 사람들에게 죽음에 대한 승리자라는 인상을 줄 수 있다고 상상하기는 어렵다." Alison(*Resurrecting Jesus*, 2005), 203-4. 재인용.

첫째로 의심이 될 만한 인물은 아리마대 요셉일 것이다.

그는 로마 총독에게 합법적 절차를 통해 시체를 얻어갈 만한 힘이 있었던 사람이다.

그런데 무슨 목적으로 그가 이미 장사 된 시체를 옮겨가야 하는가?

만약 부활이라는 거짓말을 만들 목적이었다면, 그는 로마 당국에 의해서 처형되고, 예수의 시신은 압수되었을 것이다. 만일 아리마대 요셉이 어떤 목적이 있어서 예수의 시체를 받았다면, 그것은 더 나은 무덤에 장사하기 위해서일 것이다. 그리고 예수님이 아리마대 요셉에 의해서 그 빈 무덤이 아닌 다른 곳에 장사되었다면 그 장소는 분명히 역사 기록에 남았을 것이다. 그런데 그런 기록은 발견되지 않았다. 프랭크 모리슨(Frank Morrison)은 만일 그것이 기록되었다면, 그 흔적이 발견되지 않을 리 없다고 주장하면서 다음과 같이 진술한다.

> 오늘날 그런 흔적이 전혀 발견되지 않는다는 것은 생각하기 어려운 일이다. 예수님이 묻혀 있을지도 모를 수많은 장소에 대한 소문이 분명히 퍼졌을 것이고, 그렇다면 무수한 순례자들이 그곳을 향해서 떠났을 것이다. 그런데 이상하게도 이런 일은 일어나지 않았다.
>
> 우리가 이 사실을 설명할 수 있는 유일한 길은, 무덤의 위치는 모두가 알고 있었으며, 시체가 장사 된 지 얼마의 시간이 지난 후에 누군가가 그곳을 관찰하였더니 시체가 없어졌다는 복음서의 기록을 그대로 믿는 것이다.[41]

둘째로 의심이 될 만한 인물은 무덤을 지키던 로마 병사들이다.

만약 이들이 예수의 시체를 옮겼다면, 로마 당국의 명령에 따라서 그렇게 했을 것이다. 로마 당국은 충분히 그럴만한 명분이 있었다. 당시 예수를 따르던 이들이 많았고, 그들이 예수의 시신과 그 무덤을 숭배할 가능성이 있었기 때문이다. 그런데 이것을 몰래 치울 이유가 없다. 오히려 공개적으로 치우고 대중들 앞에서 시신을 훼손하는 것이 로마 당국 관점에서 더 확실한 방법일 것이다.

그런데 로마는 그렇게 하지 않았다. 즉, 로마 병사들이 예수의 시신을 옮겼다는 것은 신빙성이 떨어지는 주장이다. 그런데도 로마 당국이 몰래 치웠다고 가

41　프랭크 모리슨, 『누가 돌을 옮겼는가?』, 황영철 역 (서울: 생명의말씀사, 2018), 115.

정해 보자. 만일 그렇다면 로마 당국은 예수의 시신을 치움으로써 오히려 예수의 부활에 대한 소문을 만든 꼴이 된다. 만일 이런 소문이 돈다면, 그 즉시 로마 당국은 예수의 시신을 자신들이 확보하고 있음을 발표하고 그 시신을 대중에게 공개함으로 정권에 위협이 되는 소문을 막았어야 한다.

그런데 그 막강한 로마 제국과 폭동을 두려워하던 본디오 빌라도가 그렇게 하지 못했다는 것은, 예수님이 부활하신 것이 사실이라는 뜻이다.

세 번째로 의심이 될 만한 인물은 유대인 권력자들이다.

이들은 예수의 시신을 가져갈 만한 분명한 목적이 있었다. 유대 권력자들은 예수의 제자들이 예수의 시신을 훔쳐서 그가 부활했다는 소문을 퍼뜨릴 것을 우려했다. 왜냐하면, 이들은 예수님이 십자가에서 돌아가시기 전 자신이 부활할 것을 예고했다는 사실을 알고 있었기 때문이다. 이들은 예수가 부활했다는 소문을 제자들이 퍼뜨리지 못하게 하기 위해서라도 자신들이 예수의 시신을 먼저 확보할 필요가 있었다.

하지만 로마 병사가 무덤을 지키고 있다. 이것을 뚫고 몰래 예수의 시신을 훔치는 일은 너무 리스크가 크다. 무엇보다 본디오 빌라도와 협상을 시도할 만한 명분이 더 이상 이들에게 없었다. 결정적으로 "외경 문서에서든 아니든 현존하는 당시의 문서들 속에서는 제사장들이 매장지를 옮기려고 생각했다는 암시는 전혀 찾아볼 수가 없다. 도리어 외인들이 시체를 훔쳐 가지 못하게 하려고 그들이 애썼다는 진술은 분명히 여러 군데에 나타난다."[42]

네 번째 의심이 될 만한 인물은 바로 예수의 제자들이다.

이들이 예수의 시체를 훔치고 자작극을 벌이며 예수님이 부활하셨다고 주장했을 것이라고 가정한 것이다. 그러나 무덤 입구의 돌은 경비병들이 지키고 있었다. 또한, 제자들은 예수님이 십자가에 못 박히실 때 다 도망갔던 이들이다. 어째서 이들이 인제 와서 죽음을 불사하면서까지 거짓말을 꾸며내며 위험을 감수할까?

이것은 도무지 상식적으로 이해하기 어렵다. 무엇보다 마태복음 28장 11-15절을 보면, 경비병들이 대제사장들에게 예수의 부활을 알리자 그들은 경비병들에게 돈을 주면서 제자들이 큰 돌을 굴리고 시신을 훔쳐 갔다고 말하라고 시켰

---

42 Ibid., 116.

다.[43] 오히려 대제사장들이 이야기를 꾸며낸 것이다. 그리고 이것이야말로 예수의 무덤이 정말 비어 있었음을 결정적으로 시사한다.

4. 예고된 부활

넷째, 예수님이 십자가에서 돌아가시기 전에 부활에 대해서 이미 예언하셨다. 수난 예언은 복음서에서 복수로 입증된다.[44] 예수님이 자신의 부활을 이미 알고 예언하셨다면, 부활은 초기 기독교의 창작물이 아니라, 역사적 일관성에 근거하여 기록된 것이라고 보는 것이 옳다. 어떤 이들은 "네 복음서에 있는 부활 설화 사이의 불일치는 예수의 부활 사건 그 자체의 비 역사성을 확증"하는 것이라고 주장하기도 하나, 이것은 오히려 예수 부활 사건의 역사성을 확증해 준다.[45] 왜냐하면, 꾸며낸 이야기를 발표할 때 오히려 말을 맞추기가 더 쉽기 때문이다.

실제로 어떤 사건을 기억에 의존해서 구상할 때 불일치를 보일 경우가 더 많다. 예를 들어서, "그리스도 역사가 폴리비우스(Polybius)와 로마 역사가 리비(Livy)가 제2차 포에니 전쟁 동안 알프스를 넘어 이탈리아로 들어간 한니발(Hannibal)의 노정에 관한 묘사에 불일치"가 있다.[46]

이 불일치를 근거로 한니발의 노정 자체가 거짓이라고 보는 것이 옳은가? 또는 둘 중 한 가지 기록만이 참이라고 주장하는 것이 옳겠는가?

지금 사건에 대한 서로 다른 조화되지 않은 증언들이 오히려 사건의 발생 자체가 참임을 입증하고 있다. 실제로 한니발이 말들과 코끼리를 이끌고 알프스를 넘어갔다는 사실을 의심하는 현대 작가는 없다. 마찬가지로 역사성에 관해 정직하게 연구하는 학자라면, 예수의 부활에 대해서 의심할 수 없을 것이다. 또한,

---

43 리 스트로벨, 『부활의 증거』, 38.
44 베드로의 질책과 관련해서(막 8:31; 마 16:21; 눅 9:22), 예수의 변화 이후(막 9:9; 마 17:9), 갈릴리를 통과하면서(막 9:30-31; 마 17:22-23), 예루살렘으로 올라가면서(막 10:33-34; 마 20:18-19), 포도원과 사악한 소작인들(막 12:1-12; 마 21:33-46, 눅 20:9-19), 최후의 만찬(막 14:18-28; 마 26:21-32; 눅 22:15-20; 고전 11:24-25), 요나의 표적(마 12:38-40, 16:2-4; 눅 11:29-30, 12:54-56), 성전 파괴와 관련해서(요 2:18-22).
45 머레이 J. 해리스, 『신약에 나타난 부활』, 172.
46 Ibid., 174.

예수님이 공생애 기간에 자신의 수난과 부활에 대해 예고하셨음도 의심할 수 없다.

스스로 지성인임을 자처한다면, 이를 근거로 예수를 주님으로 고백하고 구원자로 믿는 것이 타당하다. 심지어 예수의 이런 예언의 역사성을 옹호하는 강력한 증거들은 많이 있다. 물론, 역사적 예수 세미나에 속한 이들은 예수님이 예언의 능력이 없었을 것이라고 주장한다. 하지만 "예수의 유대교 신앙을 감안한다면, 예수는 초자연적 능력이 없었더라도(실제로는 있었지만) 자기 죽음에 대해 예언할 수 있었을 것"이다.[47]

그런가 하면, 일부 성서비평학자들은 예수의 예언이 초기 교회가 예수의 신성을 주장하기 위해 사후에 기록한 것으로 추정한다. 하지만 이 역시 말이 되지 않는다. 만일 부활에 대한 예수의 예언들이 후대에 자신들의 기독론을 위해 예수님이 하신 말로 각색한 것이라면, 비평학자들은 자신들이 가정하고 있는 Q 어록에 나오는 "'자신이 바로 그 아들'이라는 예수 주장의 역사성"까지도 부정하는 꼴이 된다.[48]

마지막 반론은 "만약 예수가 실제로 자신의 폭력적인 죽음과 하나님에 의한 즉각적인 부활에 대해 예언했다면 왜 그의 제자들이 예수의 부활을 고대하지 않았느냐"고 묻는 것이 가능하다.[49] 이에 대해 리코나는 다음과 같이 답변한다.

첫째, "메시아가 하는 일을 메시아가 올 때 세상 왕국을 세운다는 관점에서 생각했던 그들의 믿음을 감안하면, 예수의 제자들은 그의 수난과 부활 예언을 이해하기 어려웠을 것"이다.

둘째, 예수가 자신의 폭력적인 죽음과 부활을 통한 임박한 신원에 대해 말했을 때 예수의 제자들은 "보편적 부활"에 대해 생각했을 가능성이 있다.[50]

예수님이 부활하셨다는 기록은 차고 넘친다. 이러한 고대 역사를 간과해도 되는 사람은 아무도 없다.[51] 빈 무덤, 현현 사건, 증인들, 성경의 기록들 등에 대해서 전부 무시하고 과학만을 신뢰한다면, 지금 인류가 과학적으로 설명할 수 있

---

47 마이클 R. 리코나, 『예수의 부활』, 438.
48 Ibid., 439-440. : 많은 학자들이 표명한 신약성서의 기독론은 본질적으로 초창기 교회의 창작물이라는 의견은 명민한 주장이기는 하지만 역사적으로는 거의 개연성이 없다.
49 Ibid., 440.
50 Ibid., 440-441.
51 앤터니 플루 & 게리 하버마스, 『부활 논쟁』, 92-93.

는 보편적 사실은 '모든 인간은 죽는다'라는 사실 뿐이다.

하지만 성경으로 설명할 수 있는 또 다른 보편적 사실이 있는데, 그것은 '모든 인간은 부활한다'라는 사실이다. 불신 영혼도 심판받기 위해 부활한다. 그래서 팀 체스터(Tim Chester)는 다음과 같이 말한다.

"죽음은 누구도 도망치거나 극복할 수 없는 권세다. 그러나 첫 번째 부활절에 하나님은 죽음과 대결하여 이기셨다."[52]

예수님이 도마에게 "네 손가락을 이리 내밀어 내 손을 보고 네 손을 내밀어 내 옆구리에 넣어 보라"라고 말씀하셨다. 이는 물리적으로 육신을 입은 상태를 의미한다. 환생이나 소생이 아니다. 명백한 부활이다. 역사 속 예수님은 실제로 부활하셨다. 그리고 그 예수님은 "나는 부활이요 생명이니 나를 믿는 자는 죽어도 살겠고"라고 말씀하셨다. 이는 성도들의 부활도 확정해 주신 것이다.

따라서 이 말씀을 믿는 이들은 최후의 마지막에 부활의 권능을 입게 될 것이다. 그리고 부활은 "객관적 진리와 미래의 원리를 바탕으로, 천국의 삶이 지금 우리 안에 들어와 우리에게 주관적 영향"을 미치고 있다.[53] 이것이야말로 지금 경험되어 지는 부활의 은혜. 그리스도인들은 주님이 부활하셨다는 "역사적 사건"에 대한 믿음과 내가 부활하게 될 것이라는 "미래적 사건"에 대한 믿음 모두를 가져야 한다. 부활하신 주님을 만난 이들은 모두 이 믿음을 소유했다. 그들은 자신의 고집을 벗어던지고 지평을 깼다. 이러한 간증들이야말로 가장 강력한 부활 논증이다.

바울은 초기 기독교를 박해하던 유대인이었으나, 부활의 주님을 다메섹 도상에서 만난 후 교회의 가장 적극적 옹호자이자 이방인의 사도가 되었다. 이러한 일은 오래전 사도 바울에게만 일어난 일이 아니다. 현대에도 이러한 사건은 계속 일어나고 있다.[54] 이미 증거는 충분하다. 이미 있는 증거를 인정하지 않으면서 더 이상의 증거를 요구하는 것은 억지이다.

---

52 팀 체스터, 『십자가와 부활을 사는 일상 영웅』, 백지윤 역 (서울: 한국기독학생회출판부, 2016), 178.
53 팀 켈러, 『부활을 입다』, 윤종석 역 (서울: 두란노서원, 2021), 206.
54 이전에 불트만주의자였던 에타 린네만은 보수적인 성서학자가 되었다. 또한, 무신론자였던 크레이그 키너는 보수적인 성서학자가 되었다. C. S. 루이스와 알리스터 맥그래스도 모두 무신론에서 기독교로 전향했다. 이들 모두 현대에 걸출한 기독교 신학자로 명성이 높은 이들이다.

어쩌면 지금 기독교 변증을 맛보고도, 복음의 능력을 전해 들었음에도, 수긍하지 않는 것은 아직 남은 논리가 있기 때문이 아니다. 그것은 그저 고집이 남아 있을 따름이다. 그러므로 믿음 없는 자가 되지 말고 믿는 자가 되어야 한다. 이제 부활의 산증인으로 당신이 나설 차례이다.

♣ 내용 정리를 위한 문제

1. 게리 하버마스와 마이클 리코나가 부활의 역사적 신빙성을 주장하는 이유와 근거는 무엇인가?
2. 예수님의 빈 무덤과 부활이 상관없다고 주장하는 사람들은 빈 무덤의 원인을 어떻게 설명하고 있는지 밝힌 후, 마이클 리코나의 변증방법론에 근거해서 그들의 주장에 대해 상세히 반론하시오.
3. 예수님이 십자가에 달려 돌아가시기 전 부활에 대해 예고하신 것이 어떻게 부활을 변증하는 근거가 될 수 있는지를 서술하시오.

※ 참고 문헌(제34장에 인용된 도서들)

게리 하버마스. 『의심 믿음의 또 다른 얼굴』. 오수미 역. 서울: 요단출판사, 2002.
앤터니 플루 & 게리 하버마스. 『부활 논쟁』. 최현은 역. 서울: 한국기독학생회출판부, 2012.
윌리엄 A. 뎀스키 & 마이클 R. 리코나. 『기독교를 위한 변론』. 박찬호 역. 서울: 새물결플러스, 2016.
마이클 R. 리코나. 『예수의 부활』. 김광남 역. 서울: 새물결플러스, 2019.
게하르드 하젤. 『신약신학 : 현대 논쟁의 기본 이슈들』. 권성수 역. 서울: 엠마오, 1996.
레온하르트 고펠트. 『사도시대』. 박문재 역. 서울: 크리스챤다이제스트, 1998.
로버트 레이먼드. 『바울의 생애와 신학』. 원광연 역. 경기 고양: 크리스챤다이제스트, 2012.
루크 티모시 존슨. 『살아계신 예수님』. 이세형 역. 서울: 컨콜디아사, 2017.
리 스트로벨. 『부활의 증거』. 윤종석 역. 서울: 두란노서원, 2018.
리디야 노바코비치. 『예수의 부활』. 이승호 역. 서울: 기독교문서선교회, 2021.
리처드 헤이스 & 엘렌 데이비스. 『성경 읽기는 예술이다』. 박규태 역. 서울: 한국성서유니온선교회, 2021.
머레이 J. 해리스. 『신약에 나타난 부활』. 서인선 역. 서울: 기독교문서선교회, 1995.
메다르드 켈. 『종말? 그 다음에는?』. 신정훈 역. 서울: 가톨릭대학교출판부, 2017.

볼프하르트 판넨베르크. 『판넨베르크 조직신학 Ⅲ』. 신준호 역. 서울: 새물결플러스, 2019.
스탠리 E. 포터. 『바울 서신 연구』. 임재승·조명훈 역. 서울: 새물결플러스, 2019.
스탠리 그렌츠. 『누구나 쉽게 배우는 신학』. 장경철 역. 서울: CUP, 2012.
알렉산더 슈메만. 『죽음아, 너의 독침이 어디에 있느냐?』. 황윤하 역. 서울: 비아, 2022.
앤토니 C. 티슬턴. 『살아 있는 바울』. 윤성현 역. 서울: 기독교문서선교회, 2014.
앨버트 몰러. 『오늘 나에게 왜 사도신경인가?』. 조계광 역. 서울: 생명의말씀사, 2019.
야콥 예르벨. 『사도행전 신학』. 윤철원 역. 서울: 한들출판사, 2000.
요아킴 예레미아스. 『신약신학』. 정충하 역. 경기 고양: 크리스챤다이제스트, 2012.
존 M. G. 바클레이. 『바울과 선물』. 송일 역. 서울: 새물결플러스, 2019.
콘스탄틴 R. 캠벨. 『바울이 본 그리스도와의 연합』. 김규섭·장성우 역. 서울: 새물결플러스, 2018.
크리스티안 베커. 『하나님의 승리』. 이영진·김기탁 역. 충청남도: 성서와교회연구원, 2020.
클린턴 E. 아놀드. 『영적 전쟁』. 길성남 역. 경기 고양: 이레서원, 2020.
톰 라이트. 『마침내 드러난 하나님 나라』. 양혜원 역. 서울: 한국기독학생회출판부, 2017.
_____. 『이것이 복음이다』. 백지윤 역. 서울: 한국기독학생회출판부, 2017.
팀 체스터. 『십자가와 부활을 사는 일상 영웅』. 백지윤 역. 서울: 한국기독학생회출판부, 2016.
팀 켈러. 『부활을 입다』. 윤종석 역. 서울: 두란노서원, 2021.
파트리크 스발키에로. 『기적』. 이재정 역. 서울: 가톨릭출판사, 2021.
패트릭 슈라이너. 『그리스도의 승천』. 박장훈 역. 경기 고양: 이레서원, 2022.
프랭크 모리슨. 『누가 돌을 옮겼는가?』. 황영철 역. 서울: 생명의말씀사, 2018.
한스 콘첼만 & 안드레아스 린데만. 『신약성서 어떻게 읽을 것인가』. 박두환 역. 서울: 한국신학연구소, 2010.
헤르만 리델보스. 『바울 신학』. 박문재 역. 서울: 솔로몬, 2017.
Wright, N. T. *The Resurrection of the Son of God*. San Francisco: HarperSanFrancisco, 1999.

제35장

고난에 대한 기독교 변증 : 위르겐 몰트만

> 내가 주께 대하여 귀로 듣기만 하였사오나 이제는 눈으로 주를 뵈옵나이다(욥기 42장 5절).

고난 상황에서 기독교 신앙의 정당성을 설명하기 위해서는 신정(神正, 하나님의 정의)에 대한 합당한 설명이 필연적으로 요청된다. 신정론(神正論)은 전능하고 선하신 신이 어떻게 악을 용납하는지에 대한 답변이다. 신정론에 대한 문제는 고대에 욥이라는 인물에서부터, 현대를 살아가는 신앙인들에게 이르기까지 끊임없이 요청된다.

르네 기통(Rene' Guitton)은 휴머니즘에서는 신을 부정하든, 인정하든 상관없이 폭력과 악에 관해 끊임없이 물음을 가지고 고통을 상기하며 살아가야 할 것을 촉구한다.[1] 즉, 이 땅의 고통과 악의 문제에 대해서는 무신론자들도 예외 없이 가지고 있는 질문이다. 어떤 이들은 세상에서 벌어지는 불의한 일들 때문에 하나님의 존재를 믿지 않겠다고 말한다. 이들의 질문 요지는 간단하다.

만일 신이 있다면 왜 이리도 악(惡)이 많은가?
만일 하나님이 전능하시고 선하시다면 악은 없어야 하는 것이 아닌가?
이런 거센 질문 앞에서 그리스도인들은 역으로 질문할 수 있어야 한다.
만일 신이 없다면 왜 선(善)은 이리도 많은가?
전능하시고 선하신 신이 존재하지 않는다고 가정했을 때, 이 땅에 존재하는 선의 영향력을 어떻게 설명할 수 있겠는가?
하나님은 선이시다. 따라서 하나님 없이는 선은 존재할 수 없다.

---

1   르네 기통, 『내 영혼을 밝히는 물음』, 심민화·백선희 역 (서울: 마음산책, 2005), 11-13.

그렇다면 다시 본래 질문을 마주했을 때, 고통과 악의 문제를 왜 전능하고 전선하신 하나님이 허용하시는가?

깊은 영성을 가진 기독교인들은 "고난을 일컬어서 변장하고 찾아오는 하나님의 축복"이라고 정의한다.[2] 제임스 에머슨(James G. Emerson)에 따르면, "고난은 우리에게 일어난 것이 아니라, 우리가 고난을 선택하는 것"이다.[3] 성도가 고난을 선택하는 이유는 그것이 신앙에 유익을 주기 때문이다. 그래서 C. S. 루이스(Clive Staples Lewis)는 고난은 잠들어 있는 우리를 깨우는 하나님의 메가폰이라고 말하면서도 동시에 고통은 "살균 소독된 악"이라고 말한다.[4]

신앙 안에서 고통의 문제는 철저하게 재해석된다. 있는 그대로의 순수 악은 존재하지 않는다. 악은 선이 결핍되어 드러난 존재일 뿐이다. 더 나아가 고난과 악은 하나님의 도구가 된다. 팀 켈러(Timothy J. Keller)에 따르면, 기독교 신앙의 독보적인 고난 관은 강력한 하나님의 존재를 경험하기 이전에, 십자가의 고난과 죽음이라는 가장 심오한 계시를 통과하는 것에 있다고 말한다.[5] J. D. 그리어(J. D. Greear)는 "하나님은 진노를 풀 대상으로 우리를 창조하신 것이 아니라"는 점을 강조하면서, 고난의 문제 이전에 하나님과의 관계 회복을 통해 누리는 행복을 말한다.[6]

반면에 어윈 W. 루처(Erwin W. Lutzer)의 답변은 좀 더 공격적이고 변증적이다. 루처는 "창조주 하나님이 없다면, 우리는 무작위로 튀어나온 원자들의 복잡한 조합일 뿐이라면, 선과 악 또는 좋거나 최선이라는 생각 자체가 존재할 수 없다"라고 설명한다.[7]

'악의 문제', '고통의 문제', '하나님의 공의의 문제' 등에 앞서서, 많은 질문과 답변들이 있다. 그리고 이 문제에 대해 현대에 많은 신학적 논의를 발전시킨 인물이 바로 위르겐 몰트만(Jürgen Moltmann)이다. 몰트만의 신학은 나름의 한계와 약점이 있기에 그의 신학을 거부하는 이들도 많다.

---

2 옥한흠, 『고통에는 뜻이 있다』, (서울: 국제제자훈련원, 2014), 11.
3 제임스 에머슨, 『고난, 행복한 선택』, 김효경 역 (서울: 가치창조, 2002), 21.
4 C. S. 루이스, 『고통의 문제』, 이종태 역 (서울: 홍성사, 2017), 175.
5 팀 켈러, 『고통에 답하다』, 최종훈 역 (서울: 두란노서원, 2020), 83-84.
6 J. D. 그리어, 『하나님을 하나님 되게』, 정성묵 역 (서울: 두란노서원, 2018), 199.
7 어윈 W. 루처, 『팬데믹, 재앙 그리고 자연재해』, 모영윤 역 (서울: 기독교문서선교회, 2021), 144.

하지만 그의 신학이 부정적으로 평가되는 측면이 있다 하더라도, 그가 현대 신학 안에서 여러 지평을 연결하고 있다는 것만큼은 부정하기 어렵다. 그래서 지금부터는 몰트만의 논의 방식을 따라 신정론에 대한 요청을 살펴보겠다.

1. 고난을 이해하는 십자가

몰트만은 '기독론'을 '신정론'으로 적용했다. 십자가는 고난을 이해하는 열쇠이다. 이 말은 예수 그리스도의 십자가 사건을 근거로 악의 문제에 대한 기독교 신앙 변증이 가능하다는 뜻이다. 기독론은 그리스도의 십자가 사건에 대한 구속 교리이다. 그런데 몰트만은 이것을 '십자가에 달리신 하나님'이라는 관점에서 재해석하였다. 그럼으로써 '인간의 고통을 아시는 하나님', '함께 고난 속에 계신 하나님'이라는 개념을 발진시킬 수 있게 되었다.

몰트만에 따르면, 예수의 죽음을 하나님의 죽음으로 이해하려는 명제는 이전에도 있었다.[8] 일찍이 신성과 인성의 관계 속에서 그리고 하나님과 인간의 사귐이라는 측면에서 고난 겪으시는 하나님은 십자가에서 설명되어 왔다. 또한, 바울의 신학을 설명할 때도 이런 해석은 심심치 않게 나타난다.

프랭크 메이트라(Frank J. Matera)는 바울의 서간을 설명하면서, "능력과 지혜의 하나님께서 십자가의 약함과 어리석음 가운데 나타나고, 위로와 평화의 하나님께서 고난과 거절 가운데 계시 되는 역설적 방식을 강조한다"라고 하였다.[9] 몰트만은 이런 식의 관점을 우주적으로 확대한다. 그는 이렇게 증언한다.

> 하나님과의 사귐을 통하여 얻게 되는 영원성과 불멸성은 인간을 땅 위에 있는 하나님의 형상과 자녀로서 온전한 가치를 가진 참 인간으로 만든다. 드러나게 된 고난과 시작된 구원은 인간에게 집중되지만, 그의 인격에만 해당하는 것이 아니라 그의 본성에도 해당하며, 그가 구성원인 우주의 자연에도 해당한다.[10]

---

8 위르겐 몰트만, 『십자가에 달린 하나님』, 김균진 역 (서울: 한국신학연구소, 2011), 280.; 루터의 십자가 신학을 근거로 신정론이 요청하는 바에 답변하고 있다.
9 프랭크 메이트라, 『바오로 신학 하나님의 구원 은총』, 한충식 역 (서울: 바오로딸, 2016), 359.
10 위르겐 몰트만, 『예수 그리스도의 길』, 김균진·김명용 역 (서울: 대한기독교서회, 2010), 80-81.

예수 그리스도의 십자가 고통과 고난은 인격만이 아니라 우주 자연에도 해당한다. 그 이유는 "십자가에서 일어난 하나님의 삼위일체론적인 사건은, 종말론적인 신앙에 대해서는 미래를 향하여 열린 그리고 미래를 열어 주는 하나님의 역사"이기 때문이다.[11] 틀림없이 십자가는 기독론뿐 아니라 신정론까지도 답변할 수 있도록 만든다. 왜냐하면, 십자가는 인간이 하나님으로부터 버림받는 상황에 대한 계시적 답변을 함축하고 있기 때문이다.

이를 근거로 해방신학에서는 압제 받고 착취당하는 이들을 대신해서 예수님이 십자가를 짊어지신 것으로 해석한다. 십자가야말로 정의의 길이며 희생의 길인 것이다. 구스타보 구티에레즈(Gustavo Gutiérrez)에 따르면, 인간이 압제로부터 해방되는 것에 대해서 하나님은 무관심하지 않으시며, 그렇기에 "불의를 뿌리째 뽑아내고 전반적 해방을 성취하고자 노력하는 인간"에게 십자가라는 신앙의 영성을 제시한 것이다.[12]

또 혼 소브리노(Jon Sobrino)는 '하나님은 독생자가 십자가 고통을 당하고 있는 순간에 무엇을 하고 계셨겠는가?'

이런 질문을 통해서 희생제물이 된 하나님의 역사를 반추한다.[13] 이는 해방자 하나님이 고아와 과부를 보호하고 백성을 해방하는 사건이다. 표면적으로 하나님은 침묵하는 것처럼 보이지만, 십자가에 예수를 그대로 둠으로써 하나님은 '모든 인류의 고통의 문제'에 대해서 답변하고 계신다.

십자가로 신정론을 답변하려고 하는 것은 비단 해방신학적 관점에만 국한되지 않는다. 짐 월리스(Jim Wallis)는 "복음은 가난하고 억압받는 자들을 노골적으로 편애한다"는 점을 강조한다.[14] 또 몰트만의 제자로 잘 알려진 미로슬라브 볼프(Miroslav Volf)에 따르면, 그리스도의 수난은 "배타적 관심에서 우리를 해방하고 성령의 내주하심을 통해 다른 사람들, 심지어 우리에게 잘못한 사람들에게까지 은혜로 손을 내미는 힘"을 주고 있다는 점을 밝힌다.[15]

즉, 예수 그리스도의 십자가는 악과 함께 고통당하는 하나님의 모습과 악을 용서하는 하나님의 모습 그리고 악을 심판하고 정의를 위해 희생당하는 하나님

---

11 위르겐 몰트만, 『십자가에 달린 하나님』, 364.
12 구스타보 구티에레즈, 『해방신학』, 성염 역 (경북칠곡: 분도출판사, 2017), 233.
13 혼 소브리노, 『해방자 예수』, 김근수 역 (서울: 메디치미디어, 2017), 473.
14 짐 월리스, 『부러진 십자가』, 강봉재 역 (서울: 아바서원, 2012), 151.
15 미로슬라브 볼프, 『기억의 종말』, 홍종락 역 (서울: 한국기독학생회출판부, 2016), 168.

의 모습 모두를 드러낸다. 심지어 개혁주의 신약학자 D. A. 카슨(D. A. Carson) 역시도 "악과 고난에 대한 우리의 이론적이고 실제적인 접근은 반드시 십자가에 뿌리내려야 한다"고 못을 박는다.[16]

여기서 몰트만이 계속해서 강조하는 부분은 "십자가에 달린 그분의 역사가 하나님과 인간을 결합하고 또 구별한다"라는 점이다.[17] 이로써 십자가는 타인을 이해하게 만들고 악의 문제와 고통의 문제를 무한히 공감하시는 하나님의 선을 전적으로 드러낼 수 있게 되었다.

왜냐하면, 몰트만에게 십자가는 약자와 함께, 또는 약자들을 대신해서 그것도 아니라면, "축출당하고 버림받는 자로서 고난당하고 죽는다는 것을 의미"하기 때문이다.[18] 구속의 은혜와 보혈의 공로를 설명하는 십자가는 이제 약자와 연대하고 눌린 자를 해방하는 강력한 정의 실현의 상징이 되었다.

그리고 이 개념의 전환이 가져다준 순기능은 하나님으로부터 버림받고 배척당한 그리스도를 통해서 인간이 당하는 고통의 문제들이 많은 부분 위로받게 되었다는 점이다. 일본의 기타모리 가조(Kitamori Kazoh)에 따르면, 복음의 마음은 하나님의 아픔이다.

> 아픔에서의 하나님은 자기 자신의 아픔으로 우리 인간의 아픔을 해결하여 주는 하나님이시다. 예수 그리스도는 자기 자신의 상처로 우리 인간의 상처를 치유하여 주는 주님이시다. 이 명제에는 두 가지 계기가 포함되어 있다.
> 첫째, 우리 하나님은 어디까지나 해결자이고 치유하는 주님이시라는 것,
> 둘째, 더욱이 이 하나님은 자기 자신이 아픔으로 상처 입으신 주님이라는 것.[19]

함께 고통당하시는 하나님의 존재가 악의 문제에 대한 적절한 답변을 제공해 줄 수 있는 이유는 우리의 고통과 하나님의 고통이 일치되었기 때문이다. 헤럴드 S. 쿠쉬너(Harold S. Kushner)는 "우리가 하나님과 맞선다는 느낌 대신 우리는 불의에 대한 자기 분노를 우리를 통해 일하는 하나님의 분노와 일치"시킬 수 있

---

16 D. A. 카슨, 『위로의 하나님: 고난과 악에 대한 묵상』, 한동수 역 (서울: 기독교문서선교회, 2017), 55.
17 위르겐 몰트만, 『십자가에 달린 하나님』, 442.
18 Ibid., 87.
19 기타모리 가조, 『하나님의 아픔의 신학』, 이원재 역 (서울: 새물결플러스, 2017), 33.

다는 사실을 설명한다.²⁰

약자들이 핍박받고 압제 받는 상황에서 느끼는 고통과 그것을 바라보며 불의한 상황에 대해 느끼는 분노는 철저하게 '십자가에 달리신 하나님'과 사귐을 이룬다. 이처럼 기독론이 신정론으로 대치되었을 때, 공감하시고 함께 고통당하시는 하나님의 모습을 설명하기 수월해진다.

하지만 이것은 역기능도 있다. **그 대표적인 역기능은 피조 세계의 아픔에 동참하고 함께 고통당하시는 하나님의 모습을 그리기 위해 주권자의 권능을 지나치게 축소했다는 것이다.** 물론, 신정론 안에서 해결자이고 치유자이신 하나님이 언급된다. 그런데 아픔을 공감하는 것은 전능자의 속성이라기보다는 인간적인 속성에 더 가깝다. 분명히 하나님이라는 존재가 고통받는 존재라고 상상하는 것은 하나님의 주권을 위축시키는 것이다.

이를 극복해 보기 위해, 미하엘 벨커(Michael Welker)는 "십자가는 고난 겪는 하나님뿐만 아니라 심판하고 구출하는 하나님을 계시" 한다는 점을 명시한다.²¹ 그러나 존 프레임(John M. Frame)은 신적 약함을 근거로 한 변증들은 "하나님의 전능, 전지, 주권에 대한 역사적 기독교 교리를 부정하면서 선함이라는 하나님의 속성을 보존하려고 애쓴다"고 강력하게 비판한다.²² 특히, 프레임은 쿠쉬너를 특정하면서 다음과 같이 경고한다.

> 사람은 성경의 절대 인격체보다 더 약한 신을 믿는 것을 선호할 수도 있다. 하지만, 그는 그런 선호의 대가를 알아야 한다. 그렇게 함으로써 그는 악의 문제에 대한 해결책을 얻을 수도 있다. 하지만, 그는 악의 정복에 대한 확실한 희망을 상실한다. 그는 악이 결국 승리할 수도 있다는 끔찍한 가능성에 직면해야 한다는 대가로 지적 만족을 얻는다. 확실히 이것을 악의 문제에 대한 "해결책"으로 부르는 것에 대한 아이러니한 무언가가 존재한다.²³

---

20 헤럴드 S. 쿠쉬너, 『왜 착한 사람에게 나쁜일이 일어날까?』, 김하범 역 (서울: 도서출판窓, 2006), 70.
21 미하엘 벨커, 『하나님의 계시』, 오성현 역 (서울: 대한기독교서회, 2015), 255.
22 존 프레임, 『개혁파 변증학』, 김진운 역 (서울: 개혁주의신학사, 2019), 359-360.
23 Ibid., 360.

프레임의 강력한 비판은 쿠쉬너 뿐 아니라, 몰트만에게도 많은 부분 해당한다. 매튜 바렛(Matthew Barrett) 역시, "고통 불가성은 그리스도께서 죄인들을 구원할 수 있음을 보장할 뿐만 아니라, 하나님의 사랑과 은혜가 거저 주어질 것을 보장"한다는 점을 강조하면서, 과정신학이나 몰트만과는 정반대로 '고통당하실 수 없는 하나님' 개념을 전개한다.[24] 쉽게 말해서, 고통과 악의 문제에 대해서 몰트만식의 신정론은 '위로하시는 하나님'은 될 수 있을지 모르지만, '주권적인 하나님'은 될 수 없다. 비록 몰트만이 독특한 기독교 변증방법론을 가지고 있다 하더라도 그가 제시하는 신정론의 해답은 한계가 있다.

몰트만은 버림받은 자들이 십자가를 통해 "정열적-공감적 관계"에 대해 형성할 수 있다고 설명했다.[25] 그래서 그는 "하나님은 십자가에 달린 그분의 죽음에서 자기를 낮추시고 그리스도 자신의 부활을 통하여 인간을 높임으로써 하나님과의 결속을 위한 조건들을 창조"하셨다는 점을 주장한다.[26] 이로써 그의 기독론은 신정론 안에서 설명되기에 이른다. 하지만 우리가 기억하고 있듯이, 그리스도께서 십자가를 지신 근본적인 이유는 약자와 연대하기 위해도, 정치적 희생도, 고통의 문제에 대한 공감을 위해도 아니다.

만일 하나님이 외부의 영향에 따라 감정이 바뀌고 고통도 느낄 수 있는 분이라면, 하나님의 사랑은 피조물의 조건에 좌우될 것이다. 따라서 기독론은 오직 죄와 사망과 죽음과 어둠의 권세로부터 우리를 구원하는 구속의 십자가로만 설명될 뿐이다. 십자가는 약자와 공감하기 위한 하나님의 패배가 아니라, 하나님의 적극적인 구원행위이다.

2. 신정론과 생태계에 답변하는 사회적 삼위일체

몰트만은 사회적 삼위일체 개념을 통해 신정론 문제에 응답하고 있다. 삼위일체론의 개념이 신정론에 답변을 주기까지의 과정을 이해하기 위해서는 우선 삼위일체론이 기독교 신학에서 매우 중대한 부분을 차지하고 있다는 사실을 인지해야 한다. 왜냐하면, "삼위일체 교리는 기독교 신앙과 그 명확한 진술의 선두

---

24 매튜 바렛, 『무한, 영원, 완전』, 오현미 역 (서울: 개혁된실천사, 2021), 223.
25 위르겐 몰트만, 『십자가에 달린 하나님』, 397.
26 Ibid., 398.

요 중심"이기 때문이다.²⁷

또한, 삼위일체에 대한 논의는 기독론과 구원론에도 직결되는 문제다. 캐서린 모리 라쿠나(Catherine Mowry LaCugna)에 따르면, "삼위일체 교의는 궁극적으로 그리스도인의 삶에 결정적인 영향을 미치는 실천적 교의"이다.²⁸ 교회사적으로도 삼위일체 논쟁은 구원론에 대한 강렬한 싸움이었다.

초대 교회는 "예수는 인간에 불과하다"라는 에비오니즘(Ebionism)의 주장에 대해서 명백하게 거부하였고, 마찬가지로 삼위일체 논쟁에 있어서 "예수는 하나님은 아니지만, 하나님과 유사하며, 하나님의 피조물이다"라고 주장하는 아리우스를 이단으로 정죄했다. 이는 정치적 암투 끝에 얻어진 결과가 아니라 계시적 진리로 얻어진 결과이다.

즉, '삼위일체 교리'는 성경과 상관없이 헬레니즘의 영향을 받은 교부들의 창작품이 절대 아니다. 교부들은 성경에서 증언하고 있는 삼위일체의 형상을 헬레니즘의 철학적 용어를 빌려서 설명했을 뿐이다.

대개 삼위일체 신학은 서방과 동방의 신학을 비교하면서 연구되는데, "서방 교회 전통에서는 신적 본질의 통일성이 가장 우선시된다면, 동방 교회 전통에서는 삼위 인격의 삼중성이 우선시된다"라는 차이가 있다.²⁹ 몰트만은 '현대에 삼위일체 적용'을 동방 전통의 영향을 받아서 설명해 나간다.

신정론에 대한 문제를 포함해서 모든 신학적 논의는 삼위일체에 대한 이해 없이 온전하게 해석하기 어렵다. 특히, 몰트만은 삼위일체적으로 창조된 인간 이해는 서구의 개인주의를 극복할 수 있는 치료제로 평가한다.³⁰

하나님의 이름(name)과 하나님의 속성(attributes)과 하나님의 사역(works)은 성자 예수와 성령께도 동일하게 적용된다. 그리고 성부와 일치한다. 하나님이 하셨던 일을 예수님도 하셨다는 것은 성경을 근거로 충분히 설명할 수 있다.

---

27 스티븐 홈즈 외 3인, 『삼위일체란 무엇인가』, 임원주 역 (서울: 부흥과개혁사, 2016), 10.
28 캐서린 모리 라쿠나, 『우리를 위한 하나님』, 이세형 역 (서울: 대한기독교서회, 2008), 19.
29 미로슬라브 볼프, 『삼위일체와 교회』, 황은영 역 (서울: 새물결플러스, 2015), 334.
30 폴 E. 카페츠, 『그리스도교의 신』, 김지호 역 (경기고양: 도서출판100, 2021), 199. : 몰트만은 바르트와 라너가 양태론을 취했다고 비판했다. 바트르는 삼위일체의 인격을 신 안에서 세 가지 '존재 양태'로 해석했고, 라너는 삼위일체의 인격을 신이 우리에게 나타나는 세 가지 '현전 양태'로 말했다. 몰트만에 따르면, 두 신학자는 모두 신의 주권 안에서의 신적 일치를 확립했다. 그러니까 신을 단일한 자기-동일적 주체로 보았다는 의미이다.

첫째, 예수님이 주님으로 불리신 것은 하나님 이름과 예수 이름의 일치이다.
둘째, 예수님이 죄를 사해 주신 것은 하나님 속성과 예수님 속성의 일치이다.
셋째, 예수님이 죽음을 이기시고 모든 믿는 자를 사망에서 건져 주시는 행위는 하나님 사역과 일치한다.

성령의 역사 역시 성부와 성자와 동일하게 나열할 수 있다. 성령은 예수의 부속된 능력이 아니라 하나님으로 나타난다. 예수 그리스도와 성령 하나님은 이름과 속성과 사역 전부에서 성부 하나님과 일치되고 있다. 따라서 삼위일체는 전혀 없던 이야기를 꾸며내거나, 교회에 필요로 만들어진 것이 아니라, 경험된 것을 조직화시켜 용어화한 것이다. 유대교 상황에 놓여있던 초대 교회가 유일신론에서 삼위일체를 설명하기까지는 수학적, 과학적 접근 방식에서 초월할 필요가 있었을 것이다.

그런데 몰트만은 '유일신론'은 곧 '삼위일체론'이라고 설명하는 전통적 견해와는 다르게 '기독교는 유일신론이 아니라 삼위일체론이다'라고 단정한다.[31] 또한, 몰트만은 "하나님과 세계의 상호 관련"을 강조하고 십자가를 "삼위일체적 사건"으로 해석함으로써 군주적 성격의 신론을 극복한다.[32] 테드 피터스(Ted Peters)는 몰트만의 삼위일체론을 다음과 같이 평가한다.

> 몰트만은 하나님의 셋 뒤에 우선권을 주고 그 안에서 관계적 일치를 향해 나아간다는 점에서, 실체론적인 하나님의 일치를 뛰어넘는 가장 큰 도약을 이루고 있다. 몰트만은 유일신론과 삼위일체론의 경계를 긋고 난 후, 그리스도교가 결코 유일신론적이어야 할 이유가 없다고 주장한다. 그렇다고 삼신론 형태의 다신론을 주장하려는 것도 아니다. 그는 삼신론은 그리스도교 신앙에 결코 유혹된 적이 없었다고 정확하게 인식한다.
>
> 몰트만에 따르면, 삼위일체론은 유일신론도 아니고 다신론도 아니다. 삼위일체론은 그 나름의 독특한 신론이다. 곧 예수의 십자가에서 고통을 당한 하나님을 특별하게 경험하므로 탄생 된 독특한 그리스도교 교리이다. 하나님은 우리와 더불어 고통을 당하시고, 우리로부터 고통을 당하시며, 우리를 위해 고통을 당하

---

31 몰트만이 삼위일체론을 단언하는 이유는 유일신론이 가지고 있는 "군주적 성격의 신론"을 경계하기 때문이다.
32 리처드 바우캄, "위르겐 몰트만," 『현대 신학과 신학자들』, 데이비드 F.포드 편집, 류장열, 오흥명, 정진오, 최대열 엮음 (서울: 기독교문서선교회, 2005), 342.

신다. 이러한 하나님의 경험이 삼위일체 하나님을 계시한다.[33]

이러한 삼위일체 이해는 "순환적이고 사회적인 삼위일체로서의 세 위격의 상호적 관계는 하나님과 세계의 상호 관계를 이해하기 위한 맥락"이 된다.[34] 하나님의 케노시스는 아버지와 아들의 사귐뿐 아니라 하나님과 세계의 사귐을 형성시킨다. 다시 말해서 "창조적 사랑 가운데에서 아버지는 자기와 다른 타자를 자기와 결합하며 그에게 자기의 무한한 삶 속에 있는 공간과 시간과 자유"를 선사한다.[35]

몰트만의 삼위일체론은 사랑 안에서 세 위격의 연합을 상정한다. 그렇기에 몰트만의 삼위일체론은 상호적 "사랑의 관계 안에 있는 세 신적 주체로 이해하고, 세계에 대한 하나님의 관계"를 상호적인 영향 관계로 이해한다.[36] 이러한 몰트만의 삼위일체 진술은 생태학적 위기에서 창조성을 요청할 수 있도록 이끈다.

그는 자신의 저서 『창조 안에 계신 하나님』에서 "하나님의 활동은 오직 세계 안에서 생각될 수 있지만, 그러나 세계는 하나님의 활동 안에서 생각될 수 없을 것이다"라고 진술한다.[37] 이는 세계 속에 벌어지는 악의 문제 앞에서 나름의 답변을 도출할 수 있도록 도와준다. 몰트만은 다음과 같이 진술하기도 한다.

> 우리는 다른 모든 존재가 지닌 창조의 존엄성을 인정하는 전제 아래 인간의 특별한 존엄성에 대해 말할 수 있는데, 만약 그렇지 않을 경우, 인간의 특별한 존엄성에 대해 말할 수 없을 것이다. 창조주의 형상으로서 인간은 모든 동료 피조물을 창조주의 사랑으로 사랑해야 하는데, 만약 그렇지 않을 경우, 인간은 하나님의 형상이 아니라, 단지 창조의 캐리커처(풍자화)이며 모든 살아 있는 생물체의 정부(Liebhaber)에 불과할 것이다.[38]

---

33 테드 피터스, 『삼위일체 하나님』, 이세형 역 (서울: 컨콜디아사, 2016), 178.
34 리처드 바우캄, "위르겐 몰트만," 『현대 신학과 신학자들』, 342.
35 위르겐 몰트만, 『삼위일체와 하나님의 나라』, 김균진 역 (서울: 대한기독교출판사, 2009), 142.
36 리처드 바우캄, 349.
37 위르겐 몰트만, 『창조 안에 계신 하나님』, 김균진 역 (서울: 한국신학연구소, 2007), 125.
38 위르겐 몰트만, 『세계 속에 있는 하나님』, 곽미숙 역 (서울: 동연, 2009), 189.

인간은 생태계, 즉 피조세계와의 관계를 스스로 파괴했다. 이것이 원인이 되어 자연적 악이 발생하였다. J. P. 모어랜드(J. P. Moreland)도 창조 세계에서 발생하는 재앙은 인간의 반역으로 지구가 오염되어서 나타난 일로 설명한다. 그는 이렇게 말한다. "하나님을 따르고 세상을 돌보아야 할 책임보다 우리 자신의 이익을 우선시함으로써, 우리는 이 세상을 위험한 곳으로 만들어 버렸다."[39] 이런 이유로 레오나르도 보프(Leonardo Boff)는 삼위일체론을 근거로 창조 세계의 해방을 주장한다.

그는 "신적인 삼위는 삼위일체 형상들의 무한성으로부터 그 중의 어떤 것을 선택하여 내적 연합의 순환 바깥에서 존재하게 하는데 그것이 바로 우리가 현재 가지고 있는 창조"라고 설명한다.[40] 더불어서 삼위 하나님은 존재하는 모든 생태, 곧 지구 전반 문제에 혁명과 총체적인 해방으로 응답하려 하신다.[41]

여기서 더 나아가서 생태 신학자 로이드 기링(Lloyd Geering)은 기독교가 자연 세계와 다시 연결되기 위해서는 "예전과 축제의 녹색화"를 추구해야 한다고 주장한다.[42] 또 생태 해방 신학자 대니얼 카스티요(Daniel P. Castillo)는 적극적인 생태 신학을 통해 "생태 공동체" 개념을 구축하고, 공동체의 상호의존과 협력이 지구와 가난한 이들에게 먼저 향할 것을 주장한다.[43]

---

39 J. P. 모이랜드 & 팀 믈호프, 『이렇게 답하라 예화로 풀어보는 기독교 변증』, 박세혁 역 (서울: 새물결플러스, 2018), 45.
40 레오나르도 보프, 『성 삼위일체 공동체』, 김영선·김옥주 역 (서울: 크리스천헤럴드, 2011), 164.
41 레오나르도 보프, 『생태 신학』, 김항섭 역 (경기고양: 가톨릭출판사, 2013), 36.
42 로이드 기링, 『가이아와 기독교의 녹색화』, 박만 역 (경기고양: 한국신학연구소, 2019), 191-194.
43 대니얼 카스티요, 『생태해방신학』, 안재형 역 (경기고양: 한국기독교연구소, 2021), 56-57.; 카스티요는 경전에 갇힌 신앙에서 생태를 돌보는 신앙으로 나아갈 것을 촉구하는데, 경전보다도 생태적 해방을 더 중요하게 여긴다. 하지만 경전보다 생태적 해방을 더 중요하게 여기는 태도는 정통주의 신학자들에게 철저히 거부된다. 심지어 생태신학은 일반 환경학자들에게조차도 큰 호응을 얻지 못하고 외면당한다. 왜냐하면, 생태 신학자들은 기후 위기에 대한 자료를 환경론자들의 주장만 편파적으로 취합하려는 경향이 있으며, 전체 연구에 대한 과학적 지표나 종합된 결과 모두를 전적으로 수용하지 못한다는 한계가 있기 때문이다.-예를 들면, 앤드루 맥아피(Andrew McAfee)는 산업 시대가 대기오염을 초래하고 환경의 문제의 원인이 된 것은 사실이나, 결국 기술 문명이 탈물질화를 성공시키고 환경을 다시 회복시킬 것으로 전망한다. {앤드루 맥아피, 『포스트 피크』, 이한음 역 (서울: 청림출판, 2020), 10-11.} 그리고 스티븐 E. 쿠닌(Steven E. Koonin)은 "기후의 상태를 과학적으로 요약하고 평가하는 연구 자료와 정부 보고서 모두 현재 미국의 폭염이 1900년도와 비교해 더 자주 발생하지도 않고, 최고 기온이 지난 50년 동안 상승하지 않았다"고

결국, 삼위일체 하나님의 축제가 세계 속에서 행해진다는 생각을 가지고, 환경보호를 적극적으로 실천해 나가면 적어도 지구오염이라는 악은 극복할 수 있다.

또 이러한 관점으로 해석하기 시작할 때 우리는 레이첼 카슨(Rachel Louise Carson)이 지적했던 부분, 즉 "인간은 자연을 지배하는 존재가 아니라 그저 자연의 한 부분에 지나지 않는다"고 생각할 수 있게 된다.[44] 이제 삼위일체론에 입각하여 신 중심적 생태학을 시도할 수 있게 되었다. 이러한 관점에서 복음적 생태 신학을 전개한 스티븐 보우머 프레디거(Steven Bouma-Prediger)는 다음과 같이 증언한다.

> 인간 중심적 견해(anthropocentric, 인간을 중심으로 놓는다)나 생명 중심적 견해(biocentric, 생명이 중심이다), 생태 중심적 견해(ecocentric, 땅이 중심에 놓인다)로는 성경이 증언하는 내용을 제대로 다룰 수 없다. 인간이 아니라 하나님이 만물의 척도다. 생명이 아니라 하나님이 궁극적인 선이다. 땅이 아니라 하나님이 시작과 끝이다. (중략) 이러한 신 중심적 비전에서는 무엇보다도 삼위일체 교리를 회복하는 것이 필요하다는 것이 내 판단이다.
>
> 만일 좋은 소식이 진정 좋은 것이라면, 우리는 하나님의 본질인 사랑의 연합(the community of love), 다시 말해 세 위격(person)이 각각 독특하면서도 나뉠 수 없고, 상대 안에 거하면서 완전한 사랑의 교통(communion)을 이루는 특성을 제대로 강조하는 신론을 제시해야만 한다.[45]

몰트만의 삼위일체론이 생태에 대한 신정론적 응답이 될 수 있는 이유는 '하나님과 세계', '하나님과 피조물'의 격차에 대한 역설적 이해가 삼위일체의 사귐을 창조 세계로 확장하고 있기 때문이다. 이에 따라 몰트만은 "종국적으로는

분명히 밝힌다. {스티븐 E. 쿠닌, 『지구를 구한다는 거짓말』, 박설영 역 (서울: 한국경제신문, 2022), 10-11.} 따라서 기후위기와 온난화에 대한 것 중 상당수는 지나친 공포 조장에 기인하는 경우가 있음을 지적한다.-이런 상반되는 세속학자들의 주장에 대해서 생태신학은 '하나님의 피조세계를 보호해야 한다'라는 원론적인 답변 외에 달리 할 수 있는 반론이 없다.

44 레이첼 카슨, 『침묵의 봄』, 김은령 역 (서울: 에코리브르, 2019), 19.
45 스티븐 보우머 프레디거, 『주님이 주신 아름다운 세상』, 김기철 역 (서울: 복있는사람, 2011), 233-234.

창조를 포함하는 다양한 형태"로 삼위일체 논의를 확대한다.⁴⁶

반면에 스탠리 그렌츠(Stanley James Grenz)는 몰트만의 사회적 삼위일체를 정치 신학적 측면에서 액면 그대로 수용하지 않고, 공동체의 인격에 집중한다. 그렌츠는 "하나님이 사회적 삼위일체, 즉 통일성 안에서의 다수성이기 때문에, 인류의 이상은 고립적인 인격들이 아니라, 공동체 안에서의 인격들이다"라고 말한다.⁴⁷

다른 한편으로 다니엘 밀리오리(Daniel L. Migliore)는 삼위일체 하나님의 의는 "살아 있는 통일성", "역동적인 향상성", "사랑의 주권성" 안에서 여전히 은혜롭다고 평가한다.⁴⁸ 또한 알레스터 맥그래스(Alister McGrath)는 "만약 당신이 완전히 이해한다면 그것은 하나님이 아니다"라는 어거스틴의 글을 인용하면서, 삼위일체 하나님의 신비를 간직한다.⁴⁹

3. 사회적 삼위일체의 확장성과 약점

몰트만은 공적 영역에 대한 답변도 삼위일체론에서 찾는다. 그는 사회적 삼위일체를 전개하기 위해 "성령이 성부와 성자 사이의 관계 속에서 주체로서 행위를 하는 성령의 활동성으로 인식"한다.⁵⁰ 사회적 삼위일체는 철저하게 하나님의 내주하심과 사귐의 영역 안에서 상호적으로 적용되는데, 이는 하나님의 케노시스에 근거한다. 몰트만은 "세계의 창조와 함께 시작되는 하나님의 케노시스는 아들의 성육신에서 그의 완성된 형태에 도달"한다고 주장한다.⁵¹

---

46 리처드 바우캄, 350.
47 스탠리 그렌츠, 『조직신학』, 신옥수 역 (경기: 크리스챤다이제스트, 2011), 132.
48 다니엘 L. 밀리오리, 『기독교 조직신학 개론』, 장경철 역 (서울: 한국장로교출판사, 2011), 120.
49 알리스터 맥그래스, 『기독교 기초신학』, 박태수 역 (서울: 기독교문서선교회, 2016), 219.; 맥그래스는 자신의 신학적 입장을 직접적으로 밝히기보다는, 역사적인 이해와 교부들의 삼위일체 신학을 강조한다. 또한, 현대 신학자 중에서는 칼 바르트의 계시와 삼위일체에 대한 이해를 기술하고 있다. 그 과정에서 맥그래스는 특히 구원의 경륜 속에서 역사하시는 '삼위일체'를 많이 다루고 있다.
50 리처드 바우캄, 351.
51 위르겐 몰트만, 『삼위일체와 하나님의 나라』, 147. ; 여기서 케노시스를 "하나님의 자기 비하"라는 말로 성육신을 이해한다. 그러나 필자는 비하라는 단어가 오해를 불러일으킬 수 있기에 "하나님의 자기 비움", 또는 "하나님의 자기 낮춤"이라는 말로 번역하는 것이 더 합당하다고 생각한다.

즉, 하나님의 낮아지심은 성육신이며, 그것은 성부와 성자를 영화롭게 하는 성령의 사역이다. 또한, 몰트만에게서 "전통적인 성부-성자-성령의 '하향적 순서'를 "하나님의 통일성이 삼위 안에 있는 위격들의 통일성"이라는 것으로 재조정된다.

첫째, 관계 안에서의 "상호 침투", 또는 "상호 내주" 속에서 셋인 동시에 하나이다.

둘째, 몰트만은 "하나님의 통일성은 페리코레시스(περιχορησις)라는 사랑에 의해 규정되기 때문에, 그것은 스스로를 세계에 대하여 개방할 수 있고 자기 안에 세계를 포함하고 있는 통일성"이다.

셋째, "몰트만은 사회적 삼위일체론이 자유와 평등의 관계에 근거한 것으로 여기지만, '유일신론'은 지배와 종속의 '군주적' 관계를 합법화하는 것으로 이해"하고 있다.

즉, 앞서 강조한 대로 몰트만의 사회적 삼위일체론은 한 분 하나님의 주권적 차원을 강조할 수 없다. 왜냐하면, 몰트만 입장에서 기독교적 일신론은 군주적 독재자를 초래할 가능성을 가지고 있기 때문이다. 몰트만은 『삼위일체와 하나님의 나라』에서 신적 주권성을 강조하는 칼 바르트의 "삼위일체적 단일군주론"은 성자가 "신적 주권성을 수행해 나가는 데에 있어서 하나님의 자아 안에 하등의 독립된 그 자신의 인격적 활동성이 인정될 수 없다"는 점을 지적한다.[52]

결론적으로 몰트만의 사회적 삼위일체는 동등하신 세 분이 위계를 나누지 않고, 사귐과 교제를 가지므로 시작된다. 동등한 위격의 사귐은 곧, 사회 내의 평등한 존재들의 사귐으로 확장된다.

몰트만의 사회적 삼위일체론이 가지고 있는 변증방법론의 가장 큰 장점은 군주적 신론에 대한 극복이다. 몰트만은 그의 저서 『세계 속에 있는 하나님』에서 "우리의 지배 속에서가 아니라, 오히려 우리의 고난 속에서 오시는 하나님은 그의 살아 있게 만드는 영을 통해 현존한다"고 주장한다.[53] 즉, 삼위일체는 동등한 사귐의 관계 안에서 우리와 함께 고난 겪는다. 이는 소외와 절망 가운데 있는 사람들에게 희망을 준다.

---

52 위르겐 몰트만, 『삼위일체와 하나님의 나라』, 177.
53 위르겐 몰트만, 『세계 속에 있는 하나님』, 37.

또한, 몰트만의 사회적 삼위일체는 "기독론에 대한 성령론의 종속"을 극복하도록 이끌어 준다. 왜냐하면, 몰트만에게 삼위일체는 상호 관계적이며 동등하게 순환되기 때문이다.

하지만 몰트만의 사회적 삼위일체는 몇 가지 우려스러운 부분도 있다.

첫째, '기독교적 유일신론'을 '군주적신론'으로 결부 짓는 것은 성급하다(특히, 바르트의 신론에 대한 몰트만의 비판점은 반론의 여지가 충분하다). 왜냐하면, 성경 안에는 하나님 사랑의 속성이 부단히 강조되고 있기 때문이다. 이는 구약에서도 예외 없이 나타난다. 이방 민족을 구원하는 요나서의 이야기가 대표적인 예이다. 따라서 구약의 특정 사건만을 가지고 유일신론을 독재적 프레임으로 접근하려는 것은 동의하기 어렵다.

둘째, 몰트만의 사회적 삼위일체론은 하나님을 사회적인 존재로 끌어내리는 듯한 인상을 준다. 물론, 삼위일체의 인격을 사귐의 순환으로 접근하여 이해하는 것에 대해 전면 부정하기는 힘들다. 몰트만 이전에 크리스토프 블룸하르트(Christoph Friedrich Blumhardt)는 이미 사회적 삼위일체론의 초석이 될 만한 주장을 말한 바가 있는데, 그는 "예수님은 이 땅에 하나님의 목적을 위해 계시며, 예수님을 통해 모든 피조물이 제자리를 찾고 황폐하게 된 땅이 다시금 하나님을 위해 회복될 것"을 말했다.[54]

이처럼 삼위일체 하나님이 사귐이 세상에 영향을 준다는 사상은 동방정교회 신학에서부터 현대 신학에 이르기까지 상당한 매력을 풍긴다. 그러나 몰트만의 사회적 삼위일체의 사귐은 구속의 복음적 차원을 희미하게 만든다. 특히, 몰트만에게 그리스도의 십자가 사건에 대한 이해가 '구원론'에 집중되기보다는, 지나치게 '하나님의 아픔'에 집중되어 있다. 십자가 사건에 대한 이해가 '구원론'이 아닌 '신정론'으로 대체되는 것은 정치신학의 장점으로 볼 수도 있겠지만, 이것은 동시에 커다란 단점이다.

왜냐하면, 고난에 동참하시는 삼위일체가 특별히 강조되면, 고난을 이기도록 도우시고 죽음의 권세를 무너뜨리시는 삼위일체 개념이 상대적으로 약화되기 때문이다.

---

54 크리스토프 프리드리히 블룸하르트, 『행동하며 기다리는 하나님 나라』, 전나무 역 (충청남도: 대장간, 2018), 126.

셋째, 몰트만의 사회적 삼위일체는 "구원론적 접근"이라는 측면에서, 상당히 취약해 보이는데, 이는 성령에 대한 이해에서도 나타난다.

단적인 예로 『하나님의 이름은 정의이다』에서 몰트만은 "모든 만물과 인간 안에서 탄식하는 하나님의 영"을 내주하시는 성령으로 설명한다.[55] 몰트만의 사회적 삼위일체는 "어거스틴 전통에서 성부와 성자를 이어 주는 사랑의 끈으로서의 성령 이해"보다 "사회적 차원의 이해"가 훨씬 강조되고 있다.

또한, 전통적으로 구원론에 집중된 성령 이해는 '인간이 예수 그리스도 앞에 나아가도록 이끄는 주권자'인데 반해, 몰트만의 사회적 삼위일체에서 성령은 내재적인 영, 즉 사회적인 존재로 대체되었다.

몰트만의 사회적 삼위일체는 심판에 대한 복음적 견해도 사회적 차원으로 희석한다. 몰트만은 『예수 그리스도의 길』에서 파루시아(παρουσία, 재림)의 때의 "심판이 예수의 심판이라는 것"이고, "복음의 빛 속"에서 이 심판을 기다린다면, "예수 그리스도는 목 베기 위해 오시는 것이 아니고, 살리기 위해 오신다"라고 설명한다.[56] 몰트만이 직접적으로 만인 구원을 주장하고 있지는 않지만, 파루시아에 대한 마지막 개념을 심판보다는 희망에 방점을 찍고 있는 듯하다.

이는 몰트만이 사회적 삼위일체론을 강조하기 때문에 기독교 전통에서 강조되던 심판의 메시지를 희석했다고 생각할 만하다.

과연 사회적 삼위일체와 사랑의 내재적 사귐이 사회를 향해 희망만을 제시하는가?
파루시아에서 희망을 제시하는 것만이 사람들에게 위로를 주는가?
분명히 파루시아는 희망이 되지만, 더 놀라운 것은 임마누엘이 주는 희망이 아닌가?

물론, 몰트만에게 현실 참여적 요소가 강하기 때문에, 임마누엘의 신앙 역시 마라나타 신앙 못지않게 강조되어 나타난다. 하지만 몰트만의 사회적 삼위일체론이 여전히 쏟아지는 질문 속에 놓여 있는 것은 어쩔 수 없는 한계이다.

---

[55] 위르겐 몰트만, 『하나님의 이름은 정의이다』, 곽혜원 역 (서울: 21세기교회와신학포럼, 2011), 300.
[56] 위르겐 몰트만, 『예수 그리스도의 길』, 470.

4. 희망의 종말론

몰트만은 종말론 관점으로 고통의 상황 속에서 희망을 바라볼 수 있도록 이끈다. 고난의 상황에 놓여 있는 성경 속의 대표적인 인물이 바로 욥이다. 토마스 G. 롱(Thomas G. Long)에 따르면, "성경에서 고난을 겪은 가장 중요한 인물이 예수님이라면, 인간적으로 가장 쉽게 이해할 수 있는 인물은 바로 욥"이다.[57] 욥은 자기 고통의 상황에 대한 해답을 알기를 원했다. 그러나 하나님에 대해 알고 있는 욥의 지식은 자기 고통의 상황을 더욱 가중할 뿐이었다. 하지만 그는 마침내 하나님을 대면하고서 이렇게 고백한다.

> 내가 주께 대하여 귀로 듣기만 하였사오나 이제는 눈으로 주를 뵈옵나이다(욥기 42:5).

여기서 신앙인들이 발견할 수 있는 대목은 고난 중에 희망을 발견하는 것이다. 랭던 길키(Langdon Gilkey)도 고난의 상황에서, "우리 공동체는 종말론적이고 묵시적인 사회"라는 점을 발견했다.[58] 몰트만도 길키와 비슷하게, 세계대전을 겪고 고통의 상황을 지나면서 하나님을 통해 희망을 발견했다. 그래서 그는 신정론에 대한 답변을 "희망의 종말론"으로 끌어올린다(그러나 몰트만의 "희망의 종말론"은 하나님 나라의 현재성을 많이 약화시켰다는 점에서 그 한계가 있다).[59]

몰트만이 볼 때, "신앙한다는 것은 미리 취한 희망 가운데서 십자가에 달린 자의 부활로 말미암아 무너진 그 한계선을 넘어"가는 것을 뜻한다.[60]

그렇다면 악이 여전히 존재하는 상황에서 희망의 종말을 꿈꾸는 것이 과연 가능한가?

이 질문에 대한 답을 유추하기 위해서는 다시 원점으로 돌아와서 악의 원인과 고통에 대한 문제를 논의해야 한다.

---

57 토마스 G. 롱, 『고통과 씨름하다』, 장혜영 역 (서울: 새물결플러스, 2014), 153.
58 랭던 길키, 『산둥 수용소』, 이선숙 역 (서울: 새물결플러스, 2021), 395. : 랭던 길키는 라인홀드 니버의 제자로 알려진 학자이다. 그는 일본이 진주만을 공습했을 당시 산둥에 있는 포로수용소에 수감 된 적이 있다. 빅터 플랭클처럼, 길키도 수용소 속에서 깊이 있는 사색을 했다.
59 김용주, 『정치 신학이란 무엇인가?』, (서울: 좋은씨앗, 2022), 357.
60 위르겐 몰트만, 『희망의 신학』, 이신건 역 (서울: 대한기독교서회, 2011), 27.

근원적으로 요청하고 있는 핵심 질문을 다시 반복하자면,-"악은 언제나 피조물에게 하나의 가능성이지만, 왜 그 가능성이 실제"가 되어야 하는가?-[61]

이 지점에서 우리는 악의 처벌적 속성을 간과할 수 없다는 점을 인정해야 한다. 하나님은 심판자로서 폭력에 연루되어 있다. 그러나 하나님의 폭력은 지극히 정당하다.

여기서 우리는 곧장 이런 물음을 던질 수 있다.

"세상에 정당한 폭력이 존재할 수 있는가?"

이에 대해 대니얼 호크(L. Daniel Hawk)는 폭력 때문에 궁지에 빠진 하나님은 사실 평화의 왕으로 군림하고 있다는 사실을 역설한다. 즉, 성경이 증언하는 내러티브는 전반적으로 "하나님이 폭력에 참여하시는 것을 폭력으로 가득 찬 세상에 들어가셔서 그 안에서 인간 파트너와 일하시려는 하나님의 결정"이라고 설명할 수 있다.[62]

이러한 입장의 연장선에서 댄 매카트니(Dan G. McCartney)는 하나님은 사탄과는 평화를 이루지 않으시며, "실제로 하나님은 평화의 하나님이시지만 또한 우리에게 전쟁을 준비시키시는 전쟁의 하나님이기도 하다"는 점을 주장한다.[63] 계속해서 존 레벤슨(Jon Douglas Levenson)도 악의 원인에 대해 지나치게 매이기보다는, 악을 해결하는 하나님의 활동에 집중할 것을 주장한다. 레벤슨은 욥기를 근거로 다음과 같이 증언한다.

> 사실 하나님은 욥에게 그의 고난을 지적으로 정당화할 만한 어떤 답변도 제공해 주시지 않는다. 그러나 우리가 지금 갖고 있는 최종 형태의 욥기에서 하나님은 결국 침묵을 깨고 나오신다. 더욱 중요한 것은 하나님은 욥의 고통을 끝장내버리실 뿐 아니라 고난이 찾아오기 이전 상태로 욥을 완전히 회복시키신다는 사실이다. 고난 겪는 자가 원하는 것은 "설명"이 아니라 "처방"이다. 이 처방은 하나님이 이 고통스러운 침묵을 깨고 다시 활동하시게 하려면 그가 할

---

61 필립 캐리 외 4인, 『신정론 논쟁』, 이용중 역 (서울: 새물결플러스, 2020), 42.
62 L. 대니얼 호크, 『하나님은 왜 폭력에 연루되시는가?』, 홍수연 역 (서울: 새물결플러스, 2021), 393.
63 댄 G. 매카트니, 『고통 속에서 하나님을 만나다』, 서용일 역 (서울: 개혁주의신학사, 2013), 18.

수 있는 어떤 것을 말한다.[64]

이로써 우리는 하나님의 침묵은 사실 하나님의 외침이라는 사실을 발견하게 된다. 성경의 하나님은 오래 참으시고 자비를 베푸시는 하나님이시지 폭력적인 하나님이 아니다. 우리는 신정론 문제에 대해 답변하기 위하여 악의적으로 하나님의 형상을 왜곡해선 안 된다. 예수님이 묘사한 하나님은 잃은 양을 찾으시는 하나님, 잔치에 초대하는 하나님, 아바 하나님이다. 예수님이 조명한 하나님이야말로 진짜 하나님의 모습이다. 그러므로 몰트만도 종말론적 차원에서 결국 '현재의 고난은 희망을 위한 전조'라고 한 것이다.

하나님이 십자가에서 고난 당하시고 죽으신 것은 부활의 희망을 위해서이다. 종말론적 지평 안에서 "일으킴", "부활" 등과 같은 표현은 이미 회상과 희망의 모든 세계를 포괄한다.[65] 볼프는 이 희망을 위해 가해자와 피해자의 화해를 촉구한다.

다시 말해서, 몰트만이 주장한 종말론적 희망을 위해서는 "희생자와 가해자 사이에 새롭고 공정한 관계"가 시작되어야 한다.[66] 틀림없이 "용서"는 피해자와 가해자 모두에게 "자유함"을 준다.[67] 자끄 엘륄(Jacques Ellul)에 따르면, "인간에게 가장 깊은 필요는 불안 자체의 가장 깊은 곳에서 느끼는 용서의 필요"이다.[68] 아이 발생 됨에 따라 가해자와 피해자가 발생했을 때 심판과 공의를 말하는 것은 지극히 정당하다.

하지만 용서는 그보다 더 선행한다. 용서는 화해를 위한 희망이다. 종말에 가서 화해가 일어나는 것이 아니라, 지금 화해가 이루어짐으로 종말의 희망이 보장된다. 몰트만은 "그리스도 사건에 관한 복음에서 이 미래는 그리스도의 약속 안에서 이미 현재의 사건"이 되었음을 주장한다.[69] 복음은 인간과 하나님의 관계를 십자가로 말미암아 화해로 돌입시켰고, 부활로 말미암아 희망을

64　존 D. 레벤슨, 『하나님의 창조와 악의 잔존』, 홍국평·오윤탁 역 (서울: 새물결플러스, 2019), 25.
65　위르겐 몰트만, 『희망의 신학』, 211.
66　미로슬라브 볼프, 『인간의 번영』, 양혜원 역 (서울: 한국기독학생회출판부, 2017), 225.
67　빈스 머카단테, 『이해할 수 없는 은혜』, 유정희 역 (경기고양: 예수전도단, 2009), 173-174.
68　자끄 엘륄, 『의심을 거친 믿음』, 임형권 역 (대전: 대장간, 2017), 111.
69　위르겐 몰트만, 『희망의 신학』, 156.

현실화했다.

기독교적 종말론은 결국 신정론에 대한 응답으로 직결된다. 몰트만은 "종말론적 희망과 역사적 경험의 관계는, 우리가 이전에 생각하였던 것보다 훨씬 더 다양하고 복잡"하다는 점을 언급한다.[70]

그렇다면 왜 고난 앞에서 종말론적 희망을 꿈꾸는 것이 복잡한 일인가? 먼저 고난을 초래하는 악은 크게 두 가지로 나눠서 살펴볼 수 있다.

첫째, "도덕적 악"이다.

도덕적 악은 직간접적으로 인간의 사악함과 어느 정도 관계되어 세상에 나타난 고난을 의미한다.

둘째, "자연적 악"이다.

자연적 악이라는 것은 지구 위에서 살아가는 삶의 일부로 보이는 고통을 의미한다.[71]

그런데 이러한 것들은 지성적으로 분석되는 것들이 아니다. 여태껏 "인간 이성은 하나님의 뜻이 정상적으로 알려지는 통로"였다.[72] 하지만 악의 문제 앞에 서만큼은 이성이 통하지 않는다. 왜냐하면, 그것이 '도덕적 악'이던 '자연적 악'이던 간에, 고난에 대해 탄원하고 부르짖는 행위는, 곧 "지성이 아니라 감성"이기 때문이다.[73] 이것은 신자와 불신자를 떠나서, 모든 피조 세계 속에서 무차별적이며 무작위적으로 발생한다.

결국, 희망은 그리스도교적 선포에 있으나 이것은 고난과 동일하게 무차별적 속성을 함의하고 있다. 따라서 몰트만은 "그리스도교적 선포의 과정과 순서는 이방인들을 부르는 것, 하나님이 없는 자들을 의롭다고 인정하는 것, 살아 있는 희망으로 거듭나는 것" 전반에 있다고 주장한다.[74] 희망이 모든 이에게 함의된 속성이라면, 이것은 종말론적일 뿐 아니라, 현재일 수 있다. 볼프에 따르면, "기

---

70 위르겐 몰트만, 『오시는 하나님』, 김균진 역 (서울: 대한기독교서회, 2011), 236.
71 크리스토퍼 라이트, 『성경의 핵심 난제들에 답하다』, 전성민 역 (서울: 새물결플러스, 2017), 40-41.
72 M. 블레인 스미스, 『하나님의 뜻과 그리스도인의 갈등』, 김정식 역 (서울: 아가페, 1996), 69.
73 제임스 에머리 화이트, 『이해할 수 없는 하나님 사랑하기』, 전의우 역 (서울: 한국기독학생회출판부, 2005), 22.
74 위르겐 몰트만, 『희망의 신학』, 326.

독교 신앙은 그 전부가 번영하는 삶"에 있다.[75]

즉, 몰트만의 '희망의 종말론'은 폭력으로 인한 세계의 고통을 종결시키고 인간의 번영과 하나님의 영광 실현 가능성을 말해 준다. 만일 종말론적 희망이 피조 세계의 번영과 하나님의 영광을 추구한다면, 모든 그리스도인은 슬픔 중에 기뻐하는 일이 가능해진다. 물론, 그리스도인들도 불확실성에 대해 두려워하고 불의한 사고 앞에서 애통할 수 있다. 하지만 애통하면서도 철저하게 하나님을 신뢰한다.[76] 왜냐하면, "하나님의 진정한 역사는 우리의 구원"이라는 사실을 분명히 희망하고 확신할 수 있기 때문이다.[77]

결국, 몰트만은 "하나님의 영화를 위한 피조물들과 하나님의 상호작용에 대한 모든 표상"은 하나님의 자기 제한을 전제하고 있다는 점을 설명한다. 또한, "성화 속에서 하나님은 인간의 답변과 세계 안에 나타나는 그의 현존에 대한 인간의 상응을 경험"한다.[78] 따라서 고난은 신앙 안에서 변형되고 악은 궁극적으로는 패배하게 될 것이다. 몰트만은 다음과 같이 증언한다.

> 십자가에 달린 그리스도의 부활안에서 세계 구원의 보편적인 미래에 대한 희망이 보증된 한, 복음 선포는 그리스도의 부활로 가능해지고, 요구된다. 그러므로 복음 선포는 종말론적 선교와 동일하다.[79]

악의 문제와 고난의 수수께끼에 대한 신정론의 요청은 사실 욥기 안에 모든 충족할 만한 답변이 담겨 있다. 또한, 이 땅에 존재하는 모든 고통의 문제는 예수 그리스도께서 받으신 단 하나의 고통으로 전부 해결되었다. 그 단 하나의 고통이 바로 구속의 십자가이다.

---

75 미로슬라브 볼프 & 매슈 크로스문, 『세상에 생명을 주는 신학』, 백지윤 역 (서울: 한국기독학생회출판부, 2020), 85.
76 토드 빌링스, 『슬픔 중에 기뻐하다』, 원광연 역 (서울: 복있는사람, 2019), 65.
77 알리스터 맥그래스, 『고난이 묻다, 신학이 답하다』, 박주성 역 (서울: 국제제자훈련원, 2014), 67.
78 위르겐 몰트만, 『오시는 하나님』, 560-561.
79 위르겐 몰트만, 『희망의 신학』, 327.

♣ 내용 정리를 위한 문제

1. 위르겐 몰트만이 자신의 저서 『십자가에 달리신 하나님』에서 고난의 문제와 신정론에 대한 답변을 어떻게 풀어내고 있는지 서술한 후, '고통당하시는 하나님' 이해가 가지고 있는 역기능을 서술하시오.
2. 위르겐 몰트만의 사회적 삼위일체의 특징을 서술한 후, 사회적 삼위일체의 약점으로 우려가 되는 부분에 대해서 논하시오.
3. 위르겐 몰트만의 '희망의 종말론'이 고난 상황에 있는 이들에게 어떤 변증이 될 수 있는지 서술하시오.

※ 참고 문헌(제35장에 인용된 도서들)

위르겐 몰트만. 『삼위일체와 하나님의 나라』. 김균진 역. 서울: 대한기독교출판사, 2009.
_____. 『세계 속에 있는 하나님』. 곽미숙 역. 서울: 동연, 2009.
_____. 『십자가에 달린 하나님』. 김균진 역. 서울: 한국신학연구소, 2011.
_____. 『예수 그리스도의 길』. 김균진·김명용 역. 서울: 대한기독교서회, 2010.
_____. 『오시는 하나님』. 김균진 역. 서울: 대한기독교서회, 2011.
_____. 『창조 안에 계신 하나님』. 김균진 역. 서울: 한국신학연구소, 2007.
_____. 『하나님의 이름은 정의이다』. 곽혜원 역. 서울: 21세기교회와신학포럼, 2011.
_____. 『희망의 신학』. 이신건 역. 서울: 대한기독교서회, 2011.
C. S. 루이스. 『고통의 문제』. 이종태 역. 서울: 홍성사, 2017.
D. A. 카슨. 『위로의 하나님: 고난과 악에 대한 묵상』. 한동수 역. 서울: 기독교문서선교회, 2017.
J. D. 그리어. 『하나님을 하나님 되게』. 정성묵 역. 서울: 두란노서원, 2018.
J. P. 모어랜드 & 팀 뮬호프. 『이렇게 답하라 예화로 풀어보는 기독교 변증』. 박세혁 역. 서울: 새물결플러스, 2018.
L. 대니얼 호크. 『하나님은 왜 폭력에 연루되시는가?』. 홍수연 역. 서울: 새물결플러스, 2021.
M. 블레인 스미스. 『하나님의 뜻과 그리스도인의 갈등』. 김정식 역. 서울: 아가페, 1996.
구스타보 구티에레즈. 『해방신학』. 성염 역. 경북 칠곡: 분도출판사, 2017.
기타모리 가조. 『하나님의 아픔의 신학』. 이원재 역. 서울: 새물결플러스, 2017.
다니엘 L. 밀리오리. 『기독교 조직신학 개론』. 장경철 역. 서울: 한국장로교출판사, 2011.
대니얼 카스티요. 『생태해방신학』. 안재형 역. 경기 고양: 한국기독교연구소, 2021.
댄 G. 매카트니. 『고통 속에서 하나님을 만나다』. 서용일 역. 서울: 개혁주의신학사,

2013.
데이비드 F.포드. 『현대 신학과 신학자들』. 류장열, 오흥명, 정진오, 최대열 엮음. 서울: 기독교문서선교회, 2005.
랭던 길키. 『산둥 수용소』. 이선숙 역. 서울: 새물결플러스, 2021.
레오나르도 보프. 『성 삼위일체 공동체』. 김영선·김옥주 역. 서울: 크리스천헤럴드, 2011.
_____. 『생태 신학』. 김항섭 역. 경기 고양: 가톨릭출판사, 2013.
레이첼 카슨. 『침묵의 봄』. 김은령 역. 서울: 에코리브르, 2019.
로이드 기링. 『가이아와 기독교의 녹색화』. 박만 역. 경기 고양: 한국신학연구소, 2019.
르네 기통. 『내 영혼을 밝히는 물음』. 심민화·백선희 역. 서울: 마음산책, 2005.
매튜 바렛. 『무한, 영원, 완전』. 오현미 역. 서울: 개혁된실천사, 2021.
미로슬라브 볼프 & 매슈 크로스문. 『세상에 생명을 주는 신학』. 백지윤 역. 서울: 한국기독학생회출판부, 2020.
_____. 『기억의 종말』. 홍종락 역. 서울: 한국기독학생회출판부, 2016.
_____. 『삼위일체와 교회』. 황은영 역. 서울: 새물결플러스, 2015.
_____. 『인간의 번영』. 양혜원 역. 서울: 한국기독학생회출판부, 2017.
미하엘 벨커. 『하나님의 계시』. 오성현 역. 서울: 대한기독교서회, 2015.
빈스 머카단테. 『이해할 수 없는 은혜』. 유정희 역. 경기 고양: 예수전도단, 2009.
스탠리 그렌츠. 『조직신학』. 신옥수 역. 경기: 크리스챤다이제스트, 2011.
스티븐 E. 쿠닌. 『지구를 구한다는 거짓말』. 박설영 역. 서울: 한국경제신문, 2022.
스티븐 보우머 프레디거. 『주님이 주신 아름다운 세상』. 김기철 역. 서울: 복있는사람, 2011.
스티븐 홈즈 외 3인. 『삼위일체란 무엇인가』. 임원주 역. 서울: 부흥과개혁사, 2016.
앤드루 맥아피. 『포스트 피크』. 이한음 역. 서울: 청림출판, 2020.
알리스터 맥그래스. 『기독교 기초신학』. 박태수 역. 서울: 기독교문서선교회, 2016.
_____. 『고난이 묻다, 신학이 답하다』. 박주성 역. 서울: 국제제자훈련원, 2014.
어윈 W. 루처. 『팬데믹, 재앙 그리고 자연재해』. 모영윤 역. 서울: 기독교문서선교회, 2021.
자끄 엘륄. 『의심을 거친 믿음』. 임형권 역. 대전: 대장간, 2017.
제임스 에머리 화이트. 『이해할 수 없는 하나님 사랑하기』. 전의우 역. 서울: 한국기독학생회출판부, 2005.
제임스 에머슨. 『고난, 행복한 선택』. 김효경 역. 서울: 가치창조, 2002.
존 D. 레벤슨. 『하나님의 창조와 악의 잔존』. 홍국평·오윤탁 역. 서울: 새물결플러스, 2019.
존 프레임. 『개혁파 변증학』. 김진운 역. 서울: 개혁주의신학사, 2019.
짐 월리스. 『부러진 십자가』. 강봉재 역. 서울: 아바서원, 2012.

캐서린 모리 라쿠나. 『우리를 위한 하나님』. 이세형 역. 서울: 대한기독교서회, 2008.
크리스토퍼 라이트. 『성경의 핵심 난제들에 답하다』. 전성민 역. 서울: 새물결플러스, 2017.
크리스토프 프리드리히 블룸하르트. 『행동하며 기다리는 하나님 나라』. 전나무 역. 충청남도: 대장간, 2018.
테드 피터스. 『삼위일체 하나님』. 이세형 역. 서울: 컨콜디아사, 2016.
토드 빌링스. 『슬픔 중에 기뻐하다』. 원광연 역. 서울: 복있는사람, 2019.
토마스 G. 롱. 『고통과 씨름하다』. 장혜영 역. 서울: 새물결플러스, 2014.
팀 켈러. 『고통에 답하다』. 최종훈 역. 서울: 두란노서원, 2020.
폴 E. 카페츠. 『그리스도교의 신』. 김지호 역. 경기고양: 도서출판100, 2021.
프랭크 메이트라. 『바오로 신학 하나님의 구원 은총』. 한충식 역. 서울: 바오로딸, 2016.
필립 캐리 외 4인. 『신정론 논쟁』. 이용중 역. 서울: 새물결플러스, 2020.
헤럴드 S. 쿠쉬너. 『왜 착한 사람에게 나쁜일이 일어날까?』. 김하범 역. 서울: 도서출판窓, 2006.
혼 소브리노. 『해방자 예수』. 김근수 역. 서울: 메디치미디어, 2017.
김용주. 『정치 신학이란 무엇인가?』. 서울: 좋은씨앗, 2022.
옥한흠. 『고통에는 뜻이 있다』. 서울: 국제제자훈련원, 2014.

제36장

목회 현장 속에서 기독교 변증 : 존 스토트 & 팀 켈러

> 우리가 주목하는 것은 보이는 것이 아니요 보이지 않는 것이니 보이는 것은 잠깐이요 보이지 않는 것은 영원함이라 (고린도후서 4장 18절).

    기독교 신앙을 가진 이들은 복음 전도의 사명을 감당하기 위해 부단히 애쓴다. 왜냐하면, 그리스도인들이 주목하는 것은 보이는 세계가 아니라, 보이지 않는 영원한 세계이기 때문이다. 따라서 이들은 세속 한복 판에서 언제나 변증이 생활화되어 있다. 특히, 목회자들은 목회 현장 속에서 불신과 의심이 가득한 수많은 사람을 상대하는 처지기에 변증이 더욱더 일상이 되었다. 목회 현장이라 할 때는 교회 안의 상황을 의미한다.
    즉, 기독교 공동체 안에서 이루어지는 변증을 우선시한다는 뜻이다. 그러므로 사실상 목회 현장 속에서 가장 적절한 기독교 변증은 '복음주의 변증방법론'이다. 다만, 앞서 소개한 복음주의 변증방법론들은 복음주의 학자들이 학문적으로 전개한 것이라 조금 치밀하고 어렵게 느껴질 수 있다. 그래서 특별히 이번 장에서는 '목회 현장 속에서 변증'이라는 실천적 측면에 집중하겠다.

1. 복음의 기초 교리

    복음주의 설교자이자 탁월한 변증가로 꼽히는 **존 스토트**(John Stott)는 목회 현장에서 기독교 변증을 충분히 설명해 낸 대표적인 인물이다. 그는 **목회 현장 속에서 '복음주의 기초 교리에 충실'한 변증을 구사할 것을 주장한다.** 존 스토트는 "복음주의자는 성경적인 그리스도인으로 자처한다"라는 점을 강조하면서,

"참으로 성경적인 그리스도인이 되려면 반드시 복음주의적인 그리스도인이 되어야 한다"고 명시했다.[1] 여기서 복음주의자가 추구하는 복음주의의 기초 교리란, '삼위일체적 복음'을 의미한다. 그리고 삼위일체적 복음이란, "성부 하나님의 계시하시는 주도권, 성자 하나님의 구속하시는 사역, 성령 하나님의 변화시키는 사역"을 일컫는다.[2]

그렇다면 교리의 중요도는 어떻게 이해하고 나눌 수 있는가?

이에 대해 개빈 오틀런드(Gavin Ortlund)는 다음과 같은 지침을 제시한다.

> 제1 순위 교리 : 복음에 **본질적인 것** (기독론, 구원론, 삼위일체론 교리)
> 제2 순위 교리 : 교회의 건강과 실천에 **절박하게 중요하지만**, 지역 교회나 교단에 따라 약간씩 다를 수 있는 것 (세례 교리, 유아세례, 재세례, 침례세례)
> 제3 순위 교리 : 기독교 신학에서 **대체로 중요하게 다뤄지지만**, 그리스도인 사이의 나뉨이나 분열을 정당화하기에는 불충분한 것 (천년 왕국, 여성 목회자 안수)
> 제4 순위 교리 : 복음을 증거하고 공동으로 사역하는 데 있어서 **중요하지 않은 것** (예배 중 악기 사용 여부, 성경 번역본의 차이)[3]

위 지침에 근거했을 때, '복음의 기초 교리'는 곧 '복음의 핵심 교리'이다. 성경에서 '복음'은 그리스도의 십자가와 부활을 의미한다. 기독교는 "한 역사적 사건(예수님의 탄생, 삶, 죽음, 부활, 승천, 성령의 선물)과 증인들의 역사적 증언에 의존"한다.[4] 그러나 이것들이 삼위일체의 사역이라는 점에 대해서 간과해선 안 된다. 그리스도의 삶에서 "성부와 성자가 하나셨듯 그분의 죽음에서도 성부와 성자는 하나시다."[5]

복음 전파라는 측면에서 눈에 보이지 않는 영원한 세계에 대한 확실한 약속과 보증을 복음주의의 기초 교리로 내세울 수 있다. 분명한 것은 이와 같은 복음의 영광은 세상을 강하게 끌어당기는 능력이 있다. 복음은 틀림없이 우리에게 "형편없이 망가진 동시에 은혜로 구속받은 존재"라는 사실을 끊임없이

---

1 존 스토트, 『논쟁자 그리스도』, 홍병룡 역 (서울: 한국성서유니온선교회, 2014), 35.
2 존 스토트, 『복음주의의 기본 진리』, 김현회 역 (서울: 한국기독학생회출판부, 2016), 35.
3 개빈 오틀런드, 『목숨 걸 교리 분별하기』, 이제롬 역 (서울: 개혁된실천사, 2023), 25-26.
4 존 스토트, 『논쟁자 그리스도』, 43.
5 크리스토퍼 라이트, 『십자가』, 박세혁 역 (서울: CUP, 2019), 211.

상기시킨다.[6]

복음주의의 명제는 언제나 "그리스도의 죽음은 모든 종류의 온갖 죄를 다 갚고도 남아도는 충족한 속죄"라는 것을 강조한다.[7] 틀림없이 "십자가로부터 생겨나지 않거나 십자가에 초점을 맞추지 않는 어떤 신학도 참된 기독교 신학이 아니다."[8] 십자가 복음은 죄 없으신 예수님이 죄인을 대신해서 대신 값을 치렀기에 이루어질 수 있는 진리이다. 존 스토트는 자신의 저서 『기독교의 기본진리』에서 다음과 같이 진술한다.

> 다른 모든 사람은 잃은 양이다. 그래서 그는 선한 목자로서 그들을 찾아 구원하기 위해 왔다. 다른 모든 사람은 죄라는 병에 걸려 있다. 그래서 그는 의사로 그들을 치료하기 위해 왔다. 다른 모든 사람은 죄와 무지의 덫에 붙들려 있다. 그래서 그는 세상의 빛이다. 다른 모든 사람은 죄인이다. 그래서 그는 구주로 그들의 죄 사함을 위해 죽으려고 태어났다. 다른 모든 사람은 굶주려 있다. 그래서 그는 생명의 떡이다. 다른 모든 사람은 허물과 죄로 죽어 있다. 그래서 그는 그들의 현재의 생명과 미래의 부활이 된다.[9]

목회 현장에서 당연하게 설교 되는 위와 같은 진술들은 교회 공동체 사람들에게는 진리로 믿어지지만, 현대인들에게는 의심의 대상이 된다. 그 이유는 복음의 진리를 증언하고 있는 성경 자체를 의심의 대상으로 여기기 때문이다. 특히, 자유주의 신학자 데이비드 에드워즈(David L. Edwards)는 '그리스도께서 우리가 마땅히 받아야 할 형벌을 위해 대신 죽으셨다는 사실조차도 의심' 한다.

이에 대해서 스토트는 하나님 주도하시는 세 가지 국면을 차근차근 설명한다.

> 첫째, 하나님은 그리스도 안에서 그리고 그리스도에 대한 성경 전체의 증거 안에서 자신을 계시하십니다.
> 둘째, 하나님은 우리를 위해 그리스도를 죄인과 저주의 대상으로 삼아 그분을 통해 세상을 구속하십니다.

---

6 스캇 숄즈, 『세상이 기다리는 기독교』, 정성묵 역 (서울: 두란노서원, 2021), 152.
7 찰스 스펄전, 『구원의 핵심』, 이중수 역 (서울: 목회자료사, 2010), 165.
8 존 스토트, 『그리스도의 십자가』, 황영철·정옥배 역 (서울: 한국기독학생회출판부, 2016), 408.
9 존 스토트, 『기독교의 기본 진리』, 황을호 역 (서울: 생명의말씀사, 2019), 64.

셋째, 하나님은 성령의 내적 활동을 통해 죄인을 급진적으로 변화시키는 일을 주도하고 계십니다.
따라서 복음주의 신앙은 유서 깊고, 주류를 형성하며, 삼위일체를 믿는 기독교에 속하는 신앙이지, 그것에서 이탈한 괴상한 분파가 아니라는 점을 이미 말씀드렸습니다. 왜냐하면, 우리 복음주의자는 새로운 기독교를 제시하는 자가 아니라, 교회를 향해 원래의 기독교를 회복하자고 촉구하는 자라고 스스로 생각하기 때문입니다.[10]

목회 현장에서 복음주의 논리를 취할 때 얻는 가장 큰 장점은 교리적으로 안전하다는 점이다. 또한, '구원의 확신'과 '복음 전도의 열망'을 성도들에게 줄 수 있다는 점에서 유익하다. 그러나 복음주의는 때론 논증적인 상황을 마주할 때 물러서지 않는 지성을 요구한다. 왜냐하면, 복음주의는 언제나 비진리를 마주했을 때, 타협이 아닌 논쟁의 길을 선택하기 때문이다. 즉, 복음주의에 기초할 때 언제나 변증은 필수적으로 요청되는 바이다.

만일 지성을 충분히 갖추지 않은 채로 스스로 복음주의자임을 자처한다면 다음과 같은 틀에서 벗어나기가 힘들다.

우리는 악하고 하나님은 화가나 계시지만, 예수님이 우리 죄를 대신하셨으므로 그분의 희생을 믿으면 언젠간 천국에 가게 되리라.[11]

분명히 위 진술은 올바른 진술이다. 그러나 위 진술은 위축되어 있다. 복음의 정수가 예수 그리스도의 사건임은 틀림없지만, 복음의 시작은 하나님이 아브라함에게 선언하고, 언약하고, 선포했던, 다시 말해서 "인류의 모든 족속에게 복을 주시겠다는 하나님의 다짐"에서부터 이미 적극적으로 표출됐다.[12] 이것은 결코 단순한 위로의 메시지가 아니다. 목회 현장은 진통제를 제공해 주는 공공 의

---

10 존 스토트 & 데이비드 에드워즈, 『복음주의가 자유주의에 답하다』, 김일우 역 (서울: 포이에마, 2017), 82-83.
11 제임스 브라이언 스미스, 『위대한 이야기』, 이대근 역 (서울: 비아토르, 2021), 53.
12 크리스토퍼 라이트, 『구약의 빛 아래서 그리스도를 아는 지식』, 홍종락 역 (서울: 성서유니온선교회, 2010), 89.

료시설이 아니다. 위로는 진리를 제시했을 때 따라오는 결과이다.[13]

복음의 적극성은 십자가를 통한 하나님의 승리와 부활을 통한 확정이며, 또 언젠가 이루어질 내세의 천국만이 아닌 확실히 이루어질 현세와 내세를 포괄하는 천국을 가리킨다. 이것은 어쩌다 얻어지는 것이 아니라, 예수님의 죽음과 부활을 통해 성취된 것이고 우리에게 은혜로 주어진 것이다. 은혜는 우연이 아니다. 존 파이퍼(John Piper)에 따르면, "은혜는 하나님의 마음으로부터 죄악 되고 자격 없는 죄인들에게로 흐르는 축복, 즉 하나님이 값없이 주시는 축복"이다.[14]

이 작정된 축복은 취소되지 않는다. 종종 성경에서 하나님이 '후회하신다'라는 표현을 보게 되지만, 이는 "신인동형론적 언어로서 무한하고 영원하고 불변하시는 하나님, 영이신 하나님을 인간의 관점에서 묘사하는 말일 뿐"이다.[15]

확정된 복음의 진리를 목회 현장 속에서 논리를 가지고 일관성 있게 설명해 내는 것은 대단히 중요하다. 여기서 우리가 변증해야 할 내용은 "반항적인 피조물인 우리와 의로운 재판장이신 하나님 사이에 벌어진 간격"은 너무나도 넓다는 사실과 이 간격을 지워 내는 것이 "은혜"라는 사실, 이 두 가지이다. 이로써 존 스토트는 "하나님을 가깝게 보여 주시는 이가 예수 그리스도인 것처럼 하나님의 주도적인 은혜도 예수 그리스도를 통해 나타난다"라는 사실을 적시한다.[16]

여기서 인간의 공로나 행위가 개입되는 순간 삼위일체적 복음과는 멀어진다. 목회 현장에서 변증해야 할 변증의 내용 중 특별히 유의해야 할 내용은 바로, 행위에 의한 거짓 구원과 믿음으로 말미암는 참된 구원 사이에 나타나는 선명한 구분선이다. 토머스 C. 오든(Thomas C. Oden)은 다음과 같은 부연 설명을 덧붙인다.

> 만약 행위에 의한 거짓 구원이라면, 당신은 은혜를 받기 전에 스스로 무엇인가를 행해야 한다고 생각할 것이다. 믿음으로 말미암는 참된 구원이라면, 당신은 죄인인 자신에게 은혜가 역사하기를 기대하면서 있는 모습 그대로 나아갈 것이다.[17]

---

13 마틴 로이드 존스, 『내가 자랑하는 복음』, 강봉재 역 (서울: 복있는사람, 2015), 51.
14 존 파이퍼, 『하나님이 복음이다』, 전의우 역 (서울: 한국기독학생회출판부, 2010), 41.
15 마크 존스, 『그리스도를 아는 지식』, 오현미 역 (서울: 복있는사람, 2017), 78.
16 존 스토트, 『내 삶의 주인이신 그리스도』, 윤종석 역 (서울: 포이에마, 2018), 19.
17 토머스 C. 오든, 『그리스도와 구원』, 장기영 역 (경기부천: 웨슬리르네상스, 2021), 101.

복음주의의 기초 교리는 곧 그리스도의 십자가와 부활 그리고 삼위일체 하나님의 사역이다. 그리고 구원이 철저하게 하나님의 은혜에서 비롯된다는 사실을 반복하는 것이다. 이것만으로도 목회 현장 속에서 기독교 변증은 정확하게 구사된다.

2. 성경 연구와 설교 그리고 제자도 실천

존 스토트는 기독교 변증 능력이 충실한 '성경 연구'와 '설교' 속에 있음을 보여 준다. 성경은 "성부께서 그려내신 성자의 모습에 성령이 색을 입히신 것"으로서, 예수 그리스도에 관한 이야기로 가득 차 있다.[18] 그래서 교부들과 종교개혁자들은 성경의 자증성을 무한히 강조했다. 하지만 성경의 자증성은 분명하지만, 그것이 변증 무용론으로 흘러가서는 안 된다. 성경을 바라보는 시선과 해석 그리고 설교에 있어서 변증법은 필수적이다.

단, 변증방법론은 지성을 활용한 논증이지만 목회 현장은 학술적 토론을 나누는 자리가 아니기 때문에 선포가 주를 이룬다. 그렇기에 변증방법론을 온전히 활용하기 위해서는 치밀한 성경 연구와 논리를 갖춘 설교의 능력이 요구될 수밖에 없다. 스토트는 "지성과 감정의 진정한 결합은 하나님의 말씀을 이해하는 것에서뿐만 아니라 설교 안에서도 일어난다"는 점을 강조했다.[19] 계속해서 그는 설교에 대해서 다음과 같이 말한다.

> 설교의 독특성은 하나의 이상이나 분위기에 있는 것이 아니라, 설교라는 실체 자체가 독특한 것이다. 살아계신 하나님이 그의 언약의 맹세에 따라서 예배하는 그의 백성 가운데 임재해 계시며, 또한 그가 말씀과 성례를 통해서 그들에게 자기 자신을 알리실 것을 약속하셨다. 그 어떠한 것도 이것을 대체시킬 수 있는 것은 없다.[20]

---

18 존 스토트, 『제자도』, 김명희 역 (서울: 한국기독학생회출판부, 2015), 55.
19 존 스토트, 『균형 잡힌 기독교』, 정지영 역 (서울: 새물결플러스, 2011), 37.
20 존 스토트, 『설교의 능력』, 원광연 역 (경기파주: CH북스, 2017), 83.

설교는 진리를 선포하고 복음을 변증하는 자리이다. 변증적 설교자는 심령을 복음의 진리로 불타오르게 하면서 동시에 이성을 납득시킬 사명을 감당한다. 무엇보다 설교자는 성경 연구를 거듭할수록 우상의 허무함을 폭로하고, 살아계신 하나님의 위대함을 선언한다.

이것은 오늘날 현대인들이 섬기고 있는 내면의 우상들도 예외가 아니다. 그의 주장대로 "거듭거듭, 한 분이요 살아계신 참 하나님은 이방 세계의 죽은 우상들과 대비된다."[21] 모든 우상은 진리이신 성경 말씀 앞에서 무너지게 된다. 이것을 입증해 보이는 것이 곧 목회 현장 속에서 설교자가 보일 수 있는 가장 강력한 변증방법론이다.

신앙생활의 이유와 근거는 하나님의 '전능성'에 있다. 만일 무능한 하나님이라면, 그러한 신을 따를 이유와 목적이 없다. 무능한 것에 기도하는 것만큼 시간 아까운 일은 또 없을 것이다. 그러나 성경을 충분히 연구한 설교 속에는 무능한 하나님이 등장하지 않는다. 예수님은 언제나 새로운 질서를 선도하셨고, 생명을 주시는 분이며, 심판자이시다. 그분은 자연의 권능을 지배하고, 생명의 떡이 되시며, 세상이 빛이시고, 부활이요, 생명이시다.[22]

그리스도는 우리의 선한 목자 되시며 친구 되시지만, 절대적 주권자이시며 왕이시기도 하다. 이언 두기드(Iain M. Duguid)는 "주권자 하나님이 당신 편이라는 사실을 믿지 않는 한 하나님의 주권은 조금도 위안이 되지 않는다"는 사실을 말한다.[23]

우리가 알다시피 성경이 기록하고 있는 바대로 설교에서 증언하기만 하면, 그것이 곧 기독교 변증으로 성립된다. 또한, 이것은 성경 속 인물들의 기도를 통해서도 변증 된다. 성경 속 인물의 기도는 "언제나 전능하신 하나님께 드려지는 기도"였다.[24] 특히, 다니엘의 기도 내용은 나약해질 수도 있는 자신을 위로하기 위한 기도도 아니고, 자기를 반성하고 마음의 평정을 얻기 위한 기도도 아니고, 오직 전능하신 하나님께 감사하는 기도이다.

21　존 스토트,『성경연구입문』, 전의우 역 (서울: 한국성서유니온선교회, 2017), 201.
22　존 스토트,『비교할 수 없는 그리스도』, 정옥배 역 (서울: 한국기독학생회출판부, 2012), 51.
23　이언 두기드,『전신갑주』, 이대은 역 (서울: 생명의말씀사, 2021), 98.
24　E. M. 바운즈,『기도의 불병거』, 이용복 역 (서울: 규장, 2018), 31.

목회 현장 속에서 나타내 보여야 할 변증은 철학적 논증이 아니라 기도의 자세와 응답이다. 성경 속 이야기가 설교를 통해 구현되고 성도의 삶 속에 재현되는 것이다. 이것을 충실히 이행하는 것이 곧 목회 현장 속에서 적용되는 기독교 변증이다.

결국, 십자가의 진리로 많은 이를 설복시키는 것이 목회 현장에서 해 나가야 할 변증의 목적이다. 존 스토트는 자신이 그리스도인이 된 이유에 대해 말하면서, 이 논증의 목적을 훌륭하게 달성한다.

저는 왜 그리스도인이 되었을까요?

한 가지 이유는 그리스도의 십자가 때문입니다. 정말로 십자가가 아니었다면 저는 결코 하나님을 믿을 수 없었을 것입니다. 하나님에게 신빙성을 주는 것은 바로 십자가입니다. 제가 믿는 하나님은 니체(19세기의 독일 철학자)가 "십자가 위의 하나님"이라고 비웃은 그 하나님밖에 없습니다.

고통이 존재하는 실제 세계에서 어떻게 그 고통과 아무 상관이 없는 하나님을 경배할 수 있단 말입니까?

저는 여행을 다니면서 여러 아시아 국가에 있는 불교 사원 몇 군데에 들어가 보았습니다. 가부좌를 틀고 팔짱을 낀 채 감은 눈, 입가에 희미하게 머금은 잔잔하고도 고요한 미소, 세상의 고뇌와 분리된 채 관조하는 듯한 표정을 하고 있는 불상 앞에 존경의 마음을 가지고 서 보았습니다.

그러나 나는 매번, 잠시 서 있다 등을 돌릴 수밖에 없었습니다. 내 마음은 불상 대신에 십자가 위에 있는 외롭고, 뒤틀리고, 고문당하는 그분을 향해 가고 있었습니다. 손과 발에 못이 박히고, 등은 찢어지고, 사지가 뒤틀리고, 이마는 가시에 찔려 피가 흐르고, 입은 바짝 마른 채 목이 타고, 하나님께 버림받아 어둠 속에 던져진 그분에게로 말입니다. 십자가에 달리신 그분이 나의 하나님입니다!

그분은 고통을 외면하지 않고, 살과 피, 눈물과 죽음이 있는 우리의 세상으로 들어오셨습니다. 그분은 우리가 용서받도록 우리를 대신해 죽으시면서 고통을 당하셨습니다. 예수님의 고통에 비추어 볼 때 우리는 좀 더 쉽게 우리의 고통을 견디게 됩니다. 인간의 고통은 여전히 물음표로 남아 있지만, 우리는 그 위에 하나님의 고통의 상징인 십자가라는 또 하나의 부호를 담대하게 찍습니다. "그리스도의 십자가는 … 이러한 세상에서 하나님의 유일한 자기 정당화입니다." 바로

오늘날과 같은 세상 말입니다.[25]

설교와 성경 연구를 통해 존 스토트가 보여 주려고 했던 최상의 변증은 '**성도의 제자도 실천**'이다. 그는 삶 전체를 통해 실천하는 제자도에 대해서 말했다.[26] 그것은 바로 성도의 변화된 삶이다. 성도가 변화된 삶을 살 수 있는 이유는 "그리스도의 영광이 우리의 가장 큰 소원"이기 때문이다.[27]

제자도의 실천 이론은 복음주의권 성경 해석자들에게서도 자주 지지를 받는데 가령 매튜 W. 베이츠(Matthew W. Bates)는 소위 믿음으로 번역되는 그리스어 단어 피스티스(πίστις)를 충성, 신실, 헌신 등의 개념으로 확대하여 적용함으로써 값싼 구원 문화에서 참된 제자도로의 전환을 시도한다.[28]

신약학자 니제이 굽타(Nijay K. Gupta) 역시 '그리스도를 믿는 믿음'에서 '그리스도의 믿음(신실함)'으로 구원에 이르게 된다는 진술을 어원의 역동성을 근거로 강조한다. 즉, "내가 예수님을 믿는 믿음"(πίστις, 피스티스)이 아니라, "예수님의 십자가, 곧 그 신실함"(πίστις, 피스티스)이 성도에게 신뢰하는 믿음을 부른다는 점을 강조한 것이다.[29]

그러나 가이 프렌티스 워터스(Guy Prentiss Waters)는 베이츠나 굽타와는 다른 각도로 본다. 그는 한 사람의 교회인 성도가 참된 제자도를 실천해야 하는 것은 지극히 옳지만, 칭의를 구원론 교리가 아닌 교회론 교리로 도치시켜 버리는 우를 범하지 말 것을 경고한다.[30] 이에 대한 중재를 위해, 존 M. G. 바클레이(John M. G. Barclay)는 "바울이 여러 번에 걸쳐서 하나님의 은혜를 강조한 것은 명백하지만, 단 한 번도 하나님의 은혜를 모든 행위 혹은 공로와 대립시키지는 않았음"을 밝힌다.[31]

---

25 존 스토트, 『나는 왜 그리스도인이 되었는가』, 양혜원 역 (서울: 한국기독학생회출판부, 2011), 72-73.
26 크리스토퍼 라이트, 『존 스토트, 우리의 친구』, 김명희 외5 역 (서울: 한국기독학생회출판부, 2011), 283.
27 마크 존스, 『예수 그리스도』, 오현미 역 (경기고양: 이레서원, 2018), 97.
28 매튜 W. 베이츠, 『오직 충성으로 받는 구원』, 송일 역 (서울: 새물결플러스, 2020), 37.
29 니제이 굽타, 『바울과 믿음 언어』, 송동민 역 (경기고양: 이레서원, 2021), 309-311.
30 가이 프렌티스 워터스, 『바울에 관한 새 관점』, 배종열 역 (서울: 개혁주의신학사, 2012), 303.
31 존 M. G. 바클레이, 『진리에 대한 복종』, 이성하 역 (서울: 감은사, 2020), 387-388.

여기서 더 자세한 논의로 넘어가면, 제자도에 대한 것보다는 신약 학계의 쟁점인 '바울의 새 관점 논쟁'이라는 곁길로 빠질 수 있다. 그래서 이 주제는 잠시 미뤄두고, 일단 제자도 실천에 있어서 중요한 것을 다시금 강조하고자 한다.

존 스토트는 『제자도』에서 "세상에서 도피하여 거룩함을 보존하려 해서도 안 되고, 세상에 순응하여 거룩함을 희생시켜서도 안 된다"고 주장한다.[32] 결국, 제자도는 진리에 대한 철저한 복종이다. 이와 비슷한 주장은 헨드릭 크래머(Hendrik Kramer)도 한다. 그는 다음과 같이 말한다.

> 교회는 믿음으로 살기 때문에 세상에서 볼 수 있는 다음 두 가지 태도를 취할 수 없다. 하나는 다루기 힘든 세상에 잘 적응하여 현실주의자가 되는 것이고, 다른 하나는 좀 더 완전한 삶의 질서를 위해 애쓰는 이상주의자가 되는 것이다. 성경적인 입장은 교회의 '본질'과 '소명'을 강조하되 이상적인 모습이나 목적으로 그렇게 하는 게 아니라, 특정한 새 존재 질서로 구현되어야 할 그리스도 안의 실체로서 그렇게 하는 것이다.[33]

변화된 성도의 삶은 필연적으로 삼위 하나님께 영광 돌리는 삶을 살게 된다. 이것은 도피주의도 아니고 순응주의도 아니다. 또 사회 변혁을 위한 투쟁은 더더욱 아니다. 이것은 하나님을 닮아 가려는 노력이다. 이 세상에서 예수님을 따르기 위해 온전히 인간다운 삶을 받아들이는 것이다.[34]

그러나 이 노력은 인간의 의지적인 노력이 아니라, 하나님이 인간을 인간답게 하시려고 그리스도를 닮게 하시는 과정이다.[35] 이것은 성화의 과정으로도 불리는데, 고든 스미스(Gordon T. Smit)에 따르면, "그리스도인을 그리스도인으로 만드는 것은 예수 그리스도의 삶에 참여하는 것, 즉 그리스도와의 연합"을 의미한다.[36] 존 스토트는 결국 이러한 일이 지속되기 위해서는 "성령의 충만을 받고 그 충만을 거룩한 삶과 담대한 증거를 통해 드러내야 한다"는 점을 강조한다.[37]

---

32 존 스토트, 『제자도』, 21.
33 헨드릭 크래머, 『평신도 신학』, 홍병룡 역 (서울: 아바서원, 2014), 97-98.
34 리치 빌로다스, 『예수님께 뿌리내린 삶』, 홍종락 역 (서울: 한국기독학생회출판부, 2022), 134.
35 존 스토트, 『내 삶의 주인이신 그리스도』, 188.
36 고든 스미스, 『온전한 성화』, 박세혁 역 (서울: 국제제자훈련원, 2016), 57.
37 존 스토트, 『성령 세례와 충만』, 김현회 역 (서울: 한국기독학생회출판부, 2010), 50.

제자도에 충실한 것이 기독교 변증방법론이며, 곧 그리스도인의 삶의 방향성이라는 것은 자명하다. 왜냐하면, 제자도에 충실한 하나님 나라의 백성들은 보이지 않는 영원한 나라를 사모하기 때문이다. 그래서 신자들은 "경건한 삶으로 불신자들을 설복해서 하나님 나라를 믿게 만들 수 있다."[38]

싱클레어 퍼거슨(Sinclair B. Ferguson)은 "사람들을 섬기는 능력은 은혜의 선물"이라고 말한다.[39] 이는 온전한 성화로 나아가는 성숙의 여정까지도 은혜 속에서 이루어지는 제자도라는 뜻이다. 이는 자연적으로 회심하거나 회심을 준비할 수 없는 것처럼, 제자의 길을 가는 것 역시 자연적으로 이루어질 수 없다는 사실을 다시금 반복한다.[40] 그래서 일찍이 요한 하인리히 아놀드(Johann Heinrich Arnold)는 '제자도는 행위가 아니라 하나님께 자리를 내드려 우리 안에 사시게 하는 것'이라고 정의했다.[41]

더 나아가 존 스토트는 성화 되어가는 그리스도의 제자들은 결국 선교의 사명을 감당하게 될 것을 말한다. 그는 "예수님은 공생애 기간에 이미 성령의 선교적 본질과 목적에 대해 주의를 환기"하셨음을 언급한다.[42] 또한, 성령 하나님의 약속된 권능은 군사력이 아니라 "땅끝까지 예수의 증인이 될 영적 권세"라는 사실을 강조한다.[43] 다시 말해서, 세계 복음화는 곧 제자의 삶을 살아가는 성도의 사명이고, 변증을 이행해 나가는 이들의 궁극적 목표이다.

3. 센터처치(Center Church)

다음으로는 **팀 켈러**(Timothy J. Keller)를 통해서 목회 현장 속에서 기독교 변증을 살펴보려고 한다.

목회 현장에서 목회자가 실질적으로 맞닥뜨리는 가장 큰 고민은 '어디까지가 목회적 센스이고, 어디까지가 타협인가?'

---

38 마크 존스, 『선행과 상급』, 오현미 역 (경기고양: 이레서원, 2018), 90.
39 싱클레어 퍼거슨, 『성숙의 길』, 정성묵 역 (서울: 두란노서원, 2019), 272.
40 싱클레어 퍼거슨, 『온전한 그리스도』, 정성묵 역 (서울: 디모데, 2018), 53-54.
41 요한 하인리히 아놀드, 『제자의 길』, 원마루 역 (서울: 포이에마, 2022), 309.
42 존 스토트, 『시대를 사는 그리스도인』, 한화룡·정옥배 역 (서울: 한국기독학생회출판부, 2016), 491.
43 존 스토트, 『온전한 그리스도인』, 한화룡 역 (서울: 한국기독학생회출판부, 2014), 134.

가령 죄와 타협하고 있는 사람에게 배려한답시고 위로의 말씀을 전하면 그것은 독이 된다. 술 중독자와 마약 중독자에게는 우선 죄의 심각성을 강하게 전해야 한다. 그저 무조건 '예수님이 당신을 사랑하시니 다 괜찮다'라고 말하면, 그 영혼들은 계속 방종의 삶을 살아가게 된다. 영혼들을 각성시키지 못하고 방종하게 만드는 것은 비겁한 삯꾼 목자들의 특징이다.

그 반대도 마찬가지이다. 죄책감에 시달리는 사람에게 복음의 자유함과 성령의 위로를 전달하지 않고, 죄의 공포와 책임만을 가중하는 것은 목회적으로 옳지 않다. 이미 죄의 문제를 자각한 사람에게는 다그침과 질책이 아니라 위로와 용서가 필요하다. 성도들의 실수를 폭로하고 공개적인 회개를 촉구하는 것은 '타협 없는 올곧은 목회'가 아니라, 연약한 지체들을 배려하지 않는 '미련한 목회'이다.

팀 켈러의 변증은 목회 현장에서 발생하는 위와 같은 현실적인 문제를 타개하고 극복할 수 있도록 돕는다. 팀 켈러 역시 크게 세 가지로 변증방법론을 소개할 수 있겠다.

첫째, 현대적 상황과 문화를 고려하면서도 복음을 합당하게 제시하는 것이다. 그는 자신의 저서 『센터처치』에서 복음과 종교를 비교해서 복음의 특수성을 변증한다. 종교는 순종을 통해 용납받는다면, 복음은 용납받았으므로 순종한다. 종교는 순종의 동기가 두려움과 불안에서 기인한다면, 복음은 순종의 동기에 기쁨과 감사이다.

또 종교는 순종의 이유가 신에게 무언가를 더 받기 위함이라면, 복음은 순종의 이유가 신을 더 알기 위함이다. 계속해서 종교는 편안한 삶이 보증되기를 기대하지만, 복음은 시련 속에서도 하나님이 베풀 사랑을 기대한다. 즉, 종교는 복음이 아니며, 그럴듯한 모조품에 불과하다.[44] 무엇보다 "종교에서 율법을 지키는 목적은 자신이 하나님 앞에 설 수 있는 사람임을 입증해 보이는 것"에 있지만, 복음에서 "율법은 우리에게 많은 은혜를 주신 하나님 앞에서 우리가 살아야 할 사랑의 삶"을 보여 준다.[45] 그러므로 "기독교는 종교가 아니라 복음"이다.[46]

러셀 무어(Russell Moore) 역시, "사람들은 하나님과 바알을 비와 농작물, 풍요를 위해 필요한 신으로 여겼지만, 예나 지금이나 하나님은 번영을 위한 우상이

---

[44] 팀 켈러, 『센터처치』, 오종향 역 (서울: 두란노서원, 2016), 131, 138.
[45] 팀 켈러, 『왕의 십자가』, 정성묵 역 (서울: 두란노서원, 2017), 79.
[46] 팀 켈러, 『하나님을 말하다』, 최종훈 역 (서울: 두란노서원, 2017), 271.

절대 아니다"라고 호소한다.[47] 하나님은 목적을 위한 수단이 아니라 복음 그 자체가 되신다. 그러나 팀 켈러는 원색적인 복음의 단일성만을 고집하지 않고, "문화적 맥락이 예배를 형성한다"는 사실을 적극적으로 지지한다.[48]

그리고 팀 켈러는 기독교 우위의 변증적 문화를 비판한다. 세속적인 현대성이 복음 진리의 입장에서 비판받는 것은 마땅하지만, 기독교의 고압적 자세로 문화를 천대하는 것은 옳지 못하다.[49] 또 그는 "미학적으로 아름다울수록 내부인과 외부인, 새로 온 교인과 오래된 교인 모두를 더 잘 아우를 수 있다"고 생각한다.[50] 내용은 전통적일지라도 형식은 현대적이라는 뜻이다. 이것이 그의 도시 목회의 전략이기도 하다. 로드 드레허(Rod Dreher)는 쇼핑몰의 원리에 이것을 적용하여 이해하는데, 가령 쇼핑몰의 세속적 예전이 몰 안에 들어서는 이들 안에 있는 어떤 욕망을 불러내고 기르기 위해 설계되었듯이 "기독교 예전에서는 우리가 하나님과의 교통을 욕망하도록 이끌어야 한다"라고 주장한다.[51]

그러나 팀 켈러가 상황과 문화를 고려한다고 해서 복음을 희석하거나 타협한다고 생각해서는 안 된다. 그는 복음을 정확하게 이해한 상태에서 상황과 문화를 고려한 것이다. 상황과 문화를 선제적으로 고려한 후에 복음을 변형시킨 것이 아니다. 팀 켈러는 다음과 같이 진술한다.

> 놀랍게도 예수님은 우리에게 자력 구원의 방법을 알려주기 위해 오신 게 아니라 친히 우리를 구원하시기 위해 오셨다. 그분은 죽기 위해 오셨다. 그분이 피 흘려 저주와 형벌의 잔을 마셨기에 우리는 복과 사랑의 잔을 들어 올릴 수 있다.[52]

오늘날의 세속 사람들은 성경의 이야기에서 거리감을 느낀다. 현대 문명의 혜택을 누리고 있는 인류와 성경 사이에는 시대적, 역사적, 문화적, 문법적 거리감이 존재한다. 이 간격을 줄이기 위해 문화와 상황을 고려해서 복음을 합당하게 제시하는 것이 관건이다.

---

47 러셀 무어, 『십자가를 통과한 용기』, 정성묵 역 (서울: 두란노서원, 2021), 163.
48 팀 켈러, 『센터처치』, 628.
49 팀 켈러, 『탈기독교시대 전도』, 장성우 역 (서울: 두란노서원, 2022), 32-35.
50 D. A. 카슨 & 팀 켈러 & 마크 애슈턴 & 켄트 휴즈, 『말씀 아래서 드리는 예배』, 박세혁 역 (서울: 한국기독학생회출판부, 2021), 329.
51 로드 드레허, 『베네딕트 옵션』, 이종인 역 (서울: 한국기독교학생회출판부, 2019), 167.
52 팀 켈러, 『인생질문』, 윤종석 역 (서울: 두란노서원, 2019), 111.

앤디 크라우치(Andy Crouch)에 따르면, 예수님이야말로 문화의 주역이며 문화의 창조자이시다. 예수님은 문화를 이용하거나 수용하시면서도 때론 혁명적으로 재창조하신다.

> 예수님이 문화유산을 그저 보존하고 이용하신 데 그치지 않았다는 사실이다. 예수님은 이스라엘의 문화유산을 접할 때마다 그것을 새롭게 하셨다. 사복음서 기자들은 예수님의 가르침이 혁신적이었다고 강조한다. (중략) 말과 글의 영역 이외에도, 예수님의 문화 창조성을 보여 주는 것들은 수없이 많다.[53]

결국, 기독교 신앙을 문화와 대립시키는 것만이 변증의 능사가 아니다. 오히려 때에 따라서 문화는 변증적 차원에서뿐만 아니라, 선교적 차원에서도 매우 큰 유익이 된다. 그런데 "선교적 능력은 우리의 선한 의도가 아니라 복음 그 자체로부터 나온다."[54] 따라서 복음은 상황과 문명에 맞춰서 전파되는 것이 아니라, 복음 그 자체로 전파되어 상황과 문명을 복음화시킨다.

예를 들어, 세상 사람들이 '정의'와 '공의'의 문제에 대해 민감할 때, 성경 속에서 "은혜와 맞닥뜨린 이들은 어김없이 공의로운 삶으로 이끌렸다"라는 점을 소개하는 것이다.[55] 또, 불신자들이 낯설어하는 회심에 대해서는, 헬스클럽 등록이나 웰빙 프로그램 등과는 차원이 다른 일임을 현대적 상황에 빗대며 설명한다. 결국, 이 이야기를 통해서 팀 켈러는 다음과 같이 복음을 합당하게 설명해 낸다.

> 그리스도인이 된다는 것은 헬스클럽 등록도 아니고 당신의 성공과 잠재력 실현을 돕는 웰빙 프로그램도 아니다. 기독교는 영적 서비스를 공급하는 또 하나의 자판기가 아니며, 당신은 무난한 비용으로 그런 서비스를 이용하여 필요를 채우는 게 아니다. 기독교 신앙은 흥정이 아니라 순복이다. 당신이 자기 삶에서 손을 떼야 한다는 뜻이다.[56]

---

53 앤디 크라우치, 『컬처 메이킹』, 박지은 역 (서울: 한국기독학생회출판부, 2018), 181-182.
54 매트 챈들러 & 제라드 윌슨, 『완전한 복음』, 장혜영 역 (서울: 새물결플러스, 2013), 228.
55 팀 켈러, 『정의란 무엇인가』, 최종훈 역 (서울: 두란노서원, 2016), 91.
56 팀 켈러, 『예수, 예수』, 윤종석 역 (서울: 두란노서원, 2017), 148.

4. 탕부 하나님

둘째, 실용적 측면에 부합하도록 신앙을 역설하여 설명하는 것이다.

물론, 교회의 존재 목적은 마케팅에 있는 것이 아니기 때문에 '실용적 측면'이라는 말을 '사업적 수완'이라는 말로 오해해선 결코 안 된다.[57]

만일 교회가 마케팅과 실용성에만 집착한다면 청중들은 페스트푸드처럼 변한다. 페스트푸드는 영양가는 없고 칼로리만 높은 음식을 뜻하는데 적용하자면, 헌신(영양가)은 없고 교회를 평가하는 눈(칼로리)만 높아진 이 시대 사람들이 여기에 해당한다. 따라서 참되고 바른 교회는 공동체 구성원들에게 섬김과 헌신을 강조하고, 성령에 의지하여 '거룩의 길'을 추구할 것을 독려하는 것을 지극히 합당하게 여긴다.[58]

그러나 기독교 신앙이 막연하게 희생을 강요하는 것이 아니라, 영적으로 상당히 실용적이라는 사실을 논증할 필요가 있다. 실용성을 따지는 것은 제러미 벤담(Jeremy Bentham) 같은 공리주의자들에게만 해당하는 이야기일 듯하지만, 많은 현대인이 실제로 모든 일에 가치 비용과 실용성을 따진다. 그래서 '최대 다수의 최대 행복'을 추구하려 한다. 그런데 예수 그리스도만이 가장 완벽한 '최대 다수의 최대 행복'을 이루신다는 점을 알아야 한다.

예수 그리스도께서는 어떤 실리도 계산하지 않고 인류를 용서하셨다. 여기서 "용서란 자격이나 공로를 갖추어 얻어 내는 게 아니다. 다른 모든 선물처럼 용서 또한 은혜와 사랑으로 주어지는 것이며, 다만 베푸는 쪽의 희생이 따른다."[59] 그러니깐 이 구조 속에서 희생하는 분은 단 한 분, 곧 예수 그리스도뿐이시다.

예수님 한 사람의 희생으로 전 인류에게 구원의 방편이 주어졌다. 그로 인해 믿고 영접하는 자들은 누구라도 하늘 백성으로 행복을 누릴 수 있게 되었다. 다시 말해서, 기독교 신앙이 답이 되는 이유는 "철학적 추론이 아니라 예수 자체가 논증"이다.[60]

목회 현장 속에서는 철학적 추론으로 변증하기보다는 그리스도의 사건을 제시하는 것이 가장 효과적이다. 철학적 논리는 사변적이고 비실용적으로 느껴지

---

57 존 드레인, 『교회의 맥도날드화』, 최형근 역 (서울: 기독교문서선교회, 2022), 74-75.
58 싱클레어 퍼거슨, 『거룩의 길』, 오현미 역 (서울: 복있는사람, 2018), 204.
59 팀 켈러, 『용서를 배우다』, 윤종석 역 (서울: 두란노서원, 2022), 116.
60 팀 켈러, 『답이 되는 기독교』, 윤종석 역 (서울: 두란노서원, 2018), 322-323.

지만, 복음의 이야기는 지금 나의 이야기이며, 죄와 사망에 대해 대응하기에 가장 실용적이다. 아니, 유일하다.

목회 현장 속에서 우리는 자신의 지혜와 능력으로 살아가려는 사람들을 끊임없이 마주하게 된다. 그러나 인간은 "궁극적으로 가치가 있는 외부의 어떤 것으로부터 의미와 안전"을 얻으려고 하기 마련이다.[61] 이 가운데서 대부분 인간은 최대한 유익이 될 만하고 실용적인 것을 찾기 위해 탐색한다. 그러나 세속적 인본주의 속에서는 실용적인 것이 전혀 없다. 겉으로 보기에만 실용적인 것처럼 보일 뿐이다. 결국, 유일한 것은 '하나님의 은혜'뿐이다.

본질상 죄인인 인간은 자신의 이익을 최우선으로 한다. 그런데 그리스도인들은 이타적인 행동을 하고, 내 이웃을 내 몸과 같이 사랑한다. 또 자신만을 위하지 않고, 하나님과 세상을 위해 땀방울을 흘린다.[62] 이것은 비실용적인 태도로 보이지만, 이러한 행동들이 하늘의 영적 재산을 가장 확실하고 실용적으로 늘리는 방법이다.

결국, 종교적 이기심에 근거한 행동이라고 비판할지 모르지만, 이것은 긍정적 이기심이다.

어떤 이가 이기심에 근거해서 선행을 할 수 있는가?

하나님을 믿는 신앙만이 이것을 가능하게 한다. 세속의 "합리성만으로는 인간에게 도덕적 의무의 기초를 제시"하는 것은 불가능하다.[63] 오로지 그리스도의 신적 합리성만이 인간에게 도덕적 의무를 제시할 수 있다. 예수의 삶을 통해서도 이것은 분명히 드러난다. 예수님은 종교 지도자들과는 기탄없이 맞서지만, 세리, 창녀, 병자들과는 교류하고 우정을 나눈다.

오늘날 전 세계적으로 현대인들은 권세자들과 위정자들에게 환멸을 느끼고 비실용적인 국가 정책으로 신물이 난 상태이다. 이런 이들에게 하늘 권세 버리고 이 땅에 강림하신 예수님의 생애는 그야말로 혁신 그 자체이다. 따라서 목회 현장 속에서 가장 빠르고 분명하게 보여 줄 수 있는 변증방법론은 복음서에 기록된 예수의 삶을 보여 주는 것이다.

---

61 팀 켈러, 『방탕한 선지자』, 홍종락 역 (서울: 두란노서원, 2019), 70.
62 팀 켈러, 『일과 영성』, 최종훈 역 (서울: 두란노서원, 2018), 78.
63 팀 켈러, 『답이 되는 기독교』, 355.

셋째, 우상보다 하나님을 섬기는 것이 더 기쁜 일임을 밝히는 것이다.

팀 켈러는 『내가 만든 신』에서 '사랑, 돈, 성취, 권력, 문화와 종교' 등이 우상이 될 수 있다고 경고한다. 그는 "우상숭배는 단지 많은 죄 중의 하나가 아니라 인간 심령의 근본 문제"임을 밝히면서, '참 하나님'으로 대체하지 않으면 계속 대상만 바뀔 뿐이라고 촉구한다.[64]

그렇다면 하나님을 섬기는 일은 왜 기쁨이 되는가?

그 일은 원래부터 창조주가 계획했던 목적이기 때문이다. 하나님의 궁극적인 목표는 자기 자신을 영화롭게 함으로써 누리는 즐거움이다.[65] 이를 위해 피조물인 인간은 하나님을 경배하고 찬양하는 것이 마땅하다. 또한, 이것이 창조 목적에 부합하기 때문에 피조물 본인들도 이 일이 강제적이지 않고 기쁨이 된다. 구원의 기쁨을 경험한 사람들은 하나님께 순종하는 것에서 최고 행복을 누린다.

초기 그리스도인 중에서도 입으로만 예수님을 주님으로 고백하고, 여전히 가이사를 주로 느끼는 사람들이 존재했을지 모른다.[66] 그보다 훨씬 더 전으로 거슬러 올라가서 아론이 만든 금송아지 우상을 하나님으로 여기며 축제하고 있으나, 마음속 한편에서는 공허함에 몸부림치고 있던 사람이 존재했을지 모른다. 현대인들 역시 비슷한 상황에 놓여 있다. 스스로는 무신론이라 하지만, 사실상 무신론이 아니다. 불가지론도 아니다. 그저 불신론이며, 우상숭배자 일뿐이다. 이런 상태에서는 임시적 쾌락만을 좇으며 살아갈 뿐 참되고 영원한 기쁨을 평생 맛보지 못한다.

그러나 그리스도를 영접할 때 얻는 평안과 위로는 세상이 주는 기쁨과는 차원이 다르다. 우선 당장 체감할 수 있는 기쁨으로는 하나님의 말씀을 통해 생각이 조명되는 것이다.[67] 진리를 깨닫는 기쁨은 다른 말로 바꿔 말하면 하나님의 사랑을 경험하는 기쁨이다. 브루스 데머레스트(Bruce Demarest)는 이렇게 정리한다.

> 기독교에서 말하는 구원이란 죄의 삶이 은혜의 삶으로 근본적으로 변한다는 뜻이다. 은혜란 자격 없이 받는 하나님의 자비와 호의이며, 바로 그 은혜가 구

---

64 팀 켈러,『내가 만든 신』, 윤종석 역 (서울: 두란노서원, 2017), 243.
65 존 파이퍼,『하나님을 기뻐하라』, 박대영 역 (서울: 생명의말씀사, 2020), 40.
66 알리스테어 백 & 싱클레어 퍼거슨,『모든 이름 위에 뛰어난 이름: 예수 그리스도의 이름과 칭호』, 차수정 역 (서울: 부흥과개혁사, 2015), 183.
67 싱클레어 퍼거슨,『오직 그리스도 안에서』, 신호섭 역 (서울: 지평서원, 2012), 172.

원을 가능하게 한다. 구원받을 때 우리는 복음의 진리에 동의할 뿐 아니라 예수 그리스도께 자신을 드린다. 그리스도를 신뢰함으로 우리는 진리에 이르고 영적 어둠에서 그리스도의 빛 가운데로 옮겨진다(요일 1:5-7).[68]

이것은 누가복음 15장의 탕자 이야기를 통해서 선명하게 확인할 수 있다. 본문에 등장하는 둘째 아들은 아버지에게 유산의 분깃을 미리 요구한다. 이것은 아버지가 살아 있을 때 요구될 수 없다. 상속은 아버지가 돌아가실 때 유산으로 부여되는 것이다. 그런데도 탕자는 아버지에게 자신의 분깃을 미리 달라고 요구하고 있다. 즉, 아버지가 살아 있을 때 유산을 요구하는 것은 '아버지가 죽었으면 좋겠다'라는 악한 소망의 표현이다.

이러한 행동은 패역한 행동이며, 율법에 어긋난 행동이다. 집을 나간 둘째 아들의 타락은 여기서 끝나지 않는다. 그는 허랑방탕하게 재산을 낭비했고, 모든 재물을 탕진했다. 그런데 집 나간 둘째 아들의 진짜 심각한 문제는 지금부터이다. 탕자는 자신이 궁핍한 상황에 부닥치게 되자, 돼지 치는 일을 하게 된다.

급박한 상황에서 비천한 일에 어쩔 수 없이 직면했다고 보고 그냥 넘어갈 법한 장면이지만, 유대 관습과 구약성경을 알면, 이것이 얼마나 큰 죄악인지 금방 알 수 있다. 당시 돼지는 유대인들이 먹을 수 없는 짐승이다. 그런데도 돼지를 키우고 있다.

둘째 아들이 "먼 나라"까지 가출했다면, 율법과 관련 없는 나라까지 간 것일까?
그렇기에 돼지를 식용할 수 있었던 것일까?
왜 돼지를 키우고 있는 것일까?

아마도 돼지는 블레셋을 비롯한 주변 국가들의 이방 신들에게 바쳐지는 제물로써 사용되었을 가능성이 크다.
즉, 돼지는 이방 신의 제물로 바쳐지기 위해 키워지는 것이다. 그런데 이러한 부정한 짐승을 돌보는 일을 지금 둘째 아들, 탕자가 하고 있다. 이것은 곧 이방 신의 제물을 관리하는 일을 하는 것이고, 좀 적극적으로 해석한다면 하나님을

---

[68] 브루스 데머레스트, 『영혼의 계절들』, 윤종석 역 (서울: 한국기독학생회출판부, 2013), 26.

떠나 우상숭배, 곧 배교의 행위를 한 것이라고까지도 볼 수 있다.

신명기 말씀에 근거할 때, 탕자는 죽어 마땅하다.[69] 그런데도 탕자의 아버지는 아들을 죽이지 않았다. 여기에 하나님의 마음이 고스란히 담겨 있다. 마크 존스(Mark Jones)에 의하면, "성부는 우리를 늘 사랑하시는 분이고, 우리를 속량하려고 자기 아들을 주심으로써 우리에 대한 사랑을 보여 주시는 분"이다.[70] 분명히 탕자는 상속받은 재산을 방탕하게 쓰다가 결국 처참한 상황에 직면했다.

그러나 이것은 절망이라기보다는 새로운 기회이다. 왜냐하면, 탕자는 모든 재산을 탕진하고 나서야 비로소 자유가 행복인 것 같지만 진정한 주인 아래서의 자유만이 행복임을 깨닫게 되기 때문이다. 오늘날 우상을 쫓다가 하나님과의 관계에서 멀어진 이들이 바로 탕자의 모습이다. 하나님 없이 살아가는 인생이 받는 고통과 그 처참함은 이루 말할 수 없다.

결국, 탕자는 다시 아버지께로 돌아간다. 그런데 탕자의 아버지가 먼저 아들을 발견한다. 성읍 저 끝에서부터 상당히 먼 거리를 아버지는 측은히 여겨 아들에게로 달려간다. 이것이 바로 "하나님의 주도적 사랑"이다.[71] 이제 초점은 탕자가 아니라 탕자까지도 품어주시는 탕부 하나님께로 집중된다. 아버지 하나님이 돌아온 자기 아들에게 먼저 달려가신 이유는 그 아들이 "죽을까 봐"이다.

만약 당시 율법에 근거해서 동네 사람들이 아들에게 돌을 던진다고 가정해 보자. 동네 사람들이 이 탕자를 알아보고 돌로 쳐 죽인다 해도, 아버지는 동네 사람들에게 항의할 수가 없다. 왜냐하면, 율법이 그렇게 가르치기 때문이다. 즉, 아버지는 누군가가 아들을 향해 돌을 던져 죽일까 봐, 급한 마음으로 달려간 것이다. 다른 이가 아들을 죽이기 전에, 아버지는 아들을 먼저 품어준다. 하나님의 주도적인 은혜는 율법 그 이상이다.[72]

---

69 개역개정성경, 신명기 21장 18-21절 : 사람에게 완악하고 패역한 아들이 있어 그의 아버지의 말이나 그 어머니의 말을 순종하지 아니하고 부모가 징계하여도 순종하지 아니하거든 그의 부모가 그를 끌고 성문에 이르러 그 성읍 장로들에게 나아가서 그 성읍 장로들에게 말하기를 우리의 이 자식은 완악하고 패역하여 우리 말을 듣지 아니하고 방탕하며 술에 잠긴 자라 하면 그 성읍의 모든 사람이 그를 돌로 쳐죽일지니 이같이 네가 너희 중에서 악을 제하라 그리하면 온 이스라엘이 듣고 두려워하리라
70 마크 존스, 『하나님을 아는 지식』, 오현미 역 (서울: 복있는사람, 2018), 39.
71 팀 켈러, 『탕부 하나님』, 윤종석 역 (서울: 두란노서원, 2017), 112.
72 Ibid., 113.

아버지가 아들을 먼저 보고 있었을 뿐 아니라 먼저 달려가신다. 예수 그리스도께서는 십자가를 지시기 위하여, 하늘의 특권을 버리고 우리 가운데 달려오셨다. 우리에게 달려오시는 그 아버지가 바로 성부 하나님의 모습이다. 나를 끌어안아 "십자가"라는 돌을 대신 맞고 계신 그 아버지가 바로 성자 예수님의 모습이다. 둘째 아들에게 신발을 신기고 살찐 송아지를 잡는 그 아버지가 바로 성령 하나님의 모습이다. 팀 켈러에 따르면, 성령 하나님은 "인간의 내면에 복음의 진리에 반응하는 영적인 감성을 불러일으키신다."[73]

결론적으로 목회 현장 속에서 사용되는 기독교 변증방법론은 우상을 따를 때의 절망감과 허무함을 설명하고, 하나님을 섬길 때의 기쁨과 환희를 경험시키는 것이 핵심이다. 결국, 이 모든 것은 하나님의 주도적인 은혜로 말미암아 이루어진다. 그리고 그 은혜를 맛본 사람은 하나님 알기를 사모하게 된다. 계속해서 하나님을 아는 기쁨을 맛본 사람은, 보이는 우상이 아니라 보이지 않는 하나님께 더 집중하게 된다. 그리고 그 하나님께 기도하고, 찬양하고, 예배하며, 경배드린다. 왜냐하면, 보이는 것은 잠깐이요, 보이지 않는 것은 영원하기 때문이다.

♣ 내용 정리를 위한 문제

1. 존 스토트가 목회 현장에서 중요하게 여겼던 주된 핵심들을 정리하여 서술하시오.
2. 팀 켈러는 문화를 고려하면서도 복음을 합당하게 제시하고자 자신의 저서 『센터처치』에서 복음의 특수성을 변증하였다. 여기서 팀 켈러가 종교와 복음을 어떻게 비교해 가며 변증했는지 그 내용을 서술하시오.
3. 팀 켈러는 탕자의 비유로 잘 알려진 누가복음 15장 본문을 "탕부 하나님"으로 적용하여 설교하였는데, 이 설교에서 말하고자 하는 주된 내용은 무엇인가?

---

73 팀 켈러, 『기도』, 최종훈 역 (서울: 두란노서원, 2018), 238.

※ **참고 문헌(제36장에 인용된 도서들)**

존 스토트 & 데이비드 에드워즈. 『복음주의가 자유주의에 답하다』. 김일우 역. 서울: 포이에마, 2017.

존 스토트. 『균형 잡힌 기독교』. 정지영 역. 서울: 새물결플러스, 2011.

_____. 『그리스도의 십자가』. 황영철·정옥배 역. 서울: 한국기독학생회출판부, 2016.

_____. 『기독교의 기본 진리』. 황을호 역. 서울: 생명의말씀사, 2019.

_____. 『나는 왜 그리스도인이 되었는가』. 양혜원 역. 서울: 한국기독학생회출판부, 2011.

_____. 『내 삶의 주인이신 그리스도』. 윤종석 역. 서울: 포이에마, 2018.

_____. 『논쟁자 그리스도』. 홍병룡 역. 서울: 한국성서유니온선교회, 2014.

_____. 『복음주의의 기본진리』. 김현회 역. 서울: 한국기독학생회출판부, 2016.

_____. 『비교할 수 없는 그리스도』. 정옥배 역. 서울: 한국기독학생회출판부, 2012.

_____. 『설교의 능력』. 원광연 역. 경기 파주: CH북스, 2017.

_____. 『성경연구 입문』. 전의우 역. 서울: 한국성서유니온선교회, 2017.

_____. 『성령 세례와 충만』. 김현회 역. 서울: 한국기독학생회출판부, 2010.

_____. 『시대를 사는 그리스도인』. 한화룡·정옥배 역. 서울: 한국기독학생회출판부, 2016.

_____. 『온전한 그리스도인』. 한화룡 역. 서울: 한국기독학생회출판부, 2014.

_____. 『제자도』. 김명희 역. 서울: 한국기독학생회출판부, 2015.

팀 켈러. 『기도』. 최종훈 역. 서울: 두란노서원, 2018.

_____. 『내가 만든 신』. 윤종석 역. 서울: 두란노서원, 2017.

_____. 『답이 되는 기독교』. 윤종석 역. 서울: 두란노서원, 2018.

_____. 『방탕한 선지자』. 홍종락 역. 서울: 두란노서원, 2019.

_____. 『센터처치』. 오종향 역. 서울: 두란노서원, 2016.

_____. 『예수, 예수』. 윤종석 역. 서울: 두란노서원, 2017.

_____. 『왕의 십자가』. 정성묵 역. 서울: 두란노서원, 2017.

_____. 『용서를 배우다』. 윤종석 역. 서울: 두란노서원, 2022.

_____. 『인생질문』. 윤종석 역. 서울: 두란노서원, 2019.

_____. 『일과 영성』. 최종훈 역. 서울: 두란노서원, 2018.

_____. 『정의란 무엇인가』. 최종훈 역. 서울: 두란노서원, 2016.

_____. 『탈기독교시대 전도』. 장성우 역. 서울: 두란노서원, 2022.

_____. 『탕부 하나님』. 윤종석 역. 서울: 두란노서원, 2017.

_____. 『하나님을 말하다』. 최종훈 역. 서울: 두란노서원, 2017.

D. A. 카슨 & 팀 켈러 & 마크 애슈턴 & 켄트 휴즈. 『말씀 아래서 드리는 예배』. 박세혁 역. 서울: 한국기독학생회출판부, 2021.

E. M. 바운즈. 『기도의 불병거』. 이용복 역. 서울: 규장, 2018.
가이 프랜티스 워터스. 『바울에 관한 새 관점』. 배종열 역. 서울: 개혁주의신학사, 2012.
개빈 오틀런드. 『목숨 걸 교리 분별하기』. 이제롬 역. 서울: 개혁된실천사, 2023.
고든 스미스. 『온전한 성화』. 박세혁 역. 서울: 국제제자훈련원, 2016.
니제이 굽타. 『바울과 믿음 언어』. 송동민 역. 경기 고양: 이레서원, 2021.
러셀 무어. 『십자가를 통과한 용기』. 정성묵 역. 서울: 두란노서원, 2021.
로드 드레허. 『베네딕트 옵션』. 이종인 역. 서울: 한국기독교학생회출판부, 2019.
리치 빌로다스. 『예수님께 뿌리내린 삶』. 홍종락 역. 서울: 한국기독학생회출판부, 2022
마크 존스. 『그리스도를 아는 지식』. 오현미 역. 서울: 복있는사람, 2017.
_____. 『선행과 상급』. 오현미 역. 경기 고양: 이레서원, 2018.
_____. 『예수 그리스도』. 오현미 역. 경기 고양: 이레서원, 2018.
_____. 『하나님을 아는 지식』. 오현미 역. 서울: 복있는사람, 2018.
마틴 로이드 존스. 『내가 자랑하는 복음』. 강봉재 역. 서울: 복있는사람, 2015.
매튜 W. 베이츠. 『오직 충성으로 받는 구원』. 송일 역. 서울: 새물결플러스, 2020.
매트 챈들러 & 제라드 윌슨. 『완전한 복음』. 장혜영 역. 서울: 새물결플러스, 2013.
브루스 데머레스트. 『영혼의 계절들』. 윤종석 역. 서울: 한국기독학생회출판부, 2013.
스캇 솔즈. 『세상이 기다리는 기독교』. 정성묵 역. 서울: 두란노서원, 2021.
싱클레어 퍼거슨. 『거룩의 길』. 오현미 역. 서울: 복있는사람, 2018.
_____. 『성숙의 길』. 정성묵 역. 서울: 두란노서원, 2019.
싱클레어 퍼거슨. 『오직 그리스도 안에서』. 신호섭 역. 서울: 지평서원, 2012.
_____. 『온전한 그리스도』. 정성묵 역. 서울: 디모데, 2018.
알리스테어 백 & 싱클레어 퍼거슨. 『모든 이름 위에 뛰어난 이름: 예수 그리스도의 이름
    과 칭호』. 차수정 역. 서울: 부흥과개혁사, 2015.
앤디 크라우치. 『컬처 메이킹』. 박지은 역. 서울: 한국기독학생회출판부, 2018.
요한 하인리히 아놀드. 『제자의 길』. 원마루 역. 서울: 포이에마, 2022.
이언 두기드. 『전신갑주』. 이대은 역. 서울: 생명의말씀사, 2021.
제임스 브라이언 스미스. 『위대한 이야기』. 이대근 역. 서울: 비아토르, 2021.
존 M. G. 바클레이. 『진리에 대한 복종』. 이성하 역. 서울: 감은사, 2020.
존 드레인. 『교회의 맥도날드화』. 최형근 역. 서울: 기독교문서선교회, 2022.
존 파이퍼. 『하나님을 기뻐하라』. 박대영 역. 서울: 생명의말씀사, 2020.
_____. 『하나님이 복음이다』. 전의우 역. 서울: 한국기독학생회출판부, 2010.
찰스 스펄전. 『구원의 핵심』. 이중수 역. 서울: 목회자료사, 2010.
크리스토퍼 라이트. 『구약의 빛 아래서 그리스도를 아는 지식』. 홍종락 역. 서울: 성서유
    니온선교회, 2010.
크리스토퍼 라이트. 『십자가』. 박세혁 역. 서울: CUP, 2019.
_____. 『존 스토트, 우리의 친구』. 김명희 외 5 역. 서울: 한국기독학생회출판부, 2011.

토머스 C. 오든. 『그리스도와 구원』. 장기영 역. 경기 부천: 웨슬리르네상스, 2021.
헨드릭 크래머. 『평신도 신학』. 홍병룡 역. 서울: 아바서원, 2014.

제37장

시대적 이슈에 대한 기독교 변증 I : 포스트모더니즘에 대하여

> 하나님은 한 분이시요 또 하나님과 사람 사이에 중보자도 한 분이시니 곧 사람이신 그리스도 예수라(디모데전서 2장 5절).

급변하는 세계 속에서 시대적 이슈는 계속 변화한다. 오직 복음만이 불변한다. 그러나 급변하는 세계를 대변하는 '포스트모더니즘'의 가치는 불변하는 진리를 불편하게끔 만든다. 그 이유는 포스트모더니즘의 핵심적인 가치가 '다양성 존중'이기 때문이다. 밀라드 에릭슨(Millard J. Erickson)은 포스트모더니즘의 특징을 다음과 같이 정리하며 비판한다.

포스트모더니즘에서 객관적 지식은 거부되는데, 사실 "모든 것을 포괄하는 설명의 체계는 그것이 형이상학적이든 역사적이든 불가능하며 그러한 설명 체계를 건설하려는 시도는 포기되어야 한다."[1] 그 밖에 포스트모더니즘 사회에서는 지식의 본래 선함이 의문시되고, 탐구의 객관화된 방법론 차제가 의심받는다.

스탠리 그렌츠(Stanley J. Grenz)에 따르면, 포스트모더니즘은 "해체 비평 소위 '구조주의'(structuralism)라고 불리는 문학 이론의 연장으로서 일어났다."[2] 그런데 이 문학 이론이 성경 읽기에도 넓게 침투하기 시작했다. 케빈 밴후저(Kevin Vanhoozer)는 "포스트모더니즘은 독자들에게 마음 내키는 대로 성경을 이끌어 갈 수 있는 허가서를 내주고 있다"며 오늘날의 풍토를 심히 우려하고 있다.[3] 삶에

---

1 밀라드 J. 에릭슨,『기독교 신앙과 포스트모더니즘』, 박찬호 역 (서울: 기독교문서선교회, 2012), 27-28.
2 스탠리 그렌츠,『포스트모더니즘의 이해』, 김운용 역 (서울: WPA, 2018), 34.
3 케빈 밴후저,『제일신학』, 김재영 역 (서울: 한국기독학생회출판부, 2017), 40.

서 다양한 것을 존중하는 태도는 지극히 옳다.

그러나 구원의 진리에 있어서 다양성을 내세우는 것은 대단히 위험하다. 성경은 오직 구원의 중보자는 사람이신 그리스도 예수라는 것을 주장한다. 여타의 다른 종교들과는 달리 기독교 신앙이 내세우는 진리는 오직 예수뿐이다. 그래서 그렌츠는 다음과 같이 주장한다.

> 그리스도 가운데서 우리에게 계시된 하나님께 드리는 우리의 헌신은 포스트모더니즘의 급진적 회의론의 한 측면, 혹은 성취적인 측면, '중심'의 상실이라는 측면에 대항하여 정면으로 서 있다.[4]

하지만 알다시피 계몽 화 된 시대에 인간의 종교성은 의심의 대상이다. 윌리엄 제임스(William James)는 종교의 근원적인 의미는 지성적이고 객관적인 표현들 속에 있는 것이 아니라 이러한 표현을 존재하게끔 해 준 종교적이고 내적인 경험들, 이를테면 구원의 확신, 기쁨, 감사 등과 같은 인간 개개인의 표현하는 감정 속에 놓여있다고 생각했다.[5] 그가 만족스러운 변증을 펼치고 있지는 않지만, 슐라이어마허처럼 종교의 필요성을 정당화하고 있는 것은 틀림없다.

다른 관점에서, 찰스 테일러(Charles Taylor)는, 주술 화 된 다양한 종교들을 거부할 수는 있어도, 신의 현존을 피할 수 있는 사회는 존재하지 않는다고 지저한다. 그 이유는 "권위 자체가 신성과 밀접하게 연결되어 있었으며, 공공적 삶도 신을 향한 여러 축원과 불가분하게 연결"되었기 때문이다.[6] 즉, 공동체의 존속을 위해 종교는 필연적이라는 뜻이다. 그러나 그리스도인들은 구원을 위해 복음의 필연성을 주장하는 이들이다. 우리가 변증해야 할 최종 지점은 '종교의 필요성'이 아니라, '복음의 유일성'이다.

---

4 스탠리 그렌츠, 『포스트모더니즘의 이해』, 293.
5 윌리엄 제임스, 『종교적 경험의 다양성』, 김재영 역 (경기파주: 한길사, 2021), 203-211.
6 찰스 테일러, 『현대 종교의 다양성』, 송재룡 역 (서울: 문예출판사, 2017), 83.

1. 종교다원주의 비판

포스트모더니즘 시대에 종교학자들의 주된 논의는 종교의 존속 여부이다. 현대인들이 종교심에서 멀어지고 있는 이유가 종교 간의 갈등이라고 생각하는 종교학자들은 이를 극복할 만한 대안을 모색한다. 그 대표적인 것이 '종교다원주의'이다. 에릭슨은 이러한 상황을 다음과 같이 진단하고 있다.

> 경직된 포스트모더니즘은 언어의 의미를 경험적인 지시 체에 제한하기를 거부할 뿐만 아니라 언어가 어떤 종류의 객관적이거나 언어 외적인 지시 체를 갖는다는 개념 자체를 거부한다. 경직된 포스트모더니즘은 상대주의로부터 진리에 있어 다원주의로 움직이고 있다. 모든 지식과 모든 말이 하나의 특별한 관점에서 이루어질 뿐만 아니라 그 각각의 관점은 똑같이 참되고 가치가 있는 것이다.[7]

존 힉(John H. Hick)에 따르면, 모든 종교는 서로 다른 문화 속에서 "신적 실재자의 일부분이 인간의 의식 속으로 투사된 것이며, 특정한 역사적 문화에 의해서 형성된 인간 의식 자체의 일부분이 투사된 것"이다.[8] 결국, 힉에 있어서, 모든 종교는 최종점에 이르는 길과 방법이 다를 뿐이지 결국 궁극적 목적은 같다. 필시 종교다원주의는 종교 간의 대화와 교류를 증진했다.

그로 인해 줄리아 칭(Julia Ching) 같은 학자는 유교와 기독교의 대화까지도 시도한다. 그녀는 "서구는 동양으로부터 배워야만 할 것이며, 특별히 서구 기독교인들이 동양의 비그리스도인들에게 배워야 할 것도 여전히 많다"는 점을 지적했다.[9]

포스트모더니즘에 들어와서 '종교 다원주의적 관점'은 기독교가 타종교를 볼 때, 더는 선교의 대상으로 바라보지 말고 대화와 배움의 대상으로 타종교를 바라보게끔 유도한다. 실제로 진보적인 신학계 안에서는 타종교는 더 이상 포교의 대상이 아니라, 이웃 종교로써 상생해야 할 존재들로 인식의 전환이 이루어졌다. 테드 피터스(Ted Peters)는 포스트모던 자체를 복음으로 인식하고 '교회 일치'

---

7   밀라드 J. 에릭슨, 『기독교 신앙과 포스트모더니즘』, 29.
8   존 H. 힉, 『종교철학』, 김희수 역 (서울: 동문선, 2000), 222.
9   줄리아 칭, 『유교와 기독교』, 변선환 역 (경북칠곡: 분도출판사, 1994), 271.

를 넘어 '종교 일치'를 위한 용기를 낼 것을 권면한다.[10]

포스트모던의 세계관 안에서는 '변증'과 '선교'보다는, '대화'와 '포용'이 더 중요한 가치로 인식되고 있다. 이러한 영향 속에서 데이비드 그리핀(David R. Griffin)은 전통적인 신관보다는, 포스트모던에 맞는 신관을 새롭게 제시하는 쪽으로 방향을 잡는다. 그리핀에 따르면, "지금 등장하고 있는 포스트모던 세계관은 신에 대한 전통적인 개념이 안고 있던 치명적인 문제점을 제거하면서, 신에 대한 믿음을 회복하도록 도와준다."[11]

가톨릭 신학자 발터 카스퍼(Walter Kasper)는 "예수 그리스도의 하나님"에 초점을 맞출 것은 주장하지만, 그도 역시 그리스도 중심주의로 변증을 이끄는 것에 대해서는 회의적이다. 카스퍼는 다음과 같이 말한다.

> 자연신학의 논리에서 출발한 대화적 신학이 하나님 신앙과 무신론의 서로 물고 물리는 공통 분모를 찾아서 대화 함으로써 서로를 이해했다면, 변증법적 신학은 바로 이 공통분모 자체를 문제 삼는다. 이 변증법적 모델은 둘 사이의 어떠한 긍정적 연계도 인정하지 않으며 오로지 극명한 대척점만을 확인할 뿐이다. 이 방법을 애용하여 무신론과의 대결을 시도하는 이들은 대부분 개신교 신학자이다.[12]

포스트모더니즘에 맞서서 기독교 신앙을 변증하기보다는, 포스트모더니즘을 예찬하거나 타협하는 이들의 논리는 종교 간의 평화가 복음 전파보다 중요하다는 것이다.

그런데 과연 이것이 옳은 일인가?

기독교 신앙인의 정체성을 가지고 살아가고 있고, 그렇게 살아가길 원한다면, 누구든지 성서와 전통과 교리를 존중하기 마련이다.

그런데 '종교 간 대화'를 위해 '교리'를 버리자고 말하는 사람들이 있다. 그런 사람들에게는 이미 '종교 간 대화'가 '교리'보다 중요하다. 그러나 **삼위일체 하나님에 대한 전통적 이해를 포기하는 순간, 진정한 의미에서 복음 선포는 영원**

---

10 테드 피터스, 『하나님: 세계의 미래』, 이세형 역 (서울: 컨콜디아사, 2013), 7.
11 데이빗 그리핀, 『포스트모던 하나님 포스트모던 기독교』, 강성도 역 (서울: 조명문화사, 1995), 91.
12 발터 카스퍼, 『예수 그리스도의 하나님』, 김관희 역 (경기화성: 수원가톨릭대학교, 2015), 177.

히 불가능해진다.

스탠리 존스(E. Stanley Jones)는 기독교가 여러 길 가운데 하나일 뿐이라고 주장하지 않으면서도, 충분히 타종교와 원탁에 앉아서 토론하고 논쟁하면서 기독교 신앙의 궁극적 내면을 드러내 보인다. 여기서 주목할 부분은 그가 종교 간의 대화를 위해 기독교 신앙의 언어를 통역해 주었다는 점이다.

> 복음은 통역이다. 복음은 영원의 언어를 시간의 말로 바꾼 것이다. 그래서 하나님의 속죄 목적이 우리에게 가까이 와 닿아 현실이 되고, 누구나 이해하게 된다. 단테가 입을 열었을 때 '천년의 침묵'이 깨졌다고 한다. 예수 안에서 '영원의 침묵'이 깨졌고, 우리는 복음을 듣게 되었다. 이제 우리는 이 속죄의 사실을 통역하라는 부름을 받았다. 예수는 우리에게 그 복음을 사람들에게 쉽고 생명력 있게 전달하라고 맡겼다.[13]

변증은 예수를 보호하는 일이 아니라 예수를 선포하는 일이다. 예수님은 인간의 보호가 필요하신 분이 아니시고, 오히려 그분이 우리의 보호자이시다. 기독교 지성인들은 포스트모더니즘의 흐름에 휩쓸려 가지 않고, 따뜻한 사랑과 날카로운 지성을 가지고 종교다원주의 신학을 비판할 수 있어야 한다.

현대에서는 포스트모더니즘의 조류에서 파생된 종교다원주의 역시 근대에서 자라난 나무에 불과한 것으로 취급한다. 존 카푸토(John D. Caputo)에 따르면, 구원을 위해 종교의 가능성을 두고, 종교 간의 대화를 끌어낼 것이 아니라, 종교 그 자체로부터 구원되어야 할 것을 주장한다.[14] 그래서 그는 종교로부터 구출해 줄 밧줄로써 해석학을 제시한다. 카푸토에게 "신앙(신념)은 인생 그 자체에 대한 신앙(신념)"에 불과하다.[15]

따라서 신앙이 발휘되려면 해석이 필요하다. 그런데 놀랍게도 기독교는 여타의 다른 종교와 공유할 수 없는 죄와 타락, 그리스도만을 통한 구원, 그리스도의 신성과 인성, 예수의 동정녀 탄생과 십자가 죽음과 부활과 재림, 삼위일체 등을 교리로 고백한다. 이 교리들은 이미 역사 속에서 초대 교회부터 교부, 중세, 종

---

13   스탠리 존스, 『원탁의 그리스도』, 황병규 역 (서울: 평단문화사, 2009), 216.
14   존 카푸토, 『포스트모던 해석학』, 이윤일 역 (서울: 도서출판b, 2020), 267.
15   존 카푸토, 『포스트모던 시대의 철학과 신학』, 김완종·박규철 역 (서울: 기독교문서선교회, 2016), 155.

교개혁을 거쳐서 해석된 신앙이다. 따라서 종교의 종말과 해석학의 부흥을 이야기하는 탈(脫) 포스트모더니즘 시대에서도 역설적으로 기독교 신앙은 여전히 유효성이 있다.

그런데도 포스트모더니즘과 손잡은 학자들은 기독교 신앙의 배타성을 지적하며, 복음의 재해석을 요구한다. 그러나 예수님이 십자가 대속을 통해 인류 구원의 길을 열어 놓으셨다는 가르침은 배타적인 것도 아니고, 근본주의자들에 의해 왜곡된 가르침도 아니다. 이 교리야말로 예수님의 가르침이었고, 사도 전승이고, 초대 교회 믿음이다. 종교에 유익한 기능이 있을 수는 있지만, "성경은 다른 종교에 구원의 잠재력이 있음을 절대로 인정하지 않는다."[16]

만일 다른 종교의 유익한 기능들이 있다면, 그것은 단지 윤리적 기능일 뿐이다. 브루스 니콜스(Bruce J. Nicholls)의 지적대로 "성경해석학적 책무는 불확실하고 상대적인 진리의 끝없는 순환이 아니라 하나님과 그의 뜻을 아는 지식으로 향하는 점진적인 움직임이다."[17]

해롤드 네틀랜드(Harold A. Netland)는 종교 다원주의자들이 "비인격적 형태의 종교보다 인격적 형태의 종교가 더 정확하다는 사실을 포함"하고 있다는 점을 지적하면서, 이는 진정한 종교다원주의가 될 수 없다는 점을 역설한다.[18]

실제로 경전을 소유하고 나름의 문화와 교리가 형성된 종교만을 고등종교로 분류하고 나머지 종교는 미신적이고 주술적인 종교로 치부하는 것에서부터 종교다원주의는 그 포용력이 떨어진다.

여기서 고등종교를 판별하는 기준 역시 주관적 가치로 판단하는 것임으로, 진정한 의미에서 다원주의도 아니다. 주술이나 무당, 연금술, 또는 스포츠나 종교 이외의 것들도 동일한 신념과 가치로 평가하지 않는 한, 결국 종교다원주의는 선택적으로 대화하고 지엽적으로 포용하는 배타주의의 또 다른 모습일 뿐이다.

만일 "모든 종교가 같다"라고 주장한다면, 그것은 탈해석학적 관점에서도 신앙의 유효성을 파괴하는 주장이 된다.

왜냐하면, 분명히 기독교와 불교는 교리가 다르고 해석이 다른데, 그 다름을 존중하지 않고 '같다'라고 묶었기 때문이다. 예를 들면 이렇다. 종교 다원주의자들은 '불교에도 구원이 있다'라고 주장한다. 그러나 포스트모더니즘 안에서

---

16 에드워드 롬멘, 『기독교와 타종교』, 정흥호 역 (서울: 서로사랑, 1998), 317.
17 브루스 니콜스, 『그리스도의 유일성과 종교 다원주의』, 노봉린 역 (서울: 횃불, 1998), 17.
18 헤롤드 네틀랜드, 『기독교와 종교 다원성』, 박운조 역 (경기고양: 베드로서원, 2021), 263.

이와 같은 주장은 정작 종교 간의 차이를 전혀 이해하지 못한 폭력이다. 포스트모더니즘 지지자들은 "진리, 정의, 미국적 방식에 대한 기존 사회의 개념 정의는 소수파에 대한 억압을 지원"한다고 불만을 표출해 왔다.[19]

그런 그들이 역으로 신앙 전통을 따르는 이들에게 폭력을 행사한다. 포스트모던을 수용하든 하지 않든, 기독교는 '불교에 구원이 없다'라고 말해야만, 자신의 교리 언어를 지키고 타종교의 해석까지도 침해하지 않을 수 있다. 왜냐하면, 불교에는 '구원' 개념이 없고, 대신에 '해탈'이 있기 때문이다. '구원'은 기독교 신앙의 개념이다.

만일 불자가 '기독교에도 해탈이 있다'라고 말할 때 유쾌한 기분일까?

불교의 교리적 해석으로 기독교가 평가받을 수 없듯이, 기독교의 교리적 해석학으로 타종교를 평가하고 묶어가는 행위는 교리적 전체주의이다. **만일 다양성을 존중한다면, "모든 종교는 다르다"라고 주장해야 옳다.** 구원은 기독교에만 있다고 주장하는 것은 근본주의 신앙의 배타성이 아니라, 탈해석학 시대의 적법한 표준 모델이다.

종합해 볼 때, 상대적 진리를 주장하는 것이야말로 일원론적이며 폭력적인 일이다. 따라서 진정한 의미의 다원주의자, 포용주의자, 상대주의자는 존재할 수 없다.[20] 그들은 단지 자신들의 견해가 배타주의적 구원론의 틀에서보다 더 많은 사람이 구원받도록 만든다는 사실을 주장하고 싶어질 따름이다.

무엇보다 종교다원주의가 각 종교가 가지고 있는 자기 정체성을 무시하고, 그저 통합하려고만 제안하는 한, 다원주의는 종교적 제국주의일 뿐이다. 교리의 유의미성을 폄훼하고, 모든 종교를 같은 것으로 치부하는 행위는, '기독교 신앙 내용과 실천의 풍성한 양탄자'를 천연 재질이 전혀 없는 '싸구려 합성 섬유'로 만들어 버리는 것이다. 제럴드 브레이(Gerald Bray)는 다음과 같이 말한다.

> 그리스도를 유일한 길과 진리와 생명으로 선포하지 않는 것은 그리스도를 부인해서 우리 자신이 손해를 보는 일일 뿐만 아니라, 다른 사람들에게서 하나님의 말씀을 들을 기회를 박탈하는 일이기도 하다. 그것은 신자로서 우리의 책임을 포기하는 일이다. (중략) 우리가 예수 그리스도를 전하는 것은 자신이 다른

19　스티븐 윌킨스 & 마크 샌포드, 『은밀한 세계관』, 안종희 역 (서울: 한국기독학생회출판부, 2014), 185.
20　김요환 & 황선우, 『선의 비범성』 (경기용인: 킹덤북스, 2021), 215.

사람들보다 우월하다고 믿기 때문이 아니라, 그들도 우리가 그리스도 안에서 (그리고 오직 그리스도 안에서만) 발견한 영적 축복으로부터 똑같은 유익을 얻기를 바라기 때문이다.[21]

인간이 하는 신학적 작업은 철학적 오류와 이데올로기적 허영에 사로잡히기 쉽다. 그러므로 "성경의 신적 기원에 대한 예수님의 권위 있는 증거를 힘입어, 오늘날 그리스도인들은 종교적인 지식의 원천으로서 성경에 의존"해야 한다.[22] 여기에 구원의 진리도 포함되어 있다. 종종 지성인 그리스도인 중 '경직되어 있다', '교조주의다', '근본주의자다', '배타적이다', '이분법적이다' 등의 비난을 꺼리는 이들이 있다.

하지만 이러한 말을 듣는 이유는 그리스도 예수 안에서 복음의 정도(正道)를 잘 가고 있다는 뜻이기도 하다. 반면에 자유주의 신학에 빠진 이들에게 '유연하다', '다양성 있다', '포용적이다' 등등의 말을 들었다면, 이미 복음의 순수성을 잃어버린 상태일지 모른다.

물론, 기독교 신앙이 대화와 타협의 여지가 전혀 없는 철통같은 반(反)문화적 사고 안에 있는 것은 결코 아니다. 공적 다원 성들이 사회질서에서 합의할 수 있는 부분이라면, 그러한 것들은 "맥락적 다원주의"(contextual pluralism) 차원에서 논의할 수 있다.[23] 그러나 변증은 폭넓고 다양하게 이것저것 시도하는 것에서 시작되지 않는다. 외길을 가더라도 올바르게 나아갈 때 복음에 합당한 변증방법론이 구사될 수 있다.

하나님과 바알을 어찌 같이 섬길 수 있으며, 빛과 어둠이 어찌 사귈 수 있는가?

---

21 제럴드 브레이, 『갓 이즈 러브』, 김귀탁·노동래 역 (서울: 새물결플러스, 2019), 141.
22 데니스 옥콜롬 & 티모디 필립스, 『다원주의 논쟁』, 이승구 역 (서울: 기독교문서선교회, 2006), 317.
23 리처드 마우 & 산더 흐리피운, 『다원주의들과 지평들』, 신국원 역 (서울: 한국기독학생회출판부, 2021), 28.

2. 진리의 유일성

조금만 생각해 봐도, 기독교 진리가 가지고 있는 '특수성'과 '유일성'을 배타성으로 매도하는 이들이야말로 가장 배타성이 강한 이들임을 금방 알 수 있다. 우선 다원주의자들은 "예수 그리스도만이 진리다"라는 사실은 수용하지 못하면서, "모든 종교는 같다"라는 말을 절대적 진리로 주창한다. 상대성을 말하지만, 상대성 자체를 절대적 진리로 고수하는 것이다.

아더 홈즈(Arthur F. Holmes)에 따르면, "독단적 합리주의에 대한 과신이든지, 주관적 상대주의이든지" 그 어느 경우를 막론하고, "하나님과 피조물의 차이와 관계가 인식론적인 고려의 대상"이 되지 않는다.[24] 그래서 피조물이 하나님을 인식하기 위해서는 하나님이 스스로 자신을 계시해 주실 때만 인식할 수 있다. 그리고 그 계시는 예수 그리스도시다.

여기서 우리는 아무리 포스트모던이라고 하지만, 어떤 견해를 가지기 위해서는 전제가 필연적이라는 점을 발견하게 된다.

그리스도인들에게는 "예수 그리스도만이 구원의 진리이다"가 절대적 명제이고, 상대주의자들에게는 "모든 것이 상대적이다"라는 명제가 절대적인 것뿐이다.

결국, 전제의 차이일 뿐이다. 그런데 놀랍게도 예수 그리스도께서는 남자든 여자든, 유대인이든 헬라인 듯, 어린이든 노인이든, 학식이 많은 자든 학식이 적은 자든 누구든지 예수를 구세주로 믿으면 구원을 주신다고 약속하셨다.

이 구원의 약속을 거절하는 태도야말로 가장 배타적이지 않은가?

하나님의 구원 방식은 배타적 방식이 아니라, 계시적 방식이며, 포용적 방식이며, 은혜의 방식이다.

기독교와 다른 종교들의 중차대한 차이점 중 가장 중요한 핵심은, 신앙이 '사실'에 의존한다는 것이다. 이 세계는 "신의 창조와 섭리 덕분에 이성적 질서를 지니는 우주"이며, "내적인 형이상학적 근거란 없다."[25] 따라서 예수 그리스도의 십자가와 부활 사건은 신앙적 가치 표현이 아니라, 그 이전에 하나님의 섭리에 따라 역사 속에서 발생한 명백한 사실적 사건이다. 레슬리 뉴비긴(Lesslie Newbigin)

---

24 아더 홈즈, 『기독교 세계관』, 이승구 역 (서울: 솔로몬, 2017), 195.
25 아더 홈즈, 『사실, 가치, 하나님』, 이경직 역 (서울: 한국기독학생회출판부, 2020), 133.

은 '가치'의 세계와 '사실'의 세계를 뚜렷이 구별할 것을 요청한다.

그는 다원주의 문화에서 복음의 유효성을 입증하기 위해 복음의 사실적 측면보다는, 가치의 측면에 더 많은 호소를 하고 있지만, 신앙 자체는 그리스도의 사건에 기인하고 있음을 부정하지는 않는다. 그는 다음과 같이 진술한다.

> 기독교 신앙은 흔히 말하듯이 역사적인 신앙인데, 역사적 기록에 기대고 있다는 의미에서 그럴 뿐 아니라 본질적으로 보편적 역사에 대한 하나의 해석이기 때문에 그렇다. 그러므로 그 신앙을 변호하는 일은 우리의 말에 못지않게 우리의 행위와 관련된 문제다.[26]

대부분 종교는 인간이 수양이나 종교적 행위를 통해 심신을 가다듬어 상당한 경지에 오른다. 죄에 대해서도 마찬가지이다. 종교는 다양한 자기 훈련을 통해 죄를 극복하는 법을 가르친다. 그러나 기독교는 전혀 다른 길을 제시한다. 기독교는 인간이 하나님에게 도달하는 것이 불가능하다고 가르친다. 오직 중보자의 사역으로 죄인인 인간이 거룩하신 하나님과 화해하고 교제한다.

그리고 예수 그리스도 십자가를 통해 이미 죄는 정복이 되었고 용서가 되었다. 인간이 죄를 극복하는 길은 예수와의 연합이다. 기독교 신자는 자기 죄를 극복해 나가면서 어느 정도 또는 상당한 경지에 오르는 것이 아니다. 이미 예수 그리스도 안에서 죄로부터 용서받았고 해방되었다. 기독교인은 죄와 싸우지만, 이미 승리하신 예수 그리스도 안에서 용서받은 상태로 죄와 대결한다. 이미 전쟁에 이긴 상태로 잔당들과 싸운다. 이 모든 진술은 철저하게 사실에 기반한 교리이며, 세계관이며, 진리이다. 이에 대해 반대자들이 '기독교는 실증주의에 의존한 유아기적 종교'라고 폄훼하고, '사실이 아니면 신앙도 유지될 수 없는 종교'라고 깎아내린다 해도, 이것은 명백한 사실적 진리이다.

만일 '사실이 아니어도 믿을 수 있어야 진짜 신앙이다'라고 말하는 이가 있다면, 그는 고차원적 신앙인이 아니라 그저 망상증 환자에 불과하다. 그래서 밴 후저는 다음과 같이 주장한다.

---

26 레슬리 뉴비긴, 『다원주의 사회에서의 복음』, 홍병룡 역 (서울: 한국기독학생회출판부, 2011), 35.

"우리는 기독교 정경이 아닌 다른 텍스트가 투영하는 허구 세계가 아니라, 성경이 전시하는 현실 세계에 거주해야 한다. 세계의 몽유병 환자들이여, 깨어나라!"[27]

기독교 신앙은 사상과 이념이 아니라 예수 그리스도의 십자가와 부활 사건에 의존하고 있다. 그러므로 기독교는 사건의 종교이며 사실의 종교이다. 그 밖에 성경의 모든 사건에 대해서 마찬가지이다. 하나님이 이 땅에 백성들과 똑같은 모습으로 강림하셨다는 진술부터 베드로가 예수를 배반하는 사건들까지도 전부 사실적인 기록으로 믿는다. 종종 어떤 이들은 성경의 기록된 내용이 '사실인지 아닌지'는 우리 신앙에 어떠한 영향도 주지 못한다고 말한다.

특히, 실존주의적 사고에서는 사실 여부는 신앙에 있어서 크게 중요하지 않다. 이처럼 실존주의적 유신론의 사고를 했을 경우 따라오는 장점이 있다. 그것은 사실적 신앙에서 벗어나 더 높은 차원의 신앙을 추구하도록 돕고 현상에 매이지 않는 신앙을 할 수 있도록 이끌어 준다는 점이다.

하지만 실존주의 유신론의 사고가 갖는 치명적인 단점도 있다. 그것은 사실성을 입증하기 위한 모든 변증의 노력을 무가치하게 여긴다는 점이다. 실존주의 유신론자들은 '실증적 사고에 갇힌 낮은 단계의 신앙인들만이 사건에 대한 사실성을 근거로 믿음을 주장한다'라고 여긴다.

그러나 앞서 말한 것의 반복이지만, '사실이 아니어도 믿을 수 있다'라는 발상은 망상이다. 틀림없이 기독교 신앙은 역사적 사실성에 근거하지만, '사실 그 자체'에 갇히지 않는다. 또한, 기독교 신앙은 실존을 뒤흔들어 놓지만, '실존적 사상 그 자체'에 갇히지도 않는다. 기독교 신앙은 철저하게 실제 사건에서 시작하고 사건으로 경험되되, 실존적 성장과 영적 고향으로까지 치닫는다.

따라서 성경에 기록된 사건들이 비록 평범한 어부, 세리, 어린이, 창녀들에 관한 이야기이며, 심지어 문학적 법칙을 따르지도 않고, 어떤 전기의 구성 방식도 따르지 않지만, 그것은 여전히 '사실'이기 때문에 가치가 있다. 낸시 피어시(Nancy Pearcey)는 다음과 같이 말한다.

> 성경의 사건은 평민들의 삶에서 벌어지지만, "중요성으로 따지면 세상을 뒤집어엎을 만한 것이다." 각 개인이 우주적 중요성을 띤 도덕적 드라마에 참여한다.

---

27 케빈 밴후저, 『문화신학』, 윤석인 역 (서울: 부흥과개혁사, 2009), 49.

그 결과, 성경은 모든 시대의 문학을 바꾸어 놓을 사실주의 양식을 도입했다. 성경적 사실주의는 세속적 사실주의와 달리 환원주의적이지 않았다. 인간의 삶을 자연적 힘의 부산물로 환원하지 않았다.

오히려 정반대로, 보통 사람과 평범한 역사의 존엄을 알아보았다. 보통 사람이나 평범한 일은 그저 평범하고 흔하기만 한 것이 아니라, 하나님이 펼쳐 가시는 구원 계획의 요소였기 때문이다.[28]

3. 기독교 세계관

그렇다면 이미 도래한 포스트모더니즘 시대에서 어떻게 복음을 증거할 수 있을까?

우선 포스트모더니즘의 사고 틀은 기독교 신앙의 세계관과 충돌하고 있다는 것을 인지해야 한다.

비그리스도인들에게 세계관이란, "한 사람이 주변 세계와 거기에 담긴 수수께끼를 인지한 다음 그것에 대해 어떻게 이해하고 느끼고 행동"할지를, "그 반응을 결정짓는 삶의 깊은 체험에서 나오는 일련의 정신적 범주"이다.[29]

반면에 **그리스도인들에게 세계관이란, "창조, 타락, 구속이라는 중심적 실재들이 성경이라는 나침반의 기본적 눈금"임을 받아들이고, "모든 사물은 피조물이며, 죄의 저주 아래 있으며, 구속을 갈망하고 있음"을 인정하는 것이다.**[30]

결과적으로 기독교 세계관은 하나님이 우주의 도덕적 질서를 세우시고 그분의 지혜와 법으로 창조된 모든 것이 그분의 통치안에 있음을 인정한다.

포스트모더니즘의 세계관은 세계의 보편적 진리는 존재하지 않으며, 세계는 아무런 본원적 특징도 없기에 해석하는 다양한 방식만 존재할 뿐이라고 주장한다. 이에 대해 데이비드 노글(David Naugle)은 "하나님을 근거로 삼는 객관성을 주장하는 것"이 포스트모던의 해독제가 될 수 있다고 말한다.[31] 이 말을 이해하

---

28 낸시 피어시, 『Saving da Vinci』, 홍종락 역 (서울: 복있는사람, 2015), 284.
29 제임스 사이어, 『코끼리 이름짓기』, 홍병룡 역 (서울: 한국기독학생회출판부, 2016), 49.
30 알버트 월터스 & 마이클 고힌, 『창조 타락 구속』, 양성만·홍병룡 역 (서울: 한국기독학생회출판부, 2011), 139.
31 데이비드 노글, 『세계관 그 개념의 역사』, 박세혁 역 (서울: CUP, 2018), 446.

기 위해서는 포스트모더니즘이 접근해 오는 방식에 대해서 먼저 이해할 필요가 있다. 포스트모던에 이르러서는 우상도 보이지 않는 모습으로 접근해 온다.

과거에는 금으로 된 신상의 모습이었던 우상이 이제는 보이지 않는 형태가 되었다. 그 대표적인 것이 바로 '자기 과신'이다. 세상 풍조와 유행을 좇아가면서 자기 자신을 지나치게 자부하는 사람들은 우상에 빠진 것이다.

교회 안에서도 "세상과 같이 되는 데 너무 관심을 가져 결국 세상에 말할 것이 없게 된" 존재들이 많다.[32] 결국, 이들은 자기 자신의 주관성으로 승부를 보려고 시도한다. 즉, 포스트모더니즘의 세계관에서는 개별 주관성이 신이 되었다. 보이는 세계와 보이지 않는 세계 모두에서 충돌이 발생하는 지점이 바로 여기에 있다.[33] 이에 맞서서 하나님을 근거로 삼는 객관성은 합당한 대안이 될 수 있다.

노글에 따르면, "하나님은 그분의 삼위일체적 본성과 인격적 성품, 도덕적 탁월함, 놀라운 일, 주권적 통치가 모든 실재를 위한 객관적 준거점이 되는 바로 그 궁극적 실재이시다."[34]

여기서 중요한 것은 그리스도인들이 기독교 세계관을 습득하고 그 세계관 안에 머무는 것에 만족하지 않는 것이다.

우리는 기독교 세계관을 확장하기 위해, 포스트모더니즘이 주창하고 있는 주관성의 문제를 역이용할 수 있어야 한다.

이를 위해 비둘기와 같이 순결하고 뱀같이 지혜로워야 한다. 포스트모더니즘의 주관성 문제를 역이용했을 때 이런 우리는 이렇게 말할 수 있다.-**포스트모더니즘 세계관에서 모든 주장을 존중해야 한다면, 복음이라는 강력한 주장 역시 존중하고 받아들일 수 있어야 한다.**-수용에 예외를 두는 순간 '포스트모더니즘 규칙'에는 균열이 간다. 그렇기에 그들은 모든 문화적 영향 속에서 파생된 사상, 이데올로기, 신념 등을 전부 주관적 소견으로 인정해 준다. 그 '주관성'은 전적으로 문화적 영향에 기반해서 형성된 것이다. 따라서 포스트모더니즘 역시 하나의 문화적 가치관이라고 볼 수 있다.

그렇기에 이들의 시선에서는 복음 역시 문화적 배경 속에서 태동한 것이며, 상대적이다. 그러나 복음은 문화적 영향 속에서 당시의 가치관을 일방적으로 주

---

32 톰 라이트, 『우상의 시대 교회의 사명』, 김소영 역 (서울: 한국기독학생회출판부, 2016), 171.
33 마이클 하이저, 『성경의 초자연적 세계관』, 채정태 역 (서울: 좋은씨앗, 2020), 499.
34 데이비드 노글, 『세계관 그 개념의 역사』, 447.

장하고 있지 않다는 점에서 세속주의와는 엄연히 다르다. 마이클 하이저(Michael Heiser)는 다음과 같이 주장한다.

> 하나님은 주전 1000년 또는 1세기로부터 모든 시대와 지역과 민족을 아우르는 어떤 문화를 가져오려 하지 않으셨다. 그 이유는 분명하다. 성경 저자들을 통해 전하고자 하셨던 하나님의 진리에는 모든 문화를 초월하는 능력이 있음을 아셨기 때문이다. 성경 저자들의 문화적 편견을 우리에게 그대로 주입하려는 것은 하나님의 의도가 아니다.[35]

성경은 성경 시대의 문화적 상황을 일방적으로 주장하고 있지도 않을 뿐 아니라, 마음의 주관성을 가지고 "외부 세계와의 상호작용의 관계 혹은 주고받는 관계"를 부정하지도 않는다.[36] 포스트모더니즘은 '자기 객관화'의 불가능성 때문에, 모든 주관을 상호 존중하는 쪽으로 세계관을 설정했다. 그러나 '복음'은 포스트모더니즘이 불가능할 것이라고 본, '자기 객관화'를 온전히 실현하였다.

그럼으로써 기독교는 구원에 있어서 유일하고도 객관적 지표라는 사실을 주장할 수 있게 되었다. 다시 말해서, 복음의 객관성을 주관적으로 주장하는 것은 합리적인 논증으로 인정받게 되었다.

구대의 전체주의에 대한 반작용으로 포스트모더니즘은 세계의 평화를 가져다준 것처럼 보인다. 그러나 각기 다른 소견을 인정해 주는 것은 '평화'가 아니라 '혼란'이다. 전체주의의 폭력적인 방법론은 분명히 잘못되었지만, 질서와 원칙은 진정한 의미의 평화를 위해 필요하다.

리처드 미들턴(J. Richard Middleton)은 거짓되고 패권적이며 전체주의적인 질서는 문제이지만, "질서 그 자체는 악이 아니라는 사실"을 지적한다.[37] 결국, 혼돈 앞에서 샬롬은 질서로 경험된다. 성경적 관점에서 "기독교 세계관의 형성은 궁극적으로 하나님의 은총과 구속의 기능"이다.[38] 무엇보다 여기서 "창조 질서가

---

35 마이클 하이저, 『안경 없이 성경 읽기』, 김태형 역 (서울: 좋은씨앗, 2021), 39.
36 데이비드 노글, 『세계관 그 개념의 역사』, 462.
37 리처드 미들턴 & 브라이언 왈쉬, 『여전히 우리는 진리를 말할 수 있는가』, 이철민 역 (서울: 한국기독학생회출판부, 2020), 313.
38 데이비드 노글, 『세계관 그 개념의 역사』, 487.

선물이라는 성경의 확언"이 필요하다.³⁹

포스트모더니즘을 따르는 이들에게 이 역시 하나의 주관이라고 평가 절하될지라도, 결국 이 복음의 주관성만이 세계를 지탱시키게 될 것이며, 모든 주관이 상실되고 복음만 남았을 때, 그것이 객관적 진리의 표준임을 인정할 수밖에 없게 될 것이다.

4. 복음 전파

포스트모더니즘 시대에서 복음을 전하기 위해서는 **복음이 거대한 내러티브임**을 드러내 보여야 한다. 알리스터 맥그래스(Alister McGrath)에 따르면, "기독교 변증은 기독교 이야기의 깊은 매력과 광대함"을 보여 주는 것이다.⁴⁰ 포스트모더니즘 세계관에서 중요한 것은, '존재하는 것에 대해서 언어가 어떻게 구성되어 인식할 수 있도록 만드는가?'이다.

변증가들은 포스트모던 시대에 맞춰서 복음의 언어를 개발하려고 시도했고, 나름대로 논쟁을 지속시키고 있다. 그러나 존재가 인식보다 앞선다는 사실을 교리적 언어로만 설명해 내라는 법은 없다.

마이클 고힌(Michael W. Goheen)은 교리의 토대가 되는 '성경 자체'가 내러티브라는 것을 충분히 활용하면서, "성경에 나오는 이야기가 공공의 진리"라는 원칙적 주장을 고수한다.⁴¹ 제임스 사이어(James W. Sire)도 다음과 같이 말한다.

> 실재 자체에 관한 진리는 영원히 우리에게 감추어져 있다. 우리가 할 수 있는 것이라고는 이야기를 들려주는 일뿐이다.⁴²

---

39 리처드 미들턴 & 브라이언 왈쉬, 『여전히 우리는 진리를 말할 수 있는가』, 312.
40 알리스터 맥그래스, 『포스트모던 시대, 어떻게 예수를 들려줄 것인가』, 홍종락 역 (서울: 두란노서원, 2020), 129.
41 마이클 고힌 & 크레이그 바르톨로뮤, 『세계관은 이야기다』, 윤종석 역 (서울: 한국기독학생회출판부, 2018), 41.
42 제임스 사이어, 『기독교 세계관과 현대사상』, 김헌수 역 (서울: 한국기독학생회출판부, 2019), 307.

그런데 문제가 있다. 포스트모더니즘에서는 우리가 알고 있다고 생각하는 그 어떤 것도 과연 실재와 부합하는지 확인할 길이 없다. 따라서 복음의 이야기도 다른 어떤 이야기보다 더 참되다는 증거를 제시하기란 어렵다. 하지만 사이어는 이야기가 공동체에 결속력을 제공해 주며 수많은 증인을 양산했다는 점을 근거로 논증의 난관을 돌파한다. 그는 "이른바 진리라는 것이 사물의 참모습을 지칭하지 않고, 그런 진리 주장이 모두 인간이 만든 이야기이며 그것을 우리가 믿고 들려주는 것이라면, 총체적 무질서에 빠질 것 같은데 사실은 그렇지 않다"고 자신 있게 말한다.

왜냐하면, 복음의 이야기를 들은 사람들이 그것을 참된 이야기로 믿고 있으며, 사회 내에서 이야기의 기능을 발휘하기 때문이다. 또한, 여러 집단이 동일한 이야기를 믿고 있어서 안정된 공동체가 유지된다.[43]

어떤 이들에게는 이야기가 기록되었다는 것만으로도 실재를 인정할 수 있지만, 허구의 이야기들이 만연한 사회에서 이야기를 뒷받침할 만한 증거물이 요구된다. 그러나 오래된 이야기를 입증하기 위해 증거물을 제시하는 것은 매우 어려운 일이며, 증인들의 증언이 계속 구전으로 전달되는 것 역시 대단히 어려운 일이다. 그런데 기독교 신앙은 이 어려운 일을 해냈고, 마침내 포스트모더니즘 사회에서도 여전히 복음의 이야기를 산출시키고 있다. 이것은 세상에 공표된 이야기이다. 고힌은 다음과 같이 증언한다.

> 하나님 나라의 복음을 선포한다는 것은 새로운 신앙 체험이나 교리를 발표하는 것이 아니다. 다른 영적 세계에나 있을 법한 미래 구원을 제시하는 것은 더더욱 아니다. 이 복음이란 하나님이 온 세상의 역사를 어디로 운행하고 계시는지 공표하는 것이다.[44]

끝으로, 포스트모더니즘 시대에서 복음을 전하기 위해서는 **예배와 선교가 회복되어야** 한다. 이를 위해 헨드릭 크래머(Hendrik Kramer)는 "성경적 실재론의 종교가 독특한 종교이듯이 기독교회 역시 신약의 교회관에 따르면 독특한 공동체"라는 점을 상기시킨다.[45] 즉, 교회 공동체의 정체성은 예배에서 확인된다.

---

43 Ibid., 312.
44 마이클 고힌 & 크레이그 바르톨로뮤, 『세계관은 이야기다』, 39.
45 헨드릭 크래머, 『기독교 선교와 타종교』, 최정만 역 (서울: 기독교문서선교회, 2007), 439.

후스토 곤잘레스(Justo L. González)는 "교회가 사명을 위해(for mission) 사는 것도 사실이지만, 교회가 예배로써(by worship) 사는 것도 사실이다"라고 말한다.[46] 예배가 교회의 '전부'라는 것에 대해서는 부정하는 사람들이 있겠지만, 예배가 교회의 '기본'이라는 주장에 대해서는 부정하기 어려울 것이다.

돈 샐리어스(Don E. Saliers)는 "그리스도교가 전하는 희망은 하나님과 세상, 자연과 역사, 하늘과 땅이 하나되는 이야기를 통해 오랜 시간에 걸쳐 형성된 공동체 안에서 함께 예배하고 살아감으로써 얻게 되는 선물"이라고 말한다.[47] 이 말은 예배가 '희망의 선물'이라는 의미이다. 복음이 주는 희망은 교회 공동체에만 고여 있어서는 안 되며 선교를 통해 전파되어야 한다.

선교를 위해서는 타종교와의 관계나 포스트모더니즘에 대한 이해도 물론 중요하지만, 예배의 회복이 우선되어야 하고, 예배의 회복을 위해서는 교회에 대한 사랑이 있어야 한다. 필립 얀시(Philip Yancey)에 따르면, "교회가 존재하는 주된 이유는, 즐거움을 제공하거나 약한 모습을 받아 주거나 자존감을 세워 주거나 우정을 북돋는 게 아니고, 하나님을 예배하는 것이다."[48]

쉽게 말해서 예배는 단순히 윤리적 교훈을 주거나 공동체의 단결을 위한 도구가 아니라 교회의 존재 이유이며 목적이라는 뜻이다. 데이비드 피터슨(David Peterson)에 따르면, 예배는 하나님께 찬양과 감사를 올려드리는 상승적 기능과 하나님께 말씀과 사명을 부여받는 하강적 기능 모두를 포함하고 있다.[49]

또한, 예배는 공동체를 끌어오는 결집의 기능과 공동체를 파송시키는 선교적 기능 모두는 담당한다. 이 모든 예배의 원리는 전적으로 복음에 기인한다. 그러므로 교회 안에 복음이 선포되어야만 예배가 회복될 수 있다. 예배학자 브라이언 채플(Bryan Chapell)도 "복음을 일관되게 재진술하는 예배를 통해, 하나님은 대대로 그리고 인간적 한계를 넘어서 자기 은혜를 전달"하신다고 주장한다.[50]

만일 예배가 포스트모던의 흐름 속에서 세속화된다면 선교 역시 불가능한 상태가 된다. 왜냐하면, 본질적으로 예배자는 종교 간의 화합이나 세상과의 문화적 교류를 추구하는 자들이 아니고, 복음 전파의 사명을 부여받은 이들이기 때

---

46 후스토 곤잘레스, 『교회 공동체의 믿음』, 오현미 역 (경기고양: 이레서원, 2022), 129.
47 돈 샐리어스, 『예배의 감각』, 이광희 역 (서울: 비아, 2022), 118.
48 필립 얀시, 『교회, 나의 고민 나의 사랑』, 윤종석 역 (서울: 한국기독학생회출판부, 2010), 21.
49 데이비드 피터슨, 『예배 신학』, 김석원 역 (서울: 부흥과개혁사, 2016), 223-227.
50 브라이언 채플, 『그리스도 중심적 예배』, 윤석인 역 (서울: 부흥과개혁사, 2017), 152.

문이다. 결국, 예배자가 포스트모던의 조류에 휩쓸리지 않기 위해서는 장자끄 폰 알멘(Jean-Jacques von Allmen)이 말하는 것처럼, "교회가 세상의 찬양과 영광송에 참여하는 것이 아니라, 세상이 교회의 영광송에 참여하고 있음을 상기해야 한다."⁵¹ 또한, 다니엘 블록(Daniel I. Block)이 주장하는 바처럼, 예배가 "하나님의 백성을 구속의 우주적 드라마"로 이끌고 있음을 받아들여야 한다.⁵²

결국, 참된 예배자는 구원의 드라마를 예배 속에서 현실화시킬 뿐 아니라 한 명의 선교자로 복음 전도의 사명을 감당하기에 이른다. 데이비드 J. 보쉬(David J. Bosch)에 의하면, "기독교는 본질적으로 선교적(missionary)이며 그렇지 못하다면 존재 이유를 부인하는 것이 된다."⁵³ 따라서 그리스도인들은 포스트모더니즘 사회에서 복음의 가치를 사수하고 예배의 자리에서 존재의 변화를 얻은 후 선교적 사명을 가지고 파송 받아야 할 의무를 진다.

단, 세상과 타협한 예배에는 복음의 능력이 발휘되지 않는다. 그리고 복음이 상실된 교회에는 선교의 능력도 없다. 제아무리 지성인 그리스도인들이 포스트모던의 물결에 맞서서 탁월한 변증을 해낸다 한들, 예배 안에 복음이 상실된 상태에서는 그 어떠한 열매도 맺지 못한다. 기독교 변증의 승리를 위해서는 탁월한 변증학자보다 예배자가 더 절실히 필요하다.

♣ 내용 정리를 위한 문제

1. 종교다원주의 신학의 내용을 정리한 후, 그에 대한 비판을 탈해석학적 관점과 기독교 전통의 관점에서 각각 서술하시오.
2. 포스트모더니즘의 '상대주의'에 대항해서 '진리의 유일성'을 변증한 후, 기독교 세계관의 내용을 서술하시오.
3. 포스트모더니즘 시대에서 기독교 세계관을 확장하고, 복음을 전하기 위해서는 어떻게 해야 하는가?

---

51 장자끄 폰 알멘, 『구원의 축제』, 박근원 역 (서울: 아침영성지도연구원, 2010), 278.
52 다니엘 I. 블록, 『영광의 회복』, 전남식 역 (서울: 한국성서유니온선교회, 2019), 431.
53 데이비드 J. 보쉬, 『변화하는 선교』, 김만태 역 (서울: 기독교문서선교회, 2017), 37.

※ **참고 문헌**(제37장에 인용된 도서들)

낸시 피어시. 『Saving da Vinci』. 홍종락 역. 서울: 복있는사람, 2015.
다니엘 I. 블록. 『영광의 회복』. 전남식 역. 서울: 한국성서유니온선교회, 2019.
데니스 옥콜롬 & 티모디 필립스. 『다원주의 논쟁』. 이승구 역. 서울: 기독교문서선교회, 2006.
데이비드 J. 보쉬. 『변화하는 선교』. 김만태 역. 서울: 기독교문서선교회, 2017.
데이비드 노글. 『세계관 그 개념의 역사』. 박세혁 역. 서울: CUP, 2018.
데이비드 피터슨. 『예배 신학』. 김석원 역. 서울: 부흥과개혁사, 2016.
데이비드 그리핀. 『포스트모던 하나님 포스트모던 기독교』. 강성도 역. 서울: 조명문화사, 1995.
돈 샐리어스. 『예배의 감각』. 이광희 역. 서울: 비아, 2022.
레슬리 뉴비긴. 『다원주의 사회에서의 복음』. 홍병룡 역. 서울: 한국기독학생회출판부, 2011.
리처드 마우 & 산더 흐리피운. 『다원주의들과 지평들』. 신국원 역. 서울: 한국기독학생회출판부, 2021.
리처드 미들턴 & 브라이언 왈쉬. 『여전히 우리는 진리를 말할 수 있는가』. 이철민 역. 서울: 한국기독학생회출판부, 2020.
마이클 고힌 & 크레이그 바르톨로뮤. 『세계관은 이야기다』. 윤종석 역. 서울: 한국기독학생회출판부, 2018.
마이클 하이저. 『성경의 초자연적 세계관』. 채정태 역. 서울: 좋은씨앗, 2020.
_____. 『안경 없이 성경 읽기』. 김태형 역. 서울: 좋은씨앗, 2021.
밀라드 J. 에릭슨. 『기독교 신앙과 포스트모더니즘』. 박찬호 역. 서울: 기독교문서선교회, 2012.
발터 카스퍼. 『예수 그리스도의 하나님』. 김관희 역. 경기화성: 수원가톨릭대학교, 2015.
브라이언 채플. 『그리스도 중심적 예배』. 윤석인 역. 서울: 부흥과개혁사, 2017.
브루스 니콜스. 『그리스도의 유일성과 종교 다원주의』. 노봉린 역. 서울: 햇불, 1998.
스탠리 그렌츠. 『포스트모더니즘의 이해』. 김운용 역. 서울: WPA, 2018.
스탠리 존스. 『원탁의 그리스도』. 황병규 역. 서울: 평단문화사, 2009.
스티븐 윌킨스 & 마크 샌포드. 『은밀한 세계관』. 안종희 역. 서울: 한국기독학생회출판부, 2014.
아더 홈즈. 『기독교 세계관』. 이승구 역. 서울: 솔로몬, 2017.
_____. 『사실, 가치, 하나님』. 이경직 역. 서울: 한국기독학생회출판부, 2020.
알리스터 맥그래스. 『포스트모던 시대, 어떻게 예수를 들려줄 것인가』. 홍종락 역. 서울: 두란노서원, 2020.
알버트 월터스 & 마이클 고힌. 『창조 타락 구속』. 양성만·홍병룡 역. 서울: 한국기독학생회출판부, 2011.
에드워드 롬멘.『기독교와 타종교』. 정홍호 역. 서울: 서로사랑, 1998.
윌리엄 제임스.『종교적 경험의 다양성』. 김재영 역. 경기 파주: 한길사, 2021.
장자끄 폰 알멘.『구원의 축제』. 박근원 역. 서울: 아침영성지도연구원, 2010.
제럴드 브레이.『갓 이즈 러브』. 김귀탁·노동래 역. 서울: 새물결플러스, 2019.
제임스 사이어.『기독교 세계관과 현대사상』. 김헌수 역. 서울: 한국기독학생회출판부, 2019.
_____.『코끼리 이름짓기』. 홍병룡 역. 서울: 한국기독학생회출판부, 2016.
존 H. 힉.『종교철학』. 김희수 역. 서울: 동문선, 2000.
존 카푸토.『포스트모던 시대의 철학과 신학』. 김완종·박규철 역. 서울: 기독교문서선교회, 2016.
존 카푸토.『포스트모던 해석학』. 이윤일 역. 서울: 도서출판b, 2020.
줄리아 칭.『유교와 기독교』. 변선환 역. 경북 칠곡: 분도출판사, 1994.
찰스 테일러.『현대 종교의 다양성』. 송재룡 역. 서울: 문예출판사, 2017.
케빈 밴후저.『문화신학』. 윤석인 역. 서울: 부흥과개혁사, 2009.
_____.『제일신학』. 김재영 역. 서울: 한국기독학생회출판부, 2017.
테드 피터스.『하나님: 세계의 미래』. 이세형 역. 서울: 컨콜디아사, 2013.
톰 라이트.『우상의 시대 교회의 사명』. 김소영 역. 서울: 한국기독학생회출판부, 2016.
필립 얀시.『교회, 나의 고민 나의 사랑』. 윤종석 역. 서울: 한국기독학생회출판부, 2010.
헤롤드 네틀랜드.『기독교와 종교 다원성』. 박운조 역. 경기 고양: 베드로서원, 2021.
헨드릭 그래머.『기독교 선교와 타종교』. 최정만 역. 서울: 기독교문서선교회, 2007.
후스토 곤잘레스.『교회 공동체의 믿음』. 오현미 역. 경기 고양: 이레서원, 2022.
김요환 & 황선우.『선의 비범성』. 경기 용인: 킹덤북스, 2021.

제38장

시대적 이슈에 대한 기독교 변증 II : 동성애에 대하여

> 이 때문에 하나님이 그들을 부끄러운 욕심에 내버려 두셨으니 곧 그들의 여자들도 순리대로 쓸 것을 바꾸어 역리로 쓰며 그와 같이 남자들도 순리대로 여자 쓰기를 버리고 서로 향하여 음욕이 불 일듯 하매 남자가 남자와 더불어 부끄러운 일을 행하여 그들의 그릇됨에 상당한 보응을 그들 자신이 받았느니라(로마서 1장 26-27절).

 기독교에서 성(性)은 하나님이 주신 즐거움이다. 성은 분명히 "인간 경험중에서 가장 만족스럽고도 가장 순수한 즐거움"을 준다.[1] 그러나 역설적으로 이것은 심각한 죄의 공포를 유발하는 일이 되기도 한다. 그 대표적인 사례가 바로 동성애에 대한 것이다. 성경에서는 명백하게 동성애를 죄로 이야기한다. 법철학의 관점에서 성경은 자연법론에 해당하는데, 자연법론은 과거부터 지금까지 선과 악에 대한 기준으로 합의된 명제이다.

 이러한 합의가 도출될 수 있는 이유는 "누구나 알 수 있는 도덕적 진리들이 실제로 존재"하기 때문이다.[2] 따라서 '낙태는 도덕에 반하고 동성혼은 허용될 수 없다'라고 주장할 때, 이 주장은 근거 없는 억지가 아니다. 단지 현대적 도덕 윤리의 관념이 아닌, 성경이라는 과거부터 지금까지의 합의된 자연법론을 근거로 옳고 그름을 주장했을 따름이다. 만일 낙태와 동성혼을 찬성하는 것이 더 윤리적이라고 생각한다면, 그것은 성경을 자연법론으로 받아들이지 않거나, 혹은 이데올로기적 관점으로 성경을 재해석할 때만 가능하다.

---

1 D. A. 카슨 외 17인, 『하나님과 문화』, 박희석 역 (서울: 크리스챤다이제스트, 2001), 528.
2 레이먼드 웍스, 『법철학』, 박석훈 역 (경기파주: 고유서가, 2021), 14.

그러나 복음적인 기독교 공동체에서는 이러한 시도를 거부한다. 그리고 거부하는 것이 마땅하다. 왜냐하면, '진리를 담고 있는 교리'와 '전통적 가치를 소중하게 여기는 성도들을 향한 배려'가 '현대적 유행'이나 '이념'보다 더 소중하고 우선되기 때문이다. 가끔 이와 같은 교회 공동체를 답답하게 여기고 혁신의 대상으로 삼으며 혈기 부리는 이들이 있다. 그런데 혈기 부리기에 앞서서, 먼저 신앙 공동체의 특성, 가치, 존재 이유 등에 대해서 진지하게 성찰할 수 있어야 한다. 여기서 올바로 성찰한 이들은 교회 공동체 이전에, 자기 자신이야말로 진정한 혁신의 대상임을 발견하게 될 것이다.

그런데 우리 주변에 실제로 동성애자들이 존재하고 있으며, 교회 공동체 안에도 성소수자로 불리는 이들이 있다. 기독교 신학은 이들에게 정죄 감을 주지 않으면서도 복음으로 변화시킬 책임과 의무가 있다. 그런데 여기서 진짜 문제는 '동성애자'들보다, '동성애는 죄가 아니라고 주장하는 거짓된 자'들이다. 이들은 변증을 포기하고 죄와 타협한 이들이다.

오늘날 기독교 변증가들에 요구되는 사명은 성경을 자의적으로 해석하며 동성애를 옹호하는 이들을 단호히 배격하고, 동성애자들의 인격은 긍휼히 여기며 품는 것이다. 그리고 더 나아가 동성애자들이 회개할 수 있도록 이끄는 것이다.

그렇다면 동성애를 옹호하는 기독교인들은 무슨 논리로 그와 같은 주장을 하는 것인가?

퀴어신학자 테오르드 W. 제닝스(Theodore Wesley Jennings Jr.)는 "예수 전승의 모든 기록이 예수를 동-성애적 관계에 호의적인 모습으로 그려낸다"고 주장한다.[3] 이러한 주장에 동의하는 퀴어신학자로 다니엘 헬미니악(Daniel A. Helminiak)이 있는데, 이들은 성경을 문자적으로 봐선 안 되며, 특히 동성애와 관련된 구절들은 오늘날 시대에 맞게 재해석해야 한다고 주장한다. 더 나아가 성경을 동성애 코드로 해석해야 한다고 말한다.

대표적으로 구약에서, 룻과 나오미를 레즈비언의 관계, 사울과 다윗, 다윗과 요나단을 게이 관계로 해석한다. 신약에서는 사도 요한과 예수님의 관계를 게이 관계로 해석하고, 백부장과 하인의 관계, 바울과 디모데의 관계도 모두 동성애로 해석한다. 더 나아가 퀴어신학에서는 예수 그리스도의 십자가 사건을 '성전환 사건'으로 묘사하기도 한다. 교회 전통에 속한 대부분의 성도는 이러한 주장

---

3 테오도르 W. 제닝스, 『예수가 사랑한 남자』, 박성훈 역 (서울: 동연, 2011), 191.

들을 접했을 때 경악을 금치 못할 것이다. 그런데도 이들의 주장을 받아들이고 동성애라는 죄악을 저지르면서 그것이 죄가 아니라고 믿는 이들이 존재한다. 그렇기에 이런 터무니 없는 주장들에 대해서도 나름의 변증이 요구되는 실정이다.

그래서 이번 장에서는 기독교 신앙이 왜 동성애를 옹호할 수 없는지에 대해서 구약, 신약, 윤리학이라는 각 분과에서 내놓고 있는 변증들을 근거로 면밀한 설명을 이어 가고자 한다.

1. 동성애를 '가증한 죄'로 여기는 구약

구약성경은 결코 동성애를 옹호하지 않는다.

다윗과 요나단의 우정을 표현한 대표적인 본문 말씀은 사무엘상 20장과 사무엘하 1장 26절에 등장한다. 여기서 성경 기자는 다윗과 요나단의 우정을 '여인의 사랑 보다 더했다'라고 기록하고 있다. 그러나 이 본문을 근거로 다윗과 요나단을 동성애 관계라고 해석하는 것은 억지 중의 억지이다. 왜냐하면, 성경을 보면 요나단은 아내가 있었고, 다윗 역시 아내가 있었다. 심지어 다윗의 범죄는 잘 알다시피, 우리아의 아내 밧세바를 범한 사건이다.

이런 다윗을 동성애자로 해석하는 것이 말이 되는가?

억지를 부려서 다윗을 양성애자라고 주장할 것인가?

이것은 명백하게 성경을 왜곡하는 것이다. 크리스토퍼 라이트(Christopher J. H. Wright)에 따르면, 구약에서 하나님이 가증이 여기는 것과 조건부 관용 부분은 명확하게 나와 있으며, 이는 논쟁하거나 재해석할 여지가 아예 없다.[4] 퀴어신학자들은 "성경은 동성애를 경고하고 있지만, 내가 동성애를 좋아하기 때문에 찬성한다"라고 솔직하게 말해야 한다. 잘 알지도 못하고 믿지도 않으면서 성경을 왜곡시키는 것은 명백하게 잘못된 행동이다.

룻과 나오미는 메시아 구도 속에 나오는 거룩한 여인들이다. 이들 관계를 동성애자로 몰아가는 것은 심각한 왜곡이다. 또한, 다윗과 사울과의 관계를 동성애적 관계라고 표현한 근거로, 사무엘상 16장 21절을 근거로 드는 것도 억지스

---

4 크리스토퍼 라이트, 『현대를 위한 구약 윤리』, 김재영 역 (서울: 한국기독학생회출판부, 2016), 485-487.

럽다. 사무엘상 16장 21절을 보면, "다윗이 사울에게 이르러 그 앞에 모셔 서매 사울이 그를 크게 사랑하여 자기의 무기를 드는 자로 삼고"라고 기록되어 있다.
　제닝스는 여기에 나온 "서매"를 "발기했을 때"라고 해석한다. 이는 성경을 의도적으로 왜곡한 해석이다. 동성애를 죄로 설명하는 부분은 창세기에도 등장하는데, 창세기 19장은 타락한 소돔성 멸망에 대한 역사가 기록되어 있다. 이 본문에서는 롯이 영접한 천사 둘이 등장하는데, 소돔 성의 동성애자들이 이들의 외모에 이끌려 롯의 집을 찾아간다. 이들의 행위는 새로운 사람들을 환영하겠다는 선의의 행동이 아니라, 동성애적 행위를 하겠다는 악의의 행동이다. 조엘 R. 비키(Joel R. Beeke)는 이 본문의 상황에 대해 아래와 같이 설명한다.

> 롯은 그것을 악으로 일컬었다(7절). "상관한다"라는 히브리어는 성관계를 뜻하는 완곡 어구다. "내게 남자를 가까이하지 아니한(숫처녀인) 두 딸이 있노라"(8절)라는 롯의 말이 그들의 요구가 성적인 의미를 지녔다는 확실한 증거다. 어떤 사람들은 소돔 사람들이 방문자들을 강간하려는 의도는 없었다면서 그들의 죄가 동성애 행위가 아니라 폭력적인 힘의 행사였을 것이라는 반론을 제기할 것이다.
> 물론, 강간도 사람들에 대한 교만한 압제 행위 가운데 하나일 수 있으므로 그렇게 말할 수도 있겠지만 창세기의 본문은 성적인 의미를 강하게 내포하고 있다. 후대의 성경 저자들도 소돔의 죄를 성적 도착으로 이해했다 에스겔서 16장 50절은 소돔 사람들이 거만하게 다른 사람들을 압제한 죄 외에 "가증한 일"을 저질렀다고 말한다. 에스겔은 무엇을 염두에 두고 가증하다고 말했는지 설명하지 않았지만, 이 표현은 문맥상 성적인 죄를 가리키는 비유적 표현과 밀접하게 관련된다.[5]

　웨인 그루뎀(Wayne A. Grudem)에 따르면, 성경은 동성애뿐 아니라 "결혼 관계 밖에서의 그 밖의 다른 종류의 성관계, 예컨대 매춘(고전 6:15-18), 근친상간(레 20:11-21; 고전 5:1-2), 수간(레 18:23; 20:15-16) 등도 금지"하고 있다.[6] 하나님은 성적인 타락을 그냥 방치하지 않으신다. 경고하시고, 금지하시고, 결국 심판하신다. 따라서 소돔과 고모라의 멸망의 원인 중 동성애를 꼽는 것은 적법한 추

5　조엘 R. 비키 & 폴 M. 스몰리, 『한 남자와 한 여자』, 조계광 역 (서울: 개혁된실천사, 2021), 49-51.
6　웨인 그루뎀, 『기독교 윤리학 (하)』, 박문재 역 (서울: 부흥과개혁사, 2020), 229.

론에 근거한 바른 해석이다. 존 스토트(John Stott)는 다음과 같이 말한다.

> 물론, 동성애가 소돔의 유일한 죄는 아니었다. 그러나 성경에 의하면 그것은 분명 소돔의 여러 죄 중 하나였으며 그러한 여러 죄로 인해 하나님의 두려운 심판이 그 위에 내렸다.[7]

그런데 이런 의문을 가질 수 있을 것이다. "하나님은 사랑의 하나님이신데, 레위기를 보면 동성애자들을 돌로 쳐 죽이라는 말씀이 나온다.
사랑의 하나님은 왜 그들을 구원하지 않으시고 죽이셨는가?"
창세기 19장에서 잠깐 설명했듯이 동성애 문제는 천사들이 등장한 영적인 이슈이기도 하다. 그래서 동성애 문제에 접근할 때 우리는 동성애와 성적인 범죄는 일반 범죄와 달리 영적 관점에서의 범죄라는 사실을 인지할 필요가 있다. 그러므로 택하신 거룩한 이스라엘 백성을 영적인 범죄로부터 보호하기 위해 하나님은 사형제도를 율법 안에 정하신 것이다.
그렇다면 열왕기상 14장 24절에서는 왜 남색하는 자들을 죽이지 않고 추방했는가?
그 이유는, 다윗-솔로몬 이후 이스라엘은 광대한 국가가 되어 주변 국가들과 교류를 하고 있었는데, 이방 국가의 동성애자들이 이스라엘에 들어와 거룩한 백성들을 유혹하기 시작한 것이기 때문이다. 이방인들을 죽일 수는 없기에 이스라엘 밖으로 추방한 것이다. 이처럼 성경의 가르침은 일관되고도 분명하다. 케빈 드영(Kevin Deyoung)은 다음과 같이 증언한다.

> 동성애는 하나님의 백성을 향한 그분의 뜻이 아니다. 이런 명백한 사실 앞에서 침묵하는 것은 신중함이 아니며, 그렇게 자주 언급되는 진리 앞에서 주저하는 것은 인내가 아니다. 동성애에 관한 성경의 가르침은 차고도 넘친다. 따라서 우리는 동성애에 관해 분명한 입장을 취해야 한다.[8]

---

[7] 존 스토트, 『존 스토트의 동성애 논쟁』, 양혜원 역 (서울: 홍성사, 2015), 22.
[8] 케빈 드영, 『성경이 동성애에 답하다』, 조계광 역 (서울: 지평서원, 2017), 101.

구약성경에서 말씀하고 있는 올바른 성은 생명을 잉태하는 일이다. 생명의 창조는 하나님의 주권에 따라 발생하는 창조 사역이다. 그런데 이 창조 사역에 인간이 참여할 수 있는 행위가 바로 성행위이다. 부부 사이의 성행위는 이 하나님의 창조 사역에 동참하고 이바지하는 거룩한 행위이다. 샘 올베리(Sam Allberry)는 다음과 같이 설명한다.

> 섹스는 하나님의 아이디어다. 우리의 발명품이 아니라 그분의 선물이었다. 하나님이 "너희가 꼭 해야 한다면 할 수 없지"라는 식으로 마지못해 주신 것이 결코 아니다. 출산의 도구이자 진정한 즐거움을 위한 재생산의 수단으로 주셨다. 섹스는 하나님의 선하심을 잘 드러낸다.[9]

즉, 동성 간의 성행위는 하나님의 창조 사역에 동참하는 일이 될 수 없으며, 그저 쾌락에 의존한 성행위에 불과한 것이다. 또한, 결혼은 출산을 위한 것이고 출산이 목적이다. 정상적인 관계는 출산이 전제되고 출산을 위해서는 반드시 결혼이 전제된다. 구약이나 유대 사람들이 말하는 정상적인 성관계는 결혼생활에만 국한한 것이다. 따라서 출산과 상관없는 육체 지향적 관계는 성경적 입장에서 명백한 죄이다.

물론, 현대에는 결혼 적령기가 늦어지고 있고, 그에 따라 혼전 순결의 양심을 지키기 위해 자위행위로 생물학적 성적 욕구를 해소해야만 하는 이들도 있다. 따라서 예외적 상황이나 생물학적 성장 과정에서 나타나는 신체적 반응까지 모두 일괄하여 죄악시하는 것은 옳지 못하다.

하지만 성중독의 현상으로, 혹은 이성에 대한 박탈감을 충족하고자 동성애를 즐기는 행위는 결코 용납될 수 없는 부분이다. 무엇보다 동성결혼은 출산할 수 없다. 그렇기에 구약성경은 동성애를 반대하는 것이다. 로마서 1장 26절에서 바울은 '순리를 버리는 행동'을 강력하게 금지한다. 여기서 순리를 버리는 행동이란 레즈비언과 게이를 뜻하며, 바울이 동성애를 금지하는 이유는 욕정 때문이다.

결국, 성경적 관점에서 조명할 때, 동성애는 구약을 배경으로 보면 출산과 상관없기에 '죄'이고, 바울 입장에서는 순리를 거스르는 것이기에 '죄'이다.

---

[9] 샘 올베리, 『하나님은 동성애를 반대하실까?』, 홍병룡 역 (서울: 아바서원, 2019), 17-18.

2. 동성애를 '역리'로 여기는 신약

구약성경만이 아니라 **신약성경 또한 동성애를 옹호하지 않는다.** 랜돌프 리처즈(E. Randolph Richards)에 따르면, "바울은 구약의 관점을 공유"하고 있다.[10] 더군다나 바울은 고린도전서 6장 9-10절에서 하나님 나라를 물려받지 못할 이들의 목록에 게이 남자를 포함하고 있다. 신시아 롱 웨스트폴(Cynthia Long Westfall)은 "바울에게 유일한 성적 선택사항은 '자연스러운 관계'(남성-여성)의 결혼 혹은 금욕이다"(고전 7:9)라고 말하고 있다.[11]

물론, 바울이 동성애 행위만을 문제 삼은 것은 아니다. 바울은 육신에 행동들 모두를 문제 삼는다. 하지만 **그가 순리와 역리를 구분하고 있다는 점만큼은 정확하게 동성애 문제에 대한 지적이다.**[12]

종종 어떤 이들은 로마의 동성애는 상대방에게 모욕을 주거나, 자신의 권력을 과시하기 위해, 혹은 남성적 이상을 유지하기 위해 행해진 일이라고 주장한다. 이들은 결국 동성애 자체가 죄가 아니라 권력에 의한 폭력이 죄라고 주장한다.

하지만 스탠리 그렌츠(Stanley James Grenz)는 "남성적 이상을 유지해야 한다는 염려에서 동성애 행위에 대한 적개심이 생겨났다는 학설은, 전통적인 금지 규정들이 남자끼리 성교했던 당사자 모두를 똑같이 처벌했던 사실을 설명하지 못한다"라고 지적한다.[13]

또 레베카 맥클러플린(Rebecca McLaughlin)에 따르면, "고대 세계에서 동성 성교 대부분의 성격이 착취라고 해서 신약을 다시 해석할 길"이 열리는 것은 아니

---

10 랜돌프 리처즈 & 브랜든 오브라이언, 『바울과 편견』, 홍병룡 역 (서울: 한국성서유니온선교회, 2017), 171.
11 신시아 롱 웨스트폴, 『바울과 젠더』, 임재승 역 (서울: 새물결플러스, 2021), 342.
12 최승락, "바울의 순리와 역리 개념과 동성애 문제," 『동성애, 21세기 문화충돌』 (서울: 킹덤북스, 2018), 214. : 특별히 로마서 1장 26절을 보면, 성경은 동성애를 "역리"라고 표현하고 있다. "역리"라는 것은, NIV영어 성경을 보면, "exchanged" 맞바꾸었다는 것이다. "natural relations for unnatural ones." 자연적인 관계를 부자연적인 관계로 바꾸었다는 것이다. 즉, 27절에 나온 "이와 같이 남자들도 순리대로 여인 쓰기를 버리고… 남자가 남자로 더불어 부끄러운 일을 행하여"라고 나온 것이 "순리"를 버렸다는 뜻이 된다. "자연적인 질서"를 버렸다는 것이다. "창조 질서"를 깨버렸다는 것이다. 창세기 1:31을 보면 하나님은 남자와 남자가 아닌, 남자와 여자를 창조하시고 "심히 좋았더라"라고 말씀하고 있다. 그러므로 하나님이 보시기에 동성애는 창조질서를 깨버리는 "역리"라는 명백한 죄이다.
13 스탠리 J. 그렌츠, 『환영과 거절 사이에서』, 김대중 역 (서울: 새물결플러스, 2016), 126.

라고 설명한다.[14] 무엇보다 바울은 동성애를 부추기는 로마 문화에 살았고, 정기적으로 동성애 행위를 하는 남자들을 회심시켰다.[15] 즉, 바울이 디모데와 동성애 관계였다는 주장을 하는 이들은 바울의 서신을 전혀 읽어 본 적이 없는 이들이거나 심각하게 왜곡된 렌즈를 끼고 있는 이들일 것이다.

어떤 퀴어신학자는 예수님과 사도 요한이 동성애 관계라고 주장하기도 한다. 사랑이라는 헬라어 단어를 포괄적으로 다루면서 사제 간의 사랑을 연정의 관계로 몰고 가는 것이다. 물론, "인간의 에로스는 우리 실존의 궁극적 기반이 되는 하나님을 찾고자 하는 열망, 즉 신을 향한 에로스에서 그 기원을 찾을 수 있다."[16]

그러나 성경에서 성적 사랑을 나타내는 단어, 에로스("Ερως)는 단 한 차례도 등장하지 않는다. 성경에서는 오직 그리스도의 신적 사랑을 뜻하는 "아가페"(ἀγάπη)와 '우정' 혹은 '철학적 사랑'을 뜻하는 "필리아"(φιλία)라는 단어만이 나온다. 이 단어들에 대한 신학적 개념을 성적 끌림으로 해석하는 것은 무식의 소치(所致)이다.

즉, '백부장과 그의 수하에 있는 하인과의 관계도 동성애적 관계로 해석하고, 예수님이 그들의 관계를 알고도 묵인하였다는 주장' 등은 성경의 증언과는 전혀 상관없는 가상의 소설이다. 이 말도 안 되는 억지 주장이 펼쳐지게 되는 과정과 그에 대한 반론은 다음과 같다.

마태복음 8장 5-13절과 누가복음 7장 1-10절에 본문에서 나오는 파이스(παῖς)라는 단어는 일반적으로 '아픈 하인'으로 해석된다. 그러나 파이스를 퀴어 비평에서는 "사랑하는 동성 연인"을 뜻하는 말로 해석한다. 신약성서가 기술되던 당시에는 '하인', '노예', '종'을 지칭하는 그리스어 단어가 두 가지로 사용되었다. 하나는 둘로스(δοῦλος)다. 이는 일반적으로 노예, 종을 지칭하는 어휘로 사용되었다. 다른 하나는 파이스인데, 마태복음에서 백부장의 아픈 하인을 가리키는 단어는 파이스이다.

그런데 마태복음에선 하인을 지칭하는 단어 두 개가 동시에 사용되었다. 퀴어 비평을 하는 사람들은 파이스는 백부장이 예수에게 치유해 달라고 간청하는 그 하인을 지칭할 때 사용되는 반면, 둘로스는 다른 일반적인 하인, 종들을 지

---

14 레베카 맥클러플린, 『기독교가 직면한 12가지 질문』, 이여진 역 (서울: 죠이북스, 2022), 239-240.
15 랜돌프 리처즈 & 브랜든 오브라이언, 『바울과 편견』, 172.
16 제임스 라이머, 『교리적 상상력』, 김복기 역 (대전: 대장간, 2015), 103.

칭할 때 사용된다고 구분한다. 즉, 여기서 성경 기자는 의도적으로 파이스(παῖς)와 둘로스(δοῦλος)를 구분한 것이라고 주장하는 것이다. 마태복음의 평행본문으로 해당되는 누가복음에선, 백부장의 하인이 파이스가 아니라 둘로스로 지칭된다. 포괄적이고 일반적인 의미의 노예를 지칭하는 단어가 사용된 것이다.

그러나 퀴어신학자들은 누가복음에서 이 둘로스(δοῦλος, 노예)는 단순한 둘로스가 아니라, 엔티모스(ἔντιμος, 영광스런, 영예를 입은)란 형용사가 수식하고 있으므로 일반적인 노예와는 구별되는 특별한 존재라고 추정한다. 따라서 퀴어신학의 입장은 마태복음과 누가복음의 기자가 각각 백부장의 아픈 하인을 의도적으로 파이스(παῖς)와 엔티모스 둘로스(ἔντιμος δοῦλος)란 표현을 사용한 점을 고려하여, 백부장과 하인의 관계는 동성애 관계이며, 예수님은 그 하인을 고쳐주겠다고 하셨기에 사실상 동성애를 옹호한 것이라고 해석한다.[17]

그런데 위와 같은 해석이 과연 정당한 것일까?

마태복음 8장 6절의 파이스는 일반적인 용례에 따라 단지 '아이', '자녀', '종'일 개연성이 매우 높다. 퀴어신학은 개연성을 버리고 가능성을 택하여 마태복음의 파이스를 "동성 연인"이라고 해석했다. 이는 사실상 사이비 주해이다. 마태복음 저자는 파이스 단어를 언제나 '아이', '자녀', '종'의 뜻으로 사용하고 있다. 이는 마태복음 8장 6절도 같은 뜻으로 쓰였으리라는 개연성을 지지한다(마 2:16; 12:18; 14:2; 17:18; 21:15). 그뿐만 아니라 마태복음 문맥은 이러한 용례를 벗어나서 파이스가 동성 연인이라는 어떤 암시도 주고 있지 않다.

그러므로 헬라 문헌의 몇 구절을 근거로 마태복음 8장 6절에서도 파이스가 "동성 연인"으로 쓰였을 수 있다고 주장하는 것은, 가능성에 토대하여 개연성을 거부하는 일이다.

누가복음 7장 2절의 엔티모스도 '사랑하는 이'라기보다는 '명예로운'이란 뜻이다. 누가복음 14장 8절에서 이 단어는 "명예로운 자리"를 가리키는 데 사용되었다. 이처럼 성경을 주해하는 학자들이 이러한 용례를 무시한다는 것은 있을 수 없는 일이다. 누가복음의 문맥에서 엔티모스는 둘로스를 수식한다. 명예로운 종이란, 종으로서 명예로운 자를 가리키는 것이지, 연인으로서 사랑스러운 자를 가리키지 않는다.

---

17 데린 게스트 & 로버트 고스 & 모나 웨스트 & 토마스 보해치, 『퀴어 성서 주석』, 퀴어성서주석번역출판위원회 역 (서울: 무지개신학연구소, 2021), 29.

그러므로 누가복음 본문도 동성애를 지지하는 본문으로 해석될 수 없다. 구약과 신약 모두 성경의 개연성은 동성애를 반대하는 일관성을 유지하고 있다.[18]

퀴어신학에서 사회적 배경을 통해서 백부장이 로마 군인이므로 동성애자였을 가능성을 주장하는 사람도 있지만, 이 역시도 근거 없는 주장이다. 마태복음 8장 5절에 나오는 백부장은 헤롯이 통치하는 가버나움 지역의 백부장이므로, 그는 로마군이 아니라 헤롯에게 속한 군대의 이방인이었을 것이다. 따라서 그는 아마도 결혼하여 가족과 함께 살고 있었을 것이다. 물론, 이 가버나움 백부장이 가족을 멀리 두고 파견 나온 로마 군인이라 간주할 수도 있을 것이다.

그러나 그렇게 해가면서까지 예외적 상황을 가정하는 것은 이데올로기적 해석의 연역적 한계를 퀴어신학 스스로가 입증해 보일 뿐이다. 더 많은 용례와 합리적 문맥의 해석을 무시하고, 극소수의 용례를 가져와 본문에 강제적으로 적용하는 행위는 단호히 거부되어야 한다.

왜냐하면, 이것은 증거를 채택할 때 개연성보다 가능성을 채택하는 불공정 논증이며, 침묵으로부터의 논증(argument from silence)이기 때문이다. 사회적 배경마저 문헌적 근거에 토대하지 않고 자기 마음대로 상상하여 자신의 주장을 지지하기 위해 사용하는 것은 정직하게 학문하는 태도가 아니다. 따라서 퀴어신학은 사실상 학문의 탈을 쓰고 복음서를 왜곡하여 동성애의 정당성을 주장하는 일종의 사기다.

계속해서 퀴어신학자들은 신약성경 요한복음 13장 23절에서 예수의 품에 사랑하는 제자가 누워있는 모습이 마치 남자들끼리 품에 의지하여 누운 모습으로 연상된다고 주장한다. 그러나 요한복음의 신학은 마태복음과 달리 비주류 기독교인들을 독자로 염두하고 있음을 고려해야 한다. 요한복음 저자의 의도는 "사랑하는 제자를 강조하는 신학"이다. 따라서 사랑하는 제자가 주님의 품에 안긴

---

18 성경은 이성 간의 성관계를 전제(창 1:27-28; 2:18-25)하고 있고, 격에 맞지 않는 쾌락추구형 성관계를 금지(창 6:1-8)하고 있다. 또한, 징계를 받아야만 하는 성관계와 동성애를 금지(레 18:22; 20:13)하고 있다. 징계받아 마땅한 죄악의 최후지점(창 19:1-11; 삿 19장-20장)도 그렇고, 소돔에 대한 평가(창 18:20 이하; 사 1:10-20; 겔 16:48-50) 역시 그 뒷받침하는 근거가 된다. 신약성서에도 여러 죄악들 중의 하나(고전 6:9-10)로 동성애는 언급되고 있으며, 비정상적인 성적 쾌락추구(롬 1:26-27)를 반대하고 있다. 또한, 이성 간의 성관계일지라도(고전 5:1 비교; 6:16, 18 참조) 적법하지 않은 행위(딤전 1:8-11)는 징계 받게 될 죄악(유 7절-하나님 나라에 들어가지 못하는 죄악; 행 15:29 참조)임을 성경은 말하고 있다. 즉, 성경은 동성애라는 특정 '죄'만 국한해서 차별하고 있지 않다. 오히려 성경은 성적 타락에 전반에 대해 분명히 '죄'라고 밝히고 있다.

상황을 그려내는 것은 저자의 신학적 관점을 부각하려는 의도이지 동성애와는 아무 상관이 없다.

퀴어신학자들의 끔찍한 해석의 만행 중 가장 심각한 것은, 예수님의 십자가 죽으심을 성전환 사건으로 해석하는 것이다. 여성 퀴어신학자 엘리자베스 스튜어트(Elizabeth Stuart)는 '십자가에 못 박힌 예수의 옆구리가 창에 찔렸을 때 쏟은 물과 피는 여성의 자궁에서 나오는 물과 피를 의미한다'라고 해석하면서, 이는 예수가 남성에서 여성으로 성전환된 것을 뜻한다고 주장했다.[19]

이는 전통적 해석과도 다르고, 성경의 증언과도 전혀 맞지 않는 주장이다. 분명히 성경은 예수님이 유월절 어린양이 되셔서 우리를 위해 죄를 대속하기 위한 거룩한 피를 흘렸다고 증언한다. 그런데 퀴어신학은 이런 기독교 신앙의 요체가 되는 최고 교리를 외설적인 젠더 모티브로 만들어 버렸다.

3. 참된 기독교 윤리

구약성경과 신약성경 그리고 이전 기독교 전통에 근거했을 때 동성애는 죄다. 그렇다면 현대 기독교 윤리학에서는 어떨까?

바로 답하자면, **현대 기독교 윤리학에서도 동성애는 여전히 죄다.** 대부분의 복음적이고 저명한 신학자와 기독교 윤리학자는 성경에 기록된 동성애 본문을 재해석하지 않고 있는 그대로 수용한다.

리처드 헤이스(Richard B. Hays)는 "교회는 하나님의 피조물인 성적인 존재로서의 인간이 신실한 제자도의 질서 정연한 삶을 사는 길은 두 가지(하나는 이성 간의 결혼이고 다른 하나는 성적 금욕)"뿐이라고 주장한다.[20] 자크 엘륄(Jacques Ellul)은 "근친상간, 간통, 동성애, 소아 성애 등은 결코 '해방'이 아니라, 언제나 자기와 타인에 대한 파괴이며, 고통과 거짓의 되풀이"라고 말한다.[21]

또, 볼프하르트 판넨베르그(Wolfhart Pannenberg)는 "동성애 결합을 결혼과 대등한 것으로 인정하는 교회는 더 이상 하나의, 거룩한, 보편적, 사도적 교회가 아

---

19 김영한, 『퀴어신학의 도전과 정통개혁신학』 (서울: 기독교문서선교회, 2020), 275. 재인용
20 리처드 헤이스, 『신약의 윤리적 비전』, 유승원 역 (서울: 한국기독학생회출판부, 2015), 608.
21 자크 엘륄, 『자유의 투쟁』, 박건택 역 (서울: 솔로몬, 2008), 574.

니다"라고 결론 내린다.²² 계속해서 헬무트 틸리케(Helmut Thielicke)는 "기독교적 사고에서 동성애를 단순히 가치중립적으로 자연의 '변덕'이나 '유희'로 이해할 수는 없다"고 말한다.²³

또한, 피터 바이어하우스(Peter Beyerhaus)는, "동성애는 계몽주의에 담긴 성욕이라는 원리를 고수한 결과이며, 인류를 보존하기 위한 창조의 목적에서 성적인 본능을 분리한 결과"라고 말한다.²⁴ 끝으로 칼 트루먼(Carl R. Trueman)은 LGBTQ+ 운동을 "데스워크"로 정의하는데, 그 이유는 이 운동이 "신성한 질서에 기초하는 과거 문화의 표현 양식을 사용해 내용을 모독하고 의미를 파쇄함으로써 바로 그 과거 질서를 훼손하고 무너뜨리기 때문이다."²⁵

지금까지 확인한 것만으로도 정말 많은 기독교 신학자가 동성애 문제에 대해서 단호하게 반대하거나, 신중한 입장이라는 것을 파악할 수 있다. 단, 기독교 윤리학의 측면에서는 동성애라는 죄에 빠진 이들이 어떻게 복음으로 변화될 수 있을지를 고민하고 모색한다.

미로슬라브 볼프(Miroslav Volf)는 동성애 문제뿐 아니라, 성 정체성에 대한 문제들까지도 포괄적으로 다루면서, "신적 위격의 정체성과 관계에 대한 비전에 통제받는 상태에서 젠더에 대한 사회적 구성이 일어나도록 해야 한다"고 주장한다.²⁶

그러나 낸시 피어시(Nancy Randolph Pearcey)는 "해부학적 신체 구조는 성별을 결정함에 있어 무의미하며 적절하지도 않다고 여기는 세속적 자유주의 세계관"을 단호히 거부한다.²⁷

또한, 가브리엘 쿠비(Gabriele Kuby)는 성 정체성에 대한 용납과 동성 결혼의 합법화 등은 "자유의 이름으로 자유를 파괴"하는 행위라고 주장한다.²⁸ 틀림없이

---

22 존 스토트, 『존 스토트의 동성애 논쟁』, 48. 재인용
23 헬무트 틸레케, 『성윤리학』, 김재철 역 (서울: 새물결플러스, 2015), 463.
24 피터 바이어하우스, 『현대선교와 변증』, 이선민 역 (서울: 기독교문서선교회, 2011), 301.
25 칼 트루먼, 『신좌파의 성혁명과 성정치화』, 윤석인 역 (서울: 부흥과개혁사, 2022), 465.: LGBTQ+란, 여성 동성애자를 뜻하는 레즈비언(Lesbian), 남성 동성애자를 뜻하는 게이(Gay), 양성애자를 뜻하는 바이섹슈얼(Bisexual), 성전환자를 뜻하는 트렌스젠더(Transgender)와 성 소수자 전반을 뜻하는 퀴어(Queer) 혹은 성 정체성을 고민하는 사람(Questioning)을 뜻한다. 그리고 'LGBTQ+ 운동'이란, 이들 성소수자들 편에 서서 그들을 응원하고 지지하는 운동을 뜻한다.
26 미로슬라브 볼프, 『배제와 포용』, 박세혁 역 (서울: 한국기독학생회출판부, 2018), 287.
27 낸시 피어시, 『세이빙 다빈치』, 홍종락 역 (서울: 복있는사람, 2015), 133.
28 가브리엘 쿠비, 『글로벌 성혁명』, 정소영 역 (서울: 밝은생각, 2020), 16.

전통적 가치를 추구하는 이들과 신앙의 자유를 지키려는 이들은 현대의 성-젠더 이슈로 인해 기존의 삶을 위협받는다.

무엇보다 이 문제가 심각한 이유는 단순한 탁상 쟁점에서 그치지 않는다는 것이다. 동성애에 대한 논의는 지금 살아가고 있는 성소수자들을 어떻게 목회적으로 품을지에 대한 과업이다. 또한, 그것은 전통적인 신앙을 견지하는 대부분 성도는 지켜 내는 과업이다. 이 두 가지 과업을 다 이루기 위해 기독교 윤리학은 "성서학, 신학, 섹슈얼리티와 젠더 분야" 모두를 두루 섭렵해야만 했다.[29] 다만, 그 과정에서 "상황이 성경보다 우월해지지 않도록" 특별히 주의해야 한다.[30]

기독교 윤리학에서 가장 중요한 가치는 약자와 소수자에 대한 보호이다. 성경은 가난한 자, 과부, 고아, 나그네 등과 같은 약자와 소수자에게 관용을 베풀 것을 가르친다. 이를 근거로 "오늘날 전 세계 교회 내에서도 동성애를 정당화"하고 그들을 보호하자고 주장하는 이들이 상당히 많다.[31]

그렇다면 과연 동성애자는 약자이면서 소수자인가?

동성애자를 옹호하는 것이 사회적 약자를 옹호하는 것인가?

우선 윤리적인 관점이라고 할지라도 기독교인들은 기본적으로 성경을 기준으로 그 사안과 문제를 바라봐야 한다. 그리고 그 성경을 근거로 볼 때 동성애는 부적합한 사례다. 만약 이들이 성경적으로도 적합한 사례이면서, 약자이고 소수자라면, 이들을 향해서 차별과 혐오를 일삼는 행위는 명백하게 잘못된 것이다.

---

29 윌리엄 로더 & 메건 드프란자 & 웨슬리 힐 & 스티븐 홈스 & 프레스턴 스프링클, 『동성애에 대한 두 가지 견해』, 양혜원 역 (서울: 한국기독학생회출판부, 2018), 12.
윌리엄 로더의 입장 : 성경이 명백하게 동성애를 금하고 있다. 육체적, 정신적 사랑 모두 동성애는 성경적 지지를 끌어낼 수 없다. 그러나 동성애자들의 성적 충동을 동의하지 않더라도, 동역의 관계로 그들과 함께 하는 것은 여전히 가능하다.
메건 드프란자의 입장 : 성경 그 자체가 말하지 않는 부분에 대해서는 해석의 간격이 너무 크다. 따라서 동성애를 죄라고 가르치더라도 공동체의 합의로 동성애자를 포용할 수 있어야 하며, 그들에게 성례전을 베풀어야 한다.
웨슬리 힐의 입장 : 동성애 성향이 있는 자가 동성간의 성행위를 하지 않고 독신으로 있거나, 영적인 우정으로 파트너가 있는 것이라면 그것은 긍정적인 것으로 봐야 한다. 단, 성행위가 동반되는 모든 동성애는 '죄'이다.
스티븐 홈스의 입장 : 기독교 전통의 가치를 여전히 강조해야 하며, 동성애가 가진 죄악의 실상은 성경에 근거해서 지적하는 것이 옳다. 그러나 목회적 포용력을 가지고 죄인을 수용하는 자세 역시 동시에 필요하다. 따라서 피임, 이혼 등의 문제에서 수정된 견해가 받아들여지듯, 동성애 문제도 좀 더 유보하면서 신중하게 받아들일 준비를 해야 한다.
30 웨인 그루뎀, 『복음주의 페미니즘』, 조계광 역 (서울: CH북스, 2020), 184.
31 조영길, 『동성애 차별금지법에 대한 교회의 복음적 대응』 (서울: 밝은생각, 2020), 70.

왜냐하면, 분명히 "차별 개념은 공정한 사회를 위한 불공정 행위를 변화시키는 싸움을 합법화하는 데 열쇠가 되는 개념"이기 때문이다.[32]

하지만 그릇된 행위를 '구별'하는 행위를 '차별'과 '혐오'로 매도할 수는 없다. 만약 그것이 가능하다면 바울은 가장 극심한 차별주의자가 된다. 바울은 인간 타락의 대표격 되는 것이, 성적 타락이고 그것은 동성애를 포함한다고 말한다(로마서 1:26-27). 그런데 바울이 성경 본문에서 '그릇됨'이라는 말을 했을 때, 그 원어적 의미는 '오류'라는 뜻이다. 오류란, 올바른 길에서 벗어나 방황하는 것을 말한다.

즉, 성경은 거두절미하고 동성애는 방황하는 중의 오류하고 명시하고 있다. 동성애는 '다름'이 아니라 '틀림'이다. 기독교 신앙을 가졌다면서, "죄"를 언급하지 않고 일방적으로 "사랑"만을 말한다면, 그것은 올바른 신앙이 아니다. 무엇보다 소수자의 인권을 생각한다면, 탈(脫) 동성애자들(동성애자였다가 다시 이성애자가 된 사람들)의 편에 서야 한다. 이들의 인권이야말로 소수자의 인권이다.

현시대에 동성애는 소수자는 맞지만, 약자는 결코 아니다. 그들 중 어떤 이들은 거대한 정치권력과 결탁하여 온갖 공작을 펼친다. 또한, 자신들보다 더 약자이며 소수자인 탈 동성애자들에게 정신적 물리적 폭력을 서슴없이 가하기도 한다.

동성애자들과 동성애를 옹호하는 기득권자들은 탈 동성애자들뿐만 아니라 경건한 신앙인들에게도 낙인찍기와 폭력을 일삼는다. 이들은 기독교 신앙 질서와 전통을 모독하고, 자신들은 스스로 의식 있다고 생각한다. 약자와 함께 연대한다고 하지만, 실제적으로는 정치적 투쟁과 폭력만을 일삼고 구제와 자선을 하지 않는다. 특히, 이들은 동성애를 죄라고 말하면, 혐오주의자라고 낙인찍는다. 또한, 동성 간의 성적 타락은 '일반화의 오류'라고 주장한다.

그러나 신앙 양심에 따라 "성경적 창조 질서"를 따르는 것을 금지한다면, 그것이야말로 다수의 젠더주의자에 의한 '기독교 차별'이 아니고 무엇이겠는가?[33]

누구든지 동성애를 '죄'라고 말하는 것, '그 자체'를 문제시한다면 그자는 표현의 자유와 신앙의 자유를 침해하는 것이다. 그래서 트루먼은 사람들에게 "'죄는 미워하되 죄인은 사랑하라'는 진부한 경구는 죄가 죄인의 정체성이며

32　김영한, 『젠더주의 도전과 기독교 신앙』(서울: 두란노서원, 2018), 174.
33　가브리엘 쿠비, 『글로벌 성혁명』, 267.

그 둘이 심지어 개념적 수준에서도 분리될 수 없는 세계에서는 작용하지 않는다"라는 점을 주지시킨다.[34]

물론, 일부 근본주의자들이 동성애자들을 인격적으로 탄압했다면, 그것은 잘못된 행동이며 지탄받아 마땅하다. 그런데 근본주의자들의 인격적 탄압의 사례야말로 일반화의 오류이다. 죄를 죄라고 말하는 것은 "타인에 대한 폭력"이나, "혐오 조장"이 결코 아니다.

동성애가 성경적으로 왜 문제가 되며, 퀴어신학이 얼마나 자의적이고 이데올로기적인 해석인지 신학적으로 분석하는 작업은 기초적인 교리에 대한 이해만 있어도 가능하다. 그런데도 기본적인 이해조차 하지 않고, 신앙 고백에도 동의하지 않는 사람들이 함부로 신앙 전통에 속한 이들을 공격한다. 예를 들어보자.

도둑질을 하는 사람에게 도둑질은 죄가 아니라고 말해 주는 것이 사랑인가? 마찬가지이다. 동성애를 하는 사람에게 동성애가 선천적이기에 괜찮다고 말하는 것은 사랑이 아니다. 동성애를 하지 말라고 말해 주어야 맞다. 다만 그것이 강압적이고 폭력적인 정죄가 아닌 사랑과 긍휼의 권면이 되어야 한다. 다음은 복음 안에서 동성애가 완전히 해결된 사례다.

> 크리스토퍼 위안(Christopher Yuan)은 그리스도인이 되기 전에는 주기적으로 게이 사우나를 찾아서 약물에 찌든 채 익명의 상대들과 하루에도 여러 차례 성관계를 맺곤 했다. 결국에는 마약 거래로 수감된 교도소에서, 그는 쓰레기통에 처박힌 성경을 발견했고 그리스도인이 되었다. 자신의 회심 과정을 담은 책 『다시 집으로』(*Out of a Far Country*)에서 그는 이렇게 쓴다. "나는 늘 동성애의 반대는 이성애라고 생각했다. 하지만 실제로는 동성애의 반대는 거룩함이다." 모든 그리스도인은 자기 성적 감정과 상관없이 거룩함으로 부르심을 받았다. 위안은 설명한다. "그리스도 안에서 새롭게 찾은 [내] 정체성 때문에 내 유혹이 변하든 그대로이든 상관없이 하나님께 순종하며 살게 되었다. 성경적 변화는 아무런 싸움이 없는 상태가 아니라, 그런 싸움 가운데서도 거룩함을 선택할 수 있는 자유다."[35]

---

34 칼 트루먼, 『이상한 신세계』, 윤석인 역 (서울: 부흥과개혁사, 2022), 195.
35 낸시 피어시, 『네 몸을 사랑하라』, 이지혜 역 (서울: 복있는사람, 2019), 253.

동성애는 결코 사랑이 아니다. 사랑은 열정적 감정이나 성적 결합이 아니다. 사랑은 "그리스도인의 인격이 전방위에 걸쳐 풍부하고 강력하고 떳떳하고 활기차게 드러나는 것"이다.[36] 이 사랑의 실천 교습소가 바로 교회이다. 그러므로 교회가 참된 기독교 윤리를 실천한다면, **동성애를 죄라고 규정하는 것에서 그치지 말고 동성애자들을 교회 공동체 안에 적극적으로 수용하고 환영해야 한다.**

왜냐하면, 교회는 원래 죄인들이 모이는 곳이기 때문이다. 동성애라고 예외는 없다. 음주와 흡연을 하는 이들이 교회에 등록하는 조건으로 술과 담배를 끊는 것이 아니듯, 동성애도 마찬가지이다. 교회에서 복음을 접하면 죄를 자연스럽게 멀리하게 된다. 만일 죄에서 완전히 차단된 사람만이 교회 공동체의 일원이 된다면 어떤 이도 교회 공동체에 속할 수 없다.

그렌츠는 동성애를 옹호하는 주장은 긍정할 수 없지만, 동성애로 인해 고통받고 있는 이들의 환대를 주장한다. 여성신학자 레티 M. 러셀(Letty M. Russell)이 주장하는 것처럼, 환대는 "위기에 빠진 이 세상에 치유와 정의를 가져오는 하나님의 행동"이다.[37] 이것은 비단 여성해방 공동체에서뿐 아니라, 복음주의 공동체에서도 요구되는 정신이다.

그러므로 교회는 "환대 공동체"(welcoming community)이다.[38] 그러나 예수님이 간음한 여인에게 다시는 죄를 범하지 말라고 명령하셨듯이, 환대는 하되 모든 것을 긍정하는 방종의 공동체(affirming community)가 되어선 안 될 것이다. 게이든 레즈비언이든 트렌스젠더든 교회는 복음이 필요한 모두를 환대한다.

우리 교회는 이들을 정죄하지 않고, 하나님의 영광을 위해 성경에 따라 순결하게 살아가도록 성령님의 도우심을 구한다. 이 말은 교회 공동체에 일원이 되어서도 여전히 죄가 용납된다는 뜻이 아니다. 그보다는 여전히 죄 속에 있더라도 교회 공동체의 일원으로 살아야 한다는 뜻이다.

---

36 헨리 드러몬드, 『사랑, 세상에서 가장 위대한』, 신현기 역 (서울: 한국기독학생회출판부, 2018), 40.
37 레티 M. 러셀, 『공정한 환대』, 여금현 역 (서울: 대한기독교서회, 2012), 47-48.
38 스탠리 J. 그렌츠, 『환영과 거절 사이에서』, 246.

4. 여성신학의 대안 가능성

젠더 문제에 대한 이슈는 여성신학에서부터 제기된 문제였다. 여성신학이 여성으로서의 경험에서 출발하고, 민중신학과 해방신학이 억압의 경험에서 출발하는 것처럼 오늘날의 동성애를 신학으로 끌어올 수 있는 것은 퀴어의 경험에서 비롯된다.[39] 이런 유행하는 신학들은 자신의 주관적 경험이 절대적인 기준으로 작용한다. 이것은 심각한 부작용이 아닐 수 없다. 그런데도 이러한 신학은 동질의 경험 속에 있는 이들에게 환호받는다.

그렇다면 여성신학은 젠더 이슈에 충분한 대안이 될 수 있을까?

여성신학은 동성애의 문제 이전에 성(性) 해방을 이끌어 온 신학으로써 그 권위와 내용이 적절한가?

먼저, 여성신학이 기여한 점을 살펴보겠다. 여성신학은 기독교의 세례를 받은 처녀, 과부, 기혼 여성, 이방 여성 등이 모두 남성과 대등하며 동등한 가치를 지닌 존엄한 인간이라는 점을 시사했다.[40] 이는 가부장적 구조 속에서 "동등자 제자직 소명"을 여성으로까지 확대하는 성경적 원리라고 볼 수 있다.[41]

또한, 여성신학은 지배적인 교회와 문화 이데올로기를 비판하고 여성의 창조성과 능력을 중대하게 가르치는 일에 큰 기여를 하였다.[42] 분명히 여성신학은 남성 중심적 사회에서 성경적 원리로 여성의 권리와 소명을 찾아주는 긍정적 역할을 했다.

반면에 여성신학이 주는 해악(害惡)도 있다. 이러한 해악이 발생하는 원인은 급진적이고 편협한 시각으로 성경을 해석하기 때문이다. 여성신학의 대표적인 잘못된 주장은, "성서는 과거 가부장적 사회 질서를 배경으로 쓰였고, 남성 중심적인 세계를 옹호하고 있다"라는 주장이다. 로즈마리 류터(Rosemary R. Ruether)는 생태학적이고 모권적인 사회를 퇴보적인 영향으로 전복시키는 주된 원인을 유대교와 기독교의 가부장적 종교 전통에 있다고 접근했다.[43]

---

39 한국여성신학회, 『다문화와 여성신학』 (서울: 대한기독교서회, 2008), 137.
40 일레인 페이걸스, 『아담, 이브, 뱀』, 류점석·장혜경 역 (경기고양: 아우라, 2010), 178.
41 엘리사벳 쉬쓸러 피오렌자, 『동등자 제자직』, 김상분·황종렬 역 (경북칠곡: 분도출판사, 1997), 251.
42 로즈메리 류터, 『신앙과 형제 살인』, 장춘식 역 (서울: 대한기독교서회, 2001), 363.
43 로즈마리 래드퍼드 류터, 『가이아와 하나님: 지구 치유를 위한 생태 여성 신학』, 전현식 역 (서울: 이화여자대학교출판부, 2006), 175.

또 엘리자베스 쉬슬러 피오렌자(Elisabeth Schüssler Fiorenza)는 여성의 수동성, 복종, 자기 부정 등의 주장은 반동적인 종교적 보수주의에 의한 것으로 평가한다.[44] 만일 이러한 평가가 일반화되어 극단적인 페미니즘과 연결된다면, 하나님은 가부장적 표상이 된다. 그리고 이런 사고체계 안에서는 하나님을 '아버지'라고 부르기보다는, '어머니'라고 부를 것을 더 선호하기에 이른다.

그런데 예수님이 하나님을 '아바 아버지'로 부르셨는데, 예수를 구세주로 믿는 성도들이 하나님을 어머니라고 부르는 것이 과연 옳은가?

오늘날에는 하나님을 여성으로 묘사하는 것에서 더 나아가 '퀴어 하나님'을 주장하는 이들까지도 등장하였다. 급진적인 여성해방신학이 현대 젠더 이데올로기에 신학적 근거를 제공해 주고, 그것이 퀴어신학으로까지 발전된 것이다.

하지만 역설적으로 젠더 이데올로기 문제나 급진적인 여성해방신학 등에 대한 대안으로 여전히 '여성신학'을 제시할 수 있다. 전통을 거부하고 세속의 페미니즘과 결탁한 여성신학이 아닌, 복음적이고 성서적인 여성신학은 사회적 약자의 문제와 소외된 이들에 대한 용기를 주는 신학으로 그 기능을 감당할 수 있다.

가령 삼위일체 신학이 남성적 이미지를 배타적으로 사용한 것이라고 공격하는 여성신학의 입장에 대해서, 캐서린 모리 라쿠나(Catherine Mowry Lacugna) 삼위일체 신학은 "남성적 언어를 하나님에게 적용하지만, 반면 여성적 언어는 하나님과 세상의 범심론적 동일화를 가능하게 해 준다"고 보완적인 입장을 이야기한다.[45]

또한, 새라 코클리(Sarah Coakley)에 따르면, "페미니즘이 생명을 얻기 위해 생명을 잃어야 한다는 그리스도교적 역설을 거부하지 않고 수용한다면, 케노시스론의 중요한 전통들은 오히려 여성들에게 유익한 자원이 될 것"이라고 기대한다.[46]

그 밖에 **복음적 관점에서 여성신학을 시도할 때, 우리는 예수 그리스도께서 남성이라는 사실에 불만을 품기보다는, 그분이 여자의 후손으로 오신 메시아라는 사실에 감격을 느낀다.** 성경에 나온 아픔 있는 여성 중 하나님의 위로를 받지 않은 여인은 없다. 성부께서는 하갈을 구원하셨고, 성자께서는 우물가의 여인과 마리아를 찾아가셨으며, 성령께서는 브리스길라를 통해 일하셨다.

---

44 엘리자베스 쉬슬러 피오렌자, 『성서-소피아의 힘』, 김호경 역 (서울: 다산글방, 2002), 54.
45 캐서린 모우리 라커그나, 『신학. 그 막힘과 트임』, 강영옥·유정원 역 (경북칠곡: 분도출판사, 2004), 139.
46 고형상, 『욕망, 기도, 비움: 새라 코클리의 생애와 신학』 (경기고양: 도서출판100, 2021), 46.

웨렌 A. 게이지(Warren A. Gage)는 주님이 여인들을 이 세상에서 구원하시고자 '여자의 후손'이 되셔서 이 땅에 오셨음을 주장한다.[47] 또 하나님은 밧세바와 같은 여인(남편이 살해당하고, 성범죄의 피해자 된 여인)을 그냥 방치하지 않으시고, 그녀를 왕비로 만드시고 큰 위로를 덧입혀 주셨다.[48] 무엇보다 영국의 여성 문학가 도로시 세이어즈(Dorothy L. Sayers)는 예수님이 십자가를 지시는 사건은 여성들에게 치유와 회복을 준 사건이며, 예수님은 여성을 인간으로 바라본 최초의 남성이라는 점을 주장한다.[49]

이처럼 복음적 관점에서 여성신학을 시도했을 때 차별받는 모든 이에게 은혜가 된다. 무엇보다 상처받고 약한 이들을 위한 신학적 접근은 오늘날 젠더 문제에 대해 충분히 대안적 기능을 감당해 낸다.

모든 유행 신학이 다 약자와 여성 그리고 소수자를 보호하지 않는 것처럼, 모든 전통 신학이 다 기득권과 강자의 편에 서서 약자에 대해 무관심한 것도 아니다. 오히려 가장 복음적인 신학이 죄와 사망과 어둠의 공포에 있는 소수자에게 기회와 희망을 준다. 특히, 동성애 문제 때문에 고민하는 이들에게 복음은 여전히 희망이다. 크리스토퍼 애쉬(Christopher Ash)는 이렇게 말한다.

> 예수 그리스도의 기쁜 소식은 성적인 과거가 더럽혀진 이들에게 용서를 베푼다. 성적인 죄는 용서받지 못할 죄가 아니며 성적인 상처도 회복 불능이 아니다. 우리가 무엇을 했거나 보았거나 생각했든 그리고 남이 우리에게 어떤 일을 저질렀든, 성경은 우리에게 하나님의 은혜의 말씀을 들려준다(행20:32). 은혜의 징후는 성경에 넘쳐난다.[50]

---

47 웨렌 A. 게이지, 『천상의 로맨스』, 허정완 역 (충청남도: 생각디자인, 2016), 108.
48 데이비드 갈런드 & 다이애나 갈런드, 『상처받은 딸들의 하나님』, 임금선 역 (서울: 도마의길, 2008), 202.
49 도로시 세이어즈, 『여성은 인간인가?』, 양혜원 역 (서울: 한국기독학생회출판부, 2019), 55-56.
50 크리스토퍼 애쉬, 『결혼, 그 아름다운 예배』, 운종석 역 (서울: 복있는사람, 2019), 30.

♣ 내용 정리를 위한 문제

1. 퀴어신학에서 다윗과 요나단의 관계를 동성애로 해석한 것에 대하여 반론한 후 구약성경의 관점에서 동성애를 설명하시오.
2. 퀴어신학에서 백부장과 하인의 관계를 동성애로 해석한 것에 대하여 반론한 후 신약성경의 관점에서 동성애를 설명하시오.
3. 현대 기독교 윤리학에서도 여전히 동성애가 '죄'일 수밖에 없는 이유를 서술하고, 동성애자들에 대한 교회 공동체의 바람직한 태도에 대해 밝히시오. 그 후 젠더 문제에 대안적 기능을 감당해 내는 '여성신학'의 복음적 관점에 관해 서술하시오.

※ 참고 문헌(제38장에 인용된 도서들)

D. A. 카슨 외 17인. 『하나님과 문화』. 박희석 역. 서울: 크리스챤다이제스트, 2001.
가브리엘 쿠비. 『글로벌 성혁명』. 정소영 역. 서울: 밝은생각, 2020.
낸시 피어시. 『네 몸을 사랑하라』. 이지혜 역. 서울: 복있는사람, 2019.
＿＿＿. 『세이빙 다빈치』. 홍종락 역. 서울: 복있는사람, 2015.
데린 게스트 & 로버트 고스 & 모나 웨스트 & 토마스 보해치. 『퀴어 성서 주석』. 퀴어성서주석번역출판위원회 역. 서울: 무지개신학연구소, 2021.
데이비드 갈런드 & 다이애나 갈런드. 『상처받은 딸들의 하나님』. 임금선 역. 서울: 도마의길, 2008.
도로시 세이어즈. 『여성은 인간인가?』. 양혜원 역. 서울: 한국기독학생회출판부, 2019.
랜돌프 리처즈 & 브랜든 오브라이언. 『바울과 편견』. 홍병룡 역. 서울: 한국성서유니온선교회, 2017.
레베카 맥클러플린. 『기독교가 직면한 12가지 질문』. 이여진 역. 서울: 죠이북스, 2022.
레이먼드 웍스. 『법철학』. 박석훈 역. 경기 파주: 고유서가, 2021.
레티 M. 러셀. 『공정한 환대』. 여금현 역. 서울: 대한기독교서회, 2012.
로즈마리 래드퍼드 류터. 『가이아와 하나님: 지구 치유를 위한 생태 여성 신학』. 전현식 역. 서울: 이화여자대학교출판부, 2006.
로즈메리 류터. 『신앙과 형제 살인』. 장춘식 역. 서울: 대한기독교서회, 2001.
리처드 헤이스. 『신약의 윤리적 비전』. 유승원 역. 서울: 한국기독학생회출판부, 2015.
미로슬라브 볼프. 『배제와 포용』. 박세혁 역. 서울: 한국기독학생회출판부, 2018.
샘 올베리. 『하나님은 동성애를 반대하실까?』. 홍병룡 역. 서울: 아바서원, 2019.
스탠리 J. 그렌츠. 『환영과 거절 사이에서』. 김대중 역. 서울: 새물결플러스, 2016.

신시아 롱 웨스트폴. 『바울과 젠더』. 임재승 역. 서울: 새물결플러스, 2021.
엘리사벳 쉬쓸러 피오렌자. 『동등자 제자직』. 김상분·황종렬 역. 경북 칠곡: 분도출판사, 1997.
엘리자베스 쉬슬러 피오렌자. 『성서-소피아의 힘』. 김호경 역. 서울: 다산글방, 2002.
웨렌 A. 게이지. 『천상의 로맨스』. 허정완 역. 충청남도: 생각디자인, 2016.
웨인 그루뎀. 『기독교 윤리학 (하)』. 박문재 역. 서울: 부흥과개혁사, 2020.
_____. 『복음주의 페미니즘』. 조계광 역. 서울: CH북스, 2020.
윌리엄 로더 & 메건 드프란자 & 웨슬리 힐 & 스티븐 홈스 & 프레스턴 스프링클. 『동성애에 대한 두 가지 견해』. 양혜원 역. 서울: 한국기독학생회출판부, 2018.
일레인 페이걸스. 『아담, 이브, 뱀』. 류점석·장혜경 역. 경기 고양: 아우라, 2010.
자크 엘륄. 『자유의 투쟁』. 박건택 역. 서울: 솔로몬, 2008.
제임스 라이머. 『교리적 상상력』. 김복기 역. 대전: 대장간, 2015.
조엘 R. 비키 & 폴 M. 스몰리. 『한 남자와 한 여자』. 조계광 역. 서울: 개혁된실천사, 2021.
존 스토트. 『존 스토트의 동성애 논쟁』. 양혜원 역. 서울: 홍성사, 2015.
칼 트루먼. 『신좌파의 성혁명과 성정치화』. 윤석인 역. 서울: 부흥과개혁사, 2022.
_____. 『이상한 신세계』. 윤석인 역. 서울: 부흥과개혁사, 2022.
캐서린 모우리 라커그나. 『신학, 그 막힘과 트임』. 강영옥·유정원 역. 경북 칠곡: 분도출판사, 2004.
케빈 드영. 『성경이 동성애에 답하다』. 조계광 역. 서울: 지평서원, 2017.
크리스토퍼 라이트. 『현대를 위한 구약 윤리』. 김재영 역. 서울: 한국기독학생회출판부, 2016.
크리스토퍼 애쉬. 『결혼, 그 아름다운 예배』. 운종석 역. 서울: 복있는사람, 2019.
테오도르 W. 제닝스. 『예수가 사랑한 남자』. 박성훈 역. 서울: 동연, 2011.
피터 바이어하우스. 『현대선교와 변증』. 이선민 역. 서울: 기독교문서선교회, 2011.
헨리 드러몬드. 『사랑, 세상에서 가장 위대한』. 신현기 역. 서울: 한국기독학생회출판부, 2018.
헬무트 틸레케. 『성윤리학』. 김재철 역. 서울: 새물결플러스, 2015.
김영한 외 15인. 『동성애, 21세기 문화충돌』. 서울: 킹덤북스, 2018.
김영한. 『젠더주의 도전과 기독교 신앙』. 서울: 두란노서원, 2018.
_____. 『퀴어신학의 도전과 정통 개혁신학』. 서울: 기독교문서선교회, 2020.
고형상. 『욕망, 기도, 비움: 새라 코클리의 생애와 신학』. 경기 고양: 도서출판100, 2021.
조영길. 『동성애 차별금지법에 대한 교회의 복음적 대응』. 서울: 밝은생각, 2020.
한국여성신학회. 『다문화와 여성 신학』. 서울: 대한기독교서회, 2008.

제39장

시대적 이슈에 대한 기독교 변증 Ⅲ : 이슬람에 대하여

> 다른 이로써는 구원을 받을 수 없나니 천하 사람 중에 구원을 받을 만한 다른 이름을 우리에게 주신 일이 없음이라 하였더라(사도행전 4장 12절).

기독교 신앙에서 변증하고 있는 가장 기본적이면서 핵심적인 주제는 '예수만이 유일한 구세주'라는 명제이다. 사도행전 4장 12절 말씀은 이 진리를 분명하게 천명한다. 그런데 성경의 일정 부분의 내용을 공유하면서도 예수를 구세주로 믿지 않는 종교도 있다. 유대교와 이슬람이 바로 그렇다. 보통 변증은 무신론자들에게 신 존재를 증명하는 방법론이 주를 이루지만, 기독교 변증은 '유일한 신은 삼위 하나님이다'라는 사실까지 증명해야 한다.

특히, 이슬람의 교리는 기독교 신앙의 교리와 큰 마찰이 필연적으로 일어날 수밖에 없다. 그 이유는 역설적으로 두 종교 간의 유사성 때문이다. 정치학자 새뮤얼 헌팅턴(Samuel Huntington)은 이렇게 설명한다.

"이슬람교와 그리스도교는 모두 일신교인데, 일신교는 다신교와는 달리 자기 외부의 신성을 좀처럼 수용하려 들지 않으며 세계를 우리와 그들이라는 이원적 구도로 파악한다."[1]

사실 이슬람과의 신학적 대화는 이미 오래전에 시도된 바가 있다. 그것은 티모테오스 총주교와 칼리프 알마흐디의 대화이다. 이 대담은 약 781-782년의 일이다. 이슬람 편에서 볼 때 기독교가 가지고 있는 난제는 "섭리에 대한 기독교의 이해, 그리스도와 그분의 본성 및 삼위일체의 본질, 구원 서사 안에서 십자가와 부활의 역할, 왜 그리스도인들은 마호메트를 선지자로 인정하지 않는가 하는

---

1 새뮤얼 헌팅턴, 『문명의 충돌』, 이희재 역 (경기 파주: 김영사, 2021), 346.

것"이었다.[2]

티모테오스는 하나님의 구원 섭리, 십자가와 부활, 그리스도의 본성, 삼위일체 하나님에 대한 기독교 교리를 설명하였고, 그 결과 칼리프 알마흐디는 기독교 신학의 위대함을 인정할 수밖에 없었다. 당시 이슬람의 사상은 어느 정도는 성숙해졌고 유대교와 그리스도교의 계시들에 대체하는 최종 계시도 확보된 상태였다. 그러나 그리스도인 학자들의 깊이 있는 사유와 교리 앞에서 칼리프는 자신들의 종교가 청년기 수준에 지나지 않다는 것을 깨닫게 되었다.

그렇다면 지금은 어떤가?

아직 한국 사회에서는 이슬람의 교세가 그렇게 많이 확장된 상태는 아니지만, 서구 국가들의 상황을 두고 볼 때 이슬람의 확장세는 머지않아 동양의 국가에 강한 영향력을 끼칠 것으로 보인다. 이슬람의 교세 확장에서 비롯되는 갈등은 비단 그리스도교의 종교적 열정과 이슬람의 원리주의 운동 간의 충돌에서만 비롯되지 않는다. 20세기 후반 이슬람과 서구의 갈등이 증폭되는 이유는 다음과 같다.

> 첫째, 이슬람교도 인구의 증가는 대규모 실업자를 낳았고 여기에 불만을 품은 청년들이 이슬람의 대의를 실현하는 운동에 뛰어들거나 서구로 이주하여 인접 국가들을 긴장으로 몰아넣었다.
>
> 둘째, 이슬람의 부상으로 이슬람교도들은 서구에 견주어 자신들 문명의 독특한 가치와 개성에 새로운 자긍심을 갖게 되었다.
>
> 셋째, 자신의 가치와 제도를 보편화하고 경제적, 군사적 우위를 고수하며 이슬람 세계에서 발생하는 분쟁에 개입하려는 서구의 시도는 이슬람교도들의 강한 반발을 낳았다.
>
> 넷째, 공산주의의 붕괴로 서구인과 이슬람교도의 공적이 사라지자 둘은 서로를 가장 큰 위협으로 인식하게 되었다.
>
> 다섯째, 이슬람교도와 서구인의 접촉이 늘어나고 교섭이 잦아지면서 자신의 정체성과 자신이 상대방과 얼마나 다른지에 대한 각성 또한 새롭게 확산하였다. 상호 교섭과 어울림은 또한 상대 문명에 속한 사람들이 지배하는 나라에서 자기

---

2 제임스 휴스턴 & 옌스 치머만, 『그리스도인은 누구인가?』, 양혜원·홍종락 역 (서울: 한국기독학생회출판부, 2021), 411.

문명 사람들의 권리를 놓고 벌어지는 대립을 심화시킨다.[3]

서구 사회는 기독교 문명이 오래전부터 뿌리내리고 있다. 그런데 이슬람이 서구 사회에까지 확산하면서 새로운 갈등이 일어나고 있다. 그러나 이 말을 역으로 생각해 보면, 이슬람 세계 속에도 기독교가 확산해 가고 있다는 의미가 된다. 시드니 H. 그리피스(Sidney H. Griffith)는 아랍어권 그리스도인 변증가들의 담론이 그들의 공동체에 녹아들기 시작했다고 밝힌다.

무슬림은 꾸란의 가르침에 따라 그리스도교의 핵심 교리를 거부해 왔다. 그런데 예언자 무함마드의 전승에 근거해서 신앙을 내세우려다 보니 그리스도교를 옹호하는 논증을 자신도 모르게 전개하고 있다.

> 예컨대 삼위일체와 성육신에 관한 교리를 아랍어로 합리적으로 표현하려는 시도에는 하나님의 속성, 곧 꾸란에서 말하는 "하나님의 아름다운 이름들"의 존재론적 지위에 대한 당대 이슬람의 논의와 관련해서 삼위일체 교리를 전개하고, 또한 진정한 예언과 참된 종교를 가리키는 표지에 대한 이슬람의 논의와 관련해서 성육신론을 표현하려는 노력이 포함되었다.[4]

1. 이슬람이 기독교를 바라보는 시선

그렇다면 구체적으로 이슬람의 교리는 기독교 신앙의 교리와 무엇이 다른가? 이슬람의 교리가 과연 기독교 신앙에 위협을 주는가?

먼저, 이슬람은 A.D. 7세기에 이르러서야 무함마드에 의해 시작된 종교임으로 그보다 앞서 정경이 완성된 성경 안에서 이슬람에 대한 직접적인 판단을 찾기는 어렵다. 따라서 기독교인이 이슬람에 대해 가지고 있는 견해들은 일반적인 이해로 생겨난 것들이다. 그에 반해 무슬림들이 가지고 있는 기독교와 기독교 신앙에 대한 이해는 이미 상당히 고정된 상태다.[5]

---

3 새뮤얼 헌팅턴, 『문명의 충돌』, 347-348.
4 시드니 H. 그리피스, 『이슬람 세계 속 기독교』, 성원모 역 (서울: 새물결플러스, 2019), 142.
5 크리스티네 쉬르마허, 『이슬람과 사회』, 김대옥·전병희 역 (인천: 도서출판바울, 2010), 99.

그 이유는 이슬람의 경전 꾸란에서 기독교에 대한 진술이 기록되어 있기 때문이다. 꾸란은 예수 그리스도 이후의 계시로서, 후에 그것이 무슬림 하디스(전통)에 의해 전체적으로 강조되고 확증되었다. 그들이 이런 시각에서 꾸란을 이해할 수 있는 이유는 이슬람 학자들은 꾸란을 비평적인 태도로 접근하지 않기 때문이다.

하버드의 비교종교 사학 교수 윌프레드 캔드웰 스미스(Wilfred Cantwell Smith)에 따르면, "꾸란의 내용은 이상적으로 이슬람이라는 종교의 총체적 근원일 뿐만 아니라, 이슬람의 모든 구체적인 부분의 근원이며, 또한 무슬림 공동체의 전체적 삶이 움직이는 근원"임으로, '역사적 검증'이나 '비평적 접근'조차도 불허할 수밖에 없다[6](물론, 꾸란에 대한 비평적 주석 작업이 이슬람 안에 아예 없는 것은 아니었지만, 매우 제한적이다. 대표적인 주석으로 사이드 아흐마드 칸[Syed Ahmad Khan]의 주석은 과학의 발전을 꾸란과 대립적으로 여기고 있으며, 무함마드 압두흐[Muhammad Abduh]가 모더니스트적 꾸란 해석을 추구하긴 하였으나 여전히 꾸란 중심적 사상에 갇혀 있었고, 아불 칼람 아자드[Abul Kalam Azad]의 주석은 꾸란을 모든 종교적 진리 공유로서 이해한 것이지 엄밀한 의미 비평적 작업은 아니다. 즉, 꾸란의 법적 절대성은 일반적으로 이슬람의 정체성에서 중심적인 역할을 하므로 이것을 비평적 작업으로 주석하는 것들은 이슬람의 대중적 견해를 대변한다고 보기 어렵다.[7] 만일 개신교 자유주의자들이 성서를 비평하듯 무슬림 자유주의자들이 꾸란 비평을 한다면, 그 무슬림 학자는 이슬람 사회에서 생명의 위협을 받게 될지도 모른다).

이슬람의 이러한 태도는 부정적으로 보면 '폐쇄성'이지만, 긍정적으로 보면 '자기 종교 공동체의 존속을 위한 방어'이다.

즉, 기독교의 자유주의 신학자들이 성경을 역사비평으로 분석하는 것처럼 이슬람 학자들이 꾸란을 그렇게 분석하리라 생각한다면 이슬람을 크게 오해하는 것이다. 이슬람 학자들에게 꾸란을 대하는 학문적 접근은 오직 암송뿐이며 그 어떤 비평적 해석도 용납하지 않는다. 그러므로 모든 무슬림은 꾸란 무오설의 교리를 기본적으로 고수하고 있다고 봐도 무방하다. 그리고 그들의 교리는 철저하게 꾸란이라는 경전에 근거한다. 좀 지나칠지 모르지만 무슬림은 근본주의자만 있으며 근본주의자가 아니라면 무슬림이 아니다.

---

6 윌프레드 캔드웰 스미스, 『경전이란 무엇인가』, 류제동 역 (서울: 분도출판사, 2022), 145.
7 앤드류 리핀 & 테레사 베른하이머, 『무슬림들의 신앙과 실천』, 공일주·정승현·현한나 역 (서울: 기독교문서선교회, 2022), 387.

무함마드는 초기에 기독교인들의 경건과 사랑을 예찬했으나 얼마 지나지 않아 '알라와 심판 날에 대한 두려움이 없는 이들'이라고 비난하였다. 게다가 꾸란에서는 "기독교인들이 무함마드를 기독교로 개종시키려 한다고 언급한다."[8] 또 무함마드는 유대인들이 성서를 함부로 개작했다고 지적하면서 유대교와의 불화의 불씨도 키웠다. 결국, 이슬람은 무함마드에 의해서 기독교, 유대교와 차별성을 두면서도 '한 하나님'(the one God)에 대한 교리는 절대적으로 수호했다.[9]

이슬람의 이와 같은 배타적 태도에도 불구하고 현대에 이르러서 개신교 신학자 미로슬라브 볼프(Miroslav Volf)는 신에 대한 경외심과 공공선을 위해 기독교인이나 무슬림이나 같은 지붕 아래 모일 가능성을 열었다. 왜냐하면, 기독교와 무슬림 모두에게 신은 부족 신이 아닌 한 분이시기 때문에 '우리' 신은 '우리 것'인 만큼 '그들의 것'이기도 하기 때문이다.[10]

하지만 볼프의 이런 접근은 공격적인 무슬림의 포교 앞에서 기독교 신앙의 적극적인 변증을 포기하고 피하는 것으로 보인다. 물론, 함께 어울려 사는 사회에서 어떻게든 타협점을 찾고자 노력하는 것에 대해 마냥 비난받을 일은 아니지만, 교리의 문제 앞에서는 무슬림들 역시 기독교인들에게 타협의 여지를 주지 않는다는 점을 간과해선 안 된다. 어떤 신앙인들에도 교리는 낭만적으로 타협될 수 있는 영역이 아니다.

성경은 분명히 "다른 이로써는 구원을 받을 수 없나니 천하 사람 중에 구원받을 만한 다른 이름을 우리에게 주신 일이 없음이라 하였더라"라고 증언한다. 알라가 다른 이름이 아니라는 주장이 설득력 있을지 모르지만, 무함마드는 분명히 다른 이름이다. 초기 기독교인들은 무함마드의 등장을 보고 경계했고, 그를 예언자로서 수용하지 않았다. 크리스티네 쉬르마허(Christine Schirrmacher)는 다음과 같이 진술한다.

> 기독교인들은 무함마드가 하나님으로부터 온 예언자라는 선언을 거부했는데, 무함마드는 메시지가 그의 것에서 벗어나 있다는 이유로 그들이 성경을 왜곡시켰다고 고발하고 자신의 메시지와 상충하는 기독교 교리를 대적했는데, 그는 자신의 계시는 하늘의 원본 메시지와 일치한다고 믿었다. 기독교인들에 대

---

8 크리스티네 쉬르마허, 『이슬람과 사회』, 101.
9 존 매쿼리, 『신과 인간 사이』, 연규홍 역 (서울: 대한기독교서회, 2013), 203.
10 미로슬라브 볼프, 『알라』, 백지윤 역 (서울: 한국기독학생회출판부, 2016), 320-321.

해 가장 중요한 비난 가운데 하나는 삼위일체(Trinity)와 관련이 있는데, 무함마드는 아버지와 아들 예수 그리스도 그리고 예수의 어머니 마리아를 "삼위일체"(trinity)로 오해했다. 무슬림들에 의하면, 이 기독교 교리는 가장 큰 죄인 "쉬르크"(shirk, 알라편에 동반자를 관련시키는 것)라는 용서할 수 없는 범죄이다.[11]

꾸란의 본문에는 "오 믿는 자들이여! 유대인과 기독교인을 친구로 사귀지 말라. 그들은 서로 친구이다. 그들을 친구로 삼는 자는 그들과 같으니 많은 이가 사악한 자로다"(5:51) 라고 나와 있다.

그런데 이슬람의 '알라'가 그리스도교의 '하나님'과 같은 이름이라고 내세운다고 한들, 과연 수용적인 대화가 가능할까?

그리고 그리스도인들과 무슬림들 사이에서 쟁점으로 남는 문제가 또 있는데, 그것은 예수 그리스도의 신성과 십자가 위에서의 죽음에 대한 것이다. 쇼캣 모우캐리(Chawkat Moucarry)에 따르면, "전통적인 이슬람의 이해는 예수가 죽지 않았지만, 하나님이 그에게로 올리셨다는 것이다. 예수는 이 세상에 다시 올 것이고, 그의 사명을 완수한 후에 자연사하게 될 것이라고 한다."[12] 즉, 예수는 하나님의 선지자 중 하나이지 유일한 구세주는 아니라는 뜻이다. 무슬림 입장에서 예수도 특별한 선지자로 존경할 수는 있으나 그가 십자가에 죽으시고 부활했다는 사실은 인정할 수 없고, 그가 하나님의 아들이며, 하나님의 성육신이라는 사실도 인정할 수 없다. 이슬람의 이와 같은 예수님 이해는 성경의 말씀과 정면으로 충돌된다.

현대의 무슬림들 중 어떤 개개인은 종종 실천적인 기독교인들을 존경하며, 기독교의 어떤 가치들은 이슬람 신학이 그들에게 허락해 주는 것보다 더 많은 것을 포함하고 있다는 사실을 인정한다. 그러나 대부분의 이슬람은 서구의 윤리적 타락을 지적하면서, 이슬람으로 회귀하는 것만이 치유와 안정을 가져올 것이라고 주장한다.[13]

무엇보다 위협적인 것은, 현대의 무슬림 학자들이 기독교에 대해 보이는 공격적인 변증들은 절대 만만치 않다는 점이다. 그들은 지성인들에게 설득력 있게

---

11 크리스티네 쉬르마허, 『이슬람과 사회』, 102.
12 쇼캣 모우캐리, 『기독교와 이슬람의 대화』, 한국이슬람연구소 역 (서울: 예영커뮤니케이션, 2008), 177-178.
13 크리스티네 쉬르마허, 『이슬람과 사회』, 105-106.

주장한다. 무함마드 라시드 리다(Mohammed Rashid Rida)는 서구의 기독교 신학자들이 발전시킨 역사비평학을 가지고 기독교의 계시를 공격해 온다.[14]

또 아흐마드 샬라비(Ahmad Chalabi)는 지금의 기독교는 고대 근동의 이교신들의 문화를 흡수해 오다가, 최종적으로 바울이 개인적으로 생각하던 이교적 요소와 결합 된 종교일 뿐이라고 폄훼한다.[15] 탁월한 이슬람 학자로 뽑히는 이들이 기독교에 대해 이처럼 가열하게 공격하는 이유는 자신들의 이슬람 신학을 변증하기 위해서이다. 이들 모두는, "기독교는 역사가 흐르는 동안 타락했으며, 성경의 예언들은 무함마드를 가리키며, 기독교는 이슬람 세계를 정복하고 무슬림 신앙을 전복시키기 위하여 서구 제국주의와 동맹을 맺었다"고 생각을 하고 있다.[16]

2. 은혜의 종교와 복종의 종교

그렇다면 이슬람의 거센 공격 앞에서 기독교는 어떤 방식으로 변증법을 제시하고 있는가?

나빌 쿠레쉬(Nabeel Qureshi)는 알라를 찾다가 예수를 만난 이야기를 통해 기독교 신앙을 변증하고 있다. 그는 신실한 무슬림으로서 하나님의 위엄을 높이고 진리를 추구하는 여정에 있었다.

그런데 만일 그분의 위엄보다 그분의 자녀가 그분께 더 중요하다면 하나님이 인간이 되시는 일은 가능하다. 처음에 쿠레쉬는 이슬람의 입장에 서서 기독교의 대속 교리를 부정했다. 편견에 사로잡힌 그의 시선에선 '예수님이 인간의 죄를 대신 지시고 십자가에서 죽으셨다'라는 진술은 도저히 이해할 수 없는 우스꽝스러운 교리였다.

---

14 무함마드 라시드 리다는 20세기 최고의 무슬림 학자 중 한 명이다. 그의 스승이었던 이집트의 유명한 개혁자 무함마드 압두(Muhammad Abduh)와는 달리, 리다는 기독교를 격렬하게 대적했다. 그는 이슬람 법학자가 되면서 유명한 꾸란 해설서인 알마 나르(al-Manar)를 발행했다.
15 이집트인 아흐마드 샬라비는 캠브리지 대학에서 역사학 박사학위를 받고 졸업했다. 샬라비는 이슬람교 입장에선 종교학자로서 기독교의 삼위일체와 십자가와 구원에 대해 비교종교학적 관점으로 해체한다.
16 크리스티네 쉬르마허, 『이슬람과 사회』, 110.

그러나 이것이 하나님의 은혜라는 것을 깨닫고 난 후 그는 기독교 신앙을 받아들이기 시작했다. 하나님이 은혜를 베푸시는 이유는 하나님이 당신을 사랑하기 때문이다. 하나님이 나 같은 죄인을 사랑하시는 이유는 그분이 네 아버지이기 때문이다.[17] **복종을 강조하는 이슬람의 세계관 안에서 하나님을 아버지로 이해하고, 그분의 용서와 사랑을 맛보는 것은 불가능하다.** 쿠레쉬는 꾸란과 샤리아가 아닌 성경과 복음 안에서 은혜를 발견했다.

사무엘 즈웨머(Samuel Zweme)는 이슬람의 거장 알가잘리의 방황과 구도 안에서 그리스도의 십자가 구속의 은혜가 빠져 있다는 사실을 안타깝게 생각한다. 특히, 그는 이슬람 신앙이 가지고 있는 "하나님의 환상에 대한 소망은 늘 심판에 대한 두려움과 공포로 가득 차 있었다"는 점을 지적했다.[18]

무슬림도 하나님(알라)을 경외하기 위해 부단히 애쓰며 살아간다. 하지만 하나님의 사랑을 알지 못하는 이슬람 구도자의 삶은 비극적이다. 알가잘리는 "아무도 어느 때라도 하나님을 본 사람이 없다"는 복음서의 진술은 받아들이지만, "아버지의 품속에 있는 독생 하신 아들이 그를 나타내셨다"(요 1:18)는 것은 생략한다.[19] 예수 그리스도를 유일한 중보자로 믿지 못한다면, 종교적 경험이 아무리 많아도 끝끝내 하나님을 보지 못한다. 그러나 그리스도인들은 육신이 되신 하나님, 곧 예수 그리스도를 통해 하나님을 본다.

기독교가 무슬림에게 제시하는 변증은 기독교의 교세나 생활양식 등이 아니다. 기독교가 제시할 수 있는 유일하고도 강력한 변증은 예수 그리스도의 십자가 은혜뿐이다. 쿠레쉬에 따르면, '이슬람'이란 말은 '복종'이란 뜻으로, 이슬람교의 명백한 메시지는 "인간은 하나님의 주권적 의지에 모두 복종해야 한다"라는 것이다.[20]

반면에 기독교에는 한 분 야훼 하나님이 세 위격으로 존재하면서 사랑으로 자기 형상을 따라 인간을 창조하셨다. 이 사랑이 가치 있는 사랑이 되려면 자발적이어야 하기에 하나님은 인간에게 그분을 사랑하거나 거부할 수 있는 선택

17　나빌 쿠레쉬,『알라를 찾다가 예수를 만나다』, 박명준 역 (서울: 새물결플러스, 2017), 319-320.

18　사무엘 M. 즈웨머,『하나님을 추구한 무슬림』, 김대옥·전병희 역 (서울: 기독교문서선교회, 2019), 242.

19　Ibid., 285.

20　나빌 쿠레쉬,『누가 진짜 하나님인가? 알라인가, 예수인가』, 박명준 역 (서울: 새물결플러스, 2018), 43.

권을 주었다.[21]

이슬람 세계관에서는 무함마드의 가르침, 즉 샤리아에 복종하며 살아가면 주권자이신 알라께서 그 행함에 따라 자비를 베풀어 천국에서 보상을 준다. 반면에 기독교 세계관에서는 죄가 인간 영혼을 잠식했으며, 단순히 선을 행하는 것으로는 우리 영혼이 회복될 수 없기에 하나님의 행동만이 우리를 회복하고 세상을 구원할 수 있다고 가르친다.

하나님의 주권과 알라의 절대성은 유일하신 하나님의 참되고 올바른 속성이다. 그러나 인간의 복종 행위를 구원의 조건으로 제시하는 알라와 예수의 대속 행위를 통해 구원의 길을 열어 놓는 하나님은 전혀 다르다. 이것은 성경과 꾸란의 가장 두드러진 차이점이다. 앤드류 톰슨(Andrew Thompson)은 "무슬림들이 꾸란을 자기 신앙의 권위 있는 주요 원천으로 여기는 것과 똑같은 방식으로 기독교인들은 복음서를 권위 있고 신적 영감으로 기록된 성경으로 여긴다는 사실"을 강조한다.[22]

진리로 여기는 경전이 다르다면 당연히 다른 세계관을 형성하고 충돌할 수밖에 없다. 중요한 것은 지성인 기독교 변증가들은 이 충돌 속에서 기독교 신앙을 적극적으로 변증하고 설명할 수 있어야 한다는 것이다. 쿠레쉬는 죄의 본질과 하나님의 본성에 대해서 이슬람 세계관 속에 있는 자들에게 다음과 같이 논증한다.

> 기독교의 가르침에서 죄는 단지 악행을 저지르는 것이 아님을 기억해야 한다. 죄는 생명의 근원이신 하나님께 대한 반역이다. 죽음은 우리의 행위에 상응하는 결과로써의 처벌이 아니다. 하나님은 무단횡단을 했다고 우리를 처벌하지 않는다. 우리 자신이 무단횡단을 하다가 트럭에 치이는 것이다. 하나님의 본성에 관해 우리는 그가 우리를 온전히 사랑하신다는 사실을 기억할 필요가 있다. 온전한 아버지라면 자식이 무슨 짓을 해도 사랑할 것이다.
>
> 마찬가지로 우리의 하늘 아버지는 우리가 어떤 짓을 해도 여전히 우리를 사랑하신다. 예를 들어, 아버지는 자기 자녀가 도둑질하더라도 사랑할 것이다. 아들을 당국에 넘겨주어 자신이 지은 죄의 결과를 대면하게 하도록 할지라도, 그것은

---

21 Ibid., 48.
22 앤드류 톰슨, 『아라비아의 예수』, 김태완·김현경 역 (서울: 두란노서원, 2019), 233.

사랑에서 기인한 것이며 궁극적인 갱생을 바라는 염원 때문일 것이다.

마찬가지로 하나님은 그들의 죄에도 불구하고 자기 자녀들을 사랑하신다. 자녀들이 자기 행위의 결과를 이 땅에서 감당하며 살도록 허용할지라도 자기 행위의 결과를 이 땅에서 감당하며 살도록 허용할지라도 그것은 그들로 회개하여 삶을 돌이키도록 하기 위함이다. 이 모든 과정에서 하나님은 항상 우리를 사랑하신다. 그분은 우리의 온전한 아버지요, 사랑이기 때문이다.[23]

이슬람 세계관 안에는 은혜가 없다. 반면에 기독교 세계관 안에는 은혜가 전부다. **꾸란 안에는 하나님의 용서와 은혜 대신 인간이 행해야 할 책임과 윤리가 가득하다. 반면에 성경 안에는 하나님의 용서와 십자가의 은혜가 가득하다.** 이슬람에서는 계명 뒤에 복종이 뒤따르지만, 기독교에서는 계명이 은혜의 뒤를 따른다. 따라서 기독교 변증가들이 공격적인 무슬림 지성인들과 논증할 때, 가장 차별성을 두고 논의해야 할 부분이 바로 '복음의 은혜'이다. 이슬람은 끈질기게 예수 그리스도의 십자가와 부활을 거부한다. 이 진술을 거부한다는 것은 곧 복음을 거부한다는 뜻이다.

하나님의 자비와 공의의 조화를 인간 이성으로 납득하기 어렵다고 해서 하나님을 그저 복종만 강요하는 하나님으로 그려내는 것은 옳지 못하다. 우리의 죄의 결과는 죽음이고, 하나님이 모든 자녀를 대신해서 죽기로 했다는 사실은 당연히 인간 이해를 초월한다. 각 사람의 죄는 자기 자신이 책임져야 한다고 강조하는 이슬람의 입장에 이 진리는 참으로 이상하게 들릴 것이다.

사실 이슬람에서도 알라는 전능자이고 주권자이기에 인류의 죄를 용서하는 것은 충분히 가하다. 그런데 구체적으로 누군가에게, (그것도 자신의 독생자에게) 죄를 전가하는 방식으로 죄를 처리하는 것은 이슬람의 사고 안에서는 공정하지 못한 일이다. 그런데 하나님은 자신의 독생자에게 이 불공정함을 지게 하심으로서 구원의 길을 여셨다. 또한, 십자가 지신 예수 그리스도는 천하 사람 중에 구원받을 만한 유일한 이름이 되셨다.

무함마드와 예수가 비교되는 결정적 차이도 바로 '사랑'에 대한 것이다. 성경과 비교해 볼 때 꾸란에서도 사랑과 은혜는 자주 언급된다. 그런데도 이슬람에는 은혜가 없다고 말하는 이유는 그들이 알라의 사랑을 언급한다고 할지라도,

---

23 나빌 쿠레쉬, 『누가 진짜 하나님인가? 알라인가, 예수인가』, 57.

이 사랑은 알라의 본질적 특성을 묘사하지 않으며 꾸란의 중심 메시지도 아니기 때문이다. 쉬르마허에 따르면, "꾸란 메시지의 핵심은 알라의 독특성과 유일성 (아랍어로 **타우히드**, tauhid) 뿐만 아니라 그분의 힘과 능력을 증명하는 데 있다."[24]

이와 관련하여 릭 리히터(Rick Richter)는 이슬람과 기독교가 유일신 신앙을 강조하지만, 그들의 신개념은 기본적으로 다르다는 것을 다음과 같이 정리한다.

> 꾸란은 사랑의 하나님이 이 땅에 오셨다고 하는 예수님의 가르침을 인정하지 않는다. 꾸란에서 알라는 자신을 먼저 사랑하고, 그에게 복종하는 사람들을 사랑한다. 알라의 사랑은 조건적이다. 그러므로 알라는 본질상 성경에 나오는 여호와 하나님과는 근본적으로 다르다. 성경이 말씀하는 하나님의 본성은 사랑이다. 그리고 이 사랑의 표현은 하나님의 아들 예수의 인격 안에서 드러났다. 하나님의 아들을 통해 드러난 여호와의 사랑은 무조건적이다.[25]

이어서 거룩한 전쟁에 대한 예수와 무함마드의 차이를 보여 주는 다음 일화를 통해 더 극적인 비교가 가능하다.

> [무함마드의 일화]
> 무함마드는 어느 날 전투 후에 집에 돌아와 딸 파티마를 불렀다. 그는 이렇게 말했다. "이 칼에서 피를 씻어라. 나는 알라의 이름으로 이 칼이 항상 내게 순종해 왔다고 맹세한다." 그러고 나서 그는 친구인 알리 이븐 아부 탈라브의 칼들을 가져와 그를 위해 그것들을 씻었다.[26]

> [예수의 일화]
> 내가 주와 또는 선생이 되어 너희 발을 씻었으니, 너희도 서로 발을 씻어 주는 것이 옳으니라 내가 너희에게 행한 것 같이 너희도 행하게 하려 하여 본을 보였

---

24 크리스티네 쉬르마허, 『이슬람과 기독교 교의』, 김대옥·전병희 역 (인천: 도서출판바울, 2010), 64-65.

25 릭 리히터, 『꾸란과 성경 무엇이 어떻게 다른가』, 최원진 역 (서울: 기독교문서선교회, 2023), 71.

26 이 전승은 압둘라 카이스의 권위를 근거로 구전되었다. 그는 이 이야기를 아버지에게서 들었다.

노라 내가 진실로 진실로 너희에게 이르노니 종이 주인보다 크지 못하고 보냄을 받은 자가 보낸 자보다 크지 못하나니 너희가 이것을 알고 행하면 복이 있으리라.[27]

무함마드는 추종자들의 칼을 씻어 주었다. 반면 예수님은 제자들의 발을 씻어 주었다.[28] 그 밖에도 기독교 신앙과 이슬람 신앙의 극명한 차이를 설명해 주는 것들을 정리하면 다음과 같다.

성경의 증거에 있어서 예수 그리스도는 예언자일 뿐만 아니라 하나님의 독생자이다. 이에 반해 꾸란에서는 예수님이 하나님의 아들 신분이라는 사실을 부정한다. 성경은 예수의 고난과 십자가 죽음이 죄인인 인간들을 구원하는 하나님의 사역임을 진술하는 반면에, 꾸란은 예수님이 십자가에 못 박힌 사실을 부인한다.

결국, 이슬람은 '십자가 구속의 은혜', '하나님의 아들 됨' 그리고 '삼위일체 하나님의 위격' 등은 탈선이자 다신론이며, 신성 모독이라고 취급한다. 대신 그들은 무함마드가 알라의 최후의 예언자였으며 꾸란이 바로 그 진리라고 믿는다.

성경과 꾸란의 공통점과 차이점을 비교해서 정리하면 다음과 같다.[29]

〈성경과 꾸란의 공통점과 차이점〉

성경과 꾸란의 공통된 진술	
• 하나님은 창조주이시다. • 예수는 동정녀 마리아에게 왔고, 하늘로 승천했다. • 하나님을 믿고 계명을 따라 살아야 한다.	
꾸란과 성경의 차이점	
꾸란	성경
창조주와 피조물 간의 연결은 없다.	예수님이 하나님과 인간 사이의 중보자 되신다.
알라는 자녀가 없다.	하나님의 독생자는 예수 그리스도다.
예수는 단지 인간일 뿐이다.	예수는 참 인간이고 동시에 참 하나님이시다.
신약성경에서 예수님이 예언한 보혜사가 최후의 예언자 무함마드이다.	예수님이 예언한 보혜사는 성령 하나님이시며, 무함마드는 예고되지 않았다.

27　요한복음 13장 14-17절
28　마크 가브리엘, 『예수와 무함마드』, 이용중 역 (서울: 지식과사랑사, 2009), 189-190.
29　크리스티네 쉬르마허, 『이슬람과 기독교 교의』, 49.

예수는 십자가에 못 박히지 않았고 부활하지 않았다. 왜냐하면, 십자가는 굴욕적인 패배를 의미하기 때문이다.	예수님은 성부 하나님의 뜻대로 십자가에서 죽으셨고, 장사한 지 삼일만에 부활하셨다. 이로써 그분은 죄와 죽음을 이기고 승리하셨다.
아담이 불법을 저질렀으나 그것이 원죄가 되지 않는다.	아담의 타락이 곧 원죄가 되었다. 하나님과의 화해는 오직 예수를 통해서만 가능하다.
인간은 자신의 노력으로 계명에 복종함으로 알라를 기쁘게 할 수 있다.	인간은 본질상 죄인이라 자신의 노력으로 의를 행할 수 없다. 하나님의 은혜가 필요하다.
믿음은 알라의 존재를 믿고, 그를 향하여 복종하는 것이다.	믿음은 자신이 죄인임을 깨닫고 그리스도의 십자가 보혈의 능력을 받아들이는 것이다.
참회하는 인간도 알라가 용서하지 않을 수 있다.	회개하는 자는 용서하시고 자녀로 삼아 주신다.

안타깝지만 기독교 신앙의 입장에서 이슬람의 교리를 포용하면서 대화할 방법은 존재하지 않는다.

3. 폭력에 맞서는 사랑의 선교

그렇다면 기독교 변증가들은 이슬람 세계 앞에서 어떤 선교적 자세를 취해야 하는가?

제럴드 R. 맥더모트(Gerald R. McDermott)는 다음과 같이 기독교 변증의 자세를 제시한 바가 있다.

> 책임 있는 종교 간의 변증은 타종교 세계관을 공정하게 다루며, 그 세계관이 거짓이거나 다른 문제가 있는 것을 지적하더라도 기꺼이 그 안에서 참되고 선한 것이 무엇인지 인정할 수 있어야 한다. 기독교 변증의 목표는 다른 사람을 희생시키면서 손쉬운 승리를 쟁취하는 것이 아니라 다른 사람의 입장을 적절하게 이해해 그들이 받아들일 수 있는 방식으로 예수 그리스도의 복음을 제시하는 것이다.[30]

---

[30] 제럴드 R. 맥더모트 & 해럴드 A. 네틀랜드, 『복음주의 관점에서 본 삼위일체 종교신학』, 엄주연 역 (서울: 기독교문서선교회, 2022), 437.

이러한 변증적 자세는 비단 기독교 변증가들에게뿐 아니라, 타종교 변증가들에게도 동일하게 적용되고 요구되어야 할 태도이다. 어쨌거나 중요한 것은 선교 이전에 변증이 우선되어야 한다는 점이다. 그리고 이에 따라 아랍권 선교를 두고는 지역과 지리와 환경에 따른 문화적 차이가 있음을 인지해야 한다. 포스트모더니즘이나 무신론은 기술과 사상이 시간에 따라 변화하면서 발생한 세계관이라면, 이슬람은 지역과 국가 안에서 발생한 세계관이다.

그러므로 기독교 세계관을 가지고 무슬림에게 변증 또는 전도하기 위해선, 이슬람 지역 사회와 지리적 여건을 고려할 수 있어야 한다. 폴 히버트(Paul G. Hiebert)에 따르면, "세계관은 문화 일부로, 특히 문화의 기반이 되는 하부 구조다."[31]

그렇다면 이슬람 문명 속에서 그 세계관에 익숙한 이들에게는 아랍권 변증가들을 소개하는 것이 더 효과적일 것이다. 바그다드라는 지역에도 그리스도교 철학은 존재한다. 실제로 "시리아어 번역을 통해 그리스 학문을 계발하는 전통은 압바스 왕조 초기에 번역 운동이 시작되기 오래전부터 시리아 교회에서 번성"했었다.[32] 즉, 이슬람 세계에 이질적이지 않은 모습으로 기독교 세계관을 심어주는 일은 선교적 사명으로 감당할 수 있는 영역이다.

이것은 이슬람과의 세계관 통합이 아니다. 같은 환경과 지리 속에서 문화와 문명은 동화되었으나, 세계관은 분명히 다르다. 그리고 그 "세계관은 명확한 신념과 가치 체계와 일상생활을 살며 경험하는 사회 제도를 형성하는 데 기초를 마련해 준다."[33]

기독교 세계관은 어떤 문명에 있든지 간에 "하나님이 친히 예수 그리스도라는 '신인'(神人, God-man)의 인격으로 성육신하신 것"을 전제한다.[34] 이 말을 좀 더 적극적으로 전개하면, 기독교의 성육신 교리는 이슬람 문명 안에서 기독교 세계관을 꽃피우는 것을 가능하게 한다는 뜻이다. 앤드류 월스(Andrew Walls)는 다음과 같이 증언한다.

> 이슬람교의 중심에 예언의 말씀이 있는 것처럼, 유대교의 중심에도 예언의 말씀, 즉 하나님이 인간에게 하신 말씀이 있다. 반면 기독교의 중심에는 성육신하신

---

31 폴 히버트, 『21세기 선교와 세계관의 변화』, 홍병룡 역 (서울: 복있는사람, 2017), 151.
32 시드니 H. 그리피스, 『이슬람 세계 속 기독교』, 202.
33 폴 히버트, 『선교와 문화 인류학』, 김동화 외 3명 역 (서울: 죠이선교회, 2021), 63.
34 로버트 E. 웨버, 『기독교 문화관』, 이승구 역 (서울: 토라, 2008), 239.

말씀, 즉 사람이 되신 하나님이 있다. 하나님이신 그 말씀은 특정한 인간 사회라는 상황에 나타나셨다. 말하자면 그 말씀은 **번역된** 것이었다. 그리고 이 하나님이신 말씀은 온 인류를 위해 오셨으므로, 그분을 받아들이는 사람들의 모든 문화에 맞게 다시금 번역되신다. (중략) 기독교의 성경은 쿠란처럼, 원래의 언어로 전해졌을 때만 하나님의 말씀이 되는 것은 아니다.

그리스도인들은 하나님의 말씀을 세상에 있는 어떤 언어로도 표현할 수 있다고 이해하고 있다. 하나님의 아들은 일반적인 인간이 되신 것이 아니라 특정 장소와 문화 안에서 구체적인 인간이 되셨다. 다시 말해, 믿음으로 그분을 받아들이기만 하면 다른 장소와 문화에서 그분은 다시금 육신이 되신다.[35]

'예수 그리스도만 유일한 구세주'라는 표어는 폭력이 아니라 사랑이다. 그런데도 신앙적 선언이 폭력적인 구호처럼 취급받고 있다. 그 이유는 선교를 힘에 의한 점령으로 생각하는 이들이 실제 존재했었고, 그들의 잘못이 역사 속에 기록되어 있기 때문이다. 물론, 정당한 선교 활동까지 마치 불법적인 점령 행위였던 것처럼 왜곡된 부분도 상당하다. 그러나 폭력적인 선교 방식이 전혀 없었다고 말하는 것은 정직하지 못하다. 기독교의 선교는 점령이 아니다.

그리고 변증은 정복이 아니다. 그보다 선교는 복음의 성육신이며, 변증은 복음의 번역이다. 만일 기독교 신앙의 핵심적인 가르침인 '사랑'을 간과하면서 이슬람과 세계관 줄다리기를 한다면, 또다시 끔찍한 역사만이 되풀이될 따름이다.

이슬람이 '칼의 세계관'을 제시한다면, 기독교는 '사랑의 세계관'을 제시해야 한다. 그들이 기독교인들을 잡아다가 참수하고 고문해도, 그리스도인들이 무슬림을 향해 돌을 던져선 안 된다. 어쩌면, 오늘날 이슬람 근본주의자들의 폭력성이 드러나고 있는 이때야말로 기독교로서는 오히려 기회이다.

모든 세계인이 다 알다시피, 'IS'나 '탈레반'과 같은 이슬람 폭력조직들이 서구의 제국주의에 항거한다고 말하지만, 그들이 내세우는 명분에는 정당성이 전혀 없다. 반면에 오늘날 기독교의 선교와 변증에는 정당성이 있다. 왜냐하면, 기독교는 설사 근본주의자라 할지라도, 테러와 살인을 정당화하지 않기 때문이다.

---

35 앤드루 월스, 『세계 기독교와 선교 운동』, 방연상 역 (서울: 한국기독학생회출판부, 2018), 113-114.

무엇보다 천하 사람 중에 구원받을 만한 유일한 이름 예수 안에는 은혜가 있고, 용서가 있고, 십자가가 있고, 사랑이 있다. 이것이 바로 기독교 변증이 정당성을 가지는 이유이다. 끝으로 오빌 보이드 젠킨스(Orville Boyd Jenkins)의 말을 빌려서, 이슬람을 향한 기독교 변증을 다음과 같이 정리하겠다.

> 복음적인 그리스도인의 시각은, 주요 문제가 예수 그리스도 안에서 그가 계시받은 대로 하나님과의 인격적인 관계로 회심하게 하는 것, 즉 새로운 삶을 받아들이는 것인데, 믿음 안에서 새로운 삶을 출발하는 자로서 구원의 확신과 죄 용서함을 받는 것을 의미한다. 기독교 공동체(교회)의 문화적 형태들은 늘 다양했다. 하지만 믿음에 대한 무슬림의 개념은 더 문화적으로 규정되어 있다.
> 이러므로 믿음은 가족, 공동체 그리고 사회와 하나이다. 이처럼 기독교 믿음의 '개변주의자'(conversionist; 다른 사람의 구원뿐만 아니라 그의 문화에까지 가담된 자)의 접근은 헌신 된 무슬림에 의해 반드시 거부된다. 그러나 증거(witness)는 메시아 예수를 따르는 자가 하나님과의 그의 인격적인 관계를 어떻게 발견하였는지에 대한 간증(testimony)으로서 받아들여질 것이다.[36]

♣ 내용 정리를 위한 문제

1. 이슬람이 기독교를 바라보는 시선에 대해 구체적으로 서술한 후 무슬림들이 가지고 있는 잘못된 생각에 맞서서 기독교 신앙을 변호하시오.
2. 기독교와 이슬람의 교리적 차이를 설명한 후, 성경과 꾸란의 차이점을 비교하여 정리하시오.
3. 이슬람 선교를 위해 가져야 할 '선교적 사명'과 '선교적 태도'에 대해 각각 서술하시오.

---

36 오빌 보이드 젠킨스, 『사랑의 통로 이슬람 신비주의 속의 예수』, 전병희 역 (대전: 대장간, 2011), 53.

※ 참고 문헌(제39장에 인용된 도서들)

나빌 쿠레쉬. 『누가 진짜 하나님인가? 알라인가, 예수인가』. 박명준 역. 서울: 새물결플러스, 2018.
_____. 『알라를 찾다가 예수를 만나다』. 박명준 역. 서울: 새물결플러스, 2017.
로버트 E. 웨버. 『기독교 문화관』. 이승구 역. 서울: 토라, 2008.
릭 리히터. 『꾸란과 성경 무엇이 어떻게 다른가』. 최원진 역. 서울: 기독교문서선교회, 2023.
마크 가브리엘. 『예수와 무함마드』. 이용중 역. 서울: 지식과사랑사, 2009.
미로슬라브 볼프. 『알라』. 백지윤 역. 서울: 한국기독학생회출판부, 2016.
사무엘 M. 즈웨머. 『하나님을 추구한 무슬림』. 김대옥·전병희 역. 서울: 기독교문서선교회, 2019.
새뮤얼 헌팅턴. 『문명의 충돌』. 이희재 역. 경기 파주: 김영사, 2021.
쇼캣 모우캐리. 『기독교와 이슬람의 대화』. 한국이슬람연구소 역. 서울: 예영커뮤니케이션, 2008.
시드니 H. 그리피스. 『이슬람 세계 속 기독교』. 성원모 역. 서울: 새물결플러스, 2019.
앤드루 월스. 『세계 기독교와 선교 운동』. 방연상 역. 서울: 한국기독학생회출판부, 2018.
앤드류 리핀 & 테레사 베른하이머. 『무슬림들의 신앙과 실천』. 공일주·정승현·현한나 역. 서울: 기독교문서선교회, 2022.
앤드류 톰슨. 『아라비아의 예수』. 김태완·김현경 역. 서울: 두란노서원, 2019.
오빌 보이드 젠킨스. 『사랑의 통로 이슬람 신비주의 속의 예수』. 전병희 역. 대전: 대장간, 2011.
윌프레드 캔드웰 스미스. 『경전이란 무엇인가』. 류제동 역. 서울: 분도출판사, 2022.
제럴드 R. 맥더모트 & 헤럴드 A. 네틀랜드. 『복음주의 관점에서 본 삼위일체 종교신학』. 엄주연 역. 서울: 기독교문서선교회, 2022.
제임스 휴스턴 & 옌스 치머만. 『그리스도인은 누구인가』. 양혜원·홍종락 역. 서울: 한국기독학생회출판부, 2021.
존 매쿼리. 『신과 인간 사이』. 연규홍 역. 서울: 대한기독교서회, 2013.
크리스티네 쉬르마허. 『이슬람과 기독교 교의』. 김대옥·전병희 역. 인천: 도서출판바울, 2010.
_____. 『이슬람과 사회』. 김대옥·전병희 역. 인천: 도서출판바울, 2010.
폴 히버트. 『21세기 선교와 세계관의 변화』. 홍병룡 역. 서울: 복있는사람, 2017.
_____. 『선교와 문화 인류학』. 김동화 외 3명 역. 서울: 죠이선교회, 2021.

제40장

시대적 이슈에 대한 기독교 변증 IV : 현대 이단들에 대하여

> 이단에 속한 사람을 한두 번 훈계한 후에 멀리하라(디도서 3장 10절).

모든 거짓 가르침은 하나의 공통된 특징을 가지고 있는데, 그것은 계시된 진리를 떠났다는 것이다.[1] 계시에서 떠나간 교리는 영혼들이 구원에서 멀어지게 할 뿐 아니라, 사람의 인격성과 도덕성까지도 뒤틀어 놓는다. 이런 이단은 과거에도 있었고, 지금도 존재하며, 앞으로도 있을 것이다. 성경은 이단에 속한 사람을 한두 번 훈계한 후 멀리하라고 가르친다.

그렇다면 모든 그리스도인은 이단자를 한두 번 훈계할 수 있을 정도의 변증능력을 키워야 한다. 이것은 선택사항이 아니고 필수사항이다. 이단자들에 대한 변증은 "그리스도를 통해 성령의 힘으로 기쁘게 하나님께 순종하는 삶"을 사는 것 중 하나이다.[2]

그렇다면 정통은 무엇이고, 이단은 무엇인가?

정통이란 성경을 가장 충실하게 따르는 교훈(Doctrine)이자, "성경의 가르침을 가장 잘 요약한 것"이다.[3]

따라서 정통 교리는 성경의 요약이다. 이 정통성은 한 사람이 임의로 정한 것이 아니다. 이것은 사도들의 전승에 근거하고 있으며, 이 사도들의 전승은 교부의 문헌을 통해 오늘날까지 전승되었다. 따라서 올바른 교리라 할 때, 그것은

---

1 데이빗 라워리 & 대럴 박 & 마크 베일리, 『바울서신 신학』, 류근상 역 (경기고양: 크리스찬출판사, 2010), 146.
2 루이스 앨런, 『설교자의 요리문답』, 정상윤 역 (서울: 복있는사람, 2020), 149.
3 저스틴 홀콤, 『이단을 알면 교회사가 보인다』, 이심주 역 (서울: 부흥과개혁사, 2015), 12.

"거룩한 교부의 지혜에 의해서 해명된 것"이다.[4]

기독교가 확장할 당시 이교도들 쪽에서는 이전에 많은 신을 흡수한 것처럼, "기독교인을 기존 체제로 흡수하거나 어쨌든 평화로운 공존을 위해 고려할 만한 조건들을 기술하려는 욕망"을 보였다.[5] 그러나 참되고 바른 교리를 지닌 교부들은 이교들의 제안을 받아들이지 않았다. 그 결과 교회는 건강한 교리를 통해서 더 부흥하게 되었다. 그러나 이단자들 계속 등장했고, 그들의 공격은 멈추지 않았다.

저스틴 S. 홀콤(Justin S. Holcomb)에 따르면, "전통적으로 이단자는 근본 교리를 변질시키고 대개는 지나치게 교리를 간소화한 나머지 하나님이 누구신지에 대한 시각을 잃어버린 사람"이라고 정의한다.[6] 그런데 이런 자들이 존재한다고 할지라도, 예수님이 흘리신 피는 단순히 십자가 바닥에 남아 있지 않고, 교회를 사는 데 사용되었음으로 이 교회는 여전히 안전하다.[7]

따라서 비록 이단이 하나님의 통치를 전복시키려는 사악한 목적으로 계속 도전한다고 할지라도, 우주를 섭리로 다스리는 궁극의 통치자는 반드시 교회가 승리하도록 이끄신다.[8]

그렇다면 오늘날 우리가 마주하는 이단 가르침은 무엇이고, 우리는 그것들을 어떻게 분별하고 변증할 것인가?

이단의 분별 기준은 절대적으로 성경에 있다. 그리고 그 판단은 언제나 신중해야 하겠지만, 확실시된다면 그때부터는 이단이라고 부르기를 두려워해선 안 된다. 과거 이단들(마르키온-구약의 하나님과 신약의 예수님을 서로 다른 신으로 봄, 가현설주의자-예수님은 사람처럼 보이는 것이지 실제 사람이 아님, 아리우스주의-성자는 성부보다 서열상 열등한 존재로 창조되었음, 사벨리우스-예수님과 성부는 서로 구분되지 않고 단일한 존재의 양태들(modes)에 불과함)은 이미 정죄되었고, 이에 대한 충분한 논의는 끝났다.

---

4 J.N.D.켈리, 『고대 기독교 교리사』, 박희석 역 (경기고양: 크리스챤다이제스트, 2013), 64.
5 에릭 R. 도즈, 『불안의 시대 이교도와 기독교인』, 송유레 역 (서울: 그린비, 2021), 136.
6 저스틴 홀콤, 『이단을 알면 교회사가 보인다』, 13.
7 잭 하일스, 『예수 그리스도께서 세우신 교회』, 박희원 역 (서울: 글로벌침례교출판사, 2013), 180-181.
8 G.R.에반스, 『그리스도교 이단의 교회사적 이해』, 최복태 역 (서울: 크리스천헤럴드, 2004), 101-102.

그런데 이것이 현대에 새롭게 발전되어서 다시 정통 교회에 도전장을 던지고 있다. 현대 이단들(극단적 신비주의, 잘못된 종말론, 물질만능주의, 교주의 우상화, 행위구원론)은 사실 새로운 것의 등장이 아니라, 과거 존재했던 이단이 그 모습을 바꾸어서 다시 나타난 것이다. 지금부터 대표적으로 교회 안에 침투해 있는 현대 이단들에 대해서 밝히고, 그것들에 대한 성경적 변증방법론을 소개하겠다.

1. 건강한 오순절과 극단적 신비주의 분별

가짜 부흥 운동과 거짓된 은사주의에 속은 사람들은 참되고 바른 교리를 무시한다. 그들은 자신들의 은사를 과시하며 이단적 가르침을 설파하며 다닌다. 이안 머리(Iain H. Murray)에 따르면, 위대한 부흥은 기적적인 은사들이 없었어도 발생했다는 점을 강조한다.

> 오히려 부흥이 없는 곳에서 일부 사람들이 그런 은사들이 나타난다고 주장하여 사람들의 이목을 끌고 있다.[9]

대표적으로 신사도운동이 바로 그러하다. 신사도주의의 핵심적인 가르침은 오늘날에도 성경 속 사도와 같은 인물들이 존재하며, 사도행전의 기록이 계속 이어질 수 있다는 것이다. 그런데 이 주장은 심각하게 위험하다.
그 이유는 크게 두 가지 이유에서 그렇다.
(1) 성경의 정경이 결국 완성되지 않았다고 보는 것이다
(2) 오늘날에도 사도와 같은 인물이 등장할 수 있다면, 그 인물이 받은 '직통계시'는 기록된 성경과 동등하거나 그 이상의 영향력을 지닐 수 있게 된다는 것을 뜻한다. 다시 말해서 기록된 성경의 권위가 도전받게 된다.
거기에 극단적인 신비적 현상을 추구하는 사람들은 말씀과 성화된 삶에서 벗어나, 방언, 입신, 치유, 축귀, 예언 등과 같은 초자연적인 현상에만 집착하게 된다. 그 이유는 이들 대부분이 신비 체험을 경험했기 때문이다. 이빨이 금이빨로 변하고, 환상을 보고, 안수받을 때 쓰러지고, 깔깔거리며 웃거나 바닥

---

9   이안 머리, 『성경적 부흥관 바로 세우기』, 서창원 역 (서울: 부흥과개혁사, 2014), 263.

을 뒹구는 현상이 바로 그것이다. 이들은 이 신비체험을 통해 예수님을 만났다고 확신한다.

그러나 이는 환각, 최면에 따른 의식 변성 상태를 경험한 것이지 예수님을 만난 체험이 아니다. 의식 변성 상태란, 같은 노래의 반복적인 멜로디를 통해 의식의 흐름을 흐려지고 나아가 현실감각까지 잃게 되는 상태를 의미한다.[10] 행크 해너그라프(Hank Hanegraaff)는 극단적 신비주의를 추구하는 신사도 주의자들은 진리보다 인기몰이를 더 중요하게 생각하기 때문에 거짓된 환상 기만을 통해 가짜 부흥과 기적을 연출하고 있다고 경고한다.[11]

위와 같은 사건이 발생할 위험 때문에 리처드 개핀(Richard B. Gaffin Jr.)은 "예언이나 방언 같은 말의 은사는(그런 은사가 가져다주는 지식을 포함해서) '그치고' '폐해질' 것이다"라고 아예 은사 중지론적 견해를 밝혔다.[12] 또 개핀은 "은사들 가운데 하나(또는 하나 이상)가 중지되었다는 견해가 반드시 성경의 권위와 지속적인 적용의 힘을 부인하는 결과"를 낳는 것도 아니라고 주장한다.[13]

그러나 신사도 운동이 잘못되었다고 해서 실제 교회에서 나타나는 현상들을 외면한 채 은사 중지론을 펼치는 것이 과연 최선일까?

바로 이 부분에서 신비주의의 이단성에 대한 분별에 어려움이 발생한다. 고든 D. 피(Gordon D. Fee)는 "고요한 상태는 때때로 교회 공동체 안에서뿐 아니라 개인 차원에서도 영적인 빈혈을 초래"했음을 지적하면서, 수많은 방식으로 성령의 임재를 강하게 느꼈던 은사 경험을 무리해서 교정하거나 경시하는 것을 우려한다.[14]

이러한 이유에서 이단 감별사나 기독교 변증가는 건강한 오순절 주의에 나타나는 '신유의 기적'과 '은사의 현상'과 '축귀' 등을 모두 비성경적이라고 성급하게 단정해선 안 된다.

오순절 신학자 더필드(Guy P. Duffield)와 밴 클리브(N.M. Van Cleave)에 따르면, "사단은 질병의 근원이며, 질병은 단순한 육체의 상태가 아닌 영적 상태의 반영

---

10 행크 해너그라프, 『빈야드와 신사도의 가짜 부흥 운동』, 이선숙 역 (서울: 부흥과개혁사, 2010), 391.
11 Ibid., 45.
12 리처드 개핀 외 3인, 『기적의 은사는 오늘날에도 있는가』, 이용중 역 (서울: 부흥과개혁사, 2012), 453.
13 리처드 개핀, 『구속사와 오순절 성령 강림』, 김귀탁 역 (서울: 부흥과개혁사, 2013), 141.
14 고든 피, 『바울, 성령, 그리고 하나님의 백성』, 길성남 역 (서울: 좋은씨앗, 2022), 19.

(反映)"이라는 점을 강조한다.[15] 무엇보다 본래 오순절 운동의 뿌리는 '성결 운동'에 있었다. 그래서 도널드 W. 데이턴(Donald W. Dayton)은 오순절 운동을 해석하는 자들이 방언에만 전념하는 것은 "오순절 운동에 대한 적합한 이해를 저해한다"고 밝힌다.[16]

축귀에 대한 것도 마찬가지이다. 예수님이 행하신 축귀는 "어두운 영적 세력을 정화"하는 것에 있다.[17] 이와 관련해서 그레함 H. 트웰프트리(Graham H. Twelftree)는, "기독교 공동체가 예수의 이름을 귀신 축출에서 사용"했음을 밝힌다.[18] 또한, 초기 기독교에서 "그리스도인들은 축귀 자로서 거대한 세상으로 나아갔고 축귀는 그들의 전도와 포교의 매우 강력한 하나의 방법이었다."[19]

이를 근거로 켄 가디너(Ken Gardiner)는 악한 영들이 오컬트에 흥미를 느끼는 사람들의 영혼에 침입할 수 있으며, 이를 예수 이름으로 축귀하는 것도 목회의 중요한 요소라고 주장한다.[20]

실제로 악한 영은 존재하지 않는가?

메릴 F. 운거(Merrill F Unger)는 다음과 같이 말한다.

> 만일에 사탄과 악마가 다만 미신과 망상의 산물이라면, 마술 신앙의 전 영역은 요정 이야기와 민간전승의 세계에 속한 것이지, 기독교 신학의 영역에 속한 것이 아니다. (중략) 하나님의 말씀은 이른바 악마, 또는 악한 영이라고 불리는 사탄과 그의 수많은 조력자의 행적을 통하여 악한 초자연주의의 실재를 증명한다(눅 10:17, 20).[21]

악한 영은 분명히 있다. 악한 영들은 "하나님의 뜻에 반역하기로 선택한, 하나님의 천군의 일원"이었다.[22] 그러나 이를 해결하기 위해 신사도 운동을 펼치

---

15 더필드 & 밴 클리브, 『오순절 신학』, 임열수 역 (서울: 성광문화사, 2007), 679-680.
16 도널드 W. 데이턴, 『오순절운동의 신학적 뿌리』, 조종남 역 (서울: 대한기독교서회, 2018), 16.
17 니콜라스 페린, 『예수와 성전』, 노동래 역 (서울: 새물결플러스, 2021), 328.
18 그래함 H. 트웰프트리, 『귀신 축출자 예수』, 이성하 역 (대전: 대장간, 2013), 242.
19 그레이엄 H. 트웰프트리, 『초기 기독교와 축귀 사역』, 이용중 역 (서울: 새물결플러스, 2020), 37.
20 켄 가디너, 『신중한 귀신 축출법』, 이용복 역 (서울: 규장, 2004), 57.
21 메릴 F. 운거, 『악마』, 박근원 역 (서울: 종로서적주식회사, 1979), 4.
22 마이클 하이저, 『귀신을 말하다』, 손현선 역 (서울: 좋은씨앗, 2022), 23.

고 극단적 신비주의 은사 운동으로 빠지는 것은 결코 정당화될 수 없다. 그런데도 신사도 운동 진영에 있는 피터 와그너(C. Peter Wagner)는 하나님의 교회 조직은 "그리스도를 머리로 하여 각 지체가 성령의 은사 기능을 발휘하는 조직체"라고 정의한다.[23]

또 R. A. 토레이(Reuben Archer Torrey)는, "성령으로 세례를 받는 사람이 있으면 반드시 새로운 능력이 나타나게 될 것"이라고 주장한다.[24] 그러나 '성령 세례'라는 것 역시 은사와 마찬가지로 눈에 보이는 것이 아니므로 분별이 필요하다.

기적, 은사, 축귀, 성령 세례 등에 대한 합당한 분별은 어떻게 할 수 있는가? 그것은 **성경이 증언하고 있는 성령 하나님을 발견하면 된다.** 여기서 만큼은 신사도 주의자들보다 어쩌면 로마가톨릭의 성령 이해가 오히려 더 나을 것이다. 왜냐하면, 로마가톨릭은 적어도 "성령이 우리에게 삼위일체 하나님의 단일성을 가르쳐 보여 준다는 점"에 대해서 명확하기 때문이다.[25]

로마가톨릭 신학자 이브 콩가르(Yves Congar)에 따르면, 말씀과 영은 아버지를 계시하며 우리를 그분께 인도한다는 측면에서 동일한 사역을 감당하신다. 다시 말해서 "성령의 활동은, 쓰인 말씀이든 선포된 말씀이든, 말씀의 수용 가운데 풍부하게 입증"된다.[26]

그러므로 성령은 에너지라든가 어떤 능력(power)이 아니다. 성령은 삼위 하나님의 한 위격이며, 하나님 그 자체이시다. 따라서 성령을 부리거나 활용할 수 있다고 생각한다면 그것은 경박한 발상일 뿐 아니라 이단적인 생각이다. 우리는 성령 하나님에 대해서 성경의 기록을 통해 확인하고 이해할 수 있어야 한다.

앤서니 티슬턴(Anthony C. Thiselton)에 의하면, "성경의 가르침에 집중"할 때, 오순절 주의는 '이적', '신유', '능력 행함', '방언', '예언', '축귀' 등에 대한 본문의 지평이 더 넓어질 것이고, 우리는 오순절 주의가 고찰하고 있는 전제 속에서 "성령-말씀-공동체(Spirit-Word-Community)의 해석학"을 더 잘 이해할 수 있게 된다.[27] 즉, 성령의 활동은 성경의 기록을 통해 입증되고, 성경의 기록은 성령의 활동을 일으킨다.

---

23   피터 와그너, 『성령의 은사와 교회성장』, 권달천 역 (서울: 생명의말씀사, 2007), 36.
24   R. A. 토레이, 『성령세례』, 최형걸 역 (서울: 대서, 2016), 27.
25   요셉 라칭거, 『희망의 이미지』, 정종휴 역 (경기김포: 위즈앤비즈, 2021), 102.
26   이브 콩가르, 『말씀과 숨』, 윤주현 역 (서울: 가톨릭출판사, 2022), 65.
27   앤서니 티슬턴, 『성령론』, 장호익 역 (서울: 솔로몬, 2021), 160.

계속해서 잭 레비슨(Jack Levison)은 "성령은 단 하나의 장엄한 체험을 창조하기 위해 영감의 연금술 속"에 황홀경과 이해력을 결합하여 우리에게 선물로 주신다고 주장한다.[28] 다시 말해서 성령의 은사는 성경의 성찰 안에서 온전한 빛을 발한다. 즉, 그 빛은 특별한 사도의 부름을 이야기하거나, 어떤 은사 자에게 신비 현상이라는 특권을 몰아주는 것이 결코 아니다.

만일 어떤 이에게 특권과 차등한 계급을 부여하는 그런 성령의 현상이 있다면 그것은 성령의 일하심이 아니라 단연코 악령의 장난이다. 세대주의자들이 종종 오해하는 요엘의 비전(욜 2:28-31)에서도, 영(성령)은 예언을 수직과 수평 모두로 확장하는데, 여기서 자녀들은 예언할 것이며 어른들은 꿈을 꾸고 젊은이들은 이상을 본다. 나아가 "사회 꼭대기에서 밑바닥으로, 유명한 남성에서 무명의 여성 노예"로까지 하나님의 영은 부어지고 퍼져 나간다.[29]

이처럼 성령의 역사는 특별한 은사 체험으로서 오늘날에도 여전히 나타날 수 있지만, 이는 특별한 이들에게만 나타나는 것이 아니라 누구에게나 나타날 수 있다는 점이 중요하다. 성령의 역사에는 차등과 차별이 결코 없다. 크레이그 S. 키너(Craig S. Keener)도 다음과 같이 진술한다.

> 우리가 성서 본문에 관심을 갖는 이유는 단순히 그 본문이 우리에게 고대 역사나 관념을(물론 나는 이것들에 흥미를 느낀다) 가르쳐주기 때문만이 아니라, 우리가 성서에서 발견되는 영적 경험 및 하나님과의 관계를 공유하고자 기대하기 때문이다. (중략) 성경 전체에서 우리는 하나님의 음성을 듣는 사람들, 예언하는 사람들, 기적을 체험하는 사람들에 대해 읽는다.
> 우리가 모두 날마다 이와 같은 성령의 역사를 체험하는 것은 아닐지라도, 성서적 유형들로 인해 우리는 성서를 통해 이런 역사를 일으키셨던 하나님이 현재도 동일하게 그런 일을 일으키신다는 기대한다.[30]

예언에 대한 분별도 마찬가지이다. 월터 모벌리(R. W. L. Moberly)는 하나님의 말씀을 대언(代言)하는 것이 예언이며, 이 예언은 "성경을 성경대로 이해하여 그 이해를 우리 시대의 이해와 실재가 낳은 문제들에 맞게 적용하고, 이 문제들에

---

28 잭 레비슨, 『성령과 신앙』, 홍병룡 역 (서울: 한국성서유니온선교회, 2016), 142.
29 잭 레비슨, 『내가 알지 못했던 성령』, 최현만 역 (서울: 감은사, 2022), 120.
30 크레이그 S. 키너, 『성령 해석학』, 송일 역 (서울: 새물결플러스, 2020), 43.

영향을 미칠 수 있게 하는 것"이 목적이라고 밝힌다.[31]

막스 터너(Max Turner) 역시 "만약에 누군가가 어떤 계시 체험을 핑계로 신학의 기본 구조에 뭔가 첨가하거나 어떤 부분을 변경하려고 한다면, 모르긴 몰라도 경악할 게 분명하다"고 말한다.[32] 그런데도 오늘날 극단적 신비주의자들은 예언을 핑계로 신학에 도전하고 교리를 변형시키는 일까지 서슴없이 저지른다.

자칭 사도를 자처하며 성경보다 자기 자신에게 더 높은 권위를 부여한다. 이들에게서 어떤 기적과 은사가 설사 나타난다고 할지라도 그것은 명백하게 거짓이다. 성령 하나님은 복음이 없는 곳에서 일하시지 않는다. 그렇다면 이단자들의 신비체험 현상은 의심할 여지 없이 악령의 소행이다.

2. 요한계시록과 종말론

시한부 종말론 내지는 조건부 종말론을 통한 교주의 우상화가 바로 이단이다. 리차드 카일(Richards Kyle)에 따르면, "기독교 전통은 종말의 때를 어느 한 시점으로 단정하지 않는다."[33]

그런데 이단들은 종말의 시간을 발표하고 사람들을 불안하게 만든다. 이를 시한부 종말론이라고 한다. 한국에서는 다미선교회라는 단체가 1992년 10월 28일에 종말이 온다고 주장하였으나 그것은 불발되었다. 이윽고 이단의 종말론은 한층 더 교묘하게 발전된다. '신천지 예수교 증거장막성전'이라는 이름으로 활동하는 단체는 신천지 교인이 14만 4천 명이 되면 종말이 온다고 주장했었다.

이는 종말이 되기 위한 특정한 조건을 제시하기 때문에, 조건부 종말론이라고 한다. 현재 신천지는 이미 14만 4천 명을 훌쩍 넘겼으나 종말은 아직 오지 않았다. 아마도 신천지 내부에서는 진정한 의미의 14만 4천 명을 가리기 위해 충성 경쟁이 치열할 것으로 예상된다.

탁지일 교수는 성경에 근거해서 다음과 같이 말한다.

---

31 월터 모벌리, 『예언과 분별』, 박규태 역 (서울: 새물결플러스, 2015), 29.
32 막스 터너, 『성령과 은사』, 김재영·전남식 역 (서울: 새물결플러스, 2018), 541.
33 리차드 카일, 『역사 속의 종말 인식』, 박응규 역 (서울: 기독교문서선교회, 2007), 23.

성서는 구원의 숫자를 결코 구체적으로 명시하거나 제한하지 않는다. 예수 그리스도께서는 "누구든지 하늘에 계신 내 아버지의 뜻대로 하는 자가 내 형제요 자매요 어머니이니라 하시더라"(마 12:50)고 가르치셨으며, 바울은 "누구든지 주의 이름을 부르는 자는 구원을 받으리라"(롬 10:13)고 증언한다.[34]

성경적 종말은 특정 날짜나 특수한 조건을 완수하는 것으로 임하는 것이 아니다. 게하더스 보스(Geerhardus Johannes Vos)는 설명하기를, 성경적 종말은 하나님의 때가 찼을 때(갈 4:4) "세계사의 단계들이 어떤 확정된 종착점(목표)을 향해 질서 있게 펼쳐졌음을 암시" 한다.[35]

조지 래드(George Eldon Ladd)는 이를 좀 더 풀어서 다음과 같이 설명한다.

> 구약의 종말론적 신현, 곧 하나님의 영광스러우신 임재, 그것은 하나님의 보편적 통치를 수립하는 것인데, 이것이 신약에서는 그리스도의 재림이라는 용어로 재해석되고 있다. 그래서 그리스도는 천상적인 인자로 오실 것이고, 그의 나라를 그 성도들에게 가져다주실 것이다. 그는 그때 메시아적인 왕으로 그의 나라를 다스리실 것이다.[36]

요한계시록의 종말론적 사상은 '만왕의 왕'과 '이기는 자'의 자리에 어떤 교주를 대입시키는 행위를 절대 용납하지 않는다. 주님의 재림의 '때'와 '조건'을 누군가 설정하거나 왜곡하는 일은 성경 자체가 거부한다. 오히려 브라이언 탭(Brian J. Tabb)에 따르면, "요한계시록의 상징적 환상들은 독자에게 세속적 타협, 영적 안일함, 거짓 교훈을 거부하도록 도전을 준다."[37]

그런데도 많은 사람이 종말론에서 이단 사상에 현혹되는 이유는 아마도 종말이 지연되고 있기 때문이다. 하지만 참된 그리스도인들은 흔들리지 말아야 한다. 성경에 근거했을 때, 종말의 날은 언제인지 알 수 없으나 반드시 온다. 톰 라이트(N. T. Wright)에 따르면 초기 기독교 공동체는 "한 세대가 지나 예루살렘이 파괴되고 예수는 다시 나타나지 않았지만, 그 어떤 확신 상의 위기나 신학적 붕

---

[34] 탁지일, 『이단』, (서울: 두란노, 2014), 86.
[35] 게하더스 보스, 『바울의 종말론』, 박규태 역 (서울: 좋은씨앗, 2018), 149.
[36] 조지 래드, 『종말론 강의』, 이승구 역 (경기고양: 이레서원, 2017), 77.
[37] 브라이언 탭, 『요한계시록 성경신학』, 김귀탁 역 (서울: 부흥과개혁사, 2020), 26.

괴도 발생하지 않았다."[38] 이는 초기 기독교 공동체가 비록 '임박한 종말' 속에서 살았지만, 신학적으로는 '지연된 종말'의 가능성을 열어 두고, 언제나 '확정된 종말' 안에 살아갔기 때문이다.

존 맥아더(John Macarthur)는 개혁주의 목회자이지만, 종말론에 있어서는 세대주의적인 견해를 보이기도 한다. (여기서 세대주의란, 하나님이 과거, 현재, 미래의 모든 역사를 통해 서로 다른 세대들이 이어지도록 계획하셨다고 믿는 것을 뜻한다.[39] 세대주의자들은 이러한 세대들이 성경 역사와 예언에 나타나 있다고 믿는데, 세대 간의 예언을 동일한 것으로 취급하는 '급진적 세대주의자'들부터 언약적 관점에 기인하는 '점진적 세대주의'까지 그 범위와 성격이 다양하다. 그런데 여기서 정통적인 신학자들이 우려하는 세대주의의 가장 큰 문제점은 주님의 재림과 종말을 인간의 선교적 노력으로 인해 영향을 줄 수 있다고 생각하는 경향성이다.)

그렇지만 맥아더가 성경에 근거해서 종말의 때가 지연되는 이유를 설명하는 것은 매우 적절하다.

> 하나님이 게으르거나 무심하여 약속을 지키지 않으셔서 그날이 지연되는 것이 아니다. 사랑이 많으신 하나님이 오랫동안 참으심으로 모든 사람이 구원에 이를 때까지 예수님의 재림과 또 그와 함께 올 진노를 미루고 계신 것이다. 하나님의 그 자비로운 계획이 완성되어야만 주님이 이 땅에 재림하실 것이다 그리스도의 재림이 이렇듯 늦춰지는 것은, 하나님의 끝없는 자비와 오래 참으시는 놀라운 사랑을 증거하는 것이다.[40]

오늘날 한국 사회에서 잘못된 종말론에 빠져서 세월을 낭비하는 사람들은 요한계시록을 올바로 해석하지 못했기 때문이다. 성경의 종말은 두려움과 공포를 주는 종말론이 아니라, "우리 신랑 되신 예수 그리스도께서 장차 다시 오셔서 당신의 신부인 교회를 맞이하여 혼인 잔치를 베푸실 것을 고대하고 대망하는 종말론"이다.[41] 하나님의 백성은 이미 여러 시대를 통하여 무서운 고통을 견뎌왔

---

38 톰 라이트, 『역사와 종말론』, 송일 역 (서울: 한국기독학생회출판부, 2022), 305.
39 크레이그 블레이징 & 대럴 벅, 『점진적 세대주의』, 곽철호 역 (서울: 기독교문서선교회, 2016), 24.
40 존 맥아더, 『재림, 다시 오실 주님의 약속』, 김미연 역 (서울: 넥서스, 2010), 77.
41 정성욱, 『밝고 행복한 종말론』, (경기남양: 눈출판그룹, 2016), 23.

고 앞으로도 견딜 것이다.[42] 그뿐만 아니라 "미래 세계는 그저 회복된 에덴이 아니라 완전히 성숙한 에덴"이기에, 성도들에게 주님의 재림과 종말은 어두움이 아니라 기쁨과 즐거움으로 다가올 수밖에 없다.[43]

J. 스캇 듀발(J. Scott Duvall)에 의하면, 요한계시록은 그리스도인들이 고난을 겪는 것에 대해서, "예수를 따르는 삶의 정상적인 일부로서 당연"하게 생각했다는 점을 밝혔다.[44] 즉, 거짓말로 사람들을 포교하면서, 신천신지에서 왕 같은 제사장의 자리를 꿈꾸는 종파는 확실한 이단이다. 어떤 특정한 교주를 재림 주로 모시면서 두려움 속에 종말의 조건을 달성하기 위해 살아가는 곳도 이단이다.

또한, 잘못된 음모론에 빠져서 요한계시록의 육백육십육을 베리칩[45]으로 해석하고, 이 짐승의 표를 받는 자들은 구원이 취소된다고 주장하는 이들도 역시나 이단이다. 왜냐하면, 예수 그리스도의 보혈로 얻어진 구원이 '베리칩 때문에 취소된다'라고 주장하는 것은 십자가 보혈의 능력을 모독하는 주장이기 때문이다. 무엇보다 요한계시록 13장 18절의 '육백육십육'은 상징적인 용어다. "역사적" 학설에 따르면 이 숫자는 어떤 역사적 인물이나 권력 혹은 왕국을 지칭한다.[46]

마이클 하이저(Michael S. Heiser)에 따르면 이것은 게마트리아(gematria)인데, 게마트리아는 모든 숫자에 특정 글자 또는 상징적인 의미가 들어있다는 개념이다. 이는 비단 계시록에만 국한되지 않는다. 요한복음 2장 11절에서 물고기가 백오십삼 마리가 잡힌 것은 고대 상징으로서 교회, 그리스도의 몸 그리고 구약의 하나님의 아들을 의미하는 것으로 해석될 여지가 있다.[47] 즉, 고대의 관습에 따라 육백육십육을 해석하면 네로 황제의 헬라어 이름을 히브리어로 음역했을 때의

42　크레이그 L. 블롬버그 & 정성욱, 『역사적 전천년설』, 조형욱 역 (서울: 기독교문서선교회, 2014), 206.
43　스카이 제서니, 『하나님의 도시』, 이대은 역 (서울: 죠이선교회, 2015), 59.
44　J. 스캇 듀발, 『요한계시록의 심장』, 홍수연 역 (서울: 새물결플러스, 2020), 316.
45　베리칩이란 사람의 몸에 투여하는 손톱보다 작은 마이크로 칩을 말한다. 음모론자들은 이것이 요한계시록의 짐승의 표라고 주장한다. 과거에는 바코드나 신용카드가 베리칩이라고 주장했었으나, 오늘날에는 코로나 백신 주사가 베리칩이라고 주장하고 있다. 즉, 베리칩 음모론자들은 성경에 등장한 짐승의 표는 하나의 상징이나 은유가 아닌, 실제 존재하는 물질의 한 종류로 본다.
46　샘 스톰스, 『터프 토픽스2』, 장혜영 역 (서울: 새물결플러스, 2019), 458.
47　마이클 하이저, 『건너 뛰지 않고 성경 읽기』, 김태형 역 (서울: 좋은씨앗, 2022), 245.

수이다.⁴⁸

이와 관련해서 적그리스도에 대한 부분도 상당히 왜곡되었다. 음모론에 빠진 사람들은 적그리스도에 대한 병적인 호기심으로 인해 성경에 근거한 판단보다는 자신의 주관을 가지고 판단한다. 이에 킴 리들바거(Kim Riddlebarger)는 "적그리스도에 관한 성경의 가르침이라고 생각하는 것이 실제로 성경의 가르침인 경우가 극히 드물다"고 경고한다.⁴⁹

3. 번영신학과 행위 구원의 위협

'행위 구원론' 또한 이단이다. 이 행위 구원론의 원인으로 꼽히는 주된 사상 중 하나는 '기복주의'이다. '번영신학'이나 '긍정의 힘'을 통해 부와 건강을 추구하는 것은 복음을 초라하게 만든다. 무엇보다 이것의 큰 문제는 자신의 적극적인 삶과 노력으로 구원을 쟁취하게끔 만드는 것에 있다. 행위 구원론은 성도들의 안전한 구원을 위태롭게 만들고 이신칭의의 교리를 뒤흔드는 이단 사상이다.

과거에는 펠라기우스가 행위 구원을 주장하였는데, 오늘날에도 여전히 이런 주장을 답습하는 이들이 있다.

그런데 과연 어느 누가 "우리 주께서 십자가의 강도에게 함께 낙원에 있으리라 하신 말씀을 무시할 수 있는가?"⁵⁰

교회 안에서 교리 교육이 부재할 때 가장 먼저 나타나는 문제는 구원과 선행의 관계에서 발생하는 오해이다. 요즘 행위 구원론자들은 자신이 행위 구원을 주장하는 것이 아니고, 성경 말씀에 근거해서 행위에 따라 심판받는 것을 주장하는 것이라고 둘러댄다. 그러나 이는 교묘한 속임수이다. 행위가 구원에 영향을 미친다는 것은 율법주의적 구원관에 근거한 공로 주의이다.

---

48 장운철, 『이단들이 잘못 사용하고 있는 33가지 성경 이야기』, (서울: 부흥과개혁사, 2014), 225.
49 킴 리들바거, 『적그리스도의 비밀을 파헤치다』, 노동래 역 (서울: 새물결플러스, 2020), 32.
50 행크 해네그래프, 『바벨탑에 갇힌 복음』, 김성웅 역 (서울: 새물결플러스, 2010), 306.

이런 이들에게 나타나는 가장 큰 특징은 '자기 의'(self-righteousness)에 대한 확신을 갖고 다른 사람을 함부로 정죄하고 판단하는 것이다.[51] 선행으로 구원의 조건을 충족시키려고 시도하는 것과 "스스로 삶을 세우는 것"은 반역이다.[52] 구원을 조건으로 하던가, 구원의 취소 가능성을 빌미로 행함을 강요하는 것은 복음에 어긋나는 사상이며 은혜를 멸시하는 태도이다. 공로는 그리스도의 공로뿐이다. 예수님은 "새 언약의 근거를 왕이신 자신의 신적 권리가 아닌 자신의 희생적 사랑에 두셨다."[53]

그러므로 그리스도인은 어떤 강압과 명령에 따라 행함을 이행하는 존재가 아니다. 도덕적 선행이든 종교적 실천이든 그것으로는 구원받을 수 없다. 성경은 오직 은혜로만 구원과 영원한 생명을 얻게 된다고 주장한다(엡 2:8-9).

그렇다면 선행은 필요 없는가?

구원의 수단으로는 필요 없다. 그러나 구원받은 백성은 선행하며 살아간다. 크리스토퍼 라이트(Christopher J. H. Wright)는 다음과 같이 정리한다.

> 대단히 율법주의적인 그리스도인과 교회들이 있다. 이들은 모든 규칙을 지키는 것이 중요하다고 강조한다. 이들은 당신이 정말로 그리스도인이라는 것을 증명하고 싶다면 이것을 해야 하고 저것을 절대로 하면 안 된다고 주장한다. 이들은 모든 것이 엄격하고 명확하기를 원하며, 순응하지 못하거나 순응하려고 하지 않는 이들을 이해하려는 마음이 거의 없다.
>
> 반면에, 이런 종류의 율법주의에 대한 반작용으로 교회 안의 규칙이나 전통이라는 생각 자체를 거부하는 이들이 있다. 그들은 기독교 신앙의 핵심은 제도화된 종교적 의무로부터 우리를 해방하는 것으로 생각한다. "하나님은 있는 모습 그대로 우리를 사랑하신다"라고 그들은 말한다. 따라서 그들은 규율이나 순종 같은 생각을 절대 받아들이지 않는다. 또한, 이에 따라 그들은 부도덕의 유혹에 빠질 수도 있다.
>
> 결국, 그들의 삶의 방식이나 생각의 방식에 있어서 주변 세상과 전혀 구별되지 않을지도 모른다. 우리는 율법을 강요하는 이들과 규칙을 거부하는 이들 사이에서 오락가락하는 것처럼 보인다. 하지만 이것은 완전히 잘못된 거짓 이분법일

51　정성욱, 『한국교회, 이렇게 변해야 산다』, (경기김포: 퀴리오스북스, 2018), 178.
52　제라드 윌슨, 『거짓 복음』, 황영광 역 (서울: 생명의말씀사, 2020), 169.
53　앤디 스탠리, 『교회를 살리는 불가항력의 복음』, 윤종석 역 (서울: 디모데, 2021), 258.

뿐이다. 바울은 갈라디아서 5장에서 이점을 강조한다. 그는 훨씬 더 나은 길-우리의 삶을 살아가는 참으로 기독교적인 방식-을 우리에게 보여 준다. 이것은 그리스도를 통해 우리에게 주어진 하나님 성령의 방식이다.[54]

결국, 하나님의 영광을 위해 피조 된 백성은 맡겨진 그 본분을 잘 감당해 나간다. 이것이 바로 구원받은 자의 특권이며 열매이다. 그러나 인간은 연약해서 계속 죄를 짓고 그 죄에 대해 하나님 앞에서 회개해야 한다. 성도가 걷는 성화의 길은 점진적이면서 현재 진행형이다.

어떤 이단은 이미 죄 용서받았으니, 회개할 필요가 없다고 주장한다. 그러나 칭의로 구원을 이미 얻었지만, 성화로 구원은 계속 성장한다.[55] 따라서 회개할 필요가 없다는 주장은 결국 방종의 삶을 살겠다는 의미이며, 이 역시도 행위 구원과 마찬가지로 이단이다.

4. 이단에 대응하는 사도신경

지금까지 현대 이단들에 대해서 다뤘다.

그렇다면 이단을 맞닥뜨렸을 때, 어떤 변증방법론으로 대응해야 하는가?

사실 이단마다 각기 다른 특징들이 있어서, 모든 이단에 대해 단일한 변증법을 구사하기란 일반 성도들에게 어려움이 따른다. 가령 어떤 이단들은 비유 풀이와 교주 신격화라는 특징이 있고(통일교, 신천지, JMS, 안상홍증인회 등), 또 어떤 이단은 성화의 삶과 회개를 거부하고(구원파), 어떤 이단은 다른 경전이나 예언을 성경과 같은 권위로 혹은 그 이상으로 따른다(몰몬교, 여호와의 증인 등).

그 외에도 킹제임스성경 유일주의나 종교다원주의 및 신사도 운동도 심각한 이단이다. 여기에 더해서 각종 음모론자의 음모론과 행위 구원론이 교회를 어지럽힌다.

그러나 요한일서 4장 1절 "사랑하는 자들아 영을 다 믿지 말고 오직 영들이 하나님께 속하였나 분별하라 많은 거짓 선지자가 세상에 나왔음이라"라는 말씀

---

54 크리스토퍼 라이트, 『성령의 열매』, 박세혁 역 (서울: CUP, 2019), 19-20.
55 케빈 드영, 『구멍 난 거룩』, 이은이 역 (서울: 생명의말씀사, 2013), 48-49.

에 순종하기 위해 우리는 변증해야만 한다. 희망적인 것은 각기 다른 이단이라 하지만 사실 공통된 특징이 존재한다는 점이다.

그리고 그에 따른 공통된 변증 기준도 우리는 제시할 수 있다. 그것은 바로 **"사도신경"**이다. 앨버트 몰러(Albert Mohler Jr.)에 따르면, "사도신경은 시대를 초월한 기독교 신앙의 정수다."[56] 그러므로 성경대로의 바른 신앙은 사도신경으로 고백하는 신앙이다. 6세기 전승에 의하면 사도신경은 열두 사도가 한 문장씩 써서 만들어진 것이라고 하는데, 그것은 좀 과장된 전설이다.

하지만 이런 전설이 아니더라도 사도신경의 정당성은 성경과 초대 교회 사도들의 가르침을 전승하고 있다는 차원에서 그 권위와 정당성이 충분하다.[57] 프랜시스 영(Frances M. Young)에 의하면, "신경은 복음의 압축판이자 경전들의 요약판"이다.[58] 그중에서도 사도신경은 교리 중의 교리이다.

다음은 사도신경이 담고 있는 이단을 분별하는 척도이다.

첫째, '창조 신앙'이다.

창조 신앙은 성경의 대전제이다.

> 전능하사 천지를 만드신 하나님 아버지를 내가 믿사오며 그 외아들 우리 주 예수 그리스도를 믿사오니 …

이 고백은 천지를 만드신 전지전능한 '그 손'이 우리를 위해 대신 십자가에 못 박히신 '그 손'이라는 사실을 주장한다. 즉, 천지를 지으신 분이 하나님이며, 그 하나님의 독생자 예수 그리스도가 우리의 구원자 되신다는 사실을 믿지 않고 부정한다면 이단이다.

둘째, '구속 신앙'이다.

구원에 이르게 하시는 분은 날 위해 대신 피 흘리신 예수 그리스도뿐이라는 철두철미한 신앙이 바로 구속 신앙이다.

> … 이는 성령으로 잉태하사 동정녀 마리아에게 나시고 본디오 빌라도에게 고난을 받으사, 십자가에 못 박혀 죽으시고 …

---

[56] 앨버트 몰러, 『오늘 나에게 왜 사도신경인가?』, 조계광 역 (서울: 생명의말씀사, 2019), 20.
[57] 벤 마이어스, 『사도신경』, 김용균 역 (경기파주: 솔라피데출판사, 2021), 27.
[58] 프랜시스 영, 『신경의 형성』, 강성윤·민경찬 역 (서울: 비아, 2022), 33.

예수님은 성령으로 잉태되셨기에 성부 하나님과 성자 예수님은 동일하시다. 우리의 사도신경은 삼위일체 신앙을 주장하고 있다. 그런데 고난받으시고 십자가에 죽으실 분은 완전한 인간이면서 동시에 완전한 하나님이여야 한다. 예수님을 설명할 때 완전한 인간이요, 완전한 하나님이라고 말하지 못한다면 명백한 이단이다. 예수님은 헤라클레스처럼 반신반인이 아니다. 우리를 구원하시기 위해 하나님이 스스로 인간의 몸을 입으신 것이다. 이것을 기독교는 성육신이라고 한다(요 1:14).

셋째, '부활 신앙'이다.

날 위해 죽으신 그 예수님이 부활 승리하셨다는 신앙이 바로 부활 신앙이다.

> … 장사한 지 사흘 만에 죽은 자 가운데서 다시 살아나시며, 하늘에 오르사 전능하신 하나님 우편에 앉아 계시다가 …

사도신경에서 이 표현은 예수 그리스도의 부활하심을 예고하고 암시하는 표현으로서 악한 권세의 도전이 십자가 앞에서 철저히 패배했다는 것을 선포하는 고백이다. 이 승리의 소식은 주님의 승리이면서 동시에 모든 성도의 승리이다. 왜냐하면, 하나님은 죽은 영혼들을 살리겠다고 분명하게 약속하셨고, 그분의 말씀이 헛되이 돌아오지 않을 것이라고도 약속하셨기 때문이다.[59]

현대 이단들은 부활을 믿지 못하면서 영생은 하고 싶으니까, '14만 4천 명'만 구원받게 된다고 조건부 종말론을 주장한다. 또 다른 이단의 경우에는 지상낙원을 꿈꾸고 부활 신앙을 철저하게 배격한다. 과거에 사두개인들도 그런 주장을 했었다(행 23:8).

넷째, '재림 신앙'이다.

승천하신 그 주님이 마지막 날 다시 오실 것이라고 믿는 신앙이 재림 신앙이다.

> … 저리로서 산 자와 죽은 자를 심판하러 오시리라. 성령을 믿사오며 거룩한 공회와 성도가 서로 교통하는 것과 죄를 사하여 주시는 것과 몸이 다시 사는 것과 영원히 사는 것을 믿사옵나이다. 아멘.

---

[59] J. D. 그리어, 『오직 복음』, 조계광 역 (서울: 생명의말씀사, 2020), 329.

주님은 심판하러 오신다. 그런데 주님의 심판은 믿는 자들에게는 영화로운 구원으로의 참여이며, 참 기쁨의 소식이다. 사도행전 1장 11절을 근거로 했을 때, 주님은 올려지신 그대로 다시 오신다. 이것을 그대로 믿는 성도만이 온전한 재림 신앙을 가진 성도이다. 주님이 다른 교주의 모습으로 변형되어 다시 오셨다고 주장하는 것은 반성경적이다.

그러나 모든 교주 형 이단에는 이러한 특징이 공통으로 있다. 이단 교주들이 '육으로 이미 주님은 재림하셨고, 그 재림주가 자기 자신'이라고 주장할 때 우리는 비웃을 수 있어야 한다. 이런 자들에게 현혹된다는 것은 재림 신앙이 없었다는 뜻이다. 마찬가지로 자신들의 집단이 이미 이루어진 천국이라고 주장하는 것 역시 재림 신앙이 비뚤어진 자들에게서 나타나는 특징이다(눅 17:20-24).

티머시 곰비스(Timothy Gombis)에 따르면 우리는 시대와 시대 사이에 살고 있는데, 이는 우리가 그리스도의 죽음과 부활 이후를 살지만, 하나님이 피조 세계를 완전하게 회복하실 때인 그의 재림 이전을 살고 있다는 의미이다.[60] 즉, 종말의 시작은 그리스도의 십자가 사건으로 말미암아 이미 시작되었으나 종국의 재림은 아직이다. 따라서 우리는 '이미 받은 구원'과 '아직 이르지 않은 재림' 사이에서 살아간다.

재림은 인간의 노력으로 앞당기거나 늦추거나 계산할 수 있는 것이 아니다. 또한, 하나님 나라는 사이비 종파들이 이룩한 공동체도 아니고, 사회주의 체제나 지상 낙원도 아니다. 토마스 H. 그룸(Thomas H.Groome)에 따르면, "하나님 나라는 역사 위(over)와 안(in)과 끝(end)에서의 하나님의 활동적인 현재(presence)를 나타내는 상징이다."[61]

그러므로 예수 그리스도 자신이 곧 하나님 나라의 왕국 그 자체가 되신다. 그러나 주님 다시 오시는 그날은 아무도 모른다. 종말의 시간과 날짜에 대해 안다고 주장하거나, 종말의 조건을 달성해야 한다고 주장하는 이들은 개인이든 집단이든 간에 확실한 이단이다. 성경은 우리에게 주님께서 마지막 날 반드시 다시 오신다는 사실만을 알려 줄 따름이다.

그런데 놀라운 것은, 마라나타를 외치며 종말에 대한 소망을 품고 살아가는 사람은, 그 즉시 하나님 나라의 통치를 경험할 수 있다는 점이다. 따라서 이 파

---

[60] 티머시 곰비스, 『이렇게 승리하라』, 최현만 역 (경기평택: 에클레시아북스, 2020), 36.
[61] 토마스 H. 그룸, 『기독교적 종교교육』, 이기문 역 (서울: 한국장로교출판사, 2011), 90.

루시아(재림) 신앙을 바르게 가지는 사람은 지금 당장에 임마누엘(하나님이 우리와 함께하신다) 신앙을 경험하게 된다.

♣ 내용 정리를 위한 문제

1. '정통'과 '이단'에 대해 개념을 정의한 후, 과거의 이단과 현대의 이단들이 가지고 있는 공통된 특징을 서술하시오.
2. 건강한 오순절 주의와 극단적 신비주의 혹은 신사도 주의를 어떻게 분별하여 구분할 수 있는가?
3. 현대에 나타난 이단들의 특징과 종류를 정리한 후, 이단에 대응하는 사도신경의 진리를 크게 네 가지로 정리하여 변증하시오.

※ 참고 문헌(제40장에 인용된 도서들)

G. R. 에반스.『그리스도교 이단의 교회사적 이해』. 최복태 역. 서울: 크리스천헤럴드, 2004.
J. D. 그리어.『오직 복음』. 조계광 역. 서울: 생명의말씀사, 2020.
J. 스캇 듀발.『요한계시록의 심장』. 홍수연 역. 서울: 새물결플러스, 2020.
J.N.D. 켈리.『고대 기독교 교리사』. 박희석 역. 경기 고양: 크리스챤다이제스트, 2013.
R. A. 토레이.『성령세례』. 최형걸 역. 서울: 대서, 2016.
게하더스 보스.『바울의 종말론』. 박규태 역. 서울: 좋은씨앗, 2018.
고든 피.『바울, 성령, 그리고 하나님의 백성』. 길성남 역. 서울: 좋은씨앗, 2022.
그래함 H. 트웰프트리.『귀신 축출자 예수』. 이성하 역. 대전: 대장간, 2013.
그레이엄 H. 트웰프트리.『초기 기독교와 축귀 사역』. 이용중 역. 서울: 새물결플러스, 2020.
니콜라스 페린.『예수와 성전』. 노동래 역. 서울: 새물결플러스, 2021.
더필드 & 밴 클리브.『오순절 신학』. 임열수 역. 서울: 성광문화사, 2007.
데이비드 라워리 & 대럴 박 & 마크 베일리.『바울서신 신학』. 류근상 역. 경기 고양: 크리스챤출판사, 2010.
도널드 W. 데이턴.『오순절운동의 신학적 뿌리』. 조종남 역. 서울: 대한기독교서회, 2018.
루이스 앨런.『설교자의 요리문답』. 정상윤 역. 서울: 복있는사람, 2020.
리차드 카일.『역사 속의 종말 인식』. 박응규 역. 서울: 기독교문서선교회, 2007.
리처드 개핀 외 3인.『기적의 은사는 오늘날에도 있는가』. 이용중 역. 서울: 부흥과개혁사, 2012.
리처드 개핀. 『구속사와 오순절 성령 강림』. 김귀탁 역. 서울: 부흥과개혁사, 2013.
마이클 하이저. 『귀신을 말하다』. 손현선 역. 서울: 좋은씨앗, 2022.
_____ . 『건너 뛰지 않고 성경 읽기』. 김태형 역. 서울: 좋은씨앗, 2022.
막스 터너. 『성령과 은사』. 김재영·전남식 역. 서울: 새물결플러스, 2018.
메릴 F. 웅거. 『악마』. 박근원 역. 서울: 종로서적주식회사, 1979.
벤 마이어스. 『사도신경』. 김용균 역. 경기 파주: 솔라피데출판사, 2021.
브라이언 탭. 『요한계시록 성경 신학』. 김귀탁 역. 서울: 부흥과개혁사, 2020.
샘 스톰스. 『터프 토픽스2』. 장혜영 역. 서울: 새물결플러스, 2019.
스카이 제서니. 『하나님의 도시』. 이대은 역. 서울: 죠이선교회, 2015.
앤디 스탠리. 『교회를 살리는 불가항력의 복음』. 윤종석 역. 서울: 디모데, 2021.
앤서니 티슬턴. 『성령론』. 장호익 역. 서울: 솔로몬, 2021.
앨버트 몰러. 『오늘 나에게 왜 사도신경인가?』. 조계광 역. 서울: 생명의말씀사, 2019.
에릭 R. 도즈. 『불안의 시대 이교도와 기독교인』. 송유례 역. 서울: 그린비, 2021.
요셉 라칭거. 『희망의 이미지』. 정종휴 역. 경기 김포: 위즈앤비즈, 2021.
월터 모벌리. 『예언과 분별』. 박규태 역. 서울: 새물결플러스, 2015.
이브 콩가르. 『말씀과 숨』. 윤주현 역. 서울: 가톨릭출판사, 2022.
이안 머리. 『성경적 부흥관 바로 세우기』. 서창원 역. 서울: 부흥과개혁사, 2014.
잭 레비슨. 『내가 알지 못했던 성령』. 최현만 역. 서울: 감은사, 2022.
_____ . 『성령과 신앙』. 홍병룡 역. 서울: 한국성서유니온선교회, 2016.
잭 하일스. 『예수 그리스도께서 세우신 교회』. 박희원 역. 서울: 글로벌침례교출판사, 2013.
저스틴 홀콤. 『이단을 알면 교회사가 보인다』. 이심주 역. 서울: 부흥과개혁사, 2015.
제라드 윌슨. 『거짓 복음』. 황영광 역. 서울: 생명의말씀사, 2020.
조지 래드. 『종말론 강의』. 이승구 역. 경기 고양: 이레서원, 2017.
존 맥아더. 『재림, 다시 오실 주님의 약속』. 김미연 역. 서울: 넥서스, 2010.
케빈 드영. 『구멍 난 거룩』. 이은이 역. 서울: 생명의말씀사, 2013.
켄 가다너. 『신중한 귀신 축출법』. 이용복 역. 서울: 규장, 2004.
크레이그 L. 블롬버그 & 정성욱. 『역사적 전천년설』. 조형욱 역. 서울: 기독교문서선교회, 2014.
크레이그 S. 키너. 『성령 해석학』. 송일 역. 서울: 새물결플러스, 2020.
크레이그 블레이징 & 대럴 벅. 『점진적 세대주의』. 곽철호 역. 서울: 기독교문서선교회, 2016.
크리스토퍼 라이트. 『성령의 열매』. 박세혁 역. 서울: CUP, 2019.
킴 리들바거. 『적그리스도의 비밀을 파헤치다』. 노동래 역. 서울: 새물결플러스, 2020.
토마스 H. 그룸. 『기독교적 종교교육』. 이기문 역. 서울: 한국장로교출판사, 2011.
톰 라이트. 『역사와 종말론』. 송일 역. 서울: 한국기독학생회출판부, 2022.

티머시 곰비스. 『이렇게 승리하라』. 최현만 역. 경기 평택: 에클레시아북스, 2020.
프랜시스 영. 『신경의 형성』. 강성윤·민경찬 역. 서울: 비아, 2022.
피터 와그너. 『성령의 은사와 교회성장』. 권달천 역. 서울: 생명의말씀사, 2007.
행크 해너그라프. 『빈야드와 신사도의 가짜 부흥 운동』. 이선숙 역. 서울: 부흥과개혁사, 2010.
행크 해네그래프. 『바벨탑에 갇힌 복음』. 김성웅 역. 서울: 새물결플러스, 2010.
장운철. 『이단들이 잘못 사용하고 있는 33가지 성경 이야기』. 서울: 부흥과개혁사, 2014.
정성욱. 『밝고 행복한 종말론』. 경기 남양: 눈출판그룹, 2016.
_____. 『한국교회, 이렇게 변해야 산다』. 경기 김포: 퀴리오스북스, 2018.
탁지일. 『이단』. 서울: 두란노, 2014.

맺는말

> 도가니는 은을, 풀무는 금을 연단하거니와 여호와는 마음을 연단하시느니라(잠언 17장 3절).

연단의 과정을 거친 은과 금은 순도가 높다. 마찬가지로 연단된 마음은 순도가 높고 단단하며 빛난다. 연단의 과정은 비록 고통스럽지만, 우리 마음을 연단하시는 주체가 바로 여호와 하나님이시다. 특히, 신학의 길을 걷는 사람들은 여호와의 연단의 손길을 더 민감하게 느낀다. 여기서 신학은 비판적 기능도 감당하지만, 그것은 궁극적으로 우리의 신앙을 강화한다.

그러므로 신학은 철저하게 신앙의 종이 되어야지 신앙의 파괴자가 되어선 안 된다. 성도가 신학과 변증을 해야 하는 이유는 그리스도인으로서 신앙의 지적인 내용을 명확하게 표현하기 위한 것이다. 그렇기에 신학은 신앙을 섬겨야 한다. 스탠리 그렌츠(Stanley J. Grenz)에 따르면, "신학은 우리가 선포하는 복음의 의미를 이해하려는 노력"이고, "신앙은 복음 안에서 우리를 만나시는 하나님에 대한 응답이다."[1] 그리고 성도가 신학적 성찰에 관여하는 목적은 다름 아니라 '삶의 변화'가 그 목적이다.

그런데 이 과정에서 신학적 진영 논리에 휘말리면 연단의 고통이 크게 가중된다. 소위 진보적인 신학을 추구하는 사람들의 문제는 신학과 신앙에 괴리감을 형성시키고 교회의 전통적 가르침을 쉽게 배격한다는 것에 있다. 급진적인 유행 신학과 해체주의적인 사고만 가지고는 절대 성도들의 영혼을 책임질 수가 없다.

반면에 보수적인 신학을 추구하는 사람들도 문제가 있는데, 그들의 문제는 합리적 질문이나 도전적인 신학을 인본주의로 취급하며 성도들을 반지성주의자나 교조주의자로 만든다는 점이다. 새로운 사고를 차단하고 기존의 해석만을 앵무새처럼 반복해서는 성도들을 단단하게 성장시키기 어렵다.

---

[1] 스탠리 그렌츠, 『누구나 쉽게 배우는 신학』, 장경철 역 (서울: CUP, 2012), 25-30.

이 문제가 해결되기 위해서는 '교만'의 마음을 내려놓는 것이 가장 시급하다. 나와 맞지 않는 학자들도 존중할 수 있어야 하고, 존중하는 가운데 비판할 수 있어야 한다. **진보주의자는 보수주의자를 향해서 '근본주의'라고 매도하지 말아야 하고, 보수주의자는 진보주의를 향해 '인본주의'라고 공격해서는 안 된다.**

진보주의자는 보수주의 신학이 교회의 첨탑이 될 만한 신학을 세웠으며, 그들의 신학이 교회 전통과 교리를 건강하게 만들었다는 사실을 인정하고 배워야 한다. 반면에 보수주의자는 진보주의 신학이 학문적인 다양성을 갖추는 데 공헌했고, 그들의 신학이 현실적인 문제에 날카로운 비판과 통찰을 제공했다는 사실을 인정하고 배워야 한다.

무엇보다 기독교 변증을 위해 우리는 성도들의 영혼을 향한 간절한 마음이 있어야 한다. 오래전 존 에인절 제임스(John Angell James)의 외침은 여전히 유효하다.

> 부수적인 다른 모든 일을 성취했다 할지라도 영혼 구원을 이루지 못하는 목회는 그 본질이 가진 가장 큰 목적의 성취에 있어서 완전히 실패한 것입니다. 우리는 그리스도의 사신 된 자로서 가져야 하는 '참된 열심의 본질'이 무엇인가를 바르게 이해해야 합니다. 영혼을 구원하길 원하시는 하나님의 의도를 뚜렷하게 인식하고 그리스도 일꾼의 의무를 완수하겠다는 결연한 긴박감을 가져야 하는 것입니다.[2]

진보적인 신학이든 보수적인 신학이든 영혼 구원을 위한 도구가 되지 못한다면 그것은 무가치한 것이다. **변증의 존재 목적은 오직 '영혼 구원'에 있다.** 종종 "신학과 신앙은 다르다", "머리(신학)는 차갑게 하고, 가슴(신앙)은 뜨겁게 해야 한다" 등의 외침을 멋스럽게 주장하는 이들이 있다. 그러나 이런 외침은 인지부조화에서 비롯된 것이다. 분명하게 우리의 '신학'은 '신앙'을 변호하고 설명하기 위해 존재한다. 또한, '성경적'이지 않은 것은 '신학적'인 것이 아니다. 신앙은 언제나 은혜를 기억해 내는 연습이며, 신학은 언제나 은혜를 설명해

---

2 존 에인절 제임스, 『하나님의 열심을 품은 간절 목회』, 서문강 역 (서울: 청교도신앙사, 2015), 42.

내는 논리이다.

　그러므로 신앙을 설명해 주지 못하는 신학이라면, '그 신학'은 '신학'으로서의 온전한 역할을 감당하지 못하는 것이다.

　기독교 변증학은 '신학'이 '신앙'을 다시 설명해 낼 수 있도록 도우며, 본래 '신학'이 있어야 할 '그 위치'로 다시금 회복시켜 준다. 여기서 본래 신학이 있어야 '그 위치'는 '교회'이다. 그리고 신학이 해내야 할 역할과 기능은 변증이다. 따라서 이 시대에 기독교 변증학이 중요한 이유는 **'변증학'이 신앙을 설명해 주는 신학**이기 때문이다. 이제 모든 성도는 변증학자가 되어야 하며, 모든 변증학자는 연단 된 마음을 가지고 은혜를 설명하고, 복음을 선포해야 한다. 나아가 궁극적으로는 사랑을 실천하는 일에 앞장서야 한다.

··· 주 예수를 믿으라
그리하면 너와 내 집이 구원을 받으리라 ···

사도행전 16장 31절